행정법총론

[제3판]

이 일 세

法 文 社

제3판 서 문

행정법은 참으로 변화무쌍하고 역동적인 학문이다. 사회현상의 변화에 따라 끊임없이 법령이 개정되고 새로운 판례가 쏟아져 나온다. 이러한 점에서 일찍이 저자의 은사이신 김남진 교수님(대한민국학술원 회원)은 '행정법 개강사'에서 "행정이 질과 양으로 확대·발전하는 것과 발맞추어 행정법 역시 전진을 계속할 것이고, 따라서 영원히 젊을 수밖에 없는 것이 행정법 및 행정법학이다"라고 역설하셨다(행정법의 기본문제, 법문사, 1994년판 참고). 행정법의 이런 특성 때문에 한평생을 행정법 연구에 매달렸어도 따라잡기에 버거울 때가 많이 있다. 저자는 2년여 전에 대학에서 정년을 맞이했지만 다행스럽게 정년 후에도 한국행정법학회 회장직을 맡아 수행하였고 또한 지금까지 강의를 계속 담당하면서 연구의 끈을 놓지 않을 수 있었다. 오히려 재직 중일 때보다 강의에 대한 부담이 적어서 관심 있는 분야의 연구에 집중할 수 있어서 좋은 점도 있다.

이 책 제2판이 출간된 지도 2년이 되어가면서 개정의 필요성을 느끼게 되었음은 물론이다. 지난 2년 동안 강의와 연구를 하면서 틈틈이 부족한 부분과 개정된 법령, 그리고 새로운 판례의 보완작업을 해 왔는데, 그 결실로 제3판을 출간하게 되었다.

제3판을 출간하게 된 개인적인 특별한 동기도 있었다. 초판을 출간할 때에 서문에서 큰딸아이가 로스쿨에 입학하면서 학부모 입장에서 수험생에게 도움을 줄 수 있는 표준적 교과서를 저술할 필요성을 느꼈다고 밝혔는데, 이번에는 막내딸아이가 언니의 뒤를 이어 로스쿨에 입학한 것이다. 이에 당분간은 더 수험생들의 행정법 공부에 도움을 주어야 한다는 책임감이 되살아나게 되었다.

이번 제3판에서는 다음과 같은 점에 중점을 두어 개정이 이루어졌다.

첫째, 행정기본법이 제정된 이후에 발표된 최신 이론을 보완하였다. 저자도 최근에 "인허가의제에 있어 취소·철회와 행정쟁송"이라는 제목의 논문을 발표하였는데(행정법학 2023년 9월호), 이를 제3판에 충실히 반영하였다. 그 밖에 내용적으로 많이 수정하거나 추가한 사항으로는, 제재사유의 승계, 추단적 행정행위, 자동적 처분, 행정행위에 대한 이의신청 및 재심사, 시정명령, 임의매수방식에 의한 공익사업 시행으로 인한 손실보상, 재결의 기속력, 선행처분을 변경하는 후행처분이 있는 경우의 항고소송의 대상, 소의 변경, 당사자소송 등을 들 수 있다. 그리고 종래 행정행위 부분에서 다루었던 '제재처분'은 그 기능에 초점을 두어 실효성확보수단 부분으로 이동시켰다.

둘째, 최근까지 개정된 법령의 내용을 충실하게 반영하였다. 예컨대 행정기본법은 행정에 관한 나이의 계산에 관한 규정을 신설하였고, 정부조직법의 개정에 의해 국가보훈처가 국가보훈부로 승격되었으며, 강원도와 전라북도를 특별자치도로 만드는 법률이 제정되었다. 그 밖에 행정심판법·개인정보보호법 등 개별 법령의 개정은 헤아릴 수 없다.

셋째, 2023년 12월까지의 최신 판례의 입장을 반영하였다. 특별히 눈여겨 볼 판례로는, 긴급조치의 발령 및 적용·집행으로 인한 국가배상책임에 관한 판결, 공법상 급여신청의 제척기간과 소멸시효의 관계에 관한 판결, 표준지공시지가결정과 후속 행정행위 사이의 하자의 승계에 관한 판결, 행정청이 국가에 대해 침익적 처분을 하는 경우에도 사전통지 등 행정절차법이 적용되어야 하는지에 관한 판결 등을 들 수 있다.

넷째, 책의 가독성을 높이기 위해 많은 노력을 기울였다. 이 책이 독자들에게 호평받는 가장 큰 이유의 하나는 학설과 판례에 대한 정리가 잘 되어 행정법의 주요 쟁점에 대해 체계적으로 이해할 수 있다는 것을 들 수 있다. 제3판에서도 이 점에 유념하여 학설과 판례를 일목요연하게 정리하고자 노력하였고, 중요한 판례의 경우 사실관계와 원심판결의 내용을 수록하여 판례의 입장을 보다 생생하게 이해할 수 있도록 하였다.

한편, 이번 제3판에서는 새로운 내용이 많이 추가됨에 따라 분량의 압박을 받게 되었다. 책의 분량이 늘어나는 것에 비례해서 수험생들의 부담도 커져갈 것이기 때문이다. 이러한 문제를 해결하기 위하여 부득이 박스 안에 소개한 참고 판례의 양을 줄여야 하는 아쉬움도 있었다.

이 책의 제3판을 출간함에 있어서 많은 분들의 도움을 받았다. 먼저, 망백(望百)의 연세에도 불구하고 여전히 학문적 모범을 보이시며 제자를 격려해 주시는 김남진 교수님의 학은에 감사드리며 더욱 건강하시기를 축원드린다. 저자가 정년을 맞이한 후에도 여전히 변함없는 신뢰와 성원을 보내주시는 강원대 법학전문대학원의 교수님에게도 감사드린다. 멀리 해외에 나가 있으면서도 행정법에 대한 학문적 관심을 가지고 기꺼이 최신 판례에 대한 토론자가 되어주는 이시은 변호사(기아자동차 아중동권역본부 법무팀)와 로스쿨 입학을 앞두고 마음이 바쁜 시기임에도 정성껏 책의 교정과 색인작업을 도와준 이선민(고려대 로스쿨)에게도 감사의 마음을 전하며, 앞으로 인격과 실력을 겸비한 법조인으로 성장하기를 기원한다.

번거롭고 세심한 주의가 필요한 법령 대조작업과 교정작업에 많은 수고를 해 준 이관행 박사(강원대 강사)와 신강숙 박사(강원도 교육청) 그리고 강원대 박사과정의 황지홍 군에게 특별히 감사의 마음을 전한다. 어려운 출판업계의 상황에도 불구하고 제3판의 출간을 허락해 주신 법문사 관계자분들과 편집부의 노윤정 차장님 그리고 영업부의 유진걸 과장님에게도 감사드린다.

무엇보다도 저자가 연구에 전념할 수 있도록 기도와 헌신으로 가정을 섬겨주는 아내와, 어느새 의젓하게 성장하여 각자의 위치에서 최선을 다해 살아가는 시은, 준서, 선민 세 아이에게 사랑과 감사의 마음을 전한다.

2024년 2월
호반의 도시 춘천에서

저자 씀

제2판 서 문

일반적으로 행정법의 가장 큰 특징의 하나는 통일적 법전이 없고 행정에 관한 수많은 개별 법률이 모여 하나의 행정법체계를 이루고 있는 점을 든다. 물론 우리나라도 오래 전에 행정절차법이 제정되어 제한적으로나마 일반법적 기능을 수행하고 있지만, 독일과는 달리 주로 절차에 관한 내용만을 담고 있어서 행정의 일반법으로 기능하는 데에는 많은 한계가 있어 왔다. 이러던 차에 2021년 3월에 행정법학계의 숙원이었던 「행정기본법」이 제정되었는바, 이는 행정법학에 있어 한 획을 긋는 역사적 사건이라 할 수 있다.

한편, 행정기본법의 제정에 대해서는 여러 가지 비판의 목소리도 들린다. 행정절차법을 개정하여 실체법적 내용을 보완함으로써 문제를 해결하는 것이 바람직했을 것이라는 견해도 있고, 행정기본법은 다른 법률에 특별한 규정이 없는 경우에만 적용되기 때문에 개별 법률의 정비 없이는 행정기본법의 일반법적 기능에는 한계가 있다는 견해도 있으며, 무엇보다도 입법과정에서 부처 간의 이해대립으로 인해 중요한 조문들이 삭제된 것에 대한 비판적 견해가 많다. 물론 큰 관심을 가지고 탄생된 행정기본법임에도 불구하고 다소 기대에 미치지 못하는 점이 있는 것도 사실이다. 하지만 행정에 관한 일반법이 제정되었다는 것만으로도 충분히 의미가 있다고 생각되며, 향후 행정기본법을 어떻게 발전시켜 나가야 할 것인지는 행정법학자들과 실무 법조인의 과제라 할 것이다.

이러한 행정기본법의 제정으로 인해 행정법교과서도 많은 변화가 필요하게 되었다. 이에 이번 행정법총론 제2판에서는 먼저 행정기본법의 주요 내용을 설명하고 이것이 종래의 학설·판례의 입장과 어떤 관계에 있는지를 고찰하는데 큰 비중을 두었다. 그리고 행정기본법의 문제점과 향후 개선과제에 관해서도 검토하였다. 다행스럽게도 저자는 2021년에 법제처가 의뢰한 『행정기본법 해설서』 연구용역의 연구책임자로 참여하여 행정기본법에 관한 주요 내용을 검토하는 기회를 가졌으며, 이것이 이번 행정법총론 개정작업에 큰 밑바탕이 되었다.

이번 제2판에서는 행정기본법의 주요 내용을 편입시킨 것 외에, 2022년 1월까지 개정된 법령의 내용을 반영하였다. 초판이 출간된 후 지난 2년간 국세징수법과 「독점규제 및 공정거래에 관한 법률」이 전면 개정되고 행정절차법, 지방세기본법, 「공공기관의 정보공개에 관한 법률」 등 수많은 법률이 부분 개정된 것을 보며, 행정법은 참으로 역동적인 학문분야라는 생각이 들었다. 한편, 최신 판례를 분석하여 실었으며, 중요한 판례의 경우 사실관계와 원심판결의 내용을 보완하였다. 그리고 행정기본법에 관한 설명과 최신 판례의 소개로 인해 책의 분량이 과도하게 늘어나는 것을 막기 위해 박스 안에 인용한 판결요지 중 중요성이 덜한 것은 아쉬움을 머금고 삭제하였다.

의욕을 가지고 행정법총론을 발간하였지만 막상 출간되고 보니 아쉬운 점도 많이 발견되었다. 그럼에도 불구하고 행정법총론 초판이 출간된 후 많은 교수님과 학생들이 격려의 메시지를 전해왔다. 체계적인 서술과 쉬운 문장으로 난해한 행정법을 강의하고 학습하는데 많은 도움이 되었다는 것이다. 이번 제2판에서는 독자들의 의견을 반영하여 초판에서의 문제점을 상당 부분 보완함으로써 더욱 가독성을 높였다.

이번 개정판이 출간되는 데에는 많은 분들의 도움을 받았다. 먼저, 구순의 연세에도 아직도 훌륭한 글들을 발표하시며 후학들에게 큰 울림을 주시는 김남진 선생님(대한민국학술원 회원)의 학은에 깊이 감사드리며, 오래오래 건강하시기를 축원드린다. 선생님께서는 이 책의 출간을 직접 축하해 주셨을 뿐만 아니라, 저자의 정년기념논문집에도 귀한 논문과 축하의 글을 보내주시어 격려해 주셨다.

개정 법조문의 대조와 교정을 위해 많은 수고를 한 이관행 박사(송곡대 초빙교수)와 신강숙 박사(강원대 강사)에게 감사의 마음을 전한다. 그리고 바쁜 실무 일정에도 불구하고 책의 내용이나 방향성에 대해 조언을 아끼지 않는 이시은 변호사(법무법인 한결)에게도 감사한다. 지난 세월동안 강원대학교에서 동역하며 마음을 나누고 늘 진심어린 격려의 말씀으로 힘을 북돋아 주신 교수님께 깊이 감사를 드린다. 이 책이 성장해 가는데 밑거름이 되는 조언을 해 주신 독자 여러분께도 감사드린다.

언제나 가까이에서 저자를 아낌없이 지지해주는 아내와 각자의 위치에서 아름다운 모습으로 살아가는 시은, 준서, 선민은 저자에게 큰 기쁨이요 활력소이다.

2022년 2월
호반의 도시 춘천에서

저자 씀

서 문

법학을 공부하는 많은 사람들이 행정법 과목을 어려워한다. 그도 그럴 것이 행정법의 도그마는 헌법, 민법, 형법의 기초하에 정립된 탓에 기본3법에 대한 기본지식 없이는 행정법을 제대로 이해하기 어렵다. 더욱이 우리나라에서 제정된 법령의 92%가 행정에 관한 법이라 하며, 이러한 행정법령은 사회현상의 변화에 따라 신속히 개정됨으로써 자칫 한 눈을 팔면 법령 개정을 따라가기 버거운 것이 현실이다. 이러한 사정 때문인지 행정사건에 관한 하급심 판결이 대법원에서 파기 환송되는 경우가 유난히 많으며, 나아가 대법원과 헌법재판소간의 견해가 상충되는 경우도 있다. 또한 행정법을 어렵게 만든 데에는 행정법학자에게도 일단의 책임이 있다. 쟁점에 대한 행정법학자들의 각양각색의 견해가 여과 없이 행정법 교재에 소개됨으로써 학생들의 혼란을 가중시킨 면이 있기 때문이다. 물론 다양한 관점에서의 학문적 주장이 나쁘다는 것은 결코 아니며, 다만 경우에 따라서는 너무 이론적이고 지엽적인 주장을 통해 불필요하게 많은 학설이 양산되는 일면을 지적하는 것이다.

저자는 오랜 기간 행정법을 강의하면서 어떻게 하면 학생들의 이해를 도울 수 있는지에 많은 관심을 기울였다. 아무리 수준 높은 학문적 지식을 전한다 하더라도 학생들이 소화해 내지 못하면 의미가 없기 때문이다. 다행스럽게도 수강생들에게 나누어 준 강의자료에 대한 호평과 함께 이것을 정리하여 책으로 출간할 것을 요청하는 학생들이 많았다. 그러나 이에 대해 쉽게 마음을 정하지 못하였다. 시중에는 이미 넘치도록 많은 행정법 교재들이 출간되었는데 이에 더하여 새로이 교재를 출간하는 것이 자신이나 학생들을 위하여 도움이 될 것인지에 대한 고민이 있었기 때문이다.

이러한 상황에서 새로운 변수가 등장하였다. 큰딸아이가 갑자기 로스쿨에 진학을 한 것이다. 이를 계기로 수험생의 학부모 입장에서 학생들이 필요로 하는 것을 생각하게 되었고, 결국 오랫동안 준비한 강의안을 보완하여 행정법 교재를 출간하기로 마음을 먹게 되었다.

이 책을 집필함에 있어서 특히 다음과 같은 점에 중점을 두었다.

첫째, 기본개념과 학설 및 판례를 체계적으로 설명함으로써 표준적 교과서의 역할을 할 수 있도록 하였다. 초심자라도 쉽게 이해할 수 있도록 가능한 한 평이한 문체로 서술하였으며, 학생의 눈높이에서 여러 차례 문장을 다듬어서 가독성을 높였다. 학설을 소개함에 있어서는 그 주장과 논거뿐만 아니라 그에 대한 비판도 설명함으로써 보다 심도 있게 이해할 수 있도록 하였다. 아울러 이 책은 학문적 연구서가 아니기 때문에 저자의 주장은 가급적 줄이려 노력하였다.

둘째, 중요한 쟁점에 대해서는 기본사례를 제시함으로써 무엇이 왜 문제되는지에 대해 구체적으로 인식한 다음 그에 관한 학설과 판례의 입장을 접할 수 있도록 하였다. 이러한 기본사례는 각종 시험에서 사례형 문제를 해결하는 데에도 도움이 될 것으로 기대된다.

셋째, 판례의 입장을 분석해서 체계적으로 정리하는데 많은 노력을 기울였다. 로스쿨의 도입으로 실무교육이 강조됨에 따라 판례의 중요성이 더욱 크게 부각되었기 때문이다. 풍부한 판례의 소개는 이 책이 가지는 가장 큰 장점이라고 감히 자부해본다. 중요한 판례의 경우에는 원심판결을 소개하기도 하였고, 또한 필요한 경우에는 해당 사건의 구체적 사실관계를 설명함으로써 판례에 대한 이해를 높일 수 있도록 하였다.

넷째, 행정법은 수많은 개별 법령의 집합으로 이루어지며 사회현상의 변화에 따라 끊임없이 개정되고 있는바, 가능한 한 최신의 법령을 반영하려 노력하였다. 이 책의 교정작업이 막바지에 이른 2020. 2. 18.에도 행정입법의 국회 제출절차에 관한 국회법 규정이 개정되는 등 최신 법령을 반영하는데 어려움이 있었다.

저자가 평생을 학문에 매진하고 그 결실로서 이 책이 출간되기까지는 많은 분의 도움을 받았다. 먼저 평생의 학은(學恩)을 입은 김남진 교수님(대한민국학술원 회원)께 깊이 감사드린다. 저자가 박사과정에 다닐 때 연구실 조교로서 가까이에서 선생님을 모시면서 학문적으로나 인격적으로나 많은 가르침을 받은 것이 저자가 지금까지 연구하고 가르치는데 큰 밑거름이 되었음은 물론이다.

이 책의 출간을 적극적으로 권하고 도움을 주신 동료 교수님과 제자들에게도 감사드린다. 얼마 전에 강원대 로스쿨을 정년퇴임하신 한만주 교수님은 여러 가지 조언과 아울러 직접 교정까지 자원해 주셨다. 또한 이관행 박사(강원대 강사)는 참고문헌과 각주의 보완 및 교정 등 많은 수고를 해 주었다. 무엇보다도, 날카로운 질문을 하며 열심히 수업에 참여하고 좋은 강의평가를 내려준 수강생들이 이 책이 만들어지는데 가장 큰 기여를 했다고 생각된다.

특별히 이 책의 방향성에 대해 조언하고 교정의 수고로움도 마다하지 않은 서영설·이형주·변무현·이지연 변호사와 졸업을 앞 둔 강욱현(강원대 로스쿨)·이시은(고려대 로스쿨)에게 감사의 마음을 전한다. 교정작업을 도와준 강원대 로스쿨의 김민경·이규희 학생에게도 감사하며, 최신 법령과 판례 번호까지 꼼꼼하게 대조하여 책의 오류를 줄여준 권은택·이상은 학생에게는 특별한 감사를 표한다.

출판계의 어려운 현실에도 불구하고 기꺼이 이 책의 출간을 허락해 주신 법문사에게 감사드리며, 그 과정에서 많은 도움을 준 영업부 김성주 대리님과 참신한 편집으로 책의 가독성을 높여준 편집부 노윤정 차장님에게도 감사드린다.

그동안 연구실에서 책과 씨름하느라 집안일에 소홀했지만 묵묵히 가정을 잘 돌보고 힘을 북돋아준 아내와 아빠의 무관심 속에서도 바르게 잘 성장해 준 시은, 준서, 선민에게 감사와 사랑의 마음을 전한다. 평생을 자식을 위해 헌신하시다가 지금은 천국에 계신 부모님께도 감사드린다. 그 밖에 저자에게 직간접적으로 격려와 도움을 주신 분들은 헤아릴 수 없다.

2020년 2월 25일
물안개 피는 춘천의 연구실에서
저자 씀

차 례

제1편 행정법 통칙

제 2 편 행정작용법

제 3 편　행정절차 · 행정정보공개 · 개인정보보호

제 4 편 행정의 실효성확보수단

제 5 편　행정구제법

행정법 통칙

제1장

행 정

Ⅰ. 행정관념의 성립

행정법은 행정을 규율대상으로 하는 법이므로, 행정법을 이해하기 위해서는 먼저 행정의 개념을 이해하여야 한다. 여기에서 행정이란 국가의 다른 작용인 입법 또는 사법(司法)과 구별되는 의미이며, 이러한 행정관념은 권력분립을 기초로 하는 근대 입헌국가의 탄생과 그 성립의 시기를 같이한다. 물론 근대 입헌국가의 성립 이전에도 사회의 질서유지나 국가방위를 위하여 국민에게 명령·강제하거나 조세를 징수하는 등과 같은 행정작용이 행해지기는 하였지만, 그러나 이때에는 입법·행정·사법 등 국가의 모든 권력이 전제군주에게 귀속되었기 때문에 특별히 행정작용을 다른 국가작용과 구별하여 논할 실익은 크지 않았다.

Ⅱ. 형식적 의미의 행정과 실질적 의미의 행정

1. 형식적 의미의 행정

형식적 의미의 입법·행정·사법이란 그 담당 기관을 기준으로 하여 분류하는 견해이다. 이에 따르면 실정법에 의하여 행정부에 부여된 작용은 그 성질에 관계없이 모두 행정으로 본다.

그런데 형식적 의미의 행정에는 성질상 입법이나 사법에 속하는 작용도 포함되어 있고, 반대로 형식적 의미의 입법이나 사법에도 성질상 행정에 속하는 작용이 포함되어 있는 점에서, 이러한 견해는 입법·사법과 구별되는 행정의 본질을 이해하는데 한계가 있다는 비판을 받고 있다. 예컨대 행정입법이나 행정심판은 실정법상 모두 행정기관에 맡겨져 있으므로 형식적 의미에서는 행정이지만, 실질적 의미에서는 전자는 입법이고 후자는 사법에 속한다. 반면에 국회사무처나 법원행정처의 직원을 임명하는 행위는 형식적으로는 전자는 입법작용이고 후자는 사법작용이지만, 그 실질은 행정작용에 속하는 것이다.

2. 실질적 의미의 행정

성질상 입법·사법과 구별되는 국가작용을 실질적 의미의 행정(또는 이론상의 행정)이라 한다.

실정법상 행정부에 맡겨진 작용이 모두 실질적 의미의 행정에 해당하지는 않으며, 또한 실질적 의미의 행정이 실정법상 모두 행정부에 맡겨진 것도 아니다. 예컨대 행정입법권은 행정기관에 부여되어 있지만 그 성질은 입법에 해당하며, 반면에 법관에 대한 인사는 행정작용의 성질을 갖지만 실정법상 그 권한은 사법부에 부여되어 있다. 즉, 전자는 형식적 의미에서는 행정이지만 실질적 의미에서는 입법이고, 후자는 형식적 의미에서는 사법이지만 실질적 의미에서는 행정에 속하는 것이다. 실질적 의미의 행정이 무엇인가에 관해서는 다음과 같은 학설이 대립하고 있다.

(1) 소극설(공제설)

행정은 그 다양성으로 인하여 몇 마디로 정의하기 어렵다는 점에서 적극적으로 행정개념을 정의하는 것을 포기하고, 행정이란 국가작용 가운데 입법과 사법을 제외한 나머지를 말한다고 보는 견해를 소극설이라 한다.

이러한 견해는 행정이 연혁적으로 군주의 통치권 중에서 입법과 사법이 분화되고 남은 작용이라는 점에 착안한 것이나, 행정의 내용을 적극적으로 밝히지 못하는 점에서 내용이 공백이며, 행정의 정의에 관한 학설로는 부적절하다는 비판을 받는다.

(2) 적극설

이는 행정의 본질적 특성을 파악하여 그 개념을 적극적으로 정의하려는 견해이다. 그 구체적 내용은 학자에 따라 다양하게 정의되고 있는데, 행정을 「국가의 목표와 법질서의 달성을 위한 국가의 활동」이라고 정의하거나(Fleiner), 「법 아래서 법의 규제를 받으면서 현실적·구체적으로 국가목적의 적극적 실현을 향하여 행해지는 전체로서 통일성을 가진 계속적인 형성적 국가활동」으로 정의하는 것이 그 대표적 예이다(田中二郎).[1]

이러한 견해는 행정의 개념을 구체적으로 정의하려고 노력한 점에서는 긍정적인 평가를 받고 있으나, 누구의 견해도 행정의 개념을 만족스럽게 정의하고 있지 못하다는 점에서 한계를 드러내고 있다.

(3) 기관양태설(부정설)

Kelsen·Merkl 등 순수법학자에 의하면, 모든 국가작용은 헌법을 직접·간접적으로 집행하는 것인 점에서 성질상의 차이는 없고, 다만 실정법질서에서의 단계적 구조와 그 작용을 담당하는 기관의 양태에서 구별될 수 있을 뿐이라고 한다. 즉, 먼저 헌법의 직접적 집행인 '입법'과 헌법의 간접적 집행(법률의 집행)인 '집행'으로 나누고, 후자는 다시 상호 독립하고 병렬관계에 있는 기관에 의한 법집행작용인 '사법'과 상하복종관계에 있는 기관에 의한 법집행작용인 '행정'으로 구분된다고 한다. 이러한 견해는 행정·입법·사법 등 모든 국가작용의 성질상 차이를 인정하지 않는 점에서 부정설이라 부르기도 한다.

이러한 견해에 대해서는, 집행기관의 성질에 차이가 있는 것은 그 기관이 담당하는 작용의 성

---

1) 이에 관한 상세한 내용은 김남진/김연태(I), 행정법 I, 2023, 4면 참조.

질이 다르기 때문인데, 작용의 성질상 차이는 부인하고 그 담당기관의 차이만을 인정하는 것은 옳지 않다는 비판이 가해지고 있다.

(4) 결 어

오늘날 행정은 너무 방대하고 다양하기 때문에 그 개념을 몇 마디로 정의를 내리기는 어렵다고 할 것이다. "행정의 성질은 정의될 수 없고 다만 묘사될 수 있을 뿐이다"고 한 폴스토프 (Forsthoff) 교수의 말이 이를 잘 나타내 준다.[2] 이러한 점에서 행정의 개념을 정의하는데 에너지를 소비하는 것보다는, 행정의 특징적 요소를 살펴보는 것이 행정의 의미를 이해하는 데 도움이 될 것이다.

i) 행정은 행정주체가 개별적 사안에 대하여 법을 집행함으로써 구체적으로 공익을 실현하는 작용이다. ii) 행정은 법질서 아래에서 법의 포괄적인 지도와 통제를 받고 행해진다. iii) 행정은 법의 지도와 통제를 받고 있다고 하지만, 행정의 전문성·기술성으로 인하여 행정기관에게 광범한 자유활동의 영역이 인정된다. iv) 행정은 적극적이고 미래지향적인 작용이다. v) 행정은 그의 목적을 달성하기 위하여 행정행위, 행정계획, 행정지도, 공법상계약 등과 같은 다양한 행위형식을 사용한다.

Ⅲ. 다른 국가작용과의 구별

1. 입법과의 구별

입법이란 국가나 지방자치단체가 일반적·추상적 규율의 성질을 가지는 법규범을 제정하는 작용이다. 이러한 법규범은 원칙적으로 장래 공권력 행사의 기준이 될 뿐이고 그것에 의해 직접 국민의 권리·의무에 변동을 가져다주지는 않는다. 예컨대 조세에 관한 법률은 세금을 징수하는 데 있어서의 일반적 기준을 정한 것이지 그것에 의해 직접 국민이 세금을 납부할 의무를 지는 것은 아니다.

이에 반해 행정은 법규범을 개별적 사안에 적용함으로써 구체적으로 국가목적을 실현시키는 작용이며, 이러한 점에서 행정은 개별적·구체적 규율의 성질을 가진다. 예컨대 세금의 징수라는 국가목적은 행정청의 조세부과처분에 의해서 비로소 구체화되는바, 바로 이러한 조세부과처분이 법집행행위로서의 행정작용에 해당하는 것이다.

법치국가에 있어서 행정작용은 법령에 위반하여 행해져서는 안 되며, 만일 그 위법성 여부가 문제된 경우에는 사법심사의 대상이 된다. 즉, 행정작용은 사전적으로는 법령에 의해 통제를 받으며, 사후적으로는 사법심사에 의해 통제된다.

---

2) "Die Eigenart der Verwaltung läßt sich zwar beschreiben, aber nicht definieren." Forsthoff, Lehrbuch des Verwaltungsrechts, 10Aufl., S.1.

2. 사법(司法)과의 구별

행정과 사법은 다 같이 법 아래에서 행해지는 작용인 점에서는 공통한다. 그러나 사법은 구체적인 '법적 분쟁'이 발생한 경우에 당사자의 쟁송제기에 의해 중립적 사법기관이 법을 해석·적용하여 분쟁을 해결하는 작용인데 반하여, 행정은 행정기관이 법을 집행하여 장래에 향하여 계속적·적극적으로 공익목적을 실현하는 작용이다. 예컨대 조세법에 근거하여 세금을 부과·징수하고 건축법에 근거하여 건축허가를 하는 것은 행정이지만, 조세의 부과·징수나 건축허가에 관해 분쟁이 발생한 경우에 법원이 그 위법성에 대해 심리·판단하는 것은 사법이다. 양자의 차이점을 보다 구체적으로 살펴보면 다음과 같다.

i) 사법은 분쟁의 해결을 목적으로 하는 소극적 작용이나, 행정은 적극적으로 공공복리의 증진을 도모하는 작용이다. ii) 사법은 분쟁당사자의 신청에 의해서 비로소 사법절차가 개시되는 점에서 피동적 작용이나, 행정은 당사자의 신청이 없는 경우에도 행정기관이 공익적 관점에서 활동할 수 있는 점에서 능동적 작용이라 할 수 있다. iii) 사법은 개별 사건에 대한 확정판결에 의해 당해 사법절차가 종결되는 점에서 일회적 작용이라 할 수 있으나, 행정은 공익목적을 실현하기 위한 계속적 작용이다. iv) 사법은 객관적으로 공정하고 진실된 판단에 도달할 수 있도록 엄격한 법적 구속을 받으나, 행정은 법의 통제 아래 있기는 하지만 구체적 타당성 있는 행정목적의 실현을 위하여 행정기관에 일정 범위의 재량이 부여되는 경우가 많다. v) 사법은 객관적으로 공정한 심판을 위해서 독립성이 보장된 중립적 기관이 담당하지만, 행정은 통일적인 행정목적을 달성하기 위해서 상하 복종관계에 있는 기관이 담당한다.

3. 통치행위와의 구별

이상에서 살펴본 바와 같이 오늘날 법치국가에 있어서 행정작용은 법률에 적합하게 행사되어야 하며, 그 위법성이 문제되는 경우에는 원칙적으로 사법심사의 대상이 된다.

그런데 국가작용 중에는 그것이 가지는 고도의 정치적 성격으로 인하여 사법심사의 대상에서 제외되는 것이 있는데, 이를 통치행위라 한다. 예컨대 대통령의 외교에 관한 행위, 계엄선포행위, 사면권의 행사, 법률안거부권의 행사 등이 그에 해당한다. 이러한 통치행위는 외형상 행정에 속하는 것처럼 보이지만, 그 안에 내포된 고도의 정치성으로 인하여 사법심사의 대상이 되지 못하는 점에서 일반적인 행정과는 구분된다.

제 2 절 통치행위

기본사례

1979년 10월 26일 박정희 대통령이 김재규 중앙정보부장에 의해 살해되는 사건이 발생하자 대통령의 권한을 대행하게 된 최규하 국무총리는 국가의 안전보장과 사회질서의 유지 등을 위하여 1979년 10월 27일 04시를 기하여 제주도를 제외한 전국일원에 비상계엄을 선포하였다. 당시의 헌법 제24조 제2항 및 계엄법 제6조에 의하면 비상계엄이 선포된 경우에는 내란죄·살인죄 등 법이 정한 범죄는 민간인도 원칙적으로 군사법원의 재판을 받아야 한다. 이에 김재규 등은 군사재판에 회부되었는바, 김재규 측에서는 위 비상계엄선포는 헌법 및 계엄법이 규정한 계엄선포의 요건을 충족하지 못한 위법한 것이라고 주장하며 김재규에 대한 군사법원의 재판관할권이 없다고 항변하였다. 이 경우 법원은 비상계엄의 선포가 계엄법상의 요건을 갖추지 못하여 위법한지에 대해 심사할 수 있는가?

Ⅰ. 서

1. 의 의

통치행위란 고도의 정치적 결단에 의한 국가행위로서 사법적 심사의 대상으로 삼기에 적절하지 못한 행위를 말한다.[3] 즉, 통치행위는 '고도의 정치성'을 내포하므로 그 행위의 위법성 여부는 법적 심판기관인 사법부에 의해 법적으로 판단될 것이 아니라 의회 등과 같은 정치적 기관에 의해 정치적으로 판단되어야 한다는 것이다.

일반적으로 통치행위의 예로는 대통령의 외교에 관한 행위, 사면권의 행사, 계엄선포, 긴급명령의 발동, 국무총리 및 국무위원의 임면, 법률안거부권의 행사, 중요정책의 국민투표부의, 해외파병 결정 등을 들 수 있다.[4]

2. 제도적 전제 및 논의의 실익

(1) 제도적 전제

통치행위에 관한 논의가 실질적 의미를 가지기 위해서는 국가행위에 대한 사법적 통제가 고도로 발달해 있을 것이 필요하다. 과거의 독일이나 일본에서처럼 행정소송에 있어 열기주의(列記主義)를 채택하고 있던 나라에서는 행정작용 가운데 사법심사의 대상이 되는 것이 법에 제한적으로 열거되어 있었기 때문에(즉, 일반 행정작용 중에도 사법심사의 대상이 되지 않는 것이 광범하게 인정되고 있었기 때문에), 굳이 행정과 통치행위를 구별하여 논할 실익이 별로 없었다. 그러나 오늘날 독

---

3) 헌재 1996. 2. 29, 93헌마186 참조.
4) 통치행위에는 대통령의 행위뿐만 아니라 의회의 행위도 포함될 수 있는데(예 : 조약체결에 대한 동의, 의원내각제 국가에서의 내각 불신임의결 등), 다만 여기서는 행정기관(대통령)의 행위를 중심으로 살펴보기로 한다.

일이나 일본의 경우도 행정작용은 원칙적으로 사법심사의 대상이 되도록 하는 개괄주의(槪括主義)를 채택함으로써, 사법심사의 대상이 되지 않는 통치행위를 행정과 구별할 필요가 있게 되었다.

(2) 논의의 실익

일반적으로 행정법에서 통치행위가 논의되는 이유는 '행정'과 구별되는 국가작용을 가려내기 위한 것이라 본다. 즉, 통치행위도 법을 집행하는 행위인 점에서는 일반의 행정과 차이가 없지만, 행정은 그 위법성여부가 사법적 통제에 놓이게 되는데 반하여 통치행위는 고도의 정치성으로 인하여 사법심사의 대상이 되지 않는 점에서 양자는 구별된다고 본다. 이러한 점에서 오토 마이어는 통치행위는 입법·행정·사법과 병존하는 제4의 국가작용이라 하였다.

한편, 오늘날 통치행위에 대해 그것이 '사법심사의 대상이 되느냐'의 문제보다는 어느 정도 사법심사를 할 수 있는지의 '사법심사의 강도'의 문제로 접근하려는 경향이 있다.[5]

II. 외국의 예

1. 프랑스

사법심사에서 제외되는 의미의 통치행위라는 개념은 일찍부터 독립한 행정재판제도가 발달한 프랑스에서 꽁세이데타(Conseil d'Etat)의 판례를 통하여 발달되었다.[6]

꽁세이데타의 초기 판례는 정치적 문제에 재판권이 개입해서는 안 된다는 관념에 기초하여 정치적 동기에 의한 행위는 꽁세이데타의 심사대상으로 하기에 적절치 않다고 보았는데, 그 범위는 비교적 넓게 인정되었다. 그리고 꽁세이데타가 통치행위를 사법심사의 대상에서 배제하는 논거는 사법자제설에 입각하고 있다고 본다.[7]

그런데 프랑스 민주주의의 기초를 다진 제3공화국에 이르러 꽁세이데타는 정치적 문제에 대한 사법적 통제를 확대시키려는 입장을 취함으로써 통치행위의 범위는 점차 축소되기에 이르렀는데, 그 주된 목록으로는 정부의 의회에 대한 행위(예 : 정부의 법률안 제출행위), 대통령의 비상대권 발동결정, 대통령의 외교적 행위, 전쟁행위 등을 들 수 있다.

2. 영 국

영국에서는 군주주권의 사상에 따라 국왕은 소추될 수 없다는 원칙이 일찍부터 확립되었고, 이

---

5) 김남진/김연태(I), 10면 참조.
6) 꽁세이데타(Conseil d'Etat)는 1789년 프랑스대혁명 후 행정부의 개혁작업에 제동을 거는 사법부의 부당한 간섭으로부터 행정의 자주독립성을 확보하기 위하여 행정부에 설치된 행정재판소이다(1799년 설립). 꽁세이데타는 행정사건에 대한 재판뿐만 아니라 행정부의 법령제정이나 법령해석에 대한 자문역할도 담당한다. 국내 학자들은 꽁세이데타를 국사원(國事院), 국참사원(國參事院), 국무원(國務院), 행정재판소, 행정심판소 등으로 다양하게 번역하고 있는바, 이 책에서는 원어 그대로 사용하기로 한다 꽁세이데타에 관한 기세한 내용은 진훈, 프랑스 꽁세이데타의 기능과 역할, 중앙법학 12권 3호, 2010. 9, 423면 이하 참조.
7) 홍정선, 행정법원론(상), 2023, 11면.

에 국가승인·선전포고·강화조약 등과 같은 국왕의 대권(大權 : prerogative)에 속하는 대외작용이나 수상임명·의회해산 등과 같은 행위는 국사행위(Act of State)라 하여 사법심사에서 제외되고 있다.

3. 미 국

미국에서는 1849년 Luther v. Borden 사건[8]이래 법원은 정치문제(political question)에 관해서는 심리·판단할 수 없다는 원칙이 확립되어 있는데, 그 근거는 권력분립주의에서 찾는 것이 일반적이다. 연방대법원은 대통령의 외교정책에 관한 결정이나 군사상의 결정이 정치문제에 속하는 것으로 보았다.

미국에서 정치적 문제에 관한 판단기준을 명백히 한 판결은 1962년의 Baker v. Carr사건이다.[9] 이 사건에서 연방대법원은 선거구에 관한 문제는 정치적 문제가 아니며, 선거구간의 인구의 과도한 차이는 평등권의 침해라 하여 종전의 입장을 변경하였다.

4. 독 일

독일은 제2차 세계대전 이전까지는 행정소송에 있어 열기주의를 택하고 있었으므로 통치행위가 판례상으로는 문제되지 않았으며, 주로 학설을 통해 그것이 논의되었다. 그러나 제2차 세계대전 이후 개괄주의가 채택됨으로써 통치행위(Regierungsakt)에 관한 논의가 활발히 행해졌다. 오늘날 학설상 대립이 있으나, 통치행위 관념을 인정하는 것이 다수설과 판례의 입장이라 할 수 있으며, 그 예로는 수상선출, 수상의 장관 임명·해임, 대통령의 법률안에 대한 서명, 조약비준 등을 들고 있다.

독일 연방헌법재판소는 동서독기본조약에 관한 위헌심사에서 "사법자제의 원칙이 목적으로 하는 것은 헌법이 그 밖의 헌법기관에게 보장한 자유로운 정치적 형성의 영역에 개입하지 않으려는 것이지, 연방헌법재판소의 헌법해석권을 침해하거나 약화시키려는 것은 아니다"고 함으로써, 정치문제에 대한 심사권의 한계를 인정하면서도 조약의 체결은 정치적 문제로서의 통치행위에 속하지 않는다고 판시하였다.[10]

5. 일 본

일본의 경우도 제2차 세계대전 이전까지는 열기주의를 취하였으므로 통치행위가 실제로 문제된 것은 그 후 개괄주의를 채택하고 나서 부터라고 할 수 있다. 특히 미일안전보장조약 및 의회해

---

8) 1841년 미국 Rhode Island주에서 Dorr반란사건에 의해 혁명(반란)정부가 세워졌는데, 구정부의용군인 Borden이 구정부로부터 혁명정부지지자인 Luther를 체포하라는 명령을 받고 그의 주택을 파괴하고 침입하자 Luther가 손해배상청구소송을 제기함으로써 문제된 사건이다. 이 사건에서 양 정부가 서로 적법 정부임을 주장하였는데, 연방대법원은 「어느 정부가 적법인가의 판단은 정치적 문제이므로, 법원이 판단할 사항이 아니라 연방의회와 연방정부가 결정할 문제이다」라고 판시하였다
9) 369 U.S. 186.
10) BVerfGE 36, 1.

산이 통치행위에 해당하는지가 재판상 크게 문제되었는데, 최고재판소는 그의 통치행위성을 인정하여 사법심사를 배제하였다. 학설상으로도 통치행위를 인정할 것인지에 대하여 긍정설과 부정설이 대립하고 있는데, 긍정설이 지배적인 견해라 할 수 있다.

미일안전보장조약과 관련하여 최고재판소는 「위 조약은 고도의 정치성을 가지는 것이어서 그 내용이 위헌인지 아닌지의 법적 판단은 그 조약을 체결한 내각 및 이를 승인한 국회의 고도의 정치적 내지 자유재량적 판단과 표리(表裏)를 이루고 있다. 그러므로 위 조약의 위헌 여부의 법적 판단은 순전히 사법적 기능을 사명으로 하는 사법재판소의 심사에는 원칙적으로 친하지 않은 성질의 것이고, 따라서 한눈에 보기에 명백히 위헌무효라고 인정되지 않는 한 재판소의 사법심사권의 범위 내에 속하지 않는다」고 판시하였다.[11]

Ⅲ. 학 설

1. 통치행위긍정설

이는 통치행위 개념을 인정하는 견해로서, 다시 사법심사의 대상에서 제외되는 근거와 관련하여 다음과 같은 여러 학설로 나뉜다.

(1) 사법자제설

통치행위에 법적 문제가 내포되어 있는 한 사법심사의 대상이 될 수 있으나, 그 행위가 가지는 고도의 정치성으로 인하여 법원이 정치문제에 휩쓸리기를 꺼려하여 스스로 그에 관한 판단을 회피하는 것이라는 견해이다.[12] 프랑스에 있어서의 통치행위론의 밑바탕에 그와 같은 사상이 깔려 있다고 본다.

그러나 이 견해에 대해서는 법적으로 심사할 수 있음에도 불구하고 법원이 스스로 심사하지 않는 것은 심사권의 포기를 의미하는 것으로 헌법규정에 위배될 뿐 아니라, 이러한 고의의 심사포기는 그 자체가 어느 쪽의 정치적 입장을 대변하는 것이 된다는 비판이 가해지고 있다.

(2) 재량행위설(합목적성설)

통치행위는 국가최고기관의 정치적 재량행위에 속하므로 그 권한행사에 있어서는 합목적성(타당·부당) 여부의 문제만 발생할 뿐 합법성(적법·위법) 여부의 문제는 발생하지 않기 때문에 사법심사의 대상이 되지 않는다고 보는 견해이다.

그러나 이 견해에 대해서는 오늘날 재량행위의 경우에는 그 일탈·남용 여부에 대해 사법심사의 대상이 될 수 있음이 인정되고 있는데 대하여(행정소송법 27조 참조), 통치행위는 그 일탈·남용 여부를 묻지 아니하고 사법심사의 대상에서 제외되는 것인 점에서 재량행위와는 다르다는 비판이 가해지고 있다.

---

11) 最高裁 昭和 34. 12. 26, 刑集 13권 13호 3225면.
12) 박균성, 행정법론(상), 2023, 35면.

(3) 내재적 한계설(권력분립설)

법원의 사법심사권에는 권력분립의 견지에서 나오는 일정한 한계가 존재하는데, 고도의 정치성을 띠는 통치행위는 성질상 법원의 심사대상이 되기에 부적당하다는 견해이다. 다시 말하면 정치적으로 중요한 의미를 가지는 행위의 당·부당은 정치적으로 책임을 지지 않는 법원의 소송절차를 통해 해결할 문제가 아니고, 정부·의회 등에 의해 정치적으로 해결되거나 혹은 국민에 의해 민주적으로 통제되어야 한다는 입장이다.[13]

그러나 이 견해에 대해서는 통치행위에 법적 문제가 내포되어 있다면 그것이 정치성을 띠고 있다고 해서 사법심사의 본질적 한계에 놓이게 되는지가 의문이며, 이는 결과적으로 사법부의 기능을 축소하게 되어 국민의 권리구제가 미흡하게 된다는 비판이 가해진다.

2. 통치행위부정설

법치주의가 지배하고 행정소송에서 개괄주의가 채택되어 있는 헌법체계 하에서는 아무리 고도의 정치성을 지닌 통치행위라 하더라도 그것에 의해 개인의 권리가 침해된다면 사법심사의 대상에서 배제할 수 없다는 견해이다.[14] 따라서 국회의원의 징계·제명처분과 같이 헌법에서 명문으로 법원에 제소할 수 없다고 규정하고 있는 경우를 제외하고는 정치적 행위도 법률문제가 포함되어 있다면 법원의 심사대상이 된다고 한다. 다만 고도의 정치성을 띤 행위는 결정기관에 정치적 형성의 자유가 인정됨으로 인하여 그에 대한 사법심사의 통제밀도가 낮아질 뿐이라고 한다.

그러나 이 견해에 대해서는 i) 법적 문제가 내포되어 있는 한 어떠한 경우에도 사법심사가 허용되어야 한다는 것은 논리적으로는 명쾌하지만, 법적 문제가 내포되어 있다고 하여 고도의 정치성을 지니는 문제를 사법심사의 대상으로 하는 경우 야기될 수 있는 현실적인 문제를 간과하고 있으며, ii) 사법권의 내재적 한계에 의한 통치행위를 인정하는 것이 반드시 행정소송의 개괄주의와 모순되는 것은 아니라는 점 등에서 비판이 가해지고 있다.

3. 소 결

어떠한 국가작용이든 법적 문제가 내포되어 있는 한 모두 사법심사의 대상이 될 수 있다는 통치행위 부정론은 이론적으로는 명쾌해 보이지만, 역사적으로 판례를 통해 발전해온 통치행위 개념을 전면적으로 부정하는 것은 문제가 있어 보인다. 그리고 통치행위를 인정하는 학설 중 사법자제설은 통치행위도 법적으로는 사법심사가 가능하지만 법원이 스스로 심사를 자제한다는 논리인데, 이는 법원이 헌법이 부여한 책무를 회피하는 것인 점에서 문제가 있다고 할 것이다. 그리고 재량행위설은 오늘날 재량행위의 경우에도 그 일탈·남용에 대해서는 사법심사가 가능하다고 보는 점에서 통치행위에 대한 사법심사 배제의 논거로 삼기에는 문제가 있다고 할 것이다. 이러한 점에서 내재적 한계설이 타당하다고 생각된다. 즉, 어떠한 국가작용에 법적인 문제가 내포되어 있다고 하

---

13) 정하중/김광수, 행정법개론, 2023, 9면; 류지태/박종수, 행정법신론, 2019, 16면.
14) 하명호, 행정법, 2023, 8면.

더라도 그 본질은 고도의 정치성을 지닌 문제라면 법적 심판기관인 사법부가 그 적법성 여부를 판단하는 것은 적절치 않다고 할 것이다.

다른 한편, 실질적 법치주의를 지향하고 국민의 기본권 보장이 강조되는 오늘날에 있어서 통치행위는 매우 제한적으로만 인정되어야 할 것인바, 이에 관해서는 통치행위의 한계에서 자세히 살펴보기로 한다.

Ⅳ. 판례의 입장

1. 대법원의 입장

대법원은 종래 대통령의 계엄선포행위에 대해 "고도의 정치적·군사적 성격을 띠는 행위이므로 법원이 계엄선포의 요건 구비여부나 선포의 당·부당을 심사하는 것은 사법권의 내재적인 본질적 한계를 넘어서는 것"이라고 함으로써 내재적 한계설의 입장에서 통치행위를 인정하였다.[15] 그러나 남북정상회담 관련 사건에서는 "고도의 정치성을 띤 국가행위에 대하여는 이른바 통치행위라 하여 법원 스스로 사법심사권의 행사를 억제하여 그 심사대상에서 제외하는 영역이 있다"고 함으로써 사법자제설적인 입장을 취하였음에 주목할 필요가 있다.[16] 이하에서 판례의 구체적인 내용에 관해 살펴보기로 한다.

(1) 계엄선포행위

우리나라에서 통치행위가 문제된 첫 번째 사례는 계엄선포행위이다. 1964년 이른바 6·3사태 때와 1979년 10·26 때의 계엄선포행위가 헌법과 법률이 정한 계엄선포의 요건을 갖춘 적법한 조치인지가 문제되었는데,[17] 대법원은 대통령의 계엄선포행위는 고도의 정치성을 지닌 행위이어서 그 선포의 당·부당을 판단할 권한은 국회만이 가지고 있고 사법기관인 법원이 계엄선포의 당·부당을 심사하는 것은 사법권의 내재적인 본질적 한계를 넘어서는 것이라고 함으로써, 내재적 한계설의 입장에서 통치행위를 인정하였다.[18]

그러나 1980년 5·17 때의 비상계엄 전국확대행위와 관련해서는 대통령의 비상계엄의 선포나 확대행위는 고도의 정치적·군사적 성격을 지니는 행위이므로 그 계엄선포의 요건 구비 여부나 선포의 당·부당을 판단할 권한이 사법부에는 없다는 점을 원칙적으로 인정하면서도, 이 사건과 같이 비상계엄의 선포나 확대가 '국헌문란의 목적'을 달성하기 위하여 행하여진 경우에는 법원은 그 자체가 범죄행위에 해당하는지의 여부에 관하여 심사할 수 있다고 판시하였다.[19]

---

15) 대법원 1979. 12. 7, 79초70 재정. 같은 취지의 판례 : 대판 1981. 4. 28, 81도874.
16) 대판 2004. 3. 26, 2003도7878.
17) 유신헌법 제54조 제1항 및 계엄법 제2조 제2항에 의하면 비상계엄은 "전시·사변 또는 이에 준하는 국가비상사태시 적과 교전상태에 있거나 사회질서가 극도로 교란되어 행정 및 사법(司法) 기능의 수행이 현저히 곤란한 경우"에 선포할 수 있는데, 당시의 상황(학생들의 과격한 시위가 있는 것 또는 대통령이 중앙정보부장에 의해 살해된 것)이 이 요건을 충족하고 있는지가 문제되었다.
18) 대판 1964. 7. 21, 64초3; 대판 1980. 8. 26, 80도1278; 대판 1979. 12. 7, 79초70; 대판 1980. 8. 26, 80도1278.

판례 ① 『대통령의 계엄선포행위는 고도의 정치적·군사적 성격을 띠는 행위라고 할 것이어서, 그 선포의 당·부당을 판단할 권한은 헌법상 계엄의 해제요구권이 있는 국회만이 가지고 있다 할 것이고, 그 선포가 당연무효의 경우라면 모르되 사법기관인 법원이 계엄선포의 요건 구비여부나 선포의 당·부당을 심사하는 것은 **사법권의 내재적인 본질적 한계를 넘어서는 것**이 되어 적절한 바가 못 된다.』(대법원 1979. 12. 7. 79초70 재정)

② 『비상계엄 선포나 확대의 법률요건 구비 여부는 통치행위로서 사법심사의 대상이 되지 않으므로 비상계엄 전국 확대조치가 범죄행위에 해당하지 아니한다는 주장에 대하여 : 대통령의 비상계엄 선포나 확대행위는 고도의 정치적·군사적 성격을 지니고 있는 행위라 할 것이므로, 그것이 누구에게도 일견하여 헌법이나 법률에 위반되는 것으로서 명백하게 인정될 수 있는 등 특별한 사정이 있는 경우라면 몰라도, 그러하지 아니한 이상 그 계엄선포의 요건 구비 여부나 선포의 당·부당을 판단할 권한이 사법부에는 없다고 할 것이나, 이 사건과 같이 비상계엄의 선포나 확대가 **국헌문란의 목적**을 달성하기 위하여 행하여진 경우에는 법원은 그 자체가 범죄행위에 해당하는지의 여부에 관하여 심사할 수 있다고 할 것이고, 이 사건 비상계엄의 전국 확대조치가 내란죄에 해당함은 앞서 본 바와 같다.』(대판 1997. 4. 17. 96도3376)

(2) 군사반란 및 내란행위

군사반란에 의해 정권을 장악한 경우에 그 행위를 군사반란죄·내란죄 등으로 처벌할 수 있는지가 문제된다. 군사쿠데타가 실패한 경우에는 당연히 법에 의해 처벌될 수 있을 것이나, 성공한 군사쿠데타에 대해 사후에 처벌하는 것이 가능한지가 특히 문제되는 것이다. 우리나라의 경우 김영삼 정부 때 전두환·노태우 전직 대통령에 대해 군사반란죄·내란죄 등으로 기소함으로써 이 문제가 법적 쟁점으로 부각되었다.

이에 대해 대법원의 소수의견은 군사반란 및 내란행위는 국가의 헌정질서의 변혁을 가져온 고도의 정치적 행위라 할 것이므로 법원이 사법적으로 심사하기에는 부적합하다고 함으로써, 성공한 쿠데타는 사법심사의 대상이 되지 않는다고 하였다. 그러나 대법원의 다수의견은 「군사반란과 내란을 통하여 폭력으로 정권을 장악한 후 국민투표를 거쳐 헌법을 개정하고 개정된 헌법에 따라 국가를 통치하여 왔다고 하더라도, 우리나라의 헌법질서 하에서는 헌법에 정한 민주적 절차에 의하지 아니하고 폭력에 의하여 정권을 장악하는 행위는 어떠한 경우에도 용인될 수 없으므로, 그 군사반란과 내란행위는 처벌의 대상이 된다」고 하여 전두환·노태우 전 대통령 등에 대해 유죄판결을 내렸다.[20]

(3) 남북정상회담 개최와 관련한 대북 송금행위

남북정상회담 개최와 관련한 대북 송금행위가 통치행위에 해당하는지가 문제되었다. 이 사안에서 대법원은 통치행위에 관한 일반론으로서 「고도의 정치성을 띤 국가행위에 대하여는 이른바 통

---

19) 대판 1997. 4. 17, 96도3376.
20) 대판 1997. 4. 17, 96도3376.

치행위라 하여 법원 스스로 사법심사권의 행사를 억제하여 그 심사대상에서 제외하는 영역이 있다. 그러나 이와 같이 통치행위의 개념을 인정한다고 하더라도 과도한 사법심사의 자제가 기본권을 보장하고 법치주의 이념을 구현하여야 할 법원의 책무를 태만히 하거나 포기하는 것이 되지 않도록 그 인정을 지극히 신중하게 하여야 하며, 그 판단은 오로지 사법부만에 의하여 이루어져야 하는 것이다」고 판시하였다.[21] 그리고 이 사안에 대한 구체적 판단에 있어서는, 남북정상회담의 개최는 고도의 정치적 성격을 지닌 행위이어서 사법심사의 대상이 되지 않지만 남북정상회담의 개최과정에서 위법하게 북한에 송금한 행위 자체는 사법심사의 대상이 된다고 하였다.

이 판결에서 유의할 점은 i) 대법원이 사법심사의 대상이 되지 않는 통치행위의 개념을 인정하면서 그 논거에 관해 "법원 스스로 사법심사권의 행사를 억제하여 그 심사대상에서 제외하는 영역"이라고 함으로써, 내재적 한계설을 취하던 종전과는 달리 사법자제설적인 표현을 사용하고 있다는 것과, ii) 사법심사의 대상이 되지 않는 통치행위를 인정하면서도 국민의 기본권 보장과 법치주의 이념을 구현하기 위하여 그 인정을 지극히 신중하게 하여야 한다는 한계를 제시하면서 그 판단은 오로지 사법부만이 할 수 있다고 한 점이다.

> **판례** 『국가행위 중에는 고도의 정치성을 띤 것이 있고, 그러한 고도의 정치행위에 대하여 정치적 책임을 지지 않는 법원이 정치의 합목적성이나 정당성을 도외시한 채 합법성의 심사를 감행함으로써 정책결정이 좌우되는 일은 결코 바람직한 일이 아니며, 법원이 정치문제에 개입되어 그 중립성과 독립성을 침해당할 위험성도 부인할 수 없으므로, 고도의 정치성을 띤 국가행위에 대하여는 이른바 통치행위라 하여 **법원 스스로 사법심사권의 행사를 억제**하여 그 심사대상에서 제외하는 영역이 있다. 그러나 이와 같이 통치행위의 개념을 인정한다고 하더라도 과도한 사법심사의 자제가 기본권을 보장하고 법치주의 이념을 구현하여야 할 법원의 책무를 태만히 하거나 포기하는 것이 되지 않도록 그 인정을 지극히 신중하게 하여야 하며, 그 판단은 오로지 사법부만에 의하여 이루어져야 하는 것이다.
>
> 원심은 위 공소사실을 유죄로 인정하면서, 위 피고인들의 대북송금행위 및 이에 수반된 각 행위들은 남북정상회담에 도움을 주기 위한 시급한 필요에서 비롯된 이른바 통치행위로서 사법부에 의한 사법심사의 대상이 되지 않는다는 피고인들의 주장에 대하여, 남북정상회담의 개최는 고도의 정치적 성격을 지니고 있는 행위라 할 것이므로 특별한 사정이 없는 한 그 당부를 심판하는 것은 사법권의 내재적·본질적 한계를 넘어서는 것이 되어 적절하지 못하지만, 남북정상회담의 개최과정에서 위 피고인들이 공모하여 재정경제부장관에게 신고하지 아니하거나 통일부장관의 협력사업 승인을 얻지 아니한 채 위와 같이 북한 측에 사업권의 대가 명목으로 4억 5,000만 달러를 송금한 행위 자체는 헌법상 법치국가의 원리와 법 앞에 평등원칙 등에 비추어 볼 때 사법심사의 대상이 된다고 판단하였는바, 원심의 위와 같은 판단은 앞서 본 법리에 비추어 정당한 것으로 수긍되고, 거기에 이른바 헌법상 통치행위에 대한 법리오해의 위법이 있다고 할 수 없다.』(대판 2004. 3. 26, 2003도7878)

(4) 대통령의 서훈 또는 그 취소결정

대통령은 법률이 정하는 바에 의하여 훈장 기타의 영전을 수여하며(헌법 80조), 그 구체적 내용은 상훈법에서 규정하고 있다. 이와 관련하여 대통령의 서훈결정 또는 그 취소결정이 통치행위에

---

21) 대판 2004. 3. 26, 2003도7878.

해당하는지가 문제되었다.

독립유공자로서 서훈된 자가 나중에 친일 행적이 밝혀짐으로써 서훈이 취소되자 그 유족들이 서훈취소결정에 대한 행정소송을 제기한 사안에서, 원심(서울고등법원)은 대통령이 서훈대상자를 결정하는 행위 또는 서훈을 취소하는 행위는 국가원수로서 정치적 결단에 의해 행하는 통지행위에 해당하여 행정소송으로 다투는 것은 부적법하다고 하였다.[22] 그러나 이에 대한 상고심에서 대법원은 「서훈취소는 서훈수여의 경우와는 달리 이미 발생된 서훈대상자 등의 권리 등에 영향을 미치는 행위로서 관련 당사자에게 미치는 불이익의 내용과 그 정도 등을 고려하면 사법심사의 필요성이 크다. 따라서 기본권의 보장 및 법치주의의 이념에 비추어 보면, 비록 서훈취소가 대통령이 국가원수로서 행하는 행위라고 하더라도 법원이 사법심사를 자제하여야 할 고도의 정치성을 띤 행위라고 볼 수는 없다」고 판시하였다.[23]

(5) 긴급조치의 발령

유신헌법 제53조에 근거하여 대통령이 긴급조치를 발령한 것이 통치행위에 해당하여 사법심사의 대상에서 제외되는지가 문제되었다. 이에 대해 대법원은 『고도의 정치성을 띤 국가행위에 대하여는 이른바 통치행위라 하여 법원 스스로 사법심사권의 행사를 억제하여 그 심사대상에서 제외하는 영역이 있을 수 있지만, 과도한 사법심사의 자제가 기본권을 보장하고 법치주의 이념을 구현하여야 할 법원의 책무를 태만히 하는 것이 되지 않도록 그 인정을 지극히 신중하게 하여야 한다』고 전제한 다음, 『중대한 위기상황이 발생한 경우 이를 수습함으로써 국가의 존립을 보장하기 위하여 행사되는 국가긴급권에 관한 대통령의 결단은 가급적 존중되어야 한다. 그러나 앞에서 살펴본 바와 같은 법치주의의 원칙상 통치행위라 하더라도 헌법과 법률에 근거하여야 하고 그에 위배되어서는 안 된다. 더욱이 긴급조치 제1호는 국민의 기본권에 대한 제한과 관련된 조치로서 형벌법규와 국가형벌권의 행사에 관한 규정을 포함하고 있다. 그러므로 기본권 보장의 최후 보루인 법원으로서는 마땅히 긴급조치 제1호에 규정된 형벌법규에 대하여 사법심사권을 행사함으로써, 대통령의 긴급조치권 행사로 인하여 국민의 기본권이 침해되지 않도록 그 책무를 다하여야 할 것이다』고 함으로써 형벌법규에 관한 규정을 포함하고 있는 긴급조치의 위헌성 여부에 대해 법원이 심사할 수 있다고 하였다.[24]

2. 헌법재판소의 입장

(1) 금융실명제 실시를 위한 긴급재정경제명령

김영삼 대통령이 금융실명제를 실시하기 위해 긴급재정경제명령을 발한 것이 통치행위에 해당

---

22) 서울고판 2012. 11. 6, 2012누12503.
23) 대판 2015. 4. 23, 2012두26920.
24) 대판 2010. 12. 16, 2010도5986. 이 사안에서 대법원은 이 사건 긴급조치가 결론적으로 위헌이라고 판시하였다. 한편, 헌법재판소는 긴급조치는 법률의 효력을 가지는 것이므로 그 위헌성에 대한 심사권한은 법원이 아니라 헌법재판소가 갖는다고 하였다(헌재 2013. 3. 21, 2010헌바70). 이에 관한 상세는 이 책 "법규명령에 대한 헌법재판소에 의한 통제" 부분 참조.

하는지가 문제된 사건에서 헌법재판소는 긴급재정경제명령은 고도의 정치적 결단에 의해 발동되는 것이므로 통치행위에 해당하는 것으로 인정하였으나, 통치행위라 할지라도 그것이 국민의 기본권침해와 직접 관련되는 경우에는 당연히 헌법재판소의 심판대상이 된다고 판시하였다.[25]

이에 따라 헌법재판소는 김영삼 대통령이 발한 긴급재정경제명령이 헌법 제76조 제1항 등에서 정한 요건을 갖춘 적법한 조치인지에 대한 본안심사를 하였는바,「긴급재정경제명령을 발할 수 있는 중대한 재정·경제상의 위기 상황의 유무에 관한 제1차적 판단은 대통령의 재량에 속한다」고 전제한 다음,「대통령은 기존의 금융실명법으로는 재정·경제상의 위기상황을 극복할 수 없다고 판단하여 이 사건 긴급명령을 발한 것임을 알 수 있고, 대통령의 그와 같은 판단이 현저히 비합리적이고 자의적인 것이라고는 인정되지 않으므로 이는 존중되어야 한다」고 함으로써 결국 본안에 대해서는 청구를 기각하였다.

> **판례** 『대통령의 긴급재정경제명령은 국가긴급권의 일종으로서 고도의 정치적 결단에 의하여 발동되는 행위이고 그 결단을 존중하여야 할 필요성이 있는 행위라는 의미에서 이른바 통치행위에 속한다고 할 수 있으나, 통치행위를 포함하여 모든 국가작용은 국민의 기본권적 가치를 실현하기 위한 수단이라는 한계를 반드시 지켜야 하는 것이고, 헌법재판소는 헌법의 수호와 국민의 기본권 보장을 사명으로 하는 국가기관이므로 비록 고도의 정치적 결단에 의하여 행해지는 국가작용이라고 할지라도 그것이 국민의 기본권 침해와 직접 관련되는 경우에는 당연히 헌법재판소의 심판대상이 된다.』(헌재 1996. 2. 29, 93헌마186)

(2) 이라크 파병결정

2003년 10월 18일 노무현 대통령은 국군(일반 사병)을 이라크에 파견하기로 결정하였는데, 이러한 결정은 침략적 전쟁을 부인하고 있는 헌법 제5조 등에 위반된다는 이유로 헌법소원심판이 청구되었다. 이에 대해 헌법재판소는「이 사건 파견결정은 그 성격상 국방 및 외교에 관련된 고도의 정치적 결단을 요하는 문제로서, 헌법과 법률이 정한 절차를 지켜 이루어진 것임이 명백하므로 대통령과 국회의 판단은 존중되어야 하고, 우리 재판소가 사법적 기준만으로 이를 심판하는 것은 자제되어야 한다」고 함으로써 사법자제설의 입장에서 통치행위성을 인정하여 청구를 각하하였다.[26]

(3) 한미연합 군사훈련 실시결정

대통령이 한미연합 군사훈련의 일종인 '2007년 전시증원연습'을 실시하기로 결정하였는데, 갑 등은 이러한 결정이 헌법이 보장하고 있는 기본권인 평화적 생존권을 침해한다고 주장하며 헌법소원심판을 청구하였다. 이에 대해 국방부장관은 대통령의 위 결정은 고도의 정치적 결단에 의한 이른바 통치행위에 해당하여 헌법소원심판의 대상이 되지 않는다고 주장하였다. 이 사안에서 헌법재판소는 다음과 같이 판시하였다.[27]

---

25) 헌재 1996. 2. 29, 93헌마186.
26) 헌재 2004. 4. 29, 2003헌마814.
27) 헌재 2009. 5. 28, 2007헌마369.

① 한미연합 군사훈련은 1978년 한미연합사령부의 창설 및 1979. 2. 15. 한미연합연습 양해각서의 체결 이후 연례적으로 실시되어 왔고, 특히 이 사건 연습은 대표적인 한미연합 군사훈련으로서, 피청구인이 2007년 3월경에 한 이 사건 연습결정이 새삼 국방에 관련되는 고도의 정치적 결단에 해당하여 사법심사를 자제하여야 하는 통치행위에 해당된다고 보기 어렵다.

② 종래 헌법재판소는 '평화적 생존권'을 헌법 제10조와 제37조 제1항에 의하여 인정된 기본권으로서 침략전쟁에 강제되지 않고 평화적 생존을 할 수 있도록 국가에 요청할 수 있는 권리라고 결정하였는바,[28] 다음과 같은 이유에서 종전 결정을 번복하기로 한다. 즉, 우리 헌법은 일본 헌법과는 달리 평화적 생존권을 직접적으로 도출할 표현을 두고 있지 않으며, 다만 전문이나 총강에서 평화적 통일, 세계평화, 국제평화 등의 규정만을 두고 있을 뿐인데, 여기에서 평화란 헌법의 이념 내지 목적으로서의 추상적 개념에 지나지 않고 국가에 대하여 평화적 생존을 요청할 수 있는 개인의 구체적 권리라고 볼 수 없으므로, 결국 평화적 생존권은 헌법상 보장되는 기본권이라고 볼 수 없다. 따라서 청구인들이 헌법이 보장하는 기본권인 평화적 생존권 침해를 이유로 하여 제기한 이 사건 헌법소원심판청구는 부적법하여 각하되어야 한다.

V. 통치행위의 한계

1. 통치행위의 범위 축소

국가행위 중에는 법적 심판기관인 법원이 심사하기에 적절치 않은 고도의 정치성을 지닌 행위가 있음을 부인할 수는 없을 것이다. 그러나 사법심사의 대상에서 제외되는 통치행위의 범위를 넓게 인정하면 소송을 통한 국민의 권리구제가 불가능해지는 점에서 문제가 있으며, 이러한 점에서 오늘날에는 통치행위의 범위를 가능한 좁게 인정하려는 경향에 있다. 다음의 판례가 이를 잘 나타내주고 있다. 「고도의 정치성을 띤 국가행위에 대하여는 이른바 통치행위라 하여 법원 스스로 사법심사권의 행사를 억제하여 그 심사대상에서 제외하는 영역이 있으나, 이와 같이 통치행위의 개념을 인정한다고 하더라도 과도한 사법심사의 자제가 기본권을 보장하고 법치주의 이념을 구현하여야 할 법원의 책무를 태만히 하거나 포기하는 것이 되지 않도록 그 인정을 지극히 신중하게 하여야 하며, 그 판단은 오로지 사법부만에 의하여 이루어져야 한다.」[29]

2. 통치행위에 대한 사법심사

통치행위라 할지라도 무제한의 자유가 보장되는 것은 아니며, 헌법상의 근본원리라 할 수 있는 국민주권주의, 자유민주주의, 국민의 기본권보장 등에 의해 구속된다고 할 것이다. 우리의 판례도 고도의 정치성을 띠는 통치행위라 할지라도 i) 그것이 일견 헌법이나 법률에 위반됨이 명백한 경

---

28) 헌재 2003. 2. 23, 2005헌마268.
29) 대판 2004. 3. 26, 2003도7878.

우, ii) 그 행위가 국헌문란의 목적을 달성하기 위하여 행해진 경우, iii) 그것이 국민의 기본권침해와 직접 관련되는 경우 등에는 예외적으로 사법심사의 대상이 될 수 있음을 인정하고 있다.[30]

다른 한편, 통치행위에 대해서 사법심사를 인정하는 경우에도 그 정치적 재량성으로 인해 사법심사의 정도가 완화될 수 있음도 부인할 수 없을 것이다. 헌법재판소는 금융실명제 실시를 위한 대통령의 긴급재정경제명령에 대한 헌법소원심판청구사건에서, "비록 고도의 정치적 결단에 의하여 행해지는 국가작용이라고 할지라도 그것이 국민의 기본권 침해와 직접 관련되는 경우에는 당연히 헌법재판소의 심판대상이 될 수 있다"고 하여 긴급재정경제명령의 발동이 기본권침해와 직접 관계되는 경우에는 헌법소원심판의 대상이 될 수 있음을 인정하였으나, 그 본안에 대한 판단에 있어서는 "긴급재정경제명령을 발할 수 있는 중대한 재정·경제상의 위기상황의 유무에 관한 판단은 대통령의 재량에 속한다. … 대통령의 그와 같은 판단이 현저히 비합리적이고 자의적인 것이라고는 인정되지 않으므로 이는 존중되어야 할 것이다"라고 함으로써 사법심사의 정도가 상대적으로 완화될 수 있음을 인정하였다.[31]

VI. 통치행위와 국가배상책임

대통령이 발한 긴급조치가 사법심사에 의해 위헌·무효로 선언된 경우에 국가는 그 긴급조치로 인해 손해를 받은 국민에게 배상책임이 있는지가 문제되는바, 최근에 대법원은 이에 관한 종래의 입장을 변경하였음에 유의하여야 한다. 즉, 종래 대법원은 「유신헌법에 근거한 대통령의 긴급조치권 행사는 고도의 정치성을 띤 국가행위로서 대통령은 국가긴급권의 행사에 관하여 원칙적으로 국민 전체에 대한 관계에서 정치적 책임을 질 뿐 국민 개개인의 권리에 대응하여 법적 의무를 지는 것은 아니므로, 대통령의 이러한 권력행사가 국민 개개인에 대한 관계에서 민사상 불법행위를 구성한다고는 볼 수 없다」고 함으로써 국가배상책임을 부인하였다.[32]

그러나 2022년 전원합의체판결에서는, 긴급조치의 발령과 적용·집행행위라는 일련의 국가작용이 전체적으로 보아 정당성을 상실한 때에는 그로 인해 국민에게 발생한 손해에 대하여 국가의 배상책임이 인정되어야 한다고 판시하였다.[33]

---

30) 대판 1997. 4. 17, 96도3376; 헌재 1996. 2. 29, 93헌마186.
31) 헌재 1996. 2. 29, 93헌마186.
32) 대판 2015. 3. 26, 2012다48824.
33) 대판 2022. 8. 30, 2018다212610. 이에 관한 상세는 이 책 "행정상 손해배상(국가배상)" 부분 참조.

제2장

행 정 법

제1절 행정법의 의의와 특수성

Ⅰ. 행정법의 의의

행정법은 "행정의 조직·작용 및 구제에 관한 국내공법"이라 정의할 수 있는데, 이를 나누어 설명하면 다음과 같다.

1. '행정'에 관한 법

(1) 행정법은 행정의 조직과 작용에 관한 법인 점에서 의회의 조직과 작용에 관한 법인 입법법 (예 : 국회법) 및 법원의 조직과 작용에 관한 법인 사법법(예 : 법원조직법)과 구별된다.

(2) 여기에는 말하는 행정의 의미 및 범위에 대해서는 학설상 다툼이 있는데, 실질적 의미의 행정은 특히 다른 법의 대상으로 되어 있는 것을 제외하고는 여기에 포함되며, 형식적 의미의 행정은 비록 그것이 성질상 입법 및 사법에 속하더라도 역시 이에 포함된다고 할 것이다.

2. 행정에 관한 '공법'

(1) 행정법은 행정에 관한 '공법상의 법률관계'를 규율하는 법으로서, 대표적인 공법에 해당한다. 즉, 행정주체는 국민에 대해 우월한 지위에서 공권력을 행사하기도 하고 국민과 대등한 관계에서 사경제주체로서 활동하기도 하는데, 행정법은 전자의 법률관계를 규율대상으로 하는 것이다.

(2) 어떠한 법이 공법인지 사법인지를 구별하는 것은 i) 그 법의 해석에 있어서 공법원리가 적용되는지 사법원리가 적용되는지, ii) 법적 분쟁이 있는 경우에 행정소송의 대상인지 민사소송의 대상인지 등과 관련하여 중요한 의미를 갖는다.

그 구별의 기준에 대한 학설로는 이익설, 성질설(종속설), 구주체설, 신주체설(귀속설) 등이 대립하고 있다. 이익설이란 공익의 실현에 봉사하는 법이 공법이고 사익의 실현에 봉사하는 법이 사법이라는 견해이고, 성질설(종속설)은 당사자의 관계가 상하관계인지 대등관계인지에 따라 상하의 불대등한 관계를 규율하는 법이 공법이고 대등한 관계를 규율하는 법이 사법이라는 견해이다. 구주체설이란 적어도 한쪽 당사자가 행정주체인 법률관계를 규율하는 법이 공법이고 순전한 사인 상호간의 법률관계를 규율하는 법이 사법이라는 견해이고, 신주체설(귀속설)이란 공권력주체에게만 권리·의무를 귀속시키는 법이 공법이고 누구에게나(행정주체 포함) 권리·의무를 귀속시키는 법이 사법이라는 견해이다.

이상에 살펴본 바와 같이 공법과 사법의 구별기준에 관해서는 여러 학설이 대립하고 있는데, 그 어느 견해도 완벽한 기준을 제시해 주고 있지는 못하며 따라서 여러 요소들을 종합적으로 고려하여 판단하여야 한다는 것이 다수설이다.

3. 행정에 관한 '국내' 공법

넓은 의미의 행정에는 국내행정만이 아니라 국제행정도 포함되는데, 후자는 국제법의 규율을 받으므로 행정법은 원칙적으로 국내행정만을 규율대상으로 한다.

Ⅱ. 행정법의 법적 특수성

1. 규정형식상의 특수성

(1) 행정법의 성문성

행정법은 국민의 권리·의무에 관하여 일방적으로 규율하는 경우가 많으므로, 국민으로 하여금 장래에 대한 예측을 가능케 하여 법률생활의 안정을 기할 수 있게 하기 위하여 성문의 형식을 취함이 원칙이다.

(2) 행정법의 형식의 다양성

행정법을 구성하는 법의 형식은 다른 법에 비해 매우 다양하다. 즉, 법률에 의하는 것을 원칙으로 하면서도, 위임명령·집행명령·행정규칙·조례·규칙 등의 형식으로 존재하는 경우도 많다.

(3) 단일 법전의 부존재

행정현상이 매우 광범하고 다양하기 때문에 '행정법'이라는 단일의 법전이 존재하지 않고, 국가공무원법·행정대집행법·건축법·식품위생법·행정심판법 등과 같은 행정에 관한 수많은 법들이 모여 하나의 행정법체계를 이루고 있다.

다만 근래에는 행정법의 단일법전화의 노력이 기울여지고 있는데, 우리나라의 경우 1996년에 행정절차에 관한 일반법인 「행정절차법」이 제정되었고, 2021년에는 행정법의 실체적 내용에 관한 일반법이라 할 수 있는 「행정기본법」이 제정되어 행정법의 단일법전화에 큰 진전을 이루었다. 향후 행정기본법, 행정절차법, 행정강제법, 행정심판법 등이 하나의 법률로 통합되어 명실상부하게 행정법의 단일법전화가 이루어지기를 기대한다.

2. 규정내용상의 특수성

(1) 행정주체의 우월성

행정법은 행정주체에게 사인(私人)에 대하여 명령·강제할 수 있는 권한을 부여하고 있는 경우가 많은데, 이는 행정주체의 우월성을 전제로 하는 것이다. 다만 이러한 행정주체의 우월성은 행정주체에 고유한 본래의 성질이라 할 수 없으며, 행정목적의 효율적 달성을 위하여 법률이 행정주체에 대하여 특별히 부여하고 있는 범위 내에서 인정되는 것이다.

(2) 공익우선성

행정법은 행정목적을 효율적으로 달성하기 위하여 개인의 이익보다는 공공의 이익에 더 큰 가치를 두고 있다.

(3) 집단성·평등성

행정법은 일반적으로 다수인을 규율대상으로 하며, 그 다수인 간에 법적 평등이 보장되도록 하여야 한다. 이러한 이유로 행정법의 규율내용이 정형화되는 경향이 있다.

3. 규정성질상의 특수성

(1) 획일·강행성

행정법은 다수인을 상대로 하여 공공의 견지에서 개개인의 의사를 묻지 않고 획일·강제적으로 규율함을 원칙으로 한다.

(2) 기술성

행정법은 행정목적을 합목적적으로 공정하게 실현하기 위한 수단을 정한 것이므로 기술적·수단적 성질을 가진다. 독일의 학자 오토 마이어(Otto Mayer)는 1924년 그의 저서 「독일행정법」의 제3판 서문에서 "헌법은 사라져도 행정법은 존속한다"라는 유명한 말을 남겼는데, 후세의 학자들은 그 말의 의미가 행정법은 행정목적의 효율적 달성을 위한 기술적·수단적 성격을 띠기 때문에 헌법에 비해 정치적 이데올로기에 의한 영향을 적게 받는다는 것을 의미하는 것으로 새기고 있다.[1]

(3) 재량성

행정법은 행정목적의 구체적 타당성 있는 실현을 위하여 행정청에 광범한 재량권을 부여하는 경우가 많다.

---

1) 오토 마이어는 그의 저서 「독일행정법 Ⅰ, Ⅱ」를 입헌군주정시대인 1895년에 처음으로 출간하였고, 그 제3판을 바이마르공화국시대인 1924년에 출간하였다. 그런데 제3판을 출간할 때에는 독일이 군주제에서 공화제로 옮겨졌으므로 종래 군주제하의 헌법은 당연히 소멸되었음에도 불구하고, 행정법은 상당부분 그대로 존속하고 있음을 인식하였다. 이에 따라 그는 「독일행정법」 제3판 서문에서 "헌법은 사라져도 행정법은 존속한다"(Verfassungsrecht vergeht, Verwaltungsrecht besteht)라는 유명한 말을 남기게 되었다. 이에 관한 상세는 김남진, 행정법의 기본문제, 법문사, 1994, 47면 이하 참고.

Ⅲ. 헌법과 행정법의 관계

앞에서 살펴본 바와 같이 오토 마이어는 "헌법은 사라져도 행정법은 존속한다"고 했는데, 이에 의하면 헌법과 행정법은 별 관계가 없는 학문영역인 것처럼 보일 수 있다. 그러나 오토 마이어적인 시각은 헌법이념이 근본적으로 변혁되는 시기(예컨대 군주제에서 공화정으로의 변혁)에는 타당할 수 있지만, 동일한 헌법이념이 지배하는 시기에는 헌법과 행정법이 불가분의 관계임을 부인할 수 없다. 헌법은 국가 및 국민생활에 관한 근본적인 사항을 정한 기본법이며, 그 내용은 행정법에 의해 구체화되기 때문이다. 이러한 점에서 독일 연방행정법원장을 지낸 베르너(Fritz Werner)는 행정법이 '구체화된 헌법'임을 강조하였다.[2] 예컨대 헌법 제29조는 국민의 기본권의 하나로서 국가배상을 받을 권리를 규정하고 있는데, 헌법의 특성상 국가배상청구권의 요건·청구절차 등에 관한 구체적인 내용을 자세히 헌법에 규정하기는 어렵다. 따라서 국가배상청구권의 구체적 실현을 위해 제정된 국가배상법은 '헌법의 집행법' 또는 '구체화된 헌법'의 기능을 수행한다고 할 수 있다.

이와 같이 행정법은 헌법의 집행법으로서의 성격을 지니기 때문에 당연히 헌법상의 지도이념 내지 기본원리에 복종하여야 하는바, 일반적으로 헌법의 기본원리로는 민주국가의 원리, 법치국가의 원리, 사회복리국가의 원리 등을 들고 있다.

제 2 절   행정법의 성립

행정이 권력분립을 기초로 하는 근대국가의 소산인 것처럼 행정법도 역시 근대국가의 소산이다. 그러나 법체계를 달리하는 대륙법계국가와 영미법계국가 간에는 많은 차이점이 있는데, 행정법은 주로 프랑스·독일을 중심으로 한 대륙법계국가에서 성립·발전되어 왔다고 할 수 있다.

Ⅰ. 대륙법계국가에서의 행정법

1. 성립배경

행정법이 대륙법계국가에서 먼저 성립하게 되었던 배경이 된 전제로서 법치국가사상과 행정제도를 들 수 있다.

(1) 법치국가사상

국가의 작용은 국민의 대표기관인 의회가 제정한 법률에 의하여야 한다고 하는 법치국가사상

---

2) Fritz Werner, Verwaltungsrecht als konkretisiertes Verfasssungsrecht, DVBl. 1959, S.527ff.

의 발달은 근대행정법의 성립을 위한 불가결의 전제조건이라 할 수 있다. 즉, 법치국가사상이 행정의 영역에 표현된 것이 '법률에 의한 행정'의 원리이고, 이로 말미암아 행정법이 성립하게 된 것이다.

(2) 행정제도

행정제도란 행정권의 자주·독립성을 확보하기 위한 행정에 특수한 제도를 말한다. 즉, 행정에 관한 사항은 사법(私法)과 구별되는 특수한 법에 의해 규율되며, 그에 관한 분쟁은 일반법원과 구별되는 특수한 재판소의 심사를 받는 것을 의미한다. 이러한 행정제도를 기반으로 사법과 구별되는 공법으로서의 행정법이 성립·발전하였다.

2. 유　형

(1) 프랑스행정법

행정법이 가장 먼저 성립·발전한 나라는 프랑스라 할 수 있다. 프랑스는 1789년 프랑스대혁명을 통하여 전제군주제를 무너뜨리고 권력분립을 기초로 하는 근대적 법치국가를 이루었으며, 귀족세력이 장악하고 있던 사법권(司法權)의 부당한 간섭으로부터 행정권의 자주·독립성을 확보하기 위하여 행정부에 행정사건에 대한 심판을 담당하는 독립기관인 꽁세이데타(Conseil d'Etat)를 설치함으로써 행정에 특유한 제도(행정제도)를 발전시켰다.

이러한 배경하에 성립한 프랑스행정법은 사법부로부터 독립한 꽁세이데타의 판례를 중심으로 발전하였고, 그 내용에 있어서는 공익목적의 효율적 달성을 위한 '공역무작용'이 중심이 되었다. 그 결과 프랑스행정법은 프랑스의 전통적인 자유주의적·개인주의사상을 배경으로 민주적이고 진보적이며 사회사정에 대응할 수 있는 탄력적인 이론과 제도를 발전시켰다.

한편, 프랑스행정법이 먼저 성립하였지만 오늘날에는 독일행정법보다 뒤처진 것으로 평가되는 것이 흥미롭다. 이탈리아의 저명한 공법학자인 까쎄세(Sabino Cassese) 재판관은 프랑스 행정법학은 멸망(in ruins)의 상태에 있는데 대하여 독일 행정법학은 쇄신(renewal)을 거듭하고 있다고 하면서, 그 원인은 프랑스의 행정법학이 세계화, 민간화, 분권화와 같은 외부세계의 변화를 제대로 흡수하지 못한 데에 있다고 한다.[3]

(2) 독일행정법

① 독일은 프랑스와는 달리 시민혁명에 의하지 아니하고 군주와 시민의 타협에 의해 종래의 전제군주제를 입헌군주제로 바꿈으로써 근대국가가 성립하였다. 이에 따라 법치주의를 채택하면서도 가능한 한 군주의 우월적 지위를 보장하려는 의도가 엿보이며, 권위주의적이고 관료주의적인 색채가 많이 잔존하였다. 따라서 독일행정법은 프랑스행정법을 모방하면서도 프랑스와는 반대로 오히려 국가의 우월성을 전제로 하는 공권력작용을 중심으로 발전한 점에 특징이 있다고 할 수 있는바, 특별권력관계이론이나 행정소송에 있어서의 열기주의가 그 대표적 예이다.

---

3) 이에 관한 상세는 김남진, 행정법제 고문단 간담회 참가기, 학술원통신 제316호, 2019. 11. 1, 2면 참조.

② 독일 행정법의 기초를 닦은 자는 오토 마이어라 할 수 있다. 독일과 프랑스의 국경지대에 위치한 스트라스부르그대학에 재직하고 있던 오토 마이어는 먼저 1886년 「프랑스행정법」을 저술하였고, 약 10년 후인 1895년에 「독일행정법」을 저술하여 독일행정법이론의 기초를 마련하였다.

③ 근대국가 초기에 독일행정법은 국고학설(國庫學說 : Fiskustheorie)을 이론적 기초로 하여 발전하였다. 국고학설이란 '공권력의 주체로서의 국가'와 '재산권의 주체로서의 국가'를 구별하여, 국가가 전자의 지위에서 권한을 행사하는 경우에는 공법의 적용을 받으며, 후자의 지위에서 권한을 행사하는 경우에는 사법의 적용을 받는다는 이론이다.

④ 제2차 세계대전에서 패전한 후 독일행정법은 과거의 권위주의적이고 관료주의적인 요소를 제거하고 민주적으로 탈바꿈하였는바, 행정소송에 있어서 열기주의를 버리고 개괄주의를 채택한 것과 특별권력관계이론이 연방헌법재판소 판결에 의해 치명적인 타격을 받은 것이 그 대표적 예이다.

Ⅱ. 영미법계국가에서의 행정법

영국 헌법학의 아버지로 불리는 다이시(Dicey)는 영국법의 기초원리라 할 수 있는 「법의 지배」(rule of law)의 내용의 하나로 '법 앞의 평등'을 들고, 따라서 행정상의 법률관계도 사인간의 법률관계와 마찬가지로 보통법(common law)의 적용을 받는다고 하였다. 그리고 영국은 행정상의 분쟁을 심판하기 위한 특수한 행정재판소를 설치하지 아니하고 그것도 개인간의 분쟁과 마찬가지로 일반법원의 관할에 속하도록 하였다. 이와 같이 보통법에 의한 지배를 원칙으로 하며 행정소송도 일반법원에서 담당하는 영미법계국가에서는 사법과 구별되는 공법(특히 행정법)의 관념이 성립될 여지가 없었다.

그러나 20세기에 접어들면서 행정권의 확대·강화현상에 따라 무수한 행정위원회가 출현·발전하였으며, 새로운 행정기능을 뒷받침하기 위해서는 전통적인 보통법만으로써는 곤란하게 되자 수많은 제정법이 출현하였다. 그 결과 오늘날 영미법계국가에서도 행정법의 체계가 성립되어 활발한 연구대상이 되고 있는바, 특히 행정절차·행정정보공개 등에 관한 부분이 많이 연구되었다.

제 3 절 　법치주의와 법치행정의 원리

Ⅰ. 법치주의

1. 개 념

　법치주의 내지 법치국가의 원리라 함은 국가작용은 국민의 대표기관인 의회가 제정한 법률에 근거하여 이루어져야 한다는 헌법원리를 말하며, 특히 '행정'이 법률에 의하여 행해져야 한다는 것을 법치행정의 원리라고 한다. 이는 행정의 자의를 방지하고 장래에 대한 예측가능성을 부여함으로써 국민의 기본권을 보장하기 위한 것이다.

　우리 헌법도 입법권은 원칙적으로 국민의 대표기관인 국회의 권한에 속함을 선언함과 아울러(40조), 국민의 자유와 권리의 제한은 법률로써 하도록 하고(37조 2항), 명령·규칙·처분 등이 헌법이나 법률에 위반되는지에 대한 사법심사제도를 채택함으로써(107조 2항), 법치국가원리를 헌법의 근본이념의 하나로 삼고 있다. 그리고 행정기본법은 행정의 법원칙의 하나로 '법치행정의 원칙'을 명시적으로 규정하고 있다(8조).

2. 형식적 법치주의와 실질적 법치주의

(1) 형식적 법치주의

　대륙법계국가, 특히 독일의 법치주의는 '법률의 지배'(Herrschaft des Gesetzes)를 의미하였다. 즉, 형식적으로 의회에서 제정된 법률에 의한 지배이기만 하면 그 내용적 타당성 여부를 묻지 아니하였기 때문에 결국 국민의 권리보장도 형식적인 것이 되었는바, 이를 형식적 법치주의라고 한다. 이는 의회에서 제정된 법률에 의한 행정을 강조하기 때문에 '행정부에 대한 입법부의 우위'를 뜻한다.

　이러한 형식적 법치주의는 히틀러의 나찌정권이 보여주듯이 법률에 의한 독재를 가능케 하였기 때문에, 독일도 이에 대한 반성으로 제2차 세계대전에서 패망한 후에는 위헌법률심사제도를 강화하여 '헌법이념에 적합한 법률의 지배'를 기초로 하는 실질적 법치주의를 채택하였다.

(2) 실질적 법치주의

　영미법계국가에서는 일찍부터 법의 지배(rule of law)의 원리가 발전하였는바, 여기에서 법이란 자연적 정의(natural justice)에 합치되는 법을 의미하였다. 이와 같이 자연적 정의에 합치되는, 다시 말하면 '내용적으로 타당한' 법의 지배를 원칙으로 하는 나라에서는 국민의 권리도 실질적으로 보장될 수 있는데, 이를 실질적 법치주의라 한다. 오늘날 대부분의 국가는 실질적 법치주의를 지향하고 있다.

법이 내용적으로 정당한지는 국가의 근본이념을 규율하고 있는 헌법에 합치되는지에 의해 판단한다. 즉, 실질적 법치주의가 보장되기 위해서는 위헌법률심사제도가 활성화되어 내용적으로 정당하지 않은 법률은 무효화시킬 수 있어야 한다. 이와 같이 실질적 법치주의는 의회가 제정한 법률의 내용적 타당성 여부에 대한 사법심사(위헌법률심사)를 전제로 하기 때문에 '입법부에 대한 사법부의 우위'를 뜻한다고 할 수 있다.

3. 법치주의에 대한 제한

(1) 오늘날 행정입법의 증가로 인하여 실제적으로 행정작용은 법률이 아니라 행정입법에 의해 구체적으로 규율되는 경우가 많아지고 있다. 예컨대 식품위생법 제75조는 영업자가 법률을 위반한 경우에는 영업허가를 취소하거나 6개월 이내의 영업정지처분을 내리도록 규정하고 있는데, 그 제재처분의 구체적 기준은 동법시행령에 위임됨으로써 실제적으로 위반자에 대한 제재처분은 위 시행령에서 정한 기준에 따라 행해지는 것이다. 이러한 현상이 본래적 의미의 법치주의를 제한하는 측면이 있지만, 그러나 위 시행령의 내용은 법률이 정한 범위 내에서만 타당성을 가지며, 또한 위 시행령에 근거한 제재처분이 적법한 처분인지는 결국 사법심사를 통하여 판단되는 점에서 법치주의에 반한다고는 할 수 없을 것이다.

(2) 행정의 법률적합성원칙에 의하면 법률에 위반되는 행정작용은 취소되어야 마땅하다. 그러나 오늘날 법치국가에서는 행정의 법률적합성원칙만이 유일한 최고의 가치를 가지는 것은 아니며, 새로이 신뢰보호의 원칙도 중요한 법원칙의 하나로 등장하였다. 즉, 국민의 신뢰를 보호할 필요가 있는 경우에는 법률에 위반되는 행정작용도 유지되어야 한다는 것이다. 이러한 신뢰보호의 원칙은 일견 법치국가의 원리에 모순되는 것 같이 보이지만, 아이러니하게도 신뢰보호원칙의 근거를 법치국가의 원리에서 찾는 것이 일반적이다. 이러한 점에서 신뢰보호의 원칙은 법치국가의 원리와 모순되는 것은 아니며, 행정의 법률적합성원칙과 신뢰보호원칙은 같이 추구되어야 할 법치국가원리의 한 내용들이라 할 수 있다.

II. 법치행정의 원리의 내용

독일의 오토 마이어 교수는 그의 저서 「독일행정법 I」에서 법치행정의 내용으로 법률의 법규창조력, 법률우위, 법률유보를 열거하였다.

1. 법률의 법규창조력

법률의 법규창조력이란 법규(국민의 권리·의무관계를 규율하는 법규범)를 창조하는 것은 국민의 대표기관인 의회의 전속적 권한에 속하며, 따라서 의회에서 제정한 '법률'만이 법규로서의 구속력을 갖는다는 것을 의미한다. 우리 헌법도 입법권은 원칙적으로 국회에 있으며(40조) 행정기관은 법률의 구체적 수권이 있는 경우에만 법규명령을 제정할 수 있다고 규정하고 있는데(75조, 95조),

이는 바로 법률의 법규창조력에 입각한 것이라 할 수 있다. 다만 대통령은 법률적 효력을 가지는 긴급명령을 제정할 수 있으나, 그것은 국가비상시에 한하여 예외적으로 인정되는 것이며 즉시 국회에 보고하여 승인을 얻어야 하고 승인을 얻지 못하면 효력을 상실하도록 하고 있는 점에서(76조) 법률의 법규창조력을 근본적으로 훼손하는 것은 아니라고 본다.

한편, 오늘날 법규관념의 재정립에 따라 법률의 법규창조력은 법치행정원리의 구성요소로서의 의미를 더 이상 갖지 못하게 되었다는 견해도 있다.[4] 즉, 새로운 견해는 법규의 개념을 전통적 견해처럼 '국민의 권리·의무를 규율하는 법규범'으로 제한하지 않고 "모든 고권적인 일반적·추상적 규율"로 이해하고 있으며, 이에 의하면 법규의 제정권은 원칙적으로 의회에 독점되는 것이 아니기 때문에 법률의 법규창조력은 의미를 상실하였다고 한다. 독일의 문헌에서도 법치행정원리의 요소로서 법률의 법규창조력을 더 이상 언급하지 않는 것이 일반적이다.

2. 법률우위의 원칙

법률우위란 헌법과 법률이 행정에 우월하며, 따라서 행정은 헌법과 법률에 위반해서는 안 된다는 것을 의미한다. 행정이 법률을 위반한 경우에는 위법한 것이 되며, 그에 대한 법적 책임(국가배상 등)을 지게 된다.

행정기본법은 "행정작용은 법률에 위반되어서는 아니 되며"라고 함으로써 법률우위의 원칙을 명시적으로 규정하고 있다(8조 전단).

법률우위의 원칙은 행정작용은 법률에 위반할 수 없다는 것을 의미하기 때문에, 이 원칙은 주로 행정작용에 관한 '법률의 규정이 존재하는 경우'에 의미를 갖는다. 그리고 법률규정이 존재하는 한 침해행정이든 수익행정이든, 권력행정이든 비권력행정이든 행정의 '모든 영역'에 법률우위의 원칙이 적용된다. 예컨대 비권력 행정작용을 함에 있어서는 법률의 근거 없이도 가능하지만, 만일 그에 관한 법률규정이 존재한다면 그 규정에 위반하여 행할 수 없는 것이다.

3. 법률유보의 원칙

(1) 의의

법률유보란 행정작용을 하기 위해서는 법률의 근거가 있어야 한다는 것, 다시 말하면 법률의 근거가 없으면 행정작용을 할 수 없다는 것을 의미한다. 따라서 법률유보의 원칙은 행정작용에 관한 '법률의 규정이 없는 경우에' 과연 행정권한을 발동할 수 있는지와 관련하여 의미를 갖는다.

법률우위원칙은 행정작용은 법률의 규정에 위반되어서는 안 된다는 것을 내용으로 하는 점에서 법치주의의 소극적 측면이라 하며, 법률유보의 원칙은 행정작용을 하기 위해서는 법률의 근거를 요한다는 것을 내용으로 하는 점에서 법치주의의 적극적 측면이라 한다.

법률우위의 원칙은 행정의 모든 영역에 적용되지만, 법률유보의 원칙이 적용되는 영역에 관하여는 학설이 대립하고 있다.

---

4) 정하중/김광수, 26면; 김중권, 행정법, 2023, 99면.

(2) 적용영역에 관한 학설

① **침해유보설** : 국민의 권리를 제한하거나 의무를 과하는 침해행정을 하기 위해서는 법률의 근거를 필요로 하지만, 수익적 행정이나 국민의 권리의무에 식섭 관계되지 않는 행정작용을 함에 있어서는 법률의 근거를 요하지 않는다는 견해이다. 이는 행정작용이 주로 질서행정(경찰행정)에 머무르던 19세기 입헌군주제하의 독일에서 공권력의 행사로부터 국민의 자유와 권리를 보장하기 위하여 성립된 이론으로서, 법률유보에 관한 가장 고전적인 학설이라 할 수 있다.

이러한 침해유보설에 대해서는, 행정의 주안점이 소극적인 질서유지작용에서 적극적으로 복리증진을 위한 급부행정으로 옮아 온 현대복리국가에 있어서는 침해행정의 경우에만 법률의 근거를 요하도록 하는 것은 국민의 권리보호에 불충분하다는 비판이 가해지고 있다.

② **전부유보설** : 이는 국민주권주의·의회민주주의를 이론적 배경으로 하여, 오늘날 민주국가에서는 모든 행정작용은 국민의 대표기관인 의회가 제정한 법률의 근거가 있는 경우에만 발동될 수 있다는 견해이다. 이 학설은 침해유보설을 입헌군주정의 유물로 규정짓고, 오늘날의 민주적 법치국가에서는 법으로부터 자유로운 행정영역은 인정될 수 없으며 모든 행정작용은 의회의 통제대상이 되어야 한다고 주장한다.

그러나 이러한 전부유보설에 대해서는 i) 오늘날 행정부도 나름의 민주적 정당성과 국가목적 실현을 위한 독자적인 책임과 권한을 가지고 있는데, 전부유보설에 의하면 행정부를 입법부의 단순한 명령집행자로 전락시킬 우려가 있으며, ii) 모든 행정작용에 대해 법률의 근거를 요구하는 것은 복잡하고 유동적인 현대사회에 있어서 사정의 변화에 따라 탄력적이고 신속하게 행정작용을 하는 것을 저해할 우려가 있다는 등의 비판이 가해지고 있다.

③ **사회유보설(급부행정유보설)** : 전통적인 침해행정 이외에 공정한 급부가 요구되는 행정의 영역에도 법률유보원칙이 적용되어야 한다는 견해이다. 이 견해는 국민생활의 상당부분이 국가로부터의 급부나 배려에 의존해야 하는 현대복리국가에서는 '국가로부터의 공정한 급부나 배려의 확보'가 '침해의 방지' 만큼이나 중요한 의미를 가지기 때문이라는데 근거를 두고 있다.

이러한 사회유보설에 대해서는 i) 법률의 근거를 요하는 급부행정의 범위가 불명확한 점, ii) 입법부에 너무 과중한 부담을 지운다는 점, iii) 국민생활에 필요한 급부작용도 법률의 근거가 없으면 할 수 없게 됨으로써 오히려 국민에게 불이익하게 될 수 있는 점 등에서 비판을 받고 있다. 즉, 가능한 한 행정작용을 법률의 통제하에 둠으로써 국민의 권리를 보장하기 위한 법률유보이론이 법률의 근거가 없으면 국민에게 유익한 행정도 할 수 없도록 함으로써 거꾸로 국민에게 불이익하게 기능할 수 있으며, 이러한 점에서 법률유보원칙의 적용영역을 침해행정 이외의 영역으로 확대하는 것은 오히려 국민의 법적 지위를 약화시키는 결과를 초래할 수 있는 점에서 국민에게 '위험한 선물'이라고 평하는 학자도 있다.

④ **본질사항(중요사항)유보설** : 이는 독일 연방헌법재판소의 판례를 통해 형성된 이론으로,[5] 국가

---

5) 독일 연방헌법재판소의 Kalkar결정 : 원자력발전소의 설치가 문제된 사건에서 연방헌법재판소는 「원자력발전소

작용 중 국가공동체와 국민에게 있어 본질적 사항(중요사항)은 법률로 규율하여야 하지만, 비본질
사항에 대해서는 법률의 근거 없이도 행정권을 발동할 수 있다는 견해이다. 이 견해는 법률유보의
적용영역을 침해행정인지 급부행정인지, 권력행정인지 비권력행정인지에 따라 획일적으로 정하지
않고, 개개 행정작용의 성질과 그것이 국민에 미치는 영향 등을 고려하여 개별적 · 구체적으로 결
정되어야 한다고 보는 점에 특징이 있다.

본질사항유보설에 의하면 행정작용의 본질성의 정도는 스펙트럼처럼 다양하게 나타나기 때문
에 '법률유보의 정도'(법률의 규율밀도)도 이에 따라 달라진다고 한다. 즉, 국가공동체와 국민에게
비본질적인 사항은 법률의 근거 없이도 행정권한이 발동될 수 있으나 본질적인 사항은 법률의 근
거를 요하며, 특히 매우 본질적인 사항은 단지 법률에 근거가 있는 것으로는 부족하고 국민의 대
표기관인 의회가 스스로 그 본질적 사항에 대해 결정하여야 하고 행정입법에 위임하는 것은 허용
되지 않는다고 한다.6)

이러한 본질사항유보설에 대해서는, 법률의 규율을 요하는 본질적 사항과 그렇지 않은 비본질
적 사항의 구별기준이 구체적으로 제시되어 있지 않다는 점에서 법률유보에 관한 학설로는 공허
한 이론이라는 비판이 가해지고 있으나,7) 본질적 사항의 개념이 일의적 · 확정적으로 정해지지 않
은 것은 변화가 심한 오늘날의 사회에서 개별적인 상황에 보다 탄력적으로 적용할 수 있는 장점
이 있다는 견해도 있다.8)

⑤ **권력행정유보설** : 행정작용이 침해행정인가 수익행정인가를 불문하고 행정권의 일방적 의사
에 의하여 국민의 권리 · 의무를 결정하게 되는 모든 권력적 행정작용은 법률의 근거를 요한다는
견해이다. 이러한 견해는 일본의 문헌에 등장한 학설로서, 기본적으로 침해유보설의 변형에 불과
하다는 지적이 있다.9)

⑥ **소결** : 이상에서 법률유보의 적용영역에 관한 여러 학설을 검토해 보았는데, 어느 이론도 법
률유보의 적용범위를 명쾌하게 설명하고 있지는 못하며 따라서 개개의 행정영역별로 나누어 고찰
하는 것이 일반적 견해이다. 또한 특별히 유념할 것은 오늘날 법률유보의 원칙은 단순히 행정작용
을 함에 있어서 법률의 근거를 요하는가이 문제를 넘어서, 법률이 어느 정도까지 규율하여야 하는
가의 '규율밀도'의 문제가 중요한 논점으로 부각되었다는 것이다. 「오늘날 법률유보원칙은 단순히
행정작용이 법률에 근거를 두기만 하면 충분한 것이 아니라, 국가공동체와 그 구성원에게 기본적
이고도 중요한 의미를 갖는 영역, 특히 국민의 기본권 실현과 관련된 영역에 있어서는 국민의 대
표자인 입법자가 그 본질적 사항에 대해서 스스로 결정하여야 한다는 요구까지 내포하고 있다(의
회유보원칙)」는 헌법재판소의 결정이 이를 잘 나타내 주고 있다.10)

의 설치와 같이 극단의 갈등요소가 존재하는 경우 그에 대한 근본적 결정은 전적으로 입법자의 몫이며, 입법자는
기본적인 규범영역에서, 특히 기본권 실현의 영역에서 모든 본질적인 결정을 스스로 하여야 한다」고 판시하였다.

6) 이와 같이 의회가 직접 법률로 규율해야 하는 것을 의회유보라 한다.
7) 김남진/김연태(I), 39면; 정하중/김광수, 28면. 독일에서는 "내용이 비어있는 공식" 또는 "법이론상의 파산선고"
라는 등의 비판이 가해진다(김남진/김연태(I), 39면).
8) 홍정선(상), 91면.
9) 홍정선(상), 2019년판, 62면.

결론적으로 말하면, 침해행정의 경우에는 법률유보의 원칙이 적용되어야 함은 물론이고 그 규율밀도에 있어서도 다른 행정영역에 비해 강하게 요구된다고 할 것이다. 그리고 급부행정의 영역에 있어서는 예산상의 근거가 있으면 법률의 개별적인 근거가 없어도 가능하다고 할 것이나, 특별히 공정한 급부가 요구되는 영역, 예컨대 특정인에 대한 급부가 제3자의 권리침해를 가져오는 경우에는 법률의 근거를 요한다고 할 것이다. 그리고 이 경우에도 규율의 밀도에 있어서는 침해행정에 비해 약하게 요구되며, 따라서 법률에서 기본적인 사항을 정하고 구체적인 사항은 행정입법에 위임할 수 있는 영역이 보다 크다고 할 것이다.

(3) 행정기본법의 규정

행정기본법은 법률유보와 관련하여 『행정작용은 … 국민의 권리를 제한하거나 의무를 부과하는 경우와 그 밖에 국민생활에 중요한 영향을 미치는 경우에는 법률에 근거하여야 한다』고 규정하고 있다(8조 후단). 이는 '국민의 권리를 제한하거나 의무를 부과하는 경우'(즉, 침해행정의 경우)와 '그 밖에 국민생활에 중요한 영향을 미치는 경우'에는 법률의 근거를 필요로 한다는 것으로서, 전자는 침해유보설의 입장을, 후자는 본질사항유보설의 입장을 반영한 것이라 할 수 있다.

따라서 국민의 권리를 제한하거나 의무를 부과하는 행정작용이나 그 밖에 국민생활에 중요한 영향을 미치는 행정작용을 함에 있어서는 법률의 근거를 필요로 하는데, 특히 '국민생활에 매우 본질적으로 중요한 영향을 미치는 행정작용'의 경우에는 단지 법률에 근거를 두는 것만으로는 부족하고 그 본질적 사항에 관하여 입법자가 스스로 결정하여야 한다.[11]

(4) 판례의 입장

판례는 기본적으로 본질사항유보설의 입장을 취하고 있는바, 이하에서 대법원과 헌법재판소의 입장을 나누어 살펴보기로 한다.

① **대법원의 입장** : 『헌법상 법치주의는 법률유보원칙, 즉 행정작용에는 국회가 제정한 형식적 법률의 근거가 요청된다는 원칙을 핵심적 내용으로 한다. 나아가 오늘날의 법률유보원칙은 단순히 행정작용이 법률에 근거를 두기만 하면 충분한 것이 아니라, 국가공동체와 그 구성원에게 기본적이고도 중요한 의미를 갖는 영역, 특히 국민의 기본권 실현에 관련된 영역에 있어서는 행정에 맡길 것이 아니고 국민의 대표자인 입법자 스스로 그 본질적 사항에 대하여 결정하여야 한다는 요구, 즉 의회유보원칙까지 내포하는 것으로 이해되고 있다. 어떠한 사안이 국회가 형식적 법률로 스스로 규정하여야 하는 본질적 사항에 해당되는지는 구체적 사례에서 관련된 이익 내지 가치의 중요성, 규제 또는 침해의 정도와 방법 등을 고려하여 개별적으로 결정하여야 하지만, 규율대상이 국민의 기본권 및 기본적 의무와 관련한 중요성을 가질수록 그리고 그에 관한 공개적 토론의 필요성 또는 상충하는 이익 사이의 조정 필요성이 클수록, 그것이 국회의 법률에 의해 직접 규율될 필요성은 더 증대된다고 보아야 한다.』[12]

---

10) 헌재 1999. 5. 27, 98헌바70.
11) 대판 2015. 8. 20, 2012두23808; 헌재 2011. 8. 30, 2009헌바128 등 참조.

국가공무원인 교원의 보수에 관한 구체적인 내용이 ·'기본적인 사항'으로서 반드시 법률의 형식으로 정해야 하는지 여부가 문제된 사안에서, 『국가공무원인 교원의 보수는 급부적 성격이 강한 국가행정의 영역에 속하는 것으로서 해마다 국가의 재정상황 등에 따라 그 액수가 수시로 변화하고, 교원의 보수체계 역시 국가의 정치·사회·경제적 상황에 따라 적절히 대처할 필요성이 있기 때문에 이에 관한 모든 사항을 법률에 규정하는 것은 입법기술상 매우 어려우며, 따라서 국가공무원인 교원의 보수에 관한 구체적인 내용(보수체계, 보수내용, 지급방법 등)까지 반드시 법률의 형식으로만 정해야 하는 '기본적인 사항'이라고 보기는 어렵고, 이를 행정부의 하위법령에 위임하는 것은 불가피하다』고 하였다.[13]

② 헌법재판소의 입장 : i) 헌법재판소는 TV방송수신료를 한국방송공사 이사회가 결정해서 문화관광부장관의 승인을 얻도록 한 구 한국방송공사법 제36조 규정의 위헌성이 문제된 사건에서,[14] 『오늘날 법률유보원칙은 단순히 행정작용이 법률에 근거를 두기만 하면 충분한 것이 아니라, 국가공동체와 그 구성원에게 기본적이고도 중요한 의미를 갖는 영역, 특히 국민의 기본권실현과 관련된 영역에 있어서는 국민의 대표자인 입법자가 그 본질적 사항에 대해서 스스로 결정하여야 한다는 요구까지 내포하고 있다(의회유보원칙)』고 전제한 다음, 『텔레비전방송수신료는 대다수 국민의 재산권 보장의 측면이나 한국방송공사에게 보장된 방송자유의 측면에서 국민의 기본권실현에 관련된 영역에 속하고, 수신료금액의 결정은 납부의무자의 범위 등과 함께 수신료에 관한 본질적인 중요한 사항이므로 국회가 스스로 행하여야 하는 사항에 속하는 것임에도 불구하고 한국방송공사법 제36조 제1항에서 국회의 결정이나 관여를 배제한 채 한국방송공사로 하여금 수신료금액을 결정해서 문화관광부장관의 승인을 얻도록 한 것은 법률유보원칙에 위반된다』고 하였다.[15]

ii) 도시환경정비사업의 시행자인 토지등소유자가 사업시행인가를 신청하기 전에 얻어야 하는 토지등소유자의 동의요건을 정관으로 정하도록 위임한 구 「도시 및 주거환경정비법」 제28조 제4항 규정의 위헌성이 문제된 사안에서, 『토지등소유자가 도시환경정비사업을 시행하는 경우 사업시행인가 신청시 필요한 토지등소유자의 동의는 개발사업의 주체 및 정비구역 내 토지등소유자를

12) 대판 2015. 8. 20, 2012두23808; 대판 2020. 9. 3, 2016두32992. 대법원 2016두32992 판결의 사건개요 및 판결요지는 다음과 같다. 전국교직원노동조합이 고용노동부장관으로부터 해직자의 조합원 가입을 허용하는 규약을 시정하라는 조치요구를 받고도 이를 이행하지 않았다는 이유로 고용노동부장관이 「노동조합 및 노동관계조정법 시행령」(이하 '노동조합법 시행령'이라 한다) 제9조 제2항에 근거하여 위 노동조합에 대해 법외노조임을 통보한 사안에서, 『법외노조 통보는 적법하게 설립된 노동조합의 법적 지위를 박탈하는 중대한 침익적 처분으로서 원칙적으로 국민의 대표자인 입법자가 스스로 형식적 법률로써 규정하여야 할 사항이고, 행정입법으로 이를 규정하기 위하여는 반드시 법률의 명시적이고 구체적인 위임이 있어야 한다. 그런데 노동조합법 시행령 제9조 제2항은 법률의 위임 없이 법률이 정하지 아니한 법외노조 통보에 관하여 규정함으로써 헌법상 노동3권을 본질적으로 제한하고 있으므로 그 자체로 무효이며, 따라서 그에 기초한 고용노동부장관의 법외노조 통보는 법적 근거를 상실하여 위법하다』고 하였다.
13) 대판 2023. 10. 26, 2020두50966.
14) (구) 한국방송공사법 제35조는 텔레비전수상기를 소지한 자는 대통령령이 정하는 바에 따라 한국방송공사에 그 수상기를 등록하고 텔레비전방송수신료를 납부하도록 규정하였으며, 동법 제36조 제1항은 수신료의 금액은 한국방송공사 이사회가 심의·결정하고 문화관광부장관의 승인을 받도록 하였다.
15) 헌재 1999. 5. 27, 98헌바70. 이에 따라 현행 방송법은 TV방송수신료의 금액은 한국방송공사 이사회가 심의·의결한 후 방송통신위원회를 거쳐 국회의 승인을 얻어 확정하도록 규정하고 있다(65조).

상대로 수용권을 행사하고 각종 행정처분을 발할 수 있는 행정주체로서의 지위를 가지는 사업시행자를 지정하는 문제로서 그 동의요건을 정하는 것은 국민의 권리와 의무의 형성에 관한 기본적이고 본질적인 사항이므로 국회가 스스로 행하여야 하는 사항에 속하는 것임에도 불구하고 사업시행인가 신청에 필요한 동의정족수를 정관으로 정하도록 한 것은 법률유보원칙에 위반된다』고 하였다.[16]

iii) 전기판매사업자로 하여금 전기요금에 관한 약관을 작성하여 산업통상자원부장관의 인가를 받도록 한 전기사업법 제16조 제1항 중 '전기요금'에 관한 부분이 의회유보의 원칙에 위반되는지가 문제된 사안에서,『전기가 국민의 생존과 직결되어 있어 전기의 사용이 일상생활을 정상적으로 영위하는 데에 필수불가결한 요소라 하더라도, 전기요금은 전기판매사업자가 전기사용자와 체결한 전기공급계약에 따라 전기를 공급하고 그에 대한 대가로 전기사용자에게 부과되는 것으로서, 조세 내지 부담금과는 구분된다. 즉 한국전력공사가 전기사용자에게 전기요금을 부과하는 것이 국민의 재산권에 제한을 가하는 행정작용에 해당한다고 볼 수 없다. … 전기요금의 결정에 관한 내용을 반드시 입법자가 스스로 규율해야 하는 부분이라고 보기 어려우므로, 심판대상조항은 의회유보원칙에 위반되지 않는다』고 하였다.[17]

제 4 절 행정법의 법원(法源)

Ⅰ. 서

1. 법원의 의의

법원(法源)이란 법의 존재형식 내지 인식근거를 말하며, 따라서 행정법의 법원이란 '행정법은 어떠한 형식으로 존재하는지', 또는 '무엇을 통하여 행정법을 인식할 수 있는지'의 문제라 할 수 있다. 법원은 크게 성문법원과 불문법원으로 나누어 볼 수 있다.

법원의 의미에 관해서는 외부적 효력을 갖는 것만을 의미한다고 보는 견해와 내부적 효력을 갖는 것도 포함하는 것으로 이해하는 견해가 대립하고 있다. 전자를 협의의 법원이라 하고 후자를 광의의 법원이라 표현하는 학자도 있다.[18] 이는 행정규칙의 법원성과 관련하여 특별한 의미를 갖는다.

---

16) 헌재 2011. 8. 30, 2009헌바128
17) 헌재 2021. 4. 29, 2017헌가25.
18) 김남진/김연태(I), 66면.

2. 행정법의 법원의 특색

(1) 성문법주의

행정법은 ① 행정권의 소재를 명시함으로써 국민에게 행정조직을 널리 알릴 수 있고, ② 행정작용의 획일적이고 공정한 수행을 도모하며, ③ 행정구제절차를 명확히 함으로써 국민의 권익을 보장하며, ④ 개인의 장래에 대한 예측을 가능하게 하여 법적 생활의 안정성을 확보하기 위하여 원칙적으로 성문법주의를 채택하고 있다.

그러나 행정법의 규율대상은 매우 광범위하고 끊임없이 변천하기 때문에 모든 행정작용을 빠짐없이 성문법으로 규율하기란 불가능한 일이다. 따라서 행정법이 성문법의 형식으로 정비되어 있지 않은 분야에서는 보충적으로 관습법·판례법·조리 등과 같은 불문법이 적용된다.

(2) 단일법전의 부존재

행정법은 헌법·민법·형법 등과는 달리 '행정법'이라는 단일의 법률이 존재하지 않고, 행정에 관한 수많은 개개의 법률이 모여서 이루어진다. 그 이유로는 ① 행정법의 규율대상이 매우 광범위하고 유동적이며, 수많은 행정작용은 각각 특수한 전문성과 기술성을 지니고 있는 점, ② 행정법의 역사가 짧아 아직 그 일반원칙이 확립되어 있지 못한 점 등을 들 수 있다.

그러나 근자에는 행정법의 통일적 운용을 위한 단일법전화의 노력이 기울여지고 있다. 우리나라도 1996년 12월에 행정절차법이 제정되었고 2021년 3월에는 행정기본법이 제정되어, 이들 법률이 행정의 절차 및 실체에 관한 일반법적 기능을 수행하고 있다.

(3) 다양한 법형식

행정에 관한 사항은 법률 이외에도 조약, 법규명령, 행정규칙, 조례, 규칙 등과 같은 다양한 법형식에 의해 규율되는 점에 특색이 있다.

Ⅱ. 행정법의 성문법원

1. 헌 법

헌법은 통치권 전반에 걸친 근본 조직과 작용을 규율하는 국가의 최고법이므로, 그 중의 행정조직과 행정작용에 관한 규정은 행정법의 최고의 법원이 된다.

2. 법 률

법률이란 국민의 대표기관인 의회에서 소정의 절차에 따라 제정된 법형식을 말한다. 법치국가는 '법률에 의한 행정'을 원칙으로 하므로 법률은 행정법의 가장 중요한 법원이라 할 수 있다. 이러한 법률은 헌법이념에 적합해야 하지만, 명령이나 자치법규보다는 우월한 효력을 갖는다.

3. 조약·일반적으로 승인된 국제법규

(1) 의의

조약이란 국가와 국가 사이의 문서에 의한 합의를 말한다. 국회는 상호원조 또는 안전보장에 관한 조약, 중요한 국제조직에 관한 조약, 우호통상항해조약, 주권의 제약에 관한 조약, 강화조약, 국가나 국민에게 중대한 재정적 부담을 지우는 조약 또는 입법사항에 관한 조약의 체결·비준에 대한 동의권을 가진다(헌법 60조 1항). 일반적으로 승인된 국제법규란 우리 나라가 당사국이 아닌 조약으로서 국제사회에서 일반적으로 그 규범성이 승인된 것(예 : 포로에 관한 제네바협약, 집단학살 금지협약, 부전조약(不戰條約), 세계우편연맹규정 등)과 국제관습법(예 : 대사·공사 등 외교관의 법적 지위에 관한 원칙, 조약준수의 원칙, 국내문제불간섭의 원칙 등)을 말한다.[19]

이러한 조약과 일반적으로 승인된 국제법규는 국내법과 같은 효력을 가지므로(헌법 6조 1항), 그것이 국내행정에 관한 사항을 규율하고 있으면 그 범위에서 행정법의 법원이 된다.

(2) 효력

조약·국제법규와 국내법이 충돌하는 경우에 양자의 효력관계가 문제된다. 이에 관해서는 국제법과 국내법을 전혀 별개의 법질서로 보아 국제관계에서는 국제법이, 국내관계에서는 국내법이 적용된다는 이원론과, 양자를 하나의 법질서로 보아 통일적으로 해결하려는 일원론이 대립하고 있으며, 일원론은 다시 국제법우위설, 국내법우위설, 동위설 등으로 나누어진다. 현재 우리나라에서는 조약·국제법규는 헌법보다는 하위에 있되, 그 규율사항에 따라 법률 또는 명령과 동일한 효력을 갖는다고 보는 것이 지배적인 견해이다. 따라서 조약·국제법규와 법률 또는 명령의 내용이 충돌될 때에는 상위법우선의 원칙, 신법우선의 원칙, 특별법우선의 원칙에 의해 해결되어야 한다고 한다.

조약이나 일반적으로 승인된 국제법규는 국내법과 같은 효력을 가지므로 국내의 하위 법령은 조약 등에 위배되어서는 안 된다. 이러한 점에서 대법원은 학교급식에 있어 전라북도에서 생산되는 농수축산물에 대한 우대를 규정한 전라북도학교급식조례는 GATT(관세 및 무역에 관한 일반협정) 제3조 등에 반하여 무효라고 하였다.[20]

이와 관련하여 조약이나 협정 등이 사인에게도 직접 효력을 미치는지, 즉 사인이 자신에 대한 행정처분이 조약이나 협정 등에 반하여 위법하다는 이유로 그 취소를 구할 수 있는지가 문제된다. 조약이나 협정은 국가 간의 합의이므로 원칙적으로 국가 사이에만 그 효력이 미치며 따라서 사인은 조약 등에 위반된다는 이유로 행정처분의 취소를 구할 수는 없다고 할 것이다.[21] 우리의 판례도, 사인이 자신에 대한 덤핑방지관세부과처분이 「GATT 제6조의 이행에 관한 협정」에 위반된다

---

19) 이 중에서 국제관습법은 불문법원에 속한다.

20) 대판 2005. 9. 9, 2004추10.

21) 同旨 : 김중권, 49면.

는 이유로 그 취소를 구하는 것은 허용되지 않는다고 판시하였다.[22]

판례 ① 전라북도학교급식조례 사건

〈사건개요〉「관세 및 무역에 관한 일반협정(GATT)」 제3조는 체약국의 법률·규칙 등이 자국생산품을 보호하기 위하여 수입산품(imported products)에 대해 차별적 대우를 하는 것을 금지하고 있다. 그런데 전라북도의회는 전라북도에서 생산되는 우수 농수축산물과 이를 재료로 하는 가공식품을 전라북도의 초·중·고등학교에서 실시하는 학교급식에 우선적으로 사용하도록 하는 내용의 전라북도학교급식조례 안을 의결하였는바, 이에 전라북도교육감은 위 조례안이 GATT 제3조 등에 위반된다고 하여 대법원에 제소하였다.

〈대법원 판결〉 이 사안에서 대법원은, GATT는 국회의 동의를 얻고 대통령의 비준을 거쳐 공포된 WTO협정(조약 1265호)의 부속 협정으로서, 헌법 제6조 제1항에 의하여 국내법령과 동일한 효력을 가지므로 지방자치단체가 제정한 조례가 GATT에 위반되는 경우에는 그 효력이 없다고 전제한 다음, 『이 사건 조례안의 각 조항은 학교급식을 위해 전라북도에서 생산되는 우수농산물 등을 우선적으로 사용하도록 하고 그러한 우수농산물을 사용하는 자를 선별하여 식재료나 식재료 구입비의 일부를 지원하며 지원을 받은 학교는 지원금을 반드시 우수농산물을 구입하는 데 사용하도록 하는 것을 내용으로 하고 있으므로, 결국 국내산품의 생산보호를 위하여 수입산품을 국내산품보다 불리한 대우를 하는 것으로서 내국민 대우원칙을 규정한 GATT 제3조 제1항, 제4항에 위반된다고 할 것이다』고 함으로써, GATT를 전라북도 학교급식조례안의 위법성 판단의 기준으로 삼았다. (대판 2005. 9. 9. 2004추10)

② 덤핑방지관세 사건

〈사건개요〉 무역위원회는 우리나라 타일 생산·판매업체들의 신청에 따라 중국산 타일 수입·판매업 체들의 덤핑행위 여부에 대해 조사한 결과 상하이 ASA세라믹회사(이하 'ASA세라믹회사'라 한다)가 공급 한 타일에 대해 37.40%의 덤핑률 및 29.41%의 국내 산업피해율을 최종 판정하였으며, 그 판정에 기초 하여 기획재정부장관이 위 회사의 타일에 대해 향후 5년간 29.41%의 덤핑방지관세를 부과하는 내용의 규칙을 제정·공포하였다. 이에 ASA세라믹회사는 위 규칙이 WTO협정의 일부인 「GATT 제6조의 이행 에 관한 협정」의 덤핑규제 관련 규정에 위반한다고 주장하며 덤핑방지관세부과처분에 대한 취소소송을 제기하였다.

〈대법원 판결〉 이 사안에서 대법원은, WTO협정의 일부인 「GATT 제6조의 이행에 관한 협정」은 국가 와 국가 사이의 권리·의무관계를 설정하는 국제협정으로, 그 내용 및 성질에 비추어 이와 관련한 법적 분쟁은 위 WTO 분쟁해결기구에서 해결하는 것이 원칙이고 사인에 대하여는 위 협정의 직접 효력이 미 치지 아니한다고 보아야 할 것이므로, 위 협정에 따른 회원국 정부의 반덤핑부과처분이 WTO협정 위반 이라는 이유만으로 사인이 직접 국내 법원에 회원국 정부를 상대로 그 처분의 취소를 구하는 소를 제기 하거나 위 협정위반을 처분의 독립된 취소사유로 주장할 수는 없다고 판시하였다. (대판 2009. 1. 30, 2008 두17936)

---

22) 대판 2009. 1. 30, 2008두17936.

4. 명 령

(1) 의의

명령이란 행정기관에 의하여 제정되는 법형식을 의미하며, 이는 다시 법규명령과 행정규칙으로 나눌 수 있다. 본래 법규범의 제정은 입법부인 의회의 권한에 속하는 것이지만, 현대복리국가에 있어서 행정기능의 확대·강화에 따라 행정입법이 증가함으로써 행정법의 법원으로서 명령의 중요성이 점차 커져가고 있다.

(2) 법규명령

법규명령이란 행정기관이 법률의 수권에 의해 제정하는 법규범을 말하며, 이는 외부적 효력(대국민적 효력, 재판규범)을 갖는다. 대통령령·총리령·부령·중앙선거관리위원회규칙 등이 이에 속한다. 이러한 법규명령은 법원의 의미를 어떻게 이해하든 간에 행정법의 법원의 하나가 된다는 점에 대해서는 다툼이 없다.

(3) 행정규칙

행정규칙이란 상급행정기관이 하급행정기관에게 법률의 수권 없이 행정조직 내부사항에 관하여 발하는 명령을 말하는바, 이러한 행정규칙은 원칙적으로 행정조직 내부에서만 효력을 가지며 외부적 효력은 인정되지 않는다.

행정규칙이 행정법의 법원에 포함될 수 있는지에 대해서는 학설상 다툼이 있다. 법원의 의미를 외부적 효력을 가지는 법에 국한하는 입장에서는 행정규칙의 법원성을 부인하나, 내부법을 포함하는 넓은 의미로 이해하는 입장에서는 행정규칙의 법원성을 인정하게 된다.

5. 자치법규

자치법규는 지방자치단체가 법령의 범위 안에서 제정하는 자치에 관한 규정을 말한다. 자치법규에는 지방의회의 의결을 거쳐 제정하는 '조례'와 지방자치단체의 장이 제정하는 '규칙'이 있다.

Ⅲ. 행정법의 불문법원

1. 행정관습법

(1) 의의

행정의 영역에 있어서의 오랜 관행이 국민 일반의 법적 확신을 얻어 법적 규범으로 승인받은 것을 행정관습법이라 한다. 이 점에서 아직 국민의 법적 확신에 의해 법적 규범으로 승인될 정도에 이르지 않은 관습인 '사실인 관습'과 구별된다.

(2) 성립가능성

과거 법률에 의한 행정을 강조하는 학자들은 행정의 영역에는 관습법이 성립할 여지가 없다고 보았는바, 오토 마이어가 그 대표자이다. 그러나 오늘날에는 모든 행정법관계가 성문법에 의해 빠짐없이 규율될 수는 없으며 따라서 성문법이 불비되어 있는 경우에 행정관습법이 성립할 수 있음을 인정하는 것이 통설이다. 다른 한편, 현대사회는 유동이 심한 다원적 사회이므로 어떠한 관행의 계속이 곤란하며, 따라서 행정관습법의 성립 내지 존속도 매우 어렵다는 점이 지적되고 있다.

(3) 성립요건

행정관습법이 성립하기 위해서는 ① 행정에 관한 어떠한 사실이 장기적으로 되풀이되어 행하여져야 하며(객관적 요건), ② 위의 관행이 국민 일반의 법적 확신을 얻어야 한다(주관적 요건).

그 외에 '국가에 의한 명시적 또는 묵시적 승인'이 필요한가에 관해서는 긍정설(국가승인설)과 부정설(법적 확신설)이 대립하고 있다. 부정설(법적 확신설)에 의하면, 장기적으로 계속된 관행이 국민 일반의 법적 확신을 얻으면 그 자체의 고유한 힘에 의하여 법적 효력을 가지는 것이므로, 관습법이 성립하기 위해서는 국민의 법적 확신을 얻으면 족하고 별도로 국가의 승인을 요하지 않는다고 하는바, 이것이 우리나라의 통설이다.

(4) 효력

관습법의 효력에 관해서는 학설상 다툼이 있다. 성문법개폐적 효력설에 의하면 성문법과 저촉되는 행정관행이 장기간 계속되어 국민 일반의 법적 확신을 얻었다면 성문법 규정은 사문화된 것으로 보아 행정관습법이 우선하여 적용되어야 한다고 한다. 이에 반해 성문법보충적 효력설에 의하면 성문법주의를 취하는 국가에서는 행정관습법은 성문법의 규정이 불비된 경우에 그것을 보충하는 효력만을 가질 뿐이고 성문법과 저촉되는 행정관습법은 인정될 수 없다고 한다. 우리나라에서는 성문법보충적 효력설이 지배적인 견해라 할 수 있다.

(5) 종류

① **행정선례법** : 행정선례법이란 행정청의 선례가 반복되어 행하여짐으로써 국민 일반의 법적 확신을 얻은 것을 말한다. 행정절차법 제4조 제2항은 「행정청은 법령 등의 해석 또는 행정청의 관행이 일반적으로 국민들에게 받아들여진 때에는 공익 또는 제3자의 정당한 이익을 현저히 해할 우려가 있는 경우를 제외하고는 새로운 해석 또는 관행에 의하여 소급하여 불리하게 처리하여서는 아니 된다」고 규정함으로써 행정선례법의 성립가능성을 명시하고 있다.

② **민중관습법** : 민중관습법이란 공법관계에 관한 일정한 관행이 민중 사이에서 오랫동안 계속됨으로써 국민 일반의 법적 확신을 얻은 것을 말한다. 이러한 민중관습법은 사례가 많지 않으나 주로 공물이용관계에서 성립될 수 있으며, 입어권(入漁權), 관습상의 유수(流水)사용권(관개용수리권・유수권・식용용수권 등), 공유수면이용 및 인수배수권(引水排水權), 온천사용권, 유지(溜池)사용권 등을 예로 들 수 있다.

(6) 관습법이 위헌법률심판의 대상이 되는지 여부

관습법이 위헌법률심사의 대상이 되는지가 문제된다. 이에 대해 대법원은, 헌법 제111조 제1항 제1호에서 규정하는 위헌심사의 대상이 되는 법률은 원칙적으로 국회의 의결을 거친 이른바 형식적 의미의 법률을 의미하고, 또한 관습법은 성문의 법률에 반하지 않는 경우에 한하여 보충적인 법원이 되는 것에 불과하여(민법 1조) 관습법이 헌법에 위반되는 경우에는 법원이 그 관습법의 효력을 부인할 수 있으므로, 결국 관습법은 헌법재판소의 위헌법률심판의 대상이 되지 않는다고 하였다.[23]

이에 반해 헌법재판소는, 헌법 제111조 제1항 제1호에 규정된 위헌심판의 대상이 되는 법률은 국회의 의결을 거친 이른바 형식적 법률뿐만 아니라 법률과 동일한 효력을 갖는 조약 등도 포함되며, 따라서 관습법 중에서도 실질적으로 법률과 같은 효력을 갖는 경우에는 위헌법률심판의 대상이 된다고 하였다.[24]

2. 판례법

행정사건에 대한 법원의 판결은 직접적으로는 '당해 사건'의 분쟁해결을 목적으로 하는 것이지만, 그 판결에 나타난 법의 해석·적용은 장래 '동종 사건'에 있어서 하급법원의 법 해석·적용에 기준이 되기 때문에 판례가 행정법의 법원이 될 수 있는지가 문제된다.

판례법주의에 입각하고 있는 영미법계국가에서는 상급법원의 판결은 장래에 향하여 하급법원을 법적으로 기속하는 효력을 가지므로 판례가 행정법의 법원이 된다는 데에 의문의 여지가 없다. 그러나 성문법주의를 취하고 있는 대륙법계국가에서는 상급법원의 판결은 당해 사건에 한해서만 하급법원을 기속하는 효력을 가지므로 판례의 법원성이 인정되기 곤란하다.

우리나라는 성문법주의를 원칙으로 하며 상급법원의 판결은 당해 사건에 한해서만 하급법원을 기속하는 효력을 가지므로(법원조직법 8조), 엄밀한 의미에서는 판례의 법원성은 인정되기 곤란할 것이다. 그럼에도 불구하고 판례, 특히 대법원판례가 가지는 현실적 구속력은 무시할 수 없다. 왜냐하면 종래의 대법원판례에 따르지 않은 하급심판결은 - 대법원이 종래의 입장을 변경하지 않는 한[25] - 결국 상고심에서 파기될 가능성이 크기 때문에, 사실상 하급법원은 대법원의 판례를 존중하지 않을 수 없기 때문이다. 판례가 가지는 이러한 영향력을 판례의 사실적 구속력 또는 추정적 구속력이라 한다.

3. 조 리

조리란 '법의 일반원칙' 또는 '사물의 본질적 법칙'을 의미한다. 조리는 법령해석상 의문이 있는 경우에 해석의 기본원리로서 작용하고, 법령의 규정상 불비점이 있는 경우에 이를 보충한다.

---

23) 대법원 2009. 5. 28, 2007카기134 결정.
24) 헌재 2013. 2. 28, 2009헌바129.
25) 대법원이 판시한 법령의 해석·적용에 관한 종전 입장을 변경하기 위해서는 대법관 전원의 3분의 2 이상의 합의체에서 과반수로 결정한다(법원조직법 7조 1항 3호, 66조).

조리의 법적 성질 내지 효력에 관하여 학자에 따라서는 "성문법·관습법·판례법이 모두 존재하지 아니하는 경우의 최후의 보충적 법원"으로서의 의의를 가짐을 강조하기도 한다. 그러나 조리 중에는 헌법에 근거를 두고 있는 것(예 : 평등원칙·과잉금지원칙·신뢰보호원칙), 법률에 근거를 두고 있는 것(예 : 신의성실원칙)도 있음에 유의하여야 할 것이다.

일반적으로 조리로서 들고 있는 것은 평등의 원칙, 과잉금지의 원칙(광의의 비례의 원칙), 신뢰보호의 원칙, 신의성실의 원칙, 행정권한의 부당결부금지의 원칙 등이 있는데, 이에 관해서는 다음의 '행정법의 일반원칙'에서 자세히 살펴보기로 한다.

제 5 절   행정기본법

Ⅰ. 행정기본법의 제정

그동안 행정작용은 다양한 개별 법률에 의해 규율됨으로써 유사한 제도가 개별 법률에 따라 각양각색으로 규율되는 문제가 있었다. 이에 행정법의 통일적이고 체계적인 운용을 위한 일반법의 제정 필요성이 제기되었고, 먼저 1996년에 행정절차법이 제정되었다. 그런데 우리의 행정절차법은 실체법적 내용을 담고 있는 독일의 행정절차법과는 달리 주로 절차에 관한 사항만을 규율하고 있기 때문에 행정법학자들은 실체법적 측면에서도 일반법이 제정되어야 한다는 목소리를 높여갔다. 이러한 노력이 결실을 맺어 드디어 2021년 3월에 행정기본법이 제정되었다.

Ⅱ. 행정기본법의 성격

1. 기본법으로서의 성격

법률 중에는 국토기본법, 건축기본법, 환경정책기본법, 산림기본법, 소방기본법, 교육기본법 등과 같이 기본법이라는 명칭을 가진 것이 많은데, 여기에서 기본법이란 "특정 분야에서 제도·정책에 관한 이념, 원칙, 기본방침, 내용의 대강을 제시하고 있으며, 다른 법률의 모법이나 지침으로서의 역할을 하는 법"을 의미한다.[26]

행정기본법은 국가와 지방자치단체의 책무(3조), 적극 행정(4조), 행정의 법원칙(8조~13조) 등에 관해 규정하고, "행정에 관한 다른 법률을 제정하거나 개정하는 경우에는 이 법의 목적과 원칙, 기준 및 취지에 부합되도록 노력하여야 한다"고 규정하고 있는 점에서(5조 2항), 행정에 관한 기본법의 성격을 가진다고 할 수 있다.

---

26) 법제이론과 실제, 국회법제실, 2019년판, 786면.

2. 일반법으로서의 성격

행정기본법은 행정의 실체적 사항에 관한 일반법적 성격을 가진다. 앞에서 설명한 바와 같이 행정작용은 수많은 개별 법률에서 규율되고 있는데, 각 개별법에서 행정에 관한 일반적인 사항에 관해 빠짐없이 규율하는 것은 불가능하다. 이러한 문제를 해결하기 위해서는 행정법 일반에 적용되는 법규정이 필요한데, 이 기능을 수행하는 것이 행정기본법이다. 예컨대, 행정에 관한 기간 계산이나 법원칙에 관하여 각 개별법에 별도의 규정을 두지 않더라도 행정기본법에 기간 계산이나 법원칙에 관한 규정을 두어 이를 개별 행정법 전반에 걸쳐 적용하도록 하는 것이 그에 해당한다.

행정기본법은 일반법으로서의 성질을 가지기 때문에 특별법 우선의 원칙이 적용된다. 따라서 개별 행정작용의 특성상 특수한 규율이 필요한 경우에는 그에 관한 특별한 규정을 둘 수 있으며, 이 경우 개별법상의 특별 규정이 행정기본법에 우선하여 적용된다. 행정기본법은 "행정에 관하여 다른 법률에 특별한 규정이 있는 경우를 제외하고는 이 법에서 정하는 바에 따른다"고 규정함으로써(5조 1항), 행정기본법의 일반법적 성질을 명확히 하였다.

Ⅲ. 행정기본법의 내용

제1장 총칙	제1절 목적 및 정의 등	제1조 목적 제2조 정의 제3조 국가와 지방자치단체의 책무 제4조 행정의 적극적 추진 제5조 다른 법률과의 관계
	제2절 기간의 계산 및 나이의 계산	제6조 행정에 관한 기간의 계산 제7조 법령등 시행일의 기간 계산 제7조의2 행정에 관한 나이의 계산 및 표시
제2장 행정의 법원칙		제8조 법치행정의 원칙 제9조 평등의 원칙 제10조 비례의 원칙 제11조 성실의무 및 권한남용금지의 원칙 제12조 신뢰보호의 원칙 제13조 부당결부금지의 원칙
제3장 행정작용	제1절 처분	제14조 법 적용의 기준 제15조 처분의 효력 제16조 결격사유 제17조 부관 제18조 위법 또는 부당한 처분의 취소 제19조 적법한 처분의 철회 제20조 자동적 처분 제21조 재량행사의 기준 제22조 제재처분의 기준

		제23조 제재처분의 제척기간
	제2절 인허가의제	제24조 인허가의제의 기준 제25조 인허가의제의 효과 제26조 인허가의제의 사후관리 등
	제3절 공법상 계약	제27조 공법상 계약의 체결
	제4절 과징금	제28조 과징금의 기준 제29조 과징금의 납부기한 연기 및 분할 납부
	제5절 행정상 강제	제30조 행정상 강제 제31조 이행강제금의 부과 제32조 직접강제 제33조 즉시강제
	제6절 그 밖의 행정작용	제34조 수리 여부에 따른 신고의 효력 제35조 수수료 및 사용료
	제7절 처분에 대한 이의신청 및 재심사	제36조 처분에 대한 이의신청 제37조 처분의 재심사
제4장 행정의 입법활동 등		제38조 행정의 입법활동 제39조 행정법제의 개선 제40조 법령해석

제6절 행정법의 일반원칙

Ⅰ. 서

행정법의 일반원칙이란 행정의 모든 분야에 적용되는 일반적 법원리를 말하며, '행정의 법원칙'이라고도 한다(행정기본법 2장 참조). 행정기본법은 행정의 법원칙에 관해 법치행정의 원칙, 평등의 원칙, 비례의 원칙, 성실의무 및 권한남용금지의 원칙, 신뢰보호의 원칙, 부당결부금지의 원칙을 규정하고 있다(8조~13조). 법치행정의 원칙에 관해서는 이미 앞에서 살펴보았으므로, 이하에서는 나머지 법원칙에 관해 고찰하기로 한다.

Ⅱ. 평등의 원칙

1. 의 의

행정법에 있어서 평등의 원칙이란 행정기관은 행정작용을 함에 있어서 특별한 합리적인 사유가 존재하지 않는 한 상대방인 국민을 공평하게 처우해야 한다는 것을 말한다. 평등의 원칙은 법적용의 평등뿐만 아니라 법제정(입법)의 평등도 요구한다.

2. 법적 근거

헌법 제11조는 국민의 기본권의 하나로서 평등권에 관해 규정하고 있는데, 이러한 평등권이 행정의 영역에도 적용되어야 함은 물론이다. 이와 같이 평등의 원칙은 헌법차원의 법원칙이므로, 이에 위반된 국가작용은 위헌·위법한 것이 된다.

행정기본법은 "행정청은 합리적 이유 없이 국민을 차별하여서는 아니 된다"고 함으로써, 평등의 원칙을 행정의 법원칙의 하나로 명시적으로 규정하고 있다(9조).

3. 평등의 원칙의 내용 및 적용범위

(1) 상대적 평등

평등의 원칙은 일체의 차별적 대우를 부정하는 절대적 평등을 뜻하는 것이 아니라 합리적 근거가 없는 차별을 해서는 안 된다는 상대적 평등을 뜻하며, 따라서 합리적 근거가 있는 차별 또는 불평등은 평등의 원칙에 반하지 않는다.[27]

(2) 적용 범위

평등의 원칙은 침해행정뿐만 아니라 급부행정을 포함한 모든 행정의 영역에 적용된다. 따라서 행정기관은 조세부과처분·제재처분 등과 같이 국민에게 불이익한 조치를 취하는 경우뿐만 아니라 보조금지급과 같이 국민에게 수익적 조치를 취하는 경우에도 평등의 원칙을 준수하여야 한다.

이와 같이 평등의 원칙은 모든 행정의 영역에 적용되지만, 특히 행정재량의 영역에서 그 의의가 크다. 즉, 행정법관계에서는 구체적 타당성 있는 행정작용을 위하여 행정기관에게 일정 범위에서 재량을 부여하고 있는 경우가 많은데, 이러한 재량의 영역에서도 행정기관은 평등의 원칙에 위반해서 특정인에게 불공평하게 재량권을 행사해서는 안 된다.

4. 위반행위의 효력

평등의 원칙에 위반한 행정입법은 무효이고, 평등의 원칙에 위반한 행정행위는 그 하자의 정도에 따라 무효 또는 취소의 대상이 된다. 그리고 평등의 원칙을 위반한 행정작용으로 인해 국민에게 손해를 발생케 한 경우에는 국가배상책임을 질 수 있다.

5. 판례의 검토

(1) 징계권의 행사가 임용권자의 재량에 맡겨진 것이라고 하여도 합리적인 사유 없이 같은 정도의 비행에 대하여 일반적으로 적용하여 온 기준과 어긋나게 공평을 잃은 징계처분을 선택함으로써 평등의 원칙에 위반한 경우에 이러한 징계처분은 재량권의 한계를 벗어난 처분으로서 위법하다는 것이 판례의 입장이다.[28]

---

27) 대판 2018. 10. 25, 2018두44302.

(2) 인천국제공항고속도로의 북인천IC를 통과하여 인천(서울 포함)을 왕래할 때 납부하는 통행료의 일부를 영종도·용유도·실미도 등 일정 지역주민에 대하여 예산의 범위 안에서 지원할 수 있도록 한 「인천광역시 공항고속도로 통행료지원 조례안」이 평등의 원칙에 위반되는지가 문제되었다. 이에 대해 대법원은 『이 조례안의 시행으로 인하여 다른 지역에 거주하는 주민과의 사이에 다소 규율의 차이가 발생하기는 하나, 이 조례안은 그에 정한 일정한 조건에 해당하는 경우에는 아무런 차별 없이 지원하겠다는 것으로서, 위와 같이 통행요금 지원대상의 조건으로 정한 내용이 현저하게 합리성이 결여되어 자의적인 기준을 설정한 것이라고 볼 수 없으므로 이 사건 조례안이 평등원칙에 위배된다고 할 수 없다』고 판시하였다.[29]

(3) 「자원의 절약과 재활용 촉진에 관한 법률 시행령」이 플라스틱제품에 대한 폐기물부담금의 산출기준을 정하면서 국내제조업자에 대해서는 종량제방식(從量制 : 제품의 원료로 사용된 합성수지의 양을 기준)에 의하도록 한 데 대하여 수입업자에 대해서는 종가제방식(從價制 : 제품의 수입가를 기준)에 의하도록 한 것이 헌법상 평등원칙을 위반한 것인지 여부가 문제되었다. 이에 대해 대법원은, 플라스틱제품이 폐기물관리법상 문제를 초래하는 주된 원인은 그 원료인 합성수지에 있으므로 플라스틱제품에 부과하는 폐기물부담금은 그 원료인 합성수지의 투입량에 따라 산출하는 것이 합리적인데, 위 시행령이 플라스틱제품의 수입업자가 부담하는 폐기물부담금의 산출기준을 국내제조업자와는 달리 제품의 수입가만을 기준으로 한 것은 합리적 이유 없는 차별에 해당하여 헌법상 평등원칙을 위반한 입법으로서 무효라고 판시하였다.[30]

(4) 공무원시험에서의 "제대군인 가산점제도"가 제대군인이 아닌 자에 대한 평등권을 침해한 것인지가 문제되었다. 이에 대해 헌법재판소는 제대군인 가산점제도는 헌법 제11조가 규정한 평등원칙에 위배된다고 판시하였는바, 그 논거로는 다음과 같은 것을 들고 있다.[31] i) 헌법 제39조 제2항은 「누구든지 병역의무의 이행으로 인하여 불이익한 처우를 받지 아니한다」고 규정하고 있는데, 이 조항은 병역의무를 이행한 사람에게 보상조치를 취하거나 특혜를 부여할 의무를 국가에게 지우는 것이 아니라, 법문 그대로 병역의무의 이행을 이유로 불이익한 처우를 하는 것을 금지하고 있을 뿐이다. 그런데 가산점제도는 이러한 헌법 제39조 제2항의 범위를 넘어 제대군인에게 일종의 적극적 보상조치를 취하는 제도라고 할 것이므로 이를 헌법 제39조 제2항에 근거한 제도라고 할 수 없다. ii) 제대군인에 대한 가산점제도는 공직수행능력과는 아무런 합리적 관련성을 인정할 수 없는 성별 등을 기준으로 사회적 약자인 여성과 장애인 등의 사회진출기회를 박탈하는 것이어서 정책수단으로서의 적합성과 합리성을 상실한 것이다. iii) 제대군인에 대하여 각 과목별 득점에 각 과목별 만점의 5% 또는 3%를 가산한다는 것은 합격여부를 결정적으로 좌우하는 요인이 될 뿐만 아니라, 제대군인에 대한 이러한 혜택을 응시횟수에 무관하게 그리고 가산점제도의 혜택을 받아 채용시험에 합격한 적이 있었는지에 관계없이 몇 번이고 아무런 제한없이 부여하고 있는 점에서 제대군인에 비하여 여성 및 제대군인이 아닌 남성에 대한 차별의 정도가 지나치다.

(5) 공무원시험에서의 "국가유공자와 그 유족·가족에 대한 가산점제도"가 평등의 원칙에 위반되는지의 여부에 대해서 헌법재판소는 종전의 입장을 변경하였음에 유의하여야 한다.

① 국가유공자와 그 유족·가족에 대한 가산점제도의 위헌성이 처음 문제된 사안(2001년)에서 헌법

---

28) 대판 1992. 6. 26, 91누11308.

29) 대판 2008. 6. 12, 2007추42.

30) 대판 2008. 11. 20, 2007두8287.

31) 헌재 1999. 12. 23, 98헌마363.

재판소는 합헌결정을 내렸다.[32]

② 그러나 2006년에는 국가유공자의 '가족'에게까지 본인과 동일한 가산점을 부여하도록 한 것이 평등의 원칙에 위반된다는 이유로 헌법불합치결정을 하였는데, 그 결정요지는 다음과 같다.[33]

ⅰ) 종전 결정에서 헌법재판소는 헌법 제32조 제6항의 「국가유공자·상이군경 및 전몰군경의 유가족은 법률이 정하는 바에 의하여 우선적으로 근로의 기회를 부여받는다」는 규정을 넓게 해석하여, 이 조항이 국가유공자 본인뿐만 아니라 가족들에 대한 취업보호제도(가산점)의 근거가 될 수 있다고 보았다. 그러나 오늘날 가산점의 대상이 되는 국가유공자와 그 가족의 수가 과거에 비하여 비약적으로 증가하고 있는 현실과, 취업보호대상자에서 가족이 차지하는 비율, 공무원시험의 경쟁이 갈수록 치열해지는 상황을 고려할 때,[34] 위 조항의 폭넓은 해석은 필연적으로 일반 응시자의 공무담임의 기회를 제약하게 되는 결과가 될 수 있으므로 위 조항은 엄격하게 해석할 필요가 있다. 이러한 관점에서 위 조항의 대상자는 조문의 문리해석대로 '국가유공자', '상이군경', 그리고 '전몰군경의 유가족'이라고 봄이 상당하다. 따라서 '국가유공자의 가족'의 경우 가산점의 부여는 헌법이 직접 요청하고 있는 것이 아니다.

ⅱ) 이 사건 조항의 경우 명시적인 헌법적 근거 없이 국가유공자의 가족들에게 만점의 10%라는 높은 가산점을 부여하고 있는바, 그러한 가산점 부여 대상자의 광범위성과 가산점 10%의 심각한 영향력과 차별효과를 고려할 때, 그러한 입법정책만으로 헌법상의 공정경쟁의 원리와 기회균등의 원칙을 훼손하는 것은 부적절하며, 국가유공자의 가족의 공직 취업기회를 위하여 매년 많은 일반 응시자들에게 불합격이라는 심각한 불이익을 입게 하는 것은 정당화될 수 없다.

ⅲ) 이 사건 조항의 위헌성은 국가유공자 등과 그 가족에 대한 가산점제도 자체가 입법정책상 전혀 허용될 수 없다는 것이 아니고, 그 차별의 효과가 지나치다는 것에 기인한다. 그렇다면 입법자는 공무원시험에서 국가유공자의 가족에게 부여되는 가산점의 수치를 그 차별효과가 일반 응시자의 공무담임권 행사를 지나치게 제약하지 않는 범위 내로 낮추고, 동시에 가산점 수혜 대상자의 범위를 재조정 하는 등의 방법으로 그 위헌성을 치유하는 방법을 택할 수 있을 것이다. 따라서 이 사건 조항의 위헌성의 제거는 입법부가 행하여야 할 것이므로 이 사건 조항에 대하여는 헌법불합치결정을 하기로 한다.[35]

(6) 제주시장이 청원경찰을 감축함에 있어서 임의적으로 '초등학교 졸업 이하 학력자'와 '중학교 중퇴 이상의 학력자'로 나누어 각 집단별로 같은 비율로 감원대상자를 선정한 것은 합리적 이유가 없으므로 평등의 원칙에 위배된다. 그런데 그 하자는 중대하지만 객관적으로 명백하다고 볼 수 없으므로 취소사유에 해당한다는 것이 판례의 입장이다.[36]

---

32) 헌재 2001. 2. 22, 2000헌마25.

33) 헌재 2006. 2. 23, 2004헌마675.

34) 2002년 광주민주화운동유공자예우에 관한 법률이, 2004년 특수임무수행자지원에 관한 법률이 제정되어 보훈대상자(가산점 수혜대상자)의 수가 급격히 증가하였다. 2005년 6월말 기준 전체 가산점 수혜자 중 국가유공자(상이군경 포함) 본인은 8% 정도이고, 국가유공자의 자녀가 차지하는 비율은 83.7%인바, 이는 국가유공자 가산점제도는 국가유공자 본인을 위한 것보다는 그 가족을 위한 것으로 변질되고 있음을 보여준다. 그리고, 국가공무원직 7급의 경우 국가유공자 등 가산점 수혜자의 합격률이 2002년에는 전체 합격자의 30.3%, 2003년에는 25.1%, 2004년에는 34.2%에 이르렀다.

35) 이러한 헌법불합치결정에 의하여 「국가유공자 등 예우 및 지원에 관한 법률」은 가산점제도를 다음과 같이 수정하였다. 즉, 국가유공자 본인이나 전몰·순직군경의 유족에 대해서는 만점의 10%의 가산점을 부여하도록 하고, 그 밖에 국가유공자의 가족이나 유족에 대해서는 만점의 5%의 가산점을 부여하도록 하였다. 그리고 가산점을 받아 채용시험에 합격하는 사람은 선발예정인원의 30%를 초과하지 못하도록 하였다(동법 31조).

30) 대판 2002. 2. 0, 2000두4057. 〈사실관계〉 제주시장을 제주시 소속 청원경찰의 위원을 감축함에 있어서 '초등학교 졸업 이하 학력자 집단'과 '중학교 중퇴 이상 학력자 집단'으로 나누어 양쪽을 같은 비율(27%)로 감축하기로 하였다(초등학교 졸업 이하 학력자 집단에 속하는 8명 중 2명 감축, 중학교 중퇴 이상 학력자 집단에 속하는

6. 평등의 원칙과 행정의 자기구속의 법리

(1) 의의 및 근거

행정의 자기구속의 법리란 행정기관이 행정결정을 함에 있어서 동종의 사안에 대한 이전의 결정과 동일한 결정을 하도록 구속되는 원칙을 말한다.

행정의 자기구속의 근거는 '평등의 원칙'에서 찾는 것이 일반적이다. 어떠한 행정결정이 반복되어 행해짐으로써 행정관행이 성립된 경우에는 특별한 사정 없이 종전의 결정과 다른 결정을 하는 것은 평등의 원칙에 반한다는 것이다.

(2) 기능

행정의 자기구속의 법리는 '행정규칙에 위반한 행정처분의 위법성'을 인정하는 법리로 작용한다. 즉, 행정규칙은 대외적인 구속력이 없으므로 행정처분이 행정규칙을 위반하였다 해서 곧 위법이라 할 수는 없지만, 행정규칙이 정한 기준에 따른 처분이 반복되어 행해져서 행정관행이 성립된 경우에는 행정기관은 그 행정규칙에 따라야 할 자기구속을 받게 되므로, 만일 행정기관이 특정인에 대하여 행정규칙에 반하는 행정처분을 하였다면 그 처분은 국민을 공평하게 처우해야 하는 평등의 원칙에 위배되어 위법하다고 본다.

> **판례** 『재량준칙은 일반적으로 행정조직 내부에서만 효력을 가질 뿐 대외적인 구속력을 갖는 것은 아니므로 행정처분이 이를 위반하였다고 하여 그러한 사정만으로 곧바로 위법하게 되는 것은 아니고, 다만 그 재량준칙이 정한 바에 따라 되풀이 시행되어 행정관행이 이루어지게 되면 평등의 원칙이나 신뢰보호의 원칙에 따라 행정기관은 상대방에 대한 관계에서 그 규칙에 따라야 할 자기구속을 받게 되므로, 이러한 경우에는 특별한 사정이 없는 한 그에 반하는 처분은 평등의 원칙이나 신뢰보호의 원칙에 어긋나 재량권을 일탈·남용한 위법한 처분이 된다.』(대판 2013. 11. 14, 2011두28783)

Ⅲ. 비례의 원칙

┃ 기본사례

교통경찰관 갑은 신호위반 차량을 적발하여 정지시키고는 잘 봐달라고 부탁하는 운전자에게 금품을 요구하여 1만원을 받고 신호위반행위에 대해 아무런 조치를 취하지 않았다. 갑은 운전자의 신고로 징계에 회부되어 해임처분을 받자, 자신은 단 1만원을 받았을 뿐이고 14년간 경찰공무원으로 재직하면서 2회의 가벼운 징계를 받기는 하였지만 10여회 이상 표창을 받은 점 등에 비추어 해임처분은 자신의 비위에 비해 지나치게 무거운 징계처분으로서 재량권의 남용에 해당한다고 주장하며 그에 대한 취소소송을 제기하였다. 갑의 주장은 인용될 수 있는지 검토하시오.

109명 중 29명 감축). 청원경찰 갑은 평가에서 총 점수 55점을 받았는데 이는 중학교 중퇴 이상 학력자 집단 109명 중 84등에 해당하여 감축 대상자로 선정되었다. 이에 갑은 초등학교 졸업 이하 학력자 집단에서는 총 점수 55점을 받은 사람도 감축 대상에서 제외되었는데, 중학교 중퇴 이상 학력자 집단에서는 총 점수 55점을 받은 사람이 감축 대상자로 선정된 것은 평등원칙에 위반한다는 이유로 감축처분(면직처분)에 대한 무효확인소송을 제기하였다.

1. 의 의

비례의 원칙이란 행정기관이 행정목적을 실현하기 위하여 어떠한 수단을 취함에 있어서 그 목적실현과 수단 사이에 합리적인 비례관계가 있어야 한다는 것을 말한다. 행정목적을 실현하기 위해서 과잉의 조치가 취해져서는 안 된다는 의미에서 '과잉금지의 원칙'이라 하기도 하며, 또한 뒤에서 설명하는 상당성원칙(좁은 의미의 비례의 원칙)과 구별하기 위하여 '넓은 의미의 비례의 원칙'이라 부르기도 한다.

비례의 원칙은 당초 독일에 있어서 과도한 침익적 행정권한의 발동을 통제하기 위하여 경찰법상의 판례를 중심으로 발전된 것인데, 오늘날에 있어서는 경찰행정(질서행정)의 영역뿐만 아니라 급부행정을 포함한 행정의 모든 영역에 걸쳐 적용될 수 있는 법원칙으로 인정되고 있다. 예컨대 행정기관은 법령위반자에 대한 제재처분을 내림에 있어서 과잉의 제재처분을 내려서는 안 될 뿐 아니라, 생활보호대상자에게 보조금을 지급함에 있어서도 과잉의 보조금을 지급해서는 안 되는 것이다.

2. 법적 근거

(1) 헌법

비례의 원칙은 법치국가원리의 파생원칙의 하나이므로 법치국가원리를 채택하고 있는 나라에 있어서는 헌법차원의 법원칙으로서의 성질과 효력을 가진다. 따라서 비례의 원칙은 행정작용의 위법성 판단에 있어서뿐만 아니라 법률의 위헌심사에 있어서도 중요한 판단기준으로 작용한다.

「국민의 모든 자유와 권리는 국가안전보장·질서유지 또는 공공복리를 위하여 필요한 경우에 한하여 법률로써 제한할 수 있으며, 제한하는 경우에도 자유와 권리의 본질적인 내용을 침해할 수 없다」고 규정한 헌법 제37조 제2항이 이러한 비례의 원칙을 표현한 것이라고 본다.

(2) 법률

비례의 원칙은 행정규제기본법(5조 3항), 행정절차법(48조 1항), 경찰관직무집행법(1조 2항) 등 많은 개별법에서 규정하고 있는데,[37] 이는 해당 법률이 규율하는 행정의 영역에만 적용되고 또한 비례의 원칙 중 필요성의 원칙(최소침해의 원칙)만을 규정하는 한계를 가지고 있었다. 이에 행정기본법은 모든 행정의 영역에 걸쳐 일반적으로 적용되는 비례의 원칙을 규정하였으며, 그 내용으로 적합성의 원칙, 필요성의 원칙, 상당성의 원칙을 명시하였다(10조).

3. 내 용

넓은 의미의 비례의 원칙은 적합성의 원칙, 필요성의 원칙, 상당성의 원칙 등 세 가지 내용으로 구성되어 있다.

---

37) 행정규제기본법 제5조 제3항 : 규제의 대상과 수단은 규제의 목적 실현에 필요한 최소한의 범위에서 가장 효과적인 방법으로 객관성·투명성 및 공정성이 확보되도록 설정되어야 한다.

(1) 적합성의 원칙

적합성의 원칙이란 행정기관은 그가 의도하는 행정목적을 달성하는데 적합한 수단을 선택하여야 한다는 것을 의미한다. 따라서 행정기관이 목적달성에 적합하지 않은 수단을 사용하는 것은 적합성의 원칙에 반하므로 허용되지 않는다. 여기에서 목적달성에 적합한 수단이라는 것은 가장 적합한 수단만을 의미하는 것이 아니고, 선택된 수단이 목적달성에 기여할 수 있으면 충분하다.

(2) 필요성의 원칙

필요성의 원칙이란 행정상의 조치는 목적을 실현하기 위하여 필요한 최소한도로 행해져야 한다는 것을 의미하며, '최소침해의 원칙'이라고도 한다. 따라서 행정기관은 목적실현에 적합한 수단이 여러 개 있는 경우에는 그 중에서 관계인에게 가장 적은 부담을 주는 수단을 선택해야 한다. 예컨대 불법으로 건축된 건물에 대하여 수선명령으로써 목적을 달성할 수 있음에도 불구하고 철거명령을 발하는 것은 필요성의 원칙에 반하는 것이다.

(3) 상당성의 원칙

상당성의 원칙이란 어떤 행정상의 조치를 취함으로써 발생하는 이익보다 그것에 의해 초래되는 불이익이 더 커서는 안 된다는 것을 말하며, '좁은 의미의 비례의 원칙'이라고도 한다.[38] 이 원칙은 어떠한 행정목적을 달성하기 위해 '해당 조치를 취해야 할 공익상의 필요성'과 '해당 조치로 인하여 상대방에게 발생할 불이익' 간의 형량을 필요로 하며, 이익형량의 결과 그 조치를 취함으로써 발생하는 불이익이 그로 인한 이익보다 크다고 인정되는 경우에는 해당 조치를 취해서는 안 된다.

이상에서 설명한 적합성의 원칙, 필요성의 원칙, 상당성의 원칙은 비례의 원칙(과잉금지의 원칙)의 단계적 구조를 이룬다고 본다. 즉, 비례의 원칙에 합당하기 위해서는 먼저 행정상의 조치가 의도된 목적을 달성하는데 적합한 것이어야 하고, 목적달성에 적합한 조치가 여러 개가 있는 경우에는 그 중에서 상대방에게 최소한의 불이익을 주는 조치를 선택하여야 하며, 만일 선택된 조치가 목적달성을 위해 적합한 조치이고 최소한의 불이익을 주는 조치라 할지라도 해당 조치를 취함으로써 발생하는 이익보다 그로 인한 불이익이 더 큰 경우에는 해당 조치를 취해서는 안 된다는 것이다.

4. 구체적 사안의 검토

(1) 제재처분

법령위반행위를 한 영업자 등에 대하여 어느 정도의 제재처분을 내릴 것인지는 일반적으로 행

---

38) 독일 문헌에서는 이 원칙을 표현하기 위해서 "경찰관은 비록 그것이 유일한 수단이라 할지라도 참새를 쫓기 위하여 대포를 쏘아서는 안 된다"는 예문을 사용하고 있다. 이는 참새를 쫓는 공익상의 필요와 대포를 쏨으로써 발생하는 불이익 사이의 이익형량을 할 때 후자가 훨씬 크기 때문에 아무리 참새를 쫓아야 할 공익상의 필요가 있다 하더라도 대포를 쏘는 수단을 선택해서는 안 된다는 것을 극단적으로 표현한 것이라 할 것이다.

정기관의 재량에 속하지만, 이 경우에도 행정기관은 재량권을 행사함에 있어서 비례의 원칙에 의한 제한을 받는다. 따라서 상대방의 잘못에 비해 현저히 무거운 제재처분을 내리는 것은 비례원칙 위반으로서 재량권의 남용에 해당되어 위법하게 된다.

> **판례** 『위반행위가 유흥업소에 청소년 2명을 고용한 것은 결코 가벼운 위반행위는 아니나, 그 고용기간이 7일로 비교적 짧고 그로 인하여 얻은 이익이 실제 많지 아니하며 원고는 동일한 위반행위로 인하여 식품위생법에 따른 15일간의 영업정지처분을 받은 점 등 제반 사정에 비추어 보면 상한액의 2배인 16,000,000원의 과징금을 부과한 이 사건 처분이 재량권의 한계를 일탈한 것으로 위법하다.』 (대판 2001. 3. 9. 99두5207)

(2) 징계처분

공무원에 대한 징계처분은 원칙적으로 징계권자의 재량에 맡겨져 있지만, 징계사유로 삼은 비행의 정도에 비하여 균형을 잃은 과중한 징계처분을 내리는 것은 비례원칙 위반으로서 재량권의 남용에 해당되어 위법하다.[39] 그리고 징계에 관한 재량권의 행사가 비례의 원칙을 위반하였는지 여부를 판단함에 있어서 특히 금품수수의 경우는 수수액수, 수수경위, 수수시기, 수수 이후의 직무에 영향을 미쳤는지 여부 등이 고려되어야 한다는 것이 판례의 입장이다.[40]

> **판례** **기본사례에 관한 판례**
>
> 『비록 원고가 받은 돈이 1만원에 불과하여 큰 금액이 아니라고 하더라도, 위와 같은 경찰공무원의 금품수수행위에 대하여 엄격한 징계를 가하지 아니할 경우 경찰공무원들이 교통법규 위반행위에 대하여 공평하고 엄정한 단속을 할 것을 기대하기 어렵게 되고, 일반 국민 및 함께 근무하는 경찰관들에게 법적용의 공평성과 경찰공무원의 청렴의무에 대한 불신을 배양하게 될 것이다. 그러므로 원심이 인정한 바와 같은 정상에 관한 참작사유들을 고려하더라도 피고가 이 사건 징계사유를 이유로 원고에 대하여 해임처분을 한 것은 원고의 직무의 특성과 비위의 내용 및 성질, 징계양정의 기준, 징계의 목적 등에 비추어 볼 때에 그 징계 내용이 객관적으로 명백히 부당한 것으로서 사회통념상 현저하게 타당성을 잃었다고 할 수는 없을 것이다. 그럼에도 불구하고, 이와 다른 견해에서 피고의 이 사건 해임처분이 재량권의 범위를 일탈하였거나 남용하였다 하여 이를 취소한 원심판결은 징계재량권의 범위에 관한 법리오해의 위법이 있다.』 (대판 2006. 12. 21. 2006두16274)

Ⅳ. 신의성실의 원칙

1. 의 의

신의성실의 원칙이란 법률관계의 당사자는 권리를 행사하거나 의무를 이행함에 있어서 신의에 좇아 성실하게 하여야 한다는 것을 의미한다. 즉, 법률관계의 당사자는 상대의 이익을 배려하여

---

39) 대판 2001. 8. 24, 2000두7704.
40) 대판 2006. 12. 21, 2006두16274.

형평에 어긋나거나 신뢰를 저버리는 내용 또는 방법으로 권리를 행사하거나 의무를 이행해서는 안 된다는 원칙이다.[41]

신의성실의 원칙은 본래 사법상의 법원칙으로 성립·발전하였는데,[42] 오늘날 공법의 영역에도 적용되는 법원칙이라고 본다. 공법의 영역에서는 종래 행정절차법(4조 1항)과 국세기본법(15조)에서 신의성실의 원칙에 관해 규정하고 있었는데,[43] 행정기본법에서 행정 일반에 걸쳐 적용되는 법원칙으로서 신의성실의 원칙을 명시적으로 규정하였다(11조 1항).

2. 적용대상자 및 적용 범위

행정기본법은 신의성실의 원칙의 수범자를 '행정청'으로 규정하고 있다. 이러한 점에서 납세의무자와 세무공무원 모두를 대상으로 신의성실의 원칙을 규정한 국세기본법과 차이가 있다.

행정기본법에 규정된 신의성실의 원칙은 행정 일반에 걸쳐 적용되는 법원칙으로서, 침익적 행정이든 수익적 행정이든, 질서행정이든 급부행정이든 묻지 않고 행정의 모든 영역에서 적용된다.

한편, 조세법률관계에 있어서 신의성실의 원칙이나 신뢰보호의 원칙은 합법성의 원칙을 희생하여서라도 납세자의 신뢰를 보호함이 정의에 부합하는 것으로 인정되는 특별한 사정이 있을 경우에 한하여 적용되는 예외적인 법원칙이라는 것이 판례의 입장이다.[44] 그러므로 과세관청의 행위에 대하여 신의성실의 원칙 또는 신뢰보호의 원칙을 적용하기 위해서는, 과세관청이 공적인 견해표명 등을 통하여 부여한 신뢰가 평균적인 납세자로 하여금 합리적이고 정당한 기대를 가지게 할 만한 것이어야 한다고 한다.

3. 적용례

(1) 행정작용의 위법성 판단의 기준으로서의 신의성실의 원칙

신의성실의 원칙은 행정작용의 위법성 여부를 판단하는 기준의 하나로 적용된다. 예컨대 행정청이 사인의 국유재산 무단 점유·사용을 장기간 방치한 후에 그 불법 점유·사용에 대해 변상금을 부과하는 것이 신의성실의 원칙과 신뢰보호의 원칙에 반하여 위법한지가 문제된 사안에서, 대법원은 "행정청이 무단 점유·사용을 장기간 방치하였다는 사유만으로는 변상금부과처분이 신의성실의 원칙과 신뢰보호의 원칙에 위반된다고 할 수 없다"고 하였다.[45]

한편, 행정청이 위법하게 '직업능력개발훈련과정 인정제한처분'을 하여 사업주로 하여금 제때 훈련과정 인정신청을 할 수 없도록 하였음에도, 위 인정제한처분에 대한 취소판결이 확정된 후에 사업주가 인정제한기간 내에 실제로 실시하였던 훈련에 관한 비용지원신청에 대하여 행정청이 단지 사전에 훈련과정 인정을 받지 않았다는 이유만을 들어 그 지원을 거부하는 것은, 사업주로 하

---

41) 대판 2018. 4. 26, 2017다288757.
42) 민법 제2조 : 권리의 행사와 의무의 이행은 신의에 좇아 성실히 하여야 한다.
43) 행정절차법 제4조 제1항 : 행정청은 직무를 수행할 때 신의에 따라 성실히 하여야 한다.
44) 대판 2013. 12. 26, 2011두5940.
45) 대판 2000. 3. 10, 97누17278; 대판 2008. 5. 15, 2005두11463.

여금 제때 훈련과정 인정신청을 할 수 없게 한 장애사유를 만든 행정청이 사업주에 대하여 사전에 훈련과정 인정신청을 하지 않았음을 탓하는 것과 다름없으므로 신의성실의 원칙에 반하여 허용될 수 없다는 것이 판례의 입장이다.[46]

(2) 국가배상법상 위법성 판단의 기준으로서의 신의성실의 원칙

국가배상책임이 성립되기 위해서는 공무원의 위법한 직무집행행위가 있어야 하는데, 여기에서 위법이란 엄격한 의미의 법령 위반뿐만 아니라 신의성실원칙이나 권력남용금지원칙 등을 위반한 경우도 포함한다는 것이 판례의 입장이다.[47]

(3) 국가배상청구권의 소멸시효 완성 항변권 제한의 근거로서의 신의성실의 원칙

국가배상청구권은 일정한 기간이 경과하면 소멸시효가 완성되어 더 이상 행사할 수 없게 된다. 그런데 국가가 소멸시효 완성 전에 피해자의 국가배상청구권 행사를 현저히 곤란하게 하는 등의 특별한 사정이 있는 경우에는, 비록 소멸시효기간이 경과하였다 하더라도 국가가 소멸시효 완성을 주장하는 것은 신의성실의 원칙에 반하여 허용되지 않는다는 것이 판례의 입장이다.[48]

V. 권한남용금지의 원칙

1. 의 의

행정기관은 그에게 부여된 행정권한을 행사함에 있어서 그 권한을 남용하거나 권한의 범위를 넘어서서는 안 되는바, 이를 권한남용금지의 원칙이라 한다. 권한남용금지의 원칙은 침익적 행정과 수익적 행정 등 행정의 모든 영역에 걸쳐 적용된다.

2. 이론적·법적 근거

권한남용금지의 원칙은 법치국가의 원리로부터 도출된다고 본다. 즉, 법치주의는 국가권력의 자의적 행사를 막기 위한 데서 출발한 것이므로, 모든 국가기관과 공무원은 헌법과 법률에 위배되는 행위를 하여서는 안 됨은 물론이고 헌법과 법률에 의하여 부여된 권한을 행사할 때에도 그 권한을 남용해서는 안 된다고 한다.[49]

개별 법률에서 권한남용금지의 원칙에 관해 규정하고 있는 경우가 있는데, 국세기본법(81조의4 1항), 행정조사기본법(4조 1항), 국가경찰과 자치경찰의 조직 및 운영에 관한 법률(5조), 해양경찰법(3조) 등이 그 예이다.[50] 행정기본법은 행정 일반에 걸쳐 적용되는 법원칙으로서 권한남용금지

---

46) 대판 2019. 1. 31, 2016두52019.
47) 대판 2008. 6. 12, 2007다64365.
48) 대판 2013. 5. 16, 2012다202819; 대판 2014. 5. 29, 2013다217467, 217474.
49) 대판 2016. 12. 15, 2016두47659.
50) 「국가경찰과 자치경찰의 조직 및 운영에 관한 법률」 제5조(권한남용의 금지) 경찰은 그 직무를 수행할 때에 … 국민 전체에 대한 봉사자로서 공정·중립을 지켜야 하며, 부여된 권한을 남용하여서는 안 된다.

의 원칙을 명시적으로 규정하였다(11조 2항).

3. 내 용

행정기관은 법이 부여한 범위 내에서 권한을 행사하여야 함은 물론이며, 법이 부여한 권한의 범위 내라 하더라도 평등원칙·비례원칙·신뢰보호원칙 등 법의 일반원칙을 무시하여 자의적으로 행사해서는 안 된다. 이러한 권한남용금지의 원칙은 행정의 모든 영역에 걸쳐 적용되지만, 특히 재량권 행사의 한계와 관련하여 중요한 의미를 갖는다. 즉, 행정기관은 법이 부여한 재량권의 범위를 넘어서서 행사해서는 안 되며, 법이 부여한 재량권의 범위 내라 하더라도 자의적으로 행사해서는 안 되는데, 전자(법이 부여한 재량권의 범위를 넘어 행사한 경우)를 재량권의 일탈이라 하고, 후자(자의적으로 행사한 경우)를 재량권의 남용이라 한다. 재량권의 일탈·남용이 있는 경우에는 위법한 재량권 행사가 된다.

4. 적용례

세무조사가 과세자료의 수집 등 그 본연의 목적이 아니라 다른 부정한 목적을 위하여 행해진 것이라면 이는 행정권한을 남용한 것으로서 위법하고, 이러한 위법한 세무조사에 의해 수집된 과세자료를 기초로 한 과세처분 역시 위법하다는 것이 판례의 입장이다.[51]

VI. 신뢰보호의 원칙

1. 의 의

신뢰보호의 원칙이란 국민이 행정기관의 어떤 공적 견해표명의 정당성이나 존속성에 대해 신뢰한 경우에는 국민의 신뢰가 보호받을 가치가 있는 한 그것을 보호해 주어야 함을 의미한다. 이는 영미법상의 금반언의 법리(Estoppel)와 같은 이념을 가진 것이라 할 수 있다.

신뢰보호의 원칙은 경우에 따라 행정의 법률적합성 원칙과 충돌될 수 있다. 예컨대 건축허가 신청이 법적 요건을 갖추지 못했음에도 불구하고 행정청이 잘못 건축허가를 한 경우에, 행정의 법률적합성 원칙에 비추어 보면 위법한 건축허가는 취소되어야 하지만 상대방의 신뢰보호를 위해서는 건축허가는 취소되지 말아야 하는 것이다. 과거에는 행정의 법률적합성 원칙이 가장 우선한다고 보아 위법한 행정행위는 취소되어야 한다고 하였으나, 오늘날에는 행정의 법률적합성 원칙뿐만 아니라 신뢰보호의 원칙도 법치국가의 원리에서 도출되는 것으로서 양자는 헌법상 동가치를 가진다고 보며, 따라서 어느 원칙이 우선하는가는 '행정의 적법성을 확보해야 할 공익상의 필요'와 '국민의 신뢰를 보호할 필요'와의 이익형량을 통해 결정하여야 한다는 것이 지배적인 견해이다.

신뢰보호의 원칙은 행정법의 일반원칙으로서 모든 행정법 분야에서 적용될 수 있는데, 특히 수

---

51) 대판 2016. 12. 15, 2016두47659.

익적 행정행위의 취소권의 제한, 실권(失權), 확약, 계획보장청구권, 개정법령의 소급적용 등과 관련하여 많이 논의되고 있다.

2. 근 거

(1) 이론적 근거

신뢰보호의 근거에 관해서는 사법(私法)에서 발달한 신의성실의 원칙에서 구하는 견해, 사회국가원리에서 구하는 견해, 기본권에서 구하는 견해 등이 있으나, 오늘날에는 법치국가원리의 내용 중하나인 "법적 안정성"에서 찾는 견해가 유력하다. 즉, 헌법상의 법치국가원리는 내용적으로 '법률적합성의 원칙'과 '법적 안정성의 원칙'으로 구성되는데, 신뢰보호원칙은 후자에서 도출된다고 한다. 판례도 신뢰보호원칙의 근거를 실질적 법치국가원리의 구성요소인 법적 안정성에서 찾고 있다.[52]

> **판례** 『법령의 개정에서 신뢰보호원칙이 적용되어야 하는 이유는, 어떤 법령이 장래에도 그대로 존속할 것이라는 합리적이고 정당한 신뢰를 바탕으로 국민이 그 법령에 상응하는 구체적 행위로 나아가 일정한 법적 지위나 생활관계를 형성하여 왔음에도 국가가 이를 전혀 보호하지 않는다면 법질서에 대한 국민의 신뢰는 무너지고 현재의 행위에 대한 장래의 법적 효과를 예견할 수 없게 되어 법적 안정성이 크게 저해되기 때문이다.』 (대판 2007. 10. 29, 2005두4649)

(2) 실정법적 근거

신뢰보호의 원칙은 종래 국세기본법(18조 3항)과 행정절차법(4조 2항)에서 규정하고 있었는데, 2021년에 제정된 행정기본법에서 다시 신뢰보호의 원칙을 명시적으로 규정하였다(12조).

3. 성립요건

일반적으로 행정상의 법률관계에 있어서 행정청의 행위에 대하여 신뢰보호의 원칙이 적용되기위해서는, 첫째 행정청이 개인에 대하여 신뢰의 대상이 되는 공적인 견해표명을 하여야 하고, 둘째 행정청의 견해표명이 정당하다고 신뢰한 데에 대하여 그 개인에게 귀책사유가 없어야 하며, 셋째 개인이 그 견해표명을 신뢰하고 이에 상응하는 어떠한 행위를 하였어야 하고, 넷째 행정청이위 견해표명에 반하는 처분을 함으로써 그 견해표명을 신뢰한 개인의 이익이 침해되는 결과가 초래되어야 하며, 마지막으로 위 견해표명에 따른 행정처분을 할 경우 이로 인하여 공익 또는 제3자의 정당한 이익을 현저히 해할 우려가 있는 경우가 아니어야 한다.[53]

(1) 행정기관의 공적 견해표명

신뢰보호원칙이 적용되기 위해서는 먼저 신뢰의 대상이 되는 '행정기관의 공적 견해표명'이 있어야 한다.

① 공적 견해표명은 처분에 의해서뿐만 아니라 법령·조례·확약·행정계획·행정지도 등을

---

52) 대판 2006. 11. 16, 2003두12899; 대판 2007. 10. 29, 2005두4649.
53) 대판 2006. 6. 9, 2004두46.

통해서도 행해질 수 있으며, 또한 명시적으로뿐만 아니라 묵시적으로도 행해질 수 있다. 묵시적인 공적 견해표명이 있다고 볼 것인지는 조세행정에 있어서 많이 문제되는데, 과세관청의 묵시적인 비과세 견해표명이 있다고 하기 위해서는 '단순한 과세누락'으로는 부족하고 상당기간의 불과세 상태에 대하여 '과세하지 않겠다는 의사표시'를 한 것으로 볼 수 있는 사정이 있어야 한다는 것이 판례의 입장이다.[54]

한편, 행정기관이 단순히 착오로 어떤 처분을 계속한 경우에는 그에 관한 행정관행(공적 견해표명)이 있었다고 볼 수 없으며, 따라서 행정기관이 착오로 어떤 처분을 계속해 오다가 추후 오류를 발견하여 합리적인 방법으로 변경하는 것은 신뢰보호원칙에 위배되지 않는다고 한다.[55]

> **판례** i) 조세 법률관계에서 비과세의 관행이 성립하기 위해서는 과세관청에 의한 명시적 또는 묵시적인 공적 견해표명이 있어야 하는데, 묵시적 표시가 있다고 하기 위해서는 '단순한 과세누락'으로는 부족하고 과세관청이 상당기간 불과세상태에 대하여 '과세하지 않겠다는 의사표시를 한 것으로 볼 수 있는 사정'이 있어야 하며, 이 경우 특히 과세관청의 의사표시가 일반론적인 견해표명에 불과한 경우에는 위 원칙이 적용되지 않는다. (대판 2001. 4. 24, 2000두5203)
>
> ii) 보세운송면허세의 부과근거이던 지방세법시행령이 1973. 10. 1 제정되어 1977. 9. 20에 폐지될 때까지 4년 동안 과세관청이 그 면허세를 부과할 수 있음을 알면서도 수출확대라는 공익상 필요에서 한 건도 이를 부과한 일이 없었다면 '묵시적인 비과세의 의사표시'가 있는 것으로서 비과세의 관행이 성립하였다고 볼 수 있다. (대판 1980. 6. 10, 80누6)
>
> iii) 지방세법이 병원에 대해 사업소세를 부과할 수 있도록 하면서 다만 국립대학병원과 의과대학 부속병원에 대해서는 비과세대상으로 규정하고 있는 경우에, 간호전문대학 설립자가 운영하는 병원이 사업소세 부과대상인지에 대한 논란이 있어 행정청이 20여년간 한 번도 그에 대해 사업소세를 부과하지 않았다면, 이는 간호전문대학을 운영하고 있는 원고의 교육적인 역할 등을 고려하여 묵시적으로 사업소세 비과세의 의사를 표시한 것으로 볼 수 있으므로 비과세관행이 성립하였다고 볼 여지가 있다. (대판 2009. 12. 24, 2008두15350)
>
> iv) 특정 사항에 관하여 신뢰보호원칙상 행정청이 그와 배치되는 조치를 할 수 없다고 할 수 있을 정도의 행정관행이 성립되었다고 하려면 상당한 기간에 걸쳐 그 사항에 관하여 동일한 처분을 하였다는 객관적 사실이 존재할 뿐만 아니라, 행정청이 그 사항에 관하여 다른 내용의 처분을 할 수 있음을 알면서도 어떤 특별한 사정 때문에 그러한 처분을 하지 않는다는 의사가 있고 이와 같은 의사가 명시적 또는 묵시적으로 표시되어야 한다. 단순히 착오로 어떠한 처분을 계속한 경우는 이에 해당되지 않고, 따라서 처분청이 추후 오류를 발견하여 합리적인 방법으로 변경하는 것은 신뢰보호원칙에 위배되지 않는다. (대판 2020. 7. 23, 2020두33824)

② 공적 견해표명은 원칙적으로 '책임있는 지위에 있는 행정기관'에 의하여 이루어져야 하나, 이는 반드시 행정조직상의 형식적 권한분장에 구애될 것은 아니고, 담당자의 조직상의 지위와 임무, 당해 언동을 하게 된 구체적인 경위 및 그에 대한 국민의 신뢰가능성에 비추어 실질에 의하여 판단하여야 한다는 것이 판례의 입장이다.[56]

---

54) 대판 2001. 4. 24, 2000두5203.
55) 대판 2020. 7. 23, 2020두33824.

> **판례** 보건복지부장관이 「의료취약지 병원설립운영자 신청공고」를 하면서 의료취약지에 병원을 설립하는 자에 대하여 국세 및 지방세를 비과세하겠다고 발표하였고 그 후 행정안전부장관이나 시·도지사가 도 또는 시·군에 지방세 감면조례 제정을 지시하였다면, 보건복지부장관에 의하여 이루어진 비과세의 견해표명은 당해 과세관청의 그것과 마찬가지로 볼 여지가 충분하다는 것이 판례의 입장이다. (대판 1996. 1. 23, 95누13746)
> 　이에 반해 국가기관인 울산지방해운항만청장이 과세관청 또는 상급관청과 아무런 상의 없이 도세(道稅)인 지역개발세를 면제한다는 취지의 공적인 견해를 표명하였다고 하더라도, 이로써 지역개발세 면제에 관한 과세관청의 공적 견해표명이 있었다고 볼 수는 없다고 한다. (대판 1997. 11. 28, 96누11495)

③ 공적 견해표명은 국민에 대한 것이어야 하며, 따라서 행정기관 사이의 견해표명은 신뢰보호의 원칙이 적용되기 위한 공적 견해표명이라 할 수 없다.

> **판례** 「관광 숙박시설 지원 등에 관한 특별법」의 적용시한에 관한 서울특별시장의 질의에 대해 문화체육관광부장관이 "관광 숙박시설 지원 등에 관한 특별법의 유효기간인 2002년 12월 31일 이전까지 사업계획승인 신청을 한 경우에는 유효기간이 경과한 이후에도 특별법을 적용할 수 있다"고 회신한 것은 공적 견해표명으로 보기 어렵다는 것이 판례의 입장이다. (대판 2006. 4. 28, 2005두6539)

④ 그 밖에 공적 견해표명과 관련한 주요 판례는 다음과 같다.

> **판례** i) 폐기물관리법령에 의한 폐기물처리업사업계획에 대한 적정통보와 국토이용관리법령에 의한 국토이용계획변경은 각기 그 제도적 취지와 결정단계에서 고려해야 할 사항들이 다르므로, 폐기물처리업사업계획에 대하여 적정통보를 한 것만으로 그 사업부지 토지에 대한 국토이용계획변경신청을 승인하여 주겠다는 취지의 공적인 견해표명을 한 것으로 볼 수 없다. (대판 2005. 4. 28, 2004두8828)
> 　ii) 서울지방병무청 총무과 민원팀장이 법령의 내용을 숙지하지 못한 상태에서 원고측의 상담(국외영주권취득으로 인한 병역면제 문제)에 응하여 민원봉사차원에서 안내한 사항은 행정기관의 공적인 견해표명이라 하기 어렵고, 원고측이 더 나아가 담당부서의 담당공무원에게 공적 견해의 표명을 구하는 정식의 서면질의 등을 하지 아니한 채 민원팀장의 안내만을 신뢰한 것에는 원고측에 귀책사유도 있어 신뢰보호의 원칙이 적용되지 아니한다. (대판 2003. 12. 26, 2003두1875)

(2) 신뢰의 보호가치성(신뢰에 귀책사유가 없을 것)

신뢰보호의 원칙이 적용되기 위해서는 공적 견해표명에 대한 상대방의 신뢰가 보호가치가 있어야 하며, 따라서 그 신뢰에 있어 상대방에 귀책사유가 있는 경우에는 신뢰보호의 원칙이 적용되지 않는다.

여기에서 귀책사유라 함은 행정기관의 견해표명의 하자가 상대방의 사실은폐나 거짓 신청행위 등 부정행위에 기인한 것이거나, 그러한 부정행위가 없다고 하더라도 공적 견해표명에 하자가 있

---

56) 대판 1995. 6. 16, 94누12159; 대판 1996. 1. 23, 95누13746; 대판 2008. 6. 12, 2008두1115.

음을 알았거나 중대한 과실로 알지 못한 경우 등을 의미한다는 것이 판례의 입장이다.[57] 그리고 귀책사유의 유무는 상대방과 그로부터 권한을 위임받은 수임인 등 관계자 모두를 기준으로 판단하여야 한다고 한다. 이러한 점에서, 건축주로부터 설계를 의뢰받은 건축사가 건축한계선을 간과한 채 설계를 하고 이를 토대로 허위 내용의 건축허가조사 및 검사조서를 작성·제출함으로써 행정청이 이를 믿고 건축허가를 내린 경우에는 건축주에게 해당 건축허가가 정당하다고 신뢰한 데에 귀책사유가 있으므로 신뢰보호의 원칙을 주장하지 못한다고 한다.[58]

(3) 신뢰에 따른 관계인의 처리

신뢰보호의 원칙이 적용되기 위해서는 상대방이 행정기관의 공적 견해표명을 신뢰하고 이에 기초하여 어떠한 처리행위를 하여야 한다. 예컨대 폐기물처리업 사업계획에 대한 행정청의 적정통보를 신뢰하여 비용을 들여 폐기물처리업허가의 요건시설을 갖춘 경우 또는 어떠한 토지가 대지로의 형질변경이 가능하다는 행정청의 공적 견해표명을 신뢰하여 해당 토지를 매입한 경우 등이 그에 해당한다. 따라서 상대방이 행정청의 공적 견해표명을 신뢰하였지만 이에 기초하여 아직 아무런 행위로 나아가지 않은 경우에는 신뢰보호의 원칙을 주장할 수 없다.

(4) 공적 견해표명에 반하는 처분

신뢰보호의 원칙이 적용되기 위해서는 상대방이 행정청의 공적 견해표명을 신뢰하여 일정한 행위로 나아갔음에도 불구하고 행정청이 종전의 공적 견해표명에 반하는 행위를 함으로써 상대방의 이익을 침해하여야 한다. 예컨대 폐기물처리업 사업계획에 대한 행정청의 적정통보를 신뢰하여 상대방이 비용을 들여 폐기물처리업허가의 요건시설을 갖추어 허가신청을 하였으나 행정청이 불허가처분을 내린 경우가 그에 해당한다.

(5) 공익 또는 제3자의 이익을 현저히 해할 우려가 없을 것

앞에서 설명한 신뢰보호의 요건을 모두 갖춘 경우에도 상대방의 신뢰를 보호함으로 인하여 공익 또는 제3자의 정당한 이익을 현저히 해할 우려가 있는 경우에는 신뢰보호의 원칙은 적용되지 않는다(행정기본법 12조 1항). 따라서 신뢰보호의 원칙을 적용하기 위해서는 '상대방의 신뢰를 보호할 필요성'과 그로 인한 '공익 또는 제3자의 이익 침해의 정도'를 비교형량할 것이 요구된다.

> **판례** 더 큰 공익상의 이유로 신뢰보호원칙의 적용을 배제한 예를 살펴보면 다음과 같다. 한려해상국립공원지구 인근의 자연녹지지역에서의 토석채취허가가 법적으로 가능할 것이라는 행정청의 공적 견해표명을 신뢰하고 많은 비용과 노력을 투자하여 허가신청을 하였다가 불허가처분으로 상당한 불이익을 입게 된 자가 신뢰보호원칙 위반을 이유로 불허가처분 취소소송을 제기한 사건에서 대법원은, 위 불허가처분에 의하여 행정청이 달성하려는 주변의 환경·풍치·미관 등의 공익이 그로 인하여 개인이 입게 되는 불이익을 정당화할 만큼 강하기 때문에 불허가처분이 신뢰보호의 원칙에 반하여 위법하다고 할 수 없다고 판시하였다. (대판 1998. 11. 13, 98두7343)

---

57) 대판 2002. 11. 8, 2001두1512; 대판 2008. 1. 17, 2006두10931.
58) 대판 2002. 11. 8, 2001두1512.

4. 신뢰보호의 한계

(1) 사정변경의 경우

신뢰보호의 원칙은 행정청의 공적 견해표명에 대해 상대방이 신뢰하였고 그것이 보호가치가 있는 경우에 적용되는바, 비록 행정청의 공적 견해표명이 있었다 하더라도 그 후 공적 견해표명의 전제가 된 사실관계에 변동이 있거나 관계 법령이 개정되는 등과 같이 사실적·법률적 상태가 변경된 경우에는 행정청의 공적 견해표명은 행정청의 별다른 의사표시를 기다리지 않고 실효된다는 것이 판례의 입장이다.[59] 이러한 점에서, 정식으로 건축허가를 받기 전에 허가행정청으로부터 해당 토지에 건축을 하는 것이 적법하다는 '사전결정'을 받았다 하더라도, 그 후 법령이 개정된 경우에는 개정된 법령에 근거하여 건축허가불허가처분을 내려도 신뢰보호의 원칙에 위반되지 않는다고 한다.

판례 〈사실관계〉 A건설회사는 12층짜리 공동주택 1동을 건축하기 위해 대전광역시 중구청장으로부터 건축법에 의한 사전결정을 받은 다음 주택건설사업계획을 작성하여 1993. 12. 2. 승인을 신청하였다. 그러나 중구청장은 1994년 6월 24일에 대전도시계획(최고고도지구)이 결정·고시되어 그 지상에는 4층을 넘는 건축물을 건축할 수 없다는 이유로 1994. 9. 15. 승인거부처분을 하였다. 한편, 주택건설촉진법시행령 제32조의2 제2항, 제3항의 규정에 의하면, 주택건설사업계획의 승인 여부는 정당한 사유가 없는 한 신청수리 후 60일 내에 결정하도록 규정되어 있다.

〈대법원의 판단〉 (대판 1996. 8. 20, 95누10877)

i) 구 주택건설촉진법시행령 제32조의2 제2항, 제3항의 규정에 의하면, 주택건설사업계획의 승인 여부는 정당한 사유가 없는 한 신청수리 후 60일 내에 결정하도록 되어 있지만, 그 규정은 가능한 한 조속히 그 승인사무를 처리하도록 정한 훈시규정에 불과할 뿐 강행규정이나 효력규정이라고 할 수는 없으므로, 행정청이 그 기간을 경과하여 주택건설사업승인 거부처분을 하였다고 해서 그 거부처분이 위법하다고 할 수는 없다.

ii) 허가 등의 행정처분은 원칙적으로 처분시의 법령과 허가기준에 의하여 처리되어야 하고 허가신청 당시의 기준에 따라야 하는 것은 아니며, 비록 허가신청 후 허가기준이 변경되었다 하더라도 그 허가관청이 허가신청을 수리하고도 정당한 이유 없이 그 처리를 늦추어 그 사이에 허가기준이 변경된 것이 아닌 이상 변경된 허가기준에 따라서 처분을 하여야 한다.

iii) 행정청이 상대방에게 장차 어떤 처분을 하겠다고 확약 또는 공적인 의사 표명을 하였다고 하더라도, 그 자체에서 상대방으로 하여금 언제까지 처분의 발령을 신청하도록 유효기간을 두었는데도 그 기간 내에 상대방의 신청이 없었다거나 확약 또는 공적인 의사표명이 있은 후에 사실적·법률적 상태가 변경되었다면, 그와 같은 확약 또는 공적인 의사표명은 행정청의 별다른 의사표시를 기다리지 않고 실효된다.

iv) 결론적으로, 주택건설사업계획승인신청을 수리한 행정청이 그 처리기간을 넘겨 나중에 결정·고시된 도시계획(최고고도지구)을 이유로 승인을 거부하였더라도, 정당한 이유 없이 처리를 지연한 것이 아니어서 적법하다.

---

59) 대판 1996. 8. 20, 95누10877; 대판 2000. 6. 13, 98두18596.

(2) 행정청이 과거의 공적 견해표명을 시정한 경우

행정청이 국민에게 신뢰를 주는 공적 견해표명을 하였다 하더라도 그 견해를 시정한 경우에는 장래에 향하여 새로운 견해표명에 따라 처분을 하는 것은 신뢰보호의 원칙에 위반되지 않는다. 판례도 과세관청이 비과세한다는 과거의 언동을 시정하여 장래에 향하여 과세처분을 하는 것은 신뢰보호의 원칙에 위반되지 않는다고 하였다.[60]

5. 판례의 검토

(1) 신뢰보호원칙에 위반된다고 본 사례

① 폐기물처리사업계획 적정통보와 불허가처분

〈사건개요〉 A회사는 해운대구청장에게 폐기물처리업 사업계획서를 제출하였는바, 해운대구청장은 이에 대해 "사업계획이 적정하니 6개월 내에 폐기물관리법시행규칙 소정의 허가요건을 갖추어 허가신청을 하라"는 내용의 적정통보를 하였다. 이에 A회사는 3억원을 들여 장비를 구입하고 기술인력 10명을 고용하는 등 법정 허가요건을 완비한 다음 해운대구청장에게 폐기물처리업 허가신청을 하였다. 그러나 해운대구청장은 다수 폐기물처리업자의 난립으로 능률적이고 안정적인 폐기물처리업무 수행에 지장이 있어 주민들의 공익을 저해할 소지가 있다는 이유로 불허가처분을 내렸다.

〈대법원의 판단〉 『원고는 피고로부터 이 사건 사업계획에 관하여 적정통보를 받고 법정 허가요건을 구비하기만 하면 폐기물수집·운반업 허가를 하여 주는 것을 신뢰한 나머지 상당한 자금과 노력을 투자하여 법정 허가요건을 갖추어 허가신청을 하게 된 것인데, 이 사건 처분으로 말미암아 거액을 들여 구비한 장비·사무실 등을 오랜 기간 동안 사용하지 못한 채 방치하는 등 상당한 재산상 손해를 입게 되었다 할 것이므로, 이 사건 처분은 피고의 적정통보에 대한 원고의 신뢰를 저버린 행위로서 신뢰보호의 원칙에 반한다 할 것이다.』(대판 1998. 5. 8, 98두4061)

② 종교회관 건립 목적으로의 토지거래허가와 종교회관건축허가 거부처분

〈사건개요〉 A종교단체가 종교회관 건립을 목적으로 토지를 매입하기 위하여 충주시장에게 토지거래허가신청을 하면서 농지인 토지를 대지로 형질변경하여 종교시설인 회관을 건립하기 위한 것임을 명시한 내용의 사업계획서를 제출하였으며, 충주시장은 관계 법규를 검토하여 A종교단체가 신청한 위와 같은 용도의 토지거래를 허가하였다. 그 후 A종교단체는 충주시장에게 종교회관 신축을 목적으로 토지형질변경허가 신청을 하였으나, 충주시장은 이 토지가 생산녹지지역으로 지정된 곳으로 경지정리된 집단화된 우량농지로서 보전의 필요가 있는 지역이라는 등의 이유로 불허가처분을 내렸다.

〈대법원의 판단〉 『피고가 위 토지거래계약의 허가를 통하여서나 그 과정에서 그 소속 공무원들을 통하여 원고에 대하여 종교회관 건축을 위한 이 사건 토지의 형질변경이 가능하다는 공적 견해표명을 한 것이라고 볼 여지가 많으며, 한편 기록에 의하면 원고는 그러한 피고의 공적 견해표명을 신뢰한 나머지 위 토지형질변경 및 종교회관 건축이 당연히 가능하리라 믿고서 위 토지거래계약허가 직후에 이 사건 토지대금을 모두 지급하고 위 회관의 건축설계를 하는 등으로 그 건축준비에 상당한 자금과 노력을 투자하였음에도, 피고의 위 공적 견해표명에 반하는 이 사건 처분으로 말미암아 종교법인인 원고의

---

60) 대판 2009. 12. 24, 2008두15350.

종교활동에 긴요한 위 종교회관을 건립할 수 없게 되는 등의 불이익을 입게 된 사실을 알 수 있으므로 이 사건 처분은 신뢰보호의 원칙에 반하는 행위로서 위법하다고 보는 것이 옳을 것이다.』(대판 1997. 9. 12, 96누18380)

③ 관계 장관이 한국건설기술인협회가 등록세 면제대상인 기술진흥단체에 해당한다고 회신을 한 후 등록세를 부과한 사건

『한국건설기술인협회는 내무부장관(현 행정안전부장관)에게 자신이 등록세와 취득세를 면제받을 수 있는 지방세법상의 '기술진흥단체'에 해당되는지 여부에 대해 질의하여 그에 해당한다는 회신을 받았으며, 그 후 위 협회가 수 차례 부동산을 취득할 때 강남구청장은 기술진흥단체에 해당함을 이유로 등록세·취득세를 면제하는 결정을 해 왔다면, 강남구청장과 그 상급기관인 내무부장관은 위 협회가 취득세 등을 면제받는 지방세법 제288조 제2항 소정의 기술진흥단체에 해당된다는 공적 견해를 구체적이고도 명백하게 표명하였다고 볼 여지가 충분하고, 또한 한국건설기술인협회가 위 견해 표명을 신뢰한데 대하여 어떠한 귀책사유가 있다고 볼 수도 없다.』(대판 2008. 6. 12, 2008두1115)

④ 변리사시험 상대평가제 사건

〈사건개요〉 정부는 2000년 6월에 변리사법시행령을 개정하여 2002년부터는 변리사시험 제1차시험을 상대평가제에서 절대평가제로 바꾸기로 하였고,[61] 이에 2002년 1월 10일 특허청장은 절대평가제에 의한 변리사시험공고를 하였다가 이틀만에 이를 철회하고 같은 해 3월에 다시 변리사법시행령을 개정하여 상대평가제로 환원하였다. 2002년 변리사시험에 응시한 갑은 절대평가제에 의하면 합격되었을 것인데 상대평가제로 인하여 불합격되었으며,[62] 이에 신뢰보호원칙 위반을 이유로 불합격처분에 대한 취소소송을 제기하였다.

〈대법원의 판단〉 i) 변리사시험의 수험생들이 위 시행령에 따라 2002년부터는 절대평가제 방식으로 변리사시험이 실시되리라는 신뢰 아래 그 합격기준에 적합한 방식으로 시험준비를 하는 것은 합리적이고 정당한 신뢰의 행사이었다고 보기에 충분하며, ii) 위와 같은 합리적이고 정당한 신뢰에 기하여 절대평가제가 요구하는 합격기준에 맞추어 시험준비를 한 수험생들은 제1차시험 실시를 불과 2개월밖에 남겨놓지 않은 시점에서 개정 시행령의 즉시 시행으로 합격기준이 변경됨으로 인하여 시험준비에 막대한 차질을 입게 되어 위 신뢰가 크게 손상되었고, 특히 절대평가제에 의한 합격기준 이상을 득점하고도 불합격처분을 받은 원고들의 신뢰이익은 그 침해된 정도가 극심하다 할 것이다. iii) 결론적으로 2002년 3월에 개정된 시행령을 2002년 5월에 시행되는 시험부터 즉시로 적용하도록 한 것은 헌법상 신뢰보호의 원칙에 위반되어 무효이다. (대판 2006. 11. 16, 2003두12899)

⑤ 면허취소사유에 해당하는 음주운전자에 대한 면허정지처분후 다시 면허취소처분을 한 사건

〈사건개요〉 대구광역시에 거주하는 갑은 1998. 6. 7. 전남 여수시에서 면허취소사유에 해당하는 혈중알코올농도 0.15% 상태에서 음주운전을 하다가 여수경찰서 소속 경찰관에게 적발되었는데, 여수경찰서장은 1998. 6. 15. 갑에 대하여 착오로 100일의 면허정지처분을 내렸다. 한편, 여수경찰서장으로부터

---

61) 절대평가제란 매과목 40점 이상 그리고 전과목 평균 60점 이상 득점한 자는 모두 합격시키는 것이고, 상대평가제는 매과목 40점 이상 그리고 전과목 평균 60이상을 득점한 자 중 시험성적과 응시자 수를 고려하여 전과목 총 득점에 의한 고득점자 순으로 합격자를 결정하는 것이다.

62) 상대평가제를 채택한 2002년 변리사시험 제1차시험의 커트라인은 66.88점이었으며, 응시자 중 절대평가제의 기준을 넘어섰음에도 불구하고 상대평가제에 의한 커트라인에 도달하지 못해 불합격된 자가 갑을 비롯한 689명이었다고 한다.

음주운전사실을 통지받은 대구지방경찰청장은 1998. 6. 18. 갑에 대하여 운전면허취소처분을 내렸다. 이에 갑은 대구지방경찰청장의 면허취소처분은 동일한 사유에 관한 이중처분으로서 위법하다는 이유로 그에 대한 취소소송을 제기하였다.

〈대법원의 판단〉 『원고로서는 그 면허정지처분이 효력을 발생함으로써 그 처분의 존속에 대한 신뢰가 이미 형성되었다 할 것이고 또한 그와 같은 처분의 존속이 현저히 공익에 반한다고는 보이지 아니하므로, 동일한 사유에 관하여 보다 무거운 면허취소처분을 하기 위하여 이미 행하여진 가벼운 면허정지처분을 취소하는 것은 선행처분에 대한 당사자의 신뢰 및 법적 안정성을 크게 저해하는 것이 되어 허용될 수 없다 할 것이다.』(대판 2000. 2. 25, 99두10520)

(2) 신뢰보호원칙에 위반되지 않는다고 본 사례

① 한려해상국립공원지구 인근의 자연녹지지역에서의 토석채취허가 불허가처분

〈사건개요〉 A회사는 전라남도 여천군수 갑에게 한려해상국립공원 인근의 자연녹지지역에 위치한 토지에서 토석채취가 가능한지 여부를 문의하였는바, 여천군수 갑은 법적인 장애만 없다면 허가해 줄 수 있다는 취지의 말을 하는 한편, 곧바로 허가업무 담당자에게 법적으로 문제가 없으면 토석채취허가 신청서를 접수받으라고 지시하였다. A회사는 그 후 여천군의 도시과장 및 계장으로부터, 이 사건 토석채취허가에 법적인 문제는 없으니 신청서를 제출하되 민원이 제기되지 않도록만 하면 가급적 빨리 허가를 해 주겠다는 취지의 말을 듣고서 토석채취사업을 추진하기에 이르렀다. A회사는 이 사건 토지를 6억 2천만원에 매수하는 등 제반 준비작업을 거친 후 여천군수에게 이 사건 토지에 대한 형질변경 및 토석채취허가신청서를 제출하였다. 그런데 그 무렵 새로 부임한 여천군수 을은 이 사건 토지에서 토석채취작업을 할 경우 주변의 환경·풍치·미관 등이 크게 손상될 우려가 있다는 이유로 불허가처분을 내렸고, 이에 A회사는 신뢰보호원칙 위반을 이유로 불허가처분에 대한 취소소송을 제기하였다.

〈대법원의 판단〉 『한려해상국립공원지구 인근의 자연녹지지역에서의 토석채취허가가 법적으로 가능할 것이라는 행정청의 언동을 신뢰한 개인이 많은 비용과 노력을 투자하였다가 불허가처분으로 상당한 불이익을 입게 된 경우, 위 불허가처분에 의하여 행정청이 달성하려는 주변의 환경·풍치·미관 등의 공익이 그로 인하여 개인이 입게 되는 불이익을 정당화할 만큼 강하므로 불허가처분이 재량권의 남용 또는 신뢰보호의 원칙에 반하여 위법하다고 할 수 없다.』(대판 1998. 11. 13, 98두7343)

② 지구단위계획에 의한 권장용노의 신뢰와 건축허가거부처분

〈사건개요〉 천안시장이 천안시 북부 제2지구 지구단위계획을 수립하면서 H지구의 권장용도를 판매·위락·숙박시설로 결정·고시하였는바, 갑은 위 지구단위계획에 따라 H지구에는 숙박시설 건축이 가능할 것으로 믿고 H지구에 속한 토지를 매입하여 숙박시설 건축허가를 신청하였다. 그러나 천안시장은 건축위원회의 심의결과 신청지 주변에 주거시설과 교육시설이 밀집되어 있다는 등의 사유로 부결되었음을 이유로 해서 불허가처분을 하였다. 이에 갑은 천안시장의 불허가처분은 신뢰보호원칙에 위배된다는 이유로 그에 대한 취소소송을 제기하였다.

〈대법원의 판단〉 『천안시장이 위와 같은 지구단위계획을 결정·고시함으로써 표명한 공적 견해는 숙박시설의 건축허가를 불허하여야 할 중대한 공익상의 필요가 없음을 전제로 숙박시설 건축허가도 가능하다는 것이지, 이를 H지구 내에서는 공익과 무관하게 언제든지 숙박시설에 대한 건축허가가 가능하리라는 취지의 공적 견해를 표명한 것이라고 평가할 수는 없을 것이고, 만일 원고들이 위 고시를 보고 H지구 내에서는 숙박시설 건축허가를 받아 줄 것으로 신뢰하였다면 원고들의 그러한 신뢰에 과실이 있

다고 하지 않을 수 없다.』(대판 2005. 11. 25, 2004두6822)

③ 민원팀장의 민원상담내용의 신뢰와 신뢰보호원칙

『서울지방병무청 종무과 민원팀상이 법령의 내용을 숙지하지 못한 상태에서 민원인의 상담에 응하여 민원봉사차원에서 잘못 안내하였다고 하여 그것이 행정기관의 공적인 견해표명이라고 하기 어렵고, 원고측이 더 나아가 담당부서의 담당공무원에게 공적 견해의 표명을 구하는 정식의 서면질의 등을 하지 아니한 채 민원팀장의 안내만을 신뢰한 것에는 원고측에 귀책사유도 있어 신뢰보호의 원칙이 적용되지 아니한다.』(대판 2003. 12. 26, 2003두1875)

④ 폐기물처리업사업계획에 대한 적정통보와 국토이용계획변경

『폐기물관리법령에 의한 폐기물처리업 사업계획에 대한 적정통보와 국토이용관리법령에 의한 국토이용계획변경은 각기 그 제도적 취지와 결정단계에서 고려해야 할 사항들이 다르므로, 피고가 위와 같이 폐기물처리업 사업계획에 대하여 적정통보[63]를 한 것만으로 그 사업부지 토지에 대한 국토이용계획 변경신청을 승인하여 주겠다는 취지의 공적인 견해표명을 한 것으로 볼 수 없고, 그럼에도 불구하고 원고가 그 승인을 받을 것으로 신뢰하였다면 원고에게 귀책사유가 있다 할 것이므로, 이 사건 처분이 신뢰보호의 원칙에 위배된다고 할 수 없다.』(대판 2005. 4. 28, 2004두8828)

⑤ 도시계획결정의 신뢰와 신뢰보호의 원칙

『대구광역시장이 원고 소유의 임야 등에 정구장 등의 시설을 설치한다는 내용의 도시계획결정을 하자 원고가 위 도시계획결정에 따른 도시계획사업의 시행자로 지정받을 것을 예상하고 정구장 설계비용 등을 지출하였다 하더라도, 그와 같은 도시계획결정만으로는 대구시장이 원고에게 그 도시계획사업의 시행자 지정을 받게 된다는 내용의 공적인 견해를 표명하였다고 할 수 없으므로, 대구시장이 원고 소유 임야 5,700㎡를 포함한 임야 9,250㎡에 정구장 대신 청소년 수련시설을 설치한다는 내용의 도시계획 변경결정 및 지적승인을 하였다고 하여 원고의 신뢰이익을 침해한 것으로 볼 수 없다.』(대판 2000. 11. 10, 2000두727)

⑥ 도시기본계획의 신뢰와 신뢰보호원칙

『기초지방자치단체의 특정지구가 도시계획구역 또는 어떤 지역·지구·구역으로 지정되거나 어떤 도시계획시설로 지정됨으로써 어떠한 행위제한이 가해질지 여부는 광역자치단체장과 기초자치단체장의 도시계획(변경)결정·고시 및 지적승인·고시에 의하여 비로소 확정되는 것이므로, 건설교통부장관이 기초지방자치단체의 도시기본계획을 승인하였다는 것만으로는 아직 지역주민들에게 장차 도시계획이 확정되면 건축제한 등이 해제되어 재산권 행사상 제약을 받지 않게 되리라고 하는 신뢰를 주었다고 볼 수 없다.』(대판 1997. 9. 26, 96누10096)

6. 신뢰보호의 원칙과 실권(失權)의 법리

(1) 실권의 법리란 권리자가 장기간 권한 행사를 하지 않아 상대방이 권리자가 더 이상 권한을

---

63) 이 사건에서 행정청은 원고가 제출한 폐기물처리업 사업계획에 대하여 "국토이용관리법령에 의하여 사업계획 대상시역을 준도시지역(시설용지지구)으로 입안하여야 하고, 사업개시 전 및 사업추진 중 주민의 반대 및 기타 이로 인하여 발생되는 문제에 대하여는 원만하게 사업시행주체가 해결해야 한다"는 등의 이행조건을 붙여 적정통보를 하였다.

행사하지 않을 것으로 믿을만한 정당한 사유가 있는 경우에는 그 권한 행사를 허용하지 않는 것을 의미한다. 실권의 법리는 본래 신의칙에 근거하여 사법상 성립·발전한 법원칙인데, 공법관계에도 실권의 법리가 적용된다고 본다. 행정기본법 제12조 제2항은『행정청은 권한 행사의 기회가 있음에도 불구하고 장기간 권한을 행사하지 아니하여 국민이 그 권한이 행사되지 아니할 것으로 믿을 만한 정당한 사유가 있는 경우에는 그 권한을 행사해서는 아니 된다. 다만, 공익 또는 제3자의 이익을 현저히 해칠 우려가 있는 경우는 예외로 한다.』라고 함으로써 행정법관계에 있어 실권의 법리를 명시적으로 규정하고 있다. 이러한 실권의 법리는 신뢰보호의 원칙 또는 신의성실의 원칙에 근거하는 것으로 보는 것이 일반적인데, 행정기본법은 신뢰보호의 원칙 조문에서 실권의 법리를 규정하고 있다.

독일 행정절차법은 수익적 행정행위의 경우에는 행정청이 취소사유를 안 때로부터 1년 이내에만 취소권을 행사할 수 있도록 규정하고 있다(즉, 행정청이 취소사유를 안 때로부터 1년이 경과하면 취소권은 실권된다 : 48조 4항). 우리 행정기본법은 단지 '권한 행사의 기회가 있음에도 불구하고 장기간 권한을 행사하지 아니하여'라고 규정함으로써 어느 정도의 기간이 경과하여야 실권이 되는지에 대해 다툼이 있을 수 있는데, 이는 앞으로 판례를 통해 구체화되어 나가야 할 것이다.[64]

(2) 실권의 법리는 행정청이 처분권한이 있음을 알면서 장기간 행사하지 않는 경우에 적용되는 것이므로, 행정청이 처분사유를 뒤늦게 안 경우에는 비록 그 처분사유가 발생한지 상당한 기간이 경과하였다 하더라도 실권의 법리가 적용되지 않는다는 것이 판례의 입장이다. 구체적 사안을 살펴보면, 1966. 7. 하자있는 행정서사업허가가 내려졌는데 행정청이 20년 가까이 지난 1985. 9.경 그 취소사유를 알고 1986. 6.에 허가취소처분을 내린 것은 실권의 법리에 저촉되지 않는다고 하였다.[65] 또한, 허위의 고등학교 졸업증명서를 제출하여 하사관으로 임용된 자에 대해 33년이 경과한 후 그 사실을 발견하여 임용취소처분을 내린 것은 당사자가 임용처분이 위법한 것임을 알아 그 취소가능성을 예상할 수 있었다고 할 것이므로 신뢰이익을 원용할 수 없으며, 임용취소처분은 재량권의 남용에 해당하지 않는다고 하였다.[66]

> **판례** 『실권의 법리는 법의 일반원리인 신의성실의 원칙에 바탕을 둔 파생원칙인 것이므로 공법관계 가운데 관리관계는 물론이고 권력관계에도 적용되어야 함을 배제할 수는 없다 하겠으나, 그것은 본래 권리행사의 기회가 있음에도 불구하고 권리자가 장기간에 걸쳐 그의 권리를 행사하지 아니할 것으로 믿을 만한 정당한 사유가 있게 되거나 행사하지 아니할 것으로 추인케 할 경우에 새삼스럽게 그 권리를 행사하는 것이 신의성실의 원칙에 반하는 결과가 될 때 그 권리행사를 허용하지 않는 것을 의미한다. 이 사

---

64) 종래의 판례 중에, 택시운전사가 운전면허정지기간 중에 운전행위를 하다가 적발되어 형사처벌을 받았으나 행정청으로부터 장기간 아무런 제재처분이 내려지지 않아 안심하고 계속 운전업무에 종사하고 있던 중에 위 위반행위가 적발된 후 3년여가 지나서 행정청이 가장 무거운 제재처분인 운전면허취소처분을 내린 것은 그간 별다른 행정조치가 없을 것이라고 믿은 신뢰이익과 그 법적 안정성을 빼앗는 것이 되어 매우 가혹하다고 판시한 것이 있다(대판 1987. 9. 8, 87누373).
65) 대판 1988. 4. 27, 87누915.
66) 대판 2002. 2. 5, 2001두5286.

> 건에서 원고에 대한 행정서사업이 1966. 7. 행해졌고 피고행정청이 1986. 6. 동처분을 취소하였는바, 원고가 허가 받은 때로부터 20년이 다되어 피고가 그 허가를 취소한 것이기는 하나 피고가 취소사유를 알고서도 그렇게 장기간 취소권을 행사하지 않은 것이 아니고 1985. 9. 중순에 비로소 위에서 본 취소사유를 알고 그에 관한 법적 처리방안에 관하여 다각도로 연구검토가 행해졌고 그러한 사정은 원고도 알고 있었음이 기록상 명백하여 이로써 본다면 상대방인 원고에게 취소권을 행사하지 않을 것이란 신뢰를 심어준 것으로 여겨지지 않으니 피고의 처분이 실권의 법리에 저촉된 것이라고 볼 수 있는 것도 아니다.』
> (대판 1988. 4. 27, 87누915)

생각건대, 행정행위가 발해지고 상당히 오랜 기간이 경과한 후에 행정청이 위법사실을 뒤늦게 알게 되었다는 이유로 아무런 제한 없이 그 행정행위를 취소할 수 있도록 하는 것은 상대방의 신뢰와 법적 안정성을 해하는 것이어서 옳지 못하다고 할 것이다. 형사사건의 경우에는 범죄행위가 있은 후 상당한 기간이 경과하면 공소시효제도에 의해 더 이상 처벌을 하지 못하도록 하고 있는 것(형사소송법 249조)과의 형평을 고려하여,[67] 비록 상대방의 귀책사유에 의해 위법한 행정행위가 발해졌다 하더라도 상당히 오랜 기간이 지나면 상대방의 신뢰 및 법적 안정성을 위하여 행정청은 더 이상 취소권을 행사하지 못하도록 하는 제도의 도입이 필요하다.

(3) 실권의 법리는 신뢰보호의 원칙에 기초하는 것이므로, 공익 또는 제3자의 이익을 현저히 해칠 우려가 있는 경우는 실권의 법리가 적용되지 않는다(행정기본법 12조 2항 단서).

7. 법령의 제정·개정과 신뢰보호의 원칙

(1) 문제의 소재

법령이 새로 제정 또는 개정되면 국민의 권리의무관계에 중요한 영향을 미치게 되므로 새로운 법령의 시행시기가 문제된다. 법령은 특별한 규정이 없으면 해당 법령이 공포된 날부터 20일이 경과한 때부터 효력을 발생하지만(헌법 53조 7항, 법령등 공포에 관한 법률 13조), 만일 기존의 이해관계있는 국민의 신뢰를 보호할 필요가 있는 경우에는 부칙에 경과규정을 두어 그 시행시기를 조정할 수 있다.

한편, 법치국가의 원칙에 의할 때 새로운 법령을 소급하여 적용하는 것은 국민의 법적 생활의 안정성을 해치기 때문에 허용되지 않는바, 이를 소급입법금지의 원칙이라 한다. 넓은 의미에서의 소급입법은 진정소급입법과 부진정소급입법으로 나눌 수 있는데, 이하에서 나누어 살펴보기로 한다.

(2) 소급입법의 허용성[68]

① **진정소급입법** : 진정소급입법이란 새로운 법령을 이미 종료된 사실관계나 법률관계에 적용하

---

67) 예컨대 강도죄의 공소시효기간은 10년이어서 강도행위 후 10년간 발각되지 않으면 형사처벌을 면할 수 있는데 반해, 위 판례에서 허위졸업증명서를 제출하여 하사관으로 임용된 자가 33년 후에 그 사실이 발각된 때에는 하사관 임용을 취소하는 것이 정당하다고 하였는바, 이는 형평에 맞지 않는다고 할 것이다.
68) 헌재 1999. 7. 22, 97헌바76 참조.

는 것을 말한다. 진정소급입법은 기존의 법령에 의하여 형성되어 이미 굳어진 개인의 법적 지위를 사후입법을 통하여 제한·박탈하는 것이어서 개인의 신뢰보호와 법적 안정성을 내용으로 하는 법치국가원리에 의하여 특단의 사정이 없는 한 헌법적으로 허용되지 않는 것이 원칙이다. 행정기본법은『새로운 법령등은 법령등에 특별한 규정이 있는 경우를 제외하고는 그 법령등의 효력발생 전에 완성되거나 종결된 사실관계 또는 법률관계에 대해서는 적용되지 아니한다』고 함으로써 진정소급입법이 금지됨을 명시적으로 규정하였다(14조 1항).

다만 i) 일반적으로 국민이 소급입법을 예상할 수 있었거나 법적 상태가 불확실하고 혼란스러워 보호할 만한 신뢰이익이 적은 경우와 ii) 소급입법에 의한 당사자의 손실이 없거나 아주 경미한 경우, 그리고 iii) 신뢰보호의 요청에 우선하는 심히 중대한 공익상의 사유가 소급입법을 정당화하는 경우 등에는 예외적으로 진정소급입법이 허용된다는 것이 판례의 입장이다.[69]

이에 관한 판례의 입장을 살펴보면, 공무원연금법이 연금수급자에게 불리하게 개정된 경우에 해당 개정 조문을 연금수급자에게 소급 적용하여 이미 지급된 연금을 반환하도록 하는 것은 진정소급입법에 해당하여 원칙적으로 허용되지 않는다고 하였다.[70] 그러나 친일재산에 대해서 그 취득·증여 등의 원인행위시에 소급하여 국가의 소유로 귀속되도록 규정하고 있는「친일반민족행위자 재산의 국가귀속에 관한 특별법」 제3조 제1항은 진정소급입법에 해당하지만, 소급입법을 예상할 수 있었던 예외적인 사안이고 진정소급입법을 통해 침해되는 법적 신뢰는 심각하다고 볼 수 없는 데 반해 이를 통해 달성되는 공익적 중대성은 압도적이라고 할 수 있으므로, 예외적으로 진정소급입법이 허용되는 경우에 해당한다고 하였다.[71]

② **부진정소급입법** : 부진정소급입법이란 새로운 법령을 현재 진행 중인 사실관계나 법률관계에 적용하는 것을 말한다.[72] 이러한 부진정소급입법은 이미 종료된 사실관계나 법률관계에 새 법령을 적용하는 것은 아니기 때문에 원칙적으로 허용되지만, 부진정소급효를 요구하는 공익상의 사유와 국민의 신뢰보호의 요청 사이의 교량과정에서 신뢰보호의 관점이 입법자의 형성권에 제한을 가하게 된다. 즉 입법자는 진행 중인 사실관계나 법률관계부터 새 법령을 적용해야 할 공익상의 필요와 국민의 신뢰를 보호할 필요 사이를 비교형량해서, 전자의 필요가 더 크다고 인정되는 경우에 한하여 부진정소급입법을 해야 하는 제한을 받는다.[73]

헌법재판소는 기존의 연금수급자에게 불리하게 개정된 군인연금법 조문을 장래에 향하여 적용하는 것은 신뢰보호의 원칙에 반하지 않는다고 하였다.[74]

---

69) 헌재 2011. 3. 31, 2008헌바141; 대판 2012. 2. 23, 2010두17557.
70) 헌재 2013. 8. 29, 2010헌바354.
71) 헌재 2011. 3. 31, 2008헌바141; 대판 2012. 2. 23, 2010두17557
72) 학자 중에는 소급입법을 진정소급입법과 부진정소급입법으로 나누는 것에 문제를 제기하는 견해가 있다. 법령은 특별한 규정이 없으면 시행일부터 즉시로 효력을 발생하는 것이므로 장래 발생하는 사실관계 뿐만 아니라 진행 중인 사실관계에 대하여 개정법령이 적용되는 것은 당연하며 다만 국민의 신뢰보호의 관점에서 개정법령의 적용이 제한될 수 있을 뿐이라고 한다. 이러한 점에서 부진정소급입법은 엄격히 말해 소급효의 문제가 아니라 신뢰보호의 문제이며, 따라서 이미 완성된 사실관계에 대해 개정법령을 적용하는 진정소급입법과는 차원이 다른 문제라고 한다(김병기, 법령개정과 신뢰보호원칙, 행정판례연구 XIV, 2009, 13면 이하 참조).
73) 헌재 2011. 3. 31, 2008헌바141; 헌재 2019. 12. 27, 2015헌바45.

한편, 일정 요건을 갖춘 세무공무원에 대해 세무사 자격을 부여하던 종전의 세무사법을 개정하여 위 제도를 폐지한 경우에, 종전 법에 의한 세무사 자격부여 요건이 진행 중인 공무원에 대해서도 개정법을 적용하는 것이 허용되는지가 문제되었다.[75] 이에 대해 헌법재판소는 일정 요건을 갖춘 세무공무원에 대한 세무사 자격부여 여부는 입법정책적 문제이기는 하지만, 40년간 시행되어온 위 제도를 폐지하면서 이를 종전 법에 의한 세무사 자격부여 요건이 진행 중인 공무원에 대해서도 적용하는 것은 이들의 신뢰이익을 과도하게 침해하는 것이어서 위헌이라고 하였다.[76]

Ⅶ. 행정권한의 부당결부금지의 원칙

1. 의 의

행정권한의 부당결부금지의 원칙이란 행정기관이 행정작용을 할 때 그것과 실질적인 관련이 없는 의무를 부과해서는 안 된다는 것을 말한다(행정기본법 13조). 예컨대 행정청이 골프장사업계획을 승인하면서 그 골프장과 전혀 관계없는 학교용지를 기부채납할 것을 부관으로 붙이거나, 주택사업계획을 승인하면서 그 주택사업과는 아무런 관련이 없는 도로를 개설하여 기부채납할 것을 부관으로 붙인 것이 그에 해당한다.

행정기관이 아무런 법적 근거 없이 부당결부금지의 원칙에 반하는 행정작용을 한 경우에는 위법함은 물론이다. 그런데 행정기관이 법령에 근거하여 행정작용을 하였는데 그것이 부당결부금지 원칙에 반하는 경우에 그 효력이 문제되는바, 이는 다음에 설명하는 부당결부금지원칙의 효력과 관련된다.

2. 근거 및 효력

부당결부금지원칙의 근거 및 법적 효력에 관해서 다툼이 있다.

헌법적 효력설에 의하면 부당결부금지원칙은 헌법상의 법치국가원리와 자의금지원칙에서 그 근거를 찾을 수 있으므로 헌법적 효력을 가진다고 하며, 따라서 어떤 법률이 부당결부금지의 원칙

---

74) 헌재 2003. 9. 25, 2001헌마194. 이 사안에서는 군인연금 인상률을 종전의 '해당 현역군인의 보수월액의 인상률'에 맞추도록 한 것을 '전국소비자물가변동률'에 따라 증감하도록 개정한 것이 문제되었다. 이에 대해 헌법재판소는 기존 연금수급자의 신뢰이익 침해보다는 제도개선을 하여야 할 공익상의 필요가 더 크다는 이유로 신뢰보호원칙에 위반되지 않는다고 하였다.

75) <사건개요> 구 세무사법 제3조 제2호에 따르면 국세에 관한 행정사무 종사경력이 10년 이상이고 일반직 5급 이상 공무원으로서 5년 이상 재직한 경력이 있는 경우에는 당연히 세무사자격이 부여되었다. 그런데 1999. 12. 31. 개정된 세무사법 제3조는 위 제2호를 삭제함으로써 일정한 경력공무원에 대해 당연히 세무사자격을 부여하던 종래의 제도를 폐지하였고, 다만 개정법 부칙 제3항은 2000년 12월 31일을 기준으로 종전의 제3조 제2호의 규정에 해당하는 자에 대하여만 구법 규정을 적용하도록 경과규정을 두었다. 갑은 국세청 등에서 5급 공무원으로서 국세에 관한 행정사무에 종사하고 있는바, 아직 국세행정사무에의 근무연한이 2000년 12월 31일 기준으로 10년이 되기 않았다. 이에 갑은 개정법 부칙 제3항이 신뢰보호원칙에 위반된다고 주장하면서 그 위헌확인을 구하는 헌법소원심판을 청구하였다.

76) 헌재 2001. 9. 27, 2000헌마152.

에 반하는 행정작용을 할 수 있다고 규정하고 있다면 그 법률규정은 위헌 무효이고 그러한 법률규정에 근거한 행정작용도 위법하게 된다고 한다.[77]

이에 반해 법률적 효력설에 의하면 부당결부금지원칙은 법치국가원리와 관련되기는 하지만 그 직접적 근거는 권한법정주의와 권한남용금지의 원칙에서 찾을 수 있으므로 이는 법률적 효력을 갖는 법원칙으로 보아야 한다고 한다.[78] 이러한 견해에 의하면, 어떤 법률이 부당결부금지의 원칙에 반하는 행정작용을 할 수 있다고 규정하고 있다 하더라도 원칙적으로 그 법률규정의 위헌 문제는 발생하지 아니하고, 따라서 그러한 법률규정에 근거한 행정작용도 적법하다고 한다.

생각건대, 부당결부금지의 원칙은 헌법상의 법치국가원리(특히 자의금지원칙)에서 도출되는 것으로서, 부당결부금지의 원칙에 반하는 법률규정은 위헌 무효라고 보는 것이 타당할 것이다.

3. 부당결부금지원칙 위반여부가 논란이 되고 있는 문제

(1) 허가의 제한

건축법에 의하면 건축허가권자는 사용승인이 취소된 건축물 또는 시정명령을 받고 이행하지 아니한 건축물에 대해서는 '해당 건축물을 사용한 영업허가 등'을 하지 않을 것을 관계 행정기관에게 요청할 수 있도록 하고 있는데(79조 2항), 이 경우 '위법건축물'과 '해당 건축물을 사용한 영업허가'는 실질적인 관련이 있기 때문에 이는 부당결부금지원칙에 위반되지 않는다.

한편, 종래 국세징수법 제7조는 세무서장은 국세를 체납한 자에 대해서 허가·인가·면허·등록(이하 '허가 등'이라 한다)을 해주지 않도록 주무 행정기관에게 요구할 수 있도록 하고, 또한 허가 등을 받아 사업을 경영하는 자가 국세를 3회 이상 체납한 경우로서 그 체납액이 500만원 이상인 때에는 관계 행정기관에게 사업의 정지 또는 허가 등의 취소를 요구할 수 있도록 규정하고 있었는데, 이 경우 '체납된 국세' 중에는 '허가 등'과 아무런 실질적 관련성이 없는 것이 포함될 수 있는 점에서 부당결부금지원칙 위반의 문제가 지적되었다.[79] 이에 2019. 12. 31. 국세징수법 제7조를 개정하여, 세무서장은 납세자가 '허가 등을 받은 사업과 관련된 소득세, 법인세 및 부가가치세'를 정당한 이유 없이 체납한 때에만 주무 행정기관에게 허가의 갱신 등을 하지 않을 것을 요구할 수 있도록 하고, 또한 '허가 등을 받은 사업과 관련된 소득세, 법인세 및 부가가치세'를 3회 이상 체납한 경우로서 그 체납액이 500만원 이상인 때에만 주무 행정기관에게 사업의 정지 또는 허가 등의 취소를 요구할 수 있도록 하였다(현행 국세징수법 112조).

(2) 개발행위허가와 기부채납

「국토의 계획 및 이용에 관한 법률」은 시·도지사 또는 시장·군수가 개발행위허가를 함에 있어서 '개발행위에 따른 기반시설의 설치 또는 그에 필요한 용지의 확보, 위해 방지, 환경오염 방

---

77) 정하중/김광수, 48면; 홍정선(상), 127면; 류지태/박종수, 173면.
78) 박균성(상), 76면
79) 예컨대 상속세를 체납하였다는 이유로 체납자에게 음식점영업허가를 해주지 않는다면 '상속세'와 '음식점영업허가'는 아무런 실질적인 관련이 없기 때문에 부당결부금지원칙에 위반될 수 있다.

지, 경관, 조경 등에 관한 조치를 할 것을 조건'으로 허가를 할 수 있다고 규정하고 있는데(57조 4항), 이때 개발행위허가에 붙여진 조건이 적법하기 위해서는 '개발행위허가'와 '조건' 사이에 실질적인 관련싱이 있어야 한다. 따라서 개발행위허가와 아무런 실질적인 관련성이 없는 조치를 취할 것을 조건으로 한 것은 부당결부금지원칙에 위반되어 위법하다고 할 것이다. 판례도, 도로로 예정된 토지의 기부채납을 조건으로 개발행위허가를 한 경우에 그 조건이 적법하기 위해서는 도로 설치의 필요성이 개발행위로 인하여 발생한 것이어야 한다고 하였다.[80)]

---

80) 대판 2005. 6. 24, 2003두9367. 판례에 의하면, 행정청이 주택건설사업계획을 승인하면서 사업자에게 사업지 인근의 경전철 부담금을 납부하도록 하는 부관(부담)을 붙인 것은 양자간에 실질적인 관련성이 인정되므로 부당결부금지의 원칙에 위배되지 않는데 대히어(대판 2007. 12. 28, 2005다72300), 행정청이 개박행위허가를 함에 있어서 해당 개발행위와 무관한 도로를 개설해서 기부채납하도록 하는 부관(부담)을 붙인 것은 부당결부금지의 원칙에 위배되어 위법하다고 한다(대판 2005. 6. 24, 2003두9367).

제 3 장

행정상의 법률관계

행정상의 법률관계란 행정주체를 일방 당사자로 하는 법률관계를 의미하는데, 좁은 의미에서는 행정주체와 그 상대방인 국민 사이의 법률관계인 '행정작용법관계'를 말하며, 넓은 의미로는 '행정작용법관계'뿐만 아니라 행정주체 또는 행정기관 사이의 법률관계인 '행정조직법관계'도 포함한다.

행정상의 법률관계에는 행정상의 공법관계와 행정상의 사법관계가 포함되는데, 행정상의 공법관계를 특히 행정법관계라 한다.[1] 행정법관계에는 공법규정 및 공법원리가 적용되고 그에 관한 분쟁은 행정소송의 대상이 되지만, 행정상의 사법관계에는 사법규정 및 사법원리가 적용되고 그에 관한 분쟁은 민사소송의 대상이 되는 점에서 차이가 있다. 다음에 설명하는 바와 같이 행정작용법관계 중 권력관계와 관리관계는 공법관계이고 행정상의 사법관계는 사법관계에 해당하므로, 행정법에서는 주로 권력관계와 관리관계가 다루어진다.[2]

Ⅰ. 행정조직법관계

1. 행정주체간의 관계

이는 행정주체와 다른 행정주체 사이의 법률관계를 의미하며, 국가와 지방자치단체의 관계(예 : 국가와 서울특별시의 관계)나 지방자치단체 상호간의 관계(예 : 서울특별시와 강원도의 관계)가 이에 해당한다. 행정주체간의 법률관계는 독립된 행정주체 사이의 법률관계인 점에서 하나의 행정주체 내부에서의 행정기관 사이의 법률관계인 '행정주체 내부관계'나 행정주체와 국민 사이의 법률

---

1) 행정법은 공법에 해당하기 때문이다.
2) 공법관계와 사법관계의 구별이 문제되는 구체적 사안에 관해서는 이 책 '공법상 계약' 부분에서 설명하기로 한다.

관계인 '행정작용법관계'와 구별된다.

2. 행정주체 내부관계

이는 하나의 행정주체 내부에 있어서 행정기관 사이의 법률관계를 의미하며, 상급행정청과 하급행정청의 관계(예 : 국세청장과 세무서장의 관계)나 대등행정청간의 관계(예 : 경찰청장과 국세청장의 관계)가 이에 해당한다. 이들의 관계는 독립된 행정주체간의 법률관계가 아니라 하나의 행정주체 내부에서의 법률관계이기 때문에 이들 사이의 분쟁은 항고소송이 아니라 기관소송에 의하며(행정소송법 3조 4호), 법률에 특별한 규정이 있는 경우에만 쟁송제기가 허용된다(동법 45조).

Ⅱ. 행정작용법관계

행정작용법관계란 행정주체와 국민 사이의 법률관계를 의미하며, 이는 다시 권력관계, 관리관계, 행정상의 사법관계로 구분된다.

1. 권력관계

권력관계란 행정주체가 우월한 지위에서 국민에 대해 명령·강제하거나 일방적으로 법률관계를 형성·변경·소멸시키는 등 공권력을 행사하는 법률관계를 말한다. 따라서 권력관계는 불대등한 법률관계이며, 행정주체가 이러한 지위에서 행한 행위에는 공정력·집행력·불가쟁력 등 특수한 효력이 인정됨이 보통이다. 권력관계는 경찰행정·보건행정 등과 같은 전통적인 질서행정의 분야에서 많이 발견되는데, 공법적 성질이 가장 현저하므로 '본래적 의미의 공법관계'라고도 한다. 이러한 권력관계에는 원칙적으로 공법규정 및 공법원리가 적용되며, 그에 관한 분쟁은 행정소송의 대상이 된다.

한편, 행정주체에게 우월적 지위가 인정되는 이유에 관해 과거에는 통치권을 가지는 국가는 피치자인 국민에 대해 본질적으로 우월한 지위를 가진다고 보았으나, 오늘날에는 국가가 국민에 대해 본질적으로 우월한 지위에 있는 것은 아니고 행정목적의 효율적 달성을 위해 필요한 경우에 법률에 의해 부여된 한도에서 우월적 지위를 가질 뿐이라고 본다.

2. 관리관계

관리관계란 행정주체가 공익목적을 위하여 국민에 대해 비권력 수단을 사용하는 법률관계를 말한다. 이러한 관리관계는 공물의 관리, 영조물의 경영, 보조금의 지급 등과 같은 급부행정의 영역에서 많이 발견되며, 전래적 공법관계, 비권력행정관계, 단순고권적관계라고도 한다.

관리관계는 비권력적인 법률관계인 점에서 사법(私法)관계와 같으므로 원칙적으로 사법규정 및 사법원리가 적용되지만, 그 작용의 목적·효과가 가지는 공공성으로 인해 특별한 규율을 하고 있는 경우에는 그 범위에서 공법규정 및 공법원리가 적용된다. 즉, 관리관계는 사법규정이나 사법원리가 공법적으로 수정된 법률관계라 할 수 있다.

3. 행정상의 사법관계

행정상 사법관계란 행정주체가 국민과 대등한 지위에서 행하며 특별한 공공성도 지니지 않는 법률관계를 의미한다. 예를 들면 국가가 국민과 물품공급계약·건물임대차계약·공사도급계약 등을 체결하거나 국유 일반재산을 매각하는 법률관계가 이에 해당한다. 이러한 법률관계는 비록 행정주체가 일방 당사자라 하더라도 사인간의 법률관계와 마찬가지로 취급되며, 따라서 사법규정 및 사법원리가 적용되고, 그에 관한 분쟁은 민사소송의 대상이 된다. 이와 같이 행정주체가 국민과 대등한 지위에서 행하며 공공성도 지니지 않는 작용을 '사경제작용' 또는 '국고작용(國庫作用)'이라고 한다.

제3절 　행정법관계의 당사자

Ⅰ. 행정주체

행정법관계에 있어서 행정권한을 행사하고 그의 법적 효과가 궁극적으로 귀속되는 당사자를 행정주체라고 한다. 행정주체에는 국가, 공공단체(지방자치단체·공공조합·영조물법인·공재단법인) 및 공무수탁사인이 있다.

행정주체와 관련해서는 행정기관과의 구별이 중요하다. 행정주체란 행정권한을 행사하고 그의 법적 효과가 귀속되는 주체를 말하며, 독립한 법인격이 인정된다. 그런데 행정주체는 자연인이 아니라 법인일 뿐만 아니라 방대한 행정업무를 수행해야 하기 때문에 그 소속하에 여러 행정기관을 설치하여 그로 하여금 실제적으로 행정업무를 수행하도록 하고 있는데, 이와 같이 행정주체의 업무를 현실적으로 수행하기 위해 설치된 기구를 행정기관이라 한다. 예컨대 국가와 지방자치단체(서울특별시·강원도 등)는 행정주체이고, 국가에 설치된 대통령·장관이나 지방자치단체에 설치된 서울특별시장·강원도지사 등은 행정기관에 해당한다.[3] 행정기관은 법이 부여한 범위 내에서 행정업무를 수행할 권한을 갖지만, 그가 행한 행위의 효과는 행정기관 자신이 아니라 그가 속한 행정주체에 귀속된다.

1. 국 가

국가는 시원적(始原的)으로 행정권을 가지는 고유의 행정주체라 할 수 있다. 그런데 국가는 유기체가 아니기 때문에 현실적으로 행정업무는 대통령을 정점으로 하는 행정기관에 의해 수행되는

---

3) 행정기관은 다시 행정청, 의결기관, 보조기관, 자문기관 등으로 구분된다.

데, 이때 행정기관은 독립된 법인격을 가지지 않으므로 그가 행한 행위의 효과는 국가에 귀속된다.

2. 공공단체

국가의 권한은 법에 의하여 공공단체에 위임되어 행사되기도 하는데, 그러한 범위에서 공공단체는 행정주체의 지위를 가진다. 즉, 공공단체의 행정주체로서의 지위는 시원적인 것이 아니라 국가로부터 전래된 것이라는 데에 특색이 있다.

공공단체의 종류에는 지방자치단체, 공공조합(공법상 사단법인), 공법상 재단법인, 영조물법인 등이 있다.

(1) 지방자치단체

지방자치단체는 일정한 지역 및 그 안의 주민에 대하여 자치권을 행사하는 지역단체로서, 독립한 법인격을 가지는 행정주체에 해당한다. 현행법상 지방자치단체에는 보통지방자치단체와 특별지방자치단체가 있다. 보통지방자치단체는 다시 광역지방자치단체와 기초지방자치단체로 나뉘는데, 특별시·광역시·특별자치시·도·특별자치도는 전자에 속하고, 시·군·자치구는 후자에 속한다. 2개 이상의 지방자치단체가 공동으로 특정한 목적을 위하여 광역적으로 사무를 처리할 필요가 있을 때에는 특별지방자치단체를 설치할 수 있다(지방자치법 199조 1항).

(2) 공공조합(공법상의 사단법인)

공공조합은 특별한 공적 목적을 수행하기 위하여 일정한 자격을 가진 사람(조합원)에 의해 구성된 공법상의 사단법인이다. 농업협동조합·산림조합·수산업협동조합·중소기업협동조합·상공회의소·변호사회·재향군인회 등이 이에 해당한다. 판례는 주택재개발조합·주택재건축조합, 대한변호사협회, 지방법무사회 등은 법령이 권한을 부여한 범위 내에서 공법인으로서 공권력 행사의 주체가 된다고 하였다.[4]

판례 ① 『행정청이 「도시 및 주거환경정비법」 등 관련 법령에 근거하여 행하는 재건축조합 설립인가처분은 … 법령상 요건을 갖출 경우 도시 및 주거환경정비법상 주택재건축사업을 시행할 수 있는 권한을 갖는 행정주체(공법인)로서의 지위를 부여하는 일종의 설권적 처분의 성격을 갖는다고 보아야 한다.』 (대판 2009. 9. 24, 2008다60568)

② 『변호사 등록제도는 그 연혁이나 법적 성질에 비추어 보건대 원래 국가의 공행정의 일부라 할 수 있으나, 국가가 행정상 필요로 인해 대한변호사협회에 관련 권한을 이관한 것이다. 따라서 대한변호사협회는 변호사 등록에 관한 한 공법인으로서 공권력 행사의 주체이다.』 (헌재 2019. 11. 28, 2017헌마759)

③ 『법무사 사무원 채용승인제도의 법적 성질 및 연혁, 사무원 채용승인 거부에 대한 불복절차로서 소관 지방법원장에게 이의신청을 하도록 제도를 규정한 점 등에 비추어 보면, 지방법무사회의 법무사 사무원 채용승인은 단순히 지방법무사회와 소속 법무사 사이의 내부 법률문제라거나 지방법무사회의 고유사무라고 볼 수 없고, 법무사 감독이라는 국가사무를 위임받아 수행하는 것이라고 보아야 한다. 따라서

---

4) 대판 2009. 9. 24, 2008다60568; 헌재 2019. 11. 28, 2017헌마759; 대판 2020. 4. 9, 2015다34444.

지방법무사회는 법무사 감독사무를 수행하기 위하여 법률에 의하여 설립과 법무사의 회원 가입이 강제된 공법인으로서 법무사 사무원 채용승인에 관한 한 공권력 행사의 주체라고 보아야 한다.』(대판 2020. 4. 9, 2015다34444)

(3) 영조물법인

전통적인 의미에서 영조물이란 특정한 공적 목적을 위해서 행정주체에 의해 설치된 인적·물적 수단의 종합체를 말한다. 예컨대 교육을 위한 국공립학교, 의료서비스를 위한 국공립병원, 범죄인의 교화를 위한 교도소, 도서·문서 등 자료를 보관하고 일반에게 제공하는 국공립도서관 등이 그에 해당한다.[5] 이러한 영조물은 행정주체가 자신의 기관을 통해 직접 운영하는 것이 일반적이며, 따라서 이는 독립적인 법인격을 가지지 않기 때문에 행정주체는 아니다.

그러나 행정주체가 직접 운영하는 영조물은 일반적인 국가기관과 마찬가지로 인사·회계 등에 있어 관련 법령상 엄격한 통제를 받기 때문에 능률적인 업무수행에 제약을 받는 문제가 있다. 따라서 영조물의 능률적인 경영을 보장하기 위해서 독립한 법인격을 부여하는 경우가 있는데, 이와 같이 법인격이 부여된 영조물을 영조물법인이라 하며 이는 독립한 행정주체의 지위를 갖는다. 예컨대 국립대학은 국가가 그 소속 행정기관(교육부)을 통해 운영하는 영조물로서 독립된 법인격이 인정되지 않으나, 근래에 들어 국립대학의 법인화가 추진 중이며 제일 먼저 서울대학교가 법인화하였다. 따라서 영조물법인인 서울대학교는 다른 국립대학과는 달리 국가로부터 독립한 행정주체의 지위를 갖는다. 국립대학병원 역시 종래에는 국립대학의 부속시설이었으나, 현재는 대부분의 국립대학병원이 독립한 법인격을 취득하여 영조물법인이 되었다.

한편, 오늘날 영조물의 개념에 관해서는 학설상 다툼이 있다. 즉, 국공립의 학교·병원·도서관 등과 같이 인적·물적 시설의 종합체로 이해하는 견해, 물적인 공공시설로 이해하는 견해, 공사·공단 등과 같은 공기업을 포함하는 견해 등이 그에 해당한다.

(4) 공재단법인(공법상의 재단법인)

공재단법인이란 공적 목적을 위해 국가나 지방자치단체가 출연한 재산을 관리하기 위해 설립된 공공단체이다. 공재단법인의 본질적 요소는 출연된 재산이라는 점에서 사람(조합원)을 구성요소로 하는 공공조합과 구별된다. 따라서 공재단법인에는 재산을 관리하기 위한 직원이나 재산의 수혜자는 있으나 구성원은 없는 점에 특징이 있다. 현행법상 한국연구재단·한국국제교류재단·한국국제보건의료재단 등이 이에 속한다.

---

5) 국공립학교는 교육시설이라는 물적 요소와 선생님이라는 인적 요소로, 국공립병원은 의료시설이라는 물적 요소와 의사라는 인적 요소로, 교도소는 교도시설이라는 물적 요소와 교도관이라는 인적 요소로, 국공립도서관은 도서·문서 등 물적 요소와 사서라는 인적 요소로 구성된다.

3. 공무수탁사인

(1) 의의

일반적으로 사인은 행정권한의 발동대상인 행정객체로서의 지위에 서지만, 특별히 행정주체로부터 권한을 위탁받은 경우에는 자기 이름으로 자주적으로 행정권한을 행사할 수 있는데, 이를 공무수탁사인이라 한다. 공무는 자연인에게 위탁될 수도 있고 사법상의 법인에게 위탁될 수도 있다.

오늘날 행정조직을 간소화하고 사무처리의 능률성과 전문성을 확보하기 위해 공행정사무를 민간에게 위탁하여 처리하는 경우가 많으며 이에 따라 공무수탁사인의 활용이 점차 커져가고 있다. 공무수탁사인의 예로는 별정우체국의 지정을 받아 체신업무를 수행하는 사인, 공익사업시행자로서 토지수용권을 행사하는 사인, 선박이나 항공기에서 경찰권을 행사하는 선장이나 기장, 자동차검사 대행업자, 학위를 수여하는 사립대학교, 교정업무를 위탁받은 민영교도소 등을 들 수 있다. 판례는 방송위원회로부터 텔레비전 방송광고 사전심의를 위탁받은 '한국광고자율심의기구'와 지방자치단체장으로부터 행정대집행권한을 위탁받은 '한국토지주택공사'가 공무수탁사인에 해당한다고 보았다.[6]

종래 소득세 원천징수의무자가 공무수탁사인에 해당하는지가 문제되었다. 판례는 원천징수의무자를 행정기관(행정청)의 일종으로 보고 있는데 대하여,[7] 학자 중에는 원천징수의무자는 법령에 따라 소득세를 징수하여 국가에 납부할 의무를 부담할 뿐이지 어떤 행정권한을 부여받은 것은 아니라는 점에서 공의무부담사인에 해당한다는 견해가 있다.[8]

판례 ① 『한국광고자율심의기구는 행정기관적 성격을 가진 방송위원회로부터 위탁을 받아 이 사건 텔레비전 방송광고 사전심의를 담당하고 있는바, 한국광고자율심의기구는 민간이 주도가 되어 설립된 기구이기는 하나, 그 구성에 행정권이 개입하고 있고, 행정법상 공무수탁사인으로서 그 위탁받은 업무에 관하여 국가의 지휘·감독을 받고 있다. 그렇다면 한국광고자율심의기구가 행하는 방송광고 사전심의는 방송위원회가 위탁이라는 방법에 의해 그 업무의 범위를 확장한 것에 지나지 않는다고 할 것이므로 한국광고자율심의기구가 행하는 이 사건 텔레비전 방송광고 사전심의는 행정기관에 의한 사전검열로서 헌법이 금지하는 사전검열에 해당한다.』 (헌재 2008. 6. 26, 2005헌마506)

② 『원천징수하는 소득세에 있어서는 납세의무자의 신고나 과세관청의 부과결정이 없이 법령이 정하는 바에 따라 그 세액이 자동적으로 확정되고, 원천징수의무자는 소득세법 제142조 및 제143조의 규정에 의하여 이와 같이 자동적으로 확정되는 세액을 수급자로부터 징수하여 과세관청에 납부하여야 할 의무를 부담하고 있으므로, 원천징수의무자가 비록 과세관청과 같은 행정청이더라도 그의 원천징수행위는 법령에서 규정된 징수 및 납부의무를 이행하기 위한 것에 불과한 것이지, 공권력의 행사로서의 행정처분을 한 경우에 해당되지 아니한다.』 (대판 1990. 3. 23, 89누4789)

---

6) 헌재 2008. 6. 26, 2005헌마506; 대판 2010. 1. 28, 2007다82950.
7) 대판 1990. 3. 23, 89누4789.
8) 김남진/김연태(I), 102면; 박균성, 109면; 정하중/김광수, 61면.

(2) 구별개념

① **행정보조인** : 행정보조인은 행정주체의 공무수행을 단순히 기술적으로 도와주는 사람인 점에서, 위탁받은 범위에서는 자기 책임하에 활동하는 공무수탁사인과 구별된다. 즉, 행정보조인은 독자적인 활동권한이 없으며 단지 행정주체의 공무수행을 위한 도구로 사용되는데, 예컨대 행정주체로부터 불법주차한 자동차의 견인이나 폐기물의 운반·처리를 위탁받은 업자가 그에 해당한다. 이러한 행정보조인이 행한 행위의 효과는 행정주체에 귀속된다.

② **공의무부담사인** : 공의무부담사인이란 행정권한은 부여되지 않고 단지 공행정임무를 수행할 의무만을 부과받은 사인을 의미하며, 일정 범위에서 행정권한을 부여받은 공무수탁사인에 대응하는 개념이다. 앞에서 살펴본 바와 같이 일설은 소득세 원천징수의무자를 공의무부담사인으로 본다.

(3) 법적 지위

공무수탁사인의 법적 지위에 대해 다툼이 있다. 행정기관설에 의하면, 공무수탁사인이 행한 행위의 효과는 그 자신이 아니라 권한을 위탁한 행정주체에 귀속되는 점에서 행정기관의 지위를 가진다고 한다. 이에 반해 행정주체설에 의하면, 공무수탁사인은 위탁받은 한도에서는 자기 책임하에 자기 이름으로 권한을 행사하는 점에서 독자적인 행정주체의 지위를 가진다고 하는데, 현재의 지배적 견해라 할 수 있다.[9] 한편, 공무수탁사인은 조직법상 의미에서는 행정주체의 지위를 가지지만 작용법적 또는 책임법적 의미에서는 행정기관의 지위를 가진다는 견해도 있다.[10] 그 논거로는, 국가배상법이 국가배상책임의 성립요건으로서 공무원과 공무수탁사인을 병렬적으로 규정하고 있는 점(2조 1항)과 행정소송법이 행정청의 개념에 공무수탁사인을 포함시키고 있는 점(2조 2항) 등을 들고 있다.

판례는 수산청장으로부터 공무(뱀장어 수출에 대한 추천권)를 위탁받은 수산업협동조합은 국가배상법상의 공무원에 해당한다고 보았는데 대하여,[11] 행정대집행 권한을 위탁받은 한국토지주택공사는 국가배상법상의 공무원이 아니라 독립한 행정주체의 지위를 가지므로 그의 위법행위에 대해서는 스스로 배상책임을 진다고 하였다.[12]

> **판례** 『원심판결 이유에 의하면 원심은, 한국토지공사는 이 사건 대집행을 위탁받은 자로서 그 위탁범위 내에서는 공무원으로 볼 수 있으므로 이 사건 대집행을 실시함에 있어서 불법행위로 타인에게 손해를 입힌 경우에도 위 법리에 따라 고의 또는 중과실이 있는 경우에만 손해배상책임을 진다고 판단하고 있다.
> 그러나 한국토지공사는 한국토지공사법 제2조, 제4조에 의하여 정부가 자본금의 전액을 출자하여 설립한 법인이고, 이 사건 택지개발사업은 같은 법 제9조 제4호에 규정된 한국토지공사의 사업으로서, 이러한 사업에 관하여는 「공익사업을 위한 토지 등의 취득 및 보상에 관한 법률」 제89조 제1항, 한국토지공사법 제22조 제6호 및 같은 법 시행령 제40조의3 제1항의 규정에 의하여, 본래 시·도지사나 시장·군

---

9) 김남진/김연태(I), 101면; 정하중/김광수, 61면; 박균성(상), 109면; 김남철, 행정법강론, 2023, 85면.
10) 김중권, 165면.
11) 대판 2003. 11. 14, 2002다55304.
12) 대판 2010. 1. 28, 2007다82950.

수 또는 구청장의 업무에 속하는 대집행권한을 한국토지공사에게 위탁하도록 되어 있는바, 한국토지공사
는 이러한 법령의 위탁에 의하여 이 사건 대집행을 수권받은 자로서 공무인 대집행을 실시함에 따르는
권리·의무 및 책임이 귀속되는 행정주체의 지위에 있다고 볼 것이지 지방자치단체 등의 기관으로서 국
가배상법 제2조 소정의 공무원에 해당한다고 볼 것은 아니다.」 (대판 2010. 1. 28, 2007다82950)

(4) 법적 근거

사인에게 공무를 위탁하기 위해서는 법령의 근거를 요한다. 현행법상 사인에게 공무를 위탁할
수 있는 일반법적 근거로는 정부조직법 제6조 제3항, 지방자치법 제117조 제3항, 「행정권한의 위
임 및 위탁에 관한 규정」 등이 있으며,[13] 개별적인 근거규정으로는 별정우체국의 지정에 관한 별
정우체국법 제3조, 선박의 선장이나 항공기의 기장에게 선박이나 항공기 안에서의 경찰권을 부여
한 「사법경찰관리의 직무를 수행할 자와 그 직무범위에 관한 법률」 제7조, 공익사업시행자에게 토
지수용권을 부여한 「공익사업을 위한 토지등의 취득 및 보상에 관한 법률」 제19조, 민영교도소에
의 교정업무의 위탁에 관한 「민영교도소 등의 설치·운영에 관한 법률」 제3조 등이 있다.

이와 관련하여 일반법적 근거라 할 수 있는 정부조직법 제6조 제3항 등에 따라 직접 공무를
사인에게 위탁할 수 있는지가 다투어지고 있다. 부정설에 의하면, 정부조직법 제6조 제3항 등의
규정은 공무의 민간위탁에 관한 일반원칙을 정하고 있을 뿐이므로 이에 근거하여 직접 공무를 위
탁할 수는 없다고 한다.[14] 이에 반해 제한적 긍정설에 의하면, 정부조직법 제6조 제3항은 행정기
관은 그 소관사무 중 '국민의 권리·의무와 직접 관계되지 아니하는 사무'를 사인에게 위탁할 수
있다고 규정하고 있으므로 '국민의 권리·의무와 직접 관계되지 아니하는 사무'는 이 규정에 근거
하여 사인에게 위탁할 수 있지만, '국민의 권리·의무와 직접 관계되는 사무'를 사인에게 위탁함에
있어서는 개별법의 근거를 요한다고 본다.[15]

(5) 공무수탁사인의 법률관계

① 행정주체와 공무수탁사인의 관계 : 공무를 위탁한 행정주체와 위탁받은 공무수탁사인간에는
공법상의 위임관계가 성립한다. 공무수탁사인은 위탁받은 범위 내에서 자기 책임하에 행정권한을
행사할 권리를 가지며, 또한 관계 법령이나 위탁계약이 정한 바에 따라 위탁자인 행정주체의 지휘
감독을 받는다. 공무수탁사인은 위탁자인 행정주체에 대하여 사무처리비용이나 보조금 등의 청구
권을 갖는다.

② 공무수탁사인과 국민과의 관계 : 공무수탁사인은 공무를 위탁받은 범위에서 행정주체의 지위
에서 국민에 대해 행정처분을 하고 수수료를 징수하는 등의 고권적 권한을 행사할 수 있다.

---

13) 정부조직법 제6조 ③ 행정기관은 법령으로 정하는 바에 따라 그 소관사무 중 조사·검사·검정·관리업무 등
    국민의 권리·의무와 직접 관계되지 아니하는 사무를 지방자치단체가 아닌 법인·단체 또는 그 기관이나 개인에
    게 위탁할 수 있다.
14) 박균성(상), 110면. 이러한 점에서 박균성 교수는 정부조직법 제6조 제3항 등의 규정은 사인에의 공무위탁에 관
    한 일반법적 근거라 할 수 없다고 한다.
15) 정하중/김광수, 63면.

Ⅱ. 행정객체

행정주체에 의한 공권력행사의 상대방을 행정객체라고 한다. 사인이 행정객체가 됨이 보통이지만, 공공단체도 국가나 다른 공공단체에 대한 관계에서는 행정객체가 될 수 있다. 예컨대 서울특별시가 수입한 물품에 대해 세관장이 관세부과처분을 하는 것, 서울특별시가 국유지인 국회의 대지 일부를 도로로 무단 사용하였다는 이유로 국회사무총장이 서울특별시에 대해 변상금부과처분을 하는 것 등이 그에 해당한다.[16]

또한 국가도 다른 행정주체와의 관계에서 행정객체가 될 수 있다. 예컨대 국유지에 설치된 태릉국제사격장 내 클레이사격장에서 토양오염대책기준 이상의 납이 검출되었음을 이유로 서울특별시 노원구청장이 토지소유자인 국가에 대해 오염토양정화조치명령을 발한 것이 그에 해당한다.[17] 판례에 따르면, 국가기관인 법무부장관이 안양시장에게 안양교도소 재건축을 위한 건축협의를 신청하였는데 불가통보가 된 경우에 법무부장관이 아니라 행정주체인 국가가 원고가 되어 안양시장을 상대로 건축협의 불가통보를 다투어야 한다고 하였다.[18]

제4절   행정법관계의 내용(공권과 공의무)

법률관계는 법규범에 의해 규율되는 생활관계로서 권리와 의무를 그 내용으로 하듯이, 행정법관계도 행정법규범에 의해 규율되는 생활관계로서 공법상의 권리와 의무를 그 내용으로 한다.

Ⅰ. 공권(공법상 권리)

1. 개 념

공권이란 공법관계에 있어서 직접 자기를 위하여 일정한 이익을 주장할 수 있는 법적인 힘을 말한다. 공권은 '법적으로 보호되는 이익'인 점에서, 법이 단순히 공익목적을 위해 규정한 결과 간접적으로 사인이 받는 이익인 사실상 이익 내지 반사적 이익과 구별된다. 예컨대 도로점용허가를 받은 자가 해당 도로를 점용하는 이익은 공법상의 권리에 해당하지만, 어느 품목의 관세가 인하됨으로써 해당 품목의 수입업자가 받는 이익은 반사적 이익에 지나지 않는다.

공권은 법적으로 보호되는 이익이기 때문에 공권이 침해된 경우에는 법적인 구제(행정소송·국

---

16) 대판 2001. 1. 19, 98두10158; 서울고판 2011. 4. 6, 2010누21183.
17) 서울고판 2000. 4. 3, 2007누6924.
18) 대판 2014. 3. 13, 2013두15934. 이에 관한 상세는 이일세, 행정주체 또는 그 행정기관(국립대학 포함) 사이의 항고소송에 관한 판례분석, 강원법학 57권, 2019. 6, 99면 이하 참조.

가배상 등)를 받을 수 있지만, 단순한 사실상 이익 내지 반사적 이익이 침해된 경우에는 법적 구제의 대상이 되지 않는다. 예컨대 도로점용허가를 받은 자가 도로점용을 방해받은 경우에는 법적으로 구제받을 수 있지만, 관세의 인상으로 손해를 입게 된 수입업자는 법적인 구제를 청구할 수 없다.

2. 종 류

(1) 국가적 공권

국가적 공권이란 행정주체가 우월한 지위에서 국민에 대하여 가지는 권리를 말한다. 이러한 국가적 공권은 목적을 표준으로 하여 조직권·형벌권·경찰권·공기업특권·공용부담특권·재정권·군정권 등으로 나눌 수 있다.

(2) 개인적 공권

개인적 공권이란 국민이 행정주체에 대하여 가지는 공법상의 권리를 말한다. 개인적 공권은 자유권·수익권·참정권 등과 같은 헌법상의 기본권이 주를 이루는데, 근래에는 무하자재량행사청구권·행정개입청구권 등이 새로운 개인적 공권으로서 주목을 받고 있다.

3. 공권의 특수성

공권은 오로지 권리자의 개인적 이익만을 위해서 인정되는 것이 아니라 공익실현과 밀접한 관련을 맺는다. 따라서 이러한 '공권의 상대성'으로 인하여 사권(私權)에 비해 여러 가지 특수성이 인정된다.

(1) 국가적 공권의 특수성

국가적 공권은 지배권으로서의 성질을 가지는 까닭에 일방적인 명령·강제·형성을 주된 내용으로 하는 동시에, 그의 내용에 공정력·존속력·강제력 등과 같은 특수한 효력이 부여됨이 보통이다.

(2) 개인적 공권의 특수성

① 이전의 제한 : 사권은 일신전속적인 것을 제외하고는 원칙적으로 자유롭게 이전할 수 있으나, 공권은 공익과 관련되기 때문에 그 이전이 제한·금지되거나 또는 행정청에 신고의무를 부과하는 경우가 많다. 예컨대 공무원 연금청구권이나 생명·신체의 침해로 인한 국가배상을 받을 권리는 타인에게 양도가 금지되며(공무원연금법 39조 1항, 국가배상법 4조), 하천점용허가를 양도한 경우에는 하천관리청에 신고하여야 한다(하천법 5조 2항).

② 포기의 제한 : 공권은 공익에 미치는 영향이 크기 때문에 사전 포기가 허용되지 않는 것이 있는데, 자유권·선거권·소권(訴權) 등이 대표적인 예이다. 판례도 소권이나 석탄산업법상의 재해위로금 청구권은 당사자의 합의에 의해 미리 포기할 수 없다고 보았다.[19] 다만 사전 포기가 인정되지 않는 경우에도 권리자가 그 공권을 사실상 불행사하는 것은 무방하다.

---

19) 대판 1998. 8. 21, 98두8919; 대판 1998. 12. 23, 97누5046.

한편, 공무원의 여비청구권 등과 같이 주로 권리자의 경제적 이익을 위해 인정되고 있을 뿐만 아니라 그 포기가 공익이나 타인의 이익에 중요한 영향을 미치지 않는 것일 때에는 포기가 인정된다고 본다.

> **판례** ①『지방자치단체장이 도매시장법인의 대표이사에 대하여 위 지방자치단체장이 개설한 농수산물 도매시장의 도매시장법인으로 다시 지정함에 있어서 그 지정조건으로 '지정기간 중이라도 개설자가 농수산물 유통정책의 방침에 따라 도매시장법인 이전 및 지정취소 또는 폐쇄 지시에도 일체 소송이나 손실보상을 청구할 수 없다.'라는 부관을 붙였으나, 그 중 불제소특약에 관한 부분은 당사자가 임의로 처분할 수 없는 공법상의 권리관계를 대상으로 하여 사인의 국가에 대한 공권인 소권을 당사자의 합의로 포기하는 것으로서 허용될 수 없다.』(대판 1998. 8. 21, 98두8919)
>
> ②『석탄산업법시행령 제41조 제4항 제5호 소정의 재해위로금 청구권은 개인의 공권으로서 그 공익적 성격에 비추어 당사자의 합의에 의하여 이를 미리 포기할 수 없다.』(대판 1998. 12. 23, 97누5046)

③ **권리보호의 특수성** : 공권도 권리인 점에서 그것이 침해된 경우에는 소송이나 손해배상 등에 의한 법적 구제받을 수 있다. 그런데 이 경우 행정소송법이나 국가배상법 등에 의해 특별한 규율을 받는다.

4. 개인적 공권의 성립요건

앞에서 설명한 바와 같이 개인적 공권은 법적으로 보호되는 이익이기 때문에 그것이 침해된 경우에는 법적 구제를 받을 수 있지만, 단순한 반사적 이익은 그것이 침해되었다 하더라도 법적 구제를 받을 수 없다. 따라서 법령 규정에 의해 개인이 이익을 받고 있는 경우에 그것이 공권인지 아니면 반사적 이익인지를 구별하는 것은 국민의 권리구제와 관련하여 매우 중요한 일이다.

공권과 반사적 이익의 구별기준은 독일의 뷜러(Bühler) 교수에 의해 체계화되었다.

(1) 공권 성립의 3요소

뷜러 교수는 1914년에 발표한 논문에서 공권이 성립하기 위한 요소로서 다음의 세 가지를 들었다.[20]

① **강행법규의 존재** : 공권이 성립하기 위해서는 먼저 강행법규가 존재하여야 한다. 여기에서 강행법규라 함은 법이 정한 요건이 갖추어진 경우에는 행정청은 반드시 법이 정한 행위(작위·부작위 포함)를 하도록 규정한 것, 즉 '기속법규'를 의미한다고 한다. 만일 법이 행정청에게 행정권한의 발동에 대해 재량권을 부여하고 있는 경우에는 행정청은 그 범위에서 자유롭게 권한을 행사할 수 있으므로 국민은 행정청에게 특정한 행정권한의 발동을 요구할 권리가 없다는 것을 논거로 한다.

② **사적 이익의 보호** : 공권이 성립하기 위해서는 위의 강행법규가 사적 이익의 보호를 목적으로 하여야 한다. 이때 법규가 전적으로 사익의 보호만을 목적으로 할 필요는 없고 공익과 더불어 사익의 보호를 목적으로 하고 있으면 된다. 만일 어떤 법규가 전적으로 공익의 보호만을 목적으로

---

20) Bühler, Die subjektiven öffentliche Rechte und ihr Schutz in der deutschen Rechtsprechung, 1914, S.21ff.

하고 있다면 그로 인하여 개인이 이익을 받는다 하더라도 이는 단순한 반사적 이익에 지나지 않는다.

③ **의사력 또는 법상 힘의 존재(訴求가능성)** : 공권이 성립하기 위해서는 해당 이익을 '소송을 통해 관철시킬 수 있는 힘'이 부여되어야 하는데, 이를 의사력(Willensmacht) 또는 법상 힘(Rechtsmacht)의 존재라 한다. 소송에 의해 법적으로 관철시킬 수 없는 이익이라면 그것은 권리라고 볼 수 없기 때문이다.

이 요건은 과거 행정소송에 있어 열기주의를 취하고 있었던 독일에서 중요한 의미를 가지고 있었다.[21] 즉, 뷜러 교수가 논문을 쓸 당시의 독일은 열기주의를 채택하고 있었으므로 위의 ①과 ②의 요건을 갖춘 경우에도 법에 규정된 행정소송의 대상에 해당하지 않으면 소송에 의한 구제를 받을 수 없었으며, 따라서 공권의 성립요소로서 ①과 ② 이외에 '법상 힘의 존재'가 필요하다고 보았다.

(2) 공권의 확대화 경향

오늘날 실질적 법치주의를 지향하는 국가에 있어서는 국민의 권리구제의 범위를 확대시키기 위한 노력이 기울여지고 있으며, 이에 따라 종래 단순한 반사적 이익에 지나지 않는다고 보았던 것이 공권으로 인정되는 경우가 점차 증가하고 있다. 그 주요 내용은 다음과 같다.

① **강행법규성의 의미 변화** : 전통적 견해에 의하면 공권이 성립하기 위해서는 근거법령이 강행법규(기속법규)이어야 하며, 따라서 법이 행정청에게 재량권을 부여하고 있는 경우에는 공권이 성립할 수 없다고 보았다. 그런데 오늘날 재량에 대한 통제이론이 발전함에 따라 재량행위의 경우에도 일정 범위에서 공권이 성립할 수 있음이 인정되게 되었다. 즉, 법이 행정청에게 재량권을 부여한 경우에도 행정청은 무제한의 자유를 가지는 것이 아니라 그것이 일탈·남용되지 않도록 일정한 한계 내에서 행사할 의무를 지며, 이에 상응해서 국민도 행정청에 대해 하자없는 재량행사를 청구할 수 있는 권리(무하자재량행사청구권)를 가진다고 본다. 나아가 행정청의 재량권이 영으로 수축된 경우에는 국민은 행정청에 대하여 특정한 행정권한의 발동을 청구할 수 있는 권리를 가진다고 보는데, 이것이 행정개입청구권이다.

② **사적 이익 보호의 확대** : 공권이 성립하기 위해서는 근거법령이 사적 이익의 보호를 목적으로 하고 있어야 하는데, 과거에는 행정법규는 주로 공익보호를 목적으로 하는 것으로 해석함으로써 공권의 성립범위가 좁았다. 그러나 오늘날에는 가급적이면 행정법규가 공익목적과 아울러 사적 이익의 보호도 목적으로 하고 있는 것으로 해석하려 노력하고 있다. 예컨대 주거지역 내에서는 공장 등의 건축을 제한·금지하는 (구)도시계획법과 건축법의 규정이 주민의 사적 이익의 보호를 목

---

21) 열기주의(列記主義)란 행정소송의 대상을 법에 한정적으로 열거하여 규정하여 그 사항에 한해서만 행정소송을 제기할 수 있도록 하는 것이다. 이에 반해 개괄주의란 행정소송의 대상을 제한하지 않고 모든 법률상 이익이 침해된 경우에 행정소송을 제기할 수 있도록 하는 것이다. 공권력우위사상에 기초한 독일 행정법은 1900년대 중반까지 열기주의를 채택하였으나, 제2차 세계대전에서 패망한 후 연기주의를 포기하고 개괄주의를 채택하였다. 즉, 본기본법 제19조 제4항은 "공권력에 의해 그 권리를 침해당한 자에게는 소송의 길이 열려 있다"고 규정하였고, 이에 따라 독일 행정소송법도 행정소송에 있어 개괄주의를 취하였다.

적으로 하는 것인지가 문제된 사안에서,[22] 서울고등법원은 위 법률규정은 공공복리의 증진을 목적으로 하는 것으로서 그로 인해 주민이 받는 이익은 반사적 이익에 불과하다고 보았으나, 대법원은 "위 법률은 공공복리의 증진을 도모하고자 하는데 그 목적이 있는 동시에 주거지역 내에 거주하는 사람의 주거의 안녕과 생활환경을 보호하고자 하는 데도 그 목적이 있는 것으로 해석된다"고 함으로써 주민의 원고적격을 인정하였다.[23]

③ '법상 힘의 존재' 요건의 의미 상실 : 앞에서 설명한 바와 같이 공권성립의 요소 중 '법상 힘의 존재'는 행정소송에 있어 열기주의를 취하는 국가에서 의미를 가진다. 따라서 오늘날 행정소송사항에 관해 개괄주의를 취하고 있는 국가에서는 그 의미를 상실하였다고 보며, 이제는 공권성립의 2요소로 충분하다는 것이 널리 인정되고 있다. 개괄주의하에서는 ①과 ②의 요건을 갖추면 모두 소송에 의한 구제를 받을 수 있기 때문이다.

Ⅱ. 신종의 개인적 공권

1. 무하자재량행사청구권

(1) 의의

무하자재량행사청구권이란 행정청이 재량권을 가지는 경우에 개인은 행정청에 대해 재량권을 하자없이 행사할 것을 청구할 수 있는 권리를 의미한다.

개인적 공권론이 논의된 초기에는, 행정권한의 발동에 대해 행정청에게 재량권이 부여된 경우에는 그 범위에서 행정청은 자유로이 권한을 행사할 수 있는 것으로 보아 사인은 행정청에 대하여 그 권한의 발동에 관하여 아무런 권리를 가질 수 없는 것으로 인식되었다. 이러한 점에서 뷜러 교수는 공권의 성립요소로서 '강행법규성'을 들면서, 여기에서 강행법규성이란 근거법령이 행정권한의 발동에 관해 기속행위로 규정한 것(기속법규)을 의미하며, 따라서 재량행위의 경우에는 아무런 개인적 공권이 성립할 수 없다고 보았다.

그러나 재량에 대한 통제이론이 발전함에 따라, 법이 행정청에게 재량권을 부여한 경우에도 행정청은 아무런 제한없이 마음대로 권한을 행사할 수 있는 것이 아니라 일정한 한계 내에서 행사할 제약을 받으며, 만일 그 한계를 넘어선 경우에는 재량권의 일탈·남용으로서 위법한 것이 된다는 것이 인정되었다. 이에 뷜러 교수는 재량행위의 경우에도 개인은 행정청에 대하여 '하자없는 재량행사를 청구할 수 있는 권리'를 가진다고 하였다.

(2) 기능

무하자재량행사청구권은 '재량행위의 경우에 공권이 성립할 수 있는지' 그리고 '재량행위에 대

---

22) <사건개요> 당시 도시계획법과 건축법에 의하면 주거지역 내에는 공장을 비롯한 일정 건축이 금지되고 있었는데, 청주시장이 갑회사에 대해 주거지역 내에 연탄공장건축허가를 하자 인근주민이 이에 대한 취소소송을 제기하였다.

23) 서울고판 1972. 3. 13, 72구558. 대판 1975. 5. 13, 73누96·97.

해 소송으로 다툴 수 있는지'에 관한 전통적 견해를 수정한 점에서 연혁적으로 중요한 의미를 가진다. 즉, 과거에는 재량행위의 경우에는 아무런 개인적 공권이 성립할 수 없다고 보았기 때문에, 재량행위에 의해서는 권리침해가 발생할 수 없고 따라서 재량행위에 대해서는 소송으로 다툴 수 없는 것으로 인식되었다. 그러나 무하자재량행사청구권의 등장에 따라 재량행위의 경우에도 개인은 행정청에 대하여 '하자없는 재량행사를 청구할 수 있는 권리'를 가지며, 따라서 행정청이 하자 있는 재량결정을 하면 소송으로 다툴 수 있음을 인정한 점에서 의의를 가진다고 할 수 있다.

우리나라에 있어서도 재량행위에 대해 행정소송이 제기된 경우에 법원은 원고적격 또는 대상적격이 없음을 이유로 곧바로 소를 각하하지 않고 본안에 대한 심리를 하여 재량권의 일탈이나 남용이 있는지 여부를 심사한 다음 인용 또는 기각 판결을 내리도록 하고 있다(행정소송법 27조 참조).

(3) 법적 성질

① **적극적 공권** : 무하자재량행사청구권은 단순히 위법한 처분을 배제하는 소극적 또는 방어적 권리가 아니라, 행정청에 대하여 적법한 재량행사를 할 것을 청구하는 적극적 공권이다.

② **형식적 권리** : 무하자재량행사청구권의 성질에 대하여 초기에는 절차적 권리로 보는 견해가 유력하였다. 즉, 행정청은 재량권의 범위에서는 자유로운 선택권을 가지므로 국민은 행정청에 대해 실체적 내용에 관해서는 아무런 주장을 할 수 없고 다만 재량권을 행사함에 있어서 '법이 정한 절차를 준수할 것'을 청구할 수 있을 뿐이라고 보았다.

그러나 재량통제이론이 발전함에 따라 절차적 권리설은 많은 비판을 받았다. 즉, 무하자재량행사청구권은 단지 행정청에게 재량행사에 있어서의 절차적 적정성을 청구할 수 있는 권리가 아니라, 평등원칙·비례원칙 등 법의 일반원칙을 준수하여 내용적으로 적정한 재량행사를 할 것을 청구할 수 있는 권리라는 것이다. 이러한 점에서 무하자재량행사청구권은 절차적 권리가 아니라 오히려 실체적 권리에 해당한다는 것이다. 이에 따라 독일에서는 종래의 절차적 권리설은 포기되었고, 대신에 '형식적 권리'의 성질을 가진다는 견해가 많은 지지를 받게 되었다. 여기에서 형식적 권리라 함은 무하자재량행사청구권은 일반적인 공권과는 달리 행정청에게 '특정한 행위'를 청구할 수 있는 실질적 권리가 아니라, 단지 '하자없는 재량행사'를 청구하는 것인 점에서 실질적 내용이 없는 권리라는 것을 의미한다.

③ **소결** : 우리나라의 경우에도 과거에는 무하자재량행사청구권의 성질을 절차적 권리로 보는 견해가 있었으나,[24] 지금은 형식적 권리로 보는 것이 지배적이다.[25] 생각건대, 무하자재량행사청구권은 단지 재량행사의 절차적 적정성을 요구하는 권리가 아닌 점에서 절차적 권리라 하는 것은 옳지 않고, 따라서 특정한 행위를 요구할 수 있는 권리가 아니라는 의미에서의 형식적 권리라 보는 것이 타당할 것이다.

---

24) 이상규, 신행정법론(상), 1993, 173면. 한편, 무하자재량행사청구권을 '형식적 권리 내지 적차적 권리'라고 하는 학자도 있다. 김동희/최계영, 행정법(I), 2023, 102면.

25) 김남진/김연태(I), 117면; 김중권, 184면; 정하중/김광수, 74면; 박균성(상), 180면; 하명호, 60면.

(4) 인정여부

무하자재량행사청구권이 독자적인 존재의미를 가지는 공권인지에 대해서 다툼이 있다.

① **부정설** : 이는 무하자재량행사청구권은 독자적인 권리로 인정하기 어렵다는 견해로서, 다음과 같은 것을 논거로 한다. i) 재량행위의 하자에 대해서는 실체적 측면에서 다투면 충분하기 때문에 별도로 (절차적 권리인) 무하자재량행사청구권을 인정할 필요가 없으며, ii) 만일 누구에게나 추상적으로 무하자재량행사청구권을 인정한다면 재량행위에 있어 원고적격을 부당하게 넓혀 민중소송화할 우려가 있고,26) iii) 무하자재량행사청구권이 독자적인 권리로 인정되기 위해서는 공권의 성립요소로서 '사익보호성'이 인정되어야 하는데 무하자재량행사청구권의 독자적 권리를 인정하는 견해가 제시하는 사익보호성은 결국 실질적 권리에 관한 것이므로 무하자재량행사청구권은 특정의 실질적 권리로부터 독립된 권리라 할 수 없다.27)

② **긍정설** : 긍정설에 의하면, 무하자재량행사청구권은 재량행위에는 공권이 성립할 수 없다는 전통적 견해를 수정하여 재량행위의 경우에도 제한된 범위에서 공권이 성립할 수 있다는 이론적 기초를 제공한 점에서 그 의미가 있다고 한다. 그리고 무하자재량행사청구권은 추상적으로 누구에게나 인정되는 것이 아니라 공권성립의 요건을 갖춘 경우(특히 재량법규가 사익보호를 목적으로 하고 있는 경우)에만 인정되므로 무하자재량행사청구권을 인정한다 해서 민중소송화할 위험은 존재하지 않는다고 한다.28) 긍정설이 다수설이라 할 수 있으며, 타당하다고 할 것이다.

③ **판례의 입장** : 사법시험에 합격하고 사법연수원을 수료한 후 검사임용신청을 하였으나 성적순위 미달을 이유로 거부처분을 받은 자가 자신에 대한 거부처분은 검사임용에 관한 재량권을 남용한 위법한 처분이라고 주장하며 취소소송을 제기하였다. 이에 대해 서울고등법원은 「국민의 신청에 대한 거부처분이 항고소송의 대상이 되려면 국민이 행정청에 대하여 그 신청에 따른 행정행위를 해줄 것을 요구할 수 있는 법규상 또는 조리상의 권리가 있어야 하는데, 이 사건 원고에게는 임용권자에 대하여 검사임용이라는 행정행위를 해줄 것을 요구할 수 있는 법규상 또는 조리상의 권리가 없다」는 이유로 소를 각하하였다.29) 그러나 이에 대한 상고심에서 대법원은 「검사의 임용여부는 임용권자의 자유재량에 속하는 사항이나, 조리상 임용권자는 임용신청자들에게 재량권의 한계 일탈이나 남용이 없는 적법한 응답을 할 의무가 있고, 이에 대응하여 임용신청자는 재량권의 한계 일탈이나 남용이 없는 적법한 응답을 요구할 권리가 있다」고 하며 원심판결을 파기환송하였는바,30) 이 판례가 무하자재량행사청구권을 인정한 것인지에 대해 다툼이 있다.

긍정설에 의하면 대법원은 "임용신청자는 재량권의 한계 일탈이나 남용이 없는 적법한 응답을 요구할 권리가 있다"고 판시하였는데, 여기에서 '재량권의 한계 일탈이나 남용이 없는 적법한 응

---

26) 이상규(상), 174면.
27) 홍정선(상), 193면.
28) 김남철, 102면; 박균성(상), 182면; 정하중/김광수, 75면.
29) 서울고판 1990. 6. 13, 89구5043.
30) 대판 1991. 2. 12, 90누5825.

답을 요구할 권리'가 곧 무하자재량행사청구권을 의미한다고 본다.[31]

부정설에 의하면 위 판례에서 임용신청인의 '하자없는 적법한 응답을 받을 권리'를 언급한 것은 거부처분의 처분성 내지 임용신청인의 원고적격을 인정하기 위한 논거로 제시한 것이지 무하자재량행사청구권을 독자적인 권리로 인정한 것은 아니라고 한다.[32] 무하자재량행사청구권의 개념을 인정하는 것과 이를 독자적 권리로 인정하는 것은 별개의 문제라고 하면서, 위 판례는 무하자재량행사청구권의 개념을 인정하고는 있지만 이를 독자적 권리로 인정한 것은 아니라고 보는 견해도 같은 취지라 할 것이다.[33]

(5) 성립요건

무하자재량행사청구권도 개인적 공권의 일종이므로 공권성립의 일반적 요건(강행법규성, 사익보호성)을 충족하는 경우에만 인정될 수 있음은 물론이다. 첫 번째 요건인 강행법규성과 관련해서는, 과거에는 기속행위로 규정된 경우에만 공권이 성립할 수 있다고 보았으나 오늘날에는 강행법규성을 널리 '행정청에게 의무를 부과하는 법규'의 의미로 이해하고 있는바, 재량행위의 경우에도 행정청에게 '일정한 한계를 준수하여 재량결정을 할 의무'가 부과된다는 점에서 이 요건은 충족된 것으로 본다.

둘째로, 무하자재량행사청구권이 성립하기 위해서는 근거법령의 '사익보호성'의 요건을 갖추어야 한다. 즉, 재량행위의 경우에 누구에게나 행정청에게 하자없는 재량권행사를 청구할 수 있는 권리가 인정되는 것이 아니라, 재량행위의 근거법령이 사적 이익의 보호를 목적으로 하고 있는 경우에만 인정되는 것이다. 이러한 점에서 무하자재량행사청구권을 인정한다면 재량행위에 대한 소송이 민중소송화할 우려가 있다는 견해는 설득력이 없다고 할 것이다.

(6) 권리구제

행정청의 재량에 속하는 침익적 처분(예 : 음식점영업허가를 받은 자에 대한 제재처분)으로 불이익을 받은 자는 처분에 관한 재량행사에 하자가 있다고 주장하며 취소소송으로 다툴 수 있다. 그리고 행정청의 재량에 속하는 수익적 처분(예 : 도로점용허가)을 신청하였는데 행정청이 거부처분을 한 경우에는 그 거부처분이 하자있는 재량행사라고 주장하며 거부처분취소소송으로 다툴 수 있다.

2. 행정개입청구권

(1) 의의

행정개입청구권은 협의로는 행정청에게 자기를 위하여 타인에 대해 행정권을 발동할 것을 요구하는 권리를 의미한다. 이 경우의 행정권은 주로 규제적 조치라 할 것인바, 예컨대 수인의 한도를 넘는 소음을 내는 이웃에 대해 단속권한을 발동해 줄 것을 요구하는 것이 그에 해당한다.

---

31) 정하중/김광수, 75면.
32) 김남진/김연태(I), 119면; 홍정선(상), 192면.
33) 박균성(상), 182면.

행정개입청구권은 광의로는 행정청에게 타인에게든 자기에게든 행정권을 발동할 것을 요구하는 권리를 의미한다. 여기에서 자기에 대한 행정권의 발동은 주로 수익적 조치라 할 것인바, 예컨대 생계보호대상자가 자신에게 생활보조금을 지급해 줄 것을 청구하는 것이 그에 해당한다. 학자중에는 자기에게 행정권의 발동을 요구하는 것을 행정행위발급청구권이라 하고, 자기를 위해 타인에 대해 규제적 행정권의 발동을 요구하는 것을 행정개입청구권이라 하며, 양자를 합하여 행정권발동청구권이라 하는 견해도 있다.[34]

(2) 성립배경

질서행정을 주된 행정작용으로 하는 근대국가 초기에는 행정권의 발동 여부는 원칙적으로 행정청의 재량에 속하는 것으로 보았으며(이를 행정편의주의라 한다), 또한 재량행위의 영역에는 개인적 공권이 성립할 수 없다고 보았다. 그러나 재량통제이론이 발전함에 따라 재량행위의 경우에도 일정한 공권이 성립할 수 있음이 인정되게 되었는데, 그 대표적인 것이 앞서 설명한 무하자재량행사청구권이다. 무하자재량행사청구권은 단지 행정청에게 하자없는 재량행사를 청구할 수 있을 뿐이고 특정한 행위를 해줄 것을 청구하는 권리는 아닌 점에서 형식적 권리에 지나지 않는다고 본다. 그런데 구체적 상황에서 '재량권이 영으로 수축된 경우'에는 행정청은 특정한 행위를 하여야 할 의무를 지고 이에 상응하여 개인은 행정청에게 특정한 행위를 요구할 수 있는 권리가 인정된다고 하는데, 이것이 바로 행정개입청구권이다. 즉, 행정개입청구권은 무하자재량행사청구권이 재량권의 영으로의 수축이론을 매개로 하여 실질적 권리로 전환된 것이라 할 수 있다. 예컨대 경찰권의 발동 여부는 원칙적으로 경찰기관의 재량에 속하는바, 통상적인 경우에 개인은 경찰기관에게 하자없는 재량결정을 할 것을 청구할 수 있을 뿐이다(무하자재량행사청구권). 그런데 경찰권이 발동되지 않으면 개인의 생명·신체에 중대한 위해가 발생할 우려가 있는 급박한 상황에서는 경찰기관의 재량권은 영으로 수축되어 오직 경찰권을 발동하는 것만이 적법한 재량행사가 되며, 이러한 경우에는 경찰기관은 경찰권을 발동할 의무가 있고 이에 상응하여 개인은 경찰권의 발동을 청구할 수 있는 권리가 있는 것이다(행정개입청구권).

> **참고**　**띠톱판결(Bandsäge-Urteil)**
>
> 독일에 있어 행정개입청구권을 인정한 leading case는 연방행정법원의 띠톱판결인데, 그 내용은 다음과 같다. 주거지역 내에 있는 석탄제조업소에서 사용하는 띠톱에서 나오는 먼지와 소음으로 인해 피해를 받고 있던 인근주민이 행정청에 대해 띠톱사용금지조치를 취해줄 것을 요구하였으나 이 신청이 받아들여지지 않자 행정소송을 제기하였다. 베를린고등행정법원은 그러한 행정권의 발동 여부는 행정청의 재량에 속하는 것이기 때문에 원고에게는 행정권의 발동을 요구할 수 있는 권리가 없다고 하였다. 이에 대한 상고심에서 연방행정법원은, 행정권의 발동이 행정청의 재량에 맡겨져 있는 경우에도 재량권이 영으로 수축된 경우에는 행정권의 발동을 청구할 수 있는 권리가 인정된다고 하여 원고의 청구를 인용하였다.

[34] 박균성(상), 185면.

(3) 성질

① 행정개입청구권은 단순히 위법한 권익침해의 배제를 구하는 소극적·방어적 공권이 아니라, 행정청에 대해 일정한 행정작용을 청구하는 적극적 공권의 성질을 갖는다.

② 행정개입청구권은 행정청에 대해 특정한 내용의 행정작용을 청구할 수 있는 권리인 점에서 실질적 권리에 속하며, 이러한 점에서 단지 하자없는 재량행사를 청구할 수 있는 형식적 권리인 무하자재량행사청구권과 구별된다.

③ 행정개입청구권은 개인의 권리보호와 관련하여 사전예방적 기능과 사후구제적 기능을 모두 가질 수 있다. 즉, 행정권의 발동을 청구하여 권리침해를 방지할 수 있는 점에서는 사전예방적 기능을 한다고 할 수 있으며, 만일 행정권의 발동을 청구하였는데도 행정청이 이에 응하지 않아 권리침해가 발생한 경우에는 행정개입의무 위반을 이유로 국가배상 등에 의한 구제를 받을 수 있는 점에서는 사후구제적 기능을 한다고 할 수 있다.

(4) 성립요건

행정개입청구권도 개인적 공권의 일종이므로 그것이 성립되기 위해서는 공권성립의 일반적 요건을 갖추어야 한다. 첫째, 행정청에게 개입의무(행정권 발동의무)를 과하는 강행법규가 있어야 한다. '기속행위'로 규정된 경우에는 물론이고 '행정청에게 재량이 부여되었지만 재량권이 영으로 수축된 경우'에도 행정청의 개입의무가 존재하는바, 행정개입청구권과 관련해서는 후자가 특별한 의미를 갖는다. 행정개입청구권은 본래 재량행위의 경우에도 일정한 경우(재량권이 영으로 수축된 경우)에는 행정권의 발동을 청구할 수 있는 권리가 있다는 법리로 등장한 것이기 때문이다. 재량권이 영으로 수축되어 행정청의 개입의무가 존재하기 위해서는 개인의 생명·신체·재산 등에 대한 중대한 위해가 존재하여야 하며 아울러 개인의 자력구제나 민사상의 구제수단을 기대하기 어려워야 한다.[35]

둘째, 근거 법령이 사익보호를 목적으로 하고 있어야 한다. 따라서 근거 법령이 전적으로 공익보호만을 위하여 규정하고 있다면 비록 행정청의 개입의무가 인정된다 하더라도 개인은 행정권의 발동을 청구할 권리가 없다.

(5) 권리구제

① **행정소송** : 개인이 행정청에 대해 행정권의 발동을 청구하였으나 행정청의 거부나 부작위가 있는 경우에는 의무이행소송을 통하여 다투는 것이 가장 적절한 소송형태이다. 그러나 우리나라의 경우에는 행정심판의 경우에는 의무이행심판을 인정하고 있지만 행정소송의 경우에는 의무이행소송을 인정하고 있지 않다. 따라서 거부처분에 대해서는 취소소송을, 부작위에 대해서는 부작위위법확인소송을 통해 다투어야 한다.

② **국가배상청구** : 개인이 행정청에 대해 행정권의 발동을 청구하였으나 행정청이 개입의무가 있음에도 불구하고 행정권을 발동하지 않음으로써 손해를 발생케 한 경우에는 국가배상책임이 성

---

35) 정하중/김광수, 76면.

립할 수 있다.

(6) 판례

① 행정청이 갑에게 토지형질변경허가를 한 경우에 인근주민 을이 행정청에게 토사붕괴나 낙석 등으로 인한 피해가 발생하지 않도록 갑에 대한 조치를 취할 것을 요구할 권리가 있는지가 문제된다. 이 경우 을의 행정개입청구권이 인정되는지에 대한 직접적인 판례는 없지만, 다음의 판례에서 유추해 볼 수 있을 것이다. 즉, 행정청이 피해방지를 위한 아무런 조치를 취하지 않아 을에게 발생한 손해에 대한 국가배상청구소송에서 대법원은 「행정청은 토지형질변경허가를 함에 있어 허가지의 인근 지역에 토사붕괴나 낙석 등으로 인한 피해가 발생하지 않도록 허가를 받은 자에게 옹벽이나 방책을 설치하게 하거나 그가 이를 이행하지 아니할 때에는 스스로 필요한 조치를 취하는 직무상 의무를 진다고 해석되고, 이러한 의무의 내용은 단순히 공공 일반의 이익을 위한 것이 아니라 전적으로 또는 부수적으로 사회구성원 개인의 안전과 이익을 보호하기 위하여 설정된 것」이라 하여 국가배상책임을 인정하였다.[36] 이 판례에서 i) 행정청은 인근주민에 대한 피해방지를 위해 필요한 조치를 취할 직무상 의무가 있고(강행법규성), ii) 그러한 의무는 사적 이익의 보호를 목적으로 하고 있음(사익보호성)을 인정하고 있는 점에 비추어 볼 때, 을은 행정청에게 피해방지를 위해 필요한 조치를 취할 것을 요구할 권리(행정개입청구권)가 있다고 할 것이다.

② 건축법 제79조는 허가권자는 건축법규에 위반된 건축물에 대해서 그 건축물의 철거·개축·수선·용도변경·사용금지나 그 밖에 필요한 조치를 명할 수 있다고 규정하고 있는데, 인근주민이 행정청에게 불법건축물의 철거 등 건축법상의 조치를 취할 것을 요구할 권리가 있는지가 문제된다. 이에 대해 대법원은 건축법에는 제3자에게 행정청에 대해 불법건축물의 철거 등 필요한 조치를 취할 것을 요구할 수 있는 취지의 규정이 없고, 건축법 제79조의 규정은 행정청에게 철거 등 필요한 조치를 취할 권한을 부여한 것이지 그러한 의무가 있다고 규정한 것은 아니라는 이유로, 제3자는 행정청에게 건축법상의 조치를 취할 것을 요구할 수 있는 권리가 없다고 하였다.[37]

Ⅲ. 공의무

1. 개 념

공의무는 공권에 대응하는 개념으로서, 공익을 위한 공법상 의사(意思)의 구속을 말한다. 법적 의무를 지는 자는 반드시 그 의무를 이행하여야 하는바, 만일 공법상 의무를 이행하지 않는 경우에는 행정상 강제집행의 대상이 되며 공법상 의무를 위반한 경우에는 행정상 제재의 대상이 된다. 예컨대 조세납부의무를 이행하지 않는 경우에는 국세징수법이 정한 바에 따라 강제징수를 당하며, 청소년에게 술을 판매하지 않을 의무에 위반한 경우에는 식품위생법이 정한 바에 따라 영업허가

---

36) 대판 2001. 3. 9, 99다64278.
37) 대판 1999. 12. 7, 97누17568.

취소나 영업정지 등의 제재처분을 받는다.

2. 종　류

(1) 주체에 따른 구분

공의무는 주체에 따라 국가적 공의무와 개인적 공의무로 나눌 수 있는데, 국가가 지는 공의무를 국가적 공의무라 하고 개인이 지는 공의무를 개인적 공의무라 한다. 예컨대 국가가 개인의 생명·신체를 보호할 의무, 공무원 연금을 지급할 의무, 손실보상을 해줄 의무 등은 국가적 공의무이고, 개인이 조세를 납부할 의무, 불법건축물을 철거할 의무, 청소년에게 술을 판매하지 않을 의무 등은 개인적 공의무이다.

(2) 성질에 따른 구분

공의무는 성질에 따라 작위의무·부작위의무·급부의무·수인의무로 나눌 수 있다.

작위의무란 적극적으로 일정한 행위를 하여야 할 의무를 말하며, 불법건축물을 철거할 의무나 불법으로 훼손한 산림을 원상복구할 의무가 그에 해당한다. 부작위의무란 일정한 행위를 하지 않아야 할 의무를 말하며, 청소년에게 술을 판매하지 않을 의무나 가짜 휘발유를 판매하지 않을 의무가 그에 해당한다. 급부의무란 금전적 가치가 있는 것을 납부할 의무를 말하며, 조세납부의무나 과징금납부의무가 그에 해당한다. 수인의무란 권리자가 행하는 조치를 저항하지 않고 수인(受忍 : 참고 받아들임)하여야 할 의무를 말하며, 행정청이 불법건축물을 강제로 철거하는 경우에 그것을 수인하여야 할 의무나 행정청이 조세체납자의 재산을 압류하는 경우에 그것을 수인하여야 할 의무가 그에 해당한다.

3. 특수성

공의무는 공익실현과 밀접한 관련을 가지는 점에서 사법상의 의무에 비해 여러 가지 특수성이 인정된다. 특히 개인적 공의무는 법령이나 행정주체의 일방적인 행위에 의해 과해지는 경우가 많으며, 의무의 불이행이 있는 경우에는 원칙적으로 행정권에 의한 자력집행이 인정된다. 이러한 점에서, 의무가 주로 당사자간의 합의(계약)에 의해 성립하고 의무의 강제이행은 법원의 힘을 빌려야 하는 사법(私法)상 의무와 차이가 있다.

4. 공의무의 승계

기본사례

　(1) 주유소영업을 하던 갑은 가짜휘발유를 판매하다 적발되어 영업정지 3개월의 제재처분을 받았다. 그런데 갑은 영업정지기간 중에 해당 주유소를 을에게 양도하였다. 이 경우 갑에 대한 제재처분의 효과는 을에게도 미치는가.
　(2) 음식점영업을 하던 갑은 청소년에게 술을 판매하다가 적발되자 제재처분이 내려지기 전에 해당 영업을 을에게 양도하였다. 이 경우 행정청은 갑의 법령위반행위(청소년에게 술 판매)를 이유로 을에게

제재처분을 내릴 수 있는가.

(3) 화물자동차운송사업자 갑은 불법증차된 차량에 대해서 부정하게 유가보조금을 신청하여 수령하여 오다가, 을에게 불법증차 차량을 포함한 화물자동차운송사업을 양도하였다. 을은 양수한 화물자동차운송사업에 불법증차된 차량이 포함되어 있는지를 모르는 상태에서 계속 유가보조금을 수령하다가 행정청에 적발되었다. 이때 행정청은 부정수급된 유가보조금에 대해 누구에게 반환명령을 하여야 하는가.

(1) 의의

행정법상 위법한 행위를 한 자에 대해서는 영업정지나 과징금과 같은 제재처분이 내려지거나 철거명령이나 이행강제금 등과 같은 강제이행조치가 내려지는 것이 일반적이며, 이러한 처분을 받은 자는 영업을 정지하거나 과징금을 납부하거나 불법건축물을 철거하거나 이행강제금을 납부할 의무를 진다. 그런데 의무를 부과받은 자가 사망하거나 의무발생과 관련된 영업(또는 물건)을 다른 사람에게 양도한 경우에 그 의무가 상속인이나 양수인에게 승계되는지가 문제되는바, 이것이 '공의무의 승계'의 문제이다.

공의무의 승계가 문제되는 전형적인 유형은 '제재처분의 효과의 승계'라 할 수 있다. 예컨대 가짜 휘발유를 판매하다 적발된 주유소 영업자에게 3개월 영업정지처분이 내려졌는데 영업정지기간 중에 해당 주유소 영업을 다른 사람에게 양도한 경우에, 종전 영업자에 대한 영업정지처분의 효과가 영업양수인에게도 그대로 승계되는지가 문제되는 것이다.

(2) 공의무 승계의 요건

공의무의 승계가 인정되기 위해서는 다음의 요건을 갖추어야 한다.

① **성질상 다른 사람에게 승계가 가능한 의무일 것** : 공의무의 승계가 인정되기 위해서는 해당 의무가 성질상 다른 사람에게 승계될 수 있어야 하며, 일신전속적 성질의 의무는 다른 사람에게 승계될 수 없다.

판례에 의하면 영업정지처분에 따른 영업을 정지할 의무, 영업정지처분에 갈음하는 과징금부과처분에 따른 과징금납부의무, 산림을 불법으로 형질변경한 자에 대한 원상회복명령에 따른 원상복구의무 등은 다른 사람에게 승계가 가능한 의무에 해당한다고 한다.[38] 그러나 건축법상의 이행강제금부과처분에 따른 이행강제금납부의무는 일신전속적 의무의 성질을 가진다고 한다.[39]

> **판례** ① 『석유판매업자가 석유사업법 제26조의 유사석유제품 판매금지를 위반함으로써 같은 법 제13조 제3항 제6호, 제1항 제11호에 따라 받게 되는 **사업정지 등의 제재처분**은 사업자 개인의 자격에 대한 제재가 아니라 사업의 전부나 일부에 대한 것으로서 대물적 처분의 성격을 갖고 있으므로, 위와 같은 지위승계에는 종전 석유판매업자가 유사석유제품을 판매함으로써 받게 되는 사업정지 등 제재처분의 승계가 포함되어 그 지위를 승계한 자에 대하여 사업정지 등의 제재처분을 취할 수 있다고 보아야 하고, 같은 법 제14조 제1항 소정의 **과징금**은 해당 사업자에게 경제적 부담을 주어 행정상의 제재 및 감독의 효과를 달성함과 동시에 그 사업자와 거래관계에 있는 일반 국민의 불편을 해소시켜 준다는 취지에서 사업

---

38) 대판 2003. 10. 23, 2003두8005; 대판 2005. 8. 19, 2003두9817.
39) 대결 2006. 12. 8, 2006마470.

정지처분에 갈음하여 부과되는 것일 뿐이므로, 지위승계의 효과에 있어서 과징금부과처분을 사업정지처분과 달리 볼 이유가 없다.』(대판 2003. 10. 23. 2003두8005)

② 『산림법 제90조 제11항, 제12항이 산림의 형질변경허가를 받지 아니하고 산림을 형질변경한 자에 대하여 원상회복에 필요한 조치를 명할 수 있고, 원상회복명령을 받은 자가 이를 이행하지 아니한 때에는 행정대집행법을 준용하여 원상회복을 할 수 있도록 규정하고 있는 점에 비추어, **원상회복명령에 따른 복구의무**는 타인이 대신하여 행할 수 있는 의무로서 일신전속적인 성질을 가진 것으로 보기 어려운 점, 법 제4조가 법에 의하여 행한 처분·신청·신고 기타의 행위는 토지소유자 및 점유자의 승계인 등에 대하여도 그 효력이 있다고 규정하고 있는 것은 산림의 보호·육성을 통하여 국토의 보전 등을 도모하려는 법의 목적을 감안하여 법에 의한 처분 등으로 인한 권리와 아울러 그 의무까지 승계시키려는 취지인 점 등에 비추어 보면, 산림을 무단형질변경한 자가 사망한 경우 당해 토지의 소유권 또는 점유권을 승계한 상속인은 그 복구의무를 부담한다고 봄이 상당하고, 따라서 관할 행정청은 그 상속인에 대하여 복구명령을 할 수 있다고 보아야 할 것이다.』(대판 2005. 8. 19. 2003두9817)

③ 『건축법상의 이행강제금은 건축법의 위반행위에 대하여 시정명령을 받은 후 시정기간 내에 당해 시정명령을 이행하지 아니한 건축주 등에 대하여 부과되는 간접강제의 일종으로서 그 **이행강제금 납부 의무**는 상속인 기타의 사람에게 승계될 수 없는 일신전속적인 성질의 것이므로 이미 사망한 사람에게 이행강제금을 부과하는 내용의 처분이나 결정은 당연무효이고, 이행강제금을 부과받은 사람의 이의에 의하여 비송사건절차법에 의한 재판절차가 개시된 후에 그 이의한 사람이 사망한 때에는 사건 자체가 목적을 잃고 절차가 종료한다.』(대결 2006. 12. 8. 2006마470)

② 승계를 인정하는 법령의 규정 : 공의무를 다른 사람에게 승계시키는 것은 승계받는 사람에게 침익적인 것이기 때문에 법률유보의 원칙에 따라 승계에 관한 법적 근거가 있어야 한다.

공의무의 승계에 관한 법률 규정형식은 크게 두 가지로 나눌 수 있다. 하나는 영업양도나 상속·회사합병시에 양수인·상속인·합병회사가 종전 영업자의 지위를 승계한다는 일반적인 규정을 두는 방식이고, 다른 하나는 구체적인 공의무의 승계에 관해 별도의 규정을 두는 방식이다.

먼저, 지위승계에 관해 규정한 일반법적 규정으로는 행정절차법 제10조를 들 수 있다.[40] 개별 법률에서도 영업양도 등에 따른 지위승계에 관한 규정을 두고 있는 경우가 많은데, 식품위생법 제39조, 공중위생관리법 제3조의2, 「석유 및 석유대체연료 사업법」(이하에서 '석유사업법'이라 한다) 제7조가 그 대표적 예이다.[41]

다음으로, 개별 법률에는 일반적인 지위승계에 관한 규정 외에 구체적인 공의무(특히 제재처분의 효과)의 승계에 관한 별도의 규정을 두는 경우가 점차 늘어나고 있는데, 식품위생법 제78조, 공중위생관리법 제11조의3, 석유사업법 제8조가 그에 해당한다. 예컨대 석유사업법 제7조는 석유정

---

40) 행정절차법 제10조 제1항은 '지위의 승계'라는 제목하에 「당사자등이 사망하였을 때의 상속인과 다른 법령등에 따라 당사자등의 권리 또는 이익을 승계한 자는 당사자등의 지위를 승계한다」고 규정하고 있는데, 여기에서 '다른 법령등에 따라 당사자등의 권리 또는 이익을 승계한 자'의 대표적 예가 영업양도에 따른 양수인이라 할 수 있다. 그리고 행정절차법 제10조 제2항은 법인이 합병하였을 때 합병후 존속하는 법인이나 합병에 의해 새로 설립된 법인이 종전 법인의 지위를 승계한다고 규정하고 있다.

41) 식품위생법 제39조(영업 승계) ① 영업자가 영업을 양도하거나 사망한 경우 또는 법인이 합병한 경우에는 그 양수인·상속인 또는 합병 후 존속하는 법인이나 합병에 따라 설립되는 법인은 그 영업자의 지위를 승계한다.

제업자가 사업을 양도·사망·합병한 경우에는 양수인·상속인·합병법인이 종전 석유정제업자의 지위를 승계한다고 규정하고 있고(일반적인 지위승계 규정), 제8조는 제7조에 따른 지위승계가 있는 경우에 종전 석유정제업자에 대한 사업정지처분이나 과징금부과처분의 효과가 새로운 석유정제업자에게 승계된다고 규정하고 있다(제재처분의 효과의 승계 규정).[42]

〈석유 및 석유대체연료사업법〉

　제7조 (석유정제업자의 지위 승계) ① 다음 각 호의 어느 하나에 해당하는 자는 석유정제업자의 지위를 승계한다.
　　1. 석유정제업자가 그 사업의 전부를 양도한 경우 그 양수인
　　2. 석유정제업자가 사망한 경우 그 상속인
　　3. 법인인 석유정제업자가 합병한 경우 합병 후 존속하는 법인이나 합병으로 설립되는 법인
　제8조 (처분 효과의 승계) 제7조에 따라 석유정제업자의 지위가 승계되면 종전의 석유정제업자에 대한 제13조 제1항에 따른 사업정지처분(제14조에 따라 사업정지를 갈음하여 부과하는 과징금부과처분을 포함한다)의 효과는 새로운 석유정제업자에게 승계되며, 처분의 절차가 진행 중일 때에는 새로운 석유정제업자에 대하여 그 절차를 계속 진행할 수 있다. 다만, 새로운 석유정제업자(상속으로 승계받은 자는 제외한다)가 석유정제업을 승계할 때에 그 처분이나 위반의 사실을 알지 못하였음을 증명하는 경우에는 그러하지 아니하다.

　개별 법률에서 '제재처분의 효과의 승계'를 분명히 규정하고 있는 경우에는 영업양도 등이 있으면 제재처분의 효과도 양수인 등에게 승계된다는 데에는 별 문제가 없다. 그런데 단지 영업양도 등에 따른 일반적인 지위승계에 관해서만 규정할 뿐 제재처분의 효과의 승계에 관해서는 아무런 규정을 두고 있지 않는 경우에도 일반적 지위승계 규정에 근거해서 제재처분의 효과의 승계를 인정할 수 있는지가 문제된다. 일설에 의하면 지위승계에는 공권과 공의무의 승계가 모두 포함되므로 일반적인 지위승계 규정에 의해서도 제재처분의 효과의 승계가 인정될 수 있다고 본다.[43] 이에 대해 다른 견해는, 공의무의 승계와 같은 침익적 작용은 엄격한 법적 근거를 필요로 하기 때문에 단순히 일반적인 지위승계 규정에 의해서는 제재처분의 효과의 승계가 인정될 수 없고 개별 법률의 명시적인 규정이 있어야 한다고 한다.[44]

　판례는 「지위승계에는 종전 석유판매업자가 유사석유제품(부정휘발유)을 판매함으로써 받게 되는 사업정지 등 제재처분의 승계가 포함된다」고 함으로써, 일반적인 지위승계 규정에 근거한 제재처분의 효과의 승계를 인정하고 있다.[45]

　생각건대, 제재처분의 효과의 승계는 침익적 효과를 가져 오므로 법률유보원칙에 비추어 볼 때

---

42) 식품위생법과 공중위생관리법도 유사한 규정을 두고 있다.
43) 임병수, 영업양도 등에 따른 허가 등 효과의 승계에 관한 기준 연구, 법제연구총서(법제처) 제5집, 2000, 291면.
44) 김연태, 공법상 지위승계와 제재사유 승계에 관한 판례의 분석·비판적 고찰, 고려법학 제95호, 2019. 12, 25면; 이승민, 제재처분 승계에 관한 일고, 성균관법학 35권 1호, 2023. 3, 267면.
45) 대판 2003. 10. 23, 2003두8005. 구 석유사업법(2004년 전면 개정되기 전)은 영업양도 등에 따른 일반적인 지위승계에 관해서만 규정하고(7조) 제재처분의 효과의 승계에 관해서는 아무런 규정을 두고 있지 않았는데, 이때 종전 영업자에 대한 제재처분(영업정지처분이나 과징금부과처분)이 양수인에게 승계될 수 있는지 나아가 종전 영업자에 발생한 제재사유를 이유로 양수인에게 제재처분을 내릴 수 있는지가 문제된 사안이다.

법률에 별도의 근거가 있어야 할 것이다. 식품위생법·석유사업법 등이 일반적인 지위승계규정과는 별도로 제재처분의 효과의 승계규정을 둔 것은 그러한 이유 때문으로 보인다.

(3) 제재사유의 승계

① 의의 : 제재사유의 승계란 종전 영업자의 법령위반행위로 인해 제재사유가 발생한 후 그에 대한 제재처분이 내려지기 전에 영업양도, 영업자 사망, 회사합병 등이 있는 경우에 종전 영업자에게 발생한 제재사유를 이유로 양수인, 상속인, 합병회사 등에게 제재처분을 내릴 수 있는지의 문제이다. 이는 제재사유가 발생한 후 아직 제재처분으로 인한 구체적 공의무가 발생하기 전에 영업양도 등이 이루어진 경우의 법률관계인 점에서, 이미 제재처분이 내려져서 영업자에게 구체적인 공의무가 발생한 후에 영업양도 등이 이루어진 경우의 법률관계인 '제재처분의 효과의 승계'와 차이가 있다.

② **제재사유의 승계가능성에 관한 학설** : 제재사유가 타인에게 승계 가능한지에 대해서는 다툼이 있다. 일설에 의하면, 제재사유가 있는 것만으로는 아직 상대방에게 구체적인 의무가 발생한 것이 아니기 때문에 제재사유는 공의무의 승계의 대상이 되지 못한다고 한다.[46] 이에 대해 다른 견해는, 제재사유가 설비 등 물적 사정에 관련된 경우에는 승계가 가능하지만 영업자의 자격상실이나 부정영업 등 인적 사정과 관련된 경우에는 승계되지 않는다고 한다.[47]

생각건대, 제재사유의 대부분은 일신전속적 성격이 강하기 때문에(예: 청소년에게 주류제공, 위해식품 판매, 유사석유제품 판매 등) 책임주의의 관점에서는 이를 타인에게 승계시키지 않아야 할 것이지만, 법령위반행위에 대한 제재의 실효성을 확보(즉, 제재를 피하기 위해 영업양도를 악용하는 것을 방지)하기 위해서는 제재사유의 승계를 인정할 필요가 있다. 이러한 점을 고려해 본다면, 제재사유의 승계는 양도인의 법령위반행위를 알았거나 중대한 과실로 알지 못한 양수인에게만 인정하는 것이 바람직하며(다만 상속이나 회사합병과 같은 포괄승계의 경우에는 제재사유의 승계 인정), 또한 명시적인 법률의 근거를 요한다고 할 것이다.

③ **법률의 근거** : 제재사유를 양도인 등에게 승계시키기 위해서는 법률유보원칙에 의해 그에 관한 법률의 근거가 있어야 한다. 개별 법률에는 제재처분의 효과의 승계뿐만 아니라 제재사유의 승계에 관해서도 명문의 규정을 두고 있는 경우가 있다. 예컨대 석유사업법 제8조는 「제7조에 따라 석유정제업자의 지위가 승계되면 종전의 석유정제업자에 대한 사업정지처분(사업정지를 갈음한 과징금부과처분을 포함)의 효과는 새로운 석유정제업자에게 승계되며, 처분의 절차가 진행 중일 때에는 새로운 석유정제업자에 대하여 그 절차를 계속 진행할 수 있다」고 규정하고 있는데,[48] 여기에서 '처분의 절차가 진행 중일 때에는 새로운 석유정제업자에 대하여 그 절차를 계속 진행할 수 있다'는 것은 아직 제재처분이 내려지기 전단계이기 때문에 제재사유의 승계에 해당한다. 그런데 이 규정은 '제재처분의 절차가 개시되는 시점'이 언제인지가 불분명할 뿐만 아니라, 법령위반행위가

---

46) 김남진/김연태(I), 100면; 정희중/김광수, 80면.

47) 하명호, 68면.

48) 식품위생법 제78조, 공중위생관리법 제11조의3도 같은 취지의 규정을 두고 있다.

행해진 후 제재처분 절차가 개시되기 전까지는 이 규정에 포섭되지 않는 문제를 안고 있다.

법적 근거와 관련하여 더 문제가 되는 것은, 영업양도 등에 따른 일반적 지위승계규정만 두고 있을 뿐 제재사유의 승계에 관해서는 아무런 규정을 두고 있지 않는 경우에 일반적 지위승계규정에 근거해서 제재사유의 승계를 인정할 수 있는지 이다. 일설에 의하면, 대물적 행정행위의 경우 개별법에 제재사유의 승계에 관한 규정을 별도로 두고 있지 않더라도 양도인에게 발생한 제재사유를 이유로 양수인에게 제재처분을 할 수 있다고 한다.[49] 이에 대해 다른 견해는, 지위승계에는 제재사유의 승계가 당연히 포함된다고 볼 수 없으며, 법률유보원칙에 따라 별도로 법률에 명문의 규정이 있는 경우에만 제한적으로 허용되어야 한다고 한다.[50]

④ 판례 : 판례는 "지위승계 규정은 양도인이 해당 사업과 관련하여 관계 법령상 의무를 위반하여 제재사유가 발생한 후 사업을 양도하는 방법으로 제재처분을 면탈하는 것을 방지하는 데에도 그 입법목적이 있다"고 하면서,[51] 일반적인 지위승계규정에 근거하여 종전 영업자의 제재사유가 양수인 등에게 승계될 수 있다고 본다. 구체적 사안을 살펴보면, 석유판매업자 갑이 유사석유제품을 판매한 후 제재처분을 받기 전에 을이 해당 시설을 경락받아 석유판매업의 지위승계신고를 하자 행정청이 갑의 법령위반행위를 이유로 을에게 과징금을 부과한 사안에서, 「지위승계에는 종전 석유판매업자가 유사석유제품을 판매함으로써 받게 되는 사업정지 등 제재처분의 승계가 포함되어 그 지위를 승계한 자에 대하여 사업정지 등의 제재처분을 취할 수 있다」고 하였다.[52] 그러나 법률에서 '권리·의무를 승계한다'고 규정하고 있는 경우에는 제재사유의 승계를 부인한다.[53] 그 논거로는, 제재사유가 있더라도 제재처분이 행해지기 전까지는 승계의 대상이 되는 어떠한 의무가 있다고 할 수 없기 때문이라는 것을 든다(구체적인 내용은 아래 판례 ③ 참고).

한편, 최근의 판례는 '부정 수급된 유가보조금 반환명령 사건'에서 종전 영업자의 제재사유가 양수인에게 승계됨을 인정하면서도, 부정 수급된 유가보조금 반환명령은 '대인적 처분'이라고 하면서 양수인의 책임범위를 제한하고 있는 점에 유의할 필요가 있다(구체적 내용은 아래 판례 ⑤ 참고).[54]

참고	제재사유의 승계에 관한 판례의 입장

① 종전 사업자의 법령위반행위를 이유로 양수인 등에게 인허가취소·영업정지 등 제재처분을 내릴 수 있는지 여부

i) 개인택시운송사업면허를 받아 운송사업를 하던 사람이 개인택시운송사업면허의 취소사유에 해당하는 법령위반행위를 한 후 제재처분이 내려지기 전에 해당 운송사업을 타인에게 양도한 경우에, 양수인은 양

---

49) 이영동, 공중위생영업을 정지할 위법사유가 있는 경우 이를 이유로 그 양수인에 대하여 행정처분을 할 수 있는지 여부, 대법원판례해설, 2001년 상반기(통권 36호), 615면.
50) 김연태, 앞의 논문, 16면; 이승민, 앞의 논문, 267 – 268면.
51) 대판 2021. 7. 29, 2018두55968.
52) 대판 2003. 10. 23, 2003두8005. 사건 당시의 석유사업법은 영업양도 등에 따른 일반적 지위승계규정만을 두고 있었을 뿐, 제재처분의 효과나 제재사유의 승계에 관한 규정은 없었다(2004년 전부개정시에 신설).
53) 대판 2007. 11. 29, 2006두18928.
54) 대판 2021. 7. 29, 2018두55968.

도인의 지위를 승계하므로 양도인에 대한 개인택시운송사업면허 취소사유를 이유로 양수인에게 해당 면허를 취소할 수 있다.[55] (대판 1986. 1. 21, 85누685; 대판 1998. 6. 26, 96누18960; 대판 2008. 5. 15, 2007두26001; 대판 2010. 4. 8, 2009두17018; 대판 2010. 11. 11, 2009두14934)

ii) 요양기관이 법령위반행위를 한 후 제재처분이 내려지기 전에 폐업을 한 다음 종전 요양기관 개설자가 새로 요양기관을 개설한 경우에, 종전 요양기관의 법령위반행위를 이유로 새로 개설된 요양기관에 대해 제재처분을 내릴 수 있는지가 문제되었다. 이에 대해 판례는, 요양기관이 법령위반행위를 한 때에 요양기관에게 내리는 업무정지처분은 의료인 개인의 자격에 대한 제재가 아니라 요양기관의 업무에 대한 제재이므로, 법령위반행위를 한 요양기관이 폐업한 때에는 그 처분대상이 없어졌으므로 종전 요양기관의 개설자가 새로 개설한 요양기관에 대하여 업무정지처분을 할 수 없다고 하였다. (대판 2022. 1. 27, 2020두39365)

iii) 다음의 판례는 특별한 고찰을 요한다. 농어촌정비법에 따르면 관광농원은 농업인, 어업인 등 법이 정한 자에 한하여 개발할 수 있는데(83조 2항), 갑이 농업인의 명의를 빌려 불법으로 사업계획승인을 받은 다음(승인취소사유 발생) 사업시행자의 명의를 을로 변경하는 내용의 사업계획 변경승인을 받았는바, 행정청은 변경승인시에 을이 농업인 등에 해당하는지에 대해 새로이 심사를 하였다. 농어촌정비법에는 사업양도에 따른 지위승계에 관한 규정은 없는바, 이 경우 갑의 제재사유를 이유로 을에 대해 사업계획 변경승인을 취소할 수 있는지가 문제되었다. 이에 관해 판례는, 행정청이 사업계획 변경승인을 할 때 양수인이 농업인 등에 해당하는지 여부에 관해 새로운 심사를 거쳤다면, 농어촌정비법에 사업양도에 따른 지위승계에 관한 별도의 규정이 없는 이상, 종전 사업시행자가 농업인 등이 아님에도 부정한 방법으로 사업계획승인을 취득하였다는 이유만을 들어 변경된 사업시행자에 대한 사업계획 변경승인을 취소할 수는 없다고 하였다. (대판 2018. 4. 24, 2017두73310)

② 회사 합병의 경우

i) 건설업자인 갑회사가 을회사를 흡수 합병한 경우에, 을회사의 합병전 법령위반행위(불법으로 건설업면허 대여)를 이유로 갑회사에 대해 건설업면허를 취소한 것은 적법하다.[56] (대판 1994. 10. 25, 93누21231)

ii) 회사합병이 있는 경우에는 합병전 회사의 권리·의무는 사법상의 관계 혹은 공법상의 관계를 불문하고 그 성질상 이전이 허용되지 않는 것을 제외하고는 모두 합병후 존속회사에 승계되는 것으로 보아야 한다. 따라서 합병전 회사의 공정거래법 위반행위를 이유로 합병후 존속회사에 대해 공정거래법상의 시정명령을 한 것은 적법하다. (대판 2022. 5. 12, 2022두31433)

③ 회사 분할의 경우

중장비를 생산하는 갑회사는 중장비사업 중 기계사업 부문을 분할해서 을회사를 설립하였는바, 회사 분할전 갑회사의 기계사업 부문에 있어서의 담합행위를 이유로 을회사에게 과징금을 부과할 수 있는지가 문제되었다. 당시 「독점규제 및 공정거래에 관한 법률」에는 회사의 합병이 있는 경우에 합병전 회사의 위반행위를 이유로 합병후 회사에 과징금을 부과할 수 있다고 규정하고 있을 뿐(55조의3), 회사 분할의 경우에는 아무런 규정을 두고 있지 않았다. 한편, 「상법」은 회사가 분할된 경우에 신설회사와 존속회사는 분할계획서가 정하는 바에 따라 분할전 회사의 권리·의무를 승계한다고 규정하였다(530조의10). 이에 관해 판례는, 신설회사가 승계하는 것은 '권리와 의무'인데, 분할전 회사의 법령위반행위로 인한 과징금은 그것이 부과되기 전까지는 승계의 대상이 되는 어떠한 의무가 있다고 할 수 없으므로, 책임승계를 이유로 신설회사에 과징금을 부과하는 것은 허용되지 않는다고 하였다. (대판 2007. 11. 29, 2006두18928)

---

55) 당시 사동차운수사업법과 현행 여객자동차운수사업법은 사업양도에 따른 일반적 지위승계 규정만을 두고 있고 (28조 3항), 제재처분의 효과의 승계나 제재사유의 승계에 관한 규정은 두고 있지 않다(구 자동차운수사업법 28조 3항, 여객자동차운수사업법 14조 9항).

이러한 문제가 발생하자 2012년 공정거래법을 개정하여 회사 분할시에도 분할전 회사의 위반행위를 이유로 신설회사에 과징금을 부과할 수 있다는 명문의 규정을 두어 입법적으로 해결하였다. 아무튼 이 판례는, 법률에서 양수인 등이 양도인 등의 "권리·의무를 승계한다"고 규정하고 있는 경우에 제재처분이 내려지기 전까지는 승계대상이 되는 어떠한 의무도 존재하지 않으므로 제재사유는 승계되지 않는다고 본 점에서 특별한 의미를 갖는다.

④ 인허가를 받은 자가 법령위반행위를 한 후 해당 인허가가 상속되거나 양도된 경우에 상속인·양수인에게 원상회복명령을 내릴 수 있는지 여부

i) 산림법에 의해 채석허가를 받은 자가 불법으로 산림을 형질변경한 후 원상회복명령이 내려지기 전에 사망한 경우에 그 상속인에 대해 원상회복명령을 내린 것은 적법하다(대판 2005. 8. 19, 2003두9817, 9824).[57] 또한 국토계획법에 의해 개발행위허가를 받은 자가 사망한 경우에 그 상속인이 개발행위허가기간의 만료에 따른 원상회복명령의 수범자가 된다(대판 2014. 7. 24, 2013도10605).[58]

ii) 한편, 판례는 토지 양도의 경우에는 다른 입장을 취하고 있다. 즉, 개발행위허가를 받지 않고 불법으로 토지의 형질변경을 한 후 해당 토지를 양도한 경우에 양수인에게 원상회복명령을 내릴 수 있는지가 문제된 사안에서, 국토계획법은 '개발행위허가를 받지 않고 형질변경을 한 자'에 대해 원상회복명령을 할 수 있도록 하고 토지 양수인에게 그러한 조치를 취할 수 있는 명문의 규정이 없으므로, 불법 토지형질변경이 있은 후에 토지를 양수한 자에 대해서는 원상회복명령을 할 수 없다고 하였다(대판 2021. 11. 25, 2021두41686. 同旨: 대판 2007. 2. 23, 2006도6845).

⑤ 사업자가 부정수급한 보조금을 양수인에게 반환명령을 내릴 수 있는지 여부

최근의 판례는 양수인에게 부정수급된 보조금반환명령을 할 수 있는 책임범위를 제한하고 있다. 사건개요를 살펴보면, 화물자동차운송사업자 갑은 불법증차된 차량에 대해서 부정하게 유가보조금을 신청하여 수령하여 오다가 을에게 불법증차 차량을 포함한 화물자동차운송사업을 양도하였는바, 을은 그러한 사정을 알지 못하고 계속 유가보조금을 수령하였다. 그 후 불법증차 차량에 대해 부정하게 유가보조금을 지급받은 것이 적발되었는바, 이때 부정수급한 유가보조금에 대한 반환명령을 누구에게 내려야 하고, 책임의 범위는 어떠한지가 문제되었다.[59]

이에 대해 대구고등법원은, 화물자동차운송사업의 양도로 인해 지위승계가 있는 경우에는 '지위승계 전후로 발생한 부정수급된 유가보조금 전부'에 대해 '양수인'을 상대로 반환명령을 하여야 한다고 하였다(대구고판 2018. 7. 27, 2018누2101). 그러나 이에 대한 상고심에서 대법원은 다음과 같이 판시하였다. ㉠ 지위승계에는 '양도인의 의무위반행위에 따른 위법상태'의 승계도 포함하는 것으로 보아야 한다. 그러므로 불법증차를 한 운송사업자로부터 사업을 양수하여 그 지위를 승계한 경우에는 설령 양수인이 영업양도·양수 대상에 불법증차 차량이 포함되어 있는지를 구체적으로 알지 못하였다 하더라도 양수인은 불법증차 차량이라는 물적 자산과 그에 대한 운송사업자로서의 책임까지 포괄적으로 승계한다. 따라서 행정청은 **양수인의 선의·악의를 불문하고 양수인에 대하여 불법증차 차량에 관하여 지급된 유가보조금의 반환을 명할 수 있다.** ㉡ 다만 그에 따른 양수인의 책임범위는 '지위승계 후 발생한 유가보조금 부정수급액'에 한정되고, 지위승계 전에 발생한 유가보조금 부정수급액에 대해서까지 양수인을 상대로 반환명령을 할 수는

---

56) 당시 건설업법에 따르면 건설업이 양도되거나 건설업자인 법인이 다른 법인과 합병한 경우에 건설업면허는 양수인 또는 합병한 회사에 승계된다는 일반적 규정을 두고 있었다(13조 2항).

57) 당시 산림법에 따르면 산림을 불법 형질변경한 자에 대해서는 원상회복명령을 내릴 수 있으며(90조 11항, 12항), 산림법에 의해 행한 처분이나 그 밖의 행위는 산림의 승계인에 대해서도 효력이 있다고 규정하고 있었다(4조).

58) 당시 국토계획법에 따르면 개발행위허가를 받은 자가 사업기간 동안 개발행위를 완료하지 못하면 원상회복명령을 내릴 수 있으며(133조 1항 5의2호), 국토계획법에 따른 처분이나 그 밖의 행위는 토지나 건축물의 승계인에 대하여 효력을 가진다고 규정하고 있었다(135조 2항).

없다. 그 이유는, 유가보조금 반환명령은 '운송사업자 등'이 유가보조금을 지급받을 요건을 충족하지 못함에도 유가보조금을 청구하여 부정수급하는 행위를 처분사유로 하는 '**대인적 처분**'으로서, '운송사업자'가 불법증차 차량이라는 물적 자산을 보유하고 있음을 이유로 한 **운송사업 허가취소 등의 '대물적 제재처분'과는 구별**되고, 양수인은 영업양도·양수 전에 벌어진 양도인의 불법증차 차량에 대한 유가보조금 부정수급이라는 결과 발생에 어떠한 책임이 있다고 볼 수 없기 때문이다(대판 2021. 7. 29, 2018두55968).

(4) 선의의 양수인 보호

제재처분의 효과나 제재사유의 승계를 인정하는 경우에도 선의의 양수인을 보호할 필요가 있다. 양도인에 대한 제재처분이나 양도인의 법령위반사실을 전혀 알지 못하고 영업을 양수한 자에게 제재처분의 효과나 제재사유를 승계시키는 것은 너무 가혹하기 때문이다. 이러한 점에서 제재처분의 효과나 제재사유의 승계를 인정하고 있는 개별법에서는 선의의 양수인 보호를 위한 특별규정을 두는 것이 일반적인바, 「다만 새로운 석유정제업자(상속으로 승계받은 자는 제외한다)가 석유정제업을 승계할 때에 그 처분이나 위반의 사실을 알지 못하였음을 증명하는 경우에는 그러하지 아니하다」는 석유사업법 제8조 단서가 그 대표적 예이다.[60]

한편, 제재처분의 효과나 제재사유의 승계조항을 둔 취지는 제재적 처분을 면탈하기 위하여 영업자 지위승계제도(영업양도)가 악용되는 것을 방지하기 위한 것이므로, 영업양도의 경우에 양도인에 대한 제재처분의 효과는 양수인에게 승계되는 것이 원칙이고 다만 양수인이 그 선의를 증명한 경우에만 예외를 인정하여야 하며, 따라서 양수인의 선의를 인정함에 있어서는 신중하여야 한다는 것이 판례의 입장이다.[61]

제5절 특별권력관계

Ⅰ. 서

1. 의 의

종래 독일에 있어서는 행정법관계 중 권력관계를 일반권력관계와 특별권력관계로 나누었다. 일반권력관계란 국가의 일반적 존립목적을 위해 국가가 국민에 대해 공권력을 행사하는 법률관계를 말하며, 이는 국가와 국민 사이에 당연히 성립된다. 이러한 일반권력관계에서 국가는 국방·질서유지·복리증진 등 국가의 일반적 존립목적을 달성하기 위해 징병권·경찰권·과세권 등과 같은

---

59) 화물자동차운수사업법은 운송사업을 양수한 자는 양도인의 운송사업자로서의 지위를 승계한다는 규정을 두고 있다(16조 6항)

60) 식품위생법 제78조 단서와 공중위생관리법 제11조의3 제3항도 선의의 양수인 보호규정을 두고 있다.

61) 대판 2017. 9. 7, 2017두41085.

일반통치권을 행사하고 국민의 기본권을 제한할 수 있다. 그런데 일반권력관계에는 법치주의가 적용되기 때문에 국가가 국민의 기본권을 제한함에 있어서는 법률의 근거를 요하며, 만일 위법한 공권력의 행사로 권리를 침해당한 자는 사법심사를 통해 구제받을 수 있다.

이에 반해 특별권력관계란 교육·범죄인교화·전염병치료 등 특별한 행정목적을 달성하기 위해 특별권력의 주체(국공립학교·교도소·국공립병원 등)가 그 구성원(학생·수감자·입원자 등)에게 특별권력을 행사하는 법률관계를 말한다. 예컨대 교육 목적을 달성하기 위해 국공립학교가 학칙위반 학생에 대해 징계를 하거나, 범죄인 교화의 목적을 위해 교도소 당국이 수감자에 대해 서신검열을 하거나 민간인 접견을 제한하는 것이 그에 해당한다. 이러한 특별권력관계는 법률의 규정이나 상대방의 동의 등 특별한 법률원인에 의해 성립한다. 전통적 견해에 의하면 이러한 특별권력관계에는 일반권력관계에 적용되는 법치주의(특히 법률유보원칙)가 배제된다고 하였다. 따라서 특별권력관계에서 그 구성원의 기본권을 제한함에 있어서는 법률의 근거를 요하지 않으며, 특별권력관계 내부사항을 규율하는 규칙(학칙, 교도소내규, 국공립병원규칙 등)은 일반 국민에게는 효력을 미치지 않기 때문에 법규의 성질을 가지지 않으며, 또한 특별권력관계 내의 사항은 사법심사의 대상이 되지 않는다고 하였다.

2. 성립배경 및 논거

(1) 특별권력관계이론은 19세기 후반 입헌군주제하의 독일에서 군주에게 법으로부터 자유로운 영역(법의 간섭을 받지 않는 영역)을 확보해 주기 위한 어용이론으로 성립하였다. 즉, 군주와 시민계급의 타협의 산물인 입헌군주국가는 전제군주국가와는 달리 법치주의를 바탕으로 하지만, 여전히 전제군주제의 향수가 남아있어 가능하면 군주에게 법의 간섭을 받지 않는 영역을 확보해 주기 위한 목적으로 특별권력관계이론이 등장하였다.

(2) 특별권력관계이론은 '국가 내부에는 법이 침투할 수 없다'는 라반트(Laband)적 법개념을 이론적 기초로 하고 있으며, 오토 마이어에 의해 체계화되었다. 즉, 라반트·안쉬츠(Anschütz) 등 당시의 법학자들은 법이란 독립적인 권리주체 사이의 관계를 규율하는 것으로 보아, 각각 독립한 권리주체인 국가와 국민 사이에는 법이 적용될 수 있지만 하나의 권리주체인 국가 또는 영조물(학교·교도소·병원 등) 내부에는 법이 적용(침투)될 수 없다고 하였는바, 이를 불침투성이론이라 한다. 이와 같이 법이 침투할 수 없는 영역인 특별권력관계에는 당연히 법치주의가 적용될 수 없는 것이다.

3. 전통적 특별권력관계이론의 특질

전통적 특별권력관계이론은 다음과 같은 내용을 특질로 한다.

① 특별권력관계에는 법치주의(특히 법률유보원칙)가 적용되지 않는다.

② 특별권력관계에서는 법률의 근거 없이도 자체 내규에 의해 그 구성원의 기본권을 제한할 수 있다. 예컨대 학교나 교도소가 학생이나 수형자의 기본권을 제한함에 있어서는 법률의 근거가 없어도 학칙 또는 교도소내규에 의해 가능하다.[62]

③ 특별권력관계에서 발해지는 규칙(예 : 학칙, 교도소내규 등)은 특별권력관계 내부에서만 효력을 가질 뿐 일반 국민에 대해서는 구속력이 없기 때문에 법규의 성질을 가지지 못한다.

④ 특별권력관계 내의 사항은 사법심사의 대상이 되지 않는다. 예컨대 학교나 교도소에서 징계를 받은 학생이나 수형자는 사법심사를 통한 구제를 받을 수 없다.

4. 비판의 십자포화

입헌군주국가시대에 어용이론으로 성립한 독일의 전통적 특별권력관계이론은 제2차 세계대전 후 비판의 십자포화를 받아 사경을 헤매고 있다. 즉, 오늘날 민주적 법치국가에서는 법치주의가 적용되지 않는 영역은 존재하지 않으며, 따라서 특별권력관계에서도 그 구성원의 기본권을 제한하기 위해서는 법률의 근거가 필요하고 또한 특별권력관계에서 권리를 침해당한 자는 사법심사를 통한 구제를 받을 수 있다고 한다. 독일에 있어 전통적 특별권력관계이론은 독일 연방헌법재판소의 수형자판결에 의해 치명적인 타격을 받았다.[63] 이와 같이 전통적 특별권력관계이론은 오늘날 더 이상 유지될 수 없다는 데에는 의견이 일치하지만, 그렇다고 해서 특별권력관계이론이 완전히 종말을 고한 것인지에 대해서는 학설상 다툼이 있다.

한편, 전통적 의미의 특별권력관계이론은 더 이상 유지될 수 없기 때문에 특별권력관계라는 용어보다는 '특별행정법관계' 또는 '특별신분관계'라는 표현이 보다 적절하다고 지적하는 학자도 있다.[64]

참고   독일 연방헌법재판소의 수형자(受刑者)판결

독일에서 탄생된 특별권력관계이론은 1972년 연방헌법재판소의 판결에 의해 치명적인 타격을 받았는데, 사건의 개요는 다음과 같다. 어느 수형자가 교도소장과 직원을 비난하는 내용의 편지를 발송하고자 하였으나 교도소내규에 근거한 검열에 의해 압수되었다. 수형자는 법률의 근거없이 기본권(통신의 자유 등)을 침해당했다는 이유로 관할 행정법원에 소송을 제기하였으나 교도소의 조치는 적법하다는 판결을 받았다. 이에 헌법소원을 제기하였는바, 연방헌법재판소는 헌법상의 기본권은 수형관계에서도 타당하며 따라서 법률에 근거하지 않고는 수형자의 기본권을 제한할 수 없다고 판시하였다.

이 판결을 보는 시각은 두 가지로 나뉘고 있다. 즉, 한편에서는 이 판결을 계기로 특별권력관계이론은 사망하였다는 비판이 있는 반면, 다른 한편에서는 그렇다고 해서 특별권력관계가 전적으로 부인되는 것은 아니라고 하고 있다. 후자에 의하면, 기본권과 특별권력관계는 다 같이 헌법이 인정 또는 전제하는 제도로서 양자가 실천적으로 조화를 이루는 것이 중요하며, 그러기 위해서는 특별권력관계에도 법률유보원칙(법률에 근거한 기본권제한)이 적용되는 것은 당연하나, 법률에 의한 지나치게 엄격한 기속은 회피되어야 할 것이라고 한다. 어떻든 간에 위 판결에 의하여 특별권력관계에서는 법률의 근거 없이도 기본권을 제한할 수 있다는 전통적 특별권력관계이론이 치명적인 타격을 받은 것은 부인할 수 없다.

---

62) 특히 임의적으로 성립된 특별권력관계(예 : 학생, 공무원 등)에서의 기본권제한을 합리화하기 위한 이론으로 '기본권포기이론'이 등장하였다. 기본권포기이론이란 자유로운 의사에 의해 특별권력관계에 속한 자는 자신에 대한 기본권제한을 용인하는 것이라는 이론으로서, '동의는 권리의 침해를 조각한다'는 법리를 기초로 하는 것이다.

63) BVerfGE 33. 1.

64) 박균성 교수와 홍정선 교수는 특별행정법관계라 하고, 김남진/김연태 교수는 특별신분관계라 한다.

Ⅱ. 특별권력관계의 성립원인

1. 법률의 규정

법률의 규정에 의하여 일방적으로 특별권력관계가 성립하는 경우가 있다. 예컨대 수형자의 교도소 수감(형의 집행 및 수용자의 처우에 관한 법률 11조 이하), 병역의무자의 입영(병역법 16조), 법정감염병환자의 강제입원(감염병의 예방 및 관리에 관한 법률 41조) 등이 그에 해당한다.

2. 상대방의 동의

특별권력관계는 상대방의 동의에 의해서도 성립하는데, 이는 다시 그 동의가 자유로운 의사에 의한 것(예 : 공무원 임용, 국공립학교에의 입학, 국공립도서관의 이용 등)과 동의가 법률에 의하여 강제되어 있는 것(예 : 학령아동의 초등학교 입학)으로 나눌 수 있다.[65]

Ⅲ. 특별권력관계의 종류

특별권력관계는 ① 공법상의 근무관계(공무원의 근무관계, 군인의 복무관계 등), ② 공법상의 영조물이용관계(국공립학교학생의 재학관계, 법정감염병환자의 국공립병원에의 강제입원관계, 수형자의 교도소 수감관계, 국공립도서관의 이용관계 등), ③ 공법상의 특별감독관계(공공단체·특허기업자·공무수탁사인 등이 국가의 특별한 감독을 받는 관계), ④ 공법상의 사단관계(공공조합과 그 조합원의 관계)로 구분할 수 있다.

Ⅳ. 특별권력관계에서의 권력

1. 명령권

특별권력의 주체는 그 구성원에 대하여 특별권력관계의 목적달성에 필요한 명령을 발할 수 있다. 명령의 발동형식은 일반적·추상적 형식을 취하는 경우(예 : 공무원복무규정·학칙)와 개별적·구체적 형식을 취하는 경우(예 : 공무원에 대한 상급자의 직무명령, 교도소 수감자에 대한 접견금지조치)로 구별된다. 특별권력관계에서 일반적·추상적 형식으로 발해진 명령이 법규의 성질을 가지는지에 대해서 다툼이 있는데, 이에 관해서는 행정입법에서 살펴보기로 한다.

---

65) 취학아동의 보호자는 취학연령에 이른 아동을 초등학교에 입학시켜 중학교를 졸업할 때까지 다니게 하여야 할 의무를 지며(초중등교육법 13조), 취학의무의 이행을 독려받고도 취학의무를 이행하지 않은 자에 대해서는 100만원 이하의 과태료를 부과한다(동법 68조 1항).

2. 징계권

특별권력의 주체는 특별권력관계의 내부질서를 유지하기 위하여 의무위반자에 대해 징계권을 행사할 수 있다. 징계는 특별권력관계 내부에서의 의무위반자에 대해 과해지는 벌인 점에서, 일반권력관계에서의 의무위반자에 대해 과해지는 벌인 형벌과 구별된다.

징계권은 특별권력관계의 질서를 유지하기 위해 필요한 한도 내에서 행사되어야 하며, 특히 특별권력관계의 성립이 상대방의 동의에 의한 경우의 징계의 최고한도는 상대방을 특별권력관계로부터 배제하고 그 이익을 박탈하는 데 그쳐야 한다. 예컨대 국공립학교에서 의무를 위반한 학생에 대한 징계의 최고한도는 퇴학처분이며, 학생을 구금하는 등의 징계는 허용되지 않는다.

V. 특별권력관계에 관한 학설

종래의 전통적 특별권력관계이론은 제2차 세계대전 후 관헌국가적 유물이라는 비판의 십자포화를 받아 많은 수정을 받게 되었으며, 나아가 특별권력관계 자체를 부인하는 견해까지 대두되었다.

1. 긍정설(절대적 구별설)

특별권력관계와 일반권력관계는 그 성립원인과 지배권의 성질 등에 있어 본질적인 차이가 있으며, 따라서 일반권력관계에 적용되는 법치주의는 특별권력관계에는 적용되지 않는다는 견해이다. 이는 특별권력관계이론이 대두된 초기의 이론으로서, 오늘날 이러한 견해에 동조하는 학자는 없다.

2. 제한적 긍정설(상대적 구별설)

이는 특별권력관계에도 법치주의가 적용되어야 하는 점에서는 일반권력관계와 본질적인 차이가 없다고 하면서도, 특별권력관계에서는 특별한 행정목적의 달성에 필요한 범위 내에서 '법치주의가 완화되어 적용'될 수 있음을 인정하는 견해이다. 즉, 특별권력관계는 그 목적이나 기능에 있어 일반권력관계에 비해 특수성이 인정되므로 법이 특별권력의 주체에게 보다 폭넓은 재량권을 부여하는 경우가 많고 그러한 한도에서 사법심사도 제한을 받는다고 한다.

3. 부정설

(1) 일반적·형식적 부정설

실질적 법치주의가 지배하고 있는 현대국가에 있어서는 모든 공권력의 발동에는 법률의 근거를 필요로 하므로 법치주의가 배제 내지 제한되는 의미의 특별권력관계는 인정될 수 없다는 견해이다. 이는 특별권력관계를 전면적으로 부인하고 모두 일반권력관계로 보는 점에 특색이 있다.

(2) 개별적 · 실질적 부정설

종래 특별권력관계로 보아 온 법률관계가 모두 권력관계, 즉 공권력행사라는 데 의문을 제기하고, 그 법률관계의 내용을 개별적으로 검토하여 일반권력관계 또는 관리관계로 분해·귀속시켜야 한다는 견해이다. 즉, 종래 특별권력관계로 취급되어 온 것 중에서 국공립학교에의 재학관계나 국공립도서관의 이용관계 등은 비권력관계로서 관리관계로 보며, 수형자의 교도소 수용관계 등과 같이 권력적 요소가 강한 것은 일반권력관계로 보는 것이 타당하다고 한다.

VI. 특별권력관계와 법치주의

1. 기본권 제한

(1) 기본권 제한과 한계

전통적 이론에 의하면 특별권력관계는 법치주의의 적용을 받지 않으므로 법률의 근거가 없는 경우에도 내규에 의하여 구성원의 기본권을 제한할 수 있다고 하였다. 그러나 오늘날에는 특별권력관계도 본질적으로 일반권력관계와 구별되는 것이 아닌 점에서 구성원의 기본권을 제한하기 위해서는 헌법 제37조 제2항에 따라 법률의 근거를 필요로 하고 또한 그 본질적 내용을 침해할 수 없다고 본다. 다만, 특별권력관계는 특별한 행정목적을 달성하기 위한 특수하고 전문적인 영역이므로, 기본권 침해에 관한 근거 법률은 하위 명령에 다소 개괄적으로 위임할 수 있으며, 특별권력의 주체에게 넓은 재량권을 부여하는 것도 허용된다고 본다.

(2) 판례의 입장

① 헌법재판소는 수형자에 대한 기본권 제한에 관한 일반론으로 「헌법 제37조 제2항에 따라 법률에 의하여야 하며 기본권의 제한이 필요한 경우에도 그 본질적 내용을 침해하거나 과잉금지의 원칙에 위배되어서는 안 된다」고 하였다. 그리고 금치 수형자에 대해 금치기간 중 접견·서신 수발을 금지하는 것은 수용시설 내의 안전과 질서유지라는 목적을 위하여 필요 최소한의 제한이라 할 수 있지만, 금치기간 중 운동을 절대적으로 금지하는 것은 필요 최소한도의 범위를 넘어선 것으로서 헌법 제10조의 인간의 존엄과 가치 및 제12조의 신체의 자유를 침해하는 것이라고 하였다.[66]

② 신병교육훈련을 받고 있는 군인에 대한 공중전화 사용을 금지하고 있는 육군신병교육지침의 규정이 법률유보의 원칙이나 포괄위임금지의 원칙에 위배되는지, 그리고 신병훈련기간 중 공중전화 사용을 금지하는 것이 훈련병의 통신의 자유를 과도하게 제한하는 것인지가 문제된 사안에서 헌법재판소는 다음과 같이 판시하였다.[67] i) 신병교육훈련 중인 군인에 대한 공중전화 사용을

---

66) 헌재 2004. 12. 16, 2002헌마478.
67) 헌재 2010. 10. 28, 2007헌마890.

금지하고 있는 육군신병교육지침은 군인사법 제47조의2의 위임과 군인복무규율 제29조 제2항의 재위임 및 국방교육훈련규정 제9조 제1호의 위임에 따라 제정된 것으로서 법률에 근거한 규율이라고 할 것이므로 법률유보의 원칙에 위반되지 않는다. ii) 군인의 복무 및 군인훈련은 일반사회생활과는 현저하게 다른 특수하고 전문적인 영역이어서 군사전문가인 지휘관에게 포괄적으로 일임할 필요가 있으며, 군대에 대한 통수와 지휘는 예측할 수 없는 다양한 상황에 대하여 신속하고 전문적·효과적으로 이루어져야 하므로, 군인사법 제47조의2가 군인의 복무에 관한 사항에 대한 규율권한을 대통령령에 위임하면서 다소 개괄적으로 위임하였다 하더라도 헌법 제75조의 포괄위임금지원칙에 어긋난다고 보기 어렵다.[68] iii) 신병교육훈련 중인 군인에게 공중전화 사용을 금지하는 것은 신병들을 군인으로 육성하고 교육훈련과 병영생활에 조속히 적응시키기 위한 것으로서, 신병훈련기간이 5주로 상대적으로 단기의 기간이라는 점, 긴급한 전화통화의 경우는 지휘관의 통제아래 허용될 수 있다는 점, 신병들이 부모 및 가족에 대한 편지를 작성하여 우편으로 송부하도록 하고 있는 점 등을 종합하여 고려해 보면, 이는 신병교육훈련 중인 군인들의 통신의 자유 등 기본권을 필요한 정도를 넘어 과도하게 제한하는 것이라고 보기 어렵다.

③ 육군3사관학교학칙 및 사관생도행정예규에서 사관생도에 대해 음주를 금지하고 이를 2회 위반하면 퇴학조치하도록 규정한 것이 사관생도의 기본권을 과도하게 제한하는 것인지가 문제된 사안에서 대법원은 다음과 같이 판시하였다.[69] i) 사관생도는 군 장교를 배출하기 위한 특수교육기관인 육군3사관학교의 구성원으로서, 학교에 입학한 날에 준사관에 준하는 대우를 받는 특수한 신분관계에 있다. 따라서 그 존립목적을 달성하기 위하여 필요한 한도 내에서 일반 국민보다 상대적으로 기본권이 더 제한될 수 있으나, 그러한 경우에도 법률유보원칙, 과잉금지원칙 등 기본권 제한의 헌법상 원칙들을 지켜야 한다. ii) 사관학교의 설치목적과 교육목표를 달성하기 위하여 사관학교는 사관생도에게 교내 음주행위, 교육·훈련 및 공무수행 중의 음주행위, 사적 활동이더라도 신분을 나타내는 생도 복장을 착용한 상태에서 음주하는 행위 등을 금지하거나 제한할 필요가 있으나, 여기에 그치지 않고 나아가 사관생도의 모든 사적 생활에서까지 예외 없이 금주의무를 이행할 것을 요구하는 것은 사관생도의 일반적 행동자유권은 물론 사생활의 비밀과 자유를 지나치게 제한하는 것이고, 또한 사관생도의 음주가 교육 및 훈련 중에 이루어졌는지 여부나 음주량, 음주장소, 음주행위에 이르게 된 경위 등을 묻지 않고 일률적으로 2회 위반시 원칙으로 퇴학조치하도록 정한 것은 사관생도의 기본권을 지나치게 침해하는 것이므로, 위 금주조항은 사관생도의 일반적 행동자유권, 사생활의 비밀과 자유 등 기본권을 과도하게 제한하는 것으로서 무효이며, 위 금주조항을 적용하여 내린 퇴학처분도 위법하다.

---

68) 종래 군인사법 제47조의2는 "군인의 복무에 관하여 이 법에 규정한 것을 제외하고는 따로 대통령령으로 정하는 바에 따른다"고 하여 '군인의 복무'에 관한 사항을 다소 포괄적으로 대통령령에 위임하고 있었다. 한편, 2015년 12월 「군인의 지위 및 복무에 관한 기본법」이 제정되면서 종전 군인사법 제47조의2의 규정은 신법(기본법) 제50조로 대체되었다.

69) 대판 2018. 8. 30, 2016두60591.

2. 사법심사

전통적 견해에 의하면 특별권력관계는 법으로부터 자유로운 영역이므로 특별권력관계에서의 행위는 사법심사의 대상이 되지 않는다고 보았으나, 오늘날 이 이론은 비판의 십자포화를 받아 더 이상 유지될 수 없게 되었다. 과도적으로는 특별권력관계에서의 행위에 대해서 제한적으로 사법심사의 대상이 될 수 있다고 보는 견해도 있었으나, 오늘날에는 특별권력관계에서의 행위는 제한 없이 사법심사의 대상이 된다고 보는 견해가 지배적인바, 이하에서 학설을 검토하기로 한다.

(1) 제한적 긍정설

특별권력관계에서의 행위도 부분적으로는 사법심사의 대상이 될 수 있다는 대표적 견해로는 바호프(Bachof) 교수와 울레(Ule) 교수를 들 수 있다.

① **바호프 교수의 견해** : 바호프 교수는 특별권력관계(특히 공무원근무관계)를 내부관계와 외부관계로 나누어, 내부관계에서의 행위는 사법심사의 대상이 되지 못하지만 외부관계에서의 행위는 사법심사의 대상이 될 수 있다고 하였다. 즉, 공무원근무관계에 있어 공무원이 행정조직의 일원으로서 행정주체와 관계를 맺고 있는 경우에는 내부관계에 해당하지만, 공무원이 고유한 인격주체로서 행정주체와 관계를 맺고 있는 경우에는 외부관계에 해당한다고 한다. 그러나 이에 대해서는, 공무원근무관계를 행정조직의 일원의 지위에서 하는 것과 고유한 인격주체의 지위에서 하는 것으로 구별하는 것은 불가능하며, 또한 공무원이 행정조직의 일원의 지위에서 행정주체와 법률관계를 맺는 경우에도 공무원의 독립한 인격주체성이 부인되는 것은 아니라는 등의 비판이 가해졌다.

② **울레 교수의 견해** : 울레 교수는 특별권력관계를 기본관계(Grundverhältnis)와 업무수행관계(경영수행관계 : Betriebsverhältnis)로 나누어, 기본관계에서의 행위는 외부적 효력을 갖기 때문에 행정행위성이 인정되어 사법심사의 대상이 되지만, 업무수행관계에서의 행위는 단지 내부적 효력만을 갖기 때문에 사법심사의 대상이 되지 않는다고 하였다. 여기에서 기본관계란 공무원의 임명·승진·해임, 군인의 입대·제대, 국공립학생의 입학·정학·제적, 교도소에의 입소·퇴소 등과 같은 특별권력관계의 성립·변경·종료에 관한 법률관계를 말하고, 업무수행관계란 공무원에 대한 직무명령, 군인에 대한 훈련, 학생에 대한 수업·과제물부과·성적평가 등과 같이 특별권력관계 내부에서의 업무수행과 관련된 법률관계를 말한다고 한다. 나아가 울레 교수는 업무수행관계 중에서도 '군복무관계'와 '폐쇄적 영조물관계'(예 : 교도소재소관계, 법정전염병환자의 강제격리관계)에서의 행위도 사법심사의 대상이 되어야 한다고 하였다.[70]

이러한 울레 교수의 견해는 학설 및 판례에 많은 영향을 주었지만, i) 기본관계와 업무수행관계의 구별에 대한 명확한 기준이 없는 점, ii) 사법심사의 문제를 항고소송에만 국한시키고 있는 점 등에서 비판을 받았다.

---

[70] 이에 반해 '공무원근무관계'나 '개방적 영조물관계'(예 : 학교·도서관 이용관계)에서의 업무수행관계는 사법심사의 대상이 되지 않는다고 한다.

(2) 전면적 긍정설

실질적 법치국가에서는 특별권력관계에서의 행위도 모두 사법심사의 대상이 될 수 있다고 하며, 이것이 오늘날의 지배적인 견해이다. 물론 특별권력에 대해 전면적 사법심사를 인정한다 해서 아무런 제한 없이 사법심사가 허용되는 것이 아니다. 즉, 행정소송의 일반론에 따라 특별권력관계에서의 행위로 인하여 법률상 이익을 침해 당한 자에 한해서 원고적격이 인정되며, 또한 특별권력의 주체에게 광범한 재량권이 부여됨으로써 그 한도에서 사법심사가 제한되는 것은 별개의 문제라 할 것이다.

(3) 판례의 입장

우리의 판례도 특별권력관계에서의 행위라 할지라도 위법한 권한의 발동으로 권리를 침해당한 자는 행정소송을 통해 구제받을 수 있음을 인정하고 있다.

① 구청장이 동장을 면직처분한 것, 농지개량조합이 그 직원에 대해 징계처분을 한 것, 국립대학이 학생에 대해 퇴학처분을 한 것 등은 특별권력관계에서의 행위로서, 이는 행정소송의 대상이 된다고 하였다.[71]

② 이에 반해 서울특별시지하철공사의 임직원 근무관계의 성질은 공법상의 특별권력관계가 아니라 사법관계에 속하기 때문에 소속 직원에 대한 징계는 행정소송이 아니라 민사소송의 대상이 된다고 하였다.[72]

> **판례** ① 『동장과 구청장의 관계는 이른바 행정상의 특별권력관계에 해당되며, 이러한 특별권력관계에 있어서도 위법·부당한 특별권력의 발동으로 말미암아 권리를 침해당한 자는 행정소송법 제1조의 규정에 따라 그 위법 또는 부당한 처분의 취소를 구할 수 있다고 보는 것이 상당하다.』 (대판 1982. 7. 27, 80누86)
>
> ② 『농지개량조합과 그 직원과의 관계는 사법상의 근로계약관계가 아닌 공법상의 특별권력관계이고, 그 조합의 직원에 대한 징계처분의 취소를 구하는 소송은 행정소송사항에 속한다.』 (대판 1995. 6. 9, 94누10870)
>
> ③ 『행정소송의 대상이 되는 행정처분이란 행정청이 행하는 구체적 사실에 관한 법집행으로서의 공권력의 행사 또는 그 거부와 그 밖에 이에 준하는 행정작용을 말하는 것인바, 국립 교육대학 학생에 대한 퇴학처분은, 국가가 설립·경영하는 교육기관인 동 대학의 교무를 통할하고 학생을 지도하는 지위에 있는 학장이 교육목적 실현과 학교의 내부질서유지를 위해 학칙 위반자인 재학생에 대한 구체적 법집행으로서 국가공권력의 하나인 징계권을 발동하여 학생으로서의 신분을 일방적으로 박탈하는 국가의 교육행정에 관한 의사를 외부에 표시한 것이므로, 행정처분임이 명백하다.』 (대판 1991. 11. 22, 91누2144).
>
> ④ 『서울특별시지하철공사의 임원과 직원의 근무관계의 성질은 지방공기업법의 모든 규정을 살펴보아도 공법상의 특별권력관계라고는 볼 수 없고 사법관계에 속할 뿐만 아니라, 위 지하철공사의 사장이 그 이사회의 결의를 거쳐 제정된 인사규정에 의거하여 소속직원에 대한 징계처분을 한 경우 위 사장은 행정소송법 제13조 제1항 본문과 제2조 제2항 소정의 행정청에 해당되지 않으므로 공권력발동 주체로서 위

---

71) 대판 1982. 7. 27, 80누86; 대판 1995. 6. 9, 94누10870; 대판 1991. 11. 22, 91누2144.
72) 대판 1989. 9. 12, 89누2103.

징계처분을 행한 것으로 볼 수 없고, 따라서 이에 대한 불복절차는 민사소송에 의할 것이지 행정소송에 의할 수는 없다.」(대판 1989. 9. 12. 89누2103)

제6절 행정법관계에 대한 사법규정의 적용

Ⅰ. 서

우리나라는 독일·프랑스 등 대륙법계국가와 같이 공법관계와 사법관계를 구별하는 이원적 법체계에 입각하고 있다. 그런데 행정법의 영역에서는 행정법관계 전반에 걸쳐 적용될 수 있는 일반 통칙적 규정이 미흡하기 때문에 개개의 행정법규에 구체적인 규정이 없는 경우에 사법(私法)의 규정을 적용할 수 있는지가 문제된다.

Ⅱ. 명문에 의한 사법규정의 적용

행정법관계에 법규정이 결여된 경우에는 사법규정을 적용할 것을 명문으로 규정하고 있는 경우도 상당수 있는데, 이러한 경우에는 문제될 것이 없다. 예컨대 「국가나 지방자치단체의 손해배상 책임에 관하여는 이 법에 규정된 사항 외에는 민법에 따른다」(국가배상법 8조), 「소멸시효에 관하여는 이 법 또는 세법에 특별한 규정이 있는 것을 제외하고는 민법에 따른다」(국세기본법 54조 2항) 등의 규정이 그에 해당한다.

Ⅲ. 명문의 규정이 없는 경우

행정법관계에의 사법규정의 적용에 관해 명문의 규정이 없는 경우에, 과연 사법규정이 행정법관계에 적용될 수 있는지에 관하여는 다음과 같이 학설이 대립하고 있다.

1. 소극설(공법적용설)

이는 공법과 사법을 전혀 별개의 법체계로 보아 양자의 본질적 차이를 강조함으로써, 행정법관계에는 전혀 사법규정이 적용될 여지가 없다는 견해이다. 이러한 견해를 주장한 대표적 학자는 오토 마이어인데, 오늘날 이에 동조하는 학자는 없다.

2. 적극설(사법적용설)

(1) 직접적용설

이는 i) 공법관계와 사법관계는 본질적으로 다른 법률관계는 아니라는 점, ii) 사법규정에는 법의 일반원리적인 규정이 많이 있다는 점 등을 근거로 하여, 행정법관계에 있어서 법의 규정이 결여되어 있는 경우에는 사법규정을 직접 적용할 수 있다는 견해이다.

그러나 이 설에 대해서는, 공법과 사법의 구별을 인정하는 이상 공법관계와 사법관계는 각각의 특수성을 인정하지 않을 수 없기 때문에, 행정법관계에 사법규정을 직접 적용하는 것은 무리가 있다는 비판이 가해지고 있다.

(2) 유추적용설

이는 공법관계와 사법관계의 유사성을 인정하는 한편 사법관계에 대한 공법관계의 특수성을 무시할 수 없다는 전제하에, 사법규정의 유추적용을 인정하자는 견해로서 오늘날의 지배적 견해라 할 수 있다.

Ⅳ. 사법규정의 적용 및 그 한계

1. 일반법원리적 규정

사법규정 가운데 법률질서 전반에 걸쳐 통용될 수 있는 법의 일반원리에 해당하는 것은 원칙적으로 행정법관계에도 적용될 수 있다. 민법상의 일반법원리적 규정으로는 신의성실의 원칙, 권리남용금지의 원칙, 주소, 법인, 동산, 부동산, 기간의 계산, 사무관리, 부당이득 등을 들 수 있다.

2. 사법의 기타 규정

사법규정 중 법의 일반원리적 규정 이외의 기타 규정은 행정법관계의 성질이 권력관계인가 관리관계인가에 따라 적용범위가 다르다.

(1) 권력관계에의 사법규정의 적용

권력관계는 행정주체의 의사의 우월성이 인정되는 관계(명령·강제관계)이기 때문에, 당사자의 의사의 대등성을 기초로 하는 사법관계와는 그 성질을 달리한다. 따라서 일반법원리적 규정 이외의 사법규정은 원칙적으로 권력관계에는 적용되지 않는다.

(2) 관리관계에의 사법규정의 적용

관리관계는 비권력관계라는 점에서 본질적으로는 사법관계와 다름이 없지만, 공공성이 인정되는 범위에서 대등당사자 간의 관계를 수정·보완하는 관계를 말한다. 따라서 관리관계에 대해서는 법률에 특별한 규정이 없는 한 사법의 유추적용이 인정됨이 보통이다.

> **참고** **공법규정의 준용 문제**
>
> 종래 우리나라의 지배적 견해는 공법규정이 결여된 경우에 사법규정을 적용할 수 있는지의 문제에 관해서만 깊이 있게 논할 뿐, 유사한 다른 공법규정의 준용문제에 관해서는 소홀하였다. 그러나 근래 공법규정이 결여된 경우에는 사법규정에 앞서 유사한 다른 공법규정이 준용되어야 함을 강조하는 유력한 견해가 있는 바(김남진/김연태(I), 78면), 대법원도 i) 관세규정에 흠결이 있는 경우에 국세기본법규정의 유추적용(대판 1985. 9. 10, 85다카571), ii) 하천법상의 제외지(堤外地)에 대한 손실보상규정의 유추적용(대판 1987. 7. 21, 84누126), iii) 간접손실에 대한 「공공용지의 취득 및 손실보상에 관한 특례법 시행규칙」의 유추적용(대판 1999. 10. 8, 99다27231) 등을 인정한 바 있다.

제7절   행정법상의 법률요건과 법률사실

Ⅰ. 서

1. 의 의

행정법상의 법률요건이란 행정법관계의 발생·변경·소멸의 법률효과를 발생시키는 원인이 되는 사실을 말하며, 이러한 법률요건을 이루는 개개의 사실을 행정법상의 법률사실이라 한다.

2. 종 류

행정법상의 법률사실은 사람의 정신작용을 요소로 하는지의 여부에 따라 행정법상의 사건과 행정법상의 용태(容態)로 나눌 수 있다.

(1) 행정법상의 사건

행정법상의 사건(자연적 사실)이란 사람의 정신작용을 요소로 하지 않는 행정법상의 법률사실을 말하며, 사람의 출생·사망, 시간의 경과, 일정한 연령에의 도달, 일정한 상소에의 거주, 물건의 점유 등이 그에 해당한다.

(2) 행정법상의 용태

행정법상의 용태(정신적 사실)란 사람의 정신작용을 요소로 하는 행정법상의 법률사실을 말하며, 이는 다시 내부적인 의식(예: 고의·과실·선의·악의 등)인지 외부적인 행위(예: 작위·부작위)인지에 따라 내부적 용태와 외부적 용태로 나눌 수 있다.

이하에서는 행정법상의 사건 중 '시간의 경과'와 '주소·거소', 그리고 행정법상의 외부적 용태에 속하는 '사인의 공법행위'에 관하여 살펴보기로 한다.

Ⅱ. 시간의 경과

시간의 경과에 의하여 행정법상의 법률관계가 발생·변경·소멸되는 경우가 있는데, 이와 관련해서는 주로 기간·시효·제척기간 등이 문제된다.

1. 기 간

(1) 의의

기간이란 어느 시점부터 어느 시점까지의 계속된 시간을 말하는바, 행정상 법률관계도 일정한 기간의 경과에 따라 권리·의무가 발생하거나 소멸하는 경우가 있다. 예컨대 어떠한 사람이 2개월의 도로점용허가를 받은 것, 15일의 영업정지처분을 받은 것, 처분에 대해 불복이 있는 자는 처분이 있음을 안 날부터 90일 이내에 행정심판을 제기하여야 하는 것 등이 그에 해당한다. 이때에 어떠한 방법으로 기간을 계산하느냐에 따라 상대방의 권익에 영향을 미칠 수 있다. 행정기본법은 '행정에 관한 기간계산 방법'과 '법령등 시행일의 기간계산 방법'에 관해 명문의 규정을 두고 있는바, 이하에서 나누어 살펴보기로 한다.

(2) 행정에 관한 기간계산의 방법

1) 원칙

행정에 관한 기간의 계산에 관하여는 특별한 규정이 있는 경우를 제외하고는 민법의 규정을 준용한다(행정기본법 6조 1항). 기간의 계산방법은 기술적인 문제로서 공법관계와 사법관계에서 큰 차이가 있을 수 없으므로 원칙적으로 민법의 규정을 준용하도록 한 것이다.

① 기간을 시·분·초로 정한 때에는 즉시로부터 기산하여 해당 기간이 끝나는 때에 만료된다(민법 156조).

② 기간을 일·주·월·년으로 정한 경우

a) 기산점 : 기간을 일·주·월·년으로 정한 때에는 원칙적으로 기간의 첫날은 산입하지 않는다(첫날불산입의 원칙: 민법 157조 본문). 다만 i) 기간이 오전 0시로부터 시작되는 경우(민법 157조 단서), ii) 연령계산(민법 158조), iii) 국회법상의 기간계산(국회법 168조), iv) 민원처리기간의 계산(민원처리에 관한 법률 19조 3항) 등의 경우에는 첫날부터 기산한다.

b) 만료점 : 주·월·년의 처음부터 기간을 기산하지 않는 경우에는 최후의 주·월·년에서 그 기산일에 해당하는 날의 전일로 기간이 만료한다(민법 160조 2항).[73] 기간을 일·주·월·년으로 정한 때에는 원칙적으로 기간 말일의 종료로 기간이 만료하지만(민법 159조), 기간의 말일이 토요일 또는 공휴일에 해당한 때에는 기간은 그 익일(翌日 : 다음날)로 만료한다(민법 161조).[74]

---

73) 예긴대 0일 5일부터 기산하여 3개월이면 최후의 월(11월)의 기산익에 해당하는 낡(5일)의 전날인 11월 4일에 기간이 만료한다.

74) <구체적 예> ① 행정심판은 처분이 있음을 알게 된 날부터 90일 이내에 청구하여야 한다(행정심판법27조 1

2) 국민의 권익제한·의무부과의 경우의 기간계산의 특례

① 법령 또는 처분에서 국민의 권익을 제한하거나 의무를 부과하는 경우 권익이 제한되거나 의무가 지속되는 기간의 계산은 다음의 기준에 따른다(행정기본법 6조 2항 본문).

    i) 기간을 일·주·월·년으로 정한 경우에는 기간의 첫날을 산입한다.

    ii) 기간의 말일이 토요일 또는 공휴일인 경우에도 기간은 그 날로 만료한다.[75]

② 이러한 특례조항을 둔 이유는 국민에게 불이익한 행정작용의 경우에는 가능한 그 기간을 단축시켜주기 위한 것이다. 그렇기 때문에 만일 특례조항에 따르는 것이 오히려 국민에게 불리한 경우에는 이를 적용하지 않는다(행정기본법 6조 2항 단서).

③ 과징금·이행강제금 등의 납부기간의 경우 그 기간이 경과하였다 하여 납부의무가 소멸하는 것은 아니므로 행정기본법 제6조 제2항 본문의 "권익이 제한되거나 의무가 지속되는 기간"에 해당되지 않으며, 따라서 위 특례조항의 적용을 받지 않는다.

④ 행정청의 권한행사에 관한 제척기간 또는 국가가 국민에 대해 가지는 금전채권의 소멸시효기간을 계산함에 있어서 위 특례조항이 적용되는지가 문제될 수 있다. 예컨대 행정청은 법령위반 행위가 종료된 날부터 5년이 지나면 해당 위반행위에 대하여 제재처분을 할 수 없는데(제재처분의 제척기간: 행정기본법 23조 1항), 이 경우 기간계산에 있어서 특례조항을 적용하는 것이 국민에게는 더 유리하다. 그렇지만 제척기간이나 소멸시효기간은 행정기본법 제6조 제2항에서 규정한 "법령 또는 처분에서 국민의 권익을 제한하거나 의무를 부과하는 경우 국민의 권익이 제한되거나 의무가 지속되는 기간"에는 해당하지 않으므로 위 특례조항의 적용대상이 아니라고 볼 것이다.

(3) 법령등 시행일의 기간 계산

법령등(훈령, 예규, 고시, 지침 포함)의 시행일을 정하거나 계산할 때에는 다음의 기준에 따른다(행정기본법 7조). i) 법령등을 공포한 날부터 시행하는 경우에는 공포한 날을 시행일로 한다. ii) 법령등을 공포한 날부터 일정 기간이 경과한 날부터 시행하는 경우 법령등을 공포한 날을 첫날에 산입하지 아니한다. iii) 법령등을 공포한 날부터 일정 기간이 경과한 날부터 시행하는 경우 그 기간의 말일이 토요일 또는 공휴일인 때에는 그 말일로 기간이 만료한다.[76]

항). 만일 갑이 2021년 8월 30일에 처분이 있음을 알았다면 첫날은 산입하지 않으므로 8월 31일부터 기산하여 90일째 되는 11월 28일에 기간이 만료될 것이나, 11월 28일은 일요일이므로 그 다음날인 11월 29일에 심판청구 기간이 만료된다. ② 건축신고를 한 자가 신고일부터 1년 이내에 공사에 착수하지 않으면 신고의 효력은 없어진다(건축법 14조 5항). 만일 신고일이 2021년 10월 6일이면 10월 7일부터 기산하여 1년 되는 2022년의 기산일에 해당하는 날(10월 7일)의 전날, 즉 2022년 10월 6일까지 공사에 착수하여야 한다.

75) <구체적 예> 행정청이 갑에게 유통기간이 경과한 식품을 판매하였다는 이유로 30일의 영업정지처분을 내리는 경우에 영업정지 시작일이 2021년 9월 3일이라면 첫날인 9월 3일부터 기산하여 30일째인 10월 2일(토)까지 영업이 정지된다. 영업정지처분은 상대방의 권익을 제한하는 처분이므로 첫날부터 기산하며, 비록 10월 2일이 토요일이라 하더라도 그날로 영업정지기간이 만료한다.

76) 행정에 관한 원칙적 기간계산 방법(행정기본법 제6조 제1항)의 경우와 비교해 보면, 첫날을 산입하지 않는 점에서는 공통하지만, 기간의 말일이 토요일 또는 공휴일인 때에도 (익일이 아니라) 그 말일로 기간이 만료하는 점에서 차이가 있다.

> ⟨법령등 시행일의 기간계산의 예⟩
>
> 행정기본법(공포일 2021. 3. 23.) 부칙 제1조 : 이 법은 공포한 날부터 시행한다. 다만, 제22조, 제29조, 제38조부터 제40조까지는 공보 후 6개월이 경과한 날부터 시행하고, 제23조부터 제26조까지, 제30조부터 제34조까지, 제36조 및 제37조는 공포 후 2년이 경과한 날부터 시행한다.
>
> i) 제22조 등의 시행일 : 기산일은 2021. 3. 24.이며, 6개월이 되는 달(9월)에서 기산일에 해당하는 날(24일)의 전날인 23일에 기간이 만료된다. 따라서 시행일은 그 다음 날인 2021. 9. 24.이다.
>
> ii) 제23조 등의 시행일 : 기산일은 2021. 3. 24.이며, 2년이 되는 달(2023년 3월)에서 기산일에 해당하는 날(24일)의 전날인 23일에 기간이 만료된다. 따라서 시행일은 그 다음 날인 2023. 3. 24.이다.

(4) 행정에 관한 나이의 계산

행정에 관한 나이는 다른 법령에 특별한 규정이 없는 한 출생일을 산입하여 만 나이로 계산하고, 연수(年數)로 표시한다. 다만, 1세에 이르지 아니한 경우에는 월수(月數)로 표시할 수 있다(행정기본법 7조의2).

2. 시 효

시효제도는 일정한 사실상태가 장기간 계속된 경우에 그 사실상태가 진실한 법률관계에 합치되는지에 관계 없이 그 사실상태를 존중함으로써 법적 생활의 안정을 기하려는 제도로서, 이는 다시 소멸시효와 취득시효로 나눌 수 있다.

이러한 시효제도의 취지는 사법관계와 공법관계에 공통적으로 적용될 수 있는 점에서 특별한 규정이 없는 한 행정법관계에도 민법의 시효에 관한 규정이 적용된다고 본다. 다만 국가나 지방자치단체를 당사자로 하는 금전채권의 소멸시효에 관해서는 국가재정법과 지방재정법에서 일반적 규정을 두고 있다.

(1) 금전채권의 소멸시효

① 국가나 지방자치단체가 국민에 대해 가지는 금전채권 또는 국민이 국가나 지방자치단체에 대해 가지는 금전채권은 다른 법률에 특별한 규정이 없는 한 5년간 행사하지 않으면 시효로 인하여 소멸한다(국가재정법 96조, 지방재정법 82조).

② 시효의 중단·정지에 관해서는 원칙적으로 민법의 규정이 준용된다(국가재정법 96조 3항, 지방재정법 83조). 다만 '국가 또는 지방자치단체가 행하는 납입고지'는 시효중단의 효력이 있다는 특별규정을 두고 있다(국가재정법 96조 4항, 지방재정법 84조).

③ 소멸시효의 효력에 관하여 상대적 소멸설과 절대적 소멸설이 대립하고 있다. 상대적 소멸설은 시효기간이 경과한 경우에 권리 자체를 소멸시키는 것이 아니고 다만 권리자가 그 권리를 주장하는 경우에 이에 대한 항변권을 발생시키는데 불과하다고 본다. 이에 반해 절대적 소멸설은 시효기간이 경과하면 권리는 당연히 소멸한다고 본다. 절대적 소멸설이 다수설과 판례의 입장이

다. 다만 민사소송은 변론주의를 취하고 있으므로 당사자가 재판에서 소멸시효를 주장하지 않으면 법원은 직권으로 이를 고려하지 않는다는 것이 판례의 입장이므로, 실제상 상대적 소멸설과 큰 차이는 없다고 할 것이다.

> **판례** 『소멸시효에 있어서 그 시효기간이 만료되면 권리는 당연히 소멸하지만, 그 시효의 이익을 받는 자가 소송에서 소멸시효의 주장을 하지 아니하면 그 의사에 반하여 재판할 수 없다.』(대판 1991. 7. 26, 91다5631)

④ 군인 또는 그 유족의 연금수급권이 소멸시효의 대상이 되는지가 문제된다. 이에 관해 판례는, 연금수급권자는 연금수급에 관한 국방부장관의 지급결정이 있기 전에는 '추상적 연금청구권'을 가지는데, 이는 5년간 행사하지 않으면 소멸시효의 대상이 된다고 하였다. 한편, 연금수급권자가 청구하여 국방부장관이 지급결정을 하면 '구체적인 유족연금수급권(기본권)'이 발생하는데, 그에 따라 다달이 발생하는 월별 수급권(지분권)은 소멸시효에 걸릴 수 있지만 구체적인 유족연금수급권(기본권) 자체는 소멸시효의 적용대상이 아니라고 하였다.[77]

(2) 공물의 시효취득

민법상의 시효취득에 관한 규정(245, 246조)이 공물에도 적용되는지에 관하여 다툼이 있다.

부정설에 의하면, 공물은 공적 목적에 제공된 것이기 때문에 공용폐지가 되지 않는 한 시효취득의 대상이 되지 않는다고 한다. 제한적 시효취득설에 의하면, 공물도 시효취득의 대상이 될 수 있지만 시효취득한 자는 그것을 계속하여 공적 목적에 제공하여야 할 의무를 진다고 한다. 완전시효취득설에 의하면, 공물이 장기간 평온·공연하게 사적 목적으로 점용되었다면 그것은 묵시적으로 공용폐지가 있는 것으로 보아 사물과 마찬가지로 완전한 시효취득의 대상이 된다고 한다.

판례는 부정설의 입장을 취하여 행정재산(국공유의 공물)은 공용폐지가 되지 않는 한 시효취득의 대상이 되지 않는다고 하였다. 그리고 공용폐지의 의사표시는 명시적으로뿐만 아니라 묵시적으로도 할 수 있으나, 단지 사실상 공물로서의 용도에 사용되지 않고 있다는 사실만으로는 공용폐지의 의사표시가 있다고 볼 수 없다고 하였다.[78]

한편, 현행법은 행정재산(국공유의 공물)은 시효취득의 대상이 되지 않는다는 명시적 규정을 두

---

77) 대판 2019. 12. 27, 2018두46780. <사건개요> 군인 A는 1990년 4월에 결혼하여 아내 B와 아들 C와 같이 살다가 1992년 9월에 공무수행 중 순직하였으며, 이에 B는 국방부장관의 유족연금 지급결정을 거쳐 1992년 10월부터 매월 유족연금을 지급받았다. 그런데 B는 2006년 3월에 재혼하여 유족연금수급권을 상실하였으며, C는 2009년 10월에 18세가 되어 유족연금수급권을 상실하였다. 군인연금법에 따르면 선순위 수급권자인 B와 C가 모두 연금수급권을 상실한 경우 차순위 수급권자인 A의 부모 D에게 이전되는데, D는 이러한 사실관계를 뒤늦게 알아 2016년 7월에 국군재정관리단장에게 유족연금수급권 이전청구를 하였다. 국군재정관리단장은 D는 C가 연금수급권을 상실한 2009년 10월에 유족연금의 이전을 청구할 자격을 취득하였는데 그로부터 5년간 이전청구를 하지 않아 그 연금수급권이 시효 완성으로 소멸하였다는 이유로 거부처분을 내렸으며, 이에 D는 거부처분에 대한 취소소송을 제기하였다. <대법원의 판단> 이 사건에서 B의 유족연금 지급신청과 국방부장관의 지급결정에 의해 구체적 유족연금수급권(기본권)이 발생하였다. 그 후 B와 C의 연금수급권 상실로 후순위자인 D가 구체적 연금수급권을 이전받게 되는데, 비록 D가 5년간 이전신청을 하지 않았어도 이미 발생한 구체적 연금수급권은 소멸시효의 대상이 되지 않고 다만 다달이 발생하는 월별수급권만이 소멸시효에 걸릴 수 있을 뿐이다.

78) 대판 1983. 6. 14, 83다카181.

고 있음으로써, 공물의 시효취득에 관한 다툼은 사유공물에 국한되게 되었다(국유재산법 7조 2항, 공유재산 및 물품관리법 6조 2항).

3. 제척기간

(1) 의 의

제척기간이란 일정한 권리에 대하여 법률이 정하는 존속기간을 의미하며, 이는 권리자로 하여금 권리를 신속하게 행사하도록 함으로써 그 권리를 중심으로 하는 법률관계를 조속하게 확정하려는 데에 그 제도의 취지가 있다.[79] 예컨대 행정심판이나 행정소송의 제기기간 또는 법령위반자에 대한 제재처분의 제척기간(행정기본법 23조)[80] 등이 그에 해당한다.

제척기간은 정하여진 기간 내에 권리를 행사하지 않으면 권리가 소멸하는 점에서는 소멸시효와 같으나, 소멸시효에 비해서 일반적으로 그 기간이 짧고 중단·정지제도가 없으며 소송에서 원용이 없어도 고려되어야 하는 점 등에서 소멸시효와 구별된다.

(2) 공법상 급여의 신청기간과 소멸시효의 관계

법률에서 공법상 급여의 신청기간과 그 소멸시효를 동시에 규정하고 있는 경우에 양자의 관계가 문제된다. 예컨대 고용보험법 제70조 제2항은 육아휴직급여는 육아휴직이 끝난 날 이후 12개월 이내에 신청하도록 규정하는 한편, 동법 제107조 제1항은 육아휴직급여를 받을 권리는 3년간 행사하지 않으면 시효로 소멸한다고 규정하고 있는 것이 그에 해당한다.

이에 관해 서울고등법원은, 고용보험법 제107조 제1항은 육아휴직급여 청구권에 관하여 별도로 3년의 소멸시효를 규정하고 있으므로 그 시효기간 내라면 육아휴직급여를 받을 권리가 있고, 육아휴직급여 신청기간을 정한 제70조 제2항은 조기 신청을 촉구하는 의미의 훈시규정으로 보아야 한다고 하면서, 따라서 제70조 제2항에서 정한 기간을 경과하여 신청하였다는 이유로 거부처분을 한 것은 위법하다고 하였다.[81]

그러나 이에 대한 상고심에서 대법원은 원심을 파기하였는바, 그 내용은 다음과 같다. i) 일반적으로 사회보장수급권은 관계 법령에서 정한 실체법적 요건을 충족시키는 객관적 사정이 발생하면 추상적인 급부청구권이 발생하고, 수급권자의 신청에 의해 관할 행정청이 지급결정을 하면 그때 비로소 구체적인 수급권으로 전환된다. 따라서 법률에서 권리행사기간(신청기간)과 소멸시효기간을 병존적으로 규정한 경우에, 전자는 추상적 급부청구권의 행사에 관한 제척기간에 해당하고 후자는 구체적 급부청구권의 행사에 관한 소멸시효에 해당한다. ii) 육아휴직급여의 신청기간을 규정한 고용보험법 제70조 제2항은 육아휴직급여에 관한 법률관계를 조속히 확정시키기 위한 강행규정이며 훈시규정이라 볼 수 없다. 따라서 근로자가 육아휴직급여를 지급받기 위해서는 제70조

---

79) 대판 2021. 3. 18, 2018두47264.
80) 행정기본법 제23조(제재처분의 제척기간) ① 행정청은 법령등의 위반행위가 종료된 날부터 5년이 지나면 해당 위반행위에 대하여 제재처분을 할 수 없다.
81) 서울고판 2018. 5. 23, 2017누80815.

제2항에서 정한 신청기간 내에 급여 지급을 신청하여야 한다.

Ⅲ. 주소·거소

1. 주 소

행정법관계에서도 주소를 기준으로 법률관계를 규율하는 경우가 있는데, 예컨대 "지방자치단체의 구역에 주소를 가진 자는 그 지방자치단체의 주민이 된다"고 규정한 지방자치법 제16조가 그에 해당한다.

민법은 "생활의 근거되는 곳을 주소로 한다"고 규정하고 있으나(18조 1항), 공법관계에서의 주소에 관하여는 주민등록법이 통칙적인 규정을 두어 다른 법률에 특별한 규정이 없으면 '주민등록지'를 주소로 보고 있다(주민등록법 23조 1항). 그리고 주소의 수에 관하여 민법은 "주소는 동시에 두 곳 이상 있을 수 있다"고 함으로써 주소복수주의를 택하고 있으나(18조 2항), 주민등록법은 이중의 주민등록을 금지하고 있으므로(10조 2항) 공법상의 주소는 원칙적으로 1개소에 한정된다고 할 것이다.

2. 거 소

사람이 다소의 기간동안 거주하는 장소로서 그 장소와의 밀접한 정도가 주소만 못한 곳을 거소라 한다. 행정법관계에서도 거소를 기준으로 법률관계를 규율하는 경우가 있는데, 예컨대 국내에 주소를 두거나 183일 이상의 거소를 둔 개인은 소득세를 납부할 의무를 진다고 규정한 소득세법의 규정(1조의2 1항, 2조 1항)이 그에 해당한다. 거소에 관하여 다른 법에 특별한 규정이 없으면 민법의 규정이 적용된다고 본다.

Ⅳ. 공법상의 행위

공법행위란 공법적 효과의 발생·변경·소멸을 목적으로 하는 모든 행위를 가리키며, 행위주체에 따라 행정주체의 공법행위와 사인의 공법행위로 나눌 수 있다.

1. 행정주체의 공법행위

행정주체는 행정입법이나 행정행위를 발하는 것과 같이 상대방에 대해 우월적 지위에서 행하는 경우도 있고 공법상 계약을 체결하는 것과 같이 상대방과 대등한 지위에서 행하는 경우도 있는데, 이에 관해서는 제2편의 행정작용법 부분에서 자세히 살펴보기로 한다.

한편, 행정주체가 하는 모든 행위가 공법행위에 해당하는 것은 아니라는 점도 유의하여야 한다. 예컨대 행정주체가 행하는 사경제작용은 사법행위에 해당하며 그에 대해서는 사법규정이 적용되고 민사소송의 대상이 된다.

2. 사인의 공법행위

(1) 서

① **의의 및 성질** : 사인의 공법행위란 공법적 효과의 발생·변경·소멸을 목적으로 하는 사인의 행위를 말한다. 예컨대 공직선거 투표행위, 혼인신고·출생신고 등 각종의 신고행위, 영업허가·건축허가 등의 신청행위, 공무원의 사직서 제출행위, 행정심판 제기행위 등이 그에 해당한다.

사인의 공법행위는 비록 공법행위라 할지라도 사인에 의한 행위이기 때문에 행정행위가 가지는 공정력·존속력·집행력 등의 효력은 인정되지 않으며, 또한 사인에 의해 행해진다 하더라도 공법적 효과의 발생을 목적으로 하는 점에서 사법규정의 적용이 제한된다.

② **제도적 기능** : 사인의 공법행위는 행정의사결정과정에 국민의 참여의 길을 열어주는 것이므로 행정의 민주화에 기여한다고 할 수 있다. 과거에는 국민은 단순히 행정권한 행사의 상대방으로 여겨졌으나, 오늘날 민주적 법치국가에서 국민의 행정에의 참여가 중요시됨에 따라 사인의 공법행위가 주목을 받게 되었다.

(2) 종류

① **행정주체의 기관으로서의 행위와 행정주체의 상대방으로서의 행위** : 사인이 행정주체의 기관의 지위에서 공법행위를 하는 경우로는 공직선거에서의 투표행위를 들 수 있다. 그리고 사인이 행정주체에 대하여 각종 신고·신청·청원 등을 하는 것은 행정주체의 상대방의 지위에서 행하는 공법행위에 속하며, 이것이 사인의 공법행위의 중심을 이룬다.

② **단순행위와 합성행위** : 혼인신고·허가신청과 같이 그 자체로서 하나의 공법행위가 되는 것을 단순행위라 하고, 투표행위와 같이 다수의 의사가 결합하여 하나의 의사표시를 구성하는 것을 합성행위라 한다.

③ **자기완결적 행위와 행정요건적 행위** : 사인의 공법행위 그 자체만으로 완성된 법률효과를 발생하는 경우를 자기완결적 공법행위(또는 자체완성적 공법행위)라 하고, 사인의 공법행위는 단순히 행정작용의 동기 내지 요건이 될 뿐이고 그에 근거한 행정청의 행위가 있어야만 비로소 완성된 법률효과를 발생하는 경우를 행정요건적 공법행위라 한다. 옥외집회신고·항공운송약관신고 등은 전자에 해당하고, 허가의 신청이나 공무원의 사직원제출 등은 후자에 해당한다.

(3) 사인의 공법행위에 대한 적용법리

사인의 공법행위는 '사인'에 의한 공법행위인 점에서 행정행위와 다르며, 사인에 의한 '공법행위'인 점에서 사법행위와는 다른 특색을 가지고 있다. 따라서 사인의 공법행위에 관하여 특별한 규정이 있는 경우에는 그에 따르는 것은 당연하지만, 실정법상 특별한 규정이 없는 경우에는 민법의 법률행위에 관한 규정 내지 법원칙이 적용될 것인지 아니면 특별한 취급을 할 것인지가 문제되고 있다. 이하에서 개별적 문제에 관해 살펴보기로 한다.

① **의사능력과 행위능력** : 사인의 공법행위에 있어서도 의사능력이 없는 자의 행위는 민법상의

법률행위와 마찬가지로 무효로 보고 있다.

행위능력에 관해서는 실정법에 특별한 규정을 두고 있는 경우도 있는데, 이 경우는 그에 따르면 된다. 예컨대 우편법 제10조는 "우편물의 발송·수취나 그 밖에 우편이용에 관하여 제한능력자가 우편관서에 대하여 행한 행위는 능력자가 행한 것으로 본다"고 규정하고 있다. 이에 관하여 특별한 규정이 없는 경우에는 재산상의 행위에 관하여는 민법규정이 유추적용되나, 재산관계 이외의 행위(예 : 운전면허의 신청)의 경우에는 행위능력을 반드시 요하는 것은 아니라고 보는 것이 일반적인 견해이다.

② **대리** : 사인의 공법행위에 대해서는 법령에서 특별히 대리를 금하는 규정(공직선거법 157조, 병역법 89조) 또는 허용하는 규정(행정심판법 18조)을 두고 있는 경우가 있다.[82] 특별한 규정이 없는 경우에는 개개 행위의 성질에 의해 판단해야 할 것인데, 공무원시험에의 응시 등과 같이 일신전속적 성질의 행위는 대리가 인정되지 않고 그렇지 않은 경우에는 대리가 인정된다고 본다. 사인의 공법행위에 대리가 인정되는 경우에는 대리의 형식, 범위 및 대리권의 흠결 등에 관해서는 원칙적으로 대리에 관한 민법규정이 유추적용된다고 할 것이다.

③ **행위의 형식** : 사인의 공법행위는 반드시 일정한 형식을 요하는 요식행위는 아니지만, 행위의 존재 및 내용을 명확히 하기 위하여 법령에서 요식행위(서면주의)로 규정하고 있는 경우가 있다. 예컨대 행정심판법은 행정심판의 청구는 일정한 사항을 기재한 서면으로 하도록 규정하고 있다(28조).

④ **효력발생시기** : 사인의 공법행위의 효력발생시기에 관하여는 원칙적으로 민법상의 도달주의(111조)가 적용되지만, 만일 개별법에서 그에 관하여 특별한 규정을 두고 있는 경우에는 그에 의함은 물론이다. 예컨대 국세기본법은 우편으로 과세표준신고서 등을 제출하는 경우에는 우편법에 따른 우편날짜도장이 찍힌 날에 신고된 것으로 본다고 규정하고 있다(5조의 2 : 발신주의).

⑤ **의사의 흠결·하자있는 의사표시** : 일반적으로 사인의 공법행위에 있어서 의사표시에 흠결이나 하자가 있는 경우(예컨대 비진의·허위·착오·사기·강박 등에 의한 의사표시)에는 해당 공법행위의 성질에 반하지 않는 한 민법의 규정(107－110조)이 준용될 수 있다.

한편, 판례는 다음과 같은 점에서 사인의 공법행위에 대한 민법규정의 준용을 제한하고 있음에 유의하여야 한다. i) 공무원의 사직 의사표시는 그 법률관계의 특수성에 비추어 외부적·객관적으로 표시된 바를 존중하여야 하므로, 진의 아닌 의사표시를 무효로 규정한 민법 제107조 제1항 단서의 규정은 적용되지 않는다.[83] 예컨대 일괄사표를 제출하라는 상급자의 지시에 의해 사직원을 제출하였는데 일부에 대해서만 선별하여 사직원이 수리된 경우에, 비록 사직원 제출자의 내심의 의사가 사직할 뜻이 아니었다 하더라도 민법 제107조 제1항 단서의 비진의 의사표시의 무효에 관

---

82) 예컨대 병역법 제89조는 "사회복무요원 또는 대체복무요원으로 복무할 사람을 대리하여 복무한 사람은 1년 이상 3년 이하의 징역에 처한다"고 규정하고 있으며, 행정심판법 제18조는 행정심판청구인은 배우자, 일정 범위의 혈족, 변호사 등을 대리인으로 선임할 수 있다고 규정하고 있다.

83) 대판 1997. 12. 12, 97누13962; 대판 1994. 1. 11, 93누10057; 대판 2001. 8. 24, 99두9971.
민법 제107조 (진의 아닌 의사표시) ① 의사표시는 표의자가 진의 아님을 알고 한 것이라도 그 효력이 있다. 그러나 상대방이 표의자의 진의 아님을 알았거나 이를 알 수 있었을 경우에는 무효로 한다.

한 규정이 적용되지 아니하므로 제출된 사직원에 근거한 의원면직처분은 당연무효라 할 수 없다.

ii) 공무원의 강박에 의한 사직의사표시의 경우 강박의 정도가 의사결정의 자유를 박탈할 정도에 이른 것이라면 ㄱ 의사표시가 무효로 될 것이고, 그렇지 않고 의사결정의 자유를 제한하는 정도에 그친 경우라면 그 성질에 반하지 아니하는 한 의사표시에 관한 민법 제110조의 규정을 준용하여 그 효력을 따져보아야 한다.[84] 예컨대 감사담당 직원이 공무원에 대한 비리를 조사하는 과정에서 사직하지 않으면 징계파면될 것이라는 강경한 태도를 취하였다 하더라도, 그 취지가 단지 비리에 따른 객관적 상황을 고지한 것이고 공무원 자신이 그 비리로 인하여 징계파면이 될 경우의 불이익을 고려하여 사직원을 제출한 경우라면 그 의사결정이 의원면직처분의 효력에 영향을 미칠 하자가 있었다고는 볼 수 없다.

⑥ **부관** : 사인의 공법행위는 사법행위와는 달리 명확성과 신속한 확정이 요구되기 때문에 부관을 붙일 수 없음이 원칙이다.

⑦ **행위의 철회·보정** : 일반적으로 사인의 공법행위는 그에 기초한 어떤 법적 효과가 완성할 때까지는 그것을 철회하거나 보정할 수 있음이 원칙이다. 사직의사표시의 철회, 행정심판청구의 보정(행정심판법 32조) 등이 그 예이다. 그러나 투표행위, 공무원시험에의 응시 등과 같이 그 성질상 철회나 보정이 허용될 수 없는 것이 있다. 이와 관련하여 행정절차법은 "신청인은 처분이 있기 전에는 그 신청의 내용을 보완·변경하거나 취하할 수 있다. 다만, 다른 법령 등에 특별한 규정이 있거나 그 신청의 성질상 보완·변경하거나 취하할 수 없는 경우에는 그러하지 아니하다"는 명문의 규정을 두고 있다(17조 8항).

판례에 의하면 i) 공무원의 사직 의사표시의 취소나 철회는 그에 기초한 의원면직처분이 있기 전까지 할 수 있고, 일단 의원면직처분이 있고 난 후에는 취소나 철회를 할 수 없으며,[85] ii) 의원면직처분이 있기 전이라도 사직 의사표시를 철회하는 것이 신의칙에 반한다고 인정되는 특별한 사정이 있는 경우에는 철회가 허용되지 않는다고 한다.[86] 그리고 특별한 사정이 있는지의 여부는 사직원을 제출한 때로부터 철회하기까지의 기간, 사직원을 제출하게 된 경위, 사직의 의사를 형성한 동기, 사직의사를 철회하게 된 이유, 사직의사 철회 당시의 상황, 의원면직 처분을 하기까지의 절차·과정 등을 종합하여 판단하여야 한다고 한다.[87]

(4) 사인의 공법행위의 효과

① **자기완결적 공법행위** : 자기완결적 공법행위의 경우에는 사인의 공법행위가 적법하게 행해지면 행정청의 별도의 조치 없이도 그것에 의하여 바로 법적 효과가 발생한다. 예컨대 건축법상 신고 대상인 건축의 경우 적법한 건축신고가 있으면 행정청의 수리행위를 기다리지 아니하고 바로

---

84) 대판 1997. 12. 12, 97누13962; 대판 2001. 8. 24, 99두9971.
　　민법 제110조 (사기, 강박에 의한 의사표시) ① 사기나 강박에 의한 의사표시는 취소할 수 있다.
85) 대판 2001. 8. 24, 99두9971.
86) 대판 1993. 7. 27, 92누16942; 서울고판 2002. 12. 23, 2002누4022.
87) 서울고판 2002. 12. 23, 2002누4022.

신고의 효력이 발생한다.[88] 자기완결적 공법행위의 경우에도 통상적으로 행정청이 수리행위를 하지만, 이는 확인적 의미를 갖는데 지나지 않는다.

② **행정요건적 공법행위** : 행정요건적 공법행위의 경우에는 사인의 공법행위가 있으면 행정청은 관계 법규에 따라 그에 대한 법적 처리를 하여야 할 의무를 지게 된다. 예컨대 영업허가의 신청이 있으면 행정청은 상당한 기간 내에 그에 대한 허가 여부를 결정하여 처분을 내려야 하는 것이다.

행정절차법에 의하면 행정청은 신청인의 편의를 위하여 처분의 처리기간을 종류별로 미리 정하여 공표하도록 하고 있는데,[89] 이와 관련하여 법이 정한 처리기간을 경과하여 한 행정처분의 효력이 문제된다. 일반적으로 법이 정한 처리기간은 훈시규정의 성질을 갖기 때문에 그 처리기간을 경과하여 행해졌다 하더라도 행정처분이 위법하게 되는 것은 아니라고 본다.[90] 한편, 사인의 신청에 대하여 행정청이 상당한 기간이 경과하여도 아무런 처분을 하지 않는 경우에는 의무이행심판이나 부작위위법확인소송을 통하여 구제받을 수 있다.

> **판례** 『주택건설촉진법시행령 제32조의2 제2항, 제3항의 규정에 의하면, 주택건설사업계획의 승인 여부는 정당한 사유가 없는 한 신청수리 후 60일(관계 기관의 장과의 협의기간 30일을 포함) 내에 결정하도록 되어 있지만, 그 규정은 가능한 한 조속히 그 승인 사무를 처리하도록 정한 훈시규정에 불과할 뿐 강행규정이나 효력규정이라고 할 수는 없으므로, 행정청이 그 기간을 경과하여 주택건설사업승인 거부처분을 하였다고 해서 그 거부처분이 위법하다고 할 수는 없다.』 (대판 1996. 8. 20, 95누10877)

(5) 사인의 공법행위의 하자와 행정행위의 효력

① **하자있는 사인의 공법행위의 효력** : 사인의 공법행위에 하자가 있는 경우에 그 효력이 어떠한지가 문제된다. 일설에 의하면 하자있는 사인의 공법행위의 효력도 하자있는 행정행위의 효력과 동일하게 원칙적으로 중대명백설에 따른다고 본다.[91] 이에 따르면 중대명백한 하자가 있는 사인의 공법행위는 무효이고, 그러한 정도에 이르지 않는 사인의 공법행위는 취소의 대상이 된다. 판례도 사인의 공법행위인 '납세의무자의 신고행위'에 중대하고 명백한 하자가 있는 경우에는 무효라고 판시하였다.[92]

그러나 i) 사인의 공법행위는 행정청이 아닌 '사인'에 의한 공법행위인 점에서 행정행위와 구별되고 ii) 그에 하자가 있더라도 사인의 공법행위가 직접 항고소송의 대상이 되는 것은 아니기 때문에, 일반적인 행정행위의 하자론을 적용하는 것은 문제가 있다고 생각된다. 따라서 하자있는 사인의 공법행위의 효력에 관해서는 행정행위의 하자론(중대명백설)이 적용될 것이 아니라, 앞에서 설명한 '사인의 공법행위에의 민법규정의 준용 또는 수정'에 따라 무효 또는 취소의 대상이 된다

---

88) 대판 1999. 10. 22, 98두18435.
89) 한편, 개별법에서 특별히 처리기간을 정하고 있는 경우도 있는데, 예컨대 공공기관에 대한 정보공개청구의 경우에는 원칙적으로 청구일로부터 10일 이내에 공개여부를 결정하도록 하고 있으며(정보공개법 11조), 행정심판청구에 대해서는 원칙적으로 심판청구서를 받은 날로부터 60일 이내에 재결을 하도록 하고 있다(행정심판법 45조).
90) 대판 1996. 8. 20, 95누10877.
91) 박균성(상), 149면.
92) 대판 2005. 5. 12, 2003다43346.

고 할 것이다.93)

② 하자있는 사인의 공법행위에 기초한 행정행위의 효력 : 자기완결적 공법행위의 경우에는 법이 정한 요건을 갖춘 경우에는 별도의 행정행위를 기다리지 않고 당연히 법적 효과를 발생하며, 법이 정한 요건을 갖추지 못한 경우에는 그 하자가 보완되어야 법적 효과를 발생하게 되므로, 이 경우는 행정행위의 효력이 특별히 문제될 것이 없다.

행정요건적 공법행위에 있어서는 사인의 공법행위에 하자가 있는 경우에 그에 기초한 행정행위의 효력에 어떠한 영향을 미치는지가 문제된다.

1) 사인의 공법행위가 행정행위를 위한 단순한 동기에 지나지 않는 경우에는 사인의 공법행위의 하자는 행정행위에 아무런 영향을 미치지 않는다.

2) 사인의 공법행위가 행정행위의 필요적 전제요건인 경우에는 학설이 대립하고 있다.

㉠ 제1설 : 사인의 공법행위에 무효사유에 해당하는 하자가 있는 때에는 그에 기초한 행정행위는 전제요건을 갖추지 못한 것이 되어 무효가 되나, 단순한 위법사유에 해당하는 하자가 있는 때에는 행정행위는 원칙적으로 유효하다고 한다.94)

㉡ 제2설 : 사인의 공법행위에 무효사유에 해당하는 하자가 있는 때에는 그에 기초한 행정행위는 전제요건을 갖추지 못한 것이 되어 무효가 된다고 보는 점에서는 앞의 제1설과 같다. 그런데 사인의 공법행위에 취소사유에 해당하는 하자가 있는 때에는 사인은 그에 기초한 행정행위가 행해지기 전에는 언제든지 사인의 공법행위를 취소할 수 있지만(사인의 공법행위가 취소되면 더 이상 행정행위가 행해져서는 안 된다), 행정행위가 행해진 후에는 사인의 공법행위를 취소할 수 없고 이 경우에는 사인의 공법행위의 하자를 이유로 행정행위의 취소를 구하여야 한다고 한다.95)

㉢ 제3설 : 사인의 공법행위에 하자가 있는 경우에는 그에 의한 행정행위는 원칙적으로 취소할 수 있는 행정행위가 되고, 다만 신청을 요하는 행정행위에 있어 신청이 명백히 결여된 경우나 개별법에서 상대방의 동의를 행정행위의 효력발생요건으로 규정하고 있는데 동의가 결여된 경우 등에는 예외적으로 무효가 된다고 한다.96) 그 논거로는 i) 사인의 공법행위에 있어서는 단순위법과 무효의 구별이 명확하지 않고, ii) 본래 행정행위는 행정청의 일방적 행위로서의 속성을 가지는데 만일 사인의 공법행위에 의해 행정행위의 효력이 좌우되면 사인이 행정행위를 형성하는 것이 되어 행정행위의 속성에 합치되지 않으며, iii) 오늘날과 같이 행정쟁송제도가 정비되어 있는 때에는 '취소성의 원칙(예외적 무효)'이 사인의 권리구제에 큰 지장을 주지 않으며 법적 안정성에 도움을 준다는 것을 든다.

---

93) 예컨대 사인의 공법행위가 통정허위의 의사표시인 경우에는 무효이며(다만 사인의 공법행위의 특성상 법적 안정성을 위하여 통정허위 의사표시에 관한 민법 제108조의 적용이 배제될 수 있으며, 이 경우에는 통정허위의 의사표시라도 유효하게 존재하게 된다) 사기·강박에 의한 의사표시인 경우에는 취소할 수 있게 된다(마찬가지로 사인의 공법행위의 특성상 민법 제110조의 적용이 배제될 수 있다).

94) 김남철, 112면; 류시태/박종수, 137면; 김허용/김광수, 100면.

95) 박균성(상), 151면.

96) 김남진/김연태(I), 156면.

ⓔ 소결 : 행정행위의 필요적 전제요건인 사인의 공법행위가 무효인 경우에는 그에 기초한 행정행위 역시 무효라 할 것이다. 그러나 사인의 공법행위에 취소사유가 있는 경우에는 그것이 취소되기 전에는 행정행위의 효력은 유효하지만 취소되면 행정행위는 필요적 전제요건을 흠결하게 되기 때문에 위법하게 된다고 할 것이다.

ⓜ 판례의 입장 : 판례에 의하면, 행정청이 상대방의 동의에 근거하여 행정행위를 변경했는데 그 후 상대방이 그 동의가 행정청의 기망과 강박에 의한 의사표시였다는 이유로 취소한 경우에는 동의 없이 변경처분을 한 것이 되어 그 변경처분은 위법한 것이라고 한다.[97]

V. 사인의 공법행위로서의 신고

1. 의 의

신고란 사인이 행정청에 대하여 공법적 효과의 발생을 목적으로 일정한 법률사실 또는 법률관계를 알리는 행위를 말하며, 대표적인 사인의 공법행위에 속한다. 건축신고, 어업신고, 영업신고, 주민등록신고 등이 그에 해당한다.

2. 신고의 종류

(1) 정보제공적 신고와 금지해제적 신고

정보제공적 신고란 행정목적의 효율적 달성을 위하여 행정청에게 정보를 제공하는 기능을 가지는 신고를 말하며, 시장지역에서 화재로 오인할 우려가 있는 불을 피우는 행위를 신고하도록 한 것(소방기본법 19조)이 그 대표적 예이다. 정보제공적 신고의 경우는 신고의무를 이행하지 않는 경우에 처벌의 대상이 되는 경우는 있지만, 신고 자체에 의해 어떠한 법적 효과를 발생시키지는 않는다.[98]

금지해제적 신고란 신고를 통해 예방적 금지를 해제시켜서 소정의 행위를 적법하게 할 수 있게 해주는 신고를 말하며, 건축신고 · 어업신고 등이 그에 해당한다. 종래 허가제를 취하였던 영업이 규제완화의 차원에서 신고제로 전환됨으로써 허가제와 신고제 사이의 차이에 관하여 논란이 되고 있다.

(2) 자기완결적 신고와 행정요건적 신고

① 의의 : 자기완결적 신고란 사인이 행정청에 대하여 일정한 사항을 통지하면 행정청의 수리 여부와 관계없이 그 자체로서 신고의 법적 효과가 발생하는 것을 말하며, '수리를 요하지 않는 신

---

97) 대판 1990. 2. 23, 89누7061.
98) 시장지역에서 화재로 오인할 우려가 있는 불을 피우는 행위를 신고하도록 한 것은 소방업무의 효율적 수행을 위한 것으로서, 만일 신고를 하지 않고 불을 피워 소방자동차를 출동하게 한 자에게는 20만원 이하의 과태료를 부과하도록 하고 있다(소방기본법 57조).

고'라고도 한다. 자기완결적 신고의 경우에는 신고서에 형식상 하자가 없으면 '신고서가 접수기관
에 도달된 때'에 신고의무가 이행된 것으로 본다(행정절차법 40조 2항). 따라서 자기완결적 신고에
있어서는 행정청의 수리행위가 필요하지 않고, 만일 수리행위를 하였다 하더라도 이는 확인적 의
미를 갖는데 지나지 않는다.

행정요건적 신고란 사인이 행정청에 일정한 사항을 통지하면 행정청이 이를 수리함으로써 신
고의 법적 효과가 발생하는 것을 말하며(행정기본법 34조), '수리를 요하는 신고'라고도 한다. 행정
요건적 신고에 있어서는 사인이 적법하게 신고행위를 하였다 하더라도 행정청이 이를 수리하여야
비로소 신고의 법적 효과가 발생하게 되므로, 행정청의 수리행위는 창설적 의미를 갖는다.

수리를 요하지 않는 신고에 관해서는 행정절차법 제40조에서, 수리를 요하는 신고에 관해서는
행정기본법 제34조에서 각각 규정하고 있는데, 이와 같은 입법태도에 관해서는 많은 비판이 가해
지고 있다.

② **구별의 기준** : 종래 신고에 관해 규정한 법률은 대부분 신고의 요건에 관해서만 규정하고 있
을 뿐이어서 그것이 수리를 요하지 않는 신고(자기완결적 신고)인지 수리를 요하는 신고(행정요건적
신고)인지의 구별에 어려움이 있었다. 양자의 구별기준에 관해 다양한 견해가 제시되었는데, 법률
에서 신고의 형식적 요건만을 규정하고 있는 경우는 수리를 요하지 않는 신고이고 실질적 요건도
규정하고 있는 경우에는 수리를 요하는 신고에 해당한다는 것이 다수의 견해였다.

이 문제는 행정기본법에 수리를 요하는 신고에 관한 규정을 둠으로써 어느 정도 입법적으로
해결되게 되었다. 즉, 행정기본법 제34조는 수리를 요하는 신고와 관련하여 "법률에 신고의 수리
가 필요하다고 명시되어 있는 경우(행정기관의 내부 업무처리절차로서 수리를 규정한 경우는 제외)에는
행정청이 수리를 하여야 효력이 발생한다"고 규정하였는바, 따라서 수리를 요하는 신고인지 여부
는 일차적으로 신고에 관한 개별 법률에서 '수리'에 관해 규정하고 있는지에 따라 결정된다고 할
것이다.

정부는 신고에 관한 법제 개선의 필요성을 인식하고 2016년부터 2018년 사이에 대대적인 법제
정비사업을 추진하였다.[99] 즉, 신고에 관한 개별 법률에 '행정청의 수리 여부 통지의무'를 규정하
거나 '형식상의 요건을 갖춘 신고서가 접수기관에 도달된 때에 신고의무가 이행된 것으로 본다'는
명시적 규정을 둔 것이 그에 해당하는데, 원칙적으로 전자는 수리를 요하는 신고로, 후자는 수리
를 요하지 않는 신고로 볼 수 있을 것이다.[100]

---

99) 당시 신고에 관해서는 450개의 법률에서 1,300여건이 규정되어 있었는데, 2016년에 31개 법률 140건의 신고에
관한 개정안을 국회에 제출하였고, 2017년에는 126개 법률의 신고 규정에 대하여 검토하여 59개 법률 133건의
신고에 관한 개정안을 국회에 제출하였다고 한다. 그리고 그때까지 검토되지 않은 법률에 대해서는 2018년까지
정비사업을 마무리하도록 하였다고 한다. 이에 관한 상세는, 박송이, 신고제 합리화 정비사업, 법제 2017. 9,
201면 이하 참조.

100) 예컨대 식품위생법상의 영업신고가 있으면 '행정청은 3일 이내에 신고 수리 여부를 신고인에게 통지'하도록 한
것(37조 12항), 항공운송업자가 국토교통부장관에게 운송약관을 신고한 경우에 '신고서의 기재사항 및 첨부서
류에 흠이 없고 법령에 규정된 형식상의 요건을 충족하는 경우에는 신고서가 접수기관에 도달된 때에 신고의무
가 이행된 것으로 본다'고 규정한 것이 그에 해당한다(항공사업법 62조 2항).

한편, 신고에 관한 모든 개별 법률에서 위와 같은 명시적 규정을 두고 있지는 않으며, 만일 그러한 규정이 결여되어 있는 경우에는 결국 해당 법률의 목적과 취지, 관련 법규정의 합리적 해석, 신고의 성질 등을 종합적으로 고려하여 결정하여야 할 것이다.

③ **판례의 입장** : 판례에 종래의 판례에 의하면 체육시설업(당구장업) 개설신고, 수산제조업신고, 부가가치세법상의 사업자등록 등은 수리를 요하지 않는 신고에 해당하고,[101] 수산업법 제48조에 의한 어업신고, 노인복지시설 설치신고, 주민등록신고, 체육시설(골프장) 회원모집계획서 제출, 납골당(봉안시설) 설치신고, 노동조합 설립신고, 유통산업발전법에 의한 대규모점포의 개설등록, 재래시장법에 의한 시장관리자 지정, 의원 개설신고, 악취배출시설 설치·운영신고 등은 수리를 요하는 신고에 해당한다고 하였다.[102]

건축 관련 신고의 경우는 특별한 고찰을 요한다. 판례는 건축법 제14조 제1항에 의한 건축신고(일반적인 건축신고)는 수리를 요하지 않는 신고로 보았다.[103] 그러나 '인허가 의제효과를 수반하는 건축신고'는 수리를 요하는 신고에 해당한다고 보며, 따라서 이 경우 건축신고서를 받은 행정청은 관련 인허가 법률에서 정한 요건을 심사하여 건축신고의 수리 여부를 결정할 수 있다고 하였다(대법원 다수의견).[104] 그 논거로는, i) 건축법에서 인허가 의제제도를 둔 취지는 건축신고와 관련되는 각종 인허가사항의 처리를 건축신고의 관할 행정청으로 그 창구를 단일화하고 절차를 간소화함으로써 국민의 권익을 보호하려는 것이지, 인허가의제사항 관련 법률에 따른 각각의 인허가 요건에 관한 일체의 심사를 배제하려는 것은 아닌 점, ii) 만일 인허가 의제효과를 수반하는 건축신고를 수리를 요하지 않는 신고로 본다면 건축신고서만 적법하게 제출되면 인허가의제사항 관련 법률상의 요건 충족 여부와 관계없이 당연히 법이 정한 각종 인허가 의제효과가 발생하게 되는데, 이는 관계 법령에서 인허가제도를 통하여 사인의 행위를 사전에 감독하고자 하는 규율체계 전반을 무너뜨릴 우려가 있는 점 등을 들고 있다.[105]

한편, 판례는 건축주 명의변경신고가 형식적 요건을 갖추었다면 행정청은 그 신고를 수리할 의무를 지며 실체적 이유를 들어 신고의 수리를 거부해서는 안 된다고 판시하였는바,[106] 이러한 판례의 입장은 건축주 명의변경신고를 수리를 요하는 신고로 보는 것이라는 견해가 나수설의 입장이다.[107]

---

101) 대판 1998. 4. 24, 97도3121; 대판 1999. 12. 24, 98다57419; 대판 2000. 12. 22, 99두6903.

102) 대판 2000. 5. 26, 99다37382; 대판 2007. 1. 11, 2006두14537; 대판 2009. 1. 30, 2006다17850; 대판 2009. 2. 26, 2006두16243; 대판 2011. 9. 8, 2009두6766; 대판 2014. 4. 10, 2011두6998; 대판 2015. 11. 19, 2015두295; 대판 2019. 9. 10, 2019다208953; 대판 2018. 10. 25, 2018두44302; 대판 2022. 9. 7, 2020두40327.

103) 대판 1999. 10. 22, 98두18435.

104) 대판 2011. 1. 20, 2010두14954(전원합의체판결).

105) 그러나 대법원의 반대의견은 인허가 의제효과를 수반하는 건축신고도 일반적인 건축신고와 마찬가지로 수리를 요하지 않는 신고에 해당한다고 보며, 따라서 적법한 건축신고서가 행정청에 도달되어 건축신고의 효과가 발생하면 당연히 관계 법령상의 인허가를 받은 것으로 의제된다고 한다.

106) 대판 2015. 10. 29, 2013두11475.

107) 김남철, 126면; 김중권, 300면; 정하중/김광수, 105면. 한편, 건축주 명의변경신고에 관한 판례의 입장을 '수리를 요하지 않는 신고'로 보는 견해도 있다(박균성(상), 138면).

판례 〈수리를 요하지 않는 신고〉

① 『당구장업과 같은 신고체육시설업을 하고자 하는 자는 체육시설업의 종류별로 같은법시행규칙이 정하는 해당 시설을 갖추어 소정의 양식에 따라 신고서를 제출하는 방식으로 시·도지사에 신고하도록 규정하고 있으므로, … 적법한 요건을 갖춘 신고의 경우에는 행정청의 수리처분 등 별단의 조치를 기다릴 필요 없이 그 접수시에 신고로서의 효력이 발생하는 것이므로 그 수리가 거부되었다고 하여 무신고영업이 되는 것은 아니다.』 (대판 1998. 4. 24. 97도3121)

② 『건축법에 의하여 신고를 함으로써 건축허가를 받은 것으로 간주되는 경우에는 건축을 하고자 하는 자가 적법한 요건을 갖춘 신고만 하면 행정청의 수리행위 등 별다른 조치를 기다릴 필요 없이 건축을 할 수 있다.』 (대판 1999. 10. 22. 98두18435)

③ 『수산제조업의 신고를 하고자 하는 자가 그 신고서를 구비서류까지 첨부하여 제출한 경우 시장·군수·구청장으로서는 형식적 요건에 하자가 없는 한 수리하여야 할 것이고, 나아가 관할 관청에 신고업의 신고서가 제출되었다면 담당공무원이 법령에 규정되지 아니한 다른 사유를 들어 그 신고를 수리하지 아니하고 반려하였다고 하더라도, 그 신고서가 제출된 때에 신고가 있었다고 볼 것이다.』 (대판 1999. 12. 24. 98다57419, 57426)

④ 『부가가치세법상의 사업자등록은 과세관청으로 하여금 부가가치세의 납세의무자를 파악하고 그 과세자료를 확보케 하려는 데 입법취지가 있는 것으로서, 이는 단순한 사업사실의 신고로서 사업자가 소관 세무서장에서 소정의 사업자등록신청서를 제출함으로써 성립되는 것이고, 사업자등록증의 교부는 이와 같은 등록사실을 증명하는 증서의 교부행위에 불과한 것이다.』 (대판 2000. 12. 22. 99두6903)

〈수리를 요하는 신고〉

① 『어업의 신고에 관하여 유효기간을 설정하면서 그 기산점을 '수리한 날'로 규정하고 있는 수산업법 제44조 제2항의 규정 취지 등에 비추어 보면, 수산업법 제44조 소정의 어업의 신고는 행정청의 수리에 의하여 비로소 그 효과가 발생하는 이른바 '수리를 요하는 신고'라고 할 것이고, 따라서 설사 관할관청이 어업신고를 수리하면서 공유수면매립구역을 조업구역에서 제외한 것이 위법하다고 하더라도, 그 제외된 구역에 관하여 관할관청의 적법한 수리가 없었던 것이 분명한 이상 그 구역에 관하여는 같은 법 제44조 소정의 적법한 어업신고가 있는 것으로 볼 수 없다.』 (대판 2000. 5. 26. 99다37382)

② 『주민등록은 단순히 주민의 거주관계를 파악하고 인구의 동태를 명확히 하는 것 외에도 주민등록에 따라 공법관계상의 여러 가지 법률상 효과가 나타나게 되는 것으로서, 주민등록의 신고는 행정청에 도달하기만 하면 신고로서의 효력이 발생하는 것이 아니라 행정청이 수리한 경우에 비로소 신고의 효력이 발생한다.』 (대판 2009. 1. 30. 2006다17850)

③ 『구 체육시설의 설치·이용에 관한 법률(2005. 3. 31. 개정되기 전의 것) 제19조 제1항 등의 규정에 의하면, 위 법 제19조의 규정에 의하여 체육시설의 회원을 모집하고자 하는 자는 시·도지사 등으로부터 회원모집계획서에 대한 검토결과 통보를 받은 후에 회원을 모집할 수 있다고 보아야 하고, 따라서 체육시설의 회원을 모집하고자 하는 자의 시·도지사 등에 대한 회원모집계획서 제출은 '수리를 요하는 신고'에서의 신고에 해당하며, 시·도지사 등의 검토결과 통보는 수리행위로서 행정처분에 해당한다.』 (대판 2009. 2. 26. 2006두16243)

④ 『구 장사 등에 관한 법률(2007. 5. 25. 전부 개정되기 전의 것) 제14조 제1항 등을 종합하면 납골

당설치신고는 이른바 '수리를 요하는 신고'라 할 것이므로, 납골당설치신고가 구 장사법 관련 규정의 모든 요건에 맞는 신고라 하더라도 신고인은 곧바로 납골당을 설치할 수는 없고, 이에 대한 행정청의 수리처분이 있어야만 신고한 대로 납골당을 설치할 수 있다.』(대판 2011. 9. 8, 2009두6766)

⑤ 『「노동조합 및 노동관계조정법」이 행정관청으로 하여금 설립신고를 한 단체에 대하여 같은 법 제2조 제4호 각 목에 해당하는지를 심사하도록 한 취지가 노동조합으로서의 실질적 요건을 갖추지 못한 노동조합의 난립을 방지함으로써 근로자의 자주적이고 민주적인 단결권 행사를 보장하려는 데 있는 점을 고려하면, 행정관청은 해당 단체가 노동조합법 제2조 제4호 각 목에 해당하는지 여부를 실질적으로 심사할 수 있다. 다만 행정관청에 광범위한 심사권한을 인정할 경우 행정관청의 심사가 자의적으로 이루어져 신고제가 사실상 허가제로 변질될 우려가 있는 점 … 등을 고려하면, 행정관청은 일단 제출된 설립신고서와 규약의 내용을 기준으로 노동조합법 제2조 제4호 각 목의 해당 여부를 심사하되, 설립신고서를 접수할 당시 그 해당 여부가 문제된다고 볼 만한 객관적인 사정이 있는 경우에 한하여 설립신고서와 규약 내용 외의 사항에 대하여 실질적인 심사를 거쳐 반려 여부를 결정할 수 있다.』(대판 2014. 4. 10, 2011두6998)

⑥ 『건축허가를 받은 건축물의 양수인이 건축주 명의변경을 위하여 건축관계자 변경신고서에 첨부하여야 하는 서류로서 '권리관계의 변경사실을 증명할 수 있는 서류'를 규정하고 있는 건축법시행규칙 제11조의 규정은 단순히 행정관청의 사무집행의 편의를 위한 것이 아니라, 허가대상 건축물의 양수인에게 건축주의 명의변경을 신고할 수 있는 공법상의 권리를 인정함과 아울러 행정관청에게는 그 신고를 수리할 의무를 지게 한 것으로 봄이 타당하므로, 허가대상 건축물의 양수인이 건축법시행규칙에 규정되어 있는 형식적 요건을 갖추어 행정관청에 적법하게 건축주의 명의변경을 신고한 때에는 행정관청은 그 신고를 수리하여야지 실체적인 이유를 내세워 신고의 수리를 거부할 수는 없다.』(대판 2014. 10. 15, 2014두37658; 대판 2015. 10. 29, 2013두11475)

⑦ 『원심판결 이유 중 원고의 의원 개설신고가 '수리를 요하지 않는 신고'라는 취지로 판시한 부분은 적절하지 않으나, 피고가 법령에서 정하지 않은 사유를 들어 위 개설신고 수리를 거부할 수 없다고 보아 이 사건 반려처분이 위법하다고 판단한 원심의 결론은 정당하다.』(대판 2018. 10. 25, 2018두44302)

⑧ 『구 유통산업발전법(2012. 6. 1. 개정되기 전의 것) 제8조 제1항, 제9조, 구 재래시장 및 상점가 육성을 위한 특별법(2007. 12. 27. 개정되기 전의 것) 제67조 제1항 등의 내용과 체계에 비추어 보면, 구 유통산업발전법에 따른 대규모점포의 개설등록 및 구 재래시장법에 따른 시장관리자 지정은 행정청이 실체적 요건에 관한 심사를 한 후 수리하여야 하는 이른바 '수리를 요하는 신고'로서 행정처분에 해당한다.』(대판 2019. 9. 10, 2019다208953)

⑨ 『악취방지법 제8조의2 제2항의 위임에 따른 악취방지법시행규칙 제9조 제1항에 의하면 악취배출시설의 설치·운영신고를 하려는 자는 사업장 배치도, 악취물질의 종류·농도 및 발생량을 예측한 명세서, 악취방지계획서 등을 첨부한 [별지 제2호 서식]의 악취배출시설 설치·운영신고서를 제출해야 하는데, 같은 시행규칙 제11조 제1항 [별표 4]에 따르면 악취방지계획에는 악취를 제거할 수 있는 가장 적절한 조치를 포함해야 하고, [별지 제2호 서식]에서는 악취배출시설 설치·운영신고가 '신고서 작성 → 접수 → 검토 → 결재 → 확인증 발급'의 절차를 거쳐 처리된다고 밝히고 있다. 따라서 악취방지법령에 따라 악취배출시설 설치·운영신고를 받은 관할 행정청은 신고서와 함께 제출된 악취방지계획상의 악취방지조치가 적절한지를 검토할 권한을 갖고 있다.』(대판 2022. 9. 7, 2020두40327)

④ **영업양도에 따른 지위승계신고의 성질** : 영업을 타인에게 양도한 경우에 양수인이 행정청에 지위승계를 신고하도록 규정하고 있는 경우가 많은데,[108] 이 경우 신고의 성질이 문제된다. 이에 관해서는, 양도의 대상이 되는 영업의 성질에 따라 신고의 성질이 달리 판단되어야 한다는 것이 다수설이다. 즉, 허가를 요하는 영업에 있어서의 지위승계신고는 새로운 허가의 신청행위이고, 수리를 요하는 신고영업에 있어서의 지위승계신고는 수리를 요하는 신고이며, 수리를 요하지 않는 신고영업에 있어서의 지위승계신고는 수리를 요하지 않는 신고라고 한다.[109]

이와 관련하여 판례는, 식품위생법상 영업양도에 따른 지위승계신고를 행정청이 수리하는 행위는 단순히 양도인·양수인 사이에 이미 발생한 사법상의 영업양도의 법률효과에 의하여 양수인이 그 영업을 승계하였다는 사실의 신고를 접수하는 행위에 그치는 것이 아니라, 양도인에 대한 영업허가를 취소함과 아울러 양수인에게 적법하게 영업을 할 수 있는 지위를 설정하여 주는 행위로서 영업허가자의 변경이라는 공법상 법률효과를 발생시키는 행위라고 하였다.[110]

3. 신고의 요건

수리를 요하지 않는 신고의 경우에는 관계 법령에서 신고서의 기재사항, 구비서류 등과 같은 형식적 요건을 규정하는 것이 일반적이다.[111] 이 경우 신고가 적법하기 위해서는 i) 신고서의 기재사항에 흠이 없고, ii) 필요한 구비서류가 첨부되어 있어야 하며, iii) 그 밖에 법령에 규정된 형식상의 요건에 적합해야 한다(행정절차법 40조 2항).

이에 반하여 수리를 요하는 신고의 경우에는 관계 법령에서 형식적 요건 외에 실질적 요건을 규정하고 있는 것이 일반적인데, 예컨대 장사 등에 관한 법률 및 동법시행령에 의하면 봉안시설 설치신고의 경우 그 요건으로서 진입로·주차장 등의 시설, 설치규모, 설치장소 등에 관해 규율하고 있다.[112] 이 경우 신고가 적법하기 위해서는 형식적 요건뿐만 아니라 법령이 정한 실질적 요건을 갖추어야 한다.

4. 신고의 심사와 수리

(1) 심사의 범위

① **일반론** : 수리를 요하지 않는 신고의 경우 신고서가 제출되면 행정청은 법이 정한 형식적 요건을 충족하고 있는지 여부를 검토하여, 신고서의 기재사항이나 구비서류 등 형식적 요건에 하자가 없으면 행정청은 이를 수리하여야 하고, 법이 정하지 않은 사유를 이유로 그 수리를 거부할

---

108) 식품위생법 제39조 제3항; 공중위생관리법 제3조의2 제4항 등 참조.
109) 정하중/김광수, 106면; 홍정선(상), 241면.
110) 대판 2020. 3. 26, 2019두38830; 대판 2022. 1. 27, 2018다259565.
111) 법령에서 수리를 요하지 않는 신고에 관해 규정하고 있는 경우 신고를 관장하는 행정청은 신고에 필요한 구비서류, 접수기관, 그 밖에 법령에 따른 신고에 필요한 사항을 게시하거나 이에 대한 편람을 갖추어 두고 누구나 열람할 수 있도록 하여야 한다(행정절차법 40조 1항).
112) 장사 등에 관한 법률 제15조, 동법시행령 별표 3.

수 없다.113) 이 경우 행정청의 수리행위는 적법하게 신고가 이루어졌다는 확인행위에 지나지 않음은 물론이다. 만일 형식적 요건을 갖추지 못한 신고서가 제출된 경우에는 행정청은 지체 없이 상당한 기간을 정하여 신고인에게 보완을 요구하여야 하며, 신고인이 기간 내에 보완을 하지 않은 때에는 그 이유를 구체적으로 밝혀 해당 신고서를 되돌려 보내야 한다(행정절차법 40조 3항, 4항).

수리를 요하는 신고의 경우에는 신고서의 기재사항이나 구비서류 등과 같은 형식적 요건 외에 관계 법령이 정한 실질적 요건, 예컨대 봉안시설설치신고의 경우 주차장·진입로·시설규모 등과 같은 요건을 충족하고 있는지 여부를 검토하여 수리 여부를 결정할 수 있다.114) 판례는, 노인복지법에 따른 유료노인복지주택 설치신고를 받은 행정청은 그 시설 및 운영기준이 법령에 부합하는지와 아울러 그 유료노인복지주택이 적법한 입소대상자에게 분양되었는지와 설치신고 당시 부적격자들이 입소하고 있지는 않은지 여부까지 심사하여 그 신고의 수리 여부를 결정할 수 있다고 하였다.115)

② **개별적 사안의 검토**

a) **평생교육시설 신고에 있어서 심사의 범위** : (침·뜸 등을 교육하기 위한) 평생교육시설의 신고를 받은 행정청은 형식적 요건 외에 다른 실체적 사유를 들어 수리를 거부할 수 있는지가 문제된다. 이에 관해 판례는, 행정청으로서는 신고서 기재사항에 흠결이 없고 정해진 서류가 구비된 때에는 이를 수리하여야 하고, 이러한 형식적 요건을 모두 갖추었음에도 신고대상이 된 교육이나 학습이 공익적 기준에 적합하지 않다거나 의료법 등 관계 법령을 위반할 가능성이 높다는 등의 실체적 사유를 들어 신고 수리를 거부할 수는 없다고 하였다.116)

b) **건축주 명의변경신고에 있어서 심사의 범위** : 건축허가를 받아 건축 중인 건축물을 양도한 경우 양수인은 허가권자에게 건축주 명의변경신고를 하여야 하는데, 이 경우 양수인이 법에 규정된 형식적 요건을 갖추어 신고를 한 때에는 행정청은 그 신고를 수리하여야지 실체적인 이유를 내세워 수리를 거부할 수 없다는 것이 판례의 입장이다.117)

c) **산지일시사용신고에 있어서 심사의 범위** : 산지일시사용신고를 받은 행정청은 신고서 또는 첨부서류에 흠이 있거나 거짓 또는 그 밖의 부정한 방법으로 신고를 한 것이 아닌 한, 그 신고내용이 법령에서 정하고 있는 신고의 기준, 조건, 대상시설, 행위의 범위, 설치지역 및 설치조건 등

---

113) 대판 1999. 4. 27, 97누6780.
114) 한편, 봉안시설설치신고의 경우 신고서가 제출되면 행정청은 현장조사를 한 다음 수리 여부를 결정하도록 하고 있다(장사등에 관한 법률 시행규칙 별지서식 제8호 '봉안시설설치신고서'에 기재된 처리절차 참조).
115) 대판 2007. 1. 11, 2006두14537.
116) 대판 2011. 7. 28, 2005두11784; 대판 2016. 7. 22, 2014두42179. 전자는 "정보통신매체를 이용한 원격평생교육시설" 신고에 관한 사건이고(평생교육법 33조), 후자는 "시민사회단체부설 평생교육시설" 신고에 관한 사건이다(동법 36조).
117) 대판 2014. 10. 15, 2014두37658; 대판 2015. 10. 29, 2013두11475. <쟁점> 건축법은 건축허가를 신청할 때에는 '건축할 대지의 소유 또는 사용에 관한 권리를 증명하는 서류'를 제출하도록 하고 있지만, 건축주 명의변경신고시에는 '권리관계의 변경사실을 증명할 수 있는 서류'만을 제출하도록 하고 있다. 그런데 건축주 명의변경신고를 받은 행정청이 신고인에게 '건축할 대지의 소유 또는 사용에 관한 권리를 증명하는 서류'의 제출을 요구한 다음 이를 제출하지 않았다는 이유로 건축주 명의변경신고의 수리를 거부할 수 있는지가 문제되었다.

을 충족하는 경우에는 그 신고를 수리하여야 하고, 법령에서 정한 사유 외의 다른 사유를 들어 신고 수리를 거부할 수는 없다는 것이 판례의 입장이다.[118]

d) 주민등록진입신고에 있어서 심사의 범위 : 주민등록전입신고의 성질이 무엇인지, 그리고 행정청은 그 수리 여부를 결정함에 있어서 주민등록법 이외의 사유도 심사할 수 있는지가 문제되었다. 판례에 의하면 주민등록법의 관련 규정에 비추어 볼 때 전입신고는 수리를 요하는 신고에 해당하며, 따라서 전입신고가 있는 경우에 행정청은 그 신고가 주민등록법상의 요건을 구비하고 있는지 여부를 심사하여 수리 여부를 결정할 수 있다고 한다.[119] 다른 한편, 전입신고에 대한 수리의 거부는 헌법상 보장된 국민의 거주·이전의 자유에 대한 침해를 초래할 수 있는 점에서 전입신고 수리 여부에 대한 심사의 범위는 주민등록법의 입법목적의 범위 내에서 제한적으로 이루어져야 하며, 전입신고자가 거주의 목적 이외에 다른 이해관계에 관한 의도를 가지고 있는지 여부나 전입신고를 수리함으로써 당해 지방자치단체에 미치는 영향 등과 같은 사유는 전입신고 수리 여부를 심사하는 단계에서는 고려대상이 될 수 없다고 한다.[120]

e) 노동조합 설립신고에 있어서 심사의 범위 : 노동조합법은 노동조합 설립신고가 있는 경우에 행정청은 해당 단체가 동법 제2조 제4항 각 목[121]의 어느 하나에 해당하는 경우에는 신고서를 반려하도록 규정하고 있는바(12조 3항 1호), 이때 행정청은 위 요건에 해당하는지 여부에 대한 실질적 심사를 할 수 있는지가 문제되었다. 이에 관해 판례는, 노동조합법이 행정청으로 하여금 노동조합 설립신고를 한 단체에 대하여 동법 제2조 제4호 각 목에 해당하는지를 심사하도록 한 취지가 노동조합으로서의 실질적 요건을 갖추지 못한 노동조합의 난립을 방지함으로써 근로자의 자주적인 단결권 행사를 보장하려는 데 있음을 고려하면 행정청은 해당 단체가 위 각 목에 해당하는지 여부를 실질적으로 심사할 수 있다고 하였다. 다만 행정청에 광범한 심사권한을 인정할 경우 행정청의 심사가 자의적으로 이루어져 신고제가 사실상 허가제로 변질될 우려가 있으므로, 행정청은 일단 제출된 설립신고서와 규약의 내용을 기준으로 위 각 목의 해당 여부를 심사하되, 설립신고서를 접수할 당시 그 해당 여부가 문제된다고 볼 만한 객관적인 사정이 있는 경우에 한하여 설립신고서와 규약 내용 외의 사항에 대하여 실질적인 심사를 거쳐 수리 여부를 결정할 수 있다고 하였다.[122]

---

118) 대판 2022. 11. 30, 2022두31970.

119) 주민등록법상 전입신고를 해야 하는 대상은 30일 이상 거주할 목적으로 거주지를 옮기는 경우이다(6조 1항). 대판 2009. 6. 18, 2008두10997.

120) 종래 판례는 전입신고서가 제출된 경우에 행정청은 주민등록의 대상이 되는 실질적 의미에서의 거주지인지 여부를 심사하기 위하여 주민등록법의 입법목적과 주민등록의 법률상 효과 이외에 지방자치법 및 지방자치의 이념까지도 고려하여야 한다고 하였는바(대판 2002. 7. 9, 2002두1748), 대판 2008두10997에 의하여 종래의 판례는 변경되었다.

121) 「노동조합 및 노동관계조정법」 제2조 제4항 : i) 사용자 또는 항상 그의 이익을 대표하여 행동하는 자의 참가를 허용하는 경우, ii) 경비의 주된 부분을 사용자로부터 원조받는 경우, iii) 복리사업만을 목적으로 하는 경우, iv) 근로자가 아닌 자의 가입을 허용하는 경우, v) 주로 정치운동을 목적으로 하는 경우는 노동조합으로 보지 아니한다.

122) 대판 2014. 4. 10, 2011두6998.

f) 악취배출시설 설치·운영신고에 있어서 심사의 범위 : 악취방지법시행규칙 제9조 제1항에 의하면 악취배출시설의 설치·운영신고를 하려는 자는 악취방지계획서 등을 첨부한 악취배출시설 설치·운영신고서를 제출해야 하는데, 신고를 받은 관할 행정청은 제출된 악취방지계획상의 악취방지조치가 적절한지를 검토할 권한을 가지고 있다는 것이 판례의 입장이다.[123]

g) 인허가 의제효과를 수반하는 건축신고에 있어서 심사의 범위 : 인허가 의제효과를 수반하는 건축신고(건축법 14조 2항)의 경우 행정청은 건축신고에 대한 수리 여부를 결정함에 있어서 건축법 외에 인허가의제사항 관련 법률에 규정된 요건도 심사할 수 있다는 것이 판례의 입장이다.[124]

h) 입법목적을 달리하는 다른 법령상의 요건에 대한 심사의 문제 : 신고에 관한 해당 법령상의 요건을 갖춘 신고서가 제출되었다 하더라도 행정청은 입법목적을 달리하는 다른 법령상의 요건의 불비를 이유로 수리를 거부할 수 있는지가 문제된다. 예컨대 「장사 등에 관한 법률」에서 정한 요건을 갖춘 봉안시설설치신고에 대해서 해당 신청지가 「국토의 계획 및 이용에 관한 법률」상의 개발행위허가를 받지 않았다는 이유로 수리를 거부할 수 있는지, 식품위생법상의 요건을 갖춘 식품접객업신고에 대해서 그 영업신고를 한 건물이 건축법상 무허가건축물이라는 이유로 수리를 거부할 수 있는지의 문제가 그것이다.

이에 관해 판례는, 어느 법률이 다른 법률에 우선하여 배타적으로 적용된다고 해석되지 않는 한 원칙적으로 각 법률의 규정에 따른 인허가를 각각 받아야 하기 때문에 다른 법률상의 인허가 요건 불비를 이유로 신고수리를 거부할 수는 없으나, 다만 어떠한 행위가 다른 법령에 의하여 절대적으로 금지되고 있어 그것이 객관적으로 불가능한 것이 명백한 경우 등에는 이를 이유로 수리를 거부할 수 있다고 하였다. 이러한 점에서 봉안시설설치신고의 경우 행정청은 「장사 등에 관한 법률」에 규정된 신고요건을 심사하여 그 수리 여부를 결정하여야 하고 신청지의 개발행위허가가 「국토의 계획 및 이용에 관한 법률」 등 관계 법률에 의해 가능한지 여부를 심사하여 그 수리 여부를 결정하는 것은 허용되지 않는다고 하였다.[125] 그러나 식품위생법에 규정된 식품접객업의 영업신고요건을 갖추었다 할지라도 그 영업신고를 한 건물이 건축법 소정의 허가를 받지 않은 무허가 건축물이라면 적법한 영업신고를 할 수 없으며, 따라서 행정청이 낭해 건물이 물법건축물이라는 이유로 수리를 거부하였다면 그러한 상태에서 영업행위를 하는 것은 무신고 영업행위에 해당한다고 하였다.[126]

i) 중대한 공익상 필요를 이유로 한 수리거부가 가능한지 여부 : 법령이 정한 요건을 갖추어 신고

---

123) 대판 2022. 9. 7, 2020두40327.
124) 이에 대해 반대의견은, 행정청이 인허가 의제사항에 관한 요건을 갖추었는지 여부에 관해 심사하여 그 요건을 갖추지 못하였음을 이유로 건축신고의 수리를 거부하는 것은 건축신고와 건축허가 제도를 따로 규정하고 있는 제도적 의미 및 신고제와 허가제 전반에 관한 이론적 틀이 형해화 될 가능성이 있다는 것을 논거로 하여, 건축신고를 관장하는 행정청은 인허가의제사항 관련 법률상의 요건에 관해 심사할 권한이 없다고 하였다(대판 2011. 1. 20, 2010두14954(전원합의체판결); 대판 2019. 7. 4, 2018두49079.
125) 대판 2010. 9. 9, 2008두22631.
126) 대판 2009. 4. 23, 2008도6829. 같은 취지에서 당구장업신고가 「제육시실의 실치·이용에 관한 법률」상의 요건을 갖추고 있다 하더라도 당구장이 학교보건법상의 학교환경위생정화구역에 위치하는 경우에는 학교보건법상의 요건을 충족하여야 적법한 신고가 된다고 하였다(대판 1991. 7. 12, 90누8350).

를 한 경우에 행정청은 중대한 공익상의 필요를 이유로 수리를 거부할 수 있는지가 문제된다.

이에 관해 판례는, 사설납골시설(현행의 사설봉안시설) 설치신고와 건축신고의 경우 신고가 법령상의 요건을 모두 갖추었으면 행정청은 원칙적으로 수리하여야 하지만, 중대한 공익상 필요가 있는 경우에는 그 수리를 거부할 수 있다고 하였다.[127]

한편 의원 개설신고와 관련해서는, 신고제의 취지에 비추어보면 법령이 정한 요건을 갖추어 개설신고를 하면 행정청은 원칙적으로 이를 수리하여야 하고, 정신과의원 개설이 '해당 건물의 구분소유자 등의 안전과 이익에 반하고 건축물의 안전·기능 및 공공복리 증진을 저해하며 공공복리에 부적합한 재산권의 행사'라는 등의 사유로 수리를 거부한 것은 위법하다고 하였다.[128] 이 판결의 취지는, 의원 개설신고의 경우에는 법령이 정한 요건을 갖추면 행정청은 무조건 이를 수리하여야 하고 중대한 공익상 필요를 이유로 수리를 거부해서는 안 된다는 것이 아니라, 이 사건 행정청이 수리거부사유로 들고 있는 공익상 필요는 의원 개설신고의 수리를 거부할 만한 '중대한 공익상 필요'에 해당하지 않는다는 취지로 보는 것이 타당할 것이다.

판례 ① 『구 '장사 등에 관한 법률'(2007. 5. 25. 전부 개정되기 전의 것)의 관계 규정들에 비추어 보면, 같은 법 제14조 제1항에 의한 사설납골시설의 설치신고는, 같은 법 제15조 각 호에 정한 사설납골시설설치 금지지역에 해당하지 않고 같은법 제14조 제3항 및 같은법 시행령(2008. 5. 26. 전부 개정되기 전의 것) 제13조 제1항의 [별표 3]에 정한 설치기준에 부합하는 한 수리하여야 하나, 보건위생상의 위해를 방지하거나 국토의 효율적 이용 및 공공복리의 증진 등 중대한 공익상 필요가 있는 경우에는 그 수리를 거부할 수 있다고 보는 것이 타당하다.』(대판 2010. 9. 9, 2008두22631)

② 『건축허가권자는 건축신고가 건축법, 국토의 계획 및 이용에 관한 법률 등 관계 법령에서 정하는 명시적인 제한에 배치되지 않는 경우에도 건축을 허용하지 않아야 할 중대한 공익상 필요가 있는 경우에는 건축신고의 수리를 거부할 수 있다.』(대판 2019. 10. 31, 2017두74320)

j) 가설건축물 존치신고 후 연장신고시 대지사용승낙서가 필요한지 여부 : 건축법시행령 등 관계 법령에 따르면 가설건축물 축조신고시에는 해당 토지에 대한 권원이나 사용승낙서를 제출하여야 한다. 그런데 가설건축물 존치기간 연장신고의 경우에는 신고시 제출하여야 하는 서류에 '대지사용승낙서' 등에 대한 규정이 없다. 이와 관련하여 존치기간 연장신고시에 대지사용승낙서를 제출하지 않았다는 이유로 수리를 거부할 수 있는지가 문제된다. 이에 관해 대법원은 신고제도의 취지에 비추어 볼 때 법령에 규정되어 있는 제반 서류와 요건을 갖추어 연장신고를 하면 행정청은 원칙적으로 이를 수리하여야 하고 법령에서 정한 요건 이외의 사유를 들어 수리를 거부할 수 없다

---

127) 대판 2010. 9. 9, 2008두22631; 대판 2019. 10. 31, 2017두74320. < 대법원 2017두74320 판결의 사건개요> 갑이 사실상 도로로 이용되고 있는 토지를 매수하여 주택을 짓겠다고 건축신고를 하자 행정청은 해당 토지에 주택을 건축하여 주민들의 통행을 막는 것은 사회공동체와 인근 주민들의 이익에 반한다는 이유로 불수리처분을 하였다. 이에 대한 취소소송에서 대법원은, 건축신고가 관계 법령에서 정하는 명시적인 제한에 배치되지 않는 경우에도 건축을 허용하지 않아야 할 중대한 공익상 필요가 있는 경우에는 건축신고의 수리를 거부할 수 있다고 판시하였다.

128) 대판 2018. 10. 25, 2018두44302.

고 하면서, 따라서 이 사건에서 법령에서 요구하고 있지 않은 대지사용승낙서를 제출하지 않았다는 사유로 존치기간 연장신고의 수리를 거부해서는 안 된다고 하였다.[129]

(2) 신고필증의 교부

행정청이 신고를 수리하는 경우에 신고필증(신고확인증)을 교부하는 것이 일반적이며 경우에 따라서는 관계 법령에서 신고필증을 교부하도록 규정하고 있는 경우도 있는데,[130] 이 경우 신고필증의 교부가 수리의 요건에 해당하는지가 문제된다. 수리를 요하지 않는 신고의 경우에는 행정청의 수리 여부에 관계없이 적법한 신고서가 접수기관에 도달한 때에 신고의 효력이 발생하므로, 이 경우 신고필증의 교부는 적법한 신고행위가 있었다는 사실을 확인해 주는 행위에 지나지 않는다고 할 것이다.

수리를 요하는 신고의 경우에는 행정청의 수리행위가 있어야 신고의 효력이 발생하는데, 수리란 신고를 유효한 것으로 판단하고 법령에 의하여 처리할 의사로 이를 수령하는 수동적 행위이므로 비록 관계 법령에서 수리시에 신고필증을 교부하도록 규정하고 있다 하더라도 이는 신고사실의 확인을 위한 것에 지나지 않기 때문에 수리행위에 신고필증의 교부가 꼭 필요한 것은 아니라는 것이 판례의 입장이다.[131]

> **판례** ① 『의료법시행규칙 제22조 제3항에 의하여 의원개설신고서를 수리한 행정관청이 소정의 신고필증을 교부하도록 되어 있음은 소론과 같으나, 이는 신고사실의 확인행위로서 신고필증을 교부하도록 규정한 것에 불과한 것이므로 그와 같은 신고필증의 교부가 없다 하여 개설신고의 효력을 부정할 수 없다.』(대판 1985. 4. 23, 84도2953. 동지 : 대판 2000. 12. 22, 99두6903)
>
> ② 『수리란 신고를 유효한 것으로 판단하고 법령에 의하여 처리할 의사로 이를 수령하는 수동적 행위이므로 수리행위에 신고필증 교부 등 행위가 꼭 필요한 것은 아니다.』(대판 2011. 9. 8, 2009두6766)

5. 신고의 효과

수리를 요하지 않는 신고의 경우에는 행정청의 수리 여부에 관계없이 적법한 요건을 갖춘 신고서가 접수기관에 도달된 때에 신고의 효력이 발생된다(행정절차법 40조 2항). 이 경우 행정청의 수리행위가 있다 하더라도 이는 단지 확인적 의미를 가질 뿐이다. 그리고 신고행위가 부적법한 경우에는 비록 행정청이 이를 수리하였다 하더라도 신고의 효력은 발생하지 않으며, 반면에 적법한 신고에 대해 행정청이 수리를 거부하였다 하더라도 신고서가 접수기관에 도달된 때에 당연히 신

---

129) 대판 2018. 1. 25, 2015두35116.
130) 수의사법시행규칙 제15조(동물병원의 개설신고) ④ 시장·군수는 제1항 또는 제2항에 따른 개설신고를 수리한 경우에는 별지 제14호서식의 신고확인증을 발급(정보통신망에 의한 발급을 포함한다)하고, 그 사본을 법 제23조에 따른 수의사회에 송부하여야 한다.
   그 밖에 토양환경보전법시행규칙 제10조, 총포·도검·화약류 등의 안전관리에 관한 법률 시행규칙 제59조 등에서 신고필증의 교부에 관해 규정하고 있다.
131) 대판 1985. 4. 23, 84도2953; 대판 2000. 12. 22, 99두6903; 대판 2011. 9. 8, 2009두6766.

고의 효력이 발생한다.[132]

수리를 요하는 신고의 경우에는 행정청이 신고를 수리한 때에 신고의 효력이 발생한다(행정기본법 34조). 따라서 이때의 행정청의 수리행위는 창설적 의미를 갖는다. 만일 신고행위에 하자가 있다 하더라도 행정청이 이를 수리한 경우에는 그 수리행위가 당연무효가 아닌 한 신고의 효력은 일단 발생하며, 그 효력을 부인하기 위해서는 권한있는 기관에 의해 수리행위가 취소되어야 한다. 반면에 적법한 신고행위가 있다 하더라도 행정청이 그 수리를 거부한 경우에는 아직 신고의 효력이 발생하지 않으며, 따라서 신고인이 자신의 신고가 적법하다고 믿고 일정 행위로 나아가면 원칙적으로 그에 대한 법적 책임을 져야 한다.

한편, 신고가 수리된 경우에도 특별한 경우에는 신고의 효력이 발생하지 않는다는 것이 판례의 입장인바, 그 내용은 다음과 같다. i) 영업양도에 따른 지위승계신고에 대한 행정청의 수리가 있었다 하더라도 영업양도계약이 무효인 경우에는 수리도 당연무효이고, 이 경우 양도인은 민사소송으로 영업양도의 무효를 구함이 없이 곧바로 행정소송으로 신고수리 무효확인을 구할 법률상 이익이 있다.[133] ii) 노동조합의 조직이나 운영을 지배하려는 사용자의 부당노동행위에 의해 노동조합이 설립되는 것과 같이 해당 노동조합이 노동조합법이 규정한 실질적 요건을 갖추지 못하였다면, 설령 노동조합 설립신고가 행정청에 의해 형식상 수리되었다 하더라도 실질적 요건이 흠결된 하자가 해소되거나 치유되는 등의 특별한 사정이 없는 한 이러한 노동조합은 설립이 무효로서 노동3권의 향유주체가 될 수 없다.[134]

6. 신고의 수리거부에 대한 불복

(1) 수리를 요하는 신고의 경우

수리를 요하는 신고의 경우에 행정청의 수리거부는 항고소송의 대상이 되는 처분에 해당한다.[135] 이 경우는 행정청의 수리가 없으면 신고의 효력이 발생하지 않기 때문이다.

(2) 수리를 요하지 않는 신고의 경우

수리를 요하지 않는 신고의 경우에 행정청의 수리거부가 항고소송의 대상인 처분에 해당하는지에 대해서는 다툼이 있다. 수리를 요하지 않는 신고는 행정청의 수리 여부에 관계 없이 신고서가 접수기관에 도달된 때 그 효력이 발생하며, 행정청의 수리는 단지 확인적 의미를 가지기 때문이다.

이에 관해 판례는 종래 엇갈린 입장을 취하였다. 즉, 체육시설업신고에 있어서는 수리거부의 처분성을 인정하였는데 대하여,[136] 건축신고에 있어서는 수리거부의 처분성을 인정하지 않았

---

132) 대판 1998. 4. 24, 97도3121; 대판 1999. 12. 24, 98다57419, 57426.
133) 대판 2005. 12. 23, 2005두3554.
134) 대판 2021. 2. 25, 2017다51610.
135) 대판 1992. 3. 31, 91누4911.
136) 대판 1996. 2. 27, 94누6062; 대판 1995. 9. 29, 95누7215.

다.137) 건축신고에 있어서 수리거부의 처분성을 인정하지 않은 논거는, 신고 대상인 건축을 하려는 자는 적법한 요건을 갖춘 신고만 하면 행정청의 수리행위 등 별다른 조치를 기다릴 필요 없이 건축을 할 수 있는 것이므로 행정청의 수리거부는 건축주의 구체적인 권리의무에 직접적인 변동을 일으키는 것이 아니라는 것이다.

그런데 2010년에 대법원은 건축신고에 관한 종래의 판례의 입장을 변경하였음에 유의하여야 한다. 즉, 건축신고에 대해서 행정청이 요건 불비를 이유로 수리를 거부한 경우에는 신고인이 건축행위를 개시하면 건축법상 시정명령, 이행강제금, 벌금의 대상이 되는 등 불안정한 지위에 놓이게 되므로, 건축신고 수리거부행위(반려행위)가 이루어진 단계에서 당사자로 하여금 수리거부행위의 적법성을 다투어 그 법적 불안을 해소한 다음 건축행위에 나아가도록 함으로써 장차 있을지도 모르는 위험에서 미리 벗어날 수 있도록 할 필요가 있다는 이유로 그 처분성을 인정하였다.138) 국민의 권리구제를 위해 바람직한 입장변화라 할 것이다. 그 후 대법원은 건축법상 착공신고에 대한 반려행위, 원격평생교육신고 반려행위 등의 경우에도 그 처분성을 인정하였다.139)

> **판례** 『건축법 관련 규정의 내용 및 취지에 의하면, 행정청은 건축신고로써 건축허가가 의제되는 건축물의 경우에도 그 신고 없이 건축이 개시될 경우 건축주 등에 대하여 공사 중지·철거·사용금지 등의 시정명령을 할 수 있고(69조 1항), 그 시정명령을 받고 이행하지 않은 건축물에 대하여는 당해 건축물을 사용하여 행할 다른 법령에 의한 영업 기타 행위의 허가를 하지 않도록 요청할 수 있으며(69조 2항), 그 요청을 받은 자는 특별한 이유가 없는 한 이에 응하여야 하고(69조 3항), 나아가 행정청은 그 시정명령의 이행을 하지 아니한 건축주 등에 대하여는 이행강제금을 부과할 수 있으며(69조의2 1항 1호), 또한 건축신고를 하지 않은 자는 200만 원 이하의 벌금에 처해질 수 있다(80조 1호, 9조). 이와 같이 건축주 등은 신고제하에서도 건축신고가 반려될 경우 당해 건축물의 건축을 개시하면 시정명령, 이행강제금, 벌금의 대상이 되거나 당해 건축물을 사용하여 행할 행위의 허가가 거부될 우려가 있어 불안정한 지위에 놓이게 된다. 따라서 건축신고 반려행위가 이루어진 단계에서 당사자로 하여금 반려행위의 적법성을 다투어 그 법적 불안을 해소한 다음 건축행위에 나아가도록 함으로써 장차 있을지도 모르는 위험에서 미리 벗어날 수 있도록 길을 열어 주고, 위법한 건축물의 양산과 그 철거를 둘러싼 분쟁을 조기에 근본적으로 해결할 수 있게 하는 것이 법치행정의 원리에 부합한다. 그러므로 건축신고 반려행위는 항고소송의 대상이 된다고 보는 것이 옳다. 이와 달리, 건축신고의 반려행위 또는 수리거부행위가 항고소송의 대상이 아니어서 그 취소를 구하는 소는 부적법하다는 취지로 판시한 대법원 1995. 3. 14. 선고 94누9962 판결, 대법원 1999. 10. 22. 선고 98두18435 판결, 대법원 2000. 9. 5. 선고 99두8800 판결 등을 비롯한 같은 취지의 판결들은 이 판결의 견해와 저촉되는 범위에서 이를 모두 변경하기로 한다.』 (대판 2010. 11. 18. 2008두167)

---

137) 대판 1995. 3. 14, 94누9962; 대판 1999. 10. 22, 98두18435.
138) 대판 2010. 11. 18, 2008두167.
139) 대판 2011. 6. 10, 2010두7321; 대판 2011. 7. 28, 2005두11784.

제 2 편

행정작용법

행정입법

Ⅰ. 서

1. 행정입법의 의의

행정입법이란 '행정기관이 법규범을 제정하는 작용' 또는 '행정기관에 의하여 제정된 법규범'을 말한다. 좁은 의미로는 국가 행정기관에 의한 입법작용(예 : 대통령령, 총리령, 부령)을 말하고, 넓은 의미로는 지방자치단체에 의한 입법작용(예 : 조례, 규칙)을 포함한다.

국민의 대표기관인 의회가 소정의 입법절차에 의해 제정한 법규범을 '법률'이라 하고, 행정기관이 제정한 법규범을 '명령'이라 하는데, 행정입법은 곧 행정기관이 명령을 제정하는 것이다.

2. 행정행위와의 구별

행정입법은 '일반적 · 추상적 규율'의 성질을 가진다. 여기에서 일반적이란 '불특정 다수인'을 규율하는 것을 의미하고, 추상적이란 '불특정 다수의 경우'를 규율하는 것을 의미한다. 이러한 점에서 특정인을 대상으로 하여 특정 사안에 대해 규율하는 '개별적 · 구체적 규율'의 성질을 가지는 행정행위와 구별된다.

Ⅱ. 권력분립과 행정입법

엄격한 권력분립에 기초하여 성립한 근대국가 초기에는 행정기관이 입법작용을 하는 것은 허용되지 않는 것으로 보았다. 즉, 법규사항(국민의 권리 · 의무에 관한 사항)에 대해서는 원칙적으로 국민의 대표기관인 의회가 법률의 형식으로 제정하여야 하며, 법규사항에 관해 행정기관이 명령을 제정하는 것은 권력분립의 원칙 내지 복위임금지의 원칙(의회는 국민으로부터 위임받은 입법권을 다른 기관에게 재위임할 수 없다는 원칙)에 반한다고 보았다.

그러나 현대복리국가에 있어서는 법률로 규율할 사항이 매우 복잡 · 다양하고 전문적인 지식을 요함으로써 의회에 의한 입법의 한계를 드러내었고, 이에 행정에 관한 전문지식을 가지고 있는 행정기관에 의한 입법의 필요성이 요청되었다. 따라서 법률로는 기본적인 사항만을 규율하고 그 세부적이고 전문·기술적인 사항에 관해서는 행정기관에 위임하여 규율하는 경우가 점차 증가함에 따라 오늘날 행정입법의 중요성이 커져가고 있다.

일반적으로 행정입법의 필요성으로는, i) 행정기능의 확대, ii) 행정의 전문화·기술화, iii) 지방별·분야별 특수사정의 고려의 필요성, iv) 사정의 변화에 따른 탄력성있는 입법의 필요성, v) 국가위기상황에의 신속한 대처의 필요성 등을 들고 있다.

오늘날 행정기관이 법규명령을 제정하는 것은 법률의 수권에 의하는 것이기 때문에 권력분립의 원칙에 반하는 것은 아니라고 본다. 다른 한편, 행정에 관한 법령 중에서 법규명령이 차지하는 비중이 크게 증가하고 국민의 권리·의무관계에 중대한 영향을 미침에 따라 법규명령에 대한 통제의 필요성도 커져가고 있음에도 유의하여야 한다.

Ⅲ. 행정기본법상 행정의 입법활동에 관한 규정

1. 행정의 입법활동의 원칙과 기준

(1) 행정의 입법활동의 원칙

국가나 지방자치단체가 입법활동을 할 때에는 헌법과 상위 법령을 위반해서는 안 되며, 헌법과 법령등에서 정한 절차를 준수하여야 한다(행정기본법 38조 1항).[1] 여기에서 입법활동이란 법령등을 제정·개정·폐지하고자 하거나 그와 관련된 활동을 의미하는데,[2] 행정기관(지방자치단체의 기관 포함)이 직접 법규명령·조례 등을 제정·개정·폐지하는 경우뿐만 아니라 국회에 법률안을 제출하는 것과 지방의회에 조례안을 제출하는 것을 포함한다.

(2) 행정의 입법활동의 기준

행정의 입법활동은 다음의 기준에 따라야 한다(동법 38조 2항).

i) 일반 국민 및 이해관계자로부터 의견을 수렴하고 관계 기관과 충분한 협의를 거쳐 책임 있게 추진되어야 한다.

ii) 법령등의 내용과 규정은 다른 법령등과 조화를 이루어야 하고, 법령등 상호 간에 중복되거나 상충되지 않아야 한다.

iii) 법령등은 일반 국민이 그 내용을 쉽고 명확하게 이해할 수 있도록 알기 쉽게 만들어져야 한다.

(3) 입법계획의 수립

정부는 매년 해당 연도에 추진할 법령안 입법계획을 수립하여야 한다(동법 38조 3항). 정부입법

---

[1] 행정의 입법활동절차에 관해 정한 법령에는 「법령 등 공포에 관한 법률」, 지방자치법(조례·규칙의 제정절차), 행정절차법(제4장 행정상 입법예고), 법제업무운영규정 등이 있다

[2] 행정기본법은 "법령등"의 용어에 대해 정의를 내리고 있는데, "법령"이란 법률·법규명령·법령보충적 행정규칙을 의미하며, 여기에 자치법규(조례와 규칙)을 포함하여 "법령등"이라 한다(2조 1호).

계획의 수립에 관한 구체적 내용은 법제업무운영규정에서 정하고 있다(2장 참고).

2. 행정법제의 개선

정부는 권한있는 기관에 의하여 위헌으로 결정되어 법령이 헌법이나 법률에 위반되는 것이 명백한 경우 등 대통령령으로 정하는 경우에는 해당 법령을 개선하여야 한다(동법 39조 1항).

정부는 행정분야의 법제도 개선 및 일관된 법 적용기준 마련 등을 위하여 필요한 경우 대통령령으로 정하는 바에 따라 관계 기관 협의 및 관계 전문가 의견수렴을 거쳐 개선조치를 할 수 있으며, 이를 위하여 현행 법령에 관한 분석을 실시할 수 있다(동법 39조 2항). 행정기본법 제39조 제2항에 따른 행정분야의 법제도 개선과 법 적용기준 마련 등에 관한 주요 사항의 자문을 위하여 법제처에 「국가행정법제위원회」를 둔다(동법시행령 14조 1항).

현행 법령에 관한 분석에 대해서는 행정기본법시행령에서 구체적으로 규정하고 있다. 즉, 법제처장은 행정분야의 법제도 개선을 위하여 필요한 경우에는 현행 법령을 대상으로 입법의 효과성, 입법이 미치는 각종 영향 등에 관해 체계적인 분석을 실시할 수 있는바, 이를 '입법영향분석'이라 한다(17조 1항).

3. 법령해석

누구든지 법령등의 내용에 의문이 있으면 법령을 소관하는 중앙행정기관의 장(이하 '법령소관기관'이라 한다)과 자치법규를 소관하는 지방자치단체의 장에게 법령해석을 요청할 수 있다(동법 40조 1항).

법령소관기관과 자치법규를 소관하는 지방자치단체의 장은 각각 소관 법령등을 헌법과 해당 법령등의 취지에 부합되게 해석·집행할 책임을 진다(동법 40조 2항).

법령소관기관이나 법령소관기관의 해석에 이의가 있는 자는 법령해석업무를 전문으로 하는 기관에 법령해석을 요청할 수 있다(동법 40조 3항).

IV. 행정입법의 종류

전통적으로 행정입법은 법규성을 가지는지에 따라 법규명령과 행정규칙으로 구분하였다. 즉, 행정입법 중에서 법규성을 가지는 것을 법규명령이라 하고, 법규성을 가지지 않는 것을 행정규칙이라 하였다.

그러나 오늘날에는 법규 개념이 변화되면서 양자의 구별에 관해 많은 논란이 있으며, 또한 '법규명령 형식의 행정규칙' 또는 '행정규칙 형식의 법규명령'이라는 새로운 문제가 제기되고 있다. 이에 관한 구체적 내용은 나누어 고찰하기로 한다.

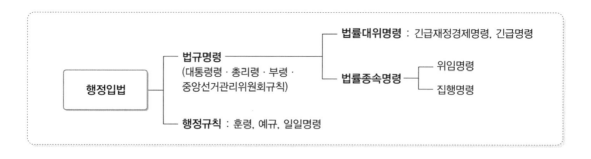

제2절   법규명령

Ⅰ. 법규명령에 대한 개관

1. 법규명령의 의의

법규명령이란 행정기관이 법률의 수권에 의해 소정의 제정 절차와 형식으로 정립한 법규범을 말하며, 대통령령·총리령·부령 등이 이에 해당한다. 이러한 법규명령은 대외적으로 구속력을 가지며 또한 재판규범이 된다.[3] 법규명령은 국민의 권리·의무관계에 중요한 영향을 미치기 때문에 이를 제정하기 위해서는 i) 법률의 수권이 필요하고, ii) 엄격한 제정 절차와 형식이 요구되며, iii) 그 제정을 국민에게 널리 알리는 '공포'가 필요하다.

이에 반해 행정규칙이란 행정기관이 직권으로 행정조직 내부의 사항을 규율하는 법규범을 말하며, 훈령·예규 등이 이에 해당한다. 이러한 행정규칙은 원칙적으로 행정조직 내부에서만 구속력을 가지며 재판규범이 되지 않는다. 행정규칙은 직접적으로 국민의 권리·의무를 규율하지는 않기 때문에 이를 제정하기 위해서는 i) 법률의 수권이 필요하지 않고(행정청의 지휘감독권한에 의해 직권으로 발동 가능), ii) 제정 절차와 형식도 완화되어 있으며, iii) 대외적인 공포를 요하지 않는다.

2. 법규명령의 특성

법규명령을 정확하게 이해하기 위해서는 그 특성을 아는 것이 중요한데, 이를 정리하면 다음과 같다. ① 국민의 권리·의무에 관해 행정입법을 하는 경우에는 원칙적으로 법규명령의 형식을 취하여야 한다. ② 법규명령은 대통령령·총리령·부령 등의 법형식으로 제정된다. ③ 법규명령은 대외적 구속력을 가지며 재판규범이 된다. ④ 법규명령은 국민의 권리·의무에 중요한 영향을 미치기 때문에 그 제정에 있어서는 i) 법률의 수권이 필요하고, ii) 엄격한 제정 절차와 형식이 요구

---

3) 여기에서 재판규범이 된다는 의미는, 행정소송에 있어서 법관이 위법성 판단의 근거로 삼을 수 있는 법규범에 해당한다는 것을 의미한다. 행정규칙은 재판규범이 되지 않기 때문에 법관이 위법성 판단의 근거로 삼을 수 없다.

되며, iii) 대외적인 공포가 필요하다.

Ⅱ. 법규명령의 종류

1. 효력에 의한 분류

(1) 헌법대위명령과 법률대위명령

헌법적 효력을 가지는 명령을 헌법대위명령이라 하고 법률의 효력을 가지는 명령을 법률대위명령이라 하는데, 이러한 명령은 국가비상시에 한하여 예외적으로 인정된다. 현행 헌법은 긴급명령 또는 긴급재정경제명령은 법률의 효력을 가진다고 명시함으로써 국가비상시에 법률대위명령만을 인정하고 있다(76조).

(2) 법률종속명령

법률종속명령이란 법률보다 하위의 효력을 가지는 명령을 의미하며, 행정기관이 제정한 법규명령은 국가비상시에 대통령이 발하는 긴급명령 또는 긴급재정경제명령을 제외하고는 모두 이에 속한다. 법률종속명령은 그 제정의 근거에 따라 다시 위임명령과 집행명령으로 나눌 수 있다.

① 위임명령 : 위임명령이란 법률 또는 상위 명령에서 구체적으로 위임받은 사항에 관하여 발하는 명령으로서, 위임된 범위 내에서는 새로이 입법사항(법규사항 : 국민의 권리·의무에 관한 사항)에 관하여도 규율할 수 있다.

② 집행명령 : 집행명령이란 법률 또는 상위 명령의 시행에 필요한 세부적인 사항에 관하여 발하는 명령을 말한다. 집행명령은 상위 법령의 구체적인 위임이 없는 경우에도 발할 수 있지만, 단지 상위 법령의 시행에 필요한 세부적 사항만을 규율할 수 있을 뿐이고 새로이 입법사항에 관하여는 규율할 수 없다.

2. 형식에 의한 분류

(1) 대통령령

대통령은 법률에서 구체적으로 범위를 정하여 위임받은 사항이나 법률을 집행하기 위하여 필요한 사항에 관하여 명령을 발할 수 있다(헌법 75조). 여기에서 '법률에서 구체적으로 범위를 정하여 위임받은 사항'에 관하여 발하는 대통령령은 위임명령에 해당하고, '법률을 집행하기 위하여 필요한 사항'에 관하여 발하는 대통령령은 집행명령에 해당한다.

일반적으로 법률의 '시행령'은 대통령령에 속한다(예 : 건축법시행령, 식품위생법시행령).

(2) 총리령·부령

① 의의 : 국무총리 또는 행정각부의 장은 상위 법령의 위임 또는 직권에 의하여 총리령 또는 부령을 발할 수 있다(헌법 95조). 여기에서 상위 법령의 위임에 의하여 발하는 것은 위임명령에 해

당하고, 직권에 의하여 발하는 것은 집행명령에 해당한다.

일반적으로 법률의 '시행규칙'은 부령 또는 총리령에 속한다. 예컨대 건축법시행규칙은 국토교통부령이고, 식품위생법시행규칙은 총리령이다[4].

② 국무총리 직속기관이 법규명령을 발할 수 있는지의 문제 : 헌법 제95조는 '행정각부의 장'이 부령을 발할 수 있다고 규정하고 있는데, 이와 관련하여 국무총리에 소속된 '원' 또는 '처'의 장이 부령에 준하는 이른바 '원령' 또는 '처령'을 발할 수 있는지가 문제된다. 이는 특히 원 또는 처의 장이 국무위원(장관)으로 보해지는 경우에 문제되는데, 예컨대 구 정부조직법상의 통일원장관이 통일원령을, 과학기술처장관이 과학기술처령을 발할 수 있는지가 그에 해당한다[5].

통설에 의하면 국무총리 소속하의 '원 또는 처의 장'은 헌법 제95조에 규정된 '행정각부의 장'에 해당하지 아니하므로 직접 법규명령(원령·처령)을 발할 수 없고, 그 소관사무에 관하여 행정입법이 필요한 경우에는 총리령에 의하여야 한다고 한다. 실무상으로도 각 처의 소관사무에 관한 행정입법은 총리령에 의하고 있는데, 예컨대 국가보훈처의 소관사무에 관한 법규명령인 「제대군인지원에 관한 법률 시행규칙」, 식품의약품안전처의 소관사무에 관한 법규명령인 「식품위생법 시행규칙」 등이 그에 해당한다.

③ 총리령과 부령간의 효력의 우열 : 총리령과 부령 간의 효력의 우열에 관하여 학설상 다툼이 있다. 총리령우위설에 의하면 국무총리는 '행정에 관하여 대통령의 명을 받아 행정각부를 통할하는 지위'를 가지므로(헌법 86조 2항, 정부조직법 18조 1항) 총리령이 부령보다 우위의 효력을 가진다고 한다[6]. 대등효력설에 의하면 총리령과 부령은 동등한 효력을 가진다고 하는데, 그 논거로는 i) 헌법은 "국무총리 또는 행정각부의 장은 소관사무에 관하여 총리령 또는 부령을 발할 수 있다"고 함으로써 양자를 병렬적으로 규정하고 있고, ii) 총리령은 국무총리가 행정각부의 장과 동일한 지위에서 자신의 소관사무에 관하여 발하는 것이라는 것을 든다[7]. 한편, 총리령과 부령은 각기 규율사항이 다르므로(총리령은 통상 국무총리 소속기관의 사무에 관하여 제정되고 부령은 행정각부의 사무에 관하여 제정) 상호 충돌할 염려는 없으며, 따라서 양자의 효력 우열을 논할 실익이 없다는 견해도 있다[8].

생각건대, 국무총리가 대통령을 보좌하여 행정각부를 통할하는 지위에서 발하는 총리령은 부령보다 우월한 효력을 가진다고 할 것이지만, 국무총리 자신이나 그 직속기관(원, 처)의 고유한 소관사무에 관한 총리령의 경우에는 부령과 동등한 효력을 갖는다고 보는 것이 타당할 것이다. 앞에서

---

4) 과거에는 식품위생에 관한 사무는 보건복지부장관 소속의 '식품의약품안전청'이 담당하였으며(1998년 설치) 따라서 식품위생법시행규칙은 보건복지부령에 해당하였다. 그런데 2013년 식품의약품안전청이 국무총리 소속의 '식품의약품안전처'로 승격됨에 따라 식품위생법시행규칙은 총리령에 해당하게 되었다.

5) 1996년의 정부조직법에 의하면 국무총리 소속하에 재정경제원, 통일원, 총무처, 과학기술처, 공보처, 법제처, 국가보훈처 등을 두었는데, 이 중에서 재정경제원, 통일원, 총무처, 과학기술처, 공보처의 장은 국무위원(장관)으로 보하도록 하고, 나머지 법제처와 국가보훈처의 장은 정무직(차관급)인 처장으로 보하도록 하였다(23조 – 28조).

6) 성낙인/김성수, 120면, 홍정선(상), 255면, 김남철, 203면.

7) 박윤흔/정형근, 최신행정법강의(상), 2009, 220면.

8) 김남진/김연태(I), 173면; 박균성(상), 218면; 하명호, 243면.

살펴보았듯이 국무총리 직속기관인 '처'에서 행정입법이 필요한 경우에 총리령에 의할 수밖에 없는데, 이 경우 총리령의 형식으로 발해졌다 해서 부령보다 우월한 효력을 갖는다고는 할 수 없는 것이다.

(3) 중앙선거관리위원회규칙

중앙선거관리위원회는 선거관리 · 국민투표관리 · 정당사무 등에 관한 규칙을 제정할 수 있는데(헌법 114조 6항), 이는 헌법에 근거한 것으로서 법규명령의 일종이다.

(4) 감사원규칙

감사원은 감사에 관한 절차, 감사사무처리 등에 관한 규칙을 제정할 수 있는데(감사원법 52조). 감사원규칙은 앞에서 살펴본 총리령 · 부령 · 중앙선거관리위원회규칙 등과는 달리 헌법이 아니라 법률(감사원법)에 근거하는 점에 특색이 있다. 이러한 감사원규칙이 법규명령에 해당하는지에 대해 학설상 다툼이 있는데, 이에 관해서는 별도로 고찰하기로 한다.

3. 일반적 법규명령, 집행적 법규명령, 처분적 법규명령

(1) 일반적 법규명령

일반적 · 추상적 규율을 특성으로 하는 법규명령은 원칙적으로 행정기관의 집행행위를 매개로 하여 국민의 권리 · 의무에 변동을 가져온다.[9] 이러한 법규명령은 항고소송의 대상인 처분에 해당하지 않으므로 그 효력을 다투기 위해서는 항고소송이 아니라 규범통제의 방법에 의하여야 한다.

(2) 집행적 법규명령

법규명령 중에는 행정기관의 집행행위를 매개로 하지 아니하고 직접 국민의 권리 · 의무에 변동을 가져오는 것이 있는데, 이를 특히 집행적 법규명령이라 한다.[10] 예컨대 구 「체육시설의 설치 · 이용에 관한 법률 시행규칙」 제5조 [별표 1]은 당구장업의 시설기준으로 "출입문에 18세 미만자의 출입을 금지하는 내용의 표시를 하여야 한다"고 규정하였는바, 이 규정은 모든 당구장영업자에게 장래적으로 계속 적용된다는 점에서 일반적 · 추상적 규율로서의 법규명령의 성질을 갖지만, 당구장영업자의 표시부착의무는 행정기관의 집행행위를 매개로 하지 않고 직접 위 시행규칙으로부터 나온다는 점에서 집행적 법규명령에 해당하는 것이다.[11]

집행적 법규명령은 행정기관의 집행행위를 매개로 하지 아니하고 해당 법규명령에 의해 직접 국민의 권리 · 의무를 규율하는 점에서는 다음에 설명하는 처분적 법규명령과 유사하나, 처분적 법

---

9) 예컨대 시행령으로 과징금의 액수를 정한 경우에 행정청이 해당 시행령에 근거하여 과징금부과처분을 내려야 비로소 국민의 권리 · 의무에 변동을 초래하는 것이다.

10) 정하중, 집행적 법규명령과 처분적 법규명령의 개념, 법률신문 2006. 8. 17.; 정하중/김광수, 131면; 홍정선(상), 252면 참조.

11) 공중위생영업자가 준수하여야 하는 위생관리기준을 정한 현행 공중위생관리법시행규칙 별표[4]에서 "숙박영업자는 업소 내에 숙박업신고증을, 접객대에 숙박요금표를 각각 게시하여야 한다"고 규정하고 있는 것(1. 라. (1))도 집행적 법규명령에 해당한다고 할 것이다.

규명령은 특정인과 특정사안을 규율하는 개별적·구체적 규율의 성질을 가지는데 대하여 집행적 법규명령은 통상의 법규명령과 마찬가지로 일반적·추상적 규율의 성질을 가지는 점에서 양자는 구별된다. 따라서 처분적 법규명령은 처분성이 인정되어 항고소송의 대상이 되지만, 집행적 법규명령은 처분성이 인정되지 않으므로 항고소송의 대상이 되지 않는다.

한편, 집행적 법규명령은 행정기관의 집행행위를 매개로 하지 아니하고 직접 국민의 권리·의무에 변동을 가져오는 점에서 법규명령 자체가 헌법소원심판의 대상이 될 수 있다고 보는바(이에 반해 행정기관의 집행행위를 매개로 하여 국민의 권리·의무에 변동을 가져오는 일반적인 법규명령은 '기본권침해의 직접성'의 요건을 갖추지 못하여 헌법소원심판의 대상이 되지 않는다고 본다), 이에 관해서는 법규명령에 대한 사법적 통제 부분에서 다시 설명하기로 한다.

(3) 처분적 법규명령

처분적 법규명령이란 형식적으로는 대통령령·총리령·부령·조례 등과 같은 법규명령의 형식을 취하지만 실질적으로는 특정인과 특정 사안을 규율하는 것을 말하며, 두밀분교폐지에 관한 경기도교육조례가 그 대표적 예이다. 이러한 처분적 법규명령은 일반적인 법규명령과는 달리 개별적·구체적 규율의 성질을 가지며, 따라서 이는 처분성이 인정되어 항고소송의 대상이 될 수 있다는 것이 통설과 판례의 입장이다.[12]

Ⅲ. 법규명령과 헌법적 근거

1. 문제의 제기

헌법은 입법권은 국회에 속한다고 선언하고 있으며(40조), 이러한 국회입법의 원칙에 대한 예외로서의 법규명령에 관해서는 대통령령(75조), 총리령·부령(95조), 대법원규칙(108조), 헌법재판소규칙(113조 2항), 중앙선거관리위원회규칙(114조 6항)에 관하여 규정하고 있다. 이와 관련하여 헌법이 규정하고 있는 법규명령의 종류는 제한적인 것인지 예시적인 것인지에 대해 다툼이 있다. 이는 특히 i) 헌법이 아니라 법률(감사원법)에 근거하여 제정된 감사원규칙이 법규명령에 해당하는지, ii) 법률이 입법사항을 고시와 같은 행정규칙에 위임하는 것이 허용되는지와 관련하여 문제된다.

2. 학 설

제한적 규정설에 의하면 헌법이 규정하고 있는 법규명령의 종류는 제한적이며, 따라서 헌법이 규정하고 있지 않는 법규명령은 인정될 수 없다고 한다. 그 논거로는 i) 헌법상의 국회입법의 원칙에 대한 예외는 헌법이 인정하는 경우에만 인정될 수 있으며, ii) 입법자는 어떠한 내용을 법규명령에 위임할 것인지는 선택할 수 있어도 법규명령의 입법형식 자체를 새로이 창설하지는 못한다는 것 등을 들고 있다.[13] 이에 따르면 감사원규칙이 비록 법률(감사원법)의 수권에 의해 제정된

---

12) 김남진/김연태(I), 931면; 정하중/김광수, 131면; 홍정선(상), 251면; 대판 1996. 9. 20, 95누8003.

것이라 하더라도 헌법에 근거가 없기 때문에 행정규칙에 지나지 않으며, 또한 법률이 입법사항을 고시와 같은 행정규칙에 위임하는 것은 허용되지 않는다고 한다.

예시적 규정설에 의하면 헌법이 규정하고 있는 법규명령의 종류는 예시적이며, 따라서 행정기관은 헌법에 근거가 없더라도 법률의 수권이 있는 경우에는 법규명령을 발할 수 있다고 한다. 그 논거로는 i) 헌법은 법규명령에 관해 대통령령·총리령·부령·대법원규칙·국회규칙·헌법재판소규칙·중앙선거관리위원회규칙을 규정하고 있으나 이는 그 외의 법규명령을 허용하지 않는 의미라고는 볼 수 없으며, ii) 법률의 수권에 의해 법규명령을 발하는 것은 국회입법의 원칙에 반하는 것은 아니라는 것 등을 들고 있다.[14] 이에 따르면 감사원규칙은 법률(감사원법)의 수권에 의해 제정된 것이어서 비록 헌법에 근거가 없더라도 법규명령의 성질을 가지며, 또한 법률이 입법사항을 고시와 같은 행정규칙에 위임할 수 있다고 본다.

3. 헌법재판소의 입장

법률이 입법사항을 고시와 같은 행정규칙에 위임하는 것이 가능한지가 문제된 사안에서, 헌법재판소의 다수의견은 헌법이 규정하고 있는 법규명령의 형식은 예시적인 것으로 보아 법률이 입법사항을 고시와 같은 행정규칙에 위임하는 것도 가능하다고 하였다. 그 논거로는, i) 오늘날에는 형식적 권력분립주의가 아니라 기능적 권력분립론에 기초하고 있는 점, ii) 입법자는 입법권한을 행정기관에 위임하면서 규율의 법형식도 선택할 수 있다고 보아야 하는 점, iii) 행정기관이 법률로부터 구체적으로 범위를 정하여 위임받은 사항에 관하여 입법권을 행사하는 것은 국회입법의 원칙에 상치되지 않는 점 등을 들고 있다. 다만 행정규칙은 법규명령과 같은 엄격한 제정절차를 요하지 아니하므로 기본권을 제한하는 작용을 하는 법률이 입법권한을 위임을 할 때에는 대통령령·총리령·부령 등 법규명령에 위임하는 것이 바람직하고, 고시와 같은 형식으로 입법위임을 할 때에는 전문적·기술적 사항이나 경미한 사항으로서 업무의 성질상 위임이 불가피한 사항에 한정된다고 한다.[15]

이에 대해 헌법재판소의 반대의견은, 헌법이 법규명령의 형식으로 대통령령·총리령·부령·대법원규칙·헌법재판소규칙·중앙선거관리위원회규칙에 관해 규정한 것은 한정적으로 열거한 것으로 보아야 하며, 따라서 법률이 헌법상 원칙에 대한 예외를 인정하여 고시와 같은 행정규칙에 입법사항을 위임하는 것은 허용되지 않는다고 하였다.

4. 소 결

행정기관이 법률로부터 구체적으로 위임받은 사항에 관해 명령을 발하는 것은 국회입법의 원칙에 반하는 것은 아니라 할 것이므로 법규명령의 형식에 관해 규정한 헌법규정은 예시적인 것으

---

13) 김남진/김연태(I), 171면.
14) 박균성(상), 213면; 홍정선(상), 256면.
15) 헌재 2006. 12. 28, 2005헌바59. 행정규제기본법 제4조 제2항 참조.

로 보는 것이 타당할 것이다. 따라서 감사원규칙은 비록 헌법에는 근거가 없더라도 감사원법의 수권에 의해 제정된 것이므로 법규명령의 성질을 가진다고 할 것이며, 또한 전문적·기술적 사항이나 경미한 사항으로서 업무의 성질상 위임이 불가피한 경우에는 법률이 입법사항을 고시와 같은 행정규칙에 위임하는 것도 가능하다고 할 것이다.

Ⅳ. 성립 및 효력요건

1. 주체에 관한 요건

법규명령은 헌법과 법률에 의하여 수권을 받은 기관이 그 권한의 범위 내에서 제정하여야 한다.

2. 절차에 관한 요건

(1) 법제처의 심사와 국무회의의 심의

대통령령은 법제처의 심사와 국무회의의 심의를 거쳐야 하며(헌법 89조 3호, 정부조직법 23조 1항), 총리령과 부령은 법제처의 심사를 거쳐야 한다(정부조직법 23조 1항).

(2) 입법예고

① 원칙 : 법규명령을 제정·개정·폐지하는 입법안을 마련한 행정청은 법이 정한 예외사유에 해당하지 않는 한 입법안의 취지, 주요 내용 또는 전문(全文)을 관보·공보나 인터넷·신문·방송 등을 통해 널리 공고하여야 하며, 특히 대통령령을 입법예고하는 경우에는 국회 소관 상임위원회에 이를 제출하여야 한다(행정절차법 41조, 42조). 입법예고기간은 예고할 때 정하되, 특별한 사정이 없으면 40일(자치법규는 20일) 이상으로 한다(동법 43조).

② 예외사유 : 입법예고를 하지 않을 수 있는 사유는 다음과 같다. i) 신속한 국민의 권리보호 또는 예측 곤란한 특별한 사정의 발생 등으로 입법이 긴급을 요하는 경우, ii) 상위 법령의 단순한 집행을 위한 경우, iii) 입법내용이 국민의 권리·의무 또는 일상생활과 관련이 없는 경우, iv) 단순한 표현·자구를 변경하는 경우 등 입법내용의 성질상 예고의 필요가 없거나 곤란하다고 판단되는 경우, v) 예고함이 공공의 안전 또는 복리를 현저히 해칠 우려가 있는 경우(동법 41조 1항 단서).

3. 형식에 관한 요건

법규명령은 조문형식의 문서로 발하여야 한다. 대통령령의 경우에는 공포문의 전문(前文)에 국무회의의 심의를 거친 사실을 적고 대통령이 서명한 후 대통령인을 찍고 그 공포일을 명기하여 국무총리와 관계 국무위원이 부서(副署)한다(법령 등 공포에 관한 법률 7조). 총리령과 부령의 경우에는 공포일자를 명기하고 국무총리 또는 해당 장관이 서명한 후 총리인 또는 장관인을 찍는다(동법 9조).

4. 내용에 관한 요건

법규명령은 그 내용이 상위 법령에 저촉되어서는 안 될 뿐만 아니라, 객관적으로 명확하고 실현가능해야 한다.

5. 공포 및 효력발생

법규명령은 관보에 게재하여 그 내용을 외부에 표시하여야 하는데, 이를 공포라 한다. 대통령령·총리령·부령은 특별한 규정이 없으면 공포한 날부터 20일이 경과함으로써 효력을 발생한다(법령 등 공포에 관한 법률 13조). 다만 국민의 권리제한 또는 의무부과와 직접 관련되는 대통령령·총리령·부령은 긴급히 시행하여야 할 특별한 사유가 있는 경우를 제외하고는 공포일부터 적어도 30일이 경과한 날부터 시행되도록 하여야 한다(동법 13조의2). 여기에서 '적어도 30일이 경과한 날부터 시행되도록 하여야 한다'는 의미는 해당 법규명령의 부칙에서 그러한 취지의 시행시기를 규정하라는 것이지, 아무런 규정이 없어도 당연히 공포일부터 30일이 경과한 때로부터 효력을 발생한다는 취지는 아니다.

V. 법규명령의 하자

1. 하자있는 법규명령의 효력

법규명령이 위에서 설명한 요건을 갖추지 못한 경우에는 하자있는 명령이 되는데, 하자있는 법규명령은 무효인지 아니면 취소의 대상인지가 문제된다. 종래에는 '행정행위의 하자론(중대명백설)'을 원용하여 하자가 중대하고 명백한 법규명령은 무효이며 그러한 정도에 이르지 않은 경우에는 취소할 수 있는 법규명령이 된다는 견해가 존재하였다. 그러나 현재에는 하자있는 법규명령은 원칙적으로 무효라고 보는 것이 통설이다. 그 논거로는, 현행 행정소송법이 취소소송의 대상을 '처분'에 한정하고 있으므로 원칙적으로 법규명령에 대한 취소소송은 인정되지 않으며, 따라서 취소의 대상이 되는 법규명령은 존재하지 않는다는 것을 든다. 판례도 법규명령이 위헌 또는 위법인 경우에는 무효라고 판시하고 있다.[16]

> **판례** 『자원의 절약과 재활용촉진에 관한 법률 시행령 제11조 [별표 2] 제7호에서 플라스틱제품의 수입업자가 부담하는 폐기물부담금의 산출기준을 아무런 제한 없이 그 수입가만을 기준으로 한 것은, 합성수지 투입량을 기준으로 한 제조업자에 비하여 과도하게 차등을 둔 것으로서 합리적 이유 없는 차별에 해당하므로, 위 조항 중 '수입의 경우 수입가의 0.7%' 부분은 헌법상 평등원칙을 위반한 입법으로서 무효이다.』(대판 2008. 11. 20. 2007두8287)

---

16) 대판 2008. 11. 20, 2007두8287.

2. 하자있는 법규명령에 근거한 행정행위의 효력

하자있는 법규명령에 근거하여 행해진 행정행위 역시 하자있는 것이 되는데, 이러한 하자는 행정행위의 무효사유인지 취소사유인지가 문제된다. 판례는 기본적으로 중대명백설에 입각하여, 하자있는 법규명령에 근거하여 행정행위를 한 것은 중대한 하자에 해당하지만 법규명령에 하자가 있는지는 처분 당시에 반드시 명백하다고 할 수 없으므로 결국 그 하자는 취소사유에 해당한다고 본다.[17)]

VI. 법규명령의 한계

1. 위임명령의 한계

(1) 수권의 범위 내에서의 입법

위임명령은 상위 법령에서 수권한 범위 내에서 제정되어야 한다. 위임명령이 위임의 한계를 준수하고 있는지를 판단할 때는 당해 법령 규정의 입법목적과 규정 내용, 규정의 체계, 다른 규정과의 관계 등을 종합적으로 살펴야 하고, 수권 규정에서 사용하고 있는 용어의 의미를 넘어 그 범위를 확장하거나 축소하여 위임 내용을 구체화하는 단계를 벗어나 새로운 입법을 하였는지 등도 아울러 고려해야 한다는 것이 판례의 입장이다.[18)]

구체적 사안을 살펴보면, 「재병역판정검사 규정」에서 '군간부후보생 등의 병적에서 제적되어 현역병입영 대상자 또는 보충역으로 신분이 변경된 사람'을 재병역판정검사 제외대상으로 규정한 것이 위임의 범위 내인 것인지가 문제되었다. 이에 관해 대법원은, 병역법은 재병역판정검사의 제외대상과 재병역판정검사의 시기 등에 관하여 시행령에 위임하고 있으며, 그 밖의 다른 하위 법령에 추가적인 제외대상 또는 시기를 정할 수 있도록 위임한 바 없으므로, 위 규정은 상위 법령의 구체적 위임 없이 정한 것이어서 대외적 구속력이 없다고 하였다.[19)]

(2) 포괄적 위임의 금지

① 일반론 : 행정기관에 법규명령 제정권한을 위임할 때에는 구체적으로 범위를 정하여서 하여야 하며, 포괄적인 위임은 허용되지 않는다. 여기에서 '구체적으로 범위를 정하여'라 함은 그 수권 규정에서 미리 법규명령으로 규율될 내용 및 범위의 기본사항이 구체적으로 규정되어 누구라도 해당 수권규정으로부터 법규명령에 규정될 내용의 대강을 예측할 수 있어야 함을 의미한다.[20)]

판례에 의하면 입법권의 위임에 있어 구체성 요구의 정도는 규제대상의 종류와 성격에 따라 달라진다고 한다. 즉, '처벌법규나 조세법규 등 국민의 기본권을 침해할 소지가 있는 법규'의 경우

---

17) 대판 2007. 6. 14, 2004두619; 대판 2018. 10. 25, 2015두38856.
10) 대판 2023. 0. 18, 2021두41495.
19) 대판 2023. 8. 18, 2020두53293.
20) 헌재 2000. 1. 27, 99헌바23.

에는 구체성·명확성의 요구가 보다 강하게 요구되고, '보건위생 등 급부행정영역'이나 '군인의 복무와 같은 일반 사회생활과는 현저하게 다른 특수하고 전문적인 영역' 또는 '규율대상이 지극히 다양하거나 수시로 변화하는 성질의 영역'에서는 구체성의 요구가 다소 약화되어도 무방하다고 한다.[21] 그리고 법률규정 자체에 위임의 구체적 범위를 명확히 규정하고 있지 아니하여 외형상으로는 일반적·포괄적으로 위임한 것처럼 보이더라도, 그 법률의 전반적인 체계와 취지·목적, 해당 조항의 규정형식과 내용 등을 통하여 그 내재적인 위임의 범위나 한계를 객관적으로 분명히 확정할 수 있다면 포괄적 위임에 해당하지 않는다고 한다.[22]

> **판례** ① 『헌법 제75조는 "대통령은 법률에서 구체적 범위를 정하여 위임받은 사항…에 관하여 대통령령을 발할 수 있다"고 규정하고 있으므로, 법률의 위임은 반드시 구체적이고 개별적으로 한정된 사항에 관하여 행해져야 할 것이고, 여기서 구체적이라는 것은 일반적·추상적이어서는 안 된다는 것을, 범위를 정한다는 것은 포괄적·전면적이어서는 안 된다는 것을 각 의미하고, 이러한 구체성의 요구의 정도는 규제 대상의 종류와 성격에 따라 달라진다고 할 것이므로 보건위생 등 급부행정영역에서는 기본권침해영역보다는 구체성의 요구가 다소 약화되어도 무방하다고 해석된다.』(대결 1995. 12. 8, 95카기16)
>
> ② 『헌법 제75조는 법률에서 구체적으로 범위를 정하여 위임한 사항에 관하여 대통령령을 발할 수 있다고 규정하고 있다. 여기에서 '법률에서 구체적으로 범위를 정하여'라 함은 법률에 이미 대통령령 등 하위법규에 규정될 내용 및 범위의 기본사항이 구체적이고 명확하게 규정되어 있어 누구라도 그 자체로부터 대통령령 등에 규정될 내용의 대강을 예측할 수 있어야 함을 의미한다. 다만 이러한 위임의 구체성·명확성의 요구 정도는 규제대상의 종류와 성격에 따라서 달라진다. 즉, 일반적인 급부행정법규의 경우보다 처벌법규나 조세법규 등 국민의 기본권을 직접적으로 제한하거나 침해할 소지가 있는 법규에서는 구체성·명확성의 요구가 강화되어 그 위임의 요건과 범위가 더 엄격하게 제한적으로 규정되어야 하고, 규율대상이 지극히 다양하거나 수시로 변화하는 성질의 것일 때에는 위임의 구체성·명확성의 요건이 완화된다. 또한 예측가능성의 유무는 당해 특정조항 하나만을 가지고 판단할 것이 아니고 관련 법조항 전체를 유기적·체계적으로 종합 판단하여야 하며, 각 대상법률의 성질에 따라 구체적·개별적으로 검토하여야 한다.』(헌재 2013. 9. 26, 2012헌바16)
>
> ③ 『이 사건 지침은 군인사법 제47조의2의 위임과 군인복무규율 제29조 제2항의 재위임 및 국방교육훈련 규정 제9조 제1호의 위임에 따라 제정된 것으로서 법률에 근거한 규율이라고 할 것이므로 법률유보의 원칙에 위반된다고 보기 어렵다. 또한, 국군의 특수한 사명을 수행하기 위하여 모든 국민에게 국방의무가 부과되고, 군인의 복무 및 군인훈련은 일반사회생활과는 현저하게 다른 특수하고 전문적인 영역이어서 군사전문가인 지휘관에게 포괄적으로 일임할 필요가 있으며, 군대에 대한 통수와 지휘는 예측할 수 없는 다양한 상황에 대하여 신속하고 전문적·효과적으로 이루어져야 하므로, 군인사법 제47조의2가 군인의 복무에 관한 사항에 관한 규율권한을 대통령령에 위임하면서 다소 개괄적으로 위임하였다고 하여 헌법 제75조의 포괄위임금지원칙에 어긋난다고 보기 어렵다.』(헌재 2010. 10. 28, 2007헌마890)[23]
>
> ④ 『조세법률주의의 원칙상 과세요건은 엄격히 해석되어야 하고 일반적·포괄적인 위임입법은 금지되나, 법률규정 자체에 위임의 구체적 범위를 명확히 규정하고 있지 아니하여 외형상으로는 일반적·포괄적으로 위임한 것처럼 보이더라도, 그 법률의 전반적인 체계와 취지·목적, 당해 조항의 규정 형식과 내

---

21) 대결 1995. 12. 8, 95카기16; 헌재 2010. 10. 28, 2007헌마890; 헌재 2013. 9. 26, 2012헌바16.
22) 대판 1996. 3. 21, 95누3640.

용 및 관련 법규를 살펴 이에 대한 해석을 통하여 그 내재적인 위임의 범위나 한계를 객관적으로 분명히 확정될 수 있는 것이라면 이를 일반적·포괄적인 위임에 해당하는 것으로 볼 수는 없다고 할 것이다.』
(대판 1996. 3. 21. 95누3640)

② 구체적 사안의 검토

(가) 포괄위임금지의 원칙에 위배되지 않는다고 본 사례

> **판례** 헌재 2002. 6. 27. 2000헌마642, 2001헌바12(병합)
>
> 〈관계 법조문〉: 부동산중개업법 제20조 (현행 공인중개사법 제32조에 해당)
> ① 중개업자는 중개업무에 관하여 중개의뢰인으로부터 소정의 수수료를 받는다.
> ③ 제1항의 규정에 의한 수수료의 한도 등에 관하여 필요한 사항은 건설교통부령이 정하는 범위 내에서 특별시·광역시 또는 도의 조례로 정한다.
>
> 〈헌법재판소의 판단〉: 『부동산중개업법 제20조 제3항은 부동산중개업자가 받을 수수료 및 실비의 한도라고 하는 구체적 사항을 특정하여 이를 건설교통부령에 위임하고 있으나, 수수료를 정하는 기준이나 그 한도의 상한과 하한은 이를 정하지 않고 있다. 그러나 일반적으로 중개수수료는 부동산거래 뿐만 아니라 다른 거래에서도 대체로 거래가액에 대한 일정한 비율을 기준으로 하여 정하는 것이 거래관행임에 비추어 볼 때 건설교통부령에 규정될 내용이 결국 중개대상물의 거래가액에 따른 일정비율에 의하여 수수료를 정하는 것이고, 이에 따라 필요한 경우 그 기준을 중심으로 하여 상한 내지 하한을 구체적으로 정하게 될 것임을 법 제20조 제3항으로부터 누구라도 예측할 수 있다고 하겠다. 또한 건전한 부동산 거래질서를 확립하고 국민의 재산권을 보호한다는 부동산중개업법의 입법취지에 비추어 그때그때의 전반적인 경제사정 및 부동산시장의 상황에 따라 수수료를 적절히 현실화할 필요가 있기 때문에 법률로 그 상한과 하한을 정하는 것보다는 건설교통부령으로 상황에 맞게 유동적으로 거래 종류와 거래가격에 따라 일정비율의 범위내로 정하는 것이 더 합리적이라고 보여진다. 그러므로 법 제20조 제3항이 수수료의 한도를 위임하면서 수수료를 정하는 기준이나 그 상한과 하한을 정하지 않았다고 하여 위임입법의 한계를 벗어난 것이라고 할 수 없다.』

(나) 포괄위임금지의 원칙에 위배된다고 본 사례

> **판례** ① 헌재 2002. 6. 27. 99헌마480
>
> 〈관계 법조문〉: 전기통신사업법 제53조(불온통신의 단속)
> ① 전기통신을 이용하는 자는 공공의 안녕질서 또는 미풍양속을 해하는 내용의 통신을 하여서는 아니된다.
> ② 제1항의 규정에 의한 공공의 안녕질서 또는 미풍양속을 해하는 것으로 인정되는 통신의 대상 등은 대통령령으로 정한다.
> ③ 정보통신부장관은 제2항의 규정에 의한 통신에 대하여는 전기통신사업자로 하여금 그 취급을 거부, 정지 또는 제한하도록 명할 수 있다.

---

23) 육군신병교육지침서는 신병교육훈련을 받고 있는 군인에 대해서는 원칙적으로 외부와의 전화통화를 금지하고 있는바, 이때 신병교육훈련병에 대한 통신의 자유를 제한하는 위 육군신병교육지침서가 법률의 위임에 의해 제정된 것인지, 그리고 법률의 위임이 있다 하더라도 포괄위임금지의 원칙에 위배되는 것은 아닌지가 문제되었다.

〈헌법재판소의 판단〉

『포괄적위임입법금지원칙은 행정부에 입법을 위임하는 수권법률의 명확성원칙으로서 헌법 제75조가 규정하고 있는 "법률에서 구체적으로 범위를 정하여 위임받은 사항"이라 함은 법률에 이미 대통령령으로 규정될 내용 및 범위의 기본사항이 구체적으로 규정되어 있어서 누구라도 당해 법률로부터 대통령령에 규정될 내용의 대강을 예측할 수 있어야 함을 의미한다. 그리고 이 같은 위임의 구체성과 명확성의 요구 정도는 규제 대상의 종류와 성격에 따라 달라지는바, 기본권침해영역에서는 급부영역에서보다 구체성의 요구가 강화되고, 특히 이 사건에서와 같이 표현의 자유를 내용에 의하여 규제하고 이에 불응할 경우에는 형사처벌이 가해지는 경우에는 구체성의 요구가 더욱 강화된다고 할 것이다. 그런데 위에서 본 바와 같이 '공공의 안녕질서'나 '미풍양속'의 개념은 대단히 추상적이고 불명확하여, 수범자인 국민으로 하여금 어떤 내용들이 대통령령에 정하여질지 그 기준과 대강을 예측할 수도 없게 되어 있다. 결론적으로 전기통신사업법 제53조 제2항은 대통령령에 규정될 불온통신의 내용 및 범위를 예측할 수 있도록 구체적이고 명확하게 위임하고 있지 않아 포괄위임금지원칙에 위배된다.』

② 헌재 2002. 6. 27, 2000헌가10

〈관계 법조문〉: 국가기술자격법 제12조 (기술자격의 취소 등) ① 생략

② 주무부장관은 기술자격취득자가 그 업무를 수행함에 있어서 고의 또는 중대한 과실로 타인에게 손해를 가하였거나 제9조 제4항 또는 제11조의 규정에 위반한 때에는 그 기술자격을 취소하거나 대통령령이 정하는 바에 의하여 일정한 기간 그 기술자격을 정지시킬 수 있다.

국가기술자격법시행령 제33조 (기술자격의 취소 및 정지 등)

① 법 제12조 제2항의 규정에 의한 기술자격의 정지기간은 6월 이상 3년 이하로 하되, 그 자격의 취소 및 정지기준에 관한 사항은 노동부령으로 정한다.

〈헌법재판소의 판단〉

『이 사건 법률조항은 "대통령령이 정하는 바에 의하여 일정한 기간 그 기술자격을 정지시킬 수 있다"고 규정하여 자격정지기간의 범위에 관하여 법률에 아무런 기준을 두지 않은 채 이를 모두 하위법규에 위임하고 있다. 그런데 자격정지처분에 있어서 정지기간은 정지처분의 사유 못지않게 정지처분의 핵심적·본질적 요소라 할 것이고, 이러한 이유에서 위에서 본 다른 각종 법률에서는 정지기간의 범위를 법률에 명시하여 하위법규에 위임을 하는 입법의 형식을 취하고 있다. 이에 반하여 이 사건 법률조항은 정지기간의 범위에 관하여 아무런 규정을 두고 있지 않음으로써, 이 사건 법률조항의 위임에 따라 시행령에 규정될 자격정지기간의 범위 특히 상한이 내강 어떤 것이 될지를 전혀 예측할 수 없다. 결국 이 사건 법률조항은 기술자격 보유자의 자격에 대한 정지처분의 기간에 대하여 구체적이고 명확한 규정을 두지 아니한 채 이를 대통령령에 포괄적으로 위임함으로써 행정부에게 지나치게 광범위한 입법재량권을 주는 결과를 낳았고, 이로 인하여 기술자격 보유자로 하여금 그가 받게 될 자격정지처분의 내용이나 범위를 예측할 수 없게 만들었다. 그렇다면 이 사건 법률조항은 위임입법의 한계를 벗어난 포괄적인 위임입법에 해당하여 헌법 제75조에 위반된다.』

③ 주민의 권리제한·의무부과에 관한 조례의 경우 포괄위임금지원칙의 적용 여부 : 지방자치법 제28조는 지방자치단체는 '법령의 범위에서' 조례를 제정할 수 있다고 규정하고 있는데, 이는 법령에 위배되지 않는 한 법률의 위임이 없어도 조례를 제정할 수 있다는 의미라고 본다.[24] 다만 주민의 권리제한·의무부과 또는 벌칙에 관한 조례를 제정함에 있어서는 법률의 위임이 있어야 한다(28조

---

24) 대판 2002. 4. 26, 2002추23.

단서). 이와 관련하여 판례는, 조례는 주민의 대표기관인 지방의회의 의결로 제정되는 지방자치단체의 자주법이고 또한 헌법이 지방자치단체에 포괄적인 자치권을 보장하고 있는 취지에 비추어 볼 때, 지방자치법 제28조 단서가 요구하는 법률의 위임은 반드시 구체적으로 범위를 정하여 할 필요가 없으며 포괄적인 것으로 족하다고 하였다.[25]

> **판례** 『조례의 제정권자인 지방의회는 선거를 통해서 그 지역적인 민주적 정당성을 지니고 있는 주민의 대표기관이고 헌법이 지방자치단체에 포괄적인 자치권을 보장하고 있는 취지로 볼 때, 조례에 대한 법률의 위임은 법규명령에 대한 법률의 위임과 같이 반드시 구체적으로 범위를 정하여 할 필요가 없으며 포괄적인 것으로 족하다.』(헌재 1995. 4. 20, 92헌마264)

④ **공법적 단체의 정관에 위임하는 경우 포괄위임금지원칙의 적용 여부** : 법률이 재개발조합·재건축조합 등과 같은 공법적 단체의 정관에 자치법적 사항을 위임하는 경우에 포괄위임금지의 원칙이 적용되는지가 문제된다. 구체적인 사안을 살펴보면, 종래 「도시 및 주거환경정비법」 제28조 제4항은 재개발·재건축사업 시행인가를 신청함에 있어서 필요한 토지등소유자의 동의요건에 관해 법률에서 직접 규율하고 있었으나[26] 2005년 개정법에서는 토지등소유자의 동의요건을 재개발조합·재건축조합의 정관으로 정하도록 위임하였는바, 이것이 포괄위임금지원칙 및 의회유보원칙에 위반되는지가 문제되었다.

이 사안에서 대법원은 「법률이 공법적 단체의 정관에 자치법적 사항을 위임하는 경우에는 포괄위임금지의 원칙이 적용되지 않으며, 따라서 위 법률조항이 사업시행인가 신청시의 동의요건을 조합의 정관에 포괄적으로 위임하고 있다 하더라도 포괄위임금지의 원칙에 위반된다고 할 수 없다」고 판시하였다.[27]

(3) 국회전속사항(본질사항)의 위임금지

① **국회전속사항의 위임 금지** : 헌법은 조세의 종목과 세율(59조), 행정각부의 설치와 조직(96조), 지방자치단체의 종류(117조 2항) 등과 같은 일정 사항은 법률로 정하도록 명시적으로 규정하고 있는데, 이 경우 해당 사항은 법률로 규율해야 함은 물론이다. 다만 이러한 입법사항이 전적으로 법률로 규율되어야 하는 것은 아니고 그 본질적 내용이 법률로 규율되어야 함을 의미하며, 따라서 그 세부적 사항에 대하여 구체적인 기준과 범위를 정하여 법규명령에 위임하는 것은 허용된다고 본다.

② **본질사항의 위임 문제** : 법률유보원칙에 관한 학설 중 본질사항유보설(의회유보의 원칙)에 의하면 국가공동체와 그 구성원에게 기본적이고도 중요한 의미를 갖는 영역, 특히 국민의 기본권실

---

25) 헌재 1995. 4. 20, 92헌마264; 대판 2006. 9. 8, 2004두947; 대판 2019. 10. 17, 2018두40744.
26) 도시 및 주거환경정비법 제28조 ④ 사업시행자는 제1항의 규정에 의한 사업시행인가를 신청하기 전에 사업시행계획서의 내용에 대하여 미리 정비구역안의 토지면적의 3분의 2 이상의 토지소유자의 동의와 토지등소유자의 5분의 4 이상의 동의를 얻어야 한다.
27) 대판 2007. 10. 12, 2006두14476.

현과 관련된 영역에 있어서는 국민의 대표자인 국회가 그 본질적 사항에 대해서 스스로 결정하여야 하는데,[28] 이러한 본질적 사항은 법규명령에 위임할 수 없다고 할 것이다. 판례에 의하면 병(兵)의 복무기간이나 TV수신료의 금액 등은 본질적 사항으로서 국회가 직접 규율해야 한다고 한다.[29]

앞에서 살펴본 "재개발·재건축사업 시행인가를 신청함에 있어서 필요한 토지등소유자의 동의요건에 관해 재개발조합·재건축조합의 정관으로 정하도록 위임한 것"이 의회유보의 원칙에 위반되는지가 문제되었다. 이에 대해 대법원은 「자치법적 사항이라 할지라도 그것이 국민의 권리·의무에 관련되는 것일 때에는 의회유보의 원칙에 의해 국민의 권리·의무에 관한 기본적이고 본질적인 사항은 국회가 직접 정하여야 한다」고 전제한 다음, 이 사안에서 「토지등소유자의 동의요건은 토지등소유자의 재산상 권리·의무에 관한 기본적이고 본질적인 사항이라고 볼 수 없으므로 그것을 정관에 위임하였다 하여 법률유보 내지 의회유보의 원칙에 위반된다고 할 수 없다」고 판시하였다.[30]

그러나 헌법재판소는 재개발·재건축사업 시행인가 신청시에 필요한 토지등소유자의 동의요건은 국민의 권리와 의무의 형성에 관한 기본적이고 본질적인 사항이므로 국회가 스스로 정하여야 하는 사항에 속한다고 하면서, 따라서 위 법률조항이 동의정족수를 토지등소유자의 자치법적 규약이라 할 수 있는 재개발조합·재건축조합의 정관으로 정하도록 위임한 것은 법률유보원칙에 위반된다고 하였다.[31]

> **판례** ① 「병의 복무기간은 국방의무의 본질적 내용에 관한 것이어서 이는 반드시 법률로 정하여야 할 입법사항에 속한다고 할 것인바, 육군본부방위소집복무해제규정(육군규정) 제32조가 병역법이 규정하지 아니한 사유를 규정한 것은 병역법에 위반하여 무효라고 할 것이다.」(대결 1985. 2. 28, 85초13)
>
> ② 「오늘날 법률유보원칙은 단순히 행정작용이 법률에 근거를 두기만 하면 충분한 것이 아니라, 국가공동체와 그 구성원에게 기본적이고도 중요한 의미를 갖는 영역, 특히 국민의 기본권실현과 관련된 영역에 있어서는 국민의 대표자인 입법자가 그 본질적 사항에 대해서 스스로 결정하여야 한다는 요구까지 내포하고 있다(의회유보원칙). 그런데 텔레비전방송수신료는 대다수 국민의 재산권 보장의 측면이나 한국방송공사에게 보장된 방송자유의 측면에서 국민의 기본권실현에 관련된 영역에 속하고, 수신료금액의 결정은 납부의무자의 범위 등과 함께 수신료에 관한 본질적인 중요한 사항이므로 국회가 스스로 행하여야 하는 사항에 속하는 것임에도 불구하고 한국방송공사법 제36조 제1항에서 국회의 결정이나 관여를 배제한 채 한국방송공사로 하여금 수신료금액을 결정해서 문화관광부장관의 승인을 얻도록 한 것은 법률유보원칙에 위반된다.」(헌재 1999. 5. 27, 98헌바70)
>
> ③ 「토지등소유자가 도시환경정비사업을 시행하는 경우 사업시행인가 신청시 필요한 토지등소유자의 동의는, 개발사업의 주체 및 정비구역 내 토지등소유자를 상대로 수용권을 행사하고 각종 행정처분을 발할 수 있는 행정주체로서의 지위를 가지는 사업시행자를 지정하는 문제로서, 그 동의요건을 정하는 것은

---

28) 헌재 1999. 5. 27, 98헌바70; 헌재 2002. 6. 27, 99헌마480.
29) 대결 1985. 2. 28, 85초13; 헌재 1999. 5. 27, 98헌바70.
30) 대판 2007. 10. 12, 2006두14476.
31) 헌재 2012. 4. 24, 2010헌바1.

국민의 권리와 의무의 형성에 관한 기본적이고 본질적인 사항이므로 국회가 스스로 행하여야 하는 사항에 속하는 것임에도 불구하고, 사업시행인가 신청에 필요한 동의정족수를 토지등소유자가 자치적으로 정하여 운영하는 규약에 정하도록 한 것은 법률유보원칙에 위반된다.』(헌재 2012. 4. 24, 2010헌바1)

(4) 처벌규정의 위임과 죄형법정주의

죄형법정주의란 어떠한 행위가 범죄에 해당하고 그에 대해 어떠한 형벌을 과할 것인지를 법률로 규율하여야 한다는 형사법의 대원칙을 말한다. 이와 관련하여 행정상의 의무위반자에 대한 처벌에 관하여 법규명령으로 정하도록 위임하는 것이 죄형법정주의에 위배되는지가 문제되는데, 법률에서 범죄 구성요건에 관한 구체적 기준이나 처벌의 상하한선을 정하여 위임하는 것은 허용된다는 것이 통설이다.

판례에 의하면 형벌법규라 하더라도 일정 사항의 위임이 불가능하지는 않지만, 죄형법정주의의 원칙에 비추어 볼 때 형벌법규를 법규명령에 위임하기 위해서는 특히 긴급한 필요가 있거나 미리 법률로써 자세히 정할 수 없는 부득이한 사정이 있는 경우에 한정되어야 하며, 이러한 경우에도 법률에서 범죄의 구성요건은 처벌대상행위가 어떠한 것일 것이라고 예측할 수 있을 정도로 구체적으로 규정하여야 하며, 또한 처벌의 상한도 범위를 정하여 위임하여야 한다고 한다.[32]

판례 ①『형벌법규라 하더라도 일정사항의 위임이 불가능하지는 않지만, 죄형법정주의의 원칙에 비추어 보건대 최소한도 범죄의 구성요건의 윤곽만큼은 수권규정 자체에서 예측될 수 있어야 할 것이다.』(헌재 1993. 5. 13, 92헌마80)

② 헌재 2002. 5. 30, 2001헌바5

〈관계 법조문〉: 전기통신사업법

제32조의2 (타인사용의 제한) 누구든지 전기통신사업자가 제공하는 전기통신역무를 이용하여 타인의 통신을 매개하거나 타인의 통신용에 제공하여서는 아니 된다. 다만, 대통령령이 정하는 경우에는 그러하지 아니하다.

제74조 (벌칙) 제32조의2 본문의 규정에 위반하여 전기통신사업자가 제공하는 전기통신역무를 이용하여 타인의 통신을 매개하거나 타인의 통신용에 제공한 자는 500만원 이하의 벌금에 처한다.

〈헌법재판소의 판단〉

『[1] 헌법 제75조는 대통령령으로 입법할 수 있는 사항을 "법률에서 구체적으로 범위를 정하여 위임받은 사항"으로 한정함으로써 일반적이고 포괄적인 위임입법은 허용되지 않는다는 것을 명백히 하고 있다. 범죄와 형벌에 관한 사항에 있어서도 위임입법의 근거와 한계에 관한 헌법 제75조는 적용되는 것이고, 다만 법률에 의한 처벌법규의 위임은 헌법이 특히 인권을 최대한 보장하기 위하여 죄형법정주의와 적법절차를 규정하고 법률에 의한 처벌을 강조하고 있는 기본권보장 우위사상에 비추어 바람직하지 못한 일이므로 그 요건과 범위가 보다 엄격하게 제한적으로 적용되어야 한다. 따라서 형벌법규의 위임을 하기 위하여는 특히 긴급한 필요가 있거나 미리 법률로써 자세히 정할 수 없는 부득이한 사정이 있는 경우에 한정되어야 하며, 이러한 경우에도 법률에서 범죄의 구성요건은 처벌대상행위가 어떠한 것일 것이라고

---

32) 헌재 1993. 5. 13, 92헌마80; 헌재 2002. 5. 30, 2001헌바5.

예측할 수 있을 정도로 구체적으로 규정하여야 하되, 위임입법의 위와 같은 예측가능성의 유무를 판단함에 있어서는 당해 특정 조항 하나만을 가지고 판단할 것이 아니고 관련 법조항 전체를 유기적·체계적으로 종합하여 판단하여야 한다.

[2] 이 사건 법률조항 중 제32조의2 단서에 의하면 대통령령이 정하는 예외적인 경우에는 타인사용이 가능하도록 규정하고 있다. 이에 관한 대통령령인 전기통신사업법시행령 제10조의2에 의하면, 국가비상사태 하에서 재해의 예방·구조, 교통·통신 및 전력공급의 확보 또는 질서의 유지를 위하여 필요한 경우(제1호)와 기타 공공의 이익을 위하여 필요하거나 전기통신사업자의 사업경영에 지장을 초래하지 아니하는 경미한 사항으로서 정보통신부장관이 인정하는 경우(제2호)가 그 예외라고 규정하고 있으나, 이와 같이 처벌의 대상에서 제외되는 대상행위가 어떤 것일지는 법률에서 도저히 예측할 수 없다고 할 것이고, 특히 제2호에서 규정하는바 정보통신부장관이 예외로 인정하는 경우에 해당하는 내용은 아직 정해진 바가 없다. 그러므로 이 사건 법률조항은 형벌법규의 위임을 하기 위한 요건인 특히 긴급한 필요가 있거나 미리 법률로써 자세히 정할 수 없는 부득이한 사정이 있는 경우에 해당한다고 할 수 없다. 또한, 예외적으로 허용되는 유형의 행위로 대통령령에 규정될 내용 및 범위의 기본사항에 관하여 구체적인 규정 즉 그 위임기준을 두고 있지 않으며, 관련 법조항 전체를 유기적·체계적으로 종합하여 판단하더라도 대통령령에 규정될 내용의 대강을 예측할 수 없으므로, 국민들로서는 어떠한 행위가 금지되고 어떠한 행위가 허용되는지를 알 수 없다고 할 것이다. 결국, 이 사건 법률조항은 죄형법정주의에서 도출된 명확성의 원칙에 위반될 뿐만 아니라 위임입법의 한계를 일탈하여 헌법에 위반된다고 하지 않을 수 없다.』

(5) 재위임의 문제

위임받은 사항을 다시 하위명령에 위임하는 것이 가능한지가 문제된다. 통설과 판례에 의하면, 위임받은 사항을 전면 재위임하는 것은 복위임금지의 법리에 반할 뿐 아니라 수권법의 내용을 변경하는 것이어서 허용되지 않으나, 위임받은 사항에 관한 대강을 정한 다음 세부적 사항에 관하여 재위임하는 것은 허용된다고 본다.

판례 『법률에서 위임받은 사항을 전혀 규정하지 않고 재위임하는 것은 "위임받은 권한을 그대로 다시 위임할 수 없다"는 복위임금지의 법리에 반할 뿐 아니라 수권법의 내용변경을 초래하는 것이 되고, 부령의 제정·개정절차가 대통령령에 비하여 보다 용이한 점을 고려할 때 재위임에 의한 부령의 경우에도 위임에 의한 대통령령에 가해지는 헌법상의 제한이 당연히 적용되어야 할 것이므로 법률에서 위임받은 사항을 전혀 규정하지 아니하고 그대로 재위임하는 것은 허용되지 않으며, 위임받은 사항에 관하여 대강(大綱)을 정하고 그 중의 특정사항을 범위를 정하여 하위법령에 다시 위임하는 경우에만 재위임이 허용된다.』 (헌재 1996. 2. 29, 94헌마213)

(6) 사후 위임의 문제

법령의 위임 없이 제정된 법규명령은 무효이지만, 나중에 법령의 개정으로 위임의 근거가 부여되면 그때부터는 유효한 법규명령으로 볼 수 있다는 것이 판례의 입장이다.[33]

---

33) 대판 2017. 4. 20, 2015두45700.

2. 집행명령의 한계

집행명령은 법률을 현실적으로 집행하는 데 필요한 세부적인 사항만을 규정할 수 있을 뿐이고, 법률이 규정한 개인의 권리·의무에 관한 내용을 변경·보충하거나 법률에 규정되지 아니한 새로운 내용을 규정할 수는 없다.[34]

Ⅶ. 법규명령의 소멸

1. 폐 지

법규명령은 그 효력을 장래에 향하여 소멸시키려는 행정권의 조치(폐지)에 의해 효력을 상실한다. 이러한 폐지의 의사표시는 상위 또는 동위의 법령에서 명시적으로 할 수도 있고, 해당 법규명령과 내용상 충돌하는 상위 또는 동위의 법령을 제정함으로써 묵시적으로 할 수도 있다.

2. 기한의 도래

법규명령의 존속기간을 정한 이른바 한시법의 경우에는 그 기한의 도래로 효력을 상실한다.

3. 근거 법령의 소멸

위임명령의 경우에는 위임의 근거가 된 법령이 소멸한 경우에는 그 위임명령도 효력을 상실한다.

집행명령의 경우에는 그 집행의 근거가 되는 상위 법령이 폐지되면 집행명령도 효력을 상실하지만, 상위 법령이 개정됨에 그친 경우에는 그 집행명령이 개정된 상위 법령에 저촉되지 아니하고 개정된 상위 법령의 시행에 필요한 사항을 규정하고 있는 이상 개정법령의 시행을 위한 새로운 집행명령이 제정·발효될 때까지는 여전히 그 효력을 유지한다는 것이 판례의 입장이다.[35]

Ⅷ. 법규명령에 대한 통제

오늘날 행정의 전문화·다양화로 인해 법규명령의 비중이 크게 증가하여 국민생활에 미치는 영향이 날로 커져감에 따라 법규명령에 대한 통제의 필요성 또한 커져가고 있다. 이하에서 법규명령에 대한 통제수단에 관해 국회에 의한 통제, 사법부에 의한 통제, 행정기관에 의한 통제, 국민에 의한 통제로 나누어 살펴보기로 한다.

---

34) 대판 2020. 9. 3, 2016두32992.
35) 대판 1989. 9. 12, 88누6962.

1. 국회에 의한 통제

(1) 간접적 통제

이는 국회가 법규명령의 효력 발생이나 소멸에 직접적으로 관여하는 것이 아니라, 국회가 행정부에 대하여 가지는 국정감시권의 행사에 의하여 간접적으로 법규명령의 적법·타당성을 확보하는 것을 말한다. 현행 헌법상 인정되고 있는 국회의 간접통제의 방법으로는 국정감사·조사(61조), 국무총리 등에 대한 질문(62조), 국무총리 또는 국무위원의 해임건의(63조) 및 대통령·국무총리 등에 대한 탄핵소추(65조) 등을 들 수 있다.

(2) 직접적 통제

이는 국회에게 법규명령의 효력 발생에 대한 동의·승인권이나 효력을 소멸시키는 권한을 부여하는 방법에 의한 통제를 말한다. 그 대표적인 예로는 영국에 있어서의 '의회에의 제출절차'(laying process), 미국에 있어서의 '의회거부권'(legislative veto) 등을 들 수 있다.

① **영국의 제출절차** : 영국에 있어서는 행정입법을 할 때 해당 법령안을 의회에 제출하도록 하는 일반법은 없고, 행정기관에 입법권을 수권하는 개별법에서 의회에의 제출의무를 과하는 특별한 규정을 두고 있다. 그 유형은 크게 i) 의회에 제출된 행정입법은 일단 효력을 발생하고 다만 의회가 일정기간 내에 거부의결을 하는 경우에 그 효력을 상실시키는 방법과 ii) 의회에 제출된 행정입법은 의회의 승인이 있어야 비로소 그 효력이 발생하도록 하는 방법이 있는데, 일반적으로는 전자의 방법이 많이 활용되고 후자는 국민에게 중요한 영향을 미치는 행정입법의 경우에 제한적으로 활용된다고 한다.[36]

② **미국의 의회거부권** : 미국에서는 1996년 「행정청의 규칙제정에 대한 의회심사법」(Congressional Review of Agency Rulemaking Act)을 제정하여 규칙(행정입법)에 대한 의회의 통제절차를 정비하였다.[37] 이 법에 의하면 모든 규칙은 상·하 양원에 제출하여야 하는데, 중요하지 않은 규칙(non-major rule)은 의회에의 제출 이외의 특별한 절차가 요구되지 않고 해당 규칙에서 정한 시기에 효력을 발생하는데 대하여,[38] 중요한 규칙(major rule)은 의회의 심사가 진행되는 동안 효력발생이 유예되며 상·하 양원 합동회의에서 불승인안이 의결되면 그 규칙은 효력을 발생하지 못한다. 대통령은 의회의 불승인의결에 대해 거부권을 행사할 수 있으며, 이 경우 양원 합동회의의 재의에 부쳐져서 재적의원 3분의 2 이상의 찬성이 있으면 불승인이 확정된다.

③ **우리나라의 제출절차** : 우리 헌법은 대통령이 긴급재정경제명령이나 긴급명령을 발한 때에는

---

36) 이에 관한 상세는 이일세, 법규명령에 대한 통제에 관한 고찰, 토지공법연구 제27집, 2005. 9, 한국토지공법학회, 323면 이하 참조.

37) 미국에서는 종래 의회의 위임에 의해 제정된 규칙(행정입법)에 대해서는 의회(양원 중 어느 하나)가 거부권을 행사하여 그 효력을 상실시킬 수 있도록 하는 의회거부권제도가 채택되고 있었으나, 이는 1983년 연방대법원에 의해 위헌판결을 받았다(103, S. Ct. 2764 (1983)). 위헌의 논거는, 규칙에 대한 의회거부권을 상원 중 어느 하나의 의결에 의해 가능하도록 한 것은 양원주의(bicameralism)에 반한다는 것이다.

38) 5 U.S.C. §801(a)(4).

지체없이 국회에 보고하여 그 승인을 얻도록 하고 만일 승인을 얻지 못한 때에는 그때부터 효력을 상실하도록 하고 있는데(76조 3항·4항), 이는 제출절차의 한 형태로 볼 수 있다.

그리고 일반적인 법규명령의 제정과 관련해서는 국회법이 약식의 제출절차에 관해 규정하고 있다. 즉, 중앙행정기관의 장은 법률에서 위임한 사항이나 법률을 집행하기 위해 필요한 사항을 규정한 대통령령·총리령·부령·훈령·예규·고시 등이 제정·개정 또는 폐지된 때에는 10일 이내에 이를 '국회 소관 상임위원회'에 제출하여야 한다(국회법 98조의2 1항). 다만 대통령령의 경우에는 입법예고를 할 때에도 그 입법예고안을 10일 이내에 제출하여야 한다.

상임위원회는 위원회 또는 상설 소위원회를 정기적으로 개회하여 소관 중앙행정기관이 제출한 대통령령·총리령 및 부령의 법률 위반 여부 등을 검토하여야 하며(동법 98조의2 3항), 검토 결과 '대통령령 또는 총리령'이 법률의 취지 또는 내용에 합치되지 아니한다고 판단되는 경우에는 검토의 경과와 처리 의견 등을 기재한 검토결과보고서를 의장에게 제출하여야 한다(동법 98조의2 4항). 의장은 제출된 검토결과보고서를 본회의에 보고하고, 국회는 본회의 의결로 이를 처리하고 정부에 송부한다(동법 98조의2 5항). 정부는 송부받은 검토결과에 대한 처리 여부를 검토하고 그 처리결과(송부받은 검토결과에 따르지 못하는 경우 그 사유를 포함한다)를 국회에 제출하여야 한다(동법 98조의2 6항). 상임위원회는 검토 결과 '부령'이 법률의 취지 또는 내용에 합치되지 아니한다고 판단되는 경우에는 소관 중앙행정기관의 장에게 그 내용을 통보할 수 있으며, 이를 통보받은 중앙행정기관의 장은 통보받은 내용에 대한 처리계획과 그 결과를 지체 없이 소관 상임위원회에 보고하여야 한다(동법 98조의2 7항, 8항).

우리나라 국회법이 규정한 제출절차의 특징은, i) 대통령령·총리령·부령과 같은 법규명령뿐만 아니라 훈령·예규·고시와 같은 행정규칙도 제출의 대상이 되며, ii) 제정의 경우뿐만 아니라 개정 또는 폐지의 경우에도 제출하도록 하며, iii) 제출기관은 '국회'가 아니라 '국회 소관 상임위원회'이며, iv) 소관 상임위원회는 제출된 행정입법의 효력을 직접 통제하는 것이 아니라, 법률 위반 여부를 검토하여 정부 또는 소관 중앙행정기관의 장에게 통보하고 이 경우 정부 또는 중앙행정기관의 장은 통보받은 내용에 대한 처리계획과 그 결과를 상임위원회에 보고하도록 하며, iv) 상임위원회의 법률 위반 여부에 대한 검토 및 통보의 대상이 되는 것은 대통령령·총리령·부령과 같은 법규명령에 국한하고 있는 점 등을 들 수 있다.

2. 사법적 통제

(1) 서

하자있는 법령에 대해 다투는 방법은 크게 추상적 규범통제와 구체적 규범통제로 나눌 수 있다. 추상적 규범통제란 구체적 소송사건과는 관계없이 객관적으로 법령 자체의 위헌·위법 여부를 심사하는 제도를 말하고,[39] 구체적 규범통제란 구체적 소송사건에서 법령의 위헌·위법성이 문제

---

39) 독일 기본법은 연방정부, 주정부 또는 연방의회 재적의원 1/3은 헌법재판소에 연방법률과 주법률의 위헌 여부의 심사를 청구할 수 있도록 함으로써(93조 1항 2호) 추상적 규범통제제도를 채택하고 있다.

된 경우에 그 효력을 심사하는 제도를 말한다. 구체적 규범통제는 다시 직접적 규범통제와 부수적 규범통제로 나누어지는데, 전자는 직접 법령을 대상으로 소송을 제기하는 것이고, 후자는 구체적 소송사건에서 부수적으로 그 근거가 된 법령의 효력을 다투도록 하는 것이다.[40] 어떠한 규범통제 제도를 취할 것인지는 입법정책적인 문제라 할 것인데, 다음에 설명하는 바와 같이 우리나라는 원칙적으로 구체적 규범통제 중에서 부수적 규범통제의 방법을 택하고 있다. 한편, 법규명령의 위헌성에 대해 헌법재판소가 심사권한을 가지는지에 대해서는 다툼이 있다. 이하에서는 법원에 의한 통제와 헌법재판소에 의한 통제로 나누어 살펴보기로 한다.

(2) 법원에 의한 통제

① **구체적(부수적) 규범통제** : 우리 헌법은 "명령·규칙이 헌법이나 법률에 위반되는 여부가 재판의 전제가 된 경우에는 대법원은 이를 최종적으로 심사할 권한을 가진다"고 함으로써 구체적(부수적) 규범통제제도를 채택하고 있다(107조 2항). 따라서 위헌·위법인 법규명령으로 인해 권리를 침해당한 자는 먼저 그 법규명령에 근거해서 행해진 행정처분에 대해 소송을 제기한 다음 그 재판의 전제로서 법규명령의 위헌·위법성에 대해 다투어야 하며, 직접 법규명령의 효력을 다투는 소송을 제기하는 것은 원칙적으로 허용되지 않는다. 여기에서 "대법원은 이를 최종적으로 심사할 권한을 가진다"고 한 것은 대법원만이 심사권한을 가진다는 것을 의미하는 것이 아니라, 본안소송의 수소법원이 법규명령의 위헌·위법성에 대한 심사권한을 가지며 최종적으로는 대법원이 심사한다는 의미이다.

법원의 심리결과 법규명령이 헌법이나 법률에 위반된다고 인정되면 법원은 해당 법규명령이 무효라고 선언하는데, 이러한 무효선언에 의해 그 법규명령의 효력이 일반적으로 소멸하는 것은 아니고 당해 사건에 한하여 적용이 배제된다고 본다. 법규명령의 효력이 직접 소송의 대상이 된 것이 아니라 다른 재판의 전제로서 부수적으로 심사된 것이기 때문이다.

한편, 법규명령이 법원에 의해 무효라고 판단된 후에는 그 사실을 대외적으로 공표함으로써 그것이 더 이상 적용되지 않도록 할 필요가 있다. 이를 위하여 행정소송법 제6조는 명령이 헌법 또는 법률에 위반되는 것이 확정된 경우 대법원은 지체없이 그 사유를 행정안전부장관에게 통보하고, 행정안전부장관은 지체없이 이를 관보에 게재하도록 하고 있다.

② **법규명령에 대한 항고소송** : 항고소송은 '처분'을 대상으로 하기 때문에 일반적·추상적 규율에 해당하는 법규명령은 원칙적으로 항고소송의 대상이 되지 않는다. 그러나 처분적 법규명령의 경우에는 예외적으로 항고소송의 대상이 될 수 있다고 보는 것이 지배적인 견해이다. 판례도 두밀분교 폐지에 관한 경기도교육조례가 항고소송의 대상이 되는 행정처분에 해당한다고 보았다.[41]

---

40) 예컨대 집행행위를 매개로 하지 않고 법령의 규정에 의해 직접 기본권을 침해당한 사람이 헌법재판소법 제68조 제1항에 따라 헌법재판소에 해당 법령 규정에 대한 헌법소원심판청구를 하는 것은 직접적 규범통제에 해당한다. 해당 법령 규정이 직접 심판의 대상이 되기 때문이다. 이에 반해 명령이 헌법이나 법률에 위반되는지가 재판의 전제가 되어 법원이 해당 명령의 위헌·위법여부를 심사하는 것(헌법 107조 2항)은 재판의 전제로서 부수적으로 명령의 위헌·위법 여부를 심사하는 것이므로 부수적 규범통제에 해당한다.

41) 대판 1996. 9. 20, 95누8003.

> **판례** ① 『행정청의 위법한 처분 등의 취소 또는 변경을 구하는 취소소송의 대상이 될 수 있는 것은 구체적인 권리의무에 관한 분쟁이어야 하고 일반적·추상적인 법령이나 규칙 등은 그 자체로서 국민의 구체적인 권리의무에 직접적 변동을 초래케 하는 것이 아니므로 그 대상이 될 수 없다 할 것인바, 원심이 같은 취지에서 피고가 1990. 11. 15. 교통부령 제938호로 개정한 자동차관리법시행규칙의 취소를 구하는 이 사건 소는 구체적인 권리의무에 관한 것이 아닌 일반적·추상적인 규칙을 대상으로 하여 그 취소를 구하는 것이어서 행정소송의 대상이 될 수 없는 것을 대상으로 하여 제기된 부적법한 소라고 판시한 것은 정당하다.』 (대판 1992. 3. 10, 91누12639)
>
> ② 『조례가 집행행위의 개입 없이도 그 자체로서 직접 국민의 구체적인 권리의무나 법적 이익에 영향을 미치는 등의 법률상 효과를 발생하는 경우 그 조례는 항고소송의 대상이 되는 행정처분에 해당하고, 이러한 조례에 대한 무효확인소송을 제기함에 있어서 행정소송법 제38조 제1항, 제13조에 의하여 피고적격이 있는 처분 등을 행한 행정청은, 행정주체인 지방자치단체 또는 지방자치단체의 내부적 의결기관으로서 지방자치단체의 의사를 외부에 표시할 권한이 없는 지방의회가 아니라, 구 지방자치법 제19조 제2항, 제92조에 의하여 지방자치단체의 집행기관으로서 조례로서의 효력을 발생시키는 공포권이 있는 지방자치단체의 장이다.』 (대판 1996. 9. 20, 95누8003. 同旨 : 대판 2006. 9. 22, 2005두2506)

③ **입법부작위에 대한 구제** : 행정기관이 법규명령을 제정하여야 할 법적 의무가 있음에도 불구하고 이를 게을리하는 경우의 구제수단이 문제된다. 첫째, 입법부작위의 경우는 아직 법규명령이 존재하지 않으므로 구체적 규범통제의 대상이 되지 않는다. 둘째, 행정소송법상의 부작위위법확인소송은 '처분의 부작위'를 다투는 소송이므로 법규명령의 부작위를 다투는 수단으로는 활용될 수 없다. 따라서 입법부작위로 인해 권리를 침해당한 자는 다음에 설명하는 헌법소원심판이나 국가배상청구를 통해 구제받아야 할 것이다.[42]

> **판례** 『원심판결 이유에 의하면 원심은, 원고는 안동지역댐 피해대책위원회 위원장으로서 안동댐 건설로 인하여 급격한 이상기후의 발생 등으로 많은 손실을 입어 왔는바, 특정다목적댐법 제41조에 의하면 다목적댐 건설로 인한 손실보상 의무가 국가에게 있고 같은 법 제42조에 의하면 손실보상 절차와 그 방법 등 필요한 사항은 대통령령으로 규정하도록 되어 있음에도 피고가 이를 제정하지 아니한 것은 행정입법부작위에 해당하는 것이어서 그 부작위위법확인을 구한다고 주장하나, 행정소송은 구체적 사건에 대한 법률상 분쟁을 법에 의하여 해결함으로써 법적 안정을 기하자는 것이므로 부작위위법확인소송의 대상이 될 수 있는 것은 구체적 권리의무에 관한 분쟁이어야 하고 추상적인 법령에 관하여 제정의 여부 등은 그 자체로서 국민의 구체적인 권리의무에 직접적 변동을 초래하는 것이 아니어서 행정소송의 대상이 될 수 없으므로 이 사건 소는 부적법하다고 판단하였다. 기록에 비추어 검토해 보면 원심의 이와 같은 판단은 수긍이 가고 거기에 소론과 같은 특정다목적댐에 관한 법리오해의 위법이 있다거나 권리보호의 요건에 관한 법리오해 및 헌법위반의 위법이 없다.』 (대판 1992. 5. 8, 91누11261)

---

42) 대법원은, 입법부가 법률로써 행정부에게 특정한 사항을 시행령으로 정하도록 위임하였음에도 불구하고 행정부가 정당한 이유 없이 이를 이행하지 않는다면 위법행위가 되어 국가배상책임이 성립될 수 있다고 보았다(대판 2007. 11. 29, 2006다3561). 이에 관한 상세는 국가배상법 부분을 참조.

(3) 헌법재판소에 의한 통제

1) 법규명령에 대한 헌법재판소의 위헌심사권

헌법 제107조 제2항은 「명령…이 헌법이나 법률에 위반되는 여부가 재판의 전제가 된 경우에는 대법원은 이를 최종적으로 심사할 권한을 가진다」고 규정하고 있는데, 이와 관련하여 헌법재판소가 법규명령에 대한 위헌심사권을 가질 수 있는지가 문제되고 있다.

① 학설 : 부정설에 의하면 i) 헌법 제107조 제2항은 명령의 위헌·위법에 관해서는 대법원이 최종적으로 심사할 권한을 가진다고 명시적으로 규정하고 있으며, ii) 만일 법원과 헌법재판소가 모두 명령에 대한 위헌심사권을 가진다면 두 기관의 판단이 다를 수 있어 혼란을 일으킬 수 있다는 것을 논거로 하여, 헌법재판소는 명령의 위헌성에 대한 심사권을 갖지 못한다고 한다.[43]

이에 반해 긍정설에 의하면 '법규명령이 구체적 집행행위를 매개로 하지 아니하고 직접적으로 국민의 기본권을 침해하는 경우'에는 헌법소원심판의 대상이 될 수 있다고 한다(다수설).[44] 그 논거로는, i) 헌법재판소법 제68조 제1항은 '공권력의 행사 또는 불행사'를 헌법소원심판의 대상으로 규정하고 있는데, 명령도 공권력의 행사에 해당하므로 당연히 헌법소원심판의 대상이 될 수 있으며, ii) 헌법 제107조 제2항이 명령의 위헌·위법에 대한 심사권을 법원에 부여한 것은 명령의 위헌·위법 여부가 '재판의 전제'가 된 경우에 한하는 것이므로, 명령이 별도의 집행행위를 매개로 하지 아니하고 직접 국민의 기본권을 침해하는 경우에는 헌법재판소가 명령의 위헌성에 대해 심사하더라도 헌법 제107조 제2항의 취지에 반하는 것은 아니라는 것을 든다.

② 판례 : 헌법재판소는 법무사법시행규칙에 대한 헌법소원심판청구를 받아들여 위 규칙이 위헌임을 결정한 이래로 적극설을 취하고 있다.[45] 다만 법규명령이 헌법소원심판의 대상이 되기 위해서는 일정한 요건을 갖추어야 한다.

> **판례** 『명령·규칙 그 자체에 의하여 직접 기본권이 침해되었을 경우에는 그것을 대상으로 하여 헌법소원심판을 청구할 수 있고, 그 경우 제소요건으로서 당해 법령이 구체적 집행행위를 매개로 하지 아니하고 직접적으로 그리고 현재적으로 국민의 기본권을 침해하고 있어야 한다.』 (헌재 1993. 5. 13, 92헌마80)

③ 요건 : 법규명령이 헌법소원심판의 대상이 되기 위한 요건과 관련해서는 특히 '기본권침해의 직접성'과 '보충성'의 요건이 문제된다.

a) 기본권침해의 직접성 : 법규명령이 헌법소원심판의 대상이 되기 위해서는 해당 법규명령이 구체적 집행행위를 매개로 하지 않고 직접적으로 국민의 기본권을 침해하여야 한다. 법규명령에 대한 헌법소원에 있어서 기본권침해의 직접성을 요구하는 이유는, 법규명령이 구체적인 집행행위

---

43) 이상규(상), 262면.
44) 김남진/김연태(I), 186면; 류지태/박종수, 318면; 박균성(상), 248면; 홍정선(상), 278면.
45) 헌재 1990. 10. 15, 89헌마178; 헌재 1993. 5. 13, 92헌마80; 헌재 2013. 11. 28, 2011헌마520.

를 매개로 하여 기본권을 침해하는 경우에는 먼저 그 집행행위를 대상으로 행정소송에 의한 구제를 신청하면서 그 재판의 전제로서 법규명령의 효력을 다투어야 하기 때문이다. 여기에서 구체적 집행행위를 매개로 하지 않고 직접 국민의 기본권을 침해하는 법규명령으로는 대표적으로 '집행적 법규명령'을 들 수 있다.46)47)

이에 관한 헌법재판소의 결정을 살펴보면, i) 법무사시험은 법원행정처장이 법무사를 보충할 필요가 있다고 인정하는 경우에 실시할 수 있다고 규정한 것(법무사법시행규칙 3조 1항), ii) 당구장 영업자로 하여금 출입문에 18세 미만자의 출입금지표시를 하도록 규정한 것(체육시설의 설치·이용에 관한 법률 시행규칙 5조), iii) 개인택시운송사업면허의 양도·양수 인가요건으로 '5년 이상의 무사고 운전경력'이 필요하다고 규정한 것(여객자동차운수사업법시행규칙 17조), iv) 운전면허 적성 기준으로 양쪽 눈의 시력이 각각 0.5 이상이어야 한다고 규정한 것(도로교통법시행령 45조 1항) 등의 경우에 기본권침해의 직접성을 인정하였다.48)

이에 반해 i) 주류(酒類)의 경우에는 국세청장이 납세병마개제조자로 지정한 자가 제조한 병마개를 사용하도록 한 특별소비세법시행령 제37조 제4항과 주세법시행령 제62조 제4항 등의 규정에 의하여 일반 병마개제조업자가 받는 불이익,49) ii) 중국·베트남 등 특정 국적인이 결혼동거목적으

---

46) 많은 학생들이 헌법소원심판의 대상이 되기 위한 요건으로서의 '구체적 집행행위를 매개로 하지 않고 직접 국민의 기본권을 침해하는 법규명령'을 처분적 법규명령으로 잘못 이해하고 있다. 앞에서 설명한 바와 같이 처분적 법규명령은 처분성이 인정되어 항고소송의 대상이 될 수 있다고 본다. 따라서 처분적 법규명령에 대해서는 '보충성의 원칙'에 의하여 항고소송을 거치지 않으면 헌법소원심판을 청구할 수 없는 것이다.

47) 다만 헌법재판소에 의하면 구체적 집행행위가 존재하는 경우라고 하여 언제나 반드시 법령 자체에 대한 헌법소원심판청구가 부정되는 것은 아니라고 한다. 즉, 집행행위가 존재하는 경우라도 그 집행행위를 대상으로 하는 구제절차가 없거나 구제절차가 있다고 하더라도 권리구제의 기대가능성이 없고 다만 기본권침해를 당한 청구인에게 불필요한 우회절차를 강요하는 것밖에 되지 않는 경우(예컨대 집행행위가 기속행위의 경우)에는 당해 법령을 직접 헌법소원의 대상으로 삼을 수 있다고 한다(헌재 1997. 8. 21, 96헌마48; 헌재 2006. 4. 27, 2005헌마997). 예컨대, 변호사법 제5조는 금고 이상의 형을 선고받고 그 집행이 종료되거나 그 집행을 받지 아니하기로 확정된 후 5년을 경과하지 아니한 자는 변호사가 될 수 없다고 규정하고 있는바, 이 경우 금고 이상의 형을 선고받은 자는 위 규정에 의해 직접 기본권을 침해당하는 것인지 아니면 변호사등록신청을 하여 등록이 거부된 때에 비로소 기본권침해가 발생하는 것인지가 문제된다. 이에 대해 헌법재판소는, 변호사법상의 위 규정은 기속행위이며 따라서 등록신청을 한 후 등록거부를 기다려 이를 일반 쟁송의 방법으로 다투라고 하는 것은 불필요한 우회절차를 강요하는 셈이기 때문에, 이러한 경우에는 등록거부행위가 있기 전에도 해당 법령으로 인한 기본권침해의 직접성이 인정될 수 있다고 한다(헌재 2006. 4. 27, 2005헌마997). 다른 한편, 의료법 제65조는 일정 범죄로 금고 이상의 형을 선고 받은 자에 대해서는 반드시 면허를 취소하도록 규정하고 있는바, 위 범죄로 징역형을 선고받은 의사가 의료법 제65조로 인해 자신의 기본권을 침해당했다고 주장하며 제기한 헌법소원심판에서 헌법재판소는, 청구인의 기본권침해는 위 법률조항에 의해 직접 발생하는 것이 아니라 위 조항에 따라 면허가 취소된 때에 발생하며 이 경우 그에 대해 행정소송에 의해 권리구제를 받을 수 있다는 이유로, 기본권침해의 직접성을 부인하여 헌법소원심판청구를 각하하였다(헌재 2013. 7. 25, 2012헌마934).

48) 헌재 1990. 10. 15, 89헌마178; 헌재 1993. 5. 13, 92헌마80; 헌재 2008. 11. 27, 2006헌마688; 헌재 2008. 7. 31, 2006헌마1087; 헌재 2003. 6. 26, 2002헌마677. 여기에서 유의할 점은, 법규명령이 기본권침해의 직접성의 요건을 갖추고 있는지는 '헌법소원심판의 대상', 즉 요건심리의 문제라 할 것이며, 본안판단의 문제와는 관계가 없다는 것이다. 기본권침해의 직접성이 인정되어 헌법소원심판의 대상이 된다 하여도 본안청구가 인용되기 위해서는 해당 법규명령 조항이 국민의 기본권을 침해하고 있다는 것이 인정되어야 하는데, 위 사안에서 i)과 ii)의 경우에는 청구가 인용되었지만, iii) iv)의 경우에는 해당 법규명령 조항이 국민의 기본권을 침해하지 않는다 하여 청구가 기각되었다.

49) 헌재 1998. 4. 30, 97헌마141. 헌법재판소에 의하면, 일반 병마개제조업자의 경우 자신이 국세청장으로부터 납세병마개제조자의 지정을 받으면 기본권침해가 발생하지 않는데, 위 지정행위는 국세청장의 재량행위에 해당하기

로 사증(비자) 발급을 신청할 때 '한국인 배우자인 초청인이 국제결혼 안내프로그램을 이수하였다는 증명서를 첨부하여야 한다'는 출입국관리법시행규칙 제9조의4 제2항의 규정에 의하여 해당 외국인과 국제결혼을 하려는 자가 받는 불이익의 경우에는 기본권침해의 직접성을 부인하였다.[50]

b) **보충성의 요건** : 헌법재판소법 제68조 제1항 단서는 "다른 법률에 구제절차가 있는 경우에는 그 절차를 모두 거친 후에야 헌법소원심판을 청구할 수 있다"고 규정하고 있는데, 이를 보충성의 원칙이라 한다. 법규명령에 대해 헌법소원심판을 청구하는 경우에도 이 요건을 갖추어야 하는지가 문제되는데, 일반적으로 법규명령의 효력을 직접 다투는 소송은 허용되지 않으므로(법규명령은 항고소송의 대상인 처분에 해당하지 않음) 이 경우에는 다른 구제절차가 없기 때문에 보충성의 원칙은 적용되지 않는다는 것이 헌법재판소의 입장이다.[51] 다만 처분적 법규명령의 경우에는 예외적으로 항고소송의 대상이 될 수 있다고 보므로, 이 경우에는 보충성의 원칙에 의하여 처분적 법규명령에 대해 직접 헌법소원심판을 청구하는 것은 허용되지 않는다고 할 것이다.

> **판례** ① **기본권침해의 직접성** :『명령·규칙이라 할지라도 그 자체에 의하여 직접 국민의 기본권이 침해되었을 경우에는 그것을 대상으로 하여 헌법소원심판을 청구할 수 있음은 당 재판소가 일찍이 확립하고 있는 판례인데(헌법재판소 1990. 10. 15, 선고 89헌마178 결정; 1991. 7. 22, 선고 89헌마174 결정; 1992. 6. 26, 선고 91헌마25 결정 각 참조), 다만 그 경우 제소요건으로서 당해 법령이 구체적 집행행위를 매개로 하지 아니하고 직접적으로 그리고 현재적으로 국민의 기본권을 침해하고 있어야 함을 요하는 것이다. 이 사건의 경우 당구장을 경영하고 있는 청구인은 심판대상규정에 의하여 당구장의 출입문에 18세 미만자의 출입금지표시를 하여야 할 법적의무를 부담하게 되므로 따로 구체적인 집행행위를 기다릴 필요없이 위 규정자체에 의하여 아래 판단과 같이 그의 기본권이 현재 직접 침해당하고 있는 경우라고 할 것이다.』 (헌재 1993. 5. 13, 92헌마80)
>
> ② **보충성의 원칙** :『헌법재판소법 제68조 제1항 단서는 "다른 법률에 구제절차가 있는 경우에는 그 절차를 모두 거친 후가 아니면 청구할 수 없다"고 하여 헌법소원심판청구에 있어서의 보충성원칙을 규정하고 있다. 다만, 법령에 대한 헌법소원에 있어서는 다른 구제절차가 없기 때문에 보충성의 원칙이 적용되지 않는다.』 (헌재 1998. 4. 30, 97헌마141)

④ **성질 및 효력** : 법규명령에 대한 헌법소원심판은 법규명령으로 인해 기본권을 침해당한 자가 제기하는 것인 점에서 구체적 규범통제에 해당하며, 법규명령의 위헌성을 심판대상으로 하는 점에

때문에 병마개제조업자인 청구인의 기본권침해는 국세청장이 청구인이 아닌 다른 경업자를 납세병마개제조자로 지정한 행위에 의해 발생한다고 한다. 따라서 납세병마개제조자 지정에 관한 특별소비세법시행령 등의 규정은 기본권침해의 직접성의 요건을 갖추지 못하였다고 한다.

50) 헌재 2013. 11. 28, 2011헌마520. 헌법재판소의 다수의견에 의하면, 관련 법규정에 의하면 '프로그램이수 면제대상자'를 규정하고 있으므로(예컨대 한국인이 외국에서 45일 이상 계속 체류하면서 외국인과 교제한 경우, 외국인이 91일 이상 국내에 합법체류하면서 한국인과 교제한 경우, 배우자의 임신·출산 등 인도적 고려가 필요한 경우) 위 규정에 의해 직접 국민의 기본권이 침해되는 것이 아니라 행정청이 국제결혼을 하려는 자가 위의 예외사유에 해당하지 않는다고 판단하여 프로그램 이수증명서를 첨부하도록 요구하거나 또는 증명서를 첨부하지 않았다는 이유로 사증발급을 거부하는 처분을 한 때에 비로소 기본권침해가 확정된다고 한다.

51) 헌재 1990. 10. 15, 89헌마178; 헌재 1998. 4. 30, 97헌마141.

서 직접적 규범통제에 해당한다. 따라서 헌법재판소가 법규명령이 위헌이라 결정하면 해당 법규명령은 일반적으로 효력을 상실하게 된다.

2) 입법부작위에 대한 헌법소원심판

① 의의 및 제소기간 : 행정기관이 법규명령 제정의무를 이행하지 않는 경우, 즉 입법부작위에 대해 헌법소원으로 다툴 수 있는지가 문제된다. 넓은 의미의 입법부작위는 다시 진정입법부작위와 부진정입법부작위로 나눌 수 있다. 진정입법부작위란 입법자가 헌법상 입법의무가 있는 어떤 사항에 관하여 전혀 입법을 하지 아니함으로써 입법행위의 흠결이 있는 경우(즉, 입법권의 불행사)를 의미하고, 부진정입법부작위란 입법자가 어떤 사항에 관하여 입법은 하였으나 그 입법의 내용·범위·절차 등이 당해 사항을 불완전·불충분 또는 불공정하게 규율함으로써 입법행위에 결함이 있는 경우(즉, 결함이 있는 입법권의 행사)를 의미한다.

진정입법부작위로 인해 기본권을 침해당한 자는 입법부작위에 대해 헌법소원심판을 청구할 수 있으나, 부진정입법부작위로 인해 기본권을 침해당한 자는 그 입법부작위에 대해 헌법소원심판을 청구할 수는 없고 '결함이 있는 입법규정' 자체를 대상으로 적극적인 헌법소원심판을 청구하여야 한다는 것이 헌법재판소의 입장이다.[52] 이 경우 진정입법부작위에 대한 헌법소원심판의 경우에는 헌법재판소법 제69조 제1항이 정한 심판청구기간이 적용되지 않는데 대하여, 결함이 있는 입법규정에 대한 적극적 헌법소원심판(부진정입법부작위)의 경우에는 심판청구기간의 적용을 받는다고 한다.[53]

> **판례** ① 『넓은 의미의 입법부작위에는 입법자가 헌법상 입법의무가 있는 어떤 사항에 관하여 전혀 입법을 하지 아니함으로써 '입법행위의 흠결이 있는 경우'와 입법자가 어떤 사항에 관하여 입법은 하였으나 그 입법의 내용·범위·절차 등이 당해 사항을 불완전, 불충분 또는 불공정하게 규율함으로써 '입법행위에 결함이 있는 경우'가 있는데, 일반적으로 전자를 진정입법부작위, 후자를 부진정입법부작위라고 부르고 있다.』 (헌재 1996. 11. 28, 95헌마161)
>
> ② 『헌법소원은 헌법재판소법 제68조 제1항에 규정한 바와 같이 공권력의 불행사에 대하여서도 청구할 수 있지만, 입법부작위에 대한 헌법소원은 원칙적으로 인정될 수 없고, 다만 헌법에서 기본권보장을 위해 명시적인 입법위임을 하였음에도 입법자가 이를 이행하지 않거나, 헌법해석상 특정인에게 구체적인 기본권이 생겨 이를 보장하기 위한 국가의 행위의무 내지 보호의무가 발생하였음이 명백함에도 입법자가 아무런 입법조치를 취하지 않고 있는 경우에만 예외적으로 인정될 수 있다. 기본권보장을 위한 법규정이 불완전하여 보충을 요하는 경우에는 그 불완전한 법규 자체를 대상으로 하여 그것이 헌법위반이라는 적극적인 헌법소원을 청구함은 별론으로 하고, 입법부작위를 헌법소원의 대상으로 삼을 수는 없다.』 (헌재 1999. 1. 28, 97헌마9)
>
> ③ 『치과의사로서 전문의가 되고자 하는 자는 대통령령이 정하는 수련을 거쳐 보건복지부장관의 자격인정을 받아야 하고(의료법 제55조 제1항) 전문의의 자격인정 및 전문과목에 관하여 필요한 사항은 대통령령으로 정하는바(동조 제3항), 대통령령인 '전문의의 수련 및 자격인정 등에 관한 규정' 제2조의2 제2

---

52) 헌재 1999. 1. 28, 97헌마9; 헌재 2009. 7. 14, 2009헌마349.
53) 헌재 1996. 11. 28, 95헌마161; 헌재 1998. 7. 16, 96헌마246.

호는 치과전문의의 전문과목을 "구강악안면외과·치과보철과·치과교정과·소아치과·치주과·치과보존과·구강내과·구강악안면방사선과·구강병리과 및 예방치과"로 정하고, 제17조에서는 전문의자격의 인정에 관하여 "일정한 수련과정을 이수한 자로서 전문의자격시험에 합격"할 것을 요구하고 있는데도, '시행규칙'이 위 규정에 따른 개정입법 및 새로운 입법을 하지 않고 있는 것은 진정입법부작위에 해당하므로 이 부분에 대한 심판청구는 청구기간의 제한을 받지 않는다.』(헌재 1998. 7. 16, 96헌마246)

④ 『행정입법의 경우에도 "부진정 입법부작위"를 대상으로 헌법소원을 제기하려면 그 입법부작위를 헌법소원의 대상으로 삼을 수는 없고, 결함이 있는 당해 입법규정 그 자체를 대상으로 하여 그것이 평등의 원칙에 위배된다는 등 헌법위반을 내세워 적극적인 헌법소원을 제기하여야 하며, 이 경우에는 법령에 의하여 직접 기본권이 침해되는 경우라고 볼 수 있으므로 헌법재판소법 제69조 제1항 소정의 청구기간을 준수하여야 한다.』(헌재 2009. 7. 14, 2009헌마349)

② **침해의 직접성** : 입법부작위의 경우에는 집행할 법령이 존재하지 않으므로 집행행위를 매개로 하여 기본권이 침해될 여지가 없으며, 따라서 기본권침해의 직접성은 문제되지 않는다.

③ **보충성의 요건** : 입법부작위에 대해 헌법소원심판을 청구하는 경우에도 보충성의 요건을 갖추어야 하는지가 문제된다. 입법부작위는 그 자체로서 항고소송의 대상이 될 수 없다는 것이 판례의 입장이기 때문에 이 경우에는 '다른 구제절차가 없는 경우'에 해당되어서 보충성의 원칙은 문제되지 않는다는 것이 헌법재판소의 입장이다.[54] 물론 입법부작위에 대해 국가배상을 청구할 수 있지만, 헌법재판소법 제68조 제1항 단서에서 말하는 '다른 권리구제절차'라 함은 공권력의 행사 또는 불행사를 직접 대상으로 하여 그 효력을 다툴 수 있는 권리구제절차를 의미하고 사후적 보충적 구제수단을 뜻하는 것은 아니므로 국가배상청구는 헌법재판소법에서 말하는 다른 권리구제절차에 해당하지 않는다고 한다.

④ **입법부작위가 위법하기 위한 요건** : 법규명령의 제정(또는 개정)의 지체가 위법하기 위해서는 첫째 행정청에게 법규명령을 제정할 법적 의무가 있어야 하고, 둘째 상당한 기간이 지났음에도 불구하고 정당한 사유 없이 명령제정권을 행사하지 않아야 한다.[55]

행정부가 법률에서 위임된 사항에 관해 장기간 법규명령을 제정하지 않은 것에 정당한 이유가 있는 경우에는 위헌이라 할 수 없지만, 그러한 정당한 이유가 인정되기 위해서는 그 위임입법 자체가 헌법에 위반된다는 것이 명백하거나 행정입법의무의 이행이 오히려 헌법질서를 파괴하는 결과를 가져옴이 명백할 정도가 되어야 한다는 것이 헌법재판소의 입장이다.[56] 따라서 법규명령의 제정에 반대하는 여론의 압력이나 이익단체의 반대 또는 예산상의 제약 등과 같은 사유는 정당한 이유가 될 수 없다고 한다.[57]

⑤ **법규명령의 입법부작위에 대한 위헌을 인정한 사례** : 헌법재판소는 ⅰ) 의료법 등에서 치과전문의시험에 관해 시행규칙으로 정하도록 위임하고 있음에도 불구하고 보건복지부장관이 치과의료계

54) 헌재 1998. 7. 16, 96헌마246.
55) 헌재 1998. 7. 16, 96헌마246.
56) 헌재 2004. 2. 26, 2001헌마718.
57) 헌재 1998. 7. 16, 96헌마246; 헌재 2004. 2. 26, 2001헌마718.

의 의견불일치를 이유로 장기간 시행규칙을 개정하지 않은 것, ii) 산업재해보상보험법 및 근로기준법시행령에서 노동부장관으로 하여금 근로자의 평균임금을 정하여 고시하도록 하였음에도 불구하고 장기간 이를 고시하지 않은 것, iii) 「군법무관 임용 등에 관한 법률」이 군법무관의 봉급과 그 밖의 보수를 법관 및 검사의 예에 준하여 지급하도록 하는 시행령을 제정하도록 하였는데, 장기간 해당 시행령을 제정하지 않은 것 등이 헌법에 위반된다고 판시하였다.[58]

> **판례** ① 『청구인들은 ○○대학을 졸업하고 국가시험에 합격하여 치과의사 면허를 받았을 뿐만 아니라, 전공의수련과정을 사실상 마쳤다. 그런데 현행 의료법과 '전문의의 수련 및 자격인정 등에 관한 규정'에 의하면 치과전문의의 전문과목은 10개로 세분화되어 있고, 일반치과의까지 포함하면 11가지의 치과의가 존재할 수 있는데도 이를 시행하기 위한 시행규칙의 미비로 청구인들은 일반치과의로서 존재할 수밖에 없는 실정이다. 따라서 이로 말미암아 청구인들은 직업으로서 치과전문의를 선택하고 이를 수행할 자유(직업의 자유)를 침해당하고 있다. 또한 청구인들은 전공의수련과정을 사실상 마치고도 치과전문의자격시험의 실시를 위한 제도가 미비한 탓에 치과전문의자격을 획득할 수 없었고 이로 인하여 형벌의 위험을 감수하지 않고는 전문과목을 표시할 수 없게 되었으므로(의료법 제55조 제2항, 제69조 참조) 행복추구권을 침해받고 있고, 이 점에서 전공의수련과정을 거치지 않은 일반 치과의사나 전문의시험이 실시되는 다른 의료분야의 전문의에 비하여 불합리한 차별을 받고 있다.』(헌재 1998. 7. 16, 96헌마246)
>
> ② 『법률이 군법무관의 보수를 판사·검사의 예에 의하도록 규정하면서 그 구체적 내용을 시행령에 위임하고 있다면, 이는 군법무관의 보수의 내용을 법률로써 일차적으로 형성한 것이고, 따라서 상당한 수준의 보수청구권이 인정되는 것이라 해석함이 상당하다. 그러므로 이 사건에서 대통령이 법률의 명시적 위임에도 불구하고 지금까지 해당 시행령을 제정하지 않아 그러한 보수청구권이 보장되지 않고 있다면 그러한 입법부작위는 정당한 이유 없이 청구인들의 재산권을 침해하는 것으로써 헌법에 위반된다.』 (헌재 2004. 2. 26, 2001헌마718)

3) 긴급조치의 위헌성에 대한 심사권한

유신헌법 제53조에 근거한 긴급조치의 위헌성에 대한 심사권한을 누가 가지는지가 문제되었다. 이에 대해 대법원은, 헌법 제107조 제1항 및 제111조 제1항 제1호의 규정에 의하면 헌법재판소에 의한 위헌심판의 대상이 되는 법률이란 원칙적으로 '국회의 의결을 거친 이른바 형식적 의미의 법률'을 의미하고, 형식적 의미의 법률이 아닌 때에는 '그와 동일한 효력을 갖는 데에 국회의 승인이나 동의를 요하는 등 국회의 입법권 행사라고 평가할 수 있는 실질을 갖춘 것'이어야 한다고 하면서, 유신헌법은 긴급조치의 효력 발생이나 유지에 국회의 동의 내지 승인을 얻도록 하는 규정을 두고 있지 않으므로 긴급조치는 국회의 입법권행사라는 실질을 전혀 가지지 못한다고 보았다. 따라서 긴급조치는 헌법재판소에 의한 위헌심판의 대상이 되는 법률에 해당하지 않으므로 그의 위헌 여부에 대한 심사권은 최종적으로 대법원에 속한다고 하였다.[59]

그러나 헌법재판소는, 헌법재판소의 위헌심판의 대상이 되는 법률에는 '국회의 의결을 거친 이

---

58) 헌재 1998. 7. 16, 96헌마246; 헌재 2002. 7. 18, 2000헌마707; 헌재 2004. 2. 26, 2001헌마718.
59) 대판 2010. 12. 16, 2010도5986.

른바 형식적 의미의 법률'은 물론이고 그 밖에 조약 등 '형식적 의미의 법률과 동일한 효력을 갖는 규범'들도 모두 포함된다고 하면서, 유신헌법상의 긴급조치는 법률과 동일한 효력을 가지는 것으로 보아야 하므로 그 위헌 여부에 대한 심사권한도 헌법재판소에 전속한다고 하였다.[60]

3. 행정적 통제

(1) 행정감독권에 의한 통제

행정청은 상·하의 계층적 구조를 이루고 있으므로, 상급행정청은 하급행정청의 행정입법권의 행사에 대하여 지휘·감독권을 행사할 수 있다.

(2) 절차적 통제

이는 법규명령을 발함에 있어서 일정한 절차를 거치도록 함으로써 법규명령의 적법성을 확보하는 방법이다. 입법예고제, 법제처에 의한 심사, 국무회의의 심의 등이 이에 속한다.

(3) 중앙행정심판위원회에 의한 통제

중앙행정심판위원회는 심판청구를 심리·재결할 때에 처분 또는 부작위의 근거가 되는 명령 등(대통령령·총리령·부령·훈령·예규·고시·조례·규칙 등을 말한다)이 법령에 근거가 없거나 상위 법령에 위배되거나 국민에게 과도한 부담을 주는 등 크게 불합리하면 관계 행정기관에 그 명령 등의 개정·폐지 등 적절한 시정조치를 요청할 수 있다. 이 경우 중앙행정심판위원회는 시정조치를 요청한 사실을 법제처장에게 통보하여야 한다. 시정조치를 요청받은 관계 행정기관은 정당한 사유가 없으면 이에 따라야 한다(행정심판법 59조).

4. 국민에 의한 통제

이는 법규명령의 제정시에 공청회·청문 등에 의해 국민의 의사를 반영시킨다든지, 매스컴이나 압력단체의 활동 등 여론에 의하여 행정입법의 적법성을 확보하는 방법이다.

제3절   행정규칙

Ⅰ. 서

1. 행정규칙의 의의

(1) 행정규칙은 상급행정기관이 하급행정기관을 수범자로 하여 행정의 조직과 임무수행에 관하여 발하는 명령을 말하며, 행정명령이라고도 한다. 행정규칙은 행정조직 내부의 사항을 규율함을

---

60) 헌재 2013. 3. 21, 2010헌바70.

목적으로 하며, 직접적으로 국민의 권리·의무에 관한 사항을 규율하고 있지 않은 점에 특징이 있다. 이러한 점에서 종래 행정규칙은 법규성(대외적 구속력)을 가지지 않으며 재판규범이 되지 않는 것으로 인식되었다.

(2) 행정규칙은 좁은 의미로는 행정조직 내부사항을 규율하는 것을 의미하고, 넓은 의미로는 특별권력관계에서 특별권력의 주체가 그 조직·업무·이용관계 등을 규율하는 것(특별명령 : 국공립학교학칙, 도서관이용규칙, 교도소내규 등)을 포함시키는데, 근래에는 행정규칙을 주로 좁은 의미로 이해하고 있다.

2. 법규명령과의 구별

행정규칙은 행정기관이 발하는 일반적·추상적 규율인 점에서는 법규명령과 같으나, 규율대상, 법률의 수권을 요하는지의 여부, 제정절차·형식, 법규성 등에 있어서 양자는 차이가 있다.

(1) 규율대상

법규명령은 법규사항(국민의 권리·의무에 관한 사항)을 규율하는데 대하여, 행정규칙은 행정조직 내부의 사항을 규율함을 원칙으로 한다.

(2) 법률의 수권

법규명령을 발함에 있어서는 법률의 수권이 있어야 하지만, 행정규칙은 법률의 수권이 없어도 상급행정기관의 하급행정기관에 대한 지휘감독권에 근거하여 발할 수 있다.

(3) 제정절차·형식 등

법규명령은 그 제정에 있어 엄격한 절차와 형식이 요구되며 대외적으로 공포되어야 한다. 이에 반해 행정규칙은 행정조직 내부사항을 규율하는 것이므로 그 제정에 있어 원칙적으로 특별한 절차와 형식을 요하지 않으며 대외적으로 공포될 필요도 없다. 다만 행정규칙도 간접적으로 국민의 권리·의무에 영향을 미칠 수 있기 때문에 오늘날 행정규칙에 대한 절차적 통제가 요청되고 있다.

(4) 법규성의 문제

전통적 견해는 법규란 '국민의 권리·의무에 관해 규율하는 법규범' 또는 '대외적 구속력을 가지는 법규범'을 의미한다고 보며, 이에 따르면 법규명령은 법규성을 가지며 재판규범이 될 수 있지만 행정규칙은 법규성을 가지지 않으며 재판규범이 되지 못한다.

그런데 오늘날 법규 개념에 대한 인식의 변화에 따라 행정규칙이 법규성을 가지는지에 대해 다툼이 있다. 새로운 견해에 의하면 법규를 위와 같이 이해하는 것은 입헌군주시대 독일에서의 라반트(Laband)적 법개념에 기초하는 것으로서, 오늘날 독일에서는 완전히 극복된 이론이라고 한다.[61] 이 견해에 의하면 법규는 널리 '고권적인 일반적·추상적 규율'을 의미하는 것으로 보며, 따

---

61) 라반트·안쉬스 등 입헌군주시대의 법학자는 법규란 '독립된 권리주체 사이'의 관계를 규율하는 법규범으로 보아, 국가와 국민과의 관계를 규율하는 것(법규명령)은 법규로서 재판규범이 되지만, 하나의 권리주체인 국가의 내부적 사항을 규율하는 것(행정규칙)은 법규에 해당하지 않으며 재판규범도 되지 않는다고 하였다. 그러나 오늘

라서 행정규칙도 법규성을 가진다고 한다.62)

그런데 새로운 법규 개념을 따르는 학자는 법규를 다시 국민에 대해 구속력을 가지는 '외부법규'와 행정조직 내부에서만 구속력을 가지는 '내부법규'로 나누고 원칙적으로 외부법규만이 재판규범이 된다고 하는데, 결국 전통적인 법규 개념은 새로운 견해가 말하는 외부법규와 같은 의미라 할 것이다. 새로운 견해에 따르면 행정규칙도 법규이기는 하지만 행정조직 내부에서만 구속력을 가지는 내부법규에 해당한다.

우리의 판례는 법규를 전통적 의미로 이해하고 있으며, 따라서 행정규칙은 원칙적으로 법규성이 없고 재판규범이 되지 않는다고 한다.63)

> **판례** 『행정처분이 법규성이 없는 내부지침 등의 규정에 위배된다고 하더라도 그 이유만으로 처분이 위법하게 되는 것은 아니고, 또 내부지침 등에서 정한 요건에 부합한다고 하여 반드시 그 처분이 적법한 것이라고 할 수도 없다. 처분의 적법 여부는 그러한 내부지침 등에서 정한 요건에 합치하는지 여부가 아니라 일반 국민에 대하여 구속력을 가지는 법률 등 법규성이 있는 관계 법령의 규정을 기준으로 판단하여야 한다.』(대판 2018. 6. 15, 2015두40248)

Ⅱ. 행정규칙의 종류

1. 형식에 의한 구분

일반적으로 행정규칙을 형식에 따라 훈령, 예규, 지시 및 일일명령으로 구분한다. 이는 「행정업무의 운영 및 혁신에 관한 규정」 제4조 제2호의 규정에 따른 것인데, 아래에서 살펴보는 바와 같이 이들 모두가 행정규칙에 해당하는 것은 아니다. 그 밖에 '고시'가 행정규칙에 해당하는지에 대해서는 다툼이 있다.

(1) 훈령

훈령이란 상급행정기관이 하급행정기관에 대하여 장기간에 걸쳐 그 권한행사를 일반적으로 지휘·감독하기 위하여 발하는 명령을 말하며, 가장 대표적인 행정규칙이라 할 수 있다.

(2) 예규

예규란 법규문서 이외의 문서로서 반복적 행정사무의 기준을 제시하는 명령을 말한다.

날에는 행정주체(국가) 내부에서의 행정기관 사이의 관계도 법적 관계에 해당한다는 것이 인정되며, 따라서 상급행정기관이 하급행정기관에 대해 발하는 행정규칙도 법규에 해당한다고 한다.
62) 정하중/김광수, 135－136면.
63) 대판 2013. 9. 12, 2011두10584, 대판 2018. 6. 15, 2015두40248. 한편, 학자 중에는 법규를 전통적 의미로 이해하는 견해(김남진/김연태(Ⅰ), 167면), 새로운 의미로 이해하는 견해(정하중/김광수, 136면), 협의로는 전통적 의미로 보고 광의로는 '행정사무의 처리기준이 되는 법규범'을 포함한다는 견해(박균성(상), 260면) 등이 있다.

(3) 지시

지시란 상급행정기관이 직권이나 하급기관의 문의에 의하여 개별적·구체적으로 발하는 명령을 말하는데, 이는 일반적·추상적 규율이 아니므로 행정규칙에 해당하지 않는다고 본다.

(4) 일일명령

일일명령이란 당직·출장·시간외근무·휴가 등의 일일업무에 관한 명령을 말한다. 다만 그의 내용이 일반·추상성을 가지지 않을 때에는 행정규칙에 해당하지 않는다.

(5) 고시

고시란 행정기관이 법령이 정하는 바에 따라 일정한 사항을 일반인에게 알리는 행위를 말한다. 고시의 성질은 일률적으로 판단할 수 없고 개개의 고시에 담겨진 내용에 따라 달리 결정되어야 한다는 것이 다수설 및 판례의 입장이다.[64] 즉, 상위 법령의 수권 없이 발하여진 것으로서 일반적·추상적 규율의 성질을 가지는 고시는 행정규칙에 해당하지만, 상위 법령의 수권에 의해 발하여졌으며 일반적·추상적 규율의 성질을 가지는 고시는 그 근거가 되는 법령과 결합하여 법규명령의 성격을 가진다고 본다. 한편, 고시가 개별적·구체적 규율의 성질을 가지는 경우에는 행정행위(처분)에 해당하며, 일반적·구체적 규율의 성질을 가지는 경우에는 일반처분에 해당한다고 한다. 그리고 관보에 고시함으로써 효력이 발생하도록 하는 행정처분의 경우에는, 고시는 단지 행정처분의 효력을 이해관계인이나 국민에게 알리는 통지수단에 불과하다고 한다.

> **판례** ①『고시 또는 공고의 법적 성질은 일률적으로 판단될 것이 아니라 고시에 담겨진 내용에 따라 구체적인 경우마다 달리 결정된다고 보아야 한다. 즉, 고시가 일반·추상적 성격을 가질 때에는 법규명령 또는 행정규칙에 해당하지만, 고시가 구체적인 규율의 성격을 갖는다면 행정처분에 해당한다. 그러나 이와는 달리, 관보 등에의 고시의 방법으로 효력이 발생하도록 되어 있는 행정처분은 외부에 그 의사를 표시함으로써 효력이 불특정 다수인에 대하여 동시에 발생하고 제소기간 또한 일률적으로 진행하게 된다. 이 사건 국세청고시 또한 이러한 성격을 갖는 것으로서 특정 사업자를 납세병마개 제조자로 지정하였다는 행정처분의 내용을 모든 병마개 제조자에게 알리는 통지수단에 불과하므로, 청구인은 이 사건 고시 자체를 다툴 것이 아니라 이 사건 고시를 통하여 국세청장이 행한 납세병마개 제조자의 지정행위라는 행정처분을 법적 쟁송의 대상으로 삼아야 한다.』(헌재 1998. 4. 30, 97헌마141)
>
> ②『'품질경영 및 공산품안전관리법' 및 동법시행령 조항에 근거하여 PVC관 안전기준의 적용범위를 정한 이 사건 국가기술표준원고시 조항은 그 제정형식이 국가기술표준원장의 고시라는 행정규칙에 불과하지만, 상위법령이 위임한 내용을 구체적으로 보충하거나 세부적인 사항을 규율함으로써 상위법령인 공산품안전법령과 결합하여 대외적인 구속력을 갖는 법규명령의 성격을 가지므로, 헌법소원의 대상이 되는 공권력행사에 해당한다.』(헌재 2015. 3. 26, 2014헌마372)
>
> ③『'대규모내부거래에 대한 이사회 의결 및 공시에 관한 규정'(공정거래위원회고시) 제4조 제2항 제2호가 유가증권 거래가 대규모내부거래에 해당되는지 여부를 판단함에 있어서 거래금액의 산정을 당해 유가증권의 액면금액에 따라 한다고 규정한 부분은, 법령의 위임에 의하여 법령의 구체적인 내용을 보충하

---

64) 헌재 1998. 4. 30, 97헌마141; 대판 2006. 9. 22, 2005두2506.

는 기능을 가지면서 그것과 결합하여 법규적 효력이 있는 것이 아니라, 단지 행정기관 내부에서 법령의 해석 및 적용에 관한 일응의 기준을 정한 행정규칙에 불과하다고 볼 것이다.』(대결 2007. 4. 13. 2005마 226. 동지 : 대판 2013. 11. 14. 2011두28783)

　④『어떠한 고시가 일반적·추상적 성격을 가질 때에는 법규명령 또는 행정규칙에 해당할 것이지만, 다른 집행행위의 매개 없이 그 자체로서 직접 국민의 구체적인 권리의무나 법률관계를 규율하는 성격을 가질 때에는 행정처분에 해당한다고 할 것이다. 보건복지부의 '약제상한금액고시'는 다른 집행행위의 매개 없이 그 자체로서 국민건강보험가입자, 국민건강보험공단, 요양기관 등의 법률관계를 직접 규율하는 성격을 가지므로, 항고소송의 대상이 되는 행정처분에 해당한다.』(대판 2006. 9. 22. 2005두2506)

2. 내용에 의한 구분

(1) 조직규칙

조직규칙이란 행정조직 내부에서의 행정기관의 설치, 권한분배 등에 관한 행정규칙을 말하며 사무분장규정·위임전결규정 등이 그에 해당한다.

(2) 근무규칙

근무규칙이란 행정기관이나 소속 공무원의 근무에 관해 규율하는 행정규칙을 말하며, 당직근무에 관한 규칙, 제복착용에 관한 규칙 등이 그에 해당한다.

(3) 법령해석규칙

법령해석규칙이란 법령이 다의적(특히 불확정법개념)으로 규정되어 있는 경우에 그 해석에 관해 규율하는 행정규칙을 말한다. 이는 상급행정기관이 하급행정기관에 대해 법해석의 기준을 정하여 줌으로써 통일적인 법적용을 도모하기 위한 것인데, 이러한 법령해석규칙이 재판규범이 될 수 있는지가 문제된다.

(4) 재량준칙

재량준칙이란 법령이 행정기관에게 재량권을 부여하고 있는 경우에 그 재량권행사의 기준을 정한 행정규칙을 말한다. 법령은 개별적 상황에 따른 구체적 타당성있는 법집행을 위해 행정기관에게 일정 범위의 재량권을 부여하고 있는 경우가 많은데, 이는 자칫 행정기관마다 재량권행사의 기준이 다름으로써 불균형한 재량권행사로 인하여 국민에게 불이익을 줄 수 있다. 이에 합목적적이고 통일적인 재량권행사를 도모하기 위하여 상급행정기관이 하급행정기관에 대해 재량권행사의 기준에 관해 행정규칙을 발하는 경우가 많다. 이러한 재량준칙이 재판규범이 될 수 있는지(즉, 행정기관이 재량준칙에 따라 처분을 내리면 법원은 적법한 처분이라고 판단해야 하는지)에 대해 다툼이 있는데, 이에 관해서는 다음에 자세히 살펴보기로 한다.

(5) 영조물규칙

영조물규칙이란 학교·병원·도서관 등 공공의 영조물의 조직·업무·이용 등에 관한 규칙을 말한다. 예컨대 국립대학교학칙·국립도서관이용규칙·교도소내규 등이 그에 해당하는데, 이러한 영조물규칙은 특별명령의 일종이다.

Ⅲ. 성립 및 효력요건과 하자

1. 성립 및 효력요건

(1) 주체에 관한 요건

행정규칙은 그것을 발할 수 있는 정당한 권한을 가진 기관이 그 권한의 범위 내에서 발하여야 한다. 그러나 행정규칙을 발함에 있어서 상위 법령의 수권은 필요하지 않다.

(2) 내용에 관한 요건

행정규칙은 그 내용이 법령에 저촉되어서는 안 되며, 객관적으로 명확하고 실현가능하여야 한다.

(3) 절차에 관한 요건

행정규칙의 경우에는 원칙적으로 그 제정에 있어 특별한 절차를 요하지 않는다. 다만 근래 행정규칙이 실제 국민생활에 중요한 영향을 미친다는 것이 인식됨에 따라 점차 절차적 통제가 요구되고 있다. 예컨대 대통령훈령과 국무총리훈령을 제정함에 있어서는 법제처의 심사를 받도록 하고 있으며(법제업무운영규정 23조), 모든 중앙행정기관의 훈령·예규는 법제처의 사후통제를 받도록 하고 있다(25조의2).[65]

(4) 형식에 관한 요건

행정규칙은 특별한 형식을 요구하지 않으며, 따라서 경우에 따라서는 구두에 의한 발령도 가능하다고 본다. 다만 행정규칙도 일반적·추상적 규율로서 장래적으로 계속하여 효력을 가지므로 가급적 문서로 발하여지는 것이 바람직할 것이며, 실무에 있어서도 통상적으로 조문형식의 문서로 발하여진다.

(5) 공포

행정규칙도 효력을 발생하기 위해서는 수범자(하급행정기관)에게 그 내용이 표시되어야 하지만, 법규명령과는 달리 공포를 요하지는 않는다. 다만 재량준칙과 같이 사실상 국민의 권리의무에 영향을 미칠 수 있는 행정규칙은 대외적으로 공표될 필요성이 있다고 할 것인데, 실무적으로 훈령이

---

65) 각 중앙행정기관의 장은 훈령·예규 등이 제정·개정 또는 폐지되었을 때에는 발령 후 10일 이내에 해당 훈령·예규 등을 법제정보시스템에 등재하여야 하며(법제업무운영규정 24조의3 2항), 법제처장은 등재된 훈령·예규 등을 심사·검토하여 법령으로 정하여야 할 사항을 훈령·예규 등으로 정하고 있거나 법령에 저촉되는 사항 또는 불합리한 사항을 정한 훈령·예규 등이 있는 경우에는 심사의견을 작성하여 소관 중앙행정기관의 장에게 통보하도록 하고 있다(25조의2 1항). 심사의견을 통보받은 중앙행정기관의 장은 심사의견을 반영한 경우에는 그 내용을, 심사의견을 반영할 수 없는 특별한 사유가 있는 경우에는 그 사유를 법제처장에게 통보하여야 한다(25조의2 3항).

나 고시는 관보에 게재하여 공표되고 있다(관보규정 3조 1항 참조).

> **판례** 『서울특별시가 정한 개인택시운송사업면허지침은 재량권 행사의 기준으로 설정된 행정청의 내부의 사무처리준칙에 불과하므로, 대외적으로 국민을 기속하는 법규명령의 경우와는 달리 외부에 고지되어야만 효력이 발생하는 것은 아니다.』(대판 1997. 1. 21, 95누12941)

2. 행정규칙의 하자

위에서 설명한 요건을 갖추지 못한 하자있는 행정규칙은 법규명령에 있어서와 같이 무효라고 본다.

Ⅳ. 행정규칙의 효력

1. 내부적 효력

행정규칙은 행정조직 내부의 사항을 규율한 것이므로 원칙적으로 행정조직 내부에서만 구속력을 가지는 내부법의 성질을 갖는다. 따라서 행정기관은 행정규칙을 준수할 의무를 지며, 만일 행정규칙에 위반하면 징계책임을 지게 된다.

2. 외부적 효력

(1) 전통적 견해

전통적 견해에 의하면 행정규칙은 행정조직 내부의 사항을 규율하는데 불과한 것이므로 대외적으로 국민이나 법원에 대해 구속력을 갖지 않는다고 한다. 따라서 행정기관이 행정규칙을 준수하여 처분을 내린 경우에도 법원은 행정규칙 준수를 이유로 그 처분이 적법하다고 판단해야 하는 것은 아니며, 반대로 행정기관이 행정규칙에 위반하여 처분을 내린 경우에도 법원은 행정규칙 위반을 이유로 그 처분이 위법하다고 판단해야 하는 것도 아니다. 이 경우 해당 처분의 위법성은 법률·법규명령 등 재판규범이 되는 외부법규를 근거로 하여 판단하여야 하는 것이다.

그러나 이러한 견해에 대해서는, 행정기관이 행정규칙에 위반하여 처분을 내린 경우에도 국민은 권리구제를 받지 못할 수 있다는 점이 문제점으로 지적되고 있다.

(2) 직접적인 대외적 구속력 인정설(법규성설)

이는 의회뿐만 아니라 행정기관도 일정 한도에서 고유한 입법권을 가진다고 하는 이른바 '이원적 법권론(二元的 法圈論)'에 근거하여, 행정기관이 그 권한 내에서 발한 행정규칙도 직접 대외적 구속력을 가진다는 견해이다.[66] 이에 따르면 법원은 처분의 위법성을 판단함에 있어서 행정규칙을

---

66) 이원적 법권론은 입헌군주제하의 독일에서 탄생된 이론이다. 과거 전제군주제하에서는 입법·행정·사법 등 국가의 모든 권한이 군주에게 속하였는데, 입헌군주제하에서는 국민의 권리·의무에 관한 입법권은 국민의 대표기

재판규범으로 삼을 수 있다.

그러나 이러한 견해에 대해서는, i) 행정기관도 고유한 입법권을 가진다는 이원적 법권론은 입헌군주제를 경험한 독일에 있어서는 타당할지 몰라도, 권력분립을 기초로 하고 '입법권은 국회에 속한다'고 명시하고 있는 우리 헌법(40조)하에서는 행정기관에게 독자적인 입법권을 인정하는 것은 곤란하며, ii) 법규명령과 행정규칙은 그 규율대상, 법적 근거, 제정절차·형식, 공포 등에 있어서 많은 차이가 있는데 행정규칙에 대해서도 법규명령과 마찬가지로 대외적 구속력과 재판규범성을 인정하는 것은 옳지 않다는 등의 비판이 가해지고 있다.

(3) 간접적인 대외적 구속력 인정설(준법규성설)

이는 행정규칙은 단지 내부적 효력을 갖는다는 입장을 유지하면서 '행정의 자기구속의 법리'를 통해 간접적으로 행정규칙의 대외적 구속력을 인정하려는 견해이다. 즉, 행정기관은 행정규칙에서 정한 기준에 따라 처분을 하여야 할 의무가 있으므로(내부적 구속력) 그에 따른 처분이 반복적으로 행해져서 일정한 행정관행이 성립하게 되면 행정기관은 그러한 행정관행에 구속되어 이후에 동일한 사안에서 특별한 사유 없이 달리 취급해서는 안 되는데, 이를 행정의 자기구속의 법리라 한다. 만일 행정기관이 특정 사안에서 기존의 행정관행과는 달리 행정규칙에 위반하여 처분을 한 경우에는 평등원칙·신뢰보호원칙 등 법의 일반원칙에 위반되어 위법하게 된다는 것이다. 이러한 견해는 독일 연방행정법원의 판례를 통하여 발전한 것으로서, 행정규칙의 대외적 구속력(재판규범성)을 직접 인정하지 않으면서도 평등의 원칙 등 법의 일반원칙을 매개로 하여 행정규칙에 위반한 처분의 위법성을 인정할 수 있다는 점에서 오늘날 많은 지지를 받고 있다.

> **판례** 『행정규칙은 일반적으로 대외적 구속력을 갖는 것이 아니며, 다만 행정규칙이 행정관청에 법령의 구체적 내용을 보충할 권한을 부여한 경우 또는 평등의 원칙이나 신뢰보호의 원칙에 따라 행정기관이 규칙에 따라야 할 자기구속을 당하는 경우에는 대외적 구속력을 갖게 된다.』 (헌재 1990. 9. 3. 90헌마13)

(4) 소결

행정규칙의 대외적 구속력을 부인하는 전통적 견해는 행정규칙에 위반한 처분에 대한 권리구제가 취약하며, 반면에 직접적으로 행정규칙의 대외적 구속력을 인정하는 것은 법규명령과 행정규칙의 본질적 차이를 무시하는 점에서 문제가 있다. 따라서 행정규칙의 성질을 인정하면서 국민의 권리구제를 가능케 하기 위해서는 평등의 원칙 등 법의 일반원칙을 매개로 하여 간접적으로 행정규칙의 대외적 구속력을 인정하는 것이 타당하다고 할 것이다.

이와 관련하여 '법령해석규칙'의 경우에도 행정의 자기구속의 법리를 통한 대외적 구속력이 인정될 수 있는지가 문제되는데, 법령의 해석권한은 최종적으로 법원에 속하는 것이므로 법령해석규칙은 법원에 대한 구속력(재판규범성)이 인정되지 않는다는 견해가 유력하다.[67]

관인 의회에 부여하였고 나머지 사항(즉, 국민의 권리·의무와 관계 없는 행정조직 내부의 사항)에 관한 입법권은 여전히 군주(행정부)의 고유한 권한으로 남아있다는 것이다.

67) 정하중/김광수, 142면; 박균성(상), 262 – 263면. 만일 법령해석규칙이 적법하다면(법령을 옳게 해석한 경우), 그

(5) 판례의 입장

① 대법원의 입장

a) 행정규칙의 일반적 성질 : 대법원은 기본적으로 행정규칙은 행정조직 내부에서만 효력을 가질 뿐 대외적 구속력은 인정되지 않는다고 본다. 따라서 행정처분이 행정규칙에 위배된다고 해서 곧 위법하게 되는 것도 아니고 행정규칙에서 정한 요건에 부합한다고 해서 곧 적법한 것도 아니며, 처분의 적법 여부는 대외적 구속력(법규성)이 있는 상위 법령의 규정을 기준으로 판단해야 한다고 한다.[68]

다만 대법원은 일정한 경우에는 행정규칙의 사실적 또는 법적 구속력을 인정하고 있는데, 이하에서 행정규칙을 준수한 경우와 위반한 경우로 나누어 설명하기로 한다.

b) 행정규칙을 준수한 경우 : 행정규칙은 일반적으로 국민이나 법원을 구속하는 효력이 없으므로 행정기관이 행정규칙에서 정한 기준에 따라 처분을 내렸다 해서 곧 해당 처분이 적법한 것이라고는 할 수 없다. 다만 재량권행사에 관한 사항을 정한 행정규칙(재량준칙)의 경우에는 그 규정 내용이 객관적 합리성을 결여하였다는 등의 특별한 사정이 없는 한 법원은 이를 존중하는 것이 바람직하다.[69] 따라서 재량준칙에서 정한 기준이 헌법이나 법률에 합치되지 않거나 이를 적용한 결과가 현저히 부당하다고 인정할 만한 합리적인 이유가 없는 한 섣불리 위 기준에 따른 처분이 위법한 것이라고 판단해서는 안 된다.[70]

c) 행정규칙을 위반한 경우 : 행정규칙은 일반적으로 국민이나 법원을 구속하는 효력이 없으므로 행정기관이 행정규칙을 위반하여 처분을 내렸다 해서 곧 해당 처분이 위법하게 되는 것은 아니다. 다만 재량준칙의 경우에는 그것이 되풀이 시행되어 행정관행이 이루어지게 되면 평등의 원칙이나 신뢰보호의 원칙에 따라 행정기관은 상대방에 대한 관계에서 그 규칙에 따라야 할 자기구속을 받게 되므로, 이러한 경우에는 특별한 사정이 없는 한 그에 반하는 처분은 평등의 원칙이나 신뢰보호의 원칙에 어긋나 재량권을 일탈·남용한 위법한 처분이 된다.[71]

d) 상위 법령에 위반되는 행정규칙의 효력 : 행정규칙의 내용이 상위 법령이나 법의 일반원칙에 반하는 경우에는 해당 행정규칙은 당연무효이고, 행정내부적 효력도 인정될 수 없다. 이 경우 법원은 해당 행정규칙이 존재하지 않는 것으로 취급하여 처분의 적법 여부는 상위 법령의 규정과 입법목적 등에 따라서 판단하여야 한다.[72]

것을 준수한 처분은 해당 법령해석규칙을 준수하였기 때문에 적법한 것이 아니라 상위 법령에 합치되기 때문에 적법한 것이며, 그것을 위반한 처분 역시 해당 법령해석규칙을 위반하였기 때문에 위법한 것이 아니라 상위 법령에 합치되지 않기 때문에 위법한 것이라고 한다.

68) 대판 2013. 9. 12, 2011두10584; 대판 2018. 6. 15, 2015두40248; 대판 2021. 10. 14, 2021두39362.

69) 대판 2019. 10. 31, 2013두20011; 대판 2020. 5. 28, 2017두66541.

70) 대판 2013. 12. 26, 2012두19571; 대판 2019. 9. 26, 2017두48406; 대판 2022. 4. 14, 2021두60960.

71) 대판 2009. 12. 24, 2009두7967; 대판 2013. 11. 14, 2011두28783; 대판 2014. 11. 27, 2013두18964.

72) 대판 2019. 10. 31, 2013두20011; 대판 2020. 11. 26, 2020두42262.

판례 ① 『행정기관 내부의 업무처리지침이나 법령의 해석·적용 기준을 정한 행정규칙은 특별한 사정이 없는 한 대외적으로 국민이나 법원을 구속하는 효력이 없다. 처분이 행정규칙을 위반하였다고 해서 그러한 사정만으로 곧바로 위법하게 되는 것은 아니고, 처분이 행정규칙을 따른 것이라고 해서 적법성이 보장되는 것도 아니다. 처분이 적법한지는 행정규칙에 적합한지 여부가 아니라 상위법령의 규정과 입법 목적 등에 적합한지 여부에 따라 판단해야 한다.』 (대판 2021. 10. 14. 2021두39362)

② 『「국립묘지안장대상심의위원회 운영규정」(국가보훈처훈령)은 국가보훈처장이 심의위원회의 운영에 관하여 「국립묘지의 설치 및 운영에 관한 법률」 및 시행령에서 위임된 사항과 그 시행에 필요한 사항을 규정함을 목적으로 하여 국가보훈처훈령으로 제정된 것으로서, 영예성 훼손 여부 등에 관한 판단의 기준을 정한 행정청 내부의 사무처리준칙이다. 이는 대외적으로 국민이나 법원을 기속하는 효력이 없으므로, 그에 따른 처분의 적법 여부는 위 기준만이 아니라 관계 법령의 규정 내용과 취지에 따라 판단해야 한다. 따라서 위 기준에 부합한다고 하여 곧바로 당해 처분이 적법한 것이라고 할 수는 없지만, 위 기준 자체로 헌법 또는 법률에 합치되지 않거나 이를 적용한 결과가 처분사유의 내용 및 관계 법령의 규정과 취지에 비추어 현저히 부당하다고 인정할 만한 합리적인 이유가 없는 한, 섣불리 위 기준에 따른 처분이 재량권의 범위를 일탈하였거나 재량권을 남용한 것이라고 판단해서는 안 된다.』 (대판 2013. 12. 26. 2012두19571)

③ 『재량준칙은 일반적으로 행정조직 내부에서만 효력을 가질 뿐 대외적인 구속력을 갖는 것은 아니므로 행정처분이 이를 위반하였다고 하여 그러한 사정만으로 곧바로 위법하게 되는 것은 아니고, 다만 그 재량준칙이 정한 바에 따라 되풀이 시행되어 행정관행이 이루어지게 되면 평등의 원칙이나 신뢰보호의 원칙에 따라 행정기관은 상대방에 대한 관계에서 그 규칙에 따라야 할 자기구속을 받게 되므로, 이러한 경우에는 특별한 사정이 없는 한 그에 반하는 처분은 평등의 원칙이나 신뢰보호의 원칙에 어긋나 재량권을 일탈·남용한 위법한 처분이 된다.』 (대판 2013. 11. 14. 2011두28783)

④ 『행정규칙이 이를 정한 행정기관의 재량에 속하는 사항에 관한 것인 때에는 그 규정 내용이 객관적 합리성을 결여하였다는 등의 특별한 사정이 없는 한 법원은 이를 존중하는 것이 바람직하다. 그러나 행정규칙의 내용이 상위법령이나 법의 일반원칙에 반하는 것이라면 법치국가원리에서 파생되는 법질서의 통일성과 모순금지 원칙에 따라 그것은 법질서상 당연무효이고, 행정내부적 효력도 인정될 수 없다.』 (대판 2020. 5. 28. 2017두66541)

② **헌법재판소의 입장** : 헌법재판에 있어서 행정규칙은 주로 그것이 헌법소원의 대상이 될 수 있는 '공권력의 행사'에 해당하는지와 관련하여 문제된다. 이에 대해 헌법재판소는, 행정규칙은 일반적으로 행정조직 내부에서만 효력을 가지는 것이고 대외적 구속력을 갖는 것이 아니어서 원칙적으로 헌법소원의 대상이 아니지만, 행정규칙이 재량권행사의 준칙으로서 그 정한 바에 따라 되풀이 시행되어 행정관행을 이루게 되어 평등의 원칙이나 신뢰보호의 원칙에 따라 행정기관이 그 상대방에 대한 관계에서 그 규칙에 따라야 할 자기구속을 당하게 되는 경우에는 대외적 구속력을 갖게 되어 헌법소원의 대상이 될 수 있다고 한다.[73]

---

73) 헌재 2007. 8. 30, 2004헌마670.

판례 『이 사건 노동부예규는 연수생의 적용범위, 연수생의 지위, 연수계약, 연수생의 보호, 안전보건관리, 산업재해보상의 지원, 연수생 교육, 노동관서장의 지도감독과 그에 따른 제재 등을 정하고 있는 행정규칙이므로 원칙적으로 헌법소원의 대상이 되는 '공권력의 행사'에 해당하지 않는다. 다만 행정규칙이 재량권행사의 준칙으로서 그 정한 바에 따라 되풀이 시행되어 행정관행을 이루게 되어 평등의 원칙이나 신뢰보호의 원칙에 따라 행정기관이 그 상대방에 대한 관계에서 그 규칙에 따라야 할 자기구속을 당하게 되는 경우에는 대외적인 구속력을 갖게 되어 헌법소원의 대상이 된다.』 (헌재 2007. 8. 30. 2004헌마670)

V. 법규명령형식의 행정규칙과 행정규칙형식의 법규명령

실무에 있어서는 행정조직 내부의 사항이 법규명령의 형식으로 제정되거나 반대로 국민의 권리·의무에 관한 사항이 행정규칙의 형식으로 제정되는 경우가 종종 있다. 이 경우 해당 법규명령이나 행정규칙의 대외적 구속력이 인정되는지가 문제되는데, 전자가 '법규명령형식의 행정규칙' 문제이고, 후자가 '행정규칙형식의 법규명령' 문제이다.

1. 법규명령형식의 행정규칙

(1) 서

대통령령·총리령·부령 등 법규명령의 형식으로 제정되었으나 그 실질적 내용은 행정사무처리기준과 같은 행정조직 내부의 사항을 규율한 경우에 그 법적 성질이 법규명령인지 행정규칙인지에 대해 다툼이 있다.

(2) 학설

① **행정규칙설**(실질설) : 비록 법규명령의 형식을 취하고 있다 하더라도 그 내용이 행정조직 내부사항을 규율한 것은 단지 행정규칙의 성질을 가질 뿐이라는 견해이다.[74] 그 논거로 i) 행정규칙은 행정조직 내부사항을 규율하는 법규범이므로 아무리 법규명령의 형식으로 제정되었을지라도 그 실질적 내용이 행정조직 내부사항을 규율한 것인 때에는 행정규칙으로서의 성질은 변하지 않으며, ii) 법률에서 재량행위로 규정하고 있는데 법규명령으로 재량권행사의 구체적 기준을 정한 경우에, 만일 그 재량준칙의 대외적 구속력을 인정한다면 법률로 정한 재량행위가 명령에 의해 기속행위로 바뀌게 되어 법률의 취지에 반하게 된다는 것을 든다.

② **법규명령설**(형식설) : 법규명령 제정의 요건(법률의 수권, 법제처의 심사, 공포 등)을 모두 갖추어 발하여진 것이라면 그 내용 여하에 관계없이 법규명령의 성질을 가진다는 견해이다.[75] 그 논거로는 i) 행정규칙설은 행정조직 내부사항은 본질적으로 행정규칙의 규율대상이라는 전제에 입각하고 있으나, 행정조직 내부사항을 행정규칙으로 규율할 것인지 법규명령으로 규율할 것인지는 입법

---

74) 류지태/박종수, 342면

75) 김남진/김연태(I), 198면; 홍정선(상), 312면; 박균성(상), 278면.

정책적인 문제이며, ii) 법규명령과 행정규칙은 그 규율내용에 따라 구분되는 것이 아니라 제정절차와 형식에 따라 구별된다는 것을 든다.

③ 소결 : 국민의 권리·의무에 관한 사항을 행정입법으로 규율하기 위해서는 원칙적으로 법규명령의 형식에 의하여야 하지만 그렇다고 해서 법규명령이 모두 국민의 권리·의무에 관한 사항만을 규율해야 하는 것은 아니다. 따라서 법규명령과 행정규칙은 그 규율내용에 따라 구분되는 것이 아니라 제정절차와 형식에 따라 구별된다고 할 것이다. 이러한 점에서 소정의 요건을 갖추어 법규명령의 형식으로 제정된 한 그 내용에 관계없이 대외적 구속력을 가진다고 할 것이다.

(3) 판례

우리의 판례는 법규명령의 형식으로 제정된 것이 대외적 구속력을 가지는지에 대하여 '행정처분의 요건을 정한 경우'와 '제재처분의 기준을 정한 경우'를 구분하고 있다.

① 행정처분의 요건을 정한 경우 : 법령에서 행정처분의 요건 중 일부 사항을 부령으로 정하도록 위임함에 따라 부령에서 이를 정한 경우에 그 부령의 규정은 국민에 대해서도 구속력이 있는 법규명령에 해당하지만, 법령의 위임이 없음에도 법령에 규정된 처분요건에 해당하는 사항을 부령에서 변경하여 규정한 경우에는 그 부령의 규정은 행정조직 내부의 사무처리기준을 정한 것으로서 행정규칙의 성질을 가질 뿐 대외적인 구속력은 인정되지 않는다는 것이 판례의 입장이다.[76] 여객자동차운수사업법의 위임에 따라 시외버스운송사업의 인가기준 등을 구체적으로 정한 동법시행규칙(부령)은 대외적 구속력이 있는 법규명령에 해당한다고 본 것도 같은 취지라 할 것이다.[77]

> **판례** ①『법령에서 행정처분의 요건 중 일부 사항을 부령으로 정할 것을 위임한데 따라 시행규칙 등 부령에서 이를 정한 경우에 그 부령의 규정은 국민에 대해서도 구속력이 있는 법규명령에 해당한다고 할 것이지만, 법령의 위임이 없음에도 법령에 규정된 처분 요건에 해당하는 사항을 부령에서 변경하여 규정한 경우에는 그 부령의 규정은 행정청 내부의 사무처리기준 등을 정한 것으로서 행정조직 내에서 적용되는 행정명령의 성격을 지닐 뿐 국민에 대한 대외적 구속력은 없다고 보아야 한다.』(대판 2013. 9. 12, 2011두10584)
>
> ②『여객자동차운수사업법시행규칙(부령) 제31조 제2항 제1호, 제2호, 제6호는 여객자동차운수사업법 제11조 제4항의 위임에 따라 시외버스운송사업의 사업계획변경에 관한 절차, 인가기준 등을 구체적으로 규정한 것으로서, 대외적인 구속력이 있는 법규명령이라고 할 것이고, 그것을 행정청 내부의 사무처리준칙을 규정한 행정규칙에 불과하다고 할 수는 없는 것이다.』(대판 2006. 6. 27, 2003두4355)

생각건대, 법규명령으로 행정처분의 요건을 정한 것은 엄밀히 말하면 '법규명령형식의 행정규칙'의 문제는 아니다. 왜냐하면 행정처분의 요건은 국민의 권리의무에 직접 영향을 미치므로 단순히 행정조직 내부적 사항이라고는 할 수 없기 때문이다. 그러한 점에서 법규명령으로 행정처분의 요건을 구체적으로 정한 경우에는 원칙적으로 대외적 구속력이 인정된다. 다만 법규명령은 상위

---

76) 대판 2013. 9. 12, 2011두10584.
77) 대판 2006. 6. 27, 2003두4355.

법령의 수권에 의해 제정되어야 하는데, 만일 행정기관이 상위 법령의 수권 없이 임의적으로 법규명령의 형식으로 행정처분의 요건을 정하였다면 그것은 법규명령으로서의 효력이 인정될 수 없을 것이다. 이에 관해 판례는, 상위 법령의 수권 없이 부령(법규명령)에서 행정처분의 요건을 변경하여 규정한 경우에는 그 부령은 단지 행정조직 내부에서만 적용되는 행정규칙에 지나지 않는다고 보았는데,[78] 보다 정확히 말하면 상위 법령의 수권 없이 제정된 법규명령은 무효라고 보는 것이 타당할 것이다.

② 제재처분의 기준을 정한 경우 : 법규명령형식의 행정규칙과 관련하여 주로 문제가 되는 것은 법규명령의 형식으로 제재처분의 기준을 정한 경우이다. 법률에서는 법령위반행위를 한 자에 대한 제재처분에 관해 행정기관에게 재량권을 부여하면서 그 재량권행사의 구체적 기준에 관해서는 대통령령·총리령·부령 등으로 정하도록 위임하고 있는 경우가 많은데, 이 경우 재량권행사의 기준을 정한 대통령령·총리령·부령 등의 법적 성질에 관하여 판례는 특이한 입장을 보이고 있다. 즉, 재량권행사의 구체적 기준을 '부령 또는 총리령'으로 정한 경우에 이는 행정조직 내의 사무처리기준을 정한 행정규칙에 지나지 않으므로 대외적으로 국민이나 법원을 기속하는 힘이 없다고 하는데 반해,[79] 재량권행사의 구체적 기준을 '대통령령'으로 정한 경우에는 대통령령은 규정형식상 법규명령에 해당하므로 이는 대외적으로 국민이나 법원을 구속하는 힘이 있다고 한다.[80] 한편, 판례는 청소년보호법상의 과징금부과에 관한 구체적 기준을 대통령령으로 정한 경우에 그 성질은 법규명령에 해당하지만 이 경우 과징금 금액은 정액이 아니라 '최고한도액'이라고 보았다.[81]

> **판례** ① 『식품위생법시행규칙 제53조에서 [별표 15]로 식품위생법 제58조에 따른 행정처분의 기준을 정하였다고 하더라도, 이는 형식만 부령으로 되어 있을 뿐 그 성질은 행정기관 내부의 사무처리준칙을 정한 것으로서 행정명령의 성질을 가지는 것이고, 대외적으로 국민이나 법원을 기속하는 힘이 있는 것은 아니다.』 (대판 1995. 3. 28, 94누6925)
>
> ② 『당해 처분의 기준이 된 주택건설촉진법시행령 제10조의3 제1항 [별표 1]은 주택건설촉진법 제7조 제2항의 위임규정에 터잡은 규정형식상 대통령령이므로, 그 성질이 부령인 시행규칙이나 또는 지방자치단체의 규칙과 같이 통상적으로 행정조직 내부에 있어서의 행정명령에 지나지 않는 것이 아니라, 대외적으로 국민이나 법원을 구속하는 힘이 있는 법규명령에 해당한다.』 (대판 1997. 12. 26, 97누15418)
>
> ③ 『청소년보호법 제49조 제1항, 제2항에 따른 같은법시행령 제40조 [별표 6]의 '위반행위의 종별에 따른 과징금처분기준'은 법규명령이기는 하나, 모법의 위임규정의 내용과 취지 및 헌법상의 과잉금지의 원칙과 평등의 원칙 등에 비추어 같은 유형의 위반행위라 하더라도 그 규모나 기간·사회적 비난 정도·위반행위로 인하여 다른 법률에 의하여 처벌받은 다른 사정·행위자의 개인적 사정 및 위반행위로 얻은 불법이익의 규모 등 여러 요소를 종합적으로 고려하여 사안에 따라 적정한 과징금의 액수를 정하여야 할 것이므로 그 수액은 정액이 아니라 최고한도액이다.』 (대판 2001. 3. 9, 99두5207)

---

78) 대판 2013. 9. 12, 2011두10584.
79) 대판 1993. 6. 29, 93누5635; 대판 1994. 10. 14, 94누4370; 대판 1995. 3. 28, 94누6925; 대판 2010. 4. 8, 2009두22997
80) 대판 1997. 12. 26, 97누15418.
81) 대판 2001. 3. 9, 99두5207.

판례가 제재처분의 기준을 정한 부령 또는 총리령(이하에서 '부령 등'이라 한다)은 행정규칙에 지나지 않는다고 보아 재판규범으로 인정하지 않는 가장 큰 이유는 부령 등이 정한 제재처분 기준의 경직성에 있다고 할 것이다. 즉, 법률에서는 제재처분에 관해 행정기관에게 재량권을 부여하면서 재량권행사의 구체적 기준은 부령 등으로 정하도록 위임하는 것이 일반적인데, 이에 근거하여 제정된 부령 등은 제재처분의 기준을 획일적·정형적으로 규정함으로써, 만일 이 규정의 대외적 구속력을 인정하면 법률이 행정기관에게 재량권을 부여한 취지가 몰각되고 구체적 타당성있는 법집행을 불가능하게 할 우려가 있는 것이다.[82] 이러한 문제점을 해결하기 위해 법원은 제재처분의 기준을 정한 부령 등의 재판규범성을 부인하고, 제재처분의 위법 여부는 행정기관에게 재량권을 부여하고 있는 법률의 규정에 따라 판단함으로써 구체적 타당성있는 법집행을 확보하려는 의도라 할 것이다.

판례는 제재처분의 기준을 정한 부령 등이 대외적 구속력(재판규범성)을 갖지 않는 논거와 관련하여, 이는 형식은 법규명령에 해당하지만 그 실질적 내용은 행정조직 내부의 사무처리준칙을 정한 것에 지나지 않는다고 함으로써 법형식보다는 그 내용(실질)에 따라 대외적 구속력 여부를 판단하고 있다. 다른 한편, 판례는 제재처분의 기준을 대통령령으로 정한 경우에는 대통령령의 법형식이 법규명령에 해당한다는 이유로 대외적 구속력을 인정하고 있는데, 이는 앞에서 설명한 부령 등의 경우와 모순된다고 할 것이다.

생각건대, 다음과 같은 이유에서 제재처분의 기준을 정한 부령 등도 대외적 구속력을 인정하는 것이 타당할 것이다. i) 법규명령과 행정규칙은 그 규율내용이 아니라 제정절차와 형식에 따라 구별된다고 할 것인데, 법률의 수권 등 소정의 요건을 갖추어 제정된 부령 등도 대통령령과 마찬가지로 법규명령에 해당한다. ii) 판례가 제재처분의 기준을 정한 부령 등의 대외적 구속력을 인정하지 않는 이유는 구체적 타당성있는 법집행을 위한 것인데, 이 목적은 부령 등의 대외적 구속력을 부인함으로써가 아니라, 부령 등이 정하고 있는 제재처분의 기간은 획일적인 기간이 아니라 최고 한도의 기간을 정한 것이라고 봄으로써 달성하는 것이 바람직하다(대법원 99두5207판결 참조). 예컨대 시행규칙에서 '2차 위반의 경우 3개월 영업정지처분'을 내리라고 규정한 것은 2차 위반의 경우에는 획일적으로 3개월 영업정지처분을 내리라는 의미가 아니라 최대한 3개월 영업정지처분을 내리라는 취지로 해석한다면 여러 사정을 고려한 구체적 타당성있는 법집행이 가능할 것이다.

---

82) 예컨대 식품위생법 제75조 제1항은 법령위반행위를 한 자에 대해서는 영업허가를 취소하거나 6개월 이하의 영업정지처분을 내리도록 하면서, 제재처분의 구체적 기준은 총리령으로 정하도록 위임하고 있다(동법 제75조 5항). 이에 근거하여 제정된 식품위생법시행규칙(총리령) 제89조 [별표 23]은 썩거나 상하여 인체의 건강을 해칠 우려가 있는 것을 제조·판매한 자에 대해서는 1차 위반의 경우 1개월 영업정지처분, 2차 위반의 경우 3개월 영업정지처분, 3차 위반의 경우 영업허가취소처분을 내리도록 정형적으로 규정하고 있다. 만일 이 규정의 대외적 구속력을 인정한다면 행정처분이 적법한지 여부는 이 규정을 준수하였는지에 따라 결정하여야 하는데, 그렇게 되면 법률이 행정청에게 재량권을 부여한 취지가 몰각될 우려가 있는 것이다.

2. 행정규칙형식의 법규명령(법령보충적 행정규칙)

(1) 서

앞에서 살펴본 바와 같이 법규명령은 상위 법령의 수권에 의해 발해지며 이는 대외적 구속력이 인정된다. 이에 반해 행정규칙은 법령의 수권 없이 상급행정기관이 직권으로 발할 수 있으며 이는 원칙적으로 행정조직 내부에서만 효력을 가질 뿐이고 대외적 구속력이 인정되지 않는다.

그런데 법령이 행정기관에게 법령의 구체적 내용을 보충하여 정할 수 있는 권한을 부여함으로써 행정기관이 고시·공고·지침 등 행정규칙의 형식으로 그 사항을 규율하는 경우가 있는데, 이를 법령보충적 행정규칙이라 한다. 예컨대 「물가안정에 관한 법률」은 정부에게 국민생활과 국민경제의 안정을 위하여 필요하다고 인정할 때에는 특히 중요한 물품의 가격 등에 대하여 최고가격을 지정할 수 있도록 수권하고 있는데(2조 1항), 이러한 수권에 따라 정부가 최고가격을 고시한 것이 그에 해당한다. 이와 같이 형식은 행정규칙에 해당하지만 그 내용은 법령의 수권에 의해 법령의 내용을 보충하여 정한 것이 법규명령의 성질을 가지는지 행정규칙의 성질을 가지는지가 문제된다.

(2) 학설

① **행정규칙설** : 이는 행정규칙의 형식으로 발하여진 한 그 내용에 관계없이 행정규칙의 성질을 가질 뿐이며 따라서 대외적 구속력은 인정되지 않는다는 견해이다. 그 논거로는 i) 법규명령은 헌법이 규정하고 있는 국회입법의 원칙에 대한 예외인데 이러한 예외는 헌법만이 허용할 수 있으므로 헌법이 규정하고 있는 법규명령의 종류(대통령령·총리령·부령·중앙선거관리위원회규칙 등)는 제한적으로 보아야 하며, ii) 국민생활을 고권적·일방적으로 규율하는 실질적 의미의 법규명령사항을 행정규칙의 형식으로 발하는 것은 국민의 권익보호를 위해 보다 엄격한 절차와 형식에 의하도록 하고 있는 헌법의 취지에 반한다는 것을 든다.[83]

② **법규명령설** : 이는 법령의 수권에 의해 발해진 행정규칙은 그 근거가 된 법령과 결합하여 대외적으로 구속력이 있는 법규명령의 성질을 가진다는 견해이다. 그 논거로는 i) 헌법이 규정하고 있는 법규명령의 종류는 예시적으로 보아야 하며, ii) 매우 전문적이거나 기술적인 사항 또는 빈번하게 개정되어야 하는 사항에 대하여는 법규명령보다 탄력성이 있는 행정규칙의 형식으로 제정할 현실적인 필요성이 있으며, iii) 법령보충적 행정규칙은 법령의 수권에 의해 발하여지는 점에서 국회입법의 원칙에 반하는 것은 아니라는 것을 든다.[84]

(3) 판례

① **대법원의 입장** : 대법원은 법령이 행정기관에게 법령의 구체적 내용을 보충할 권한을 부여하여 행정기관이 행정규칙의 형식으로 그 사항을 정한 때에는 그 법령의 규정과 결합하여 대외적 구속력이 있는 법규명령으로서의 효력을 가진다는 입장을 취하고 있다.[85] 구체적으로는 소득세법

---

83) 김남진/김연태(I), 204면; 류지태/박종수, 348면.
84) 박균성(상), 281면; 홍정선(상), 307면; 하명호, 273면.

시행령의 위임을 받아 국세청장이 발한 「재산제세사무처리규정(훈령)」,[86] 지가공시 및 토지 등의 평가에 관한 법률을 집행하기 위해 국무총리가 발한 「개별토지가격합동지침(훈령)」, 식품위생법의 수권에 따라 보건복시부장관이 발한 「식품제조영업허가기준(고시)」, 공업배치 및 공장설립에 관한 법률의 수권에 따라 상공자원부장관(현 산업통상자원부장관)이 공장입지의 구체적 기준을 정한 「공장입지기준고시」, 산지관리법의 수권에 따라 산림청장이 정한 「산지전용허가기준의 세부검토기준에 관한 규정(고시)」, 계엄법에 근거하여 발한 「계엄사령관의 조치(계엄포고)」, 금융위원회의 설치 등에 관한 법률의 위임에 따라 금융위원회가 고시한 「금융기관 검사 및 제재에 관한 규정」 등이 그 근거 법령과 결합하여 법규명령으로서의 효력을 가진다고 보았다.[87] 그러나 국토교통부장관이 국토계획법 제56조 제4항에 근거하여 국토교통부훈령으로 정한 「개발행위허가운영지침」은 상급행정기관인 국토교통부장관이 소속 공무원이나 하급행정기관에 대하여 개발행위허가업무와 관련하여 국토계획법령에 규정된 개발행위허가기준의 해석·적용에 관한 세부 기준을 정하여 둔 행정규칙에 불과하여 대외적 구속력이 없다고 하였다.[88]

한편, 법령보충적 행정규칙의 대외적 구속력이 인정되기 위해서는 상위 법령의 위임의 한계를 벗어나지 않아야 하는데, 이는 행정규칙으로 정한 '내용'이 위임범위를 벗어난 경우뿐만 아니라 권한행사의 '절차나 방식'에 위배되는 경우도 마찬가지라고 한다. 따라서 상위 법령에서 세부사항을 시행규칙으로 정하도록 위임하였음에도 이를 고시 등 행정규칙으로 정하였다면 그 역시 대외적 구속력을 가지는 법규명령으로서 효력이 인정될 수 없다고 한다.[89]

> **판례** ① 『행정규칙은 일반적으로 행정조직 내부에서만 효력을 가질 뿐 대외적인 구속력을 갖는 것은 아니지만, 법령의 규정이 특정행정기관에게 그 법령내용의 구체적 사항을 정할 수 있는 권한을 부여하면서 그 권한행사의 절차나 방법을 특정하고 있지 아니한 관계로 수임행정기관이 행정규칙의 형식으로 그 법령의 내용이 될 사항을 구체적으로 정하고 있는 경우, 그러한 행정규칙 규정은 행정조직 내부에서만 효력을 가질 뿐 대외적인 구속력을 갖지 않는 행정규칙의 일반적 효력으로서가 아니라, 행정기관에 법령의 구체적 내용을 보충할 권한을 부여한 법령규정의 효력에 의하여 그 내용을 보충하는 기능을 갖게 되고, 따라서 당해 법령의 위임한계를 벗어나지 아니하는 한 그것들과 결합하여 대외적인 구속력이 있는 법규명령으로서의 효력을 갖게 된다.』 (대판 1998. 6. 9, 97누19915)
>
> ② 『금융위원회의 설치 등에 관한 법률(이하 '금융위원회법'이라 한다) 제60조의 위임에 따라 금융위

---

85) 대판 1987. 9. 29, 86누484; 대판 2002. 9. 27, 2000두7933; 2016. 1. 28, 2015두53121.

86) 이는 법령보충적 행정규칙의 성질에 관한 leading case라 할 수 있는 것으로서, 사건개요는 다음과 같다. 양도소득세상의 양도차익을 계산함에 있어서 기준시가를 기준으로 할지 실지거래가액을 기준으로 할지가 문제되는바, 소득세법시행령 제170조 제4항 제2호는 실지거래가액이 적용될 경우의 하나로서 '부동산투기억제를 위하여 필요하다고 인정되어 국세청장이 지정하는 거래'를 들고 있다. 이에 근거하여 국세청장이 '재산제세사무처리규정'에서 부동산투기억제를 위하여 필요하다고 인정되는 거래의 유형을 열거하여 규정하였는바, 이것이 대외적 구속력이 있는 법규명령의 성질을 가지는지가 문제된 사안이다.

87) 대판 1987. 9. 29, 86누484; 대판 1994. 2. 8, 93누111; 대판 1994. 3. 8, 92누1728; 대판 1999. 7. 23, 97누6261; 2008. 4. 10, 2007두4841; 대판 2018. 12. 13, 2016도1397; 대판 2019. 5. 30, 2018두52204.

88) 대판 2023. 2. 2, 2020두43722.

89) 대판 2012. 7. 5, 2010다72076.

원회가 고시한 '금융기관 검사 및 제재에 관한 규정' 제18조 제1항은 금융위원회법의 위임에 따라 법령의 내용이 될 사항을 구체적으로 정한 것으로서, 금융위원회 법령의 위임 한계를 벗어나지 않으므로 그와 결합하여 대외적으로 구속력이 있는 법규명령의 효력을 가진다.』(대판 2019. 5. 30, 2018두52204)

③『국토의 계획 및 이용에 관한 법률 시행령(이하 '국토계획법시행령'이라 한다) 제56조 제1항 [별표 1의2] '개발행위허가기준'은 국토계획법 제58조 제3항의 위임에 따라 제정된 대외적으로 구속력 있는 법규명령에 해당한다. 그러나 국토계획법시행령 제56조 제4항은 국토교통부장관이 제1항의 개발행위허가기준에 대한 '세부적인 검토기준'을 정할 수 있다고 규정하였을 뿐이므로, 그에 따라 국토교통부장관이 국토교통부 훈령으로 정한 '개발행위허가운영지침'은 국토계획법시행령 제56조 제4항에 따라 정한 개발행위허가기준에 대한 세부적인 검토기준으로, 상급행정기관인 국토교통부장관이 소속 공무원이나 하급행정기관에 대하여 개발행위허가업무와 관련하여 국토계획법령에 규정된 개발행위허가기준의 해석·적용에 관한 세부 기준을 정하여 둔 행정규칙에 불과하여 대외적 구속력이 없다. 따라서 행정처분이 위 지침에 따라 이루어졌더라도, 해당 처분이 적법한지는 국토계획법령에서 정한 개발행위허가기준과 비례·평등원칙과 같은 법의 일반원칙에 적합한지 여부에 따라 판단해야 한다.』(대판 2023. 2. 2, 2020두43722)

④『법령의 규정이 특정 행정기관에게 법령 내용의 구체적 사항을 정할 수 있는 권한을 부여하면서 권한행사의 절차나 방법을 특정하지 아니한 경우에는 수임 행정기관은 행정규칙이나 규정 형식으로 법령 내용이 될 사항을 구체적으로 정할 수 있다. 이 경우 행정규칙 등은 당해 법령의 위임한계를 벗어나지 않는 한 대외적 구속력이 있는 법규명령으로서 효력을 가지게 되지만, 이는 행정규칙이 갖는 일반적 효력이 아니라 행정기관에 법령의 구체적 내용을 보충할 권한을 부여한 법령 규정의 효력에 근거하여 예외적으로 인정되는 것이다. 따라서 그 행정규칙이나 규정이 상위법령의 위임범위를 벗어난 경우에는 법규명령으로서 대외적 구속력을 인정할 여지는 없다. 이는 행정규칙이나 규정 '내용'이 위임범위를 벗어난 경우뿐 아니라 상위법령의 위임규정에서 특정하여 정한 권한행사의 '절차'나 '방식'에 위배되는 경우도 마찬가지이므로, 상위법령에서 세부사항 등을 시행규칙으로 정하도록 위임하였음에도 이를 고시 등 행정규칙으로 정하였다면 그 역시 대외적 구속력을 가지는 법규명령으로서 효력이 인정될 수 없다.』(대판 2012. 7. 5, 2010다72076)

② **헌법재판소의 입장** : i) 헌법재판소는 법률이 입법사항을 고시와 같은 행정규칙에 위임하는 것이 가능한지가 문제된 사안에서, 헌법이 규정하고 있는 법규명령의 형식은 예시적인 것으로 보아 법률로써 입법사항을 고시와 같은 행정규칙에 위임하는 것도 가능하다고 하였다. 다만 행정규칙은 법규명령과 같은 엄격한 제정절차를 요하지 아니하므로 기본권을 제한하는 작용을 하는 법률이 입법권한을 위임을 할 때에는 대통령령·총리령·부령 등 법규명령에 위임하는 것이 바람직하고, 고시와 같은 형식으로 입법위임을 할 때에는 전문적·기술적 사항이나 경미한 사항으로서 업무의 성질상 위임이 불가피한 사항에 한정된다고 한다.[90]

ii) 행정규칙이 상위 법령이 위임한 내용을 구체적으로 보충하거나 세부적인 사항을 규율하는 경우에는 상위 법령과 결합하여 대외적인 구속력을 갖는 법규명령의 성격을 가진다고 한다. 구체석 사안을 살펴보면「품질경영 및 공산품안전관리법」및 동법시행령에 근거하여 PVC관 안전기준의 적용범위를 정한「안전·품질표시대상공산품(폴리엄회비닐관)의 안전기준」은 그 세정형식이 국

---

90) 헌재 2006. 12. 28, 2005헌바59.

가기술표준원장의 고시라는 행정규칙에 불과하지만, 상위 법령이 위임한 내용을 구체적으로 보충하거나 세부적인 사항을 규율함으로써 상위 법령인 공산품안전법령과 결합하여 대외적인 구속력을 갖는 법규명령의 성격을 가진다고 하였다.[91]

(4) 소결

비록 훈령·고시 등과 같은 행정규칙의 형식으로 제정되었다 하더라도 그것이 법령의 수권에 의해 발해졌다면 그 근거 법령과 결합하여 대외적 구속력을 가진다고 보는 것이 타당하다. 다만 헌법재판소가 지적한 바와 같이 국민의 기본권과 관련되는 사항에 관해 입법위임을 할 때에는 법규명령에 위임하는 것이 바람직하고, 행정규칙의 형식으로 입법위임을 할 때에는 전문적·기술적 사항이나 경미한 사항에 한정되어야 할 것이다.

행정기본법은 '법령'에 관해 개념정의를 하면서, '법률'과 대통령령·총리령·부령 등 '법규명령'뿐만 아니라 '위 법령의 위임을 받아 발해진 훈령·예규·고시 등 행정규칙'도 포함시키고 있다(2조 1호 가목).

VI. 행정규칙에 대한 통제

행정규칙은 원칙적으로 행정조직 내부에서만 효력을 가지므로 그에 대한 통제가 법규명령에 비해 상당히 완화되어 있다. 그러나 오늘날 행정규칙이 실질적으로 국민의 권리의무관계에 중요한 영향을 미친다는 것이 인식됨에 따라 그 적법성을 확보하는 것이 중요한 과제가 되고 있다.

1. 국회에 의한 통제

중앙행정기관의 장은 법률에서 위임한 사항이나 법률을 집행하기 위하여 필요한 사항을 규정한 대통령령·총리령·부령·훈령·예규·고시 등이 제정·개정 또는 폐지된 때에는 10일 이내에 이를 국회 소관 상임위원회에 제출하여야 한다(국회법 98조의2 1항).

한편, 상임위원회는 위원회 또는 상설 소위원회를 정기적으로 개회하여 그 소관 중앙행정기관이 제출한 '대통령령·총리령 및 부령'에 대하여 법률에의 위반여부 등을 검토하여 당해 대통령령 등이 법률의 취지 또는 내용에 합치되지 아니하다고 판단되는 경우에는 정부 또는 소관 중앙행정기관의 장에게 그 내용을 통보할 수 있도록 하고 있는바, 훈령·예규·고시의 경우는 제외시키고 있다(동법 98조의2 6항, 7항).

그 밖에 국회는 행정기관에 대해 가지는 일반적 국정감시권에 의해 행정규칙을 통제할 수 있음은 물론이다.

---

91) 헌재 2015. 3. 26, 2014헌마372.

2. 행정적 통제

(1) 일반적인 행정감독권에 의한 통제

상급행정기관은 하급행정기관에 대한 일반적 지휘감독권에 의해 행정규칙을 통제할 수 있다.

(2) 법제처에 의한 통제

중앙행정기관의 장은 대통령훈령 또는 국무총리훈령의 발령을 추진하려는 경우에는 법제처장에게 해당 훈령안의 심사를 요청하여야 하며, 심사를 요청받은 법제처장은 해당 훈령안이 법령에 저촉되는지 여부 등을 심사하여 그 결과를 해당 중앙행정기관의 장에게 통보하여야 한다(법제업무 운영규정 23조).

중앙행정기관의 장은 훈령·예규 등이 제정·개정 또는 폐지되었을 때에는 발령 후 10일 이내에 해당 훈령·예규 등을 법제정보시스템에 등재하여야 하며(위 규정 24조의3 2항), 법제처장은 등재된 훈령·예규 등을 수시로 심사·검토하여 법령으로 정하여야 할 사항을 훈령·예규 등으로 정하고 있거나 법령에 저촉되는 사항 또는 불합리한 사항을 정한 훈령·예규 등이 있는 경우에는 심사의견을 작성하여 소관 중앙행정기관의 장에게 통보하여야 한다(위 규정 25조의2 1항). 심사의견을 통보받은 중앙행정기관의 장은 특별한 사유가 없으면 이를 해당 훈령·예규 등에 반영하여야 하며, 심사의견을 반영한 경우에는 그 내용을, 심사의견을 반영할 수 없는 특별한 사유가 있는 경우에는 그 사유를 법제처장에게 통보하여야 한다(위 규정 25조의2 2항, 3항).

(3) 중앙행정심판위원회에 의한 통제

중앙행정심판위원회는 심판청구를 심리·재결할 때에 처분 또는 부작위의 근거가 되는 명령 등(대통령령·총리령·부령·훈령·예규·고시·조례·규칙 등을 말한다)이 법령에 근거가 없거나 상위 법령에 위배되거나 국민에게 과도한 부담을 주는 등 크게 불합리하면 관계 행정기관에 그 명령 등의 개정·폐지 등 적절한 시정조치를 요청할 수 있으며, 이러한 요청을 받은 관계 행정기관은 정당한 사유가 없으면 이에 따라야 한다(행정심판법 59조).

3. 사법적 통제

(1) 법원에 의한 통제

① 행정규칙은 처분이 아니므로 항고소송의 대상이 되지 않는다.

② 행정규칙은 행정조직 내부에서만 효력을 가질 뿐 재판규범이 되지 않으므로 원칙적으로 법원에 의한 구체적 규범통제의 대상이 되지 않는다. 다만 법령보충적 행정규칙의 경우에는 실질적으로 재판규범으로서 기능하므로 구체적 규범통제의 대상이 될 수 있다. 판례는 계엄법에 근거하여 발한 계엄사령관의 조치(계엄포고)는 계엄법의 내용을 보충하는 기능을 하고 그와 결합하여 대외적으로 구속력이 있는 법규명령으로서의 효력을 가지며, 따라서 법원은 헌법 제107조 제2항에 따라 계엄포고에 대한 위헌·위법을 심사할 수 있다고 하였다.[92]

(2) 헌법재판소에 의한 통제

행정규칙은 일반적으로 행정조직 내부에서만 효력을 가지고 외부적 구속력을 갖지 않으므로 이는 원칙적으로 헌법소원의 대상인 '공권력의 행사'에 해당되지 않는다. 그러나 법령보충적 행정규칙의 경우 또는 재량준칙이 되풀이 시행되어 평등의 원칙이나 신뢰보호의 원칙에 의해 행정기관이 자기구속을 당하게 되는 경우에는 예외적으로 대외적 구속력을 갖게 되는데, 이러한 경우에는 헌법소원의 대상이 될 수 있다는 것이 헌법재판소의 입장이다.[93]

> **판례** ① 『행정규칙은 일반적으로 행정조직 내부에서만 효력을 가지는 것이고 대외적인 구속력을 갖는 것이 아니어서 원칙적으로 헌법소원의 대상이 아니나, 행정규칙이 법령의 규정에 의하여 행정관청에 법령의 구체적 내용을 보충할 권한을 부여한 경우나 재량권행사의 준칙인 규칙이 그 정한 바에 따라 되풀이 시행되어 행정관행이 이룩되게 되면 평등의 원칙이나 신뢰보호의 원칙에 따라 행정기관은 그 상대방에 대한 관계에서 그 규칙에 따라야 할 자기구속을 당하게 되는 경우에는 대외적인 구속력을 가지게 되는바, 이러한 경우에는 헌법소원의 대상이 될 수도 있다.』 (헌재 2001. 5. 31, 99헌마413)
>
> ② 『이 사건 중소기업청고시는 행정규칙에 해당한다고 할 것인데, 행정규칙은 일반적으로 행정조직 내부에서만 효력을 가지는 것이고 대외적인 구속력을 갖는 것이 아니어서 원칙적으로 헌법소원의 대상이 아니나, 다만 법령의 규정에 의하여 행정관청에 법령의 구체적 내용을 보충할 권한을 부여한 경우에는 그것이 상위법령의 위임한계를 벗어나지 아니하는 한, 상위법령과 결합하여 대외적인 구속력을 갖는 법규명령으로서 기능하여 헌법소원의 대상이 될 수 있다.』 (헌재 2007. 8. 30, 2004헌마670)

Ⅶ. 행정규칙의 소멸

행정규칙은 ① 상위 또는 동위의 법령에 의한 명시적·묵시적 폐지, ② 종기의 도래, ③ 해제조건의 성취 등에 의하여 효력을 상실한다.

---

92) 대판 2018. 12. 13, 2016도1397.
93) 헌재 1990. 9. 3, 90헌마13; 헌재 2001. 5. 31, 99헌마413; 헌재 2007. 8. 30, 2004헌마670.

제1절 **행정행위의 의의 및 특수성**

Ⅰ. 서

(1) 행정작용은 다양한 수단(행위형식)을 통해서 행해지는바, 행정행위·행정입법·공법상 계약·행정지도 등이 그에 해당한다. 이들 행위는 각기 고유한 특성을 가지고 있으며 그에 대한 불복의 방법도 각기 다르다.[1] 이 가운데 가장 고전적이고 중심적인 행정의 행위형식은 '행정행위'라 할 수 있는데, 건축허가처분, 운전면허처분, 영업정지처분, 조세부과처분 등이 그 예이다. 이러한 행정행위에는 공정력·구성요건적 효력·불가쟁력 등 특수한 효력이 인정되며, 그에 대한 다툼은 항고소송의 대상이 된다.

(2) 행정행위 개념은 공법과 사법을 구별하고 독립한 행정재판제도를 가지는 프랑스·독일 등 대륙법계국가에서 형성되었다. 이들 국가에서는 행정작용은 민사소송에 대한 특례가 인정되는 행정쟁송의 대상이 될 뿐만 아니라 또한 그 행위형식에 따라 쟁송형태를 달리하였기 때문에, 행정행위·공법상계약·사실행위 등 다양한 행정의 행위형식에 관한 구별이 필요하게 되었다.

이에 반해 공·사법의 구별을 부인하고 행정상의 분쟁도 일반법원에서 담당하는 영미법계국가에서는 행정행위라는 개념이 불필요하였다. 다만 오늘날 행정기능의 확대·강화에 따라 영·미에서도 행정행위(administrative act)라는 용어가 사용되고 있으나, 영미법계국가에 있어서의 행정행위 개념은 대륙법계국가에서의 행정행위와는 성질과 범위를 달리한다.

(3) 행정행위는 실정법상의 개념이 아니라 학문상의 개념으로서, 실정법상으로는 행정처분이라는 용어가 많이 사용된다. 학문상의 행정행위와 실정법상의 행정처분이 어떠한 차이가 있는지에 대해서는 학설상 다툼이 있는바, 이에 관해서는 뒤에서 살펴보기로 한다.

---

[1] 예컨대 행정행위는 개별적·구체적 규율의 성질을 가지며 그에 대한 불복은 항고소송에 의하여야 하고, 행정입법은 일반적·추상적 규율의 성질을 가지며 그에 대한 불복은 규범통제의 방법에 의한다. 그리고 공법상 계약은 당사자간의 자유로운 의사의 합치에 의해 성립하며 그에 대한 불복은 당사자소송에 의한다.

Ⅱ. 행정행위의 개념 및 요소

1. 학 설

행정행위 개념은 학문적으로 성립되었기 때문에 그것이 무엇을 의미하는지에 관해서는 학자에 따라 다음과 같이 견해가 나누어진다.

(1) 최광의설

이는 행정행위를 '행정청이 행하는 일체의 행위'로 보는 입장이다. 이에 의하면 행정청의 행위이기만 하면 법적 행위이든 사실행위이든, 공법행위이든 사법행위이든, 법집행행위이든 법제정행위이든, 권력적 행위이든 비권력적 행위이든 관계 없이 모두 행정행위에 포함하게 되는바, 이러한 의미에서의 행정행위는 그 개념정립의 의미가 없어진다는 비판을 받고 있다.

(2) 광의설

이는 행정행위를 '행정청의 공법행위'로 보는 입장이다. 이에 의하면 사실행위나 사법(私法)행위는 행정행위에서 제외되지만, 법제정행위(행정입법)와 비권력적 공법행위는 여전히 포함되게 된다.

(3) 협의설

이는 행정행위를 '행정청이 구체적 사실에 대한 법집행으로 행하는 공법행위'로 보는 입장이다. 이에 의하면 광의의 개념 중 법제정행위인 행정입법은 행정행위에서 제외되지만, 비권력적 공법행위는 여전히 포함된다.

(4) 최협의설

이는 행정행위를 '행정청이 구체적 사실에 대한 법집행으로서 외부에 대한 법적 효과의 발생을 목적으로 행하는 권력적 공법행위'로 보는 입장으로, 우리나라의 통설적 견해이다. 이에 의하면 행정행위의 요소로는 i) 행정청의 행위, ii) 공법적 행위, iii) 구체적 사실에 대한 법집행행위, iv) 권력적 행위 등을 들 수 있는바, 이하에서 자세히 살펴보기로 한다.

2. 행정행위의 개념요소

(1) 행정청의 행위

행정행위는 행정청의 행위이며, 따라서 행정청이 아닌 자의 행위는 행정행위가 아니다. 예컨대 사인의 공법행위는 공법적 효과의 발생을 목적으로 하는 점에서는 행정행위와 같지만 행위자가 사인의 지위에서 행하는 것이므로 행정행위와 구별된다.

여기서의 행정청은 반드시 행정조직법상의 개념과 일치하는 것은 아니며, 실질적·기능적 의미로 이해된다. 따라서 행정부 소속의 공무원뿐만 아니라 국회사무총장·법원행정처장 또는 행정권한을 위임받은 공공단체나 사인도 행정청에 포함될 수 있다.

판례는 공무원연금공단의 공무원연금급여에 관한 결정, 근로복지공단의 산업재해보상보험급여에 관한 결정, 주택재건축조합의 관리처분계획, 한국전력공사의 입찰참가자격 제한조치, 법무사 사무원 채용승인 신청에 대한 지방법무사회의 거부조치(또는 승인취소조치) 등이 항고소송의 대상이 되는 행정처분에 해당한다고 보았다.[2] 그러나 한국마사회는 행정청으로부터 행정권한을 위탁받은 단체가 아니므로 한국마사회가 조교사 또는 기수의 면허를 부여하거나 취소하는 것은 행정처분에 해당하지 않는다고 보았다.[3]

(2) 행정청의 '공법행위'

① **법적 행위** : 행정행위는 법적 효과를 발생·변경·소멸시키는 행위이며, 따라서 아무런 법적 효과를 발생시키지 않는 단순한 사실행위는 행정행위가 아니다. 사실행위에는 무허가건물의 강제철거행위나 관용차의 운전행위와 같은 물리적 행위도 있고, 행정지도와 같이 사람의 의식표시가 내포되어 있지만 상대방에게 아무런 법적 효과를 발생하지 않는 것도 있는바, 전자를 물리적 사실행위라 하고 후자를 정신적 사실행위라 한다.

② **공법적 행위** : 행정행위는 공법적 행위이어야 하므로, 행정청의 법적 행위라 할지라도 물품구입계약, 공사도급계약, 국유 일반재산의 대부 또는 매각 등과 같은 사법상의 행위는 행정행위가 아니다.

> **판례** 『산림청장이나 그로부터 권한을 위임받은 행정청이 산림법 등이 정하는 바에 따라 국유임야(일반재산)를 대부하거나 매각하는 행위는 사경제적 주체로서 상대방과 대등한 입장에서 하는 사법상 계약이지 행정청이 공권력의 주체로서 상대방의 의사 여하에 불구하고 일방적으로 행하는 행정처분이라고 볼 수 없으며, 이 대부계약에 의한 대부료부과 조치 역시 사법상 채무이행을 구하는 것으로 보아야지 이를 행정처분이라고 할 수 없다.』(대판 1993. 12. 7, 91누11612)

③ **외부에 대한 법적 효과** : 행정청의 행위의 법적 효과는 대외적으로 국민에 대해 발생하여야 하며, 따라서 행정조직 내부에서의 의사결정이나 행정기관 상호간의 행위는 행정행위가 아니다. 판례 역시 하급행정기관에 대한 상급행정기관의 승인·동의·지시, 공정거래위원회가 불공정거래 행위자를 검찰에 고발하는 조치, 금융감독위원회가 법원에 부실금융기관에 대한 파산신청을 하는 행위 등은 행정기관 상호간의 내부행위에 지나지 않으므로 항고소송의 대상이 되는 행정처분에 해당하지 않는다고 보았다.[4]

---

2) 대결 1994. 10. 11, 94두23; 대판 2004. 7. 8, 2004두244; 대판 2012. 8. 23, 2010두20690; 대판 2009. 9. 17, 2007다2428; 대판 2014. 11. 27, 2015두18964; 대판 2020. 4. 9, 2015다34444.
3) 대판 2008. 1. 31, 2005두8269.
4) 대판 2008. 5. 15, 2008두2583; 대판 1995. 5. 12, 94누13794; 대판 2006. 7. 28, 2004두13219.

> **판례** ① 『항고소송의 대상이 되는 행정청의 처분이라 함은 원칙적으로 행정청의 공법상의 행위로서
> 특정사항에 대하여 법규에 의한 권리의 설정 또는 의무의 부담을 명하거나 기타 법률상의 효과를 직접
> 발생하게 하는 등 국민의 권리의무에 직접 관계가 있는 행위를 말하므로, 행정청의 내부적인 의사결정
> 등과 같이 상대방 또는 관계자들의 법률상 지위에 직접적인 법률적 변동을 일으키지 아니하는 행위는 그
> 에 해당하지 아니한다.』 (대판 1999. 8. 20. 97누6889)
>
>   ② 『[1] 상급행정기관의 하급행정기관에 대한 승인·동의·지시 등은 행정기관 상호간의 내부행위로
> 서 국민의 권리 의무에 직접 영향을 미치는 것이 아니므로 항고소송의 대상이 되는 행정처분에 해당한다
> 고 볼 수 없다.
>   [2] 도지사가 군수의 국토이용계획변경결정 요청을 반려한 것은 행정기관 내부의 행위에 불과할 뿐 국
> 민의 구체적인 권리의무에 직접적인 변동을 초래하는 것이 아니므로, 항고소송의 대상이 되는 행정처분
> 에 해당하지 않는다.』 (대판 2008. 5. 15. 2008두2583)
>
>   ③ 『이른바 고발은 수사의 단서에 불과할 뿐 그 자체 국민의 권리의무에 어떤 영향을 미치는 것이 아
> 니고, 특히 독점규제 및 공정거래에 관한 법률 제71조는 공정거래위원회의 고발을 위 법률위반죄의 소추
> 요건으로 규정하고 있어 공정거래위원회의 고발조치는 사직 당국에 대하여 형벌권 행사를 요구하는 행정
> 기관 상호간의 행위에 불과하여 항고소송의 대상이 되는 행정처분이라 할 수 없으며, 더욱이 공정거래위
> 원회의 고발 의결은 행정청 내부의 의사결정에 불과할 뿐 최종적인 처분은 아닌 것이므로 이 역시 항고
> 소송의 대상이 되는 행정처분이 되지 못한다.』 (대판 1995. 5. 12. 94누13794)
>
>   ④ 『구 금융산업의 구조개선에 관한 법률 제16조 제1항 및 구 상호저축은행법 제24조의13에 의하여
> 금융감독위원회는 부실금융기관에 대하여 파산을 신청할 수 있는 권한을 보유하고 있는바, 위 파산신청
> 은 그 성격이 법원에 대한 재판상 청구로서 그 자체가 국민의 권리의무에 어떤 영향을 미치는 것이 아닐
> 뿐만 아니라, 위 파산신청으로 인하여 당해 부실금융기관이 파산절차 내에서 여러 가지 법률상 불이익을
> 입는다 할지라도 파산법원이 관할하는 파산절차 내에서 그 신청의 적법 여부 등을 다투어야 할 것이므
> 로, 위와 같은 금융감독위원회의 파산신청은 행정소송법상 취소소송의 대상이 되는 행정처분이라 할 수
> 없다.』 (대판 2006. 7. 28. 2004두13219)

(3) 구체적 사실에 대한 법집행행위

　행정행위는 구체적으로 행정목적을 실현하기 위한 법집행작용이므로 '개별적·구체적 규율'의
성질을 가지며, 이러한 점에서 일반적·추상적 규율인 법규명령과 구별된다. 여기에서 개별적인지
일반적인지는 규율의 상대방이 특정인인지 불특정 다수인인지와 관계되는 것이고, 구체적인지 추
상적인지는 규율되는 사안이 특정 사안인지 불특정 다수의 사안인지와 관계되는 것이다. 즉, 행정
행위는 특정인을 대상으로 하는 특정의 사안에 대해 규율하는 것이고, 법규명령은 불특정 다수인
을 대상으로 하는 불특정 다수의 사안에 대해 규율하는 것이다.

　(구)도시계획법 제12조에 의한 도시계획결정이 항고소송의 대상이 되는 행정처분에 해당하는지
가 문제된 사안에서, 서울고등법원은 도시계획결정은 도시계획사업의 기본이 되는 일반적·추상적
인 결정에 지나지 않고 특정 개인에게 어떤 직접적이고 구체적인 권리의무관계를 발생시키지 않
으므로 항고소송의 대상이 되는 행정처분이 아니라고 하였다.[5] 그러나 이에 대한 상고심에서 대법

원은 도시계획결정은 특정 개인의 권리를 개별적이고 구체적으로 규제하는 효과를 발생시키므로 행정처분에 해당한다고 판시하였다.[6]

(4) 행정주체의 '권력적 단독행위'

행정행위는 행정주체가 우월적 지위에서 일방적으로 공권력을 행사하는 작용이므로, 양 당사자의 자유로운 의사의 합치에 의해 성립하는 비권력적 행위인 공법상 계약이나 합동행위와 구별된다.

이와 관련하여 공무원 임용행위의 법적 성질이 문제된다. 일반적으로 공무원의 임용은 상대방의 신청 내지 동의가 전제되기는 하지만 임용권자의 임용행위라는 고권적 행위에 의해 공무원관계가 성립되는 점에서 행정행위의 성질을 가진다고 본다. 그러나 계약직공무원·이장(里長)·시립합창단원·시립무용단원 등의 채용(위촉)은 국가·지방자치단체와 상대방이 대등한 지위에서 의사의 합치에 의해 성립하는 점에서 공법상 계약의 성질을 가진다.[7] 따라서 일반직공무원에 대한 해임행위는 항고소송의 대상이 되지만, 계약직공무원·이장·시립합창단원 등에 대한 해고의 통지는 공법상 계약의 해지의 성질을 가지는 점에서 당사자소송의 대상이 된다.

판례 ① 『행정청이 자신과 상대방 사이의 근로관계를 일방적인 의사표시로 종료시켰다고 하더라도 곧바로 그 의사표시가 행정청으로서 공권력을 행사하여 행하는 행정처분이라고 단정할 수는 없고, 관계 법령이 상대방의 근무관계에 관하여 구체적으로 어떻게 규정하고 있는지에 따라 그 의사표시가 항고소송의 대상이 되는 행정처분에 해당하는 것인지 아니면 공법상 계약관계의 일방 당사자로서 대등한 지위에서 행하는 의사표시인지 여부를 개별적으로 판단하여야 한다.

이 사건 조례에 의하면 이 사건 옴부즈만은 토목분야와 건축분야 각 1인을 포함하여 5인 이내의 '지방계약직공무원'으로 구성하도록 되어 있는데(제3조 제2항), 지방계약직공무원인 이 사건 옴부즈만 채용행위는 공법상 대등한 당사자 사이의 의사표시의 합치로 성립하는 공법상 계약에 해당한다.』 (대판 2014. 4. 24, 2013두6244)

② 『이장은 읍·면장에 의하여 임명되고 공적인 임무를 수행하는 지위에 있기는 하나, i) 지방공무원법이 1981. 4. 20. 개정되면서 그 신분이 별정직공무원에서 제외된 이래 현재까지 공무원으로 규정된 바 없는 점, ii) 읍·면장은 이장을 임명함에 있어 주민의 의사에 따라야 하고 직권으로 면직함에 있어서도 주민들의 의견을 들어야 하는 점, iii) 이장이 공무원으로서의 지위를 갖는 것은 아니나 지방계약직공무원과 그 지위에서 유사할 뿐만 아니라 이장의 면직사유에 관한 규정은 지방계약직공무원에 대한 채용계약 해지사유를 정한 지방계약직공무원규정과 유사한 점 등을 종합하면, 읍·면장의 이장에 대한 직권면직행위는 행정청으로서 공권력을 행사하여 행하는 행정처분이 아니라 서로 대등한 지위에서 이루어진 공법상 계약에 따라 그 계약을 해지하는 의사표시로 봄이 상당하다.』 (대판 2012. 10. 25, 2010두18963)

③ 『지방자치법 제9조 제2항 제5호 (라)목 및 (마)목 등의 규정에 의하면 이 사건 광주광역시립합창

---

5) 서울고판 1980. 1. 29, 79구416.

6) 대판 1982. 3. 9, 80누105.

7) 대판 1995. 12. 22, 95누4636; 대판 2001. 12. 11, 2001두7794; 대판 2012. 10. 25, 2010두18963; 대판 2014. 4. 24, 2013두6244. 한편, 종래 국가공무원법은 공무원의 종류로서 계약직공무원을 규정하고 있었는데, 판례는 계약직공무원의 임용은 행정처분이 아니라 공법상 계약에 해당한다고 보았다(대판 2014. 4. 24, 2013두6244). 그런데 계약직공무원제도는 2012년에 폐지되었고 이에 대신하여 기간제공무원제도가 신설되었는바, 기간제공무원의 임용은 행정처분에 해당한다.

단 단원의 지위가 지방공무원과 유사한 면이 있으나, 한편 단원의 위촉기간이 정하여져 있고 재위촉이 보장되지 아니하며, 단원에 대하여는 지방공무원의 보수에 관한 규정을 준용하는 이외에는 지방공무원법 기타 관계 법령상의 지방공무원의 자격, 임용, 복무, 신분보장, 권익의 보장, 징계 기타 불이익처분에 대한 행정심판 등의 불복절차에 관한 규정이 준용되지도 아니하는 점 등을 종합하여 보면, 피고의 단원 위촉은 피고가 행정청으로서 공권력을 행사하여 행하는 행정처분이 아니라 공법상의 근무관계의 설정을 목적으로 하여 광주광역시와 단원이 되고자 하는 자 사이에 대등한 지위에서 의사가 합치되어 성립하는 공법상 근로계약에 해당한다고 보아야 할 것이므로, 1999. 12. 31. 광주광역시립합창단원으로서 위촉기간이 만료되는 원고들의 재위촉 신청에 대하여 피고가 실기와 근무성적에 대한 평정을 실시하여 재위촉을 하지 아니한 것을 항고소송의 대상이 되는 불합격처분이라고 할 수는 없다.」 (대판 2001. 12. 11. 2001두7794)

3. 일반처분과 물적 행정행위

(1) 일반처분

일반처분이란 그 인적 규율대상은 불특정 다수인이지만 시간적·공간적으로 특정된 사안만을 규율하는 경우, 즉 '일반적·구체적 규율'을 말하며, 그 대표적 예로는 특정 집회에 대한 해산명령을 들 수 있다. 이는 엄밀히 말하면 전형적인 행정행위와 법규범의 중간적 형태이지만, 구체적 규율인 점에서 넓은 의미의 행정행위의 일종으로 볼 수 있다. 독일 행정절차법 제35조는 일반처분에 관한 명문의 규정을 두고 있다.

(2) 물적 행정행위

물적 행정행위란 사람이 아니라 물건을 직접 규율대상으로 하는 행정행위를 말하며, 이 경우 사람은 물적 행정행위에 의해 간접적으로 규율을 받게 된다. 예컨대 행정청이 특정 도로구간을 주차금지구역으로 지정한 경우에, 이러한 조치의 직접적인 규율대상은 물건(여기서는 도로)이며 사람은 그에 의해 간접적으로 규율을 받게 된다. 물적 행정행위의 예로는 교통표지판에 의한 도로의 사용규율(주차금지·속도제한 등), 어떤 물건을 공물로 지정하는 행위(공용지정), 「국토의 계획 및 이용에 관한 법률」에 의한 용도지역 지정행위 등을 들 수 있다. 독일 행정절차법 제35조는 물적 행정행위를 일반처분에 포함시켜 행정행위로 보고 있다.

우리의 판례도 지방경찰청장이 횡단보도를 설치하는 행위를 행정처분에 해당한다고 보았는바,[8] 이것이 바로 물적 행정행위에 해당한다고 할 것이다.

4. 행정행위와 행정처분

(1) 행정쟁송법상의 처분개념

행정심판법과 행정소송법은 처분에 관하여 「행정청이 행하는 구체적 사실에 관한 법집행으로

---

8) 대판 2000. 10. 27, 98두8964. 이 사안에서 대법원은 횡단보도설치행위가 물적 행정행위에 해당한다는 표현을 사용하고 있지는 않았으나, 항고소송의 대상이 되는 처분성을 인정하였다.

서의 공권력의 행사 또는 그 거부와 그 밖에 이에 준하는 행정작용」이라고 정의하고 있는바(2조 1호), 이를 쟁송법적 처분개념이라 한다. 행정기본법과 행정절차법 역시 같은 처분개념을 사용하고 있다(2조). 이에 강학상의 행정행위와 행정쟁송법상의 처분이 같은 개념인지에 대하여 학설이 대립하고 있다.

(2) 학설

① 일원설(실체법적 처분개념설): 이는 강학상의 행정행위와 쟁송법상의 처분을 같은 개념이라고 보는 견해이다. 그 논거로는, 행정행위 · 행정입법(명령) · 공법상계약 · 사실행위 등의 행정작용은 그 성질에 따라 각기 쟁송의 방법이 다른데 항고소송은 '행정행위'를 다투기 위한 쟁송수단이라는 것을 든다. 만일 이원설이 주장하는 것처럼 항고소송의 대상인 처분의 개념을 행정행위 개념보다 넓히면 행정의 행위형식의 분류에 관한 그간의 노력을 헛수고로 만들 우려가 있다고 한다.[9] 이러한 일원설에 의하면 행정소송법상의 '그 밖에 이에 준하는 행정작용'은 「전형적인 행정행위는 아니지만 그와 유사한 성질을 가지는 일반처분이나 처분적 법규」에 한정해야 한다고 한다.

② 이원설(쟁송법적 처분개념설): 이는 쟁송법상의 처분을 강학상의 행정행위보다 넓은 개념으로 이해하는 견해이다. 그 논거로는, 행정소송법이 처분에 관해 개념정의를 하면서 '그 밖에 이에 준하는 행정작용'이라는 다소 포괄적인 표현을 사용한 것은 미처 예상치 못한 새로운 유형의 행정작용을 처분에 포함시켜 항고소송에 의한 권리구제의 범위를 넓히기 위한 것이라는 것을 든다. 따라서 권력적 사실행위와 같이 강학상의 행정행위는 아니라 하더라도 실질적으로 국민의 법적 지위에 영향을 미치는 행정작용도 항고소송의 대상이 될 수 있다고 한다.[10]

이에 관해서는 항고소송의 대상에서 구체적으로 살펴보기로 한다.

III. 행정행위의 특수성

1. 법적합성

법치행정의 원칙에 의해 행정행위는 법이 정한 절차에 따라서 행해져야 하며, 그의 내용도 법에 적합하지 않으면 안 된다.

2. 공정성(公定性)

행정행위는 비록 하자가 있더라도 그 하자가 중대 · 명백하지 않는 한 권한있는 기관에 의해 취소될 때까지는 계속하여 효력을 가지는데, 이러한 특성을 공정성이라 한다. 예컨대 조세부과처분에 하자가 있더라도 권한있는 기관에 의해 취소되기 전까지는 국민은 조세를 납부할 의무를 지게 된다. 이는 공익목적의 효율적 달성을 위해 행정행위에 특별히 인정된 효력이다.

---

9) 김중권, 205면; 류지태/박종수, 186 – 187면; 정하중/김광수, 161면.
10) 김남진/김연태, 215면; 박균성(상), 315면; 하명호, 106면.

3. 존속성(불가쟁성 · 불가변성)

행정행위가 행해지면 그것을 기초로 하여 많은 법률관계가 형성된다. 따라서 일단 행정행위가 발해지면 법적 안정성을 위해서 가능한 한 그 효력을 존속 · 유지시키는 것이 필요한바, 이와 같은 행정행위의 특수성을 존속성이라 한다.

행정행위의 존속성은 다시 불가쟁성과 불가변성으로 구분할 수 있다. 불가쟁성이란 행정행위에 하자가 있더라도 쟁송제기기간이 경과한 경우에는 더 이상 그 행정행위의 효력을 쟁송으로 다툴 수 없게 되는 것을 의미한다. 그리고 불가변성이란 특정한 행정행위(예 : 행정심판의 재결)는 그 성질상 처분청이라도 임의로 취소 · 변경하지 못하는 것을 의미한다.

4. 행정행위의 실효성(實效性)

국민이 행정행위에 의해 부과된 의무를 이행하지 않거나 위반한 경우에 이를 방치하면 공익의 실현이 어렵게 된다. 따라서 행정행위의 실효성을 확보하기 위해서 국민이 행정상의 의무를 이행하지 않는 경우에는 행정청이 그 의무를 강제로 이행시키며(행정상의 강제집행), 행정상의 의무에 위반한 자에 대해서는 제재를 가할 수 있다(행정벌 등).

5. 행정행위에 대한 구제제도의 특수성

(1) 위법한 행정행위로 인하여 권리 · 이익을 침해받은 자는 민사소송과는 다른 특수한 절차가 인정되는 행정쟁송에 의하여 구제받는다.

(2) 적법한 행정행위로 인하여 수인의 한도를 넘는 재산권을 침해받은 자는 손실보상제도에 의하여, 위법한 행정행위로 인하여 손해를 받은 자는 국가배상제도에 의하여 그 손해의 전보를 청구할 수 있다.

제 2 절　　행정행위의 종류

Ⅰ. 내용에 의한 분류

1. 법률행위적 행정행위

법률행위적 행정행위란 행정청의 '의사표시'를 요소로 하는 행정행위를 말하며, 이러한 행정행위는 그 표시된 의사의 내용에 따라 법적 효과를 발생한다. 법률행위적 행정행위는 다시 명령적 행위와 형성적 행위로 나눌 수 있는데, 하명 · 허가 · 면제가 명령적 행위에 속하고 특허 · 인가 · 대리가 형성적 행위에 속한다.

2. 준법률행위적 행정행위

준법률행위적 행정행위란 행정청의 '의사표시 이외의 정신작용'(판단·인식·관념의 표시)을 요소로 하는 행정행위를 말하며, 이러한 행정행위는 행정청의 의사와 관계없이 법이 정한 바에 따라 법적 효과를 발생한다. 확인·공증·통지·수리가 이에 속한다.

법률행위적 행정행위와 준법률행위적 행정행위의 구체적 내용에 관해서는 뒤에서 별도로 고찰하기로 한다.

Ⅱ. 법규의 기속정도에 의한 분류(기속행위와 재량행위)

1. 서

(1) 의의

행정행위는 법률의 기속 정도에 따라 기속행위와 재량행위로 나눌 수 있다. 기속행위란 행정행위의 발급에 관해 법이 엄격하게 규율함으로써 행정기관은 법이 정한 요건이 갖추어진 경우에는 반드시 법이 정한 행정행위를 하도록 되어 있는 경우를 말한다. 그리고 재량행위란 행정행위의 발급에 관하여 법이 행정기관에게 일정 범위에서 선택의 자유를 부여하고 있는 경우를 말한다. 예컨대 도로교통법에 의하면 부정한 수단으로 운전면허를 받은 자에 대해서는 반드시 운전면허를 취소하도록 하고 있는데(93조 1항 8의 2호) 이는 기속행위이고, 운전 중 고의 또는 과실로 교통사고를 일으킨 자에 대해서는 운전면허를 취소하거나 1년 이내의 범위에서 면허정지처분을 내릴 수 있도록 하고 있는데(93조 1항 10호) 이는 재량행위이다.

재량행위는 다시 '어떤 행정행위를 할 수도 있고 안 할 수도 있는 자유'가 인정되고 있는 경우인 결정재량과, '다수의 행정행위 중 어느 것을 선택할 것인지에 대한 자유'가 인정되고 있는 경우인 선택재량으로 나눌 수 있다. 예컨대 운전 중 교통사고를 일으킨 자에 대해 제재처분을 내릴 것인지 내리지 않을 것인지에 대한 재량이 결정재량이고, 제재처분을 내리는 경우에 면허취소처분을 내릴 것인지 면허정지처분을 내릴 것인지에 대한 재량이 선택재량이다.

법이 행정기관에게 일정 범위에서 재량권을 부여한 경우에 행정기관은 수권목적과 구체적 사안의 경중을 고려해서 스스로 합목적적이라 생각되는 결정을 할 수 있다. 그러나 재량권이 부여된 경우라 할지라도 행정기관은 자의적(恣意的)으로 결정해서는 안 되며, 비례원칙·평등원칙·신뢰보호원칙 등과 같은 행정법의 일반원칙을 준수하여 재량결정을 하여야 하는바, 이러한 점에서 재량은 '의무에 합당한 재량'이어야 하며 완전히 자유로운 재량은 존재하지 않는다.

(2) 법치주의와 재량행위의 필요성

오늘날 대부분의 국가는 행정권한의 자의적 행사로부터 국민의 권리를 보호하기 위하여 법치주의를 채택하고 있다. 법치주의국가에서는 행정권한은 법률에 적합하게 행사되어야 하며, 행정기관이 법을 적법하게 집행하였는지 여부는 사법심사의 대상이 된다. 이러한 법치행정의 원칙만을 강조한다면 법률이 행정기관의 행위에 대하여 엄격히 규정함으로써 행정기관에게 재량권을 부여하지 않는 것이 바람직할 것이다. 이러한 점에서 한때 행정재량은 법치국가에 적대적인 개념으로 인식되기도 하였다.

그러나 오늘날 행정기능이 확대·강화됨에 따라 법률이 행정의 모든 분야를 빠짐없이 확정적으로 규율하는 것은 입법기술상 불가능할 뿐만 아니라, 사회의 끊임없는 변화에 순응하여 구체적 타당성있는 행정작용을 수행할 수 있도록 하기 위해서는 일정한 범위에서 행정기관에게 재량권이 부여될 필요성이 인정되게 되었다.[11] 따라서 오늘날에 있어 행정기관은 단순히 법의 기계적인 집행자가 아니라, 법의 통제하에 있지만 법이 허용하는 일정 범위 내에서 스스로 합목적적이라 생각되는 조치를 발할 수 있는 것이다.

(3) 기속재량과 자유재량

① 학설 : 종래에 일부 학자는 재량을 기속재량(법규재량)과 자유재량(공익재량, 편의재량)으로 구분하면서, 무엇이 법인지를 판단하는 재량이 기속재량이고, 무엇이 공익목적 내지 행정목적에 보다 적합한 것인지를 판단하는 재량이 자유재량이라고 하였다.[12] 여기에서 '무엇이 법인지를 판단하는 재량'이란 법문상으로는 행정기관에게 재량을 허용하는 것 같지만 처분의 요건과 처분을 할 것인가 여부 등에 관하여 법의 취지는 이미 일의적(一義的)으로 확정되어서 행정기관은 단지 법규의 해석·적용에 관한 법률적 판단을 하는데 그치는 경우의 재량을 뜻한다고 한다. 이러한 기속재량의 경우는 자유재량과는 달리 행정기관의 해석·적용이 적법한지가 사법심사의 대상이 된다고 한다. 이에 반해 자유재량의 경우에는 법이 허용하고 있는 범위에서 행정기관이 스스로 무엇이 공익목적에 적합한지에 대해 합목적적인 결정을 할 수 있으며, 이는 원칙적으로 당·부당의 문제로서 사법심사의 대상이 되지 않는다고 한다. 이와 같은 기속재량과 자유재량의 구분은, 재량행위는 사법심사의 대상에서 제외된다는 전통적 입장에 대항하여 재량행위 중에서도 구체적인 법의 판단에 관한 것은 사법심사의 대상이 될 수 있도록 함으로써 국민의 권리구제의 기회를 확대하기 위한 것이라 할 수 있다.[13]

그러나 오늘날에는 다음과 같은 이유에서 자유재량과 기속재량의 구분은 무의미하다는 유력한 반론이 제기되고 있다.[14] i) 무엇이 법인가를 판단하는 기속재량은 단순히 법의 해석·적용작용에

---

11) 예컨대 불량식품을 제조·판매한 자에 대한 행정상 제재조치의 경우 법률에 그 제재처분에 관한 근거규정이 있어야 함은 물론이지만, 구체적 현실에 있어 위반의 형태는 매우 다양하게 나타나기 때문에 식품위생법은 각 위반사항에 대해 획일적으로 제재처분의 기준을 정하지 않고 행정기관으로 하여금 구체적 상황에 따라 합목적적인 제재처분을 내릴 수 있도록 하기 위해 "영업허가를 취소하거나 6개월 이내의 영업정지처분"을 내릴 수 있다는 재량권을 부여하고 있는 것이다(75조 참조).

12) 김도창(상), 380면; 이상규(상), 268면.

13) 이상규(상), 269면.

14) 김남진/김연태(I), 232면; 정하중/김광수, 167면; 홍정선(상), 375면.

지나지 않기 때문에 결국 기속재량이란 기속행위에 지나지 않는다. ii) 오늘날 재량행위의 경우에도 일정한 법적 한계를 지켜야 하는 점에서는 기속적이며, 일정한 한계를 넘어선 경우에는 사법심사의 대상이 되는 점에서 기속재량과 자유재량의 구별의 실익이 없어졌다.

② 판례 : 판례는 여전히 재량행위를 다시 기속재량과 자유재량으로 구분하고 있다. 「어느 행정행위가 기속행위인지 재량행위인지, 나아가 재량행위라고 할지라도 기속재량행위인지 또는 자유재량에 속하는 것인지의 여부는 이를 일률적으로 규정지을 수는 없는 것이고, 당해 처분의 근거가 된 규정의 형식이나 체재 또는 문언에 따라 개별적으로 판단하여야 한다」는 것이 그 대표적 예이다.[15]

〈구체적 사안의 검토〉

판례에 의하면 공유수면점용허가는 자유재량에 속하는데 대하여, 광업법에 의한 채광계획인가는 기속재량에 속한다고 한다(대판 2002. 10. 11, 2001두151). 즉, 광업법상 광업허가를 받은 자는 채굴을 시작하기 전에 채광계획에 대한 인가를 받아야 하는데, 이 경우 채광계획은 광업허가를 받은 자가 채굴을 실행에 옮기기 위한 준비행위이므로 당해 계획이 특별히 공익에 반하지 않는 한 인가를 하여야 하지만, 만일 채광계획이 중대한 공익에 배치된다고 판단되는 때에는 인가를 거부할 수 있고, 이때 채광계획을 불인가하는 경우에는 정당한 사유가 제시되어야 하며 자의적으로 불인가를 해서는 안 된다는 점에서 채광계획에 대한 인가는 기속재량행위에 속한다고 한다. 그리고 공유수면점용허가는 행정기관의 자유재량에 속하는데, 광업법은 채광계획인가를 받으면 공유수면점용허가를 받은 것으로 의제하고 있으므로 만일 공유수면점용허가를 필요로 하는 채광계획인가의 경우에는 공유수면관리청이 점용허가를 하지 않기로 결정하였다면 채광계획인가관청은 이를 이유로 채광계획을 인가하지 않을 수 있다고 한다.

판례 『채광계획이 중대한 공익에 배치된다고 할 때에는 인가를 거부할 수 있고, 채광계획을 불인가하는 경우에는 정당한 사유가 제시되어야 하며 자의적으로 불인가를 하여서는 아니 될 것이므로 채광계획인가는 기속재량행위에 속하는 것으로 보아야 할 것이나, 구 광업법(1999. 2. 8. 개정되기 전의 것) 제47조의2 제5호에 의하여 채광계획인가를 받으면 공유수면점용허가를 받은 것으로 의제되고, 이 공유수면점용허가는 공유수면 관리청이 공공 위해의 예방 경감과 공공복리의 증진에 기여함에 적당하다고 인정하는 경우에 그 자유재량에 의하여 허가의 여부를 결정하여야 할 것이므로, 공유수면점용허가를 필요로 하는 채광계획 인가신청에 대하여도 공유수면관리청이 재량적 판단에 의하여 공유수면점용의 허가 여부를 결정할 수 있고, 그 결과 공유수면점용을 허용하지 않기로 결정하였다면 채광계획 인가관청은 이를 사유로 하여 채광계획을 인가하지 아니할 수 있는 것이다.』 (대판 2002. 10. 11, 2001두151)

---

2. 기속행위와 재량행위의 구별

(1) 구별의 필요성

① **위반행위의 효력** : 기속행위의 경우에는 행정기관은 법이 정한 대로 행정행위를 하여야 하기 때문에 그에 위반한 행위는 곧 '위법'한 것이 된다. 이에 반해 재량행위의 경우는 법이 행정기관에

---

15) 대판 2008. 5. 29, 2007두18321.

게 일정 범위에서 선택의 자유를 부여하고 있기 때문에 행정기관이 스스로 공익목적에 합당하다고 생각되는 행정행위를 한 이상 설령 행정기관의 재량결정이 잘못되었다 하더라도 이는 원칙적으로 '부당'한 행위에 그칠 뿐 위법한 행위가 되지 않으며, 다만 법이 허용하는 재량의 한계를 넘어선 경우에 예외적으로 위법한 것이 된다.

② 행정소송과의 관계 : 전통적 행정법학에서는 사법심사의 대상이 되는지와 관련하여 기속행위와 재량행위의 구별의 실익이 있다고 하였다. 즉 행정소송(항고소송)은 '위법한 행정행위'를 대상으로 하는데, 기속행위의 경우에는 행정기관이 법에 위반하여 행정행위를 하면 곧 위법한 행위가 되어 사법심사의 대상이 되지만, 재량행위의 경우에는 행정기관이 법이 부여한 범위에서 재량권을 행사하면 만일 그 재량권 행사가 잘못되었다 하더라도 이는 '부당'의 문제에 지나지 않으므로 사법심사의 대상이 되지 않는다고 보았다.

그러나 오늘날에는 재량행위의 경우에도 법으로부터 완전히 자유로운 행위가 아니라 일정한 법적 한계 내에서 행사되어야 하며, 이러한 한계를 넘어선 재량권행사(재량권의 일탈·남용)는 위법한 것이 된다는 것이 일반적으로 인정되고 있다. 따라서 재량행위의 경우에도 법적 한계를 넘어선 것인지의 문제는 사법심사의 대상이 된다고 보며, 이러한 점에서 행정소송의 대상과 관련한 양자의 구별의 실익은 상당히 감소하였다고 할 수 있다.

다른 한편, 재량행위가 사법심사의 대상이 될 수 있다 하더라도 그 심사의 범위는 재량의 한계를 넘어선 것인지의 문제에 국한된다는 점에서는 전면적으로 사법심사의 대상이 되는 기속행위와 여전히 차이가 있다는 점도 인정되어야 할 것이다.

③ 공권의 성립과의 관계 : 앞에서 살펴본 바와 같이 공권이 성립하기 위해서는 원칙적으로 i) 강행법규의 존재, ii) 사적 이익의 보호성이 요청되는데, 전통적 견해에서는 강행법규를 '행정기관에게 일정한 의무를 부과하는 기속행위의 형식으로 규정된 법규범'으로 이해함으로써 근거법령이 재량행위로 규정하고 있는 경우에는 공권이 성립할 여지가 없다고 보았다.

그러나 오늘날에는 재량행위라 하더라도 행정기관은 일정한 한계 내에서 행사하여야 하는 제약을 받는다고 보며, 이에 따라 재량행위의 경우에도 제한된 범위에서나마 공권이 성립할 수 있음이 인정되기에 이르렀다. 즉, 국민은 행정기관에 대하여 적어도 '하자없는 재량행사를 요구할 수 있는 권리(무하자재량행사청구권)'를 가지며, 나아가 행정기관의 재량권이 영으로 수축되는 경우에는 특정 행정행위의 발급 또는 불발급을 요구하는 이른바 '행정개입청구권'이 인정될 수 있다고 본다.

④ 부관의 가능성과의 관계 : 종래의 통설에 의하면 기속행위의 경우에는 법이 정한 대로 행정행위를 하여야 하기 때문에 행정기관이 임의로 행정행위의 효력을 제한하는 부관을 붙일 수 없으나, 재량행위의 경우에는 행정기관에게 일정 범위에서의 선택권을 부여하고 있기 때문에 행정기관은 행정행위를 함에 있어서 공익과 사익의 조화를 위해 필요한 부관을 임의적으로 붙일 수 있다고 보았다. 이를 반영하여 행정기본법은 재량행위에는 행정기관이 (임의로) 부관을 붙일 수 있

고, 기속행위에는 법률에 근거가 있는 경우에 부관을 붙일 수 있다는 명시적 규정을 두었다(17조 1항, 2항).

(2) 구별기준

행정행위에 관한 법률규정은 일반적으로 요건규정과 효과규정으로 구성되어 있다. 예컨대 「부정한 방법으로 운전면허를 받은 경우에는 운전면허를 취소하여야 한다」(도로교통법 93조 1항 8의2호), 「숙박업자가 음란한 비디오물을 판매·대여한 경우에는 6개월 이내의 영업정지 또는 영업소폐쇄 등을 명할 수 있다」(공중위생관리법 11조 1항 8호)는 규정에서, '부정한 방법으로 운전면허를 받은 경우'와 '숙박업자가 음란한 비디오물을 판매·대여한 경우'는 요건규정에 해당하고, '운전면허를 취소하여야 한다'와 '6개월 이내의 영업정지 또는 영업소폐쇄 등을 명할 수 있다'는 효과규정에 해당한다.

이와 관련하여 기속행위와 재량행위의 구별은 본질적으로 법률요건의 면에서 찾을 수 있는지 아니면 법률효과의 면에서 찾을 수 있는지에 대하여 전통적으로 요건재량설과 효과재량설이 대립하였다.

① **요건재량설** : 이는 기속행위와 재량행위의 구별은 법률요건의 면에서 찾아야 한다는 견해이다. 즉, 법률요건이 다의적 또는 불확정한 개념으로 규정됨으로써 어떤 사실이 법이 정한 요건에 해당하는지에 관하여 행정기관에게 판단의 자유가 인정된 경우가 재량행위이고, 법률요건이 일의적으로 명확히 규정됨으로써 행정기관의 판단이 개입될 여지가 없는 경우가 기속행위라는 견해이다.[16] 예컨대 '부정한 방법으로 운전면허를 받은 경우'는 요건이 일의적으로 명확히 규정되어 있기 때문에 어떤 사실이 그 요건에 해당하는지에 관하여 행정기관의 재량이 인정될 수 없는데 대하여, '음란한 비디오물을 판매·대여한 경우'는 음란한 비디오물의 개념이 불확정적이기 때문에 어떤 비디오물이 그에 해당하는지의 판단에 있어 행정기관에게 재량이 인정된다는 것이다.

이 견해에 대하여는, i) 비록 정도의 차이는 있지만 모든 법개념은 해석상의 어려움이 있기 때문에 법률요건에 있어서 확정법개념과 불확정법개념은 상대적인 차이가 있는데 불과하며, ii) 법률요건의 해석과 적용에 있어서는 '하나의 올바른 결정'이 요구되기 때문에 설령 행정기관이 그 해석·적용에 있어서 일차적으로 판단권을 행사한다 하더라도 그 해석·적용이 옳은지에 대해서 사법심사의 대상이 되므로 그것을 행정기관에게 재량이 인정되는 것으로 볼 수는 없다는 등의 비판이 가해지고 있다.

② **효과재량설** : 이는 기속행위와 재량행위의 구별은 법률요건이 아니라 법률효과의 면에서 찾아야 한다는 견해이다. 즉, 법이 행정기관에게 어떤 법률효과를 발할 것인지에 대해서 선택의 자유를 부여하고 있는 경우가 재량행위이고, 반드시 법이 정한 법률효과를 선택하도록 규정하고 있

---

16) 부연해서 설명하면, 재량행위란 법이 행정행위의 요건에 대하여 아무런 규정을 두지 아니한 경우(공백규정)나 종국목적만을 규정한 경우 또는 다의적 또는 불확정개념으로 규정함으로써 요건의 해석과 적용에 있어 행정청에게 일정 범위에서 판단의 자유가 부여된 경우이고, 반면에 기속행위란 법이 종국목적 외에 중간목적까지 규정하고 있음으로써 행정활동의 기준이 일의적으로 확정되어 행정청의 판단이 개입될 수 없는 경우라고 한다.

는 경우가 기속행위라고 한다. 예컨대 음란한 비디오물을 대여한 숙박업자에 대해서 행정청은 '6 개월 이내의 영업정지 또는 영업소폐쇄'의 범위에서 선택하여 처분을 내릴 수 있으므로 재량행위에 속하지만, 부정한 방법으로 운전면허를 받은 자에 대해서는 다른 선택의 여지가 없이 '운전면허를 취소'하여야 하기 때문에 기속행위에 속한다는 것이다.

③ **판례의 입장** : 어느 행정행위가 기속행위인지 재량행위인지 여부는 일률적으로 결정할 수는 없고, 당해 행정행위의 근거가 되는 법규의 체재·형식과 문언, 당해 행정행위가 속하는 행정 분야의 주된 목적과 특성, 당해 행정행위 자체의 개별적 성질과 유형 등을 모두 고려하여 판단하여야 한다는 것이 판례의 입장이다.[17]

④ **결어** : 기속행위와 재량행위는 법률효과의 면에서 구별될 수 있다고 보는 효과재량설이 타당하다고 할 것이다. 재량행위의 경우 법이 허용하고 있는 범위에서 행정기관의 선택은 존중되며 그에 대해서는 사법심사가 제약되는 특질을 가진다. 그런데 법률요건의 해석·적용에 있어서는 '하나의 올바른 결정'이 요구되기 때문에 행정기관의 해석·적용에 대해서는 그것이 옳은지에 대해서 원칙적으로 사법심사의 대상이 되므로, 이 경우 행정기관에게 재량이 인정된 것으로 볼 수는 없다. 물론 법률요건이 불확정법개념으로 규정된 경우에 사법심사가 제한되는 경우도 있지만, 이는 뒤에서 설명하는 바와 같이 재량이 아니라 판단여지의 문제로 보는 것이 타당할 것이다.

효과재량설에 의하면 기속행위인지 재량행위인지는 일차적으로 법률효과에 관한 법규정의 문언상 표현이 중요한 기준이 된다. 즉, 법이 법률효과에 관하여 "행정기관은 … 할 수 있다"라는 가능규정의 형식으로 규율하고 있는 경우에는 원칙적으로 재량행위이고, "행정기관은 … 하여야 한다"는 의무규정의 형식으로 규율하고 있는 경우에는 기속행위라고 본다.

한편, 법규정의 문언상의 표현은 일응의 추정을 가능케 하는 단서일 뿐 절대적 기준은 아니며, 따라서 재량행위인지 여부는 법규정의 문언상 표현뿐만 아니라 당해 규정의 목적·취지, 당해 행정행위의 성질 등을 고려하여 판단하여야 할 것이다.[18] 이러한 점에서 법이 가능규정의 형식으로 규정하고 있는 경우에도 법규정의 목적·취지에 비추어 볼 때 기속행위에 해당하는 경우도 있을 수 있는바, 예컨대 환경부장관은 대기오염으로 주민의 건강상 피해가 급박하다고 인정되는 경우에 조업정지 등의 조치를 내릴 수 있도록 규정한 대기환경보전법 제34조 제2항의 규정이 그에 해당한다. 비록 법규정은 '조치를 명할 수 있다'는 가능규정의 형식으로 규정하고 있지만, 만일 주민의 건강상·환경상 피해가 급박하다고 인정되는 때에는 환경부장관은 조업정지 등의 조치를 취해도 되고 안 취해도 되는 재량권이 인정되는 것이 아니라 그러한 조치를 취할 의무가 있다고 할 것이기 때문이다.[19] 대법원도 「행정기관은 일반인이 당해 행정기관에서 보관 또는 보존하고 있는 문서

---

17) 대판 2018. 10. 4, 2014두37702.
18) 대판 2001. 2. 9, 98두17593.
19) 김남진/김연태(I), 237면. 한편, 「타인이 대신하여 행할 수 있는 행위를 의무자가 이행하지 아니하는 경우 다른 수난으로써 그 이행을 확보하기 곤란하고 또한 그 불이행을 방치함이 심히 공익을 해할 것으로 인정될 때에는 당해 행정청은 스스로 의무자가 하여야 할 행위를 하거나 또는 제삼자로 하여금 이를 하게 하여 그 비용을 의무자로부터 징수할 수 있다」고 규정하고 있는 행정대집행법 제2조 규정과 관련하여 재량행위설과 기속행위설이 대

를 열람 또는 복사하고자 할 때에는 특별한 사유가 없는 한 이를 허가할 수 있다. 다만, 비밀 또는 대외비로 분류된 문서의 경우에는 허가할 수 없으며, 외교문서의 경우에는 외무부령이 정하는 바에 따라 허가하여야 한다」고 규정하고 있는 (구) 사무관리규정 제33조 제2항의 성질과 관련하여, 이는 정보공개여부에 대하여 행정기관에 재량권을 부여한 것이 아니라 기밀에 속하는 등 특별한 사유가 없는 한 행정기관은 반드시 정보공개청구에 응하여야 하는 기속행위로 보아야 한다고 판시하였다.[20]

(3) 구별의 상대성

기속행위라도 법령의 기계적인 집행에 그치는 것이 아니라 그 법령의 해석이나 사실인정에 있어서 행정기관의 판단이 개입할 여지가 있으며, 재량행위라 할지라도 법으로부터 완전히 자유로운 것이 아니라 일정한 한계 내에서 행사되어야 한다. 따라서 양자의 구별은 상대적인 것이라 할 것이다.

3. 재량의 한계

재량권이 부여된 경우에도 행정기관은 아무런 제약없이 재량권을 행사할 수 있는 것은 아니라 일정한 한계 내에서 행사하여야 한다. 만일 행정기관이 그 한계를 넘어 재량권을 행사한 경우에는 위법한 것이 되는바, 한계를 넘어선 재량권행사의 유형에는 일탈, 남용, 불행사 등이 있다.

(1) 재량의 일탈

법이 행정기관에게 재량권을 부여함에 있어서는 일정한 범위를 정하여 주는 것이 일반적이며, 이 경우에 행정기관은 법이 허용하는 범위 내에서 재량권을 행사하여야 함은 당연하다. 행정기관이 법이 정한 재량의 범위(재량의 외적 한계)를 넘어서 재량권을 행사한 경우를 재량의 일탈(또는 유월)이라고 하며, 이러한 행위는 위법한 것이 된다. 예컨대 식품위생법은 영업자가 유해식품을 판매한 경우에 '영업허가를 취소하거나 6개월 이내의 영업정지처분'을 내릴 수 있도록 재량을 부여하고 있는데(75조), 행정기관이 법이 부여하고 있는 재량의 범위를 넘어서 10개월의 영업정지처분을 내린 경우가 그에 해당한다.

(2) 재량의 남용

행정기관은 법이 허용한 범위 내에서 재량권을 행사하는 경우에도 수권목적에 따라 공익과 사익을 형량하여 평등원칙·비례원칙 등 법의 일반원칙에 합당하게 행사하여야 하는 바(재량의 내적 한계), 이러한 내적 한계를 넘어서 재량권을 행사한 경우를 재량의 남용이라 한다.

재량권의 남용과 관련하여 몇 가지 구체적 사례를 살펴보기로 한다. 첫째, 공무원에 대한 징계

립하고 있다. 즉, 행정대집행법이 가능규정의 형식으로 규정하고 있기 때문에 재량행위에 해당한다는 견해와, 대집행의 요건이 충족되는 경우(다른 수단으로는 그 이행을 확보하기 곤란하고 또한 불이행을 방치하는 것이 심히 공익을 해치는 것으로 인정되는 경우)에는 행정대집행법의 목적·취지에 비추어 볼 때 행정청은 당연히 대집행을 하여야 하는 점에서 기속행위에 해당한다는 견해의 대립이 그것이다.

20) 대판 1989. 10. 24, 88누9312; 대판 1992. 6. 23, 92추17.

처분을 함에 있어서 징계사유로 삼은 비행의 정도에 비하여 균형을 잃은 과중한 징계처분을 선택함으로써 비례의 원칙에 위반하거나, 합리적인 사유 없이 같은 정도의 비행에 대하여 일반적으로 적용하여 온 기준과 어긋나게 공평을 잃은 징계처분을 선택함으로써 평등의 원칙에 위반한 경우에는 재량권의 한계를 벗어난 것으로서 위법하다는 것이 판례의 입장이다.[21]

둘째, 사법시험·공인중개사시험 등의 출제에 있어 정확하지 않은 용어를 사용함으로써 생긴 출제상의 잘못이 출제에 관한 재량권의 남용인지가 문제되었다. 이에 관해 판례는, 법령규정이나 확립된 해석에 어긋나는 법리를 진정한 것으로 전제하여 출제한 경우 또는 문항이나 답항의 문장 구성이나 용어선택이 지나칠 정도로 잘못되어 평균수준의 수험생으로 하여금 정당한 답항을 선택할 수 없게 만든 경우에는 재량권의 남용이라고 할 것이지만, 법리상의 오류는 없고 단지 객관식 문제에 조금 미흡하거나 정확하지 못한 표현이 사용되었으나 평균수준의 수험생으로 하여금 문제의 의미파악과 정답선택을 그르치게 할 정도는 아닌 경우에는 재량권의 남용에 해당되지 않는다고 하였다.[22]

셋째, 행정청이 제재처분을 내릴 때 재량권을 남용하였는지 여부는 처분사유인 위반행위의 내용과 위반의 정도, 처분에 의하여 달성하려는 공익상의 필요와 개인이 입게 될 불이익 및 이에 따르는 제반 사정 등을 객관적으로 심리하여 '공익침해의 정도'와 '처분으로 인하여 개인이 입게 될 불이익'을 비교·교량하여 판단하여야 한다는 것이 판례의 입장이다.[23]

이와 관련하여 운전면허취소사유에 해당하는 음주운전을 한 자에 대해 그가 소지한 모든 운전

---

21) 대판 2001. 8. 24, 2000두7704.

22) 대판 2001. 4. 10, 99다33960; 대판 2009. 10. 15, 2007두22061.

23) 대판 2018. 5. 15, 2016두57984. <사건개요> 건설업자 A는 동해시, 춘천시, 철원군 등에서 부정한 방법으로 관급공사 입찰에 참가하였다가 적발되어 동해시장은 A에 대해 2014. 5. 7.부터 1년간, 춘천시장은 2014. 5. 12. 부터 1년간 입찰참가자격제한처분을 하였다. 이에 A는 동해시장과 춘천시장을 상대로 행정소송을 제기하였는데, 소송 진행 중인 2015. 8. 13. 대통령은 기존의 입찰참가자격제한처분을 해제하도록 하는 내용의 '광복 70주년 특별사면조치'를 발하였다. 이에 A는 소를 취하하였고, 동해시장과 춘천시장은 위 특별사면조치에 따라 A에 대한 입찰참가자격제한처분을 해제하였다. 한편, 철원군수는 A가 동해시장과 춘천시장을 상대로 소송을 제기하자 소송 진행상황을 지켜보면서 처분을 하기로 하고 제재처분을 미루어 오다가 A가 소를 취하하자 2015. 12. 29. A에 대하여 5개월 간의 입찰참가자격제한처분을 하였다. 그러자 A는 철원군수가 오랫동안 아무런 제재처분을 내리지 않고 있다가 특별사면조치가 내려진 후 입찰참가자격제한처분을 한 것은 평등의 원칙 내지 신뢰보호의 원칙에 반하여 재량권을 일탈·남용한 위법이 있다고 주장하면서 행정소송을 제기하였다. 철원군수가 동해시장이나 춘천시장처럼 일찍 제재처분을 내렸다면 위 특별사면조치의 적용을 받았을 텐데 제재처분을 미루는 바람에 특별사면조치의 적용을 받지 못한 것은 재량권의 일탈·남용에 해당하여 위법하다는 것이다. <서울고등법원의 판단> 철원군수가 A와 동해시장·춘천시장 사이에 행정소송이 진행 중이라는 이유로 제재처분을 지체한 것은 정당한 사유에 기인한 것이라고는 볼 수 없으며, 따라서 특별사면조치 이전에 발생한 위반행위를 이유로 내린 철원군수의 입찰참가자격제한처분은 재량권을 일탈·남용한 위법한 처분이다(서울고판 2016누51537). <대법원의 판단> 다음과 같은 이유로 이 사건 처분에 재량권 일탈·남용이 인정된다고 단정하기 어렵다. i) 처분이 지연되어 원고가 특별사면을 받지 못하게 되었다고 하더라도, 그 처분사유가 인정되는 이상 피고가 원고에 대한 처분을 면제하여야 한다고 볼 수는 없다. ii) 원고가 동해시장 및 춘천시장이 한 입찰참가자격제한처분에 대해 행정소송을 제기하여 그 과정에서 위 처분에 대한 집행정지신청이 인용되기도 한 사실 등에 비추어 보면, 피고가 이 사건 처분을 늦춘 데 상당한 사유가 인정되지 않는다고 섣불리 단정할 수도 없다. 게다가 피고가 원고에 대하여 특별사면을 받을 수 없게 하려는 의도로 이 사건 처분을 지연한 것도 아니다. iii) 이 사건 부정행위는 지능적이고 계획적인 범죄행위에 해당할 뿐 아니라, 이로 인하여 낙찰받은 금액도 적지 않아 그 제재의 필요성도 상당하다.

면허를 취소하는 것이 재량권의 남용에 해당하는지가 자주 문제된다. 이에 관해 판례는, 운전면허를 받은 사람이 음주운전을 한 경우에 그 운전면허의 취소 여부는 행정청의 재량행위라고 할 것이나, 음주운전으로 인한 교통사고가 빈번하고 그 결과가 참혹한 경우가 많아 대다수의 선량한 운전자와 보행자를 보호하기 위하여 음주운전을 엄격하게 단속하여야 할 필요가 절실한 점에 비추어 보면, 음주운전으로 인한 교통사고를 방지할 공익상의 필요는 면허취소처분으로 인하여 당사자가 입게 될 불이익보다 더욱 중시되어야 한다는 입장을 취하고 있다.[24]

넷째, 행정청이 제재처분을 하면서 '임의적 감경사유'를 고려하지 않은 것이 위법한지가 문제되었다. 이에 관해 판례는, 임의적 감경사유를 고려하고도 감경하지 않은 채 처분을 내린 경우에는 재량권을 일탈·남용하였다고 단정할 수는 없으나, 행정청이 감경사유를 전혀 고려하지 않았거나 감경사유에 해당하지 않는다고 오인하여 개별처분기준에서 정한 상한으로 처분을 한 경우에는 재량권을 일탈·남용한 것이라고 보아야 한다고 하였다.[25]

(3) 재량의 불행사(흠결 또는 해태)

행정기관이 착오로 재량행위를 기속행위로 오해하여 재량행사에 필요한 복수 행위간의 형량을 전혀 하지 않은 경우를 재량의 불행사(또는 흠결, 해태)라 하는바, 이 역시 위법한 행위가 된다.

4. 재량행위에 대한 통제

현대복리국가에 있어서는 구체적 타당성있는 행정작용을 위하여 행정기관에 많은 재량이 부여되고 있으며, 이에 따라 행정기관의 재량권행사의 적정성을 확보하기 위한 재량통제의 문제가 중요하게 대두되고 있다.

(1) 입법적 통제

법률로써 행정기관의 재량권의 범위를 정하거나 재량권행사에 있어 고려할 사항 등을 구체적으로 정하는 것 또는 국회가 행정부에 대하여 가지는 국정감시권(국정감사·출석답변요구·해임건의·탄핵소추 등)의 발동에 의해 재량권행사를 통제하는 것이 이에 해당한다.

(2) 행정적 통제

상급행정청이 하급행정청에 대하여 가지는 지휘감독권(훈령권·취소정지권·승인권 등)의 행사에

---

24) 대판 2018. 2. 28, 2017두67476; 대판 2019. 1. 17, 2017두59949. < 대법원 2017두67476 판결의 사건개요 > 운전공무원으로 21년간 재직하던 갑은 혈중알코올농도 0.140%의 상대로 125cc 오토바이를 운전하다 적발되었고, 이에 경기도남부지방경찰청장은 갑이 소지한 제1종대형면허, 제1종보통면허, 제1종특수면허, 제2종소형면허를 모두 취소하였다. 이에 대한 취소소송에서 대법원은, i) 원고에 대하여 제1종대형, 제1종보통, 제1종특수운전면허를 취소하지 않는다면 원고는 위 각 운전면허로 배기량 125cc 이하 이륜자동차를 계속 운전할 수 있어 실질적으로는 아무런 불이익을 받지 않게 되며, ii) 원고의 혈중알코올농도는 0.140%로서 도로교통법령에서 정하고 있는 운전면허 취소처분 기준인 0.100%를 훨씬 초과하고 있고, iii) 원고가 당시 음주상태에도 불구하고 운전을 하지 않으면 안 되는 부득이한 사정이 있었다고 보이기도 않는다는 이유 등으로 이 사건 처분은 재량권의 일탈·남용에 해당되지 않는다고 하였다.

25) 대판 2020. 6. 25, 2019두52980.

의한 통제, 행정절차를 통한 통제, 행정심판에 의한 통제 등이 이에 해당한다.

(3) 사법적 통제

법이 부여한 한계 내에서의 재량권행사는 원칙적으로 당·부당의 문제에 그치기 때문에 행정소송을 통해 구제받을 수 없지만, 행정기관이 재량권을 행사함에 있어서 일탈·남용 등 그 한계를 넘은 경우에는 예외적으로 위법한 것이 되어 행정소송을 통해 구제받을 수 있다. 행정소송법 제27조는 「행정청의 재량에 속하는 처분이라도 재량권의 한계를 넘거나 그 남용이 있는 때에는 법원은 이를 취소할 수 있다」고 함으로써 이를 분명히 하고 있다. 따라서 국민이 재량행위에 대해 그 일탈·남용을 이유로 행정소송을 제기한 경우에 법원은 재량행위라는 이유로 각하할 것이 아니라, 본안에 대해 심사한 다음 일탈·남용이 인정되면 인용판결을, 일탈·남용에 해당하지 않는다고 인정되면 기각판결을 하여야 한다.

다음으로 재량행위의 위법 여부에 대한 심사의 방식에 관해 살펴보기로 한다. 판례에 의하면, 기속행위의 경우에는 법원이 사실인정과 관련 법규의 해석·적용을 통하여 독자적으로 일정한 결론을 도출한 후 그 결론에 비추어 행정기관이 한 판단의 적법 여부를 판정하는 방식에 의하나, 재량행위의 경우에는 행정기관의 재량에 기한 공익판단의 여지를 감안하여 법원은 독자의 결론을 도출함이 없이 해당 행위에 재량권의 일탈·남용이 있는지 여부만을 심사하여야 한다고 한다.[26] 그리고 행정청이 재량권을 일탈·남용하였다는 사정은 그 처분의 효력을 다투는 자가 주장·증명하여야 한다고 한다.[27]

> **판례** 『행정행위를 기속행위와 재량행위로 구분하는 경우 양자에 대한 사법심사는, 전자의 경우 그 법규에 대한 원칙적인 기속성으로 인하여 법원이 사실인정과 관련 법규의 해석·적용을 통하여 일정한 결론을 도출한 후 그 결론에 비추어 행정청이 한 판단의 적법 여부를 독자의 입장에서 판정하는 방식에 의하게 되나, 후자의 경우 행정청의 재량에 기한 공익판단의 여지를 감안하여 법원은 독자의 결론을 도출함이 없이 당해 행위에 재량권의 일탈·남용이 있는지 여부만을 심사하게 되고, 이러한 재량권의 일탈·남용 여부에 대한 심사는 사실오인, 비례·평등의 원칙 위배 등을 그 판단 대상으로 한다.』 (대판 2005. 7. 14, 2004두6181)

5. 계획재량

행정계획이란 행정청이 특정한 행정목표를 설정하고 그 목표를 달성하기 위해 관련되는 여러 행정수단을 종합·조정함으로써 장래 질서있는 행정목적을 실현하기 위한 활동기준을 설정하는 것을 말한다. 그런데 행정계획에 관해 규율하는 법령은 계획수립의 목표와 절차만을 규정하고 계획의 구체적인 내용에 관해서는 행정기관에게 광범한 형성의 자유를 부여하는 것이 일반적인바, 이러한 경우 행정기관이 계획수립에 관해 가지는 재량을 특별히 계획재량이라 한다.

---

26) 대판 2005. 7. 14, 2004두6181; 대판 2020. 10. 15, 2019두45739; 대판 2022. 9. 7, 2021두39096.
27) 대판 2020. 7. 23, 2020두36007; 대판 2021. 3. 25, 2020두51280.

계획재량은 일반적인 행정재량에 비해서 행정기관에게 훨씬 더 큰 재량권이 인정되므로, 이를 통제하기 위해 행정기관에게 관계 이익을 비교형량하여 계획을 수립하도록 하는 의무가 부여되는데, 이를 형량명령이라 한다. 이에 관한 구체적 내용은 행정계획 부분에서 살펴보기로 한다.

6. 판단여지

기본사례

청소년보호위원회는 A의 책 "가자, 장미여관으로!"를 청소년보호법 제7조 제1항에 따라 청소년유해매체물로 결정하였는바, A는 청소년보호위원회의 결정이 위법하다고 주장하며 그에 대한 취소소송을 제기하였다. 법원은 청소년보호위원회의 결정이 위법한지에 대해 심사할 수 있는지를 검토하시오.

〈청소년보호법〉
제7조 (청소년유해매체물의 심의·결정) ① 청소년보호위원회는 매체물이 청소년에게 유해한지를 심의하여 청소년에게 유해하다고 인정되는 매체물을 청소년유해매체물로 결정하여야 한다.
제9조 (청소년유해매체물의 심의기준) ① 청소년보호위원회와 각 심의기관은 제7조에 따른 심의를 할 때 해당 매체물이 다음 각 호의 어느 하나에 해당하는 경우에는 청소년유해매체물로 결정하여야 한다.
1. 청소년에게 성적인 욕구를 자극하는 선정적인 것이거나 음란한 것
2.-4. 생략
5. 청소년의 건전한 인격과 시민의식의 형성을 저해하는 반사회적·비윤리적인 것
6. 그 밖에 청소년의 정신적·신체적 건강에 명백히 해를 끼칠 우려가 있는 것
② 제1항에 따른 기준을 구체적으로 적용할 때에는 사회의 일반적인 통념에 따르며 그 매체물이 가지고 있는 문학적·예술적·교육적·의학적·과학적 측면과 그 매체물의 특성을 함께 고려하여야 한다.

(1) 의의

법령이 행정행위의 요건을 불확정법개념으로 규정하고 있는 경우에 어떤 사실이 그 요건에 해당하는지 여부는 일의적으로 확정하기 어려우며, 따라서 일정한 범위에서 행정기관에게 그에 관한 판단권이 주어진다고 보는데, 이를 판단여지(Beurteilungsspielraum)라 한다. 행정기관에 판단여지가 인정된 경우에 행정기관의 전문적·기술적 판단은 종국적인 것으로서 존중되며, 그 한도에서 행정기관의 판단에 대한 법원의 심사가 제약받게 되는 점에 특색이 있다. 예컨대 청소년보호위원회는 청소년에 유해하다고 인정되는 매체물을 청소년유해매체물로 결정하여야 하는데(청소년보호법 7조), 청소년보호법 제9조에서 정한 「청소년에 유해하다고 인정되는 매체물의 심의기준」 중에는 '선정적이거나 음란한 것', '반사회적·비윤리적인 것' 등과 같은 불확정법개념을 사용함으로써 어떠한 매체물이 그에 해당하는지에 대해서 청소년보호위원회에 판단여지가 부여된다고 본다. 이 경우 청소년보호위원회의 전문적 판단은 종국적인 것으로서 존중되어야 하며, 따라서 그 판단이 적법한지에 대한 사법심사는 제약을 받게 된다.

이러한 이론은 독일학자 바호프(Bachof)와 울레(Ule) 교수 등에 의해 주장되었는데, 이하에서 독일에서의 논의에 대해 살펴보기로 한다.

(2) 독일에서의 논의[28]

① **연혁적 고찰** : 독일에 있어 바이마르공화국시대에는 법률효과의 측면뿐만 아니라 법률요건의 측면에서도 행정기관에 재량이 인정될 수 있다고 보았다. 즉, 법이 행정기관에게 법률효과의 면에서 선택의 자유를 부여한 경우(효과재량)뿐만 아니라 법률요건이 불확정법개념으로 규정된 경우에도 그 해석과 적용에 있어 행정기관에게 재량이 인정된다고 보았다(요건재량). 그러나 제2차 세계 대전 후 실질적 법치주의를 지향하는 독일은 행정재량의 범위를 축소하려 노력하였으며, 이에 따라 법률요건의 부분에서는 재량을 인정하지 않게 되었다. 즉, 법률요건이 불확정법개념으로 규정되었다 하더라도 그 해석과 적용에 있어서는 '하나의 올바른 결정'만이 허용되며, 따라서 행정기관의 해석·적용이 올바른지에 대해 사법심사의 대상이 된다는 것이다.

그런데 바호프, 울레 등 일부 학자들은 행정재량은 법률효과의 측면에서만 인정될 수 있음을 인정하면서도, 다른 한편 법률요건이 불확정법개념으로 규정된 경우에는 일정한 조건하에서 행정기관에게 재량과는 구별되는 '판단여지'가 인정될 수 있으며, 그에 대해서는 사법심사가 제약된다고 주장하였다.

② **바호프 교수의 판단여지설** : 바호프 교수는 법률요건이 불확정법개념으로 규정된 경우에 해석의 문제와 적용(포섭)의 문제로 구분하여, 해석의 문제는 법적 문제이기 때문에 행정기관의 해석은 전적으로 사법심사의 대상이 되지만, 적용(포섭)에 있어서는 행정기관의 전문적 지식을 바탕으로 한 주관적 가치판단이 요구되는 경우가 있기 때문에 이 경우 행정기관에게 판단여지가 인정된다고 하였다.[29] 행정기관에게 판단여지가 인정되는 경우에 법원은 행정기관의 전문적 판단을 존중하여야 하며, 그러한 점에서 사법심사는 제약된다고 한다.

③ **울레 교수의 타당성이론(대체가능성설)** : 울레 교수는 불확정법개념을 경험적 개념과 규범적 개념으로 나누어, 규범적 개념에 있어서만 판단여지가 인정될 수 있다고 하였다. 즉, 새벽·야간 등과 같은 경험적 개념은 그 자체로는 불명확해 보이지만 우리의 경험을 바탕으로 용이하게 해석·적용할 수 있으므로 이에 대해서는 하나의 올바른 해석·적용만이 허용되기 때문에 행정기관의 해석·적용은 전적으로 사법심사의 대상이 된다고 한다. 이에 반해 공공이익·필요성·상당성·현저함 등과 같은 규범적 개념은 구체적 사안에의 적용에 있어서 행정기관의 주관적 가치판단이 필요하므로 행정기관에게 판단여지가 부여된다는 것이다. 이 경우 기초 사실관계에 비추어 행정기관이 행한 전문적 판단이 일응 타당하다고 인정되면 법원은 (역시 문제가 있을 수 있는) 자신의 판단으로 대체시켜서는 안 된다고 하는바, 이러한 점에서 이를 타당성이론 또는 대체가능성설이라 한다.

---

28) 이에 관한 상세는 정하중, 행정법에 있어서 재량과 판단여지 그리고 사법심사의 한계, 공법연구 23집 3호, 1995. 6, 141면 이하 참조.

29) 포섭이란 어떤 사실이 법률요건에 해당하는지를 판단하는 것을 말한다. 예컨대, 청소년보호법 제9조에 따르면 청소년에게 성적인 욕구를 자극하는 선정적인 것이거나 음란한 것을 청소년유해매체물로 밀(?)하여야 하는바, A의 "가자, 장미여관으로!"의 책이 '청소년에게 성적인 욕구를 자극하는 선정적인 것이거나 음란한 것'에 해당하는지를 판단하는 것이 포섭이다.

④ **판단수권설** : 독일의 다수 학자들은 '재량'과 구별되는 의미의 '판단여지'를 인정하지만, 다음과 같은 점에서 제한을 가하고 있다.[30] 첫째, 행정기관에게 판단여지가 인정되기 위해서는 단지 법률요건이 불확정법개념으로 규정되어 있다는 것만으로는 부족하고, 입법자가 불확정법개념으로 규정된 사항에 관해 행정기관에게 자기 책임하에 결정하도록 수권하고 있다고 인정되어야 한다. 즉, 행정기관에게 판단여지가 인정되는 것은 법률요건이 불확정법개념으로 규정되었기 때문이 아니라, 입법자가 행정기관에게 판단권한을 수권하였기 때문이라고 하는바, 이를 판단수권설이라 한다. 둘째, "법률요건이 불확정법개념으로 규정된 경우에도 하나의 올바른 해석·적용만이 허용된다"는 명제는 여전히 타당하므로 행정기관의 해석·적용은 원칙적으로 사법심사의 대상이 되며, 따라서 사법심사가 제한되는 의미의 판단여지는 비대체적 결정, 구속적 가치평가, 예측결정, 행정정책적 결정 등과 같은 매우 제한된 영역에 있어서만 인정될 수 있다고 한다.

(3) 판단여지가 인정되는 영역

① **비대체적 결정** : 학생성적평가·공무원근무평정 등과 같이 사람의 인격·능력·적성 등에 대한 평가가 이에 해당한다. 성적평가나 근무평정은 평가자의 특수한 경험과 전문지식을 필요로 하기 때문이다.

② **구속적 가치평가** : 문화재위원회에 의한 국가지정문화재의 지정이나 해제에 관한 결정, 청소년보호위원회에 의한 청소년유해매체물 여부에 대한 결정 등과 같이 전문가로 구성된 합의제행정기관의 문화·예술 등 분야에 있어서의 결정이 이에 해당한다.

③ **예측결정** : 예측결정이란 주택시장 변화에 대한 예측, 특정 사업이 환경에 미치는 영향에 대한 예측 등과 같이 미래예측적 성질을 가진 행정결정을 의미하는바, 이러한 예측결정에도 행정기관에게 판단여지가 인정될 수 있다.

④ **행정정책적 결정** : 외교정책, 경제정책, 사회복지정책 등에 관한 결정이 불확정법개념과 결합되어 있는 경우에도 행정기관에게 판단여지가 인정될 수 있다고 본다. 이 경우 행정기관의 전문적 판단이 올바른지에 대한 법원의 심사가 쉽지 않기 때문이다.

(4) 판단여지의 한계와 통제

행정기관에게 판단여지가 인정되는 경우에도 재량에서와 같이 행정기관은 일정한 한계 내에서 그 판단권을 행사하여야 함은 물론이며, 따라서 법원은 행정기관이 그 한계를 준수하였는지에 관해 심사할 수 있다. 즉, 법원은 행정기관(특히 합의제기관)이 적법하게 구성되었는지 여부, 판단·결정과정에서 법이 정한 절차를 준수하였는지 여부, 불확정법개념을 올바르게 해석하였는지 여부, 그 적용에 있어 행정기관의 자의가 개입되었는지 여부 등에 관하여 심사할 수 있으며, 만일 이에 위반하였다고 인정되면 해당 행정결정은 위법하게 된다.

---

30) Maurer, Allgemeines Verwaltungsrecht, 16 Aufl., S.146.

(5) 판단여지에 관한 우리나라의 학설

우리나라에서는 판단여지가 재량과 구별되는 개념인지 아니면 재량의 일종인지에 대해서 학설상 다툼이 있다.

① **구별긍정설** : 이는 판단여지와 재량은 다음과 같은 점에서 구별된다는 견해이다. i) 재량은 법이 행정기관에게 법률효과의 선택권을 부여한 것이나 판단여지는 법률요건이 불확정법개념으로 규정된 경우에 그 적용(포섭)에 있어 행정기관에게 판단ㆍ결정권을 부여한 것이다. 다시 말하면 재량은 법률효과의 면에서 인정되고 판단여지는 법률요건의 면에서 인정되는 점에서 차이가 있다. 예컨대 만일 어떤 매체물이 청소년에게 유해한 것이라 인정된다면 청소년보호위원회는 반드시 청소년유해매체물로 결정해야 하므로 이 경우 청소년보호위원회에 재량이 부여된 것은 아니지만, 다른 한편 어떤 매체물을 청소년에게 유해한 것으로 볼 것인지에 대해서는 전문가로 구성된 청소년보호위원회에 판단여지가 부여된 것이다. ii) 재량은 법에 의해 행정기관에게 복수행위 사이의 선택의 자유가 부여된 것이나 판단여지는 법률요건이 불확정법개념으로 규정된 경우에 그 적용(포섭)과 관련하여 행정기관에게 판단권한이 부여된 것이다. 그런데 불확정법개념의 해석ㆍ적용은 법적 문제로서 원칙적으로 사법심사의 대상이 되므로 판단여지는 매우 제한된 범위에서 예외적으로만 인정되는 것이다.[31]

② **구별부인설** : 이는 법률요건이 불확정법개념으로 규정되어 행정기관에게 판단여지가 부여된 경우에는 그 한도에서 사법심사가 제한받는다는 점에서 재량과 차이가 없으며, 따라서 양자는 구별의 실익이 없다는 견해이다.[32]

(6) 판례의 입장

우리의 판례는 법률요건이 불확정법개념으로 규정된 경우에 그에 대한 판단에 있어 행정기관에 '재량'이 인정된 것으로 보고 있다. 예컨대 i) 교과서의 검정에 있어서 신청된 도서가 검정요건에 부합하는지에 대한 교육부장관의 판단,[33] ii) 공무원 임용을 위한 면접전형에 있어서 임용신청자의 능력이나 적격성 등에 관한 면접위원의 판단,[34] iii) 수입된 국제적 멸종위기종 생물의 용도변경승인에 있어서 용도변경이 불가피한 경우에 해당하는지에 대한 환경부장관의 판단,[35] iv) 개

---

31) 김남진/김연태(I), 230면; 김중권, 106면; 박균성(상), 339면; 홍정선(상), 364면; 김남철, 151면.

32) 김동희/최계영(I), 275면; 류지태/박종수, 92면.

33) 대판 1992. 4. 24, 91누6634.

34) 대판 1997. 11. 28, 97누11911. 1996년 검사 신규임용을 위한 면접전형에 있어 ① 국가관 및 검사로서의 자세, ② 전문지식과 법률소양, ③ 의사발표의 정확성과 논리성, ④ 연령ㆍ용모ㆍ예의ㆍ품행 및 성실성, ⑤ 창의력ㆍ의지력 및 발전가능성 등 5가지 평가항목에 대하여 상(3점), 중(2점), 하(1점)로 각 평가하도록 하였는바, 이러한 국가관, 검사로서의 자세, 전문지식과 법률소양, 의사발표의 정확성과 논리성, 용모ㆍ예의, 창의력 등의 평가항목은 전형적인 불확정법개념에 속한다. 판례는, 면접위원이 면접대상자의 국가관ㆍ전문지식 등의 정도가 상ㆍ중ㆍ하 중 어디에 해당하는지에 대해 판단하는 것은 면접위원의 재량에 속한다고 본다.

35) 대판 2011. 1. 27, 2010두23033. 「야생생물 보호 및 관리에 관한 법률」 제16조 제3항은 『허가를 받아 수입되거나 반입된 국제적 멸종위기종 및 그 가공품은 그 수입 또는 반입 목적 외의 용도로 사용할 수 없다. 다만, 용도변경이 불가피한 경우로서 환경부장관의 승인을 받은 경우에는 그러하지 아니하다』고 규정하고 있는데, 여기에서 "용도변경이 불가피한 경우"는 전형적인 불확정법개념에 해당한다. 판례는, 용도변경이 불가피한지 여부에 대

발행위허가를 함에 있어서 해당 개발행위가 주변환경이나 경관과 조화를 이루는지 여부에 대한 행정청의 판단,[36] ⅴ) 국민보건에 중대한 위해가 발생할 우려가 있어 의료기관에게 지도와 명령을 할 필요가 있는지에 대한 보건복지부장관의 판단[37] 등이 그에 해당한다.

그리고 행정청이 관계 법령이 정하는 바에 따라 고도의 전문적이고 기술적인 사항에 관하여 전문적인 판단을 하였다면, 판단의 기초가 된 사실인정에 중대한 오류가 있거나 판단이 객관적으로 불합리하거나 부당하다는 등의 특별한 사정이 없는 한 존중되어야 한다는 것이 판례의 입장이다.[38]

> **판례** ① 『교과서검정이 고도의 학술상, 교육상의 전문적인 판단을 요한다는 특성에 비추어 보면, 교과용 도서를 검정함에 있어서 법령과 심사기준에 따라서 심사위원회의 심사를 거치고, 또 검정상 판단이 사실적 기초가 없다거나 사회통념상 현저히 부당하다는 등 현저히 재량권의 범위를 일탈한 것이 아닌 이상 그 검정을 위법하다고 할 수 없다.』 (대판 1992. 4. 24. 91누6634)
>
> ② 『공무원 임용을 위한 면접전형에 있어서 임용신청자의 능력이나 적격성 등에 관한 판단은 면접위원의 고도의 교양과 학식, 경험에 기초한 자율적 판단에 의존하는 것으로서 오로지 면접위원의 자유재량에 속하고, 그와 같은 판단이 현저하게 재량권을 일탈 내지 남용한 것이 아니라면 이를 위법하다고 할 수 없는 것이다.』 (대판 1997. 11. 28. 97누11911)
>
> ③ 『국토의 계획 및 이용에 관한 법률상 개발행위허가는 허가기준 및 금지요건이 불확정개념으로 규정된 부분이 많아 그 요건에 해당하는지 여부는 행정청의 재량판단의 영역에 속한다. 그러므로 그에 대한 사법심사는 행정청의 공익판단에 관한 재량의 여지를 감안하여 원칙적으로 재량권의 일탈·남용이 있는지 여부만을 대상으로 하고, 사실오인과 비례·평등원칙 위반 여부 등이 판단기준이 된다.』 (대판 2021. 3. 25. 2020두51280)
>
> ④ 『[1] 불확정개념으로 규정되어 있는 의료법 제59조 제1항에서 정한 지도와 명령의 요건에 해당하는지, 나아가 요건에 해당하는 경우 행정청이 어떠한 종류와 내용의 지도나 명령을 할 것인지의 판단에 관해서는 행정청에 재량권이 부여되어 있다.
>
> [2] 신의료기술의 안전성·유효성 평가나 신의료기술의 시술로 국민보건에 중대한 위해가 발생하거나 발생할 우려가 있는지에 관한 판단은 고도의 의료·보건상의 전문성을 요하므로, 행정청이 국민의 건강을 보호하고 증진하려는 목적에서 의료법 등 관계 법령이 정하는 바에 따라 이에 대하여 전문적인 판단을 하였다면, 판단의 기초가 된 사실인정에 중대한 오류가 있거나 판단이 객관적으로 불합리하거나 부당하다는 등의 특별한 사정이 없는 한 존중되어야 한다. 또한 행정청이 전문적인 판단에 기초하여 재량권의 행사로서 한 처분은 비례의 원칙을 위반하거나 사회통념상 현저하게 타당성을 잃는 등 재량권을 일탈하거나 남용한 것이 아닌 이상 위법하다고 볼 수 없다.』 (대판 2016. 1. 28. 2013두21120)

한 환경부장관의 판단은 재량행위에 해당한다고 본다.
36) 대판 2017. 3. 15, 2016두55490.
37) 대판 2016. 1. 28, 2013두21120. 의료법 제59조 제1항은 「보건복지부장관 또는 시·도지사는 보건의료정책을 위하여 필요하거나 국민보건에 중대한 위해가 발생하거나 발생할 우려가 있으면 의료기관이나 의료인에게 필요한 지도와 명령을 할 수 있다」고 규정하고 있다.
38) 대판 2016. 1. 28, 2013두21120; 대판 2022. 9. 16, 2021두58912.

Ⅲ. 법률효과에 의한 분류

1. 수익적 행정행위

수익적 행정행위란 상대방에 대하여 권리 · 이익을 부여하거나 혹은 권리의 제한을 해제하는 등 유리한 효과를 발생시키는 행정행위를 말한다. 허가, 특허, 면제, 인가, 부담적 행정행위의 철회 등이 그 예이다.

2. 침익적 행정행위

침익적 행정행위란 권리를 제한하거나 의무를 과하는 등 상대방에게 불리한 효과를 발생시키는 행정행위를 말하며, 부담적 행정행위라고도 한다. 조세부과처분, 건물철거명령, 운전면허 취소처분, 영업정지처분, 건축허가 거부처분 등이 그 예이다.

3. 복효적 행정행위(제3자효행정행위)

(1) 의의

복효적 행정행위란 하나의 행정행위가 수익과 침익(부담)이라고 하는 복수의 효과를 발생하는 것을 말하며, 이중효과적 행정행위라고도 한다. 이는 다시 혼합효행정행위와 제3자효행정행위로 나눌 수 있는데, 전자는 수익적 효과와 침익적 효과가 동일인에게 발생하는 경우를 말하며(예 : 점용료 납부를 조건으로 한 도로점용허가), 후자는 수익적 효과와 침익적 효과가 서로 다른 사람에게 발생하는 경우를 말한다(예 : 건축허가, 주유소설치허가, 원자력발전소설치허가). 좁은 의미에서의 복효적 행정행위란 제3자효행정행위를 가리킨다.[39]

(2) 특징

일반적인 행정행위는 행정청과 그 상대방 사이의 2면적인 법률관계이지만, 제3자효행정행위는 행정청과 그 상대방 및 이해관계인 사이의 3면적 법률관계인 점에 특징이 있다. 따라서 제3자효행정행위에 있어서는 3주체간의 이해관계를 어떻게 조정할 것인지가 가장 큰 문제라 할 것이다.

(3) 관련문제

① 취소 · 철회 : 수익적 행정행위를 취소 · 철회함에 있어서는 그 행정행위를 취소 · 철회하여야 할 공익상의 필요와 그 취소 · 철회로 인하여 상대방이 받는 불이익의 정도를 비교형량하여 결정하여야 하지만, 제3자효행정행위에 있어서는 3주체간의 이해관계를 고려하여야 하므로 그 형량의 대상이 되는 이익이 더욱 증가하여 복잡한 양상을 띤다.

② 행정절차(사전통지 · 청문) : 행정청은 의무를 과하거나 권익을 제한하는 처분을 하는 경우에는

---

39) 예컨대 건축허가의 경우 그 신청인에게는 수익적 효과를 가져다 주지만 인근주민에게는 일조권을 침해하는 등의 불이익을 줄 수 있다.

처분의 상대방뿐만 아니라 이해관계인에게도 일정한 사항을 미리 통지하여야 한다(행정절차법 21 조). 그리고 청문절차에 있어서도 상대방과 이해관세인은 의견을 제출할 수 있다(동법 27조 이하).

③ **원고적격** : 처분의 직접 상대방이 아니더라도 처분으로 인하여 자신의 법률상 이익을 침해받은 자는 행정소송의 원고적격을 갖는다. 제3자의 원고적격과 관련해서는 주로 인인소송과 경업자소송에서 문제된다.

④ **소송참가** : 제3자효행정행위에 있어서 일방이 소송을 제기한 경우에 타방은 참가인으로 당해 소송에 참여하여 자신의 권익을 지킬 수 있도록 하였다(행정소송법 16조).

⑤ **재심청구** : 처분의 취소판결에 의하여 권리 또는 이익을 침해받은 자는 자기에게 책임없는 사유로 소송에 참가하지 못함으로써 판결의 결과에 영향을 미칠 공격·방어방법을 제출하지 못한 때에는 확정된 판결에 대해 재심을 청구할 수 있다(동법 31조).

Ⅳ. 대상에 의한 분류

1. 대인적 행정행위

대인적 행정행위란 개인의 기능·지식·경험 등과 같은 주관적 요소를 기준으로 행하여진 행정행위를 말한다(예 : 운전면허, 의사면허). 대인적 행정행위의 효과는 원칙적으로 일신전속적이기 때문에 타인에게 이전할 수 없다.

2. 대물적 행정행위

대물적 행정행위란 물건의 구조·설비 등과 같은 객관적 사정을 기준으로 행하여진 행정행위를 말한다(예 : 건축허가, 자동차검사증의 교부). 대물적 행정행위의 효과는 일반적으로 그 대상이 된 물건과 함께 이전이 가능하다고 본다.

3. 혼합적 행정행위

혼합적 행정행위란 허가의 기준으로서 인적인 자격요건 외에 물적인 요건도 아울러 정하고 있는 경우를 말한다(예 : 총포화약류제조허가).

Ⅴ. 형식에 의한 분류(요식행위와 불요식행위)

행정행위는 특별한 형식을 요하지 않는 불요식행위인 것이 원칙이나, 법규가 특별한 형식을 규정하는 경우에는 요식행위가 된다. 행정심판의 재결, 토지수용의 재결, 조세부과처분, 납세의 독촉, 대집행의 계고 등이 요식행위에 해당한다.

VI. 직권적 행정행위와 동의에 의한 행정행위

행정청이 직권에 의해 단독으로 행하는 행정행위를 직권적(단독적 또는 일방적) 행정행위라고 하고, 상대방의 신청·출원·동의 등에 기하여 행하는 행정행위를 신청에 의한 행정행위 또는 동의에 의한 행정행위라고 한다.

VII. 적극적 행정행위와 소극적 행정행위

적극적 행정행위는 현존의 법률상태에 변동을 가져오는 행정행위이며, 소극적 행정행위는 현존의 법률상태에 변동을 가져오지 않는 행정행위이다. 허가·특허 등이 전자의 예이고, 허가·특허의 신청에 대한 거부처분이 후자의 예이다.

VIII. 명시적 행정행위와 추단적(묵시적) 행정행위

행정행위는 행정청이 명시적인 의사표시를 통해 하는 것이 일반적이다. 그런데 행정청이 행정행위를 하면서 논리적으로 당연히 수반되어야 하는 의사표시를 명시적으로 하지 않았다 하더라도, 그것이 행정청의 추단적 의사에 부합하고 상대방도 이를 알 수 있는 경우에는 그러한 의사표시(행정행위)가 묵시적으로 포함되어 있다고 볼 수 있는데, 이를 추단적(또는 묵시적) 행정행위라 한다.[40] 예컨대 행정청이 사회복지법인의 임시이사를 선임한 후 사회복지법인이 정식이사를 선임하여 행정청에 보고를 한 경우에 행정청이 이를 수리하는 처분에는 종전 임시이사에 대한 해임처분이 포함된 것으로 보는 것,[41] 대통령이 국립대학으로부터 추천받은 복수의 총장후보자 중에서 특정 후보자를 총장으로 임용한 경우에 대통령의 총장임용처분에는 다른 후보자에 대한 총장임용거부처분이 포함된 것으로 보는 것,[42] 검사 지원자 중 일부에 대한 임용처분에는 그 임용에서 제외된 자에 대한 임용거부처분이 포함된 것으로 보는 것[43] 등이 그에 해당한다.

> **판례** ① 『행정청이 행정처분을 하면서 논리적으로 당연히 수반되어야 하는 의사표시를 명시적으로 하지 않았다고 하더라도, 그것이 행정청의 추단적 의사에도 부합하고 상대방도 이를 알 수 있는 경우에는 행정처분에 위와 같은 의사표시가 묵시적으로 포함되어 있다고 볼 수 있다.』 (대판 2021. 2. 4, 2017다207932)

---

40) 김중권, 224면 이하 참조.
41) 대판 2020. 10. 29, 2017다269152. 행정청의 행위는 문서상으로는 '정식이사 선임보고를 수리하는 처분'이지만 여기에는 '종전 임시이사에 대한 해임처분'이 포함된 것으로 추단한다.
42) 대판 2018. 6. 15, 2016두57564.
43) 대판 1991. 2. 12, 90누5825. 교장승진후보자명부에 포함된 후보자 중에서 일부에 대해서만 승진임용처분을 한 것에는 승진에서 제외된 자에 대한 승진임용거부처분이 포함된 것으로 본 판례도 마찬가지이다(대판 2018. 3. 27, 2015두47492).

② 『임시이사는 이사의 결원을 보충하기 위하여 정식이사가 선임될 때까지만 재임하는 것이 원칙이므로, 정식이사의 선임과 종전 임시이사의 해임은 동시에 이루어져야 한다. 따라서 새로 선임된 정식이사와 종전 임시이사가 일시적으로라도 병존하여야 하는 다른 특별한 사정이 없는 한, 관할 행정청이 사회복지법인의 정식이사 선임보고를 수리하는 처분에는 정식이사가 선임되어 이사의 결원이 해소되었음을 이유로 종전 임시이사를 해임하는 의사표시, 즉 임시이사 해임처분이 포함된 것으로 보아야 한다.』(대판 2020. 10. 29, 2017다269152)

IX. 의제적 행정행위

일반적으로 행정행위는 행정청의 명시적 또는 묵시적 의사표시에 의해 행해진다. 그런데 경우에 따라서는 행정청의 의사에 관계없이 법률의 규정에 의해 행정행위가 행해진 것으로 보는 경우가 있는데, 이를 의제적 행정행위라 한다.

의제의 유형은 크게 두 가지로 나눌 수 있다. 하나는 일정한 처리기간이 경과한 경우에 법률이 정한 행정행위가 있는 것으로 보는 경우이다. 예컨대 토지거래허가구역 내에서 토지거래계약을 체결하려는 자는 관할 행정청에 토지거래허가를 신청하여야 하는데, 신청을 받은 행정청이 「민원처리에 관한 법률」에 따른 처리기간 내에 허가 또는 불허가의 처분을 하지 않은 경우에는 그 처리기간이 끝난 날의 다음날에 허가가 있는 것으로 보는 것이 그에 해당한다(부동산거래신고 등에 관한 법률 11조 5항). 다른 하나는 어느 행정행위가 행해지면 법률이 정한 다른 관련 행정행위도 행해진 것으로 보는 경우이다. 예컨대 건축허가가 행해지면 개발행위허가·산지전용허가·농지전용허가 등 건축법 제11조 제5항에 규정된 관련 인허가도 행해진 것으로 보는 것이 그에 해당한다. 의제적 행정행위와 관련해서는 특히 후자가 문제되는데, 이에 관해서는 "인허가의제제도" 부분에서 자세히 설명하기로 한다.

X. 사전결정과 부분허가

1. 의 의

원자력발전소, 고속철도 등과 같은 대규모시설사업에 대한 허가절차는 매우 복잡하여 그 준비과정에 많은 비용과 시간이 소요된다. 만일 사업시행자가 수년에 걸쳐 많은 비용을 들여 요건을 갖춘 다음 허가신청을 하였는데 입지가 적절치 않다는 이유 등으로 불허가된 경우에는 사업시행자에게 큰 경제적 손실을 입히게 된다. 이와 같이 복잡한 대규모시설사업에 대한 허가 여부를 결정함에 있어서 결정과정을 여러 단계로 나누어 단계석으로 구체화해 나가는 것을 다단계행정절차라 하며, 사전결정과 부분허가가 그 대표적 예에 속한다.

2. 사전결정

사전결정이란 행정청이 어떤 사업에 대해 최종적인 허가 여부를 결정하기 전에 해당 사업에 대한 계획서 등을 검토하여 그것이 가능한지를 미리 결정해 주는 것을 말한다. 건축법상의 건축입지와 규모에 대한 사전결정(10조), 폐기물관리법상의 폐기물처리업에 대한 적정통보(25조)가 그 예이다.

이러한 사전결정제도는 사업을 준비하는 자에게 예측가능성을 부여하고 불허가시의 위험부담을 줄여주며, 행정청에게는 최종 허가단계에서는 신청인이 사업계획서대로 시설을 갖추었는지만을 심사하도록 함으로써 신속하게 허가업무를 처리하도록 하는 기능을 한다.[44] 예컨대 폐기물처리업의 경우 그 처리과정에서의 환경침해를 막기 위하여 상당히 엄격한 시설기준을 요구하는데, 만일 폐기물처리업을 하고자 하는 자가 많은 비용을 들여 시설기준을 갖추어 허가를 신청하였으나 해당 시설을 설치할 토지의 입지가 적절치 못하다는 이유로 불허가처분이 내려지면 신청인은 막대한 손실을 입게 된다. 따라서 폐기물처리업을 하고자 하는 자는 먼저 행정청에 구체적 내용을 담은 사업계획서를 제출하도록 하고 행정청은 이를 검토하여 폐기물처리업에 대한 적정 여부를 통보하도록 하고 있다(폐기물관리법 25조). 만일 행정청의 적정통보가 있으면 사업시행자는 일정 기간 내에 사업계획서대로 시설을 갖추어 허가신청을 하면 행정청은 원칙적으로 허가를 해주어야 할 것이다.

다만 해당 행위가 재량행위인 경우에는 비록 사전결정이 있다 하더라도 행정청은 그 사전결정에 기속되지 않고 다시 사익과 공익을 비교형량하여 종국적인 허가 여부를 결정할 수 있다는 것이 판례의 입장이다.[45]

행정청이 사전결정에서 적정통보를 하였음에도 불구하고 다른 이유를 들어 불허가처분을 하는 것은 신뢰보호원칙 위배의 문제가 발생한다. 판례에 의하면 이 경우 신뢰보호원칙의 요건 중 하나인 '공익을 현저히 해하는 경우가 아닐 것'과 관련하여 이익형량이 필요하다고 본다.[46]

> **판례** ① 『폐기물관리법 제26조 제1항, 제2항 및 같은법 시행규칙 제17조 제1항 내지 제5항의 규정에 비추어 보면 폐기물처리업의 허가에 앞서 사업계획서에 대한 적정·부적정 통보제도를 두고 있는 것은 폐기물처리업을 하고자 하는 자가 스스로 시설 등을 설치하여 허가신청을 하였다가 허가단계에서 그 사업계획이 부적정하다고 판명되어 불허가되면 허가신청인이 막대한 경제적·시간적 손실을 입게 되므로, 이를 방지하는 동시에 허가관청으로 하여금 미리 사업계획서를 심사하여 그 적정·부적정 통보처분을 하도록 하고, 나중에 허가단계에서는 나머지 허가요건만을 심사하여 신속하게 허가업무를 처리하는데 그 취지가 있다.』 (대판 1998. 4. 28, 97누21086)
>
> ② 『원심판결의 이유에 의하면, 원고가 피고(해운대구청장)에게 폐기물관리법시행규칙 제17조의 규정에 의하여 업종을 일반폐기물수집·운반업으로 하는 폐기물처리업의 사업계획서를 제출하자 피고는

---

44) 대판 1998. 4. 28, 97누21086.
45) 대판 1999. 5. 25, 99두1052.
46) 대판 1998. 5. 8, 98두4061; 대판 1999. 5. 25, 99두1052.

1996. 3. 22. 사업계획이 적정하니 6개월 내에 폐기물관리법시행규칙 소정의 허가요건을 갖추어 허가신청을 하라는 내용의 적정통보를 한 사실, 원고는 이미 적정통보를 받은 위 사업계획에 따라 폐기물관리법령 소정의 허가요건을 갖추어 허가신청을 하면 당연히 허가를 받을 수 있는 것으로 믿고 그 허가요건을 갖추기 위하여 합계 금 305,565,296원을 들여 장비를 구입하고 기술인력 10명을 고용하는 등 법정 허가요건을 완비한 사실, 원고는 같은 해 9. 2. 피고에게 폐기물처리업 허가신청을 하였으나 피고는 다수 청소업자의 난립으로 능률적이고 안정적인 청소업무 수행에 지장이 있어 주민들의 공익을 저해할 소지가 있다는 이유로 불허가처분을 한 사실 등을 인정한 다음, 원고는 피고로부터 이 사건 사업계획에 관하여 적정통보를 받고 법정 허가요건을 구비하기만 하면 폐기물수집·운반업 허가를 하여 주는 것을 신뢰한 나머지 상당한 자금과 노력을 투자하여 법정 허가요건을 갖추어 허가신청을 하게 된 것인데 이 사건 불허가처분은 피고의 적정통보에 대한 원고의 신뢰를 저버린 행위로서 신뢰보호의 원칙에 반한다 할 것이고, 또한 이 사건 불허가처분으로 인하여 피고가 달성하려는 '생활폐기물의 적정하고도 안정적인 처리'라는 공익과 원고가 입게 될 불이익을 비교·형량할 때, 업체의 난립 및 과당경쟁으로 기존 청소질서가 파괴되어 안정적이고 효율적인 책임청소행정의 이행이 불가능함으로써 공익을 해할 것이라는 점을 인정하기 어려울 뿐만 아니라 이 사건 처분을 통하여 피고가 달성하려는 공익은 위 허가가 가능하리라고 믿은 원고가 입게 될 불이익보다도 더 크다고 보기도 어려우므로 이 사건 처분은 결국 신뢰보호의 원칙 및 비례의 원칙에 반한 것으로서 재량권을 남용한 위법한 처분이라고 판단하였는바, 원심의 이러한 판단은 앞서 본 법리에 비추어 수긍이 가고, 거기에 소론과 같은 신뢰보호의 원칙 및 재량권 남용에 관한 법리오인 내지 심리미진의 위법이 있다고 할 수 없다.』(대판 1998. 5. 8, 98두4061)

③ 『[1] 기록에 의하면, 원고가 피고로부터 이 사건 주택사업계획에 대하여 사전결정을 받았고, 이에 따라 원고가 이 사건 주택사업의 준비를 하여 온 사실이 인정되나, 이 사건 원고의 주택사업계획을 승인할 경우 공익을 현저히 침해하는 우려가 있으므로, 신뢰보호의 원칙은 적용될 수 없다고 할 것이다.

[2] 주택건설촉진법 제33조 제1항의 규정에 의한 주택건설사업계획의 승인은 상대방에게 권리나 이익을 부여하는 효과를 수반하는 이른바 수익적 행정처분으로서 행정처분의 요건에 관하여 일의적으로 규정되어 있지 아니한 이상 행정청의 재량행위에 속하고, 그 전단계인 같은법 제32조의4 제1항의 규정에 의한 주택건설사업계획의 사전결정이 있다하여 달리 볼 것은 아니다. 따라서 피고가 이 사건 주택건설사업에 대한 사전결정을 하였다고 하더라도 사업승인 단계에서 그 사전결정에 기속되지 않고 다시 사익과 공익을 비교형량하여 그 승인 여부를 결정할 수 있다고 판단한 원심의 조치는 정당하고, 거기에 소론과 같은 위법이 있다고 할 수 없다.』(대판 1999. 5. 25, 99두1052)

3. 부분허가

부분허가란 허가사항의 일부에 대해서 먼저 허가를 하는 것을 말한다. 사전결정은 최종 허가에 앞선 예비적 결정이지만, 부분허가는 내용적으로 제한된 허가인 점에서 차이가 있다. 따라서 사전결정이 있더라도 최종적인 허가처분이 있기 전에는 허가의 효력이 발생하지 않으나, 부분허가의 경우는 허가된 사항에 관한 한 종국적인 것으로서 효력이 발생한다.

고속철도건설에 있어서 일부 구간에 대한 공사허가가 부분허가에 해당하며, 원자력안전법 제10조에 의한 부시사선승인제도는 사전결정과 부분허가의 성격을 동시에 갖는다고 본다.[47]

---

47) 정하중/김광수, 187면.

4. 사전결정과 부분허가에 대한 행정소송

사전결정과 부분허가는 그 자체로서 독립한 행정처분의 성질을 가지므로 항고소송의 대상이 된다. 판례도 폐기물처리업에 대한 부적정통보나 원자로부지 사전승인은 독립한 행정처분의 성질을 가지는 것으로 보았다.[48]

그러나 사전결정이나 부분허가가 내려진 후에 최종의 후행처분이 행해진 경우에는 사전결정이나 부분허가는 최종처분에 흡수되기 때문에 독립한 존재가치를 상실하고, 따라서 최종의 후행처분만이 소송의 대상이 된다는 것이 판례의 입장이다.[49]

> **판례** 『원자력법 제11조 제3항 소정의 부지사전승인제도는 원자로 및 관계시설을 건설하고자 하는 자가 그 계획 중인 건설부지가 원자력법에 의하여 원자로 및 관계시설의 부지로 적법한지 여부 및 굴착공사 등 일정한 범위의 공사(이하 '사전공사'라 한다)를 할 수 있는지 여부에 대하여 건설허가 전에 미리 승인을 받는 제도로서, 원자로 및 관계시설의 건설에는 장기간의 준비·공사가 필요하기 때문에 필요한 모든 준비를 갖추어 건설허가신청을 하였다가 부지의 부적법성을 이유로 불허가될 경우 그 불이익이 매우 크고 또한 원자로 및 관계시설 건설의 이와 같은 특성상 미리 사전공사를 할 필요가 있을 수도 있어 건설허가 전에 미리 그 부지의 적법성 및 사전공사의 허용 여부에 대한 승인을 받을 수 있게 함으로써 그의 경제적·시간적 부담을 덜어 주고 유효·적절한 건설공사를 행할 수 있도록 배려하려는데 그 취지가 있다고 할 것이므로, 원자로 및 관계시설의 부지사전승인처분은 그 자체로서 건설부지를 확정하고 사전공사를 허용하는 법률효과를 지닌 독립한 행정처분이기는 하지만, 건설허가 전에 신청자의 편의를 위하여 미리 그 건설허가의 일부 요건을 심사하여 행하는 사전적 부분 건설허가처분의 성격을 갖고 있는 것이어서 나중에 건설허가처분이 있게 되면 그 건설허가처분에 흡수되어 독립된 존재가치를 상실함으로써 그 건설허가처분만이 쟁송의 대상이 되는 것이므로, 부지사전승인처분의 취소를 구하는 소는 소의 이익을 잃게 되고, 따라서 부지사전승인처분의 위법성은 나중에 내려진 건설허가처분의 취소를 구하는 소송에서 이를 다투면 된다.』 (대판 1998. 9. 4, 97누19588)

제3절 행정행위의 내용

전통적 견해에 의하면 행정행위를 그 내용에 따라 법률행위적 행정행위와 준법률행위적 행정행위로 구분하는데, 이는 민법상의 법률행위와 준법률행위의 개념을 행정법에 차용한 것이다. 즉, 법률행위적 행정행위는 행정청의 '의사표시'를 요소로 하는 행정행위로서, 행정청이 표시한 의사의 내용에 따라 법적 효과를 발생한다. 그리고 준법률행위적 행정행위는 행정청의 '의사표시 이외의 정신작용'(관념표시, 판단표시, 인식표시)을 요소로 하는 행정행위로서, 이는 법이 정한 바에 따른 효

---

48) 대판 1998. 4. 28, 97누21086; 대판 1998. 9. 4, 97누19588.
49) 대판 1998. 9. 4, 97누19588.

과를 발생한다.

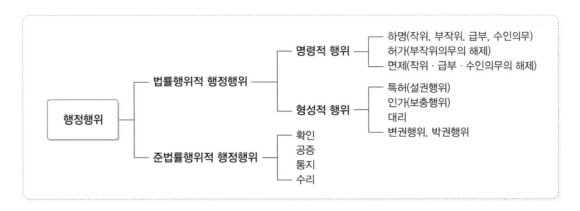

이러한 분류방식에 대해서는 오늘날 다음과 같은 비판이 제기되고 있다.[50] 첫째, 행정행위는 법률을 구체적으로 집행하는 행위이므로 행정행위에 있어 행정청의 의사표시는 그 공무원의 개인적 의사가 아니라 국가의사의 표시라 할 수 있으며, 따라서 행정행위에 있어 행위자인 행정청의 의사표시는 중요한 의미를 가지지 않는다고 한다. 둘째, 전통적 견해에 의하면 법률행위적 행정행위에는 부관을 붙일 수 있고 준법률행위적 행정행위에는 부관을 붙일 수 없는 점에서 양자의 구별실익이 있다고 하나, 뒤에서 살펴보는 바와 같이 오늘날 이러한 이론은 많은 비판을 받고 있는 점에서 양자의 구별실익은 크지 않다고 한다.

이하에서는 전통적 견해에 따라 법률행위적 행정행위와 준법률행위적 행정행위로 나누어 살펴보기로 한다.

제1관 법률행위적 행정행위

법률행위적 행정행위란 행정청의 의사표시를 요소로 하고 그 표시된 의사의 내용에 따라 법적 효과를 발생하는 행정행위를 말하며, 이는 다시 명령적 행위와 형성적 행위로 나눌 수 있다.

Ⅰ. 명령적 행위

명령적 행위란 상대방에 대하여 일정한 의무를 명하거나 또는 의무를 해제시켜 주는 행정행위를 말한다. 명령적 행위는 그 내용에 따라 다시 하명·허가·면제로 나누어 볼 수 있는데, 의무를 명하는 것이 하명이고, 의무를 해제시켜 주는 것이 허가 또는 면제이다.

이러한 명령적 행위는 사람의 '자연적 자유'와 관계된다. 즉, 사람은 법 이전의 자연상태에서 일정한 행위를 할 자유를 가지는데(예컨대 건축의 자유, 영업의 자유), 이러한 자연적 자유를 제한하

---

50) 김남진/김연태(I), 227면.

거나 제한되었던 자연적 자유를 회복시켜주는 행위가 명령적 행위이다.

1. 하 명

(1) 의의

하명이란 상대방에 대해 작위·부작위·급부·수인 등의 의무를 과하는 행정행위를 말하며, 이 중에서 부작위의무를 과하는 것을 특히 '금지'라고 한다.[51]

넓은 의미의 하명에는 법규하명(법령의 규정에 의해 직접 국민에게 의무를 부과하는 경우)과 하명처분(행정행위에 의해 의무를 부과하는 경우)이 포함되는데, 좁은 의미의 하명은 하명처분만을 가리킨다.

(2) 성질

하명은 상대방에게 의무를 과하는 행위이기 때문에 침익적 행정행위에 속하며, 따라서 행정청이 하명처분을 하기 위해서는 법적 근거를 요한다.

하명이 기속행위인지 재량행위인지에 대해서는 학설이 대립하고 있다. 즉, 하명은 침익적 행정행위이기 때문에 기속행위의 성질을 가지는 것이 보통이라는 견해[52]와, 경찰하명의 경우에는 대부분 재량행위에 해당한다고 하면서 하명이 기속행위인지 여부는 일률적으로 판단할 수 없고 근거법령의 규정형식과 취지에 따라 판단하여야 한다는 견해[53]가 그에 해당한다.

(3) 형식과 절차

하명도 처분의 일종이기 때문에 행정절차법이 정한 형식과 절차에 따라 하여야 한다. 즉 하명을 할 때에는 원칙적으로 문서로 하여야 하며, 사전통지, 의견청취, 이유제시, 불복고지 등의 절차를 거쳐야 한다(행정절차법 24조, 21조, 22조, 23조, 26조).

(4) 대상

하명은 주로 사실행위에 대해서 행해지는 것이 보통이나(예 : 건물철거명령), 법률적 행위에 대해서 행해지는 경우도 있다(예 : 영업정지처분).

(5) 상대방

하명은 특정인에게 의무를 과하는 것이 보통이나, 예외적으로 일반처분의 형식으로 불특정 다수인에 대해 행해지는 경우가 있다(예 : 통행금지조치).

---

51) 작위의무를 과하는 하명의 예로는 불법건축물의 철거명령, 징집명령 등을 들 수 있고, 부작위의무를 과하는 하명의 예로는 통행금지조치, 영업정지처분 등을 들 수 있으며, 급부의무를 과하는 하명의 예로는 조세부과처분, 과징금부과처분 등을 들 수 있다. 수인의무의 대표적 예로는 행정청이 강제집행을 하는 경우에 상대방이 그것에 저항하지 않고 받아들여야 하는 의무를 들 수 있다.

52) 김남진/김연태(I), 256면.

53) 정하중/김광수, 192면.

(6) 효과

하명은 그 내용에 따라 상대방에 대하여 일정한 의무를 발생시킨다. 즉, 작위하명의 경우에는 적극적으로 일정한 행위를 행하여야 할 의무, 부작위하명의 경우에는 일정한 행위를 하지 않을 의무, 급부하명의 경우에는 부과된 금전을 납부하여야 할 의무, 수인하명의 경우에는 행정청의 실력행사에 저항하지 않을 의무를 발생시킨다.

하명에 의한 의무가 타인(영업양수인, 상속인)에게 승계될 수 있는지가 문제된다. 의무의 승계가 인정되기 위해서는 해당 의무가 성질상 타인에 의한 대체이행이 가능하고 또한 승계에 관한 법적 근거가 있어야 한다고 할 것이다.

(7) 하명위반의 효과

하명에 의한 의무를 이행하지 않는 경우에는 행정상의 제재나 강제집행을 받지만, 그에 위반하여 행하여진 행위의 효력은 유효한 것이 원칙이다. 예컨대 영업정지처분을 받은 자가 영업행위를 한 경우에는 영업허가취소의 행정제재를 받지만, 그 영업행위가 무효로 되는 것은 아니다.

2. 허 가

(1) 의의

허가란 법령에 의한 일반적 금지(부작위의무)를 해제하여 줌으로써 적법하게 일정한 행위를 할 수 있도록 하는 행정행위를 말한다. 허가는 금지의 해제 가능성이 있는 이른바 '상대적 금지'의 경우에만 가능하며, 어떠한 경우에도 해제될 수 없는 절대적 금지(예: 청소년의 음주·흡연금지)에 대하여는 허가를 할 수 없다.

허가는 행정청이 사회 공공의 안녕질서를 위해 국민생활을 예방적으로 통제하는데 기여한다. 즉, 건축행위·영업행위·운전행위 등과 같은 공공의 안녕질서를 해칠 우려가 있는 행위를 예방적 차원에서 일반적으로 금지시킨 다음, 법이 정한 요건을 충족한 경우에 금지를 해제시켜 그 행위를 할 수 있도록 하는 것이 허가제의 기본 취지이다.

전통적 견해에 의하면, 허가는 명령적 행위의 일종으로서 사람의 '자연적 자유'와 관계되는 것으로 보았다. 법 이전의 자연상태에서 사람이 가지는 자유(예: 건축의 자유, 영업의 자유)가 공익적 측면에서 일반적으로 금지되었다가 법이 정한 요건을 갖춘 자에 대해서 금지를 해제함으로써 자연적 자유를 회복시켜주는 것이 바로 허가이며(예: 건축허가, 영업허가), 이러한 점에서 사람의 자연적 자유에 속하지 않는 특별한 권리나 능력을 상대방에게 설정해 주는 행위인 특허와 구별된다고 한다. 즉 허가는 '금지의 해제' 또는 '자연적 자유의 회복'에 해당하나, 특허는 '권리의 설정'에 해당한다고 한다.

허가는 강학상의 용어로서, 실정법에서는 허가·면허·승인·등록 등 다양한 용어가 사용되고 있다. 따라서 강학상 허가와 특허의 구별은 실정법상의 용어에 관계없이 그 성질에 따라 판단되어야 한다. 예컨대 건축허가·영업허가·운전면허·의사면허 등은 자연적 자유의 회복에 해당하기 때문에 강학상의 허가에 해당하는데 대해, 광업허가·귀화허가·도로점용허가·어업면허·공유수면매립면허·자동차운수사업면허 등은 권리의 설정에 해당하기 때문에 그 실정법상의 명칭에 불구하고 강학상의 특허라고 본다. 한편, 사회복지법인에 대한 감독관청의 정관변경허가는 허가가 아니라 인가에 해당한다는 것이 판례의 입장이다.[54]

(2) 예외적 승인과의 구별

사회적으로 유해하기 때문에 일반적으로 금지된 행위를 특별한 경우에 해제시켜 줌으로써 예외적으로 해당 행위를 허용하는 것을 예외적 승인 또는 예외적 허가라 한다. 허가와 예외적 승인은 모두 '금지를 해제'시켜주는 행위인 점에서는 같지만, 허가의 전제가 되는 금지는 통제의 목적을 위해 잠정적으로 금지시킨 것인데 대해(즉, 법이 정한 요건을 갖춘 자에 대해서는 금지를 해제시켜 주는 것을 전제로 한 금지 : 이를 예방적 금지라 한다), 예외적 승인의 전제가 되는 금지는 사회적으로 유해하기 때문에 원칙적으로 해제가 허용되지 않는 금지인 점(이를 억제적 금지라 한다)에서 차이가 있다. 즉, 허가는 '예방적 금지'를 해제하여 주는 행위이고, 예외적 승인은 '억제적 금지'를 해제하여 주는 행위라 할 수 있는바, 예컨대 주거지역에서의 건축허가는 허가인데 반하여, 개발제한구역에서의 건축허가는 예외적 승인에 해당한다. 허가는 원칙적으로 기속행위의 성질을 갖지만, 예외적 승인은 재량행위의 성질을 갖는다.[55]

> **판례** ① 『개발제한구역 내에서의 건축물 용도변경에 대한 허가는 예외적인 허가로서의 성격과 재량행위로서의 성격을 가지므로, 그 용도변경의 허가는 … 그 용도변경이 개발제한구역의 지정목적과 그 관리에 위배되지 아니한다는 등의 사정이 특별히 인정될 경우에 한하여 가능한 것이고, 또 그에 관한 행정청의 판단이 사실오인, 비례·평등의 원칙 위배, 목적위반 등에 해당하지 아니하면 이를 재량권의 일탈·남용이라고 하여 위법하다고 할 수가 없다.』 (대판 2001. 2. 9, 98두17593)
>
> ② 『관계 법령을 종합해 보면, 개발제한구역 내에서는 구역지정의 목적상 건축물의 건축 및 공작물의 설치 등 개발행위가 원칙적으로 금지되고 다만 구체적인 경우에 이러한 구역지정의 목적에 위배되지 아니할 경우 예외적으로 허가에 의하여 그러한 행위를 할 수 있게 되어 있음이 그 규정의 체제와 문언상 분명하고, 이러한 예외적인 개발행위의 허가는 상대방에게 수익적인 것이 틀림이 없으므로 그 법률적 성질은 재량행위 내지 자유재량행위에 속하는 것이고, 이러한 재량행위에 있어서는 관계 법령에 명시적인 금지규정이 없는 한 행정목적을 달성하기 위하여 조건이나 기한, 부담 등의 부관을 붙일 수 있고, 그 부관의 내용이 이행 가능하고 비례의 원칙 및 평등의 원칙에 적합하며 행정처분의 본질적 효력을 저해하지 아니하는 이상 위법하다고 할 수 없다.』 (대판 2004. 3. 25, 2003두12837)

(3) 성질

① **명령적 행위** : 전통적 견해에 의하면 허가는 상대방에게 금지를 해제하여 자연적 자유를 회복시켜 주는 행위이므로 명령적 행위에 속하며, 이 점에서 상대방에게 권리를 설정하여 주는 행위

인 형성적 행위의 일종으로서의 특허와 구별된다고 한다.

　　그러나 허가는 단순히 사연석 자유의 회복에 그치는 것이 아니라 상대방에게 금지를 해제함으로써 헌법에 의하여 보장된 자유권을 적법하게 행사할 수 있게 해 주는 점에서는 형성적 행위의 성질을 가지며, 따라서 허가와 특허의 구분은 상대화되어 가고 있다는 지적이 있다. 이러한 점에서 허가는 명령적 행위와 형성적 행위의 양면을 갖는다는 견해가 점차 유력해 지고 있다.[56]

　　② **기속행위** : 허가는 본래 상대방이 가지는 자연적 자유를 회복시켜 주는 것이므로 허가의 요건을 충족하고 있는 경우에는 행정청은 허가를 해 주어야 하며, 따라서 허가는 특별한 규정이 없는 한 기속행위에 해당한다고 보는 것이 통설·판례의 입장이다. 다만 허가에 관해 규정하고 있는 개별법에서 행정청에게 허가 여부에 대한 재량을 부여할 수 있음은 물론이다. 예컨대 건축허가는 원칙적으로 기속행위에 해당하지만,[57] 건축법은 '위락시설이나 숙박시설'의 건축을 허가하는 경우에는 해당 대지에 건축하려는 건축물의 용도·규모 또는 형태가 주거환경이나 교육환경 등 주변환경을 고려할 때 부적합하다고 인정되면 허가를 하지 않을 수 있도록 함으로써 행정청에게 재량을 부여하고 있다(11조 4항).

　　한편, 국토계획법상의 토지형질변경행위(개발행위의 일종)를 수반하는 건축허가는 건축법상의 건축허가와 국토계획법상의 개발행위허가의 성질을 아울러 가지며, 이 경우 국토계획법상의 개발행위허가가 재량행위에 속하므로 결국 토지형질변경행위를 수반하는 건축허가도 재량행위에 해당한다는 것이 판례의 입장이다.[58]

> **판례**　① 『건축허가권자는 건축허가신청이 건축법 등 관계 법규에서 정하는 어떠한 제한에 배치되지 않는 이상 당연히 같은 법조에서 정하는 건축허가를 하여야 하고, 중대한 공익상의 필요가 없는데도 관계 법령에서 정하는 제한사유 이외의 사유를 들어 요건을 갖춘 자에 대한 허가를 거부할 수는 없다.』(대판 2009. 9. 24, 2009두8946)
>
> 　② 『국토의 계획 및 이용에 관한 법률(이하 '국토계획법'이라 한다) 제56조에 따른 개발행위허가는 금지요건·허가기준 등이 불확정개념으로 규정된 부분이 많아 그 요건·기준에 부합하는지의 판단에 관하여 행정청에 재량권이 부여되어 있으므로, 그 요건에 해당하는지 여부는 행정청의 재량판단의 영역에 속한다. 나아가 국토계획법이 정한 용도지역 안에서 토지의 형질변경행위를 수반하는 건축허가는 건축법 제11조 제1항에 의한 건축허가와 위와 같은 개발행위허가의 성질을 아울러 갖게 되므로 이 역시 재량행위에 해당한다.』(대판 2017. 10. 12, 2017두48956)

(4) 종류

　　허가는 그 대상에 따라 다시 대인적 허가, 대물적 허가, 혼합적 허가로 나눌 수 있다. 대인적 허가는 주로 사람의 지식·능력 등과 같은 주관적 요소를 기준으로 하는 것이고(예 : 자동차운전면허, 의사면허 등), 대물적 허가는 물건의 구조·설비 등과 같은 객관적 요소를 기준으로 하는 것이

---

56) 김남진/김연태(I), 260면; 정하중/김광수, 194면; 홍정선(상), 400면.
57) 대판 2009. 9. 24, 2009두8946.
58) 대판 2017. 10. 12, 2017두48956.

며(예 : 건축허가, 자동차검사 등), 혼합적 허가는 인적 요소와 물적 요소를 모두 기준으로 하는 것(예 : 총포화약류제조허가)이다. 원칙적으로 대인적 허가의 효과는 타인에게 양도할 수 없으나, 대물적 허가의 효과는 목적물과 함께 타인에게 양도할 수 있다고 본다.

(5) 허가의 요건에 관한 문제점 검토

① 신청 : 허가는 상대방의 신청(출원)에 의하여 행해지는 것이 보통인데, 이때에 신청이 허가의 필요요건인지가 문제되고 있다. 이에 관해서는 i) 허가는 상대방의 신청을 필요요건으로 하며, 따라서 신청없는 허가는 당연무효라는 견해, ii) 상대방의 신청은 단지 허가의 유인행위에 지나지 않으며, 따라서 신청없는 허가나 신청과 다른 허가(수정허가)도 당연무효는 아니라는 견해, iii) 신청없는 허가는 그의 효력이 일정기간 부동(浮動)상태에 있다가 상대방의 동의가 있음으로써 그의 효력이 완성된다는 견해 등이 대립하고 있다.

한편, 예외적인 경우에는 신청에 의하지 않는 허가도 있을 수 있다고 보는바, 통행금지의 해제, 보도관제의 해제 등을 그 예로 든다.[59] 이에 대해서는, 통행금지의 해제는 금지의 해제로서의 '허가'가 아니라 허가의 전제가 되는 '금지의 폐지'로 보아야 한다는 반론이 있다.[60]

② 인근주민의 동의 : 허가로 인하여 인근주민의 집단민원이 발생할 우려가 있다는 이유로 행정청이 허가신청인에게 인근주민의 동의서를 제출할 것을 요구하는 경우가 있다. 이 경우 만일 신청인이 인근주민의 동의서를 제출하지 못하면 행정청은 이를 이유로 허가를 거부할 수 있는지가 문제된다.

판례에 의하면 법령에서 허가의 요건으로 일정 범위의 주민의 동의를 요구하는 경우에는 그 동의요건을 충족시키지 못하면 불허가사유에 해당하지만,[61] 법령에는 아무런 규정이 없음에도 불구하고 행정청이 임의로 신청인에게 인근주민의 동의서를 제출하도록 요구한 경우에는 주민의 동의가 없음을 이유로 허가를 거부해서는 안 된다고 한다.[62]

> **판례** ① 『허가관청이 액화석유가스의 안전 및 사업관리법 제3조 제4항, 동법시행령 제3조 제2항에 따라 액화석유가스판매사업의 허가기준으로서 위 시행령 제3조 제1항 각호의 허가기준 외에 그 신청장소의 용기보관(저장)실 외벽으로부터 직선거리 30미터 이내의 주변건물 소유자 또는 사용자의 동의를 받아야 한다고 고시하였는데, 이에 해당하는 주변건물 소유자 또는 사용자 총 43명 중 42명의 동의를 받고 나머지 1명의 동의를 받지 못한 채 한 위 사업신청을 반려한 것이 정당하고 거기에 재량권의 한계를 일탈한 위법이 있다 할 수 없다.』 (대판 1991. 4. 9. 90누4112)
>
> ② 『원고의 주유소설치허가 신청은 원고가 이에 앞서 피고로부터 주유소 설치대상자로 선정됨에 따라 이루어진 것으로 이미 위 주유소 설치대상자 선정에 있어 원고의 주유소 설치대상자 선정 신청이 석유사업법, 같은법시행령, 혹은 위 시행령의 위임을 받은 경상남도지사의 고시 등 관계 법규에서 정하는 어떠

---

59) 정하중/김광수, 196면; 홍정선(상), 400면.
60) 김남진/김연태(I), 262면.
61) 대판 1991. 4. 9, 90누4112.
62) 대판 1996. 7. 12, 96누5292.

한 제한에도 배치되지 않은 것으로 판단된 이상 피고는 특별한 사정이 없는 한 원고의 주유소설치허가
신청을 허가하여야 한다 할 것이고, 관계 법령에서 정하는 제한사유 이외의 사유로서 공익상 필요와도
무관한 주민동의가 없음을 들어 이를 거부할 수는 없다 할 것이다.』 (대판 1996. 7. 12, 96누5292)

③ 다른 행정청의 동의·협의 등 : 법은 행정청이 허가를 함에 있어서 다른 행정기관의 동의를
얻거나 협의를 하거나 의견을 듣도록 규정하고 있는 경우가 있다. 예컨대 건축허가시에 소방서장
의 동의를 얻도록 하는 것, 군사시설보호구역 내에서의 건축허가시에 관할 부대장 등과 협의를 하
도록 하는 것, 시·도지사나 국토교통부장관이 택지개발지구를 지정하려는 경우에 미리 관계 중앙
행정기관의 장과 협의하고 시장·군수·구청장의 의견을 듣도록 하는 것이 그에 해당한다(소방시
설 설치 및 관리에 관한 법률 6조 1항, 군사기지 및 군사시설보호법 13조, 택지개발촉진법 3조 4항). 이
경우 관계 행정기관의 동의·협의·의견청취 등의 절차를 거치지 않거나 관계 행정기관의 의사에
반하여 한 허가의 효력이 문제된다.

먼저, 관계 행정기관의 동의를 얻도록 한 경우에는 동의는 허가의 필요적 요건이라 할 것이므
로 허가관청은 관계 행정기관의 동의 없이는 허가를 할 수 없다. 이때 허가신청인은 관계 행정기
관의 부동의에 대해 직접 소송으로 다툴 수 있는지가 문제되는데, 부동의는 행정조직 내부에서 행
정기관 사이의 행위에 지나지 않으므로 독립된 처분성을 가지지 않으며, 따라서 불허가처분을 내
린 행정청을 피고로 하여 불허가처분에 대한 취소소송을 제기하여 관계 행정기관의 부동의의 위
법성을 다투어야 한다.63)

다음으로, 관계 행정기관의 의견을 듣도록 한 경우에는 말 그대로 의견을 듣는 절차가 필요할
뿐이므로 의견을 듣는 절차를 거친 이상 허가관청은 관계 행정기관의 의견에 구속되지는 않는다
고 할 것이다. 다만 허가관청이 의견을 듣는 절차를 전혀 거치지 않은 경우에는 절차상 하자가 있
는 것으로서 위법하게 됨은 물론이다.

문제는 법령이 관계 행정기관과 협의하도록 규정하고 있는 경우에 허가관청은 관계 행정기관
의 의견에 구속되는지이다. 이에 관해 판례는 협의의 의미는 개별 법조문의 취지에 따라 달리 해
석되어질 수 있다고 본다. 즉, 군사시설보호법에 있어서 관할 부대장과의 협의는 '동의'를 의미하
며,64) 따라서 군사시설보호구역으로 지정된 토지에서는 관할 부대장의 동의가 없는 한 건축이 금
지된다고 한다.65) 이에 반해 택지개발촉진법에 있어서 관계 중앙행정기관의 장과의 협의는 '자문'
을 구하라는 의미이며, 따라서 국토교통부장관이 택지개발지구로 지정함에 있어서 관계 중앙행정
기관의 장과의 협의를 거치지 않은 것은 지정처분의 취소사유에 불과하고 무효사유는 아니라고
한다.66)

---

63) 대판 2004. 10. 15, 2003두6573; 대판 2020. 7. 9, 2017두39785.
64) 군사기지 및 군사시설보호법 시행규칙 제7조 제2항은 「시행령 제13조 제1항에 따라 관계 행정기관의 장으로부
터 협의 요청을 받은 국방부장관 또는 관할부대장 등은 군사작전에 미치는 영향과 그 해소 대책에 관한 검토를
거쳐 동의 여부를 견정하고 관계 행정기관의 장에게 통보하여야 한다」고 규정하고 있다.
65) 대판 1995. 3. 10, 94누12739.
66) 대판 2000. 10. 13, 99두653; 대판 2006. 6. 30, 2005두14363. 즉, 관계 중앙행정기관의 장의 의견을 듣는 절차

판례 ① 『구 군사시설보호법(현행 군사기지 및 군사시설 보호법) 제7조 제3호, 제6호, 제7호 등에 의하면, 관계 행정청이 군사시설보호구역 안에서 가옥 기타 축조물의 신축 또는 증축, 입목의 벌채 등을 허가하고자 할 때에는 미리 관할 부대장과 협의를 하도록 규정하고 있고, 구 군사시설보호법시행령 제10조 제2항에 비추어 보면, 여기서 협의는 동의를 뜻한다 할 것이며, 같은 조 제3항에 의하면, 관계 행정청이 이러한 협의를 거치지 않거나 협의를 한 경우에도 협의조건을 이행하지 아니하고 건축허가 등을 한 경우에는 당해 행정청에 대하여 그 허가의 취소 등을 요구할 수 있고, 그 요구를 받은 행정청은 이에 응하여야 한다고 규정하고 있으므로, 군사시설보호구역으로 지정된 토지는 군 당국의 동의가 없는 한 건축 또는 사용이 금지된다 할 것이다.』 (대판 1995. 3. 10. 94누12739)

② 『택지개발촉진법 제3조에서 건설부장관이 택지개발예정지구를 지정함에 있어 미리 관계중앙행정기관의 장과 협의를 하라고 규정한 의미는 그의 자문을 구하라는 것이지 그 의견을 따라 처분을 하라는 의미는 아니라 할 것이므로 이러한 협의를 거치지 아니하였다고 하더라도 이는 위 지정처분을 취소할 수 있는 원인이 되는 하자 정도에 불과하고 위 지정처분이 당연무효가 되는 하자에 해당하는 것은 아니다.』 (대판 2000. 10. 13. 99두653)

③ 『건축허가권자가 건축불허가처분을 하면서 그 처분사유로 건축불허가 사유뿐만 아니라 구 소방법 제8조 제1항(현행 화재예방, 소방시설 설치·유지 및 안전관리에 관한 법률 7조 1항)에 따른 소방서장의 건축부동의 사유를 들고 있다고 하여 그 건축불허가처분 외에 별개로 건축부동의처분이 존재하는 것이 아니므로, 그 건축불허가처분을 받은 사람은 그 건축불허가처분에 관한 쟁송에서 건축법상의 건축불허가 사유뿐만 아니라 소방서장의 부동의 사유에 관하여도 다툴 수 있다.』 (대판 2004. 10. 15. 2003두6573)

④ **법이 정한 사유 이외에 '중대한 공익상 필요'를 이유로 불허가처분을 할 수 있는지 여부** : 앞에서 살펴본 바와 같이 허가는 특별한 규정이 없는 한 기속행위에 해당하며, 따라서 법이 정한 요건을 갖춘 경우에는 행정청은 허가를 하여야 한다. 그런데 행정청이 법이 정한 사유 이외에 '중대한 공익상의 필요'를 이유로 불허가처분을 할 수 있는지가 문제된다. 판례는 음식점영업허가와 관련해서는 법이 정한 사유 이외에 공익상의 필요를 이유로 허가를 거부해서는 안 된다고 하였으나, 건축허가·주유소설치허가·산림훼손허가 등과 관련해서는 심사결과 중대한 공익상의 필요가 있는 경우에는 이를 이유로 허가를 거부할 수 있다고 하였다.[67]

판례 ① 『식품위생법상 일반음식점영업허가는 성질상 일반적 금지의 해제에 불과하므로 허가권자는 허가신청이 법에서 정한 요건을 구비한 때에는 허가하여야 하고 관계 법령에서 정하는 제한사유 외에 공공복리 등의 사유를 들어 허가신청을 거부할 수는 없고, 이러한 법리는 일반음식점 허가사항의 변경허가에 관하여도 마찬가지이다.』 (대판 2000. 3. 24. 97누12532)

② 『건축허가권자는 건축허가신청이 건축법 등 관계 법규에서 정하는 어떠한 제한에 배치되지 않는

(협의절차)는 필요하지만 그의 의견에 구속되는 것은 아니다. 따라서 관계 중앙행정기관의 장과 협의절차를 거치지 않고 처분을 한 경우에는 그 하자는 당연무효사유가 아니라 취소사유에 해당한다.

67) 한편 장례식장 건축허가와 관련하여 판례는, 장례식장에 대한 부정적인 정서와 그로 인한 공공시설의 이용 기피 등과 같은 막연한 우려나 가능성만으로 장례식장건물의 신축이 현저히 공공복리에 반한다고 볼 수 없다는 이유로, 법령상의 요건을 갖춘 건축허가신청에 대해 행정청이 불허가처분을 내린 것은 위법하다고 하였다(대판 2004. 6. 24, 2002두3263).

이상 당연히 같은 법조에서 정하는 건축허가를 하여야 하고, 중대한 공익상의 필요가 없는데도 관계 법령에서 정하는 제한사유 이외의 사유를 들어 요건을 갖춘 자에 대한 허가를 거부할 수는 없다.』(대판 2009. 9. 24, 2009두8946)

③ 『주유소 설치허가권자는 주유소 설치허가신청이 관계 법령에서 정하는 제한에 배치되지 않는 경우에는 특별한 사정이 없는 한 이를 허가하여야 하고, 관계 법규에서 정하는 제한사유 이외의 사유를 들어 허가를 거부할 수는 없는 것이나, 심사결과 관계 법령상의 제한 이외의 중대한 공익상의 필요가 있는 경우에는 그 허가를 거부할 수 있다.』(대판 1999. 4. 23, 97누14378)

④ 『산림훼손은 국토 및 자연의 유지와 수질 등 환경의 보전에 직접적으로 영향을 미치는 행위이므로, 법령이 규정하는 산림훼손 금지 또는 제한 지역에 해당하는 경우는 물론 금지 또는 제한 지역에 해당하지 않더라도 허가관청은 산림훼손허가신청 대상토지의 현상과 위치 및 주위의 상황 등을 고려하여 국토 및 자연의 유지와 환경의 보전 등 중대한 공익상 필요가 있다고 인정될 때에는 허가를 거부할 수 있고, 그 경우 법규에 명문의 근거가 없더라도 거부처분을 할 수 있다.』(대판 2002. 10. 25, 2002두6651)

⑤ **다른 법령상의 요건과의 관계** : 때로는 어떠한 행위를 하기 위해서는 관련된 여러 개의 허가·특허·인가(이하에서 '인허가'라 한다)를 받아야 하는 경우가 있다. 이 경우 허가 신청을 받은 행정청은 관련 인허가의 요건을 갖추지 못하였다는 이유로 해당 허가를 거부할 수 있는지가 문제된다. 예컨대 교육환경보호구역에서 액화석유가스(LPG)충전소 영업을 하기 위해서는 「액화석유가스의 안전관리 및 사업법」 제5조에 따라 시장·군수·구청장으로부터 액화석유가스충전사업허가를 받아야 할 뿐만 아니라 「교육환경보호에 관한 법률」 제9조에 따라 교육장으로부터 금지해제를 받아야 하는데, 이 경우 LPG충전소 영업허가를 신청받은 행정청은 충전소가 교육환경보호구역 내에 위치하여 교육환경에 나쁜 영향을 미칠 수 있다는 이유로 충전소 영업허가를 거부할 수 있는지가 문제되는 것이다.

이에 관해 판례는, 입법목적을 달리하는 법률에서 각각의 인허가에 대한 요건을 정하고 있는 경우에는 (의제조항이 없는 한) 개별 법률에 따른 인허가를 각각 받아야 하며, 이 경우 행정청은 원칙적으로 해당 법령이 정한 요건만을 고려하여 인허가 여부를 결정하여야 한다고 한다. 다만 다른 법령에 의하여 해당 행위가 절대적으로 금지되고 있어 그것이 객관적으로 불가능한 것이 명백한 경우에는 예외적으로 이를 이유로 허가를 거부할 수 있다고 한다.[68] 위의 예에서, 만일 교육환경보호구역 중 상대보호구역에 LPG충전소 영업허가가 신청된 경우에 허가권자인 시장·군수·구청장은 「액화석유가스의 안전관리 및 사업법」상의 요건을 갖추었는지만을 검토하여 허가 여부를 결정하여야지, 신청된 충전소가 「교육환경 보호에 관한 법률」상의 요건을 갖추었는지는 고려의 대상이 되지 않는다.[69] 그러나 「교육환경 보호에 관한 법률」에 따르면 교육환경절대보호구역에서는

---

68) 대판 2002. 1. 25, 2000두5159; 대판 2010. 9. 9, 2008두22631.
69) 학교출입문으로부터 직선거리로 50미터까지인 지역이 절대보호구역이고, 학교경계 등으로부터 직선거리로 200미터까지인 지역 중 전대보호구역을 제외한 지역이 상대보호구역이다. 절대보호구역에서는 LPG충전소, 송포·화약류 제조소, 유흥주점영업 등 법이 정한 영업이 절대적으로 금지되며, 상대보호구역에서 위의 영업을 하기 위해서는 교육장으로부터 금지해제를 받아야 한다.

LPG충전소 영업이 절대적으로 금지되므로, 만일 절대보호구역에 충전소 영업허가가 신청된 경우에는 허가권자는 이를 이유로 충전소 영업허가를 거부할 수 있다.

판례 ① 『[1] 입법목적 등을 달리하는 법률들이 일정한 행위에 관한 요건을 각기 정하고 있는 경우 어느 법률이 다른 법률에 우선하여 배타적으로 적용된다고 풀이되지 아니하는 한 그 행위에 관하여 각 법률의 규정에 따른 인·허가를 받아야 할 것인바, 이러한 경우 그 중 하나의 인·허가에 관한 관계 법령 등에서 다른 법령상의 인·허가에 관한 규정을 원용하고 있는 경우나 그 행위가 다른 법령에 의하여 절대적으로 금지되고 있어 그것이 객관적으로 불가능한 것이 명백한 경우 등에는 그러한 요건을 고려하여 인·허가 여부를 결정할 수 있다.

[2] 일반택시운송사업자가 차고지를 일반주거지역 내로서 도시계획시설상 주차장용지로 지정된 토지와 건물로 이전한다는 내용의 자동차운송사업계획변경인가를 신청한 경우, 건축관계 법령상 일반주거지역 내에서는 주차장을 차고로 사용하는 것이 객관적으로 불가능하다는 이유로 위 신청을 반려한 처분이 적법하다고 판단한 원심판결을 수긍한 사례.』 (대판 2002. 1. 25. 2000두5159)

② 『총포·도검·화약류 등 단속법상 화약류 판매업 및 저장소 설치허가는 성질상 일반적 금지에 대한 해제에 불과하므로 허가권자는 허가신청이 법에서 정한 요건을 구비한 때에는 허가하여야 하고 관계 법규에서 정하는 제한사유 이외의 사유를 들어 허가신청을 거부할 수 없으므로, 농지 위에 화약류 저장소를 설치하여 화약류 판매업을 영위할 목적으로 화약류 판매업 및 저장소 설치허가를 신청한 경우에 허가권자로서는 당해 농지를 화약류 판매업소 등으로 전용하는 것이 관계 법령에 의하여 절대적으로 금지되어 있거나, 이미 당해 농지에 관하여 적법한 농지전용 불허가 처분이 있는 등 당해 농지에 화약류 판매업소 및 저장소를 설치하는 것이 객관적으로 불가능한 것이 명백하다고 인정되는 경우가 아닌 한 총포·도검·화약류 등 단속법에 규정된 허가요건에 따라 심사하여 그 허가 여부를 결정하여야 하고, 당해 농지의 전용허가가 농지의 보전 및 이용에 관한 법률 등 관계 법률에 의하여 가능한지 여부에 따라 그 허가 여부를 결정하는 것은 허용되지 않는다.』 (대판 1996. 6. 28. 96누3036)[70]

③ 『학교보건법(현행 교육환경 보호에 관한 법률)과 공중위생법은 그 입법목적, 규정사항, 적용범위 등을 서로 달리하고 있어서 터키탕업을 허가에 관하여 공중위생법의 규정이 학교보건법에 우선하여 배타적으로 적용되는 관계에 있다고 해석되지는 아니하는 것이고, 따라서 터키탕업을 하고자 하는 자가 공중위생법 소정의 허가요건을 갖추어 허가신청을 하였다고 할지라도 그 허가신청지역이 학교보건법 제5조 소정의 절대정화구역 내에 위치하고 있다면 허가권자로서는 터키탕업을 절대적으로 금지하고 있는 학교보건법 제6조 제1항 본문의 규정에 의하여 허가를 할 수 없는 것이다.』 (대판 1995. 7. 28. 94누13497)

(6) 형식

허가는 하명과 달리 그 성질상 항상 '처분'의 형식으로만 행해지며, 법령에 의한 허가는 있을 수 없다. 왜냐하면 허가는 일반적 금지의 존재를 전제로 하는데, 법령에 의하여 일반적 허가가 행해진다면 허가의 전제가 되는 일반적 금지가 소멸하기 때문이다.

---

70) <사실관계> 총포·도검·화약류의 판매업을 하려는 자는 지방경찰청장의 허가를 받아야 하는데(총포·도검·화약류 등의 안전관리에 관한 법률 6조), 만일 농지에 해당 판매업을 하기 위해서는 농지법에 의한 농지전용허가를 받아야 한다. 그런데 총포·도검·화약류 등의 안전관리에 관한 법률과 농지법에는 총포 등 판매허가와 농지전용허가 사이에 아무런 의제조항을 두고 있지 않다. 이 경우 총포 등 판매허가 신청을 받은 행정청은 농지법상의 농지전용허가의 요건을 갖추지 못했다는 이유로 해당 허가를 거부할 수 있는지가 문제된 사안이다.

(7) 효과

① 금지의 해제 : 전통적 견해에 따르면 허가는 상대방에게 일반적 금지를 해제하여 적법하게 특정 행위를 할 수 있도록 자연적 자유를 회복시켜주는데 그치고 특별히 권리를 설정해 주는 행위는 아니라고 보았다. 따라서 허가로 인한 이익은 반사적 이익에 지나지 않으며, 이러한 점에서 허가에 있어서는 원칙적으로 경업자간에 항고소송으로 다툴 법률상 이익(원고적격)이 인정되지 않는다고 하였다. 그러나 오늘날에는 허가가 단순히 자연적 자유의 회복에 그치는 것이 아니라 상대방에게 특정 행위를 적법하게 할 수 있는 권리를 부여하는 점에서 형성적 행위의 성질도 아울러 갖는 것으로 보는 견해가 유력하다. 이에 관한 판례의 입장을 정리하면 다음과 같다.

i) 허가는 금지를 해제하여 상대방에게 특정 행위를 적법하게 할 수 있도록 해주지만 그렇다고 해서 상대방에게 독점적인 권리를 부여하는 것은 아니며, 따라서 상대방이 허가로 인해 사실상 독점적 이익을 누리고 있다 하더라도 이는 반사적 이익에 지나지 않는다. 따라서 기존에 허가를 받은 자가 신규 허가로 인해 자신의 독점적 이익이 침해되었다 하더라도 원칙적으로 신규 허가를 다툴 법률상 이익이 인정되지 않는다.[71]

> **판례** ① 『석탄수급조정에 관한 임시조치법 소정의 석탄가공업에 관한 허가는 사업경영의 권리를 설정하는 형성적 행정행위가 아니라 질서유지와 공공복리를 위한 금지를 해제하는 명령적 행정행위여서 그 허가를 받은 자는 영업자유를 회복하는데 불과하고 독점적 영업권을 부여받은 것이 아니기 때문에, 기존 허가를 받은 원고들이 신규허가로 인하여 영업상 이익이 감소된다 하더라도 이는 원고들의 반사적 이익을 침해하는 것에 지나지 아니하므로 원고들은 신규 허가처분에 대하여 행정소송을 제기할 법률상 이익이 없다.』(대판 1980. 7. 22, 80누33·34)
>
> ② 『이 사건 건물의 4, 5층 일부에 객실을 설비할 수 있도록 숙박업구조변경허가를 함으로써 그곳으로부터 50미터 내지 700미터 정도의 거리에서 여관을 경영하는 원고들이 받게 될 불이익은 간접적이거나 사실적·경제적인 불이익에 지나지 아니하므로 그것만으로는 원고들에게 위 숙박업구조변경허가처분의 무효확인 또는 취소를 구할 소익이 있다고 할 수 없다.』(대판 1990. 8. 14, 89누7900)
>
> ③ 『한의사면허는 경찰금지를 해제하는 명령적 행위(강학상 허가)에 해당하고, 한약조제시험을 통하여 약사에게 한약조제권을 인정함으로써 한의사들의 영업상 이익이 감소되었다고 하더라도 이러한 이익은 사실상의 이익에 불과하고 약사법이나 의료법 등의 법률에 의하여 보호되는 이익이라고는 볼 수 없으므로, 한의사들이 한약조제시험을 통하여 한약조제권을 인정받은 약사들에 대한 합격처분의 무효확인을 구하는 당해 소는 원고적격이 없는 자들이 제기한 소로서 부적법하다.』(대판 1998. 3. 10, 97누4289)

ii) 한편 판례는, 법령이 허가의 요건으로서 거리제한이나 업소 개수제한 규정을 두는 등 해당 법령의 취지가 동종 업자들 사이의 과당경쟁으로 인한 경영의 불합리를 방지함으로써 기존업자의 경영상 이익을 보호하는 것도 목적으로 하고 있는 경우에는 기존업자가 신규 허가에 대해 소송으

---

71) 예컨대 숙박업영업허가를 받은 사람이 인근에 다른 사람이 허가를 받지 않아 사실상 독점적으로 영업을 하고 있다 하더라도 이는 법에 의해 부여된 권리가 아니라 반사적 이익에 지나지 않는다. 따라서 인근에 신규 숙박업영업허가가 내려짐으로써 기존 업자의 독점적 이익이 침해되었다 하더라도 이는 반사적 이익의 침해에 불과하여 기존 영업자는 신규 영업허가에 대해 항고소송으로 다툴 원고적격이 인정되지 않는다.

로 다툴 법률상 이익이 있다고 한다. 예컨대 담배사업법에 의하면 담배 일반소매인간의 거리는 50 미터 이상 유지되어야 하는데(법 16조 2항, 시행령 7조의3 2항), 기존 일반소매인 지정이 있는 장소에서 50미터 이내에 신규 일반소매인 지정이 내려진 경우에는 기존업자는 신규 지정행위에 대해 항고소송으로 다툴 수 있다.[72] 또한 분뇨 등의 수집·운반영업허가에 관해 규정하고 있는 법률(오수·분뇨 및 축산폐수의 처리에 관한 법률)의 취지는 동종 업자간의 과당경쟁으로 인한 경영의 불합리를 미리 방지하고자 하는 데에도 그 목적이 있으므로, 분뇨운반 등의 영업허가를 받은 기존업자는 신규 영업허가에 대해 소송으로 다툴 법률상 이익이 있다고 한다.[73]

> **판례** ① 『일반적으로 면허나 인·허가 등의 수익적 행정처분의 근거가 되는 법률이 해당 업자들 사이의 과당경쟁으로 인한 경영의 불합리를 방지하는 것도 그 목적으로 하고 있는 경우, 다른 업자에 대한 면허나 인·허가 등의 수익적 행정처분에 대하여 미리 같은 종류의 면허나 인·허가 등의 수익적 행정처분을 받아 영업을 하고 있는 기존의 업자는 경업자에 대하여 이루어진 면허나 인·허가 등 행정처분의 상대방이 아니라 하더라도 당해 행정처분의 취소를 구할 원고적격이 있다.
>
> 담배사업법과 그 시행령 및 시행규칙의 관계 규정에 의하면, … 소매인의 지정기준으로 같은 일반소매인 사이에서는 그 영업소 간에 일정 거리를 유지하도록 규정하고 있다. 담배 일반소매인의 지정기준으로서 일반소매인의 영업소 간에 일정한 거리제한을 두고 있는 것은 담배유통구조의 확립을 통하여 국민의 건강과 관련되고 국가 등의 주요 세원이 되는 담배산업 전반의 건전한 발전 도모 및 국민경제에의 이바지라는 공익목적을 달성하고자 함과 동시에 일반소매인간의 과당경쟁으로 인한 불합리한 경영을 방지함으로써 일반소매인의 경영상 이익을 보호하는 데에도 그 목적이 있다고 보이므로, 일반소매인으로 지정되어 영업을 하고 있는 기존업자의 신규 일반소매인에 대한 이익은 단순한 사실상의 반사적 이익이 아니라 법률상 보호되는 이익이라고 해석함이 상당하다.』(대판 2008. 3. 27. 2007두23811)
>
> ② 『오수·분뇨 및 축산폐수의 처리에 관한 법률과 시행령의 관계 규정이 당해 지방자치단체 내의 분뇨 등의 발생량에 비하여 기존업체의 시설이 과다한 경우 일정한 범위 내에서 분뇨 등 수집·운반업 및 정화조청소업에 대한 허가를 제한할 수 있도록 하고 있는 것은 분뇨 등을 적정하게 처리하여 자연환경과 생활환경을 청결히 하고 수질오염을 감소시킴으로써 국민보건의 향상과 환경보전에 이바지한다는 공익목적을 달성하고자 함과 동시에 업자 간의 과당경쟁으로 인한 경영의 불합리를 미리 방지하자는데 그 목적이 있는 점 등 제반 사정에 비추어 보면, 업종을 분뇨 등 수집·운반업 및 정화조청소업으로 하여 분뇨 등 관련 영업허가를 받아 영업을 하고 있는 기존업자의 이익은 단순한 사실상의 반사적 이익이 아니고 법률상 보호되는 이익이라고 해석된다.』(대판 2006. 7. 28. 2004두6716)

② **금지해제의 범위** : 허가는 원칙적으로 그 근거가 된 법령에 의한 금지만을 해제할 뿐이고 다른 법령에 의한 금지까지 해제하는 효과를 가지지 않는다. 예컨대 음식점영업허가는 식품위생법상의 금지를 해제할 뿐이므로, 공무원인 자가 음식점영업허가를 받았다 하더라도 공무원법상의 금지(공무원의 영리행위금지)는 여전히 존재한다.

---

72) 한편, 일반소매인과 구내소매인 사이에는 거리제한규정이 적용되지 않는 등 서로의 과당경쟁으로 인한 경영의 불합리를 방지하는 것을 그 목적으로 하고 있다고 보기 어려우므로, 기존 일반소매인은 신규 구내소매인 지정처분의 취소를 구할 원고적격이 없다는 것이 판례의 입장이다(대판 2008. 4. 10. 2008두402).
73) 대판 2006. 7. 28. 2004두6716.

그런데 법률에서는 어떤 허가를 받으면 관련된 인허가를 받은 것으로 의제하는 규정을 두고 있는 경우도 있는데, 이를 인허가의제제도라 한다. 인허가의제제도에 관해서는 별도의 절에서 설명하기로 한다.

③ **허가의 효과 이전** : 일반적으로 사람의 지식·능력 등 주관적 요소를 심사기준으로 하는 대인적 허가(예 : 운전면허, 의사면허)는 일신전속적 성질을 가지기 때문에 다른 사람에게 그 효과를 이전하는 것은 허용되지 않으나, 물건의 객관적 사정을 심사기준으로 하는 대물적 허가(예 : 숙박업 영업허가)의 경우에는 목적물과 함께 그 효과를 다른 사람에게 양도할 수 있다고 본다. 법은 다른 사람에게 허가의 효과를 이전하는 경우에 행정청에 지위승계신고를 하도록 요구하는 경우가 많다 (공중위생관리법 제3조의2 4항, 식품위생법 39조 3항 등).

이와 관련하여 허가의 효과가 다른 사람에게 이전되는 경우에 종전 영업자에게 내려진 제재처분의 효과도 함께 이전되는지, 나아가 종전 영업자에 대한 제재사유를 이유로 영업양수인에게 제재처분을 내릴 수 있는지가 문제되는바, 이에 관해서는 '공의무의 승계' 부분에서 자세히 설명하였다.

④ **행위의 적법요건** : 허가는 행위의 적법요건이지 유효요건이 아니다. 따라서 허가를 받아야 하는 행위를 허가 없이 행한 경우에 행정상 강제집행이나 행정벌의 대상은 되지만, 그 행위 자체의 법적 효력이 무효가 되는 것은 아니다.

3. 면 제

면제란 개인에게 부과된 작위·급부·수인의무를 특정한 경우에 해제하는 행정행위이다. 이 점에서 부작위의무(금지)의 해제인 허가와 구별된다. 면제는 명령적 행위의 일종으로서, 수익적 행정행위의 성질을 갖는다.

Ⅱ. 형성적 행위

형성적 행위란 상대방에 대하여 특정한 권리·능력 기타 법률상의 힘을 설정·변경·소멸시켜 주는 행정행위를 말한다. 형성적 행위는 그 내용에 따라 다시 특허·인가·대리·변권행위(變權行爲)·박권행위(剝權行爲) 등으로 나누어 볼 수 있다.

1. 특허(설권행위)

(1) 의의

특허란 상대방에게 권리·능력 또는 포괄적인 법률관계를 설정하여 주는 행정행위를 말하며, 이를 '설권행위'라고도 한다. 예컨대 도로점용허가는 상대방에게 도로를 점용할 권리를 설정해 주고, 공법인의 설립은 해당 법인에게 권리능력을 설정해 주며, 기회허가는 상대방에게 포괄적인 법률관계를 설정해 준다.

강학상 특허에 해당하는지 여부는 실정법상의 용어에 관계없이 그 성질을 기준으로 판단해야 한다. 귀화허가·광업허가·도로점용허가·하천점용허가·어업면허·공유수면매립면허·자동차운수사업면허 능은 그 실정법상의 명칭에도 불구하고 성질상 특허에 해당하며, 반면에 발명특허는 성질상 준법률행위적 행정행위의 일종인 확인에 해당한다.

이와 관련하여 재건축(재개발)조합 설립인가의 성질이 문제된다. 종래의 판례는 재건축조합 설립인가는 사인들의 재건축조합 설립행위를 보충하여 그 법률상 효력을 완성시키는 행위인 점에서 강학상의 인가에 해당하는 것으로 보았으나,[74] 2009년에 대법원은 종전의 견해를 변경하여 재건축조합 설립인가는 단순히 보충행위의 성질을 갖는 것에 그치는 것이 아니라, 조합에게 재건축사업을 시행할 수 있는 권한을 갖는 행정주체(공법인)로서의 지위를 부여하는 일종의 설권적 처분(즉, 특허)의 성질을 가진다고 보았다.[75]

> **판례** 『행정청이 도시 및 주거환경정비법 등 관련 법령에 근거하여 행하는 조합설립인가처분은 단순히 사인들의 조합설립행위에 대한 보충행위로서의 성질을 갖는 것에 그치는 것이 아니라 법령상 요건을 갖출 경우 도시 및 주거환경정비법상 주택재건축사업을 시행할 수 있는 권한을 갖는 행정주체(공법인)로서의 지위를 부여하는 일종의 설권적 처분의 성격을 갖는다고 보아야 한다.』 (대판 2009. 9. 24. 2008다60568)

(2) 성질

ⅰ) 특허는 상대방에게 특별한 권리·능력 등을 설정하여 주는 행위인 점에서, 금지를 해제하여 줌으로써 자연적 자유를 회복시켜 주는 행위인 허가와 구별된다.

ⅱ) 특허는 상대방에게 특별히 권리·능력 등을 설정하여 주는 것이므로 특허를 할 것인지 여부는 원칙적으로 행정청의 재량에 속하며, 이 점에서 원칙적으로 기속행위의 성질을 가지는 허가와 구별된다. 다만 법이 정한 요건을 갖춘 경우에는 특허를 해 주도록 하는 특별한 규정을 두고 있는 경우에는 기속행위에 해당함은 물론이다. 판례는 공유수면매립면허, 자동차운수사업면허, 도로점용허가, 귀화허가, 출입국관리법상의 체류자격변경허가 등이 설권적 행위로서 재량행위에 속한다고 보았다.[76]

> **판례** ① 『도로법 제61조 제1항에 의한 도로점용허가는 일반사용과 별도로 도로의 특정 부분에 대하여 특별사용권을 설정하는 설권행위이다. 도로관리청은 신청인의 적격성, 점용목적, 특별사용의 필요성 및 공익상의 영향 등을 참작하여 점용허가 여부 및 점용허가의 내용인 점용장소, 점용면적, 점용기간을 정할 수 있는 재량권을 갖는다.』 (대판 2019. 1. 17. 2016두56721)
>
> ② 『출입국관리법 제10조, 제24조 제1항 등의 문언, 내용 및 형식, 체계 등에 비추어 보면, 체류자격 변경허가는 신청인에게 당초의 체류자격과 다른 체류자격에 해당하는 활동을 할 수 있는 권한을 부여하

---

74) 대판 2000. 9. 5, 99두1854.
75) 대판 2009. 9. 24, 2008나60568.
76) 대판 1989. 9. 12, 88누9206; 대판 1996. 10. 11, 96누6172; 대판 2002. 10. 25, 2002두5795; 대판 2010. 10. 28, 2010두6496; 대판 2016. 7. 14, 2015두48846.

는 일종의 설권적 처분의 성격을 가지므로, 허가권자는 신청인이 관계 법령에서 정한 요건을 충족하였더라도, 신청인의 적격성, 체류 목적, 공익상의 영향 등을 참작하여 허가 여부를 결정할 수 있는 재량을 가진다.』(대판 2016. 7. 14, 2015두48846)

(3) 신청

특허는 상대방에게 권리·능력 등을 설정하여 주는 것이기 때문에 상대방의 신청(출원)을 필요 요건으로 한다.

(4) 상대방

특허는 상대방에게 특별히 권리·능력 등을 설정하여 주는 것이기 때문에 특정인에 대해서만 행해질 수 있다.

(5) 효과

i) 특허는 상대방에 대하여 권리·능력 등을 설정하여 주는 것이므로 상대방이 그로 인해 받는 이익은 단순한 반사적 이익이 아니라 권리의 성질을 갖는다. 따라서 특허에 있어서는 경업자나 경원자 사이에 소송으로 상대방의 처분을 다툴 법률상 이익이 인정된다고 본다. 예컨대 기존의 자동차운송사업자는 경쟁관계에 있는 자동차운송사업자에 대한 노선변경 등 사업계획변경인가처분으로 인하여 수익감소가 예상되는 경우에는 그에 대한 취소를 구할 법률상 이익이 인정된다(경업자소송).[77] 또한 동일한 도로면에 복수의 사람이 점용허가를 신청한 경우에 일방에 대한 점용허가가 내려지면 다른 신청인이 그에 대해 취소를 구할 법률상 이익이 인정된다(경원자소송).[78]

> **판례** 시외버스운송사업계획변경인가처분으로 인하여 기존의 시내버스운송사업자의 노선 및 운행계통과 시외버스운송사업자들의 그것들이 일부 중복되게 되고 기존업자의 수익감소가 예상된다면, 기존의 시내버스운송사업자와 시외버스운송사업자들은 경업관계에 있는 것으로 봄이 상당하다 할 것이어서 기존의 시내버스운송사업자에게 시외버스운송사업계획변경인가처분의 취소를 구할 법률상의 이익이 있다.』(대판 2002. 10. 25, 2001두4450)

ii) 특허에 의해 설정되는 권리는 공권인 것이 보통이나(예 : 공기업특허, 공물사용권특허), 사권인 경우도 있다(예 : 광업권·어업권). 이 점에서 그 효과가 언제나 공법적인 허가와 구별된다.

iii) 대물적 특허의 효과는 타인에게 이전될 수 있으나, 이때에 행정청에 지위승계신고를 하도록 하는 등 일정한 제한이 가해지는 경우도 있다(공유수면 관리 및 매립에 관한 법률 43조 2항 등).

---

77) 대판 2002. 10. 25, 2001두4450.
78) 경원자소송이란 여러 사람이 서로 경쟁관계에 있어서 일방에 대한 허가가 타방에 대한 불허가로 귀결될 수 밖에 없는 경우에 허가를 받지 못한 신청인이 제기하는 소송을 말한다.

2. 인가(보충행위)

(1) 의의

사람(자연인과 법인 포함)은 원칙적으로 행정청의 관여 없이 자유로이 법률적 행위를 할 수 있지만, 특별한 공익적 필요가 있는 경우에는 그 법률적 행위가 완전히 법적 효력을 발생하기 위해서는 행정청의 인가를 받도록 하는 경우가 있다. 이와 같이 행정청이 어떠한 사람의 법률적 행위를 보충하여 그 법률상 효력을 완성시켜 주는 행위를 인가라 하며, 이를 '보충행위'라고도 한다.

(2) 강학상 인가에 해당하는지 여부

① 판단기준 : 강학상 인가에 해당하는지 여부는 실정법상의 용어에 관계 없이 그 성질을 기준으로 판단하여야 하는바, 판례에 따르면 재단법인의 정관변경에 대한 주무관청의 허가(민법 45조 3항), 공익법인의 기본재산 처분에 대한 감독관청의 허가(공익법인의 설립·운영에 관한 법률 11조 3항), 사립학교 임원의 취임에 대한 관할청의 승인(사립학교법 20조 2항) 등은 그 법률상의 명칭에도 불구하고 보충행위로서의 인가에 해당한다고 한다.[79]

> **판례** ① 『민법 제45조에서 말하는 재단법인의 정관변경허가는 법률상의 표현이 '허가'로 되어 있기는 하나, 그 성질에 있어 법률행위의 효력을 보충해 주는 것이지 일반적 금지를 해제하는 것이 아니므로, 그 법적 성격은 '인가'라고 보아야 한다.』(대판 1996. 5. 16, 95누4810)
> ② 『사립학교법 제20조 제1항, 제2항은 학교법인의 이사장·이사·감사 등의 임원은 이사회의 선임을 거쳐 관할청의 승인을 받아 취임하도록 규정하고 있는바, 관할청의 임원취임승인행위는 학교법인의 임원선임행위의 법률상 효력을 완성케 하는 보충적 법률행위이다.』(대판 2007. 12. 27, 2005두9651)

② 「도시 및 주거환경정비법」상 각종 인가의 성질 : 「도시 및 주거환경정비법」(이하에서 '도시정비법'이라 한다)은 조합설립추진위원회승인, 조합설립인가, 사업시행계획인가, 관리처분계획인가 등에 관해 규정하고 있는데, 그 성질이 문제된다.

i) 재건축(재개발)조합을 설립하려는 경우에는 먼저 토지등소유자 과반수의 동의를 받아 조합설립추진위원회를 구성하여 시장·군수 등의 승인을 받아야 하는데(31조), 이 경우 승인처분은 조합설립추진위원회를 구성하는 행위를 보충하여 그 효력을 완성시켜주는 인가의 성질을 가진다는 것이 판례의 입장이다.[80]

ii) 조합설립추진위원회는 정관작성 등 재건축(재개발)조합 설립에 필요한 행위를 한 다음 법이 정한 수의 토지등소유자의 동의를 받아 시장·군수에게 조합설립인가를 받아야 하는데(35조 2항), 이 경우 조합설립인가의 성질이 문제된다. 대법원은 2009년 전원합의체판결에서 종전의 견해를 변경하여, 조합설립인가는 단순히 보충행위의 성질을 갖는 것에 그치는 것이 아니라 해당 조합에

---

79) 대판 1996. 5. 16, 95누4810; 대판 2005. 9. 28, 2004다50044; 대판 2007. 12. 27, 2005두9651.
80) 대판 2013. 1. 31, 2011두11112; 대판 2014. 2. 13, 2011두21652.

게 재건축사업을 시행할 수 있는 권한을 갖는 행정주체(공법인)로서의 지위를 부여하는 설권적 처분(특허)의 성질을 가진다고 보았다.[81]

iii) 재건축(재개발) 등의 도시정비사업을 시행하려는 경우에는 사업시행자가 시장·군수 등에게 사업시행계획서를 제출하여 인가를 받아야 하는데(50조 1항),[82] 이 경우 사업시행계획인가의 성질이 문제된다. 판례는 사업시행계획에 대한 인가를 신청한 주체에 따라 성질을 달리 판단한다. 첫째, 재건축(재개발)조합이 사업시행계획에 대한 인가를 신청한 경우의 인가행위는 사업시행계획에 대한 법률상의 효력을 완성시키는 보충행위(인가)에 해당한다고 한다.[83] 둘째, 토지등소유자가 조합을 설립하지 않고 직접 재개발사업을 시행함에 있어서[84] 사업시행계획에 대한 인가를 신청한 경우의 인가행위는 단순히 사업시행계획에 대한 보충행위로서의 성질을 가지는 것이 아니라 토지등소유자에게 재개발사업을 시행할 수 있는 권한을 가지는 행정주체로서의 지위를 부여하는 설권적 처분(특허)의 성질을 가진다고 한다.[85]

iv) 재건축사업 등의 사업시행자는 분양신청기간이 종료된 때에는 관리처분계획을 수립하여 시장·군수 등의 인가를 받아야 하는데, 이 경우의 인가는 관리처분계획에 대한 법률상의 효력을 완성시키는 보충행위(인가)의 성질을 갖는다는 것이 판례의 입장이다.[86] 한편, 인가를 통해 확정된 관리처분계획은 구속적 행정계획으로서 독립한 행정처분에 해당한다고 한다.[87]

> **판례** ① 『구 도시 및 주거환경정비법(2017년 전부 개정되기 전의 법률) 제13조 제1항, 제2항, 제14조 제1항, 제15조 제4항, 제5항 등 관계 법령의 내용, 형식, 체제 등에 비추어 보면, 조합설립추진위원회구성 승인처분은 조합의 설립을 위한 주체인 추진위원회의 구성행위를 보충하여 그 효력을 부여하는 처분으로서 조합설립이라는 종국적 목적을 달성하기 위한 중간단계의 처분에 해당하지만, 그 법률요건이나 효과가 조합설립인가처분의 그것과는 다른 독립적인 처분이다.』(대판 2013. 1. 13, 2011두11112)
>
> ② 『도시 및 주거환경정비법(이하 '도시정비법'이라 한다)상의 주택재건축정비사업조합(이하 '재건축조합'이라고 한다)은 정비구역 안에 있는 토지와 건축물의 소유자 등으로부터 조합설립의 동의를 받는 등 관계 법령에서 정한 요건과 절차를 갖추어 관할 행정청으로부터 조합설립인가를 받은 후 등기함으로써 법인으로 성립한다(제16조 제2항, 제5항, 제18조). 그리고 이러한 절차를 거쳐 설립된 재건축조합은 관할 행정청의 감독 아래 정비구역 안에서 도시정비법상의 '주택재건축사업'을 시행하는 목적 범위 내에서 법령이 정하는 바에 따라 일정한 행정작용을 행하는 행정주체로서의 지위를 갖는다. 따라서 행정청이 도시정비법 등 관련 법령에 근거하여 행하는 조합설립인가처분은 단순히 사인들의 조합설립행위에 대한 보

---

81) 대판 2009. 9. 24, 2008다60568. 同旨의 판례: 대판 2023. 8. 18, 2022두51901.
82) 구 도시정비법에서는 사업시행계획에 대한 인가를 '사업시행인가'라고 표현하였으나(2017년 2월 전부개정 전의 법률 28조), 2017년 2월 전부 개정된 도시정비법에서는 '사업시행계획인가'라고 표현을 바꾸었다(50조).
83) 대판 2010. 12. 9, 2009두4913.
84) 재건축사업은 조합을 설립해서 시행하여야 하지만, 재개발사업의 경우에는 토지등소유자가 20인 미만인 경우에는 조합을 설립하지 않고 토지등소유자가 직접 재개발사업을 시행할 수 있다(도시정비법 25조).
85) 대판 2013. 6. 13, 2011두19994. 한편, 재개발사업을 직접 시행하려는 토지등소유자들은 시장·군수로부터 사업시행계획에 대한 인가를 받기 전에는 행정주체로서의 지위를 갖지 못하며, 따라서 그가 작성한 사업시행계획은 항고소송의 대상이 되는 독립된 행정처분에 해당하기 않는다고 한다.
86) 대판 2016. 12. 15, 2015두51347.
87) 대판 2016. 12. 15, 2015두51347; 대판 2022. 7. 14, 2022다206391.

충행위로서의 성질을 갖는 것에 그치는 것이 아니라, 법령상 요건을 갖출 경우 도시정비법상 주택재건축사업을 시행할 수 있는 권한을 갖는 행정주체(공법인)로서의 지위를 부여하는 일종의 설권적 처분의 성격을 갖는다고 보아야 한다.』(대판 2009. 9. 24. 2008다60568)

③『주택재개발조합이 수립한 사업시행계획은 그것이 인가·고시를 통해 확정되면 이해관계인에 대한 구속적 행정계획으로서 독립된 행정처분에 해당하므로, 사업시행계획을 인가하는 행정청의 행위는 주택재개발조합의 사업시행계획에 대한 법률상의 효력을 완성시키는 보충행위에 해당한다.』(대판 2010. 12. 9. 2009두4913; 대판 2010. 12. 9. 2010두1248)

④『도시 및 주거환경정비법(이하 '도시정비법'이라 한다) 제8조 제3항, 제28조 제1항에 의하면, 토지등소유자들이 그 사업을 위한 조합을 따로 설립하지 아니하고 직접 도시환경정비사업을 시행하고자 하는 경우에는 사업시행계획서에 정관 등과 그 밖에 국토해양부령이 정하는 서류를 첨부하여 시장·군수에게 제출하고 사업시행인가를 받아야 하고, 이러한 절차를 거쳐 사업시행인가를 받은 토지등소유자들은 관할 행정청의 감독 아래 정비구역 안에서 도시정비법상의 도시환경정비사업을 시행하는 목적범위 내에서 법령이 정하는 바에 따라 일정한 행정작용을 행하는 행정주체로서의 지위를 가진다. 그렇다면 토지등소유자들이 직접 시행하는 도시환경정비사업에서 토지등소유자에 대한 사업시행인가처분은 단순히 사업시행계획에 대한 보충행위로서의 성질을 가지는 것이 아니라 도시정비법상 정비사업을 시행할 수 있는 권한을 가지는 행정주체로서의 지위를 부여하는 일종의 설권적 처분의 성격을 가진다.』(대판 2013. 6. 13. 2011두19994)

⑤『도시 및 주거환경정비법에 기초하여 주택재개발정비사업조합이 수립한 관리처분계획은 그것이 인가·고시를 통해 확정되면 이해관계인에 대한 구속적 행정계획으로서 독립적인 행정처분에 해당한다. 이러한 관리처분계획을 인가하는 행정청의 행위는 조합의 관리처분계획에 대한 법률상의 효력을 완성시키는 보충행위이다. 따라서 기본행위가 적법·유효하고 보충행위인 인가처분 자체에 흠이 있다면 그 인가처분의 무효나 취소를 주장할 수 있다. 그러나 인가처분에 흠이 없다면 기본행위에 흠이 있다고 하더라도 따로 기본행위의 흠을 다투는 것은 별론으로 하고 기본행위의 흠을 내세워 바로 그에 대한 인가처분의 무효확인 또는 취소를 구할 수는 없으므로, 그 당부에 관하여 판단할 필요 없이 해당 부분 청구를 기각하여야 한다.』(대판 2016. 12. 15. 2015두51347)

③ 토지거래허가의 성질 : 토지거래허가구역에서 토지거래계약을 체결하려는 당사자는 공동으로 시장·군수·구청장의 허가를 받아야 하며, 만일 허가를 받지 않고 토지거래계약을 체결한 자에 대해서는 형사처벌을 하도록 하고 있는바(부동산거래신고법 11조, 26조),[88] 이때 토지거래허가의 성질이 문제된다. 학설상으로는 금지의 해제로서의 허가의 성질을 갖는다는 견해, 보충행위로서의 인가의 성질을 갖는다는 견해, 허가와 인가의 양면적 성질을 갖는다는 견해가 대립하고 있다.[89]

---

88) 토지거래허가제는 처음에는 국토이용관리법에서 규율되었는데, 그 후 국토이용관리법이 국토계획법으로 흡수됨으로써 국토계획법에서 규율하고 있었으나, 2016. 1. 19. 「부동산 거래신고 등에 관한 법률」로 이관되어 규율되고 있다.

89) 토지거래허가의 성질을 금지의 해제인 허가로 보면 허가를 받기 전에는 거래계약을 체결할 수 없으므로 허가를 받지 않고 거래계약을 체결한 경우에는 모두 형사처벌의 대상이 된다. 그러나 토지거래허가의 성질을 보충행위인 인가로 보면 토지거래허가를 받기 전에도 장래 허가(인가)를 받을 것을 전제로 미리 거래계약을 체결하는 것이 허용된다 할 것이므로(다만 이 경우 토지거래허가가 있기 전에는 거래계약의 효력이 발생하지 않을 뿐이다), 형사처벌의 대상이 되는 것은 '처음부터 사인간에 토지거래허가를 배제하거나 잠탈할 목적'으로 거래계약을 체결한 경우에 한정되게 된다.

이에 관해 대법원의 다수의견은 토지거래허가는 강학상 인가의 성질을 갖는다고 하며, 따라서 형사처벌의 대상이 되는 것은 '처음부터 허가를 배제하거나 잠탈하는 내용의 계약을 체결하는 것'에 한정되고, 장래 허가받을 것을 전제로 거래계약을 체결하는 것은 처벌의 대상이 되지 않는다고 하였다.[90)]

> **판례** 『(다수의견) 허가없이 토지 등의 거래계약을 체결하거나 사위 기타 부정한 방법으로 토지 등의 거래허가를 받은 자에 대하여 징역 또는 벌금에 처하는 벌칙을 규정하고 있다. 위와 같은 각 규정의 내용과 그 입법취지에 비추어 볼 때, 토지의 소유권 등 권리를 이전 또는 설정하는 내용의 거래계약은 관할 관청의 허가를 받아야만 그 효력이 발생하고 허가를 받기 전에는 물권적 효력은 물론 채권적 효력도 발생하지 아니하여 무효라고 보아야 할 것이다. 다만 허가를 받기 전의 거래계약이 처음부터 허가를 배제하거나 잠탈하는 내용의 계약일 경우에는 확정적으로 무효로서 유효화될 여지가 없으나, 이와 달리 허가받을 것을 전제로 한 거래계약(허가를 배제하거나 잠탈하는 내용의 계약이 아닌 계약은 여기에 해당하는 것으로 본다)일 경우에는 허가를 받을 때까지는 법률상 미완성의 법률행위로서 소유권 등 권리의 이전 또는 설정에 관한 거래의 효력이 전혀 발생하지 않음은 위의 확정적 무효의 경우와 다를 바 없지만, 일단 허가를 받으면 그 계약은 소급하여 유효한 계약이 되고 이와 달리 불허가가 된 때에는 무효로 확정되므로 허가를 받기까지는 유동적 무효의 상태에 있다고 보는 것이 타당하다. 그러므로 허가받을 것을 전제로 한 거래계약은 허가받기 전의 상태에서는 거래계약의 채권적 효력도 전혀 발생하지 않으므로 권리의 이전 또는 설정에 관한 어떠한 내용의 이행청구도 할 수 없으나 일단 허가를 받으면 그 계약은 소급해서 유효화되므로 허가 후에 새로이 거래계약을 체결할 필요가 없는 것이다. 국토이용관리법 제31조의2 소정의 벌칙적용대상인 '허가 없이 토지 등의 거래계약을 체결하는 행위'라 함은 위에서 본 처음부터 허가를 배제하거나 잠탈하는 내용의 계약을 체결하는 행위를 가리키고 허가받은 것을 전제로 한 거래계약을 체결하는 것은 여기에 해당하지 않는다고 할 것이다.
>   이러한 관점에서 본다면, 위 법 제21조의3 제1항 소정의 허가가 규제지역 내의 모든 국민에게 전반적으로 토지거래의 자유를 금지하고 일정한 요건을 갖춘 경우에만 금지를 해제하여 계약체결의 자유를 회복시켜주는 성질의 것이라고 보는 것은 위 법의 입법취지를 넘어선 지나친 해석이라고 할 것이고, 규제지역 내에서도 토지거래의 자유가 인정되나 다만 위 허가를 허가 전의 유동적 무효상태에 있는 법률행위의 효력을 완성시켜 주는 인가적 성질을 띤 것이라고 보는 것이 타당하다.』 (대판 1991. 12. 24, 90다12243)

(3) 성질

인가가 기속행위인지 재량행위인지는 근거 법령의 규정내용과 체계 등을 고려해서 개별적으로 판단하여야 한다. 판례는 학교법인 이사취임의 승인은 기속행위에 속한다고 보았으나, 재단법인 임원취임의 승인, 사회복지법인 정관변경의 허가(인가), 주택재건축사업시행인가 등은 재량행위라고 보았다.

---

90) 대판 1991. 12. 24, 90다12243. 이에 대해 대법원의 반대의견은, 법은 허가를 받지 않고 거래계약을 체결한 경우의 처벌에 관해 아무런 제한규정을 두고 있지 않으므로 다수의견과 같이 제한적으로 해석하는 것은 옳지 않으며, 따라서 토지거래허가는 금지의 해제인 허가의 성질을 갖는 것으로 보아야 한다고 하였다.

> **판례** ① 『이 사건 교육부장관의 학교법인 이사취임승인은 학교법인의 임원선임행위를 보충하여 그 법률상의 효력을 완성시키는 보충적 행정행위로서 기속행위에 속한다.』(대판 1992. 9. 22, 92누5461)
>
> ② 『재단법인의 임원취임이 사법인인 재단법인의 정관에 근거한다 할지라도 이에 대한 행정청의 승인(인가)행위는 법인에 대한 주무관청의 감독권에 연유하는 이상 그 인가행위 또는 인가거부행위는 공법상의 행정처분으로서, 그 임원취임을 인가 또는 거부할 것인지 여부는 주무관청의 권한에 속하는 사항이라고 할 것이고, 재단법인의 임원취임승인 신청에 대하여 주무관청이 이에 기속되어 이를 당연히 승인(인가)하여야 하는 것은 아니다.』(대판 2000. 1. 28, 98두16996)
>
> ③ 『사회복지사업에 관한 기본적 사항을 규정하여 그 운영의 공정·적절을 기함으로써 사회복지의 증진에 이바지함을 목적으로 하는 사회복지사업법의 입법취지와 같은법 제12조, 제25조 등의 규정에 사회복지법인의 설립이나 설립 후의 정관변경의 허가에 관한 구체적인 기준이 정하여져 있지 아니한 점 등에 비추어 보면, 사회복지법인의 정관변경을 허가할 것인지의 여부는 주무관청의 정책적 판단에 따른 재량에 맡겨져 있다고 할 것이고, 주무관청이 정관변경허가를 함에 있어서는 비례의 원칙 및 평등의 원칙에 적합하고 행정처분의 본질적 효력을 해하지 않는 한도 내에서 부관을 붙일 수 있다.』(대판 2002. 9. 24, 2000두5661)
>
> ④ 『주택재건축사업시행의 인가는 상대방에게 권리나 이익을 부여하는 효과를 가진 이른바 수익적 행정처분으로서 법령에 행정처분의 요건에 관하여 일의적으로 규정되어 있지 아니한 이상 행정청의 재량행위에 속하므로, 처분청으로서는 법령상의 제한에 근거한 것이 아니라 하더라도 공익상 필요 등에 의하여 필요한 범위 내에서 여러 조건(부담)을 부과할 수 있다.』(대판 2007. 7. 12, 2007두6663)

(4) 대상

인가는 성질상 '법률적 행위'만을 대상으로 하며, 이러한 점에서 법률적 행위와 사실행위를 모두 대상으로 하는 허가와 구별된다. 법률적 행위인 한 공법적 행위이든 사법적 행위이든 묻지 않는데, 공법적 행위를 대상으로 하는 예로는 공공조합의 정관변경에 대한 인가를 들 수 있고, 사법적 행위를 대상으로 하는 예로는 비영리법인 설립인가, 토지거래허가, 외국인의 토지취득인가 등을 들 수 있다.

(5) 신청

인가는 상대방의 신청을 필요요건으로 한다. 이때 행정청은 신청에 대한 인가 여부를 결정할 뿐이고 내용을 수정하여 인가하는 것은 원칙적으로 허용되지 않는다. 인가는 보충행위의 성질을 갖기 때문이다.

(6) 인가와 부관

행정청이 인가를 할 때 부관을 붙일 수 있는지가 문제된다. 독일의 대표적 문헌과 판례는 인가에 대해서는 부관이 부가되어서는 안 된다고 한다.[91] 우리의 판례는 긍정한 것과 부정한 것이 있다. 즉, 사회복지법인의 정관변경에 대한 인가시에 부관을 붙이는 것, 공익법인의 기본재산 처분에

---

91) 김중권, 274면 참고.

대한 인가시에 부관을 붙이는 것은 허용된다고 보았으나,[92] 재건축조합의 관리처분계획에 대한 인가신청이 있는 경우 행정청은 그 인가 여부를 결정할 수 있을 뿐이고 부관을 붙이는 것은 허용되지 않는다고 하였다.[93]

(7) 효과

i) 인가를 요하는 행위는 인가가 행해짐으로써 비로소 그 법률상 효력이 완성된다. 인가로 인한 기본행위의 효력발생시점이 문제되는데, 일반적으로는 인가가 있은 때에 기본행위의 효력이 발생한다고 할 것이다. 다만 토지거래허가와 관련하여 대법원은 사인간의 토지거래계약은 토지거래허가가 있기 전에는 법률상 미완성의 행위로서 계약의 효력이 전혀 발생하지 않지만, 일단 허가(인가)를 받으면 그 거래계약은 소급하여 유효하게 된다고 하였다.[94]

ii) 인가는 행위의 유효요건이어서 인가를 받지 않고 한 행위는 무효이지만,[95] 특별한 규정이 없는 한 행정상의 강제집행이나 행정벌의 대상은 되지 않는다. 이에 반해 허가는 행위의 적법요건이어서 허가받지 않고 한 행위는 당연무효는 아니지만, 원칙적으로 행정상 강제집행이나 행정벌의 대상이 되는 점에서 차이가 있다.

(8) 인가와 기본행위

① 인가에 하자가 있는 경우 : 어떠한 법률적 행위(기본행위)에 대해 인가가 행해졌다 하더라도 그 인가가 무효이거나 취소된 경우에는 해당 법률적 행위는 효력을 발생하지 못한다. 인가 자체에 하자가 있는 경우에는 국민은 행정소송으로 인가의 효력을 다툴 수 있음은 물론이다.

② 기본행위에 하자가 있는 경우 : 인가는 어떠한 사람의 법률적 행위의 효력을 완성시켜 주는 보충행위에 지나지 않으므로, 인가의 대상이 되는 행위(기본행위)가 무효인 경우에는 비록 인가가 행해졌다 하더라도 그 기본행위가 유효하게 되는 것은 아니다. 또한 기본행위에 취소사유가 있는 경우에는 인가가 행해진 후에도 기본행위를 취소할 수 있으며, 기본행위가 취소되면 인가 또한 그 존립의 바탕을 잃게 되어 효력을 상실한다.

인가와 관련하여 가장 문제가 되는 것은 인가처분에는 하자가 없고 기본행위에만 하자가 있는 경우에 어떠한 방법으로 다투어야 하는지이다. 통설과 판례에 의하면 기본행위에만 하자가 있는 경우에는 기본행위를 소송의 대상으로 삼아 다투어야 하며, 기본행위의 하자를 이유로 인가에 대해 다투는 것은 허용되지 않는다고 한다.[96]

---

92) 대판 2002. 9. 24, 2000두5661; 대판 2005. 9. 28, 2004다50044.
93) 대판 2012. 8. 30, 2010두24951. 위에 소개한 판례 중 대판 2000두5661과 대판 2007두6663은 해당 인가가 재량행위에 해당하므로 부관을 붙일 수 있다고 보았으나, 대판 2004다50044와 대판 2010두24951은 해당 인가가 기속행위인지 재량행위인지에 대해서는 판단하지 않은 채 전자의 경우에는 부관을 붙일 수 있다고 하고 후자의 경우는 부관을 붙일 수 없다고 하였다.
94) 대판 1991. 12. 24, 90다12243.
95) 대판 2005. 9. 28, 2004다50044.
96) 대판 2010. 12. 9, 2010두1248.

판례 『「도시 및 주거환경정비법」에 기초하여 주택재개발정비사업조합이 수립한 관리처분계획은 그것이 인가·고시를 통해 확정되면 이해관계인에 대한 구속적 행정계획으로서 독립적인 행정처분에 해당한다. 이러한 관리처분계획을 인가하는 행정청의 행위는 주택재개발정비사업조합의 관리처분계획에 대한 법률상의 효력을 완성시키는 보충행위이다. 따라서 기본행위가 적법·유효하고 보충행위인 인가처분 자체에 흠이 있다면 그 인가처분의 무효나 취소를 주장할 수 있다. 그러나 인가처분에 흠이 없다면 기본행위에 흠이 있다고 하더라도 따로 기본행위의 흠을 다투는 것은 별론으로 하고 기본행위의 흠을 내세워 바로 그에 대한 인가처분의 무효확인 또는 취소를 구할 수는 없으므로, 그 당부에 관하여 판단할 필요 없이 해당 부분 청구를 기각하여야 한다.』 (대판 2016. 12. 15, 2015두51347)

참고 **재건축조합 설립인가 및 관리처분계획인가에 대해 소송으로 다투는 방법**

(1) 재건축조합 설립인가의 경우

재건축조합을 설립하기 위해서는 먼저 조합설립추진위원회를 구성한 다음, "법이 정한 수의 토지등소유자의 동의를 얻고, 시장·군수 등에게 정관 등 법이 정한 서류를 제출해서"(이를 '조합설립행위'라 한다) 설립인가를 받아야 한다(도시정비법 31조, 35조 2항). 이때 기본행위라 할 수 있는 조합설립행위에 하자가 있는 경우에 어떠한 방법으로 다투어야 하는지가 문제된다.

종전의 판례는 재건축조합 설립인가의 성질을 보충행위로서의 인가로 보았으며, 따라서 인가처분 자체에 위법이 있지 않는 한 기본행위인 조합설립행위의 하자를 이유로 인가처분의 효력을 다투는 것은 허용되지 않으며, 이 경우 '민사소송'으로 조합설립행위의 효력을 다투어야 한다고 하였다.[97)]

그런데 2009년에 대법원은 종전의 견해를 바꾸어 재건축조합 설립인가의 성질을 강학상의 특허로 보았으며, 따라서 조합설립행위에 하자가 있는 경우에는 항고소송으로 '설립인가처분'의 무효 또는 취소를 구하여야 하고, 이와는 별도로 조합설립행위의 효력을 다투는 소송을 제기하는 것은 허용되지 않는다고 하였다.

판례 『행정청이 도시 및 주거환경정비법 등 관련 법령에 근거하여 행하는 조합설립인가처분은 단순히 사인들의 조합설립행위에 대한 보충행위로서의 성질을 갖는 것에 그치는 것이 아니라 법령상 요건을 갖출 경우 도시 및 주거환경정비법상 주택재건축사업을 시행할 수 있는 권한을 갖는 행정주체(공법인)로서의 지위를 부여하는 일종의 설권적 처분의 성격을 갖는다고 보아야 한다. 그리고 그와 같이 보는 이상 조합설립결의는 조합설립인가처분이라는 행정처분을 하는데 필요한 요건 중 하나에 불과한 것이어서, 조합설립결의에 하자가 있다면 그 하자를 이유로 직접 항고소송의 방법으로 조합설립인가처분의 취소 또는 무효확인을 구하여야 하고, 이와는 별도로 조합설립결의 부분만을 따로 떼어내어 그 효력 유무를 다투는 확인의 소를 제기하는 것은 원고의 권리 또는 법률상의 지위에 현존하는 불안·위험을 제거하는데 가장 유효·적절한 수단이라 할 수 없어 특별한 사정이 없는 한 확인의 이익은 인정되지 아니한다.』 (대판 2009. 9. 24, 2008다60568)

(2) 재건축조합의 관리처분계획에 대한 인가의 경우

재건축조합은 분양신청기간이 종료된 때에는 관리처분계획을 수립하여 조합원총회의 의결을 거친 다음 시장·군수 등의 인가를 받아야 하는바(45조 1항 10호, 74조 1항), 이때 관리처분계획에 대한 조합원총회 의결에 하자가 있는 경우에 어떠한 방법으로 다투어야 하는지가 문제된다.

종전의 판례에 의하면, 관리처분계획에 대한 인가는 보충행위로서의 인가에 해당하기 때문에 기본행위인 조합원총회 의결에 하자가 있더라도 이를 이유로 인가처분의 효력을 다투는 것은 허용되지 않고, 따라서 관리처분계획에 대한 행정청의 인가가 있기 전이든 있은 후이든 묻지 아니하고 '민사소송'으로 '조합원총회 의결'의 효력을 다투어야 한다고 하였다.98)

그런데 2009년에 대법원은 종전의 견해를 바꾸었는바, 그 주요 내용은 다음과 같다. i) 재건축조합은 행정주체이므로 관리처분계획에 대해 '행정청(시장·군수 등)이 인가하면' 관리처분계획은 행정처분으로서의 효력이 발생하게 되는데, 이때 조합원총회 의결에 하자가 있으면 이는 행정처분인 관리처분계획을 위법하게 만든다. 이 경우 조합원총회 의결의 하자를 이유로 하여 항고소송으로 '관리처분계획'에 대해 다투어야 하고, 그와 별도로 행정처분에 이르는 절차적 요건 중 하나에 불과한 조합원총회 의결 부분만을 따로 떼어내어 그 효력을 다투는 소송을 제기하는 것은 허용되지 않는다. ii) 한편, 관리처분계획에 대한 '행정청의 인가가 있기 전'이라 할지라도 조합원총회 의결에 하자가 있으면 그에 대해 소송으로 다툼으로써 관리처분계획에 대한 인가가 행해지는 것을 미리 저지할 필요가 있으며, 이 경우 재건축조합은 행정주체의 지위에 있으므로 조합원총회 의결의 효력을 다투는 소송은 민사소송이 아니라 '행정소송법상의 당사자소송'에 의하여야 한다.99)

> **판례** 『[1] 관리처분계획은 재건축조합이 조합원의 분양신청 현황을 기초로 관리처분계획안을 마련하여 그에 대한 조합 총회결의와 토지등소유자의 공람절차를 거친 후 관할 행정청의 인가·고시를 통해 비로소 그 효력이 발생하게 되므로(도시 및 주거환경정비법 제24조 제3항 제10호, 제48조 제1항, 제49조), 관리처분계획안에 대한 조합원 총회결의는 관리처분계획이라는 행정처분에 이르는 절차적 요건 중 하나로, 그것이 위법하여 효력이 없다면 관리처분계획은 하자가 있는 것으로 된다.
>
> [2] 관리처분계획이 인가·고시되기 전이라면 위법한 총회결의에 대해 무효확인 판결을 받아 이를 관할 행정청에 자료로 제출하거나 재건축조합으로 하여금 새로이 적법한 관리처분계획안을 마련하여 다시 총회결의를 거치도록 함으로써 하자 있는 관리처분계획이 인가·고시되어 행정처분으로서 효력이 발생하는 단계에까지 나아가지 못하도록 저지할 수 있고, 또 총회결의에 대한 무효확인판결에도 불구하고 관리처분계획이 인가·고시되는 경우에도 관리처분계획의 효력을 다투는 항고소송에서 총회결의 무효확인소송의 판결과 증거들을 소송자료로 활용함으로써 신속하게 분쟁을 해결할 수 있으므로, 관리처분계획에 대한 인가·고시가 있기 전에는 허용할 필요가 있다. 이 경우 행정주체인 재건축조합을 상대로 관리처분계획안에 대한 조합 총회결의의 효력 등을 다투는 소송은 행정처분에 이르는 절차적 요건의 존부나 효력 유무에 관한 소송으로서 그 소송결과에 따라 행정처분의 위법 여부에 직접 영향을 미치는 공법상 법률관계에 관한 것이므로, 이는 행정소송법상의 당사자소송에 해당한다.
>
> [3] 관리처분계획에 대한 관할 행정청의 인가·고시까지 있게 되면 관리처분계획은 행정처분으로서 효력이 발생하게 되므로, 총회결의의 하자를 이유로 하여 행정처분의 효력을 다투는 항고소송의 방법으로 관리처분계획의 취소 또는 무효확인을 구하여야 하고, 그와 별도로 행정처분에 이르는 절차적 요건 중 하나에 불과한 총회결의 부분만을 따로 떼어내어 효력 유무를 다투는 확인의 소를 제기하는 것은 특별한 사정이 없는 한 허용되지 않는다고 보아야 한다. 이와 달리 재개발조합의 관리처분계획안에 대한 총회결의 무효확인소송을 민사소송으로 보고 또 관리처분계획에 대한 인가·고시가 있은 후에도 여전히 소로써 총회결의의 무효확인을 구할 수 있다는 취지로 판시한 대법원 2004. 7. 22. 선고 2004다13694 판결과 이와 같은 취지의 대법원 판결들은 이 판결의 견해에 배치되는 범위 내에서 이를 모두 변경하기로 한다.』(대판 2009. 9. 24, 2007다2428)

3. 대 리

대리란 제3자가 해야 할 행위를 행정청이 대신 함으로써 제3자가 행한 것과 같은 법적 효과를 발생시키는 행정행위를 말하며, 감독청에 의한 사회복지법인의 임시이사 선임, 압류재산의 공매처분 등이 그에 해당한다. 행정행위로서의 대리는 피대리인의 수권에 의한 것이 아니라 법률의 규정에 의한 공권력의 발동으로서 행하여지는 것이므로 '법정대리'에 해당한다.

한편, 여기에서의 대리는 행정행위로서의 대리(국민과의 관계에서의 대리)를 가리키기 때문에 행정조직 내부에서 행해지는 '행정청의 권한의 대리'는 포함되지 않는다.

관할 행정청(시·도지사)이 사회복지법인의 임시이사를 선임하였는데(사회복지사업법 22조의3 참조) 그 후 정식이사가 선임되면 임시이사의 지위는 자동적으로 상실되는지가 문제된다. 이에 관해 판례는, 후임 정식이사가 선임되었다는 사유만으로 임시이사의 임기가 자동적으로 만료되어 임시이사의 지위가 상실되는 효과가 발생하지 않고, 관할 행정청이 후임 정식이사가 선임되었음을 이유로 임시이사를 해임하는 행정처분을 해야만 비로소 임시이사의 지위가 상실되는 효과가 발생한다고 하였다. 다만 임시이사는 이사의 결원을 보충하기 위하여 정식이사가 선임될 때까지만 재임하는 것이 원칙이므로 정식이사의 선임과 종전 임시이사의 해임은 동시에 이루어져야 하며, 따라서 새로 선임된 정식이사와 종전 임시이사가 일시적으로라도 병존하여야 하는 다른 특별한 사정이 없는 한, 관할 행정청이 사회복지법인의 정식이사 선임보고를 수리하는 처분에는 종전 임시이사를 해임하는 의사표시, 즉 임시이사 해임처분이 포함된 것으로 보아야 한다고 하였다.[100]

4. 변권행위·박권행위

국민의 권리·능력 등을 변경시키는 행위를 변권행위라 하고, 소멸(박탈)시키는 행위를 박권행위라고 한다. 광구(鑛區)의 변경은 전자의 예이고, 광업허가의 취소는 후자의 예이다.

〈허가·특허·인가의 비교〉

구 분	허가	특허	인가
의 의	- 일반적 금지를 해제하여 자연적 자유를 회복시켜 주는 행위 - 금지의 해제	- 특정인에게 권리·능력등을 설정하여 주는 행위 - 설권행위	- 어떠한 사람의 법률적 행위를 보충하여 그 법적 효력을 완성시켜 주는 행위 - 보충행위
성 질	① 법률행위적 행정행위 ② 수익적 행정행위 ③ 명령적 행위 ④ 기속행위	① 법률행위적 행정행위 ② 수익적 행정행위 ③ 형성적 행위(설권행위) ④ 재량행위	① 법률행위적 행정행위 ② 수익적 행정행위 ③ 형성적 행위(보충행위) ④ 기속행위·재량행위

97) 대판 2000. 9. 5, 99두1854.
98) 대판 2004. 7. 22, 2004다13694.
99) 대판 2009. 9. 17, 2007다2428.
100) 대판 2020. 10. 29, 2017다269152.

신 청	신청이 허가의 필요요건 인지에 대해서 학설상 다툼이 있음	상대방의 신청을 필요요건으로 함 (수정특허 불가)	상대방의 신청을 필요요건으로 함 (수정인가 불가)
대 상	사실행위, 법률적 행위		법률적 행위
효 과	① 금지의 해제, 자연적 자유의 회복 ② 반사적 이익(다툼있음) ③ 허가의 효과는 언제나 공법적	① 권리의 설정 ② 권리 ③ 특허로 인해 설정된 권리는 공권인 것과 사권인 것이 있음	법률적 행위의 효력 완성
위반행위의 효력	① 허가는 적법요건 : 허가없이 한 행위도 유효 ② 일반적으로 행정벌·행정강제의 대상이 됨		① 인가는 효력요건 : 인가없이 한 행위는 무효 ② 일반적으로 행정벌·행정강제의 대상이 안 됨
예	영업허가, 건축허가, 운전면허, 자동차검사, 의사면허, 약사면허, 통행금지의 해제, 담배소매인의 지정, 보도관제의 해제, 수출입허가, 총포·화약류 제조허가	공기업특허, 공물사용허가, 귀화허가, 광업허가, 도로점용허가, 하천점용허가, 어업면허, 공유수면매립면허, 자동차운수사업면허, 토지수용에 있어서의 사업인정, 재건축조합설립인가	비영리법인설립인가, 토지거래허가, 재단법인 정관변경에 대한 주무관청의 허가, 공익법인의 기본재산 처분에 대한 감독관청의 허가, 학교법인이사취임승인, 재단법인임원취임승인, 재건축조합의 관리처분계획에 대한 시장·군수의 인가

제 2 관 　준법률행위적 행정행위

Ⅰ. 의 의

준법률행위적 행정행위란 행정청의 '의사표시 이외의 정신작용'(인식의 표시, 판단의 표시, 관념의 표시)을 요소로 하는 행정행위를 말하며, 확인·공증·통지·수리가 이에 속한다. 준법률행위적 행정행위는 행정청에 의해 표시된 의사가 없기 때문에 그 법적 효과는 법이 정한 바에 따라 발생한다.

Ⅱ. 종 류

1. 확 인

(1) 의의

확인이란 특정한 사실이나 법률관계의 존부(存否) 또는 정부(正否)에 관하여 의문이나 다툼이 있는 경우에 행정청이 이를 공권적으로 판단·확정하는 행위를 말한다. 예컨대 도로·하천 등의 구역결정, 발명특허, 당선인의 결정, 장애인 등급결정, 청소년유해매체물 결정, 성희롱 결정, 이주대책대상자 확인·결정, 교과서의 검정, 준공검사(사용승인) 등이 그에 해당한다.

(2) 성질

확인은 의문이나 다툼이 있는 경우에 공권적으로 판단하여 확정하는 행위이므로 판단표시행위에 해당한다. 또한 일정한 사실이나 법률관계의 존부나 정당성에 대해 있는 그대로 확인을 해주어야 하므로 기속행위에 속한다.

> **판례** 『준공검사는 건축허가를 받아 건축한 건물이 건축허가사항대로 건축행정목적에 적합한가의 여부를 확인하고 준공검사필증을 교부하여 주는 것이므로, 허가관청으로서는 건축허가사항대로 시공되었다면 준공을 거부할 수 없다.』(대판 1999. 12. 21. 98다29797)

(3) 형식

확인은 구체적 처분의 형식으로 행하여지며, 일정한 형식을 요하는 요식행위에 해당하는 것이 일반적이다. 예컨대 행정심판의 재결은 법이 정한 사항을 기재한 서면으로 하여야 하며(행정심판법 46조), 국토계획법상의 개발행위에 대한 준공검사는 개발행위준공검사필증을 교부하도록 하고 있다(시행규칙 11조 4항).

(4) 효과

확인은 특정한 사실이나 법률관계의 존재 여부 또는 정당성 여부를 공적으로 확정하는 효과를 발생한다. 확인행위 중에서 행정심판의 재결과 같은 것은 준사법적 행위의 성질을 가지므로 재결청은 재결한 내용을 임의로 취소·변경할 수 없는 불가변력을 발생한다.

2. 공 증

(1) 의의

공증이란 특정한 사실이나 법률관계의 존재 여부를 공적으로 증명하는 행위를 말한다. 예컨대 부동산등기부에의 등기, 광업원부에의 등록, 인감증명의 발급, 주민등록등본의 발급, 선거인명부에의 등록, 여권의 발급, 면허장의 교부, 영수증의 교부 등이 그에 해당한다.

공증은 특정한 사실이나 법률관계에 대하여 의문이나 다툼이 없는 것을 전제로 하며 행정청의 인식표시행위인 점에서, 의문이나 다툼을 전제로 하며 행정청의 판단표시행위인 확인과 구별된다.

(2) 성질

공증은 행정청의 인식표시행위이므로 준법률행위적 행정행위에 해당한다. 그리고 공증사항이 존재하면 반드시 공증을 해야 하는 기속행위에 속한다. 공증은 일정한 형식이 요구되는 요식행위임이 원칙이다.

(3) 효과

공증의 일반적 효과는 공증된 사항에 대해 공적 증거력을 부여하는데 있다. 그러나 반증이 있게 되면 공증된 사항을 번복할 수 있다. 그 밖의 효력은 법령이 정하는 바에 의한다.

(4) 공증의 처분성

행정청이 토지대장·임야대장·건축물대장 등 각종 공부(公簿)에 일정사항을 등록하거나 변경하는 행위(변경거부 포함)가 항고소송의 대상인 처분에 해당하는지가 문제된다.

종래 대법원은 토지대장·임야대장·지적도·임야도와 같은 지적공부(地籍公簿)에 지목(地目) 등 일정 사항을 등록하거나 변경하는 것은 행정사무집행의 편의와 사실증명의 자료로 삼기 위한 것이지, 이로 인하여 해당 토지에 대한 실체상의 권리관계에 변동을 가져오는 것은 아니라는 이유로 그 처분성을 부인하였다.[101]

그러나 헌법재판소는 행정청이 직권으로 지적공부상의 지목을 변경한 것에 대한 헌법소원심판 사건에서, 지목은 공시지가의 산정, 손실보상가액의 산정의 기초가 되는 등 토지소유자의 실체적 권리관계에 밀접한 관련을 가지므로, 지목에 관한 등록이나 변경은 단순히 토지행정의 편의나 사실증명의 자료로 삼기 위한 것에 그치는 것이 아니라 해당 토지소유자의 재산권에 영향을 미치며, 따라서 이는 헌법재판소법 제68조 제1항의 공권력의 행사에 해당하여 헌법소원심판의 대상이 된다고 보았다.[102]

이에 대법원도 종전의 견해를 변경하여, 지목은 토지에 대한 공법적 규제, 지방세의 과세대상, 공시지가의 산정, 손실보상가액의 산정 등 토지행정의 기초로서 토지소유자의 실체적 권리관계에 밀접하게 관련되어 있으므로, 토지소유자의 지목변경신청에 대한 지적공부 소관청의 거부행위는 항고소송의 대상이 되는 처분에 해당한다고 하였다.[103] 그 후 대법원은 건축물대장 작성신청에 대한 행정청의 거부행위, 지적공부 소관청이 토지대장을 직권으로 말소한 행위, 주민등록번호 변경신청에 대한 행정청의 거부행위 등에 대해서도 항고소송의 대상이 되는 처분에 해당한다고 보았다.[104]

---

101) 대판 1993. 6. 11, 93누3745; 대판 1995. 12. 5, 94누4295; 대판 1995. 12. 12, 95누9747; 대판 2002. 4. 26, 2000두7612.
102) 헌재 1999. 6. 24, 97헌마315. 당시의 판례는 지적공부에의 지목변경 등의 행위는 항고소송의 대상이 되는 처분에 해당하지 않는다고 보았으므로 헌법소원심판의 요건인 '보충성'은 문제되지 않는다고 하였다.
103) 대판 2004. 4. 22, 2003두9015(전원합의체판결).
104) 대판 2009. 2. 12, 2007두17359; 대판 2013. 10. 24, 2011두13286; 대판 2017. 6. 15, 2013두2945.

> **판례** ① 『지목은 토지에 대한 공법상의 규제, 개발부담금의 부과대상, 지방세의 과세대상, 공시지가의 산정, 손실보상가액의 산정 등 토지행정의 기초로서 공법상의 법률관계에 영향을 미치고, 토지소유자는 지목을 토대로 토지의 사용·수익·처분에 일정한 제한을 받게 되는 점 등을 고려하면, 지목은 토지소유권을 제대로 행사하기 위한 전제요건으로서 토지소유자의 실체적 권리관계에 밀접하게 관련되어 있으므로 지적공부 소관청의 지목변경신청 반려행위는 국민의 권리관계에 영향을 미치는 것으로서 항고소송의 대상이 되는 행정처분에 해당한다.』 (대판 2004. 4. 22, 2003두9015)
>
> ② 『갑 등이 인터넷 포털사이트 등의 개인정보 유출사고로 자신들의 주민등록번호 등 개인정보가 불법 유출되자 이를 이유로 관할 구청장에게 주민등록번호를 변경해 줄 것을 신청하였으나 구청장이 '주민등록번호가 불법 유출된 경우 주민등록법상 변경이 허용되지 않는다'는 이유로 주민등록번호 변경을 거부하는 취지의 통지를 한 사안에서, 피해자의 의사와 무관하게 주민등록번호가 유출된 경우에는 조리상 주민등록번호의 변경을 요구할 신청권을 인정함이 타당하고, 구청장의 주민등록번호 변경신청 거부행위는 항고소송의 대상이 되는 행정처분에 해당한다고 한 사례』 (대판 2017. 6. 15, 2013두2945)

3. 통 지

(1) 의의

통지란 특정인 또는 불특정 다수인에 대해 특정한 사항을 알리는 행위를 말한다. 예컨대 특허출원의 공고, 납세의 독촉, 대집행의 계고, 토지수용에 있어 사업인정의 고시 등이 그에 해당한다.

다만 행정행위의 효력발생요건으로서의 통지는 독립된 행정행위가 아니므로(예: 영업정지처분의 통지), 여기서 말하는 준법률행위적 행정행위로서의 통지와는 구별된다. 그리고 이미 법적으로 효력이 발생·소멸한 것을 확인적 의미에서 상대방에게 통지하는 것도 여기서 말하는 통지에 해당하지 않는다.

(2) 통지의 처분성

개별적 사안에서 통지가 항고소송의 대상인 처분에 해당하는지가 문제되는 경우가 많은데, 이에 관한 판례의 입장은 다음과 같다.

i) 국가공무원법상의 당연퇴직사유에 해당하는 공무원은 별도의 조치가 없이도 해당 사유가 발생한 때에 당연히 퇴직하는 것이므로, 당연퇴직의 통지는 퇴직사유를 공적으로 확인하여 알려주는 이른바 관념의 통지에 불과하고 항고소송의 대상이 되는 처분에 해당하지 않는다.[105]

ii) 과세관청은 법이 정한 사유가 있으면 '원천징수의무자(법인)'에게 원천납세의무자(소득의 귀속자)의 소득금액변동통지를 하여야 하는바(소득세법시행령 192조 1항), 그 통지를 받은 원천징수의무자는 소득금액변동통지서에 기재된 소득의 내용에 따라 원천징수세액을 관할 세무서장에게 납부하여야 할 의무를 부담하며 만일 이를 이행하지 않는 경우에는 가산세의 제재뿐만 아니라 형사처벌까지 받도록 규정되어 있으므로, 소득금액변동통지는 원천징수의무자인 법인의 납세의무에 직접 영향을 미치는 행위로서 항고소송이 대상이 되는 처분에 해당한다.[106]

---

105) 대판 1995. 11. 14, 95누2036.

한편, 법인의 소재지가 분명하지 않거나 그 통지서를 송달할 수 없는 경우에는 '원천납세의무자'(소득의 귀속자)에게 소득금액변동통지를 하도록 하고 있는데, 소득의 귀속자는 소득세부과처분에 대한 취소소송 등을 통해 원천납세의무의 존부나 범위를 다툴 수 있으므로 소득의 귀속자에 대한 소득금액변동통지는 그의 법률상 지위에 직접적인 법률적 변동을 가져오는 것이 아니어서 항고소송의 대상이 되는 처분이라고 볼 수 없다.[107]

iii) 지방병무청장이 보충역 편입처분을 받은 자에 대하여 복무기관을 정하여 공익근무요원 소집통지를 한 후 공익근무요원 소집대상자의 원에 의하여 또는 직권으로 그 기일을 연기한 다음 다시 공익근무요원 소집통지를 하였다고 하더라도, 이는 최초의 공익근무요원 소집통지에 관하여 다시 의무이행기일을 정하여 알려주는 연기통지에 불과한 것이므로, 이는 항고소송의 대상이 되는 처분으로 볼 수 없다.[108]

4. 수 리

(1) 의의

수리란 행정청이 타인의 행위를 유효한 행위로서 수령하는 행정행위를 말한다. 혼인신고의 수리, 행정심판청구서의 수리 등이 그에 해당하는바, 이러한 수리는 사인의 공법행위로서의 신고를 전제로 한다.

수리는 타인의 행위를 유효하다는 판단 아래 받아들이는 인식표시행위이므로, 단순한 사실행위인 도달이나 접수와는 구별된다.

(2) 성질

신고에는 수리를 요하지 않는 신고(자기완결적 신고)와 수리를 요하는 신고(행정요건적 신고)가 있는데, 수리행위의 성질은 그 전제가 되는 신고의 성질에 따라 다르다. 수리를 요하지 않는 신고의 경우에는 행정청의 수리 여부에 관계 없이 신고서가 접수기관에 도달한 때에 신고의 효력이 발생하므로(행정절차법 40조 2항), 이 경우 행정청의 수리는 신고가 적법하게 이루어졌다는 확인행위에 지나지 않는다. 이에 반해 수리를 요하는 신고의 경우에는 행정청의 수리에 의해 비로소 신고의 효력이 발생하므로 이 때의 수리는 창설적 의미를 갖는다.

(3) 효과

수리의 법적 효과는 개별 법령이 정한 바에 따른다. 경우에 따라서는 행정청에게 일정한 행위를 할 의무를 발생시키기도 하며(예 : 행정심판청구서의 수리에 따른 심리·재결의무), 공법상 또는 사법상 법률관계의 변동을 가져다주기도 한다(예 : 혼인신고의 수리로 인한 혼인관계의 성립).

---

106) 대판 2006. 4. 20, 2002두1878(전원합의체판결).
107) 대판 2014. 7. 24, 2011두14227; 대판 2015. 1. 29, 2013두4118.
108) 대판 2005. 10. 28, 2003두14550.

제4절 행정행위의 부관

Ⅰ. 서

1. 부관의 개념 및 기능

행정행위의 부관이란 행정행위의 효력을 제한 또는 보충하기 위하여 주된 행정행위에 부가된 종된 규율을 말한다.[109] 예컨대 도로점용허가를 함에 있어서 점용기간을 설정하거나 점용료를 납부하도록 하는 것이 그에 해당한다.

이러한 행정행위의 부관은 행정청으로 하여금 상황에 맞게 구체적 타당성 있는 행정작용을 하도록 하는데 많이 활용된다. 예컨대 어업면허가 신청된 해역 부근에 장래 제철소가 건립될 예정이어서 신청된 기간대로의 어업면허가 곤란한 경우에 행정청이 제철소가 건립되는 시기를 고려하여 기간을 제한하여 어업면허를 부여하는 것이 그에 해당한다. 또한 행정행위로 인하여 공익이나 제3자의 이익을 침해할 우려가 있는 경우에 그에 대한 보호조치를 마련하기 위해서도 부관이 활용된다. 예컨대 영업허가로 인하여 이웃사람에게 소음피해가 발생할 우려가 있는 경우에 방음시설을 설치할 것을 조건으로 영업허가를 하는 것 또는 주택건설사업으로 인하여 도로교통에 혼잡을 일으킬 우려가 있는 경우에 새로 진입로를 개설해서 국가에 기부채납할 것을 조건으로 주택건설사업계획을 승인하는 것이 그에 해당한다.

2. 법정부관과의 구별

행정행위의 부관은 행정청 스스로의 의사에 의해 붙이는 것을 말하므로, 법령이 직접 행정행위의 효력을 제한·보충하고 있는 경우인 법정부관과 구별된다. 예컨대 수산업법 제46조 제1항은 "어업허가의 유효기간은 5년으로 한다"고 규정하고 있는데, 이는 법령의 규정에 의해 직접 어업허가의 유효기간이 정해진 것이므로 법정부관에 해당한다.

3. 부관의 특질

부관은 주된 행정행위에 붙여진 종된 규율이므로 '주된 행정행위에의 부종성(附從性)'을 그 특질로 한다. 따라서 원칙적으로 주된 행정행위와 분리해서 부관만을 독립해서 행정쟁송이나 강제집행의 대상으로 삼을 수 없다는 것이 지배적 견해이다. 다만 부관 중에서 '부담'만은 예외적으로 그 자체로서 독립한 행정행위의 성질도 아울러 가지므로, 다른 부관과는 달리 부담만이 독립하여 행

---

109) 전통적 견해는 행정행위의 부관을 "행정행위의 효력을 제한하기 위하여 주된 의사표시의 내용에 부가된 종된 의사표시"라고 정의하였다. 전통적 견해의 특징은, i) 부관은 '주된 의사표시'의 내용에 붙여지는 것이므로 의사표시를 요소로 하는 행정행위(즉, 법률행위적 행정행위)에 대해서만 부관은 붙일 수 있고, ii) 부관은 주된 행정행위의 효력을 '제한'하기 위한 것이므로 주된 행정행위의 효력을 직접 제한하지 않고 별도의 의무를 부과하는 부관인 '부담'은 부관성에 의문이 있다고 하였다.

정쟁송이나 강제집행의 대상이 될 수 있다고 한다.

Ⅱ. 종 류

행정기본법은 부관의 종류에 관하여 조건, 기한, 부담, 철회권 유보 등을 열거하고 있는데(17조 1항), 이는 예시적인 것이다. 학자마다 들고 있는 부관의 종류가 조금씩 다르며 일부는 부관성에 대해 다툼이 있기도 한데, 이하에서 나누어 살펴보기로 한다.

1. 조 건

조건이란 행정행위의 효력의 발생 또는 소멸을 장래의 불확실한 사실에 의존시키는 부관을 말하며, 효력의 발생에 관한 조건을 정지조건이라 하고 소멸에 관한 조건을 해제조건이라 한다. 일정한 시설을 갖출 것을 조건으로 한 영업허가는 전자의 예이며, 국내기업에 취업이 유지될 것을 조건으로 한 외국인체류허가는 후자의 예이다. 정지조건부행정행위의 경우에는 조건사실이 성취되어야 비로소 행정행위의 효력이 발생하며, 해제조건부행정행위의 경우에는 일단 행정행위의 효력이 발생하였다가 조건사실이 성취되면 행정행위의 효력은 소멸한다.

조건사실의 성취 여부가 행정행위의 상대방의 의사와는 무관한 경우(예 : 취학대상아동이 10만명을 넘을 것을 조건으로 하는 초등학교설립인가)도 있고, 상대방의 의사에 달려 있는 경우(예 : 강당을 건립할 것을 조건으로 하는 학교설립인가)도 있는데, 후자의 경우를 특히 부진정조건이라 한다.

2. 기 한

(1) 의의

기한이란 행정행위의 효력의 발생 또는 소멸을 장래 도래가 확실한 사실에 의존시키는 부관을 말하며, 효력의 발생에 관한 기한을 시기(始期)라 하고 소멸에 관한 기한을 종기(終期)라 한다.[110]

조건과 기한은 모두 행정행위의 효력의 발생 뜨는 소멸에 관계되는 것이라는 점에서는 같으나, 조건은 효력의 발생 또는 소멸을 장래의 불확실한 사실에 의존시키는데 대하여 기한은 장래 도래가 확실한 사실에 의존시키는 점에서 차이가 있다. 예컨대 「A의 사망시까지의 연금지급결정」이 내려진 경우에 'A의 사망시까지'라는 부관은 조건이 아니라 기한에 해당한다. 왜냐하면 A의 사망이라는 사실은 장래 언젠가는 도래가 확실하기 때문이다. 이와 같이 장래 도래가 확실하기는 하지만 언제 도래할지 확정되지 않은 것을 특히 불확정기한이라 한다.

(2) 종기의 도래가 행정행위의 절대적 소멸원인인지 여부

행정행위는 일반적으로 종기가 도래함으로써 그 효력이 소멸된다. 이와 관련하여 종기이 도래가 행정행위의 절대적 소멸원인이 되는지가 문제되고 있다.

---

110) 예컨대 도로점용허가를 함에 있어서 점용기간을 2024년 1월 1일부터 2024년 12월 31까지로 정하였다면, 2024년 1월 1일이 시기이고 2024년 12월 31일이 종기이다.

판례에 따르면, 성질상 장기계속성이 예정되는 행정행위에 부당하게 짧은 종기가 붙여진 경우에는 그것은 행정행위의 '효력의 존속기간'이 아니라 행정행위의 '조건의 존속기간'으로 보아야 하며, 따라서 종기가 도래한 경우에는 그 조건의 개정을 고려해야 한다는 뜻으로 해석해야 한다고 한다.[111] 다만, 당초에 붙여진 기한이 부당하게 짧아 그것을 행정행위의 조건의 존속기간으로 보더라도, 그 후 당초의 기한이 상당기간 연장되어 연장된 기간을 포함한 존속기간 전체를 기준으로 볼 경우 더 이상 부당하게 짧은 경우에 해당하지 않게 된 때에는 행정청은 더 이상의 기간연장을 불허가할 수 있다고 한다.[112]

한편, 행정행위에 부당하게 짧은 종기가 붙여져서 이를 허가 자체의 존속기간이 아니라 허가조건의 존속기간으로 본다 하더라도, 허가기간이 연장되기 위해서는 종기가 도래하기 전에 연장신청이 있어야 하며 만일 연장신청이 없는 상태에서 기간이 만료되었다면 그 행정행위의 효력은 상실된다는 것이 판례의 입장이다.[113]

> **판례**　① 『행정행위인 허가 또는 특허에 붙인 조항으로서 종료의 기한을 정한 경우 종기인 기한에 관하여는 일률적으로 기한이 왔다고 하여 당연히 그 행정행위의 효력이 상실된다고 할 것이 아니고, 그 기한이 그 허가 또는 특허된 사업의 성질상 부당하게 짧은 기한을 정한 경우에 있어서는 그 기한은 그 허가 또는 특허의 조건의 존속기간을 정한 것이며 그 기한이 도래함으로써 그 조건의 개정을 고려한다는 뜻으로 해석하여야 할 것이다.』 (대판 1995. 11. 10, 94누11866. 동지 : 대결 2005. 1. 17, 2004무48)
>
> ② 『일반적으로 행정처분에 효력기간이 정하여져 있는 경우에는 그 기간의 경과로 그 행정처분의 효력은 상실되며, 다만 허가에 붙은 기한이 그 허가된 사업의 성질상 부당하게 짧은 경우에는 이를 그 허가 자체의 존속기간이 아니라 그 허가조건의 존속기간으로 보아 그 기한이 도래함으로써 그 조건의 개정을 고려한다는 뜻으로 해석할 수 있지만, 이와 같이 당초에 붙은 기한을 허가 자체의 존속기간이 아니라 허가조건의 존속기간으로 보더라도 그 후 당초의 기한이 상당기간 연장되어 연장된 기간을 포함한 존속기간 전체를 기준으로 볼 경우 더 이상 허가된 사업의 성질상 부당하게 짧은 경우에 해당하지 않게 된 때에는 관계 법령의 규정에 따라 허가 여부의 재량권을 가진 행정청으로서는 그 때에도 허가조건의 개정만을 고려하여야 하는 것은 아니고 재량권의 행사로서 더 이상의 기간연장을 불허가할 수도 있는 것이며, 이로써 허가의 효력은 상실된다.』 (대판 2004. 3. 25, 2003두12837)
>
> ③ 『일반적으로 행정처분에 효력기간이 정하여져 있는 경우에는 그 기간의 경과로 그 행정처분의 효력은 상실되고, 다만 허가에 붙은 기한이 그 허가된 사업의 성질상 부당하게 짧은 경우에는 이를 그 허가 자체의 존속기간이 아니라 그 허가조건의 존속기간으로 보아 그 기한이 도래함으로써 그 조건의 개정을 고려한다는 뜻으로 해석할 수는 있지만, 그와 같은 경우라 하더라도 그 허가기간이 연장되기 위하여는 그 종기가 도래하기 전에 그 허가기간의 연장에 관한 신청이 있어야 하며, 만일 그러한 연장신청이 없는 상태에서 허가기간이 만료하였다면 그 허가의 효력은 상실된다.』 (대판 2007. 10. 11, 2005두12404)

---

111) 대판 1995. 11. 10, 94누11866, 내필 2005. 1. 17, 2004무48.
112) 대판 2004. 3. 25, 2003두12837.
113) 대판 2007. 10. 11, 2005두12404.

(3) 종기가 붙여진 행정행위의 기간연장

행정행위는 일반적으로 종기가 도래함으로써 그 효력이 소멸되므로, 종기가 붙은 행정행위의 경우 기간연장신청은 종기가 도래하기 전에 하여야 함은 물론이다.

만일 종기가 경과된 후에 연장신청을 한 경우에는, 그 신청은 종전의 행정행위를 전제로 하여 단순히 유효기간의 연장을 구하는 것이라기보다는 종전의 행정행위와는 별도의 새로운 행정행위를 구하는 것이라고 보아야 하며, 이 경우 행정청은 행정행위의 요건의 적합 여부를 새로이 판단하여 결정하여야 한다는 것이 판례의 입장이다.[114]

> **판례** 『종전의 허가가 기한의 도래로 실효한 이상 원고가 종전 허가의 유효기간이 지나서 신청한 이 사건 기간연장신청은 그에 대한 종전의 허가처분을 전제로 하여 단순히 그 유효기간을 연장하여 주는 행정처분을 구하는 것이라기보다는 종전의 허가처분과는 별도의 새로운 허가를 내용으로 하는 행정처분을 구하는 것이라고 보아야 할 것이어서, 이러한 경우 허가권자는 이를 새로운 허가신청으로 보아 법의 관계 규정에 의하여 허가요건의 적합 여부를 새로이 판단하여 그 허가 여부를 결정하여야 할 것이다.』(대판 1995. 11. 10, 94누11866)

3. 철회권의 유보

철회권의 유보란 장래 일정한 사유가 발생하면 행정청이 행정행위를 철회하여 그 효력을 소멸시킬 수 있음을 정한 부관을 말한다. 예컨대 도로점용허가를 하면서 만일 도로교통에 장애가 되는 사유가 발생하면 점용허가를 철회한다는 부관을 붙인 경우가 그에 해당한다.

종기가 도래하거나 해제조건이 성취되면 행정행위의 효력은 자동적으로 소멸하지만, 철회권유보의 경우에는 유보된 철회사유가 발생한 경우에 행정청이 행정행위를 철회한다는 별도의 의사표시를 하여야만 비로소 그 효력이 소멸한다. 그리고 수익적 행정행위의 경우에는 철회사유가 발생하였다 해서 행정청은 자유로이 행정행위를 철회할 수 있는 것이 아니고 일정한 조리상의 제약을 받는다.

4. 행정행위의 사후변경의 유보

행정행위의 사후변경의 유보란 행정청이 행정행위를 발하면서 사정의 변화에 따라 사후에 부관을 붙이거나 또는 이미 부가된 부관의 내용을 변경할 수 있는 권한을 유보하는 것을 의미한다. 이는 행정행위의 효력이 장기적으로 계속되는 경우에 사회적·경제적 변화 및 기술적 발전에 대처하여 그 내용을 변경시킬 필요에 부응하기 위한 것이다.

5. 법률효과의 일부배제

법률효과의 일부배제란 행정청이 행정행위를 발하면서 법률이 행정행위에 부여하는 효과의 일

---

114) 대판 1995. 11. 10, 94누11866.

부를 배제하는 것을 말한다. 버스노선의 지정, 격일제로 운행하도록 하는 택시운송사업면허, 야간만의 도로점용허가 등이 그 예이다. 법률효과의 일부배제는 법이 정한 행정행위의 효과를 행정청의 의사에 의해 제한하는 것이므로 법률에 근거가 있는 경우에만 허용된다는 것이 통설적 견해이다.

법률효과의 일부배제의 부관성에 대해서는 다툼이 있다. 전통적 견해는 법률효과의 일부배제도 부관의 일종으로 보며, 판례 역시 행정청이 공유수면매립지에 대한 준공인가를 함에 있어서 일부 매립지를 국가 또는 지방자치단체에 귀속시킨 것은 법률효과의 일부를 배제하는 부관을 붙인 것으로서 독립하여 행정소송의 대상이 되지 않는다고 보았다.115) 이에 반해 다수의 학자는, 법률효과의 일부배제는 '행정행위의 내용적 제한'에 지나지 않으므로 주된 행정행위에 부가된 종된 규율로서의 부관과는 구별된다고 한다.116) 생각건대 법률효과의 일부배제는 주된 행정행위의 내용을 결정하는 것인 점에서 다수설이 타당하다고 할 것이다.

> **판례** 『행정행위의 부관은 부담의 경우를 제외하고는 독립하여 행정소송의 대상이 될 수 없는 것인바, 행정청이 한 공유수면매립준공인가 중 매립지 일부에 대하여 한 국가귀속처분은 매립준공인가를 함에 있어서 매립의 면허를 받은 자의 매립지에 대한 소유권취득을 규정한 공유수면매립법 제14조의 효과 일부를 배제하는 부관을 붙인 것이므로, 이러한 행정행위의 부관에 대하여는 독립하여 행정소송의 대상으로 삼을 수 없다.』 (대판 1991. 12. 13, 90누8503)

6. 부 담

(1) 의의

부담이란 행정행위에 부수해서 상대방에게 별도의 의무를 부과하는 부관을 말한다. 예컨대 도로점용허가를 하면서 점용료를 납부하도록 하는 것, 유흥주점영업허가를 하면서 종업원이 정기적으로 건강검진을 받도록 하는 것, 음식점영업허가를 하면서 방음시설을 설치하도록 하는 것 등이 그에 해당한다. 이러한 부담은 주로 수익적 행정행위에 붙여진다.

(2) 부담의 부관성

부담은 직접 주된 행정행위의 효력을 제한하는 것이 아니라 주된 행정행위에 부수해서 별도의 의무를 부과하는 것인 점에서 앞에서 설명한 일반적인 부관과 구별된다. 이러한 점에서 종래 부관의 기능을 '주된 행정행위의 효력을 제한'하기 위한 것으로 보는 견해는 부담의 부관성에 대해 의문을 표하기도 하였다. 그러나 오늘날에는 부관의 기능은 주된 행정행위의 효력을 '제한'하는 것뿐만 아니라 '보충'하는 것도 포함하는 점에서, 부담의 부관성을 인정하는 것이 지배적인 견해이다.

(3) 부담의 특질

부담은 주된 행정행위에 부수해서 상대방에게 별도의 의무를 부과하는 것인 점에서 그 자체로

---

115) 홍정선(상), 524면; 대판 1993. 10. 8, 93누2032.
116) 김중권, 373면; 김남철, 199면; 정하중/김광수, 215면.

서 독립한 행정행위의 성질을 가진다고 본다. 따라서 다른 부관과는 달리 부담만이 독립하여 행정소송이나 강제집행의 대상이 될 수 있다는 것이 통설·판례의 입장이다.

(4) 부담의 불이행

상대방이 부담에 의해 부과된 의무를 이행하지 않는 경우에는 강제집행이나 제재의 대상이 되며, 만일 부담의 불이행으로 인하여 주된 행정행위에 중요한 영향을 미치는 경우에는 주된 행정행위의 철회사유가 될 수 있다. 이때 주된 행정행위가 수익적 행정행위인 경우에는 철회에 있어 조리상의 제한을 받는다.

(5) 부담과 조건의 구별

부담과 조건의 구별이 문제되는데 i) 정지조건부행정행위는 조건사실이 성취되어야 비로소 효력이 발생하지만 부담부행정행위는 처음부터 효력이 발생하는 점, ii) 해제조건부행정행위는 조건사실이 성취되면 당연히 효력이 소멸되지만 부담부행정행위는 상대방이 부담을 이행하지 않더라도 당연히 그 효력이 소멸되는 것은 아닌 점, iii) 조건은 독립하여 행정소송이나 강제집행의 대상이 되지 않지만 부담은 그 자체가 독립한 처분으로서 행정소송이나 강제집행의 대상이 되는 점 등에서 양자는 구별된다.

양자의 구분이 명확하지 않은 경우에는 상대방에게 보다 유리한 부담으로 보아야 한다는 것이 다수설이다.[117]

7. 수정부담

수정부담이란 상대방이 신청한 것과는 다르게 행정행위의 내용을 정하는 부관을 말한다. 예컨대 미국으로부터의 쇠고기수입을 허가해 달라는 신청에 대하여 행정청이 뉴질랜드로부터 쇠고기를 수입할 것을 허가한 것이 그에 해당한다. 이러한 수정부담은 상대방이 수정된 내용을 받아들여야 완전한 효력을 발생한다.

일반 부관이 'Ja, aber'의 성질을 가지는 것과는 달리, 수정부담은 'Nein, aber'의 성질을 가지는 점에 그 특색이 있다. 즉, 일반 부관은 상대방의 신청을 일단 받아들이고(ja : yes), 그러나(aber : but) 그에 부수해서 일정한 제한을 가하거나 의무를 명하는 것인데 대하여, 수정부담은 상대방이 신청한 내용을 일단 거부하고(nein : no), 그러나(aber : but) 행정청이 수정한 내용으로는 행정행위를 하겠다는 것이다.[118]

---

117) 예컨대 학교설립인가를 하면서 '강당의 준공'을 부관으로 붙인 경우에, 만일 강당의 준공이라는 부관이 정지조건이라면 강당이 준공되어야 비로소 학교설립인가의 효력이 발생하는데 대해, 이 부관이 부담이라면 일단 학교설립인가는 효력을 발생하며 다만 설립인가를 받은 자는 그에 부수해서 강당을 준공할 의무를 지게 된다. 이러한 점에서 강당의 준공이라는 부관을 조건이 아니라 부담으로 해석하는 것이 상대방에게 더 유리하다고 할 수 있다. 행정청은 학교설립인가에 강당의 준공이라는 부관을 붙이는 경우에 그것이 정지조건인지 부담인지를 분명하게 하여야 할 것이나, 만일 불분명한 경우에는 상대방에게 보다 유리한 부담으로 보아야 한다는 것이다.

118) 예컨대 도로점용허가가 신청된 경우에 행정청이 "좋다(ja), 그러나(aber) 점용기간은 2020. 12. 31까지로 하고 월 10만원의 점용료를 내라"는 것이 일반의 부관인데 대해, 미국으로부터의 쇠고기 수입허가가 신청된 경우에 행정청이 "안 된다(nein), 그러나(aber) 뉴질랜드로부터 수입하는 것은 허가한다"는 것은 수정부담이다.

이러한 수정부담은 독일 연방행정법원의 판례를 통하여 발전된 것으로서 그 부관성 여부가 다투어졌는데, 오늘날에는 수정부담은 행정행위의 부관이 아니라 '변경처분(수정된 허가)'에 해당한다고 보는 것이 지배적이다.

Ⅲ. 부관의 가능성

부관의 가능성이란 "어떠한 행정행위에 대해 어떠한 경우에 부관을 붙일 수 있는가"의 문제이다.[119] 부관의 가능성과 관련해서는 다음과 같은 것이 문제되고 있다.

1. 준법률행위적 행정행위와 부관

전통적 견해에 의하면 법률행위적 행정행위에는 부관을 붙일 수 있고 준법률행위적 행정행위에는 부관을 붙일 수 없다고 한다. 이는 부관의 개념정의와 관련이 있다. 즉, 전통적 견해는 부관을 "행정행위의 주된 의사표시에 부가된 종된 의사표시"라고 정의하는데, 이에 따르면 부관은 의사표시를 요소로 하는 법률행위적 행정행위에만 부관을 붙일 수 있고 의사표시 이외의 정신작용을 요소로 하는 준법률행위적 행정행위에는 부관을 붙일 수 없게 된다.

그러나 이에 대해서는, 법률행위적 행정행위라고 해서 모두 부관을 붙일 수 있는 것은 아니고 준법률행위적 행정행위라고 해서 모두 부관을 붙일 수 없는 것도 아니라는 반론이 제기되었으며, 오늘날에는 이러한 견해가 다수설이라 할 수 있다. 예컨대 귀화허가는 법률행위적 행정행위(특허)에 속하지만 그 성질상 부관에 친하지 않으며, 반면에 여권에 유효기간을 정하는 것과 같이 확인·공증 등의 준법률행위적 행정행위에도 종기와 같은 부관이 붙여지는 경우가 많다는 것을 예로 든다(여권법시행령 6조 참조).

2. 기속행위와 부관

(1) 종래의 학설과 판례의 입장

종래의 통설적 견해에 의하면, 재량행위에는 행정청이 임의로 부관을 붙일 수 있지만 기속행위에는 원칙적으로 부관을 붙일 수 없다고 하였다. 그러나 이에 대해서는, 재량행위라 해서 언제나 부관을 붙일 수 있는 것은 아니고 기속행위라 해서 절대로 부관을 붙일 수 없는 것도 아니라는 비판이 있었다.[120] 그리고 기속행위에 부관을 붙일 수 있는 경우로는, i) 법령에 특별한 규정이 있는 경우, ii) 미충족한 법적 요건을 구비시키기 위한 경우를 들었다.[121]

---

119) 법률에서 명문으로 부관을 붙일 수 있다고 규정하고 있는 경우도 많은데, 이러한 경우에는 특별히 문제될 것이 없다. 예컨대 어업허가를 함에 있어서 수산자원의 번식·보호를 위하여 필요하다고 인정되는 경우에는 제한 또는 조건을 붙일 수 있도록 한 것(수산업법 43조 2항), 하천점용허가를 함에 있어서 하천의 오염으로 인한 공해, 그 밖의 보건위생상 위해를 방지하기 위해 필요한 부관을 붙일 수 있도록 한 것(하천법 33조 2항) 등이 그에 해당한다.

120) 김남신/김연태(1), 294면, 평하윤/김광수, 217면. 예컨대 귀화허가는 재량행위에 해당하지만 성질상 부관과 친하지 않는데 반하여, 건축허가는 기속행위에 해당하지만 제한된 범위에서 부관을 붙일 수 있다고 한다.

121) 미충족한 법적 요건을 구비시키기 위한 경우란, 예컨대 신청된 건축허가가 법적 요건의 일부를 충족하지 못한

판례는 기속행위에 대해서는 특별한 법적 근거가 없는 한 부관을 붙일 수 없으며, 부관을 붙였다 하더라도 무효라는 입장을 취하고 있다.[122) 이에 반해 수익적 행정행위(재량행위)의 경우에는 법령에 특별한 근거가 없더라도 행정청이 임의로 부관을 붙일 수 있다고 한다.[123)

> **판례** ①『자동차운수사업법 제49조 제1항은 자동차운송중개대리업 또는 자동차운송주선업 등의 자동차운송알선사업을 경영하고자 하는 자는 교통부장관이 행하는 등록을 받아야 한다고 규정하고 있는바, 관계 규정을 종합하면 행정청으로서는 등록결격사유가 없고 그 시설 등이 소정의 등록기준에 적합할 때에는 당연히 등록을 받아 주어야 할 의무가 있다할 것이므로 이는 기속행위에 속한다 할 것이고, 이러한 기속행위에 대하여는 법령상의 특별한 근거가 없는 한 부관을 붙일 수 없고 가사 부관을 붙였다 하더라도 이는 무효라 할 것이다.』(대판 1993. 7. 27. 92누13998)
>
> ②『수익적 행정처분에 있어서는 법령에 특별한 근거규정이 없다고 하더라도 그 부관으로서 부담을 붙일 수 있고, 그와 같은 부담은 행정청이 행정처분을 하면서 일방적으로 부가할 수도 있지만 부담을 부가하기 이전에 상대방과 협의하여 부담의 내용을 협약의 형식으로 미리 정한 다음 행정처분을 하면서 이를 부가할 수도 있다.』(대판 2009. 2. 12. 2005다65500)

(2) 행정기본법의 규정

행정기본법은 재량행위의 경우에는 부관을 붙일 수 있고, 기속행위의 경우에는 법률에 근거가 있는 경우에 부관을 붙일 수 있다는 명시적 규정을 두었다(17조 1항, 2항).

행정기본법이 기속행위의 경우에는 '법률에 근거가 있는 경우'에 부관을 붙일 수 있다고 규정한 것은 재량행위와는 달리 기속행위의 경우에는 행정청이 법적 근거 없이 임의로 부관을 붙일수 없다는 취지이며, 그 밖에 '미충족한 법적 요건을 구비시키기 위한 경우'에 부관을 붙이는 것을 부인하는 것은 아니라 할 것이다.

3. 사후부관

(1) 종래의 학설과 판례의 입장

사후부관이란 행정행위를 발한 후에 새로이 부관을 붙이거나 기존의 부관의 내용을 변경하는 것을 말하며, 이러한 사후부관이 가능한지에 대해서는 다툼이 있다.

이에 관해 학설은, i) 사후에 부관을 부가하는 것은 부관의 부종성에 반하여 허용되지 않는다는 견해, ii) 원칙적으로 허용되지 않지만 부관 중에서 부담만은 예외적으로 사후에 붙이는 것이 가능하다는 견해, iii) 법령에 근거규정이 있거나 행정행위를 행할 당시에 사후부관이 유보되어 있는 경우 또는 상대방의 동의가 있는 경우에는 제한적으로 사후에 부관을 붙이는 것이 가능하다는

경우에 행정청이 건축허가 거부처분을 내리는 대신에 미충족된 요건을 갖출 것을 부관으로 붙여서(이를 법률요건충족적 부관이라 한다) 건축허가를 하는 것을 말한다.

122) 대판 1993. 7. 27, 92누13998; 대판 1995. 6. 13, 94다56883.

123) 대판 2009. 2. 12, 2005다65500. 여기에서 수익적 행정행위라 함은 재량행위를 가리킨다고 할 것이다. 다른 사건에서 대법원은, 주택건설사업계획의 승인은 '재량행위'이기 때문에 법령상의 근거 없이도 부관을 붙일 수 있다고 하였다(대판 2007. 12. 28, 2005다72300).

견해(다수설) 등이 대립하고 있다.

판례는 "사후부관은 법률에 명문의 규정이 있거나 그것이 미리 유보되어 있는 경우 또는 상대 방의 동의가 있는 경우에 허용되는 것이 원칙이다"고 함으로써 다수설과 같은 입장을 취하고 있다. 구체적 사안을 살펴보면, 용인시장이 갑회사에 대해 주택건설사업계획을 승인함에 있어서 경전철 분담금을 납부할 것을 부관으로 붙였으나 그 후 부관을 변경하여 경전철 분담금 이외에 광역전철 및 도로기반시설 분담금까지 부담하도록 한 사안에서, 이를 허용하는 법률의 규정도 없고 사업계획을 승인할 때 이를 유보하고 있지도 않으며 또한 이에 대한 갑회사의 동의도 없었으므로, 이 사건 분담금 부과 중 경전철 분담금을 제외한 나머지 부분은 위법하다고 하였다.[124]

한편 판례는, 사후부관은 위의 사유가 있는 경우에 한하여 허용되는 것이 원칙이지만, 사정변경으로 인하여 당초의 부관의 목적을 달성할 수 없게 된 경우에도 그 목적달성에 필요한 범위에서 예외적으로 사후에 부관을 변경하는 것이 허용된다고 하였다.[125]

> **판례** 『행정처분에 이미 부담이 부가되어 있는 상태에서 그 의무의 범위 또는 내용 등을 변경하는 부관의 사후변경은, 법률에 명문의 규정이 있거나 그 변경이 미리 유보되어 있는 경우 또는 상대방의 동의가 있는 경우에 한하여 허용되는 것이 원칙이지만, 사정변경으로 인하여 당초에 부담을 부가한 목적을 달성할 수 없게 된 경우에도 그 목적달성에 필요한 범위 내에서 예외적으로 허용된다.』 (대판 2007. 9. 21. 2006두7973)

(2) 행정기본법의 규정

행정기본법은 행정행위를 한 후에도 i) 법률에 근거가 있는 경우, ii) 당사자의 동의가 있는 경우, iii) 사정이 변경되어 부관을 새로 붙이거나 종전의 부관을 변경하지 않으면 해당 행정행위의 목적을 달성할 수 없다고 인정되는 경우에는 새로 부관을 붙이거나 종전의 부관을 변경할 수 있다고 규정하고 있다(17조 3항).

행정기본법이 명시적으로 규정하고 있지는 않지만, 행정행위를 발할 당시에 사후부관이 유보되어 있는 경우에도 그 부관에 근거하여 사후부관을 붙일 수 있다고 할 것이다.

4. 행정청과 상대방의 협약에 의한 부관

판례에 의하면, 수익적 행정행위의 경우에는 행정청이 행정행위를 발하면서 일방적으로 부관을 붙일 수 있지만, 부관을 붙이기 전에 상대방과 협의하여 부관의 내용을 협약의 형식으로 미리 정한 다음 행정행위를 발하면서 이를 붙일 수도 있다고 한다.[126]

---

124) 대판 2007. 12. 28, 2005다72300.
125) 대판 2007. 9. 21, 2006두7973.
126) 대판 2009. 2. 12, 2005다65500. 구체적 사안을 살펴보면, 대한송유관공사가 고속도로의 접도구역에 송유관을 매설하기 위해 고속도로 관리청인 한국도로공사로부터 매설허가를 받은 때에 향후 도로확장공사 등으로 인하여 송유관의 이전이 필요한 경우에는 대한송유관공사가 이전비용을 부담하는 협약을 체결하고 그 내용을 송유관매설허가에 부관으로 붙였는바, 이러한 협약에 따른 부관은 적법하다는 것이 판례의 입장이다.

다른 한편, 법령이나 법의 일반원칙에 위반되어 부관으로 붙일 수 없는 것을 행정청과 상대방이 사법상 계약의 형식으로 약정할 수 있는지가 문제된다. 대법원은 A도지사가 갑에게 골프장사업승인을 하면서 갑이 A도에 지역발전협력금 명목의 기부금을 납부하도록 하는 내용의 사법상 계약(증여계약)을 체결한 사건에서, 골프장사업승인을 하면서 그와 실질적 관련이 없는 기부금을 내도록 하는 부관(부담)은 부당결부금지의 원칙에 위반되어 허용되지 않는바, 이러한 공법상의 제한을 회피할 목적으로 행정청과 상대방이 위법한 부관의 내용을 사법상 계약을 체결하는 형식으로 약정하였다면 이는 법치행정의 원리에 반하는 것으로서 위법하다고 판시하였다.[127]

판례 ① 『[1] 수익적 행정처분에 있어서는 법령에 특별한 근거규정이 없다고 하더라도 그 부관으로서 부담을 붙일 수 있고, 그와 같은 부담은 행정청이 행정처분을 하면서 일방적으로 부가할 수도 있지만 부담을 부가하기 이전에 상대방과 협의하여 부담의 내용을 협약의 형식으로 미리 정한 다음 행정처분을 하면서 이를 부가할 수도 있다.

[2] 행정청이 수익적 행정처분을 하면서 부가한 부담의 위법 여부는 처분 당시 법령을 기준으로 판단하여야 하고, 부담이 처분 당시 법령을 기준으로 적법하다면 처분 후 부담의 전제가 된 주된 행정처분의 근거 법령이 개정됨으로써 행정청이 더 이상 부관을 붙일 수 없게 되었다 하더라도 곧바로 위법하게 되거나 그 효력이 소멸하게 되는 것은 아니다. 따라서 행정처분의 상대방이 수익적 행정처분을 얻기 위하여 행정청과 사이에 행정처분에 부가할 부담에 관한 협약을 체결하고 행정청이 수익적 행정처분을 하면서 협약상의 의무를 부담으로 부가하였으나 부담의 전제가 된 주된 행정처분의 근거 법령이 개정됨으로써 행정청이 더 이상 부관을 붙일 수 없게 된 경우에도 곧바로 협약의 효력이 소멸하는 것은 아니다.

[3] 고속국도 관리청이 고속도로 부지와 접도구역에 송유관 매설을 허가하면서 상대방과 체결한 협약에 따라 송유관 시설을 이전하게 될 경우 그 비용을 상대방에게 부담하도록 하였고, 그 후 도로법시행규칙이 개정되어 접도구역에는 관리청의 허가 없이도 송유관을 매설할 수 있게 된 사안에서, 위 협약이 효력을 상실하지 않을 뿐만 아니라 위 협약에 포함된 부관이 부당결부금지의 원칙에도 반하지 않는다고 한 사례.』 (대판 2009. 2. 12, 2005다65500)

② 『공무원이 인·허가 등 수익적 행정처분을 하면서 상대방에게 그 처분과 관련하여 이른바 부관으로서 부담을 붙일 수 있다 하더라도, 그러한 부담은 법치주의와 사유재산 존중, 조세법률주의 등 헌법의 기본원리에 비추어 비례의 원칙이나 부당결부금지의 원칙에 위배되지 않아야만 적법한 것인바, 행정처분과 부관 사이에 실제적 관련성이 있다고 볼 수 없는 경우 공무원이 위와 같은 공법상의 제한을 회피할 목적으로 행정처분의 상대방과 사이에 사법상 계약을 체결하는 형식을 취하였다면 이는 법치행정의 원리에 반하는 것으로서 위법하다고 보지 않을 수 없다.』 (대판 2010. 1. 28, 2007도9331)

Ⅳ. 부관의 한계(자유성)

행정행위에 부관을 붙일 수 있다 하더라도 아무런 제한 없이 붙일 수 있는 것은 아니다. 따라서 행정행위에 부관을 붙이는 경우에 어느 범위에서 붙일 수 있는지가 문제되는바, 이를 부관의 한계 또는 부관의 자유성이라 한다.

---

127) 대판 2010. 1. 28, 2007도9331.

이와 관련하여 행정기본법은 "부관은 다음의 요건에 적합하여야 한다"고 하면서, "i) 해당 처분의 목적에 위배되지 않을 것, ii) 해당 처분과 실질적인 관련이 있을 것, iii) 해당 처분의 목적을 달성하기 위하여 필요한 최소한의 범위일 것"이라고 규정하고 있다(17조 4항).

이하에서 부관의 한계에 관하여 구체적으로 살펴보기로 한다.

(1) 법률우위의 원칙은 모든 행정작용에 적용되므로 부관은 법령에 위반되지 않는 범위에서 붙일 수 있다.

처분 후 근거 법령이 개정된 경우에 부관의 위법 여부는 어느 법령을 기준으로 판단하여야 하는지가 문제된다. 판례에 따르면, 부관의 위법 여부는 처분 당시의 법령을 기준으로 판단하여야 하고, 만일 부관이 처분 당시의 법령을 기준으로 적법하다면 처분 후 근거 법령이 개정됨으로써 행정청이 더 이상 부관을 붙일 수 없게 되었다 하더라도 해당 부관이 곧바로 위법하게 되거나 그 효력이 소멸하게 되는 것은 아니라고 한다.[128]

(2) 부관은 평등의 원칙, 비례의 원칙, 부당결부금지의 원칙 등과 같은 법의 일반원칙에 위배되지 않는 범위에서 붙일 수 있다. 행정기본법이 "해당 처분과 실질적인 관련이 있을 것"이라고 규정한 것은 부당결부금지의 원칙을, "해당 처분의 목적을 달성하기 위하여 필요한 최소한의 범위일 것"이라고 규정한 것은 비례의 원칙(특히 최소침해의 원칙)을 규정한 것이다.

이와 관련하여 행정청이 수익적 행정행위를 함에 있어서 반대급부를 제공하도록 하는 부관을 붙이는 것이 부당결부금지의 원칙에 위배되는지가 문제되는데, 이는 해당 수익적 행정행위와 반대급부 사이에 '실질적 관련성'이 있는지 여부에 따라 판단되어야 한다. 판례에 의하면, 행정청이 대규모의 주택건설사업계획을 승인하면서 교통수요의 증가로 인해 경전철사업의 원인을 제공한 주택건설사업자에게 경전철 분담금을 납부하도록 하는 부관(부담)을 붙인 것은 양자간에 실질적 관련성이 인정되므로 부당결부금지의 원칙에 위배되지 않으나,[129] 행정청이 개발행위허가를 함에 있어서 해당 개발행위와 무관한 도로를 개설해서 기부채납하도록 하는 부관(부담)을 붙인 것은 부당결부금지의 원칙에 위배되어 위법하다고 한다.[130]

(3) 부관은 그 내용이 명확하고 실현가능해야 한다.

(4) 부관은 주된 행정행위의 목적에 위배되지 않아야 한다. 판례에 의하면, 기선선망어업허가를 하면서 운반선·등선(燈船) 등 부속선을 사용할 수 없도록 제한한 부관은 그 어업허가의 목적 달성을 사실상 어렵게 하여 그 본질적 효력을 해하는 것이어서 위법하다고 한다.[131]

(5) 행정청이 행정행위를 발함에 있어서 '향후 법적 분쟁이 있는 경우에 일체의 소송을 제기하지 않는다' 또는 '향후 개발사업의 시행으로 인해 발생되는 손실에 대한 보상청구를 포기한다'는 내용의 부관을 붙일 수 있는지가 문제된다. 판례에 의하면, 당사자의 합의가 있었다 하더라도 사

---

128) 대판 2009. 2. 12, 2005다65500.
129) 대판 2007. 12. 28, 2005다72300.
130) 대판 2005. 6. 24, 2003두9367. 동지 : 대판 1997. 3. 11, 96다49650.
131) 대판 1990. 4. 27, 89누6808.

인의 국가에 대한 공권인 소권(訴權)을 포기하는 내용의 부관을 붙인 것은 무효인데 대하여, 당사자의 합의로 보상청구를 포기하겠다는 내용의 부관을 붙인 것은 유효하다고 한다.[132]

> **판례** ① 『피고(서울특별시장)가 1995. 11. 15. 원고에 대하여 … 농수산물도매시장의 도매시장법인으로 다시 지정함에 있어서 그 지정조건 제2호로 '지정기간 중이라도 개설자가 농수산물 유통정책의 방침에 따라 도매시장법인 이전 및 지정취소 또는 폐쇄 지시에도 일체 소송이나 손실보상을 청구할 수 없다'라는 부관을 붙였으나, 그 중 부제소(不提訴)특약에 관한 부분은 당사자가 임의로 처분할 수 없는 공법상의 권리관계를 대상으로 하여 사인의 국가에 대한 공권인 소권을 당사자의 합의로 포기하는 것으로서 허용될 수 없다.』 (대판 1998. 8. 21. 98두8919)
> ② 『구 수산업법(1990. 8. 1. 전부 개정되기 전의 것) 제15조에 의하면 공익상 필요하다고 인정할 때에는 어업의 면허 또는 허가를 할 때에 제한 또는 조건을 붙일 수 있는 것인바, 어업권자가 면허를 받을 때 및 기간연장허가를 받을 때 개발사업의 시행으로 인한 일체의 보상청구를 포기하겠다고 하여 그러한 취지의 부관이 어업권등록원부에 기재된 경우 부관의 효력은 유효하고, 이는 그 후의 양수인에게도 미친다고 할 것이다. 그리고 부관은 그것이 법률에 위반되거나, 이행 불가능하거나, 비례 또는 평등의 원칙에 크게 어긋나거나 또는 행정처분의 본질적인 효력을 해하는 등 그 한계를 일탈하였다고 볼 만한 특별한 사정이 없는 한 쉽게 효력을 부정하여서는 안 된다.』 (대판 2014. 5. 29, 2011다57692)

(6) 법정부관은 행정청의 의사에 기하여 붙여지는 본래의 의미에서의 부관은 아니므로, 법정부관에 대하여는 행정행위에 부관을 붙일 수 있는 한계에 관한 일반적인 원칙이 적용되지 않는다.[133]

V. 부관의 하자와 행정행위 및 사법상 법률행위의 효력

1. 하자있는 부관의 효력

부관에 하자가 있는 경우에 그 하자가 중대하고 명백한 부관은 무효이고, 중대하고 명백한 정도에 이르지 않은 부관은 취소사유가 된다.

> **판례** 『수익적 행정행위에 있어서는 법령에 특별한 근거규정이 없다고 하더라도 그 부관으로서 부담을 붙일 수 있으나, 그러한 부담은 비례의 원칙, 부당결부금지의 원칙에 위반되지 않아야만 적법하다고 할 것이다. 기록에 의하면, 원고의 이 사건 토지 중 2,791㎡는 자동차전용도로로 도시계획시설결정이 된 광1류6호선에 편입된 토지이므로, 그 위에 도로개설을 하기 위하여는 소유자인 원고에게 보상금을 지급하고 소유권을 취득하여야 할 것임에도 불구하고, 소외 인천시장은 원고에게 주택사업계획승인을 하게 됨을 기화로 그 주택사업과는 아무런 관련이 없는 토지인 위 2,791㎡를 기부채납하도록 하는 부관을 위 주택사업계획승인에 붙인 사실이 인정되므로, 위 부관은 부당결부금지의 원칙에 위반되어 위법하다고 할 것이다.
> 그러나 이 사건에서 인천시장이 승인한 원고의 주택사업계획은 금 109,300,000,000원의 사업비를 들여 아파트 1,744세대를 건축하는 상당히 큰 규모의 사업임에 반하여, 원고가 기부채납한 위 2,791㎡의

---

132) 대판 1998. 8. 21, 98두8919; 대판 2014. 5. 29, 2011다57692.
133) 대판 1994. 3. 8, 92누1728.

토지가액은 그 100분의 1 상당인 금 1,241,995,000원에 불과한 데다가, 원고가 그 동안 위 부관에 대하여 아무런 이의를 제기하지 아니하다가 인천시장이 업무착오로 위 2,791㎡의 토지에 대하여 보상협조요청서를 보내자 그때서야 비로소 위 부관의 하자를 들고 나온 사실이 인정되는바, 이러한 사정에 비추어 볼 때 위 부관이 그 하자가 중대하고 명백하여 당연무효라고는 볼 수 없다 할 것이다.』(대판 1997. 3. 11. 96다49650)

2. 무효인 부관이 붙은 행정행위의 효력

부관이 무효인 경우에 이것이 주된 행정행위의 효력에 어떠한 영향을 미치는지에 대해서 학설이 대립하고 있다. i) 부관만이 무효가 될 뿐 본체인 행정행위에는 아무런 영향이 없다는 견해, ii) 부관이 붙은 행정행위 전체가 무효로 된다는 견해, iii) 부관이 주된 행정행위의 중요요소를 이루는 때에는 부관만이 아니라 주된 행정행위까지도 무효로 하는데 대하여 중요요소가 아닌 때에는 부관만이 무효라는 견해 등이 그에 해당하는바, 중요요소인지에 따라 구별하는 견해가 지배적인 견해라 할 수 있다. 그리고 무효와 취소의 상대적 차이에 비추어 볼 때 무효인 부관의 법리는 취소사유가 있는 부관에도 그대로 적용된다고 한다.[134]

판례는, i) 기속행위에는 원칙적으로 부관을 붙일 수 없으므로 만일 기속행위에 부관을 붙였다면 부관만이 무효이며,[135] ii) 재량행위에 붙여진 부관이 위법한 경우에는 그 부관이 주된 행정행위의 중요요소에 해당하면 주된 행정행위도 위법하게 된다고 한다.[136]

판례 ①『일반적으로 기속재량행위에는 부관을 붙일 수 없고 가사 부관을 붙였다 하더라도 이는 무효이므로, 주무관청이 채광계획의 인가를 함에 있어 '규사광물 이외의 채취금지 및 규사의 목적외 사용금지'를 조건으로 붙인 것은 광업법 등에 의하여 보호되는 광업권자의 광업권을 침해하는 내용으로서 무효이다.』(대판 1997. 6. 13. 96누12269)

②『도로점용허가의 점용기간은 행정행위의 본질적인 요소에 해당한다고 볼 것이어서 부관인 점용기간을 정함에 있어서 위법사유가 있다면 이로써 도로점용허가처분 전부가 위법하게 된다.』(대판 1985. 7. 9. 84누604)

3. 하자있는 부관의 이행행위로서 한 사법상 법률행위의 효력

기본사례

서울시 강서구청장은 A재건축조합에 대해 주택건설사업계획을 승인하면서 사업부지에 포함되어 있는 종전 도로·공원용지를 A재건축조합이 유상으로 매수하고 그 위에 새로이 도로·공원을 건축하여 서울시에 기부채납할 것을 부관으로 붙였다. A재건축조합은 이 부관을 이행하기 위하여 강서구와 30억원의 금액으로 위 토지에 대한 매매계약을 체결하고 잔금까지 모두 지급하였다. 그 후 A재건축조합은 도시

---

134) 따라서 부관이 취소된 경우에 해당 부관이 주된 행정행위의 중요요소인 경우에는 주된 행정행위도 무효이고 중요요소가 아닌 경우에는 부관이 없는 행정행위가 된다고 한다.
135) 대판 1993. 7. 27, 92누13998; 대판 1997. 6. 13, 96누12269;
136) 대판 1985. 7. 9, 84누604.

및 주거환경정비법 제97조 제2항이 "시장·군수 또는 토지주택공사 등이 아닌 사업시행자가 정비사업의 시행으로 새로 설치한 정비기반시설은 그 시설을 관리할 국가 또는 지방자치단체에 무상으로 귀속되고, 정비사업의 시행으로 용도가 폐지되는 국가 또는 지방자치단체 소유의 정비기반시설은 사업시행자가 새로 설치한 정비기반시설의 설치비용에 상당하는 범위에서 그에게 무상으로 양도된다"고 규정하고 있는 것을 알게 되어, 위 주택건설사업계획승인에 붙여진 부관(유상 매수 부분)은 법령에 위반되는 것으로서 무효이고, 따라서 강서구와의 매매계약도 무효라고 주장하며 소송을 제기하였다. 이에 관한 법적 판단을 하시오.

(1) 문제의 소재

행정행위의 상대방이 행정행위에 붙여진 부관(부담)을 이행하기 위해 사법상의 법률행위를 하였는데, 만일 그 기초가 된 부관이 무효이거나 취소되면 사법상 법률행위의 효력은 어떻게 되는지가 문제된다. 예컨대 위 기본사례에서 재건축조합이 주택건설사업계획승인에 붙여진 부관을 이행하기 위해 강서구와 해당 공원용지 등에 대해 매매계약을 체결하였는데, 만일 위 부관이 법령에 위반하여 무효라고 한다면 그에 기초하여 행해진 매매계약의 효력은 어떠한지가 문제되는 것이다.

(2) 학설

① **종속설** : 이는 사법상 법률행위는 그 기초가 된 부관의 효력에 종속된다는 견해이다. 즉, 부관이 무효이면 그에 기초한 사법상 법률행위도 무효이지만, 부관에 취소사유가 있으면 그것이 취소되지 않는 한 사법상 법률행위는 유효하다고 한다. 이에 따르면 무효인 부관에 기초한 사법상 법률행위는 무효이지만, 부관에 취소사유가 있고 불가쟁력이 발생하면 더 이상 그 부관을 취소할 수 없게 되므로 결국 부관의 하자를 이유로 사법상 법률행위의 효력을 다투지 못하게 된다.

② **독립설** : 이는 부관은 사법상 법률행위를 하게 된 동기 내지 연유에 불과하므로 사법상 법률행위의 효력은 부관의 효력과는 독자적으로 판단되어야 한다는 견해이다. 따라서 부관이 무효인 경우에 그에 기초한 사법상 법률행위가 당연히 무효가 되는 것은 아니며, 또한 부관에 취소사유가 있고 불가쟁력이 발생하였다 하더라도 독자적으로 사법상 법률행위의 효력을 다툴 수 있다고 한다.

(3) 판례

판례는 무효인 부관에 기초하여 사법상 법률행위가 행해진 경우에 그 부관은 특별한 사정이 없는 한 법률행위를 하게 된 동기 내지 연유로 작용하였을 뿐이므로 이는 사법상 법률행위 자체를 당연히 무효화하는 것은 아니라고 하여 독립설의 입장을 취하고 있다.[137]

> **판례** 『[1] 행정처분에 부담인 부관을 붙인 경우 부관의 무효화에 의하여 본체인 행정처분 자체의 효력에도 영향이 있게 될 수는 있지만, 그 처분을 받은 사람이 부담의 이행으로 사법상 매매 등의 법률행

---

137) 대판 2009. 6. 25, 2006다18174. 판례의 입장을 정리하면, i) 부관은 사법상 법률행위를 하게 된 동기 내지 연유에 불과하므로 부관이 무효라고 해서 그에 기초한 사법상 법률행위도 당연무효가 되는 것은 아니다. ii) 부관과 사법상 법률행위는 별개의 법률행위이므로 부관이 불가쟁력을 발생하였다 해서 사법상 법률행위의 효력을 다툴 수 없는 것도 아니다. iii) 도시정비법 제65조 제2항은 강행규정이므로 이 규정을 위반하여 재건축조합과 지방자치단체 사이에 체결된 매매계약은 무효이다.

위를 한 경우에는 그 부관은 특별한 사정이 없는 한 **법률행위를 하게 된 동기 내지 연유**로 작용하였을 뿐이므로 이는 법률행위의 취소사유가 될 수 있음은 별론으로 하고 그 법률행위 자체를 당연히 무효화하는 것은 아니다. 또한, 행정처분에 붙은 부담인 부관이 제소기간의 도과로 확정되어 이미 불가쟁력이 생겼다면 그 하자가 중대하고 명백하여 당연무효로 보아야 할 경우 외에는 누구나 그 효력을 부인할 수 없을 것이지만, **부담의 이행으로서 하게 된 사법상 매매 등의 법률행위는 부담을 붙인 행정처분과는 어디까지나 별개의 법률행위**이므로 그 부담의 불가쟁력의 문제와는 별도로 법률행위가 사회질서 위반이나 강행규정에 위반되는지 여부 등을 따져보아 그 법률행위의 유효 여부를 판단하여야 한다. 따라서 이 사건에서, 강서구청장이 주택건설사업계획 승인을 하면서 원고로 하여금 이 사건 각 토지를 매수하도록 붙인 부관이 무효라거나 그 부관이 사후적으로 그 효력을 상실하였음을 전제로 하여, 원고가 그 부관의 이행을 위하여 체결한 이 사건 각 토지에 대한 이 사건 매매계약도 무효로 보아야 한다는 취지의 원고의 주장은 그 부관의 효력 유무를 따져볼 필요 없이 받아들일 수 없으므로, 같은 취지에서 원고의 주장을 배척한 원심의 판단은 정당하다.

[2] 도시정비법 제65조 제2항 후단 규정의 입법 취지에 비추어 보면, 이는 민간 사업시행자에 의하여 새로 설치될 정비기반시설의 설치비용에 상당하는 범위 안에서 용도폐지될 정비기반시설의 무상양도를 강제하는 강행규정이므로, 위 규정을 위반하여 사업시행자와 국가 또는 지방자치단체 사이에 체결된 매매계약 등은 무효이다.』 (대판 2009. 6. 25, 2006다18174)

VI. 하자있는 부관에 대한 행정쟁송

기본사례

춘천시장은 갑에게 도로점용허가를 하면서 월 10만원의 점용료를 납부할 것과 점용기간은 2020년 1월 1일부터 2020년 12월 31일까지로 하는 부관을 붙였다. 이에 대하여 갑은 점용료와 점용기간에 관한 부관이 위법하다고 하여 그 취소를 구하는 소송을 제기하고자 한다. 어떠한 형식의 소를 제기하여야 하는가. 만일 심리결과 부관 부분이 위법하다고 인정되면 법원은 해당 부관 부분에 대해서만 취소할 수 있는가.

하자있는 부관에 대한 행정쟁송과 관련해서는 특별히 다음과 같은 두 가지가 문제된다. 첫째, 부관만이 독립하여 행정쟁송의 대상이 될 수 있는지의 문제인데, 이를 부관의 독립쟁송가능성의 문제라 한다. 둘째, 만일 부관에 대한 취소쟁송이 제기된 경우에 본안심리결과 부관에 위법이 있다고 인정되면 법원은 부관만을 취소할 수 있는지의 문제인데, 이를 부관의 독립취소가능성의 문제라 한다.

1. 부관의 독립쟁송가능성

(1) 문제의 소재

수익적 행정행위에 부관이 붙여진 경우에 상대방은 수익적 행정행위는 그대로 유지한 채 부관 부분만을 취소받기 원할 것이다. 이 경우 상대방은 주된 행정행위(수익적 행정행위)로부터 분리해서 부관만의 취소를 구하는 행정쟁송을 제기할 수 있는지가 문제된다. 예컨대 위 기본사례에서 갑은 도로점용허가에 붙여진 부관(점용료와 점용기간)만의 취소를 구하는 소송을 제기할 수 있는지의 문제이다.

(2) 학설

부관의 독립쟁송가능성과 관련해서는 다음과 같은 다양한 학설이 주장되고 있다.[138]

① **부관의 종류에 따라 구별하는 견해** : 전통적 견해에 따르면, 부관 중에서 '부담'은 독립한 행정행위의 성질을 가지므로 그 자체가 주된 행정행위로부터 독립하여 행정소송의 대상이 될 수 있지만, 그 밖의 부관은 독립한 행정행위의 성질을 갖지 못하므로 부관만을 독립하여 행정소송의 대상으로 삼을 수 없고 따라서 부관부행정행위 전체를 소송의 대상으로 하여 그 중 부관 부분만의 취소를 구하는 소송을 제기하여야 한다고 한다. 전자와 같이 직접 부관(부담)만의 취소를 구하는 소를 진정일부취소소송이라 하고, 후자와 같이 부관부행정행위 전체를 소송의 대상으로 하여 그 중 부관 부분만의 취소를 구하는 소를 부진정일부취소소송이라 한다.

② **분리가능성에 따라 구별하는 견해** : 이는 전통적 견해에 '부관의 분리가능성'의 문제를 추가한 것이라 할 수 있다. 즉, 부관을 주된 행정행위로부터 분리할 수 없는 경우에는 부관부행정행위 전체의 취소를 구하는 소송을 제기하여야 하고, 분리가 가능한 경우에는 다시 부관이 독립한 처분성을 갖는지에 따라 구분하여, 독립한 처분성을 갖는 부담의 경우에는 직접 부담만의 취소를 구하는 진정일부취소소송을, 독립한 처분성을 갖지 않는 그 밖의 부관의 경우에는 부관부행정행위 전체를 소송의 대상으로 하여 그 중 부관 부분만의 취소를 구하는 이른바 부진정일부취소소송을 제기하여야 한다는 견해이다.[139] 이러한 견해에 대해서는, 분리가능성에 대한 명확한 기준이 제시되고 있지 않을 뿐만 아니라, 부관의 분리가능성은 본안심사에서 판단될 수 있기 때문에 이는 독립쟁송가능성이 아니라 독립취소가능성과 관련된다는 비판이 가해진다.

③ **모든 부관의 경우에 부진정일부취소소송의 형태로 제기하여야 한다는 견해** : 부담을 포함한 모든 부관은 주된 행정행위에의 부종성을 특질로 하므로 모든 부관은 직접 부관만을 취소소송의 대상으로 삼을 수 없고, 부관부행정행위 전체를 소송의 대상으로 하여 그 중 부관 부분만의 취소를 구하는 이른바 부진정일부취소소송의 형태로 제기하여야 한다는 견해이다.

(3) 판례

① **판례의 기본 입장** : 판례에 의하면, 부관 중에서 부담은 독립한 처분성을 가지므로 주된 행정행위로부터 독립해서 부담만이 행정소송의 대상이 될 수 있지만, 그 밖의 부관은 독립한 처분성이 인정되지 않으므로 부관만이 독립해서 행정소송의 대상이 될 수 없고 이 경우는 '부관부행정행위 전체'의 취소를 구하는 소송을 제기하여야 한다고 한다.

판례와 학설(전통적 견해)은 부담의 경우에는 독립해서 행정소송의 대상이 될 수 있다는 데에

---

138) 이에 관한 상세는 이일세, 행정행위의 부관과 행정쟁송, 계희열박사 화갑기념논문집, 1995. 11, 635면 이하 참조.
139) 류지태/박종수, 296면.

일치한다. 그러나 부담 이외의 부관과 관련해서는 견해를 달리하는바, 전통적 견해는 부진정일부취소소송의 형태로 부관만의 취소를 구할 수 있다고 보는데 반해, 판례는 부관의 위법을 이유로 부관부행정행위 전체에 대한 취소소송을 제기하여야 한다고 보는 점에서 차이가 있다. 예컨대 위 기본사례에서 갑이 도로점용허가에 붙여진 점용기간에 대해 다투고자 하는 경우에, 전통적 견해에 따르면 "도로점용허가처분 중 점용기간이 위법하므로 이를 취소하라"는 취지의 소송을 제기하여야 하지만, 판례에 따르면 "도로점용허가에 붙여진 점용기간이 위법하므로 도로점용허가처분을 취소하라"는 취지의 소송을 제기하여야 한다. 이러한 점에서 판례는 부담 이외의 부관의 경우에 부진정일부취소소송의 형태로 제기된 소송에 대해서는 각하판결을 내리고 있다.

② 구체적 판례의 검토

i) 행정행위의 부관은 행정행위의 일반적인 효과를 제한하기 위하여 의사표시의 주된 내용에 부가되는 종된 의사표시이지 그 자체로서 직접 법적 효과를 발생하는 독립한 처분이 아니므로, 현행 행정소송제도 아래서는 부관 그 자체만을 독립한 소송의 대상으로 할 수 없는 것이 원칙이나, 행정행위의 부관 중에서도 부담의 경우에는 다른 부관과는 달리 행정행위의 불가분적인 요소가 아니고 그 존속이 본체인 행정행위의 존재를 전제로 하는 것일 뿐이므로 부담 그 자체로서 행정소송의 대상이 될 수 있다.[140]

ii) 1년의 유효기간이 붙여진 어업면허처분을 받은 자가 그 기한부분의 취소를 구하는 소를 제기한 사건에서 대법원은 「피고가 정한 면허의 유효기간은 어업면허처분의 효력을 제한하기 위한 행정행위의 부관이라 할 것이고, 이러한 행정행위의 부관에 대하여는 독립하여 행정소송의 대상이 될 수 없는 것이다」라고 하여 각하판결을 내렸다.[141]

iii) 갑은 도로점용허가에 붙여진 점용기간(기한)을 다툼에 있어 주위적 청구로는 점용기간의 취소를 구하고 예비적 청구로는 도로점용허가처분 전체의 취소를 구하는 소송을 제기하였다. 이에 대해 대구고등법원은 점용기간을 다투는 것은 행정소송의 대상이 될 수 없는 부관 부분의 취소를 구하는 것으로서 부적법하다고 하여 주위적 청구에 대해서는 각하판결을 내렸다. 그리고 도로점용허가처분 전체의 취소를 구하는 예비적 청구에 대해서는 본안에 대해 심리한 다음, 점용기간은 도로점용허가라는 행정행위의 부관이기는 하지만 행정행위의 본질적인 요소에 해당하므로 부관인 점용기간을 정함에 있어 위법사유가 있으면 도로점용허가처분 전부가 위법하다고 하면서, 이 사건에서 피고가 합리적인 근거도 없이 점용기간을 단기간으로 정하여 도로점용허가처분을 한 것은 위법하다는 이유로 청구를 인용하였다.[142] 이에 피고(부산시장)가 상고하였는데, 대법원은 원심판결에 잘못이 없다고 하여 상고를 기각하였다.[143]

iv) 행정청이 기선선망어업허가를 하면서 운반선·등선 등 부속선을 사용할 수 없다는 조건을

---

140) 대판 1992. 1. 21, 91누1264.
141) 대판 1986. 8. 19, 86누202.
142) 대구고판 1984. 8. 9, 83구122.
143) 대판 1985. 7. 9, 84누604.

붙였는데, 그 상대방은 직접 부관의 취소를 구하는 소송을 제기하지 아니하고 먼저 행정청에 부관을 식제해 줄 것을 내용으로 하는 '어업허가사항 변경신청'을 한 다음 그것이 거부되자 거부처분에 대한 취소소송을 제기하였다. 이 사건에서 대법원은 본안에 대해 심리한 다음, 기선선망어업허가를 하면서 운반선·등선 등 부속선을 사용할 수 없도록 제한한 부관은 그것이 비록 수산업법 제15조의 규정에 근거한 것이라 하더라도 위 어업허가의 목적달성을 사실상 어렵게 하여 그 본질적 효력을 해하는 것이라는 등의 이유로 원고의 청구를 인용하였다.[144] 이 판결에서 주목해야 할 것은, 만일 상대방이 부속선을 사용할 수 없도록 한 '부관의 취소'를 구하는 소송을 제기하였더라면 앞선 판례에 비추어 볼 때 소가 각하되었을 것이라는 것이다. 그러나 이 사건에서는 직접 부관의 취소를 구하지 아니하고 먼저 행정청에 어업허가에서 부관을 삭제해 주도록 하는 어업허가사항 변경신청을 한 다음 그것이 거부되자 거부처분에 대한 취소소송을 제기하였는바, 대법원은 소송의 대상이 부관이 아니라 거부처분이라는 것을 이유로 본안에 대하여 심리를 하였으며, 결국 부관이 위법하므로 변경신청에 대한 거부처분도 위법하다고 판단한 것이다.

한편, 행정행위의 부관의 변경신청에 대한 행정청의 거부행위가 항고소송의 대상이 되는 처분에 해당하기 위해서는 상대방에게 행정청에 대해 그러한 행위를 요구할 수 있는 법규상 또는 조리상의 신청권이 있어야 한다는 것이 판례의 입장이다. 그리고 만일 제소기간이 도과하여 해당 행정행위에 불가쟁력이 발생한 경우에는 개별 법규에서 그 변경을 요구할 신청권을 규정하고 있거나 관계 법령의 해석상 그러한 신청권이 인정될 수 있는 등 특별한 사정이 없는 한 국민에게 그 행정처분의 변경을 구할 신청권이 없다고 한다.[145]

(4) 소결

앞에서 살펴본 바와 같이 통설과 판례는 부관 중 부담은 독립한 처분성을 가지므로 부담만이 독립하여 취소소송의 대상이 된다고 한다. 그러나 부담 이외의 부관의 경우는, 통설에 의하면 부관부행정행위 전체를 소송의 대상으로 하여 그 중 부관 부분만의 취소를 구하는 이른바 부진정일부취소소송을 제기하여야 한다고 하나, 판례는 부관만의 취소를 구하는 것은 허용되지 않고 따라서 부관부행정행위 전체에 대한 취소소송을 제기하여야 한다고 한다. 이러한 통설과 판례의 입장은 다음과 같은 점에서 문제가 있다고 생각된다.

첫째, 부담 이외의 일반적인 부관의 경우에는 부관만의 취소를 구할 수 없고 부관부행정행위 전체의 취소를 구해야 한다는 판례의 입장은 납득하기 어렵다. 취소소송에는 당연히 일부취소소송도 포함되는바, 부관부행정행위에서 부관 부분만의 취소를 구하는 것은 일부취소소송에 해당하기 때문이다. 부관에 대한 취소소송에서 원고의 청구를 인용하여 부관만을 취소할 것인지는 본안판단의 문제라 할 것이며, 요건심리단계에서 부관에 대한 취소소송은 아예 허용되지 않는 것으로 보아 각하하는 것은 옳지 않다. 예컨대, 법령상 부관을 붙일 수 없는데도 불구하고 행정청이 임의로 부

---

144) 대판 1990. 4. 27, 89누6808.
145) 대판 2007. 4. 26, 2005두11104. 이에 관한 상세한 내용은 이 책 "불가쟁력" 부분 참조.

관을 붙였다면 처분의 상대방이 원하는 것은 부관이 없는 행정행위이며 따라서 부관 부분의 취소를 구하는 소송이 적절한 구제수단이 될 것이다. 그런데 판례의 입장에 따르면 이러한 경우에도 부관부행정행위 전체의 취소를 구해야 하는바, 이는 국민의 권리구제에 역행함은 물론이다.

둘째, 통설과 판례에 따르면 부담의 경우에는 독립한 처분성을 가지므로 주된 행정행위로부터 독립하여 취소소송의 대상된다고 하나, 부담의 경우를 다른 부관과 달리 취급하는 것은 문제가 있다고 생각된다. 부담도 다른 부관과 마찬가지로 주된 행정행위에의 부종성을 특질로 하며, 또한 부담의 독립 처분성에도 의문이 있기 때문이다.[146] 예컨대 도로점용허가에는 부관으로 점용기간 (기한)과 점용료(부담)가 붙여지는 것이 일반적인데, 통설에 따르면 점용기간을 다투는 경우에는 부진정일부취소소송을, 점용료를 다투는 경우에는 진정일부취소소송을 제기하여야 하며, 판례에 따르면 점용기간을 다투는 경우에는 도로점용허가처분 전체에 대한 취소소송을, 점용료를 다투는 경우에는 진정일부취소소송을 제기하여야 한다. 그런데 점용기간이든 점용료이든 모두 도로점용허가와 관련해서만 의미를 갖는 점에서 양자를 달리 보아야 하는지는 의문이다. 따라서 도로점용허가에 붙여진 점용료에 관한 부관(부담)에 대해 다투는 경우에도 일반의 부관과 마찬가지로 부진정일부취소소송의 형식으로 다투도록 하는 것이 타당하다고 할 것이다.

2. 부관의 독립취소가능성

(1) 문제의 소재

만일 부관에 대한 취소소송이 가능하다면, 본안심리의 결과 부관이 위법하다고 인정되는 경우에 법원은 주된 행정행위로부터 분리하여 부관만을 취소할 수 있는지가 문제되는바, 이를 부관의 독립취소가능성의 문제라 한다.

(2) 학설

① 주된 행정행위가 기속행위인지 재량행위인지에 따라 구분하는 견해 : 주된 행정행위가 기속행위인지 재량행위인지로 나누어, 기속행위인 경우에만 부관만의 취소가 가능하다는 견해이다.[147] 기속행위의 경우에는 원칙적으로 부관을 붙일 수 없으므로 그에 부관이 붙여진 경우에는 당연히 부관만을 취소할 수 있지만, 재량행위의 경우에는 부관만을 취소하여 주된 행정행위의 효력을 유지시키면 행정청에게 부관 없이는 발하지 않았을 것으로 보이는 행정행위를 강요하는 결과가 되어 권력분립의 원칙에 반한다는 것을 논거로 한다.

그러나 이에 대해서는 i) 재량행위에 있어 부관만이 취소되면 일시적으로는 부관 없는 행정행위가 발하여진 것과 같은 결과가 될 수 있지만, 행정청이 다시금 판결의 취지를 고려하여 행정행위에 적절한 부관을 붙임으로써 문제를 해결할 수 있으며, ii) 만일 재량행위의 경우에는 부관만의

---

146) 독일의 학자 중에도 부담의 독립적인 처분성을 부인하는 견해가 있으며(Erichsen, Jura 1990, S.214, 217; Schenke, JuS 1983, S.182ff; Laubinger, VerwArch 73(1982), S.345), 우리나라에서도 "부담은 본체인 행정행위에 대한 내용적 독립성으로 인하여 행정행위로서의 실체는 가지고 있으나, 그 자체 독자적 행정행위는 아니다"는 견해가 있다(김동희, 행정행위의 부관에 관한 몇 가지 문제점, 고시연구 1995. 2, 101면).

147) 김동희/최계영(I), 312-314면.

취소가 인정되지 않는다면 결국 부관부행정행위 전체에 대한 취소를 구할 수밖에 없는데, 이는 국민의 권리구제에 역행한다는 비판이 가해지고 있다.

② **부관의 분리가능성에 따라 구분하는 견해** : 부관이 주된 행정행위로부터 분리가능성이 있는지 여부를 기준으로 하여, 분리가능성이 있는 경우에 한하여 부관만의 취소가 가능하다는 견해이다.[148] 그리고 부관의 분리가능성이 없는 경우로는 i) 행정청이 부관 없이는 주된 행정행위를 발하지 않았을 것이라고 인정되는 경우, ii) 부관의 취소에 의하여 주된 행정행위까지 위법하게 만드는 정도로 부관이 중요요소인 경우, iii) 주된 행정행위와 부관이 일체적 재량결정을 이루는 경우 등이 있다고 한다. 이러한 견해에 따르면 부관의 분리가능성은 본안심리를 통하여 밝혀지는 것이므로 이는 부관의 독립쟁송가능성이 아니라 독립취소가능성과 관련된다고 한다.

그러나 이에 대해서는 i) 어떠한 경우에 부관의 분리가능성이 인정되는지에 대한 기준이 모호하며, ii) 부관은 주된 행정행위에 부가된 종된 규율이기 때문에 모든 부관은 언제나 주된 행정행위로부터 분리가 가능하다는 비판이 가해지고 있다.

③ **부관이 주된 행정행위의 중요요소인지에 따라 구분하는 견해** : 부관이 주된 행정행위의 중요요소인지 여부를 기준으로 하여, 중요요소가 아닌 경우에 한하여 부관만의 취소가 가능하다는 견해이다. 부관이 주된 행정행위의 중요요소를 이루는 경우에는 하자있는 부관은 주된 행정행위까지도 위법하게 만들므로, 이 경우에는 부관에 하자가 있다 하더라도 부관만의 취소는 허용되지 않는다고 한다.[149]

④ **부관만의 취소를 전면적으로 인정하는 견해** : 본안심리의 결과 부관이 위법하다고 인정되면 법원은 어떤 부관이든 간에 부관만의 취소가 가능하다는 견해이다.[150] 그 논거로는 i) 행정행위의 분리가능성은 행정행위의 일부가 취소되고 남은 행정행위가 독자적으로 존속할 수 있는지에 달려 있는 것인데, 부관은 주된 행정행위에 부가된 종된 규율이기 때문에 부관이 취소되어도 주된 행정행위는 독자적으로 존속할 수 있으므로 부관은 언제나 주된 행정행위로부터 분리가 가능하며, ii) 부관만의 취소로 인하여 잠정적으로는 부관 없는 행정행위가 발해진 것과 같은 상태가 될 수 있지만, 만일 이러한 상태가 타당하지 않다면 처분청은 주된 행정행위를 취소하거나 새로운 부관을

---

148) 김남진/김연태(I), 302면.

149) 독일의 일부 학자는 부관에 대한 취소소송은 일부취소소송에 해당하므로 소송에서 부관만의 취소가 가능한지는 일부무효(취소)의 법리에 따라 해결되어야 한다고 하는바(Erichsen/Martens, Allgemeines Verwaltungsrecht, 1991, §14 Rn.32), 이러한 견해도 부관이 주된 행정행위의 중요요소인지에 따라 구분하는 견해와 유사하다. 독일 행정절차법 제44조 제4항은 일부무효에 대하여 「행정행위의 일부만이 무효에 해당하는 경우에, 행정청이 무효인 부분 없이는 그 행정행위를 발하지 않았을 정도로 무효부분이 본질적인 경우에는 행정행위 전체를 무효로 한다」고 규정함으로써 민법과는 반대로 '원칙적 일부무효, 예외적 전체무효'를 채택하고 있는데(독일 민법 제139조는 법률행위의 일부가 무효에 해당하는 경우에는 원칙적으로 전부무효, 예외적으로 일부무효라고 규정하고 있으며, 우리 민법 제137조도 같다), 무효와 취소의 구별의 상대성에 비추어 이는 취소의 경우에도 마찬가지로 적용될 수 있다고 한다. 이에 따르면 행정행위의 일부분으로서의 부관에 하자가 있는 경우에는 원칙적으로 부관 부분만이 취소될 수 있지만, 그러나 행정청이 부관 없이는 주된 행정행위를 발하지 않았을 것이라는 정도로 부관이 주된 행정행위의 중요요소(본질적 요소)라고 인정되는 경우에는 부관만의 취소는 허용되지 않는다고 한다. 이에 관한 상세는 이일세, 앞의 논문, 640면 이하 참조.

150) 김중권, 383면; 정하중/김광수, 227면; 홍정선(상), 539면.

붙임으로써 전체 행정행위를 적법하게 만들 수 있다는 것을 든다.

(3) 판례

앞에서 살펴본 바와 같이 판례는 부담과 그 밖의 부관을 구분하여 소송형태를 달리 취급하고 있다. 즉, 부담의 경우에는 독립된 처분성을 인정하여 부담만의 취소소송을 인정하고 있으며, 이 경우 법원은 부담이 위법하면 부담만의 취소를 인정하고 있다.[151]

그러나 부담 이외의 부관의 경우에는 부관만의 취소소송을 인정하지 않고 부관부행정행위 전체에 대한 취소소송을 제기하여야 한다고 보는바, 이 경우 부관이 주된 행정행위의 중요요소(본질적 요소)에 해당한다는 이유로 부관부행정행위 전체를 취소한 판결이 있다. 이는 얼핏 우리의 판례가 부담 이외의 부관의 경우에는 부관의 독립취소가능성과 관련하여 중요요소설을 취한 것으로 보일 수 있으나, 부관의 독립취소가능성의 문제는 '부관에 대한 취소소송'이 제기된 것을 전제로 하는데 이 사안은 부관부행정행위 전체의 취소를 구한 것인 점에서, 이를 가지고 우리의 판례가 중요요소설을 취하고 있다고 단정하기는 어려울 것이다.

> **판례** 『위 도로점용허가의 점용기간은 행정행위의 본질적인 요소에 해당한다고 볼 것이어서, 부관인 점용기간을 정함에 있어서 위법사유가 있다면 이로써 도로점용허가처분 전부가 위법하게 된다고 할 것이다.』(대판 1985. 7. 9, 84누604)

(4) 소결

부관에 대한 취소소송에 있어서 소송의 대상은 부관이므로 만일 본안심리의 결과 부관이 위법하다고 인정되면 법원은 부관만을 취소할 수 있다고 할 것이다. 부관만을 취소하는 경우에 잠정적으로는 부관 없는 행정행위가 발하여진 것과 같은 상태가 될 수 있지만, 만일 그러한 상태가 위법하다고 인정되면 행정청은 주된 행정행위를 취소하거나 새로운 부관을 붙임으로써 문제를 해결할 수 있을 것이다.

제5절 행정행위의 성립 및 효력요건

Ⅰ. 행정행위의 성립요건

행정행위가 적법하게 성립하기 위해서는 일정한 요건을 갖추어야 하는데, 이를 행정행위의 성립요건이라 한다. 행정행위가 적법하게 성립하기 위한 요건으로는, i) 정당한 권한을 가진 행정청이 행할 것, ii) 법이 정한 절차와 형식에 따라 행해질 것, iii) 내용이 명확하고 실현가능하며, 법

령이나 법의 일반원칙에 위반되지 않을 것 등을 들 수 있는바, 이하에서 나누어 살펴보기로 한다.

1. 주체에 관한 요건

행정행위는 정당한 권한을 가진 행정청이 그 권한의 범위 내에서 정상적인 의사에 의하여 발해야 한다.

행정청의 권한은 사항적·지역적으로 한계가 정해지는데, 먼저 사항적 한계에 관해 살펴보기로 한다. 행정사무는 매우 광범위하기 때문에 그 성질과 내용에 따라 사무를 분장하여 여러 행정기관에 맡기고 있는데, 예컨대 교육부장관은 인적자원개발정책, 학교교육·평생교육, 학술에 관한 사무를 관장하며, 환경부장관은 자연환경, 생활환경의 보전 및 환경오염방지, 수자원의 보전·이용·개발 및 하천에 관한 사무를 관장하는 것이 그에 해당한다(정부조직법 28조, 40조). 이와 같이 행정청은 자기의 소관 사무에 관해서만 행정행위를 발할 수 있는 것을 사항적 한계라 한다.

다음으로 지역적 한계에 관해 살펴보기로 한다. 국가의 행정기관 중에는 그 권한이 전국에 미치는 경우도 있고 일정 지역에 한정되는 경우도 있는데, 전자를 중앙행정기관이라 하고 후자를 지방행정기관이라 한다.[152) 예컨대 경찰청장은 중앙행정기관이고 강원지방경찰청장·춘천경찰서장은 지방행정기관이다. 지방행정기관은 자기의 관할구역 안의 사무에 관해서만 행정행위를 발할 수 있다. 만일 행정청이 사항적·지역적 한계를 벗어나 행정행위를 하면 위법한 것이 된다.

2. 절차에 관한 요건

행정행위를 할 때에 공익이나 상대방의 권익보호를 위해서 일정한 절차가 요구되는 경우가 많다. 예컨대 상대방에게 의무를 부과하거나 권익을 제한하는 처분을 할 때에는 의견청취의 절차를 거치도록 하고 있으며(행정절차법 22조), 시·도지사나 국토교통부장관이 택지개발지구를 지정하려는 경우에는 미리 관계 중앙행정기관의 장과 협의하고 시장·군수·구청장의 의견을 들어야 한다(택지개발촉진법 3조 4항). 법이 정한 절차를 위반한 행정행위는 절차상 하자가 있는 것으로서 위법한 것이 된다.

3. 형식에 관한 요건

행정절차법은 행정행위를 할 때의 일반적인 형식적 요건에 관해 규정하고 있다. 즉, 행정청이 행정행위를 할 때에는 다른 법령에 특별한 규정이 있는 경우를 제외하고는 문서로 하여야 하며, 전자문서로 하는 경우에는 당사자의 동의가 있어야 한다. 다만 신속히 처리할 필요가 있거나 사안이 경미한 경우에는 말 또는 그 밖의 방법으로 할 수 있는데, 이 경우 당사자가 요청하면 지체 없이 행정행위에 관한 문서를 주어야 한다(행정절차법 24조 1항). 행정행위를 하는 문서에는 그 처분 행정청과 담당자의 소속·성명 및 연락처를 적어야 한다(동법 24조 2항).

행정행위는 원칙적으로 문서로 하도록 하는 행정절차법 제24조 제1항의 취지는 내용의 명확성

---

152) 지방행정기관은 국가의 기관인 점에서 도지사·시장·군수 등 지방자치단체의 기관과 구별된다.

을 확보하고 행정행위의 존부에 관한 다툼을 방지하여 상대방의 권익을 보호하기 위한 것이므로 이를 위반한 행정행위는 하자가 중대·명백하여 무효라는 것이 판례의 입장이다.[153]

한편, 개별법에서는 행정행위를 함에 있어서 특별한 형식을 요구하고 있는 경우도 있는데, 예컨대 행정심판의 재결은 사건번호, 사건명, 주문, 청구의 취지, 이유 등 법이 정한 사항을 기재한 서면으로 하도록 하는 것이 그에 해당한다(행정심판법 46조).

4. 내용에 관한 요건

법치행정의 원리에 따라 행정행위는 법령에 적합하여야 한다. 즉, 행정행위는 그 내용이 법령에 위반되어서는 안 되며(법률우위), 또한 상대방에게 불이익한 처분을 함에 있어서는 법령의 근거가 있어야 한다(법률유보). 그리고 행정행위는 비례원칙·평등원칙·신뢰보호원칙 등 법의 일반원칙을 준수하여야 하며, 그 내용이 명확하고 실현가능하여야 한다.

행정행위가 법령에 적합하게 발해지기 위해서는 법령의 적절한 해석이 선행되어야 한다. 이와 관련하여 판례는, 침익적 행정행위의 근거가 되는 행정법규는 엄격하게 해석·적용하여야 하고 행정행위의 상대방에게 불리한 방향으로 지나치게 확장해석하거나 유추해석해서는 안 되지만, 이는 단순히 행정실무상의 필요나 입법정책적 필요만을 이유로 문언의 가능한 범위를 벗어나 상대방에게 불리한 방향으로 확장해석하거나 유추해석해서는 안 된다는 것이지, 상대방에게 불리한 내용의 법령해석이 일체 허용되지 않는다는 취지가 아니며, 문언의 가능한 범위 내라면 체계적 해석과 목적론적 해석이 허용됨은 당연하다고 하였다.[154]

이와 관련하여 행정청은 행정행위의 근거가 되는 법률이 위헌이라고 여겨지는 경우에 그 적용을 거부할 수 있는지가 문제된다. 이에 관해 헌법재판소는, 행정청이 행정처분 단계에서 처분의 근거가 되는 법률이 위헌이라고 판단하여 그 적용을 거부하는 것은 권력분립의 원칙상 허용될 수 없다고 하면서, 다만 행정처분에 대한 소송절차에서는 행정처분의 적법성·정당성뿐만 아니라 그 근거 법률의 헌법적합성까지도 심판대상으로 되는 것이므로, 행정처분에 불복하는 당사자뿐만 아니라 행정처분의 주체인 행정청도 법원에 근거 법률에 대한 위헌심판의 제청을 신청할 수 있고(헌법재판소법 제41조), 그 신청이 거부된 경우에는 헌법재판소법 제68조 제2항에 따른 헌법소원을 제기할 수 있다고 하였다.[155]

Ⅱ. 행정행위의 효력발생요건

성립요건을 갖춘 행정행위는 외부적으로 상대방에게 통지됨으로써 효력을 발생한다. 행정행위

---

153) 대판 2019. 7. 11, 2017두38874.
154) 대판 2023. 6. 29, 2023두30994.
155) 헌재 2008. 4. 24, 2004헌바44. 한편, 헌법재판소법 제68조 제1항에 의한 헌법소원은 기본권 주체가 될 수 있는 자만이 청구인이 될 수 있으므로, 국가나 지방자치단체 또는 행정기관은 기본권 주체가 아니라 국민의 기본권을 보호 내지 실현해야 할 책임과 의무를 지니는 지위에 있을 뿐이어서 그 청구인적격이 인정되지 않는다고 하였다.

가 상대방에게 통지되지 않은 경우에는 상대방이 다른 경로를 통해 행정행위의 내용을 알게 되었다 하더라도 행정행위의 효력이 발생하지 않는다는 것이 판례의 입장이다.[156]

일반적으로 행정행위의 통지는 송달의 방법에 의하며, 다만 불특정 다수인을 대상으로 하는 경우에는 고시의 방법에 의한다.

1. 송 달

(1) 의의 및 방법

송달이란 처분서를 상대방 또는 그로부터 권한을 위임받은 자에게 전달하는 것을 의미한다. 송달은 원칙적으로 교부·우편 또는 정보통신망 이용 등의 방법으로 하되, 송달받을 자의 주소 등을 통상적인 방법으로 확인할 수 없는 경우나 송달이 불가능한 경우에는 관보·공보·게시판·일간신문 등에 공고하는 방법으로 할 수 있다(행정절차법 14조 1항, 4항). 송달은 송달받을 자의 주소·거소·영업소·사무소 또는 전자우편주소로 하여야 하지만, 송달받을 자가 동의하는 경우에는 그를 만나는 장소에서 송달할 수 있다(동법 14조 1항).[157]

(2) 송달의 효력발생시기

송달의 효력발생시기와 관련해서는 크게 발신주의와 도달주의가 대립하고 있는데, 행정절차법은 「송달은 다른 법령 등에 특별한 규정이 있는 경우를 제외하고는 해당 문서가 송달받을 자에게 도달됨으로써 그 효력이 발생한다」고 함으로써 도달주의의 원칙을 채택하고 있다(15조 1항). 여기에서 도달이란 상대방이 처분서의 내용을 현실적으로 안 것을 의미하는 것이 아니라, '처분서가 상대방이 알 수 있는 상태에 놓인 것'을 의미하는 것으로 보는 것이 판례의 입장이다.[158]

정보통신망을 이용하여 전자문서로 송달하는 경우에는 송달받을 자가 지정한 컴퓨터 등에 입력된 때에 도달된 것으로 본다(동법 15조 2항).

공고의 방법에 의하는 경우에는 다른 법령에 특별한 규정이 없는 한 공고일부터 14일이 지난 때에 그 효력이 발생한다. 다만, 긴급히 시행하여야 할 특별한 사유가 있어 효력발생시기를 달리 정하여 공고한 경우에는 그에 따른다(동법 15조 3항).

2. 고 시

도시계획결정과 같이 불특정 다수인에 대해 법적 효력을 미치는 행정행위의 경우에는 통상적인 송달의 방법에 의한 통지가 곤란하기 때문에 고시의 방법에 의하도록 하고 있다. 이 경우 고시의 효력발생시점은 관련 법령에서 정한 바에 따른다. 예컨대 도시·군관리계획이 결정되면 결정권자는 이를 고시하여야 하며(국토계획법 30조 6항), 도시·군관리계획결정이 고시되면 시장·군수 등은 지형도면을 작성하여 고시하여야 하는바(동법 32조), 도시·군관리계획결정의 효력은 지형도

---

156) 대판 2019. 8. 9, 2019두38656.
157) 이에 관한 상세한 내용은 '행정절차'에서 설명하기로 한다.
158) 대판 2017. 3. 9, 2016두60577.

면을 고시한 날부터 발생한다(동법 31조 1항).[159]

한편, 「행정업무의 운영 및 혁신에 관한 규정」(대통령령)은 고시·공고 등과 같은 공고문서의 경우에는 관계 법령에서 특별히 효력발생시기를 정하거나 그 문서에서 효력발생시기를 구체적으로 밝히고 있지 않으면 그 고시 또는 공고 등이 있은 날부터 5일이 경과한 때에 효력이 발생한다고 규정하고 있다(6조 3항).

Ⅲ. 행정행위의 요건 등을 정한 법령이 개정된 경우

1. 수익적 행정행위의 신청 후 법령이 개정된 경우

사인이 허가 등 수익적 행정행위를 신청한 경우에 행정청이 그에 대해 처분을 내리기까지는 다소 시일이 걸리는 것이 일반적이다. 그런데 신청이 있은 후 처분이 내려지기 전에 해당 행정행위의 요건 등을 정한 법령이 개정된 경우에 행정청은 어느 법령을 적용하여 처분을 내려야 하는지가 문제된다.

(1) 종래 판례의 입장

개정 법령의 부칙에서 특별히 '개정법의 시행 전에 이미 신청이 있는 때에는 종전의 규정에 의한다'는 취지의 경과규정을 두고 있는 경우에는 그에 의함은 물론이다. 그런데 개정 법령에서 아무런 경과규정을 두고 있지 않은 경우에는 원칙적으로 '처분을 내릴 당시'의 법령을 적용하여야 하며, 다만 행정청이 신청을 받고도 정당한 이유없이 처리를 늦추어서 그 사이에 법령이 개정된 경우에는 신청시의 법령을 적용하여야 한다는 것이 종래의 판례의 입장이었다.[160] 여기에서 '정당한 이유 없이 처리를 지연하였는지'는 법정 처리기간이나 통상적인 처리기간을 기초로 당해 처분이 지연되게 된 구체적인 경위나 사정을 중심으로 살펴 판단하되, 개정 전 법령의 적용을 회피하려는 행정청의 동기나 의도가 있었는지, 처분 지연을 쉽게 피할 가능성이 있었는지 등도 아울러 고려할 수 있다고 한다.[161]

(2) 행정기본법의 규정

이에 관해 행정기본법은 "당사자의 신청에 따른 처분은 법령에 특별한 규정이 있거나 처분 당시의 법령을 적용하기 곤란한 특별한 사정이 있는 경우를 제외하고는 처분 당시의 법령에 따른다"는 명문의 규정을 두었다(14조 2항). 여기에서 '법령에 특별한 규정이 있는 경우'란 개정 법령에서 특별히 경과규정을 두고 있는 경우를 말하며, '처분 당시의 법령을 적용하기 곤란한 특별한 사정이 있는 경우'의 대표적 예로는 행정청이 신청을 받고도 정당한 이유 없이 처리를 늦추어서 그 사

---

159) 종래에는 도시·군관리계획이 결정되면 이를 고시하도록 하고 그 효력은 고시가 된 날부터 5일 후에 발생하도록 하였으나, 2015년 7월 법개정시에 지형도면을 고시한 날부터 효력을 발생하도록 하였다.

160) 대판 2005. 7. 29, 2003두3550; 대판 2006. 8. 25, 2004두2974; 대판 2014. 7. 24, 2012두23501.

161) 대판 2014. 7. 24, 2012두23501.

이에 법령이 개정된 경우를 들 수 있다.

2. 위반행위 후 제재처분 전에 근거 법령이 개정된 경우

사인이 법령위반행위를 한 후에 그에 대한 제재처분이 내려지기 전에 제재처분의 요건이나 기준을 정한 법령이 개정된 경우에 행정청은 어느 법령을 기준으로 제재처분을 내려야 하는지가 문제된다.

(1) 종래 학설과 판례의 입장

종래의 학설은 ① 위반행위시의 법령을 적용하여야 한다는 견해, ② 제재처분을 내릴 당시의 법령을 적용하여야 한다는 견해, ③ 원칙적으로 위반행위시의 법령을 적용하되 법령이 국민에게 유리하게 개정된 경우에는 제재처분시의 법령을 적용하여야 한다는 견해 등이 대립하고 있었다.

이에 관해 판례는, 비록 위반행위 후 제재처분이 내려지기 전에 법령이 상대방에게 유리하게 개정되었다 하더라도 원칙적으로 위반행위시의 법령을 적용하여야 한다는 입장을 취하였다.[162]

(2) 행정기본법의 규정

이에 관해 행정기본법은 "법령을 위반한 행위의 성립과 이에 대한 제재처분은 법령에 특별한 규정이 있는 경우를 제외하고는 법령을 위반한 행위 당시의 법령에 따른다"고 규정함으로써(14조 3항 본문), 원칙적으로 위반행위시의 법령을 적용하도록 하였다. 다만 법령위반행위가 있은 후 법령이 당사자에게 유리하게 개정된 경우, 즉 법령의 변경에 의하여 그 행위가 법령위반행위에 해당하지 않거나 제재처분이 가벼워진 경우에는 특별한 규정이 없는 한 변경된 법령을 적용하도록 하였다(14조 3항 단서).

제 6 절　행정행위의 효력

Ⅰ. 내용적 구속력

행정행위는 그 내용에 따라 상대방·관계인 및 행정청에 대하여 일정한 법적 효과를 발생하는데, 이를 구속력 또는 내용적 구속력이라 한다. 예컨대 도로점용허가가 행해지면 상대방은 그 내용에 따라 도로를 점용할 권리를 가지고, 행정청이나 제3자는 이를 방해해서는 안 되는 효력을 발생하는 것이 그에 해당한다. 이러한 구속력은 적법하게 성립한 모든 행정행위에 당연히 인정되는 실체저 효력이라 할 수 있다.

---

162) 대판 1983. 12. 13, 83누383; 대판 2002. 12. 10, 2001두3228.

Ⅱ. 공정력

1. 의 의

(1) 개념

행정행위의 공정력이란 행정행위에 비록 하자가 있더라도 그 하자가 중대·명백하여 당연무효가 아닌 한 권한있는 기관에 의해 취소될 때까지는 잠정적으로 유효한 것으로 통용되는 효력을 말한다.

사법상의 법률관계에서는 법률행위의 효력에 대해 다툼이 있는 경우에 법원의 판결에 의해 확정될 때까지는 그 효력을 부인할 수 있다. 그러나 공법상 법률관계에서 행정행위의 효력에 대해 다툼이 있는 경우에 임의로 그 효력을 부인할 수 있다면 행정목적의 실현에 커다란 지장을 초래하게 되며, 이에 공정력이라는 특권적 효력이 인정되는 것이다.

(2) 전통적 견해와 새로운 견해

전통적 견해에 의하면 공정력이란 「행정행위에 비록 하자가 있더라도 그 하자가 중대·명백하여 당연무효가 아닌 한 권한있는 기관(처분청, 취소소송의 수소법원 등)에 의하여 취소되기 전까지는 '누구든지' 임의로 그 효력을 부인하지 못하는 힘」을 의미하는 것으로 본다. 이에 반해 새로운 견해는 공정력을 「행정행위에 비록 하자가 있더라도 그 하자가 중대·명백하여 당연무효가 아닌 한 권한있는 기관에 의해 취소되기 전까지는 '상대방 또는 이해관계인'은 임의로 그 효력을 부인할 수 없는 구속력」이라고 정의한다.[163]

전통적 견해와 새로운 견해의 차이점은 공정력이 '누구에 대한 구속력'인지에 있다. 즉, 전통적 견해에 의하면 공정력은 '누구에게나' 미치며 따라서 사인뿐만 아니라 국가기관(다만 행정행위의 취소권한을 가지는 처분청이나 취소소송의 수소법원은 제외)도 공정력의 적용을 받는다고 한다. 이에 반해 새로운 견해에 의하면 공정력은 '사인(행정행위의 상대방이나 이해관계인)'에 대해서만 미치며, 이러한 점에서 '국가기관에 대한 구속력'을 의미하는 구성요건적 효력과 구별된다고 한다.

2. 성 질

(1) 잠정적인 통용력의 부여

과거에는 공정력은 행정행위가 적법하다는 것을 추정시켜주는 것이라는 견해가 유력하였다(적법성 추정설). 이에 따르면 행정소송에 있어서 행정행위의 위법성에 대한 증명책임은 그 위법을 주장하는 원고가 부담하게 된다.

그러나 오늘날에는 공정력은 행정행위가 적법하다는 것을 추정시키는 것이 아니라 행정법관계의 안정성 유지를 위하여 잠정적으로 유효한 것으로 통용되는 힘을 부여하는 것이라고 보는 것이

---

163) 김남진/김연태(I), 310면.

지배적인 견해이다. 이에 따르면 공정력은 행정소송에 있어서 증명책임의 분배에는 영향을 미치지 않는다고 보며, 따라서 행정행위의 적법 또는 위법에 대한 증명책임은 민사소송법이 정한 일반원칙에 따라 원고와 피고가 나누어 부담한다고 한다.

공정력은 행정행위에 하자가 있더라도 권한있는 기관에 의해 취소될 때까지는 잠정적으로 유효한 것으로 통용되는 효력이므로 상대방이나 이해관계인은 공정력이 있는 행정행위의 효력을 임의로 부인할 수는 없지만, 행정행위의 위법성을 주장하는 것은 가능하다.[164)

(2) 절차적 효력인지 실체적 효력인지 여부

일설에 의하면 행정행위의 내용적 구속력은 실체적 효력인데 대하여 공정력은 행정법관계의 안정성유지 등을 위해 잠정적으로 행정행위의 내용적 구속력을 통용시키는 절차적 효력이라고 한다.[165) 이에 반해 다른 견해는, 공정력은 행정행위를 잠정적으로 유효한 것으로 통용시키는 것이므로 실체적 효력에 해당한다고 본다.[166) 생각건대, 과거에는 공정력의 근거를 '하자있는 행정행위에 대한 행정쟁송 규정'에서 간접적으로 찾았기 때문에 절차적 효력이라는 주장이 나올 수 있었지만, 행정기본법이 명문으로 공정력에 관해 규정하고 있는 현재에는 실체적 효력으로 보는 것이 타당할 것이다.

3. 근 거

(1) 이론적 근거

① **자기확인설** : 이는 일찍이 오토 마이어(Otto Mayer)에 의해 주장된 것으로서, 행정청이 그의 권한 내에서 한 행정행위는 행정청 스스로 그 유효성을 확인한 것이므로 행정청이 그 확인을 유지하는 한 유효하다는 견해이다. 이 설에 의하면 공정력은 행정행위에 내재된 고유한 것으로 본다. 이러한 자기확인설은 행정행위와 판결이 본질적으로 유사하다는 것에서 출발하는 것이나, 행정행위와 판결은 그 담당기관·절차 등에 있어 현저한 차이가 있으므로 양자를 본질적으로 유사한 것으로 볼 수 없다는 비판이 가해지고 있다.

② **국가권위설** : 이는 폴스토프(Forsthoff) 교수가 자기확인설을 계승·발전시킨 이론으로서, 행정행위는 행정청이 국가권위에 바탕을 두고 우월적 지위에서 행하는 것이므로 행정행위의 공정력은 이러한 국가적 권위에서 도출된다고 한다. 이러한 견해에 대해서는 관료적·권위주의적 사고에 바탕을 둔 것이라는 비판이 가해지고 있다.

③ **예선적 특권설** : 이는 공정력의 이론적 근거를 프랑스에서 통용되고 있는 행정의 예선적 특권이론에서 찾는 견해이다. 예선적 특권이란, 행정행위에 대하여 법원의 적법·위법의 판정이 있기 전에 미리 행정청에게 자신의 행정결정에 대한 정당한 통용력을 인정하는 것을 말한다.

④ **법적 안정성설**(행정정책설) : 이는 공정력의 근거를 행정목적의 효율적 달성, 행정법관계의 안

---

164) 대판 1993. 11. 9, 93누14271.
165) 김동희/최계영(I), 321면; 박정훈, 행정법의 체계와 방법론, 2005, 105면 이하.
166) 정하중/김광수, 238면; 김중권, 340면.

정성유지, 상대방의 신뢰보호 등과 같은 정책적 고려에서 구하는 견해이다. 만일 행정행위의 적법성 여부가 의심스러운 경우에 임의로 그 효력을 부인할 수 있다면 행정목적의 효율적 달성을 저해함은 물론 행정법관계의 안정성을 유지할 수 없기 때문에 정책적 측면에서 공정력이 인정된다는 것이다. 이러한 견해가 현재의 통설이라 할 수 있다.

(2) 실정법적 근거

종래 행정행위의 공정력에 관해 직접적으로 규정하고 있는 법률은 없었으며, 따라서 공정력의 법적 근거는 위법한 행정행위에 대하여 취소심판 또는 취소소송으로 다투도록 하고 있는 행정심판법(5조)과 행정소송법(4조)의 규정에서 간접적으로 찾을 수 있다고 보았다.[167]

그런데 행정기본법은 '처분의 효력'이라는 제목 아래 「처분은 권한이 있는 기관이 취소 또는 철회하거나 기간의 경과 등으로 소멸되기 전까지는 유효한 것으로 통용된다. 다만 무효인 처분은 처음부터 그 효력이 발생하지 아니한다」라고 규정함으로써(15조), 공정력의 법적 근거를 마련하였다. 다만 위 조문이 넓은 의미의 공정력(구성요건적 효력을 포함하는 의미의 공정력)을 규정한 것인지, 좁은 의미의 공정력(구성요건적 효력과 구별되는 의미의 공정력)을 규정한 것인지에 대해서는 분명치 않다.

4. 한 계

(1) 공정력은 '행정행위'가 가지는 효력의 일종이므로, 행정지도·공법상 계약 등에는 공정력이 인정되지 않는다. 판례에 의하면, 어업권면허에 앞서 행해지는 우선순위결정은 행정청이 우선권자로 결정된 자의 신청이 있으면 어업권면허처분을 하겠다는 것을 약속하는 행위로서 강학상 '확약'에 불과하고 행정처분은 아니므로, 우선순위결정에 공정력과 같은 효력은 인정되지 않는다고 한다.[168]

(2) 공정력은 일단 유효하게 성립한 행정행위에 인정되는 효력이므로, 중대·명백한 하자가 있어서 당연무효인 행정행위에는 공정력이 인정되지 않는다.

5. 공정력과 선결문제

선결문제란 민사소송이나 형사소송에서 행정행위의 효력이나 위법성이 문제된 경우에 민사법원이나 형사법원이 직접 행정행위의 효력이나 위법성 여부를 심리·판단할 수 있는지의 문제이다. 종래에는 이러한 선결문제는 행정행위의 공정력과 관련되는 것으로 보았으나, 공정력과 구성요건적 효력을 구별하는 견해에 의하면 선결문제는 '행정행위의 국가기관(법원)에 대한 구속력'의 문제이기 때문에 구성요건적 효력과 관련되는 것으로 본다. 이 책에서는 공정력과 구성요건적 효력을 구별하고 있으므로 선결문제에 대해서는 구성요건적 효력에서 자세히 살펴보기로 한다.

---

167) 위법한 행정행위에 대해 취소소송으로 다투도록 한 취지는, 비록 행정행위가 위법하더라도 취소소송에 의해 공식적으로 취소되기 전까지는 그 효력을 존중해야 한다고 본다.

168) 대판 1995. 1. 20, 94누6529.

Ⅲ. 구성요건적 효력

1. 서

(1) 의의

구성요건적 효력이란 어떤 국가기관이 유효한 행정행위를 한 경우에는 비록 그것에 하자가 있더라도 다른 국가기관(처분청과 취소소송의 수소법원은 제외)은 그의 효력을 존중해서 자기 판단의 기초 내지는 구성요건으로 삼아야 하는 효력을 말한다. 예컨대 법무부장관이 A에 대하여 귀화허가를 하였다면 그 귀화허가가 당연무효가 아닌 한 보건복지부장관은 복지에 관련된 처분을 함에 있어서 A가 대한민국 국민이라는 전제하에서 해야 하는 것이다.

(2) 근거

구성요건적 효력의 근거는, 국가기관은 각기 권한과 관할을 달리하므로 서로 다른 기관의 권한행사를 존중해야 한다는 것에서 찾는다. 행정기관의 설치 및 직무범위를 정한 정부조직법 등이 그 실정법적 근거라 할 수 있다.

한편, 법원(다만 취소소송의 수소법원은 제외)에 대한 구속력은 권력분립의 원리에서 나온다고 한다.[169] 즉, 행정행위가 유효하게 존재하는 데에도 법원이 임의로 그 효력을 부인하는 것은 권력분립의 원칙에 반하는 것이라고 한다.

(3) 공정력과의 구별

① **구별부정설** : 전통적 견해는 공정력을 "행정행위에 하자가 있더라도 그것이 당연무효가 아닌 한 '누구나' 임의로 그 효력을 부인하지 못하는 힘"이라고 정의하며, 따라서 공정력은 사인에 대해서뿐만 아니라 다른 국가기관에 대해서도 미친다고 한다. 이러한 견해에 의하면 구성요건적 효력은 공정력에 포함되게 된다.

② **구별인정설** : 새로운 견해는 공정력과 구성요건적 효력은 그 근거, 구속력의 상대방 등에 있어서 차이가 있으므로 양 개념은 구별되어야 한다고 본다. 즉, i) 공정력은 하자있는 행정행위는 취소쟁송을 통해서만 다투도록 하고 있는 현행 행정쟁송체계를 근거로 하지만, 구성요건적 효력은 국가기관은 권력분립과 기능배분의 측면에서 각기 권한과 관할을 달리하므로 서로 다른 기관의 권한행사를 존중해야 한다는 것에 근거하고 있다. ii) 공정력은 행정행위의 상대방이나 이해관계인에 대한 구속력이지만, 구성요건적 효력은 국가기관(처분청과 취소소송의 수소법원은 제외)에 대한 구속력이다.

현재는 공정력과 구성요건적 효력을 구별하는 것이 다수의 견해라 할 수 있다.[170]

---

169) 홍정선(상), 452면. 취소소송의 수소법원은 행정행위가 위법한지를 심사해서 위법성이 인정되면 그것을 취소할 수 있으므로 구성요건적 효력의 적용을 받지 않는다.
170) 김남진/김연태(I), 314면; 김남철, 225면; 김중권, 359면; 정하중/김광수, 241면; 하명호, 173면.

2. 구성요건적 효력과 선결문제

기본사례

(1) 전주시에서 식품판매업을 하는 갑은 식중독균 검출기준을 위반한 식품을 판매하다가 적발되었다(1차 위반). 식품위생법과 동법시행규칙에 의하면 식중독균 검출기준을 위반한 식품을 판매한 경우 1차 위반의 경우에는 1개월의 영업정지처분을 내리도록 되어 있는데, 전주시장은 갑에게 2개월 영업정지처분을 내렸다. 관계 법령을 잘 알지 못하는 갑은 위 영업정지처분에 대해 소송으로 다투지 않았는데, 영업정지기간이 끝난 후에 자신에 대한 2개월 영업정지처분은 법령이 정한 기준에 위배된다는 것을 알게 되었다. 이에 갑은 위법한 영업정지처분으로 인해 손해를 받았다는 이유로 전주시를 상대로 국가배상청구소송을 제기하였다. 이 경우 국가배상청구소송의 수소법원은 영업정지처분의 위법성 여부를 스스로 심사할 수 있는가.

(2) 조세부과처분을 받은 을은 해당 처분이 위법하다고 생각되었지만 일단 세금을 납부한 후 자신에 대한 조세부과처분이 위법하니 납부한 세금을 반환해 달라는 부당이득반환청구소송을 제기하였다. 이 경우 부당이득반환청구소송의 수소법원은 조세부과처분이 위법한지를 심사해서 부당이득 여부를 판단할 수 있는가. 만일 을이 자신에 대한 조세부과처분이 중대·명백한 하자가 있어서 무효라고 주장하는 경우에는 어떠한가.

(1) 문제의 소재 및 행정소송법의 규정

민사·형사소송에 있어서 행정행위의 효력 유무 또는 위법 여부가 재판의 선결문제가 되는 경우에, 민사·형사소송의 수소법원이 그 행정행위의 효력 유무 또는 위법 여부를 스스로 심리·판단할 수 있는지가 문제된다.

이에 관하여 행정소송법은 "처분의 효력 유무 또는 존재 여부가 민사소송의 선결문제로 되어 당해 민사소송의 수소법원이 이를 심리·판단하는 경우에는 제17조, 제25조, 제26조 및 제33조의 규정을 준용한다"고 규정함으로써(11조 1항), 민사소송의 수소법원도 처분의 효력 유무(존재 여부 포함)에 대해서는 당연히 심리·판단할 수 있음을 분명히 하고 있다. 그러나 처분에 단순 위법사유(취소사유)가 있는 경우에 민사·형사소송의 수소법원이 선결문제로서 행정행위의 위법 여부를 심사할 수 있는지에 대해서는 다툼이 있다.

(2) 민사소송에 있어서의 선결문제

1) 국가배상청구소송(처분의 위법성이 선결문제인 경우)

국가배상책임은 '공무원의 위법한 직무집행행위로 타인에게 손해를 발생케 한 것'을 요건으로 하고 있는바, 만일 어떤 사람이 위법한 행정행위로 인해 손해를 받았다고 주장하며 국가배상청구소송을 제기한 경우에 그 수소법원(민사법원)이 선결문제로서 행정행위의 위법 여부를 심사할 수 있는지가 문제된다.[171]

① **부정설** : 이는 행정행위가 당연무효가 아닌 한 민사법원은 행정행위의 위법 여부를 심사할

---

171) 국가배상청구소송은 민사소송의 성질을 가진다는 것이 판례의 입장이다.

수 없다는 견해이다.[172] 그 논거로는, ⅰ) 우리나라는 행정소송의 배타적 관할제도를 취하고 있기 때문에 행정행위의 위법성은 행정소송을 통해서만 심사되어야 하는 점, ⅱ) 행정행위에는 공정력이 인정되기 때문에 그것이 권한있는 기관에 의해 취소되기 전까지는 어떠한 국가기관(다만 처분청과 취소소송의 수소법원은 제외)도 그 효력에 구속되어야 하는 점, ⅲ) 현행 행정소송법은 선결문제의 심사에 관하여 '처분의 효력 유무 또는 존재 여부'가 민사소송의 선결문제로 되는 경우에 대해서만 규정하고 '처분의 위법 여부'에 대해서는 아무런 규정을 두고 있지 않은 점(11조) 등을 들고 있다.

② 긍정설 : 이는 민사법원은 행정행위의 효력 유무뿐만 아니라 위법 여부에 대해서도 심사하여 이를 기초로 자기 사건을 재판할 수 있다는 견해로서, 다수설의 입장이다.[173] 그 논거로는, ⅰ) 선결문제는 '행정행위의 국가기관(민사법원)에 대한 구속력'의 문제이므로 공정력이 아니라 구성요건적 효력과 관계되는 것이며, 민사법원이 행정행위의 효력을 부인하지 않는 한도에서 행정행위의 위법 여부를 심사하는 것은 구성요건적 효력에 반하는 것이 아닌 점, ⅱ) 행정소송법 제11조는 '처분 등의 효력 유무 또는 존재 여부'가 선결문제로 되는 경우에 대해서만 규정하고 있는데, 이는 1984년 행정소송법을 전면 개정할 당시 학설·판례상 의견의 일치를 본 부분만을 명기하고 그 밖의 부분은 향후 학설·판례의 발전에 맡긴 것으로 보아야 하는 점 등을 들고 있다.

③ 판례의 입장 : 판례는 미리 행정소송에 의한 행정행위의 취소판결이 있어야만 그 행정행위의 위법을 이유로 국가배상을 청구할 수 있는 것은 아니라고 함으로써 긍정설의 입장을 취하고 있다.[174]

> **판례** 『공무원이 그 직무를 집행함에 당하여 고의 또는 과실로 법령에 위반하여 손해를 가하였을 때에는 국가 또는 지방자치단체에 대하여 배상청구를 할 수 있다 할 것인바, 본건 계고처분 또는 행정대집행 영장에 의한 통지와 같은 행정처분이 위법인 경우에는 그 각 처분의 무효확인 또는 취소를 소구할 수 있으나 행정대집행이 완료한 후에는 그 처분의 무효확인 또는 취소를 구할 소익이 없다 할 것이며, 변론의 전 취지에 의하여 본건 계고처분 행정처분이 위법임을 이유로 배상을 청구하는 취의로 인정될 수 있는 본건에 있어 미리 그 행정처분의 취소판결이 있어야만 그 행정처분의 위법임을 이유로 피고에게 배상을 청구할 수 있는 것은 아니라고 해석함이 상당하다.』 (대판 1972. 4. 28, 72다337)

④ 소결 : 국가배상은 '공무원의 위법한 직무집행행위'를 요건으로 하므로 국가배상청구소송에 있어서는 행정행위의 '위법 여부'가 선결문제라고 할 것이다. 따라서 국가배상청구소송의 수소법원이 행정행위의 효력을 부인(취소)하지 않는 한도에서 선결문제로서 행정행위의 위법 여부를 심사하는 것은 행정소송의 배타적 관할제도에 반하지 않는다고 할 것이므로 다수설 및 판례의 입장이 타당하다.

---

172) 이상규(상), 408면.
173) 김남진/김연태(I), 317면; 정하중/김광수, 243면; 홍정선(상), 439면; 하명호, 176면.
174) 대판 1972. 4. 28, 72다337.

2) 부당이득반환청구소송(처분의 효력이 선결문제인 경우)

부당이득이란 일방이 '법률상 원인 없이' 이익을 얻고 그로 인하여 타인에게 손해를 입히는 것을 요건으로 하는바, 공법관계에서의 부당이득반환청구도 민사소송에 의하여야 한다는 것이 판례의 입장이다.[175] 이와 관련하여, 행정행위를 매개로 한 부당이득반환청구소송의 경우에 그 수소법원(민사법원)이 선결문제로서 행정행위의 위법 여부를 심사할 수 있는지가 문제된다.

부당이득반환청구소송에 있어서는 행정행위의 '위법 여부'가 아니라 '효력 유무'가 선결문제가 되며, 따라서 민사법원(부당이득반환청구소송의 수소법원)은 선결문제로서 행정행위의 효력 유무를 심사할 수 있으나 위법 여부에 대해서는 심사할 수 없다는 것이 통설과 판례의 입장이다.[176] 부당이득은 '법률상 원인 없이'를 요건으로 하므로 비록 행정행위가 위법하다 하더라도 그것이 취소되기 전에는 부당이득의 성립에 아무런 영향을 미치지 않기 때문이다.

결국 행정행위의 단순 위법(취소사유)을 이유로 부당이득반환청구를 하기 위해서는 해당 행정행위에 대한 취소소송을 제기하면서 관련청구소송으로서 부당이득반환청구소송을 병합 제기하여야 할 것인바(행정소송법 10조), 이 경우 부당이득이 인정되기 위해서는 행정행위가 해당 항고소송절차에서 취소되면 충분하고 그 취소가 확정되어야 하는 것은 아니라는 것이 판례의 입장이다.[177]

> **판례** ① 『조세의 과오납이 부당이득이 되기 위하여는 납세 또는 조세의 징수가 실체법적으로나 절차법적으로 전혀 법률상의 근거가 없거나 과세처분의 하자가 중대하고 명백하여 당연무효이어야 하고, 과세처분의 하자가 단지 취소할 수 있는 정도에 불과할 때에는 과세관청이 이를 스스로 취소하거나 항고소송절차에 의하여 취소되지 않는 한 그로 인한 조세의 납부가 부당이득이 된다고 할 수 없다.』 (대판 1994. 11. 11. 94다28000)[178]
>
> ② 『민사소송에 있어서 어느 행정처분의 당연무효 여부가 선결문제로 되는 때에는 민사법원이 이를 판단하여 당연무효임을 전제로 판결할 수 있고, 반드시 행정소송 등의 절차에 의하여 그 취소나 무효확인을 받아야 하는 것은 아니다.』 (대판 2010. 4. 8. 2009다90092)
>
> ③ 『행정소송법 제10조는 처분의 취소를 구하는 취소소송에 당해 처분과 관련되는 부당이득반환소송을 관련 청구로 병합할 수 있다고 규정하고 있는바, 이 조항을 둔 취지에 비추어 보면, 취소소송에 병합할 수 있는 당해 처분과 관련되는 부당이득반환소송에는 당해 처분의 취소를 선결문제로 하는 부당이득반환청구가 포함되고, 이러한 부당이득반환청구가 인용되기 위해서는 그 소송절차에서 판결에 의해 당해 처분이 취소되면 충분하고 그 처분의 취소가 확정되어야 하는 것은 아니라고 보아야 한다.』 (대판 2009. 4. 9. 2008두23153)

(3) 형사소송에 있어서의 선결문제

형사소송절차에 있어서 행정행위의 효력 유무 또는 위법 여부가 선결문제로 된 경우에 형사법

---

175) 예컨대 과오납된 조세의 반환청구는 부당이득반환청구의 성질을 가지는데, 이는 민사소송의 대상이 된다는 것이 판례의 입장이다(대판 1995. 4. 28, 94다55019).
176) 대판 2007. 3. 16, 2006다83802, 대판 2013. 1. 24, 2012다79828.
177) 대판 2009. 4. 9, 2008두23153.
178) 同旨의 판례 : 대판 2013. 1. 24, 2012다79828; 대판 2021. 12. 30, 2018다241458.

원이 이를 심사할 수 있는지가 문제되는바, 경우를 나누어 고찰하기로 한다.

1) 행정행위의 위법성이 선결문제가 된 경우(시정명령위반죄)

형사소송절차에 있어서 행정행위의 위법 여부가 선결문제로 되는 것은 주로 '시정명령(공사중지명령, 철거명령 등 포함)위반죄'와 관련해서이다. 예컨대 허가를 받지 않고 개발행위를 한 자에 대해서는 공사중지·공작물이전 등 시정조치를 명할 수 있으며(국토계획법 133조 1항), 시정명령을 위반한 자에 대해서는 1년 이하의 징역 또는 1천만원 이하의 벌금에 처하도록 하고 있다(동법 142조). 그런데 시정명령위반죄가 성립하기 위해서는 그 전제가 되는 시정명령이 적법한 것이어야 하는바,[179] 이 경우 형사법원이 선결문제로서 시정명령의 위법 여부를 심사할 수 있는지가 문제되는 것이다.

① **부정설** : 이는 행정행위가 당연무효가 아닌 한 형사법원은 선결문제로서 행정행위의 위법 여부를 심사할 수 없다는 견해이다. 그 논거로는, i) 우리나라는 행정소송의 배타적 관할제도를 취하고 있기 때문에 행정행위의 위법성은 행정소송을 통해서만 심사되어야 하는 점, ii) 행정행위에는 공정력이 인정되기 때문에 그것이 권한있는 기관에 의해 취소되기 전까지는 어떠한 국가기관(다만 처분청과 취소소송의 수소법원은 제외)도 그 효력에 구속되어야 하는 점, iii) 행정소송법 제11조는 '처분 등의 효력 유무 또는 존재 여부'가 선결문제로 되는 경우에 대해서만 민사법원의 심사권을 규정하고 있는데, 이는 형사소송의 경우에도 준용되어야 하는 점 등을 들고 있다.

② **긍정설** : 이는 형사법원은 행정행위의 효력 유무뿐만 아니라 위법 여부에 관해서도 심사하여 이를 기초로 범죄의 성립 여부를 결정할 수 있다는 견해로서, 현재의 다수설의 입장이다. 그 논거로는, i) 선결문제는 행정행위의 '국가기관(형사법원)에 대한 구속력'의 문제이므로 공정력이 아니라 구성요건적 효력과 관계되는 것이며, 형사법원이 행정행위의 효력을 부인하지 않는 한도에서 행정행위의 위법 여부를 심사하는 것은 구성요건적 효력에 반하는 것이 아닌 점, ii) '처분의 효력 유무 또는 존재 여부'가 선결문제가 된 경우의 심사권만을 규정하고 있는 행정소송법 제11조는 1984년 행정소송법을 전면 개정할 당시 학설·판례상 의견의 일치를 본 부분만을 명기한 것이고 그 밖의 부분은 향후 학설·판례의 발전에 맡긴 것으로 보아야 하는 점을 들고 있다.

③ **판례의 입장** : 우리의 판례는, 시정명령위반죄가 성립하기 위해서는 행정청의 시정명령이 적법한 것이어야 하므로 형사법원은 시정명령의 위법성에 대해 심사하여 시정명령위반죄의 성립 여부를 판단할 수 있다고 함으로써 긍정설의 입장을 취하고 있다.[180]

> **판례** 『[1] 도시 및 주거환경정비법 제77조 제1항의 규정에 따른 처분의 취소·변경 또는 정지, 그 공사의 중지 및 변경에 관한 명령을 받은 사업시행자 및 정비사업 전문관리업자가 이를 위반한 경우, 그로 인하여 법 제85조 제12호에 정한 처벌을 하기 위하여는 그 명령이 적법한 것이어야 하고, 그 처분이 당연무효가 아니라 하더라도 그것이 위법한 처분으로 인정되는 한 같은 법 제85조 제12호 위반죄가 성립

---

179) 대판 2017. 9. 21, 2017도7321; 대판 2023. 4. 27, 2020도17883.
180) 대판 1992. 8. 18, 90도1709; 대판 2007. 2. 23, 2006도6845; 대판 2008. 2. 29, 2006도7689.

할 수 없다.

[2] 서울 강서구 화곡동 1003－1 외 34필지 지상 정비사업의 사업시행자인 화곡2지구정비사업조합이 시행한 위 정비사업 중 이 사건에서 문제가 된 '관리처분계획 인가 전 기존 건축물의 철거'는 위 정비사업공사 중 철거공사 부분을 대림산업 주식회사를 통하여 하도급 받은 공소외 1 주식회사가 자의적으로 행한 것이고, 정비사업 전문관리업자인 공소외 2 주식회사(이하 '이 사건 감정평가법인'이라 한다)나 그 담당자인 피고인은 위 철거공사를 수행할 권한이 없었을 뿐만 아니라 위 철거공사업자에 대하여 철거공사를 시행시키거나 중지시킬 수 있는 지시·감독권한도 없었음을 알 수 있으므로, 강서구청장이 2004. 12.경 및 2005. 1. 11.경 이 사건 감정평가법인에 대하여 한 철거공사 중지명령은 위법하고, 따라서 피고인이 위법한 위 철거공사 중지명령을 따르지 않았다고 하여 피고인을 법 제77조 제1항, 제85조 제12호에 정한 명령위반죄로 처벌할 수는 없다.』 (대판 2008. 2. 29, 2006도7689)

2) 행정행위의 효력이 선결문제가 된 경우

행정행위의 효력 유무가 형사소송의 선결문제가 되는 경우의 예로는 무면허운전죄를 들 수 있다. 위법하게 운전면허를 발급받은 자가 운전행위를 한 경우에 무면허운전죄가 성립되기 위해서는 해당 운전면허의 효력이 없어야 하는바(도로교통법 152조 1호), 이 경우 형사법원이 운전면허의 효력 유무나 위법 여부를 심사할 수 있는지가 문제된다.[181]

통설과 판례에 의하면, 무면허운전죄를 재판하는 형사법원은 선결문제로서 행정행위의 '효력 유무'(당연무효인지 여부)에 대해서는 심사할 수 있으나 '위법 여부'(취소사유)에 대해서는 심사할 수 없다고 한다.[182] 무면허운전죄의 경우는 '행정행위(운전면허)의 효력'이 선결문제가 되므로 단순히 행정행위가 위법하다는 것만으로는 무면허운전죄의 성립에 아무런 영향을 미치지 않기 때문이다. 이에 따르면, 위법하게(취소사유) 운전면허를 발급받은 자가 운전행위를 하였다 하더라도 그 운전면허가 권한있는 기관(처분청 또는 취소소송의 수소법원)에 의해 취소되지 않는 한 형사법원은 무면허운전죄로 처벌할 수 없게 된다.

판례 『연령미달의 결격자인 피고인이 소외인의 이름으로 운전면허시험에 응시, 합격하여 교부받은 운전면허는 당연무효가 아니고 도로교통법 제65조 제3호(현행 제93조 제1항 제8호)의 사유에 해당함에 불과하여 취소되지 않는 한 유효하므로 피고인의 운전행위는 무면허운전에 해당하지 아니한다.』 (대판 1982. 6. 8, 80도2646)

---

181) 무면허운전죄 성립 여부가 문제되는 다른 예로는, 운전면허취소처분을 받은 자가 운전행위를 한 때에 그 운전면허취소처분의 효력이 다투어지는 경우를 들 수 있다. 이 경우 형사법원이 운전면허취소처분의 효력 유무 또는 위법 여부를 심사할 수 있는지가 문제된다.

182) 대판 1982. 6. 8, 80도2646. 도로교통법에 의하면 운전면허는 18세 이상의 사람이 취득할 수 있으며(82조), 18세 미만의 자가 운전면허를 발급받은 경우에는 면허를 의무적으로 취소하도록 하고 있다(93조 1항 8호). 18세가 되지 않은 갑이 사기 형의 이름으로 운전면허를 발급받아 운전을 하다가 적발된 사건에서 대법원은, 연령미달의 자가 운전면허를 발급받은 것은 면허취소사유에 해당하므로 아직 권한있는 기관에 의해 면허가 취소되기 전까지는 갑을 무면허운전죄로 처벌할 수 없다고 하였다.

Ⅳ. 존속력(불가쟁력 · 불가변력)

1. 의 의

행정행위가 행해지면 그것을 기초로 하여 많은 법률관계가 형성되게 된다. 따라서 되도록이면 일단 행해진 행정행위를 존속시키는 것이 여러모로 바람직하다. 이러한 요청을 제도화한 것이 행정행위의 불가쟁력 및 불가변력이며, 이들을 합쳐서 존속력이라 한다.

2. 불가쟁력

(1) 의의

행정행위에 대한 쟁송제기기간이 경과하거나 쟁송수단을 다 거친 경우에는 상대방 또는 이해관계인은 더 이상 행정행위의 효력을 다툴 수 없게 되는데, 이를 불가쟁력 또는 형식적 존속력이라 한다.

(2) 효력

행정행위에 불가쟁력이 발생하면 상대방이나 이해관계인은 더 이상 행정쟁송을 통해 행정행위의 효력을 다툴 수 없게 된다. 이러한 불가쟁력은 '행정행위의 상대방이나 이해관계인'에 대한 구속력이며, 처분행정청이나 그 밖의 국가기관을 구속하지는 않는다. 따라서 처분행정청은 불가쟁력이 발생한 후에도 직권으로 행정행위를 취소 · 변경할 수 있음은 물론이다.

한편, 행정행위가 쟁송제기기간의 경과로 인해 확정될 경우 이는 상대방이나 이해관계인이 해당 행정행위의 효력을 더 이상 다툴 수 없다는 의미일 뿐이고 판결에 있어서와 같은 기판력이 인정되는 것은 아니어서, 그 행정행위의 기초가 된 사실관계나 법률적 판단이 확정되고 당사자들이나 법원이 이에 기속되어 모순되는 주장이나 판단을 할 수 없게 되는 것은 아니다.[183]

(3) 한계

무효인 행정행위는 쟁송제기기간의 제한을 받지 않으므로(행정심판법 27조 7항, 행정소송법 38조) 쟁송제기기간의 경과로 인한 불가쟁력이 발생할 여지가 없다.

(4) 불가쟁력이 발생한 행정행위에 대한 변경신청권과 재심사

행정행위에 불가쟁력이 발생하면 개별 법령에서 그 행정행위의 취소 · 변경 신청권을 규정하고 있거나 법령의 해석상 그러한 신청권이 인정될 수 있는 등과 같은 특별한 사정이 없는 한 국민에게 그 행정행위의 취소 · 변경을 구할 신청권이 없다는 것이 판례의 입장이다.[184] 이는 행정법관계의 조속한 확정을 통해 법적 안정성을 도모하려는 목적을 가진 것이다. 만일 행정행위에 불가쟁력이 발생한 후에도 국민에게 취소 · 변경 신청권을 인정한다면, 행정행위에 불복하는 사람은 행정청

---

183) 대판 2004. 7. 8, 2002두11288; 대판 2019. 10. 17, 2018두104.
184) 대판 2007. 4. 26, 2005두11104.

에 그 행정행위의 취소·변경을 신청한 다음 행정청이 이를 거부하면 거부처분 취소소송으로 다툴 수 있게 되는바, 이는 불가쟁력을 인정한 취지를 몰각시키게 된다. 따라서 불가쟁력이 발생한 행정행위에 대해서는 원칙적으로 국민에게 취소·변경 신청권이 인정되지 않으므로, 그 취소·변경 신청에 대해 행정청이 거부하더라도 이는 법규상 또는 조리상 신청권이 없는 자의 신청에 대한 거부이기 때문에 항고소송의 대상이 되는 처분에 해당하지 않게 된다.

> **판례** 〈사건개요〉 서울시 강서구청장은 2002. 11. 5. A재건축조합의 주택건설사업계획에 대한 승인을 하면서 강서구 소유의 토지를 유상으로 매입하도록 하는 부관을 붙였는데, A재건축조합은 위 승인처분에 대한 제소기간이 경과한 2003. 7. 24. 해당 토지를 무상으로 양도해 달라는 내용으로 부관의 변경을 구하는 신청을 하였으며 강서구청장은 이를 거부하는 취지의 통지를 하였다. 이에 A재건축조합은 거부처분에 대한 취소소송을 제기하였다.
>
> 〈대법원의 판단〉『행정청이 국민의 신청에 대하여 한 거부행위가 항고소송의 대상이 되는 행정처분으로 되려면, 행정청의 행위를 요구할 법규상 또는 조리상의 신청권이 국민에게 있어야 하고, 이러한 신청권의 근거 없이 한 국민의 신청을 행정청이 받아들이지 아니한 경우에는 그 거부로 인하여 신청인의 권리나 법적 이익에 어떤 영향을 주는 것이 아니므로 이를 항고소송의 대상이 되는 행정처분이라 할 수 없다. 그리고 제소기간이 이미 도과하여 불가쟁력이 생긴 행정처분에 대하여는 개별 법규에서 그 변경을 요구할 신청권을 규정하고 있거나 관계 법령의 해석상 그러한 신청권이 인정될 수 있는 등 특별한 사정이 없는 한 국민에게 그 행정처분의 변경을 구할 신청권이 있다 할 수 없다.
> 원고들의 이 사건 신청은 제소기간 경과로 이미 불가쟁력이 생긴 이 사건 사업계획승인상의 부관에 대해 그 변경을 요구하는 것으로서, 주택건설촉진법 등 관련 법령에서 그러한 변경신청권을 인정하는 아무런 규정도 두고 있지 않을 뿐 아니라 나아가 관계 법령의 해석상으로도 그러한 신청권이 인정된다고 볼 수 없으므로 원고들에게 이를 구할 법규상 또는 조리상의 신청권이 인정된다 할 수 없고, 그러한 이상 피고가 원고들의 이 사건 신청을 거부하였다 하여도 그 거부로 인해 원고들의 권리나 법적 이익에 어떤 영향을 주는 것은 아니라 할 것이므로 그 거부행위인 이 사건 통지는 항고소송의 대상이 되는 행정처분이 될 수 없다.』(대판 2007. 4. 26, 2005두11104)

한편, 행정행위에 불가쟁력이 발생한 경우에는 어떠한 경우에도 행정행위의 취소·변경 신청권을 인정하지 않는 것은 국민에게 가혹할 수 있다. 따라서 행정기본법은 행정행위에 불가쟁력이 발생하여 더 이상 쟁송으로 다툴 수 없게 된 경우라도 행정행위의 근거가 된 사실관계나 법률관계가 추후에 당사자에게 유리하게 바뀌거나 상대방에게 유리한 새로운 증거가 발견되는 등 특별한 사유가 있는 경우에는 행정행위의 상대방은 처분청에 행정행위를 취소·철회하거나 변경하여 줄 것을 신청할 수 있다고 규정하였는데, 이를 행정행위의 재심사라 한다(행정기본법 37조 1항). 이에 관한 구체적 내용은 "행정행위의 재심사"에서 별도로 설명하기로 한다.

3. 불가변력

(1) 의의

소송에 있어 판결이 확정되면 이후 동일한 사항이 문제된 경우에 법원은 그 판결을 존중하여야 하며 그와 모순·저촉되는 판단을 해서는 안 되는 구속을 받는데, 이를 실질적 확정력 또는 기판력이라 한다. 이와 관련하여 행정행위의 경우에도 판결에 준하는 실질적 확정력이 인정되는지가 문제된다.

일반적으로 행정행위의 경우에는 행정청이 그의 하자나 사정변경을 이유로 직권으로 그 효력을 취소·변경시킬 수 있으므로 판결에서와 같은 실질적 확정력은 인정되지 않는 것으로 본다. 그러나 일정한 행정행위의 경우에는 예외적으로 행정청이 직권으로 그 효력을 취소·변경할 수 없는데, 이를 실질적 존속력 또는 불가변력이라 한다.

(2) 불가변력이 인정되는 행정행위

종래 불가변력이 인정되는 행정행위의 예로는 i) 행정심판의 재결 등과 같은 준사법적 행정행위, ii) 수익적 행정행위에 있어 행정청의 취소·철회가 제한되는 경우 등을 들었다. 그러나 수익적 행정행위에 있어 행정청의 취소·철회가 제한되는 것은 행정행위의 불가변력에 의한 것이 아니라 신뢰보호의 원칙에 의한 조리상의 제한에 지나지 않는다는 비판이 있다.

대법원은 「과세관청이 과세처분에 관한 불복절차과정에서 불복사유가 옳다고 인정하고 이에 따라 필요한 처분을 하였을 경우에는 불복제도와 이에 따른 시정방법을 인정하고 있는 법 취지에 비추어 동일 사항에 관하여 특별한 사유 없이 이를 번복하고 다시 종전의 처분을 되풀이할 수는 없다」고 판시하였는바, 이는 일종의 불가변력을 인정한 것이라 할 것이다.[185]

4. 불가쟁력과 불가변력의 관계

(1) 불가쟁력은 쟁송제기기간의 제한을 받는 일반적인 행정행위에 대해서 발생할 수 있으나, 불가변력은 준사법적 행정행위와 같은 특정한 행정행위에 대해서만 발생한다.

(2) 불가쟁력은 행정행위의 상대방 및 이해관계인에 대한 구속력이나, 불가변력은 행정청에 대한 구속력이다.

(3) 쟁송제기기간이 도과하여 불가쟁력이 발생한 행정행위라도 그것이 불가변력이 인정되지 않는 한 행정청이 직권으로 취소·변경할 수 있으며, 반면에 불가변력이 인정되는 행정행위라도 그것이 불가쟁력을 발생하기 전에는 상대방 및 이해관계인이 행정쟁송절차를 통하여 그 효력을 다툴 수 있다.

---

185) 대판 2014. 7. 24, 2011두14227. <사건개요> 과세관청이 갑에 대해 조세부과처분을 하자 갑이 이의신청을 하였는바, 과세관청은 갑의 이의신청이 이유 있다고 판단하여 해당 조세부과처분을 취소하였나. 그린네 과세관청이 특별한 사유 없이 이를 번복하고 다시 종전과 같은 처분을 하였으며, 이에 상대방이 그에 대한 취소소송을 제기하였다.

V. 강제력

1. 의 의

상대방이 행정행위에 의해 부과된 의무를 이행하지 않거나 의무에 위반한 경우에는 행정청이 강제적으로 그 의무이행을 실현시키거나 또는 행정상의 제재를 가할 수 있는 힘을 강제력이라 한다. 강제력은 다시 집행력과 제재력으로 나눌 수 있다.

2. 집행력

(1) 집행력이란 상대방이 행정행위에 의해 부과된 의무를 이행하지 않는 경우에 행정청이 스스로의 힘에 의해 강제로 그 의무이행을 실현시킬 수 있는 힘을 말한다.

(2) 과거에는 집행력은 행정행위에 당연히 내재하는 고유한 효력이라고 보아, 상대방에게 의무를 과하는 법적 근거만 있으면 행정청은 별도의 법적 근거가 없더라도 집행력을 발동할 수 있다고 하였다. 그러나 오늘날에는 집행력은 행정법관계의 실효성을 확보하기 위하여 법규에 의하여 부여되는 힘이라고 보며, 따라서 행정청이 집행력을 발동하기 위해서는 상대방에게 의무를 과하는 법적 근거 이외에 집행력에 관한 별도의 법적 근거를 요한다고 본다. 현행법상 집행력의 일반적인 법적 근거로는 행정대집행법과 국세징수법을 들 수 있다.

3. 제재력

상대방이 행정행위에 의해 부과된 의무를 위반하는 경우에 행정벌·영업정지처분 등의 수단으로 제재를 가할 수 있는데, 이를 제재력이라 한다. 행정청이 의무위반자에 대해 제재를 가하기 위해서는 별도의 법적 근거가 필요함은 물론이다. 이러한 제재력을 행정행위의 효력의 한 종류로 보는 것에 의문을 제기하는 학자도 있다.[186]

VI. 후행정행위에 대한 구속력(규준력)

둘 이상의 행정행위가 연속적으로 행해지는 경우에 선행정행위에 불가쟁력이 발생하면 원칙적으로 후행정행위 단계에서는 더 이상 선행정행위의 하자를 주장할 수 없게 되는 구속을 받는데, 이와 같이 불가쟁력이 발생한 선행정행위의 후행정행위에 대한 구속력을 규준력(Maßgeblichkeit)이라 한다.[187] 이러한 규준력이 인정되기 위해서는 i) 선행정행위와 후행정행위의 규율대상이 동

---

186) 홍정선(상), 462면.
187) 김남진/김연태(Ⅰ), 327면. 예컨대 조세부과처분에 의해 부과된 납세의무를 이행하지 않으면 체납처분절차에 들어가는데, 조세부과처분에 대한 불가쟁력이 발생하면 체납처분절차에서는 더 이상 조세부과처분의 위법성에 대해서는 다툴 수 없게 된다. 이와 같이 '불가쟁력이 발생한 선행정행위(조세부과처분)의 후행정행위(체납처분)에 대한 구속력'을 규준력이라 한다.

일해야 하고(사물적 한계), ii) 양 행정행위의 당사자가 일치하여야 하며(대인적 한계), iii) 선행정행위의 사실 및 법상태가 후행정행위 단계에서도 유지되고 있어야 한다(시간적 한계). 이에 관한 상세는 하자의 승계 부분에서 설명하기로 한다.

제7절 　행정행위의 하자

Ⅰ. 서

1. 하자의 의미

행정행위가 적법하게 효력을 발생하기 위해서는 앞에서 설명한 성립요건과 효력발생요건을 모두 갖추어야 하는데, 그 요건 중 어느 것을 갖추지 못한 행정행위를 하자(흠)있는 행정행위라고 한다.

행정행위의 하자와 관련하여 가장 중요한 것은 "하자가 행정행위의 효력에 어떠한 영향을 미치는가", 다시 말하면 "하자있는 행정행위의 효력은 어떠한가"라 할 수 있다. 이에 관하여 일반법적 규정은 없으며, 따라서 개별법에 특별한 규정이 있으면 그에 의하고[188] 특별한 규정이 없으면 학설 및 판례에 의해 해결되어야 한다. 일반적으로는 하자의 정도 등에 따라 무효사유와 취소사유로 구분된다.

2. 오기 · 오산과의 구별

행정행위에 명백한 오기(誤記), 오산(誤算) 또는 이에 준하는 명백한 잘못이 있는 경우에는 행정청이 직권으로 또는 신청에 따라 지체 없이 이를 정정하고 그 사실을 당사자에게 통지하여야 한다(행정절차법 25조). 이와 같이 명백한 오기 또는 오산은 행정행위의 효력에 아무런 영향을 미치지 않는 점에서 행정행위의 하자와는 구별된다.

3. 하자의 판단시점

행정행위에 하자가 있는지는 원칙적으로 행정행위 발급시의 사실상태 및 법규정을 기준으로 판단하여야 한다는 것이 통설 및 판례의 입장이다.[189] 따라서 행정행위가 발해진 후에 사실관계가 변경되었거나 관계 법령이 개정되었다 하더라도 이는 행정행위를 하자있게 만드는 사유는 되지

---

188) 예컨대 국가공무원법은 상대방에게 진술의 기회를 주지 아니한 징계처분은 무효라고 규정하고 있으며(81조 3항), 도로교통법은 거짓이나 부정한 수단으로 운전면허를 발급받은 경우에는 운전면허를 취소하도록 규정하고 있다(93조 1항 8호).

189) 대판 2008. 7. 24, 2007두3930; 대판 2009. 2. 12, 2005다65500.

않으며, 다만 사정변경으로 인한 행정행위의 철회의 문제가 발생할 뿐이다.

> **판례** 『행정소송에서 행정처분의 위법 여부는 행정처분이 행하여졌을 때의 법령과 사실상태를 기준으로 하여 판단하여야 하고, 처분 후 법령의 개폐나 사실상태의 변동에 의하여 영향을 받지는 않으므로, 난민인정 거부처분을 한 후 국적국의 정치적 상황이 변화하였다고 하여 처분의 적법 여부가 달라지는 것은 아니다.』 (대판 2008. 7. 24, 2007두3930)

Ⅱ. 행정행위의 무효와 취소에 관한 일반론

1. 무효와 취소의 의의

무효인 행정행위란 행정행위로서의 외형을 갖추고 있으나 그 본질적 하자로 인하여 처음부터 행정행위로서의 아무런 효력을 발생하지 않는 것을 말한다. 무효사유가 있는 행정행위는 행정청의 특별한 조치가 없어도 처음부터 아무런 효력을 발생하지 않으며, 국민도 이를 준수할 의무가 없다.

이에 반해, 취소할 수 있는 행정행위란 행정행위에 하자가 있더라도 권한있는 기관에 의한 취소행위가 있어야 비로소 그 효력을 상실하게 되는 행정행위를 말한다. 따라서 행정행위에 취소사유인 하자가 있다 하더라도 권한있는 기관에 의해 취소되기 전에는 행정행위로서의 효력이 인정된다.

2. 무효와 부존재의 구별

일반적으로 행정행위의 부존재란 행정행위라 볼 수 있는 외형 조차도 갖추고 있지 않은 행위를 말한다. 예컨대 i) 명백히 행정청이 아닌 사인의 행위. ii) 행정기관 내부적 의사결정만 있었을 뿐 대외적으로 표시되지 않은 행위, iii) 기간의 경과 등으로 인하여 효력이 소멸한 행위 등이 그에 해당한다.

이와 관련하여 행정행위의 무효와 부존재를 구별할 실익이 있는지에 대해서 학설이 대립하고 있다. 부정설에 의하면, 무효인 행정행위와 부존재는 모두 처음부터 행정행위로서의 아무런 효력을 발생하지 않는 점에서 공통하고, 그에 대한 소송의 형태에 있어서도 행정소송법은 한 조문에서 '무효등확인소송'이라는 명칭아래 무효인 행정행위와 부존재의 경우를 같이 취급하는 점에서 양자는 구별의 실익이 없다고 한다.[190] 이에 반해 긍정설에 의하면, i) 무효인 행정행위는 부존재와는 달리 행정행위로서의 외형을 갖추고 있는 점, ii) 비록 행정소송법이 한 조문에서 무효등확인소송이라는 명칭아래 무효인 행정행위와 부존재의 경우를 같이 취급하고 있다 하더라도, 엄밀히 말하면 무효인 행정행위에 대해서는 무효확인소송을, 그리고 부존재의 경우에는 부존재확인소송을 제기하여야 하는 점에서 양자는 구별의 실익이 있다고 한다.[191]

---

190) 김도창(상), 413면.
191) 김남진/김연태(I), 330면; 정하중/김광수, 255면; 김중권, 309면.

3. 무효와 취소의 구별의 필요성

(1) 효력과의 관계

무효인 행정행위는 처음부터 행정행위로서의 아무런 효력을 발생하지 않으나, 취소할 수 있는 행정행위는 권한있는 기관에 의해 취소될 때까지는 일단 효력을 갖는다.

(2) 공정력 · 구성요건적 효력과의 관계

무효인 행정행위는 처음부터 행정행위로서의 아무런 효력을 발생하지 않기 때문에 행정행위의 공정력과 구성요건적 효력은 인정되지 않는다. 이에 반해 취소할 수 있는 행정행위는 권한있는 기관에 의해 취소될 때까지는 상대방이나 다른 국가기관에 대한 구속력을 가지므로 공정력과 구성요건적 효력이 인정된다.

(3) 소송형태와의 관계

취소할 수 있는 행정행위에 대해서는 '취소소송'의 형식으로 소송을 제기하여야 한다. 무효인 행정행위에 대해서는 원칙적으로 '무효확인소송'의 형식으로 소송을 제기하여야 하며, 다만 '무효선언을 구하는 의미에서의 취소소송'도 가능하다는 것이 통설 및 판례의 입장이다.[192)]

(4) 제소기간 및 불가쟁력과의 관계

무효인 행정행위는 처음부터 행정행위로서의 아무런 효력을 발생하지 않으므로 제소기간의 제한을 받지 않는다. 이에 반해 취소할 수 있는 행정행위의 경우에는 법적 안정성을 위해 제소기간이 제한되며, 따라서 제소기간이 경과하면 불가쟁력이 발생하여 더 이상 소송을 통하여 다툴 수 없게 된다. 한편, 무효선언을 구하는 의미에서의 취소소송의 경우에도 취소소송의 제기요건을 갖추어야 한다는 것이 판례의 입장이기 때문에, 이 경우는 제소기간의 제한을 받는다.

(5) 하자의 치유와의 관계

취소할 수 있는 행정행위의 경우에는 요건의 사후보완을 통해 하자가 치유될 수 있으나, 무효인 행정행위의 경우에는 하자의 치유가 인정되지 않는다는 것이 통설이다.

(6) 하자있는 행정행위의 전환과의 관계

전통적 견해에 의하면 무효인 행정행위의 경우에만 다른 행정행위로의 전환이 인정되고, 취소할 수 있는 행정행위의 경우에는 다른 행정행위로의 전환이 인정되지 않는다고 보았다. 그러나 오늘날에는 취소할 수 있는 행정행위의 경우에도 일정한 요건하에 다른 행정행위로의 전환이 인정될 수 있다고 보는 것이 유력하다.

(7) 하자의 승계와의 관계

일정한 행정목적을 실현하기 위하여 둘 이상의 행정행위가 연속적으로 행해지는 경우에 선행

---

192) 대판 1987. 6. 9, 87누219; 대판 1990. 8. 28, 90누1892; 대판 1994. 6. 14, 93누19566.

정행위의 하자가 후행정행위에 승계될 수 있는지가 문제된다. 선행정행위에 무효사유인 하자가 있다면 그 하자는 후행정행위에 언제나 승계된다고 보나, 선행정행위에 취소사유인 하자가 있는 경우에는 그 하자가 후행정행위에 승계되는지 여부에 대하여 다툼이 있다. 즉, 종래의 통설적 견해에 의하면 선행정행위의 하자가 취소사유에 해당하는 경우에는 선행정행위와 후행정행위가 결합해서 하나의 법적 효과를 발생하는 경우에만 하자의 승계가 인정된다고 본다.

(8) 선결문제와의 관계

민사·형사소송의 수소법원이 선결문제로 행정행위의 효력 유무나 위법 여부에 대해 심사할 수 있는지가 문제된다. ① 민사·형사소송의 수소법원은 선결문제로서 행정행위의 효력 유무(무효사유가 있는지 여부)에 대해서 심사할 수 있다는 데에는 학설이 일치하고 있다. ② 민사·형사소송의 수소법원이 행정행위의 위법 여부(취소사유가 있는지 여부)에 대해서 심사할 수 있는지에 대해서는 긍정설과 부정설이 대립하고 있는바, 다수설 및 판례에 의하면 민사·형사소송의 수소법원은 선결문제로서 행정행위의 위법 여부에 대해서는 심사할 수 있지만 위법성이 인정되더라도 해당 행정행위를 취소할 수는 없다고 본다.

(9) 사정판결과의 관계

사정판결이란 항고소송에 있어서 원고의 청구가 이유 있다고 인정됨에도 불구하고 처분을 취소하는 것이 현저히 공공복리에 적합하지 않다고 인정되는 때에 원고의 청구를 기각하는 판결을 의미한다. 행정소송법은 취소소송의 경우에만 사정판결을 인정하고 있다(28조).

III. 무효와 취소의 구별기준

1. 학 설

종래 무효와 취소의 구별에 관한 학설은 다양하게 전개되어 왔는데, 오늘날에는 중대명백설이 지배적 견해라 할 수 있으며, 그 밖에 중대명백설의 문제점을 보완하기 위한 여러 견해가 제시되고 있다.

(1) 중대명백설

이는 중대하고 명백한 하자가 있는 행정행위는 무효이고, 그에 이르지 않은 하자가 있는 행정행위는 취소의 대상이 된다는 견해로서, 현재의 통설의 입장이다. 즉, 행정행위가 무효이기 위해서는 하자의 중대성과 명백성의 요건을 모두 갖추어야 하며, 따라서 하자가 중대하지만 명백하지 않은 경우 또는 명백하지만 중대하지 않은 경우에는 취소사유에 해당한다고 한다.

여기에서 하자의 중대성은 하자의 정도가 얼마나 큰지의 문제이며, 하자의 명백성은 하자가 얼마나 쉽게 인식될 수 있는지의 문제이다. 그리고 하자의 명백성은 당사자의 주관적 판단이나 법률전문가의 판단이 아니라 일반인의 보편적 인식능력을 기준으로 판단하여야 한다고 한다.

이러한 중대명백설에 대해서는, 아무리 중대한 하자라 하더라도 명백성이 없으면 취소사유에 해당하는데 국민의 입장에서는 하자의 명백성을 증명하기 어려워서 권리구제에 문제가 발생할 수 있다는 비판이 가해지고 있다.

(2) 조사의무설

이는 행정행위가 무효이기 위해서는 원칙적으로 하자의 중대성과 명백성을 모두 갖추어야 한다고 하면서도, 하자의 명백성과 관련해서는 요건을 완화하여 무효사유를 넓히려는 견해이다. 즉, 행정행위의 위법성이 일반 국민에게 명백한 경우뿐만 아니라 공무원이 직무수행상 통상적으로 요구되는 조사의무를 이행하면 위법성이 명백하게 인정될 수 있는 경우도 포함된다고 한다.

(3) 명백성보충요건설

이는 행정행위가 무효이기 위해서는 원칙적으로 중대한 하자가 있으면 족하고, 다만 제3자나 공공의 신뢰를 보호하기 위해 특별히 필요한 경우에만 보충적으로 하자의 명백성이 요구된다는 견해이다.

이는 하자의 명백성의 요건을 완화시키려는 의도를 가지는 점에서는 조사의무위반설과 공통한다. 그런데 조사의무위반설은 무효의 요건으로 하자의 명백성도 요구된다고 보면서 그 판단기준을 완화하려는 것인데 반하여, 명백성보충요건설은 제3자나 공공의 신뢰보호를 위해 특별히 필요한 경우가 아닌 한 하자의 명백성은 요구되지 않는다고 보는 점에서 차이가 있다.

(4) 구체적 가치형량설

이는 무효와 취소를 구별하기 위한 일반적인 기준을 정하는 것이 어렵다는 전제하에, 구체적인 사안마다 권리구제의 요청과 행정의 법적 안정성의 요청 및 제3자의 이익 등을 개별적·구체적으로 비교형량하여 무효·취소 여부를 결정해야 한다는 견해이다.

2. 판례의 입장

대법원의 다수의견은 「하자있는 행정처분이 당연무효가 되기 위해서는 그 하자가 중대한 것으로서 객관적으로 명백한 것이어야 한다」고 함으로써, 기본적으로 중대명백설에 입각하고 있다.[193] 그리고 하자가 중대하고 명백한지를 판별할 때에는 행정행위의 근거가 되는 법규의 목적·의미·기능 등을 목적론적으로 고찰함과 동시에 구체적 사안 자체의 특수성에 관해서도 합리적으로 고찰하여야 한다고 한다.

그러나 대법원의 소수의견은 「행정행위의 무효사유를 판단하는 기준으로서의 명백성은 그 행정행위를 유효한 것으로 믿은 제3자나 공공의 신뢰를 보호하여야 할 필요가 있는 경우에 보충적으로 요구되는 것으로서, 그와 같은 필요가 없거나 하자가 워낙 중대하여 그와 같은 필요에 비하여 처분 상대방의 권익을 구제하고 위법한 결과를 시정할 필요가 훨씬 더 큰 경우라면 그 하자가

---

193) 대판 1995. 7. 11, 94누4615; 대판 2007. 9. 21, 2005두11937; 대판 2018. 7. 19, 2017다242409; 대판 2019. 4. 23, 2018다287287.

명백하지 않더라도 그와 같이 중대한 하자를 가진 행정처분은 당연무효라고 보아야 한다」고 함으로써 명백성보충요건설의 입장을 취하였다.[194]

판례 ① 『[1] 행정처분이 당연무효가 되기 위한 요건 : (다수의견) 하자있는 행정처분이 당연무효가 되기 위하여는 그 하자가 법규의 중요한 부분을 위반한 중대한 것으로서 객관적으로 명백한 것이어야 하며, 하자가 중대하고 명백한 것인지 여부를 판별함에 있어서는 그 법규의 목적·의미·기능 등을 목적론적으로 고찰함과 동시에 구체적 사안 자체의 특수성에 관하여도 합리적으로 고찰함을 요한다.

(반대의견) 행정행위의 무효사유를 판단하는 기준으로서의 명백성은 행정처분의 법적 안정성 확보를 통하여 행정의 원활한 수행을 도모하는 한편 그 행정처분을 유효한 것으로 믿은 제3자나 공공의 신뢰를 보호하여야 할 필요가 있는 경우에 보충적으로 요구되는 것으로서, 그와 같은 필요가 없거나 하자가 워낙 중대하여 그와 같은 필요에 비하여 처분 상대방의 권익을 구제하고 위법한 결과를 시정할 필요가 훨씬 더 큰 경우라면 그 하자가 명백하지 않더라도 그와 같이 중대한 하자를 가진 행정처분은 당연무효라고 보아야 한다.

[2] 무효인 조례에 근거한 행정처분의 효력 : (다수의견) 조례제정권의 범위를 벗어나 국가사무를 대상으로 한 무효인 서울특별시행정권한위임조례의 규정에 근거하여 구청장이 건설업영업정지처분을 한 경우, 그 처분은 결과적으로 적법한 위임 없이 권한 없는 자에 의하여 행하여진 것과 마찬가지가 되어 그 하자가 중대하나, 헌법 제107조 제2항의 '규칙'에는 지방자치단체의 조례와 규칙이 모두 포함되는 등 이른바 규칙의 개념이 경우에 따라 상이하게 해석되는 점 등에 비추어 보면 위 처분의 위임과정의 하자가 객관적으로 명백한 것이라고 할 수 없으므로, 이로 인한 하자는 결국 당연무효사유는 아니라고 봄이 상당하다.

(반대의견) 구청장의 건설업영업정지처분은 그 상대방으로 하여금 적극적으로 어떠한 행위를 할 수 있도록 금지를 해제하거나 권능을 부여하는 것이 아니라 소극적으로 허가된 행위를 할 수 없도록 금지 내지 정지함에 그치고 있어 그 처분의 존재를 신뢰하는 제3자의 보호나 행정법질서에 대한 공공의 신뢰를 고려할 필요가 크지 않다는 점, 처분권한의 위임에 관한 조례가 무효이어서 결국 처분청에게 권한이 없다는 것은 극히 중대한 하자에 해당하는 것으로 보아야 할 것이라는 점 등을 종합적으로 고려할 때, 위 영업정지처분은 그 처분의 성질이나 하자의 중대성에 비추어 그 하자가 외관상 명백하지 않더라도 당연무효라고 보아야 한다.』 (대판 1995. 7. 11, 94누4615)

② 『과세처분이 당연무효라고 하기 위하여는 그 처분에 위법사유가 있다는 것만으로는 부족하고 그 하자가 법규의 중요한 부분을 위반한 중대한 것으로서 객관적으로 명백한 것이어야 하며, 하자가 중대하고 명백한지를 판별할 때에는 과세처분의 근거가 되는 법규의 목적·의미·기능 등을 목적론적으로 고찰함과 동시에 구체적 사안 자체의 특수성에 관하여도 합리적으로 고찰하여야 한다. 그리고 어느 법률관계나 사실관계에 대하여 어느 법령의 규정을 적용하여 과세처분을 한 경우에 그 법률관계나 사실관계에 대하여는 그 법령의 규정을 적용할 수 없다는 법리가 명백히 밝혀져서 해석에 다툼의 여지가 없음에도 과세관청이 그 법령의 규정을 적용하여 과세처분을 하였다면 그 하자는 중대하고도 명백하다고 할 것이

---

194) 대판 1995. 7. 11, 94누4615; 대판 2018. 7. 19, 2017다242409. 한편, 대법원은 납세의무자의 취득세 관련 신고행위가 무효인지를 판단함에 있어서는 명백성보충설의 입장을 취하였음에 주목할 필요가 있다. 즉, 취득세는 신고납부방식의 조세로서 이러한 납세의무자의 신고행위가 당연무효라고 하기 위해서는 그 하자가 중대하고 명백하여야 함이 원칙이라고 하면서, 다만 취득세 신고행위는 납세의무자와 과세관청 사이에 이루어지는 것으로서 제3자의 보호가 특별히 문제되지 않는 반면에 신고행위에 중대한 하자가 있어서 그 신고로 인한 북이익을 납세의무자에게 감수시키는 것이 현저하게 부당하다고 볼 만한 특별한 사정이 있는 때에는 그러한 하자(중대하지만 명백하지 않은 하자)있는 신고행위는 당연무효라고 하였다(대판 2009. 2. 12, 2008두11716).

나, 그 법률관계나 사실관계에 대하여 그 법령의 규정을 적용할 수 없다는 법리가 명백히 밝혀지지 아니하여 해석에 다툼의 여지가 있는 때에는 과세관청이 이를 잘못 해석하여 과세처분을 하였더라도 이는 과세요건사실을 오인한 것에 불과하여 그 하자가 명백하다고 할 수 없다.』 (대판 2019. 4. 23. 2018다287287)

Ⅳ. 구체적인 무효사유와 취소사유

1. 주체에 관한 하자

(1) 공무원이 아닌 자의 행위

무효인 임용행위로 공무원이 된 자[195] 또는 적법하게 임용되었으나 면직·당연퇴직 등으로 공무원의 신분을 상실한 자가 행한 행정행위는 무효라고 본다. 다만 이러한 사정은 일반인이 쉽게 알기 어려우므로 객관적으로 공무원의 행위라고 믿을만한 상황에서 행해진 경우에는 '사실상의 공무원의 행위'로 보아 유효한 행정행위로 인정될 수 있다.

한편, 전혀 공무원의 외관을 갖추지 않은 사인이 한 행위는 행정행위로서의 외형조차 갖추지 못한 것이므로 행정행위의 부존재에 해당한다고 할 것이다.

(2) 무권한의 행위

행정청이 사항적·지역적인 권한의 범위를 벗어나서 행한 행위는 권한이 없는 자의 행위로서 원칙적으로 무효라고 본다. 다만 어느 행정청의 권한에 속하는지가 불분명하여 다툼의 여지가 있는 경우에는 명백한 하자라 할 수 없으므로 취소사유에 해당할 수 있을 것이다.

대리권이 없는 자 또는 권한의 위임을 받지 않은 자의 행위는 권한이 없는 자에 의한 행위로서 원칙적으로 무효라고 본다.[196] 내부위임을 받은 자는 권한을 위임한 행정기관의 명의로 행하여야 하는데, 만일 내부위임을 받은 자가 자신의 명의로 행정행위를 한 경우에는 권한이 없는 자에 의한 행위로서 무효라고 본다.[197]

> **판례** ① 『폐기물처리시설 설치계획에 대한 승인권자는 폐기물처리시설 설치촉진 및 주변지역 지원등에 관한 법률 제10조 제2항의 규정에 의하여 환경부장관이며, 이러한 설치승인권한을 환경관리청장에게 위임할 수 있는 근거도 없으므로, 환경관리청장의 폐기물처리시설 설치승인처분은 권한 없는 기관에 의한 행정처분으로서 그 하자가 중대하고 명백하여 당연무효이다.』 (대판 2004. 7. 22. 2002두10704)
>
> ② 『행정권한의 위임은 행정관청이 법률에 따라 특정한 권한을 다른 행정관청에 이전하여 수임관청의 권한으로 행사하도록 하는 것이어서 권한의 법적인 귀속을 변경하는 것이므로 법률이 위임을 허용하고 있는 경우에 한하여 인정된다 할 것이고, 이에 반하여 행정권한의 내부위임은 법률이 위임을 허용하고

---

195) 공무원임용 결격사유가 있는 자를 공무원으로 임용한 경우에 그 임용행위는 무효라는 것이 판례의 입장이다(대판 2005. 7. 20, 2003두469).
196) 대판 2004. 7. 22, 2002두10704.
197) 대판 1995. 11. 28, 94누6475.

있지 아니한 경우에도 행정관청의 내부적인 사무처리의 편의를 도모하기 위하여 그의 보조기관 또는 하급행정관청으로 하여금 그의 권한을 사실상 행사하게 하는 것이므로, 권한위임의 경우에는 수임관청이 자기의 이름으로 그 권한행사를 할 수 있지만 내부위임의 경우에는 수임관청은 위임관청의 이름으로만 그 권한을 행사할 수 있을 뿐 자기의 이름으로는 그 권한을 행사할 수 없는 것이므로, 원심이 같은 취지에서 피고의 이 사건 처분이 권한 없는 자에 의하여 행하여진 위법무효의 처분이라고 판시한 것은 정당하다.』 (대판 1995. 11. 28, 94누6475)

(3) 적법하게 구성되지 않은 합의제행정기관의 행위

행정심판위원회 · 토지수용위원회 · 소청심사위원회 등과 같은 합의제행정기관의 행위가 적법하기 위해서는 먼저 그 구성이 적법하여야 하며 또한 소정의 의결정족수를 충족하여 의결하여야 한다. 따라서 적법하게 임명 · 위촉되지 않은 위원이 참여한 경우 또는 소정의 의결정족수를 충족시키지 못한 의결에 의한 경우에는 원칙적으로 무효라고 본다.

> **판례** 『폐기물처리시설 설치촉진 및 주변지역 지원 등에 관한 법률 제9조 제3항, 같은 법 시행령 제7조 [별표 1], 제11조 제2항 각 규정들에 의하면, 입지선정위원회는 폐기물처리시설의 입지를 선정하는 의결기관이고, 입지선정위원회의 구성방법에 관하여 일정 수 이상의 주민대표 등을 참여시키도록 한 것은 폐기물처리시설 입지선정절차에 있어 주민의 참여를 보장함으로써 주민들의 이익과 의사를 대변하도록 하여 주민의 권리에 대한 부당한 침해를 방지하고 행정의 민주화와 신뢰를 확보하는데 그 취지가 있는 것이므로, 주민대표나 주민대표 추천에 의한 전문가의 참여 없이 의결이 이루어지는 등 입지선정위원회의 구성방법이나 절차가 위법한 경우에는 그 하자 있는 입지선정위원회의 의결에 터잡아 이루어진 폐기물처리시설 입지결정처분의 하자는 중대한 것이고 객관적으로도 명백하므로 무효사유에 해당한다.』 (대판 2007. 4. 12, 2006두20150)

(4) 행정기관의 의사에 흠결이 있는 경우

① 공무원이 의사무능력상태에서 행한 행정행위는 무효라고 본다.

② 미성년자도 공무원이 될 수 있으므로 미성년자인 공무원의 직무상 행위는 사법상의 행위와는 달리 적법 유효하다.[198]

③ 공무원의 착오에 의한 행정행위의 효력에 대해서는 다툼이 있다. 표시설에 의하면 착오에 의한 행정행위는 법적 안정성이나 신뢰보호의 측면에서 독립한 무효사유나 취소사유가 되지 않고 원칙적으로 표시된 대로 효력을 발생하며, 다만 착오로 인한 행정행위의 내용이 위법한 경우에는 이를 이유로 무효 또는 취소할 수 있다고 한다. 이에 반해 의사설에 의하면 착오에 의한 행정행위는 의사결정에 하자가 있는 것으로서 독립하여 무효사유나 취소사유가 된다고 한다.

판례는 착오에 의한 행정행위를 무효로 본 경우도 있고 취소할 수 있는 것으로 본 경우도 있다. 즉, 부동산을 양도한 사실이 없음에도 불구하고 행정청이 부동산을 양도한 것으로 오인하여 양도소득세를 부과한 것은 착오에 의한 행정행위로서 중대하고 명백한 하자가 있어 당연무효라고

---

198) 미성년자는 만 19세 미만의 사람을 의미한다(민법 4조). 그런데 18세 이상인 자는 8급 이하의 공무원에 임용될 수 있다(공무원임용시험령 16조).

한다.[199] 그러나 행정청이 어떠한 사람을 공무원으로 임용함에 있어서 경력기간에 대한 사실을 오인하여 유사경력환산에 착오가 있다 하더라도 이는 중대하고 명백한 하자라 볼 수 없으므로 그 임용이나 호봉획정행위는 당연무효가 아니고 취소사유에 해당한다고 한다.[200]

④ 상대방의 사기·강박·뇌물증여 등에 의한 행정행위는 원칙적으로 취소사유가 된다고 본다.[201]

2. 내용에 관한 하자

(1) 내용이 실현불능이거나 불명확한 행위

행정행위의 내용이 실현불능이거나(예 : 죽은 자에 대한 의사면허, 존재하지 않는 물건의 징발명령) 또는 불명확한 경우(예 : 목적물이 특정되지 않은 철거명령, 경계를 분명히 정하지 않은 도로구역의 결정)에는 무효라고 본다.

(2) 공서양속(公序良俗)에 반하는 행위

행정행위의 내용이 단순 위법이거나 선량한 풍속 기타 사회질서에 반하는 경우에는 취소사유가 된다고 본다.

(3) 부당결부금지원칙에 반하는 행위

행정행위에 붙여진 부관이 부당결부금지의 원칙에 위반되면 위법하기는 하지만, 그 하자가 중대하고 명백하여 당연무효라고 보기는 어렵다는 것이 판례의 입장이다.[202]

(4) 하자있는 선행행위에 기초한 후행행위

행정행위가 일련의 단계적 절차를 거쳐 행해지는 경우에 선행정행위가 무효인 경우에는 그에 기초한 후행정행위도 무효라고 본다. 예컨대 적법한 건물에 대해 내려진 철거명령은 그 하자가 중대·명백하여 당연무효이고, 무효인 철거명령에 기초하여 행해진 후속의 대집행계고처분 역시 무효라고 한다.[203]

이에 빈해 신행징행위에 취소사유인 하사가 있는 경우에는 선행정행위의 하자가 후행정행위를 위법하게 만드는지에 대해서는 다툼이 있는데, 이는 '하자의 승계' 문제로서 해당 부분에서 자세히 살펴보기로 한다.

(5) 위헌·위법인 법령에 근거한 행위

① 위헌·위법인 법령에 근거한 행정행위의 효력 : 행정청이 법령에 근거하여 행정행위를 하였는데 그 후 근거 법령이 헌법이나 상위 법령에 위반되어 무효라는 결정을 받은 경우에 해당 행정행

---

199) 대판 1983. 8. 23, 83누179.
200) 대판 1983. 11. 22, 82누390.
201) 대판 2014. 11. 27, 2013두16111 참조.
202) 대판 2012. 8. 30, 2010두24951.
203) 대판 1999. 4. 27, 97누6780.

위의 효력이 문제된다. 판례에 의하면, 행정행위의 근거 법령이 위헌·위법이어서 무효라고 결정되면 결과적으로 법령의 근거 없이 행해진 것과 같으므로 이는 중대한 하자에 해당하지만, 일반적으로 어떤 법령이 헌법이나 상위 법령에 위반되는지 여부는 헌법재판소나 법원의 결정이 있기 전에는 객관적으로 명백한 것이라고 할 수 없으므로, 결국 이러한 하자는 특별한 사정이 없는 한 취소사유에 해당한다고 한다.204) 따라서 어느 행정행위에 대하여 그 근거가 된 법률이 위헌이라는 이유로 무효확인소송이 제기된 경우에는 다른 특별한 사정이 없는 한 법원으로서는 그 법률이 위헌인지 여부에 대해서는 판단할 필요 없이 그 무효확인청구를 기각하여야 한다고 한다.205)

한편, 헌법재판소는 특별한 경우에는 행정행위의 근거 법률이 위헌으로 결정된 것이 행정행위의 무효사유가 될 수도 있다고 한다. 즉, 행정행위의 목적달성을 위해서는 후행 행정행위가 필요한데 아직 후행 행정행위는 이루어지지 않은 경우와 같이, 그 행정행위를 무효로 하더라도 법적 안정성을 크게 해치지 않는 반면에 그 하자가 중대하여 구제가 필요한 경우에는 (결과적으로 위헌인 법률에 근거한 것이) 예외적으로 무효사유에 해당할 수 있다고 한다.206)

> **판례** ① 『하자있는 행정처분이 당연무효로 되려면 그 하자가 법규의 중요한 부분을 위반한 중대한 것이어야 할 뿐 아니라 객관적으로 명백한 것이어야 한다. 행정청이 위헌이거나 위법하여 무효인 시행령을 적용한 행정처분이 당연무효로 되려면 그 규정이 행정처분의 중요한 부분에 관한 것이어서 결과적으로 그에 따른 행정처분의 중요한 부분에 하자가 있는 것으로 귀착되고, 또한 그 규정의 위헌성 또는 위법성이 객관적으로 명백하여 그에 따른 행정처분의 하자도 객관적으로 명백하여야 한다. 그런데 일반적으로 시행령이 헌법이나 법률에 위반된다는 사정은 그 시행령의 규정을 위헌 또는 위법하여 무효라고 선언한 대법원의 판결이 선고되지 아니한 상태에서는 그 시행령 규정의 위헌 내지 위법 여부가 해석상 다툼의 여지가 없을 정도로 명백하였다고 인정되지 아니하는 이상 객관적으로 명백한 것이라 할 수 없으므로, 이러한 시행령에 근거한 행정처분의 하자는 취소사유에 해당할 뿐 무효사유가 된다고 볼 수는 없다.』 (대판 2018. 10. 25, 2015두38856)

> ② 『행정처분의 근거 법률이 헌법에 위반된다는 사정은 헌법재판소의 위헌결정이 있기 전에는 객관적으로 명백한 것이라고 할 수는 없으므로 특별한 사정이 없는 한 그러한 하자는 행정처분의 취소사유에 해당할 뿐 당연무효사유는 아니어서, 행정처분의 근거 법률이 위헌임을 이유로 무효확인청구소송을 제기하더라도 행정처분의 효력에는 영향이 없음이 원칙이다. 따라서 행정처분의 근거가 된 법률조항의 위헌 여부에 따라 당해 행정처분의 무효확인을 청구하는 당해사건 재판의 주문이 달라지거나 재판의 내용과 효력에 관한 법률적 의미가 달라지는 것은 아니므로 재판의 전제성이 인정되지 아니한다.』 (헌재 2019. 5. 21, 2019헌바136)

---

204) 대판 1995. 3. 3, 92다55770; 대판 2000. 6. 9, 2000다16329; 대판 2018. 10. 25, 2015두38856; 헌재 2019. 5. 21, 2019헌바136.
205) 대판 1994. 10. 28, 92누9463.
206) 헌재 1994. 6. 30, 92헌바23. 예컨대 조세체납자의 재산에 대해 압류처분이 행해졌지만 아직 경매처분 등 후속절차가 진행되고 있지 않은 경우에는 압류처분의 근거 법률이 위헌이어서 무효라 인정되면 그러한 하자는 예외적으로 무효사유가 될 수 있다고 한다. 그 논거는, 행정행위의 무효요건으로서 하자의 중대성뿐만 아니라 명백성도 요구하는 이유는 이미 완결된 행정행위의 효력을 사후에 무효화시키는 것을 법적 안정성을 해칠 우려가 있기 때문인데, 아직 압류처분의 후속적 조치가 행해지지 않음으로써 강제징수절차가 완결되지 않은 경우에는 압류처분을 무효화시켜도 법적 안정성을 해칠 우려가 적기 때문이라는 것을 든다.

③『행정처분의 집행이 이미 종료되었고 그것이 번복될 경우 법적 안정성을 크게 해치게 되는 경우에는 후에 행정처분의 근거가 된 법규가 헌법재판소에서 위헌으로 선고된다고 하더라도 그 행정처분이 당연무효가 되지는 않음이 원칙이라고 할 것이나, 행정처분 자체의 효력이 쟁송기간 경과 후에도 존속 중인 경우, 특히 그 처분이 위헌 법률에 근거하여 내려진 것이고 그 행정처분의 목적달성을 위하여서는 후행행정처분이 필요한데 후행행정처분은 아직 이루어지지 않은 경우와 같이 그 행정처분을 무효로 하더라도 법적 안정성을 크게 해치지 않는 반면에 그 하자가 중대하여 그 구제가 필요한 경우에 대하여서는 그 예외를 인정하여 이를 당연무효사유로 보아서 쟁송기간 경과 후에라도 무효확인을 구할 수 있는 것이라고 봐야 할 것이다.』(헌재 1994. 6. 30. 92헌바23)

참고   **위헌결정의 효력이 미치는 범위**

헌법재판소법은 "위헌으로 결정된 법률조항은 그 결정이 있는 날부터 효력을 상실한다"고 규정함으로써 원칙적으로 장래효만을 인정하고 있는데(47조 2항), 이는 법적 안정성을 위한 것이다. 그런데 이를 엄격하게 적용하면 국민의 권리구제의 측면에서 문제가 발생할 수 있으며, 이에 헌법재판소와 대법원은 예외적으로 일정 범위에서 위헌결정의 소급효를 인정하고 있다. 즉, 위헌결정의 소급효는 i) 위헌제청(헌법소원 포함)을 한 '당해 사건', ii) 위헌결정이 있기 전에 이와 동종의 위헌 여부에 관해 헌법재판소에 위헌제청을 하였거나 법원에 위헌제청신청을 한 '동종 사건', iii) 따로 위헌제청신청은 하지 않았지만 당해 법률조항이 재판의 전제가 되어 법원에 계속 중인 '병행 사건'에 대해서 미친다고 한다.[207]

이와 관련하여 '위헌결정이 있은 후에 제소된 일반사건'에 대해서도 위헌결정의 효력이 미치는지가 문제되는데, 대법원은 제한적으로 긍정하는 입장을 취하고 있다. 즉, 위헌결정이 있은 후에 같은 이유로 제소된 일반사건에도 위헌결정의 효력이 미친다고 할 것이나,[208] 다만 위헌결정의 효력이 미치는 범위는 무한정일 수 없고 다른 법리(법적 안정성, 당사자의 신뢰보호, 행정처분의 확정력 등)에 의해 소급효가 제한될 수 있다고 한다.[209] 따라서 이미 취소소송의 제소기간이 경과되어 확정력(불가쟁력)이 발생한 행정처분에 대해서는 위헌결정의 효력이 미치지 않는다고 한다.[210]

---

② 위헌인 법률에 근거한 행정행위의 집행력 : 앞에서 살펴본 바와 같이 행정행위의 근거 법률이 위헌으로 결정된 것은 원칙적으로 행정행위의 취소사유에 해당하므로, 그 행정행위가 권한있는 기관에 의해 취소되기 전에는 효력이 인정된다. 이와 관련하여 상대방이 그 행정행위를 이행하지 않는 경우에 강제집행이 허용될 수 있는지가 문제된다.[211]

---

207) 헌재 1993. 5. 13, 92헌가10; 헌재 2000. 8. 31, 2000헌바6; 대판 1992. 2. 14, 91누1462; 1993. 1. 15, 92다12377; 1993. 2. 26, 92누12247; 대판 2017. 3. 9, 2015다233982.

208) 대판 1993. 1. 15, 92다12377; 대판 1996. 4. 23, 94다446; 대판 2000. 2. 25, 99다54332; 대판 2003. 7. 24, 2001다48781.

209) 대판 1994. 10. 25, 93다42740; 대판 2010. 10. 14, 2010두11016; 대판 2017. 3. 9, 2015다233982.

210) 대판 1994. 10. 28, 92누9463; 대판 2000. 6. 9, 2000다16329.

211) <사건개요> 서초세무서장은 1996. 3. 12. A회사의 체납국세에 대하여 국세기본법 제39조 제1항에 의한 제2차 납세의무자인 B에게 과세처분을 하였는바, B는 서울고등법원에 이에 대한 취소소송을 제기함과 아울러 위 과세처분의 근거가 된 국세기본법 제39조 제1항에 대한 위헌여부심판제청 신청을 하였고 위 법원은 B의 신청을 받아들여 위 법률조항에 대한 위헌제청결정을 하였다. 헌편 서초세무서장은 1997. 10. 22. C주식회사의 체납국세에 대하여 국세기본법 제39조 제1항에 의한 제2차 납세의무자인 D에게 과세처분을 하였는바, D는 이에 대해 다투지 않아 불가쟁력이 발생하였다. 헌법재판소는 1998. 5. 28. 위 국세기본법 규정에 대해 위헌이라

부정설에 의하면, 행정청은 위헌으로 선언된 법률에 근거하여 새로운 행정행위를 할 수 없음은 물론이고, 위헌결정 전에 이미 행정행위가 행해졌다 하더라도 후속처분에 의해 새로이 위헌적인 법률관계를 생성·확대하는 것은 허용되지 않는다고 하며, 따라서 행정행위의 근거 법률이 위헌결정을 받은 후에 그 의무를 강제 이행시키기 위한 절차에 착수하거나 이를 속행하는 것은 더 이상 허용되지 않는다고 한다.212) 대법원의 다수의견은 이러한 입장을 취하고 있으며, 위헌결정의 효력에 위배하여 행해진 강제징수처분(체납처분)은 그 하자가 중대하고 명백하여 당연무효라고 한다.213)

긍정설에 의하면, i) 위헌결정의 효력은 이미 불가쟁력이 발생한 행정행위에는 미치지 않으므로 위헌결정이 있기 전에 행정행위가 발해졌고 그것이 불가쟁력이 발생한 경우에는 해당 행정행위는 위법하다고 할 수 없으며, 또한 위헌결정의 효력은 행정행위의 강제집행의 근거규정에까지 미치지 않는 점,214) ii) 행정행위의 근거 법률이 사후에 위헌결정을 받았다 하더라도 이는 원칙적으로 취소사유에 해당하여 그것이 취소되기 전에는 효력을 가지며, 또한 의무를 부과하는 행정행위와 그에 대한 강제집행행위는 별개의 행정목적을 달성하기 위한 것이어서 선행행위(의무부과행위)의 하자가 후행행위(강제집행행위)에 승계되지 않는 점 등을 논거로 하여, 비록 행정행위의 근거 법률이 위헌결정을 받았다 하더라도 해당 행정행위에 대한 불가쟁력이 발생한 경우에는 후속적인 강제집행조치를 취하는 것이 가능하다고 한다. 대법원의 소수의견이 이에 해당한다.

판례 『(다수의견) 헌법재판소법 제47조 제1항은 "법률의 위헌결정은 법원 기타 국가기관 및 지방자치단체를 기속한다"고 규정하고 있는데, 이러한 위헌결정의 기속력과 헌법을 최고규범으로 하는 법질서의 체계적 요청에 비추어 국가기관 및 지방자치단체는 위헌으로 선언된 법률규정에 근거하여 새로운 행정처분을 할 수 없음은 물론이고, 위헌결정 전에 이미 형성된 법률관계에 기한 후속처분이라도 그것이 새로운 위헌적 법률관계를 생성·확대하는 경우라면 이를 허용할 수 없다. 따라서 조세부과의 근거가 되었던 법률규정이 위헌으로 선언된 경우, 비록 그에 기한 과세처분이 위헌결정 전에 이루어졌고 과세처분에 대한 제소기간이 이미 경과하여 조세채권이 확정되었으며, 조세채권의 집행을 위한 체납처분의 근거규정 자체에 대하여는 따로 위헌결정이 내려진 바 없다고 하더라도, 위와 같은 위헌결정 이후에 조세채권의 집행을 위한 새로운 체납처분에 착수하거나 이를 속행하는 것은 더 이상 허용되지 않고, 나아가 이러한 위헌결정의 효력에 위배하여 이루어진 체납처분은 그 사유만으로 하자가 중대하고 객관적으로 명백하여 당연무효라고 보아야 한다.
(반대의견) 행정청이 어떠한 법률의 조항에 근거하여 행정처분을 한 후 헌법재판소가 그 조항을 위헌으로 결정하였다면 행정처분은 결과적으로 법률의 근거 없이 행하여진 것과 마찬가지로 되어 후발적으로

고 결정하였으며, 이에 따라 B에 대한 과세처분은 취소되었다(D는 과세처분을 다투지 않았으므로 D에게는 위헌결정의 효력이 미치지 않음). 그 후 서초세무서장은 D가 위 과세처분을 이행하지 않아 국세가 체납되었다는 이유로 2005. 10. 11. 조세체납처분절차에 따라 D의 예금채권에 대한 압류처분을 하였다. 이에 D는 자신에 대한 과세처분의 근거인 국세기본법 제39조 제1항 규정이 위헌결정을 받아 무효화되었음에도 불구하고 조세체납처분절차에 따라 자신의 예금에 대한 압류처분을 한 것은 무효라고 주장하며 소를 제기하였다.

212) 김남진, 232면.
213) 대판 2012. 2. 16, 2010두10907.
214) 박균성(상), 469면.

하자가 있게 된다고 할 것이나, 특별한 사정이 없는 한 그러한 하자는 행정처분의 취소사유일 뿐 당연무효사유라고 할 수 없고, 일정한 행정목적을 위하여 독립된 행위가 단계적으로 이루어진 경우 선행처분에 당연무효 또는 부존재인 하자가 있는 때를 제외하고 선행처분의 하자가 후속처분에 당연히 승계된다고 할 수는 없다. 과세처분과 압류처분은 별개의 행정처분이므로 선행처분인 과세처분이 당연무효인 경우를 제외하고는 과세처분의 하자를 이유로 후속 체납처분인 압류처분의 효력을 다툴 수 없다고 봄이 타당한 점, 압류처분 등 체납처분은 과세처분과는 별개의 행정처분으로서 과세처분 근거규정이 직접 적용되지 않고 체납처분 관련규정이 적용될 뿐이므로, 과세처분 근거규정에 대한 위헌결정의 기속력은 체납처분과는 무관하고 이에 미치지 않는다고 보아야 한다는 점, 다수의견과 같이 유효한 과세처분에 대한 체납처분절차의 진행을 금지하여 실질적으로 당해 과세처분의 효력을 부정하고 사실상 소멸시키는 데까지 위헌결정의 기속력 범위가 미친다고 새긴다면, 이는 기속력의 범위를 지나치게 확장하는 것이 되어 결과적으로 위헌결정의 소급효를 제한한 헌법재판소법 제47조 제2항 본문의 취지에 부합하지 않는다는 점 등에 비추어 보면, 선행처분에 해당하는 과세처분에 당연무효사유가 없고, 과세처분에 따른 체납처분의 근거규정이 유효하게 존속하며, 외국의 일부 입법례와 같이 위헌법률의 집행력을 배제하는 명문의 규정이 없는 이상, 과세처분의 근거규정에 대한 헌법재판소의 위헌결정이 있었다는 이유만으로 체납처분이 위법하다고 보는 다수의견에는 찬성할 수 없다.」 (대판 2012. 2. 16, 2010두10907 전원합의체판결)

(6) 징계처분이 내려진 후 해당 징계사유가 형사소송에서 무죄판결이 확정된 경우

공무원에 대한 징계처분이 내려진 후 해당 징계사유에 대한 형사소송의 1심에서 유죄판결이 선고되었으나 그 후 항소심에서 무죄판결이 선고되고 이 판결이 대법원에서 확정되었다면, 그 징계처분이 근거없는 사실을 징계사유로 삼은 것이 되어 위법하다고는 할 수 있으나 그 하자가 객관적으로 명백하다고는 할 수 없으므로, 징계처분이 무효가 되는 것은 아니고 취소사유에 해당한다는 것이 판례의 입장이다.[215)]

(7) 납부의무가 없는 자에게 상수도원인자부담금을 부과한 경우

택지개발사업으로 인해 수도시설의 신설이나 증설이 필요하게 된 경우 수도법령에 따른 상수도원인자부담금 납부의무를 누가 부담하는지가 문제된다. 이에 관해 판례는, 수도시설의 신설·증설의 필요는 택지개발행위를 하였을 때 발생하는 것이지 택지개발사업 시행자로부터 택지를 분양받아 건축행위를 한 때에 비로소 발생하는 것은 아니므로 상수도원인자부담금은 사업시행자가 납부의무를 지며, 따라서 사업시행자로부터 택지를 분양받아 건축행위를 한 자에 대해 상수도원인자부담금을 부과한 것은 중대하고 명백한 하자가 있는 것이어서 당연무효라고 하였다.[216)]

3. 절차에 관한 하자

행정절차법을 비롯한 많은 법률에서는 상대방의 권익보호나 이해관계의 조정 등을 위해 행정청이 행정행위를 발함에 있어서 거쳐야 할 절차를 규정하고 있는데, 법이 정한 절차를 위반한 행정행위의 효력이 문제된다. 이에 관해 법률에서 명확히 규정하고 있는 경우도 있다. 예컨대 공무

---

215) 대판 1994. 1. 11, 93누14752.
216) 대판 2020. 7. 29, 2019두30140.

원에 대한 징계나 소청심사에 있어서 당사자(대리인 포함)에게 진술의 기회를 주지 않은 결정은 무효라고 규정한 국가공무원법의 규정이 그에 해당한다(13조 2항, 81조 3항). 그런데 대부분의 경우에는 절차상 히지있는 행정행위의 효력에 관해 아무런 규정을 두고 있지 않은바, 이러한 경우에는 결국 중대명백설에 따라 개별적으로 그 효력을 판단하여야 할 것이다. 이하에서 절차상 하자의 여러 유형에 관해 살펴보기로 한다.

(1) 상대방의 신청이나 동의를 결한 행위

법이 상대방의 신청이나 동의를 행정행위의 필요적 절차로 규정하고 있는 경우에 상대방의 신청이나 동의를 결한 행정행위는 무효라고 보는 것이 일반적인 견해이다.[217]

판례는 분배신청을 하지 않은 자에 대한 농지분배처분은 무효라고 하였으나,[218] 해당 공무원의 동의 없이 다른 지방자치단체로 전출명령을 한 것은 취소사유에 해당한다고 하였다.[219] 처음에는 도시개발계획안에 대해 법이 정한 토지소유자의 동의요건을 갖추었으나 그 후 도시개발계획안이 여러 차례 변경되면서 최종의 도시개발계획안에 대해서는 토지소유자의 동의요건을 갖추지 못한 경우에 이를 간과하고 내려진 도시개발구역지정처분은 중대한 하자가 있지만 여러 사정을 종합해 볼 때 그 하자가 명백하다고는 할 수 없으므로 취소사유에 해당한다고 한다.[220]

(2) 관계 행정청의 동의 · 협의 · 심의 등을 결한 행위

법은 행정청이 행정행위를 함에 있어서 다른 행정기관의 동의를 얻거나 협의를 하거나 의견을 듣도록 규정하고 있는 경우가 있다. 예컨대 건축허가시에 소방서장의 동의를 얻도록 하는 것, 군사시설보호구역 내에서의 건축허가시에 관할부대장 등과 협의를 하도록 하는 것, 시 · 도지사나 국토교통부장관이 택지개발지구를 지정하려는 경우에 미리 관계 중앙행정기관의 장과 협의하고 시장 · 군수 · 구청장의 의견을 듣도록 하는 것이 그에 해당한다(소방시설 설치 및 관리에 관한 법률 6조 1항, 군사기지 및 군사시설보호법 13조, 택지개발촉진법 3조 4항). 이때 관계 행정기관의 동의 · 협의 · 의견청취 등의 절차를 거치지 않은 행정행위의 효력이 문제된다.

생각건대, 법적 구속력을 가지는 관계 행정청의 동의를 흠결한 경우에는 그 하자가 중대 · 명백하여 무효라 할 것이고, 행정청의 의사결정에 참고하기 위한 관계 행정청과의 협의절차에 흠결이 있는 경우에는 원칙적으로 취소사유에 해당한다고 할 것이다. 이에 관한 판례의 입장은 다음과 같다.

i) 택지개발촉진법 제3조에서 건설부장관이 택지개발예정지구를 지정함에 있어 미리 관계 중앙행정기관의 장과 협의를 하라고 규정한 의미는 그의 자문을 구하라는 것이지 그 의견을 따라 처분을 하라는 의미는 아니라 할 것이므로, 이러한 협의를 거치지 아니하였다고 하더라도 이는 위 지정처분을 취소할 수 있는 원인이 되는 하자 정도에 불과하고 위 지정처분이 당연무효가 되는 하자에 해당하는 것은 아니다.[221]

---

217) 김남진/김연태(I), 343면; 정하중/김광수, 263면.
210) 대판 1970. 10. 23, 70다1750.
219) 대판 2001. 12. 11, 99두1823; 대판 2008. 9. 25, 2008두5759.
220) 대판 2008. 1. 10, 2007두11979.

ii) 행정청이 자동차운송사업계획변경인가처분(기점연장, 노선 및 운행시간 변경)을 함에 있어서 그 내용이 2 이상의 시·도에 걸치는 노선업종에 관련되는 경우에는 미리 관계 시·도지사와 협의를 하여야 하는데, 협의절차를 거치지 않고 한 자동차운송사업계획변경인가처분은 취소사유에 해당한다.[222]

iii) 행정청이 학교환경위생정화구역(현 교육환경보호구역) 내에서 금지행위를 해제하는 처분을 하기 위해서는 학교환경위생정화위원회(현 지역교육환경보호위원회)의 심의를 거쳐야 하는데, 이러한 심의절차를 누락하여 행한 금지행위해제처분은 취소사유에 해당한다.[223]

(3) 청문을 결한 행위

침익적 행정행위를 함에 있어서 법령에서 청문을 실시하도록 규정하고 있는 경우에 그러한 청문절차를 거치지 않은 행정행위는 취소사유에 해당한다는 것이 판례의 입장이다.[224]

> **판례** 『행정절차법 제22조 제1항 제1호는 행정청이 처분을 할 때에는 다른 법령 등에서 청문을 실시하도록 규정하고 있는 경우 청문을 실시한다고 규정하고 있다. 이러한 청문제도는 행정처분의 사유에 대하여 당사자에게 변명과 유리한 자료를 제출할 기회를 부여함으로써 위법사유의 시정가능성을 고려하고, 처분의 신중과 적정을 기하려는데 그 취지가 있다. 그러므로 행정청이 특히 침해적 행정처분을 할 때 그 처분의 근거 법령 등에서 청문을 실시하도록 규정하고 있다면, 행정절차법 등 관련 법령상 청문을 실시하지 않아도 되는 예외적인 경우에 해당하지 않는 한 반드시 청문을 실시하여야 하며, 그러한 절차를 결여한 처분은 위법한 처분으로서 취소사유에 해당한다.』 (대판 2017. 4. 7, 2016두63224)

(4) 이유제시를 결한 행위

행정청이 행정행위를 할 때에는 원칙적으로 당사자에게 그 근거와 이유를 제시하여야 하는데(행정절차법 23조), 이를 흠결한 행정행위의 경우에는 그 하자가 중대·명백한지에 따라 무효사유 또는 취소사유가 된다고 본다.[225]

판례는 과세처분에 있어서 세액·납부기한·납부장소 등은 명시하였으나 세액의 산출근거를 누락한 것은 중대한 하자는 아니므로 취소사유에 해당한다고 하였다.[226]

(5) 환경영향평가를 결한 행위

환경영향평가를 거쳐야 할 대상사업에 대하여 환경영향평가를 거치지 않았음에도 불구하고 행정청이 승인처분을 한 경우에는 중대하고 명백한 하자에 해당하여 그 승인처분은 무효라는 것이 판례의 입장이다.[227]

---

221) 대판 2000. 10. 13, 99두653.
222) 대판 1995. 11. 7, 95누9730.
223) 대판 2007. 3. 15, 2006두15806.
224) 대판 2007. 11. 16, 2005두15700; 대판 2017. 4. 7, 2016두63224.
225) 이유제시를 절차의 문제로 보는 견해도 있고 형식의 문제로 보는 견해도 있다.
226) 대판 1992. 7. 14, 92누2424.
227) 대판 2006. 6. 30, 2005두14363.

이에 반해 소규모환경영향평가의 대상인 개발사업에 대해 이를 간과한 채 이루어진 건축허가는 환경영향평가법을 위반한 것으로서 이는 취소사유에 해당한다고 하였다.228)

(6) 과세전 적부심사를 위반한 조세부과처분

세무조사결과에 대한 통지를 받은 자는 사전구제절차로서 세무서장이나 지방국세청장에게 과세전 적부심사를 청구할 수 있는데(국세기본법 81조의15), 이러한 과세전 적부심사 청구나 그에 대한 결정이 있기 전에 과세처분을 하는 것은 절차상 하자가 중대하고 명백하여 무효라는 것이 판례의 입장이다.229)

(7) 공람절차를 결한 행위

환지계획에 대해 인가신청을 하기 위해서는 관계 서류에 대한 공람절차를 거쳐야 하는바, 이는 다수의 이해관계인의 의사를 반영하고 그들 상호간의 이익을 합리적으로 조정하는데 그 취지가 있다. 따라서 최초의 공람과정에서 이해관계인으로부터 의견이 제시되어 그에 따라 환지계획을 수정하여 인가신청을 하고자 하는 경우에는 다시 수정된 환지계획에 대한 공람절차를 거쳐야 하며, 따라서 재공람절차를 거치지 않고 인가받은 환지계획이나 이에 따른 환지예정지지정처분은 그 하자가 중대하고 명백하여 무효라는 것이 판례의 입장이다.230)

4. 형식에 관한 하자

(1) 문서에 의하지 않은 행위

행정절차법에 따르면 행정행위는 원칙적으로 문서로 하여야 하는데(24조 1항), 이에 위반하여 구술로 한 행정행위는 그 하자가 중대하고 명백하여 무효라는 것이 판례의 입장이다.231)

> **판례** 『[1] 행정절차법 제24조는, 행정청이 처분을 하는 때에는 다른 법령 등에 특별한 규정이 있는 경우를 제외하고는 문서로 하여야 하고 전자문서로 하는 경우에는 당사자 등의 동의가 있어야 하며, 다만 신속을 요하거나 사안이 경미한 경우에는 구술 기타 방법으로 할 수 있다고 규정하고 있는데, 이는 행정의 공정성·투명성 및 신뢰성을 확보하고 국민의 권익을 보호하기 위한 것이므로 위 규정을 위반하여 행하여진 행정청의 처분은 하자가 중대하고 명백하여 원칙적으로 무효이다.
> [2] 집합건물 중 일부 구분건물의 소유자인 피고인이 관할 소방서장으로부터 소방시설 불량사항에 관한 시정보완명령을 받고도 따르지 아니하였다는 내용으로 기소된 사안에서, 담당 소방공무원이 행정처분인 위 명령을 구술로 고지한 것은 행정절차법 제24조를 위반한 것으로 하자가 중대하고 명백하여 당연 무효라고 한 사례.』(대판 2011. 11. 10, 2011도11109)

(2) 서명·날인을 결한 행위

문서로 행정행위를 함에 있어서는 행정청이 관인을 찍거나 서명을 하여야 하는데(행정업무의 운

---

228) 대판 2020. 7. 23, 2019두31839.
229) 대판 2020. 10. 29, 2017두51174.
230) 대판 1999. 8. 20, 97누6889.
231) 대판 2011. 11. 10, 2011도11109.

영 및 혁신에 관한 규정 14조), 이에 위반하여 서명·날인을 결한 행정행위는 원칙적으로 무효라고 본다.

V. 하자있는 행정행위의 치유와 전환

1. 서

법치주의에 따르면 하자있는 행정행위는 그 하자의 정도에 따라 당연무효이거나 취소되어야 합당할 것이다. 그러나 경우에 따라서는 상대방의 신뢰보호나 법적 안정성을 위해서 하자있는 행정행위라 하더라도 그 효력을 유지시킬 필요가 있는바, 이러한 요구에 부응하기 위한 것이 '하자의 치유와 전환'의 법리이다. 독일 연방행정절차법은 하자의 치유(45조)와 전환(47조)에 관해 명문의 규정을 두고 있으나, 우리나라는 이에 관한 규정이 없으며 학설과 판례를 통해 인정되고 있다.

2. 하자의 치유

(1) 의의

하자의 치유란 하자있는 행정행위가 사후에 그 하자가 보완되거나 또는 그 하자가 취소를 요하지 않을 정도로 경미하다고 인정되는 경우에, 그 성립 당시의 하자에도 불구하고 적법한 것으로 다루어지는 것을 의미한다. 예컨대 행정행위를 할 당시에는 처분의 근거와 이유를 제시하지 않았다가 추후에 상대방에게 처분의 근거와 이유를 보완하여 알려준 경우가 이에 해당한다.

이와 같이 행정행위에 하자의 치유가 인정되는 이유는 i) 행정행위에 대한 이해관계인의 신뢰보호, ii) 행정법관계의 법적 안정성 도모, iii) 행정행위의 불필요한 반복의 회피 등을 위해서이다.

(2) 하자의 치유사유

종래 하자의 치유사유로는 i) 흠결된 요건의 사후보완, ii) 하자있는 행정행위의 장기간 방치로 인한 법률관계의 확정, iii) 취소할 수 없는 공익상 요구의 발생 등을 들었다. 그러나 오늘날의 다수설에 의하면 ii)와 iii)은 행정행위의 '취소의 제한사유'에 해당하며, 따라서 엄밀한 의미에서는 i)만이 하자의 치유사유가 된다고 본다.

한편, 상대방이 하자의 내용을 알고 있다는 사정만으로는 하자의 치유가 인정되지 않는다는 것이 판례의 입장이다. 즉, 납세고지서에 세액의 산출근거 등 국세징수법이 요구하고 있는 기재사항이 누락되었다면, 상대방이 그 나름대로 산출근거를 알고 있었다거나 사실상 이를 알고 쟁송에 이르렀다 하더라도 하자가 치유되지는 않는다고 한다.[232]

(3) 인정범위

① 하자의 치유로 인해 국민의 권리·이익을 침해하지 않을 것 : 판례에 의하면 하자있는 행정행

---

232) 대판 2002. 11. 13, 2001두1543.

위의 치유는 행정행위의 성질이나 법치주의의 관점에서 볼 때 원칙적으로 허용될 수 없는 것이고, 예외적으로 행정행위의 무용한 반복을 피하고 당사자의 법적 안정성을 위해 필요한 경우에 허용될 수 있는데, 이 경우에도 국민의 권리나 이익을 침해하지 않는 범위에서 인정되어야 한다고 한다.233)

> **판례** 『행정소송에서 행정처분의 위법 여부는 행정처분이 있을 때의 법령과 사실상태를 기준으로 하여 판단하여야 하고, 처분 후 법령의 개폐나 사실상태의 변동에 의하여 영향을 받지는 않는다고 할 것이며, 흠이 있는 행정행위의 치유는 행정행위의 성질이나 법치주의 관점에서 볼 때 원칙적으로 허용될 수 없는 것이고, 예외적으로 행정행위의 무용한 반복을 피하고 당사자의 법적 안정성을 위해 이를 허용하는 때에도 국민의 권리나 이익을 침해하지 않는 범위에서 구체적 사정에 따라 합목적적으로 인정하여야 할 것이다.
> 원심은, 제1심판결 이후 이 사건 정비구역 내 토지등소유자 318명 중 그 4분의 3을 초과하는 247명으로부터 새로 조합설립동의서를 받았으니 이 사건 처분의 흠은 치유되었다는 피고 및 참가인의 주장에 대하여, 구 도시정비법 제16조 제1항에서 정하는 조합설립인가처분은 설권적 처분의 성질을 갖고 있고, 흠의 치유를 인정하더라도 원고들을 비롯한 토지등소유자들에게 아무런 손해가 발생하지 않는다고 단정할 수 없다는 점 등을 이유로 이를 배척하였다. 앞서 본 법리와 기록에 비추어 살펴보면, 위와 같은 원심의 판단은 정당하고, 거기에 상고이유의 주장과 같은 흠이 있는 행정행위의 치유에 대한 법리오해 등의 위법이 없다.』 (대판 2010. 8. 26, 2010두2579)

② **무효인 행정행위의 경우** : 일설에 의하면 무효와 취소의 구별이 상대적이라는 이유로 취소할 수 있는 행정행위뿐만 아니라 무효인 행정행위의 경우에도 하자의 치유가 인정될 수 있다고 한다. 그러나 통설적 견해에 의하면, 하자가 중대하고 명백하여 무효인 행정행위에 대해서 하자의 치유를 인정하여 적법한 행정행위로 보는 것은 오히려 이해관계인의 신뢰보호 및 법적 안정성을 해칠 수 있다는 이유로 무효인 행정행위의 경우에는 하자의 치유가 인정되지 않는다고 본다. 판례도 중대·명백한 하자로 인하여 무효인 행정행위의 경우에는 하자의 치유가 인정되지 않는다고 보았다.234) 참고로 독일 행정절차법은 '행정행위를 무효로 만들지 않는 절차 및 형식상의 하자'에 대해서만 하자의 치유를 인정하고 있다(45조 1항).

> **판례** 『이 사건 징계처분이 중대하고 명백한 흠 때문에 당연무효의 것이라면 징계처분을 받은 원고가 이를 용인하였다 하여 그 흠이 치유되는 것은 아니라 할 것이다.』 (대판 1989. 12. 12, 88누8869)

③ **실체적 하자의 경우** : 형식·절차상의 하자 이외에 실체적(내용적) 하자도 치유의 대상이 될 수 있는지에 대해서 부정설과 긍정설이 대립하고 있는데,235) 판례는 부정설을 취하는 것으로 보인다.236) 앞에서 살펴본 바와 같이 독일 행정절차법은 '행정행위를 무효로 만들지 않는 절차 및 형식상의 하자'에 대해서만 하자의 치유를 인정하고 있다(45조 1항).

---

233) 대판 2010. 8. 26, 2010두2579.
234) 대판 1989. 12. 12, 88누8869.
235) 부정설을 취하는 학자는 홍정선(상), 490면; 긍정설을 취하는 학자는 박균성(상), 483면.
236) 대판 1991. 5. 28, 90누1359.

> **판례** 『행정행위의 성질이나 법치주의의 관점에서 볼 때 하자있는 행정행위의 치유는 원칙적으로 허용될 수 없을 뿐만 아니라 이를 허용하는 경우에도 국민의 권리와 이익을 침해하지 않는 범위에서 구체적 사정에 따라 합목적적으로 가려야 할 것인바, 이 사건 처분에 관한 **하자가 행정처분의 내용에 관한 것이고** 새로운 노선면허가 이 사건 소제기 이후에 이루어진 사정 등에 비추어 하자의 치유를 인정치 않은 원심의 판단은 정당하고, 거기에 소론이 지적하는 바와 같은 법리오해의 위법이 있다 할 수 없다.』 (대판 1991. 5. 28, 90누1359)

④ 시간적 한계 : 하자의 치유는 어느 시점까지 가능한지가 문제되는데, 이에 관해서는 행정쟁송 제기 전에만 가능하다는 견해, 행정심판절차에서는 치유가 가능하지만 행정소송절차에서는 허용되지 않는다는 견해, 행정소송절차에서도 치유가 가능하다는 견해 등이 대립하고 있다.

판례는, 하자의 치유는 행정행위에 대한 불복여부의 결정 및 불복신청에 편의를 줄 수 있는 상당한 기간 내에 하여야 한다고 함으로써, 행정쟁송제기 전에만 가능한 것으로 본다.

> **판례** 『세액산출근거가 누락된 납세고지서에 의한 과세처분의 하자의 치유를 허용하려면 늦어도 과세처분에 대한 불복여부의 결정 및 불복신청에 편의를 줄 수 있는 상당한 기간 내에 하여야 한다고 할 것이므로, 위 과세처분에 대한 전심절차가 모두 끝나고 상고심의 계류 중에 세액산출근거의 통지가 있었다고 하여 이로써 위 과세처분의 하자가 치유되었다고는 볼 수 없다.』 (대판 1984. 4. 10, 83누393)

⑤ 하자가 있지만 당사자의 방어권 행사에 지장을 주지 않은 경우 : 행정행위에 하자가 있다 하더라도 당사자의 방어권 행사에 지장을 주지 않은 경우에는 하자의 치유가 인정될 수 있다는 것이 판례의 입장이다. 예컨대 i) 행정절차법에 의하면 청문을 실시하려는 경우에는 청문이 시작되는 날부터 10일 전까지 청문에 관한 사항을 당사자에게 통지하여야 하는데(21조 2항), 이러한 청문서 도달기간을 다소 어겼다 하더라도 상대방이 이에 대하여 이의를 제기하지 아니한 채 스스로 청문일에 출석하여 진술하는 등 방어의 기회를 충분히 가진 경우, ii) 과세처분의 납세고지서에는 과세표준과 세액의 계산명세가 기재되지 않았다 하더라도 과세처분에 앞서 납세의무자에게 보낸 과세예고통지서 등에 납세고지서의 필요적 기재사항이 제대로 기재됨으로써 납세의무자가 그 처분에 대한 불복에 지장을 받지 아니한 경우, iii) 조세체납처분에 있어 압류처분의 단계에서 독촉의 흠결과 같은 절차상의 하자가 있었다 하더라도 그 이후에 이루어진 공매절차에서 공매통지서가 적법하게 송달된 경우에는 하자의 치유가 인정된다고 한다.[237]

(4) 치유의 효과

치유의 효과는 소급효를 가지며, 따라서 하자가 치유되면 해당 행정행위는 처음부터 적법하게 성립한 것으로 본다.

---

237) 대판 1992. 10. 23, 92누2844; 대판 2001. 3. 27, 99두8039; 대판 2006. 5. 12, 2004두14717.

3. 하자있는 행정행위의 전환

(1) 의의

하자있는 행정행위의 전환이란 행정청이 본래 의도한 행정행위로서는 하자가 있을지라도 일정한 요건하에 하자없는 다른 행정행위로서의 효력을 인정하는 것을 말한다. 예컨대 이미 사망한 A에 대한 광업허가를 그 상속인 B에 대한 광업허가로 보는 것이 그에 해당한다.

(2) 요건

일반적으로 전환의 요건으로는 i) 하자있는 행정행위와 전환하려는 행정행위 사이에 요건·목적·효과에 있어서 실질적 공통성이 있을 것, ii) 전환될 행정행위의 성립 및 효력요건을 갖추고 있을 것, iii) 전환이 행정청의 의도에 반하지 않을 것, iv) 당사자가 그 전환을 의욕할 것, v) 제3자의 이익을 침해하지 않을 것 등을 들 수 있다.

(3) 인정범위

종래의 다수설은 행정행위의 전환은 '무효인 행정행위'의 경우에만 인정되며, 이러한 점에서 취소할 수 있는 행정행위의 경우에만 인정되는 하자의 치유와 대비된다고 하였다. 이에 반해 근래의 유력설은 취소할 수 있는 행정행위의 경우에도 전환이 인정될 수 있다고 한다.[238] 참고로 독일 행정절차법은 무효인 행정행위에 국한하지 아니하고 널리 하자있는 행정행위(무효·취소 포함)의 전환을 인정하고 있다(47조).

VI. 행정행위의 하자의 승계

1. 의 의

둘 이상의 행정행위가 일련의 단계적 절차를 거쳐 연속적으로 행해지는 경우가 많다. 예컨대 조세부과처분이 내려진 후 그 불이행이 있는 경우에 독촉처분이 내려지고 이어서 체납처분(체납처분은 압류처분, 공매처분, 배분처분의 순서로 행해진다)이 내려지는 것, 또는 건물철거명령이 내려진 후 그 불이행이 있는 경우에 행정대집행(행정대집행은 계고처분, 대집행영장에 의한 통지, 대집행의 실행, 비용징수의 순서로 행해진다)이 행해지는 것이 그에 해당한다. 이 경우 선행정행위의 하자가 후행정행위에 어떠한 영향을 미치는지, 즉 선행정행위의 하자를 이유로 후행정행위의 취소를 구할 수 있는지가 문제되는데, 이것이 하자의 승계 문제이다.

하자의 승계 문제를 논하기 위해서는 일정한 전제조건이 요구된다. i) 선행정행위에만 하자가 있고 후행정행위에는 하자가 없어야 한다. 만일 후행정행위에도 하자가 있으면 그 하자를 이유로 직접 후행정행위의 취소를 구하면 되기 때문에 군이 선행정행위의 하자의 승계를 주장할 필요가

---

238) 김남진/김연태(I), 354면; 홍정선(상), 491면; 김남철 266면.

없기 때문이다. ii) 선행정행위가 당연무효가 아니어야 한다. 만일 선행정행위가 당연무효라면 그 것을 기초로 한 후행정행위도 당연무효라는 것이 통설과 판례의 입장이므로(하자의 당연 승계),[239] 이 경우에는 선행정행위의 하자가 후행정행위에 승계되는지 여부에 대해 논할 실익이 없기 때문 이다. iii) 선행정행위에 불가쟁력이 발생하였어야 한다. 만일 선행정행위에 하자가 있고 아직 쟁송 제기기간이 경과하지 않았다면 직접 선행정행위의 취소를 구할 수 있기 때문에 굳이 선행정행위 의 하자를 이유로 후행정행위의 취소를 구할 실익이 없기 때문이다.

2. 하자의 승계 여부

(1) 학설

① **종래의 통설적 견해** : 선행정행위와 후행정행위가 결합하여 '하나의 법률효과를 완성하는 경 우'(예 : 조세체납처분절차에 있어서 압류처분과 공매처분 사이, 행정대집행절차에 있어서 계고처분과 대집 행영장에 의한 통지처분 사이)에는 선행정행위의 하자가 후행정행위에 승계되고, 선행정행위와 후행 정행위가 '서로 독립하여 별개의 법률효과를 발생하는 경우'(예 : 조세부과처분과 체납처분 사이, 철거 명령과 대집행의 계고처분 사이, 직위해제처분과 면직처분 사이)에는 선행정행위의 하자가 후행정행위 에 승계되지 않는다는 것이 종래의 통설적 견해이다.

② **규준력의 관점에서 해결하려는 견해** : 전통적인 하자의 승계이론은 다음과 같은 점에서 비판 을 받는다. 즉, 행정행위에 쟁송제기기간을 둔 것은 법적 안정성을 도모하기 위한 것인데, 선행정 행위와 후행정행위가 결합하여 하나의 법률효과를 완성시킨다는 이유로 이미 쟁송제기기간이 경 과하여 불가쟁력이 발생한 선행정행위의 하자를 후행정행위 단계에서 주장할 수 있도록 하는 것 (즉, 하자의 승계를 인정하는 것)은 쟁송제기기간을 제한하고 있는 입법취지에 본질적으로 반한다는 것이다.[240]

이에 근래에는 하자의 승계 문제를 행정행위의 규준력(Maßgeblichkeit)의 관점에서 해결하는 견해가 유력한바, 여기에서 규준력이라 함은 '불가쟁력이 발생한 선행정행위의 후행정행위에 대한 구속력'을 의미한다.[241] 즉, 둘 이상의 행정행위가 연속적으로 행해지는 경우에 선행정행위에 쟁송 제기기간이 경과하여 불가쟁력이 발생하면 규준력에 의해 후행정행위 단계에서 더 이상 선행정행 위의 하자를 주장할 수 없다고 한다. 이 견해에 따르면 선행정행위에 불가쟁력이 발생하면 선행정 행위와 후행정행위가 결합하여 하나의 법률효과를 완성하는지 여부에 관계 없이 원칙적으로 선행 정행위의 하자는 후행정행위에 승계되지 않게 된다.

그러나 규준력설의 입장에서도 특별한 사정이 있는 경우에는 예외적으로 하자의 승계가 인정

---

239) 예컨대 적법한 건물에 대해 내려진 철거명령은 그 하자가 중대·명백하여 무효이고, 무효인 건물철거명령에 기 초하여 행해진 후속의 대집행계고처분 역시 무효라고 한다(대판 1999. 4. 27, 97누6780).

240) 정하중/김광수, 271면.

241) 김남진/김연태(I), 359면. 이러한 규준력이 인정되기 위해서는 i) 선행정행위와 후행정행위의 규율대상이 동일 해야 하고(사물적 한계), ii) 양 행정행위의 당사자가 일치하여야 하며(대인적 한계), iii) 선행정행위의 사실 및 법상태가 후행정행위 단계에서도 유지되고 있어야 한다(시간적 한계).

될 수 있음을 인정한다. 즉, 규준력의 일반적인 요건(사물적 한계, 대인적 한계, 시간적 한계)을 모두 갖춘 경우에도, 상대방에게 쟁송제기기간 내에 선행정행위의 효력을 다투는 것을 기대하기 어려운 사정이 있고 이 경우 규준력을 인정하여 하자의 승계를 인정하지 않는 것이 상대방에게 수인한도를 넘는 가혹함을 가져다주는 경우에는 예외적으로 규준력이 부인되어 하자의 승계가 인정될 수 있다고 한다.242) 그 대표적 예로는 개별공시지가결정과 과세처분 사이를 든다.243)

(2) 판례

판례는 기본적으로 선행정행위와 후행정행위가 결합하여 하나의 법률효과를 완성하는 경우에는 하자의 승계를 인정하고 선행정행위와 후행정행위가 서로 독립하여 별개의 법률효과를 발생하는 경우에는 하자의 승계를 부정하고 있다. 이러한 점에서 판례는 대집행의 계고처분과 대집행영장에 의한 통지 사이, 대집행의 계고처분과 대집행비용의 납부명령 사이, 안경사국가시험합격무효처분과 안경사면허취소처분 사이에는 하자의 승계를 인정한 데 대하여,244) 과세처분과 체납처분 사이, 건물철거명령과 대집행계고처분 사이, 공무원의 직위해제처분과 면직처분 사이, 도시계획결정과 수용재결 사이, 토지수용에 있어서 사업인정과 수용재결 사이, 택지개발예정지구지정과 택지개발계획승인 사이, 재건축사업에 있어서 사업시행계획과 관리처분계획 사이, 액화석유가스판매업허가처분과 사업개시신고반려처분 사이, 보충역편입처분과 공익근무요원소집처분 사이, 도로점용허가와 점용료부과처분 사이, '공인중개사 자격정지처분'과 자격정지기간 중 중개업무를 하였다는 이유로 행해진 '중개사무소 등록취소처분' 사이, 산재보험료 산정의 기준이 되는 사업종류결정과 산재보험료부과처분 사이 등에 있어서는 하자의 승계를 부정하였다.245)

> **판례** 〈긍정〉『대집행의 계고, 대집행영장에 의한 통지, 대집행의 실행, 대집행비용의 납부명령 등은 동일한 행정목적을 달성하기 위하여 단계적인 일련의 절차로 연속하여 행하여지는 것으로서 서로 결합하여 하나의 법률효과를 발생시키는 것이므로, 선행처분인 계고처분이 위법한 처분이라면 대집행비용납부명령 자체는 아무런 하자가 없다고 하더라도 계고처분을 전제로 행하여진 대집행비용납부명령도 위법한 것이라는 주장을 할 수 있다.』(대판 1993. 11. 9. 93누14271)
>
> 〈부정〉① 『조세의 부과처분과 체납처분은 별개의 행정처분으로서 독립성을 가지므로, 부과처분에 하자가 있더라도 그 부과처분이 취소되지 않는 한 그 부과처분에 의한 체납처분은 위법이라고 할 수 없다.』(대판 1987. 9. 22. 87누383)
>
> ② 『도로점용허가와 점용료부과처분은 서로 독립하여 별개의 법률효과를 발생시키므로 도로점용허가에 불가쟁력이 생겨 그 효력을 다툴 수 없게 되면 도로점용허가에 흠이 존재하더라도 그것이 당연무효 사유에 해당하지 않는 한 그 흠을 이유로 점용료부과처분의 효력을 다툴 수 없다. 이러한 법리는 도로점용허가의 변경허가와 이에 따른 점용료 감액처분의 경우에도 마찬가지로 적용된다.』(대판 2019. 1. 17. 2016두56721)

---

242) 김남진/김연태(I), 360면; 정하중/김광수, 272면; 김남철, 259면.
243) 개별공시지가의 경우 그것이 높게 결정된 경우에도 본인에게 유리하게 작용할지 불리하게 작용할지 판단하기 용이하지 않으므로(예컨대 보상의 기준이 되는 경우에는 높을수록 유리하고, 과세처분의 기준이 되는 경우에는 높을수록 불리하다) 그에 대해 쟁송제기기간 내에 다투는 것을 기대하기 곤란하다.

한편, 판례는 선행정행위와 후행정행위가 서로 독립하여 별개의 법률효과를 발생하는 경우에도 특별한 사유가 있는 경우에는 예외적으로 하자의 승계가 인정될 수 있다고 한 점에 주목하여야 한다. 즉, 선행정행위에 불가쟁력이 발생하였음을 이유로 후행정행위에 대한 구속력을 인정하는 것(따라서 하자의 승계를 인정하지 않는 것)이 상대방에게 수인한도를 넘는 가혹함을 가져다주며 그 결과가 당사자에게 예측가능한 것이 아닌 경우에는 예외적으로 선행정행위의 후행정행위에 대한 구속력은 인정될 수 없으며, 따라서 이러한 경우에는 후행정행위 단계에서 선행정행위의 하자를 주장할 수 있다고 한다.246)

구체적 사안을 살펴보면 다음과 같다. 개별공시지가결정에 불가쟁력이 발생한 후에 그 후속의 과세처분단계에서 개별공시지가결정의 하자를 주장한 사안에서 대법원은, 개별공시지가결정과 이를 기초로 한 과세처분은 서로 독립한 별개의 법률효과를 목적으로 하는 것이라고 전제하면서, 그러나 결정된 개별공시지가가 자신에게 유리하게 작용될 것인지 불이익하게 작용될 것인지를 쉽게 예견할 수 없으므로 개별공시지가결정에 대해 정해진 기간 내에 불복하지 않았다는 이유로 그 후속의 과세처분단계에서 개별공시지가결정의 하자를 주장할 수 없도록 하는 것은 수인한도를 넘는 불이익을 강요하는 것이며, 따라서 이러한 경우에는 예외적으로 과세처분단계에서 개별공시지가결정의 하자를 주장할 수 있다고 하였다.247) 다른 한편, 개별공시지가결정에 대해 상대방이 재조사청구를 한 후 그 결과에 대해 더 이상 다투지 않은 경우(즉, 불복절차의 일부를 거친 경우)에는 개별공시지가결정의 후행정행위에 대한 구속력을 인정하는 것이 상대방에게 수인한도를 넘는 가혹한 것이거나 예측불가능한 것으로 볼 수 없어 후행정행위단계에서 개별공시지가결정의 하자를 주장할 수 없다고 하였다.248)

> **판례** 『[1] 두 개 이상의 행정처분이 연속적으로 행하여지는 경우 선행처분과 후행처분이 서로 결합하여 1개의 법률효과를 완성하는 때에는 선행처분에 하자가 있으면 그 하자는 후행처분에 승계되므로 선행처분에 불가쟁력이 생겨 그 효력을 다툴 수 없게 된 경우에도 선행처분의 하자를 이유로 후행처분의 효력을 다툴 수 있는 반면 선행처분과 후행처분이 서로 독립하여 별개의 법률효과를 목적으로 하는 때에는 선행처분에 불가쟁력이 생겨 그 효력을 다툴 수 없게 된 경우에는 선행처분의 하자가 중대하고 명백하여 당연무효인 경우를 제외하고는 선행처분의 하자를 이유로 후행처분의 효력을 다툴 수 없는 것이 원칙이나, 선행처분과 후행처분이 서로 독립하여 별개의 효과를 목적으로 하는 경우에도 선행처분의 불가쟁력이나 구속력이 그로 인하여 불이익을 입게 되는 자에게 수인한도를 넘는 가혹함을 가져오며 그 결과가 당사자에게 예측가능한 것이 아닌 경우에는 국민의 재판받을 권리를 보장하고 있는 헌법의 이념에 비

---

244) 대판 1996. 2. 9, 95누12507; 대판 1993. 11. 9, 93누14271; 대판 1993. 2. 9, 92누4567
245) 대판 1987. 9. 22, 87누383; 대판 1998. 9. 8, 97누20502; 대판 1997. 4. 11, 96누8895; 대판 1984. 9. 11, 84누191; 대판 1990. 1. 23, 87누947; 대판 2000. 10. 13, 2000두5142; 대판 2000. 10. 13, 99두653; 대판 2012. 8. 23, 2010두13463; 대판 1991. 4. 23, 90누8756; 대판 2002. 12. 10, 2001두5422; 대판 2019. 1. 17, 2016두56721; 대판 2019. 1. 31, 2017두40372; 대판 2020. 4. 9, 2019두61137.
246) 대판 1994. 1. 25, 93누8542; 대판 1998. 3. 13, 96누6059; 대판 2005. 4. 15, 2004두14915; 대판 2019. 1. 31, 2017두40372.
247) 대판 1994. 1. 25, 93누8542.
248) 대판 1998. 3. 13, 96누6059.

추어 선행처분의 후행처분에 대한 구속력은 인정될 수 없다.

[2] 개별공시지가결정은 이를 기초로 한 과세처분 등과는 별개의 독립된 처분으로서 서로 독립하여 별개의 법률효과를 목적으로 하는 것이나, 개별공시지가는 이를 토지소유자나 이해관계인에게 개별적으로 고지하도록 되어 있는 것이 아니어서 토지소유자 등이 개별공시지가결정 내용을 알고 있었다고 전제하기도 곤란할 뿐만 아니라 결정된 개별공시지가가 자신에게 유리하게 작용될 것인지 또는 불이익하게 작용될 것인지 여부를 쉽사리 예견할 수 있는 것도 아니며, 더욱이 장차 어떠한 과세처분 등 구체적인 불이익이 현실적으로 나타나게 되었을 경우에 비로소 권리구제의 길을 찾는 것이 우리 국민의 권리의식임을 감안하여 볼 때 토지소유자 등으로 하여금 결정된 개별공시지가를 기초로 하여 장차 과세처분 등이 이루어질 것에 대비하여 항상 토지의 가격을 주시하고 개별공시지가결정이 잘못된 경우 정해진 시정절차를 통하여 이를 시정하도록 요구하는 것은 부당하게 높은 주의의무를 지우는 것이라고 아니할 수 없고, 위법한 개별공시지가결정에 대하여 그 정해진 시정절차를 통하여 시정하도록 요구하지 아니하였다는 이유로 위법한 개별공시지가를 기초로 한 과세처분 등 후행 행정처분에서 개별공시지가결정의 위법을 주장할 수 없도록 하는 것은 수인한도를 넘는 불이익을 강요하는 것으로서 국민의 재산권과 재판받을 권리를 보장한 헌법의 이념에도 부합하는 것이 아니라고 할 것이므로, 개별공시지가결정에 위법이 있는 경우에는 그 자체를 행정소송의 대상이 되는 행정처분으로 보아 그 위법 여부를 다툴 수 있음은 물론 이를 기초로 한 과세처분 등 행정처분의 취소를 구하는 행정소송에서도 선행처분인 개별공시지가결정의 위법을 독립된 위법사유로 주장할 수 있다고 해석함이 타당하다.』 (대판 1994. 1. 25, 93누8542)

그런데 판례는 표준지공시지가결정과 그 후속의 행정행위 사이에는 여전히 하자의 승계를 인정하지 않고 있다. 즉, 표준지로 선정된 토지의 표준지공시지가를 다투기 위해서는 처분청인 국토교통부장관에게 이의를 신청하거나 표준지공시지가결정의 취소를 구하는 행정쟁송을 제기해야 하며, 그러한 절차를 밟지 않은 채 토지 등에 관한 재산세 등 부과처분의 취소를 구하는 소송에서 표준지공시지가결정의 위법성을 다투는 것은 원칙적으로 허용되지 않는다고 하였다.249) 다만 '표준지의 인근 토지소유자'에 대해서는 비록 (비교)표준지공시지가결정이 불가쟁력을 발생하였다 하더라도 후속의 수용보상금증액청구소송에서 (비교)표준지공시지가결정의 위법을 주장할 수 있다고 하였다.250) 그 논거로는, 인근 토지소유자에게는 표준지공시지가가 개별적으로 고지되지 않으므로 그들이 표준지공시지가결정의 내용을 알고 있었다고 보기 어려울 뿐만 아니라, 또한 인근 토지소유자는 보상금 산정의 기준이 되는 표준지가 어느 토지인지 알 수 없으므로 법이 정한 시정절차에 따라 표준지공시지가결정에 대해 다투는 것이 불가능하기 때문이라는 것을 든다.

판례 ① 『표준지로 선정된 토지의 표준지공시지가를 다투기 위해서는 처분청인 국토교통부장관에게 이의를 신청하거나 국토교통부장관을 상대로 공시지가결정의 취소를 구하는 행정심판이나 행정소송을 제기해야 한다. 그러한 절차를 밟지 않은 채 토지 등에 관한 재산세 등 부과처분의 취소를 구하는 소송에서 표준지공시지가결정의 위법성을 다투는 것은 원칙적으로 허용되지 않는다.』 (대판 2022. 5. 13, 2018두50147)

---

249) 대판 1995. 11. 10, 93누16468; 대판 2022. 5. 13, 2018두50147.
250) 대판 2008. 8. 21, 2007두13845.

② 『표준지공시지가결정은 이를 기초로 한 수용재결 등과는 별개의 독립된 처분으로서 서로 독립하여 별개의 법률효과를 목적으로 하지만, 표준지공시지가는 이를 인근 토지의 소유자나 기타 이해관계인에게 개별적으로 고지하도록 되어 있는 것이 아니어서 인근 토지의 소유자 등이 표준지공시지가결정 내용을 알고 있었다고 전제하기가 곤란할 뿐만 아니라, 결정된 표준지공시지가가 공시될 당시 보상금 산정의 기준이 되는 표준지의 인근 토지를 함께 공시하는 것이 아니어서 인근 토지 소유자는 보상금 산정의 기준이 되는 표준지가 어느 토지인지를 알 수 없으므로, 인근 토지 소유자가 표준지의 공시지가가 확정되기 전에 이를 다투는 것은 불가능하다. … 위법한 표준지공시지가결정에 대하여 그 정해진 시정절차를 통하여 시정하도록 요구하지 않았다는 이유로 위법한 표준지공시지가를 기초로 한 수용재결 등 후행 행정처분에서 표준지공시지가결정의 위법을 주장할 수 없도록 하는 것은 수인한도를 넘는 불이익을 강요하는 것으로서 국민의 재산권과 재판받을 권리를 보장한 헌법의 이념에도 부합하는 것이 아니다. 따라서 표준지공시지가결정이 위법한 경우에는 그 자체를 행정소송의 대상이 되는 행정처분으로 보아 그 위법 여부를 다툴 수 있음은 물론, 수용보상금의 증액을 구하는 소송에서도 선행처분으로서 그 수용대상 토지 가격 산정의 기초가 된 비교표준지공시지가결정의 위법을 독립한 사유로 주장할 수 있다.』 (대판 2008. 8. 21. 2007두13845)

다음으로 '독립유공자법 적용배제자결정' 취소소송에서 선행처분인 '친일반민족행위자결정'의 위법을 주장할 수 있는지에 대해 살펴보기로 한다.

판례 〈사건개요〉 독립유공자 갑(6·25때 납북되어 생사불명)의 자녀인 을은 『독립유공자 예우에 관한 법률』(이하 '독립유공자법'이라 한다)에 의한 법 적용대상자 결정을 받고 2007. 1.경부터 보상금 등의 예우를 받고 있었다. 그런데 『일제강점하 반민족행위 진상규명에 관한 특별법』(이하 '특별법'이라 한다)에 의해 설치된 친일반민족행위진상규명위원회(이하 '진상규명위원회'라 한다)가 2009. 11. 27. 친일반민족행위자 1,005명을 최종발표(이하 '선행처분'이라 한다)하였는데 그중에는 갑도 포함되어 있었다. 특별법에 의하면 진상규명위원회는 조사대상자, 그 배우자와 직계비속 또는 이해관계인에게 조사대상자로 선정된 사실 및 조사한 결과 친일반민족행위자로 확정된 내용을 통지하도록 규정되어 있는데도, 진상규명위원회는 갑이 6·25 전란 당시 납북되어 생사불명이라는 이유로 갑이 납북 전 주지를 지낸 사찰인 범어사를 이해관계인으로 보아 범어사에 갑이 조사대상자로 선정된 사실 및 친일반민족행위자로 결정된 사실을 통지하였을 뿐, 갑의 직계비속인 을에게는 이러한 내용을 통지하지 않았다. 한편, 의정부보훈지청장은 2009. 12. 8. 친일반민족행위자로 결정된 자와 그 유가족을 독립유공자법 적용배제자로 결정(이하 '후행처분'이라 한다)하여 을 등에게 통지하였다. 이에 을은 독립유공자법 적용배제자결정에 대한 취소소송을 제기하여 선행처분인 친일반민족행위자결정이 위법하므로 후행처분인 독립유공자법 적용배제자결정도 위법하다고 주장하였다.

〈원심판결〉『이 사건 선행처분과 후행처분은 서로 독립하여 별개의 법률효과를 목적으로 하는 것으로 보이고, 원고가 2009. 12. 8. 이 사건 선행처분의 존재를 알게 되었는데도 이 사건 소 제기 전까지 이 사건 선행처분에 대하여 이의신청절차를 밟거나 행정쟁송을 제기하지 않았는바, 이 사건 선행처분의 불가쟁력이나 구속력이 그로 인하여 불이익을 입게 되는 원고에게 수인한도를 넘는 가혹함을 가져오고 그 결과가 원고에게 예측할 수 없는 경우에 해당한다고 볼 수 없으므로, 이 사건 선행처분에 하자가 있다고 하더라도 그 하자를 후행처분의 취소를 구하는 이 사건에서 독립된 위법사유로 주장할 수 없다.』 (서울고판 2012. 2. 10. 2011누22664)

〈대법원판결〉『(1) 독립유공자법 제39조에 의하면 독립유공자가 특별법에 의하여 친일반민족행위를 한 것으로 결정되면 국가보훈처장은 그 자를 법의 적용대상에서 제외하고 독립유공자법 또는 다른 법률에 따라 독립유공자, 그 유족 또는 가족이 받을 수 있는 모든 예우를 하지 아니하도록 규정되어 있다. 이와 같이 이 사건 선행처분은 후행처분의 이유를 구성하는 확인적 처분에 불과하고 원고의 입장에서는 이 사건 후행처분이 직접적으로 중요하고 본질적인 처분이다.

(2) 원고로서는 이 사건 후행처분인 피고의 독립유공자법 적용배제결정이 자신의 법률상 지위에 직접적인 영향을 미치는 행정처분이라고 생각하였을 뿐, 통지를 받지도 않은 진상규명위원회의 친일반민족행위자 결정처분이 자신의 법률상 지위에 영향을 주는 독립된 행정처분이라고는 생각하기는 쉽지 않았을 것으로 보인다. 이러한 상황에 있었던 원고에게 이 사건 선행처분에 대하여 특별법에 의한 이의신청절차를 밟거나 이 사건 후행처분에 대한 것과 별개로 행정심판 내지 행정소송을 제기할 것을 기대하기는 매우 어렵다고 보아야 한다. 그런데도 원고가 그러한 절차를 취하지 않았다는 이유로 이 사건 선행처분의 하자를 이유로 후행처분의 효력을 다툴 수 없게 하는 것은 원고에게 수인한도를 넘는 불이익을 주고 그 결과가 원고에게 예측가능한 것이라고 할 수 없다.

(3) 사정이 이러하다면 이 사건 선행처분의 이 사건 후행처분에 대한 구속력은 인정할 수 없다고 봄이 상당하므로, 이 사건 선행처분에 위법이 있는 경우 원고는 이를 이유로 후행처분의 효력을 다툴 수 있다. 그럼에도 이와 달리 본 원심의 판단에는 행정소송에서 선행처분의 하자를 이유로 후행처분의 효력을 다툴 수 있는 경우에 관한 법리를 오해하여 판결 결과에 영향을 미친 위법이 있다.』(대판 2013. 3. 14. 2012두6964)

제8절 행정행위의 취소

Ⅰ. 개 설

1. 취소의 개념

좁은 의미에서 행정행위의 취소란 일단 유효하게 성립한 행정행위에 대하여 행정청이 그 성립에 하자가 있음을 이유로 그 효력을 소멸시키는 행위, 즉 직권취소를 말한다. 넓은 의미에서는 직권취소 이외에 처분의 상대방이나 이해관계인의 쟁송제기에 의해 행정쟁송기관이 행하는 취소, 즉 쟁송취소를 포함한다. 일반적으로 행정행위의 취소라 함은 직권취소를 의미하며, 직권취소는 원행정행위와는 독립한 별개의 행정행위이다. 예컨대 행정청이 영업허가를 한 후 그 성립에 하자가 있음을 이유로 해당 영업허가를 취소한 경우에 영업허가처분과 취소처분은 별개의 행정행위인 것이다.

2. 직권취소와 쟁송취소의 차이

(1) 기본적 성격의 차이

행정청이 행하는 직권취소는 기본적으로 행정작용에 속하는 것으로서, 행정의 적법성 확보뿐만 아니라 행정목적의 효율적 실현을 동시에 추구한다. 이에 반해 쟁송취소는 국민의 쟁송제기에 의해 행정쟁송기관이 위법·부당한 행정행위의 효력을 소멸시키는 것으로서 기본적으로 사법작용(행정심판에 의한 취소는 준사법작용)에 속한다. 이러한 쟁송취소는 위법·부당한 행정행위의 효력을 취소함으로써 행정의 적법성을 실현시키고 국민의 권리를 구제함을 목적으로 한다.

(2) 구체적 차이

① **대상** : 직권취소는 수익적 행정행위와 침익적 행정행위를 모두 대상으로 하지만, 쟁송취소는 침익적 행정행위를 대상으로 한다.

② **취소권자** : 직권취소권자는 원칙적으로 처분청이며(감독관청이 직권취소권을 가지는지에 대해서는 다툼이 있음), 쟁송취소권자는 법원 또는 행정심판위원회이다.

③ **취소기간** : 직권취소의 경우에는 원칙적으로 기간의 제한을 받지 않는다(다만 신뢰보호의 견지에서 실권의 법리가 적용될 수 있음). 이에 반해 쟁송취소는 쟁송제기기간에 의한 제한을 받으며, 만일 쟁송제기기간이 경과하면 불가쟁력이 발생하여 국민은 더 이상 행정쟁송을 제기할 수 없다.

④ **절차와 형식** : 직권취소를 함에 있어서는 행정절차법이 정한 절차에 따라야 하는데, 특히 수익적 행정행위를 취소함에 있어서는 사전통지, 의견청취, 이유제시 등의 절차를 준수하여야 한다. 이에 반해 쟁송취소에 있어서는 행정소송법이나 행정심판법이 정한 쟁송절차에 따라야 한다. 그리고 직권취소는 처분의 형식으로 행하나, 쟁송취소는 판결 또는 재결의 형식으로 행한다.

⑤ **취소권의 제한**(이익형량) : 행정청이 수익적 행정행위를 직권으로 취소함에 있어서는 상대방의 신뢰보호의 견지에서 취소권의 행사에 일정한 제약이 따른다. 즉, 행정청은 하자있는 행정행위를 취소를 하여야 할 공익상의 필요와 취소로 인한 상대방의 권리침해 사이의 이익형량을 통해 취소 여부를 결정하여야 한다. 이에 반해 쟁송취소는 주로 침익적 행정행위를 대상으로 하므로 쟁송기관은 심리결과 행정행위가 위법하다고 인정되면 원칙적으로 취소하여야 한다(다만 사정판결·사정재결제도에 의한 제약이 있을 수 있음).

⑥ **취소의 효과**(소급효) : 수익적 행정행위를 직권취소하는 경우에는 상대방의 권익보호를 위해 장래적으로 그 효력을 소멸시킬 수 있다. 하지만 쟁송취소는 침익적 행정행위를 대상으로 하므로 취소의 효과는 소급적으로 발생한다.

3. 유사개념과의 구별

(1) 무효선언과의 구별

행정행위의 취소는 일단 유효하게 성립한 행정행위의 효력을 소멸시키는 행위인 점에서, 처음부터 아무런 효력을 발생하지 않는 무효인 행정행위임을 공적으로 확인하는 행위인 무효선언과 구별된다.

(2) 철회와의 구별

행정행위의 취소는 '성립 당시의 하자'를 이유로 행정행위의 효력을 소멸시키는 행위인 점에서, 아무런 하자 없이 성립한 행정행위에 대하여 그 후 발생된 새로운 사정을 이유로 그 효력을 소멸시키는 행위인 철회와 구별된다.

Ⅱ. 취소권자

1. 직권취소권자

하자있는 행정행위를 직권으로 취소할 수 있는 권한을 가진 자는 원칙적으로 처분청이다. 이와 관련하여 감독청이 직접 행정행위에 대한 취소권을 가지는지에 대해 다툼이 있다. 적극설에 의하면, 취소권은 감독목적을 달성하기 위한 불가결의 수단이므로 감독청은 자신의 감독권한에 근거하여 취소권을 행사할 수 있다고 한다.[251] 이에 반해 소극설에 의하면, 감독청은 특별한 규정이 없는 한 처분청에 취소를 명할 수 있을 뿐이고 직접 취소권을 행사할 수는 없다고 한다.[252]

생각건대, 감독청은 하급행정기관에게 하자있는 행정행위의 취소를 명할 수는 있지만 직접 취소를 하는 것은 감독권한의 범위를 넘어서는 것이라 할 것이며, 따라서 이론적으로는 소극설의 입장이 타당하다고 할 것이다. 다만 법률에서 특별히 감독관청이 직접 취소권을 행사할 수 있음을 규정하고 있는 경우도 있는바, 이러한 경우에는 그 규정에 따르면 된다. 예컨대, 대통령은 국무총리와 중앙행정기관의 장의 명령이나 처분이 위법 또는 부당하다고 인정하면 이를 중지 또는 취소할 수 있다(정부조직법 11조 2항). 그리고 지방자치단체의 사무에 관한 그 장의 명령이나 처분이 법령에 위반되거나 현저히 부당하여 공익을 해친다고 인정되면 시·도에 대하여는 주무부장관이, 시·군 및 자치구에 대하여는 시·도지사가 기간을 정하여 서면으로 시정할 것을 명하고, 그 기간에 이행하지 아니하면 이를 취소하거나 정지할 수 있다(지방자치법 188조 1항). 이와 같이 정부조직법과 지방자치법이 감독관청의 폭넓은 취소권을 규정함으로써, 감독관청이 직접 취소권을 가지는지에 관한 논의의 실익이 상당부분 상실되었다.

2. 쟁송취소권자

쟁송취소는 행정행위의 상대방이나 이해관계인이 취소쟁송을 제기한 경우에 쟁송담당기관이 행하는 것이기 때문에, 쟁송취소권자는 행정심판위원회나 법원이다.

---

251) 홍정선(상), 495면.
252) 김남진/김연태(Ⅰ), 370면; 김남철, 270면.

Ⅲ. 법적 근거

하자있는 행정행위를 취소하기 위해서는 별도의 법적 근거가 있어야 하는지가 문제된다. 과거에는 수익적 행정행위를 취소하는 것은 상대방에게 침익적이기 때문에 법률유보의 원칙에 의해 법적 근거가 필요하다고 보는 견해가 있었다.[253] 그러나 행정행위의 취소는 그 성립에 하자가 있는 행정행위의 효력을 소멸시킴으로써 적법성을 회복시키는 것이므로 별도의 법적 근거가 없더라도 처분청은 취소권을 행사할 수 있다는 것이 오늘날의 통설과 판례의 입장이다.[254]

행정기본법은 "행정청은 위법 또는 부당한 처분의 전부나 일부를 소급하여 취소할 수 있다. 다만, 당사자의 신뢰를 보호할 가치가 있는 등 정당한 사유가 있는 경우에는 장래를 향하여 취소할 수 있다"고 함으로써(18조 1항), 직권취소에 관한 일반적 규정을 두었다.

Ⅳ. 취소의 사유

행정행위의 취소사유에 관해서는 통칙적 규정이 없고 다만 개별 법령에서 규정을 두고 있는 경우가 있다. 예컨대 거짓이나 부정한 수단으로 운전면허를 받은 경우에는 운전면허를 취소하도록 한 것이 그에 해당한다(도로교통법 93조 1항 8의2호). 만일 개별 법령에 특별한 규정이 없으면 학설·판례에 의해 해결하여야 할 것인바, 일반론적으로 말하면 '중대하고 명백한 정도에 이르지 아니한 하자'가 취소사유에 해당한다고 본다. 구체적인 취소사유에 관해서는 이미 앞에서 살펴본 바 있다.

Ⅴ. 취소의 절차 및 형식

1. 절 차

행정행위를 직권으로 취소함에 있어서는 행정절차법이 정한 절차를 따라야 한다. 특히 수익적 행정행위를 취소하는 것은 상대방에게 침익적 효과를 가져다주기 때문에 사전통지, 의견청취, 이유제시 등의 절차가 요구된다(행정절차법 21조 – 23조).

2. 형 식

직권취소는 독립한 행정행위이므로 행정절차법 제24조에서 정한 처분의 방식으로 하여야 한다. 즉, 특별한 규정이 없는 한 문서로 하여야 하며, 전자문서로 하는 경우에는 당사자의 동의가 있어야 한다. 다만 신속히 처리할 필요가 있거나 사안이 경미한 경우에는 말 또는 그 밖의 방법으로

---

253) 김철용, 행정행위의 취소, 고시계, 1977. 5, 21면.
254) 대판 2014. 11. 27, 2013두16111; 대판 2020. 7. 23, 2019두31839.

할 수 있으며, 이 경우 당사자가 요청하면 지체없이 문서를 주어야 한다(행정절차법 24조).

Ⅵ. 직권취소의 제한

1. 수익적 행정행위의 취소권의 제한

과거에는 행정행위에 하자가 있는 경우 행정청은 언제든지 자유로이 취소할 수 있다고 보았으며(취소자유의 원칙), 나아가 법치행정의 원칙에 비추어 볼 때 하자있는 행정행위는 반드시 취소되어야 하고 취소는 행정청의 법적 의무임을 강조하는 학자도 있다(Forsthoff 교수).

그러나 행정행위가 일단 발해지면 비록 그 성립에 하자가 있을지라도 권한있는 기관에 의해 취소될 때까지는 일응 유효하게 존속하고 그것을 기초로 하여 많은 법률관계가 형성되므로, 이를 함부로 취소하는 경우에는 관계자의 신뢰와 법적 생활의 안정을 해칠 수 있다. 따라서 오늘날에는 행정청이 수익적 행정행위를 직권으로 취소하는 경우에는 조리상의 제한을 받는다는 것이 통설·판례의 입장이다. 즉, 수익적 행정행위에 하자가 있는 경우에는 행정청은 '그 행정행위를 취소하여야 할 공익상의 필요'와 '그 취소로 인하여 상대방이 입을 불이익'을 비교형량하여, 취소하여야 할 공익상의 필요가 취소로 인하여 상대방이 입을 불이익보다 크다고 인정되는 경우에만 취소권을 행사할 수 있다. 그리고 행정행위의 하자나 취소해야 할 필요성에 관한 증명책임은 처분청에 있다.[255]

행정기본법은 통설과 판례의 입장을 반영하여 "행정청은 당사자에게 권리나 이익을 부여하는 처분을 취소하려는 경우에는 취소로 인하여 당사자가 입게 될 불이익을 취소로 달성되는 공익과 비교·형량하여야 한다"고 규정하였다(18조 2항).

> **판례** 『처분청은 행정처분에 하자가 있는 경우에는 별도의 법적 근거가 없더라도 스스로 이를 취소할 수 있고, 다만 수익적 행정처분을 취소할 때에는 이를 취소하여야 할 중대한 공익상 필요와 취소로 인하여 처분상대방이 입게 될 기득권과 법적 안정성에 대한 침해 정도 등 불이익을 비교·교량한 후 공익상 필요가 처분상대방이 입을 불이익을 정당화할 만큼 강한 경우에 한하여 취소할 수 있다.』(대판 2020. 7. 23. 2019두31839)

한편, 수익적 행정행위에 대한 취소권 제한의 법리는 처분청이 수익적 행정행위를 직권으로 취소하는 경우에 적용되는 법리일 뿐 쟁송취소의 경우에는 적용되지 않는다는 것이 판례의 입장이다.[256]

---

255) 대판 2014. 11. 27, 2014두9226; 대판 2017. 6. 15, 2014두46843.
256) 대판 2019. 10. 17, 2010두104. 이는 서초구청장이 사랑의 교회에게 서초역 부근 도로의 지하부분에 교회시설 건축 및 통로 설치를 위한 도로점용허가를 한 것에 대해 서초구 주민이 위 도로점용허가가 위법하다고 하면서 지방자치법상의 주민소송을 제기한 사안이다.

2. 이익형량의 기준

수익적 행정행위의 직권취소에 있어서는 관련된 모든 이익을 비교형량하여 취소여부를 결정하여야 한다는 데에는 학설·판례가 일치하나, 문제는 어떠한 기준에 의하여 이익형량을 하느냐 하는 것이다. 아래에서 그 기준에 대하여 살펴보기로 한다.

(1) 행정행위의 하자가 '상대방의 귀책사유'로 인한 경우, 특히 상대방의 사기·강박·뇌물증여 등 부정한 방법으로 행정행위가 발해진 경우에는 상대방의 신뢰보호의 필요보다는 취소하여야 할 공익상의 필요가 앞선다. 하자의 발생에 상대방의 부정행위가 없더라도 상대방이 행정행위에 하자가 있음을 알았거나 중대한 과실로 알지 못한 경우도 귀책사유가 인정된다는 것이 판례의 입장이다.257) 행정기본법은 이러한 통설·판례의 입장을 반영하여, 행정청이 당사자에게 권리나 이익을 부여하는 처분을 취소하려는 경우에는 당사자의 이익과 공익을 비교형량하도록 하면서, "다만 i) 거짓이나 그 밖의 부정한 방법으로 처분을 받은 경우, ii) 당사자가 처분의 위법성을 알고 있었거나 중대한 과실로 알지 못한 경우에는 그러하지 아니하다"는 규정을 두었다(18조 2항).

이에 반해 행정행위의 하자가 '행정청의 귀책사유'로 인한 경우에는 상대방의 신뢰보호의 이익이 강하게 요청된다.258)

판례 『[1] 행정처분에 하자가 있음을 이유로 처분청이 이를 취소하는 경우에도 그 처분이 국민에게 권리나 이익을 부여하는 처분인 때에는 그 처분을 취소하여야 할 공익상의 필요와 그 취소로 인하여 당사자가 입게 될 불이익을 비교교량한 후 공익상의 필요가 당사자가 입을 불이익을 정당화할 만큼 강한 경우에 한하여 취소할 수 있는 것이지만, 그 처분의 하자가 당사자의 사실은폐나 기타 사위의 방법에 의한 신청행위에 기인한 것이라면 당사자는 그 처분에 의한 이익이 위법하게 취득되었음을 알아 그 취소가능성도 예상하고 있었다고 할 것이므로 그 자신이 위 처분에 관한 신뢰이익을 원용할 수 없음은 물론 행정청이 이를 고려하지 아니하였다고 하여도 재량권의 남용이 되지 않는다.
[2] 허위의 고등학교 졸업증명서를 제출하는 사위의 방법에 의한 하사관 지원의 하자를 이유로 하사관 임용일로부터 33년이 경과한 후에 행정청이 행한 하사관 및 준사관 임용취소처분이 적법하다고 한 사례.』
(대판 2002. 2. 5, 2001두5286)

(2) 하자있는 행정행위가 행해진 때로부터의 '기간의 경과'도 고려되어야 한다. 하자있는 행정행위가 행해진 후 기간이 오래 경과될수록 상대방의 신뢰보호의 필요성은 커진다. 나아가 행정청이 취소사유를 알고도 장기간 취소권을 행사하지 않음으로써 해당 행정행위는 취소되지 않을 것이라는 신뢰가 형성된 경우에는 실권의 법리에 의해 그 취소권은 상실된다.

(3) 하자있는 행정행위의 취소를 통해 초래되는 '경제적 효과'도 고려되어야 한다. 즉, 하자있는 행정행위의 취소를 통해서 상대방에게 미치는 경제적 손실의 정도와 국가경제에 미치는 영향도 고려하여 취소여부를 결정하여야 한다.

---

257) 대판 2002. 11. 8, 2001두1512; 대판 2020. 7. 23, 2019두31839.
258) 대판 2000. 2. 25, 99두10520 참조.

(4) 사인의 법률적 행위를 보충하여 그 효력을 완성시켜 주는 행위인 '인가'는 그로 인하여 사인의 법률행위가 완성된 후에는 법적 안정성을 위해 그 취소에 강한 제한을 받는다.

(5) 공무원의 임명, 귀화허가 등과 같은 '포괄적 신분설정행위'도 법적 안정성의 견지에서 그 취소가 제한된다고 본다.

VII. 취소의 효과

1. 소급효 문제

행정행위의 취소는 그 성립 당시의 하자를 이유로 하는 것이기 때문에 성립 당시로 소급하여 취소의 효과가 발생하는 것이 원칙이다(행정기본법 18조 1항 본문 참조). 다만 당사자의 신뢰를 보호할 가치가 있는 등 정당한 사유가 있는 경우에는 장래를 향하여 취소할 수 있다(동법 18조 단서).

2. 반환청구권(원상회복)

하자있는 행정행위가 취소되면 처분의 효력은 원칙적으로 소급하여 소멸하므로, 하자있는 행정행위에 근거하여 금전이나 물건 등을 납부한 경우에는 행정청에 대하여 그 반환을 청구할 수 있다. 특히 조세부과처분·과징금부과처분 등에 근거하여 금전을 납부한 후 해당 행정행위가 취소되면 부당이득반환청구를 할 수 있다.

3. 손실보상의 문제

수익적 행정행위에 하자가 있는 경우에는 행정청의 취소권이 제한되어 공익과 사익간의 이익형량을 통하여 취소 여부를 결정하여야 한다. 그런데 행정행위를 취소할 공익상 필요성이 크다고 인정되는데 그 하자가 상대방의 귀책사유와 관계가 없다면, 이 경우 상대방에 대한 손실보상의 문제가 발생한다. 독일 행정절차법은 이를 명문으로 규정하고 있으나(48조 3항), 우리의 행정절차법에는 이에 관한 아무런 규정이 없다.

VIII. 취소처분의 하자

│ 기본사례

청주시장은 갑에게 과징금부과처분을 하였는바, 갑은 이에 대해 이의신청을 하였고 청주시장은 갑의 이의를 받아들여 과징금부과처분을 취소하였다. 그런데 얼마 후 청주시장은 법령을 잘못 적용하여 취소처분을 내렸음을 발견하고 다시금 위 취소처분을 취소하였다. 이 경우 처음의 과징금부과처분은 효력을 회복하는가.

1. 문제의 소재

어떠한 행정행위를 취소하는 것은 원행정행위와는 독립한 행정행위이며, 따라서 취소처분에 하자가 있으면 그 취소처분은 하자의 정도에 따라 무효가 될 수도 있고 취소의 대상이 될 수도 있다. 이와 관련하여 만일 취소처분이 무효이거나 취소된 경우에 원행정행위의 효력이 회복되는지가 문제된다.

2. 취소처분이 무효인 경우

취소처분이 무효라면 처음부터 취소처분은 존재하지 않은 것이 되기 때문에 원행정행위는 계속해서 효력을 갖게 된다.

3. 취소처분이 취소된 경우

(1) 학설

① **부정설** : 행정행위에 대한 취소처분이 있으면 원행정행위는 확정적으로 효력을 상실하게 되므로, 비록 취소처분에 취소사유가 있다 하더라도 행정청은 취소처분을 다시 취소하여 원행정행위의 효력을 회복시킬 수 없다는 견해이다. 따라서 취소처분에 하자가 있어서 원행정행위의 효력을 회복시킬 필요가 있는 경우에는 원행정행위와 같은 내용의 새로운 행정행위를 하여야 한다고 한다.[259]

② **긍정설** : 취소처분도 하나의 독립한 행정행위이므로 취소처분에 취소사유가 있으면 처분청은 당연히 이를 직권으로 취소할 수 있으며, 이 경우 취소처분이 취소되면 취소가 없는 상태가 되므로 원행정행위의 효력이 회복된다는 견해이다.[260]

③ **절충설** : 수익적 행정행위의 경우에는 긍정설이 타당하고 침익적 행정행위의 경우에는 부정설이 타당하다는 견해이다. 즉, 수익적 행정행위의 경우에는 i) 취소처분의 하자에 대해 상대방의 귀책사유가 없는 한 상대방의 신뢰를 보호할 필요가 있으며, 취소처분의 취소를 통하여 원행정행위를 회복시켜도 특별히 이해관계인의 권리를 침해하지 않는 한 문제될 것이 없는 점, ii) 원행정행위의 회복을 인정하지 않으면 새로운 행정행위를 다시 하여야 하는 무익한 절차를 반복하게 되는 점 등을 이유로 긍정설이 타당하다고 한다. 이에 반해 침익적 행정행위의 경우에는 i) 침익적 행정행위의 취소로 인하여 상대방에게 유리한 지위를 부여하였는데 후에 취소행위에 하자가 있다는 이유로 취소처분을 취소하고 다시 침익적 행정행위를 회복시키는 것은 상대방의 신뢰를 침해하는 문제가 발생하는 점, ii) 침익적 행정행위에 대한 불복기간의 기산일을 분명히 하기 위해서 이 경우에는 원행정행위를 회복시키는 것보다는 새로운 행정행위를 하도록 하는 것이 바람직한 점 등을 이유로 부정설이 타당하다고 한다.[261]

---

259) 김성수, 일반행정법, 2018, 333면.
260) 박균성(상), 498면; 류지태/박종수, 262면; 정하중/김광수, 291면; 홍정선(상), 488면.

(2) 판례의 입장

판례 중에는 부정설의 입장을 취한 것도 있고 긍정설의 입장을 취한 것도 있다.

① **부정설의 입장을 취한 판례** : i) 행정청이 조세부과처분을 취소하면 그 취소처분에 의해 조세부과처분은 확정적으로 효력이 상실되므로 취소처분에 하자가 있다 하더라도 취소처분을 취소함으로써 다시 본래의 조세부과처분을 소생시킬 수 없으며, 이 경우 행정청이 상대방에게 종전과 같은 조세를 부과하고자 하면 다시 법이 정한 절차에 따라 종전과 동일한 내용의 새로운 조세부과처분을 하는 수밖에 없다고 한다.[262] ii) 지방병무청장이 재신체검사를 거쳐 현역병편입처분을 취소하고 보충역편입처분으로 변경한 경우 종전의 현역병편입처분의 효력은 확정적으로 상실되므로, 만일 새로운 보충역편입처분에 하자가 있음을 이유로 이를 취소한다 하더라도 종전의 현역병편입처분의 효력이 되살아나지는 않는다고 한다.[263]

② **긍정설의 입장을 취한 판례** : i) 행정청이 의료법인 이사에 대한 취임승인을 하였다가 이를 직권으로 취소한 후 다시 취소처분을 취소하면 종전의 이사는 소급하여 이사로서의 지위를 회복한다고 한다.[264] ii) 행정청으로부터 운전면허취소처분을 받았으나 나중에 운전면허취소처분이 취소되었다면 그 운전면허취소처분은 처분시에 소급하여 효력을 잃게 되고, 따라서 운전면허취소처분 이후의 운전행위는 도로교통법에 규정된 무면허운전죄에 해당하지 않는다고 한다.[265]

(3) 소결

판례가 취소처분이 취소된 경우에 조세부과처분·병역처분(침익적 행정행위의 성질)의 경우에는 원행정행위의 효력이 회복되지 않으나 이사취임승인·운전면허(수익적 행정행위의 성질)의 경우에는 원행정행위의 효력이 회복된다고 본 것에 미루어 짐작해 보면, 판례는 절충설의 입장을 취하고 있는 것으로 보인다. 국민의 권리구제적인 측면에서 절충설의 입장이 타당하다고 생각된다.

IX. 제3자효행정행위의 취소

제3자효행정행위의 경우 취소사유가 있는 경우에 이익형량의 범위가 넓어지는 점에 유의할 필요가 있다. 예컨대 건축허가처분에 하자가 있음으로 인하여 그 취소를 결정함에 있어서 '공익'과 '건축허가를 받은 자의 이익'과 '인근주민의 이익' 등 3면관계를 고려하여 결정하여야 하는 것이다.

---

261) 김남진/김연태(I), 366 – 367면.
262) 대판 1995. 3. 10, 94누7027.
263) 대판 2002. 5. 28, 2001두9653.
264) 대판 1997. 1. 21, 96누3401.
265) 대판 1999. 2. 5, 98도4239.

제 9 절   행정행위의 철회

Ⅰ. 의 의

행정행위의 철회란 아무런 하자없이 적법·유효하게 성립된 행정행위에 대하여 그의 효력을 존속시킬 수 없는 새로운 사정이 발생하였음을 이유로 행정청이 그 효력을 소멸시키는 행위를 말한다.

행정행위의 취소와 철회는 유효하게 성립한 행정행위의 효력을 소멸시키는 행위인 점에서는 공통점을 갖는다. 그러나 취소는 행정행위의 '성립 당시의 하자'를 이유로 그 효력을 소멸시키는 행위이나, 철회는 적법하게 성립된 행정행위에 대하여 '사후에 발생된 새로운 사정'을 이유로 그 효력을 소멸시키는 행위인 점에서 기본적인 차이가 있다. 즉, 취소는 '하자의 시정'을 목적으로 하지만, 철회는 '변화한 사정에의 적응'을 목적으로 하는 것이다. 예컨대 대리시험 등 부정한 수단으로 운전면허를 취득한 자에 대한 면허취소처분은 강학상의 취소이지만, 음주운전을 한 자에 대한 면허취소처분은 강학상의 철회에 해당한다. 한편, 실정법상으로는 취소와 철회가 명백히 구별되지 아니하고 주로 취소라는 용어가 많이 사용되고 있다.

> **판례** 『행정행위의 '취소'는 일단 유효하게 성립한 행정행위를 그 행위에 위법한 하자가 있음을 이유로 소급하여 그 효력을 소멸시키는 별도의 행정처분을 의미함이 원칙이다. 반면, 행정행위의 '철회'는 적법요건을 구비하여 완전히 효력을 발하고 있는 행정행위를 사후적으로 그 효력의 전부 또는 일부를 장래에 향해 소멸시키는 별개의 행정처분이다. 그리고 행정행위의 '취소사유'는 원칙적으로 행정행위의 성립 당시에 존재하였던 하자를 말하고, '철회사유'는 행정행위가 성립된 이후에 새로이 발생한 것으로서 행정행위의 효력을 존속시킬 수 없는 사유를 말한다.』(대판 2018. 6. 28, 2015두58195)

Ⅱ. 철회권자

행정행위의 철회권은 원칙적으로 처분청만이 갖는다는 것이 통설의 입장이다.

Ⅲ. 법적 근거

사정변경이나 공익상의 필요가 발생한 경우에 행정청은 별도의 법적 근거 없이도 철회권을 행사할 수 있는지가 문제된다.

1. 종래의 학설과 판례의 입장

이에 관해 종래 학설은 사정변경이나 공익상의 필요가 발생하면 별도의 법적 근거가 없는 경우에도 행정청은 행정행위를 철회할 수 있다는 견해(철회자유설, 근거불요설)와, 수익적 행정행위를 철회하는 것은 상대방에게 불이익을 주는 것이므로 법치국가의 원리에 비추어볼 때 행정청은 법적 근거가 있는 경우에만 철회권을 행시할 수 있다는 견해(철회제한설, 근거필요설)가 대립하고 있었다.

판례는 『행정행위를 한 처분청은 비록 처분 당시에 별다른 하자가 없었고 처분 후에 이를 철회할 별도의 법적 근거가 없더라도, 원래의 처분을 존속시킬 필요가 없게 된 사정변경이 생겼거나 중대한 공익상 필요가 발생한 경우에는 그 효력을 상실케 하는 별개의 행정행위로 이를 철회할 수 있다』고 함으로써 철회자유설의 입장을 취하였다.[266)]

2. 행정기본법의 규정

행정기본법은 "행정청은 적법한 처분이 다음의 어느 하나에 해당하는 경우(① 법률에서 정한 철회사유에 해당하게 된 경우, ② 법령등의 변경이나 사정변경으로 처분을 더 이상 존속시킬 필요가 없게 된 경우, ③ 중대한 공익을 위하여 필요한 경우)에는 그 처분의 전부 또는 일부를 장래를 향하여 철회할 수 있다"고 규정함으로써(19조 1항), 위의 사유가 발생한 경우에는 행정청은 별도의 법적 근거가 없어도 철회권을 행사할 수 있도록 하였다.

IV. 철회사유

1. 법률에서 정한 철회사유가 발생한 경우

개별 법률에서 철회사유를 규정하고 있는 경우가 많은바,[267)] 법이 정한 철회사유가 발생한 경우에는 행정청이 이에 근거하여 철회권을 행사할 수 있음은 물론이다.

2. 법령의 변경이나 사정변경으로 행정행위를 더 이상 존속시킬 필요가 없게 된 경우

행정행위의 근거 법령이 개정되거나 사정변경으로 인해 행정행위를 더 이상 존속시킬 필요가 없게 된 경우에도 행정청은 철회권을 행사할 수 있다.[268)] 사정변경으로 인해 철회권을 행사하는 대표적 예로는 행정행위의 기초 사실관계에 변동이 있는 경우를 들 수 있다.[269)]

한편, 근거 법령이 개정되거나 사정변경이 있다 해서 행정청은 자유롭게 철회권을 행사할 수 있는 것은 아니고, 특히 수익적 행정행위를 철회함에 있어서는 조리상의 제한을 받는다.

---

266) 대판 2017. 3. 15, 2014두41190; 대판 2021. 1. 14, 2020두46004.
267) 식품위생법 제75조, 도로교통법 제93조 등.
268) 근거 법령의 개정으로 인한 철회권 행사의 예로는, 갑이 교육환경보호구역에서 △△영업허가를 받아 영업을 하고 있는데, 교육환경보호에 관한 법률이 개정되어 해당 영업이 교육환경보호구역에서의 절대금지영업으로 규정된 경우를 들 수 있다.
269) 예컨대, 타인의 토지에 건축을 하기 위해 토지소유자의 사용승락서를 첨부하여 건축허가를 받은 자가 건축공사에 착수하기 전에 해당 토지에 건축을 할 권원을 상실한 경우가 그에 해당한다.

3. 중대한 공익을 위하여 필요한 경우

행정행위를 철회하지 않으면 중대한 공익상 불이익이 발생하는 경우에도 행정청은 철회권을 행사할 수 있다. 예컨대 건축허가가 발해진 후 해당 토지가 고속도로부지나 원자력발전소부지로 결정된 경우를 들 수 있다.

4. 그 밖의 철회사유

비록 행정기본법에는 철회사유로 규정되어 있지 않지만, 다음과 같은 경우에도 행정청은 철회권을 행사할 수 있다고 본다.

(1) 부관에 의해 철회권이 유보된 경우

행정행위에 철회권유보의 부관(장래 일정한 사유가 발생하면 행정행위를 철회할 수 있다는 내용의 부관)이 붙여진 경우에 해당 사유가 발생하면 행정청은 그 부관에 근거하여 철회권을 행사할 수 있다.

(2) 부담을 이행하지 않은 경우

상대방이 행정행위의 부관(부담)에 의해 과해진 의무를 이행하지 않는 경우에도 행정청은 철회권을 행사할 수 있다.

V. 철회권의 제한

1. 침익적 행정행위의 철회

침익적 행정행위의 철회는 상대방에게 이익이 되므로 철회 여부는 원칙적으로 행정청의 재량에 맡겨져 있다고 본다. 다만 철회에 관한 행정청의 재량권이 영으로 수축함으로써 행정청에 철회의무가 발생하는 경우도 있을 수 있다.

2. 수익적 행정행위의 철회

(1) 철회권 제한의 원칙

수익적 행정행위의 철회는 상대방의 신뢰와 법적 안정성을 해칠 우려가 있으므로 취소에 있어서와 같이 조리상의 제한을 받는 것이 원칙이다. 즉, 철회사유가 발생한 경우에도 행정청은 자유로이 철회할 수 있는 것이 아니고, '철회로 인하여 상대방이 입게 될 불이익'을 '철회로 달성되는 공익'과 비교형량하여 철회여부를 결정하여야 한다(행정기본법 19조 2항).

판례 『수익적 행정행위를 취소 또는 철회하거나 중지시키는 경우에는 이미 부여된 국민의 기득권을 침해하는 것이 되므로, 비록 취소 등의 사유가 있다고 하더라도 그 취소권 등의 행사는 기득권이 침해를 정당화할 만한 중대한 공익상의 필요 또는 제3자의 이익을 보호할 필요가 있고, 이를 상대방이 받는 불이익과 비교교량하여 볼 때 공익상의 필요 등이 상대방이 입을 불이익을 정당화할 만큼 강한 경우에 한하여 허용될 수 있다.』 (대판 2017. 3. 15, 2014두41190)

(2) 실권의 법리

행정청이 철회사유가 있음을 알면서 장기간 철회권을 행사하지 않으면 실권의 법리가 적용될 수 있다.

Ⅵ. 철회의 절차

행정행위를 철회함에 있어서는 행정절차법이 정한 절차를 따라야 한다. 특히 수익적 행정행위를 철회하는 것은 상대방에게 침익적 효과를 가져다주기 때문에 사전통지, 의견청취, 이유제시 등의 절차가 요구된다(행정절차법 21조 – 23조).

Ⅶ. 철회의 범위 및 효과

1. 철회의 범위

행정청은 행정행위의 전부 또는 일부를 철회할 수 있는데(행정기본법 19조 1항), 다만 행정행위의 일부에 대해서만 철회하기 위해서는 성질상 행정행위의 효과를 분리하는 것이 가능하여야 하고 또한 일부에 대한 철회로 인해 나머지 행정행위의 목적달성을 불가능하게 하지 않아야 한다.

2. 철회의 효과

행정행위의 철회의 효과는 원칙적으로 장래를 향하여 발생한다(동법 19조 1항).

이와 관련하여 철회의 효과를 철회사유 발생시로 소급하여 발생시킬 수 있는지가 문제된다. 판례에 따르면, 철회의 효과를 철회사유가 발생한 과거로 소급하여 발생시키기 위해서는 별도의 법적 근거가 필요하다고 한다.[270]

판례 〈사건개요〉 보건복지부장관은 A어린이집에 대해 평가인증(유효기간 2012. 1. 1.부터 2014. 8. 31.)을 하였다. 2012. 4. 13. 오산시장은 A어린이집이 부정한 방법으로 보조금을 교부받았다는 이유로 그 반환명령과 아울러 해당 어린이집 원장에 대한 3개월 자격정지처분을 내렸다. 이에 보건복지부장관은 보조금반환명령을 받은 어린이집에 대해서는 평가인증을 철회하도록 한 영유아보육법 제30조 제5항에 따라 2014. 3. 11. A어린이집에 대한 평가인증을 철회하면서 철회의 효력발생 시점을 철회사유 발생일인 2012. 4. 13.로 하였다. 이에 A어린이집은 아무런 법적 근거 없이 철회의 효과를 소급시킨 것은 위법하다고 주장하며 이에 대한 취소소송을 제기하였다.

〈대법원의 판단〉 『영유아보육법 제30조 제5항 제3호에 따른 평가인증의 취소는 평가인증 당시에 존재

---

270) 대판 2018. 6. 28, 2015두58195.

하였던 하자가 아니라 그 이후에 새로이 발생한 사유로 평가인증의 효력을 소멸시키는 경우에 해당하므로, 법적 성격은 평가인증의 '철회'에 해당한다. 그런데 행정청이 평가인증을 철회하면서 그 효력을 철회의 효력발생일 이전으로 소급하게 하면, 철회 이전의 기간에 평가인증을 전제로 지급한 보조금 등의 지원이 그 근거를 상실하게 되어 이를 반환하여야 하는 법적 불이익이 발생한다. 이는 장래를 향하여 효력을 소멸시키는 철회가 예정한 법적 불이익의 범위를 벗어나는 것이다. 이처럼 행정청이 평가인증이 이루어진 이후에 새로이 발생한 사유를 들어 영유아보육법 제30조 제5항에 따라 평가인증을 철회하는 처분을 하면서도, 평가인증의 효력을 과거로 소급하여 상실시키기 위해서는, 특별한 사정이 없는 한 영유아보육법 제30조 제5항과는 별도의 법적 근거가 필요하다.』(대판 2018. 6. 28, 2015두58195)

3. 철회와 손실보상

상대방의 귀책사유와 관계없이 순전히 공익상의 필요에 의해 수익적 행정행위를 철회하는 경우에는 손실보상을 해 주어야 한다. 예컨대 적법하게 유흥음식점영업을 하고 있는 중에 인근에 학교가 신설됨으로써 해당 지역이 교육환경절대보호구역에 해당하게 되어 유흥음식점영업허가가 철회된 경우가 그에 해당한다.

Ⅷ. 철회의 하자

행정청이 행정행위를 철회하는 행위도 원행정행위와 독립한 행정행위이므로, 철회행위에 하자가 있는 경우에는 그 하자의 정도에 따라 철회행위가 무효일 수도 있고 취소의 대상이 될 수도 있다.

Ⅸ. 철회신청권

행정행위가 발해진 후 사정변경이 발생한 경우에 행정행위의 상대방이나 이해관계인이 행정청에 대하여 행정행위의 철회를 신청할 수 있는 권리가 있는지가 문제된다.

판례에 의하면, 행정행위가 발해진 후 사정변경이 있거나 중대한 공익상의 필요가 발생한 경우에는 처분청은 별도의 법적 근거가 없어도 이를 철회할 수 있지만, 이는 철회 권한을 처분청에게 부여하는데 그칠 뿐 상대방 등에게 그 철회를 요구할 신청권까지 부여하는 것은 아니라고 한다.[271] 그러나 행정행위를 철회하지 않으면 상대방이나 이해관계인의 권리를 침해하는 경우에는 예외적으로 상대방 등에게 철회신청권이 인정될 수 있다고 한다. 구체적인 사안을 살펴보면, 건축주가 토지소유자로부터 토지사용승낙서를 받아 그 토지 위에 건축허가를 받았다가 착공에 앞서 건축주의 귀책사유로 해당 토지사용권을 상실한 경우에 토지소유자는 자신의 토지소유권의 행사에 지장을 주는 건축허가의 철회를 신청할 수 있다고 한다.[272]

---

271) 대판 1997. 9. 12, 96누6219.

판례 ①『국민의 적극적 행정행위의 신청에 대하여 행정청이 그 신청에 따른 행정행위를 하지 않겠다고 거부한 행위가 항고소송의 대상이 되는 거부처분에 해당하려면 그 국민에게 신청에 따른 행정행위를 하여 달라고 요구할 수 있는 법규상 또는 조리상의 신청권이 있어야만 할 것인데, 도시계획법령이 토지형질변경행위허가의 변경신청 및 변경허가에 관하여 아무런 규정을 두지 않고 있을 뿐 아니라, 처분청이 처분 후에 원래의 처분을 그대로 존속시킬 필요가 없게 된 사정변경이 생겼거나 중대한 공익상의 필요가 발생한 경우에는 별도의 법적 근거가 없어도 별개의 행정행위로 이를 철회·변경할 수 있지만 이는 그러한 철회·변경의 권한을 처분청에게 부여하는데 그치는 것일 뿐 상대방 등에게 그 철회·변경을 요구할 신청권까지를 부여하는 것은 아니라 할 것이므로, 이와 같이 법규상 또는 조리상의 신청권이 없이 한 원고들의 토지형질변경행위 변경허가신청을 반려한 이 사건 반려처분은 항고소송의 대상이 되는 처분에 해당한다고 할 수 없다.』(대판 1997. 9. 12, 96누6219)

②『건축주가 토지소유자로부터 토지사용승낙서를 받아 그 토지 위에 건축물을 건축하는 대물적 성질의 건축허가를 받았다가 그 착공에 앞서 건축주의 귀책사유로 해당 토지를 사용할 권리를 상실한 경우, 건축허가의 존재로 말미암아 토지에 대한 소유권 행사에 지장을 받을 수 있는 토지소유자로서는 그 건축허가의 철회를 신청할 수 있다고 보아야 한다. 따라서 토지소유자의 위와 같은 신청을 거부한 행위는 항고소송의 대상이 된다.』(대판 2017. 3. 15, 2014두41190)

제 10 절   행정행위의 실효

Ⅰ. 의 의

행정행위의 실효란 행정청의 의사표시에 의하지 않고 일정한 사실의 발생에 의해 당연히 그 효력이 소멸되는 것을 말한다.

i) 행정행위의 실효는 일정한 사실의 발생에 의하여 당연히 그 효력이 소멸되는 점에서, 행정청의 별도의 의사표시가 있어야 비로소 행정행위의 효력이 소멸되는 취소·철회와 구별된다.

ii) 행정행위의 실효는 일단 적법하게 발생된 행정행위의 효력이 사후에 소멸되는 것인 점에서, 처음부터 행정행위로서의 아무런 효력이 발생하지 않는 경우인 행정행위의 무효와 구별된다.

Ⅱ. 실효사유

행정행위의 대상의 소멸(상대방의 사망, 목적물의 멸실 등), 종기의 도래, 해제조건의 성취, 행정행위의 목적달성 등을 들 수 있다.

---

272) 대판 2017. 3. 15, 2014두41190.

Ⅲ. 실효의 효과

실효사유가 발생하면 행정행위는 행정청의 특별한 의사표시를 기다리지 않고 그때부터 장래에 향하여 당연히 그 효력을 상실한다. 그러나 이미 발생한 효과에는 아무런 영향을 미치지 않는다.

제11절 자동화된 행정결정(자동적 처분)

Ⅰ. 서

(1) 오늘날 기계문명의 발달에 따라 행정실무에서도 컴퓨터 등 자동화장치를 이용한 행정작용이 점차 보편화되고 있다. 예컨대 교통신호등에 의한 교통신호, 컴퓨터를 이용한 학생의 학교배정, 자동화장치에 의한 공용주차장 등 공공시설의 사용료결정 등이 그에 해당한다. 이와 같이 다수의 동형적(同型的)인 행정행위를 자동화된 시스템에 의해 행하는 것을 자동화된 행정결정 또는 행정의 자동결정이라 한다.273)

(2) 자동화된 행정결정은 넓은 의미에서는 '완전 자동화된 결정'뿐만 아니라 '부분 자동화된 결정'이 포함될 수 있다.274) 전자는 행정처분의 모든 단계가 자동화된 시스템에 의해 행해지는 것을 말하며, 후자는 행정처분과정의 일부가 자동화된 시스템에 의해 행해지는 것(예: 자동화된 프로그램에 의해 내부적인 행정결정을 한 다음 최종 처분은 행정청이 하는 것)을 말한다.275) 그런데 부분 자동화된 행정결정에 있어 자동화장치는 보조적 수단으로 이용될 뿐이고 최종 처분은 행정청이 하므로 이는 통상의 행정행위와 별다른 차이가 없다. 따라서 일반 행정행위에 비해 여러 가지 특수한 문제를 가지는 자동화된 행정결정은 주로 완전 자동화된 행정결정과 관련하여 논의되고 있는바, 이를 좁은 의미의 자동화된 행정결정이라 할 수 있다.

Ⅱ. 법적 성질

자동화된 행정결정의 법적 성질이 문제된다. 일반적으로 자동화된 행정결정은 공무원이 작성하여 입력한 프로그램에 따라 행해지는데, 이러한 행정결정도 공무원이 직접 행하는 행정결정과 본질적인 차이가 없는 점에서 그것이 상대방에게 통지되면 행정행위에 해당한다고 보는 것이 다수

---

273) 이에 관한 상세는 김중권, 행정자동절차에 관한 법적 고찰, 고려대 박사학위논문, 1993 참조.
274) 박균성(상), 540면.
275) 이와 같이 처분의 내용이 자동장치에 의해 자동적으로 결정될 뿐 상대방에 의한 통지는 행정청에 의해 행해지는 처분을 "자동적으로 결정되는 처분"이라 하기도 한다(홍정선, 행정기본법해설, 2021, 157면).

설이다.[276) 한편, 자동결정의 기초가 되는 프로그램은 행정규칙에 해당한다고 한다.[277)

III. 자동적 처분

1. 의 의

행정기본법 제20조는 "행정청은 법률로 정하는 바에 따라 완전히 자동화된 시스템(인공지능 기술을 적용한 시스템을 포함한다)으로 처분을 할 수 있다"고 규정하고 있는바, 이와 같이 완전히 자동화된 시스템으로 발하는 처분을 '자동적 처분'이라 한다.[278) 이는 위에서 설명한 좁은 의미의 자동화된 행정결정을 입법화한 것이라 할 수 있다.

행정기본법 제20조는 자동결정이 공무원이 입력한 프로그램에 따라 이루어지는 경우뿐만 아니라 인공지능(AI)에 기반하여 기계의 자기학습에 의한 프로그래밍에 따라 이루어지는 경우도 포함한다는 명문의 규정을 두고 있음에 특징이 있다.

2. 행정기본법 제20조의 내용

(1) 별도 법률의 근거 필요

행정기본법 제20조는 '행정청은 법률로 정하는 바에 따라' 자동적 처분을 할 수 있다고 규정함으로써, 행정청이 자동적 처분을 하기 위해서는 별도로 법률의 근거를 필요로 함을 명시하고 있다.[279)

(2) 재량행위와 자동적 처분

법이 정한 대로 행하는 기속행위의 경우에는 행정결정을 자동화하는데 별 문제가 없다. 그러나 재량행위의 경우에 행정의 자동결정이 가능한지에 대해서는 종래 학설상 다툼이 있었다. 부정설에 의하면, 재량행위의 경우에는 개별적 사정을 고려한 구체적 타당성 있는 결정이 요구되기 때문에 기계장치에 의한 자동결정은 허용되지 않는다고 한다. 이에 반해 긍정설에 의하면, 프로그래밍을 통해 재량결정과정을 정형화하고 그에 따른 결정에 대해 상대방의 이의제기 가능성을 열어두는 방법으로 재량행위를 자동결정하는 것은 가능하다고 한다.[280)

이와 관련하여 행정기본법은 재량행위의 경우에는 자동적 처분을 할 수 없다고 명시적으로 규정하였다(20조 단서).

---

276) 김남철, 149면; 박균성(상), 541; 정하중/김광수, 189면; 홍정선(상), 545면.
277) 박균성(상), 541면.
278) 이는 독일 행정절차법 제35a조를 참고한 것인데, 해당 조문은 다음과 같이 규정하고 있다.
　　제35a조(행정행위의 완전히 자동화된 발급) 법규정에 의해 허용되고, 재량이나 판단여지가 존재하지 아니하면, 행정행위는 완전히 자동화된 장치에 의해 발해질 수 있다.
279) 행정기본법 제정 당시의 정부제출안에는 '법령으로 정하는 바에 따라'라고 규정하였으나, 국회 논의과정에서 법규명령에 근거에서도 자동적 처분을 발할 수 있도록 하는 것은 신중한 검토가 필요하다는 의견이 개진되어, '법률로 정하는 바에 따라'로 수정되었다고 한다. 행정기본법 해설서 연구(연구보고서), 법제처, 2021, 258면 참고.
280) 김남철, 150면; 류지태/박종수, 396면; 박균성(상), 541면.

3. 자동적 처분에 대한 특례

자동적 처분은 완전히 자동화된 시스템에 의해 행해지므로 청문, 이유부기, 서명날인 등과 같은 행정절차와 관련하여 특례가 필요하다. 이러한 점에서 독일 행정절차법은 자동적 처분에 있어 행정청의 서명날인의 생략(37조 5항 1문), 청문의 생략(28조 2항 4호), 내용표시를 위한 부호사용 인정(37조 5항 2문), 이유부기의 생략(39조 2항 3호) 등에 관하여 규정하고 있다.

우리의 행정절차법이나 행정기본법은 이에 관한 특별한 규정을 두고 있지 않은바, 향후 이에 관한 입법적 보완이 필요하다고 할 것이다.

4. 자동적 처분의 하자와 권리구제

(1) 자동적 처분의 하자

자동적 처분에 있어 기계의 이상이 원인이 되거나 프로그램을 작성하는 공무원의 과실이 원인이 되어 하자가 발생할 수 있다.

하자있는 자동적 처분의 효력의 문제도 일단 행정행위의 하자에 관한 일반원칙에 따라 결정되어야 할 것이다. 따라서 중대하고 명백한 하자가 있는 자동적 처분은 무효이고, 하자가 그 정도에 이르지 아니한 때에는 취소의 대상이 된다.

(2) 권리구제

① **행정쟁송** : 자동적 처분의 성질은 행정처분에 해당하기 때문에, 자동적 처분의 하자로 인해 법률상 이익을 침해당한 자는 행정쟁송에 의해 그 취소 등을 구할 수 있다. 다만 교통신호와 같이 수시로 그 내용이 바뀌는 경우는 행정쟁송보다는 손해배상이 적절한 구제방법이 될 것이다.

② **배상책임** : 자동적 처분의 하자가 공무원의 위법행위에 기인하는 경우에는 국가배상법 제2조에 의한 배상책임이 성립하며, 자동화장치의 설치·관리상의 하자로 인한 경우에는 국가배상법 제5조에 의한 배상책임이 성립할 수 있다.

제12절   인허가의제제도

Ⅰ. 서

1. 의 의

인허가의제란 주된 인허가를 받으면 법률이 정한 여러 관련된 인허가를 받은 것으로 보는 것을 말한다(행정기본법 24조 1항). 예컨대 건축허가를 받으면 개발행위허가·산지전용허가·농지전용허가·도로점용허가·하천점용허가 등 건축법 제11조 제5항이 정한 여러 관련 인허가를 받은 것으로 보는 것이 그에 해당한다.

이러한 인허가의제제도를 둔 취지는 여러 관련 인허가에 대하여 주된 인허가의 관할 행정청으로 창구를 단일화하여 절차를 간소화함으로써 국민의 편익을 도모하기 위한 것이다.[281]

2. 집중효와의 구별

독일 행정절차법 제75조 제1항은 법이 정한 계획확정절차를 거쳐 행정계획이 확정되면 별도로 관련 인허가를 받을 필요가 없다고 규정하고 있는데, 이를 집중효(Konzentrationswirkung)라 한다.

우리나라의 인허가의제제도가 독일의 집중효와 동일한 제도인지에 대해서는 다툼이 있다. 이에 관해 학설은, 양자를 동일한 제도로 보는 견해, 인허가의제는 행정계획에 있어서의 집중효를 인허가에 확대한 것으로 보는 견해, 양자는 기능적으로 유사성이 있으나 본질적으로는 이질적인 제도로 보는 견해 등이 대립하고 있다.

생각건대, 인허가의제제도는 주된 인허가를 받으면 관련 인허가를 받은 것으로 보는 점에서 기능적으로는 집중효와 유사하지만, 다음과 같은 점에서 양자는 차이가 있다. 첫째, 집중효는 계획확정절차를 거친 행정계획에 인정되는 데 대하여, 인허가의제는 일반 행정행위(인허가)에 인정된다. 둘째, 집중효가 인정되기 위해서는 관계 행정청 및 이해관계인의 참여 등 법이 정한 엄격한 계획확정절차를 거쳐야 하는 데 대하여, 인허가의제의 경우는 주된 인허가 행정청과 관련 인허가 행정청 사이에 협의절차를 거쳐야 한다. 셋째, 집중효는 행정계획이 확정되면 관련 인허가가 있는 것으로 의제하는 것이 아니라 그것을 대체하는 효력, 즉 '관련 인허가를 면제'해 주는 효력을 갖는 데 대하여,[282] 인허가의제는 주된 인허가가 있으면 '관련 인허가가 있는 것'으로 의제하는 효력을 갖는다.

Ⅱ. 법적 근거

관련 인허가에 대한 의제효과를 부여하기 위해서는 법적 근거가 있어야 함은 물론이다. 종래 인허가의제에 관해서는 여러 개별 법률에서 규정하고 있었는데, 건축법(11조 5항), 주택법(19조 1항), 국토계획법(61조 1항), 도시 및 주거환경정비법(57조 1항), 유통산업발전법(9조 1항) 등이 그에 해당한다.[283]

그런데 인허가의제에 관해 규정하고 있는 개별 법률의 규정 방식이나 내용이 상이하여 국민과

---

281) 대판 2015. 7. 9, 2015두39590; 대판 2018. 7. 12, 2017두48734. 예컨대 농지에 건축을 하기 위해서는 건축법상의 건축허가뿐만 아니라 국토계획법에 따른 개발행위허가, 농지법에 따른 농지전용허가 등을 받아야 하는데, 민원인이 각 인허가를 개별적으로 받으려면 매우 번거롭게 된다. 이에 주된 인허가인 건축허가 소관 행정청에 관련 인허가에 필요한 서류도 함께 제출하여 일괄하여 심사를 받음으로써 절차를 간소화하려는 것이 그 취지이다.

282) 독일 행정절차법 제75조 제1항은 행정계획이 확정되면 다른 행정청에 의한 결정(특히 공법상의 허가, 승인 등)이 필요하지 않다(nicht erforderlich)고 규정하고 있다.

283) 인허가의제에 관해 최초로 규정한 법률은 1973년의 산업기지개발촉진법이라 한다.

일선 공무원에게 혼란을 가져다주는 문제가 있었으며, 이에 2021년 제정된 행정기본법에서는 인허가의제에 관한 통일적 규정을 두어 문제를 해결하고자 하였다.

행정기본법은 인허가의제의 기준(24조), 인허가의제의 효과(25조), 인허가의제의 사후관리(26조) 등 세 개의 조문을 두고 있는데, 인허가의제에 관하여 다른 법률에 특별한 규정이 있는 경우를 제외하고는 행정기본법이 정한 바에 따른다(5조 1항).

Ⅲ. 인허가의제의 유형

개별법상 인허가의제의 유형은 크게 다음의 두 가지 형태로 나눌 수 있다.

1. 부분인허가의제가 허용되는 경우

인허가의제에 관해 규정하고 있는 대부분의 개별 법률은 '행정청 사이에 협의가 이루어진 관련 인허가'에 대해서 의제효과를 부여하고 있다.[284] 이 경우 신청인은 법률에 규정된 관련 인허가 중 의제받기를 원하는 인허가에 대해서 해당 인허가에 필요한 서류를 첨부하여 주된 인허가 행정청에 의제신청을 할 수 있고, 주된 인허가 행정청은 관련 인허가 행정청과 협의를 한 다음, 협의가 이루어진 관련 인허가에 대해서만 의제효과를 부여하면서 주된 인허가를 발급할 수 있다.

행정기본법은 관련 인허가에 대한 의제신청이 있는 경우에 주된 인허가 행정청은 미리 관련 인허가 행정청과 협의를 하도록 하고(24조 3항), 협의가 된 관련 인허가에 대해서만 의제효과를 부여하고 있는데(25조 1항), 이는 행정기본법이 기본적으로 인허가의제는 '부분인허가의제가 허용되는 유형'을 상정한 것으로 보인다.

2. 일괄인허가의제만이 허용되는 경우

인허가의제에 관해 규정하고 있는 개별 법률 중에는 주된 인허가가 발급되면 법이 정한 관련 인허가에 대해 일괄적으로 의제효과를 부여하는 경우도 있다. "건축허가를 받으면 다음 각 호의 인허가를 받은 것으로 본다"고 규정한 건축법 제11조 제5항이 그 대표적 예라 할 수 있으며,[285] 그 밖에 「도시 및 주거환경정비법」 제57조 제1항과 「공공주택 특별법」 제18조 제1항도 일괄인허가의제의 형식으로 규정하고 있다.

건축허가를 받으면 건축법 제11조 제5항 각 호에서 정한 관련 인허가도 받은 것으로 당연 의제되기 때문에, 건축허가를 신청하는 사람은 '건축허가에 필요한 서류' 이외에 '의제되는 관련 인

---

284) 예컨대 「국토의 계획 및 이용에 관한 법률」 제61조 제1항은 "개발행위허가를 할 때에 시장 또는 군수가 … 다음 각 호의 인허가에 관하여 **미리 관계 행정기관의 장과 협의한 사항**에 대하여는 그 인허가를 받은 것으로 본다"고 규정하고 있으며, 각 호에서는 공유수면점용허가, 농지전용허가, 산지전용허가, 도로점용허가, 하천점용허가 등을 규정하고 있다. 그밖에 「주택법」 제19조 제1항, 「산업집적활성화 및 공장설립에 관한 법률」 제13조의2 제1항, 「유통산업발전법」 제9조 제1항 등도 위 국토계획법 제61조와 유사한 규정을 두고 있다.

285) 건축법 제11조 제5항 각 호에서는 의제되는 관련 인허가로서 개발행위허가, 농지전용허가, 산지전용허가, 도로점용허가, 하천점용허가, 사도개설허가 등 23개의 인허가를 규정하고 있다.

허가에 필요한 서류'도 함께 제출하여야 한다(건축법 11조 3항, 동법시행규칙 6조 1항 3호). 의제신청을 받은 건축허가 행정청은 관련 인허가 행정청과 협의를 한 결과 일부 인허가에 대해 협의가 이루어지지 않으면 해당 인허가 부분은 제외하고 협의가 된 나머지 인허가에 대해서만 의제효과를 부여해서는 안 되고, 아예 건축허가 자체를 거부하여야 한다.[286] 왜냐하면 일단 건축허가가 발급되면 건축법 제11조 제5항의 규정에 의해 각 호에 규정된 관련 인허가에 대한 의제효과가 부여되기 때문이다.

IV. 인허가의제의 절차

인허가의제를 받으려는 자는 주된 인허가를 신청할 때 관련 인허가에 필요한 서류를 함께 제출하여야 한다. 다만 불가피한 사유로 함께 제출할 수 없는 경우에는 주된 인허가 행정청이 별도로 정하는 기한까지 제출할 수 있다(행정기본법 24조 2항 단서).

주된 인허가 행정청은 주된 인허가를 하기 전에 관련 인허가에 관하여 미리 관련 인허가 행정청과 협의하여야 한다(동법 24조 3항). 여기에서 협의란 단순한 자문이 아니라 '동의'의 의미이며, 따라서 관련 인허가 행정청이 동의하지 않으면 해당 인허가에 대해서는 의제효과를 부여할 수 없다고 할 것이다.[287]

협의를 요청받은 관련 인허가 행정청은 그 요청을 받은 날부터 20일 이내(제24조 제5항 단서에 따른 절차에 걸리는 기간은 제외)에 의견을 제출하여야 한다. 이 경우 위의 기간 내에 협의 여부에 관하여 의견을 제출하지 않으면 협의가 된 것으로 본다(동법 24조 4항).

협의를 요청받은 관련 인허가 행정청은 해당 법령을 위반하여 협의에 응해서는 안 된다(동법 24조 5항).

V. 관련 인허가의 요건에의 기속 문제

관련 인허가를 의제함에 있어서 관계 법령에서 정한 해당 인허가의 절차적·실체적 요건에 기속되는지, 즉 해당 인허가의 절차적·실체적 요건을 모두 갖추어야 의제효과를 부여할 수 있는지가 문제된다.

1. 학 설

(1) 관할집중설

인허가의제제도의 취지는 창구를 단일화하여 국민의 편익을 도모하기 위한 것이므로 관련 인허가의 관할권만이 주된 인허가 행정청으로 이관될 뿐이며, 따라서 관련 인허가를 의제하기 위해

---

286) 대판 2011. 1. 20, 2010두14954; 대판 2020. 7. 23, 2019두31839.
287) 同旨: 정남철, 행정기본법상 인허가의제제도의 법적 쟁점과 개선방안, 행정법학 제21호, 2021. 9, 108면.

서는 주된 인허가의 요건과는 별도로 해당 인허가의 절차적·실체적 요건을 모두 갖추어야 한다는 견해이다.

(2) 절차집중설

인허가의제에 있어서는 관련 인허가의 절차적 요건은 주된 인허가의 절차로 대체되므로 별도로 관련 인허가의 절차를 거칠 필요는 없고, 따라서 관련 인허가의 실체적 요건만 갖추면 된다는 견해이다.

한편, 기본적으로는 절차집중설의 입장을 취하면서도 제3자의 권익보호를 위한 절차는 생략되지 않는다고 보거나 절차가 생략되더라도 통합적인 절차를 거쳐야 한다고 하여 절차의 집중을 다소 제한하려는 견해가 있는데, 이를 제한적 절차집중설이라 한다.[288]

(3) 절차·실체집중설

관련 인허가의 절차적·실체적 요건은 모두 주된 인허가의 절차적·실체적 요건으로 대체되며, 따라서 주된 인허가의 절차적·실체적 요건 이외에 별도로 관련 인허가의 절차적·실체적 요건을 갖출 필요가 없다는 견해이다.

2. 판 례

판례는 다음과 같은 점에서 절차집중설의 입장을 취하고 있는 것으로 보인다.

(1) 행정청이 주택건설사업계획을 승인하면서 도시·군관리계획 결정권자와 협의가 이루어지면 국토계획법상의 도시·군관리계획결정이 있는 것으로 의제하는데(주택법 19조 1항 5호), 이 경우 행정청은 협의절차와 별도로 국토계획법이 정한 도시·군관리계획 입안을 위한 주민의견청취절차를 거칠 필요는 없다(도시·군관리계획의 절차적 요건에 기속되지 않음).[289]

(2) 건축허가가 발급되면 국토계획법상의 실시계획인가가 있는 것으로 의제하는데(건축법 11조 5항 4호), 인허가의제제도를 둔 취지는 절차를 간소화하여 국민의 권익을 보호하려는 것이지 관련 인허가의 요건에 관한 일체의 심사를 배제하려는 것은 아니다. 따라서 도시계획시설인 주차장에 대한 건축허가 신청을 받은 행정청은 건축허가의 요건뿐만 아니라 국토계획법이 정한 도시계획시설사업 실시계획인가의 (실체적) 요건도 충족하는 경우에 한하여 건축허가를 해야 한다.[290]

3. 행정기본법의 규정

행정기본법 제24조 제5항 본문은 "협의를 요청받은 관련 인허가 행정청은 해당 법령을 위반하여 협의에 응해서는 안 된다"고 규정하고 있는데, 그 취지는 협의를 요청받은 행정청은 법령이 정한 관련 인허가의 실체적 요건을 충족하는 경우에만 의제효과 부여에 동의하도록 한 것이다(실체적 요건에의 기속).

---

288) 김남철, 350면.
289) 대판 2018. 11. 29, 2016두38792.
290) 대판 2015. 7. 9, 2015두39590. 同旨의 판례: 대판 2011. 1. 20, 2010두14954; 대판 2018. 7. 12, 2017두48734.

한편 절차적 요건과 관련해서는, "관련 인허가에 필요한 심의·의견청취 등 절차에 관하여는 법률에 인허가의제시에도 해당 절차를 거친다는 명시적인 규정이 있는 경우에만 이를 거친다"고 함으로써(24조 5항 단서), 특별한 규정이 없는 한 관련 인허가의 절차는 별도로 거치지 않아도 된다고 하였다(절차적 요건에의 불기속).

이상의 규정을 종합하면 행정기본법은 원칙적으로 절차집중설의 입장에 선 것으로 보인다.

VI. 인허가의 요건을 갖추지 못한 경우 행정청의 처리방법

1. 주된 인허가의 요건을 갖추지 못한 경우

관련 인허가에 대한 의제 신청이 있는 경우에, 만일 주된 인허가의 요건을 갖추지 못하고 있으면 주된 인허가 행정청은 주된 인허가를 발급할 수 없을 뿐만 아니라 관련 인허가에 대해서도 의제효과를 부여해서는 안 된다. 인허가의제는 주된 인허가의 성립을 전제로 하기 때문이다(인허가의제의 종속성, 부종성: 행정기본법 25조 1항 참고).

2. 관련 인허가의 요건을 갖추지 못한 경우

의제 신청된 관련 인허가 중 일부가 해당 인허가의 요건을 갖추지 못한 경우(그래서 행정청 사이에 협의가 이루어지지 않은 경우)에 주된 인허가 행정청은 어떻게 처리하여야 하는지가 문제되는 바, 이에 관해 판례는 인허가의제의 유형에 따라 달리 판단하고 있다.

첫째, 부분인허가의제가 허용되는 경우에는 만일 의제 신청된 관련 인허가 중 일부가 요건을 갖추지 못하면(그래서 행정청 사이에 협의가 이루어지지 않으면) 주된 인허가를 발급하면서 협의가 안 된 인허가는 제외하고 나머지 협의된 관련 인허가에 대해서만 의제효과를 부여한다.[291]

둘째, 일괄적으로 인허가의제를 하는 경우(예 : 건축법상의 인허가의제)에는 주된 인허가(건축허가)절차에서 관련 인허가의 요건을 충족하고 있는지도 함께 심사되어야 하며, 이때 건축허가의 요건은 충족하더라도 관련 인허가의 요건을 갖추지 못한 경우에는 건축행정청은 건축허가를 발급하면서 해당 관련 인허가가 의제되지 않은 것으로 처리하여서는 안 되고, 건축허가 자체의 발급을 거부하여야 한다는 것이 판례의 입장이다.[292] 이는, 일단 건축허가가 발급되면 건축법 제11조 제5항에 의해 일괄하여 관련 인허가를 받은 것으로 당연 의제되기 때문이다.

만일 건축허가절차에서 관련 인허가 기준 충족 여부에 관한 심사가 누락된 채 건축허가가 발급된 경우에는 그 건축허가는 위법하므로 취소할 수 있으며, 이때 건축허가가 취소되면 건축행정청은 관련 인허가 행정청과의 사전 협의를 통해 관련 인허가 기준 충족 여부를 심사한 후 건축허가 발급 여부를 다시 결정하여야 한다는 것이 판례의 입장이다.[293]

---

291) 대판 2018. 11. 29, 2016두38792.
292) 대판 2011. 1. 20, 2010두14954; 대판 2020. 7. 23, 2019두31839.
293) 대판 2020. 7. 23, 2019두31839.

다만 건축법 제11조 제5항 각 호에 규정된 관련 인허가 중 어느 하나의 요건을 갖추지 못한 상태라 하더라도 장래 그 요건을 갖출 가능성이 높다면 건축행정청은 추후 별도로 해당 인허가를 받을 것을 '명시적 조건으로 하거나 묵시적인 전제'로 하여 건축허가를 발급하는 것이 위법하다고 볼 수는 없다고 한다. 그러나 건축주가 (조건부로) 건축허가를 발급받은 후에 해당 인허가를 받는 절차를 이행하지 않거나 사정변경으로 해당 인허가를 발급받을 가능성이 사라졌다면 건축행정청은 이미 발급한 건축허가를 직권으로 취소·철회하는 방법으로 회수하여야 한다고 한다.[294]

Ⅶ. 의제효과의 발생

1. 의제효과의 발생시기

행정기본법은 협의가 된 관련 인허가의 의제효과 발생시기와 관련하여 "주된 인허가를 받았을 때 관련 인허가를 받은 것으로 본다"고 규정하고 있는데(25조 1항), 이는 주된 인허가의 효력이 발생하는 때를 기준으로 의제효과가 발생한다는 의미라 할 것이다. 따라서 의제된 인허가에 대해 쟁송으로 다투는 경우에 그 쟁송제기기간은 주된 인허가의 효력발생시점을 기준으로 산정하여야 한다.

한편, 개별 법률에서는 관계 행정청 사이에 협의가 끝나지 않았더라도 사업을 시급하게 시행할 필요가 있는 등 법이 정한 요건이 갖추어진 경우에는 그 필요한 협의가 완료될 것을 조건으로 주된 인허가를 할 수 있도록 규정하고 있는 경우가 있다.[295] 이 경우 주된 인허가가 행해진 후에 협의가 이루어진 인허가에 대해서는 행정청 사이에 협의가 이루어진 때에 의제효과가 발생한다는 것이 판례의 입장이다.[296]

2. 의제효과의 발생범위

(1) 문제의 소재

주된 인허가에 따라 관련 인허가를 의제하는 경우에, 의제효과는 단지 '관련 인허가가 있는 것'으로 보는데 그치는 것인지 아니면 나아가 '관련 인허가를 받았음을 전제로 하는 다른 법률의 모든 규정들'까지 적용되는 것인지가 문제된다. 예컨대 도로법 제66조는 도로점용허가를 받은 자에게 점용료를 부과할 수 있다고 규정하고 있는데, 다른 법률에 의해 도로점용허가가 의제된 경우에도 도로법 제66조에 따라 점용료를 부과할 수 있는지, 학교용지특례법 제5조는 건축법상의 건축허

---

294) 대판 2020. 7. 23, 2019두31839.

295) 「주한미군 공여구역주변지역 등 지원 특별법」 제29조 제3항과 「고도 보존 및 육성에 관한 특별법」 제12조 제4항이 그 대표적 예이다.

296) 대판 2012. 2. 9, 2009두16305: 「주한미군 공여구역 주변지역 등 지원 특별법」 제29조 제1항에서 인허가의제사항 중 일부 만에 대하여도 관계 행정기관의 장과 협의를 거치면 인허가의제 효력이 발생할 수 있음을 명확히 하고 있는 점 등에 비추어 보면, 위 법 제11조에 의한 사업시행승인(주된 인허가)을 하는 경우 제29조 제1항에 규정된 사업 관련 모든 인허가의제사항에 관하여 관계 행정기관의 장과 일괄하여 사전 협의를 거칠 것을 요건으로 하는 것은 아니고, **사업시행승인 후 인허가의제사항에 관하여 관계 행정기관의 장과 협의를 거치면 그때 해당 인허가가 의제된다**고 보는 것이 타당하다.

가 등을 받아 100세대 규모 이상의 단독주택용 택지를 개발·분양하거나 공동주택을 분양하는 자에게 학교용지부담금을 부과할 수 있도록 규정하고 있는데, 다른 법률에 의해 건축법상의 건축허가가 의제되어 100세대 규모 이상의 단독주택용 택지를 개발·분양하는 경우에도 학교용지특례법에 따라 학교용지부담금을 부과할 수 있는지의 문제가 그에 해당한다.

(2) 학설

① **부정설** : 부정설에 의하면 의제된 인허가에 대해서 해당 인허가를 받았음을 전제로 하는 다른 법률 규정을 적용하기 위해서는 그에 관한 명시적 규정이 있는 경우에만 가능하다고 한다. 그 논거로는, 침익적 규정(예: 학교용지부담금, 개발부담금 등의 부과)을 의제된 인허가에 대해서도 적용하기 위해서는 법률유보의 원칙에 비추어 볼 때 그에 관한 명시적 규정이 있어야 한다는 것을 든다.[297] 그리고 의제된 인허가의 실재를 부인하는 입장에 서서, 의제된 인허가는 실재하는 것이 아니므로 처분이 존재함을 전제로 하는 다른 법률 규정이 적용될 수 없다는 견해도 있다.[298]

② **긍정설** : 긍정설에 의하면, 의제된 인허가도 법적으로 해당 인허가가 존재하는 것으로 인정될 뿐만 아니라 의제시 실체적 요건이 심사되는 점에 비추어 볼 때, 해당 인허가를 받았음을 전제로 하는 규정(침익적 규정 포함)은 원칙적으로 의제된 인허가에도 적용된다고 한다.[299]

③ **소결** : 생각건대, 인허가의제는 법적으로 해당 인허가가 존재하는 것으로 간주하는 제도이며, 그 법적 효과도 정식의 인허가와 동일하게 인정되어야 한다. 따라서 해당 인허가를 받았음을 전제로 하는 규정은 원칙적으로 의제된 인허가에도 적용되어야 하며, 만일 의제된 인허가에는 해당 규정의 적용을 배제할 필요가 있는 경우에는 그에 관한 특별한 규정을 두어야 할 것이다.

(3) 판례의 입장

이에 관해 판례는 일관성 없는 판단을 하고 있는바, 이하에서 자세히 살펴보기로 한다.

① **도로점용허가가 의제된 경우의 도로점용료 부과** : 주택건설촉진법에 따르면 동법상의 사업계획승인을 받으면 도로법상의 도로점용허가를 받은 것으로 의제하는데, 이 경우에도 도로법 제66조에 의한 도로점용료를 부과할 수 있다고 하였다.[300]

② **의제된 도시계획시설사업 실시계획인가에 의해 새로 설치된 공공시설의 무상 귀속** : 구 도시계획법 제83조 제2항(현 국토계획법 제65조 제2항)은 도시계획사업 실시계획인가를 받아 새로 설치된 공공시설은 관리청에 무상으로 귀속된다고 규정하고 있었다. 이와 관련하여, 건축법상의 건축허가에 따라 구 도시계획법(현 국토계획법)상의 도시계획사업 실시계획인가가 의제되어 설치된 공공시설의 경우에도 구 도시계획법 제83조 제2항이 적용되어 관리청에 무상으로 귀속되는지가 문제되었다. 이에 대해 대법원은 「주된 인허가가 있으면 다른 법률상의 인허가가 있는 것으로 보는데 그치고, 더 나아가 다른 법률에 의하여 인허가를 받았음을 전제로 하는 그 다른 법률의 모든 규정들

---

297) 배정범, 행정기본법상의 인허가의제 규정에 대한 법적 소고, 법학연구(인하대) 24집 1호, 2021. 3, 232면.
298) 이광제, 인허가의제제도의 입법적 대안 연구, 법제 671호, 2015. 12, 120～121면.
299) 박균성(상), 766면.
300) 대판 2002. 2. 26, 2000두4323.

까지 적용되는 것은 아니다」고 전제한 다음, 건축법은 건축허가를 받으면 구 도시계획법에 의한 도시계획사업 실시계획의 인가를 받은 것으로 의제하는 규정만을 두고 있을 뿐이고 구 도시계획법 제83조 제2항을 준용한다는 규정을 두고 있지 아니하므로, 건축허가에 따라 도시계획사업 실시계획인가가 의제되어 새로이 설치된 공공시설은 구 도시계획법 제83조 제2항이 적용되지 않아 관리청에 무상으로 귀속되지 않는다고 하였다.301) 이에 현행 국토계획법은 '다른 법률에 따라 의제된 인허가에 의해 설치된 공공시설'의 경우에도 관리청에의 무상 귀속에 관한 규정이 적용된다는 명문의 규정을 두었다(65조 1항, 2항).

③ 의제된 건축허가에 의해 택지조성사업이나 공동주택건설사업을 하는 경우의 학교용지부담금 부과 : 「학교용지확보 등에 관한 특례법」(이하에서 '학교용지특례법'이라 한다)은 건축법, 도시개발법, 주택법 등에 의해 100세대 규모 이상의 단독주택용 택지를 개발·분양하거나 공동주택을 분양하는 자에게 학교용지부담금을 부과할 수 있도록 규정하고 있는데(2조 2호, 5조 1항), 다른 법률에 따라 건축법상의 건축허가를 의제받아 사업을 시행하는 경우에는 비록 100세대 규모 이상의 단독주택용 택지를 개발·분양하더라도 학교용지부담금을 부과할 수 없다고 하였다.302)

④ 의제된 인허가에 의해 시행되는 사업에 대한 광역교통시설부담금 부과 : i) 당시 「대도시권 광역교통 관리에 관한 특별법」(이하에서 '광역교통법'이라 한다) 제11조 제6호 및 동법시행령 제15조 제2항에서는 광역교통시설부담금 부과대상 사업으로 "건축법에 의한 건축허가를 받아 주택 외의 시설과 20세대 이상의 주택을 동일건축물로 건축하는 사업"을 규정하였는데, 다른 법률에 따라 건축법상의 건축허가를 의제받아 위의 주택을 건축하는 경우에도 광역교통시설부담금의 부과대상이 된다고 하였다.303)

ii) 다음의 판례는 위 판례와 입장을 달리함에 유의하여야 한다. 당시 광역교통법 제11조는 주택법에 따른 대지조성사업이나 주택건설사업을 하는 자에게 광역교통시설부담금을 부과할 수 있도록 규정하고 있었는데, 다른 법률에 따라 주택법상의 사업계획승인이 의제되어 대지조성사업을 시행하는 경우에도 광역교통시설부담금의 부과대상이 되는지가 문제되었다. 이에 대해 판례는, 침익적 행정처분의 근거가 되는 행정법규는 엄격하게 해석·적용하여야 하고 행정처분의 상대방에게 불리한 방향으로 지나치게 확장해석하거나 유추해석해서는 안 된다고 하면서, 따라서 주택법상의 사업계획승인이 의제되어 시행되는 대지조성사업의 경우에는 광역교통시설부담금의 부과대상이 되지 않는다고 하였다.304)

⑤ 의제된 택지개발사업 실시계획승인에 의해 시행되는 택지개발사업에 대한 개발부담금 부과 : 구 「개발이익환수에 관한 법률」 제5조 제1항은 개발부담금 부과대상인 개발사업에 관하여 "택지개발사업, 산업단지개발사업, 관광단지조성사업…, 그 밖에 위와 유사한 사업으로서 대통령령으로 정

---

301) 대판 2004. 7. 22, 2004다19715.
302) 대판 2016. 11. 24, 2014두46686.
303) 대판 2007. 10. 26, 2007두9884.
304) 대판 2018. 11. 9, 2016두55209.

하는 사업"이라고 규정하고 있었다. 이와 관련하여 혁신도시법에 의한 실시계획 승인시에 택지개발촉진법상의 택지개발사업 실시계획승인이 의제되어 택지개발사업을 시행하는 경우에도 개발부담금의 부과대상이 되는지가 문제되었는바, 판례는 이를 긍정하였다.305)

Ⅷ. 주된 인허가가 무효·취소·철회된 경우 의제된 인허가의 효력

1. 주된 인허가가 무효인 경우

주된 인허가가 무효인 경우에는 의제된 인허가도 무효라고 할 것이다. 관련 인허가에 대한 의제효과는 '주된 인허가를 받았을 때' 발생하는데(행정기본법 25조 1항), 주된 인허가가 무효인 경우에는 애당초 주된 인허가 자체가 존재하지 않아 의제효과가 발생하지 않았기 때문이다.

2. 주된 인허가가 취소·철회된 경우

주된 인허가가 취소·철회되면 의제된 인허가도 당연히 효력을 상실하는지에 관해서는 다툼이 있다. 긍정설에 따르면 주된 인허가가 취소·철회되면 의제된 관련 인허가도 모두 효력을 상실한다고 하는바, 그 논거로는 '주된 인허가에 대한 관련 인허가의 부종성 내지 종속성'을 든다.306) 이에 대해 부정설에 따르면 주된 인허가가 취소되더라도 의제된 인허가가 당연히 효력을 상실하는 것은 아니며, 만일 주된 인허가의 취소로 의제된 인허가도 모두 소멸하는 것으로 보기 위해서는 그에 관한 명시적 규정이 필요하다고 한다.307) 그 논거로는, 주된 인허가가 취소·철회되었다 하더라도 의제된 인허가를 존속시킬 필요가 있는 경우도 있으며, 또 취소는 원칙적으로 개별 인허가별로 행해지고 취소의 효력도 개별적으로 발생하기 때문이라고 한다.

판례는 「도시 및 주거환경정비법」상의 사업시행계획(주된 인허가)이 당연무효이거나 법원의 확정판결로 취소된다면 그로 인하여 의제된 사업인정도 효력을 상실한다고 보았다.308)

생각건대, 이 문제는 주된 인허가가 취소된 경우와 철회된 경우로 나누어 살펴볼 필요가 있다. 먼저, 주된 인허가가 취소되면 의제된 인허가도 효력을 상실한다고 할 것이다. 인허가의제제도는 주된 인허가를 발할 때 부수적으로 관련 인허가도 행해진 것으로 보는 제도로서, 의제된 인허가는 주된 인허가에 대한 부종성 내지 종속성을 가지기 때문이다. 행정기본법 제25조 제1항은 "주된 인

---

305) 대판 2020. 9. 3, 2019두47728. 이 사건에서 원심과 대법원은 결론을 같이하면서도 그 논거는 달리 하였음에 유의하여야 한다. 원심은 '의제된 택지개발사업 실시계획승인에 따라 시행되는 택지개발사업'의 경우에도 동법 제5조 제1항 제1호의 택지개발사업에 해당하여 개발부담금 부과대상이 된다고 하였다(광주고판 2019. 6. 27, 2018누5641). 그러나 대법원은 의제의 문제로 접근하지 않고 바로 '혁신도시법에 의한 개발사업'도 개발부담금 부과대상에 포함된다고 보았다. 즉, 개발이익환수법은 개발부담금 부과대상 개발사업에 대하여 엄격하게 한정적으로 열거하는 방식이 아니라 일반조항을 두어 예시하는 입법형식(구 개발이익환수법 제5조 제1항 제10호, 현행법 제8호 참고)을 취하고 있는 점 등에 비추어 볼 때 '혁신도시법에 의한 개발사업'도 개발부담금의 부과대상이 된다고 하였다.

306) 김공권, 283면.

307) 홍정선, 행정기본법 해설서, 박영사, 2021, 190면; 박균성(상), 770면.

308) 대판 2018. 7. 26, 2017두33978.

허가를 받았을 때 관련 인허가를 받은 것으로 본다"고 함으로써 적어도 그 의제의 성립에 관해서는 주된 인허가의 존재를 전제로 하고 있는바, 만일 주된 인허가가 그 하자로 인하여 취소된 경우에는 의제의 존립 기반을 상실하였기 때문에 의제효과도 상실된다고 보아야 할 것이다.[309]

다음으로, 관련 인허가에 대한 의제가 적법하게 이루어진 후에 주된 인허가에 대한 철회사유가 발생한 경우에는 주된 인허가의 철회로 인하여 의제된 인허가의 효력도 당연히 상실된다고는 할 수 없을 것이다. 일단 관련 인허가에 대한 의제가 적법하게 이루어진 경우에는 의제된 인허가는 법률의 규정에 의해 독립한 처분으로 존재하는 것으로 간주되기 때문이다. 다만 주된 인허가의 철회로 인하여 관련 인허가의 목적을 달성하기 어렵다고 인정되는 때에는 그것이 관련 인허가에 대한 철회사유가 될 수 있다.

IX. 의제된 인허가에 취소·철회사유가 있는 경우

의제된 인허가에 취소·철회사유가 있는 경우에 행정청은 해당 인허가만을 취소·철회할 수 있는지, 만일 가능하다면 어느 행정청이 취소·철회권을 가지는지가 문제된다.

1. 학 설

부정설은 의제된 인허가는 실재하지 않는다는 입장에 서서, 비록 의제된 인허가에 취소·철회사유가 있더라도 그것을 독자적으로 취소·철회할 수 없고 이는 주된 인허가의 취소·철회사유가 될 뿐이라고 한다.[310]

이에 대해 긍정설에 따르면, 의제된 인허가에 취소·철회사유가 발생하면 관련 인허가 행정청이 해당 인허가를 취소·철회할 수 있다고 한다.[311] 의제된 인허가만의 취소·철회를 인정할 필요성에 관해서는, i) 의제된 인허가에 취소·철회사유가 발생한 경우에 해당 인허가만을 취소·철회하여도 목적을 달성할 수 있음에도 주된 인허가까지 효력을 소멸시키는 것은 비례원칙에 반하며, ii) 의제된 인허가만을 취소·철회하는 것은 민원인의 편의에도 기여할 수 있다는 것을 든다.[312]

2. 판례의 입장

이에 관해 판례는, 부분인허가의제가 허용되는 경우(즉, 행정청간 협의된 사항에 대해서만 의제효과를 부여하는 경우)에는 의제된 인허가에 취소·철회사유가 발생하면 행정청은 해당 인허가만을 취소·철회할 수 있다고 하였다.[313]

---

309) 만일 주된 인허가에 하자가 있다면 행정청은 애당초 해당 인허가를 해서는 안 되었고, 이 경우 의제효과도 부여되지 않았을 상황이었음을 상기할 필요가 있다.
310) 이광제, 앞의 논문, 114면.
311) 김중권, 283–284면; 박균성, 의제된 인허가의 취소, 행정판례연구 XXIV, 2019, 21면.
312) 박균성, 앞의 논문, 21–22면.
313) 대판 2018. 7. 12, 2017두48734.

법률상 일괄인허가의제만이 허용되는 경우에 의제된 인허가의 취소·철회사유를 이유로 해당 인허가만을 취소·철회할 수 있는지에 관한 판례는 아직 없는 듯하다.

> **판례** 『중소기업창업법에 따른 사업계획승인의 경우 의제된 인허가만 취소 내지 철회함으로써 사업계획에 대한 승인의 효력은 유지하면서 해당 의제된 인허가의 효력만을 소멸시킬 수 있는바, 그 이유는 다음과 같다.
>
> i) 중소기업창업법 제35조 제1항의 인허가의제조항은 창업자가 신속하게 공장을 설립하여 사업을 개시할 수 있도록 창구를 단일화하여 의제되는 인허가를 일괄 처리하는 데 입법취지가 있다. 위 규정에 의하면 사업계획승인권자가 '관계 행정기관의 장과 미리 협의한 사항'에 한하여 승인 시에 그 인허가가 의제될 뿐이고, 해당 사업과 관련된 모든 인허가의제 사항에 관하여 일괄하여 사전 협의를 거쳐야 하는 것은 아니다.
>
> ii) 사업계획승인으로 의제된 인허가는 통상적인 인허가와 동일한 효력을 가지므로, 그 효력을 제거하기 위한 법적 수단으로 의제된 인허가의 취소나 철회가 허용될 필요가 있다.
>
> iii) 이와 같이 사업계획승인으로 의제된 인허가 중 일부를 취소 또는 철회하면, 취소 또는 철회된 인허가를 제외한 나머지 인허가만 의제된 상태가 된다. 이 경우 당초 사업계획승인을 하면서 사업 관련 인허가 사항 중 일부에 대하여만 인허가가 의제되었다가 의제되지 않은 사항에 대한 인허가가 불가한 경우 사업계획승인을 취소할 수 있는 것처럼(업무처리지침 제15조 제2항), 취소 또는 철회된 인허가사항에 대한 재인허가가 불가한 경우 사업계획승인 자체를 취소할 수 있다.』(대판 2018. 7. 12. 2017두48734)

3. 소 결

부분인허가의제가 허용되는 경우에는 주된 인허가와 의제된 인허가는 각각 별개의 처분으로 존재하고 양자는 분리될 수 있으므로, 의제된 인허가에 취소·철회사유가 있으면 행정청은 해당 인허가만을 취소·철회할 수 있다는 데에는 큰 문제가 없을 것이다. 그리고 행정기본법 제26조 제1항은 관련 인허가 행정청이 관련 인허가를 직접 한 것으로 보아 관리·감독권을 행사하도록 규정하고 있으므로, 의제된 인허가에 대한 취소·철회권은 관련 인허가 행정청이 갖는다고 할 것이다. 이 경우 관련 인허가 행정청은 주된 인허가 행정청에게 의제된 인허가가 취소·철회되었음을 통지하여야 하고(행정기본법시행령 5조 3항), 이를 통지받은 주된 인허가 행정청은 취소·철회된 인허가의 재취득이 불가능하고 그로 인해 주된 인허가의 목적달성이 어렵다고 인정되는 때에는 주된 인허가를 철회할 수 있을 것이다.

문제는 건축법상의 건축허가와 같이 일괄의제되는 경우인바, 이에 관해서는 취소와 철회의 경우를 나누어 살펴볼 필요가 있다. 먼저 의제된 인허가에 하자(취소사유)가 있는 경우에는 애당초 주된 인허가를 발급해서는 안 되는 상황이었기 때문에 주된 인허가 행정청은 의제된 인허가의 하자를 이유로 주된 인허가를 취소하여야 할 것이다.

이에 대해 의제된 인허가에 철회사유가 발생한 경우에는 해당 인허가만을 철회할 수 있다고 할 것이다. 그 이유로는, i) 관련 인허가에 대한 의제는 이미 적법하게 효력을 발생하였으며, 이 경우 의제된 인허가는 주된 인허가와는 별개의 처분으로 (법적으로) 존재하는 섬과, ii) 의제된 인허가가 철회된 경우에 상대방은 추후에 해당 인허가를 다시 취득할 수도 있는데, 그럼에도 불구하고 의제된 인허가에 철회사유가 있다는 이유로 주된 인허가까지 철회하는 것은 비례의 원칙에 반할 수 있다는 것을 들 수 있다. 이때 의제된 인허가에 대한 철회권은 행정기본법 제26조 제1항에 따라 관련 인허가 행정청이 가진다고 할 것이다. 한편, 주된 인허가 행정청은 철회된 관련 인허가의 재취득이 불가능하고 그로 인해 주된 인허가의 목적달성이 어렵다고 인정되는 때에는 주된 인허가를 철회할 수 있을 것이다.

X. 인허가의제의 사후관리

1. 관련 인허가에 대한 관리 · 감독

주된 인허가에 의해 관련 인허가가 의제된 경우에 관련 인허가에 대한 관리 · 감독은 누가 하여야 하는지가 문제될 수 있다. 이에 관해 행정기본법은 「인허가의제의 경우 관련 인허가 행정청은 관련 인허가를 직접 한 것으로 보아 관계 법령에 따른 관리 · 감독 등 필요한 조치를 하여야 한다」고 명시적으로 규정하였다(26조 1항).

2. 주된 인허가를 변경하는 경우

주된 인허가의 변경은 관련 인허가에도 영향을 미칠 수 있다. 이에 행정기본법은 주된 인허가가 있은 후 이를 변경하는 경우에는 행정기본법 제24조, 제25조 및 제26조 제1항을 준용하도록 하고 있다(26조 2항). 따라서 주된 인허가의 변경으로 인해 관련 인허가의 변경이 필요한 경우에는 주된 인허가 행정청은 다시 관련 인허가 행정청과 협의를 거쳐야 한다.[314]

XI. 인허가의제와 행정쟁송

1. 의제효과의 부여 또는 그 거부를 다투는 경우

(1) 부분인허가의제가 허용되는 경우

부분인허가의제가 허용되는 경우에는, 행정청 사이에 협의가 이루어진 관련 인허가에 대해서는 의제효과를 부여하고 협의가 이루어지지 않은 관련 인허가에 대해서는 의제효과를 부여하지 않을 것이다. 이 경우 의제효과가 부여된 관련 인허가에 대해서는 이해관계인이 다투려 할 것이고 의제효과가 부여되지 않은 관련 인허가에 대해서는 신청인이 다투려 할 것인바, 소송의 대상은 다투어지고 있는 '의제된 관련 인허가' 또는 '의제 거부된 관련 인허가'가 된다는 것이 판례의 입장이다.[315]

---

314) 이러한 절차가 원활하게 이루어지도록 하기 위해 행정기본법 시행령은 "주된 인허가 행정청은 주된 인허가가 있은 후 이를 변경했을 때에는 지체 없이 관련 인허가 행정청에 그 사실을 통지"하도록 하고 있다(5조 2항). 주된 인허가 행정청으로부터 변경 사실을 통지받은 관련 인허가 행정청은 그로 인해 관련 인허가의 변경이 필요하다고 생각되면 협의를 요청할 수 있을 것이다.

315) 대판 2018. 11. 29, 2016두38792. <사건개요> 주택법상의 주택건설사업계획승인(주된 인허가)에 따라 국토계획법상의 지구단위계획결정이 의제된 경우에, 지구단위계획결정의 의제에 다툼이 있는 이해관계인은 의제된 지

다음으로 이 경우 누구를 피고로 하여야 하는지가 문제된다. 일설에 의하면, 인허가를 의제함에 있어 관련 인허가 행정청은 행정 내부적으로 협의만 하고 대외적으로는 주된 인허가 행정청이 주된 인허가 처분서에 의해 표시되므로 국민의 소송상 편의의 측면에서 '주된 인허가 행정청'을 피고로 하여야 한다고 한다.[316] 이에 대해 다른 견해는 '관련 인허가 행정청'을 피고로 하여야 한다고 하는바, 그 논거는 다양하게 제시되고 있다. 즉, 실무상 주된 인허가 행정청은 관련 인허가 행정청의 협의의견에 따라 처분을 하는 관행에 비추어 보면 (실질적 처분청이라고 할 수 있는) 관련 인허가 행정청을 피고로 하여야 한다는 견해,[317] 행정소송법 제13조 제1항은 다른 법률에 특별한 규정이 없는 한 처분행정청을 피고로 하도록 규정하고 있는데, 인허가의제에 관한 법률 규정을 피고적격에 관한 특별한 규정으로 볼 수 있다는 견해[318] 등이 그에 해당한다.

생각건대, 외형적으로 보면 신청인은 주된 인허가 행정청에 의제신청을 하였고 의제되는 인허가는 주된 인허가 처분서에 표시되므로 주된 인허가 행정청을 의제된(또는 의제거부된) 인허가의 처분청으로 볼 여지가 있다. 그러나 i) 의제된 인허가는 주된 인허가와는 독립한 처분으로 존재하는 점, ii) 인허가의제 협의시에 관련 인허가의 요건 충족 여부에 관해서는 관련 인허가 행정청이 주도권을 가지므로(행정기본법 24조 5항 참고) 관련 인허가 행정청을 처분청으로 보는 것이 실질에 부합하는 점, iii) 행정기본법 제26조 제1항이 명문으로 "관련 인허가 행정청은 관련 인허가를 직접 한 것으로 보아"라고 규정하고 있는 점 등에 비추어 볼 때, 관련 인허가 행정청을 피고로 하는 것이 타당할 것이다.[319]

(2) 일괄인허가의제만이 허용되는 경우

법률상 일괄의제만이 허용되는 경우에는 의제대상이 되는 관련 인허가에 대해 행정청 사이에 협의를 하여 모든 관련 인허가에 대해 협의가 되면 주된 인허가를 발급하고 어느 하나라도 협의가 이루어지지 않으면 주된 인허가의 발급 자체를 거부해야 한다. 이 경우 주된 인허가의 발급에 대해서는 이해관계인이 다투려 할 것이고 주된 인허가의 발급 거부에 대해서는 신청인이 다투고

구단위계획결정에 대한 취소소송을 제기할 수 있는지가 문제되었다. 이에 대해 제1심과 원심은, 의제된 인허가는 외형상 주된 인허가와 별개의 처분이 존재하는 것은 아니라고 하면서, 의제된 인허가에 하자가 있는 경우에는 주된 인허가에 대한 취소소송에서 의제된 인허가의 위법사유에 관해서도 함께 다툴 수 있는 것이지, 별도로 의제된 인허가에 대한 쟁송을 제기할 수 있는 것은 아니라고 하였다(창원지판 2015. 9. 22, 2014구합22500; 부산고판(창원) 2016. 4. 20, 2015누11656). 그러나 이에 대한 상고심에서 대법원은 다음과 같은 논거로 의제된 인허가에 대한 취소소송이 가능하다고 보았다. i) 의제된 인허가는 통상적인 인허가와 동일한 효력을 가지므로, 적어도 '부분인허가의제'가 허용되는 경우에는 그 효력을 제거하기 위한 법적 수단으로 의제된 인허가의 취소나 철회가 허용될 수 있고, 이러한 직권 취소·철회가 가능한 이상 그 의제된 인허가에 대한 쟁송취소 역시 허용된다. ii) 따라서 주택건설사업계획승인처분에 따라 의제된 인허가(지구단위계획결정)가 위법함을 다투고자 하는 이해관계인은 주택건설사업계획승인처분(주된 인허가)의 취소를 구할 것이 아니라 지구단위계획결정(의제된 인허가)의 취소를 구하여야 하며, 지구단위계획결정(의제된 인허가)은 주택건설사업계획승인처분과 별도로 항고소송의 대상이 되는 처분에 해당한다.

316) 이수창, 의제된 인허가의 독자적 취소가능성의 확대에 관한 연구, 법학논고 74집, 2021. 7, 220–221면.
317) 박균성, 앞의 논문, 27면.
318) 김중권, 독일 행정절차법상의 허가의제제도와 그 시사점, 법제연구 54호, 2018. 6, 528면.
319) 이일세, 인허가의제에 있어 취소·철회와 행정쟁송, 행정법학 25호, 2023. 9, 113면 이하 참조.

자 할 것인바, 피고는 주된 인허가 행정청으로 하여야 함은 물론이다.[320]

2. 처분상대방이 의제된 인허가에 대한 취소·철회를 다투는 경우

주된 인허가에 따라 관련 인허가가 의제된 후 행정청이 의제된 인허가를 취소·철회한 경우에 처분상대방은 그 취소·철회행위를 대상으로 취소소송을 제기할 수 있는지가 문제된다. 이와 관련해서는 의제된 인허가를 취소·철회하는 것이 독립한 처분성을 갖는지가 쟁점이 되었는바, 이하에서 판례의 입장을 검토하기로 한다.

행정청이 중소기업창업지원법상의 사업계획승인을 하면서 산지전용허가를 의제한 후 상대방의 산지관리법상의 의무불이행을 이유로 의제된 산지전용허가를 취소한다는 통지를 하였는바(여기서의 취소통지의 실질은 철회에 해당), 이때 취소통지가 항고소송의 대상인 처분에 해당하는지가 문제되었다. 이에 관해 원심은 의제된 산지전용허가는 실제로 존재하는 것이 아니므로 그에 대한 취소통지도 처분성을 갖지 않는다고 하였다.[321] 그러나 대법원은 산지전용허가 취소통지는 의제된 산지전용허가의 효력을 소멸시킴으로써 원고의 구체적인 권리의무에 직접적인 변동을 초래하는 행위로서, 이는 항고소송의 대상인 처분에 해당한다고 하였다.[322] 이 경우 피고는 취소·철회를 통지한 행정청(원칙적으로 관련 인허가 행정청)으로 하여야 한다.

제 13 절 행정행위에 대한 이의신청 및 재심사

Ⅰ. 행정행위에 대한 이의신청

1. 의 의

이의신청이란 행정행위에 대하여 이의가 있는 자가 처분행정청에 시정을 구하는 절차를 말한다.[323] 이러한 이의신청은 처분행정청에게 행정행위에 관한 재고려(재심사)의 기회를 부여하여 잘

---

320) 대판 2001. 1. 16, 99두10988. <사건개요> 당시 건축법 제8조(현행 건축법 제11조 제5항)에 따르면 건축허가를 받은 경우에는 도시계획법상의 토지형질변경허가나 농지법상의 농지전용허가 등을 받은 것으로 의제하였다(일괄의제). 갑이 서산시장에게 장례식장 건축을 위한 건축허가를 신청하자, 서산시장은 건축허가와 관련된 토지형질변경허가 및 농지전용허가의 요건을 심사한 다음, 그 요건을 갖추지 못했음을 이유로 건축허가에 대한 거부처분을 내렸다. 이에 갑은 서산시장을 피고로 하여 건축허가 거부처분에 대한 취소소송을 제기하였는바, 대법원은 토지형질변경 및 농지전용의 불허가사유가 위법하다고 보아 건축허가 거부처분을 취소하는 판결을 내렸다.

321) 대전고판(청주) 2017. 5. 24, 2016누10900.

322) 대판 2018. 7. 12, 2017두48734.

323) 다만 개별법에서는 처분청의 상급행정청에 이의신청을 할 수 있도록 규정하고 있는 경우가 있다. ① 처분행정청에 대하여 이의신청을 할 수 있음을 규정하고 있는 법률에는 공공기관의 정보공개에 관한 법률 제18조(정보공개신청에 대한 공공기관의 비공개결정에 대한 이의신청), 부동산 가격공시에 관한 법률 제7조·제11조(표준지공시지가결정 또는 개별공시지가결정에 대한 이의신청), 민원처리에 관한 법률 제35조(법정민원에 대한 행정

못이 있는 경우 스스로 시정하도록 하는 행정 내부적 시정절차이다.[324)]

이의신청은 종래 많은 개별법에서 규정하고 있었는데, 그 용어도 이의신청·재심·불복 등 다양하게 사용되었고 규율 내용도 상이하여 국민에게 혼란을 가져다주는 문제가 있었다. 이에 행정기본법은 이의신청에 관한 일반적 근거 규정을 둠으로써 개별법에 규정이 없더라도 일반적으로 이의신청을 할 수 있도록 하였고, 또한 이의신청의 신청·처리·불복 등에 관한 통일적 규정을 마련하였다. 다만 개별법에 특별한 규정이 있는 경우에는 그것이 우선하는바, 앞으로 이의신청에 관한 개별법을 행정기본법의 취지에 맞게 정비할 필요가 있다.

이하에서는 행정기본법상의 이의신청에 관한 주요 내용에 관해 살펴보기로 한다.

2. 이의신청의 대상·상대방·신청기간 등

행정청의 처분(행정심판법 제3조에 따라 행정심판의 대상이 되는 처분을 말한다)에 이의가 있는 당사자는 처분을 받은 날부터 30일 이내에 해당 행정청에 이의신청을 할 수 있다(행정기본법 36조 1항).

(1) 이의신청의 대상이 되는 것은 '행정심판법 제3조에 따라 행정심판의 대상이 되는 처분'이다. 따라서 대통령의 처분, 행정심판의 재결 등과 같이 행정심판의 대상이 되지 않는 처분(행심법 3조 2항, 51조)은 이의신청의 대상에서도 제외된다.

(2) 다음의 사항에 대해서는 행정기본법상의 이의신청에 관한 규정이 적용되지 않는다(행정기본법 36조 7항). ① 공무원 인사 관계 법령에 따른 징계 등 처분에 관한 사항, ② 국가인권위원회법 제30조에 따른 진정에 대한 국가인권위원회의 결정, ③ 노동위원회의 의결을 거쳐 행하는 사항, ④ 형사·행형 및 보안처분 관계 법령에 따라 행하는 사항, ⑤ 외국인의 출입국·난민인정·귀화·국적회복에 관한 사항, ⑥ 과태료 부과 및 징수에 관한 사항

(3) 행정기본법은 단지 '처분에 이의가 있는 경우'에 이의신청을 할 수 있다고 규정하고 있으므로, 처분이 위법·부당할 것을 요건으로 하는 행정심판에 비해 이의신청의 사유는 폭넓다.

(4) 이의신청을 할 수 있는 자는 당사자, 즉 처분의 상대방이며, 제3자는 이의신청을 할 수 없다. 그리고 이의신청은 처분행정청에 하여야 한다.

(5) 이의신청은 처분을 받은 날부터 30일 이내에 하여야 한다.

3. 이의신청에 대한 처리

이의신청을 받은 행정청은 그 신청을 받은 날부터 14일 이내에 이의신청에 대한 결과를 신청인에게 통지하여야 한다. 다만, 부득이한 사유로 14일 이내에 통지할 수 없는 경우에는 그 기간을 만료일 다음 날부터 기산하여 10일의 범위에서 한 차례 연장할 수 있으며, 연장사유를 신청인에게

청의 거부처분에 대한 이의신청) 등이 있으며, ② 상급행정청에 대하여 이의신청을 할 수 있음을 규정하고 있는 법률에는 출입국관리법 제60조(출입국관리사무소장 등의 강제퇴거명령에 대한 법무부장관에의 이의신청), 국세기본법 제66조(세무서장의 처분에 대한 그린 지방국세청장에의 이의신청), 국민기초생활보장법 제38조(급여신청에 대한 시장·군수·구청장의 처분에 대한 시·도지사에의 이의신청) 등이 있다.

324) 대판 2012. 11. 15, 2010두8676 참고.

통지하여야 한다(동법 36조 2항).

4. 이의신청을 거친 후의 불복절차

(1) 이의신청과 행정심판 및 행정소송과의 관계

이의신청은 임의적 구제제도이기 때문에 처분의 상대방은 이의신청을 거치지 않고도 행정심판이나 행정소송을 제기할 수 있으며, 나아가 이의신청을 한 경우에도 그 이의신청과 관계없이 행정심판이나 행정소송을 제기할 수 있다(동법 36조 3항).

이의신청을 받아들이지 않는 내용의 결과통지(즉, 기각결정)는 종래의 처분을 유지하는 것일 뿐이고 독립하여 항고소송의 대상이 되는 처분에 해당하지 않으며, 따라서 처분의 상대방이 그 결과통지를 받은 후에 행정심판이나 행정소송을 제기하는 경우에도 원처분을 대상으로 하여야 한다는 것이 판례의 입장이다.[325]

한편, 최근의 판례는 이의신청에 대한 기각결정도 특별한 경우에는 독립하여 항고소송의 대상이 될 수 있다고 보고 있는 점에 주목할 필요가 있다. 첫째, 행정청이 상대방에게 이의신청에 대한 기각결정을 통지하면서 행정심판이나 행정소송에 의한 불복방법을 안내한 경우에는 상대방의 신뢰보호를 위하여 이의신청 기각결정도 항고소송의 대상이 될 수 있다고 하였다.[326] 둘째, 이의신청에 대한 기각결정이 원처분의 주요 부분을 실질적으로 변경한 새로운 처분이라 볼 수 있는 경우에는 원처분은 특별한 사정이 없는 한 그 효력을 상실하고 변경된 새로운 처분이 항고소송의 대상이 된다고 하였다.[327] 셋째, 수익적 행정행위의 신청에 대한 거부처분이 있은 후 당사자가 이의신청을 한 것이 새로운 신청을 하는 취지로 볼 수 있다면 이의신청에 대한 거부통지는 새로운 거부처분으로 보아 항고소송의 대상이 될 수 있다고 하였다.[328]

판례 ① 『국가유공자 등 예우 및 지원에 관한 법률(이하 '국가유공자법'이라 한다) 제74조의18 제1항이 정한 이의신청은, 국가유공자 요건에 해당하지 아니하는 등의 사유로 국가유공자 등록신청을 거부한 처분청인 국가보훈처장이 신청 대상자의 신청사항을 다시 심사하여 잘못이 있는 경우 스스로 시정하도록 한 절차인 점, 이의신청을 받아들이는 것을 내용으로 하는 결정은 당초 국가유공자 등록신청을 받아들이는 새로운 처분으로 볼 수 있으나, 이와 달리 이의신청을 받아들이지 아니하는 내용의 결정은 종전의 결정 내용을 그대로 유지하는 것에 불과한 점, 보훈심사위원회의 심의·의결을 거치는 것도 최초의 국가유공자 등록신청에 대한 결정에서나 이의신청에 대한 결정에서 마찬가지로 거치도록 규정된 절차인 점, 이의신청은 원결정에 대한 행정심판이나 행정소송의 제기에도 영향을 주지 아니하는 점 등을 종합하면, 국가유공자법 제74조의18 제1항이 정한 이의신청을 받아들이지 아니하는 결정은 이의신청인의 권리·의무

---

325) 대판 2012. 11. 15, 2010두8676; 대판 2016. 7. 27, 2015두45953.
326) 대판 2021. 1. 14, 2020두50324; 대판 2022. 7. 28, 2021두60748. 행정청이 이의신청 기각결정에 대해 행정심판이나 행정소송에 의해 불복할 수 있다고 안내한 것은 신뢰의 대상이 되는 공적 견해표명에 해당하며, 그에 대해 소송이 제기되자 행정청이 이의신청 기각결정은 처분성이 인정되지 않는다고 주장하는 것은 신뢰보호의 원칙에 반하여 허용되지 않는다고 한다.
327) 대판 2022. 7. 28, 2021두60748. 박스 안의 판례 ② 참고.
328) 대판 2019. 4. 3, 2017두52764; 대판 2022. 3. 17, 2021두53894.

에 새로운 변동을 가져오는 공권력의 행사나 이에 준하는 행정작용이라고 할 수 없으므로 원결정과 별개로 항고소송의 대상이 되지는 않는다.』(대판 2016. 7. 27. 2015두45953)

② 〈사건개요〉 중소기업기술정보진흥원장은 기술혁신촉진 지원사업에 참여한 갑 등이 연구부정행위를 하였다는 이유로 제재조치위원회의 심의를 거쳐 3년간(2019. 7. 19.부터 2022. 7. 18.까지) 기술혁신촉진 지원사업에의 참여를 제한하고 정부출연금 전부를 환수(납부기한 2019. 8. 2.까지)한다고 통지하였으며(1차통지), 이에 대해 이의가 있으면 이의신청을 하거나 행정심판이나 행정소송을 제기할 수 있다고 안내하였다. 갑 등이 이의신청을 하자 진흥원장은 다시 제재조치위원회의 심의를 거쳐 갑 등에게 종전과 동일한 내용의 처분을 통지하였다(2차통지: 다만 3년간 지원사업 참여제한의 기간은 2019. 11. 8.부터 2022. 11. 7.까지로, 정부출연금 전부 환수의 납부기한은 2019. 11. 18.까지로 수정하여 통지하였다). 그리고 2차통지시에 행정심판이나 행정소송으로 불복하는 경우의 쟁송제기기간을 다시 안내하였다. 이에 갑 등은 2차통지(이의신청 결과통지)에 대한 취소소송을 제기하였다.

〈대법원판결〉『이 사건 2차통지는 단순히 이의신청을 받아들이지 않는다는 내용에 그치는 것이 아니라 제재사유의 존부 및 제재내용에 대해 다시 심의하여 결정하였으며 또한 원처분에서 정한 3년의 제재기간이나 환수금 납부기간을 변경한 것이어서 원처분의 주요 부분을 실질적으로 변경한 새로운 제재처분이라 볼 수 있고, 또한 행정청이 2차통지를 하면서 다시 행정심판이나 행정소송에 의한 불복방법을 고지한 점에 비추어 볼 때, 2차통지는 항고소송의 대상이 되는 독립한 처분에 해당한다.』(대판 2022. 7. 28. 2021두60748)

③ 〈사건개요〉 갑은 폐렴예방접종을 받고 안면마비의 부작용이 나타났다고 주장하며 피해보상 신청을 하자 질병관리본부장은 양자 사이에 인과관계가 인정되지 않는다는 이유로 기각결정을 하였고(1차거부통지), 갑이 이의신청을 하자 다시 이의신청에 대한 기각결정을 하였다(2차거부통지). 이에 갑은 2차거부통지에 대한 취소소송을 제기하였는바, 이러한 2차거부통지가 항고소송의 대상이 되는 처분에 해당하는지가 문제되었다.

〈대법원판결〉『수익적 행정행위의 신청에 대한 거부처분이 있은 후 당사자가 이의신청을 한 경우에는 그 이의신청의 내용이 새로운 신청을 하는 취지라면 관할 행정청이 이를 다시 거절하는 것은 새로운 거부처분으로 보아야 한다.』(대판 2019. 4. 3. 2017두52764)

(2) 행정심판이나 행정소송의 제기기간과의 관계

행정심판이나 행정소송(취소소송)은 원칙적으로 '처분이 있음을 안 날'부터 90일 이내에 제기하여야 하는데(행정심판법 27조 1항, 행정소송법 20조 1항), 다만 이의신청에 대한 결과를 통지받은 후 행정심판이나 행정소송을 제기하는 경우에는 '그 결과를 통지받은 날(행정기본법 제36조 제2항이 정한 통지기간 내에 결과를 통지받지 못한 경우에는 통지기간이 만료되는 날의 다음 날)'부터 90일 이내에 제기하면 된다(행정기본법 36조 4항).

Ⅱ. 행정행위에 대한 재심사

1. 의의 및 도입배경

행정행위에 불가쟁력이 발생하여 더 이상 행정쟁송으로 다툴 수 없게 된 경우라도 행정행위의 근거가 된 사실관계나 법률관계가 추후에 당사자에게 유리하게 바뀌거나 상대방에게 유리한 새로운 증거가 발견되는 등 법이 정한 사유가 있는 경우에는 행정행위의 상대방은 처분청에 행정행위를 취소·철회하거나 변경하여 줄 것을 신청할 수 있는데, 이를 행정행위의 재심사라 한다(행정기본법 37조 1항).

앞에서 살펴본 바와 같이 행정행위에 불가쟁력이 발생하면 처분의 상대방은 더 이상 행정행위의 효력을 쟁송으로 다툴 수 없을 뿐만 아니라 처분청에게 행정행위의 취소·철회·변경을 구하는 것도 원칙적으로 허용되지 않는 것으로 본다. 이는 행정법관계의 조속한 확정을 통해 법적 안정성을 도모하려는 목적을 가진 것이다. 그런데 행정행위보다 훨씬 더 큰 법적 안정성이 요구되는 법원의 판결의 경우에도 나중에 판결의 증거가 위조·변조된 사실이 밝혀지는 등 법이 정한 사유가 있으면 판결이 확정된 후에도 당사자가 재심을 청구할 수 있도록 하고 있는데(민사소송법 451조), 행정행위의 경우에는 일단 불가쟁력이 발생하면 나중에 상대방에게 유리한 새로운 증거가 발견되는 등의 특별한 사정이 있다 하더라도 처분청에 행정행위의 취소·철회 또는 변경을 청구할 수 있는 아무런 규정이 없는 것이 문제로 지적되었다. 이에 행정기본법은 행정행위의 재심사에 관한 명문의 규정을 두게 되었다.

2. 재심사의 요건

(1) 대상

행정기본법은 재심사의 요건으로 "처분이 행정심판, 행정소송 및 그 밖의 쟁송을 통하여 다툴 수 없게 된 경우"라고 규정하고 있는데(37조 1항), 이는 곧 '불가쟁력이 발생한 처분'을 의미한다. 다만 행정기본법은 몇 가지 예외를 규정하고 있다.

첫째, 제재처분과 행정상 강제는 재심사의 대상이 되지 않는다(동법 37조 1항).[329] 제재처분이나 행정상 강제에 대해서는 재심사를 허용하지 않는 이유는, 이미 불가쟁력이 발생한 제재처분이나 행정상 강제에 대하여 재심사를 인정하면 행정의 실효성 확보 기능이 약화될 수 있기 때문이다.

둘째, 법원의 확정판결이 있는 경우에는 재심사의 대상이 되지 않는다(동법 37조 1항). 이는 법원의 확정판결이 있는 처분에 대해 행정청의 재심사를 인정하는 것은 권력분립의 원칙에 반할 수 있을 뿐만 아니라, 법원의 판결이 확정된 후에 발생한 사유에 대해서는 민사소송법 제451조에 의해 판결에 대한 재신을 청구할 수 있기 때문이다.

---

329) 예컨대 조세부과처분이나 건축허가 신청에 대한 거부처분은 재심사의 대상이 되지만, 영업정지처분이나 그에 갈음하는 과징금부과처분 또는 이행강제금부과처분은 재심사의 대상이 되지 않는다.

셋째, 다음의 사항에 대해서는 행정기본법상의 재심사에 관한 규정이 적용되지 않는다(행정기본법 36조 7항). ① 공무원 인사 관계 법령에 따른 징계 등 처분에 관한 사항, ② 노동위원회의 의결을 거쳐 행하는 사항, ③ 형사·행형 및 보안처분 관계 법령에 따라 행하는 사항, ④ 외국인의 출입국·난민인정·귀화·국적회복에 관한 사항, ⑤ 과태료 부과 및 징수에 관한 사항, ⑥ 개별 법률에서 그 적용을 배제하고 있는 경우

(2) 당사자

재심사를 신청할 수 있는 자는 처분의 상대방에 한정되며, 재심사는 처분행정청에 신청한다(동법 37조 1항).

(3) 재심사의 사유

재심사를 신청할 수 있는 사유는 다음과 같다(동법 37조 1항 각호).

① 처분의 근거가 된 사실관계 또는 법률관계가 추후에 당사자에게 유리하게 바뀐 경우 : 여기에서 '사실관계의 변경'이란 처분의 결정에 영향을 미칠 사실이 처분 후에 소멸하거나 새로 발생하여 당사자에게 유리한 결정을 이끌어 낼 수 있는 경우를 의미하고, '법률관계의 변경'이란 처분의 근거가 된 법령이 처분 후에 당사자에게 유리하도록 제정·개정·폐지된 경우를 의미한다.

② 당사자에게 유리한 결정을 가져다주었을 새로운 증거가 있는 경우 : 여기에서 '새로운 증거'란 처분의 발급 이전에 이미 존재하였지만 당사자에게 알려지지 않았거나 당사자를 통해 증명될 수 없었기 때문에 처분 당시에는 고려될 수 없었던 이전 사실에 관련된 증거를 말한다.[330]

③ 민사소송법 제451조에 따른 재심사유에 준하는 사유가 발생한 경우 등 대통령령(시행령)으로 정하는 경우 : 행정기본법시행령은 이를 구체화하여 다음과 같이 규정하고 있다(12조).

i) 처분 업무를 직접 또는 간접적으로 처리한 공무원이 그 처분에 관한 직무상 죄를 범한 경우

ii) 처분의 근거가 된 문서나 그 밖의 자료가 위조되거나 변조된 것인 경우

iii) 제3자의 거짓 진술이 처분의 근거가 된 경우

iv) 처분에 영향을 미칠 중요한 사항에 관하여 판단이 누락된 경우

(4) 중대한 과실이 없을 것

처분의 상대방이 해당 처분의 절차, 행정심판, 행정소송 및 그 밖의 쟁송에서 중대한 과실 없이 위의 재심사 사유를 주장하지 못한 경우에만 재심사를 신청할 수 있다(동법 37조 2항).

3. 재심사의 신청기간

재심사의 신청은 처분의 상대방이 재심사 사유를 안 날부터 60일 이내에 하여야 한다. 다만 처분이 있는 날부터 5년이 지나면 신청할 수 없다(동법 37조 3항).

---

330) 김동균, 행정기본법상 재심사제도의 입법적 과제, 공법연구 49집 4호, 2021, 148면.

4. 재심사 및 그 결과의 통지

재심사의 신청을 받은 행정청은 재심사의 요건구비 여부(재심사의 대상인지, 재심사 사유에 해당하는지, 신청자격이 있는 자가 신청기간 내에 신청하였는지 등)에 관하여 심사하여 요건을 갖추지 못하였다고 인정되면 재심사를 거부하는 결정을 한다. 재심사의 요건을 갖추었다고 인정되면 새로운 사실관계, 법률관계, 증거 등을 기반으로 하여 당초의 처분을 재심사한 후 그 처분을 유지할 것인지 취소, 철회, 변경할 것인지를 결정한다.

행정청은 특별한 사정이 없으면 신청을 받은 날부터 90일(합의제행정기관은 180일) 이내에 처분의 재심사 결과(재심사 여부와 처분의 유지 · 취소 · 철회 · 변경 등에 대한 결정을 포함)를 신청인에게 통지하여야 한다. 다만, 부득이한 사유로 90일(합의제행정기관은 180일) 이내에 통지할 수 없는 경우에는 그 기간을 만료일 다음 날부터 기산하여 90일(합의제행정기관은 180일)의 범위에서 한 차례 연장할 수 있으며, 연장사유를 신청인에게 통지하여야 한다(동법 37조 4항).

5. 재심사 결과에 대한 불복

(1) 처분을 유지하는 결정에 대한 불복

행정기본법은 처분의 재심사 결과 중 '처분을 유지하는 결정'에 대해서는 행정심판 · 행정소송 및 그 밖의 쟁송수단을 통하여 불복할 수 없도록 하였다(동법 37조 5항). 만일 처분을 유지하는 결정에 대한 불복을 허용한다면 이미 불가쟁력이 발생한 처분에 대하여 재심사 신청을 통해 다시금 쟁송의 대상으로 끌어들임으로써 법적 안정성을 해하고 불필요한 쟁송이 반복될 우려가 있다는 것이 그 논거이다.[331] 그런데 이에 대해서는, 법이 정한 특별한 사유가 있는 경우에는 재심사를 신청할 수 있도록 하면서도 재심사 결과 중 종전 처분을 유지하는 결정에 대해서는 불복할 수 없도록 하는 것은 재심사제도가 실질적 권리구제수단으로 기능하기 어렵게 만든다는 비판이 제기되고 있다.[332]

한편, 쟁송을 통한 불복이 금지되는 '처분을 유지하는 결정'의 의미에 대하여 다툼이 있다. 일설에 의하면, '처분을 유지하는 결정'이란 내용적으로 재심사 신청을 받아들이지 않는 결정(즉, 기각결정)을 의미하며, 따라서 재심사의 요건 불비 등을 이유로 재심사 자체를 거부하는 결정(즉, 각하결정)이나 신청을 받아들여 처분을 취소 · 철회 · 변경하는 결정(인용결정)에 대해서는 쟁송으로 다툴 수 있다고 한다.[333] 이에 대해 다른 견해는, 재심사 신청에 대한 각하결정이나 기각결정은 모두 종전의 처분을 유지하는 것인 점에서 차이가 없으며, 따라서 기각결정뿐만 아니라 각하결정에 대해서도 쟁송으로 다툴 수 없다고 한다.[334]

---

331) 행정기본법 해설서, 법제처, 2021, 387면.
332) 조성규, 행정기본법상 처분의 재심사 규정의 법적 쟁점, 행정법학 21호, 2021. 9, 92면 이하; 정하중/김광수, 247면.
333) 행정기본법 해설서, 387면.
334) 조성규, 앞의 논문, 94면.

생각건대, 행정기본법은 '재심사 여부에 대한 결정'과 '처분의 유지에 대한 결정'을 구분하여 규정하고 있고(37조 4항), 각하결정은 재심사의 기회 자체를 박탈하는 것이므로 이에 대한 쟁송을 허용하지 않으면 재심사제도가 형해회될 수 있는 점에서, 쟁송을 통한 불복이 금지되는 '처분을 유지하는 결정'은 기각결정만을 의미한다고 보는 것이 타당할 것이다.

(2) 처분을 취소·철회·변경하는 결정에 대한 불복

행정청이 상대방의 재심사 신청을 받아들여 처분을 취소·철회·변경하는 결정을 한 경우에 신청인은 그 결정에 대해 다툴 이유가 없다. 다만 그 취소·철회·변경으로 인하여 법률상 이익을 침해당하는 이해관계인은 이를 쟁송으로 다툴 수 있을 것이다.

제3장
그 밖의 행정의 주요 행위형식

제1절   행정상의 확약

Ⅰ. 서

1. 의 의

확약이란 행정청이 자기 구속의 의도로 국민에 대하여 장래에 일정한 행정행위의 발급 또는 불발급을 약속하는 의사표시를 말한다. 예컨대 장래 광업허가를 해 줄 것을 약속하는 것, 또는 불공정거래행위를 자진 신고한 자에 대해서는 제재처분을 하지 않겠다는 것을 약속하는 것이 이에 해당한다. 판례는 어업면허에 선행하는 우선순위결정을 확약에 해당하는 것으로 보았다.[1]

이러한 확약은 어떤 문제에 대하여 즉시로 규율할 수 없는 사정이 있는 때에 상대방에게 예지의 이익 또는 준비의 이익을 주기 위하여 행해진다. 실무상으로는 내인가(內認可)가 확약의 의미로 많이 사용된다.

종래 우리의 행정절차법은 독일 행정절차법과는 달리 확약에 관해 아무런 규정을 두고 있지 않았는데, 2022년 1월에 개정된 행정절차법에서는 확약에 관한 명문의 규정을 신설하였다. 즉, 법령에서 당사자가 신청할 수 있는 처분을 규정하고 있는 경우 행정청은 당사자의 신청에 따라 장래 어떤 처분을 하거나 하지 아니할 것을 내용으로 하는 의사표시(이하 '확약'이라 한다)를 할 수 있다(40조의2 1항).

2. 확언과 확약

확약과 구별해야 할 개념으로 확언이 있다. 확언이란 행정청이 자기구속의 의도로 국민에 대하여 장래에 일정한 행정작용(행정행위·행정입법·공법상계약·행정계획 등)을 행하거나 행하지 않을 것을 약속하는 의사표시를 말한다. 즉, 확약은 약속의 대상을 '행정행위'에 한정하는 점에서, 행정행위뿐만 아니라 행정입법·공법상계약·행정계획 등 모든 행정작용에 대한 약속을 포함하는 확언의 일종이라 할 수 있다.[2]

---

[1] 대민 1995. 1. 20, 94누6529.
[2] 독일의 경우 오래전부터 행정 실무상 다양한 종류의 확언(Zusage)이 행해져 왔는데, 1976년 행정절차법이 제정될 당시 논의 끝에 '행정행위에 관한 약속'에 대해서만 명문의 규정을 두면서 이를 확약(Zusicherung)이라 하였

3. 다른 개념과의 구분

(1) 확약은 행정행위에 대한 행정청의 구속력 있는 약속인 점에서 단순히 일정한 사실을 당사자에게 알려주는 통지나 알림과 구별된다.

(2) 확약은 행정청의 일방적 의사표시인 점에서 당사자간의 의사의 합치에 의해 성립하는 공법상 계약과 구별된다.

(3) 확약은 종국적 규율(행정행위)에 대한 약속에 지나지 않는 점에서 한정된 사항에 대하여 종국적으로 규율하는 부분허가와 구별된다.

(4) 가행정행위(假行政行爲)는 잠정적으로나마 본행정행위와 동일한 효력을 발생하지만, 확약의 경우에는 본행정행위가 행해지기까지는 아직 행정행위로서의 아무런 효력이 발생하지 않는 점에서 차이가 있다.

Ⅱ. 법적 성질

1. 학 설

확약의 법적 성질에 대해서는 학설상 다툼이 있다. 일설에 의하면 확약은 행정청이 스스로에게 장래 일정한 행정행위의 발급 또는 불발급 의무를 과하는 구속적인 의사표시로서 행정행위의 개념요소를 충족시키므로 행정행위의 성질을 갖는다고 본다.[3] 이에 반해 다른 견해는, 확약은 장래 행정행위의 발급 또는 불발급에 대한 약속에 지나지 않기 때문에 종국적 결정의 성질을 가지는 행정행위와는 구별되며, 따라서 확약은 행정행위와는 다른 독자적인 행위형식에 해당한다고 한다.[4]

생각건대, 확약의 성질을 논하는 실익은 그것에 공정력, 불가쟁력 등의 효력이 인정될 수 있는지와 확약이 항고소송의 대상이 될 수 있는지에 있다고 할 것이다. 확약은 어떤 사안에 대해 종국적으로 규율을 하는 것이 아니라 약속행위인 점에서 행정행위와 구별되는 속성을 가지고 있기는 하지만 그 밖의 점에 있어서는 행정행위와 매우 유사한 성질을 가지는 점에서, 행정소송법 제2조 제1항이 정의하고 있는 '그 밖에 이에 준하는 행정작용'에 해당하는 것으로 보아 항고소송의 대상이 되는 처분에 해당하는 것으로 보는 것이 타당할 것이다. 그렇다면 확약에도 공정력·불가쟁력 등의 효력이 인정되며, 항고소송의 대상이 된다고 할 것이다. 다만 확약은 종국적 행위가 아니라 약속행위인 점에서 일반적인 행정행위에 비해 사정변경이나 공익상 필요에 의해 더 제한을 받을 가능성이 있다는 점도 인정될 필요가 있다.

으며(38소), 이를 세기도 확인과 확약이 구분되게 되었다.
3) 김중권, 492면; 박균성(상), 526면; 류지태/박종수, 214면; 홍정선(상), 553면.
4) 김남진/김연태(Ⅰ), 395면; 김남철, 401면; 정하중/김광수, 303면.

2. 판례의 입장

판례는, 이업면허에 선행하는 우선순위결정은 강학상 확약에 불과하고 행정처분은 아니어서 공정력이나 불가쟁력 등의 효력이 인정되지 않는다고 보았다.[5] 이에 따르면 우선순위결정에 불복이 있는 사람은 그에 대해 바로 다툴 수 없고 행정청이 우선순위결정에 근거하여 어업면허를 내리면 그때서야 다툴 수 있게 되는바, 이는 신속한 국민의 권리구제에 역행하는 문제가 있다. 따라서 우선순위결정에 처분성을 인정하여 그에 대해 바로 쟁송으로 다툴 수 있도록 하는 것이 타당할 것이다.

한편 판례는, 지방자치단체장이 「공유재산 및 물품관리법」에 근거하여 민간투자사업을 추진하는 과정에서 우선협상대상자를 선정하는 행위와 이미 선정된 우선협상대상자의 지위를 배제하는 행위는 모두 항고소송의 대상이 되는 처분에 해당하는 것으로 보았는바,[6] 여기에서의 우선협상대상자 선정행위와 수산업법상의 우선순위결정은 본질이 동일한 점에서 판례의 입장은 상충된다고 할 것이며, 향후 판례의 입장이 정리될 필요가 있다.

> **판례** ① 『어업권면허에 선행하는 우선순위결정은 행정청이 우선권자로 결정된 자의 신청이 있으면 어업권면허처분을 하겠다는 것을 약속하는 행위로서 강학상 확약에 불과하고 행정처분은 아니므로, 우선순위결정에 공정력이나 불가쟁력과 같은 효력은 인정되지 아니하며, 따라서 우선순위결정이 잘못되었다는 이유로 종전의 어업권면허처분이 취소되면 행정청은 종전의 우선순위결정을 무시하고 다시 우선순위를 결정한 다음 새로운 우선순위결정에 기하여 새로운 어업권면허를 할 수 있다』 (대판 1995. 1. 20, 94누6529)
>
> ② 『지방자치단체의 장이 공유재산 및 물품관리법법에 근거하여 기부채납 및 사용·수익허가 방식으로 민간투자사업을 추진하는 과정에서 사업시행자를 지정하기 위한 전 단계에서 공모제안을 받아 일정한 심사를 거쳐 우선협상대상자를 선정하는 행위와 이미 선정된 우선협상대상자를 그 지위에서 배제하는 행위는 민간투자사업의 세부내용에 관한 협상을 거쳐 공유재산법에 따른 공유재산의 사용·수익허가를 우선적으로 부여받을 수 있는 지위를 설정하거나 또는 이미 설정한 지위를 박탈하는 조치이므로 모두 항고소송의 대상이 되는 행정처분으로 보아야 한다.』 (대판 2020. 4. 29, 2017두31064)

Ⅲ. 확약의 허용성

1. 확약의 법적 근거

행정청이 확약을 하기 위해서는 별도의 법적 근거가 필요한지가 문제된다. 확약은 본행정행위에 선행하는 사전처리작용의 성격을 가지는 것이므로 행정청에게 어떠한 행정행위에 관한 권한을 부여하고 있는 법령은 특별한 규정이 없는 한 해당 행정행위에 앞서 확약을 할 권한도 함께 부여

---

5) 대판 1995. 1. 20, 94누6529.
6) 대판 2020. 4. 29, 2017두31064.

하고 있는 것으로 보는 것이 통설이다.

2. 확약의 대상

행정절차법은 "법령 등에서 당사자가 신청할 수 있는 처분을 규정하고 있는 경우 행정청은 당사자의 신청에 따라 장래에 어떤 처분을 하거나 하지 아니할 것을 내용으로 하는 의사표시를 할 수 있다"고 규정함으로써(40조의2), 확약의 대상을 수익적 행정행위에 제한시키고 있다.

이에 대해서는, 침익적 행정행위에도 확약을 허용함으로써 상대방의 권익을 보호할 뿐만 아니라 탄력성 있는 행정을 도모할 필요가 있기 때문에 확약의 대상을 수익적 행정행위에 제한시키는 것은 문제가 있다는 비판이 있다.[7] 생각건대, 침익적 행정행위의 경우에는 상대방의 권익보호를 위해 해당 행정행위의 불발급에 관해 확약을 할 필요가 있을 수 있다는 점에서 타당한 지적이라 할 것이다.

3. 확약의 허용한계

(1) 본행정행위를 발함에 있어 일정한 사전절차가 요구되는 경우

본행정행위를 발함에 있어 이해관계인의 의견청취, 다른 행정청과의 협의 등 일정한 사전절차가 요구되는 경우에 그 절차의 완료에 앞서 확약을 할 수 있는지가 문제된다. 이러한 사전절차는 이해관계인의 권익을 보호하고 행정행위의 적정성을 확보하기 위한 것인데, 만일 사전절차를 거치지 않고도 확약을 할 수 있다면 사전절차를 규정한 취지가 몰각되고 확약이 사전절차를 회피하는 수단으로 악용될 수 있기 때문에, 법이 정한 사전절차를 거치지 않고는 확약을 할 수 없다는 것이 통설이다.

이에 관해 행정절차법은 "행정청은 다른 행정청과의 협의 등의 절차를 거쳐야 하는 처분에 대하여 확약을 하려는 경우에는 확약을 하기 전에 그 절차를 거쳐야 한다"고 명시적으로 규정하였다 (40조의2 3항).

(2) 본행정행위가 기속행위인 경우

일부 견해에 의하면 확약은 재량행위의 경우에만 가능하고 행정청의 독자적 의사활동의 여지가 없는 기속행위의 경우에는 허용되지 않는다고 한다. 기속행위의 경우에는 법적 요건이 충족된 경우에는 반드시 본행정행위를 행하여야 하고 요건이 충족되지 못한 경우에는 본행정행위를 해서는 안 되는 기속을 받으므로 기속행위에 대한 확약은 무의미하기 때문이라고 한다. 그러나 기속행위의 경우에도 그 기속에의 위배가 없는 한 상대방에게 예지이익과 대처이익을 주기 위하여 확약이 가능하다는 것이 지배적인 견해이다.

(3) 요건사실의 완성 후 확약의 가능여부

요건사실이 완성된 후에는 확약을 할 것이 아니라 본행정행위를 하여야 한다는 견해도 있으나,

---

7) 정하중/김광수, 304면.

요건사실이 완성된 후에도 상대방에게 예지이익과 대처이익을 주기 위하여 본행정행위에 앞서 확약을 하는 것이 가능하다는 것이 지배적인 견해이다.

IV. 확약의 요건

(1) 확약이 적법하게 성립하여 효력을 발생하기 위해서는 권한을 가지는 행정청이 법이 정한 절차와 형식을 갖추어 상대방에게 고지하여야 함은 행정행위에 있어서와 같다. 그리고 그 내용이 적법하며 가능하고 명확하여야 함은 물론이다.

(2) 확약은 문서로 하여야 한다(행정절차법 40조의2 2항).

V. 확약의 효력

(1) 행정청이 적법하게 행한 확약은 신뢰보호의 원칙에 기초하여 일정한 법적 효력을 발생한다. 즉, 행정청에 대해서는 확약의 내용을 이행할 자기구속의 효과를 발생하는 한편, 상대방은 행정청에 확약된 내용의 이행을 청구할 수 있다. 따라서 확약의 불이행시에는 행정쟁송을 제기할 수 있으며, 그로 인해 손해를 받은 자는 국가배상을 청구할 수 있다.

다만 확약을 한 후에 확약의 내용을 이행할 수 없을 정도로 법령이나 사정이 변경된 경우 또는 확약이 위법한 경우에는 행정청은 확약에 기속되지 않는다(행정절차법 40조의2 4항). 행정청은 확약이 위의 어느 하나에 해당하여 확약을 이행할 수 없는 경우에는 지체 없이 당사자에게 그 사실을 통지하여야 한다(동법 40조의2 5항).

> **판례** 『행정청이 상대방에게 장차 어떤 처분을 하겠다고 확약 또는 공적인 의사표명을 하였다고 하더라도, … 확약 또는 공적인 의사표명이 있은 후에 사실적·법률적 상태가 변경되었다면, 그와 같은 확약 또는 공적인 의사표명은 행정청의 별다른 의사표시를 기다리지 않고 실효된다.』 (대판 1996. 8. 20, 95누10877)

(2) 확약은 행정행위와 유사한 성질을 가지므로, 확약에도 행정행위의 무효·취소·철회에 관한 이론이 적용된다고 본다.

제2절 행정계획

I. 의의

행정계획이란 행정청이 특정한 행정목표를 설정하고 그 목표를 달성하기 위해 서로 관련되는 여러 행정수단을 종합·조정함으로써 장래 일정한 시점에 있어서 질서있는 행정목적을 실현하기 위한 활동기준을 설정하는 것을 말한다. 이러한 행정계획은 오래전부터 행해져 왔으나, 사회의 분화에 따라 행정현상이 복잡 다양해진 현대복리국가에 있어서 그 중요성이 크게 인식되고 있다.

Ⅱ. 행정계획의 기능

행정계획의 기능으로서는 i) 목표설정기능, ii) 행정수단의 종합화기능, iii) 국민에 대한 유도적·지침적 기능(국민에 대한 예측가능성 부여기능), iv) 행정·국민간의 매개적 기능 등을 들 수 있다.

Ⅲ. 법적 성질

1. 행정계획의 성질 일반론

종래 행정계획의 법적 성질에 관해서는 행정입법설, 행정행위설, 독자적 행위형식설 등 많은 견해가 대립하였으나, 오늘날에는 행정계획을 단일의 법적 성질의 것으로 파악하지 않고 각 행정계획의 내용과 효과에 따라 개별적으로 그 성질을 결정하려는 견해가 지배적이다. 즉, 행정계획에는 행정입법적 성질을 갖는 것, 행정행위의 성질을 갖는 것, 행정지도적 성질을 갖는 것 등 다양한 성질의 것이 있다고 본다.

행정계획의 법적 성질이 무엇인지의 문제는 그에 대한 사법통제의 문제와 직결되는데, 행정입법의 성질을 가지는 행정계획은 규범통제의 대상이 되며 행정행위의 성질을 가지는 행정계획은 항고소송의 대상이 된다.

2. 기본계획의 성질

도시기본계획, 정부기본계획, 농어촌도로기본계획 등과 같은 기본계획은 구체적인 계획을 입안함에 있어서 지침이 되거나 특정 사업의 기본방향을 제시하는데 불과하고 그것이 직접 국민의 권리의무관계를 개별적 구체적으로 규제하는 효과를 가지는 것은 아니므로 항고소송의 대상인 처분에 해당하지 않는다는 것이 판례의 입장이다.[8]

그리고 비록 (구)도시계획법이 도시계획은 도시기본계획에 부합되어야 한다고 규정하고 있을지라도(19조 1항), 도시기본계획은 도시의 장기적 개발방향과 미래상을 제시하는 도시계획 입안의 지침이 되는 장기적·종합적인 개발계획으로서 직접적인 구속력은 없으므로 도시계획시설결정 대상면적이 도시기본계획에서 예정했던 것보다 증가하였거나 또는 도시기본계획에 포함되지 않은 시설을 도시계획시설로 결정하였다 하더라도 위법하다고 할 수 없다고 한다.[9]

---

8) 대판 2002. 10. 11, 2000두8226; 대판 2015. 12. 10, 2011두32515; 대판 2000. 9. 5, 99두974.
9) 대판 1998. 11. 27, 96누13927; 대판 2007. 4. 12, 2005두1893.

판례 ①『이 사건 정부기본계획 등은 4대강 정비사업과 그 주변 지역의 관련 사업을 체계적으로 추진하기 위하여 수립한 종합계획이자 '4대강 살리기 사업'의 기본방향을 제시하는 계획으로서, 이는 행정기관 내부에서 사업의 기본방향을 제시하는 것일 뿐 국민의 권리·의무에 직접 영향을 미치는 것은 아니라고 할 것이어서 행정처분에 해당하지 아니한다.』(대판 2015. 12. 10. 2011두32515)

②『도시계획법 제19조 제1항 및 이 사건 도시계획시설결정 당시의 서울특별시 도시계획조례 제3조 제3항에서는 도시계획은 도시기본계획에 부합되어야 한다고 규정되어 있으나, 도시기본계획이라는 것은 도시의 장기적 개발방향과 미래상을 제시하는 도시계획 입안의 지침이 되는 장기적·종합적인 개발계획으로서 직접적인 구속력은 없는 것이므로, 이 사건 추모공원의 조성계획이 서울특별시도시기본계획에 포함되어 있지 아니하다는 이유만으로는 이 사건 도시계획시설결정이 위법하다 할 수는 없다.』(대판 2007. 4. 12, 2005두1893)

3. 도시계획결정의 성질

(구)도시계획법 제12조에 의한 도시계획결정의 성질이 문제된 사건에서 대법원은「도시계획결정이 고시되면 도시계획구역안의 토지나 건물 소유자의 토지형질변경, 건축물의 신축, 개축 또는 증축 등 권리행사가 일정한 제한을 받게 되는 점에 비추어 볼 때, 고시된 도시계획결정은 특정 개인의 권리 내지 법률상의 이익을 개별적이고 구체적으로 규제하는 효과를 가져오게 하는 행정청의 처분이라 할 것이고, 이는 행정소송의 대상이 되는 것이다」고 하였다.[10]

(구)도시계획법상의 도시계획은 현행 국토계획법상 도시·군관리계획으로 명칭이 바뀌었는데, 판례는 도시·군관리계획결정(또는 도시·군관리계획으로 정한 도시계획시설결정)이나 그 변경 신청에 대한 거부행위에 대해 처분성을 인정하고 있다.[11]

판례 『도시계획구역 내 토지 등을 소유하고 있는 사람과 같이 당해 도시계획시설결정에 이해관계가 있는 주민으로서는 도시시설계획의 입안권자 내지 결정권자에게 도시시설계획의 입안 내지 변경을 요구할 수 있는 법규상 또는 조리상의 신청권이 있고, 이러한 신청에 대한 거부행위는 항고소송의 대상이 되는 행정처분에 해당한다.』(대판 2015. 3. 26, 2014두42742)

IV. 행정계획의 종류

1. 대상지역에 따른 분류

행정계획은 그 대상지역을 기준으로 하여 전국을 대상으로 하는 전국계획, 일정한 지방을 대상

---

10) 대판 1982. 3. 9, 80누105. 이 사안에서 원심(서울고등법원)은, 도시계획결정은 도시계획사업의 기본이 되는 일반적·추상적인 결정으로서 그 결정만으로는 특정 개인에게 직접적이며 구체적인 권리의무관계가 발생하지 않는다고 하면서, 그 처분성을 부인하고 소를 각하하였다(서울고판 1980. 1. 29, 79구416).
11) 대판 2014. 7. 10, 2012두2467; 대판 2015. 3. 26, 2014두42742; 대판 2018. 6. 28, 2018두35490; 대판 2018. 10. 1, 2015두50382. 이 판례들은 도시·군관리계획결정 또는 그 변경결정에 대한 취소소송사건인데, 그 처분성에 대해서는 아무런 다툼이 없고 다만 해당 결정을 함에 있어서의 형량명령 위반 여부가 주된 쟁점이 되었다.

으로 하는 지방계획 및 특정한 지역을 대상으로 하는 지역계획으로 나눌 수 있다. 국토기본법은 국토계획을 국토종합계획, 도종합계획, 시·군종합계획, 지역계획, 부문별계획으로 구분하고 있다. 여기에서 국토종합계획과 부문별계획은 전국계획에, 도종합계획과 시·군종합계획은 지방계획에 해당하며, 지역계획은 명칭 그대로 지역계획에 해당한다(6조 참조).[12]

2. 구체화의 정도에 따른 분류

행정계획은 구체화의 정도에 따라 기본계획과 실시계획(집행계획)으로 나눌 수 있다. 기본계획은 실시계획의 기준이 되는 것이며, 실시계획은 기본계획의 내용을 구체화하는 것이다. 앞에서 설명한 바와 같이 기본계획은 구체적인 계획을 입안함에 있어서 지침이 되는데 불과하고 그것이 직접 국민의 권리의무관계를 개별적 구체적으로 규제하는 효과를 가지지는 않는다는 것이 판례의 입장이다.[13]

3. 구속력에 의한 분류

행정계획은 법적 구속력의 유무에 따라 구속적 계획과 비구속적 계획으로 나눌 수 있다. 구속적 계획은 다시 i) 국민에 대해 구속력을 갖는 계획(예 : 국토계획법상의 도시·군관리계획), ii) 관계 행정기관에 대해 구속력을 갖는 계획(예 : 예산의 운용계획), iii) 다른 계획에 대해 구속력을 갖는 계획(예 : 국토기본법상의 국토종합계획)으로 분류할 수 있다.[14]

4. 효력에 의한 분류

행정계획은 그 효력에 따라 명령적 계획, 유도적 계획, 정보제공적 계획으로 나눌 수 있다. 명령적 계획이란 국민이나 행정기관에 대하여 구속력을 갖는 계획을 말한다. 유도적 계획은 그 자체로서 직접 구속력을 발생시키지는 않으나, 보조금·장려금의 지급 등의 수단을 통하여 수범자를 일정방향으로 유도하는 계획을 말한다. 정보제공적 계획은 단지 자료나 정보를 제공할 뿐이고 아무런 법적 효과를 발생시키지 않는 계획을 말한다.

Ⅴ. 법적 근거

행정청이 행정계획을 수립하고자 하는 경우에 법적 근거를 요하는지가 문제된다. 통설적 견해에 의하면 구속적 계획은 관계인의 법적 지위 내지 권리상태에 영향을 미치기 때문에 법률의 근거를 필요로 하지만, 비구속적 계획은 단순히 행정의 지침적 구실을 하는데 지나지 않으므로 법적 근거를 요하지 않는다고 한다.

---

12) 부문별계획이란 국토 전역을 대상으로 하여 특정 부문에 대한 장기적인 발전방향을 제시하는 계획을 말한다.
13) 대판 2002. 10. 11, 2000두0226; 대판 2015. 12. 10, 2011두32515
14) 국토종합계획은 도종합계획 및 시·군종합계획의 기본이 되며, 부문별계획과 지역계획은 국토종합계획과 조화를 이루어야 한다(국토기본법 7조 1항).

국토계획과 관련해서는 「국토기본법」과 「국토의 계획 및 이용에 관한 법률」(이하에서 '국토계획법'이라 한다)에서 자세히 규율하고 있다.

VI. 행정계획의 요건

1. 적법요건

(1) 주체상의 요건

행정계획의 수립·확정은 그에 관한 정당한 권한을 가지는 행정청이 하여야 한다. 예컨대 국토종합계획의 수립권한은 국토교통부장관이 가지며, 그에 대한 승인권한은 대통령이 가진다(국토기본법 9조 1항, 12조 1항). 그리고 도종합계획의 수립권한은 도지사가 가지며, 그에 대한 승인권한은 국토교통부장관이 가진다(동법 13조 1항, 15조 1항).

(2) 절차상의 요건

행정계획의 수립에 있어서는 행정청에게 광범한 재량(계획재량)이 부여되고 있으며 또한 확정된 행정계획은 국민의 권리의무에 장기적으로 영향을 미치는 경우가 많기 때문에, 적정한 행정계획의 수립·확정을 위하여 오늘날 절차적 요건이 강화되고 있다.

독일 행정절차법은 행정계획의 수립·확정절차에 관해 통칙적 규정을 두고 있으나, 우리 행정절차법은 이에 관한 아무런 규정을 두지 않음으로써 개별법에서 다양한 절차가 채택되고 있다.

① 합의제행정기관의 심의·자문 : 행정계획의 수립·확정시에 전문기관의 의견을 반영하도록 하기 위해 합의제행정기관의 심의 또는 자문을 거치도록 하고 있는 경우가 많다. 예컨대 국토교통부장관이 국토종합계획을 수립함에 있어서는 국토정책위원회와 국무회의의 심의를 거쳐야 하며(국토기본법 12조 1항), 도지사가 도종합계획을 수립함에 있어서는 도에 설치된 도시계획위원회의 심의를 거쳐야 한다(동법 13조 2항). 그리고 국토교통부장관이 도종합계획을 승인함에 있어서는 국토정책위원회의 심의를 거쳐야 한다(동법 15조 2항).

② 다른 행정기관과의 협의 : 행정계획을 수립·확정함에 있어서 관계 행정기관과의 협의를 통해 의견을 조정하도록 하고 있는 경우도 많다. 예컨대 국토교통부장관이 국토종합계획을 수립함에 있어서 국토정책위원회의 심의를 받기 전에 미리 심의안에 대해 관계 중앙행정기관의 장과 협의하여야 하며 시·도지사의 의견을 들어야 한다(동법 12조 2항).

③ 이해관계인의 참여(공청회, 입안제안 등) : 행정계획이 수립·확정되면 다수 이해관계인의 권리의무에 장기적으로 영향을 미칠 수 있기 때문에 행정계획의 수립과정에 이해관계인이 참여하여 의견을 제출할 수 있는 기회를 주는 경우가 많다. 예컨대 국토종합계획이나 도종합계획의 수립에 있어서 공청회를 열어 일반 국민과 관계 전문가 등으로부터 의견을 들어 계획에 반영하도록 하는 것이 그에 해당한다(동법 11조, 14조). 또한 도시·군관리계획의 경우에는 주민이나 이해관계인에게 입안제안권을 부여하고 있다(국토계획법 26조).

④ 행정예고 : 행정절차법은 국민생활에 매우 큰 영향을 주는 사항, 많은 국민의 이해가 상충되는 사항 등에 관한 정책·제도 및 계획을 수립·시행·변경하려는 경우에는 이를 미리 예고하도록 하고 있는데, 이를 행정예고라 한다(46조). 행정계획도 행정예고제도의 적용을 받으므로 국민생활에 매우 큰 영향을 주는 사항 등에 관한 행정계획을 수립함에 있어서는 이를 미리 예고하여야 한다. 행정예고기간은 예고 내용의 성격 등을 고려하여 정하되, 20일 이상으로 한다(46조 3항).

2. 효력요건

행정계획을 법률·법규명령·조례의 형식으로 정하는 경우에는 「법령 등 공포에 관한 법률」에 따라 대외적으로 공포되어야 효력을 발생한다. 그 밖의 형식으로 행정계획을 정하는 경우에는 개별법이 정한 바에 따라 고시되어야 한다. 고시는 특별한 규정이 없으면 고시된 날부터 5일이 경과한 때에 효력이 발생하는데(행정업무의 운영 및 혁신에 관한 규정 6조 3항), 다만 국토계획법은 도시·군관리계획결정의 효력은 '지형도면을 고시한 날'부터 발생한다는 특별한 규정을 두고 있다(31조 1항).

VII. 법적 효과

1. 구속력

행정계획 중에는 아무런 법적 효과도 발생하지 않고 행정청의 단순한 구상에 그치는 것(비구속적 계획)이 있는가 하면, 행정계획의 효과적인 실행을 보장하기 위하여 국민이나 관계 행정기관에 대하여 일정한 법적 효과가 부여되는 것(구속적 계획)도 있다.

2. 관련 인허가 의제

행정계획이 확정되면 법이 정한 관련 인허가를 받은 것으로 의제하는 경우가 있다. 예컨대 시·도지사 등이 도시·군계획시설사업에 관한 실시계획을 인가할 때에 건축허가·농지전용허가·도로점용허가 등 국토계획법 제92조 제1항 각 호에서 정한 인허가에 관해 관계 행정청과 협의한 사항에 대하여는 해당 인허가를 받은 것으로 보는 것이 그에 해당한다(국토계획법 92조 1항).[15]

VIII. 계획재량과 그 한계

1. 계획재량

행정계획에 관해 규정하고 있는 법은 대체로 장래 달성하고자 하는 목표만을 규정하고 있으며[16] 그 목표실현을 위한 계획수립에 있어서는 계획기관에게 광범한 형성의 자유를 부여하고 있

---

15) 인허가의제에 관한 자세한 내용은 이 책 제2편 제2장 제12절의 "인허가의제제도"를 참고.

는데, 이를 계획재량이라고 한다.

계획재량도 행정기관에게 선택의 자유가 부여되고 행정기관의 계획재량권 행사에 대해서는 사법심사가 제한된다는 점에서는 재량의 일종에 해당함은 물론이다. 그러나 계획재량은 행정법령의 집행에 있어 행정기관에게 허용되는 일반적인 행정재량과는 다른 특수성을 지니고 있다.

즉, 일반적인 행정재량의 근거법령은 행정청에게 '일정한 요건이 갖추어진 경우에 일정 범위의 재량을 부여'하는 형식으로 규정하는 것이 보통인데,[17] 이를 「조건명제(가언명제)의 정식」(Wenn-Dann-Schema) 또는 「조건프로그램」이라 부른다. 이에 반해 계획재량의 근거법령은 계획수립의 목표 내지 목적만을 규정하고 있고 그 목적을 달성하기 위해 어떠한 수단을 선택해서 어떠한 내용의 계획을 수립할 것인지는 포괄적으로 계획기관의 재량에 맡기고 있는데, 이를 「목적·수단의 정식」(Zweck-Mittel-Schema) 또는 「목적프로그램」이라 부른다. 이러한 계획재량은 일반적인 행정재량에 비해 계획기관에게 훨씬 폭넓은 재량권이 부여된다.

2. 계획재량의 한계(형량명령)

계획기관에게 광범위한 재량권이 인정된다 하더라도 계획재량의 행사 역시 법령이나 행정법상의 일반원칙을 위반할 수 없음은 물론이다. 특히 계획기관에게는 계획을 수립함에 있어서 관계된 모든 이익을 정당하게 형량할 것이 요구되는데, 이를 형량명령(Abwägungsgebot)이라 한다. 이에 관해 행정절차법은 「행정청은 행정청이 수립하는 계획 중 국민의 권리·의무에 직접 영향을 미치는 계획을 수립하거나 변경·폐지할 때에는 관련된 여러 이익을 정당하게 형량하여야 한다」는 명문의 규정을 두었다(40조의4).

따라서 행정청이 계획을 수립함에 있어서 i) 관계 이익의 형량을 전혀 행하지 않은 경우, ii) 형량의 대상에 마땅히 포함시켜야 할 사항을 빠뜨리고 형량한 경우, iii) 관계 이익을 형량하기는 했으나 그 형량이 정당성과 객관성을 결하는 경우에는 형량에 하자가 있어 위법한 것이 된다.[18] 그리고 이러한 형량명령의 법리는 행정계획을 입안·결정함에 있어서뿐만 아니라 주민의 입안제안이나 변경신청을 받아들여 도시관리계획결정을 하거나 도시계획시설을 변경할 것인지를 결정함에 있어서도 동일하게 적용된다는 것이 판례의 입장이다.[19]

> **판례** 『행정주체가 구체적인 행정계획을 입안·결정할 때에 가지는 비교적 광범위한 형성의 자유는 무제한적인 것이 아니라 행정계획에 관련되는 자들의 이익을 공익과 사익 사이에서는 물론이고 공익 상호간과 사익 상호 간에도 정당하게 비교교량하여야 한다는 제한이 있는 것이므로, 행정주체가 행정계획을

---

16) 예컨대 해양공간계획 및 관리에 관한 법률 제1조는 "이 법은 해양공간의 지속가능한 이용·개발 및 보전에 관한 계획의 수립 및 집행 등에 필요한 사항을 정하여 공공복리를 증진시키고 해양을 풍요로운 삶의 터전으로 조성하는 것을 목적으로 한다"고 규정하고 있다.

17) 예컨대 "부패나 변질된 식품을 판매한 자에 대해서는(요건) 영업허가를 취소하거나 6개월 이내의 영업정지처분을 할 수 있다(재량권 부여)"는 식품위생법 제75조의 규정이 그에 해당한다.

18) 대판 2012. 1. 12, 2010두5806; 대판 2023. 11. 16, 2022두61816.

19) 대판 2012. 1. 12, 2010두5806.

입안·결정하면서 이익형량을 전혀 행하지 않거나 이익형량의 고려 대상에 마땅히 포함시켜야 할 사항을 빠뜨린 경우 또는 이익형량을 하였으나 정당성과 객관성이 결여된 경우에는 행정계획결정은 형량에 하자가 있어 위법하게 된다. 이러한 법리는 행정주체가 국토의 계획 및 이용에 관한 법률 제26조에 의한 주민의 도시관리계획 입안제안을 받아들여 도시관리계획결정을 할 것인지를 결정할 때에도 마찬가지이고, 나아가 도시계획시설구역 내 토지 등을 소유하고 있는 주민이 장기간 집행되지 아니한 도시계획시설의 결정권자에게 도시계획시설의 변경을 신청하고, 결정권자가 이러한 신청을 받아들여 도시계획시설을 변경할 것인지를 결정하는 경우에도 동일하게 적용된다고 보아야 한다.』(대판 2012. 1. 12. 2010두5806)

IX. 행정계획과 권리구제

행정구제와 관련해서는 주로 대외적으로 법적 효과를 발생하는 구속적 행정계획이 문제된다.

1. 사법적 구제

(1) 항고소송

행정입법적 성질의 행정계획은 항고소송의 대상이 될 수 없으나, 처분적 성질의 행정계획은 항고소송의 대상이 된다. 그러나 후자의 경우에도 항고소송에 의한 권리구제에는 많은 어려움이 따른다. 왜냐하면 행정계획의 처분성이 인정된다 하더라도 행정계획의 수립에 있어서 행정기관에게 광범한 계획재량이 인정되기 때문에 본안에서 원고의 청구가 인용되기 어렵기 때문이다.

(2) 헌법소원

행정계획에 의해 직접 기본권을 침해당한 자는 헌법소원을 통해 구제받을 수 있다. 다만 처분성이 인정되는 행정계획의 경우에는 보충성의 원칙에 의해 헌법소원의 대상이 될 수 없다.

헌법재판소에 의하면 비구속적 행정계획안의 경우에도 국민의 기본권에 직접적으로 영향을 끼치고 앞으로 법령의 뒷받침에 의하여 그대로 실시될 것이 틀림없을 것으로 예상되는 경우에는 예외적으로 헌법소원의 대상이 될 수 있다고 한다.[20]

판례 『[1] 비구속적 행정계획안이나 행정지침이라도 국민의 기본권에 직접적으로 영향을 끼치고 앞으로 법령의 뒷받침에 의하여 그대로 실시될 것이 틀림없을 것으로 예상될 수 있을 때에는 공권력행위로서 예외적으로 헌법소원의 대상이 될 수 있다.
[2] 건설교통부장관이 1999. 7. 22. 발표한 개발제한구역제도개선방안은 아직 청구인들의 기본권에 직접적으로 영향을 끼친다고 할 수 없고, 장차 도시계획법령에 의거한 도시계획결정을 통하여 그대로 실시될 것이 틀림없다고 예상되는 경우도 아니기 때문에, 그 발표가 예외적으로 헌법소원의 대상이 되는 공권력의 행사에도 해당되지 아니한다.』(헌재 2000. 6. 1. 99헌마538)

---

20) 헌재 2000. 6. 1, 99헌마538.

2. 손해전보(국가배상 · 손실보상)

위법한 행정계획으로 인하여 손해를 받은 경우에는 국가배상을, 적법한 행정계획으로 인하여 특별한 희생을 입은 경우에는 손실보상을 청구할 수 있다.

그런데 국가배상과 관련해서는 계획의 수립에 있어 행정기관에 광범한 계획재량이 인정됨으로 인하여 공무원의 위법성을 증명하기 어려운 점이 문제가 되며, 손실보상과 관련해서는 계획제한으로 인하여 국민이 받은 손실에 대해 관계 법률이 거의 보상규정을 두지 않음으로 인하여 손실보상을 청구하는데 어려움이 있다.

X. 계획보장청구권

1. 개 념

행정계획은 장래 일정 시점에서의 행정목표를 달성하기 위한 활동기준을 설정하는 것이므로 가변성(상황의 변화에 따른 계획변경의 필요성)을 속성으로 한다. 현실은 부단히 변화하며 인간능력의 한계상 미래를 정확히 예측하는 것은 불가능하기 때문이다. 다른 한편, 행정계획이 수립되면 그에 기초하여 많은 법률관계가 맺어지므로 국민의 신뢰보호를 위해 행정계획은 가능한 한 존속 · 유지될 필요성이 있다. 계획의 이러한 양면성(계획의 변경필요성과 존속 · 유지필요성)으로 인하여 국민은 어느 범위에서 계획이 변경되지 않고 계속 유지될 것을 청구할 수 있는지가 문제되는데, 이것이 바로 계획보장청구권의 문제이다.

2. 내 용

(1) 계획존속청구권

행정청이 계획을 변경 또는 폐지하려는 경우에 그로 인해 불이익을 받게 되는 자가 계획의 계속적 유지를 청구하는 권리를 계획존속청구권이라 하는데, 원칙적으로 국민에게 이러한 계획존속청구권이 인정되지 않는다고 보는 것이 통설이다. 계획의 존속을 구하는 개인의 이익은 계획을 변경하여야 할 공익에 양보하지 않으면 안 되기 때문이다.

(2) 계획준수청구권 · 계획집행청구권

행정청이 행정계획에 반하여 행정작용을 수행하는 경우에 행정계획에 따를 것을 요구할 수 있는 권리를 계획준수청구권이라 한다. 구속적 행정계획의 경우에 행정청은 그것을 준수할 의무가 있으므로 행정계획에 반하는 행위로 인해 법률상 이익이 침해되는 자는 행정청에 계획의 준수를 청구할 수 있다. 그러나 자기의 법률상 이익과 관계없이 국민 일반에게 계획준수청구권이 인정되는 것은 아니다.

행정청이 행정계획을 장기간 집행하지 않는 경우에 그 집행을 요구할 수 있는 권리를 계획집

행청구권이라 한다. 국가의 재정적 한계 등으로 인하여 계획의 집행시기나 범위는 행정청의 재량
에 맡겨져 있으므로 일반적으로 국민에게 계획집행청구권은 인정되지 않는 것으로 본다.

(3) 경과조치 및 적응원조청구권

경과조치 및 적응원조청구권이란 공익상 필요에 의해 행정계획의 변경·폐지가 불가피한 경우
에 그로 인해 손실을 입게 되는 자가 '경과조치'나 '새로운 상황에의 적응을 위한 지원조치'를 요구
할 수 있는 권리를 의미한다. 예컨대 보조금지급계획이 폐지되는 경우에 보조금의 액수를 단계적
으로 줄이도록 요구하거나, 행정계획의 변경으로 인하여 기존 공장을 이전하여야 하는 경우에 대
체 부지의 마련 또는 이전부지가 확정될 때까지의 이전 유예를 요구하는 것이 그에 해당한다. 이
러한 경과조치 및 적응원조청구권은 실정법에 특별한 규정이 있는 경우에만 인정될 수 있다.

(4) 손실보상청구권

이상에서 살펴본 바와 같이 국민에게 일반적으로 계획존속청구권이나 계획집행청구권은 인정
되지 않는다고 보며, 경과조치나 적응원조청구권은 실정법상의 근거가 있는 경우에만 인정되는 점
에서 한계를 갖는다. 따라서 계획의 변경으로 인한 상대방의 권익침해에 대해서는 손실보상을 통
한 구제가 적절한 방법이라 할 것이다.

XI. 계획변경·폐지청구권

1. 서

계획보장청구권과 반대로 국민에게 행정계획의 변경 또는 폐지를 청구할 수 있는 권리가 인정
되는지가 문제된다. 이는 행정계획의 변경 또는 폐지 신청에 대한 행정청의 거부행위가 항고소송
의 대상이 되는 처분에 해당하는지와 직결된다. 만일 국민에게 행정계획의 변경·폐지를 요청할
수 있는 법규상 또는 조리상의 신청권이 인정되지 않는 경우에는 행정청의 거부행위는 처분에 해
당하지 않기 때문이다.

2. 판례의 입장

(1) 종래의 판례는 주민에게는 도시계획이나 국토이용계획의 변경·폐지를 신청할 법규상 또
는 조리상의 신청권이 없고, 따라서 도시계획이나 국토이용계획의 변경·폐지 신청에 대한 거부행
위는 항고소송의 대상인 처분에 해당하지 않는다고 하였다.[21] 다만 행정계획의 변경을 거부하는
것이 실질적으로 그와 관련된 행정처분을 거부하는 결과가 되는 경우에는 예외적으로 그 계획의
변경을 신청할 수 있는 법규상 또는 조리상의 권리가 있다고 하였다.[22]

그런데 도시계획법상 '주민의 입안제안권'이 규정된 후에는[23] 이해관계가 있는 주민에게 도

---

21) 대판 1994. 1. 28, 93누22029; 대판 1994. 12. 9, 94누8433: 대판 2003. 9. 23, 2001두10936.
22) 대판 2003. 9. 23, 2001두10936.

시·군관리계획(또는 도시·군관리계획으로 정한 도시계획시설결정)의 변경·폐지신청권을 인정하고 있다.[24]

> **판례** 『주민(이해관계자 포함)에게는 도시·군관리계획의 입안권자에게 기반시설의 설치·정비 또는 개량에 관한 사항, 지구단위계획구역의 지정 및 변경과 지구단위계획의 수립 및 변경에 관한 사항에 대하여 도시·군관리계획도서와 계획설명서를 첨부하여 도시·군관리계획의 입안을 제안할 권리를 부여하고 있고, 입안제안을 받은 입안권자는 그 처리 결과를 제안자에게 통보하도록 규정하고 있다. 이들 규정에 헌법상 개인의 재산권 보장의 취지를 더하여 보면, 도시계획구역 내 토지 등을 소유하고 있는 사람과 같이 당해 도시계획시설결정에 이해관계가 있는 주민으로서는 도시시설계획의 입안자 내지 결정권자에게 도시시설계획의 입안 내지 변경을 요구할 수 있는 법규상 또는 조리상의 신청권이 있고, 이러한 신청에 대한 거부행위는 항고소송의 대상이 되는 행정처분에 해당한다.』(대판 2015. 3. 26, 2014두42742)

(2) 그 밖에 판례는 i) 문화재보호구역 안에 있는 토지소유자 등은 문화재보호구역의 지정해제를 요구할 수 있는 법규상 또는 조리상의 신청권이 있으며,[25] ii) 산업입지에 관한 법령은 산업단지에 입주하려는 자와 토지소유자 등에게 산업단지개발계획 입안에 관한 권한을 인정하고 있는 점 등에 비추어 볼 때, 이들에게는 산업단지개발계획의 변경을 요청할 수 있는 법규상 또는 조리상의 신청권이 있다고 하였다.[26]

---

23) 과거에는 도시계획의 수립에 있어서 주민의 입안제안권이 인정되지 않았으나, 2000년 도시계획법이 전문 개정될 때 처음으로 주민의 입안제안권이 신설되었으며, 이는 2002년에 도시계획법과 국토이용관리법을 통합하여 제정된 국토계획법에 승계되었다.

24) 구체적인 사안을 살펴보면, 안산시는 도시관리계획을 수립하면서 ○○동 임야에 대해 도시계획시설(공원)로 결정하였는바, 주민 갑은 도시관리계획을 변경하여 위 도시계획시설을 폐지해 줄 것을 신청하였고 안산시장이 이에 대한 거부의 회신을 하자 거부처분 취소소송을 제기하였다. 이에 대해 서울고등법원은 주민에게 도시계획시설의 폐지를 신청할 수 있는 법규상 또는 조리상의 신청권이 없다는 이유로, 안산시장의 거부회신은 항고소송의 대상이 되는 처분에 해당하지 않는다고 하였다(서울고판 2014. 9. 18, 2013누51604). 그러나 이에 대한 상고심에서 대법원은, 국토계획법상 도시관리계획에 대한 주민의 입안제안권이 부여된 점과 헌법상 재산권보장의 취지에 비추어 볼 때, 도시계획구역 안의 토지소유자와 같이 도시계획시설결정에 이해관계가 있는 주민은 도시관리계획의 입안자 내지 결정권자에게 도시계획시설에 관한 도시관리계획의 입안 내지 변경을 요청할 수 있는 법규상 또는 조리상의 신청권이 있고, 이러한 신청에 대한 거부행위는 항고소송의 대상이 되는 처분에 해당한다고 하였다(대판 2015. 3. 26, 2014두42742).

25) 대판 2004. 4. 27, 2003두8821.

26) 대판 2017. 8. 29, 2016두44186.

제3절 공법상의 계약

Ⅰ. 서

1. 의 의

공법상 계약이란 공법적 효과의 발생을 목적으로 하는 복수당사자 사이의 서로 반대 방향의 의사의 합치에 의해 성립하는 공법행위를 의미한다. 이러한 공법상 계약은 대등한 지위에 있는 당사자 사이에 자유로운 의사의 합치에 의해 성립하는 점에서 대표적인 비권력적 행위에 해당한다.

과거 권위주의적 국가에서는 행정작용이 주로 공권력행사 중심으로 행해졌기 때문에 공법상 계약은 상대적으로 소홀히 다루어졌으나, 복지국가를 지향하는 오늘날에는 행정의 중심이 급부행정으로 이동됨에 따라 공법상 계약이 차지하는 비중이 점점 커져가고 있다.

2. 각국의 예

(1) 프랑스의 행정계약

계약을 공법상 계약과 사법상 계약으로 구분하는 것은 공법과 사법의 이원적 법체계를 가지며 독립한 행정재판소를 두고 있는 유럽 대륙법계국가에서 형성되었다. 프랑스에서는 꽁세이데타(Conseil d'Etat)의 판례를 중심으로 일찍부터 공법계약으로서의 '행정계약'이 넓게 인정되어 왔다.[27]

(2) 독일의 공법상 계약

행정주체의 우월성을 전제로 한 공권력행사 중심으로 성립·발전한 독일 행정법에서는 공법상 계약이 처음에는 의붓자식 취급을 받으며 매우 제한적으로만 인정되다가, 행정의 중심이 급부행정으로 이동됨에 따라 공법상 계약도 점차 확대되어 1976년 제정된 행정절차법에서는 공법상 계약에 관한 여러 규정을 두기에 이르렀다.

(3) 영·미의 정부계약

영미에서는 공법과 사법의 이원적 법체계를 부인하여 온 결과로 공법상 계약에 해당하는 관념이 인정되지 않았으나, 19세기 후반부터 행정기능의 확대에 따라 '정부계약'이라는 특수한 형태의 계약이 발전하였다.

---

27) 예컨대 선행적인 통법상 세약인 보상계약·수용계약 뿐만 아니라, 독일에서는 행정행위로 보는 공기업특허·공물사용특허, 그리고 독일에서는 사법상 계약으로 보는 공공토목공사도급계약·물품납부계약·운송계약 등도 행정계약에 포함된다고 본다.

3. 다른 행위와의 구별

(1) 사법상 계약과의 구별

공법상 계약은 당사자가 대등한 지위에서 자유로운 의사의 합치에 의해 성립한다는 점에서는 사법상 계약과 같으나, 공법상 계약은 공법적 효과의 발생을 목적으로 하는 점에서 사법상 계약과 구별된다. 행정주체와 사인간의 계약이라 할지라도 행정주체가 사경제주체의 지위에서 체결한 것은 사법상 계약에 해당하며, 이 경우에는 특별한 규정이 없는 한 사적 자치와 계약자유의 원칙 등 사법의 원리가 그대로 적용된다는 것이 판례의 입장이다.[28]

일부 학설은 공법상 계약과 사법상 계약의 구별기준이 확립되어 있지 못하다는 이유로 양자를 포괄하여 행정계약이라고 부른다.[29] 이에 대해서는, 공법과 사법을 구별하는 우리 법제에서는 양자에 대한 적용 법규, 적용 법원칙 및 권리구제수단이 다르기 때문에 양자는 구별될 필요가 있다는 비판이 가해진다.[30] 즉 전자의 경우에는 공법규정 및 공법원리가 적용되고 그에 대한 분쟁은 행정소송의 일종인 당사자소송에 의하며, 계약상의 손해는 국가배상의 대상이 될 수 있는데 반하여, 후자의 경우에는 사법규정 및 사법원리가 적용되고 그에 대한 분쟁은 민사소송에 의하며, 계약상의 손해는 민사상 손해배상의 대상이 되는 점에서 차이가 있다.

(2) 행정행위와의 구별

공법상 계약은 대등한 당사자 사이의 자유로운 의사의 합치에 의하여 성립하는 점에서, 행정주체가 우월한 지위에서 단독의사로 행하는 행정행위와 구별된다.

(3) 합동행위와의 구별

공법상 계약은 당사자 사이의 '반대방향'의 의사의 합치에 의하여 성립하는 점에서, 동일방향의 의사의 합치에 의해 성립하는 공법상의 합동행위와 구별된다.[31]

(4) 구체적 사안의 검토

어떤 행정작용의 성질이 공법상 계약인지, 사법상 계약인지, 행정행위인지에 따라 그에 대한 쟁송방법이 다르므로,[32] 행정작용의 법적 성질을 밝히는 것은 국민의 권리구제방법과 관련하여 중요한 의미를 갖는다. 이하에서 법적 성질이 문제되고 있는 몇 가지 행정작용에 관한 판례의 입장을 살펴보기로 한다.

1) 「국가를 당사자로 하는 계약에 관한 법률」에 따른 공공계약 등의 성질

① 공공계약의 성질 : 「국가(지방자치단체)를 당사자로 하는 계약에 관한 법률」(이하에서 '국가계

---

28) 대판 2018. 2. 13, 2014두11328.
29) 김동희/최계영(I), 224면.
30) 김남진/김연태(I), 421면; 정하중/김광수, 327면; 홍정선(상), 558면.
31) 공법상 합동행위의 예로는 공공조합이 설립행위를 들 수 있다.
32) 공법상 계약에 대해서는 행정소송의 일종인 당사자소송으로, 사법상 계약에 대해서는 민사소송으로, 행정행위(처분)에 대해서는 행정소송의 일종인 항고소송으로 다투어야 한다.

약법'이라 한다)에 따라 국가나 지방자치단체가 사인과 물품공급계약·공사도급계약 등과 같은 공공계약을 체결하는 것은 사법상 계약에 해당한다. 따라서 법령에 특별한 규정이 없는 한 공공계약에도 사적 자치와 계약자유의 원칙 등 사법원리가 그대로 적용되며, 그에 관한 다툼은 민사소송의 대상이 된다.[33]

② **낙찰자결정의 성질** : 국가나 지방자치단체가 경쟁입찰에 의해 계약을 체결하는 경우에는 입찰에 참가한 자 중에서 법이 정한 기준에 합치되는 자를 낙찰자로 결정하여야 하는바(국가계약법 10조), 이러한 낙찰자결정에 의해 바로 계약이 성립되는 것은 아니고 낙찰자는 국가나 지방자치단체에 대해 계약을 체결해 줄 것을 요구할 수 있는 권리를 가지는데 지나지 않는다. 따라서 낙찰자결정의 성질은 장래 낙찰자와 본계약을 체결한다는 취지로서 '계약의 편무예약'에 해당한다.[34]

③ **입찰보증금 국고귀속의 성질** : 경쟁입찰에 참가하려는 자는 입찰보증금을 내야 하며(동법 9조 1항), 낙찰자가 계약을 체결하지 않는 경우에는 해당 입찰보증금은 국고에 귀속된다(동법 9조 3항). 이러한 입찰보증금의 국고귀속조치는 국가나 지방자치단체가 사법상의 재산권의 주체로서 행하는 것이지 공권력을 행사하는 것이 아니므로 이에 관한 분쟁은 행정소송이 아니라 민사소송의 대상이 된다.[35]

④ **입찰참가자격제한조치의 성질** : 비록 국가계약법에 따라 국가나 지방자치단체가 체결하는 공공계약은 사법상의 계약에 해당한다 할지라도, 행정청이 국가계약법 제27조에 근거하여 부정당업자 등에 대해 입찰참가자격제한조치를 한 것은 항고소송의 대상이 되는 처분에 해당한다.[36]

행정청이 아닌 공법인이 입찰참가자격제한조치를 하기 위해서는 별도의 법적 근거가 있어야 하는바, 「공공기관의 운영에 관한 법률」 제39조에 근거하여 공기업·준정부기관이 행한 입찰참가자격제한조치는 항고소송의 대상이 되는 처분에 해당한다.[37] 그러나 「공공기관의 운영에 관한 법률」의 적용을 받지 않는 '기타 공공기관'은 입찰참가자격제한조치를 할 수 있는 법적 근거가 없으므로, 만일 기타 공공기관이 입찰참가자격제한조치를 내렸다면 그것은 단지 사법상의 통지에 지나지 않으며 항고소송의 대상이 되는 처분에 해당하지 않는다.[38]

판례는 나아가 공정거래위원회가 관계 행정청에게 '입찰참가자격제한조치를 취할 것을 요청'한 것도 항고소송의 대상이 되는 처분에 해당한다고 하였다.[39]

⑤ **입찰참가자에 대한 감점통보의 성질** : 공공기관이 입찰참가자에 대하여 입찰참가 당시 허위 실적증명서를 제출하였다는 이유로 '내부규정에 근거하여' 향후 2년간 공사 낙찰적격 심사시 종합

---

33) 대결 2006. 6. 19, 2006마117; 대판 2014. 12. 24, 2010다83182; 대판 2020. 5. 14, 2018다298409.
34) 대판 2006. 6. 29, 2005다41603.
35) 대판 1983. 12. 27, 81누366.
36) 대판 2014. 5. 29, 2013두7070. 국가계약법에 따르면 행정청은 부실하게 계약을 이행한 자나 부정당업자(경쟁입찰시에 입찰자간에 입찰가격 등에 관해 담합행위를 한 자)에 대해서 일정 기간을 정하여 입찰참가자격을 제한하여야 한다(27조).
37) 대판 2018. 10. 25, 2016두33537; 대판 2020. 5. 28, 2017두66541.
38) 대결 2010. 11. 26, 2010무137.
39) 대판 2023. 2. 2, 2020두48260. 이에 관한 상세는 '취소소송의 대상' 부분 참조.

취득점수의 10/100을 감점한다는 내용을 통보하는 행위는 사법상의 효력을 가지는 통지행위에 불과하므로 항고소송의 대상이 되는 처분이 아니다.[40]

⑥ **공공계약에 특수조건을 부가하는 것의 허용성 및 그에 근거한 입찰참가자격제한조치(또는 거래정지조치)의 효력·성질** : 사적 자치와 계약자유의 원칙에 비추어 볼 때, 비록 국가계약법에서 어떤 사항에 관해 규정을 두고 있다 하더라도 이와는 별도로 계약당사자 사이에만 효력이 있는 계약특수조건 등을 부가하는 것이 금지된다고 할 수는 없고, 다만 공공계약의 특수성에 비추어 그 내용이 관계 법령에 위반하거나 비례의 원칙을 위반하거나 선량한 풍속 기타 사회질서에 반하는 결과를 초래하는 특별한 사정이 있는 경우에는 무효로 된다. 국가계약법 제27조는 입찰참가자격제한에 관해 규정을 두고 있는데, 계약당사자 사이에 입찰참가자격제한에 관한 별도의 특수조건을 설정한 경우 그 특수조건이 법령이나 비례의 원칙 등에 위반되지 않으면 무효라고 볼 수 없으며, 또한 유효한 특수조건에 근거한 입찰참가자격제한조치도 적법하다.[41]

이와 관련하여 계약상의 특수조건에 근거한 입찰참가자격제한조치(또는 거래정지조치)의 성질 및 그에 대한 소송형태가 문제되는데, 판례는 엇갈린 입장을 보이고 있다. 즉, 대법원 2010다83182 판결에서는 계약상의 특수조건에 근거한 입찰참가자격제한조치의 위법성을 다툼에 있어서 민사소송인 '입찰참가자격지위확인소송'으로 다루었으며,[42] 대법원 2017두66541 판결에서는 위 판례를 예로 들면서 "계약상의 특수조건에 따른 제재조치는 법령에 근거한 공권력의 행사로서의 제재처분과는 법적 성질을 달리한다"고 하였다.[43] 이에 반해 대법원 2017두34940 판결에서는, 비록 공공기관의 거래정지조치가 사법상 계약의 추가특수조건에 근거한 것이더라도 이는 행정청이 구체적 사실에 관한 법집행으로서의 공권력의 행사로서 상대방의 권리의무에 직접 영향을 미치므로 항고소송의 대상이 되는 처분에 해당한다고 하였다.[44]

한편, 공공기관이 여러 거래업체들과의 계약에 적용하기 위하여 거래업체가 일정한 계약상 의무를 위반하는 경우에는 장래 일정 기간의 거래제한조치(입찰참가자격제한조치)를 할 수 있다는 내용의 계약특수조건을 자체 지침으로 미리 마련하였다 하더라도, 계약상대방에게 그 중요 내용을 미리 설명하여 계약내용으로 편입하는 절차를 거치지 않았다면 이를 계약의 내용으로 주장할 수 없다.[45]

⑦ **행정규칙에 근거한 거래제한조치의 성질 및 효력** : 공공기관이 행정규칙의 성질을 가지는 자체 지침에 근거하여 거래제한조치를 한 것은 항고소송의 대상이 되는 처분에 해당한다. 그런데 법률상 근거 없이 자신이 만든 행정규칙에 근거하여 거래제한조치를 한 것은 그 하자가 중대·명백하여 무효이다.[46]

---

40) 대판 2014. 12. 24, 2010두6700.
41) 대판 2014. 12. 24, 2010다83182; 대판 2018. 11. 29, 2017두34940.
42) 대판 2014. 12. 24, 2010다83182.
43) 대판 2020. 5. 28, 2017두66541.
44) 대판 2018. 11. 29, 2017두34940.
45) 대판 2020. 5. 28, 2017두66541.

2) 산업단지 입주계약 및 입주계약 해지의 성질

「산업집적활성화 및 공장설립에 관한 법률」에 따르면 산업단지에서 제조업을 하려는 자는 그 관리기관과 입주계약을 체결하여야 하는데(38조 1항), 이러한 산업단지 입주계약은 공법상 계약의 성질을 가지는 것으로 본다.[47]

한편, 입주계약사항 중 법이 정한 사항을 변경하려는 경우에는 새로 변경계약을 체결하여야 하며(38조 2항), 관리기관은 입주계약을 체결한 자가 입주계약을 위반하는 등 법이 정한 사유가 있는 때에는 입주계약을 해지할 수 있는바(42조 1항), 이때 관리기관이 '입주변경계약을 취소'하거나 '입주계약을 해지'하는 것의 법적 성질이 문제된다. 판례에 의하면, 변경계약 체결의무 불이행시의 형사적·행정적 제재, 입주계약 해지의 절차, 해지통보에 수반되는 법적 의무, 그 의무 불이행시의 형사적·행정적 제재 등을 종합적으로 고려해 볼 때[48] '입주변경계약 취소'나 '입주계약 해지통보'는 관리기관이 우월적 지위에서 상대방에게 일정한 법률상 효과를 발생하게 하는 것으로서 항고소송의 대상이 되는 처분에 해당한다고 하였다.[49]

3) 행정기관과 사인간에 체결한 협약의 성질

① 중소기업청장이 민간회사와 중소기업정보화지원사업에 따른 지원금 출연을 위하여 체결하는 협약은 공법상의 계약에 해당하는바, 중소기업청장이 민간회사의 귀책사유를 이유로 협약을 해지하고 지급된 정부지원금반환을 통보한 것 역시 공법상 계약에 따라 행정청이 대등한 당사자의 지위에서 하는 의사표시로 보는 것이 타당하며, 이를 행정청이 우월한 지위에서 행하는 공권력의 행사로서 행정처분에 해당한다고 볼 수 없다.[50]

② 방위사업청과 민간회사가 국책사업인 '한국형헬기 핵심구성품 개발협약'을 체결하였는바, 민간회사는 협약 체결 후 환율변동 및 물가상승 등 외부적 요인으로 인하여 협약금액을 초과하는 비용이 발생하였다고 주장하며 국가를 상대로 초과비용의 지급을 구하는 민사소송을 제기하였다. 이에 대해 판례는, 「국가연구개발사업의 관리 등에 관한 규정」에 근거하여 국가기관(방위사업청)과 민간회사가 체결한 협약은 공법관계에 해당하므로 이에 관한 분쟁은 행정소송으로 제기하여야 한다고 하였다.[51]

③ 「사회기반시설에 대한 민간투자법」에 따른 국가 또는 지방자치단체와 사업시행자 사이의 실시협약은 공법상 계약에 해당한다.[52]

---

46) 대판 2020. 5. 28, 2017두66541.

47) 서울고판 2010. 9. 28, 2009누32439; 대판

48) 변경계약을 체결하지 않고 사업을 하는 자에 대해서는 1,500만원 이하의 벌금에 처한다(53조 4호). 관리기관이 입주계약을 해지하려는 경우에는 사전에 계약당사자의 의견을 들어야 한다(42조 5항). 입주계약이 해지된 자는 잔무처리 등을 제외하고는 그 사업을 즉시 중지하여야 하며(42조 2항), 이에 위반하여 계속 그 사업을 하는 자에 대해서는 3년 이하의 징역 또는 3,000만원 이하의 벌금에 처하도록 하고 있다(52조 2항 6호).

49) 대판 2011. 6. 30, 2010두23859; 대판 2017. 6. 15, 2014두46843.

50) 대판 2015. 8. 27, 2015두41449.

51) 대판 2017. 11. 9, 2015다215526. 한편, 「국가연구개발사업의 관리 등에 관한 규정」은 2021년 1월 1일부터 폐지되고 「국가연구개발혁신법시행령」으로 대체되었다.

④ 한국환경산업기술원장이 「국가연구개발사업의 관리 등에 관한 규정」에 근거하여 환경기술개발사업협약을 체결한 민간회사에 대해 연차평가 실시결과 60점 미만으로 평가되었다는 이유로 연구개발중단조치 및 연구비집행중지조치를 한 것은 항고소송의 대상인 처분에 해당한다.[53]

⑤ A회사 등으로 구성된 컨소시엄과 한국에너지기술평가원이 산업기술혁신촉진법 제11조 제4항에 따라 산업기술개발사업에 관해 체결한 협약은 공법상 계약에 해당하고, 따라서 협약 관련 정산의무의 존부·범위에 관한 A회사와 한국에너지기술평가원 사이의 분쟁은 당사자소송의 대상이 된다.[54]

4) 군수품과 관련한 연구개발확인서 발급의 성질

국방전력발전업무훈령에 의한 연구개발확인서의 발급은 군수품 개발업체에게 경쟁입찰에 부치지 않고 수의계약의 방식으로 국방조달계약을 체결할 수 있는 지위가 있음을 인정해 주는 확인적 행정행위로서, 행정청의 연구개발확인서 발급 거부는 항고소송의 대상이 되는 거부처분에 해당한다.[55] 개발업체가 군수품에 대한 연구개발사업을 성공적으로 수행하였다 하더라도 해당 품목의 양산을 위한 국방예산을 배정받지 못하였거나 해당 품목이 군수품 양산 우선순위에서 밀리는 경우에는 해당 품목의 양산을 위한 수의계약의 체결이 어렵게 될 수 있다. 그렇다 하더라도 연구개발확인서의 발급 요건이 충족된 경우에는 행정청은 위 확인서를 발급해 주어야 하며, 곧바로 수의계약을 체결하지 않을 예정이라는 이유만으로 연구개발확인서의 발급조차 거부해서는 안 된다.

5) 국공유재산 사용관계의 성질

① **국공유재산의 종류** : 국가 소유의 재산을 국유재산이라 하고 지방자치단체 소유의 재산을 공유재산이라 하며, 양자를 합하여 국공유재산이라 한다.[56] 국공유재산은 다시 행정재산과 일반재산으로 나눌 수 있는데, 행정재산이란 공적인 목적에 사용되고 있는 재산을 말하며, 일반재산이란 공적인 목적에 사용되고 있지 않은 재산을 말하는바, 행정재산은 공물에 속하고 일반재산은 행정주체가 소유하는 사물에 속한다.

행정재산은 공물에 속하기 때문에 그 사용관계는 원칙적으로 공법관계이고, 일반재산은 사물에 속하기 때문에 그 사용관계는 원칙적으로 사법관계이다. 다만 법령에서 일반재산에 관하여 특별한

---

52) 대판 2021. 5. 6, 2017다273441; 대판 2021. 6. 24, 2020다270121.

53) 대판 2015. 12. 24, 2015두264.

54) 대판 2023. 6. 29, 2021다250025. <사건개요> 한국에너지기술평가원은 A회사가 외부 인력에 대한 인건비를 협약에 위반하여 집행하였다며 A회사에 대해 정산금 납부통보를 하자, A회사는 한국에너지기술평가원을 상대로 정산금 반환채무가 존재하지 않는다는 확인을 구하는 소를 민사소송으로 제기하였다. 이에 대해 대법원은 위 협약은 공법상 계약에 해당하므로 협약 관련한 정산의무의 존부·범위 등에 관한 분쟁은 당사자소송의 대상이 된다고 하였다.

55) 대판 2020. 1. 16, 2019다264700. 연구개발확인서 발급은 군수품 개발업체가 '업체투자연구개발' 또는 '정부·업체공동투자연구개발' 방식으로 연구개발사업을 성공적으로 수행하여 군사용 적합판정을 받고 국방규격이 제·개정된 경우에 사업관리기관이 개발업체에게 해당 품목의 양산과 관련하여 경쟁입찰에 부치지 않고 수의계약의 방식으로 국방조달계약을 체결할 수 있는 지위(수의계약의 혜외사유)가 있음을 인정해 주는 행위이다.

56) 국유재산에 관해서는 국유재산법이, 공유재산에 관해서는 「공유재산 및 물품관리법」(이하에서 '공유재산법'이라 한다)이 규율하고 있다.

규정을 두고 있는 경우도 있는데, 그 범위에서 일반재산의 사용관계도 공법관계의 성질을 가질 수 있다.

② 행정재산의 사용관계

i) 행정재산은 공적 목적에 제공되어 사용되고 있기 때문에 원칙적으로 매각이 허용되지 않으며, 다만 사인은 행정청의 허가를 받아 사용할 수 있을 뿐이다(국유재산법 27조, 30조, 공유재산법 19조, 20조). 이 경우 행정재산의 사용허가는 강학상의 특허에 해당하며, 그에 관한 다툼은 행정소송(항고소송)의 대상이 된다. 판례에 따르면, 국립의료원이 사인과 그 부설 주차장의 사용·관리에 관한 위탁관리용역운영계약을 체결한 경우에, 국립의료원 부설 주차장은 행정재산에 해당하기 때문에 위 계약의 실질은 행정재산에 대한 사용수익허가(특허)에 해당한다고 한다.[57]

ii) 행정청이 행정재산의 사용허가를 받은 자에 대해 사용료를 부과하는 것은 항고소송의 대상이 되는 행정처분에 해당한다.[58]

③ 일반재산의 사용관계

i) 일반재산은 국가 또는 지방자치단체가 소유하는 사물에 속하기 때문에 원칙적으로 매각·대부·양여 등의 대상이 된다(국유재산법 41조, 공유재산법 28조 1항). 이 경우 일반재산을 매각·대부·양여하는 것은 사법상의 계약에 해당하며, 따라서 그에 대한 다툼은 원칙적으로 민사소송의 대상이 된다.[59]

ii) 행정청이 일반재산을 대부받은 자에게 대부료의 납부를 고지하는 것은 사법상의 이행청구에 해당하고, 따라서 비록 국유재산법이나 공유재산법이 대부료의 징수에 관하여 국세나 지방세의 체납처분 규정을 준용하여 강제징수 할 수 있는 규정을 두고 있다고 할지라도 대부료 납부고지는 항고소송의 대상인 처분에 해당하지 않는다.[60]

iii) 다음의 판례는 특별한 주의를 요한다. 일반재산을 대부받은 자가 기한 내에 대부료를 납부하지 않는 경우에 행정청은 민사소송으로 대부료의 납부를 구할 수 있는지가 문제되는바, 국유재산법 제73조와 공유재산법 제97조는 대부료를 기한 내에 납부하지 않는 경우에는 국세 또는 지방세 체납처분의 규정을 준용하여 강제징수 할 수 있다는 특별한 규정을 두고 있기 때문에 기한 내에 납부하지 않은 대부료의 징수는 위 규정에 의하여야 하고, 이와는 별도로 민사소송으로 대부료의 납부를 구하는 것은 허용되지 않는다는 것이 판례의 입장이다.[61]

iv) 사인이 권한 없이 일반재산에 시설물을 설치한 경우에 행정청은 민사소송으로 그 시설물의 철거를 구할 수 있는지가 문제되는바, 판례는 iii)에서와 같은 이유로 이를 부정하였다. 즉, 국유재산법 제74조와 공유재산법 제83조는 사인이 국공유재산(행정재산과 일반재산 포함)에 권한 없이 시

---

57) 대판 2006. 3. 9, 2004다31074.
58) 대판 1996. 2. 13, 95누11023; 대판 2006. 3. 9, 2004다31074.
59) 대판 1988. 5. 10, 87누1219; 대판 1993. 12. 21, 93누13735; 대판 2000. 2. 11, 99다61675.
60) 대판 1993. 12. 21, 93누13735; 대판 2000. 2. 11, 99다61675.
61) 대판 2014. 9. 4, 2014다203588; 대판 2017. 4. 13, 2013다207941.

설물을 설치한 경우에 행정청은 원상복구 또는 시설물의 철거를 명할 수 있고 그 명령을 이행하지 않는 때에는 행정대집행법을 준용하여 필요한 조치를 취할 수 있다는 특별한 규정을 두고 있으므로 불법 시설물의 철거는 위 규정에 의하여야 하고, 이와는 별도로 민사소송으로 시설물의 철거를 구하는 것은 허용되지 않는다고 한다.[62]

④ 변상금 부과

i) 행정청은 사용허가나 대부계약 없이 국공유재산(행정재산과 일반재산 포함)을 무단 사용한 자(사용허가나 대부계약의 기간이 종료된 후에 갱신 없이 사용한 경우 포함)에 대하여 변상금을 부과할수 있는데(국유재산법 72조, 공유재산법 81조), 이 경우 행정재산 무단 사용자에 대한 변상금부과 뿐만 아니라 일반재산 무단 사용자에 대한 변상금부과도 항고소송의 대상이 되는 처분에 해당한다는 것이 판례의 입장이다.[63] 따라서 일반재산에 대한 대부료 납부고지에 대해서는 항고소송으로 다툴 수 없지만, 일반재산 무단 사용에 대한 변상금부과에 대해서는 항고소송으로 다툴 수 있음에 유의하여야 한다.

ii) 다음의 판례는 특별한 주의를 요한다. 앞에서 살펴본 바와 같이 국유재산법과 공유재산법은 국공유재산을 무단 사용한 자에 대해 변상금을 부과할 수 있도록 규정하고 있는데, 행정청은 일반재산을 무단 사용한 자에 대해 변상금 부과와는 별도로 민사소송으로 면탈한 대부료 상당액에 대한 부당이득의 반환을 구할 수 있는지가 문제되는바, 판례는 이를 긍정하고 있다.[64] 즉, 대법원 전원합의체판결에서 다수의견은, 변상금부과와 부당이득반환은 그 성질을 달리하고(변상금부과는 공법상 권리인데 반해 부당이득반환은 사법상의 채권임), 변상금 부과의 요건과 부당이득반환청구권의 성립요건이 일치하지도 않는다는 등의 이유로, 행정청은 일반재산을 무단 사용한 자에 대해 변상금을 부과할 수도 있고 이와는 달리 민사소송으로 부당이득의 반환을 구할 수도 있다고 하였다.[65]

6) 공무원 임용행위

종래 공무원 임용행위의 성질이 공법상 계약인지 행정행위인지에 대해 다툼이 있었는바, 비록 임용이 상대방의 신청에 근거하여 행해진다 하더라도 임용행위 자체는 임용권자가 우월적 지위에서 행하는 것이므로 행정행위의 성질을 갖는다고 보는 것이 통설 및 판례의 입장이다.[66] 이에 반해, 시립무용단원이나 시립합창단원의 위촉 또는 전문직공무원인 공중보건의사의 채용은 공법상 계약에 해당하며, 따라서 그에 대한 다툼은 행정소송의 일종인 당사자소송에 의하여야 한다는 것이 판례의 입장이다.[67]

---

62) 대판 2017. 4. 13, 2013다207941.
63) 대판 2013. 1. 24, 2012다79828.
64) 대판 2014. 7. 16, 2011다76402(전원합의체 판결).
65) 이에 반해 대법원의 반대의견은, 국유재산법 등은 국공유재산을 무단 사용한 자에 대해 변상금 부과라는 간이하고 경제적인 특별한 절차를 마련하고 있으므로, 그와는 별도로 민사소송의 방법으로 부당이득의 반환을 구하는 것은 허용되지 않는다고 하였다.
66) 다만, 종래 국가공무원법이나 지방공무원법상의 '계약직공무원'의 임용행위는 공법상 계약에 해당한다고 보았는바(대판 2002. 11. 26, 2002두5948; 대판 2014. 4. 24, 2013두6244), 계약직공무원제도는 2012년에 폐지되었고 대신 '임기제공무원'이 신설되었는데, 임기제공무원의 임용행위는 행정행위의 성질을 갖는 것으로 본다.

4. 공법상 계약의 유용성

공법상 계약의 장점 내지 유용성으로는 i) 개별적·구체적 사정에 따라 탄력적으로 처리할 수 있다는 점, ii) 사실관계나 법률관계가 명확하지 않을 때 해결을 용이하게 한다는 점, iii) 법적 근거가 없이도 당사자의 합의에 의해 체결할 수 있기 때문에 법의 흠결을 보충해 준다는 점, iv) 당사자간의 분쟁을 최소한으로 줄일 수 있다는 점, v) 법률지식이 없는 자에게도 교섭을 통하여 계약의 내용을 이해시킬 수 있다는 점 등을 들 수 있다.

Ⅱ. 공법상 계약의 가능성과 자유성

1. 가능성

독일의 오토 마이어 교수는 국가는 국민에 대해 본질적으로 우월한 지위를 가지므로 당사자의 대등성을 전제로 하는 공법상 계약의 주체가 될 수 없다고 하였다. 그러나 오늘날 국가가 본질적으로 국민에 대해 우월한 지위에 서는 것은 아니라는 것이 일반적으로 인정되고 있으며, 따라서 국가도 국민과 대등한 의사의 합치에 의해 공법상 계약을 체결할 수 있다고 본다.

2. 자유성

공법상 계약은 당사자간의 자유로운 의사의 합치에 의해 성립되므로 원칙적으로 법률유보의 원칙이 적용되지 않으며, 따라서 행정청은 행정목적을 달성하기 위하여 필요한 경우에는 법률의 근거가 없어도 자유롭게 공법상 계약을 체결할 수 있다. 그러나 법률우위의 원칙은 행정의 모든 영역에 적용되므로 법률에 위반해서 공법상 계약을 체결해서는 안 된다.

행정기본법은 "행정청은 법령을 위반하지 아니하는 범위에서 행정목적을 달성하기 위하여 필요한 경우에는 공법상 계약을 체결할 수 있다"고 함으로써 이를 분명히 하였다(27조 1항).

Ⅲ. 종 류

1. 행정주체 상호간의 공법상 계약

국가와 공공단체 사이 또는 공공단체 사이에 체결하는 공법상 계약을 의미한다. 예컨대 지방자치단체 상호간의 사무위탁, 지방자치단체 사이의 도로·하천 등 공공시설의 관리 및 비용분담에 관한 협의 등이 이에 속한다.

---

67) 1995. 12. 22. 선고 95누4636(서울특별시립무용단원 사건); 대판 2001. 12. 11, 2001두7794(광주광역시립합창단원 사건); 대판 1996. 5. 31, 95누10617(공중보건의사 사건).

2. 행정주체와 사인간의 공법상 계약

사인에 대한 행정사무의 위탁(예 : 사인의 신청에 의한 별정우체국의 지정), 보조금지급에 관한 계약, 보상에 관한 계약, 비용부담에 관한 계약, 지역개발에 관한 계약, 시립합창단원 위촉계약 등이 이에 속한다.

3. 공무수탁사인과 사인간의 공법상 계약

토지보상법에 따르면 사업인정을 받은 사업시행자는 토지소유자·관계인과 보상에 관한 협의를 하도록 하고 있는데(26조), 이때 공익사업시행자(공무수탁인)와 토지소유자·관계인 사이의 보상에 관한 협의는 공법상 계약에 속한다고 보는 것이 다수설이다. 그러나 판례는 이를 사법상 계약으로 보고 있다.[68]

Ⅳ. 공법상 계약의 성립

1. 계약의 성립요건

(1) 절차

행정기본법이나 행정절차법은 공법상 계약의 체결절차에 관한 직접적인 규정을 두고 있지 않다. 다만 개별법에서 공법상 계약의 체결에는 행정청의 인가 또는 행정청에의 보고를 필요로 하는 경우가 있다.

(2) 형식

독일 행정절차법은 공법상 계약은 원칙적으로 문서로써 하도록 규정하고 있는바(57조), 종래 우리나라의 경우에는 이에 관한 아무런 규정이 없었다. 그런데 행정기본법은 "공법상 계약을 체결하는 경우 계약의 목적과 내용을 명확하게 적은 계약서를 작성하여야 한다"는 규정을 두었다(27조 1항 2문).

(3) 내용

공법상 계약의 내용은 원칙적으로 당사자간의 협의에 의해 정해진다. 다만 행정청이 다수의 국민과 동종의 계약을 체결하는 경우(예 : 수도이용계약)에는 행정청이 일방적·정형적으로 내용을 정하고 상대방은 체결 여부만을 선택해야 하는 것이 많은데, 이를 부합계약이라 한다.

행정청은 공법상 계약의 상대방을 선정하고 계약 내용을 정할 때 공법상 계약의 공공성과 제3자의 이해관계를 고려하여야 한다(행정기본법 27조 2항).

---

68) 대판 2006. 10. 13, 2006두7096.

2. 계약체결의 강제

국민생활에 필요불가결한 재화나 역무의 제공에 대하여는 법률상 계약체결이 강제되어 행정청은 정당한 사유없이 계약체결을 거부하지 못하도록 하고 있는 경우가 있다. 예컨대 수도법은 일반 수돗물의 공급을 원하는 자에게 정당한 이유 없이 그 공급을 거절해서는 안 된다고 규정하고 있다(39조 1항).

3. 적용법규

공법상 계약에도 특별한 규정이 없는 한 계약에 관한 민법규정이 적용될 것이나, 공법상 계약이 가지는 공공성 때문에 공법원리에 의한 제한을 받는다. 예컨대 사법상 계약에서와는 달리 공법상 계약에 있어서는 사정변경이 있는 경우 행정청이 일방적으로 계약내용을 변경시키거나 계약을 해제할 수 있는 경우가 있으며, 반대로 국민의 생활상 필요불가결한 재화나 용역의 공급계약에 있어서는 정당한 사유가 없는 한 행정청은 임의로 계약을 해제할 수 없다. 또한 계약해제사유가 발생한 경우에도 공익상의 이유로 해제권의 행사가 제한되는 경우도 있다.

구체적 사안을 살펴보면, 대전광역시와 갑 사이에 지하주차장 기부채납 및 관리운영에 관한 실시협약을 체결하고 이에 따라 갑이 지하주차장을 관리운영하다가 파산한 경우에 '쌍방 미이행 쌍무계약의 해지'에 관한 채무자회생법 제335조 제1항이 적용될 수 있는지가 문제되었다. 이에 대해 판례는, 위 실시협약은 공법상 계약의 성질을 가지며 공법상 계약관계에도 채무자회생법 제335조 제1항이 적용 또는 유추적용될 수 있다고 하였다.[69]

V. 공법상 계약의 효력과 하자

1. 공법상 계약의 효력

공법상 계약에는 원칙적으로 행정행위에 인정되는 공정력·구성요건적 효력·불가쟁력·불가변력·자력집행력 등의 효력이 인정되지 않는다. 다만 법령에 특별한 규정이 있는 경우에는 예외적으로 공법상 계약의 일방 당사자인 행정청에게 자력집행권이 인정되는 경우도 있다.

---

69) 대판 2021. 5. 6, 2017다273441 전원합의체판결. <사건개요> 대전광역시와 갑은 "대전광역시가 제공한 토지에 갑이 지하주차장을 건설해서 대전광역시에 기부채납하고, 갑은 일정 기간 관리운영권을 설정받는 것"을 내용으로 하는 실시협약을 체결하였다. 이 협약에 따라 갑이 지하주차장을 건설해서 대전광역시에 기부채납한 다음 관리운영권을 설정받아 영업을 하던 중 갑이 파산하였는바, 이 사건 실시협약의 경우에도 채무자회생법 제335조 제1항이 적용되어 갑의 파산관재인이 해지권을 행사할 수 있는지가 문제되었다. 이에 대해 대법원은, 공법상 계약에도 채무자회생법 제335조 제1항이 적용 또는 유추적용될 수 있다고 하면서, 다만 이 사건에서 대전광역시는 채무의 이행을 완료하였으므로 채무자회생법 제335조 제1항이 규정한 '쌍방 미이행 쌍무계약'에 해당하지 않아 파산관재인은 해지권을 행사할 수 없다고 하였다.

2. 공법상 계약의 하자

(1) 내용상의 하자

공법상 계약이 법령에 위반하는 등 내용상으로 하자가 있는 경우에는 그 계약은 원칙적으로 무효이며, 행정행위에 있어서와 같이 '취소할 수 있는 공법상 계약'은 있을 수 없다고 본다. 왜냐하면 공법상 계약은 행정행위와는 달리 취소소송의 대상이 되지 않으며 또한 공정력도 인정되지 않기 때문이다.

(2) 의사표시의 하자

공법상 계약은 당사자 사이의 의사의 합치에 의해 성립되는데, 당사자의 의사표시에 하자가 있는 경우에는 해당 의사표시는 민법의 일반 법리에 따라 무효인 경우도 있고 취소사유에 해당하는 경우도 있을 수 있다. 예컨대 의사무능력상태에 있는 자의 공법상 계약 체결 의사표시는 무효이므로 해당 공법상 계약은 성립되지 않게 될 것이며, 사기·강박에 의해 공법상 계약 체결의 의사표시를 한 자는 그 의사표시를 취소함으로써(민법 110조 참조) 성립한 공법상 계약을 소급적으로 무효화시킬 수 있을 것이다.

3. 쟁송절차

공법상 계약은 항고소송의 대상이 되는 처분이 아니므로 그에 대해 다툼이 있는 경우에는 공법상의 당사자소송에 의하여야 한다.

> **판례** 『지방자치법 제9조 제2항 제5호 (라)목 및 (마)목 등의 규정에 의하면 서울특별시립무용단원의 공연 등 활동은 지방문화 및 예술을 진흥시키고자 하는 서울특별시의 공공적 업무수행의 일환으로 이루어진다고 해석될 뿐 아니라, 계속적인 재위촉이 사실상 보장되며, 공무원연금법에 따른 연금을 지급받고, 정년제가 인정되고, 일정한 해촉사유가 있는 경우에만 해촉되는 등 서울특별시립무용단원이 가지는 지위가 공무원과 유사한 것이라면, 서울특별시립무용단 단원의 위촉은 공법상의 계약이라고 할 것이고, 따라서 그 단원의 해촉에 대하여는 공법상의 당사자소송으로 그 무효확인을 청구할 수 있다.』(대판 1995. 12. 22, 95누4636)

제4절　행정상의 사실행위

I. 의 의

행정상의 사실행위란 행정청이 단순히 사실상의 결과실현을 목적으로 하는 행위를 말하며, 이러한 점에서 특정한 법적 효과의 발생을 목적으로 하는 행정행위·공법상계약 등과 같은 법적 행위와 구별된다.

Ⅱ. 종 류

1. 내부적 사실행위와 외부적 사실행위

내부적 사실행위는 문서복사·편철·정리, 행정결정을 위한 준비행위 등과 같이 행정조직 내부에서 행해지는 사실행위를 말하며, 외부적 사실행위는 민원서류의 접수, 무허가건물의 강제철거, 법정 전염병환자의 강제격리 등과 같이 국민에 대한 관계에서 행해지는 사실행위를 말한다. 주로 문제가 되는 것은 외부적 사실행위이다.

2. 정신적 사실행위와 물리적 사실행위

일정한 의식의 표시가 내포된 사실행위를 정신적 사실행위라 하며, 순전히 육체적 행동이나 그 밖의 물리적 행위만을 수반하여 행해지는 것을 물리적 사실행위라고 한다. 행정지도가 전자에 해당하며, 도로공사·하천준설 등과 같은 공물의 설치·관리행위, 무허가건물 철거와 같은 강제집행의 실행행위, 관용차의 운전행위 등이 후자에 해당한다.

3. 권력적 사실행위와 비권력적 사실행위

공권력의 행사로서 하는 사실행위를 권력적 사실행위라 하고, 공권력 행사와 무관한(즉, 강제성을 지니지 않는) 사실행위를 비권력적 사실행위라고 한다. 불법체류 외국인의 강제퇴거, 법정 감염병환자의 강제격리, 무허가건물의 강제철거 등이 전자에 해당하며, 권고·권유·알선 등과 같은 행정지도가 후자에 해당한다.

4. 집행적 사실행위와 독립적 사실행위

집행적 사실행위는 경찰관의 무기사용이나 무허가건물의 강제철거와 같이 일정한 법령 또는 행정행위의 집행수단으로서 행해지는 사실행위를 말하며, 독립적 사실행위는 행정지도나 관용차의 운전과 같이 그 자체로서 독립적인 의미를 가지는 사실행위를 말한다. 집행적 사실행위는 행정쟁송과 관련하여 특히 중요한 의미를 갖는다.

Ⅲ. 법적 근거와 한계

1. 법적 근거

행정청이 사실행위를 하기 위해서는 별도의 법적 근거가 있어야 하는지가 문제되는데, 권력적 사실행위와 상대방의 권익을 침해하는 집행적 사실행위는 법률의 근거를 요한다고 보는 것이 통설적인 견해이다.

2. 한 계

법률우위의 원칙은 행정의 모든 영역에 적용되므로 행정상 사실행위에 관해 법률이 특별한 규정을 두고 있는 경우에는 그에 위반되어서는 안 된다. 또한 행정상의 사실행위는 비례원칙·평등원칙 등과 같은 조리상의 제한을 받는다.

IV. 권리구제

1. 손해전보

위법한 행정상의 사실행위로 인하여 손해를 받은 자는 국가배상을 청구할 수 있으며, 적법한 행정상의 사실행위로 인하여 손실을 받은 자는 손실보상을 청구할 수 있다.

2. 행정쟁송

행정상의 사실행위가 항고소송의 대상이 되는 처분에 해당하는지에 대해 다툼이 있다.[70] 이론적으로 말하면 항고소송의 대상이 되는 처분은 '법적 효과'의 발생을 요소로 하므로 단순한 사실행위는 처분에 해당하지 않을 것이다.

그러나 다수설에 의하면, 권력적 사실행위는 '구체적 사실에 관한 법집행으로서의 공권력 행사작용'이므로 항고소송의 대상인 처분에 해당한다고 본다. 판례는 재산압류, 단수조치, 재소자의 이송조치 등에 대하여 처분성을 인정하였다.[71]

> **판례** ① 『피고(부산세관장)가 소외 김○○에 대한 국세징수법에 의한 체납처분의 집행으로서 한 본건 압류처분은 행정청인 피고가 한 공법상의 처분이고, 따라서 그 처분이 위법이라고 하여 그 취소를 구하는 이 소송은 행정소송이라 할 것이다.』(대판 1969. 4. 29, 69누12)
>
> ② 『단수처분을 두고 그것이 항고소송의 대상이 되는가에 관하여 원심이 약간의 의문을 가지고 있었음이 판시이유에서 간취된다 하더라도 결론에 있어 항고소송의 대상이 되는 것으로 보고 판단하고 있으니, 이 점에 관한 원심의 판단은 결국 원고들의 주장과도 일치하여 원고들 스스로 이를 탓할 수도 없으므로 논지 이유 없다.』(대판 1979. 12. 28, 79누218)
>
> ③ 『미결수용 중 다른 교도소로 이송된 피고인이 그 이송처분의 취소를 구하는 행정소송을 제기하고 아울러 그 효력정지를 구하는 신청을 제기한 데 대하여 법원에서 위 이송처분의 효력정지신청을 인용하는 결정을 하였고 이에 따라 신청인이 다시 이송되어 현재 위 이송처분이 있기 전과 같은 교도소에 수용 중이라 하여도 이는 법원의 효력정지결정에 의한 것이어서 그로 인하여 효력정지신청이 그 신청의 이익이 없는 부적법한 것으로 되는 것은 아니다.』(대결 1992. 8. 7, 92두30)

---

70) 이에 관해서는 이 책 행정소송 중 '항고소송의 대상' 부분에서 자세히 설명하기로 한다.
71) 대판 1969. 4. 29, 69누12; 대판 1979. 12. 28, 79누218; 대결 1992. 8. 7, 92두30.

권력적 사실행위를 처분으로 보는 견해에 대해서는 다음과 같은 비판이 제기되고 있다. 즉, 권력적 사실행위를 자세히 살펴보면 '수인하명'과 '사실행위'가 결합된 합성행위의 성격을 가지고 있으며, 따라서 항고소송의 대상이 되는 것은 수인하명 부분이라고 한다. 예컨대 무허가건물의 철거행위는 상대방에게 행정청의 철거행위를 수인하며 이를 방해하지 말도록 명하는 '수인하명'과 실제로 무허가건물을 철거하는 '물리적인 행위'로 구성되며, 항고소송의 대상이 되는 것은 수인하명 부분이라고 한다.[72]

한편, 권력적 사실행위가 항고소송의 대상인 처분에 해당한다 하더라도, 그 실행행위가 단기간에 종료됨으로써 권리보호의 필요(협의의 소의 이익)를 상실하여 항고소송에 의한 구제를 받기 어려운 경우가 많다. 예컨대, 교도소장이 수형자의 서신을 검열하는 행위의 경우 이를 처분으로 본다 하더라도 검열행위가 끝난 경우에는 검열의 취소를 구할 소의 이익이 인정되지 않게 된다.[73]

위법한 권력적 사실행위가 행해질 우려가 있는 경우에 그로 인한 권리침해를 사전에 방지하기 위해서는 예방적 금지소송이 적절한 구제수단이 될 수 있으나, 현행법상 예방적 금지소송은 인정되지 않는다는 것이 판례의 입장이다.[74]

3. 헌법소원

위에서 살펴본 바와 같이 사실행위에 대해서는 처분성이나 소의 이익의 결여, 예방적 금지소송의 불비 등의 이유로 행정쟁송에 의한 구제에는 많은 제약이 있다. 이러한 상황에서 헌법재판소는 여러 사안에서 사실행위에 대한 헌법소원심판을 인정하였는데, 그 주요 사건은 다음과 같다.

(1) 폐기물처리 사업장에 대한 현장감사 사건[75]

① **공권력의 행사**: 행정청이 우월적 지위에서 일방적으로 강제하는 권력적 사실행위는 헌법소원의 대상이 되는 공권력의 행사에 해당한다. 이 사건에서, 주민의 민원제기에 따라 관계 공무원이 폐기물처리 사업장에 출입하여 시설을 검사하는 것(폐기물관리법 39조)은 행정청이 우월적 지위에서 일방적으로 강제하는 권력적 사실행위라 할 것이고, 이는 헌법소원의 대상이 되는 공권력의 행사에 해당한다.

② **보충성의 원칙**: 권력적 사실행위가 행정처분의 준비단계로서 행하여지거나 행정처분과 결합된 경우(합성적 행정행위)에는 행정처분에 흡수·통합되어 불가분의 관계에 있다할 것이므로 행정처분만이 취소소송의 대상이 되고, 처분과 분리하여 따로 권력적 사실행위를 다툴 실익은 없다. 그러나 권력적 사실행위가 항상 행정처분의 준비행위로 행하여지거나 행정처분과 결합되는 것은 아니므로 그러한 사실행위에 대하여는 다툴 실익이 있다 할 것임에도 법원의 판례에 따르면 일반쟁송절차로는 다툴 수 없음이 분명하다. 이 사건 감사는 행정처분의 준비단계로서 행하여지거나 처분과 결합된 바 없다. 그렇다면, 이 사건 감사는 행정소송의 대상이 되는 행정행위로 볼 수 없어 법원에 의한 권리구제절차를 밟을 것을

---

72) 류지태/박종수, 358면; 홍정선(상), 577면; 정하중/김광수, 337면.
73) 이에 관해서는 헌재 1998. 8. 27, 96헌마398 참조.
74) 대판 2006. 5. 25, 2003두11988.
75) 헌재 2003. 12. 18, 2001헌마754. <사건개요> 갑회사는 폐기물을 활용하여 기와·벽돌 등을 제조·판매하는 회사인데, 주민의 민원세기에 의해 관계 공무원이 갑회사의 폐기물관련 사업장에 대해 2년 10개월 동안 56차례의 과다한 현장감사를 실시함으로써 청구인의 평등권, 행복추구권, 영업자유권 등의 기본권을 침해하였다고 주장하면서 이 사건 현장감사에 대한 헌법소원심판을 제기하였다.

기대하는 것이 곤란하므로 보충성의 원칙의 예외로서 헌법소원의 제기가 가능하다.

③ **심판청구의 이익** : 이 사건 감사는 이미 종료되어 공권력에 의한 기본권침해는 존재하지 않지만, 이 사건 심판대상과 같은 동종의 감사가 1998. 12.부터 계속되어 왔고 피청구인은 법령에 따른 적법하고 정당한 공권력행사라고 주장하고 있으므로 특별한 사정의 변경이 없는 한 피청구인의 위와 같은 감사는 청구인들뿐만 아니라 다른 폐기물관련사업장에 대하여도 반복하여 계속될 위험이 있다할 것이고, 위와 같은 감사가 청구인들의 기본권을 침해한다는 개연성이 있다 할 것임에도 아직까지 이에 대한 헌법적 해명이 없어 이에 대한 헌법적 해명의 필요가 긴요한 경우라고 할 것이므로 이 사건 심판청구의 이익이 인정된다고 보아야 한다.

④ **본안 판단** : 합헌적이고 정당한 법령에 따른 공권력의 행사라고 할지라도 그것이 본래의 목적을 벗어나 합리적 이유 없이 자의적으로 행사되거나, 기본권 주체에게 수인한도를 넘는 과중한 부담을 부과하거나 기본권의 본질적 부분을 침해함으로써 기본권 보장이 형해화된다면, 그러한 공권력 행사는 재량권을 일탈·남용한 것으로 위법할 뿐만 아니라 위헌적인 공권력 행사이다. 이 사건에서 국가기관의 지속적이고 반복적인 감사로 청구인들의 정상적인 영업활동이 침해되었음은 인정된다. 그러나 그 침해가 청구인들이 수인할 수 없는 정도에 이르렀다거나 영업활동을 중단할 정도로 직업수행의 자유에 대한 본질적인 부분을 침해한 정도에 이르렀다고 보이지 않는다. 오히려 이 사건 감사로 인하여 청구인 회사의 영업활동의 자유가 어느 정도 제한된다는 점은 환경보전이라는 중대한 공익을 위해 청구인 회사가 수인해야 될 법적 부담이라 할 것이다.

(2) 국제결혼을 사유로 한 사증(비자)발급신청서에 결혼경위 등을 기재하도록 한 사건[76]

① **공권력의 행사** : 피청구인(주중 대한민국대사)이 청구인으로 하여금 국제결혼을 사유로 한 사증(비자)발급신청서에 결혼경위, 소개인관계, 교제경위 등을 기재하도록 요구한 행위는 권력적 사실행위로서 헌법소원의 대상이 된다.

② **보충성의 원칙** : 이 사건 결혼경위 등 기재요구행위는 이미 종료된 권력적 사실행위로서 행정심판이나 행정소송의 대상으로 인정되기 어려울 뿐만 아니라 소의 이익이 부정될 가능성이 많아 헌법소원심판을 청구하는 외에 달리 효과적인 구제방법이 없으므로 보충성의 원칙에 대한 예외에 해당된다.

③ **심판청구의 이익** : 피청구인은 청구인이 헌법소원심판을 청구한 후 청구인의 아내 을에게 신청에 따른 사증을 발급하였다. 그러나 한국인과 결혼한 중국인 배우자가 결혼동거목적거주 사증을 신청하고자 하는 경우에 결혼경위 등을 기재하도록 요구하는 제도는 앞으로도 계속 시행될 것이 예상되므로, 청구인과 같이 중국인 배우자와 결혼하려는 자들에 대하여 침해반복의 위험성이 여전히 존재하고, 이에 대하여는 아직 헌법적 해명이 이루어진 바 없어 이에 대한 해명의 필요성이 있는 등 심판의 이익이 있다.

④ **본안 판단** : i) 피청구인이 한·중 국제결혼의 경우에만 특별히 결혼경위 등을 기재하도록 요구하는 것은, 첫째 한·중 국제결혼이 한국입국 및 취업을 위한 편법으로 악용되고 있기 때문에 불법적인 중국 인력의 국내유입을 방지해야 하는 외국인 입국심사의 기본목적을 달성하기 위한 조치이며, 둘째 위장 한·중 국제결혼을 방지하여 선의의 한국인들이 중국인 배우자와 국내에서 건전한 혼인관계를 유지할 수 있도록 보호하기 위한 것이다. 이것은 목적의 정당성과 수단의 적정성이 인정된다. 또한 중국

---

76) 헌재 2005. 3. 31, 2003헌마87. <사건개요> 한국인 갑은 중국인 을과 국제결혼을 한 다음 을이 주중 한국대사관에 격혼동거목적거주 사증발급신청을 함에 있어서 사증발급신청시에 밀혼경위, 소개인관계, 교세경비내역, 교제경위 등을 기재하도록 요구받았는바, 이러한 조치는 청구인의 행복추구권, 평등권, 혼인과 가족생활에 관한 권리 등의 기본권을 침해한 것이라고 주장하면서 헌법소원심판을 청구하였다.

관공서 명의로 발급되는 각종 공문서가 위조 또는 변조되는 경우가 많기 때문에 이 사건 결혼경위 등의 기재서류가 없으면 혼인의 진실성을 확인하는 것이 사실상 어렵다는 점에서 이 사건 결혼경위 등 요구행위는 사증심사의 목적을 달성하는데 필요한 최소한의 조치라고 보아야 할 것이다. 따라서 피청구인의 이 사건 결혼경위 등 기재요구행위는 과잉금지원칙에 어긋나지 아니한다. ⅱ) 다른 나라의 경우보다 중국인 배우자에 의한 결혼동거목적거주 사증신청이 월등히 많은데다가 중국인 불법체류자의 비율이 다른 나라보다 압도적으로 많은 점, 그리고 중국의 관공서에서 위 사증신청을 위하여 발급하는 각종 공문서가 위조 또는 변조되는 사례가 많아 이러한 공문서만으로는 진실한 혼인임을 확인하기 어려운 중국인 입국관리의 특성을 모두 고려하면, 피청구인이 다른 나라의 경우와는 달리 중국인 배우자의 사증 발급신청시 결혼경위 등을 기재할 것을 요구하는 행위는 그 차별에 합리성을 인정할 수 있어 평등원칙에 위반되지 아니한다.

(3) 교도소 수형자에 대한 서신발송 거부행위 및 서신검열행위에 대한 헌법소원심판 사건[77]

① 서신발송 거부행위 : 헌법소원심판은 다른 법률에 구제절차가 있는 경우에는 그 절차를 모두 거친 후가 아니면 청구할 수 없다(보충성의 원칙). 교도소장의 서신발송거부행위에 대하여는 행정심판법 및 행정소송법에 의한 심판이나 소송이 가능할 것이므로 이 절차를 거치지 아니한 채 제기된 이 심판청구부분은 부적법하다.

② 서신검열행위 : ⅰ) 서신검열행위는 이른바 권력적 사실행위로서 행정심판이나 행정소송의 대상이 되는 행정처분으로 볼 수 있으나, 위 검열행위가 이미 완료되어 행정심판이나 행정소송을 제기하더라도 소의 이익이 부정될 수밖에 없으므로 헌법소원심판을 청구하는 외에 다른 효과적인 구제방법이 있다고 보기 어렵기 때문에 보충성의 원칙에 대한 예외에 해당한다고 보아야 한다. ⅱ) 피청구인의 서신검열행위는 이미 종료되었고, 청구인도 형기종료로 출소하였다. 헌법소원은 개인의 주관적 권리구제 뿐만 아니라 객관적인 헌법질서의 보장도 겸하고 있다. 위와 같은 수형자의 서신에 대한 검열행위는 헌법이 보장하고 있는 통신의 자유·비밀을 침해받지 아니할 권리 등과의 관계에서 그 위헌 여부가 해명되어야 할 중요한 문제이고, 이러한 검열행위는 행형법의 규정에 의하여 앞으로도 계속·반복될 것으로 보인다. 그런데 미결수에 대한 서신검열행위의 위헌여부에 대하여는 헌법재판소가 1995. 7. 21.에 선고한 92헌마144 서신검열 등 위헌확인결정에서 헌법적 해명을 하였으나, 수형자에 대하여는 아직 견해를 밝힌 사실이 없으므로 헌법판단의 적격성을 갖추었다고 인정되어 심판청구의 이익도 있다고 할 것이다. ⅲ) 수형자의 서신수발에 대한 검열은 구금의 목적상 필요한 최소한의 제한이고, 이 사건의 경우(판결이 확정됨)에는 청구인이 변호인의 조력을 받을 권리를 보장받을 수 있는 경우에 해당하지 아니하므로, 이 사건 서신검열행위로 인하여 통신의 자유나 변호인의 조력을 받을 권리 등 청구인의 기본권이 침해되었다고 볼 수 없다.[78]

---

77) 헌재 1998. 8. 27, 96헌마398. <사건개요> 청구인은 국가보안법위반죄로 징역 1년 형이 확정되어 안양교도소에 수용 중일 때 교도소장에게 자신의 변호사에 대한 서신발송을 의뢰하였는바, 교도소장은 구 행형법 제18조 제3항에 근거하여 서신검열을 한 다음 그 발송을 거부하였다. 이에 청구인은 교도소장의 서신검열행위와 서신발송 거부행위로 인하여 기본권을 침해당했다는 이유로 헌법소원심판을 청구하였다
78) 헌법재판소는, 미결수용자가 변호사에게 보내는 서신의 경우에는 변호인의 조력을 받을 권리를 보장하기 위하여 서신검열이 허용되어서는 안 된다고 하였다(헌재 92헌마144).

(4) 구치소 수용자의 기본권침해를 이유로 한 헌법소원심판 사건[79)

① 수용자의 전화통화 허가에 관해 규정한 구 행형법 규정에 대한 헌법소원심판 청구 : 교도소·구치소 수용자가 외부와 전화통화를 하기 위해서는 교도소장·구치소장의 허가를 받도록 규정한 구 행형법(2007. 12. 21. '형의 집행 및 수용자의 처우에 관한 법률'로 전부 개정되기 전의 것) 제18조의3은 그 자체에 의해 직접 청구인의 기본권을 침해하지 않고, 이에 근거한 교도소장의 외부 전화통화 불허가처분이라는 구체적 집행행위에 의해 비로소 청구인의 기본권을 침해하게 되어 기본권 침해의 직접성을 결여하였다.

② 구치소장이 수용자에게 온 소포를 반송한 것에 대한 헌법소원심판 청구 : 구치소장이 수용자번호가 기재되지 않은 소포를 반송한 것은 교도소나 구치소와 같이 다수의 수용자들이 구금되어 있는 곳에서 신속하고 정확하게 우편물을 관리하기 위한 내부적 업무처리행위에 불과한 것으로서, 헌법소원의 대상이 되는 공권력의 행사에 해당한다고 보기 어렵다.

③ 소송서류 복사본 지연 교부행위에 대한 헌법소원심판 청구 : 구치소장의 소송서류 복사본 지연교부행위는 내부적 업무처리행위에 불과한 것으로서, 헌법소원의 대상이 되는 공권력의 행사에 해당한다고 보기 어렵다.

④ 우표 구입 거부행위에 대한 헌법소원심판 청구 : 국민의 신청에 대한 행정청의 거부행위가 헌법소원심판의 대상인 공권력의 행사가 되기 위해서는 국민이 행정청에 대하여 신청에 따른 행위를 해 줄 것을 요구할 수 있는 권리가 있어야 하는바, 헌법이나 행형법 어디에서도 청구인으로 하여금 구치소장에 대하여 우표를 제공할 것을 요구할 수 있는 권리를 규정하고 있지 않고, 관련 법규정에 따르면 청구인은 자신의 영치금으로써 우표를 구입할 수 있고 다만 그 우표구입방법의 요건 내지 절차로 '영치금 사용신청 및 교부서'를 작성하도록 되어 있을 뿐이어서, 구치소장의 우표제공 거부행위는 단순한 비권력적 사실행위에 불과하여 헌법소원의 대상이 되는 공권력의 행사에 해당한다고 보기 어렵다.

제5절 행정지도

Ⅰ. 서

1. 의 의

행정지도란 행정기관이 그 소관사무의 범위 안에서 일정한 행정목적을 실현하기 위하여 특정인에게 일정한 행위를 하거나 하지 않도록 지도·권고·조언 등을 하는 행정작용을 말한다(행정절차법 2조 3호). 현행 행정절차법은 행정지도에 관해 정의를 내린 다음, 행정지도의 원칙·방식 등

---

79) 헌재 2009. 12. 29, 2008헌마617. <사건개요> 청구인은 부산구치소에 미결수용 중일 때 국제전화 통화를 신청하였으나 불허되었는바, 외부 전화통화를 하기 위해서는 교도소장 등의 허가를 받도록 한 구 행형법의 규정이 위헌이고, 또한 청구인 앞으로 온 소포가 반송되었으며, 청구인이 발송 의뢰한 등기우편·내용증명우편에 대하여 발송이 거부되었고, 소송서류의 복사를 의뢰하였으나 며칠 후에야 비로소 그 복사본을 받았으며, 우표 40매의 구입신청을 하였으나 거부됨으로써 청구인의 기본권이 침해되었다는 이유로 헌법소원심판을 청구하였다.

에 관하여 명문의 규정을 두고 있다.

행정행위·확약·공법상계약 등 대부분의 행정의 행위형식이 주로 독일·프랑스 등 대륙법계 국가에서 발전된 것과는 달리, 행정지도는 일본에서 생성·발전되었다는 점에 특색이 있다.

2. 법적 성질

행정지도는 그 자체로서는 상대방에 대하여 아무런 법적 구속력도 발생하지 않으며, 단지 상대방의 임의적·자발적인 협력을 전제로 한다는 점에 특징이 있다. 따라서 행정지도의 법적 성질은 비권력적 사실행위에 속한다. 그리고 행정지도에는 행정기관의 일정한 의식의 표시가 내포되어 있으므로 정신적 사실행위에 속한다.

II. 필요성과 문제점

1. 필요성

(1) 현실의 행정수요에의 대응

현대복리국가에 있어서는 행정기능이 확대됨에 따라 전통적인 행정의 행위형식으로는 현실의 행정수요에 적절히 대응할 수 없게 되었다. 따라서 광범하고 다양한 현대 행정기능을 법령의 구속에서 벗어나 상황의 변화나 새로운 과학기술의 발달에 발맞추어 신속하고 탄력성있게 수행하기 위해서 비권력적 수단인 행정지도가 유용하게 활용되고 있다.

(2) 임의적 수단에 의한 편의성(분쟁의 사전예방)

행정목적의 달성을 행정기관의 일방적·고권적 조치에 의하지 아니하고 상대방의 동의나 협력을 바탕으로 한 임의적 조치에 의함으로써 마찰이나 저항을 줄일 수 있다.

(3) 탄력성 있는 행정

행정지도는 비권력적 작용이므로 법적 근거를 요하지 않으며, 따라서 상황의 변화에 따라 탄력성있는 행정을 수행할 수 있게 해 준다.

(4) 산업정보·기술 등의 제공

행정주체가 개인에 대하여 산업정보·기술을 제공하는데 이바지한다. 예컨대 농촌진흥청이 농민에게 신종 품종의 재배를 권장하는 것이 그것이다.

2. 문제점

(1) 사실상의 강제성

행정지도는 원래 상대방의 동의 또는 임의적인 협력을 바탕으로 하는 것이지만, 행정주체의 우월한 힘을 바탕으로 사실상 강제성을 띨 우려가 있다.

(2) 한계의 불명

행정지도는 원칙적으로 법령의 근거를 요하지 않으므로 그 기준이 불명확하여 필요한 한계를 넘어 행해지기 쉽다.

(3) 권리구제수단의 미흡

행정지도는 상대방의 임의적 동의 내지 협력을 전제로 하는 비권력적 사실행위이기 때문에 행정지도로 말미암아 권익을 침해당한 자에 대한 권리구제수단이 미흡하다.

Ⅲ. 법적 근거

행정기관이 행정지도를 하기 위해서는 법적 근거가 필요한지가 문제된다. 이에 관해서는 ① 행정지도는 비권력적·임의적 작용이므로 법적 근거를 필요로 하지 않는다는 견해, ② 행정지도는 행정주체의 강력한 힘을 바탕으로 실질적으로 강제적 효과를 발생시킬 수 있으므로 법적 근거를 요한다는 견해, ③ 조성적 행정지도의 경우에는 법적 근거를 요하지 않지만 규제적 행정지도는 상대방에게 사실상 강제성을 띨 수 있기 때문에 법적 근거를 요한다는 견해(절충설) 등이 대립하고 있는데, 원칙적으로 법적 근거를 요하지 않는다고 보는 것이 다수설의 입장이다. 특히 절충설에 대해서는, 규제적 행정지도는 그 내용이 규제적인 것이지 행정지도의 효과가 규제적인 것은 아니기 때문에 이 경우에도 법적 근거를 요하지 않는다는 비판이 제기된다.[80]

Ⅳ. 종 류

1. 법령의 근거에 의한 분류

(1) 법령의 직접적인 근거에 의한 행정지도

법령에서 명문으로 행정지도를 규정하고 있는 경우도 많은데, 행정기관이 건설공사의 발주자에게 시공자의 교체를 권고하는 것(건설산업기본법 25조 4항), 정부가 중소기업에 대해 경영 및 기술을 지도하는 것(중소기업기본법 6조 1항), 개인정보보호위원회가 개인정보보호와 관련된 법규 위반행위의 책임자를 징계할 것을 해당 개인정보처리자에게 권고하는 것(개인정보보호법 65조 2항) 등이 이에 해당한다.

(2) 법령의 간접적인 근거에 의한 행정지도

법령이 행정지도에 관하여 직접 규정하고 있지는 않으나, 일정한 고권적 조치를 취할 수 있는 근거가 있는 경우에 그와 같은 고권적 조치를 취할 수 있는 권한을 배경으로 일차적으로 행정지도를 행하는 경우가 있다. 예컨대 건축물의 철거·개축·사용제한 등 처분을 발할 수 있는 법적

---

80) 정하중/김광수, 341면; 홍정선(상), 585면.

근거가 있는 경우에(건축법 79조), 그 처분에 갈음하여 철거권고 등 행정지도를 하는 것이 이에 해당한다.

(3) 법령에 근거하지 않은 행정지도

행정지도는 비권력적 작용이므로 법령에 직접·간접의 근거가 없는 경우에도 행정기관이 그 권한사항에 대하여 행정지도를 할 수 있다.

2. 기능에 의한 분류

(1) 규제적 행정지도

행정목적 달성이나 공익에 장해가 될 일정한 행위를 예방·억제하기 위한 행정지도를 말하며, 물가억제를 위한 권고, 공해방지를 위한 권고 등이 그 예이다.

(2) 조정적 행정지도

개인간의 이해대립이나 과당경쟁을 조정하기 위한 행정지도를 말하며, 노사협의의 알선·조정, 중소기업의 계열화지도, 합리화업종의 지정 등이 그 예이다.

(3) 조성적 행정지도

일정한 질서의 형성을 촉진하기 위하여 관계자에게 기술·지식을 제공하거나 조언을 하는 행위를 말하며, 생활지도, 직업지도, 기술지도 등이 그 예이다.

V. 행정지도의 원칙

1. 최소침해의 원칙

행정지도는 그 목적달성에 필요한 최소한도에 그쳐야 하는바(행정절차법 48조 1항), 이는 과잉금지의 원칙(광의의 비례원칙) 중 필요성의 원칙(최소침해의 원칙)을 규정한 것이다.

2. 임의성의 원칙 및 불이익조치 금지의 원칙

행정지도는 상대방의 의사에 반하여 부당하게 강요하여서는 안 되는바(동법 48조 1항), 이는 행정지도가 상대방의 임의적 협력을 전제로 하는 것임을 분명히 한 것이다.

나아가 행정절차법은 행정기관은 행정지도의 상대방이 행정지도에 따르지 않았다는 것을 이유로 불이익한 조치를 해서는 안 된다고 규정하고 있는데(동법 48조 2항), 이는 행정지도가 상대방의 의사에 반하여 부당하게 강요되는 것을 막기 위한 것이다. 아무리 행정지도가 상대방의 임의적 협력에 맡겨져 있다 하더라도 행정지도에 따르지 않는다는 이유로 불이익한 조치를 내리면 결국 상대방에게 행정지도를 강요하는 결과가 되기 때문이다.

Ⅵ. 행정지도의 방식

1. 명확성의 요청

행정지도를 행하는 자는 상대방에게 행정지도의 취지·내용과 신분을 밝혀야 한다. 행정지도가 말로 이루어지는 경우에 상대방이 위의 사항을 기재한 서면의 교부를 요구하면 그 행정지도를 행하는 자는 직무수행에 특별한 지장이 없으면 이를 교부하여야 한다(동법 49조).

2. 의견제출

행정지도의 상대방은 해당 행정지도의 방식·내용 등에 관하여 행정기관에 의견을 제출할 수 있다(동법 50조).

3. 다수인에 대한 행정지도

행정기관이 같은 행정목적을 실현하기 위하여 많은 상대방에게 행정지도를 하려는 경우에는 특별한 사정이 없으면 행정지도에 공통적인 내용이 되는 사항을 공표하여야 한다(동법 51조).

Ⅶ. 행정구제

1. 소송을 통한 구제

(1) 행정소송

행정지도는 상대방에 대하여 아무런 법적 구속력을 가지지 않는 비권력적 사실행위이기 때문에 원칙적으로 항고소송의 대상이 되는 처분에 해당하지 않는다. 다만 행정지도에 불응한 것을 이유로 침익적 행정행위가 행하여진 경우에는 이를 대상으로 항고소송을 제기할 수 있음은 물론이다.

이와 관련하여 사실상 강제력을 가지는 행정지도가 항고소송의 대상이 되는 처분에 해당하는지에 대해서 다툼이 있다. 긍정설에 의하면, 행정지도 중 국민의 권리의무에 사실상 강제력을 미치는 것은 예외적으로 행정소송법상의 '그 밖에 이에 준하는 행정작용'에 해당하는 것으로 보아 항고소송의 대상이 되는 처분성을 인정할 수 있다고 한다.[81] 부정설에 의하면, 행정지도가 사실상의 강제력을 가진다 하더라도 그 자체는 법적 행위가 아니고 또한 상대방의 협력에 기초하는 임의적인 행정작용에 지나지 않기 때문에 항고소송의 대상이 되는 처분이라 할 수 없다고 한다.[82]

판례의 입장을 살펴보면, 일반적으로 행정지도는 국민의 법률상 지위에 직접적인 변동을 일으키지 않으므로 항고소송의 대상이 되지 않는다고 본다.[83] 다만, 국가인권위원회의 시정조치 권고

---

81) 박균성(상), 574면.
82) 홍정선(상), 588면; 정하중/김광수, 343면; 김남철, 397면.
83) 대판 2015. 3. 12, 2014두43974; 대판 2023. 7. 13, 2016두34257.

와 같이 법령에서 특별히 그 권고를 받은 자에게 일정한 법률상의 의무를 부담시키고 있는 경우에는 항고소송의 대상이 되는 처분에 해당한다고 한다.[84]

> **판례** ① 『항고소송의 대상이 되는 행정처분이라 함은 행정청의 공법상 행위로서 특정사항에 대하여 법규에 의한 권리의 설정 또는 의무의 부담을 명하며 기타 법률상 효과를 발생케 하는 등 국민의 구체적 권리의무에 직접적 변동을 초래하는 행위를 말하고 행정권 내부에서의 행위나 알선, 권유, 사실상의 통지 등과 같이 상대방 또는 기타 관계자들의 법률상 지위에 직접적인 법률적 변동을 일으키지 아니하는 행위는 항고소송의 대상이 될 수 없다.』(대판 1993. 10. 26, 93누6331)
>
> ② 『구 남녀차별금지 및 구제에 관한 법률 제28조(현 국가인권위원회법 제44조)에 의하면 국가인권위원회의 성희롱결정과 이에 따른 시정조치의 권고는 불가분의 일체로 행하여지는 것인데, 국가인권위원회의 이러한 결정과 시정조치의 권고는 성희롱 행위자로 결정된 자의 인격권에 영향을 미침과 동시에 공공기관의 장 또는 사용자에게 일정한 법률상의 의무를 부담시키는 것이므로 국가인권위원회의 성희롱결정 및 시정조치권고는 행정소송의 대상이 되는 행정처분에 해당한다고 보지 않을 수 없다.』(대판 2005. 7. 8, 2005두487)

(2) 헌법소원

헌법소원심판은 공권력의 행사 또는 불행사를 대상으로 하는데(헌법재판소법 68조 1항), 행정지도는 비권력적 사실행위에 지나지 않으므로 원칙적으로 헌법소원의 대상이 되지 않지만, 그에 따르지 않는 경우 불이익조치를 예정하고 있는 등 사실상 상대방에게 그에 따를 의무를 부과하는 것과 다를 바 없는 경우에는 예외적으로 헌법소원의 대상이 되는 공권력의 행사에 해당한다는 것이 헌법재판소의 입장이다.[85]

> **판례** 『교육인적자원부장관의 대학총장들에 대한 이 사건 학칙시정요구는 고등교육법 제6조 제2항, 동법시행령 제4조 제3항에 따른 것으로서 그 법적 성격은 대학총장의 임의적인 협력을 통하여 사실상의 효과를 발생시키는 행정지도의 일종이지만, 그에 따르지 않을 경우 일정한 불이익조치를 예정하고 있어 사실상 상대방에게 그에 따를 의무를 부과하는 것과 다를 바 없으므로 단순한 행정지도로서의 한계를 넘어 규제적·구속적 성격을 상당히 강하게 갖는 것으로서 헌법소원의 대상이 되는 공권력의 행사라고 볼 수 있다.』(헌재 2003. 6. 26, 2002헌마337)

한편, 보충성의 원칙에 관해 검토할 필요성이 있다. 즉, 앞에서 살펴본 바와 같이 대법원은 국가인권위원회의 시정조치 권고와 같이 상대방에게 일정한 법적 의무를 부과하는 경우에는 항고소송의 대상이 되는 처분에 해당한다고 보므로, 이러한 경우에는 보충성의 원칙에 의해 헌법소원심

---

84) 대판 2005. 7. 8, 2005두487. 국가인권위원회법에 의하면 국가인권위원회는 인권침해의 진정에 대한 조사 결과 인권침해가 있다고 인정되면 피진정인, 그 소속 기관·단체 또는 감독기관의 장에게 인권침해의 중지, 원상회복, 제도나 정책의 시정 등에 관해 권고할 수 있으며(42조, 44조), 권고를 받은 기관의 장은 그 권고사항을 존중하고 이행하기 위하여 노력하여야 하는바, 90일 이내에 그 권고사항의 이행계획을 국가인권위원회에 통지하여야 하고, 그 권고의 내용을 이행하기 아니할 경우에는 그 이유를 통지하여야 한다(25조, 44조 2항). 국가인권위원회는 필요하다고 인정하면 권고를 받은 관계 기관의 장이 통지한 내용을 공표할 수 있다(25조 5항, 44조 2항).

85) 헌재 2003. 6. 26, 2002헌마337.

판의 대상이 되지 않는다.

2. 국가배상

위법한 행정지도로 인하여 손해를 받은 자는 국가배상을 청구할 수 있는지가 문제되는데, 이에 관해 국가배상의 요건과 관련하여 나누어 살펴보기로 한다.

첫째, 국가배상의 대상이 되는 공무원의 직무행위는 '공행정작용'이어야 하므로 사경제작용은 제외되지만, 공행정작용인 한 권력적 작용이든 비권력적 작용이든 모두 포함된다는 것이 통설과 판례의 입장이다. 따라서 행정지도는 비권력적 공법행위의 성질을 가지므로 국가배상의 대상이 될 수 있다.[86]

둘째, 국가배상책임이 성립하기 위해서는 행정작용이 위법해야 하는데, 행정지도가 그 한계를 일탈하여 상대방에게 사실상 강제성을 지니는 경우에는 위법한 행정지도로서 국가의 배상책임이 인정된다고 본다.[87]

한편, 행정기관이 잘못된 정보를 제공하였는데 상대방이 임의적 판단에 의해 그것을 따름으로써 손해가 발생한 경우에는 다툼이 있다. 이 경우 "동의는 불법행위의 성립을 조각시킨다"는 원칙에 의해 위법성이 조각된다거나, 또는 상대방의 임의적 판단에 의한 경우에는 행정지도와 손해 사이에 상당인과관계가 없다는 등의 이유로 국가배상책임이 성립하기 어렵다는 견해가 있다.[88] 그러나 국가배상에 있어서 위법성 판단은 객관적으로 하여야 하므로, 행정기관이 국민에게 잘못된 정보를 제공하였다면 비록 상대방이 임의적 판단에 의해 그것을 따랐다 하더라도 행정기관의 직무행위(행정지도)의 위법성은 인정된다고 할 것이다. 다만 그러한 잘못된 정보를 제공한데 대해 행정기관의 귀책사유(고의·과실) 여부에 따라 책임이 감경 또는 면제될 수 있다고 할 것이다.

셋째, 행정지도가 한계를 일탈하지 않았다면 그 행정지도를 따름으로 인해 결과적으로 상대방이 손해를 입었다 하더라도 그에 대해 국가의 배상책임이 인정되지 않는다.[89]

판례 ①『국가배상법이 정한 배상청구의 요건인 '공무원의 직무'에는 권력적 작용만이 아니라 행정지도와 같은 비권력적 작용도 포함되며 단지 행정주체가 사경제주체로서 하는 활동만 제외되는 것이고, 기록에 의하여 살펴보면, 피고 및 그 산하의 강남구청은 이 사건 도시계획사업의 주무관청으로서 그 사업을 적극적으로 대행·지원하여 왔고 이 사건 공탁도 행정지도의 일환으로 직무수행으로서 행하였다고 할 것이므로, 비권력적 작용인 공탁으로 인한 피고의 손해배상책임은 성립할 수 없다는 상고이유의 주장은 이유가 없다.』(대판 1998. 7. 10, 96다38971)

②『원심은 그 채택 증거에 의하여 판시와 같은 사실을 인정한 다음, 피고(강화군)가 1995. 1. 3. 이전에 원고에 대하여 행한 행정지도는 원고의 임의적 협력을 얻어 행정목적을 달성하려고 하는 비권력적 작용으로서 강제성을 띤 것이 아니지만, 1995. 1. 3. 행한 행정지도는 그에 따를 의사가 없는 원고에게

---

86) 대판 1998. 7. 10, 96다38971.
87) 대판 2008. 9. 25, 2006다18228.
88) 정하중/김광수, 344면; 박균성(상), 577면.
89) 대판 2008. 9. 25, 2006다18228.

이를 부당하게 강요하는 것으로서 행정지도의 한계를 일탈한 위법한 행정지도에 해당하여 불법행위를 구성하므로, 피고는 1995. 1. 3.부터 원고가 피고로부터 "원고의 어업권은 유효하고 향후 어장시설공사를 재개할 수 있으나 어업권 및 시설에 대한 보상은 할 수 없다"는 취지의 통보를 받은 1998. 4. 30.까지 원고가 실질적으로 어업권을 행사할 수 없게 됨에 따라 입은 손해를 배상할 책임이 있다고 판단하였다. 기록에 비추어 살펴보면, 위와 같은 원심의 사실인정과 판단은 모두 옳은 것으로 수긍이 가고, 거기에 법리오해 등의 위법이 있다고 할 수 없다. 그리고 1995. 1. 3. 이전의 피고의 행정지도가 강제성을 띠지 않은 비권력적 작용으로서 행정지도의 한계를 일탈하지 아니하였다면 그로 인하여 원고에게 어떤 손해가 발생하였다 하더라도 피고는 그에 대한 손해배상책임이 없다고 할 것이다.」 (대판 2008. 9. 25, 2006다18228)

3. 행정상 손실보상

행정지도는 상대방의 임의적 협력을 전제로 하는 비권력적 행위에 해당하므로 원칙적으로 '권력적 공행정작용에 의한 재산권침해'를 요건으로 하는 손실보상의 대상이 되지 않는다고 보는 것이 지배적인 견해이다.

다만, 특별한 경우에는 예외적으로 손실보상의 대상이 될 수 있다고 보는 견해가 있다. 즉, 사실상의 강제로 인하여 상대방에게 특별한 희생이 발생한 경우에는 예외적으로 보상이 가능하다는 견해,[90] 행정지도가 상대방의 신뢰에 위배하여 예측하지 못한 손실을 발생시키는 경우에는 신뢰보호의 원칙에 따른 손실보상을 청구할 수 있다는 견해[91] 등이 그에 해당한다.

제6절 **행정의 사법적 활동**

Ⅰ. 서

행정주체는 일정한 범위에서 그의 목적달성을 위한 수단의 선택에 관하여 재량권을 가진다. 즉, 행정주체는 공적 임무수행을 위한 여러 가지 활동을 공법의 형식으로도 사법의 형식으로도 할 수 있는 것이다. 그런데 행정주체가 아무런 제약을 받지 않고 사법의 형식으로 활동할 수 있다고 한다면 공법의 형식으로 하는 경우에 받게 될 여러 가지 제약을 벗어나기 위해 고의적으로 사법의 형식을 취할 염려가 있다는 점, 바꾸어 말하면 '행정이 사법으로 도피'할 우려가 있다는 점이 일찍부터 논의되었다.

이에 행정이 사법의 형식을 취할 수 있음을 긍정하면서도 위에서 지적한 바와 같은 폐단을 막아 보자는 의도에서 나온 이론이 바로 행정사법(行政私法)의 이론이다.

---

90) 홍정선(상), 590면; 박균성(상), 577면.
91) 정하중/김광수, 345면.

Ⅱ. 행정사법

1. 의 의

행정사법이론의 창시자인 독일의 볼프(Wolff) 교수에 의하면, 행정주체가 공적 임무를 수행하기 위하여 사법의 형식으로 활동하는 경우에 그 형식은 비록 사법적 활동이라 할지라도 여기에는 순수한 사법이 아니고 '공법적으로 수정된 사법'이 적용된다고 하는데, 이를 행정사법이라 한다.

2. 특 색

(1) 행정사법의 특색은 사법에 있어서와 같이 사적 자치의 원칙이 전적으로 타당한 것이 아니고 공법적으로 수정된 사법원리가 적용된다는 점에 있다. 즉, 행정사법은 공법적으로 수정된 사법이라 할 수 있다.

(2) 여기에서 공법적 제약의 중심을 이루는 것이 헌법상의 기본권규정에 의한 구속이다. 평등의 원칙, 비례의 원칙, 신뢰보호의 원칙, 재산권보장 등에 의한 구속이 그 예이다.

(3) 이러한 행정사법이론은 행정이 사법의 형식으로 활동하는 모든 경우에 적용되는 것이 아니고 주로 급부행정·유도행정에의 분야에서 행정업무를 직접적으로 수행하는 경우(예 : 기업에 대한 자금지원·채무의 보증, 수도·전기·가스 등 공급사업, 지하철·철도 등 운수사업, 특정지역개발사업을 위해 필요한 토지의 임의적 매수·보상보험 등)에 적용된다고 보는 것이 지배적인 견해이다. 행정주체가 사법의 형식으로 활동하는 경우에 순수 사법이 적용되는 경우도 있는데, 이를 국고행정(國庫行政)이라고 한다.

(4) 사법형식의 행정작용은 그 자체로서는 사법작용이므로, 그에 관한 법적 분쟁은 특별한 규정이 없는 한 민사소송에 의하여야 한다.

제7절 비공식 행정작용

Ⅰ. 서

1. 의 의

행정작용은 행정입법·행정행위·행정계획·공법상계약 등과 같이 요건·절차·효과 등이 법에 규정되어 있는 공식적인 행정작용을 통해 행해지는 것이 보통이지만, 근래에는 법에 아무런 규정이 없는 이른바 비공식 행정작용을 통해 행해지는 것이 새로이 관심을 끌기 시작하였다.

비공식 행정작용이란 광의로는 그의 요건·절차·효과 등이 법에 의해 정해지지 않으며 아무런 법적 구속력도 발생하지 않는 일체의 행정작용을 말한다. 이에는 행정청과 국민과의 합의·교섭에 의한 행위와 행정청이 일방적으로 행하는 경고·권고·정보제공 등도 포함된다. 협의로는 광의의 비공식 행정작용 중에서 행정주체와 개인간의 합의·교섭을 통해 행해지는 것만을 의미하며, 이러한 개념이 주된 논의의 대상이 된다.

비공식 행정작용은 아무런 법적 구속력을 발생하지 않는 점에서 사실행위의 성질을 갖는 것으로 본다.

2. 허용성

행정청이 법에 근거가 없는 비공식 행정작용을 하는 것이 법치행정의 원리에 위반되는지가 문제된다. 독일 및 우리나라의 지배적인 견해는 비공식 행정작용은 법적 구속력을 갖지 않는 작용이라는 점에서 그의 허용성을 인정하고 있다.

3. 적용영역

비공식 행정작용은 행정의 모든 영역에서 행해질 수 있으나, 특히 환경법·경제법·지역정서 행정법의 영역에서 많이 행해진다.

II. 비공식 행정작용의 장점과 단점

1. 장 점

(1) 법령의 해석·적용에 있어 불명확한 점이 있는 경우에 행정청과 상대방과의 협의·절충에 의해 법적 불명확성을 제거할 수 있다.

(2) 상대방과의 협의·절충에 의해 행정작용을 함으로써 공식적 행정작용에 의하는 것보다 노력·비용 등을 절감할 수 있다.

(3) 구체적 상황에 맞는 탄력성있는 행정을 가능케 해준다.

2. 단 점

(1) 비공식 행정작용에 의한 행정목적의 수행은 자칫 법치행정을 후퇴시킬 우려가 있다.

(2) 행정청과 상대방과의 협의·교섭이 외부에 노출되지 않음으로써 제3이해관계인의 이익을 침해할 우려가 있다.

(3) 비공식 행정작용으로 인해 권익을 침해당한 자의 권리구제에 어려움이 있다.

III. 효 력

(1) 비공식 행정작용은 아무런 법적 구속력을 갖지 않는다. 따라서 당사자가 법적 구속력을 원

한다면 공법상 계약이나 확약 등의 방법에 의하여야 한다. 다만 비공식 행정작용은 행정청의 우월한 힘을 배경으로 사실상 구속력을 가질 수 있다.

(2) 비공식 행정작용은 신뢰보호원칙이나 신의성실원칙 등을 매개로 해서도 구속력이 인정되지 않는다. 따라서 행정청은 사실적·법적 여건이 변경된 경우뿐만 아니라 해당 문제에 대한 자신의 입장이 변화된 경우에도 종래의 협상에서 벗어날 수 있다.[92]

Ⅳ. 한 계

비공식 행정작용은 법령에 위반해서 행해질 수 없으며, 평등원칙·비례원칙·부당결부금지원칙 등 행정법의 일반원칙을 준수하여야 한다. 예컨대 행정청과 사인간의 협상에 의해 상대방으로 하여금 소권(訴權)을 포기하도록 하는 것 또는 행정처분과 아무런 실질적 관련이 없는 반대급부를 제공하도록 하는 것은 허용되지 않는다.

---

92) 정하중/김광수, 349면.

행정절차 · 행정정보공개 · 개인정보보호

제 1 장

행정절차

제1절 개 설

I. 개 념

1. 광의의 행정절차

행정절차란 넓은 의미로는 행정청이 행정활동을 함에 있어서 거치는 모든 절차를 의미하며, 이는 국회가 입법작용을 함에 있어서 거치는 입법절차와 법원이 사법작용을 함에 있어서 거치는 사법절차에 대응하는 개념이다. 여기에는 어떤 행정작용을 하기 위한 사전절차와 행정작용이 행해진 후의 사후절차가 포함되는데, 행정입법·행정행위를 발하거나 행정계획을 수립하거나 공법상계약을 체결하기 위한 절차가 전자에 해당하고, 행정처분에 대한 강제집행절차나 행정심판절차는 후자에 해당한다.

2. 협의의 행정절차

행정절차란 좁은 의미로는 어떤 행정작용을 하기 위한 사전절차, 즉 행정입법·행정행위·행정계획·공법상계약 등을 함에 있어서 밟아야 할 사전절차를 의미하며, 이것이 가장 보편적인 행정절차개념으로 사용된다.

II. 발 달

1. 영미법계

영국에서는 자연적 정의(natural justice)의 원칙을 기초로 하여, 미국에서는 연방헌법 수정 제5조의 적법절차(due process of law)조항을 중심으로 하여 일찍부터 행정절차가 발전하였다.[1] 영국에서는 1958년에 「행정심판소 및 심문법」(Tribunals and Inquiries Act)이, 미국에서는 1946년에 행

---

[1] 자연적 정의의 내용에는 ① '누구든지 자기 사건에 대해서는 심판관이 될 수 없다'는 편견배제의 원칙과 ② '누구든지 변명의 기회를 부여받지 않고는 비난당하지 않는다'는 청문의 원칙을 포함하고 있는데, 이를 바탕으로 행정절차가 발전하였다. 미국 연방헌법 수정 제5조는 "누구든지 법이 정한 정당한 절차에 의하지 아니하고는 생명·자유 또는 재산을 박탈당하지 않는다"고 규정하고 있다.

정절차법(Administrative Procedure Act)이 제정되었다.

2. 대륙법계

대륙법계국가에서는 전통적으로 행정작용의 실체적 적법성에 주된 관심을 가졌고 행정절차에 대해서는 소홀하게 다루어졌다. 그런데 제2차 세계대전 후 실질적 법치주의가 확립됨에 따라 대륙법계국가에서도 행정작용의 적정화 및 행정에의 국민의 참여를 확보하기 위한 행정절차에 많은 관심을 가지기 시작했다. 그리하여 독일에서는 1976년 행정절차법이 제정되어 1977년부터 시행되고 있으며, 프랑스에서는 1979년 「이유부기에 관한 법률」이 제정되었다. 한편 일본은 오랜 진통 끝에 1993년 11월 행정절차법을 제정하였다.

3. 우리나라

우리나라에서도 오래전부터 행정절차의 필요성이 인식되었으며, 도로법 · 하천법 등 개별법에서 부분적으로 청문제도가 도입되었다. 통일적인 행정절차법의 제정을 위한 노력도 꾸준히 계속되어 왔는데, 1987년에는 행정절차법안이 입법예고되었으나 정부내 부처간의 이견으로 인하여 입법화에는 실패하였다. 이에 1989년에는 「국민의 권익보호를 위한 행정절차에 관한 훈령(국무총리훈령)」을 제정하여 행정 내부적으로 행정절차를 도입하였으며, 그 후에도 행정절차의 입법화에 대한 노력이 계속되어 드디어 1996년 12월 행정절차법이 제정되어 1998년부터 시행되기에 이르렀다.

Ⅲ. 행정절차의 기능

1. 행정작용의 민주화

행정작용은 국민의 권리 · 의무에 중요한 영향을 미치게 되므로 행정청이 행정에 관한 의사결정을 함에 있어서 일방적으로 하는 것이 아니라 이해관계인의 의견을 듣고 이를 의사결정에 반영함으로써 행정의 민주화에 기여한다. 예컨대 행정청이 행정계획을 수립할 때 공청회를 열어 이해관계인의 의견을 행정계획에 반영하는 것이 그에 해당한다.

2. 행정작용의 적정화

행정청이 행정의사를 결정함에 있어 이해관계인에게 의견 및 자료제출의 기회를 주어 그것을 참조하여 의사결정을 하도록 함으로써 행정작용이 위법하게 행해지는 것을 방지할 수 있다. 예컨대 어떤 영업자가 법령위반행위를 하였을 때 행정청이 일방적으로 영업허가취소 등 제재처분을 내리는 것이 아니라 상대방에게 의견제출의 기회를 준 다음 이를 참고하여 제재처분을 내리면 보다 적정한 처분이 될 수 있다.

3. 사전적 권리구제

국민이 위법한 행정작용으로 인해 권리를 침해당한 경우에는 행정소송·국가배상 등과 같은 사후적인 권리구제수단에 의해 보호되는 것이 원칙이다. 그런데 이러한 사후적 권리구제에는 많은 시간과 비용을 필요로 할 뿐만 아니라 이미 침해된 권리의 완전한 회복을 기대하기 어려운 경우도 있다. 따라서 행정작용이 적법하게 행해짐으로써 국민의 권리침해를 미연에 방지하는 것이 최선의 방법이라 할 것인데, 이를 사전적 권리구제라 한다. 행정절차에 의해 행정작용이 위법하게 행해지는 것을 방지한다면 이는 곧 행정절차가 사전적 권리구제수단으로 기능하는 것이라 할 수 있다.

4. 행정작용의 능률화

복잡 다양한 행정작용을 함에 있어서 거쳐야 할 행정절차를 표준화하는 것은 행정작용을 능률적으로 수행하는데 도움이 될 것이다. 반면에 사전절차를 지나치게 번잡하게 규정하면 행정능률을 저하시키는 요인이 될 수도 있다.

IV. 행정절차의 헌법적 근거

행정절차의 헌법적 근거는 기본적으로 헌법 제12조의 적법절차조항에서 찾는 것이 지배적인 견해이다. 즉, 헌법 제12조 제1항 제2문 후단은 "누구든지 … 법률과 적법한 절차에 의하지 아니하고는 처벌·보안처분 또는 강제노역을 받지 아니한다"고 규정하고 있고, 제12조 제3항은 "체포·구속·압수 또는 수색을 할 때에는 적법한 절차에 따라 검사의 신청에 의하여 법관이 발부한 영장을 제시하여야 한다"고 규정하고 있는데, 비록 헌법이 형사사법작용과 관련하여 적법절차를 규정하고 있을지라도 이는 행정작용에도 적용되어야 한다고 한다.

이에 반해 행정절차의 헌법적 근거는 민주국가원리, 법치국가원리 및 인간의 존엄과 가치(헌법 10조) 등 헌법의 기본원리에서 찾을 수 있다는 견해도 있으며,[2] 헌법 제12조의 적법절차조항 이외에 민주국가원리와 법치국가원리도 행정절차의 헌법적 근거가 된다는 견해도 있다.[3]

헌법재판소는 헌법 제12조 제1항과 제3항은 적법절차원리의 일반조항에 해당하는 것으로서, 형사절차상의 영역에 한정되지 않고 입법·행정 등 국가의 모든 공권력 행사작용에는 절차상의 적법성과 실체적인 적법성이 있어야 한다는 적법절차의 원리를 헌법의 기본원리로 명시한 것이라고 하였다.[4]

---

2) 김남진/김연태(I), 460면.
3) 정하중/김광수, 357면.
4) 헌재 1992. 12. 24, 92헌가8.

제 2 절   행정절차법의 주요 내용

Ⅰ. 서

1. 규율내용

행정절차법은 제1장 총칙에서 용어의 정의, 적용범위 등 일반적 사항을 규정하고, 제2장부터 제7장까지의 본 내용에서는 처분, 신고, 확약, 위반사실 공표, 행정계획, 행정상 입법예고, 행정예고, 행정지도 및 국민참여의 확대 등에 관하여 규정하고 있다. 그러나 공법상 계약에 관해서는 아무런 규정을 두고 있지 않다.

2. 적용범위

(1) 행정절차법의 적용대상

'처분, 신고, 확약, 위반사실 공표, 행정계획, 행정상 입법예고, 행정예고 및 행정지도'의 절차에 관해서는 다른 법률에 특별한 규정이 있는 경우를 제외하고는 원칙적으로 행정절차법이 적용된다(행정절차법 3조 1항).

(2) 행정절차법의 적용 배제

행정절차법은 다음의 어느 하나에 해당하는 사항에 대하여는 적용하지 아니한다(3조 2항). 즉, ① 국회 또는 지방의회의 의결을 거치거나 동의 또는 승인을 받아 행하는 사항, ② 법원 또는 군사법원의 재판에 의하거나 그 집행으로 행하는 사항, ③ 헌법재판소의 심판을 거쳐 행하는 사항, ④ 각급 선거관리위원회의 의결을 거쳐 행하는 사항, ⑤ 감사원이 감사위원회의의 결정을 거쳐 행하는 사항, ⑥ 형사, 행형(行刑) 및 보안처분 관계 법령에 따라 행하는 사항, ⑦ 국가안전보장·국방·외교 또는 통일에 관한 사항 중 행정절차를 거칠 경우 국가의 중대한 이익을 현저히 해칠 우려가 있는 사항, ⑧ 심사청구, 해양안전심판, 조세심판, 특허심판, 행정심판, 그 밖의 불복절차에 따른 사항, ⑨ 병역법에 따른 징집·소집, 외국인의 출입국·난민인정·귀화, 공무원 인사 관계 법령에 따른 징계와 그 밖의 처분, 이해 조정을 목적으로 하는 법령에 따른 알선·조정·중재·재정 또는 그 밖의 처분 등 해당 행정작용의 성질상 행정절차를 거치기 곤란하거나 거칠 필요가 없다고 인정되는 사항과 행정절차에 준하는 절차를 거친 사항으로서 대통령령으로 정하는 사항 등이 그에 해당한다.

이와 관련하여 행정절차법의 적용이 배제되는지가 문제되는 몇 가지 사안에 대해 검토하기로 한다.

① 행정절차법 제3조 제2항 제9호 및 동법시행령 제2조 제6호에 의하면 '「독점규제 및 공정거

래에 관한 법률」에 따라 공정거래위원회의 의결·결정을 거쳐 행하는 사항'에 대해서는 행정절차
법의 적용이 배제된다. 그런데 「독점규제 및 공정거래에 관한 법률」은 공정거래위원회가 법 위반
사항에 대하여 시정조치 또는 과징금납부명령을 하기 전에 당사자에게 의견을 진술할 기회를 주
도록 규정하고 있는데(93조 1항), 만일 시정조치 및 과징금납부명령에 행정절차법상의 의견청취절
차 생략사유(22조 4항)가 존재하는 경우에 공정거래위원회는 행정절차법을 적용하여 의견청취절차
를 생략할 수 있는지가 문제되었다. 이에 관해 판례는, "행정절차법 제3조 제2항, 같은법시행령 제
2조 제6호에 의하면 공정거래위원회의 의결·결정을 거쳐 행하는 사항에는 행정절차법의 적용이
제외되게 되어 있으므로, 설사 피고(공정거래위원회)의 시정조치 및 과징금납부명령에 행정절차법
소정의 의견청취절차 생략사유가 존재한다고 하더라도 공정거래위원회는 행정절차법을 적용하여
의견청취절차를 생략할 수는 없다"고 하였다.[5]

② 행정절차법 제3조 제2항 제9호는 "병역법에 따른 징집·소집, 외국인의 출입국·난민인
정·귀화, 공무원 인사 관계 법령에 따른 징계와 그 밖의 처분 … 등 해당 행정작용의 성질상 행
정절차를 거치기 곤란하거나 거칠 필요가 없다고 인정되는 사항과 행정절차에 준하는 절차를 거
친 사항으로서 대통령령으로 정하는 사항"에 대해서는 행정절차법을 적용하지 않는다고 규정하고
있으며, 동법시행령 제2조는 행정절차법의 적용이 배제되는 대상에 관해 i) 병역법, 향토예비군 설
치법, 민방위기본법, 비상대비자원 관리법에 따른 징집·소집·동원·훈련에 관한 사항, ii) 외국
인의 출입국·난민인정·귀화·국적회복에 관한 사항, iii) 공무원 인사관계 법령에 의한 징계 기
타 처분에 관한 사항 … 등으로 구체화하여 규정하고 있다. 이와 관련하여 행정절차법시행령 제2
조 각호에서 규정한 사항은 모두 행정절차법의 적용이 배제되는지가 문제된다.

이에 관해 판례는, 행정의 공정성을 확보하고 국민의 권익을 보호함을 목적으로 하는 행정절차
법의 입법목적과 행정절차법 제3조 제2항 제9호의 규정 내용 등에 비추어 보면, '공무원 인사관계
법령에 의한 처분에 관한 사항' 등 행정절차법시행령 제2조 각호에서 규정한 사항 전부에 대하여
행정절차법의 적용이 배제되는 것이 아니라, 위 제2조 각호에서 정한 사항 중 "성질상 행정절차를
거치기 곤란하거나 불필요하고 인정되는 처분이나 행정절차에 준하는 절차를 거치도록 하고 있
는 처분"의 경우에만 행정절차법의 적용이 배제되는 것으로 보아야 한다고 하였다.[6]

구체적인 사안을 살펴보면, '국방부장관이 대령진급예정자로 선발된 군인에 대해 그 선발을 취
소하는 처분을 하는 경우' 또는 '별정직공무원에 대한 직권면직처분을 하는 경우'에는 관계 법령에
해당 처분을 함에 있어 행정절차에 준하는 절차를 거치도록 하는 규정이 없을 뿐만 아니라 위 처
분이 성질상 행정절차를 거치기 곤란하거나 불필요하다고 인정되는 처분이라고 보기도 어렵다는
이유로, 이들 처분의 경우에는 사전통지·의견청취 등 행정절차법상의 절차가 적용되어야 한다고
하였다.[7]

---

5) 대판 2001. 5. 8, 2000두10212.
6) 대판 2007. 9. 21, 2006두20631; 대판 2009. 1. 30, 2008두16155; 대판 2013. 1. 16, 2011두30687; 대판 2018.
3. 13, 2016두33339.

이에 반해 '공무원에 대한 직위해제처분'과 관련해서는, 국가공무원법은 공무원에 대하여 직위해제를 할 때에는 처분사유설명서를 교부하도록 함으로써 해당 공무원에게 방어의 준비 및 불복의 기회를 보장하고(75조), 직위해제처분을 받은 공무원은 사후적으로 소청(76조)이나 행정소송을 통하여 충분한 의견진술 및 자료제출의 기회를 보장하고 있는 점 등에 비추어 볼 때, 직위해제처분은 행정절차법 제3조 제2항 제9호의 '해당 행정작용의 성질상 행정절차를 거치기 곤란하거나 불필요하다고 인정되는 사항 또는 행정절차에 준하는 절차를 거친 사항'에 해당하므로 사전통지·의견청취 등에 관한 행정절차법의 규정이 별도로 적용되지 않는다고 하였다.[8]

③ 행정절차법시행령 제2조 제8호에 의하면 '학교·연수원 등에서 교육·훈련의 목적을 달성하기 위하여 학생·연수생 등을 대상으로 행하는 사항'은 행정절차법의 적용대상이 아닌데, 이와 관련하여 학생에 대한 징계처분의 경우에도 행정절차법의 적용이 배제되는지가 문제되었다. 이에 관해 판례는, 행정절차법의 적용이 배제되는 '학교·연수원 등에서 교육·훈련의 목적을 달성하기 위하여 학생·연수생 등을 대상으로 행하는 사항'이란 교육과정과 내용의 구체적 결정, 과제의 부과, 성적의 평가, 공식적 징계에 이르지 아니한 질책·훈계 등과 같이 교육·훈련의 목적을 직접 달성하기 위하여 행하는 사항을 말하는 것이고, 퇴학처분과 같이 신분을 박탈하는 징계처분은 여기에 해당하지 않는다고 하였다.[9]

④ 행정절차법 제3조 제1항은 "처분 등에 관하여 다른 법률에 특별한 규정이 있는 경우를 제외하고는 행정절차법에서 정하는 바에 따른다"고 규정하고 있는데, 보건복지부장관이 작성한 「보육사업안내」에서 어린이집 평가인증의 취소절차에 관하여 규정하고 있는 경우에 이것이 '다른 법률에 특별한 규정이 있는 경우'에 해당하여 행정절차법의 적용이 배제되는 사유에 해당하는지가 문제되었다. 이에 대해 판례는, 영유아보육법 및 같은법시행규칙 등 관계 법령의 규정에 의하면 평가인증의 취소절차에 관한 사항은 보건복지부장관에게 위임하고 있지 않으므로 비록 보건복지부장관이 작성한 「보육사업안내」에서 어린이집 평가인증의 취소절차에 관하여 규정하고 있다 하더라도 이러한 사정만으로 행정절차법 제3조 제1항이 정한 '다른 법률에 특별한 규정이 있는 경우'에 해당하여 행정절차법의 적용이 배제된다고 보기 어렵다고 하였다.[10]

II. 총칙의 주요 내용

1. 용어의 정리

(1) 행정청

행정청이란 "행정에 관한 의사를 결정하여 표시하는 국가 또는 지방자치단체의 기관이나 그

---

7) 대판 2007. 9. 21, 2006두20631; 대판 2013. 1. 16, 2011두30687.
8) 대판 2014. 5. 16, 2012두26180.
9) 대판 2018. 3. 13, 2016두33339.
10) 대판 2016. 11. 9, 2014두1260.

밖에 법령 등(법령과 자치법규 포함)에 따라 행정권한을 가지고 있거나 위임 또는 위탁받은 공공단체 또는 그 기관이나 사인"을 말한다(행정절차법 2조 1호). 이러한 행정절차법상의 행정청 개념은 강학상의 행정청보다는 넓은 개념으로서, 행정심판법이나 행정소송법상의 행정청 개념과 같은 것으로 본다.

(2) 처분

처분이란 행정청이 행하는 구체적 사실에 관한 법 집행으로서의 공권력의 행사 또는 그 거부와 그 밖에 이에 준하는 행정작용을 말한다(2조 2호). 이러한 행정절차법상의 처분 개념은 행정심판법이나 행정소송법상의 처분 개념과 동일하다.

2. 행정법의 일반원칙

행정절차법은 행정절차에 관한 사항뿐만 아니라 행정실체법에 해당하는 행정법의 일반원칙에 대해서도 규정하고 있다.

(1) 신의성실의 원칙

행정절차법은 "행정청은 직무를 수행할 때 신의에 따라 성실히 하여야 한다"고 규정함으로써(4조 1항), 민법 제2조 제1항에 규정된 신의성실의 원칙은 사법의 영역뿐만 아니라 공법의 영역에도 타당한 일반법원리임을 분명히 하였다.

(2) 신뢰보호의 원칙

행정절차법은 '신뢰보호'라는 제목하에 "행정청은 법령 등의 해석 또는 행정청의 관행이 일반적으로 국민들에게 받아들여졌을 때에는 공익 또는 제3자의 정당한 이익을 현저히 해칠 우려가 있는 경우를 제외하고는 새로운 해석 또는 관행에 따라 소급하여 불리하게 처리하여서는 아니 된다"고 규정하고 있다(4조 2항).

(3) 투명성의 원칙

행정절차법은 '투명성'이라는 제목하에 "행정청이 행하는 행정작용은 그 내용이 구체적이고 명확하여야 한다. 행정작용의 근거가 되는 법령 등의 내용이 명확하지 아니한 경우 상대방은 해당 행정청에 그 해석을 요청할 수 있으며, 해당 행정청은 특별한 사유가 없으면 그 요청에 따라야 한다"고 규정하고 있다(5조 1항, 2항). 그런데 이 규정은 투명성의 원칙을 표현한 것이 아니라 법치국가원리의 본질적 요소인 명확성원칙을 명문화한 것이며, 따라서 조문제목도 '명확성'으로 바꾸어야 한다는 견해가 있다.[11]

3. 행정업무 혁신

행정청은 모든 국민이 균등하고 질 높은 행정서비스를 누릴 수 있도록 노력하여야 한다(5조의2

---

11) 홍정선(상), 610면; 정하중/김광수, 359면.

1항). 행정청은 정보통신기술을 활용하여 행정절차를 적극적으로 혁신하도록 노력하여야 하며, 이 경우 행정청은 국민이 경제적·사회적·지역적 여건 등으로 인하여 불이익을 받지 않도록 하여야 한다(5조의2 2항).

행정청은 행정청이 생성하거나 취득하여 관리하고 있는 데이터(정보처리능력을 갖춘 장치를 통하여 생성 또는 처리되어 기계에 의한 판독이 가능한 형태로 존재하는 정형 또는 비정형의 정보를 말한다)를 행정과정에 활용하도록 노력하여야 한다(5조의2 3항). 행정청은 행정업무 혁신 추진에 필요한 행정적·재정적·기술적 지원방안을 마련하여야 한다(5조의2 4항).

4. 행정청의 관할·협조·행정응원

(1) 관할

행정청이 그 관할에 속하지 않는 사안을 접수하였거나 이송받은 경우에는 지체 없이 이를 관할 행정청에 이송하여야 하고 그 사실을 신청인에게 통지하여야 한다. 행정청이 접수하거나 이송받은 후 관할이 변경된 경우에도 또한 같다(6조 1항).

행정청의 관할이 분명하지 않은 경우에는 해당 행정청을 공통으로 감독하는 상급 행정청이 그 관할을 결정하며, 공통으로 감독하는 상급 행정청이 없는 경우에는 각 상급 행정청이 협의하여 그 관할을 결정한다(6조 2항).

(2) 협조·행정응원

① **협조** : 행정청은 행정의 원활한 수행을 위하여 서로 협조하여야 한다(7조 1항). 행정청은 업무의 효율성을 높이고 행정서비스에 대한 국민의 만족도를 높이기 위하여 필요한 경우 행정협업(다른 행정청과 공동의 목표를 설정하고 행정청 상호 간의 기능을 연계하거나 시설·장비 및 정보 등을 공동으로 활용하는 것을 의미)의 방식으로 적극적으로 협조하여야 한다(7조 2항).

② **행정응원** : 행정청은 i) 법령 등의 이유로 독자적인 직무수행이 어려운 경우, ii) 인원·장비의 부족 등 사실상의 이유로 독자적인 직무수행이 어려운 경우, iii) 다른 행정청에 소속되어 있는 전문기관의 협조가 필요한 경우, iv) 다른 행정청이 관리하고 있는 문서(전자문서 포함)·통계 등 행정자료가 직무수행을 위하여 필요한 경우, v) 다른 행정청의 응원을 받아 처리하는 것이 보다 능률적이고 경제적인 경우에는 다른 행정청에 행정응원을 요청할 수 있다(8조 1항).

행정응원은 해당 직무를 직접 응원할 수 있는 행정청에 요청하여야 한다(8조 3항). 행정응원을 요청받은 행정청은 i) 다른 행정청이 보다 능률적이거나 경제적으로 응원할 수 있는 명백한 이유가 있는 경우, ii) 행정응원으로 인하여 고유의 직무수행이 현저히 지장받을 것으로 인정되는 명백한 이유가 있는 경우에는 응원을 거부할 수 있는데, 이 경우 그 사유를 응원을 요청한 행정청에 통지하여야 한다(8조 2항, 4항).

행정응원을 위하여 파견된 직원은 다른 법령 등에 특별한 규정이 없는 한 응원을 요청한 행정청의 지휘·감독을 받는다(8조 5항). 행정응원에 드는 비용은 응원을 요청한 행정청이 부담하며,

그 부담금액 및 부담방법은 응원을 요청한 행정청과 응원을 하는 행정청이 협의하여 결정한다(8조 6항).

5. 행정절차의 당사자 등

(1) 당사자 등의 의미

행정절차법에 있어서 당사자 등이란 행정처분의 직접 상대가 되는 당사자 또는 행정청이 직권으로 또는 신청에 따라 행정절차에 참여하게 한 이해관계인을 말한다(2조 4호).

(2) 당사자 등의 자격

i) 자연인, ii) 법인, 법인이 아닌 사단 또는 재단, iii) 그 밖에 다른 법령 등에 따라 권리·의무의 주체가 될 수 있는 자는 행정절차에서 당사자 등이 될 수 있다(9조).

(3) 지위의 승계

① **사망·합병 등으로 인한 지위승계** : 당사자 등이 사망하였을 때의 상속인과 다른 법령 등에 따라 당사자 등의 권리 또는 이익을 승계한 자는 당사자 등의 지위를 승계하며, 당사자 등인 법인 등이 합병하였을 때에는 합병 후 존속하는 법인 등이나 합병 후 새로 설립된 법인 등이 당사자 등의 지위를 승계한다(10조 1항, 2항). 이 경우 당사자 등의 지위를 승계한 자는 행정청에 그 사실을 통지하여야 하는데(10조 3항), 통지가 있을 때까지 사망자 또는 합병 전의 법인 등에 대하여 행정청이 한 통지는 사망 또는 합병에 의해 당사자 등의 지위를 승계한 자에게도 효력이 있다(10조 5항).

② **사실상 양수한 자의 지위승계** : 처분에 관한 권리 또는 이익을 사실상 양수한 자는 행정청의 승인을 받아 당사자 등의 지위를 승계할 수 있다(10조 4항).

(4) 대표자

다수의 당사자 등이 공동으로 행정절차에 관한 행위를 할 때에는 대표자를 선정할 수 있다(11조 1항). 당사자 등이 대표자를 선정·변경·해임하였을 때에는 지체 없이 그 사실을 행정청에 통지하여야 한다(13조).

행정청은 당사자 등이 대표자를 선정하지 아니하거나 대표자가 지나치게 많아 행정절차가 지연될 우려가 있는 경우에는 그 이유를 들어 상당한 기간 내에 3인 이내의 대표자를 선정할 것을 요청할 수 있으며, 이 경우 당사자 등이 그 요청에 따르지 아니하였을 때에는 행정청이 직접 대표자를 선정할 수 있다(11조 2항).

대표자가 있는 경우에는 당사자 등은 그 대표자를 통해서만 행정절차에 관한 행위를 할 수 있다(11조 5항). 대표자는 각자 그를 대표자로 선정한 당사자 등을 위하여 행정절차에 관한 모든 행위를 할 수 있다. 다만, 행정절차를 끝맺는 행위에 대하여는 당사자 등의 동의를 받아야 한다(11조 4항).

다수의 대표자가 있는 경우 그 중 1인에 대한 행정청의 행위는 모든 당사자 등에게 효력이 있다. 다만, 행정청의 통지는 대표자 모두에게 하여야 그 효력이 있다(11조 6항).

(5) 대리인

당사자 등은 i) 당사자 등의 배우자, 직계 존속·비속 또는 형제자매, ii) 당사자 등이 법인 등인 경우 그 임원 또는 직원, iii) 변호사, iv) 행정청 또는 청문주재자(청문의 경우만 해당)의 허가를 받은 자, v) 법령 등에 따라 해당 사안에 대하여 대리인이 될 수 있는 자 중에서 대리인으로 선임할 수 있다(12조 1항).

대리인은 각자 그를 대리인으로 선정한 당사자 등을 위하여 행정절차에 관한 모든 행위를 할 수 있다. 다만 행정절차를 끝맺는 행위에 대하여는 당사자 등의 동의를 받아야 한다(12조 2항, 11조 4항). 다수의 대리인이 있는 경우 그 중 1인에 대한 행정청의 행위는 모든 당사자 등에게 효력이 있다. 다만 행정청의 통지는 대리인 모두에게 하여야 그 효력이 있다(12조 2항, 11조 6항).

징계와 같은 불이익처분절차에서 행정청이 징계심의대상자가 대리인으로 선임한 변호사가 징계위원회에 출석하여 징계심의대상자를 위하여 필요한 의견을 진술하는 것을 거부할 수 있는지가 문제된다. 판례에 따르면, 징계심의대상자가 대리인으로 선임한 변호사가 징계위원회에 출석하여 징계심의대상자를 위하여 필요한 의견을 진술하는 것은 방어권 행사의 본질적 내용에 해당하므로 행정청은 특별한 사정이 없는 한 이를 거부할 수 없으며, 만일 행정청이 이를 거부한 경우에는 해당 징계처분은 절차적 정당성이 상실되어 위법하다고 한다.[12] 다만 징계심의대상자의 대리인이 관련된 행정절차나 소송절차에서 이미 실질적인 증거조사를 하고 의견을 진술하는 절차를 거쳐서 징계심의대상자의 방어권 행사에 실질적으로 지장이 초래되었다고 볼 수 없는 특별한 사정이 있는 경우에는 징계권자가 대리인에게 징계위원회에 출석하여 의견을 진술할 기회를 주지 않았더라도 그 징계처분은 위법하지 않다고 한다.[13]

6. 송달·고시, 기간·기한의 특례

(1) 송달

송달이란 문서를 상대방 또는 그로부터 권한을 위임받은 자에게 전달하는 것을 말한다. 송달은 원칙적으로 교부·우편 또는 정보통신망이용 등의 방법으로 하되, 송달받을 자의 주소 등을 통상

---

12) 대판 2018. 3. 13, 2016두33339.

13) 대판 2016두33339의 사건개요 : 육군3사관학교 생도 갑은 동료 생도들에 대한 폭언·욕설 등의 비위행위를 이유로 징계절차에 회부되어 퇴학처분을 받았다(1차처분). 이에 갑은 변호사를 대리인으로 선임하여 퇴학처분에 대한 취소소송을 제기하였는데, 법원은 징계사유는 대부분 인정되고 다른 절차상 하자도 없으나 다만 징계처분서를 교부하지 않은 하자가 있다는 이유로 퇴학처분을 취소하였다. 육군3사관학교는 이 판결의 취지에 따라 절차상 하자를 보완하여 다시 징계처분을 내리기 위하여 갑에게 출석통지서를 보냈는데, 갑의 변호사가 참석을 신청하자 이를 거부하고 갑만 출석하여 진술하도록 하였으며, 이러한 절차를 거쳐 다시 퇴학처분을 내렸다(2차처분). 이에 갑은 2차 퇴학처분에 대한 취소소송을 제기하여 이 처분은 대리인 변호사의 출석·진술의 기회를 부여하지 않은 절차상 하자가 있어 위법하다고 주장하였다. 이에 대해 대법원은, 1차처분에 대한 취소소송 과정에서 갑이 내린린 변호사가 충분한 진술의 기회를 부여받았으므로 단기 절차상 하자를 보완하기 위한 2차처분 과정에 변호사의 출석·진술 기회를 부여하지 않았더라도 갑의 방어권 행사에 지장을 초래하였다고 볼 수는 없고 따라서 해당 처분은 절차적 정당성을 상실하지 않았다고 판시하였다.

적인 방법으로 확인할 수 없는 경우나 송달이 불가능한 경우에는 관보·공보·게시판·일간신문 등에 공고하는 방법으로 할 수 있다(14조 1항, 4항). 송달은 송달받을 자의 주소·거소·영업소· 사무소 또는 전자우편주소로 하여야 하지만, 송달받을 자가 동의하는 경우에는 그를 만나는 장소 에서 송달할 수 있다(14조 1항).

① **교부송달** : 교부에 의한 송달은 상대방 또는 그로부터 권한을 위임받은 자에게 수령확인서 를 받고 직접 문서를 전달함으로써 하며, 송달하는 장소에서 송달받을 자를 만나지 못한 경우에는 그 사무원·피용자 또는 동거인으로서 사리를 분별할 지능이 있는 사람(이하 '사무원 등'이라 한다) 에게 문서를 교부할 수 있다(14조 2항). 다만, 문서를 송달받을 자 또는 그 사무원 등이 정당한 사 유 없이 송달받기를 거부하는 때에는 그 사실을 수령확인서에 적고, 문서를 송달할 장소에 놓아둘 수 있다(14조 2항).

판례에 의하면 납세고지서의 교부송달은 납세의무자 또는 그와 일정한 관계에 있는 사람이 현 실적으로 이를 수령하는 행위가 필요하므로, 세무공무원이 납세의무자와 그 가족들이 부재중임을 알면서도 아파트 문틈으로 납세고지서를 투입하는 방식으로 송달한 것은 부적법한 것으로서 송달 의 효력이 발생하지 않는다고 한다.[14] 그리고 상속인이 상속세부과 제척기간이 임박하자 납세고지 서의 수령을 회피하기 위하여 고지서 수령약속을 어기고 일부러 밤늦게까지 집을 비워 두어서 부 득이 세입자에게 고지서를 교부한 경우에, 신의성실의 원칙을 들어 그 고지서가 적법하게 송달되 었다고 볼 수는 없다고 한다.[15]

② **우편송달** : 우편에 의한 송달은 문서를 송달받을 자의 주소·거소·영업소·사무소에 보통 우편, 등기우편 또는 내용증명우편 등으로 송부하는 것을 의미한다.

문서가 보통우편으로 발송된 경우에는 등기우편이나 내용증명우편과는 달리 그 우편물이 상당 한 기간 내에 도달하였다고 추정할 수 없고, 송달의 효력을 주장하는 측에서 이를 증명하여야 한 다는 것이 판례의 입장이다.[16] 이러한 점에서 납세의 고지·독촉·체납처분을 우편으로 송달할 때는 원칙적으로 등기우편으로 하도록 하고 있다(국세기본법 10조 2항).

문서를 등기우편으로 송달하였는데 아파트의 경비원이 이를 수령하여 상대방에게 전달한 경우 의 송달의 효력이 문제된다. 판례에 의하면, 송달받을 자가 거주하는 아파트에서 관례적으로 아파 트 경비원이 등기우편물을 수령하여 거주자에게 전달해 왔고 이에 대하여 아파트 주민들이 이러 한 우편물 배달방법에 관하여 아무런 이의를 제기한 바 없었다면, 해당 아파트의 주민들은 등기우 편물의 수령권한을 아파트 경비원에게 묵시적으로 위임한 것으로 보아 아파트 경비원이 우편집배 원으로부터 문서를 수령한 날에 송달의 효력이 발생한다고 한다.[17]

---

14) 대판 1997. 5. 23, 96누5094.
15) 대판 1996. 9. 24, 96다204
16) 대판 2009. 12. 10, 2007두20140.
17) 대판 2000. 7. 4, 2000두1164.

> **판례** 『[1] 과세처분의 상대방인 납세의무자 등 서류의 송달을 받을 자가 다른 사람에게 우편물 기타 서류의 수령권한을 명시적 또는 묵시적으로 위임한 경우에는 그 수임자가 해당 서류를 수령함으로써 그 송달받을 자 본인에게 해당 서류가 적법하게 송달된 것으로 보아야 하고, 그러한 수령권한을 위임받은 자는 반드시 위임인의 종업원이거나 동거인일 필요가 없다.
> [2] 납세의무자가 거주하는 아파트에서 등기우편물 등 특수우편물이 배달되는 경우 관례적으로 아파트 경비원이 이를 수령하여 거주자에게 전달하여 왔고, 이에 대하여 납세의무자를 비롯한 아파트 주민들이 평소 이러한 특수우편물 배달방법에 관하여 아무런 이의도 제기한 바 없었다면, 납세의무자가 거주하는 아파트의 주민들은 등기우편물 등의 수령권한을 아파트 경비원에게 묵시적으로 위임한 것이라고 봄이 상당하므로, 아파트 경비원이 우편집배원으로부터 납세고지서를 수령한 날이 구 국세기본법 제61조 제1항에 정한 처분의 통지를 받은 날에 해당한다.』(대판 2000. 7. 4, 2000두1164)

③ **정보통신망을 이용한 송달** : 행정청은 송달받을 자가 지정한 전자우편주소로 문서를 송달할 수도 있는데, 다만 정보통신망을 이용한 송달은 송달받을 자가 동의하는 경우에만 허용된다(14조 3항).

④ **공고에 의한 송달** : 송달받을 자의 주소 등을 통상적인 방법으로 확인할 수 없는 경우 또는 송달이 불가능한 경우에는 송달받을 자가 알기 쉽도록 관보, 공보, 게시판, 일간신문 중 하나 이상에 공고하고 인터넷에도 공고하여야 한다(14조 4항).

공고를 할 때에는 민감정보 및 고유식별정보 등 송달받을 자의 개인정보를 개인정보보호법에 따라 보호하여야 한다(14조 5항). 행정청은 송달하는 문서의 명칭, 송달받는 자의 성명 또는 명칭, 발송방법 및 발송 연월일을 확인할 수 있는 기록을 보존하여야 한다(14조 6항).

⑤ **송달의 효력발생시기** : 송달의 효력발생시기와 관련해서는 크게 발신주의와 도달주의가 대립하고 있는데, 행정절차법은 「송달은 다른 법령 등에 특별한 규정이 있는 경우를 제외하고는 해당 문서가 송달받을 자에게 도달됨으로써 그 효력이 발생한다」고 함으로써 도달주의의 원칙을 채택하고 있다(15조 1항). 여기에서 도달이란 상대방이 문서의 내용을 현실적으로 안 것을 의미하는 것이 아니라, '문서가 상대방이 알 수 있는 상태에 놓인 것'을 의미한다고 보는 것이 통설 및 판례의 입장이다.

> **판례** ①『행정처분의 효력발생요건으로서의 도달이란 처분상대방이 처분서의 내용을 현실적으로 알았을 필요까지는 없고 처분상대방이 알 수 있는 상태에 놓임으로써 충분하며, 처분서가 처분상대방의 주민등록상 주소지로 송달되어 처분상대방의 사무원 등 또는 그 밖에 우편물 수령권한을 위임받은 사람이 수령하면 처분상대방이 알 수 있는 상태가 되었다고 할 것이다.』(대판 2017. 3. 9, 2016두60577)
> ②『행정처분의 효력발생요건으로서의 도달이란 상대방이 그 내용을 현실적으로 양지할 필요까지는 없고 다만 양지할 수 있는 상태에 놓여짐으로써 충분하다고 할 것인데, 갑의 처가 갑의 주소지에서 갑에 대한 정부인사발령통지를 수령하였다면 비록 그때 갑이 구치소에 수감 중이었고 처분청 역시 그와 같은 사실을 알고 있었다거나 갑의 처가 위 통지서를 갑에게 전달하지 아니하고 폐기해 버렸더라도 갑의 처가 위 통지서를 수령한 때에 그 내용을 양지할 수 있는 상태에 있었다고 볼 것이다.』(대판 1989. 9. 26, 89누4963)

정보통신망을 이용하여 전자문서로 송달하는 경우에는 송달받을 자가 지정한 컴퓨터 등에 입력된 때에 도달된 것으로 본다(15조 2항).

공고의 방법에 의하는 경우에는 다른 법령에 특별한 규정이 없는 한 공고일부터 14일이 지난 때에 그 효력이 발생한다. 다만, 긴급히 시행하여야 할 특별한 사유가 있어 효력발생 시기를 달리 정하여 공고한 경우에는 그에 따른다(동법 15조 3항).

⑥ **적법하게 송달되지 않은 행정행위의 효력** : 상대방있는 행정행위는 특별한 규정이 없는 한 상대방에게 고지되어야 효력이 발생하고, 만일 상대방에게 적법하게 고지되지 아니한 경우에는 상대방이 다른 경로를 통해 행정행위의 내용을 알게 되었다 하더라도 행정행위의 효력이 발생하지 않는다는 것이 판례의 입장이다.[18]

(2) 고시

도시계획결정과 같이 불특정 다수인에 대해 법적 효력을 미치는 행정행위의 경우에는 통상적인 송달의 방법에 의한 통지가 곤란하기 때문에 고시의 방법에 의하도록 하고 있다. 이 경우 고시의 효력발생시점은 관련 법령에서 정한 바에 따른다. 예컨대 도시·군관리계획이 결정되면 결정권자는 이를 고시하여야 하며(국토계획법 30조 6항), 도시·군관리계획결정이 고시되면 시장·군수 등은 지형도면을 작성하여 고시하여야 하는데(동법 32조), 도시·군관리계획결정의 효력은 지형도면을 고시한 날부터 발생한다(동법 31조 1항).[19]

한편, 「행정업무의 운영 및 혁신에 관한 규정」(대통령령)은 고시·공고 등과 같은 공고문서의 경우에는 관계 법령에서 특별히 효력발생시기를 정하거나 그 문서에서 효력발생시기를 구체적으로 밝히고 있지 않으면 그 고시 또는 공고 등이 있는 날부터 5일이 경과한 때에 효력이 발생한다고 규정하고 있다(6조 3항).

> **판례** ① 『가축분뇨법에 따라 가축의 사육을 제한하기 위해서는 원칙적으로 시장·군수·구청장이 조례가 정하는 바에 따라 일정한 구역을 가축사육제한구역으로 지정하여 토지이용규제기본법에서 정한 바에 따라 지형도면을 작성·고시하여야 하고, 이러한 지형도면 작성·고시 전에는 가축사육제한구역 지정의 효력이 발생하지 아니한다.』(대판 2017. 5. 11. 2013두10489)

---

18) 대판 2019. 8. 9, 2019두38656. <사건개요> 공무원연금공단은 2017. 6. 29. 공무원 갑 등에 대한 장애등급을 결정하여 그 내용을 공단의 인터넷 홈페이지에 게시하였다. 갑은 2017. 7. 10. 공단의 인터넷 홈페이지에 접속하여 자신에 대한 장애등급결정을 확인하였고, 이에 대한 취소소송을 제기하였다. 그런데 제소기간과 관련하여 '갑이 처분이 있음을 안 날'이 문제되었는바, 서울고등법원은 갑이 공단 홈페이지에 접속하여 그 내용을 알게 된 2017. 7. 10.을 처분이 있음을 안 날로 보았다(서울고판 2019. 4. 3, 2018누70501). 그러나 이에 대한 상고심에서 대법원은, 공단이 인터넷 홈페이지에 장애등급결정의 내용을 게시한 것만으로는 행정절차법 제14조에서 정한 바에 따른 송달이 이루어졌다고 볼 수 없고, 이는 갑이 공단 홈페이지에 접속하여 결정 내용을 확인하여 알게 되었다 하더라도 마찬가지라고 하면서, 따라서 공단의 장애등급결정은 상대방인 갑에게 적법하게 고지되지 않아 효력이 발생하지 않았다고 판시하였다.

19) 종래에는 도시·군관리계획이 결정되면 이를 고시하도록 하고 그 효력은 고시가 된 날부터 5일 후에 발생하도록 하였으나, 2013년 7월 법개정시에 '지형도면을 고시한 날부터 효력을 발생하도록 하였다.

② 『통상 고시 또는 공고에 의하여 행정처분을 하는 경우에는 그 처분의 상대방이 불특정 다수인이고, 그 처분의 효력이 불특정 다수인에게 일률적으로 적용되는 것이므로, 그 행정처분에 이해관계를 갖는 자는 고시 또는 공고가 있었다는 사실을 현실석으로 알았는지 여부에 관계없이 고시가 효력을 발생하는 날에 행정처분이 있음을 알았다고 보아야 한다.

청소년유해매체물 결정·고시는 그 효력이 불특정 다수인에 대하여 일률적으로 적용되는 행정처분으로 특정한 상대방이 있는 것이 아니고, … 이 사건 각 처분은 원고가 고시가 있었음을 현실적으로 알았는지 여부에 관계없이 고시의 효력이 발생한 2000. 9. 27.에 고지된 것으로 보아야 하고, 원고가 피고 정보통신윤리위원회로부터 청소년유해매체물 결정을 통지받지 못하였다는 사정만으로는 제소기간을 준수하지 못한 것에 정당한 사유가 있다고 할 수 없다.』(대판 2007. 6. 14. 2004두619)

(3) 기간 및 기한의 특례

천재지변이나 그 밖에 당사자 등에게 책임이 없는 사유로 기간 및 기한을 지킬 수 없는 경우에는 그 사유가 끝나는 날까지 기간의 진행이 정지된다(16조 1항).

외국에 거주하거나 체류하는 자에 대한 기간 및 기한은 행정청이 그 우편이나 통신에 걸리는 일수를 고려하여 정하여야 한다(16조 2항).

Ⅲ. 처분절차

1. 처분의 신청

(1) 신청의 방식

행정청에 처분을 구하는 신청은 원칙적으로 문서로 하여야 한다. 다만, 다른 법령 등에 특별한 규정이 있는 경우와 행정청이 미리 다른 방법을 정하여 공시한 경우에는 그에 의한다(17조 1항). 전자문서로 신청하는 경우에는 행정청의 컴퓨터 등에 입력된 때에 신청한 것으로 본다(17조 2항). 행정청은 신청에 필요한 구비서류, 접수기관, 처리기간, 그 밖에 필요한 사항을 게시(인터넷 등을 통한 게시를 포함)하거나 이에 대한 편람을 갖추어 누구나 열람할 수 있도록 하여야 한다(17조 3항).

행정청은 신청인의 편의를 위하여 다른 행정청에 신청을 접수하게 할 수 있다. 이 경우 행정청은 다른 행정청에 접수할 수 있는 신청의 종류를 미리 정하여 공시하여야 한다(17조 7항).

(2) 신청받은 행정청의 처리

행정청은 신청을 받았을 때에는 다른 법령 등에 특별한 규정이 있는 경우를 제외하고는 그 접수를 보류 또는 거부하거나 부당하게 되돌려 보내서는 안 되며, 신청을 접수한 경우에는 신청인에게 접수증을 주어야 한다. 다만 대통령령으로 정하는 경우에는 접수증을 주지 아니할 수 있다(17조 4항).

행정청은 신청에 구비서류의 미비 등 흠이 있는 경우에는 보완에 필요한 상당한 기간을 정히여 지체 없이 신청인에게 보완을 요구하여야 하며, 신청인이 기간 내에 보완을 하지 아니하였을 때에는 그 이유를 구체적으로 밝혀 접수된 신청을 되돌려 보낼 수 있다(17조 5항, 6항).

이와 관련하여, 신청이 구비서류 등과 같은 형식적 요건을 갖추지 못한 경우뿐만 아니라 실체적 요건을 갖추지 못한 경우에도 행정청은 거부처분을 하기 전에 반드시 신청인에게 보완할 기회를 부여하여야 하는지가 문제된다. 판례에 따르면, 행정절차법 제17조 제5항은 신청인이 신청할 때 관계 법령에서 필수적으로 첨부하여 제출하도록 규정한 서류를 첨부하지 않은 경우와 같이 쉽게 보완이 가능한 사항을 누락하는 등의 흠이 있을 때 행정청이 곧바로 거부처분을 하는 것보다는 신청인에게 보완할 기회를 주도록 함으로써 국민의 권익을 보호하려는 행정절차법의 입법목적을 달성하고자 함이지, 행정청으로 하여금 신청에 대하여 거부처분을 하기 전에 반드시 신청인에게 처분의 실체적 발급요건에 관한 사항까지 보완할 기회를 부여하여야 할 의무를 정한 것은 아니라고 한다.[20]

(3) 신청인의 보완·변경·취하

신청인은 처분이 있기 전에는 그 신청의 내용을 보완·변경하거나 취하할 수 있다. 다만 다른 법령 등에 특별한 규정이 있거나 그 신청의 성질상 보완·변경하거나 취하할 수 없는 경우에는 그러하지 아니하다(17조 8항).

2. 처리기간의 설정·공표

(1) 처리기간의 설정·공표의무

행정청은 신청인의 편의를 위하여 처분의 처리기간을 종류별로 미리 정하여 공표하여야 한다(19조 1항). 부득이한 사유로 처리기간 내에 처분을 처리하기 곤란한 경우에는 해당 처분의 처리기간의 범위에서 한 번만 그 기간을 연장할 수 있으며, 이 경우 행정청은 처리기간의 연장사유와 처리 예정기한을 지체 없이 신청인에게 통지하여야 한다(19조 2항, 3항).

(2) 신속처리요청권

행정청이 정당한 처리기간 내에 처리하지 아니하였을 때에는 신청인은 해당 행정청 또는 그 감독 행정청에 신속한 처리를 요청할 수 있다(19조 4항).

(3) 처리기간 위반의 효과

행정청이 공표된 처리기간을 경과하여 처분을 내리면 위법사유가 되는지가 문제되는데, 이러한 처리기간은 행정쟁송에 있어서 부작위의 존재 여부를 판단함에 있어서 일응의 기준이 될 수는 있지만 처리기간을 경과하여 내려진 처분이 곧바로 위법하다고는 볼 수 없다는 것이 지배적인 견해이다.

판례는 법령에서 정하고 있는 신청에 대한 처리기간 또는 행정청이 행정절차법 제19조에 따라

---

20) 대판 2020. 7. 23, 2020두36007.

공표한 처리기간은 원칙적으로 훈시규정에 지나지 않는 것으로 보고 있으며, 따라서 그 기간을 준수하지 않았다고 해서 곧 위법한 것은 아니라고 한다.[21]

> **판례** 『산업집적활성화 및 공장설립에 관한 법률 시행규칙 제6조 제3항에 의하면, 시장·군수 또는 구청장(이하 '시장 등'이라 한다)은 공장의 신설·증설 또는 업종 변경(이하 '공장설립 등'이라 한다)의 신청을 받은 날부터 20일 이내에 승인 여부를 결정하도록 되어 있지만, 위 규정은 가능한 한 조속히 승인 사무를 처리하도록 정한 훈시규정에 불과할 뿐 강행규정이나 효력규정이라고 할 수는 없다. 따라서 시장 등이 위 기한을 경과하여 공장설립 등의 승인신청을 거부하는 처분을 하였다고 해서 거부처분이 위법하다고 할 수는 없고, 나아가 위 기한을 경과함으로써 승인이 있는 것으로 간주되는 것도 아니다.』 (대판 2017. 3. 16. 2016두54084)

3. 처분기준의 설정·공표

(1) 처분기준의 설정·공표의무

행정청은 필요한 처분기준을 해당 처분의 성질에 비추어 되도록 구체적으로 정하여 공표하여야 하며, 또한 공표된 처분기준을 변경하는 경우에도 변경된 처분기준을 다시 공표하여야 한다(20조 1항).[22] 이는 처분에 대한 상대방의 예측가능성을 부여하고 행정청의 자의적인 권한행사를 방지하기 위한 것이라 할 수 있다. 다만 처분기준을 공표하는 것이 해당 처분의 성질상 현저히 곤란하거나 공공의 안전 또는 복리를 현저히 해치는 것으로 인정될 만한 상당한 이유가 있는 경우에는 처분기준을 공표하지 아니할 수 있다(20조 3항).

행정기본법 제24조에 따른 인허가의제의 경우 관련 인허가 행정청은 관련 인허가의 처분기준을 주된 인허가 행정청에 제출하여야 하고, 주된 인허가 행정청은 제출받은 관련 인허가의 처분기준을 통합하여 공표하여야 한다(20조 2항).

행정청이 공표한 처분기준은, 그것이 처분의 근거 법령에서 구체적 위임을 받아 제정되었다는 특별한 사정이 없는 한, 원칙적으로 대외적 구속력이 없는 행정규칙에 해당한다는 것이 판례의 입장이다.[23]

(2) 당사자 등의 해석·설명요청권

당사자 등은 공표된 처분기준이 명확하지 아니한 경우 해당 행정청에 그 해석 또는 설명을 요청할 수 있으며, 이 경우 해당 행정청은 특별한 사정이 없으면 그 요청에 따라야 한다(20조 4항).

(3) '갱신제'에 있어서 심사기준 변경의 한계

행정청이 처분상대방에게 특정한 권리나 이익 또는 지위 등을 부여한 후 일정한 기간마다 심사하여 갱신 여부를 판단하는 것을 '갱신제'라 하는데, 이러한 갱신제를 채택하고 있는 경우에 행

---

21) 대판 2001. 6. 29, 99두2000; 대판 2017. 3. 16, 2016두54084; 대판 2019. 12. 13, 2018두41907.
22) 대판 2020. 12. 24, 2018두45633.
23) 대판 2020. 12. 24, 2018두45633.

정청이 갱신 심사기준을 변경하는 한계가 문제된다.

이에 관해 판례는, 사전에 공표한 심사기준 중 경미한 사항을 변경하거나 다소 불명확하고 추상적이었던 부분을 명확하게 하거나 구체화하는 정도를 뛰어넘어, 심사대상기간이 이미 경과하였거나 상당 부분 경과한 시점에서 처분상대방의 갱신 여부를 좌우할 정도로 중대하게 변경하는 것은, 갱신제 자체를 폐지하거나 갱신상대방의 수를 종전보다 대폭 감축할 수밖에 없도록 만드는 중대한 공익상 필요가 인정되거나 관계 법령이 제·개정되었다는 등의 특별한 사정이 없는 한, 허용되지 않는다고 하였다.[24]

(4) 처분기준 설정·공표의무 위반 및 처분기준 위반의 효과

① 처분기준 설정·공표의무 위반이 처분의 독립한 위법사유가 되는지 여부 : 행정청이 처분기준의 설정·공표의무를 위반한 경우에 그것이 처분의 독립한 위법사유가 되는지가 문제된다. 긍정설에 의하면, 우리나라의 행정절차법은 일본 행정절차법과는 달리 "행정청은 필요한 처분기준을 … 공표하여야 한다"고 규정하고 있는 점에 비추어 처분기준 설정·공표의무 위반은 절차상의 하자가 있는 것으로서 독립한 취소사유가 된다고 한다.[25] 이에 반해 부정설에 의하면, 행정청의 처분기준의 설정·공표의무는 단순한 성실의무에 지나지 않기 때문에 그 자체로서 독립한 위법사유에 해당하지 않는다고 한다.[26] 이에 관해 판례는, 행정청이 사전공표의무를 위반하여 미리 공표하지 않은 기준을 적용하여 처분을 내렸다 하더라도 그러한 사정만으로 곧바로 해당 처분에 취소사유에 이를 정도의 흠이 있다고는 볼 수 없으며, 다만 그 기준이 상위 법령이나 법의 일반원칙에 위반하였거나 객관적인 합리성이 없다고 볼 수 있는 구체적 사정이 있다면 해당 처분은 위법하다고 평가할 수 있다고 하였다.[27] 생각건대, 행정청이 상당한 기간 내에 처분기준을 설정·공표하지 않은 경우에는 직무상 의무를 게을리한 것을 이유로 징계사유가 됨은 별론으로 하고, 그 기준을 설정·공표하지 않은 것이 처분의 독립한 위법사유가 되지는 않는다고 할 것이다.

② 행정청이 설정·공표한 처분기준을 위반한 처분의 효력 : 행정청이 설정·공표한 처분기준은 원칙적으로 행정규칙에 지나지 않지만 그것은 행정청에 대해서는 자기 구속력을 가지므로, 만일 행정청이 자신이 설정·공표한 처분기준에 위반하여 처분을 한 경우에는 행정의 자기구속의 법리 내지 평등원칙·신뢰보호원칙의 위반으로서 위법할 수 있다. 한편, 처분의 근거 법령에서 구체적

---

24) 대판 2020. 12. 24, 2018두45633. <사건개요> 문화관광체육부장관은 중국 정부에 추천할 '중국 단체관광객 유치 전담여행사' 지정제도를 실시하면서 2년에 1회 재심사를 통해 전담여행사 지위를 갱신하는 '전담여행사 갱신제'를 도입하였다. 문화관광체육부장관은 2013년 9월경 갱신 심사기준을 정하여 이를 전담여행사들에 공지하였다. 전담여행사로 지정된 갑회사는 위 심사기준에 따른 갱신심사를 거쳐 전담여행사 지위가 갱신되었다. 그 후 일부 전담여행사들이 무자격가이드를 고용하고 무단이탈보고의무를 제대로 이행하지 않는 등 위반행위로 인한 폐해가 늘어나자, 문화관광체육부장관은 이에 대한 제재를 강화하는 차원에서 2016. 3. 23.경 종전 심사기준을 대폭 변경하였으나 이를 미리 공표하지 않은 채 갱신심사에 적용하였다. 문화관광체육부장관은 2016. 3. 28. 갑회사에게 전담여행사로 재지정(갱신)한다고 통지하였으나, 그 후 변경된 심사기준에 따르면 갑회사는 재지정 탈락 대상자임을 뒤늦게 알게 되어 2016. 11. 4. 다시 전담여행사 재지정을 직권으로 취소한다고 통지하였다.

25) 박균성(상), 709면.

26) 정형근, 행정법, 227면.

27) 대판 2020. 12. 24, 2018두45633.

으로 위임받아 공표한 처분기준은 대외적 구속력을 가지며, 따라서 그 기준에 위반된 처분은 위법하다.

4. 처분의 사전통지

(1) 사전통지의무

행정청은 '당사자에게 의무를 부과하거나 권익을 제한하는 처분'을 하는 경우에는 처분을 하기전에 미리 '처분의 제목, 당사자의 성명과 주소, 처분의 원인이 되는 사실, 처분의 내용 및 법적근거, 의견제출(또는 청문)에 관한 사항' 등을 당사자 등에게 통지하도록 하고 있는데(21조 1항), 이는 당사자 등으로 하여금 앞으로 있을 의견제출절차나 청문절차에서 충분한 방어권을 행사할 수있도록 하기 위한 것이다.

(2) 사전통지의 대상과 내용

행정청이 사전통지의무를 지는 경우는 '당사자에게 의무를 과하거나 권익을 침해하는 처분'을하는 경우이다. 그리고 사전통지할 내용은 i) 처분의 제목, ii) 당사자의 성명 또는 명칭과 주소, iii) 처분하려는 원인이 되는 사실과 처분의 내용 및 법적 근거, iv) 의견을 제출할 수 있다는 뜻과의견을 제출하지 아니하는 경우의 처리방법, v) 의견제출기관의 명칭과 주소, vi) 의견제출기한 등이다(다만, 청문을 하는 경우에는 iv-vi 대신에 청문주재자의 소속·직위 및 성명, 청문의 일시 및 장소, 청문에 응하지 아니하는 경우의 처리방법 등 청문에 필요한 사항이다 : 21조 2항). 의견제출기한은 의견제출에 필요한 기간을 10일 이상으로 고려하여 정하여야 하며, 청문을 하는 경우에는 청문이 시작되는 날부터 10일 전까지는 청문에 관한 사항을 통지하여야 한다(21조 2항, 3항).

이하에서는 사전통지절차가 적용되는지에 대해서 다툼이 있는 사안에 대해 살펴보기로 한다.

① **거부처분의 경우** : 신청에 대한 거부처분의 경우에도 사전통지절차가 적용되는지에 대해서다툼이 있다. 소극설에 의하면, i) 신청이 있는 것만으로는 아직 당사자에게 아무런 권익이 부여되지 않았으므로 신청에 대해 거부하는 것이 당사자의 권익을 제한하는 처분에 해당한다고 볼 수없으며, ii) 거부처분은 상대방의 신청을 전제로 하므로 상대방은 신청시에 이미 의견진술의 기회를 부여받은 것으로 볼 수 있다는 이유로, 거부처분의 경우에는 사전통지절차가 적용되지 않는다고 한다.[28] 이에 반해 적극설에 의하면, i) 신청에 대한 거부처분은 당사자에게 불이익을 주므로이는 당사자의 권익을 제한하는 처분에 해당하며, ii) 행정청이 상대방이 알지 못하는 사유로 거부처분을 한 경우에는 그에 대해 상대방에게 이미 의견진술의 기회를 준 것으로 보기 어렵다는 이유로, 거부처분의 경우에도 사전통지절차가 적용되어야 한다고 한다.[29]

생각건대, i) 수익적 처분의 거부는 상대방에게 '권익을 부여하지 않는 행위'이지 '의무를 부과하거나 권익을 제한하는 행위'라고 할 수 없는 점, ii) 상대방은 신청시에 자신에게 유리한 자료의

---

28) 박균성(상), 720면.
29) 정하중/김광수, 369면.

제출기회를 가진 점, iii) 사전통지제도의 취지는 앞으로 있을 의견제출절차나 청문절차에서 충분한 방어권을 행사할 수 있도록 하기 위한 것인데, 거부처분의 경우에는 의견제출이나 청문의 대상이 되지 않는다고 할 수 있는 점 등에 비추어 볼 때, 거부처분의 경우에는 사전통지절차가 적용되지 않는다고 보는 것이 타당할 것이다. 판례 역시 소극설의 입장을 취하고 있다.[30]

> **판례** 『행정절차법 제21조 제1항은 행정청은 당사자에게 의무를 부과하거나 권익을 제한하는 처분을 하는 경우에는 미리 처분의 제목, 당사자의 성명 또는 명칭과 주소, 처분하려는 원인이 되는 사실과 처분의 내용 및 법적 근거, 그에 대하여 의견을 제출할 수 있다는 뜻과 의견을 제출하지 아니하는 경우의 처리방법, 의견제출기관의 명칭과 주소, 의견제출기한 등을 당사자 등에게 통지하도록 하고 있고, 제22조 제3항은 행정청이 당사자에게 의무를 부과하거나 권익을 제한하는 처분을 할 때 제1항에서 정한 청문을 하거나 제2항에서 정한 공청회를 개최하는 경우 외에는 당사자 등에게 의견제출의 기회를 주도록 하고 있다. 그런데 신청에 따른 처분이 이루어지지 아니한 경우에는 아직 당사자에게 권익이 부과되지 아니하였으므로, 특별한 사정이 없는 한 신청에 대한 거부처분이라고 하더라도 직접 당사자의 권익을 제한하는 것은 아니어서 여기에서 말하는 '당사자의 권익을 제한하는 처분'에 해당한다고 할 수 없고, 따라서 처분의 사전통지대상이나 의견청취대상이 된다고 할 수 없다.』(대판 2017. 11. 23, 2014두1628)

② **도로구역 결정·변경처분의 경우** : 도로구역의 결정이나 변경과 같이 고시에 의하는 경우(도로법 25조 3항)에는 상대방이 특정되지 않으므로 행정절차법상의 사전통지의 대상이 되지 않는다는 것이 판례의 입장이다.[31]

③ **영업양도에 따른 지위승계신고 수리처분의 경우** : 행정청이 영업양도에 따른 지위승계신고에 대해 수리하는 것은 종전 영업자의 권익을 제한하는 처분이므로, 종전 영업자에 대하여 사전통지절차를 실시하고 수리를 하여야 한다는 것이 판례의 입장이다.[32]

④ **국가에 대해 행정처분을 하는 경우** : 국가에 대해 침익적 처분을 하는 경우에도 사전통지, 의견청취, 이유제시 등 행정절차법상의 절차를 거쳐야 하는지가 문제된다. 이에 관해 판례는, 행정절차법 제21조는 '당사자에게 의무를 부과하거나 권익을 제한하는 처분을 하는 경우'에 사전통지를 하도록 규정하고 있는바, '당사자 등'에 관해 개념정의를 하고 있는 행정절차법 제2조 제4호는 국가를 '당사자 등'에서 제외하고 있지 않으며, 또한 행정절차법 제3조 제2항에서는 행정절차법이 적용되지 아니하는 사항을 열거하고 있는데 '국가를 상대로 하는 행정처분'은 그에 포함되어 있지 않으므로, 행정처분에 의하여 불이익을 입게 되는 국가를 일반 국민과 달리 취급할 이유가 없다고 하였다. 따라서 국가에 대한 행정처분을 함에 있어서도 사전통지, 의견청취, 이유제시와 관련한 행정절차법이 그대로 적용된다고 보아야 한다고 하였다.[33]

---

30) 대판 2003. 11. 28, 2003두674.
31) 대판 2008. 6. 12, 2007두1767.
32) 대판 2003. 2. 14, 2001두7015; 대판 2012. 12. 13, 2011두29144.
33) 대판 2023. 9. 21, 2023두39724. <사건개요> TV수신료 징수를 위탁받은 한국전력공사가 대한민국 산하 공군 제11전투비행단 영내에 있는 TV에 대하여 수신료를 부과하자 대한민국이 원고가 되어 수신료부과처분에 대한 취소소송을 제기하였다. 이에 대해 판례는, 국가에 대해 수신료를 부과하는 처분을 함에 있어서 행정절차법이 정한 사전통지, 의견청취, 이유제시절차를 거치지 않은 점, 군 영내에 위치한 수상기는 방송법 제64조 단서 등에

(3) 사전통지의 예외

행정청은 i) 공공의 안전 또는 복리를 위하여 긴급히 처분을 할 필요가 있는 경우, ii) 법령 등에서 요구된 자격이 없거나 없어지게 되면 반드시 일정한 처분을 하여야 하는 경우에 그 자격이 없거나 없어지게 된 사실이 법원의 재판 등에 의하여 객관적으로 증명된 경우, iii) 해당 처분의 성질상 의견청취가 현저히 곤란하거나 명백히 불필요하다고 인정될 만한 상당한 이유가 있는 경우에는 사전통지를 하지 않을 수 있다(21조 4항).

행정절차법 시행령은 위 ii)의 사유를 구체화해서 "법원의 재판 또는 준사법적 절차를 거치는 행정기관의 결정 등에 따라 처분의 전제가 되는 사실이 객관적으로 증명되어 처분에 따른 의견청취가 불필요하다고 인정되는 경우"라고 규정하고 있는데(13조 2호), 이는 법원의 재판 등에 따라 처분의 전제가 되는 사실이 객관적으로 증명되면 행정청이 반드시 일정한 처분을 해야 하는 경우 등 의견청취가 행정청의 처분 여부나 그 수위 결정에 영향을 미치지 못하는 경우를 의미한다는 것이 판례의 입장이다.[34] 따라서 처분의 전제가 되는 일부 사실만 증명된 경우이거나 의견청취에 따라 행정청의 처분 여부나 처분 수위가 달라질 수 있는 경우라면 예외사유에 해당하지 않는다고 한다.[35]

(4) 사전통지절차 위반의 효과

행정청이 침해적 행정처분을 하면서 당사자에게 행정절차법상의 사전통지를 하지 않았다면, 사전통지를 하지 않아도 되는 예외적인 경우에 해당하지 않는 한 그 처분은 위법하여 취소를 면할 수 없다는 것이 통설 및 판례의 입장이다.[36]

5. 의견청취

(1) 의의

의견청취란 행정처분의 상대방 또는 이해관계인에게 행정처분과 관련한 자신의 의견을 진술할 기회를 부여하는 것을 말한다. 이는 처분의 상대방 또는 이해관계인의 방어권행사를 보장하기 위한 것으로서 행정절차의 가장 핵심적 내용에 해당한다.

의견청취는 넓은 의미의 청문이라고도 하며, 여기에는 약식절차인 의견제출과 정식절차인 청문, 그리고 다수 이해관계인의 의견을 수렴하기 위한 공청회가 포함된다.

의하여 수신료 면제 대상에 해당하는 점을 이유로 수신료부과처분을 취소하였다.

34) 대판 2020. 7. 23, 2017두66602.

35) < 대판 2017두66602의 사건개요 > 행정청이 갑에게 토지에 장기간 방치된 폐기물에 대한 1차 조치명령(폐기물처리명령)과 2차 조치명령을 하였고 이를 불이행하자 폐기물관리법 위반죄로 유죄판결이 확정되었다. 이는 '처분사유가 법원의 재판에 의해 객관적으로 증명된 경우'에 해당되어 행정청이 3차 조치명령을 함에 있어서 사전통지를 하지 않아도 되는지가 문제되었다. 이에 관해 판례는, 비록 1차 및 2차 조치명령 불이행의 범죄사실에 대하여 유죄판결이 확정되었다 하더라도 유죄판결 확정 이후부터 3차 조치명령까지 시간적 간격이 있으므로 사정변경의 여지가 있으니, 따라서 위 유죄판결에 의해 3차 조치명령의 처분사유가 객관적으로 증명되었다고 단정하기는 어려우므로 사전통지의 예외사유에 해당하지 않는다고 하였다.

36) 대판 2013. 1. 16, 2011두30687; 대판 2020. 7. 23, 2017두66602.

(2) 의견제출

① 의의 : 의견제출이란 행정청이 어떠한 처분을 하기 전에 당사자 등에게 일정한 기간 내에 자유롭게 의견이나 참고자료 등을 제출하도록 하는 것을 말한다.

② 의견제출의 기회를 주어야 하는 경우와 예외 : 행정청이 '당사자에게 의무를 부과하거나 권익을 제한하는 처분'을 함에 있어서 청문이나 공청회를 개최하는 경우 외에는 미리 당사자 등에게 의견제출의 기회를 주어야 한다(22조 3항). 이러한 의견제출절차의 실효성을 담보하기 위하여 행정청은 의견제출기관의 명칭과 주소, 의견제출기한 등에 관하여 '사전통지'를 하도록 하고 있다(21조 1항).

행정절차법 제21조 제4항에 의해 사전통지절차를 거치지 않아도 되는 경우 또는 당사자가 의견진술의 기회를 포기한다는 뜻을 명백히 표시한 경우에는 의견제출의 기회를 주지 아니할 수 있다(22조 4항). 이와 관련하여 공무원퇴직연금을 받고 있던 자에게 그 지급정지사유가 발생하였음에도 불구하고 계속하여 퇴직연금이 지급된 경우에 해당 퇴직연금의 환수결정을 함에 있어서 당사자에게 의견진술의 기회를 주어야 하는지가 문제되었다. 이에 관해 대법원은, 퇴직연금의 환수결정은 당사자에게 의무를 과하는 처분이기는 하나 관련 법령에 따라 당연히 환수금액이 정하여 지는 것이므로, 퇴직연금의 환수결정에 앞서 당사자에게 의견진술의 기회를 주지 않아도 된다고 판시하였다.[37]

③ **문서의 열람 및 복사** : 당사자 등은 처분의 사전통지가 있는 날로부터 의견제출기한까지 행정청에 대하여 해당 사안의 조사결과에 관한 문서와 그 밖에 해당 처분과 관련되는 문서의 열람 또는 복사를 요청할 수 있다(37조 1항). 이 경우 행정청은 다른 법령에 따라 공개가 제한되는 경우를 제외하고는 그 요청을 거부할 수 없으며, 열람 또는 복사의 요청을 거부하는 경우에는 그 이유를 소명하여야 한다(37조 1항 2문, 37조 3항). 행정청은 열람 또는 복사의 요청에 따르는 경우 그 일시와 장소를 지정할 수 있으며, 복사에 드는 비용을 복사를 요청한 자에게 부담시킬 수 있다(37조 2항, 5항).

④ **의견제출의 방법** : 의견제출의 방법은 그 처분의 관할 행정청에게 서면이나 말 또는 정보통신망을 이용하여 할 수 있으며, 그 주장을 증명하기 위한 증거자료 등을 첨부할 수 있다(27조 1항, 2항). 행정청은 당사자 등이 말로 의견제출을 하였을 때에는 서면으로 그 진술의 요지와 진술자를 기록하여야 한다(27조 3항).

당사자 등이 정당한 이유 없이 의견제출기한까지 의견제출을 하지 아니한 경우에는 의견이 없는 것으로 본다(27조 4항).

⑤ **의견제출 후 행정청의 처리** : 행정청은 처분을 할 때에 당사자 등이 제출한 의견이 상당한 이유가 있다고 인정하는 경우에는 이를 반영하여야 한다(27조의2 1항). 행정청은 당사자 등이 제출한 의견을 반영하지 않고 처분을 한 경우에 당사자 등이 처분이 있음을 안 날부터 90일 이내에

---

37) 대판 2000. 11. 28, 99두5443.

그 이유의 설명을 요청하면 서면으로 그 이유를 알려야 한다. 다만 당사자 등이 동의하면 말, 정보통신망 또는 그 밖의 방법으로 알릴 수 있다(27조의2 2항).

행정청은 의견제출절차를 거쳤을 때에는 신속히 처분하여 해당 처분이 지연되지 아니하도록 하여야 한다(22조 5항). 누구든지 의견제출을 통하여 알게 된 사생활이나 경영상 또는 거래상의 비밀을 정당한 이유 없이 누설하거나 다른 목적으로 사용하여서는 안 된다(37조 6항).

행정청은 처분 후 1년 이내에 당사자 등이 요청하는 경우에는 의견제출시에 제출받은 서류나 그 밖의 물건을 반환하여야 한다(22조 6항).

(3) 청문

① 의의 : 청문이란 행정청이 어떠한 처분을 하기 전에 특정한 기일을 정하여 청문주재자로 하여금 심리방식에 의해 당사자 등의 주장과 반박을 듣고 그 주장을 뒷받침하는 증거자료를 제출하도록 하는 절차를 말한다. 청문이 끝나면 청문주재자는 청문조서와 의견서를 작성해서 행정청에 제출하여야 한다.

② 청문을 실시해야 하는 경우와 예외 : 행정청이 처분을 할 때에 i) 다른 법령 등에서 청문을 실시하도록 규정하고 있는 경우, ii) 행정청이 필요하다고 인정하는 경우, iii) '인허가 등의 취소, 신분·자격의 박탈, 법인이나 조합 등의 설립허가의 취소'의 처분을 하는 경우에는 청문을 실시한다(22조 1항).

한편, 행정절차법 제21조 제4항에 의해 사전통지절차를 거치지 않아도 되는 경우 또는 당사자가 의견진술의 기회를 포기한다는 뜻을 명백히 표시한 경우에는 청문을 실시하지 않을 수 있다(22조 4항).

여기에서 청문을 실시하지 않을 사유인 "의견청취가 현저히 곤란하거나 명백히 불필요하다고 인정될 만한 상당한 이유"(21조 4항 3호)가 있는지 여부는 해당 행정처분의 성질에 비추어 판단하여야 하는 것이지, 청문통지서의 반송 여부, 청문통지의 방법, 청문일시에의 당사자의 출석 여부 등에 의하여 판단할 것은 아니라는 것이 판례의 입장이다. 따라서 행정청이 영업허가취소처분을 함에 있어서 두 차례에 걸쳐 발송한 청문통지서가 모두 반송되어 왔고 당사자가 청문일시에 불출석하였다는 사유만으로는 청문을 실시하지 않을 사유인 "의견청취가 현저히 곤란하거나 명백히 불필요하다고 인정될 만한 상당한 이유"에 해당하지 않는다고 판시하였다.[38]

행정청이 당사자와 협약을 체결하면서 행정절차법에 규정된 청문의 실시를 배제하는 조항을 둔 경우 청문절차를 거치지 않아도 되는지가 문제된다. 이에 관해 판례는, 협약의 체결로 청문의 실시에 관한 규정의 적용을 배제할 수 있다고 볼 만한 법령상의 규정이 없는 한, 그러한 협약이 체결되었다고 하여 청문의 실시에 관한 규정의 적용이 배제된다거나 청문을 실시하지 않아도 되는 예외적인 경우에 해당한다고 할 수 없다고 하였다.[39]

---

38) 대판 2001. 4. 13, 2000두3337.

③ **청문의 사전통지** : 행정청은 청문을 실시하려면 청문이 시작되는 날부터 10일 전까지 청문의 일시·장소 등을 당사자 등에게 통지하여야 한다(21조 2항). 그런데 법이 정한 청문서 도달기간을 다소 어겼다 하더라도 당사자가 이에 대해 이의를 제기하지 아니하고 스스로 청문일에 출석하여 의견을 진술하는 등 방어의 기회를 충분히 가졌다면 청문서 도달기간을 준수하지 아니한 하자는 치유되었다고 보는 것이 판례의 입장이다.[40]

> **판례** 『행정청이 식품위생법상의 청문절차를 이행함에 있어 소정의 청문서 도달기간을 지키지 아니하였다면 이는 청문의 절차적 요건을 준수하지 아니한 것이므로 이를 바탕으로 한 행정처분은 일단 위법하다고 보아야 할 것이지만, 이러한 청문제도의 취지는 처분으로 말미암아 받게 될 영업자에게 미리 변명과 유리한 자료를 제출할 기회를 부여함으로써 부당한 권리침해를 예방하려는 데에 있는 것임을 고려하여 볼 때, 가령 행정청이 청문서 도달기간을 다소 어겼다 하더라도 영업자가 이에 대하여 이의하지 아니한 채 스스로 청문일에 출석하여 그 의견을 진술하고 변명하는 등 방어의 기회를 충분히 가졌다면 청문서 도달기간을 준수하지 아니한 하자는 치유되었다고 봄이 상당하다.』 (대판 1992. 10. 23, 92누2844)

④ **청문주재자** : 행정청은 소속 직원 또는 대통령령으로 정하는 자격을 가진 사람 중에서 청문주재자를 공정하게 선정하여야 한다(28조 1항). 행정청은 i) 다수 국민의 이해가 상충되는 처분, ii) 다수 국민에게 불편이나 부담을 주는 처분, iii) 그 밖에 전문적이고 공정한 청문을 위하여 행정청이 청문 주재자를 2명 이상으로 선정할 필요가 있다고 인정하는 처분을 하려는 경우에는 청문주재자를 2명 이상으로 선정할 수 있다. 이 경우 선정된 청문주재자 중 1명이 청문주재자를 대표한다(28조 2항).

청문주재자는 독립하여 직무를 수행하며, 그 직무수행상의 이유로 본인의 의사에 반하여 신분상 어떠한 불이익도 받지 않는다(28조 4항). 청문주재자는 형법 등에 의한 벌칙의 적용에 있어서 공무원으로 본다(28조 5항). 청문의 공정한 진행을 위하여 청문주재자에 대한 제척·기피·회피제도가 마련되어 있다(29조).[41]

행정청은 청문이 시작되는 날부터 7일 전까지 청문주재자에게 청문과 관련한 필요한 자료를 미리 통지하여야 한다(28조 3항).

⑤ **청문의 진행** : 청문주재자가 청문을 시작할 때에는 먼저 예정된 처분의 내용, 그 원인이 되

---

39) 대판 2004. 7. 8, 2002두8350.
40) 대판 1992. 10. 23, 92누2844.
41) 제척이란 법이 정한 사유에 해당하는 경우에는 당연히 그 직무에서 배제되는 것을 말한다. 행정절차법은 청문주재자의 제척사유로 ① 자신이 당사자 등이거나 당사자 등과 친족관계에 있거나 있었던 경우, ② 자신이 해당 처분과 관련하여 증언이나 감정을 한 경우, ③ 자신이 해당 처분의 당사자 등의 대리인으로 관여하거나 관여하였던 경우, ④ 자신이 해당 처분업무를 직접 처리하거나 처리하였던 경우, ⑤ 자신이 해당 처분업무를 처리하는 부서에 근무하는 경우를 규정하고 있다(29조 1항). 기피란 청문주재자에게 공정한 청문 진행을 할 수 없는 사정이 있는 경우에 당사자 등의 신청에 의해 직무에서 배제시키는 것을 말하며, 회피란 공정한 청문 진행을 할 수 없는 사정이 있는 경우에 청문주재자가 행정청의 승인을 받아 스스로 그 직무를 담당하지 않는 것을 말한다(29조 2항, 3항).

는 사실 및 법적 근거 등을 설명하여야 한다(31조 1항). 당사자 등은 청문기일에 출석하여 의견을 진술하고 증거를 제출할 수 있으며, 참고인·감정인 등에 대하여 질문할 수 있다(31조 2항). 당사자 등이 의견서를 제출한 경우에는 그 내용을 출석히여 진술한 것으로 본다(31조 3항).

청문주재자는 청문의 신속한 진행과 질서유지를 위하여 필요한 조치를 할 수 있다(31조 4항). 청문주재자는 신청 또는 직권에 의하여 필요한 조사를 할 수 있으며, 당사자 등이 주장하지 아니한 사실에 대하여도 조사할 수 있다(33조 1항). 청문주재자는 필요하다고 인정하는 때에는 관계 행정청에게 필요한 문서의 제출 또는 의견의 진술을 요구할 수 있으며, 이 경우 관계 행정청은 직무수행에 특별한 지장이 없으면 그 요구에 따라야 한다(33조 3항).

청문을 계속할 경우에는 행정청은 당사자 등에게 다음 청문의 일시 및 장소를 서면으로 통지하여야 하며, 당사자 등이 동의하는 경우에는 전자문서로 통지할 수 있다. 다만, 청문에 출석한 당사자 등에게는 그 청문일에 청문주재자가 말로 통지할 수 있다(31조 5항).

⑥ **청문의 공개 및 비밀유지** : 당사자의 공개신청이 있거나 청문주재자가 필요하다고 인정하는 경우에는 청문을 공개할 수 있다. 다만 공익 또는 제3자의 정당한 이익을 현저히 해할 우려가 있는 경우에는 공개해서는 안 된다(30조).

누구든지 청문을 통하여 알게 된 사생활이나 경영상 또는 거래상의 비밀을 정당한 이유 없이 누설하거나 다른 목적으로 사용하여서는 안 된다(37조 6항).

⑦ **문서의 열람 및 복사** : 당사자 등은 청문의 통지가 있는 날로부터 청문이 끝날 때까지 행정청에 대하여 해당 사안의 조사결과에 관한 문서와 그 밖에 해당 처분과 관련되는 문서의 열람 또는 복사를 요청할 수 있다(37조 1항). 이 경우 행정청은 다른 법령에 따라 공개가 제한되는 경우를 제외하고는 그 요청을 거부할 수 없으며, 열람 또는 복사의 요청을 거부하는 경우에는 그 이유를 소명하여야 한다(37조 1항 2문, 37조 3항). 행정청은 열람 또는 복사의 요청에 따르는 경우 그 일시와 장소를 지정할 수 있으며, 복사에 드는 비용을 복사를 요청한 자에게 부담시킬 수 있다(37조 2항, 5항).

⑧ **청문조서와 의견서의 작성** : 청문주재자는 제목, 청문의 일시·장소, 당사자 등의 진술요지와 제출된 증거 등이 기재된 청문조서를 작성하여야 한다(34조 1항). 당사자 등은 청문조서의 내용을 열람·확인할 수 있으며, 이의가 있을 때에는 그 정정을 요구할 수 있다(34조 2항). 또한 청문주재자는 자신의 종합의견이 적힌 의견서를 작성하여야 한다(34조의2).

⑨ **청문의 종결** : 청문주재자는 해당 사안에 대하여 당사자 등의 의견진술·증거조사가 충분히 이루어졌다고 인정되는 경우에는 청문을 마칠 수 있다(35조 1항). 청문주재자는 당사자 등의 전부 또는 일부가 정당한 사유 없이 청문기일에 출석하지 아니하거나 의견서를 제출하지 아니한 경우에는 이들에게 다시 의견진술 및 증거제출의 기회를 주지 아니하고 청문을 마칠 수 있다(35조 2항). 청문주재자는 당사자 등의 전부 또는 일부가 정당한 사유로 청문기일에 출석하지 못하거나 의견서를 제출하지 못한 경우에는 10일 이상의 기간을 정하여 이들에게 의견진술 및 증거제출을 요구하여야 하며, 해당 기간이 지났을 때에 청문을 마칠 수 있다(35조 3항). 청문주재자는 청문을

마쳤을 때에는 청문조서, 청문주재자의 의견서, 그 밖의 관계 서류 등을 행정청에 지체 없이 제출하여야 한다(35조 4항).

⑩ **청문결과의 반영** : 행정청은 처분을 할 때에 제출받은 청문조서, 청문주재자의 의견서, 그 밖의 관계서류 등을 충분히 검토하고 상당한 이유가 있다고 인정하는 경우에는 청문결과를 반영하여야 한다(35조의2).

⑪ **청문의 재개** : 행정청은 청문을 마친 후 처분을 할 때까지 새로운 사정이 발견되어 청문을 재개할 필요가 있다고 인정하는 때에는 제출받은 청문조서 등을 되돌려 보내고 청문의 재개를 명할 수 있다(36조).

⑫ **청문절차의 하자** : 행정청이 처분을 함에 있어서 법적으로 요구되는 청문을 실시하지 않거나 법령에 위반하여 청문을 실시한 경우에는 취소사유가 된다는 것이 판례의 입장이다. 다만 개별법에서 청문을 거치지 않은 처분의 효력은 무효라고 규정하고 있는 경우에는 그에 따름은 물론이다.[42]

> **판례** 『청문제도는 행정처분의 사유에 대하여 당사자에게 변명과 유리한 자료를 제출할 기회를 부여함으로써 위법사유의 시정가능성을 고려하고 처분의 신중과 적정을 기하려는데 그 취지가 있다. 그러므로 행정청이 특히 침해적 행정처분을 할 때 그 처분의 근거 법령 등에서 청문을 실시하도록 규정하고 있다면, 행정절차법 등 관련 법령상 청문을 실시하지 않아도 되는 예외적인 경우에 해당하지 않는 한 반드시 청문을 실시하여야 하며, 그러한 절차를 결여한 처분은 위법한 처분으로서 취소사유에 해당한다.』 (대판 2017. 4. 7. 2016두63224)

(4) 공청회

① **의의** : 공청회란 행정청이 공개적인 토론을 통하여 어떠한 행정작용에 대하여 당사자 등, 전문지식과 경험을 가진 사람, 그 밖의 일반인으로부터 의견을 널리 수렴하는 절차를 말한다(2조 6호).

② **공청회를 개최하는 경우** : 행정청이 처분을 할 때 i) 다른 법령 등에서 공청회를 개최하도록 규정하고 있는 경우, ii) 해당 처분의 영향이 광범위하여 널리 의견을 수렴할 필요가 있다고 행정청이 인정하는 경우, iii) 국민생활에 큰 영향을 미치는 처분으로서 대통령령으로 정하는 처분에 대하여 30명 이상의 당사자 등이 공청회 개최를 요구하는 경우[43]에는 공청회를 개최하여야 한다(22조 2항).

③ **온라인공청회** : 행정청은 온라인공청회(정보통신망을 이용한 공청회를 의미)를 실시할 수 있는데, 원칙적으로 이는 공청회와 병행해서만 허용된다(38조의2 1항). 다만 i) 국민의 생명·신체·재산의 보호 등 국민의 안전 또는 권익보호 등의 이유로 공청회를 개최하기 어려운 경우, ii) 공청회가 행정청이 책임질 수 없는 사유로 개최되지 못하거나 개최는 되었으나 정상적으로 진행되지 못

---

42) 예컨대 국가공무원법은 공무원에 대한 징계처분이나 소청심사를 함에 있어서는 당사자 또는 그 대리인에게 진술의 기회를 주어야 하며 진술의 기회를 주지 않은 결정은 무효라고 규정하고 있다(13조, 81조 3항).

43) "국민생활에 큰 영향을 미치는 처분으로서 대통령령으로 정하는 처분"이란 i) 국민 다수의 생명, 안전 및 건강에 큰 영향을 미치는 처분, ii) 소음 및 악취 등 국민의 일상생활과 관계되는 환경에 큰 영향을 미치는 처분을 말한다(행정절차법시행령 13조의3 1항).

하고 무산된 횟수가 3회 이상인 경우, iii) 행정청이 널리 의견을 수렴하기 위하여 온라인공청회를 단독으로 개최할 필요가 있다고 인정하는 경우에는 온라인공청회를 단독으로 개최할 수 있다(38조의2 2항). 온라인공청회를 실시하는 경우에는 누구든지 정보통신망을 이용하여 의견을 제출하거나 제출된 의견 등에 대한 토론에 참여할 수 있다(38조의2 4항).

④ **공청회 개최의 알림** : 행정청은 공청회를 개최하려는 경우에는 공청회 개최 14일 전까지 제목, 일시 및 장소, 주요 내용 등 법이 정한 사항을 당사자 등에게 통지하고 관보, 공보, 인터넷 홈페이지 또는 일간신문 등에 공고하는 등의 방법으로 널리 알려야 한다. 다만 공청회 개최를 알린 후 예정대로 개최하지 못하여 새로 일시 및 장소 등을 정한 경우에는 공청회 개최 7일 전까지 알려야 한다(38조).

⑤ **공청회의 주재자 및 발표자의 선정** : 행정청은 해당 공청회의 사안과 관련된 분야에 전문적 지식이 있거나 그 분야에 종사한 경험이 있는 사람으로서 대통령령으로 정하는 자격을 가진 사람 중에서 공청회의 주재자를 선정한다(38조의3 1항).

공청회의 발표자는 발표를 신청한 사람 중에서 행정청이 선정한다. 다만 발표를 신청한 사람이 없거나 공청회의 공정성을 확보하기 위하여 필요하다고 인정하는 경우에는 i) 해당 공청회의 사안과 관련된 당사자 등, ii) 해당 공청회의 사안과 관련된 분야에 전문적 지식이 있는 사람, iii) 해당 공청회의 사안과 관련된 분야에 종사한 경험이 있는 사람 중에서 지명하거나 위촉할 수 있다(38조의3 2항). 행정청은 공청회의 주재자 및 발표자를 지명 또는 위촉하거나 선정할 때 공정성이 확보될 수 있도록 하여야 한다(38조의3 3항).

⑥ **공청회의 진행** : 공청회의 주재자는 공청회를 공정하게 진행하여야 하며, 공청회의 원활한 진행을 위하여 발표 내용을 제한할 수 있고, 질서유지를 위하여 발언중지 및 퇴장명령 등 행정안전부장관이 정하는 필요한 조치를 할 수 있다(39조 1항). 발표자는 공청회의 내용과 직접 관련된 사항에 대하여만 발표하여야 한다(39조 2항).

공청회의 주재자는 발표자의 발표가 끝난 후에는 발표자 상호간에 질의 및 답변을 할 수 있도록 하여야 하며, 방청인에게도 의견을 제시할 기회를 주어야 한다(39조 3항).

⑦ **공청회 결과의 반영** : 행정청은 처분을 할 때에 공청회, 온라인공청회 및 정보통신망 등을 통하여 제시된 사실 및 의견이 상당한 이유가 있다고 인정하는 경우에는 이를 반영하여야 한다(39조의2).

⑧ **공청회의 재개최** : 행정청은 공청회를 마친 후 처분을 할 때까지 새로운 사정이 발견되어 공청회를 다시 개최할 필요가 있다고 인정할 때에는 공청회를 다시 개최할 수 있다(39조의3).

6. 처분의 이유제시

(1) 의의

행정청은 처분을 함에 있어서 당사자에게 그 근거와 이유를 제시하여야 한다(23조 1항). 이러한 이유제시는 행정청의 자의적 결정을 배제하고, 당사자에게 처분의 원인이 되는 사실관계와 처분의 법적 근거를 명확하게 알려줌으로써 방어권 행사를 용이하게 해주는 기능을 수행한다.

(2) 이유제시를 하여야 하는 경우와 예외

행정청은 수익적 처분이든 침익적 처분이든 묻지 아니하고 처분을 함에 있어서 원칙적으로 당사자에게 그 근거와 이유를 제시하여야 한다.

다만 i) 신청 내용을 모두 그대로 인정하는 처분인 경우, ii) 단순·반복적인 처분 또는 경미한 처분으로서 당사자가 그 이유를 명백히 알 수 있는 경우, iii) 긴급히 처분을 할 필요가 있는 경우에는 이유제시를 하지 않을 수 있지만, ii)와 iii)의 경우에 처분 후 당사자가 요청하는 경우에는 그 근거와 이유를 제시하여야 한다(23조).

(3) 이유제시의 정도

행정청이 처분을 함에 있어서 어느 정도 구체적으로 처분의 근거와 이유를 제시하여야 하는지가 문제된다. 원론적으로 말하면 상대방으로 하여금 처분의 중요사항에 관하여 근거와 이유를 알수 있을 정도로 제시하여야 할 것인데, 그 구체성의 정도는 개개 처분의 성질에 따라 다르다. 예컨대 침익적 처분의 경우에는 보다 상세한 근거와 이유를 제시하여야 하고, 반면에 상대방이 이미 처분의 근거와 이유를 알고 있는 경우에는 다소 완화될 수 있을 것이다.

이에 관한 판례의 입장은 다음과 같다. i) 지방자치단체가 도로점용료부과처분을 함에 있어서 도로의 위치를 정확히 특정하지 아니하고 점용료 산정기준에 관하여 아무런 기재도 하지 아니한 것은 위법하다.[44] ii) 경찰서장이 집회 또는 시위에 대하여 해산명령을 하면서 구체적인 해산사유를 고지하지 않은 경우에는 그 해산명령은 위법하다.[45] iii) 일반적으로 당사자가 근거규정을 명시하여 신청하는 인·허가 등을 거부하는 처분을 함에 있어서는 당사자가 그 근거를 알 수 있을 정도로 상당한 이유를 제시하였다면 해당 처분의 근거 및 이유를 구체적 조항 및 내용까지 명시하지 않았더라도 그로 말미암아 그 처분이 이유제시의 하자가 있어 위법한 것이 된다고 할 수 없다.[46] iv) 처분에 이르기까지의 전체적인 과정을 종합적으로 고려해 볼 때 처분 당시 당사자가 어떠한 근거와 이유로 처분이 이루어진 것인지를 충분히 알 수 있어서 그에 불복하여 행정구제절차로 나아가는 데에 별다른 지장이 없었던 것으로 인정되는 경우에는 처분서에 처분의 근거와 이유가 구체적으로 명시되어 있지 않았다고 하더라도 그로 말미암아 그 처분이 위법한 것으로 된다고 할 수는 없다.[47] v) 교육부장관이 대학에서 추천한 복수의 총장후보자 중에서 어떤 후보자를 총장임용에 부적격하다고 판단하여 배제하고 다른 후보자를 임용제청하는 경우라면 배제한 후보자에게 연구윤리 위반, 선거부정, 그 밖의 비위행위 등과 같은 부적격사유가 있다는 점을 구체적으로 제시할 의무가 있다. 그러나 교육부장관이 부적격사유가 없는 후보자들 사이에서 어떤 후보자가 상대적으로 더욱 적합하다고 판단하여 임용제청하는 경우에는 교육부장관이 어떤 후보자를 총장

---

44) 대판 2002. 2. 26, 2000두4323.
45) 대판 2014. 3. 13, 2012도14137.
46) 대판 2002. 5. 17, 2000두8912.
47) 대판 2013. 11. 14, 2011두18571; 대판 2019. 12. 13, 2018두41907.

으로 임용제청하는 행위 자체에 그가 총장으로 더욱 적합하다는 정성적 평가 결과가 당연히 포함되어 있는 것으로, 이로써 행정절차법상 이유제시의무를 다한 것이라고 보아야 한다.[48]

(4) 이유제시의 하자

행정청이 처분을 함에 있어서 이유제시를 전혀 하지 않았거나 제시된 이유가 미흡한 경우에는 절차상의 하자가 있는 것으로서 위법하게 된다. 그런데 이유제시의 하자가 있는 처분의 효력에 대해서 학설상 다툼이 있다. 일설에 의하면 이유제시가 전혀 없거나 중요사항의 기재가 결여된 경우에는 무효사유가 되고 그 밖의 경우에는 취소사유가 된다고 한다.[49] 이에 반해 이유제시의 하자는 언제나 취소사유가 된다는 견해가 있다.[50]

생각건대, 이유제시의 하자는 상대방의 방어권행사에 지장을 주지 않는 한도에서 사후 보완을 통한 치유가 인정되는 점에 비추어 볼 때 그러한 하자는 원칙적으로 취소사유에 해당한다고 볼 것이다. 만일 이유제시의 하자가 일정한 경우에 무효사유가 된다고 보면 이 경우에는 하자의 치유가 인정될 수 없기 때문이다. 판례도 이유제시의 하자는 취소사유로 보고 있다.

> **판례** 과세표준과 세율, 세액, 세액산출근거 등의 필요한 사항을 납세자에게 서면으로 통지하도록 한 세법상의 규정들은 단순히 세무행정의 편의를 위한 훈시규정이 아니라 조세행정에 있어 자의를 배제하고 신중하고 합리적인 처분을 행하게 함으로써 공정을 기함과 동시에 납세의무자에게 부과처분의 내용을 상세히 알려서 불복여부의 결정과 불복신청에 편의를 제공하려는 데서 나온 강행규정으로서, 납세고지서에 그와 같은 기재가 누락되면 그 과세처분 자체가 위법한 처분이 되어 취소의 대상이 된다.』(대판 1985. 5. 28, 84누289)

(5) 이유제시 하자의 치유

처분 당시에는 이유제시에 하자가 있었으나 처분 후에 이를 보완 또는 추완하면 하자가 치유될 수 있는데, 이러한 하자의 보완행위는 언제까지 가능한지가 문제된다. 이에 관해서는 i) 행정쟁송(행정심판과 행정소송) 제기 전까지 가능하다는 견해, ii) 행정심판절차까지 가능하다는 견해, iii) 행정소송절차에서도 가능하다는 견해 등이 대립하고 있다. 판례는 '처분에 대한 불복 여부의 결정에 도움이 될 수 있는 기간 내'에 보완하여야 한다고 함으로써 i)설을 지지하고 있다.[51]

한편, 이유제시의 하자가 있는 조세부과처분을 받은 자가 전심절차에서 이유제시의 하자를 주장하지 않았다거나, 아무런 이의제기 없이 부과된 세금을 자진 납부하였다거나, 그 나름대로 세액의 산출근거를 알고 있었다거나 하는 사정만으로는 이유제시의 하자가 치유되는 것은 아니라고 한다.[52]

---

48) 대판 2018. 6. 15, 2016두57564.
49) 홍정선(상), 433면; 김남철, 421면.
50) 정하중/김광수, 365면.
51) 대판 1983. 7. 26, 82누420; 대판 1984. 4. 10, 83누393.
52) 대판 1985. 4. 9, 84누431; 대판 2002. 11. 13, 2001두1543.

> **판례** ① 『세액산출근거가 누락된 납세고지서에 의한 과세처분의 하자의 치유를 허용하려면 늦어도 과세처분에 대한 불복여부의 결정 및 불복신청에 편의를 줄 수 있는 상당한 기간 내에 하여야 한다고 할 것이므로 위 과세처분에 대한 전심절차가 모두 끝나고 상고심의 계류 중에 세액산출근거의 통지가 있었다고 하여 이로써 위 과세처분의 하자가 치유되었다고는 볼 수 없다.』 (대판 1984. 4. 10, 83누393)
>
> ② 『세액산출근거가 기재되지 아니한 납세고지서에 의한 부과처분은 강행법규에 위반하여 취소대상이 된다 할 것이므로, 이와 같은 하자는 납세의무자가 전심절차에서 이를 주장하지 아니하였거나, 그 후 부과된 세금을 자진 납부하였다거나, 또는 조세채권의 소멸시효기간이 만료되었다 하여 치유되는 것이라고는 할 수 없다.』 (대판 1985. 4. 9, 84누431)
>
> ③ 『납세고지서에 세액산출근거 등의 기재사항이 누락되었거나 과세표준과 세액의 계산명세서가 첨부되지 않았다면 적법한 납세의 고지라고 볼 수 없으며, 위와 같은 납세고지의 하자는 납세의무자가 그 나름대로 산출근거를 알고 있다거나 사실상 이를 알고서 쟁송에 이르렀다 하더라도 치유되지 않는다.』 (대판 2002. 11. 13, 2001두1543)

(6) 처분사유의 추가·변경

처분사유의 추가·변경이란 행정청이 처분시에 제시한 처분의 근거와 이유를 사후에 추가하거나 변경하는 것을 말한다. 이는 특히 행정심판이나 행정소송이 진행되는 중에 행정청이 처분의 근거와 이유를 추가하거나 변경하는 것이 상대방의 방어권 보장의 관점에서 허용되는지와 관련하여 문제된다.

이에 관한 판례의 입장은 다음과 같다. i) 처분청은 당초 처분의 근거로 삼은 사유와 '기본적 사실관계의 동일성'이 인정되는 한도에서 사실심의 변론종결시까지 처분사유의 추가·변경이 허용된다. ii) 당초의 처분사유와 기본적 사실관계의 동일성이 인정되지 않는 사유는 행정소송에서 뿐만 아니라 행정심판에서도 처분사유로 추가·변경하는 것이 허용되지 않는다.[53]

> **판례** 『행정처분의 취소를 구하는 항고소송에서 처분청은 당초 처분의 근거로 삼은 사유와 기본적 사실관계가 동일성이 있다고 인정되는 한도 내에서만 다른 사유를 추가 또는 변경할 수 있고, 이러한 기본적 사실관계의 동일성 유무는 처분사유를 법률적으로 평가하기 이전의 구체적 사실에 착안하여 그 기초인 사회적 사실관계가 기본적인 점에서 동일한지에 따라 결정된다. 그리고 이러한 법리는 행정심판 단계에서도 그대로 적용된다.』 (대판 2014. 5. 16, 2013두26118)

7. 처분의 방식

행정청이 처분을 할 때에는 다른 법령에 특별한 규정이 있는 경우를 제외하고는 문서로 하여야 하며, 당사자 등의 동의가 있거나 당사자가 전자문서로 처분을 신청한 경우에는 전자문서로 할 수 있다(24조 1항). 다만 공공의 안전 또는 복리를 위하여 긴급히 처분을 할 필요가 있거나 사안이

---

53) 대판 2014. 5. 16, 2013두26118. 일설에 의하면 행정심판절차는 행정절차에 해당하고 행정심판위원회는 행정부 소속이라는 점에서 행정심판단계에서는 처분사유의 추가·변경이 허용된다고 한다(정하중/김광수, 366면).

경미한 경우에는 말, 전화, 휴대전화를 이용한 문자 전송, 팩스 또는 전자우편 등 문서가 아닌 방법으로 처분을 할 수 있는데, 이 경우 당사자가 요청하면 지체 없이 처분에 관한 문서를 주어야 한다(24조 2항).

처분을 하는 문서에는 그 처분행정청과 담당자의 소속·성명 및 연락처(전화번호, 팩스번호, 전자우편주소 등)를 적어야 한다(24조 3항).

문서로 하여야 함에도 불구하고 구술로 한 행정행위는 그 하자가 중대하고 명백하여 무효라는 것이 판례의 입장이다.[54]

8. 처분의 정정

행정청은 처분에 오기(誤記), 오산(誤算) 또는 그 밖에 이에 준하는 명백한 잘못이 있을 때에는 직권으로 또는 신청에 따라 지체 없이 정정하고 그 사실을 당사자에게 통지하여야 한다(25조).

9. 불복고지

(1) 불복에 관한 고지의무

행정청이 처분을 할 때에는 당사자에게 그 처분에 관하여 행정심판 및 행정소송을 제기할 수 있는지 여부, 그 밖에 불복을 할 수 있는지 여부, 청구절차 및 청구기간, 그 밖에 필요한 사항을 알려야 한다(26조).

이러한 불복고지제도는 행정절차법이 제정되기 전에 먼저 행정심판법(58조)에서 규정하였으나, 1996년 행정절차법이 제정되면서 중복적으로 규정되었다. 다만 행정심판법 제58조는 직권에 의한 고지와 이해관계인의 요구에 의한 고지로 나누어 규정하고 있는데 반해, 행정절차법에서는 직권에 의한 고지에 대해서만 규정하고 있다. 따라서 행정절차법에도 이해관계자의 요구에 의한 고지 규정을 신설하고, 중복되는 행정심판법상의 관련 조항들은 삭제하는 것이 바람직하다는 견해가 있는데,[55] 타당한 지적이라 생각된다.

(2) 불고지·오고지의 효과

행정청이 처분을 함에 있어서 불복절차 등에 관한 고지를 하지 않거나 잘못 고지한 경우의 법적 효과가 문제되는데, 이에 관해 행정심판법은 특별한 규정을 두고 있다. 즉, 처분청이 행정심판 청구절차를 고지하지 않거나 잘못 고지해서 청구인이 심판청구서를 관할 행정기관이 아닌 다른 행정기관에 제출한 때에는 그 행정기관은 심판청구서를 지체 없이 정당한 권한이 있는 피청구인에게 보내도록 하고 있다(행정심판법 23조 2항).

행정심판은 원칙적으로 처분이 있음을 알게 된 날부터 90일 이내 또는 처분이 있었던 날부터 180일 이내에 제기하여야 하는데, 행정청이 심판청구기간을 알려주지 않은 경우에는 상대방이 처분이 있음을 알았는지와 관계 없이 '처분이 있었던 날부터 180일 이내'에 제기하면 되고(동법 27조

---

54) 대판 2011. 11. 10, 2011도11109; 대판 2019. 7. 11, 2017두38874.
55) 정하중/김광수, 367면.

6항), 제27조 제1항이 정한 기간(안 날부터 90일)보다 긴 기간으로 잘못 알린 경우에는 그 잘못 알린 기간 내에 제기하면 된다(동법 27조 5항).

이와 관련하여 행정청이 불복에 관한 고지를 하지 않은 것이 처분의 독립한 취소사유가 되는 지가 문제된다. 행정절차법상 불복고지에 관한 규정은 행정처분의 상대방이 그 처분에 대한 행정 심판절차를 밟는데 편의를 제공하려는 것이어서 처분청이 고지의무를 이행하지 않았다 하더라도 경우에 따라 행정심판의 제기기간이 연장될 수 있음에 그칠 뿐이고, 그 때문에 행정처분이 위법하다고 할 수는 없다는 것이 판례의 입장이다.[56]

Ⅳ. 신고·확약·위반사실공표·행정계획의 절차

행정절차법 제3장에서는 수리를 요하지 않는 신고(40조), 확약(40조의2), 위반사실 등의 공표(40조의3), 행정계획(40조의4)에 관해서 규정하고 있는데, 이에 관해서는 해당 행정작용 부분에서 자세히 설명하였다.[57]

Ⅴ. 행정상 입법예고절차

1. 입법예고의 대상

법령 등을 제정·개정 또는 폐지하려는 경우에는 해당 입법안을 마련한 행정청은 이를 예고하여야 한다. 다만 i) 신속한 국민의 권리보호 또는 예측 곤란한 특별한 사정의 발생 등으로 입법이 긴급을 요하는 경우, ii) 상위 법령 등의 단순한 집행을 위한 경우, iii) 입법내용이 국민의 권리·의무 또는 일상생활과 관련이 없는 경우, iv) 단순한 표현·자구를 변경하는 경우 등 입법내용의 성질상 예고의 필요가 없거나 곤란하다고 판단되는 경우, v) 예고함이 공공의 안전 또는 복리를 현저히 해칠 우려가 있는 경우에는 입법예고를 하지 않을 수 있다(41조 1항).

입법안을 마련한 행정청은 입법예고 후 예고내용에 국민생활과 직접 관련된 내용이 추가되는 등 대통령령으로 정하는 중요한 변경이 발생하는 경우에는 해당 부분에 대한 입법예고를 다시 하여야 한다(41조 4항).

법제처장은 입법예고를 하지 않은 법령안의 심사 요청을 받은 경우에 입법예고를 하는 것이 적당하다고 판단할 때에는 해당 행정청에 입법예고를 권고하거나 직접 예고할 수 있다(41조 3항).

---

56) 대판 2016. 4. 29, 2014두3631; 대판 2018. 2. 8, 2017두66633.
57) 신고에 관해서는 제1편 제3장 제7절 "Ⅴ. 사인의 공법행위로서의 신고"에서, 확약에 관해서는 제2편 제3장 "제1절 행정상의 확약"에서, 위반사실 등의 공표에 관해서는 제4편 제4장 "Ⅶ. 위반사실의 공표"에서, 행정계획에 관해서는 제2편 제3장 "제2절 행정계획"에서 각각 설명하였다. 한편, 확약(40조의2), 위반사실 등의 공표(40조의3), 행정계획(40조의4)의 조문은 2022. 1. 11. 행정절차법 개정시에 신설되었다.

2. 예고방법 · 기간

(1) 예고방법

행정청은 입법안의 취지, 주요 내용 또는 전문을 공고하여야 하는데, 그 방법은 법령 입법안의 경우는 관보 및 법제처장이 구축·제공하는 정보시스템을 통해 공고하고, 자치법규 입법안의 경우는 공보를 통해 공고한다(42조 1항). 행정청은 입법예고를 할 때에 입법안과 관련이 있다고 인정되는 중앙행정기관, 지방자치단체, 그 밖의 단체 등이 예고사항을 알 수 있도록 예고사항을 통지하거나 그 밖의 방법으로 알려야 하며(42조 3항), 대통령령을 입법예고하는 경우에는 국회 소관 상임위원회에 이를 제출하여야 한다(42조 2항).

행정청은 예고된 입법안에 대하여 온라인공청회 등을 통하여 널리 의견을 수렴할 수 있다(42조 4항). 행정청은 예고된 입법안의 전문에 대한 열람 또는 복사를 요청받았을 때에는 특별한 사유가 없으면 그 요청에 따라야 하며(42조 5항), 복사에 드는 비용은 복사를 요청한 자에게 부담시킬 수 있다(42조 6항).

(2) 예고기간

입법예고기간은 예고할 때 정하되, 특별한 사정이 없으면 40일(자치법규는 20일) 이상으로 한다(43조).

3. 의견제출 및 처리

누구든지 예고된 입법안에 대하여 의견을 제출할 수 있다(44조 1항). 행정청은 해당 입법안에 대한 의견이 제출된 경우 특별한 사유가 없는 한 이를 존중하여 처리하여야 하며, 의견을 제출한 자에게 그 제출된 의견의 처리결과를 통지하여야 한다(44조 3항, 4항).

4. 공청회

행정청은 입법안에 관하여 공청회를 개최할 수 있다(45조).

Ⅵ. 행정예고절차

1. 행정예고의 대상

행정청은 정책, 제도 및 계획(이하 '정책 등'이라 한다)을 수립·시행하거나 변경하려는 경우에는 이를 예고하여야 한다.[58] 다만 i) 신속하게 국민의 권리를 보호하여야 하거나 예측이 어려운 특별한 사정이 발생하는 등 긴급한 사유로 예고가 현저히 곤란한 경우, ii) 법령 등의 단순한 집행을

---

[58] 종래에는 국민생활에 매우 큰 영향을 주는 사항 등 법이 정한 정책 등에 관해서만 예고를 하도록 하였으나, 2019년 개정법에서는 모든 정책 등은 원칙적으로 예고를 하도록 하고 다만 국민의 권리·의무 또는 일상생활과 관련이 없는 경우 등 법이 정한 사유가 있는 경우에는 예고를 하지 않을 수 있도록 하였다.

위한 경우, iii) 정책 등의 내용이 국민의 권리·의무 또는 일상생활과 관련이 없는 경우, iv) 정책 등의 예고가 공공의 안전 또는 복리를 현저히 해칠 우려가 상당한 경우에는 예고를 하지 않을 수 있다(46조 1항).

한편, 법령 등의 입법을 포함하는 행정예고는 입법예고로 갈음할 수 있다(46조 2항).

2. 예고방법·기간 등

행정청은 정책안 등의 취지, 주요 내용 등을 관보·공보나 인터넷·신문·방송 등을 통하여 공고하여야 한다(47조 1항). 행정예고기간은 예고 내용의 성격 등을 고려하여 정하되, 20일 이상으로 한다(46조 3항).

누구든지 예고된 정책안 등에 대하여 의견을 제출할 수 있으며, 행정청은 정책안 등에 대한 의견이 제출된 경우 특별한 사유가 없으면 이를 존중하여 처리하여야 한다(47조 2항, 44조 1항, 3항). 다만 입법예고와는 달리 의견제출자에게 제출된 의견의 처리결과를 통지할 의무는 없다(47조 2항, 44조 4항 참조). 행정청은 정책안 등에 관하여 공청회를 개최할 수 있다(47조 2항, 45조 1항).

행정청은 행정예고를 할 때에 해당 정책안 등과 관련이 있다고 인정되는 중앙행정기관, 지방자치단체, 그 밖의 단체 등이 예고사항을 알 수 있도록 예고사항을 통지하거나 그 밖의 방법으로 알려야 한다(47조 2항, 42조 3항). 그러나 입법예고와는 달리 국회 소관 상임위원회에 제출할 의무는 없다(47조 2항, 42조 2항 참조).

3. 행정예고 통계 작성 및 공고

행정청은 매년 자신이 행한 행정예고의 실시 현황과 그 결과에 관한 통계를 작성하고, 이를 관보·공보 또는 인터넷 등의 방법으로 널리 공고하여야 한다(46조의2).

Ⅶ. 행정지도절차

1. 행정지도의 원칙

(1) 행정지도는 그 목적달성에 필요한 최소한도에 그쳐야 하며, 행정지도 상대방의 의사에 반하여 부당하게 강요하여서는 안 된다(48조 1항).

(2) 행정기관은 행정지도의 상대방이 행정지도에 따르지 않았다는 것을 이유로 불이익한 조치를 해서는 안 된다(48조 2항).

2. 행정지도의 방식

행정지도를 하는 자는 상대방에게 행정지도의 취지 및 내용과 신분을 밝혀야 한다(49조 1항). 행정지도가 말로 이루어지는 경우에 상대방이 이의 사항을 적은 서면의 교부를 요구하면 그 행정지도를 하는 자는 직무수행에 특별한 지장이 없으면 이를 교부하여야 한다(49조 2항).

3. 의견제출

행정지도의 상대방은 해당 행정지도의 방식·내용 등에 관하여 행정기관에 의견을 제출할 수 있다(50조).

4. 다수인을 대상으로 하는 행정지도

행정기관이 같은 행정목적을 실현하기 위하여 많은 상대방에게 행정지도를 하려는 경우에는 특별한 사정이 없으면 행정지도에 공통적인 내용이 되는 사항을 공표하여야 한다(51조).

Ⅷ. 국민참여의 확대

1. 국민참여 활성화

행정청은 행정과정에서 국민의 의견을 적극적으로 청취하고 이를 반영하도록 노력하여야 한다 (52조 1항). 행정청은 국민에게 다양한 참여방법과 협력의 기회를 제공하도록 노력하여야 하며, 구체적인 참여방법을 공표하여야 한다(52조 2항).

행정청은 국민참여 수준을 향상시키기 위하여 노력하여야 하며, 필요한 경우 국민참여 수준에 대한 자체진단을 실시하고 그 결과를 행정안전부장관에게 제출하여야 한다(52조 3항). 행정청은 자체진단을 실시한 경우 그 결과를 공개할 수 있다(52조 4항).

행정청은 국민참여를 활성화하기 위하여 교육·홍보, 예산·인력 확보 등 필요한 조치를 할 수 있으며, 행정안전부장관은 국민참여 확대를 위하여 행정청에 교육·홍보, 포상, 예산·인력 확보 등을 지원할 수 있다(52조 5항, 6항).

2. 국민제안의 처리

행정청(국회사무총장·법원행정처장·헌법재판소사무처장 및 중앙선거관리위원회사무총장은 제외)은 국민제안을 접수·처리하여야 하는데, 여기에서 국민제안이란 정부시책이나 행정제도 및 그 운영의 개선에 관한 국민의 창의적인 의견이나 고안을 말한다(52조의2 1항).

3. 국민참여 창구 설치·운영

행정청은 주요 정책 등에 관한 국민과 전문가의 의견을 듣거나 국민이 참여할 수 있는 온라인 또는 오프라인 창구를 설치·운영할 수 있다(52조의3).

4. 온라인 정책토론

행정청은 국민에게 영향을 미치는 주요 정책 등에 대하여 국민의 다양하고 창의적인 의견을 널리 수렴하기 위하여 정보통신망을 이용한 정책토론(이하 '온라인 정책토론'이라 한다)을 실시할 수 있다(53조 1항).

행정청은 효율적인 온라인 정책토론을 위하여 과제별로 한시적인 토론 패널을 구성하여 해당 토론에 참여시킬 수 있다. 이 경우 패널의 구성에 있어서는 공정성 및 객관성이 확보될 수 있도록 노력하여야 한다(53조 2항).

행정청은 온라인 정책토론이 공정하고 중립적으로 운영되도록 하기 위하여 필요한 조치를 할 수 있다(53조 3항).

Ⅸ. 행정절차의 하자

1. 서

행정절차의 하자는 넓은 의미로는 모든 행정작용(행정행위, 행정입법, 행정계획, 행정지도 등)에 있어서의 절차상 하자를 포함한다. 그리고 좁은 의미로는 '행정행위의 절차상 하자'만을 의미한다. 행정절차의 하자가 주로 문제되는 것은 행정행위의 절차와 관련해서이며, 따라서 여기서도 좁은 의미의 절차상 하자에 관해 살펴보기로 한다.

2. 절차상 하자있는 행정행위의 효력

(1) 문제의 소재

행정절차법 등 관련 법령에서는 청문, 공청회, 처분사유의 사전통지, 이유제시 등 행정행위를 함에 있어서 거쳐야 하는 절차에 관하여 규정하고 있는데, 이러한 절차를 준수하지 않은 행정행위의 효력이 어떠한지가 문제된다.

개별법에서 절차상 하자있는 행정행위의 효력에 관해 명시적으로 규정하고 있는 경우에는 해당 규정에 따르면 된다. 예컨대 공무원에 대한 징계나 소청심사에 있어서는 징계대상자나 소청인에게 진술의 기회를 부여하여야 하며, 진술의 기회를 부여하지 아니한 결정은 무효라고 한 국가공무원법의 규정이 그에 해당한다(13조, 81조).

그러나 대부분의 경우에는 절차상 하자있는 행정행위의 효력에 관하여 실정법상 아무런 규정을 두고 있지 않으며, 이러한 경우에는 학설·판례에 의하여 해결되는 수밖에 없을 것이다.[59]

(2) 학설

① **소극설** : 절차상의 하자가 실체적 결정에 아무런 영향을 미치지 않는 경우, 즉 흠결된 절차를 다시 거친다 하더라도 행정청은 종전과 동일한 결정을 할 수 밖에 없는 경우에는 법원은 절차상의 하자를 이유로 행정행위를 취소할 수 없다는 견해이다.[60] 그 논거로는, 행정행위를 함에 있

---

[59] 독일 행정절차법 제46조는, 행정행위의 절차상의 하자가 그 실체적 결정에 영향을 미치지 아니한 것이 명백한 경우에는 절차상의 하자만을 이유로 행정행위의 취소를 구할 수 없다고 규정하고 있다.

[60] 여기에서 절차상의 하자가 실체적 결정에 아무런 영향을 미치지 않는 경우란 주로 '기속행위'를 의미한다고 할 것이다. 예컨대 조세부과처분을 함에 있어서 법이 정한 절차를 위반한 경우에 절차상의 하자를 이유로 조세부과

어서 일정한 절차를 거치도록 한 이유는 실체적으로 적정한 행정결정을 확보하기 위한 수단이므로(절차봉사설의 입장) 절차상의 하자가 실체적 결정에 아무런 영향을 미치지 않는 경우에 절차상의 하자만을 이유로 그 행정행위를 취소하는 것은 행정의 효율성과 소송경제에 반한다는 것을 든다.[61] 이 견해는 독일 행정절차법 제46조의 취지를 받아들이는 입장이라 할 수 있다.

② **적극설** : 실체적 하자뿐만 아니라 절차상 하자도 행정행위의 독립한 취소사유로 삼을 수 있다는 견해이다. 그 논거로는, i) 우리나라는 독일 행정절차법 제46조와 같은 규정이 없는 점, ii) 만일 절차상의 하자를 행정행위의 독립한 취소사유로 인정하지 않는다면 해당 절차를 요구하는 취지를 몰각시킬 수 있는 점(절차고유가치설의 입장) 등을 들고 있다. 이러한 적극설이 우리나라의 다수설의 입장이라 할 수 있다.

(3) 판례

판례는 기속행위인지 재량행위인지에 관계 없이 절차상의 하자는 원칙적으로 독립한 취소사유가 된다는 입장을 취하고 있다. 다만 최근에는 경미한 절차상 하자가 있는 경우에는 그것만으로 취소사유에 해당한다고 볼 수 없다는 판례가 늘어나고 있다. 이하에서 판례의 주요 내용에 관해 살펴보기로 한다.

① 법률이 정하고 있는 사전통지, 청문, 이유제시 등의 절차를 거치지 아니한 하자는 취소사유에 해당한다.[62]

② 경미한 절차상 하자가 있는 경우에는 그것만으로 행정행위의 취소사유에 해당한다고 할 수 없다. 다만 재량행위의 경우에는 절차상 하자로 인하여 행정청의 재량권행사에 영향을 미쳤다면 그러한 행정행위는 재량권을 일탈·남용한 것으로서 위법하다.

a) 민원사무를 처리하는 행정청이 민원조정위원회를 개최하면서 민원인에게 회의일정 등을 사전에 통지하지 않아 민원인이 의견진술의 기회를 갖지 못한 채 거부처분이 내려졌다 하더라도 이러한 사정만으로는 행정청의 거부처분에 취소사유에 이를 정도의 하자가 있다고 보기 어렵다. 다만 해당 거부처분이 재량행위인 경우에는 사전통지의 흠결로 민원인에게 진술의 기회를 주지 아니한 결과 민원조정위원회의 심의과정에서 고려대상에 포함되어야 할 사항이 누락되어 재량권행사에 영향을 미쳤다면, 이러한 경우의 거부처분은 재량권을 일탈·남용한 것으로서 위법하다.[63]

처분이 취소되면 처분청은 흠결된 절차를 보완해서 다시 조세부과처분을 내려야 하는데, 이 경우 내용적으로는 종전과 동일한 처분을 내릴 수밖에 없을 것이다. 조세부과처분은 대표적인 기속행위로서 법이 정한 대로 처분을 내려야 하기 때문이다. 이에 반해 재량행위의 경우에는 행정청이 행정행위를 함에 있어 행정절차를 통해 상대방의 의견을 청취하는 것은 재량권 행사에 영향을 미칠 수 있으므로, 행정절차를 준수하는 것은 국민의 권리보호를 위해 중요한 의미를 갖는다. 따라서 재량행위의 경우에는 절차상 하자는 행정행위의 실체적 결정에 영향을 미칠 가능성이 있으므로 절차상 하자는 독립한 취소사유가 될 수 있는 것이다. 한편, 재량행위의 경우에도 재량권이 영으로 수축되는 등 특별한 경우에는 절차상 하자가 실체적 결정에 영향을 미치지 않는 경우도 있을 수 있는바, 이러한 경우에는 절차상 하자가 독립한 취소사유가 되지 못한다(실제에 있어 이러한 경우는 매우 드물 것이다).

61) 정하중/김광수, 387면.
62) 대판 2000. 11. 14, 99두5870; 대판 2002. 2. 26, 2000두4323; 대판 2004. 5. 28, 2004두1254; 대판 2007. 11. 16, 2005두15700; 대판 2017. 4. 7, 2016두63224.
63) 대판 2015. 8. 27, 2013두1560.

b) 개발행위허가는 재량행위에 속하므로 행정청은 반드시 도시계획위원회의 심의 결과대로 개발행위허가 여부를 결정해야 하는 것은 아닌 점에 비추어 볼 때, 국토계획법이 행정청이 일정한 개발행위허가를 함에 있어서 도시계획위원회의 심의를 거치도록 하고 있는 것은 행정청으로 하여금 개발행위허가를 신중하게 결정하도록 하는데 주된 취지가 있다고 할 것이다. 따라서 일정한 개발행위허가를 함에 있어서는 국토계획법 제59조에 따라 도시계획위원회의 심의를 거쳐야 할 것이나, 만일 행정청이 도시계획위원회의 심의를 거치지 않고 개발행위허가의 신청 내용이 허가기준에 맞지 않는다는 이유로 불허가하였다면 도시계획위원회의 심의를 거치지 않은 사정만으로는 곧바로 그 불허가처분에 취소사유에 이를 정도의 절차상 하자가 있다고 보기는 어렵다. 다만 행정청이 도시계획위원회의 심의를 거치지 않은 결과 불허가처분을 함에 있어서 마땅히 고려하여야 할 사정을 참작하지 않았다면 그 불허가처분은 재량권을 일탈·남용한 것으로서 위법하다.[64]

c) 다음의 판례는 다소 입장이 다른 점에 유의해야 할 것이다. 산림에서 토석을 채취하기 위해서는 토석채취허가를 받아야 하는데, 행정청이 토석채취허가를 함에 있어서는 현지조사를 실시하여 그 신청 내용이 허가기준에 적합한지 여부를 검토한 후 토석채취의 타당성에 관하여 지방산지관리위원회의 심의를 거쳐야 한다(산지관리법시행령 32조 2항). 그런데 토석채취허가 신청이 있는 경우에 행정청이 현지조사를 실시한 후 법이 정한 요건을 갖추지 못하였다고 인정하는 때에는 지방산지관리위원회의 심의를 거치지 않고 불허가처분을 할 수 있는지가 문제되었다. 이에 대해 대법원은 다음과 같이 판시하였다.[65] i) 토석채취허가를 함에 있어서 지방산지관리위원회의 심의를 거치도록 한 취지는 외부전문가 등으로 구성된 위원회에서 토석채취의 타당성을 면밀히 토론·심의하여 처분의 근거를 제공하게 함으로써 재량행위의 정당성과 투명성을 확보하고 산지관리행정의 공정성·전문성을 도모하려는데 있다. ii) 산지관리법시행령 제32조 제2항이 "현지조사를 실시하여 그 신청 내용이 허가기준에 적합한지 여부를 검토한 후 토석채취의 타당성에 관하여 지방산지관리위원회의 심의를 거치도록" 규정한 이유는, 산지관리법 제28조에서 규정하고 있는 허가기준 중에는 신청인이 제출한 자료나 현지조사결과에 따라 기계적·획일적 판단이 가능한 것이 있는데 이러한 기준을 충족하지 못한 경우까지 지방산지관리위원회의 심의를 거치도록 하는 것은 비효율적이므로 미리 해당 위원회의 심의를 거치지 않아도 되는 경우를 선별함으로써 토석채취허가 업무를 보다 효율적으로 운영하도록 하기 위한 것으로 보인다. iii) 그렇다면 산지관리법시행령 제32조 제2항의 취지는 행정청이 현지조사를 거쳐 신청인이 제출한 자료를 심사하여 신청이 산지관리법 제28조에 따른 허가기준에 적합한지 여부를 1차적으로 검토한 결과 허가기준에 적합하지 아니함이 객관적으로 명백한 경우에는 지방산지관리위원회의 심의를 거치지 않은 채 불허가할 수 있으나 그렇지 않은 경우에는 지방산지관리위원회의 심의를 거쳐야 한다고 해석하는 것이 타당하며, 후자의 경우 지방산지관리위원회의 심의를 거치지 아니하고 불허가처분을 한 때에는 법령에 규정된 절차의 흠결로 인하여 그 처분은 위법하다고 보아야 한다.

---

64) 대판 2015. 10. 29, 2012두2878.
65) 대판 2015. 11. 26, 2013두765.

3. 절차상 하자와 국가배상책임

(1) 문세의 소재

행정청이 주민의 의견청취 등 행정절차를 위반하여 처분을 내린 경우에 국민의 절차적 권리 침해를 이유로 국가배상책임이 성립될 수 있는지가 문제되고 있다.

(2) 판례의 입장

대법원은 행정청이 입지선정위원회를 구성하지 않고 폐기물매립장을 설치한 것으로 인한 손해배상청구사건에서 다음과 같이 판시하였다.[66]

i) 법령이 국가나 지방자치단체가 공익사업을 시행하는 과정에서 주민들의 행정절차 참여에 관하여 규정하는 것은 어디까지나 주민들에게 자신의 의사와 이익을 반영할 기회를 보장하고 행정의 공정성·투명성과 신뢰성을 확보하며 국민의 권익을 보호하기 위한 것일 뿐, 행정절차에 참여할 권리 그 자체가 사적 권리로서의 성질을 가지는 것은 아니다.

ii) 행정절차는 그 자체가 독립적으로 의미를 가지는 것이라기보다는 행정의 공정성과 적정성을 보장하는 공법적 수단으로서의 의미가 크므로, 관련 행정처분의 성립이나 무효·취소 여부 등을 따지지 않은 채 주민들이 일시적으로 행정절차에 참여할 권리를 침해받았다는 사정만으로 곧바로 국가나 지방자치단체가 주민들에게 정신적 손해에 대한 배상의무를 부담한다고 단정할 수 없다.

iii) 이와 같은 행정절차상 권리의 성격이나 내용 등에 비추어 볼 때, 국가나 지방자치단체가 행정절차를 진행하는 과정에서 주민들의 의견제출 등 절차적 권리를 보장하지 않은 위법이 있다고 하더라도, 그 후 이를 시정하여 절차를 다시 진행한 경우, 종국적으로 행정처분 단계까지 이르지 않거나 처분을 직권으로 취소하거나 철회한 경우, 행정소송을 통하여 처분이 취소되거나 처분의 무효를 확인하는 판결이 확정된 경우 등에는 주민들이 절차적 권리의 행사를 통하여 환경권이나 재산권 등 사적 이익을 보호하려던 목적이 실질적으로 달성된 것이므로 특별한 사정이 없는 한 절차적 권리 침해로 인한 정신적 고통에 대한 배상은 인정되지 않는다.

---

66) 대판 2021. 7. 29, 2015다221668. <사건개요> 전남 보성군은 폐기물매립장 설치사업을 추진하였다. 관계 법령에 따르면 폐기물처리시설 설치기관은 입지선정위원회를 설치하여 입지를 선정하여야 하는데, 보성군은 입지선정위원회를 구성하지 않고 일방적으로 입지를 선정한 다음 2008. 2. 14. 담당 공무원이 위조한 입지선정위원회 회의록을 제출하여 2008. 2. 20. 전남도지사로부터 폐기물매립장 설치승인을 받았으며, 2009. 11. 24.부터 폐기물매립장을 운영하고 있다. 이에 지역주민들은 절차상 하자있는 폐기물매립장 설치·운영으로 인한 국가배상청구소송을 제기하였다. 한편, 해당 지역주민들은 폐기물매립장 설치계획 승인처분에 대한 행정소송을 제기하였고, 2018. 5. 31. 광주지방법원은 입지선정위원회를 구성하지 않은 것은 중대·명백한 하자에 해당되어 위 승인처분은 무효라고 판결하였으며, 피고가 항소하지 않아 그대로 확정되었다.
대판 2021. 8. 12, 2015다208320.에서도 위 판례와 유사한 판결을 하였는데, 그 사건개요는 다음과 같다. 한국전력공사는 송전선로 건설사업을 시행하기 위해 부산광역시 기장군의 A, B 지역을 경과하는 송전선로 예정경과지를 선정하였는데, 해당 지역주민들의 거센 반대집회로 인해 주민설명회를 개최하지 못하였다. 이에 한국전력공사와 기장군 주민대표 사이에 기장군 통과지역을 전면 재검토한다는 합의가 이루어졌고, 이를 위해 협의체가 구성되었다. 협의체는 기장군 C 지역을 경과하는 것으로 변경인을 제시하였는데, 한국전력공사는 C 지역주민들을 상대로 의견청취절차를 거치지 않은 채 사업관할청으로부터 사업실시계획의 승인을 받았다. 이에 C 지역주민들은 입지선정결정과정에 참여할 기회를 배제한 절차상 하자있는 경과지 결정으로 인한 손해배상청구소송을 제기하였다.

iv) 다만 이러한 조치로도 주민들의 절차적 권리 침해로 인한 정신적 고통이 여전히 남아 있다고 볼 특별한 사정이 있는 경우에 국가나 지방자치단체는 그 정신적 고통으로 인한 손해를 배상할 책임이 있다. 이때 특별한 사정이 있다는 사실에 대한 주장·증명책임은 이를 청구하는 주민들에게 있다.

v) 결론 : 이 사건 폐기물매립장 설치계획이 담당 공무원이 위조한 입지선정위원회 회의록을 제출하여 승인을 받은 점이나 폐기물매립장이 2009. 11.경부터 설치·운영되었는데 그동안 부실하게 운영된 점 등에 비추어 볼 때, 비록 2018. 5. 31. 위 승인처분에 대한 무효판결이 내려져서 확정되었다 하더라도 주민들의 정신적 고통이 여전히 남아 있다고 볼 특별한 사정을 인정할 여지가 있다. 그런데 원심은 보성군의 불법행위 시점은 2008. 2. 14. 위조된 서류를 전남도지사에게 제출하여 설치승인을 신청한 때라고 하였는바, 그렇다면 이 사건 원고들이 그 시점에서 해당 지역주민이었다는 사실을 원고들이 주장·증명했어야 한다. 그런데 원심은 이에 관해서는 심리하지 않고 절차상 하자를 이유로 원고 모두에게 정신적 고통에 대한 손해배상책임을 인정하였는바, 이는 필요한 심리를 다 하지 않은 잘못이 있다.

제 2 장

행정정보공개

Ⅰ. 서

1. 정보공개의 필요성

행정의 민주화를 달성하고 국민의 권익을 보장하기 위해서는 무엇보다도 행정기관이 보유하고 있는 정보·자료에 대한 국민의 접근권이 보장되어야 한다. 그러나 이러한 정보공개의 필요성은 공무상 비밀유지 및 국민의 사생활의 비밀보호와 충돌될 우려가 있으므로, 정보공개여부를 결정함에 있어서는 양 가치의 조화를 고려하여야 할 것이다.

2. 법적 근거

(1) 헌법적 근거

국민의 정보공개청구권은 헌법상의 '알 권리'에서 도출된다고 보는 것이 지배적이다. 알 권리란 일반적으로 접근할 수 있는 정보원으로부터 의사형성에 필요한 정보를 자유롭게 수집하고, 수집된 정보를 취사선택할 수 있는 권리를 말한다.

독일 기본법은 국민의 알 권리를 명시적으로 규정하고 있는데 대해(5조 1항 1문), 우리 헌법은 알 권리에 관한 직접적인 규정은 없다. 이에 우리나라에서는 그 근거를 i) 헌법 제21조의 표현의 자유에서 찾는 견해, ii) 헌법 제10조의 인간의 존엄과 행복추구권에서 찾는 견해, iii) 국민의 알 권리는 헌법상의 특정 조항에서 도출되는 권리가 아니라, 헌법 제1조의 국민주권의 원리, 헌법 제10조의 인간의 존엄과 행복추구권, 헌법 제21조의 표현의 자유에서 도출되는 포괄적인 권리라는 견해 등이 대립하고 있다.

과거 우리나라에 국민의 정보공개청구권에 관한 아무런 법률 규정이 없었을 때에 직접 헌법상의 알 권리로부터 그러한 권리를 도출할 수 있는지가 문제되었다. 헌법재판소는 국민의 알 권리는 헌법 제21조의 표현의 자유에 당연히 포함되는 것이라고 하면서, 법률의 규정이 없더라도 국민의 정부에 대한 정보공개청구권이 인정될 수 있다고 하였다.[1]

(2) 법령 등의 근거

국민의 공공기관에 대한 정보공개청구권이 처음으로 입법화된 것은 지방자치단체의 조례에 의해서이다. 즉, 1991년 청주시 지방의회가 처음으로 '청주시 행정정보공개조례안'을 의결하였는데,

---

1) 헌재 1989. 9. 4, 88헌마22.

청주시장은 위 조례안이 법령의 근거 없이 제정되어 위법하다는 이유로 대법원에 제소하였다. 이에 대해 대법원은 위 조례안이 주민의 권리를 제한하거나 의무를 부과하는 것이 아니므로 그 제정에 있어 반드시 법률의 개별적인 위임이 필요한 것은 아니라고 하여 청구를 기각하였다.[2] 이에 대부분의 지방자치단체가 연이어 정보공개조례를 제정하였다.

이러한 사정하에서 1996년 12월에 드디어 「공공기관의 정보공개에 관한 법률」(이하에서 '정보공개법'이라 한다)이 제정되었는바, 이 법은 2004년 전문 개정된 후 몇 차례의 부분 개정을 거쳐 현재에 이르고 있다. 이하에서 정보공개법의 주요 내용에 관해 살펴보기로 한다.

(3) 정보공개법의 적용범위

① **일반론** : 정보공개에 관하여는 다른 법률에 특별한 규정이 있는 경우를 제외하고는 정보공개법에서 정하는 바에 따른다(4조 1항). 다른 법률에 특별한 규정이 있어서 정보공개법의 적용이 배제되기 위해서는, 특별한 규정이 '법률'이어야 하고 나아가 해당 법률의 내용이 정보공개의 대상 및 범위, 정보공개의 절차, 비공개대상정보 등에 관하여 정보공개법과 달리 규정하고 있는 것이어야 한다는 것이 판례의 입장이다.[3]

② **형사재판확정기록의 공개** : 형사소송법에 의한 형사재판확정기록의 열람·등사의 경우에 정보공개법이 적용되는지가 문제된다. 즉, 형사소송법 제59조의2 제1항은 "누구든지 권리구제·학술연구 또는 공익적 목적으로 재판이 확정된 사건의 소송기록을 보관하고 있는 검찰청에 그 소송기록의 열람 또는 등사를 신청할 수 있다"고 하면서, 제2항에서는 비공개사유에 관해, 제6항에서는 소송기록 열람·등사 신청에 대한 검사의 처분에 불복하는 방법에 관해 규정하고 있는데, 이러한 형사소송법의 규정이 정보공개법 제4조 제1항의 '정보공개에 관하여 다른 법률에 특별한 규정이 있는 경우'에 해당하는지가 문제되었다. 이에 대해 판례는, 형사소송법 제59조의2는 형사재판확정기록의 공개 여부나 공개 범위, 불복절차 등에 대하여 정보공개법과 달리 규정하고 있는 것으로 정보공개법 제4조 제1항에서 정한 '정보의 공개에 관하여 다른 법률에 특별한 규정이 있는 경우'에 해당한다고 하며, 따라서 형사재판확정기록의 공개에 관하여는 정보공개법에 의한 공개청구가 허용되지 않는다고 하였다.[4]

③ **군사기밀의 공개** : 군사기밀보호법에 따르면 군사기밀은 국가안전보장에 미치는 영향의 정도에 따라 1급비밀, 2급비밀, 3급비밀로 구분하며(3조 1항), 군사기밀을 누설하면 형사처벌을 받도록 하고 있다(12조, 13조). 모든 국민은 문서로써 군사기밀의 공개를 요청할 수 있는데(9조 1항), 군사기밀의 공개를 요청하고자 하는 자는 군사기밀공개요청서에 그 사유를 기재하여 해당 군사기밀을 취급하는 부대의 장에게 제출하여야 하며(시행령 9조 1항), 군사기밀공개요청서를 접수한 부대의 장은 그 기밀의 공개에 대한 자체 검토의견서를 첨부하여 국방부장관에게 제출하도록 하고 있다(시행령 9조 2항). 국방부장관이 군사기밀을 공개하고자 할 때에는 보안정책회의의 회의를 거쳐 공

---

2) 대판 1992. 6. 23, 92추17.
3) 대판 2016. 12. 15, 2013두20882.
4) 대판 2016. 12. 15, 2013두20882.

개하되, 중요 군사기밀의 공개에 관하여는 국가정보원장의 승인을 얻어야 한다(시행령 7조 1항, 9조 2항).

이와 관련하여 군사비밀로 지정된 정보에 관해 정보공개법에 의한 공개청구가 있는 경우에 그 공개여부를 결정하기 위해서는 군사비밀보호법 및 동법시행령에서 정한 절차를 거쳐야 하는지가 문제된다.[5] 이에 대해 대법원은 정보공개법에 의한 정보공개의 청구와 군사기밀보호법에 의한 군사기밀의 공개요청은 그 상대방, 처리절차 및 공개의 사유 등이 전혀 다르므로, 특별한 규정이 없는 한 정보공개법에 의한 정보공개청구를 군사기밀보호법에 의한 군사기밀 공개요청과 동일한 것으로 보거나 그 공개요청이 포함되어 있는 것으로 볼 수는 없다고 하면서, 이 사건은 정보공개법에 따른 정보공개가 청구된 것임에도 불구하고 원심이 군사기밀보호법상의 절차를 거치지 않았다는 이유로 위법하다고 판단한 것은 정보공개법에 의한 정보공개청구와 군사기밀보호법에 의한 군사기밀 공개요청에 관한 법리를 오해한 것이어서 위법하다고 하였다.[6]

생각건대, 정보공개법과 군사기밀보호법은 그 입법목적이 다르므로 정보공개법에 의한 정보공개청구가 있는 경우에는 일차적으로 정보공개법이 적용되고 보충적으로 군사기밀보호법이 적용된다고 보는 것이 타당할 것이다. 즉, 정보공개법에 의한 정보공개를 청구받은 기관은 1차적으로 정보공개법 제9조에서 정한 비공개사유가 있는지를 검토해서 만일 비공개사유가 있다고 인정되면 독자적으로 비공개결정을 내릴 수 있다고 할 것이다. 다른 한편, 군사기밀보호법의 취지에 비추어 볼 때 군사기밀로 지정된 정보의 공개는 보다 신중을 기하여야 할 것이므로, 정보공개법에 의한 정보공개를 청구받은 기관은 만일 해당 정보가 정보공개법상으로는 비공개사유에 해당하지 않는다고 판단되면 군사기밀보호법이 정한 바에 따라 검토의견서를 첨부하여 국방부장관에게 제출한 다음 국방부장관의 공개 여부 결정을 받아 그 결과를 청구인에게 통지하여야 할 것이다.

Ⅱ. 정보공개의 원칙

정보공개법 제3조는 "공공기관이 보유·관리하는 정보는 국민의 알권리 보장 등을 위하여 이 법에서 정하는 바에 따라 적극적으로 공개하여야 한다"고 함으로써, 정보공개의 원칙을 선언하고 있다.

---

5) <사건개요> 갑이 감사원장에게 군사 2급비밀로 지정된 '국방부의 한국형 다목적 헬기(KMH) 도입사업에 대한 감사원장의 감사결과보고서'에 대한 정보공개를 청구하였는바, 감사원장은 이 사건 정보가 군사 2급비밀로서 공개될 경우 국가안전보장·국방 등 국가의 중대한 이익을 해할 우려가 있다는 이유로 정보공개법 제9조 제1항 제1호 및 제2호를 적용하여 비공개결정을 하였다. 이에 갑이 제기한 비공개결정 취소소송에서, 감사원장이 공개여부를 결정함에 있어서 군사비밀보호법 및 동법시행령상의 절차를 거치지 않은 것이 위법한지가 문제되었다.

6) 대판 2006. 11. 10, 2006두9351.

Ⅲ. 정보공개 청구권자와 의무자

1. 정보공개청구권자

(1) 모든 국민

정보공개청구권은 해당 정보에 대해 이해관계를 가지는지를 묻지 않고 '모든 국민'에게 인정된다(5조 1항). 여기에서 국민에는 자연인은 물론 법인, 권리능력없는 사단·재단도 포함되며, 법인, 권리능력없는 사단·재단의 경우에는 설립목적을 불문한다는 것이 판례의 입장이다.[7]

이와 관련하여 지방자치단체가 다른 공공기관에 대하여 정보공개청구권을 갖는지가 문제된다. 이에 관한 대법원의 판례는 아직 없고 하급심에서는 서로 엇갈린 판결이 내려졌다.[8] 서울특별시 강남구가 서울특별시장에 대해 서울시반부패지수 발표 관련 자료에 대한 정보공개를 청구하였는데 서울특별시장이 비공개결정을 내리자 '강남구'를 원고로 하여 비공개결정에 대한 취소소송을 제기한 사건에서, 서울행정법원은 정보공개법 제5조 제1항은 '모든 국민'이 정보공개청구권을 가진다고 규정하고 있는데 여기에서 국민에는 자연인은 물론 법인도 포함되고 그 법인에 특별한 제한은 없으므로 지방자치단체도 정보공개청구권을 가진다고 하여 강남구의 원고적격을 인정하였다.[9]

한편, 서울특별시 송파구가 서울특별시선거관리위원회에 대해 공직선거법위반행위 신고·제보에 관한 정보공개를 청구하였는데 비공개결정이 내려지자 '송파구'를 원고로 하여 비공개결정에 대한 취소소송을 제기한 사건에서 서울행정법원의 다른 재판부는, 정보공개법은 국민에게 정보공개청구권을 인정하고 있고 지방자치단체를 비롯한 공공기관은 정보공개의무자로 상정하고 있으므로 지방자치단체는 정보공개청구권자인 국민에 해당하지 않는다고 하여 소를 각하하였다.[10]

학자 중에는 부정설을 지지하는 견해가 있다. 즉, 국민이라면 자신과 관계있는 정보인지 여부를 불문하고 비공개대상 정보를 제외한 모든 정보에 대하여 공개청구권이 인정되므로, 지방자치단체장이나 직원 개인도 정보공개를 청구하여 목적을 달성할 수 있다는 점을 고려하면 굳이 '국민'에 지방자치단체가 포함되는 것으로 해석할 필요가 없다는 견해가 그에 해당한다.[11]

생각건대, 지방자치단체에 소속된 공무원에게 정보공개청구권이 인정된다는 이유로 지방자치단체의 정보공개청구권을 인정할 필요가 없다는 견해는 설득력이 약하다고 할 것이다. 지방자치법 제3조는 지방자치단체가 독립한 법인격을 가짐을 명시적으로 규정하고 있는 점, 지방자치단체는 공법적 지위에서 권한을 행사할 뿐만 아니라 사경제주체의 지위에서 사인과 동등한 권리·의무를

---

7) 대판 2003. 12. 12, 2003두8050.

8) 이에 관한 상세는 이일세, 행정주체 또는 그 행정기관(국립대학 포함) 사이의 항고소송에 관한 판례분석, 강원법학 57권, 2019. 6, 125면 이하 참조.

9) 서울행판 2001. 11. 27, 2001구12764. 다만 본안에 대해서는, 강남구가 청구한 정보인 '코딩된 원자료(Coded source data set)와 코딩북(Coding book)'은 서울특별시가 보유하고 있지 않음이 인정된다고 하여 청구를 기각하였다. 이에 강남구가 상소하였으나 서울고등법원은 항소를 기각하였다(서울고판 2002. 12. 5, 2002누13).

10) 서울행판 2005. 10. 12, 2005구합10484.

11) 박현정, 국가와 지방자치단체의 항고소송에서의 원고적격, 행정법연구 30호, 2011. 8, 173면.

가질 수 있는 점, 정보공개법 제5조는 '모든 국민'이 정보공개청구권을 갖는다고 규정하고 있는데 여기서의 국민에는 자연인과 법인뿐만 아니라 법인격 없는 사단 · 재단도 포함되는 점 등에 비추어 볼 때, 지방자치단체도 독자적으로 정보공개청구권을 가질 수 있다고 보는 것이 타당할 것이다.

(2) 외국인

일정 범위의 외국인에 대해서도 정보공개청구권이 인정되는데, i) 국내에 일정한 주소를 두고 거주하거나 학술 · 연구를 위하여 일시적으로 체류하는 사람, ii) 국내에 사무소를 두고 있는 법인 또는 단체가 그에 해당한다(법 5조 2항, 시행령 3조).

2. 정보공개의무를 지는 기관

정보공개법상 정보공개의무를 지는 자는 공공기관인바, 여기에서 공공기관이란 i) 국가기관(국회, 법원, 헌법재판소, 중앙선거관리위원회, 중앙행정기관 및 그 소속 기관, 「행정기관 소속 위원회의 설치 · 운영에 관한 법률」에 따른 위원회), ii) 지방자치단체, iii) 「공공기관의 운영에 관한 법률」 제2조에 따른 공공기관, iv) 지방공기업법에 따른 지방공사 및 지방공단, v) 그 밖에 대통령령으로 정하는 기관(사립학교를 포함하는 각급 학교, 지방자치단체 출자 · 출연 기관, 특별법에 의해 설립된 특수법인, 국가나 지방자치단체로부터 보조금을 받는 사회복지법인과 사회복지사업을 하는 비영리법인, 국가 또는 지방자치단체로부터 연간 5천만원 이상의 보조금을 받는 기관 또는 단체)을 말한다(법 2조 3호, 시행령 2조).

이와 관련하여 한국방송공사(KBS)가 정보공개법상 정보공개의무를 지는 공공기관에 해당하는지가 문제되었다.[12] 이에 관해 판례는, 방송법에 의하여 설립 · 운영되는 한국방송공사(KBS)는 정보공개법시행령 제2조 제4호의 '특별법에 따라 설립된 특수법인'으로서 정보공개의무가 있는 공공기관에 해당한다고 하였다.[13]

이에 반해 한국증권업협회는 그 업무가 국가기관 등에 준할 정도로 공동체 전체의 이익에 중요한 역할이나 기능에 해당하는 공공성을 갖는다고 볼 수 없다는 등의 이유로, 정보공개의무를 지는 '특별법에 따라 설립된 특수법인'에 해당하지 않는다고 하였다.[14]

IV. 공개 및 비공개 대상정보

1. 공개대상 정보

공공기관이 보유 · 관리하는 정보는 국민의 알 권리 보장 등을 위하여 원칙적으로 공개의 대상이 된다(3조, 9조). 여기에서 정보란 공공기관이 직무상 작성 또는 취득하여 관리하고 있는 문서

---

12) 정보공개법 제2조 제3호 다목에 따르면 「공공기관의 운영에 관한 법률」에 따라 공공기관으로 지정된 기관은 정보공개의무를 지는데, 「공공기관의 운영에 관한 법률」 제4조 제2항 제3호는 한국방송공사는 동법상의 공공기관으로 지정할 수 없도록 규정하고 있다. 따라서 한국방송공사가 정보공개법시행령 제2조의 '특별법에 의하여 설립된 특수법인'에 해당하는지가 검토되어야 한다.
13) 대판 2010. 12. 23, 2008두13101.
14) 대판 2010. 4. 29, 2008두5643.

(전자문서 포함) 및 전자매체를 비롯한 모든 형태의 매체 등에 기록된 사항을 말한다(2조 1호). 그리고 공개란 공공기관이 정보를 열람하게 하거나 그 사본·복제물을 제공하는 것 또는 정보통신망을 통하여 정보를 제공하는 것 등을 말한다(2조 2호).

공개대상이 되는 것은 공공기관이 현재 보유·관리하고 있는 것에 한정되지만, 그 문서가 반드시 원본일 필요는 없다는 것이 판례의 입장이다.[15)]

2. 비공개대상 정보

국민의 알 권리를 위해서는 공공기관이 보유·관리하는 정보는 공개되어야 하지만, 다른 한편 정보의 공개는 국가의 기밀, 기업의 영업상 비밀, 개인의 사생활의 자유 등의 보호와 충돌될 수 있다. 이에 정보공개법은 비공개대상 정보에 관하여 규정하고 있다(9조 1항). 정보공개와 관련하여 신청된 정보가 공개대상인지 비공개대상인지를 구별하는 것이 가장 핵심적인 문제라 할 것이다.

(1) 다른 법률 또는 법률에서 위임한 명령(국회규칙·대법원규칙·헌법재판소규칙·중앙선거관리위원회규칙·대통령령 및 조례로 한정한다)에 따라 비밀이나 비공개 사항으로 규정된 정보

① 위임명령의 범위 : 정보공개법이 처음 제정될 당시에는 '다른 법률 또는 법률에서 위임한 명령'에 의하여 비밀이나 비공개사항으로 규정된 정보는 공개하지 않을 수 있다고 규정하였는데, 여기에서 '법률에서 위임한 명령'의 범위를 어디까지로 인정할 것인지가 문제되었다.[16)] 이에 2004년 전문개정된 정보공개법에서는 '법률에서 위임한 명령'이란 국회규칙·대법원규칙·헌법재판소규칙·중앙선거관리위원회규칙·대통령령 및 조례로 한정한다는 명시적 규정을 두었다.

② 공무원의 비밀엄수의무를 규정한 국가공무원법 제60조의 문제 : 공무원의 비밀엄수의무를 규정한 국가공무원법 제60조와 지방공무원법 제62조의 규정이 '비밀이나 비공개사항으로 규정한 다른 법률'에 해당하는지가 문제된다. 부정설에 의하면, '비밀이나 비공개사항으로 규정한 다른 법률'에 해당하기 위해서는 비공개로 해야 하는 정보의 내용과 범위가 특정되어야 하는데, 국가공무원법 제60조와 지방공무원법 제62조는 일반적·포괄적으로 "공무원은 재직 중은 물론 퇴직 후에도 직무상 알게 된 비밀을 엄수하여야 한다"라고 규정하고 있으므로 이는 정보공개법 제9조 제1항 제1호에서 정하는 '비밀이나 비공개사항으로 규정한 다른 법률'에 해당하지 않는다고 한다.[17)]

긍정설에 의하면, 판례가 공무원이 직무상 알게 된 비밀의 의미를 "통상의 지식과 경험을 가진 다수인에게 알려지지 아니한 비밀성을 가졌고, 또한 정부나 국민의 이익 또는 행정목적의 달성을 위하여 비밀로서 보호할 필요성이 있는 것"으로 한정하고 있는 점을 고려할 때, 국가공무원법 제60조와 지방공무원법 제62조의 규정도 정보공개법 제9조 제1항 제1호에서 정하는 '비밀이나 비공

---

15) 대판 2006. 5. 25, 2006두3049.
16) 재판확정기록 등의 열람·등사 등을 제한하는 검찰보존사무규칙이 '비공개사항을 규정한 법률에서 위임한 명령'에 해당하는지가 문제된 사안에서 대법원은, 위 규칙은 법령의 위임을 받지 않고 행정내부의 사무처리준칙을 정한 행정규칙에 지나지 않는다는 이유로 공개사항을 규정한 법률에서 위임한 명령'에 해당하지 않는다고 판시하였다(대판 2003. 12. 26, 2002두1342).
17) 변현철, 정보공개법의 실무적 연구, 재판자료 89집, 법원도서관, 2000, 625면.

개사항으로 규정한 다른 법률'에 해당한다고 한다.[18] 만일 달리 해석하여 공무원이 직무상 알게
된 비밀도 정보공개대상이 되는 것으로 보면 비밀엄수의무를 위반한 공무원을 처벌하도록 규정한
형법 제127조와 상호 모순된다는 것을 논거로 한다.

생각건대, 정보공개법 제9조 제1항 제1호는 '다른 법률에 따라 비밀이나 비공개사항으로 규정
된 정보'라고 규정하고 있음을 볼 때, 여기에서 '비밀이나 비공개사항으로 규정한 다른 법률'이란
어떤 정보가 비밀 또는 비공개대상인지 그 내용과 범위를 특정하여 규정한 경우만을 의미한다고
할 것이다. 그런데 국가공무원법 제60조 등은 어떤 정보가 비밀 또는 비공개사항인지를 규율한 것
이 아니라 일반적으로 공무원에게 직무상 알게 된 비밀을 엄수할 의무를 부여하는 규정인 점에서,
이는 정보공개법 제9조 제1항 제1호 소정의 '비밀이나 비공개사항으로 규정한 다른 법률'에 해당
하지 않는다고 할 것이다.[19]

③ 변호사시험성적의 비공개를 규정한 변호사법 제18조의 위헌성 : 종래 변호사시험법은 "변호사
시험의 성적은 시험에 응시한 사람을 포함하여 누구에게도 공개하지 아니한다"는 규정을 두었는바
(18조 1항), 이는 정보공개법 제9조 제1항 제1호의 '다른 법률에 따라 비밀이나 비공개 사항으로
규정된 정보'에 해당하여 비공개대상이다. 그런데 변호사시험성적의 비공개를 규정한 위 변호사시
험법 제18조 제1항이 국민의 알 권리를 침해하는 것이어서 위헌인지가 문제되었다. 이에 대해 헌
법재판소는 변호사시험성적이 공개되지 않으면 변호사시험 합격자의 능력을 평가할 수 있는 객관
적인 자료가 없어서 오히려 대학의 서열에 따라 합격자를 평가하게 되어 대학의 서열화는 더욱
고착화될 수 있으며, 변호사 채용에 있어서 학교성적이 가장 비중있는 요소가 되어 다수의 학생들
이 학점 취득이 쉬운 과목 위주로 수강할 우려가 있는 등의 부작용을 낳는다는 이유 등으로, 변호
사시험성적의 비공개를 규정한 변호사시험법 제18조 제1항은 과잉금지원칙에 위배되어 청구인들
의 알 권리를 침해한다고 하였다.[20]

④ 국가정보원 직원에게 지급하는 보수에 관한 정보의 공개 : 국가정보원법 제12조는 국가정보원
의 예산내역의 공개나 누설을 금지하고 있는데, 위 조항에 근거하여 국가정보원 직원에게 지급하
는 보수에 관한 정보를 비공개할 수 있는지가 문제되었다.[21] 이에 대해 판례는 「예산집행내역의
공개는 예산내역의 공개와 다를 바 없어 비공개사항으로 되어 있는 '예산내역'에는 예산집행내역
도 포함된다고 보아야 하며, 국가정보원이 그 직원에게 지급하는 현금급여 및 월초수당에 관한 정
보는 국가정보원 예산집행내역의 일부를 구성하는 것이므로, 위 현금급여 및 월초수당에 관한 정
보는 국가정보원법 제12조에 의하여 비공개사항으로 규정된 정보로서 공공기관의 정보공개에 관
한 법률 제9조 제1항 제1호의 '다른 법률에 의하여 비공개 사항으로 규정된 정보'에 해당한다」고

---

18) 정하중/김광수, 396면.
19) 이에 관한 상세는 이일세, 공공기관의 정보공개에 관한 판례분석, 강원법학 45권, 2015. 6, 158면 이하 참조.
20) 헌재 2015. 6. 25, 2011헌마769.
21) <사건개요> 이혼소송 중인 국가정보원 직원 甲의 배우자 乙이 국가정보원장에게 '국가정보원에서 甲에게 지급
하는 현금급여 및 월초수당' 등 정보의 공개를 청구하였는바, 국가정보원장은 위 정보는 공공기관의 정보공개에
관한 법률 제9조 제1항 제1호 등에 따라 비공개대상 정보에 해당한다는 이유로 비공개결정을 하였다.

하였다.[22]

(2) 국가안전보장 · 국방 · 통일 · 외교관계 등에 관한 사항으로서 공개될 경우 국가의 중대한 이익을 현저히 해칠 우려가 있다고 인정되는 정보

① 보안관찰 관련 통계자료의 공개 : 보안관찰 관련 통계자료는 보안관찰처분대상자 또는 피보안관찰자들의 매월별 규모, 그 처분시기, 지역별 분포에 대한 전국적 현황과 추이를 한눈에 파악할 수 있는 구체적이고 광범위한 자료에 해당하므로 … 그 통계자료의 분석에 의하여 대남공작활동이 유리한 지역으로 보안관찰처분대상자가 많은 지역을 선택하는 등으로 이 사건 정보가 북한 정보기관에 의한 간첩의 파견, 포섭, 선전선동을 위한 교두보의 확보 등 북한의 대남전략에 있어 매우 유용한 자료로 악용될 우려가 없다고 할 수 없다. 그러므로 이 사건 정보는 정보공개법 제9조 제1항 제2호 소정의 '공개될 경우 국가안전보장 · 국방 · 통일 · 외교관계 등 국가의 중대한 이익을 해할 우려가 있는 정보', 또는 제3호 소정의 '공개될 경우 국민의 생명 · 신체 및 재산의 보호 기타 공공의 안전과 이익을 현저히 해할 우려가 있다고 인정되는 정보'에 해당한다.[23]

② 한 · 일 군사정보보호협정(GSOMIA) 및 한 · 일 상호군수지원협정과 관련한 각종 회의자료 및 회의록 등의 공개 : i) 이 사건 정보가 공개된다면, 위 협정들의 체결과 관련한 우리나라의 대응전략이나 일본 측의 입장에 관한 내용이 그대로 노출되어 우리나라가 향후 유사한 협정을 체결할 때에 협정 상대 국가들의 교섭 정보로 활용될 수 있는 여지가 충분할 뿐만 아니라 상대국과의 외교적 신뢰관계에 심각한 타격을 줄 수 있는 점 등에 비추어 보면, 이 사건 정보는 정보공개법 제9조 제1항 제2호에서 정한 비공개대상정보에 해당한다. ii) 협상과정에서의 실무자들의 발언 내용이 외부에 공표된다면 협상에 임하는 실무자들은 견해를 달리하는 사람들이나 단체 등으로부터 거센 공격을 받을 가능성이 크므로 그에 따른 심리적 압박으로 인하여 특정한 입장에 영합하는 쪽으로 발언을 하거나 아예 침묵으로 일관하는 등의 상황이 발생함으로써 국익에 반하는 결과를 초래할 가능성이 충분한 점 등에 비추어 보면, 이 사건 정보는 정보공개법 제9조 제1항 제5호(의사결정과정에 있는 사항으로서 공개될 경우 업무의 공정한 수행에 현저한 지장을 초래할 우려가 있는 정보)의 비공개대상정보에도 해당한다.[24]

(3) 공개될 경우 국민의 생명 · 신체 및 재산의 보호에 현저한 지장을 초래할 우려가 있다고 인정되는 정보

정보공개법 제9조 제1항 각호에서 규정하고 있는 대부분의 비공개 요건이 해당 정보가 특정 사항에 관한 것이고(객관적 요건) 그것이 공개될 경우 공익 또는 사익을 침해할 우려가 있을 것(주관적 요건)을 요구하고 있는데 대하여, 제3호는 '공개될 경우 국민의 생명 · 신체 및 재산의 보호에 현저한 지장을 초래할 우려가 있다고 인정되는 정보'라 함으로써 주관적 요건만을 규정하고 있는 점에 특징이 있다.

---

22) 대판 2010. 12. 23, 2010두14800.
23) 대판 2004. 3. 18, 2001두8254(전원합의체판결). 같은 취지의 판례 : 대판 2004. 3. 26, 2002두6583.
24) 대판 2019. 1. 17, 2015두46512.

(4) 진행 중인 재판에 관련된 정보와 범죄의 예방, 수사, 공소의 제기 및 유지, 형의 집행, 교정, 보안처분에 관한 사항으로서 공개될 경우 그 직무수행을 현저히 곤란하게 하거나 형사피고인의 공정한 재판을 받을 권리를 침해한다고 인정할 만한 상당한 이유가 있는 정보

① **일반론** : 제4호에 의한 비공개의 요건은 두 단계로 나뉘어 있는데, 하나는 해당 정보가 '진행 중인 재판에 관련된 정보와 범죄의 예방, 수사, 공소의 제기 및 유지, 형의 집행, 교정(矯正), 보안처분에 관한 사항'에 해당하여야 하고, 다른 하나는 그것이 공개될 경우 그 직무수행을 현저히 곤란하게 하거나 형사피고인의 공정한 재판을 받을 권리를 침해한다고 인정할 만한 상당한 이유가 있어야 한다.

② **진행 중인 재판에 관련된 정보의 공개** : 제4호에 규정된 '진행 중인 재판에 관련된 정보'로서 비공개대상이 되기 위해서는 반드시 그 정보가 진행 중인 재판의 소송기록 자체에 포함된 내용일 필요는 없지만, 그렇다고 해서 진행 중인 재판에 관련된 일체의 정보가 제4호에 의한 비공개대상정보에 해당하는 것은 아니고, 진행 중인 재판의 심리 또는 재판결과에 직접적이고 구체적으로 영향을 미칠 위험이 있는 정보에 한정된다는 것이 판례의 입장이다.[25]

③ **수사에 관련된 정보의 공개** : 제4호는 '수사'에 관한 정보를 비공개대상의 하나로 규정하고 있는데, 그 취지는 수사의 방법 및 절차 등이 공개되어 수사기관의 직무수행에 현저한 곤란을 초래할 위험을 막기 위한 것이라고 한다. 수사에 관련된 정보에는 수사기록 중의 의견서, 보고문서, 메모, 법률검토, 내사자료 등(이하 '의견서 등'이라고 한다)이 포함될 수 있는데, 의견서 등이라고 해서 곧바로 제4호에 규정된 비공개대상정보라고 볼 것은 아니고, 그것이 공개됨으로써 수사기관의 직무수행을 현저히 곤란하게 한다고 인정할 만한 상당한 이유가 있어야만 비공개대상정보에 해당한다고 한다.[26]

④ **형의 집행, 교정에 관한 정보의 공개**

> **판례** 『수용자자비부담물품의 판매수익금과 관련하여 교도소장이 재단법인 교정협회로 송금한 수익금 총액과 교도소장에게 배당된 수익금액 및 사용내역, 교도소직원회 수지에 관한 결산결과와 사업계획 및 예산서, 수용자 외부병원 이송진료와 관련한 이송진료자 수, 이송진료자의 진료내역별(치료, 검사, 수술) 현황, 이송진료자의 진료비 지급(예산지급, 자비부담) 현황, 이송진료자의 진료비총액 대비 예산지급액, 이송진료자의 병명별 현황, 수용자신문구독현황과 관련한 각 신문별 구독신청자 수 등에 관한 정보는 공공기관의 정보공개에 관한 법률 제9조 제1항 제4호에서 비공개대상으로 규정한 '형의 집행, 교정에 관한

---

25) 대판 2011. 11. 24, 2009두19021. 구체적 사안을 살펴보면, 경제개혁연대 소속 갑이 금융위원회 위원장에게 금융위원회의 2003. 9. 26.자 론스타에 대한 동일인 주식보유한도 초과보유 승인과 관련한 자료의 정보공개를 청구하였는바, 금융위원회 위원장은 위 정보에는 당시 진행 중인 재판(대법원 2007두11412호 사건)에 관계되는 사항이 포함되어 있다는 이유 등으로 비공개결정을 내렸다. 이에 대한 취소소송에서 대법원은, 재판에 관련된 일체의 정보가 정보공개법 제9조 제1항 제4호에 의한 비공개대상정보에 해당하는 것은 아니고, 진행 중인 재판의 심리 또는 재판결과에 직접적이고 구체적으로 영향을 미칠 위험이 있는 정보에 한정된다고 하면서, 따라서 이 사건 정보는 당시 진행 중인 대법원 2007두11412호 사건의 쟁점과 관련이 없는 점에 비추어 위 제4호 소정의 비공개대상정보인 '진행 중인 재판에 관련된 정보'에 해당하지 아니한다고 하였다.

26) 대판 2017. 9. 7, 2017두44558.

사항으로서 공개될 경우 그 직무수행을 현저히 곤란하게 하는 정보'에 해당하기 어렵다.』(대판 2004. 12. 9, 2003두12707)

(5) 감사·감독·검사·시험·규제·입찰계약·기술개발·인사관리에 관한 사항이나 의사결정과정 또는 내부검토과정에 있는 사항 등으로서 공개될 경우 업무의 공정한 수행이나 연구·개발에 현저한 지장을 초래한다고 인정할 만한 상당한 이유가 있는 정보

① 일반론 : 제5호에 의한 비공개대상정보에 해당하기 위해서는 해당 정보가 '감사·감독·검사·시험·규제·입찰계약·기술개발·인사관리에 관한 사항이나 의사결정과정 또는 내부검토과정에 있는 사항'으로서, 그것이 공개될 경우 '업무의 공정한 수행이나 연구·개발에 현저한 지장을 초래한다고 인정할 만한 상당한 이유'가 있어야 한다. 다만, 의사결정과정 또는 내부검토과정을 이유로 비공개할 경우에는 그 결정을 통지할 때 의사결정과정 또는 내부검토과정의 단계 및 종료 예정일을 함께 안내하여야 하며, 의사결정과정 및 내부검토과정이 종료되면 정보공개청구인에게 이를 통지하여야 한다(9조 1항 5호).

② 위헌성 : 제5호에서 '업무의 공정한 수행', '현저한 지장', '상당한 이유'라는 추상적인 표현을 사용하고 있는 것이 명확성의 원칙에 위반되는지 여부가 문제되었는데, 헌법재판소는 입법취지나 해당 업무의 특성 등을 감안하면 그 의미의 대강을 예측할 수 있다고 하여 이를 부정하였다.[27]

③ 회의록의 공개 : 각종 위원회의 회의자료나 회의록이 정보공개의 대상이 되는지가 문제되는데, 판례는 이를 제5호의 '의사결정과정 또는 내부검토과정에 있는 사항'의 문제로 접근한다. 이에 관한 판례의 입장은 다음과 같다.

a) 대법원 99추85 판결에서는, 어떤 사항에 대한 결정이 대외적으로 공표되기 전에는 그에 관한 회의자료나 회의록이 공개된다면 업무의 공정한 수행에 현저한 지장을 초래할 수 있으므로 회의자료나 회의록은 제5호의 '의사결정과정 또는 내부검토과정에 있는 사항'에 해당하여 비공개대상이지만, 결정이 대외적으로 공표된 후에는 회의자료나 회의록은 더 이상 의사결정과정이나 내부검토과정에 있는 사항이라 할 수 없고 그것이 공개되더라도 업무의 공정한 수행에 지장을 초래할 우려가 없으므로 공개대상이 된다고 하였다.[28]

그러나 대법원 2002두12946 판결에서는, 회의자료나 회의록은 의사가 결정되거나 집행된 경우에는 더 이상 의사결정과정에 있는 사항 그 자체라고는 할 수 없으나 '의사결정과정에 있는 사항에 준하는 사항'으로서 비공개대상정보에 포함될 수 있다고 하며, 그 공개 여부는 비공개에 의하여 보호되는 업무수행의 공정성 등의 이익과 공개에 의하여 보호되는 국민의 알권리 보장 등의 이익을 비교교량하여 구체적인 사안에 따라 신중하게 판단되어야 한다고 하였다.[29]

---

27) 헌재 2009. 9. 24, 2007헌바107.

28) 대판 2000. 5. 30, 99추85.

29) 대판 2003. 8. 22, 2002두12946; 대판 2015. 2. 26, 2014두43356.

판례 ① 『지방자치단체의 도시공원에 관한 조례에서 규정된 도시공원위원회의 심의사항에 관하여 위 위원회의 심의를 거친 후 시장이나 구청장이 위 사항들에 대한 결정을 대외적으로 공표하기 전에 위 위원회의 회의관련자료 및 회의록이 공개된다면 업무의 공정한 수행에 현저한 지장을 초래한다고 할 것이므로, 위 위원회의 심의 후 그 심의사항들에 대한 시장 등의 결정의 대외적 공표행위가 있기 전까지는 위 위원회의 회의관련자료 및 회의록은 공공기관의 정보공개에 관한 법률 제7조 제1항 제5호에서 규정하는 비공개대상정보에 해당한다고 할 것이고, 다만 시장 등의 결정의 대외적 공표행위가 있은 후에는 이를 의사결정과정이나 내부검토과정에 있는 사항이라고 할 수 없고 위 위원회의 회의관련자료 및 회의록을 공개하더라도 업무의 공정한 수행에 지장을 초래할 염려가 없으므로, 시장 등의 결정의 대외적 공표행위가 있은 후에는 위 위원회의 회의관련자료 및 회의록은 같은 법 제7조 제2항에 의하여 공개대상이 된다고 할 것인바, 지방자치단체의 도시공원에 관한 조례안에서 공개시기 등에 관한 아무런 제한 규정 없이 위 위원회의 회의관련자료 및 회의록은 공개하여야 한다고 규정하였다면 이는 같은 법 제7조 제1항 제5호에 위반된다고 할 것이다.』 (대판 2000. 5. 30, 99추85)

② 『공공기관의 정보공개에 관한 법률 제7조 제1항 제5호에서의 '감사·감독·검사·시험·규제·입찰계약·기술개발·인사관리·의사결정과정 또는 내부검토과정에 있는 사항'은 비공개대상정보를 예시적으로 열거한 것이라고 할 것이므로, 의사결정과정에 제공된 회의관련자료나 의사결정과정이 기록된 회의록 등은 의사가 결정되거나 의사가 집행된 경우에는 더 이상 의사결정과정에 있는 사항 그 자체라고는 할 수 없으나, 의사결정과정에 있는 사항에 준하는 사항으로서 비공개대상정보에 포함될 수 있다고 할 것이다.』 (대판 2003. 8. 22, 2002두12946)

b) 각종 위원회의 회의록이 '공개될 경우 업무의 공정한 수행에 현저한 지장을 초래할 우려가 있는 정보'에 해당하는지는 위원회의 성격에 따라 달리 판단한다.

학교환경위생정화위원회(현 교육환경보호위원회)의 회의록의 경우는 회의록에 기록된 발언내용 이외에 해당 발언자의 인적 사항까지 공개된다면 위원들이나 출석자들은 자신의 발언내용에 관한 공개에 대한 부담으로 인한 심리적 압박 때문에 정화위원회의 심의절차에서 솔직하고 자유로운 의사교환을 할 수 없으므로, 위원들이 심의에 집중하도록 함으로써 심의의 충실화와 내실화를 도모하기 위해서는 회의록의 발언내용 이외에 해당 발언자의 인적 사항까지 외부에 공개되어서는 안 된다 할 것이어서, 회의록에 기재된 발언내용에 대한 '해당 발언자의 인적 사항' 부분은 그것이 공개될 경우 정화위원회의 심의업무의 공정한 수행에 현저한 지장을 초래한다고 인정할 만한 상당한 이유가 있는 정보에 해당한다고 하였다.[30]

이에 반해 학교폭력대책자치위원회의 회의록 공개와 관련해서는 위원의 발언내용이 기재된 회의록이 공개된다면 위원들은 심리적 압박을 받아 자유로운 의사교환을 할 수 없어 공정성 확보에 지장을 초래할 수 있으며 또한 「학교폭력예방 및 대책에 관한 법률」(이하에서 '학교폭력예방법'이라 한다) 제21조 제3항이 학교폭력대책자치위원회의 회의는 공개하지 못하도록 명시적으로 규정하고 있는 점에 비추어 볼 때, 해당 위원회의 회의록은 '공개될 경우 업무의 공정한 수행에 현저한 지장을 초래할 우려가 있는 정보'에 해당한다고 하였다.[31] 그런데 위 판결이 있은 지 얼마 안 되어

---

30) 대판 2003. 8. 22, 2002두12946.

학교폭력예방법 제21조 제3항을 개정하여 「피해학생·가해학생 또는 그 보호자가 회의록의 열람·복사 등 회의록 공개를 신청한 때에는 학생과 그 가족의 성명, 주민등록번호 및 주소, 위원의 성명 등 개인정보에 관한 사항을 제외하고 공개하여야 한다」는 명문의 규정을 두어 회의록을 부분적으로 공개하도록 하였다.

국가유공자인지 여부를 심사하는 독립유공자서훈 공적심사위원회(이하 '공적심사위원회'라 한다)의 회의록 공개와 관련해서는[32] 회의록에 심사위원들의 대립된 의견이나 최종 심사결과와 세부적인 면에서 차이가 나는 내용이 포함되어 있을 경우 그 공개로 인하여 신청당사자에게는 물론 사회적으로도 불필요한 논란을 불러일으키거나 외부의 부당한 압력 내지 새로운 분쟁에 휘말리는 상황이 초래될 우려가 높고, 심사위원들로서도 공개될 경우에 대한 심리적 부담으로 인하여 솔직하고 자유로운 의사교환에 제한을 받을 수밖에 없으며, 또한 이는 회의록을 익명으로 처리하는 방법으로 해소될 문제는 아니며, 따라서 발언내용을 포함한 회의록 전체가 정보공개법 제9조 제1항 제5호에서 정한 '공개될 경우 업무의 공정한 수행에 현저한 지장을 초래한다고 인정할 만한 상당한 이유가 있는 정보'에 해당하여 비공개대상이라고 하였다.[33]

④ 시험에 관한 정보의 공개

a) 사법시험 답안지 및 채점위원별 채점결과의 공개 : 논술형시험인 사법시험 제2차시험 답안지 및 시험문항에 대한 채점위원별 채점결과의 열람이 '시험정보로서 공개될 경우 업무의 공정한 수행에 현저한 지장을 초래하는지 여부'가 문제되었는데, 이에 관해 대법원은 다음과 같이 판시하였다.[34] i) 논술형시험에 대한 평가업무는 평가자(채점자)가 보유하고 있는 고도의 전문적 식견과 학식 등에 근거한 평가자의 주관적 평가에 의존할 것이 예정되어 있음을 그 본질적 속성으로 하므로, 답안지 및 시험문항에 대한 채점위원별 채점결과를 열람하도록 하면 다의적일 수밖에 없는 평가기준과 주관적 평가결과 사이의 정합성을 둘러싸고 시험결과에 이해관계를 가진 자들로부터 제기될지도 모를 시시비비에 일일이 휘말리는 상황이 초래될 우려가 있으므로, 이를 열람하도록 하는 것은 시험업무의 공정한 수행에 현저한 지장을 초래한다고 인정할 상당한 이유에 해당하여 비공개대상이 된다. ii) 그러나 답안지는 응시자의 시험문제에 대한 답안이 기재되어 있을 뿐 평가자의 평가기준이나 평가결과가 반영되어 있는 것은 아니므로 응시자가 자신의 답안지를 열람한다고 하더라도 시험문항에 대한 채점위원별 채점결과가 열람되는 경우와 달리 평가자가 시험에 대한

---

31) 대판 2010. 6. 10, 2010두2913. 2020. 3. 1.부터 시행되는 학교폭력예방법은 학교폭력대책자치위원회의 명칭을 학교폭력대책심의위원회로 바꾸었다.

32) 「독립유공자서훈 공적심사위원회 운영규정」에 의하면 회의의 공개 여부에 대해서는 아무런 규정이 없고, 회의록의 공개 여부와 공개범위는 해당 공적심사위원회의 의결을 거치도록 하고 있다(10조 2항).

33) 대판 2014. 7. 24, 2013두20301. 同旨의 판례 : 2015. 2. 26, 2014두43356(국가보훈처 국립묘지 안장대상심의위원회 회의록 공개청구사건). 한편, 원심(서울고등법원)에서는, 회의에 참석한 위원의 명단, 발언내용에 대한 해당 발언자의 이름, 주민등록번호 등 개인에 관한 사항은 공개되면 업무의 공정한 수행에 현저한 지장을 초래할 우려가 있는 정보에 해당하지만, 발언자의 인적 사항이 공개되지 않는다면 발언내용을 공개하더라도 업무의 공정성에 영향을 줄 가능성이 그치 않으므로 회의록 중 발언내용은 공개의 대상이 된다고 하였다(서울고판 2013. 9. 4, 2013누11286).

34) 대판 2003. 3. 14, 2000두6114

평가업무를 수행함에 있어서 지장을 초래할 가능성이 적은 점 등에 비추어 답안지의 열람으로 인하여 시험업무의 수행에 현저한 지장을 초래한다고 볼 수 없다.

　b) 치과의사 국가시험 문제지와 정답지의 공개 : 문제은행 출제방식을 채택하고 있는 치과의사 국가시험(선택형 객관식)의 문제지와 정답지의 공개청구사건에서 대법원은, 시험문제를 공개할 경우 기출문제와 동일 또는 유사한 문제를 다시 출제하는 것이 사실상 불가능하게 되어 그 공개를 수년 동안 거듭하다 보면 이미 축적하여 놓은 문제은행을 정상적으로 유지할 수 없는 상태에 이르게 될 것인 점, 수험생들은 출제빈도가 높은 문제위주의 수험준비를 하게 될 것이어서 시험을 통하여 수험생들의 실력을 정확하게 측정하는 데 상당한 지장을 받게 될 것인 점 등을 이유로 해서, 치과의사 국가시험의 문제지와 그 정답지는 이를 공개할 경우 '시험업무의 공정한 수행이나 연구·개발에 현저한 지장을 초래할 우려가 있는 정보'에 해당하여 비공개의 대상이 된다고 하였다.[35]

　c) 대학수학능력시험 원데이터 등의 공개 : 2002학년도부터 2005학년도까지의 대학수학능력시험 원데이터와 2002년도 및 2003년도 국가수준학업성취도평가자료의 공개청구사건에서 대법원은, 대학수학능력시험 원데이터의 경우는 적어도 연구목적으로 공개를 청구하는 때에는 그 공개로 인하여 초래될 부작용이 그 공개로 얻을 수 있는 이익보다 더 클 것이라고 단정하기 어려우므로, 그 공개로 인하여 수능시험업무의 공정한 수행이 객관적으로 현저하게 지장을 받을 것이라는 고도의 개연성이 존재한다고 볼 수 없다고 하였다. 이에 반해 국가수준학업성취도평가자료의 경우에는, 학교식별정보 등을 포함한 학업성취도평가정보 전부가 그대로 공개될 경우 교육청 및 학교에서 그 공개에 부담을 느낀 나머지 차후 학업성취도평가에 대한 협조를 꺼리게 되어 그로부터 자발적이고 적극적인 협조를 이끌어 내기 어렵게 될 우려가 있는 점, 또한 교원들이 양호한 학업성취도평가 결과를 보여주기 위한 대책에만 몰두하게 되어 학생들의 평소 학력 및 학습상황을 있는 그대로 파악하기 어렵게 될 우려도 있는 점 등을 이유로, 그 원데이터 전부가 그대로 공개될 경우 학업성취도 평가업무의 공정한 수행이 객관적으로 현저하게 지장을 받을 고도의 개연성이 존재한다고 하였다.[36]

　⑤ 심리생리검사에서 질문한 질문내용의 공개 : 대검찰청 과학수사담당관 심리분석실에서 심리생리검사를 할 때에 질문한 질문내용문서의 공개를 청구한 사건에서 대법원은, 질문내용문서를 공개하는 것은 심리생리검사업무에 현저한 지장을 초래할 상당한 이유가 있다고 보아 비공개결정이 적법하다고 하였다.[37]

(6) 해당 정보에 포함되어 있는 성명·주민등록번호 등 개인정보보호법에 따른 개인정보로서 공개될 경우 사생활의 비밀 또는 자유를 침해할 우려가 있다고 인정되는 정보

① 일반론 : 신청된 정보에 포함되어 있는 성명·주민등록번호 등 개인정보보호법 제2조 제1호

---

35) 대판 2007. 6. 15, 2006두15936.

36) 대판 2010. 2. 25, 2007두9877.

37) 대판 2016. 12. 15, 2012두11409, 11416.

에 따른 개인정보로서 공개될 경우 사생활의 비밀 또는 자유를 침해할 우려가 있다고 인정되는 정보는 비공개의 대상이다. 다만 i) 법령에서 정하는 바에 따라 열람할 수 있는 정보, ii) 공공기관이 공표를 목적으로 작성하거나 취득한 정보로서 사생활의 비밀 또는 자유를 부당하게 침해하지 아니하는 정보, iii) 공공기관이 작성하거나 취득한 정보로서 공개하는 것이 공익이나 개인의 권리구제를 위하여 필요하다고 인정되는 정보, iv) 직무를 수행한 공무원의 성명·직위, v) 공개하는 것이 공익을 위하여 필요한 경우로서 법령에 따라 국가 또는 지방자치단체가 업무의 일부를 위탁 또는 위촉한 개인의 성명·직업 등에 관한 정보는 제외한다(9조 1항 6호).

② **개인정보보호법과의 관계** : 정보공개법은 공공기관이 보유·관리하는 개인정보로서 공개될 경우 사생활의 비밀이나 자유를 침해할 우려가 있다고 인정되는 정보는 원칙적으로 비공개 대상으로 하면서도 공익상 필요 등 법이 정한 사유가 있는 경우에는 공개할 수 있도록 하고 있으며(9조 1항 6호 및 단서), 한편 개인정보보호법은 개인정보의 목적 외 이용·제공을 제한하고 있는바(18조 1항), 양 법률 규정의 관계가 문제된다. 구체적 사안을 살펴보면, 서울지방변호사회가 법무부장관에게 '제3회 변호사시험 합격자명단'의 공개를 청구하였는바, 법무부장관은 i) 개인정보보호법은 개인정보의 목적 외 이용·제공을 제한하고 있으며, ii) 위 정보는 정보공개법 제9조 제1항 제6호에 규정된 '공개될 경우 사생활의 비밀이나 자유를 침해할 우려가 있는 정보'에 해당한다는 이유로 비공개결정을 내렸다. 이에 대한 취소소송에서 판례는, i) 정보공개법 제9조 제1항 제6호는 공공기관이 보유·관리하고 있는 개인정보의 공개과정에서의 개인정보를 보호하기 위한 규정으로서 개인정보보호법 제6조에서 말하는 '개인정보 보호에 관하여 다른 법률에 특별한 규정이 있는 경우'에 해당하므로, 공공기관이 보유·관리하고 있는 개인정보의 공개에 관하여는 정보공개법 제9조 제1항 제6호가 개인정보보호법에 우선하여 적용되며, ii) 이 사건 정보는 개인의 사생활의 비밀이나 자유를 보호하기 위해 비공개할 필요성보다는 공개할 공익상의 필요성이 크므로 정보공개법 제9조 제1항 제6호 단서 다목에 따라 공개하는 것이 타당하다고 하였다.[38]

③ **이름·주민등록번호 등 개인식별정보 이외에 '정보의 내용'도 제6호의 비공개대상정보에 해당할 수 있는지 여부** : 제6호에 의힌 비공개대상정보에는 '이름·수민등록번호 등과 같은 개인식별정보' 뿐만 아니라 '정보의 내용'도 포함되는지가 문제된다. 이에 관해 대법원은 '이름·주민등록번호 등과 같은 개인식별정보' 뿐만 아니라, 그 외에 정보의 내용을 구체적으로 살펴 '개인에 관한 사항의 공개로 개인의 내밀한 내용의 비밀 등이 알려지게 되고 그 결과 인격적·정신적 내면생활에 지장을 초래하거나 자유로운 사생활을 영위할 수 없게 될 위험성이 있는 정보'도 포함된다고 하였다. 따라서 불기소처분 기록 중 피의자신문조서 등에 기재된 피의자 등의 인적사항 이외의 진술내용 역시 개인의 사생활의 비밀 또는 자유를 침해할 우려가 인정되는 경우 정보공개법 제9조 제1항 제6호 본문 소정의 비공개대상에 해당한다고 하였다.[39]

---

38) 대핀 2021. 11. 11, 2015두53770. 힌편, 2017년 개정된 변호사시험법에서는 법무부장관은 변호사시험 합격자가 결정되면 즉시 그 명단을 공고하도록 하는 규정을 신설하였다(11조).
39) 대판 2012. 6. 18, 2011두2361; 대판 2019. 1. 17, 2014두41114.

④ 사면대상자들의 사면실시건의서와 그와 관련된 국무회의 안건자료의 공개 : 민변(민주사회를 위한 변호사모임)이 "사면대상자들의 사면실시건의서와 그와 관련된 국무회의 안건자료"에 대한 공개를 청구한 사건에서 대법원은 이를 공개할 경우 비록 당사자들의 사생활의 비밀 등이 침해될 염려가 있다고 하더라도, 이 사건 정보의 당사자들이 저지른 범죄의 중대성과 반사회성에 비추어 볼 때 이 사건 정보를 공개하는 것은 사면권 행사의 형평성이나 자의적 행사 등을 지적하고 있는 일부 비판적 여론과 관련하여 향후 특별사면행위가 보다 더 국가이익과 국민화합에 기여하는 방향으로 이루어질 수 있게 하는 계기가 될 수 있다는 점 등에 견주어 보면, 이 사건 정보의 공개로 얻는 이익이 이로 인하여 침해되는 당사자들의 사생활의 비밀에 관한 이익보다 더욱 크다고 할 것이므로 정보공개법 제9조 제1항 제6호 소정의 비공개사유에 해당되지 않는다고 하였다.[40]

⑤ 군수의 업무추진비 세부항목별 집행내역 및 그에 관한 증빙서류의 공개 : "군수의 업무추진비 세부항목별 집행내역 및 그에 관한 증빙서류"에 대한 공개청구와 관련해서 대법원은, 업무추진비가 사적인 용도로 집행되거나 낭비되고 있을지도 모른다는 국민들의 의혹을 해소하고 행정절차의 투명성을 제고한다는 측면에서 이를 일반 국민에게 공개할 공익상의 필요성이 크다고 할 것이지만, 위 정보 중에 포함된 개인에 관한 정보는 특별한 사정이 없는 한 그 개인의 사생활 보호라는 관점에서 볼 때 공개되는 것은 바람직하지 않으며, 따라서 위 공개청구된 정보 중 개인에 관한 정보를 제외한 나머지 부분에 대한 공개만이 허용된다고 판시하였다.[41]

⑥ 지방자치단체장으로부터 금품을 수령하거나 지방자치단체장이 주최한 간담회 등 행사에 참석한 공무원의 명단 공개 : 지방자치단체장이 시정홍보 협조인사에 대한 선물이나 사례 등으로 지급한 금품을 수령한 사람 중 공무원의 명단 또는 지방자치단체장이 주최한 간담회 등 행사에 참석한 사람 중 공무원의 명단에 대한 공개청구사건에서 대법원은, 공무원이 직무와 관련하여 위 금품을 수령하거나 행사에 참석한 정보는 공개하는 것이 공익을 위하여 필요하다고 인정되는 정보에 해당한다고 인정된다 하더라도, 그 공무원이 직무와 관련 없이 개인적인 자격으로 금품을 수령하거나 행사에 참석한 경우의 정보는 그 공무원의 사생활 보호라는 관점에서 비공개대상으로 보아야 한다고 하였다.[42]

(7) 법인·단체 또는 개인(이하 '법인 등'이라 한다)의 경영상·영업상 비밀에 관한 사항으로서 공개될 경우 법인 등의 정당한 이익을 현저히 해칠 우려가 있다고 인정되는 정보

① 일반론 : 법인 등의 경영상·영업상 비밀에 관한 사항으로서 공개될 경우 법인 등의 정당한 이익을 현저히 해칠 우려가 있다고 인정되는 정보는 비공개의 대상이다. 다만, i) 사업활동에 의하여 발생하는 위해로부터 사람의 생명·신체 또는 건강을 보호하기 위하여 공개할 필요가 있는 정보, ii) 위법·부당한 사업활동으로부터 국민의 재산 또는 생활을 보호하기 위하여 공개할 필요가 있는 정보는 제외한다(9조 1항 7호).

---

40) 대판 2006. 12. 7, 2005두241.
41) 대판 2003. 3. 11, 2001두6425.
42) 대판 2003. 12. 12, 2003두8050; 대판 2004. 8. 20, 2003두8302.

제7호에 의한 비공개대상정보에 해당하기 위해서는 해당 정보가 '법인 등의 경영상·영업상 비밀에 관한 사항'으로서, 이를 공개할 경우 '법인 등의 정당한 이익을 현저히 해칠 우려'가 있다고 인정되어야 한다. 여기에서 '법인 등의 경영상·영업상 비밀'은 「부정경쟁방지 및 영업비밀보호에 관한 법률」 제2조 제2호 소정의 '영업비밀'에 한하지 않고, '타인에게 알려지지 아니함이 유리한 사업활동에 관한 일체의 정보' 또는 '사업활동에 관한 일체의 비밀사항'을 의미한다.[43] 그리고 이를 공개할 경우 '법인 등의 정당한 이익을 현저히 해칠 우려'가 있는지 여부를 판단함에 있어서 국민에 의한 감시의 필요성이 크고 이를 감수하여야 하는 면이 강한 공익법인에 대하여는 보다 소극적으로 판단하여야 한다.[44]

한편, 외국 또는 외국기관으로부터 비공개를 전제로 정보를 입수하였다는 이유만으로 이를 공개할 경우 업무의 공정한 수행에 현저한 지장을 받을 것이라고 단정할 수는 없고, 다만 그와 같은 사정은 업무의 공정한 수행에 현저한 지장이 있는지를 판단할 때 고려되어야 할 형량요소의 하나이다.[45]

② 한국방송공사의 '수시집행 접대성 경비의 건별 집행서류'의 공개 : 한국방송공사의 '수시집행 접대성 경비의 건별 집행서류'는 경영상·영업상 비밀에 해당한다고 볼 수 있으나, 이 정보가 공개될 경우 한국방송공사의 정당한 이익을 현저히 해칠 우려가 있다고 인정되기는 어렵다.[46]

③ 방송사의 '방송프로그램의 기획·편성·제작 등에 관한 정보'의 공개 : 방송사가 가지고 있는 '방송프로그램의 기획·편성·제작 등에 관한 정보'는 경쟁관계에 있는 다른 방송사와의 관계나 시청자와의 관계 등의 측면에서 볼 때 이는 '법인 등의 경영·영업상 비밀에 관한 사항'에 해당하며, 또한 이를 공개하면 방송사가 각종 비난이나 공격에 노출되어 결과적으로 방송프로그램 기획 등 방송활동을 위축시킬 우려가 있는 점에서 '이를 공개할 경우 법인 등의 정당한 이익을 현저히 해칠 우려가 있다고 인정되는 정보'에 해당한다.[47]

④ 아파트재건축조합의 조합원들에게 제공될 무상보상평수의 사업수익성 등을 검토한 자료의 공개 : '아파트재건축조합의 조합원들에게 제공될 무상보상평수의 사업수익성 등을 검토한 자료'는 정보공개법 제7조 제1항 제7호 소정의 '법인 등의 영업상 비밀에 관한 사항으로서 공개될 경우 법인 등의 정당한 이익을 현저히 해할 우려가 있다고 인정되는 정보'에 해당하지 않는다.[48]

---

43) 대판 2008. 10. 23, 2007두1798.
44) 대판 2010. 12. 23, 2008두13101; 대판 2010. 12. 23, 2008두13392.
45) 대판 2018. 9. 28, 2017두69892.
46) 대판 2008. 10. 23, 2007두1798.
47) 대판 2010. 12. 23, 2008두13101. 이 사건의 개요를 살펴보면, 원고는 한국방송공사(KBS)가 황우석 교수의 논문 조작 사건에 관한 사실관계의 진실 여부를 밝히기 위하여 제작한 '추적 60분' 방송용 60분 분량의 편집원본 테이프 1개에 대하여 정보공개청구를 하였으나 한국방송공사가 비공개결정을 하자 그에 대한 취소소송을 제기하였다. 이에 대해 원심(서울고판 2007누27013)은 이 사건 정보가 경영·영업상 비밀에 관한 사항이 아니고, 또한 공개될 경우 한국방송공사의 정당한 이익을 현저히 해할 우려가 있다고 보기도 어렵다고 판단하였으나, 이에 대한 상고심에서 대법원은 위 정보는 '법인 등의 영업상 비밀에 관한 사항으로서 공개될 경우 법인 등의 정당한 이익을 현저히 해할 우려가 있다고 인정되는 정보'에 해당한다고 하여 원심판결을 파기환송하였다.
48) 대판 2006. 1. 13, 2003두9459.

(8) 공개될 경우 부동산 투기, 매점매석 등으로 특정인에게 이익 또는 불이익을 줄 우려가 있다고 인정되는 정보

공개될 경우 부동산 투기, 매점매석 등으로 특정인에게 이익 또는 불이익을 줄 우려가 있다고 인정되는 정보는 비공개의 대상이다(9조 1항 8호). 이와 관련하여 대한주택공사가 건축한 임대아파트의 '건설원가에 관한 정보'가 정보공개법 제9조 제1항 제7호의 '법인 등의 경영·영업상 비밀에 관한 사항으로서 공개될 경우 법인 등의 정당한 이익을 현저히 해할 우려가 있는 정보' 또는 제8호의 '공개될 경우 부동산 투기, 매점매석 등으로 특정인에게 이익 또는 불이익을 줄 우려가 있다고 인정되는 정보'에 해당하는지가 문제되었다. 이에 대해 서울행정법원은 아파트 건설원가가 공개됨으로써 공공기관의 주택정책 및 행정절차의 투명성을 확보할 수 있으며 분양가격이 실제보다 과다하게 책정될 수 있는 부당한 결과를 방지하는 순기능이 크다는 이유로 비공개결정은 위법하다고 하였다.[49]

V. 정보공개의 절차

1. 정보공개의 청구

(1) 정보공개 청구방법

정보공개를 청구하는 자는 해당 정보를 보유하거나 관리하고 있는 공공기관에 i) 청구인의 성명·생년월일·주소 및 연락처, ii) 주민등록번호(본인임을 확인하고 공개 여부를 결정할 필요가 있는 정보를 청구하는 경우로 한정), iii) 공개를 청구하는 정보의 내용 및 공개방법을 적은 정보공개청구서를 제출하거나 말로써 정보의 공개를 청구할 수 있다(10조 1항). 청구인이 말로써 정보의 공개를 청구할 때에는 담당 공무원 또는 담당 임직원의 앞에서 진술하여야 하고, 담당공무원 등은 정보공개청구조서를 작성하여 이에 청구인과 함께 기명날인하거나 서명하여야 한다(10조 2항).

정보공개를 청구하는 자는 정보공개청구서에 '공개를 청구하는 정보의 내용' 등을 기재하여야 하는데, 청구대상정보를 기재함에 있어서는 사회일반인의 관점에서 청구대상정보의 내용과 범위를 확정할 수 있을 정도로 특정함을 요한다.[50] 비공개결정의 취소를 구하는 소송에 있어서 만일 원고가 공개를 청구한 정보의 내용이 너무 포괄적이고 막연하여 특정되었다고 볼 수 없는 부분이 포함되어 있다면, 이를 심리하는 법원은 정보공개법 제20조 제2항에 따라 피고에게 그가 보유·관리하고 있는 청구대상정보를 제출하도록 하여 이를 비공개로 열람·심사하는 등의 방법으로 청구대상정보의 내용과 범위를 특정시켜야 한다는 것이 판례의 입장이다.[51] 그리고 이와 같은 방법으로도 특정이 불가능한 경우에는 특정되지 않은 부분에 대한 비공개결정의 취소를 구하는 부분은

---

49) 서울행판 2007. 10. 9, 2007구합6042.
50) 대판 2018. 4. 12, 2014두5477.
51) 대판 2007. 6. 1, 2007두2555; 대판 2018. 4. 12, 2014두5477.

기각하여야 한다.[52]

(2) 정보를 편집·가공하여 공개할 것을 청구할 수 있는지 여부

공공기관이 보유·관리하는 정보는 현재 보유·관리하고 있는 상태대로 공개하는 것이므로, 청구인은 공공기관에 대하여 그 자료를 자신이 원하는 대로 편집·가공하여 공개할 것을 요구할 수는 없다고 할 것이다.

이와 관련하여 전자적 형태로 보유·관리하는 문서의 경우에 청구인이 공공기관에 대하여 그 기초자료에 대해 편집하여 공개할 것을 요청할 수 있는지가 문제된다. 전자적 형태로 관리하는 정보의 경우에는 컴퓨터 프로그램을 이용하여 쉽게 편집·가공할 수 있기 때문이다. 대학수학능력시험에 관한 각 수험생의 취득점수와 관련하여 그 보유기관에 대해 원점수와 등급구분점수의 공개를 요구하는 것이 허용되는지가 문제된 사건에서 대법원은, 「전자적 형태로 보유·관리되는 정보의 경우에는 그 정보가 청구인이 구하는 대로는 되어 있지 않다고 하더라도, 공개청구를 받은 공공기관이 당해 기관에서 통상 사용되는 컴퓨터 하드웨어 및 소프트웨어와 기술적 전문지식을 사용하여 그 기초자료를 검색하여 청구인이 구하는 대로 편집할 수 있으며 그러한 작업이 당해 기관의 컴퓨터 시스템 운용에 별다른 지장을 초래하지 아니한다면 그 공공기관이 공개청구대상정보를 보유·관리하고 있는 것으로 볼 수 있고, 이러한 경우에 기초자료를 검색·편집하는 것은 새로운 정보의 생산 또는 가공에 해당한다고 할 수 없다」고 판시하였다.[53]

2. 정보공개 청구를 받은 공공기관의 처리

(1) 처리기간

공공기관은 정보공개의 청구를 받으면 청구를 받은 날부터 10일 이내에 공개여부를 결정하여야 하며, 부득이한 사유로 위 기간 이내에 공개 여부를 결정할 수 없을 때에는 그 기간이 끝나는 날의 다음 날부터 기산하여 10일의 범위에서 공개 여부 결정기간을 연장할 수 있다. 이 경우 공공기관은 결정기간이 연장된 사실과 연장사유를 청구인에게 지체 없이 문서로 통지하여야 한다(11조 1항, 2항).

(2) 제3자에의 통지 및 의견청취

공공기관은 공개대상 정보의 전부 또는 일부가 제3자와 관련이 있다고 인정할 때에는 공개 청구된 사실을 제3자에게 지체 없이 통지하여야 하며, 필요한 경우에는 그의 의견을 들을 수 있다(11조 3항). 이를 통지받은 제3자는 그 통지를 받은 날부터 3일 이내에 해당 공공기관에 대하여 자신과 관련된 정보를 공개하지 아니할 것을 요청할 수 있다(21조 1항). 이는 공개 청구된 정보와 관련있는 제3자를 보호하기 위하여 의견제출의 기회를 부여하는 의미를 가지며, 제3자의 비공개 요청이 있다는 사유만으로 해당 정보가 곧 비공개의 대상이 되는 것은 아니라는 것이 판례의 입

---

52) 대판 2007. 6. 1, 2007두2555.
53) 대판 2010. 2. 11, 2009두6001.

장이다.54)

제3자의 비공개 요청에도 불구하고 공공기관이 공개결정을 할 때에는 공개결정 이유와 공개실시일을 분명히 밝혀 지체 없이 문서로 통지하여야 하며, 제3자는 해당 공공기관에 문서로 이의신청을 하거나 행정심판 또는 행정소송을 제기할 수 있다. 이 경우 이의신청은 통지를 받은 날부터 7일 이내에 하여야 한다(21조 2항).

공개결정일과 공개실시일 사이에는 최소한 30일의 간격을 두어야 하는데(21조 3항), 이는 공개결정에 대해 제3자가 이의신청 등으로 다툴 수 있는 시간적 여유를 부여하기 위한 것이다.

(3) 소관기관으로의 이송 및 통지

공공기관은 다른 공공기관이 보유·관리하는 정보의 공개 청구를 받았을 때에는 지체 없이 이를 소관기관으로 이송하여야 하며, 이송한 후에는 지체 없이 소관기관 및 이송사유 등을 분명히 밝혀 청구인에게 문서로 통지하여야 한다(11조 4항).

(4) 민원으로 처리

공공기관은 정보공개청구가 다음의 어느 하나에 해당하는 경우로서 「민원 처리에 관한 법률」에 따른 민원으로 처리할 수 있는 경우에는 민원으로 처리할 수 있다(11조 5항).

i) 공개청구된 정보가 공공기관이 보유·관리하지 않는 정보인 경우

ii) 공개청구의 내용이 진정·질의 등으로 정보공개법에 따른 정보공개청구로 보기 어려운 경우

(5) 반복된 청구 등의 처리

① 공공기관은 정보공개청구가 다음의 어느 하나에 해당하는 경우에는 정보공개청구 대상 정보의 성격, 종전 청구와의 내용적 유사성·관련성, 종전 청구와 동일한 답변을 할 수밖에 없는 사정 등을 종합적으로 고려하여 해당 청구를 종결처리할 수 있다. 이 경우 종결처리 사실을 청구인에게 알려야 한다(11조의2 1항).

i) 정보공개를 청구하여 정보공개 여부에 대한 결정을 통지받은 자가 정당한 사유 없이 해당 정보의 공개를 다시 청구하는 경우

ii) 정보공개 청구가 제11조 제5항에 따라 민원으로 처리되었으나 다시 같은 청구를 하는 경우

② 공공기관은 정보공개청구가 다음의 어느 하나에 해당하는 경우에는 그에 대해 안내하고, 해당 청구를 종결처리할 수 있다(11조의2 2항).

i) 제7조 제1항에 따른 정보 등 공개를 목적으로 작성되어 이미 정보통신망 등을 통하여 공개된 정보를 청구하는 경우 : 해당 정보의 소재를 안내

ii) 다른 법령이나 사회통념상 청구인의 여건 등에 비추어 수령할 수 없는 방법으로 정보공개청구를 하는 경우 : 수령이 가능한 방법으로 청구하도록 안내

---

54) 대판 2008. 9. 25, 2008두8680.

3. 정보공개심의회

공공기관은 정보공개 여부 등을 심의하기 위하여 정보공개심의회를 설치·운영한다(12조 1항).[55] 정보공개심의회는 위원장 1명을 포함하여 5명 이상 7명 이하의 위원으로 구성하는데, 위원은 소속 공무원·임직원 또는 외부 전문가로 지명하거나 위촉하되, 그 중 3분의 2는 외부 전문가로 위촉하여야 한다(12조 2항, 3항).[56]

위원은 정보공개 업무와 관련하여 알게 된 정보를 누설하거나 그 정보를 이용하여 본인 또는 타인에게 이익 또는 불이익을 주는 행위를 하여서는 안 된다(12조 5항, 23조 4항). 위원 중 공무원이 아닌 사람은 형법이나 그 밖의 법률에 따른 벌칙을 적용할 때에는 공무원으로 본다(12조 5항, 23조 5항). 정보공개법은 2020년 12월 '위원의 제척·기피·회피'에 관한 규정을 신설하였다(12조의2).

정보공개심의회는 i) 정보공개결정권자가 공개 청구된 정보의 공개 여부를 결정하기 곤란한 사항, ii) 정보공개여부 결정에 대한 이의신청사항에 대해 심의한다(시행령 11조 2항). 따라서 공공기관이 정보공개 여부를 결정함에 있어서 반드시 정보공개심의회의 심의를 거쳐야 하는 것은 아니고, 공개 여부의 결정권한을 가지는 공공기관의 장이 정보공개여부를 결정하기 곤란하다고 인정하는 경우에 정보공개심의회에 심의를 요청한 사항에 대하여 심의하는 것이다.[57]

정보공개심의회는 의결기관이 아니라 심의기관이기 때문에 심의회의 의견은 법적 구속력이 인정되지는 않으나, 정보공개여부에 관한 결정권자는 특별한 사유가 없는 한 심의회의 의견을 존중하는 것이 보통이므로 사실상의 구속력은 매우 크다고 할 것이다.

> **판례** 『공공기관의 정보공개에 관한 법률 제9조 제1항, 제10조, 같은법시행령 제12조 등 관련 규정들의 취지를 종합할 때, 공개 청구된 정보의 공개 여부를 결정하는 법적인 의무와 권한을 가진 주체는 공공기관의 장이고, 정보공개심의회는 공공기관의 장이 정보의 공개 여부를 결정하기 곤란하다고 보아 의견을 요청한 사항의 자문에 응하여 심의하는 것이다.』(대판 2002. 3. 15, 2001추95)

4. 정보공개위원회

정보공개에 관한 정책 수립 및 제도개선에 관한 사항, 정보공개에 관한 기준 수립에 관한 사항 등 정보공개법 제22조 각 호에서 정한 사항을 심의·조정하기 위하여 국무총리 소속으로 정보공개위원회를 둔다(22조 1항). 정보공개위원회는 성별을 고려하여 위원장과 부위원장 각 1명을 포함한 11명의 위원으로 구성하는데, 위원장을 포함한 7명은 공무원이 아닌 사람으로 위촉하여야 한다

---

55) 이 경우 공공기관의 규모와 업무성격, 지리적 여건, 청구인의 편의 등을 고려하여 소속 상급기관(지방공사·지방공단의 경우에는 해당 지방공사·지방공단을 설립한 지방자치단체를 의미)에서 협의를 거쳐 정보공개심의회를 통합하여 설치·운영할 수 있다(12조 1항 2문).

56) 다만, 정보공개법 제9조 제1항 제2호 및 제4호에 해당하는 업무를 주로 하는 국가기관은 그 국가기관의 장이 외부 전문가의 위촉 비율을 따로 정하되, 최소한 3분의 1 이상은 외부 전문가로 위촉하여야 한다(12조 3항 단서).

57) 대판 2002. 3. 15, 2001추95 참조.

(23조 1항, 2항). 위원은 비밀엄수의무를 지며, 공무원이 아닌 위원에 대해 벌칙을 적용할 때에는 공무원으로 본다(23조 4항, 5항).

5. 정보공개여부의 결정 및 통지

(1) 정보공개여부의 결정

정보공개에 관한 결정권자는 정보공개청구를 받은 공공기관의 장이다. 앞에서 설명한 바와 같이 결정권자는 정보공개여부에 대한 결정을 함에 있어서 의무적으로 정보공개심의회의 심의를 거쳐야 하는 것은 아니며, 정보공개심의회의 심의를 거친 경우에도 심의회의 의견은 법적 구속력이 없다.

(2) 결정의 통지

공공기관은 정보의 공개를 결정한 때에는 공개의 일시·장소 등을 분명히 밝혀 청구인에게 통지하여야 하며, 비공개를 결정한 때에는 정보공개법 제9조 제1항 각 호 중 어느 규정에 해당하는 비공개대상 정보인지를 포함한 비공개이유·불복방법 및 절차 등을 구체적으로 밝혀서 지체 없이 문서로 통지하여야 한다(13조 1항, 5항).

따라서 공공기관이 비공개결정을 내리면서 해당 정보가 정보공개법 제9조 제1항의 몇 호에서 정하고 있는 비공개사유에 해당하는지를 구체적으로 밝히지 않고 단지 개괄적인 사유만을 들어 공개를 거부하는 것은 위법하다는 것이 판례의 입장이다.[58]

6. 정보공개의 방법

(1) 열람 또는 사본·복제물의 교부

정보공개의 방법으로는 청구인에게 정보를 열람하게 하거나 그 사본 또는 복제물을 교부하는 방법이 있는데, 청구인이 공개방법을 특정하지 않은 경우에는 공공기관이 공개방법을 선택할 수 있다. 그러나 청구인이 사본 또는 복제물의 교부를 원하는 경우에는 이를 교부하여야 하며(13조 2항 본문), 따라서 이 경우에는 공공기관에게 그 공개방법을 선택할 재량이 없다는 것이 판례의 입장이다.[59] 다만 공개대상 정보의 양이 너무 많아 정상적인 업무수행에 현저한 지장을 초래할 우려가 있는 경우에는 해당 정보를 일정 기간별로 나누어 제공하거나 사본·복제물의 교부 또는 열람과 병행하여 제공할 수 있다(13조 3항).

이와 관련하여 공개청구된 정보의 양이 과다하여 정상적인 업무수행에 현저한 지장을 초래할 우려가 있다는 이유로 공개를 거부할 수 있는지가 문제된다. 판례에 의하면, 정보공개법은 공개대상정보의 양이 너무 많아 정상적인 업무수행에 현저한 지장을 초래할 우려가 있는 경우에는 해당 정보를 일정 기간별로 나누어 교부하거나 사본·복제물의 교부 또는 열람과 병행하여 교부하도록

---

58) 대판 2003. 12. 11, 2001두8827.
59) 대판 2003. 12. 12, 2003두8050.

하고 있으므로(13조 3항), 청구량이 과다하여 정상적인 업무수행에 현저한 지장을 초래할 우려가 있더라도 청구된 정보의 공개를 거부할 수는 없다.[60]

공공기관은 정보를 공개하는 경우에 그 정보의 원본이 더럽혀지거나 파손될 우려가 있거나 그 밖에 상당한 이유가 있다고 인정할 때에는 그 정보의 사본·복제물을 공개할 수 있다(13조 4항).

(2) 부분 공개

공개청구된 정보가 비공개사유에 해당하는 부분과 공개 가능한 부분이 혼합되어 있는 경우로서 공개청구의 취지에 어긋나지 아니하는 범위에서 두 부분을 분리할 수 있는 경우에는 비공개사유에 해당하는 부분을 제외하고 공개하여야 한다(14조).

정보의 부분 공개가 허용되는 경우란 그 정보의 공개방법 및 절차에 비추어 해당 정보에서 비공개대상정보에 관련된 기술 등을 제외하고 나머지 정보만을 공개하는 것이 가능하고 나머지 부분의 정보만으로도 공개의 가치가 있는 경우를 의미한다는 것이 판례의 입장이다.[61]

(3) 정보의 전자적 공개

공공기관은 전자적 형태로 보유·관리하는 정보에 대하여 청구인이 전자적 형태로 공개하여 줄 것을 요청하는 경우에는 그 정보의 성질상 현저히 곤란한 경우를 제외하고는 청구인의 요청에 따라야 한다(15조 1항).

공공기관은 전자적 형태로 보유·관리하지 아니하는 정보에 대하여 청구인이 전자적 형태로 공개하여 줄 것을 요청한 경우에는 정상적인 업무수행에 현저한 지장을 초래하거나 그 정보의 성질이 훼손될 우려가 없으면 그 정보를 전자적 형태로 변환하여 공개할 수 있다(15조 2항).

(4) 즉시 처리가 가능한 정보의 공개

다음의 어느 하나에 해당하는 정보로서 즉시 또는 말로 처리가 가능한 정보에 대해서는 정보공개법 제11조에 따른 절차를 거치지 않고 공개하여야 한다(16조).

i) 법령 등에 따라 공개를 목적으로 작성된 정보

ii) 일반국민에게 알리기 위하여 작성된 각종 홍보자료

iii) 공개하기로 결정된 정보로서 공개에 오랜 시간이 걸리지 않는 정보

iv) 그 밖에 공공기관의 장이 정하는 정보

7. 비용부담

정보의 공개 및 우송 등에 소요되는 비용은 실비의 범위에서 청구인이 부담한다. 다만 정보의 사용목적이 공공복리의 유지·증진을 위하여 필요하다고 인정되는 때에는 비용을 감면할 수 있다(17조).

---

60) 대판 2009. 4. 23, 2009두2702.
61) 대판 2009. 12. 10, 2009두12785.

VI. 불복절차

1. 이의신청

청구인이 정보공개와 관련한 공공기관의 비공개결정 또는 부분공개결정에 대하여 불복이 있거나 정보공개청구 후 20일이 경과하도록 정보공개 결정이 없는 때에는 공공기관으로부터 정보공개 여부의 결정통지를 받은 날 또는 정보공개청구 후 20일이 경과한 날부터 30일 이내에 해당 공공기관에 문서로 이의신청을 할 수 있다(18조 1항).

공공기관은 위의 이의신청이 있는 경우에는 정보공개심의회를 개최하여야 한다. 다만 i) 정보공개심의회의 심의를 이미 거친 사항, ii) 단순·반복적인 청구, iii) 법령에 따라 비밀로 규정된 정보에 대한 공개청구의 경우에는 정보공개심의회를 개최하지 않을 수 있는데, 이 경우 그 사유를 청구인에게 문서로 통지하여야 한다(18조 2항).

공공기관은 이의신청을 받은 날부터 7일 이내에 이의신청에 대하여 결정하고 그 결과를 청구인에게 지체 없이 문서로 통지하여야 한다. 다만 부득이한 사유로 정하여진 기간 이내에 결정할 수 없을 때에는 그 기간이 끝나는 날의 다음 날부터 기산하여 7일의 범위에서 연장할 수 있으며, 연장사유를 청구인에게 통지하여야 한다(18조 3항).

공공기관은 이의신청을 각하 또는 기각하는 결정을 한 경우에는 청구인에게 그 결과를 통지할 때에 행정심판 또는 행정소송을 제기할 수 있다는 사실을 함께 알려야 한다(18조 4항).

2. 행정심판

청구인이 정보공개와 관련한 공공기관의 결정에 대하여 불복이 있거나 정보공개청구 후 20일이 경과하도록 정보공개결정이 없는 때에는 행정심판을 청구할 수 있다(19조 1항). 이때의 행정심판의 종류를 살펴보면, 비공개결정(거부처분)에 대해서는 취소심판 또는 의무이행심판을 청구할 수 있고, 20일이 경과하도록 아무런 결정이 없는 때(부작위)에는 의무이행심판을 청구하여야 한다. 청구인은 이의신청절차를 거치지 않고도 행정심판을 청구할 수 있다(19조 2항).

3. 행정소송

(1) 원고적격과 소의 이익

청구인이 정보공개와 관련한 공공기관의 결정에 대하여 불복이 있거나 정보공개청구 후 20일이 경과하도록 정보공개결정이 없는 때에는 행정소송을 제기할 수 있다(20조 1항). 이때의 행정소송의 종류를 살펴보면, 비공개결정(거부처분)에 대해서는 취소소송을 제기하여야 하고, 20일이 경과하도록 아무런 결정이 없는 때(부작위)에는 부작위위법확인소송을 제기하여야 한다.

행정소송(특히 항고소송)은 해당 소송을 제기할 법률상 이익이 있는 자가 제기할 수 있는데(행정소송법 12조), 정보공개법은 모든 국민에게 정보공개청구권을 인정하고 있으므로 정보공개를 청구하였다가 거부처분을 받은 자는 누구나 그에 대한 행정소송을 제기할 법률상 이익이 인정된다는 것이 판례의 입장이다.[62] 따라서 자신의 개인적 이익과 관계없이 정보공개를 청구한 자도 공개거부처분에 대해서 행정소송으로 다툴 수 있으므로, 이를 통해 시민단체 등에 의한 행정감시 목적의 객관적 정보공개가 가능하게 되었다.

그 밖에 공개거부처분에 대한 취소를 구할 법률상 이익(소의 이익)과 관련한 판례의 입장은 다음과 같다. i) 공개청구의 대상이 되는 정보가 이미 다른 사람에게 공개되어 널리 알려져 있다거나 인터넷 검색 등의 방법으로 손쉽게 알 수 있다는 사정만으로는 공개거부처분의 취소를 구할 소의 이익이 없다거나 공개거부처분이 정당화될 수 없다.[63] ii) 특정한 목적을 위해 정보공개를 청구하였는데 후에 그 정보를 취득할 목적이 소멸하였다 하더라도,[64] 그러한 사정만으로는 공개거부처분의 취소를 구할 법률상 이익이 없어지지 않는다.[65]

> **판례** 〈사건개요〉 징계처분을 받은 군인 갑이 징계위원회 구성의 위법 여부를 확인하기 위하여 징계권자에게 '징계위원회에 참여한 징계위원의 성명과 직위'에 대한 정보공개청구를 하였으나 공개거부처분을 받았고, 이에 갑은 공개거부처분에 대한 취소소송을 제기하였다. 한편, 갑은 징계처분에 대한 항고를 하였는데 징계항고심사위원회는 징계위원회 구성에 하자가 있다는 이유로 징계처분에 대한 취소결정을 하였다. 이와 같이 정보공개청구의 목적이 이미 달성된 경우에 공개거부처분의 취소를 구할 법률상 이익이 있는지가 문제되었다.
>
> 이에 대해 원심은, 징계항고절차를 통하여 징계위원회의 구성에 하자가 있음을 알게 되었으므로 이 사건 정보의 공개를 청구한 목적은 이미 달성된 것으로 볼 수 있고, 징계처분이 절차상 하자를 이유로 취소된 이상 위 징계처분을 다툴 필요도 없어 이 사건 정보의 공개를 구할 법률상 이익이 없다고 하였다. (부산고판 2022. 2. 9, (창원)2021누11053)
>
> 〈대법원판결〉 『국민의 정보공개청구권은 법률상 보호되는 구체적인 권리이므로, 공공기관에 대하여 정보의 공개를 청구하였다가 공개거부처분을 받은 청구인은 행정소송을 통하여 그 공개거부처분의 취소를 구할 법률상의 이익이 있고, 공개청구의 대상이 되는 정보가 이미 공개되어 있다거나 다른 방법으로 손쉽게 알 수 있다는 사정만으로 소의 이익이 없다거나 비공개결정이 정당화될 수 없다. 또한, 청구인이 공공기관에 대하여 정보공개를 청구하였다가 거부처분을 받은 이상, 그 자체로 공개거부처분의 취소를 구할 법률상 이익이 인정되고, 그 외에 추가로 어떤 법률상 이익이 있을 것을 요하지 않는다.
>
> 앞서 본 사실관계를 이러한 법리에 비추어 살펴보면, 비록 이 사건 징계처분에 대한 항고 절차에서 원고가 징계위원회 구성에 절차상 하자가 있다는 점을 알게 되었다거나 이 사건 징계처분이 취소되었다고 하더라도, 그와 같은 사정들만으로 이 사건 처분의 취소를 구할 법률상 이익이 없다고 볼 수 없고, 피고가 원고의 정보공개청구를 거부한 이상 원고로서는 여전히 그 정보공개거부처분의 취소를 구할 법률상 이익을 갖는다고 할 것이다.』 (대판 2022. 5. 26, 2022두34562)

---

62) 대판 2003. 12. 12, 2003두8050; 대판 2022. 5. 26, 2022두33439; 대판 2022. 5. 26, 2022두34562.

63) 대판 2010. 12. 23, 2008두13101; 대판 2022. 5. 26, 2022두34562.

64) 예컨대 징계처분의 효력을 다투기 위해 징계위원회에 참여한 '징계위원의 성명과 직위'에 대한 정보공개를 청구하였는데, 그 후 징계처분 취소소송에 대한 기각판결이 확정된 경우 또는 징계재심절차에서 징계위원회 구성의 위법성이 확인되어 징계처분이 취소된 경우가 그에 해당한다.

65) 대판 2022. 5. 26, 2022두33439; 대판 2022. 5. 26, 2022두34562.

(2) 대상적격 및 제소기간

비공개결정에 대해 이의신청을 거쳐 행정소송을 제기하는 경우에 무엇을 대상으로 하여야 하는지가 문제된다. 판례에 따르면, 이의신청에 대한 기각결정은 원처분(비공개결정)을 유지하는 것일 뿐이고 독립하여 항고소송의 대상이 되는 처분에 해당하지 않으므로 원처분을 대상으로 소를 제기하여야 한다고 한다.[66]

다음으로 이의신청을 거쳐 행정소송을 제기하는 경우의 제소기간이 문제된다. 일반적으로 취소소송은 처분이 있음을 안 날부터 90일 이내에 제기하여야 하는데(행정소송법 20조 1항), 이의신청을 거쳐 행정소송을 제기하는 경우에는 '이의신청에 대한 결과를 통지받은 날(결과를 통지받지 못한 경우에는 통지기간이 만료되는 날의 다음 날)'부터 기산한다(행정기본법 36조 4항).[67]

(3) 소송의 심리

재판장은 필요하다고 인정하면 당사자를 참여시키지 아니하고 제출된 공개청구정보를 비공개로 열람·심사할 수 있다(20조 2항).

재판장은 행정소송의 대상이 정보공개법 제9조 제1항 제2호에 따른 정보 중 '국가안전보장·국방 또는 외교관계에 관한 정보'의 비공개 또는 부분공개 결정처분인 경우에, 공공기관이 그 정보에 대한 비밀지정의 절차, 비밀의 등급·종류 및 성질과 이를 비밀로 취급하게 된 실질적인 이유 및 공개를 하지 않는 사유 등을 증명하면 해당 정보를 제출하지 않게 할 수 있다(20조 3항).

(4) 증명책임

해당 정보를 공공기관이 보유·관리하고 있다는 점에 관하여는 정보공개를 청구한 사람에게 증명책임이 있지만, 그 입증의 정도는 그러한 정보를 공공기관이 보유·관리하고 있을 상당한 개연성이 있다는 점을 증명하면 족하다는 것이 판례의 입장이다.[68] 다만, 공개청구된 정보를 공공기관이 한때 보유·관리하였으나 후에 그 정보가 담긴 문서들이 폐기되어 존재하지 않게 된 것이라면, 그 정보를 더 이상 보유·관리하고 있지 않다는 점에 대한 증명책임은 공공기관에 있다고 한다.[69] 이와 관련하여, 법규의 폐지는 그 적용이 중단된다는 것을 의미할 뿐 그 정보가 담긴 문서를 실제 폐기하여 없앤다는 의미는 아니므로, 교도소직원회운영지침이나 재소자자변물품공급규칙이 폐지되었다 하여 곧바로 교도소장이 위 문서들을 보관·관리하지 않고 있다고 단정할 수는 없다고 판시하였다.[70]

---

66) 대판 2012. 11. 15, 2010두8676; 대판 2016. 7. 27, 2015두45953. 한편, 비록 원고가 (정보공개거부처분에 대한) '이의신청기각결정'의 취소를 구하는 소를 제기하였다 하더라도, 그 청구원인으로 이의신청기각결정의 위법사유가 아니라 정보공개거부처분(원처분)의 위법사유를 주장하고 있는 경우에는 그 청구취지를 정보공개거부처분의 취소를 구하는 것으로 선해할 수 있다고 한다(대판 2012. 7. 12, 2010두7048).

67) 대판 2023. 7. 27, 2022두52980.
68) 대판 2007. 6. 1, 2006두2058l.
69) 대판 2004. 12. 9, 2003두12707; 대판 2013. 1. 24, 2010두18918.
70) 대판 2004. 12. 9, 2003두12707.

(5) 비공개사유를 행정소송단계에서 추가 또는 변경할 수 있는지

앞에서 살펴본 바와 같이 공공기관이 비공개결정을 하는 경우에는 그 이유와 근거를 구체적으로 적시하여야 하는데, 행정소송단계에서 비공개사유를 추가하거나 변경하는 것이 가능한지가 문제된다. 판례에 의하면, 당초 처분의 근거로 삼은 사유와 기본적 사실관계의 동일성이 있다고 인정되는 한도에서만 다른 사유를 추가하거나 변경할 수 있다고 한다.[71]

구체적 사안을 살펴보면, "사면실시건의서 및 사면심의에 관한 국무회의 안건자료"의 공개청구에 대해 법무부장관이 비공개결정을 하면서 그 사유로 처음에는 정보공개법 제9조 제1항 제4호의 "진행 중인 재판에 관련된 정보와 범죄의 예방, 수사, 공소의 제기 및 유지, 형의 집행, 교정, 보안처분에 관한 사항으로서 공개될 경우 그 직무의 수행을 현저히 곤란하게 하거나 형사피고인의 공정한 재판을 받을 권리를 침해한다고 인정할 만한 상당한 이유가 있는 정보" 및 제6호의 "당해 정보에 포함되어 있는 이름 등에 의하여 특정인을 식별할 수 있는 개인에 관한 정보"에 해당한다는 것을 들었으나, 그에 대한 취소소송에서 제9조 제1항 제5호의 "의사결정과정 또는 내부검토과정에 있는 사항으로서 공개될 경우 업무의 공정한 수행에 현저한 지장을 초래한다고 인정할 만한 상당한 이유"가 있는 정보에도 해당한다고 하여 비공개사유를 추가한 사건에서 대법원은, 정보공개법 제9조 제1항 제4호 및 제6호의 사유와 제5호의 사유는 기본적 사실관계가 동일하다고 할 수 없다는 이유로 비공개사유의 추가가 허용되지 않는다고 판시하였다.[72]

(6) 공개대상 정보와 비공개대상 정보가 혼합되어 있는 경우

공공기관의 비공개결정에 대한 취소소송에서 심리결과 공개청구된 정보에는 공개대상 정보와 비공개대상 정보가 혼합되어 있다고 인정되는 경우에는 법원은 어떠한 판결을 내려야 하는지가 문제된다.

판례에 의하면, 공개청구의 취지에 어긋나지 않는 범위 안에서 두 부분을 분리할 수 있다고 인정되는 때에는 공공기관의 비공개결정 중 공개가 가능한 정보에 국한하여 일부취소를 명할 수 있다고 한다.[73] 이러한 경우 판결주문에는 공개청구된 정보 중 공개가 가능한 부분을 특정하고 공공기관의 비공개결정 중 그 부분만을 취소한다고 표시하여야 한다.[74]

(7) 공공기관이 보유·관리하고 있지 않은 정보의 경우

심리결과 공개청구된 정보를 공공기관이 보유·관리하고 있지 않다고 인정되는 경우에 법원은 어떠한 판결을 하여야 하는지가 문제된다. 판례에 따르면, 공공기관이 해당 정보를 보유·관리하

---

71) 대판 2003. 12. 11, 2001두8827; 대판 2004. 5. 28, 2002두5016; 대판 2009. 11. 26, 2009두15586.

72) 대판 2003. 12. 11, 2001두8827.

73) 대판 2009. 12. 10, 2009두12785.

74) 대판 2004. 4. 23, 2009두2702. 원심은 판결이유에서는 공개청구된 정보에 공개대상정보와 비공개대상 정보가 혼합되어 있으므로 비공개대상정보에 해당하는 것을 제외하고 그 나머지 정보만을 공개하는 것이 타당하다고 하면서도, 판결주문에서는 비공개결정 전부에 대한 취소를 명하였는바(대구고판 2009. 1. 9, 2008누45), 대법원은 이것이 위법하다 하여 파기환송하였다.

고 있지 않는 경우에는 정보공개거부처분의 취소를 구할 법률상 이익이 없으므로 각하판결을 하여야 한다.[75]

4. 헌법소원

공공기관의 비공개결정에 대해 헌법소원을 통해 구제를 받을 수 있는지가 문제된다. 헌법재판소법 제68조 제1항 단서에 의하면 헌법소원은 다른 법률에 구제절차가 있는 경우에는 그 절차를 모두 거친 후에만 청구할 수 있도록 하고 있는바(보충성원칙), 공공기관의 비공개결정에 대해서는 이의신청, 행정심판, 행정소송 등을 통해 구제받을 수 있으므로 이러한 구제절차를 거치지 않고 직접 헌법소원을 청구하는 것은 허용되지 않는다.[76]

---

75) 대판 2006. 1. 13, 2003두9459; 대판 2013. 1. 24, 2010두18918.
76) 헌재 2001. 12. 20, 2000헌마722.

Ⅰ. 개인정보의 보호 필요성

오늘날의 정보화사회에서 공공기관뿐만 아니라 금융기관·정보통신회사·유통회사 등은 방대한 개인의 정보를 수집·관리하고 있으며, 때로는 수집된 개인정보가 상업적 목적으로 불법적으로 거래되고 있기도 하다. 이름·주소·주민등록번호 등과 같은 개인정보가 공개되면 해당 정보주체의 프라이버시권이 침해될 뿐만 아니라 커다란 재산적 손실을 가져다 줄 우려가 있다. 이에 국민의 프라이버시권 등을 보호하기 위하여 개인정보의 보호가 중요한 문제로 대두되고 있다.

Ⅱ. 법적 근거

1. 헌법적 근거

개인정보보호제도는 헌법상의 개인정보자기결정권에 근거하고 있다. 개인정보자기결정권이란 자신에 관한 정보가 언제 누구에게 어느 범위까지 알려지고 또 이용되도록 할 것인지를 정보주체가 스스로 결정할 수 있는 권리, 즉 정보주체가 개인정보의 공개와 이용에 관하여 스스로 결정할 수 있는 권리를 말한다.[1]

개인정보자기결정권의 헌법적 근거에 대해서는 학설상 다툼이 있는데, 다수설은 그 근거를 사생활의 비밀과 자유를 규정한 헌법 제17조에서 찾는다.

대법원은 개인정보자기결정권의 헌법적 근거로 헌법 제10조(인간의 존엄과 가치, 행복추구권)와 제17조(사생활의 비밀과 자유)를 들고 있다.[2] 이에 반해 헌법재판소는, 개인정보자기결정권의 헌법적 근거로는 헌법 제17조의 사생활의 비밀과 자유, 헌법 제10조의 인간의 존엄과 가치 및 행복추구권, 헌법상의 자유민주적 기본질서 규정이나 국민주권 원리 등을 고려할 수 있으나, 개인정보자기결정권으로 보호하려는 내용을 위 기본권이나 헌법원리에 완전히 포섭시키는 것은 불가능하므로, 이들을 이념적 기초로 하는 독자적인 기본권으로서 헌법에 명시되지 아니한 기본권이라고 한다.[3]

---

1) 대판 2016. 3. 16, 2012나105482; 헌재 2005. 5. 26, 99헌마513 등 참조.
2) 대판 1998. 7. 24, 96다42789; 대판 2016. 3. 16, 2012다105482.
3) 헌재 2005. 5. 26, 99헌마513.

> **판례** 『헌법 제10조의 인간의 존엄과 가치, 행복추구권과 헌법 제17조의 사생활의 비밀과 자유에서 도출되는 개인정보자기결정권은 자신에 관한 정보가 언제 누구에게 어느 범위까지 알려지고 또 이용되도록 할 것인지를 정보주체가 스스로 결정할 수 있는 권리이다. 개인정보자기결정권의 보호대상이 되는 개인정보는 개인의 신체, 신념, 사회적 지위, 신분 등과 같이 인격주체성을 특징짓는 사항으로서 개인의 동일성을 식별할 수 있게 하는 일체의 정보를 의미하며, 반드시 개인의 내밀한 영역에 속하는 정보에 국한되지 않고 공적 생활에서 형성되었거나 이미 공개된 개인정보까지도 포함한다.』(대판 2016. 3. 10. 2012다105482)
>
> ②『개인정보자기결정권은 자신에 관한 정보가 언제 누구에게 어느 범위까지 알려지고 또 이용되도록 할 것인지를 그 정보주체가 스스로 결정할 수 있는 권리이다. 즉, 정보주체가 개인정보의 공개와 이용에 관하여 스스로 결정할 권리를 말한다. 개인정보자기결정권의 헌법상 근거로는 헌법 제17조의 사생활의 비밀과 자유, 헌법 제10조 제1문의 인간의 존엄과 가치 및 행복추구권에 근거를 둔 일반적 인격권 또는 위 조문들과 동시에 우리 헌법의 자유민주적 기본질서 규정 또는 국민주권원리와 민주주의원리 등을 고려할 수 있으나, 개인정보자기결정권으로 보호하려는 내용을 위 각 기본권들 및 헌법원리들 중 일부에 완전히 포섭시키는 것은 불가능하다고 할 것이므로, 그 헌법적 근거를 굳이 어느 한두 개에 국한시키는 것은 바람직하지 않은 것으로 보이고, 오히려 개인정보자기결정권은 이들을 이념적 기초로 하는 독자적 기본권으로서 헌법에 명시되지 아니한 기본권이라고 보아야 할 것이다.』(헌재 2005. 5. 26. 99헌마513)

2. 개인정보보호법

개인정보의 보호는 공공부문과 민간부문으로 나눌 수 있다. 먼저 공공부문에서의 개인정보 보호를 위해서 1994년에 「공공기관의 개인정보보호에 관한 법률」이 제정되었으며, 민간부문에서의 개인정보 보호와 관련해서는 「금융실명거래 및 비밀보장에 관한 법률」(1997년 제정), 「정보통신망 이용촉진 등에 관한 법률」(1999년 제정) 등 각 분야에서의 개별법이 제정되었다.[4)]

이러한 개인정보보호 법제는 국제적인 개인정보 보호수준에 미흡하다는 비판을 받았으며, 이에 공공부문과 민간부문을 망라하여 국제수준에 부합하는 개인정보 보호제도를 마련하기 위해 2011년에 「개인정보보호법」이 제정되었다.

Ⅲ. 개인정보보호법의 주요 내용

1. 용어의 정의

개인정보란 살아있는 개인에 관한 정보로서 다음의 어느 하나에 해당하는 정보를 말한다(개인정보보호법 2조 1호).

i) 성명, 주민등록번호 및 영상 등을 통하여 개인을 알아볼 수 있는 정보

---

4) 「정보통신망 이용촉진 등에 관한 법률」은 2001년에 「정보통신망 이용촉진 및 정보보호 등에 관한 법률」로 전부 개정되었다.

ii) 해당 정보만으로는 특정 개인을 알아볼 수 없더라도 다른 정보와 쉽게 결합하여 알아볼 수 있는 정보. 이 경우 쉽게 결합할 수 있는지 여부는 다른 정보의 입수 가능성 등 개인을 알아보는 데 소요되는 시간, 비용, 기술 등을 합리적으로 고려하여야 한다.

iii) 가명정보(가명정보란 위의 i) 또는 ii)를 제1호의2에 따라 가명처리함으로써 원래의 상태로 복원하기 위한 추가 정보의 사용·결합 없이는 특정 개인을 알아볼 수 없는 정보를 말한다.)

개인정보처리자란 업무를 목적으로 개인정보파일을 운용하기 위하여 스스로 또는 다른 사람을 통하여 개인정보를 처리하는 공공기관, 법인, 단체 및 개인 등을 말한다(2조 5호).

개인정보의 '처리'란 개인정보의 수집, 생성, 연계, 연동, 기록, 저장, 보유, 가공, 편집, 검색, 출력, 정정, 복구, 이용, 제공, 공개, 파기, 그 밖에 이와 유사한 행위를 말한다(2조 2호).

2. 개인정보보호법의 지위

개인정보보호법은 공공부문과 민간부문을 포함하여 개인정보의 처리 및 보호에 관한 일반법적 지위를 가지며, 따라서 다른 법률에 특별한 규정이 있는 경우를 제외하고는 이 법에 따른다(6조). 개인정보보호에 관한 특별법으로는 「금융실명거래 및 비밀보장에 관한 법률」, 「정보통신망 이용 촉진 및 정보보호 등에 관한 법률」, 「신용정보의 이용 및 보호에 관한 법률」 등을 들 수 있다.

3. 개인정보 보호의 원칙

① 개인정보처리자는 개인정보의 처리 목적을 명확하게 하여야 하고, 그 목적에 필요한 범위에서 최소한의 개인정보만을 적법하고 정당하게 수집하여야 한다(3조 1항).

② 개인정보처리자는 개인정보의 처리 목적에 필요한 범위에서 적합하게 개인정보를 처리하여야 하며, 그 목적 외의 용도로 활용하여서는 안 된다(3조 2항).

③ 개인정보처리자는 개인정보의 처리 목적에 필요한 범위에서 개인정보의 정확성, 완전성 및 최신성이 보장되도록 하여야 한다(3조 3항).

④ 개인정보처리자는 개인정보의 처리 방법 및 종류 등에 따라 정보주체의 권리가 침해받을 가능성과 그 위험 정도를 고려하여 개인정보를 안전하게 관리하여야 한다(3조 4항).

⑤ 개인정보처리자는 개인정보 처리방침 등 개인정보의 처리에 관한 사항을 공개하여야 하며, 열람청구권 등 정보주체의 권리를 보장하여야 한다(3조 5항).

⑥ 개인정보처리자는 정보주체의 사생활 침해를 최소화하는 방법으로 개인정보를 처리하여야 한다(3조 6항).

⑦ 개인정보처리자는 개인정보를 익명 또는 가명으로 처리하여도 개인정보 수집목적을 달성할 수 있는 경우 익명처리가 가능한 경우에는 익명에 의하여, 익명처리로 목적을 달성할 수 없는 경우에는 가명에 의하여 처리될 수 있도록 하여야 한다(3조 7항).

⑧ 개인정보처리자는 개인정보보호법 및 관계 법령에서 규정하고 있는 책임과 의무를 준수하고 실천함으로써 정보주체의 신뢰를 얻기 위하여 노력하여야 한다(3조 8항).

4. 정보주체의 권리

정보주체는 자신의 개인정보 처리와 관련하여 ① 개인정보의 처리에 관한 정보를 제공받을 권리, ② 개인정보의 처리에 관한 동의 여부, 동의 범위 등을 선택하고 결정할 권리, ③ 개인정보의 처리 여부를 확인하고 개인정보에 대하여 열람(사본의 발급을 포함)을 요구할 권리, ④ 개인정보의 처리 정지, 정정 · 삭제 및 파기를 요구할 권리, ⑤ 개인정보의 처리로 인하여 발생한 피해를 신속하고 공정한 절차에 따라 구제받을 권리, ⑥ 완전히 자동화된 개인정보 처리에 따른 결정을 거부하거나 그에 대한 설명 등을 요구할 권리를 가진다(4조).

5. 개인정보보호위원회

개인정보 보호에 관한 사무를 독립적으로 수행하기 위하여 국무총리 소속으로 개인정보보호위원회를 둔다(7조 1항). 보호위원회는 상임위원 2명(위원장 1명, 부위원장 1명)을 포함한 9명의 위원으로 구성한다(7조의2 1항).

종래 개인정보보호 감독기능은 행정안전부, 방송위원회, 개인정보보호위원회 등으로 분산되어 있었으나, 2020년 개정법에서는 행정안전부와 방송통신위원회의 개인정보 관련 사무를 개인정보보호위원회로 이관하여 이 위원회의 개인정보보호 컨트롤타워로서의 기능을 강화하였다.

6. 개인정보의 수집 · 이용 · 제공

(1) 개인정보의 수집 · 이용이 허용되는 경우

개인정보처리자는 i) 정보주체의 동의를 받은 경우, ii) 법률에 특별한 규정이 있거나 법령상 의무를 준수하기 위하여 불가피한 경우, iii) 공공기관이 법령 등에서 정하는 소관 업무의 수행을 위하여 불가피한 경우, iv) 정보주체와 체결한 계약을 이행하거나 계약을 체결하는 과정에서 정보주체의 요청에 따른 조치를 이행하기 위하여 불가피하게 필요한 경우, v) 명백히 정보주체 또는 제3자의 급박한 생명 · 신체 · 재산의 이익을 위하여 필요하다고 인정되는 경우, vi) 개인정보처리자의 정당한 이익을 달성하기 위하여 필요한 경우로서 명백하게 정보주체의 권리보다 우선하는 경우(이 경우 개인정보처리자의 정당한 이익과 상당한 관련이 있고 합리적인 범위를 초과하지 아니하는 경우에 한한다), vii) 공중위생 등 공공의 안전과 안녕을 위하여 긴급히 필요한 경우에 한하여 개인정보를 수집할 수 있으며, 그 수집 목적의 범위에서만 이용할 수 있다(15조 1항).

개인정보처리자가 정보의 수집 · 이용에 관해 정보주체의 동의를 받을 때에는 i) 개인정보의 수집 · 이용 목적, ii) 수집하려는 개인정보의 항목, iii) 개인정보의 보유 및 이용 기간, iv) 동의를 거부할 권리가 있다는 사실 및 동의 거부에 따른 불이익이 있는 경우에는 그 불이익의 내용 등을 정보주체에게 알려야 하며, 위 사항의 어느 하나를 변경하는 경우에도 이를 알리고 동의를 받아야 한다(15조 2항).

개인정보처리자는 당초 수집 목적과 합리적으로 관련된 범위에서 정보주체에게 불이익이 발생하는지 여부, 암호화 등 안전성 확보에 필요한 조치를 하였는지 여부 등을 고려하여 대통령령으로 정하는 바에 따라 정보주체의 동의 없이 개인정보를 이용할 수 있다(15조 3항).

개인정보처리자가 정보주체의 동의를 받아 개인정보를 수집하는 경우에는 필요한 최소한의 정보 외의 개인정보 수집에는 동의하지 아니할 수 있다는 사실을 구체적으로 알리고 개인정보를 수집하여야 한다(16조 2항). 개인정보처리자는 정보주체가 필요한 최소한의 정보 외의 개인정보 수집에 동의하지 아니한다는 이유로 정보주체에게 재화 또는 서비스의 제공을 거부하여서는 안 된다(16조 3항).

(2) 개인정보의 제3자에의 제공

개인정보처리자는 i) 정보주체의 동의를 받은 경우, ii) 개인정보보호법 제15조 제1항 제2호·제3호 및 제5호부터 제7호까지에 따라 개인정보를 수집한 목적 범위에서 개인정보를 제공하는 경우에는 정보주체의 개인정보를 제3자에게 제공할 수 있다(17조 1항).

개인정보처리자는 당초 수집목적과 합리적으로 관련된 범위에서 정보주체에게 불이익이 발생하는지 여부, 암호화 등 안전성 확보에 필요한 조치를 하였는지 여부 등을 고려하여 대통령령으로 정하는 바에 따라 정보주체의 동의 없이 개인정보를 제공할 수 있다(17조 4항).

(3) 개인정보 수집·이용·제공의 제한

① **최소한의 수집** : 개인정보처리자는 개인정보를 수집하는 경우에 그 목적에 필요한 최소한으로 수집하여야 하는데, 이 경우 최소한의 개인정보 수집이라는 증명책임은 개인정보처리자가 부담한다(16조 1항).

② **개인정보의 목적 외 이용·제공의 제한** : 개인정보처리자는 원칙적으로 수집목적의 범위에서 개인정보를 이용할 수 있으며, 그 범위를 초과하여 이용하거나 제3자에게 제공해서는 안 된다(15조 1항, 18조 1항).

다만, 개인정보처리자는 정보주체로부터 별도의 동의를 받거나 다른 법률에 특별한 규정이 있는 경우 등 법 제18조 제2항 각 호의 어느 하나에 해당하는 경우에는 정보주체 또는 제3자의 이익을 부당하게 침해할 우려가 있을 때를 제외하고는 개인정보를 목적 외의 용도로 이용하거나 이를 제3자에게 제공할 수 있다(18조 2항).

(4) 영업양도 등에 따른 개인정보의 이전 제한

개인정보처리자는 영업의 전부 또는 일부의 양도·합병 등으로 개인정보를 다른 사람에게 이전하는 경우에는 i) 개인정보를 이전하려는 사실, ii) 개인정보를 이전받는 자(이하 '영업양수자 등'이라 한다)의 성명, 주소, 전화번호 및 그 밖의 연락처, iii) 정보주체가 개인정보의 이전을 원하지 아니하는 경우 조치할 수 있는 방법 및 절차 등에 관하여 미리 해당 정보주체에게 알려야 한다(27조 1항).

영업양수자 등은 개인정보를 이전받았을 때에는 지체 없이 그 사실을 정보주체에게 알려야 한다. 다만, 개인정보처리자가 그 이전 사실을 이미 알린 경우에는 그러하지 아니하다(27조 2항).

영업양수자 등은 영업의 양도·합병 등으로 개인정보를 이전받은 경우에는 이전 당시의 본래 목적으로만 개인정보를 이용하거나 제3자에게 제공할 수 있다. 이 경우 영업양수자 등은 개인정보처리자로 본다(27조 3항).

(5) 정보주체 이외로부터 수집한 개인정보의 수집출처 등의 고지

개인정보처리자가 정보주체 이외로부터 수집한 개인정보를 처리하는 때에는 정보주체의 요구가 있으면 i) 개인정보의 수집 출처, ii) 개인정보의 처리 목적, iii) 법 제37조에 따른 개인정보 처리의 정지를 요구하거나 동의를 철회할 권리가 있다는 사실 등을 즉시 정보주체에게 알려야 한다(20조 1항).

7. 개인정보의 처리 제한

(1) 민감정보의 처리 제한

개인정보처리자는 사상·신념, 노동조합·정당의 가입·탈퇴, 정치적 견해, 건강, 성생활 등에 관한 정보, 그 밖에 정보주체의 사생활을 현저히 침해할 우려가 있는 개인정보로서 대통령령으로 정하는 정보(이하 '민감정보'라 한다)를 처리해서는 안 된다. 다만, i) 정보주체에게 민감정보의 처리에 관해 별도의 동의를 받은 경우, ii) 법령에서 민감정보의 처리를 요구하거나 허용하는 경우에는 그러하지 아니하다(23조 1항).

(2) 고유식별정보의 처리 제한

개인정보처리자는 법령에 따라 개인을 고유하게 구별하기 위하여 부여된 식별정보로서 대통령령으로 정하는 정보(이하 '고유식별정보'라 한다)를 처리할 수 없다.[5] 다만, i) 정보주체에게 고유식별정보의 처리에 관해 별도의 동의를 받은 경우, ii) 법령에서 구체적으로 고유식별정보의 처리를 요구하거나 허용하는 경우에는 그러하지 아니하다(24조 1항).

(3) 주민등록번호의 처리 제한

개인정보처리자는 "i) 법률·대통령령·국회규칙·대법원규칙·헌법재판소규칙·중앙선거관리위원회규칙 및 감사원규칙에서 구체적으로 주민등록번호의 처리를 요구하거나 허용한 경우, ii) 정보주체 또는 제3자의 급박한 생명·신체·재산의 이익을 위하여 명백히 필요하다고 인정되는 경우, iii) 주민등록번호 처리가 불가피한 경우로서 개인정보보호위원회가 고시로 정하는 경우"를 제외하고는 주민등록번호를 처리할 수 없다(24조의2 1항).

개인정보처리자는 주민등록번호가 분실·도난·유출·위조·변조 또는 훼손되지 않도록 암호화 조치를 통하여 안전하게 보관하여야 한다(24조의2 2항).

---

5) 고유식별정보에는 주민등록번호, 여권번호, 운전면허번호, 외국인등록번호가 있다(개인정보보호법시행령 19조).

8. 개인정보의 파기

개인정보처리자는 보유기간의 경과, 개인정보의 처리 목적 달성 등 그 개인정보가 불필요하게 되었을 때에는 지체 없이 그 개인정보를 파기하여야 한다. 다만, 다른 법령에 따라 보존하여야 하는 경우에는 그러하지 아니하다(21조 1항). 개인정보처리자가 개인정보를 파기할 때에는 복구 또는 재생되지 않도록 조치하여야 한다(21조 2항). 개인정보처리자가 개인정보를 파기하지 아니하고 보존하여야 하는 경우에는 해당 개인정보 또는 개인정보파일을 다른 개인정보와 분리하여 저장·관리하여야 한다(21조 3항).

9. 개인정보 유출 통지 및 신고

개인정보처리자는 개인정보가 유출되었음을 알게 되었을 때에는 지체 없이 해당 정보주체에게 i) 유출된 개인정보의 항목, ii) 유출된 시점과 그 경위, iii) 유출로 인하여 발생할 수 있는 피해를 최소화하기 위하여 정보주체가 할 수 있는 방법 등에 관한 정보, iv) 개인정보처리자의 대응조치 및 피해 구제절차, v) 정보주체에게 피해가 발생한 경우 신고를 접수할 수 있는 담당부서 및 연락처를 알려야 한다(34조 1항).

개인정보처리자는 개인정보가 유출된 경우 그 피해를 최소화하기 위한 대책을 마련하고 필요한 조치를 하여야 한다(34조 2항).

개인정보처리자는 대통령령으로 정한 규모 이상의 개인정보가 유출된 경우에는 제34조 제1항에 따른 통지 및 제2항에 따른 조치결과를 지체 없이 개인정보보호위원회 또는 대통령령으로 정하는 전문기관에 신고하여야 한다(34조 3항).

10. 정보주체의 권리

(1) 개인정보 열람청구권

정보주체는 해당 개인정보처리자에게 자신의 개인정보에 대한 열람을 요구할 수 있다(35조 1항). 만일 정보주체가 자신의 개인정보에 대한 열람을 공공기관에 요구하고자 할 때에는 공공기관에 직접 열람을 요구하거나 개인정보보호위원회를 통하여 열람을 요구할 수 있다(35조 2항).

열람을 요구받은 개인정보처리자는 대통령령으로 정하는 기간 내에 정보주체가 해당 개인정보를 열람할 수 있도록 하여야 한다. 이 경우 해당 기간 내에 열람할 수 없는 정당한 사유가 있을 때에는 정보주체에게 그 사유를 알리고 열람을 연기할 수 있으며, 그 사유가 소멸하면 지체 없이 열람하게 하여야 한다(35조 3항).

개인정보처리자는 다음의 어느 하나에 해당하는 경우에는 정보주체에게 그 사유를 알리고 열람을 제한하거나 거절할 수 있다(35조 4항). ① 법률에 따라 열람이 금지되거나 제한되는 경우, ② 다른 사람의 생명·신체를 해할 우려가 있거나 다른 사람이 재산과 그 밖의 이익을 부당하게 침해할 우려가 있는 경우, ③ 공공기관이 다음의 어느 하나(㉠ 조세의 부과·징수 또는 환급에 관한 업무, ㉡ 초 · 중등교육법 및 고등교육법에 따른 각급 학교, 평생교육법에 따른 평생교육시설, 그 밖의 다른 법률에 따라 설치된 고등교육기관에서의 성적 평가 또는 입학자 선발에 관한 업무, ㉢ 학력 · 기능 및 채용에 관한 시험, 자격 심사에 관한 업무, ㉣ 보상금 · 급부금 산정 등에 대하여 진행 중인 평가 또는 판단에 관한 업무, ㉤ 다른 법률에 따라 진행 중인 감사 및 조사에 관한 업무)에 해당하는 업무를 수행할 때 중대한 지장을 초래하는 경우

(2) 개인정보의 정정 · 삭제청구권

자신의 개인정보를 열람한 정보주체는 개인정보처리자에게 그 개인정보의 정정 또는 삭제를 요구할 수 있다. 다만 다른 법령에서 그 개인정보가 수집 대상으로 명시되어 있는 경우에는 그 삭제를 요구할 수 없다(36조 1항).

개인정보의 정정 · 삭제를 요구받은 개인정보처리자는 지체 없이 그 개인정보를 조사하여 정보주체의 요구에 따라 정정 · 삭제 등 필요한 조치를 한 후 그 결과를 정보주체에게 알려야 한다(36조 2항). 개인정보처리자가 개인정보를 삭제할 때에는 복구 또는 재생되지 않도록 조치하여야 한다(36조 3항).

(3) 개인정보의 처리정지청구권

정보주체는 개인정보처리자에 대하여 자신의 개인정보 처리의 정지를 요구할 수 있다. 이 경우 공공기관에 대하여는 제32조에 따라 등록 대상이 되는 개인정보파일 중 자신의 개인정보에 대한 처리의 정지를 요구할 수 있다(37조 1항).

처리정지의 요구를 받은 개인정보처리자는 지체 없이 정보주체의 요구에 따라 개인정보 처리의 전부나 일부를 정지하여야 하며(37조 2항), 정지된 개인정보에 대하여 지체 없이 해당 개인정보의 파기 등 필요한 조치를 하여야 한다(37조 4항).

한편, 다음의 어느 하나에 해당하는 경우에는 정보주체의 처리정지 요구를 거절할 수 있는데, 이 경우 정보주체에게 지체 없이 그 사유를 알려야 한다(37조 2항, 3항). ① 법률에 특별한 규정이 있거나 법령상 의무를 준수하기 위하여 불가피한 경우, ② 다른 사람의 생명 · 신체를 해할 우려가 있거나 다른 사람의 재산과 그 밖의 이익을 부당하게 침해할 우려가 있는 경우, ③ 공공기관이 개인정보를 처리하지 아니하면 다른 법률에서 정하는 소관 업무를 수행할 수 없는 경우, ④ 개인정보를 처리하지 아니하면 정보주체와 약정한 서비스를 제공하지 못하는 등 계약의 이행이 곤란한 경우로서 정보주체가 그 계약의 해지 의사를 명확하게 밝히지 아니한 경우

11. 정보통신서비스 제공자의 개인정보처리에 관한 특례

개인정보보호법은 정보통신서비스 제공자에 대해서는 이용자의 개인정보를 수집 · 이용하는 경우의 특례(39조의3), 개인정보 유출 등의 통지 · 신고에 대한 특례(39조의4), 개인정보의 보호조치에 대한 특례(39조의5), 개인정보의 파기에 대한 특례(39조의6) 등 여러 가지 특례를 규정하고 있는바, 이에 관해서는 이론적으로 특별히 설명할 것이 없으므로 해당 법조문을 참고하기 바란다.

12. 권리구제

(1) 손해배상

① **개인정보처리자의 일반적인 손해배상책임** : 정보주체는 개인정보처리자의 개인정보보호법 위반행위로 손해를 입으면 개인정보처리자에게 손해배상을 청구할 수 있다. 이 경우 개인정보처리자는 고의 또는 과실이 없음을 증명하지 않으면 책임을 면할 수 없다(39조 1항).

한편, 2014년 신용카드사의 개인정보 유출과 같은 대형 사고가 자주 발생하자, 개인정보의 유출 등에 따른 피해구제를 강화하기 위하여 2015년 법개정을 통해 법정손해배상제도와 징벌적 손해배상제도를 도입하였다.[6]

② **법정손해배상의 청구** : 제39조 제1항에도 불구하고 정보주체는 개인정보처리자의 고의 또는 과실로 인하여 개인정보가 분실·도난·유출·위조·변조 또는 훼손된 경우에는 300만원 이하의 범위에서 상당한 금액을 손해액으로 하여 배상을 청구할 수 있다. 이 경우 해당 개인정보처리자는 고의 또는 과실이 없음을 증명하지 않으면 책임을 면할 수 없다(39조의2).

③ **징벌적 손해배상** : 개인정보처리자의 고의 또는 중대한 과실로 인하여 개인정보가 분실·도난·유출·위조·변조 또는 훼손된 경우로서 정보주체에게 손해가 발생한 때에는 법원은 그 손해액의 3배를 넘지 않는 범위에서 손해배상액을 정할 수 있다. 다만, 개인정보처리자가 고의 또는 중대한 과실이 없음을 증명한 경우에는 그러하지 아니하다(39조 3항). 이는 개인정보처리자의 고의나 중대한 과실로 인한 개인정보 유출 등으로 손해가 발생한 경우에는 손해액의 3배까지 배상하도록 함으로써, 이른바 징벌적 손해배상제도를 도입한 것이다.

(2) 개인정보에 관한 분쟁조정

① **분쟁조정** : 개인정보에 관한 분쟁을 조정하기 위하여 개인정보분쟁조정위원회(이하 '분쟁조정위원회'라 한다)를 둔다(40조 1항). 개인정보와 관련한 분쟁의 조정을 원하는 자는 분쟁조정위원회에 분쟁조정을 신청할 수 있다(43조 1항). 분쟁조정위원회는 원칙적으로 분쟁조정 신청을 받은 날부터 60일 이내에 이를 심사하여 조정안을 작성하여야 한다(44조 1항).

분쟁조정위원회는 조정안을 작성하면 지체 없이 각 당사자에게 제시하여야 하며(47조 2항), 조정안을 제시받은 당사자가 15일 이내에 수락 여부를 알리지 아니하면 조정을 거부한 것으로 본다(47조 3항). 조정이 성립하면 조정의 내용은 재판상 화해와 동일한 효력을 갖는다(47조 5항).

② **집단분쟁조정** : 국가 및 지방자치단체, 개인정보 보호단체 및 기관, 정보주체, 개인정보처리자는 정보주체의 피해 또는 권리침해가 다수의 정보주체에게 같거나 비슷한 유형으로 발생하는 경우로서 대통령령으로 정하는 사건에 대하여는 분쟁조정위원회에 일괄적인 분쟁조정(이하 '집단분쟁조정'이라 한다)을 의뢰 또는 신청할 수 있다(49조 1항).

분쟁조정위원회는 집단분쟁조정의 당사자인 다수의 정보주체 중 일부의 정보주체가 법원에 소

---

6) 2015. 7. 24. 개인정보보호법 개정이유 참조.

를 제기한 경우에는 그 절차를 중지하지 아니하고, 소를 제기한 일부의 정보주체를 그 절차에서 제외한다(49조 6항).

(3) 개인정보 단체소송

① 의의 : 개인정보처리자가 집단분쟁조정을 거부하거나 집단분쟁조정의 결과를 수락하지 아니한 경우에는 법이 정한 단체가 법원에 권리침해행위의 금지·중지를 구하는 소송을 제기할 수 있는데, 이를 개인정보 단체소송이라 한다(51조).

② 개인정보 단체소송을 제기할 수 있는 단체 : 개인정보 단체소송을 제기할 수 있는 단체는 다음과 같다(51조).

i) 소비자기본법 제29조에 따라 공정거래위원회에 등록한 소비자단체로서 개인정보보호법 제51조 제1호 각 목에서 정한 요건을 모두 갖춘 단체

ii) 비영리민간단체지원법 제2조에 따른 비영리민간단체로서 개인정보보호법 제51조 제2호 각 목에서 정한 요건을 모두 갖춘 단체

③ 전속관할 등 : 단체소송의 소는 피고의 주된 사무소 또는 영업소가 있는 곳, 주된 사무소나 영업소가 없는 경우에는 주된 업무담당자의 주소가 있는 곳의 지방법원 본원 합의부의 관할에 전속한다(52조). 단체소송의 원고는 의무적으로 변호사를 소송대리인으로 선임하여야 한다(53조). 단체소송에 관하여 개인정보보호법에 특별한 규정이 없는 경우에는 민사소송법을 적용한다(57조 1항).

④ 소송허가 : 단체소송을 제기하는 단체는 소장과 함께 소송허가신청서를 법원에 제출하여야 한다(54조). 법원은 "i) 개인정보처리자가 분쟁조정위원회의 조정을 거부하거나 조정결과를 수락하지 아니하였을 것, ii) 소송허가신청서의 기재사항에 흠결이 없을 것"의 요건을 모두 갖춘 경우에 한하여 단체소송을 허가한다(55조 1항). 단체소송을 허가하거나 불허가하는 결정에 대하여는 즉시항고할 수 있다(55조 2항).

⑤ 확정판결의 효력 : 원고의 청구를 기각하는 판결이 확정된 경우 이와 동일한 사안에 관하여는 다른 단체는 단체소송을 제기할 수 없다. 다만 i) 판결이 확정된 후 그 사안과 관련하여 국가·지방자치단체 또는 국가·지방자치단체가 설립한 기관에 의하여 새로운 증거가 나타난 경우 또는 ii) 기각판결이 원고의 고의로 인한 것임이 밝혀진 경우에는 그러하지 아니하다(56조).

(4) 행정쟁송

개인정보처리자가 행정심판법이나 행정소송법상의 행정청에 해당하는 경우에는 그 개인정보처리자의 처분에 대하여 행정심판이나 행정소송을 제기할 수 있다.

제4편

행정의 실효성확보수단

제 1 장

개 관

Ⅰ. 서

행정청이 국민에게 일정한 의무를 과한 경우에 국민이 그 의무를 이행하지 않거나 위반하면 행정목적의 달성은 곤란하게 된다. 따라서 행정목적의 효율적 달성을 위하여 강제적으로 그 의무의 이행이나 준수를 확보하는 법적 수단이 강구되어야 할 것인데, 이를 행정의 실효성확보수단 또는 행정상 의무이행확보수단이라 한다.

Ⅱ. 종 류

1. 전통적 수단

(1) 행정상의 의무를 지는 자가 그 의무를 이행하지 않거나 의무에 위반한 경우에는 전통적으로 그 의무의 이행·준수를 확보하기 위하여 두 가지 권력적 수단이 발동되었다. 하나는 의무를 강제적으로 이행시키는 수단이고 다른 하나는 의무위반에 대한 제재를 가하는 수단인데, 전자를 행정강제라 하고 후자를 행정상 제재라 한다. 행정강제는 장래에 향하여 의무의 이행을 실현시키기 위한 것인데 대하여, 행정상 제재는 과거의 의무위반에 대한 제재를 직접목적으로 하는 점에서 기본적인 차이가 있다.

(2) 전통적 이론은 행정강제를 다시 '행정상 강제집행'과 '행정상 즉시강제'로 나누고, 전자의 수단으로는 대집행·직접강제·이행강제금·강제징수 등 네 가지를 드는 것이 일반적이다. 그리고 행정상 제재의 대표적 수단은 '행정벌'이며, 이는 다시 행정형벌과 행정질서벌로 구분한다.

2. 새로운 수단의 등장

(1) 행정작용의 확대·다양화와 행정법이론의 발전에 따라 행정의 실효성을 확보하기 위한 수단도 다양화되고 있다. 예컨대 과징금, 공급거부, 관허사업의 제한, 명단의 공표, 수익적 행정행위의 철회·정지, 국외여행의 제한 등이 그에 해당한다.

(2) 종래 행정상 즉시강제의 일환으로 다루어져 왔던 질문·조사 등과 같은 행정작용이 오늘날에는 '행정조사'라는 이름으로 독립하여 다루어지고 있다.

3. 행정기본법의 규정

행정기본법은 행정상 강제의 종류로 행정대집행, 이행강제금, 직접강제, 강제징수, 즉시강제에 관해 규정하고 있으며(30조 1항), 새로운 수단에 관해서는 과징금에 관해 규정하고 있다(4절).

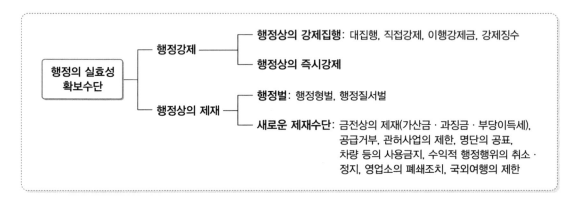

제 2 장

행정강제

제 1 절   행정상의 강제집행

Ⅰ. 서

1. 의 의

행정상 강제집행이란 행정상의 의무불이행이 있는 경우에 행정주체가 의무자의 신체 또는 재산에 실력을 가함으로써 장래에 향하여 그 의무를 이행시키거나 혹은 이행이 있었던 것과 같은 상태를 실현하는 행정작용을 말한다.

2. 법적 성질

행정상 강제집행의 법적 성질은 권력적 사실행위에 속한다고 보는 것이 통설이다. 그러나 엄밀히 말하면, 행정상 강제집행은 여러 단계의 행위로 구성되므로 이를 획일적으로 권력적 사실행위에 속한다고 보는 것은 옳지 않다. 예컨대 행정상 강제집행의 대표적 예인 행정대집행에 관해 살펴보면, 대집행은 '① 계고, ② 대집행영장에 의한 통지, ③ 대집행의 실행, ④ 비용징수' 등 일련의 절차를 거쳐 행해지는데, 이 중에서 계고, 대집행영장에 의한 통지, 비용징수는 법적 행위에 속하며, 다만 대집행의 실행행위만이 권력적 사실행위에 속한다고 할 것이다.

3. 특 색

(1) 장래에 향하여 의무의 이행을 강제하기 위한 수단인 점에서, 과거의 의무위반에 대한 제재 수단인 행정벌과 구별된다.

(2) 상대방의 의무불이행을 전제로 하는 점에서, 이를 전제로 하지 않는 행정상 즉시강제와 구별된다.

(3) 행정권 스스로의 힘에 의해 강제집행하는 자력강제인 점에서, 법원에 의해 강제집행하는 민사상의 강제집행과 구별된다.

(4) 사실행위인 점에서, 법적 행위인 행정행위와 구별된다.

(5) 권력적 사실행위인 점에서, 비권력적 사실행위인 행정지도와 구별된다.

4. 강제집행에 관한 입법례

(1) 독일

독일의 경우 행정상 강제집행에 관하여 연방과 각 란트가 각각의 근거법을 두고 있다. 연방의 경우 행정강제에 관한 일반법으로서 1953년에 제정된 행정집행법(Verwaltungs Vollstreckungsgesetz)이 있는데, 동법은 제1절에서 공법상 금전급부의무의 강제집행에 관하여 규정하고(1조 – 5조), 제2절에서는 작위·수인·부작위의무에 대한 강제집행에 관하여 규정하고 있다(6조 – 18조). 후자에 대한 강제집행의 수단으로는 대집행(Ersatzvornahme), 이행강제금(Zwangsgeld) 및 직접강제(unmittelbarer Zwang)를 인정하고 있는데(동법 9조), 이와 같이 행정상 강제집행의 수단을 통일적으로 단일의 법률에서 규율하고 있는 점에서 일본이나 우리나라의 법제와 차이가 있다. 이러한 점에서 독일은 자족완결적 행정강제제도를 가지고 있다고 본다.

(2) 일본

메이지(明治)헌법하에서의 일본은 강력한 집행체제를 취한 행정국가였다. 당시의 법제는 포괄적으로 완비한 행정상 강제집행제도를 갖추어, 국민이 행정상 의무를 이행하지 않는 때에는 행정청은 법원의 힘을 빌리지 않고 스스로 판단하여 그 의무를 강제집행할 수 있도록 하였다.[1] 먼저 국세의 강제집행에 관해서는 국세징수법이 강제징수절차를 규정하였고, 국세 이외의 공법상 금전채권의 징수에 대해서도 대부분의 개별 법률에서 국세징수법의 규정을 준용하도록 하였다. 다른 한편, 금전채권 이외의 행정상 의무의 강제집행에 관해서는 "행정집행법"(明治 33년)이 제정되어 대집행, 집행벌, 직접강제라는 세 가지 수단을 일반적 제도로 규정함으로써, 국민이 행정상 의무를 이행하지 않는 경우에는 행정청은 특별한 법적 근거 없이도 위 규정에 의해 적절한 수단을 선택하여 강제집행을 할 수 있었다. 이러한 입법체계는 19세기 말의 프로이센을 비롯한 독일 여러 란트의 법제를 모범으로 한 것이라고 한다.[2]

그러나 이러한 행정상 강제집행제도는 행정목적을 효율적으로 달성하는 데에는 유용하지만, 법률관계의 일방 당사자인 행정권의 자의적 판단에 의해 국민의 신체나 재산에 부당하게 가혹한 침해를 가져다 줄 위험이 높은 제도라는 비판을 받았다.[3] 그러한 점에서 제2차 세계대전 후의 새 헌법하에서는 종전의 강력한 강제집행체제의 근거였던 행정집행법이 폐지되고, 이에 대신하여 대체적 작위의무의 강제적 실현을 위한 '행정대집행법'이 제정되었으며(昭和 23년), 나머지 강제집행 수단에 관해서는 개별법에서 규정하고 있다.

(3) 우리나라

우리나라의 경우는 일본의 법제와 매우 유사한 과정을 거쳐왔다. 즉, 일제시대에는 메이지헌법하의 일본에서와 같이 '행정집행령'(1914년 制令 23호)이 제정되어 대집행, 집행벌, 직접강제에 관

---

1) 原田尚彦, 行政法要論, 學陽書房, 2006, 222면.
2) 廣岡隆, 行政代執行法, 有斐閣, 1981, 1면.
3) 原田尚彦, 앞의 책, 223 – 224면.

하여 일반적으로 규정하였다. 그러나 일본으로부터 해방된 후 미군정시대에 위 슈이 폐지되었고 (1948년 군정법령 176호), 정부수립 후에는 행정대집행법이 제정되어(1954년) 종전의 행정집행령에서 규정하고 있던 것 중에서 대집행에 관해서만 일반법적 근거규정을 두어 오늘에 이르고 있다. 따라서 현재에는 공법상 금전급부의무의 강제집행을 규정한 국세징수법과 대체적 작위의무의 강제집행을 규정한 행정대집행법이 행정상 강제집행의 일반법으로 기능하고, 이행강제금과 직접강제는 개별 법률에서 규율하는 점에서 일본의 법제와 같다고 할 수 있다.

II. 행정상 강제집행의 근거

1. 이론적 근거

과거에는 행정주체에게 명령권을 부여한 법은 동시에 그 의무이행을 강제하는 것에 대한 근거법이 된다고 보았다. 즉, 어떤 의무를 부과하는 법적 근거만 있으면 그 의무를 강제집행하는 경우에는 별도의 법적 근거를 요하지 않는다고 하였다. 그러나 오늘날에는 의무를 명하는 행위와 의무를 강제적으로 실현하는 행위는 별개의 행정작용이기 때문에 행정상 강제집행을 하기 위해서는 별도의 법적 근거가 있어야 한다는 것이 통설이다.

2. 실정법적 근거

행정기본법은 행정상 강제집행의 종류에 관해 행정대집행, 이행강제금, 직접강제, 강제징수를 규정하고 있다(30조). 행정대집행에 관한 일반법으로는 행정대집행법이 있고, 행정상 강제징수에 관한 일반법으로는 국세징수법이 있다. 그 밖에 이행강제금과 직접강제는 개별법에서 규정하고 있는데, 이행강제금에 관해 규정하고 있는 법률로는 건축법·농지법·영유아보육법·도로법 등이 있으며, 직접강제에 관해 규정하고 있는 법률로는 출입국관리법·식품위생법·공중위생관리법·방어해면법·군사시설보호법 등이 있다. 이와 같이 이행강제금과 직접강제에 관해서는 일반법이 없기 때문에 행정기본법은 별도로 이행강제금과 직접강제 권한의 발동을 규제하는 일반적 규정을 두고 있다(31-32조).

III. 행정대집행

1. 서

(1) 의의

행정대집행이란 의무자가 행정상 의무로서 타인이 대신하여 행할 수 있는 의무를 이행하지 않는 경우에 행정청이 의무자가 하여야 할 행위를 스스로 하거나 제3자에게 하게 하고 그 비용을 의무자로부터 징수하는 것을 말한다(행정기본법 30조 1항 1호). 예컨대 의무자가 불법건축물에 대한 철거명령을 이행하지 않는 경우에 행정청이 직접 또는 철거대행업자로 하여금 해당 불법건축물을 강제로 철거하도록 하고 의무자에게 그 철거비용을 징수하는 것이다.

독일에서는 의무를 제3자가 대행하는 경우만을 대집행으로 보며 행정청 스스로 대행하는 경우는 직접강제의 일종으로 보는데 반하여, 우리나라는 제3자가 대행하는 경우뿐만 아니라 행정청 자신이 대행하는 경우까지도 대집행에 포함시키는 점에 특색이 있다.[4]

(2) 직접강제와의 구별

행정대집행은 다음과 같은 점에서 직접강제와 구별된다. i) 대집행에 관해서는 일반법인 행정대집행법이 규율하나, 직접강제는 별도의 개별법에 근거하여 행해진다. ii) 대집행은 제3자에게 대행시킬 수 있지만, 직접강제는 행정청이 직접 해야 한다. iii) 대집행 비용은 의무자가 부담하는데 대하여, 직접강제의 비용은 행정청이 부담한다.

2. 대집행권자 및 법률관계

(1) 대집행을 할 수 있는 권한은 원칙적으로 행정청이 갖는다. 다만 그 실행행위는 행정청이 직접 할 수도 있고 제3자에게 대행시킬 수도 있다. 이 경우 대집행의 실행행위를 대행하는 제3자는 공무수탁사인이 아니라 단순한 행정보조인에 해당한다고 본다.

행정청이 직접 실행행위를 하는 경우에 행정청과 의무자 사이에는 공법적 법률관계가 성립한다. 그런데 행정청이 제3자로 하여금 실행행위를 하도록 한 경우에는 법률관계가 복잡해진다. 즉 행정청과 의무자 사이는 여전히 공법적 법률관계가 성립하는데 대하여, 제3자와 의무자 사이에는 직접 어떠한 법률관계는 성립하지 않고 다만 의무자는 제3자의 실행행위를 수인하여야 할 의무를 진다고 본다.[5] 그리고 행정청과 제3자는 사법상 계약(도급계약) 관계에 있다고 보는 것이 다수설이다.[6]

(2) 한편, 법률에 특별한 규정이 있는 경우에는 대집행 권한이 공법인에게 위탁될 수도 있는데, 이 경우 대집행 권한을 위탁받은 공법인은 행정주체의 지위에 있다는 것이 판례의 입장이다.[7]

> **판례** 『한국토지공사는 한국토지공사법 제2조, 제4조에 의하여 정부가 자본금의 전액을 출자하여 설립한 법인이고, 같은 법 제9조 제4호에 규정된 한국토지공사의 사업에 관하여는 공익사업을 위한 토지 등의 취득 및 보상에 관한 법률 제89조 제1항, 위 한국토지공사법 제22조 제6호 및 같은 법 시행령 제40조의3 제1항의 규정에 의하여 본래 시·도지사나 시장·군수 또는 구청장의 업무에 속하는 대집행 권한을 한국토지공사에게 위탁하도록 되어 있는바, 한국토지공사는 이러한 법령의 위탁에 의하여 대집행을

---

4) 이에 관한 상세는 이일세, 행정대집행의 요건에 관한 고찰, 토지공법연구 37집 1호, 2007. 8, 271면 참고.
5) 김남진/김연태, 572면; 김중권, 628면; 정하중/김광수, 437면.
6) 김남진/김연태(I), 572면; 정하중/김광수, 437면; 홍정선(상), 757면; 류지태/박종수, 402면.
7) 대판 2010. 1. 28, 2007다82950. 대집행권한을 가지는 행정청은 토지주택공사가 시행하는 사업과 관련한 대집행 권한을 토지주택공사에 위탁할 수 있다(토지보상법 89조, 한국토지주택공사법 19조 3항 8호)

수권받은 자로서 공무인 대집행을 실시함에 따르는 권리·의무 및 책임이 귀속되는 행정주체의 지위에
있다고 볼 것이지 지방자치단체 등의 기관으로서 국가배상법 제2조 소정의 공무원에 해당한다고 볼 것
은 아니다.』 (대판 2010. 1. 28, 2007다82950, 82967)

3. 대집행의 요건

대집행은 i) 의무자가 행정상 의무로서 타인이 대신하여 행할 수 있는 의무를 이행하지 않는
경우에, ii) 법률로 정하는 다른 수단으로는 그 이행을 확보하기 곤란하고, iii) 그 불이행을 방치하
면 공익을 크게 해칠 것으로 인정될 때에 할 수 있다(행정기본법 30조 1항 1호, 행정대집행법 2조).

(1) 법령이나 행정처분에 의한 대체적 작위의무의 불이행

① 법령이나 행정처분에 의한 행정상 의무 : 대집행의 대상이 되는 의무는 법령에 의하여 직접
명령되었거나 또는 법령에 의거한 행정처분에 의해 부과된 행정상(공법상) 의무이어야 하는데(행정
대집행법 2조), 이는 행정상 의무 중에서도 특히 권력적 행위에 의해 부과된 의무만이 대집행의 대
상이 됨을 의미한다. 따라서 당사자의 대등성을 전제로 하는 공법상 계약에 의해 부과된 의무나
사법적 행위에 의해 부과된 의무의 불이행의 경우에는 원칙적으로 행정대집행의 대상이 되지 않
으며, 소송을 통한 강제집행(司法强制)의 방법에 의하여야 한다. 공익사업을 위한 토지의 협의취득
시 건물소유자가 협의취득대상 건물에 대하여 자진철거를 약정한 경우에 그 철거의무가 대집행의
대상이 되는지가 문제되었다. 이에 대해 대법원은, 대집행의 대상이 되는 의무는 공법상 의무이어
야 하는데 공익사업에 필요한 토지를 협의취득하는 것은 사법상 계약의 성질을 가지고 협의취득
시 약정한 철거의무 역시 사법상 의무이어서 대집행의 대상이 되지 않는다고 하였다.[8]

이와 관련하여 국공유재산을 불법으로 점유하거나 시설물을 설치한 경우에 행정대집행법을 준
용하여 철거 등의 조치를 할 수 있다고 규정하고 있는 국유재산법 제74조 및 공유재산법 제83조
의 규정이 행정재산뿐만 아니라 일반재산의 경우에도 적용되는지가 문제된다. 일반재산에 대한 대
부·매각 등의 행위는 국가 또는 지방자치단체가 사경제의 주체로서 행하는 사법상 행위에 해당
한다고 보기 때문이다. 구체적 사안을 살펴보면, 여수시가 일반재산인 토지를 갑에게 대부하였다
가 대부계약이 해지된 후 갑에 대하여 위 토지 위에 설치한 비닐하우스 등을 철거하지 않으면 대
집행을 하겠다는 계고처분을 하였는바, 이에 대해 갑이 취소소송을 제기하였다. 이 사건에서 원심
(광주고등법원)은 국공유재산에 대한 대부의 법률관계는 국가나 지방자치단체가 공권력의 주체로서
법률행위를 하는 것이 아니고 사경제의 주체로서 법률행위를 하는데 불과하여 국가나 지방자치단
체와 법률행위를 한 상대방에게 공법상의 의무가 발생하는 것이 아니므로, 이 사건 대부계약이 적
법하게 해지되었다 하더라도 그 해지에 따른 원상회복을 구하는 것은 민사소송절차에 의하는 것
은 별론으로 하고, 행정대집행에 의할 수는 없다고 하였다.[9] 이에 대한 상고심에서 대법원은 「구

---

8) 대판 2006. 10. 13, 2006두7096.
9) 광주고판 2001. 4. 26, 2000누1392.

지방재정법 제85조(현행 공유재산법 제83조)는 공유재산을 정당한 이유 없이 점유하거나 그에 시설물을 설치한 때에는 행정대집행법의 규정을 준용하여 강제철거조치를 취할 수 있다고 규정하고 있는바, 대부계약이 적법하게 해지된 이상 원고의 이 사건 토지에 대한 점유는 정당한 이유 없는 점유라 할 것이고, 따라서 피고는 구 지방재정법 제85조에 의하여 행정대집행의 방법으로 이 사건 비닐하우스 등을 철거시킬 수 있다」고 함으로써 원심판결을 파기환송하였다.10) 결국 대법원에 의하면, 사법상 법률관계에서의 의무라 할지라도 법률에 특별한 규정이 있는 경우에는 행정대집행법에 의한 대집행이 가능하다는 것이다.11)

② 대체적 작위의무 : 대집행의 대상이 될 수 있는 것은 행정상의 '대체적 작위의무'에 한한다. 대체적 작위의무란 타인이 대행하더라도 의무자가 스스로 행한 것과 동일한 목적을 달성할 수 있는 성질의 의무를 말한다. 따라서 일신전속적이거나 전문기술적이어서 대체성이 없는 작위의무(예컨대 병역의무, 불법입국자의 출국의무), 부작위의무(예컨대 야간에 소음을 내지 않을 의무, 통제구역에 출입하지 않을 의무) 및 수인의무는 대집행의 대상이 되지 않는다. 이와 관련하여 토지·건물의 명도의무·철거의무와 부작위의무에 대해서는 보다 자세한 고찰이 필요하다.

a) 토지·건물의 명도의무 : 사람이 현재 지배하고 있는 토지나 건물의 명도의무가 대집행의 대상이 될 수 있는지가 문제된다. 여기에서 명도란 토지나 건물로부터 존치 물건을 반출하고 사람을 퇴거시켜 그것을 타인에게 인도하는 것을 말한다.12)

명도의무를 실현하기 위해서는 그 목적물의 점유자를 퇴거시켜야 하는데 이를 위해서는 실력으로 저항을 배제하는 것이 수반되어야 하기 때문에 대체적 작위의무라 볼 수 없고, 따라서 대집행의 대상이 되지 않는다는 것이 통설적 견해라 할 수 있다.13) 판례 역시 토지나 가옥의 명도의무는 대집행의 대상이 되지 않는다고 보고 있다.14)

> **판례** ① 『피수용자 등이 기업자에 대하여 부담하는 수용대상 토지의 인도의무에 관한 구 토지수용법 제63조, 제64조, 제77조 규정에서의 '인도'에는 명도도 포함되는 것으로 보아야 하고, 이러한 명도의무는 그것을 강제적으로 실현하면서 직접적인 실력행사가 필요한 것이지 대체적 작위의무라고 볼 수 없으므로 특별한 사정이 없는 한 행정대집행법에 의한 대집행의 대상이 될 수 있는 것이 아니다.』 (대판 2005. 8.

---

10) 대판 2001. 10. 12, 2001두4078.
11) 다른 한편, 국유재산법·공유재산법 등이 일반재산에 대해서까지 행정대집행을 허용한 것이 위헌인지가 문제된다(이에 관해서는 헌재 2002. 6. 27, 2001헌바83 참조). 생각건대, 일반재산은 국가 또는 지방자치단체가 소유하는 사물(私物)이고 그 대부계약은 사법상 계약에 해당하기 때문에, 행정대집행의 대상이 되기에는 적절치 않다고 할 것이다. 이러한 점에서 일반재산에 대해서까지 대집행을 인정하고 있는 국유재산법 제74조 및 공유재산법 제83조의 규정은 위헌의 소지가 있다고 할 것이다.
12) 인도란 원래 동산에 대한 현실적 직접적인 지배의 이전을 의미하고(민법 188조 1항 참조), 명도란 토지·건물을 점유하고 있는 자가 그 점유를 타인의 지배하에 옮기는 것을 의미한다. 그러나 우리의 현행법은 인도와 명도를 명확하게 구별하지 않고 부동산 점유의 이전의 경우에도 '인도'라는 용어를 사용하고 있으므로(민사집행법 136조 등) 넓은 의미에서의 인도에는 명도를 포함한다고 할 것이다. 대법원도 (구)토지수용법 64조 및 77조의 '인도'에는 '명도'가 포함되는 의미라고 판시하였다(대판 2005. 8. 19, 2004다2809).
13) 김남진/김연태(I), 576면; 박균성(상), 604면; 류지태/박종수, 402면; 홍정선(상), 732면.
14) 대판 1998. 10. 23, 97누157; 대판 2005. 8. 19, 2004다2809; 서울행정법원 2010. 1. 7, 2009구합32598.

19. 2004다2809)

② 『도시공원시설인 매점의 관리청이 그 공동점유자 중의 1인에 대하여 소정의 기간 내에 위 매점으로부터 퇴거하고 이에 부수하여 그 판매 시설물 및 상품을 반출하지 아니할 때에는 이를 대집행하겠다는 내용의 계고처분은 그 주된 목적이 점유자가 설치한 불법 시설물을 철거하고자 하는 것이 아니라, 매점에 대한 점유자의 점유를 배제하고 그 점유이전을 받는 데 있다고 할 것인데, 이러한 의무는 그것을 강제적으로 실현함에 있어 직접적인 실력행사가 필요한 것이지 대체적 작위의무에 해당하는 것은 아니어서 직접강제의 방법에 의하는 것은 별론으로 하고 행정대집행법에 의한 대집행의 대상이 되는 것은 아니다.』
(대판 1998. 10. 23. 97누157)

b) 사람이 점유하는 불법건물의 철거의무 : 사람이 점유(거주)하고 있는 불법건물의 철거의무가 대집행의 대상이 될 수 있는지가 문제된다. 사람이 점유하고 있는 건물을 철거하기 위해서는 점유자를 강제 퇴거시키는 것이 필요한데, 이것이 대집행으로 가능한지가 문제되는 것이다.

이에 관해 판례는, 불법건물을 철거할 의무는 대체적 작위의무이므로 대집행의 대상이 되며, 행정청은 불법건물을 대집행의 방법으로 철거하는 과정에서 부수적으로 점유자들에 대한 퇴거조치를 할 수 있고, 만일 점유자들이 적법한 대집행을 위력을 행사하여 방해하는 경우에는 형법상 공무집행방해죄가 성립하므로 필요한 경우에는 경찰관직무집행법에 근거한 위험발생 방지조치 또는 형법상 공무집행방해죄의 범행방지 내지 현행범체포의 차원에서 경찰의 도움을 받을 수도 있다고 하였다.[15] 그리고 건물의 점유자가 철거의무자일 때에는 건물철거의무에 퇴거의무도 포함되어 있는 것이어서 별도로 퇴거를 명하는 집행권원이 필요하지 않다고 하였다.

위 판결은 토지·건물의 명도의무는 대집행의 대상이 되지 않는다고 한 대법원 2004다2809 판결(同旨: 대법원 97누157 판결)과 모순되는지가 문제되었다. 이에 관해 판례는, 대법원 2004다2809 판결은 적법한 건물에서 기존 점유자의 점유를 배제하고 타인에게 점유를 이전하는 의무(즉, 명도의무)를 대집행의 방법으로 실현할 수 있는지의 문제이고, 대법원 2016다213916 판결은 사람이 점유하는 불법건물의 강제철거의무를 대집행의 방법으로 실현할 수 있는지의 문제인바, 건물명도의무는 비대체적 작위의무이므로 대집행의 대상이 되지 않는데 반해, 건물철거의무는 대체적 작위의무이므로 대집행의 대상이 되며 그 과정에서 부수적으로 점유자에 대한 퇴거조치를 할 수 있다는 취지이므로, 양자는 모순되지 않는다고 하였다.

c) 부작위의무 : 부작위의무는 타인에 의한 대체적 이행이 불가능하므로 부작위의무 자체는 대집행의 대상이 되지 않음은 물론이다. 이러한 점에서 대법원은 불법적인 하천유수인용행위를 중단할 의무, 의료시설의 일부를 불법으로 장례식장으로 사용하는 것을 중단할 의무 등은 대집행의 대상이 될 수 없다고 판시하였다.[16]

---

15) 대판 2017. 4. 28, 2016다213916.
16) 대판 1998. 10. 2, 96누5445; 대판 2005. 9. 28, 2005두7464.

> **판례** ① 하천 유수인용(流水引用)행위를 중단할 의무 :『하천유수인용허가신청이 불허되었음을 이유로 하천유수인용행위를 중단할 것과 이를 불이행할 경우 행정대집행법에 의하여 대집행하겠다는 내용의 이 사건 계고처분은 대집행의 대상이 될 수 없는 부작위의무에 대한 것으로서 그 자체로 위법함이 명백하다.』 (대판 1998. 10. 2, 96누5445)
>
> ② 장례식장 사용중지의무 : 〈사실관계〉 갑이 의료시설(병원)과 제2종 근린생활시설(음식점) 중 일부에서 불법으로 장례식장 영업을 하고 있는 사실이 적발되어 부안군수가 갑에게 '의료시설 등의 일부를 장례식장으로 사용하는 것은 국토의 계획 및 이용에 관한 법률 제76조 등의 규정을 위반한 것으로서 이를 계속하여 장례식장으로 사용하는 것을 방치함은 심히 공익을 해할 것으로 인정되므로 행정대집행법 제2조, 제3조 제1항의 규정에 근거하여 제15일 이내에 장례식장의 사용을 중지할 것을 명하며, 만일 중지하지 아니하면 대집행을 하겠다'는 취지의 대집행계고처분을 하였다. 이에 갑은 장례식장 사용중지의무는 부작위의무로서 대집행의 대상이 될 수 없으므로 이 사건 계고처분이 위법하다고 주장하며 이에 대한 취소소송을 제기하였다.
>
> 〈대법원의 판단〉『행정대집행법 제2조는 '행정청의 명령에 의한 행위로서 타인이 대신하여 행할 수 있는 행위를 의무자가 이행하지 아니하는 경우'에 대집행할 수 있도록 규정하고 있는데, 이 사건 용도위반 부분을 장례식장으로 사용하는 것이 관계 법령에 위반한 것이라는 이유로 장례식장의 사용을 중지할 것과 이를 불이행할 경우 행정대집행법에 의하여 대집행하겠다는 내용의 이 사건 처분은, 이 사건 처분에 따른 '장례식장 사용중지의무'가 원고 이외의 '타인이 대신'할 수도 없고, 타인이 대신하여 '행할 수 있는 행위'라고도 할 수 없는 비대체적 부작위 의무에 대한 것이므로, 그 자체로 위법함이 명백하다고 할 것인데도, 원심은 그 판시와 같은 이유를 들어 이 사건 처분이 적법하다고 판단하고 말았으니, 거기에는 대집행계고처분의 요건에 관한 법리를 오해한 위법이 있다고 할 것이다.』 (대판 2005. 9. 28, 2005두7464)

이와 관련하여 부작위의무 위반에 의해 유형적 결과가 발생한 경우에 그 유형적 결과를 제거하기 위하여 대집행을 할 수 있는지가 문제된다.[17] 이 경우 부작위의무 위반을 이유로 곧 대집행을 할 수는 없고, 먼저 상대방에 대하여 유형적 결과의 제거(작위의무)를 명하는 행정행위를 한 다음 그 불이행이 있는 경우에 비로소 대집행을 할 수 있다는 데에는 의문이 없다.

그런데 행정청이 의무위반자에 대하여 부작위의무 위반에 의한 유형적 결과의 제거를 명하기 위해서는 부작위의무를 과하는 법적 근거 이외에 작위의무 부과에 관한 별도의 법적 근거가 있어야 하는지가 문제된다. 물론 부작위의무를 과하는 법은 행정청에게 그 의무위반에 의한 유형적 결과의 제거를 명할 권한을 아울러 규정하는 것이 일반적이지만,[18] 만일 그러한 규정을 두고 있지 않은 경우가 문제되는 것이다. 이에 관한 학설을 살펴보면, 부작위의무를 규정한 근거조항에서 위반의 결과를 시정하기 위한 행정처분의 권한을 당연히 끌어낼 수는 없으며, 별도의 법적 근거를 요한다고 보는 것이 지배적인 견해라 할 수 있다.[19] 우리의 판례도 상대방에게 작위의무를 부과하

---

17) 예컨대 도로법은 도로상에 토석, 죽목, 기타의 장애물을 적치하는 행위를 금지하고 있는데(75조 2호), 만일 어떠한 사람이 이에 위반하여 도로에 장애물을 적치하는 행위를 한 경우에 그 장애물 제거를 위하여 대집행을 할 수 있는지의 문제이다.

18) 개발제한구역의 지정 및 관리에 관한 특별조치법 제30조, 자연공원법 제31조, 도시공원 및 녹지 등에 관한 법률 제25조 2항, 하천법 제69조, 도로법 제96조 등.

기 위해서는 별도의 법적 근거를 요한다고 하였다.

> **판례** 『행정대집행법 제2조는 대집행의 대상이 되는 의무를 "법률에 의하여 직접 명령되었거나 또는 법률에 의거한 행정청의 명령에 의한 행위로서 타인이 대신하여 행할 수 있는 행위"라고 규정하고 있으므로, 대집행계고처분을 하기 위하여는 법령에 의하여 직접 명령되거나 법령에 근거한 행정청의 명령에 의한 의무자의 대체적 작위의무 위반행위가 있어야 한다. 따라서 단순한 부작위의무의 위반, 즉 관계 법령에 정하고 있는 절대적 금지나 허가를 유보한 상대적 금지를 위반한 경우에는 당해 법령에서 그 위반자에 대하여 위반에 의하여 생긴 유형적 결과의 시정을 명하는 행정처분의 권한을 인정하는 규정(예컨대, 건축법 제69조, 도로법 제74조, 하천법 제67조, 도시공원법 제20조, 옥외광고물등관리법 제10조 등)을 두고 있지 아니한 이상, 법치주의의 원리에 비추어 볼 때 위와 같은 부작위의무로부터 그 의무를 위반함으로써 생긴 결과를 시정하기 위한 작위의무를 당연히 끌어낼 수는 없으며, 또 위 금지규정(특히 허가를 유보한 상대적 금지규정)으로부터 작위의무, 즉 위반결과의 시정을 명하는 권한이 당연히 추론되는 것도 아니다.』(대판 1996. 6. 28, 96누4374)

③ **의무불이행** : 대집행은 상대방의 의무불이행을 전제로 하는 것이다. 의무불이행이란 상대방에게 의무이행에 필요한 상당한 기간을 부여하였음에도 불구하고 의무를 이행하지 않는 경우를 의미한다. 따라서 대집행절차가 진행되는 동안에 상대방의 의무이행이 있으면 대집행은 중지되어야 한다.

(2) 다른 수단으로는 그 이행확보가 곤란할 것(보충성)

상대방의 의무불이행이 있는 경우에도 상대방에게 대집행보다 더 적은 침해를 가하면서 의무이행을 확보할 수 있는 수단이 없는 경우에 한하여 대집행이 허용된다. 그런데 실제에 있어 대집행보다 더 적은 침해를 가하면서 의무이행을 실현시킬 수 있는 제도는 찾기 어렵다는 점에서, 이는 대집행에 있어서 비례의 원칙(특히 보충성 원칙)을 강조하기 위한 취지라고 본다.[20]

(3) 불이행을 방치하면 공익을 크게 해칠 것

이는 비례의 원칙 중 상당성원칙을 표현한 것이다. 즉, 상대방의 의무불이행이 있는 경우에도 대집행에 의해 강제적으로 의무이행을 확보하여야 할 공익상의 필요와 그로 인한 상대방의 불이익의 정도를 비교형량하여, 전자가 더 큰 경우에 한하여 대집행이 허용된다는 것이다. 대법원도, 위법하게 구조변경을 한 건축물부분에 대한 원상복구의무를 불이행한 경우에 그 대집행으로 인하여 의무자가 받는 불이익의 정도가 그로 인하여 달성하고자 하는 공익상의 필요에 비하여 현저히 큰 경우에는 대집행의 계고처분은 위법하다고 판시하였다.[21]

'다른 수단으로는 그 이행확보가 곤란하고 불이행을 방치하면 공익을 크게 해칠 것'의 요건에 대한 주장 및 증명책임은 처분행정청에 있다는 것이 판례의 입장이다.[22]

---

19) 김남진/김연태(I), 575면; 김남철, 502면; 김중권, 630면; 박균성(상), 604면; 김명연, 토지·건물의 명도 및 부작위의무에 대한 행정대집행, 고시계 2006년 7월호, 79면.
20) 김중권, 631면; 류지태/박종수, 403면.
21) 대판 1996. 10. 11, 96누8086.

불확정법개념을 사용하고 있는 '불이행을 방치하면 공익을 크게 해칠 것으로 인정될 때'의 요건과 관련하여 행정청에게 판단여지가 인정되는지에 대해서 다툼이 있다. 일설에 의하면 이러한 요건판단은 고도의 전문적인 지식이 요구되는 것은 아니므로 행정청에 판단여지가 인정되지 않으며, 따라서 전면적인 사법심사의 대상이 된다고 한다.[23] 이에 반해 다른 견해는, 위 요건과 관련하여 일반적으로는 행정청에게 판단여지가 인정되지 않지만, 특별한 경우(예컨대 도시 내의 대형건물의 철거 등)에는 예외적으로 판단여지가 인정될 수 있다고 한다.[24] 이 경우에는 도심지 인구억제, 교통량 조절, 도시미관 등 여러 가지 전문적 기술적 판단이 필요할 수 있기 때문이라고 한다. 후자의 견해가 타당하다고 생각된다.

(4) 재량행위인지 여부

이상의 요건이 충족된 경우에 행정청은 대집행을 할 것인지의 여부에 대한 재량권을 가지는지에 관하여 학설이 대립하고 있다. 재량행위설에 의하면 행정대집행법이 가능규정(…할 수 있다)의 형태로 규정하고 있는 점에서 원칙적으로 행정청은 대집행을 할 것인지의 여부에 대해 재량권을 가지며, 다만 의무불이행을 방치하는 것이 국민의 생명·신체에 대한 중대한 침해를 야기하는 것과 같이 예외적인 경우에는 재량수축이론에 의하여 대집행을 하여야 할 의무를 지게 된다고 한다.[25] 이에 반해 기속행위설에 의하면 행정대집행법은 '불이행을 방치하면 공익을 크게 해칠 것'을 요건으로 규정하고 있으므로 이러한 요건이 충족된 경우에는 행정청은 대집행을 행할 의무를 지며, 따라서 대집행은 기속행위의 성질을 갖는다고 한다.[26] 판례는 대집행의 실시 여부는 행정청의 재량행위에 해당하는 것으로 본다.[27]

생각건대, 대집행의 요건으로서 '불이행을 방치하면 공익을 크게 해칠 것'이라는 불확정법개념을 사용하고 있고 이 요건의 충족 여부를 결정함에 있어서는 공익과 사익간의 이익형량을 필요로 하는 점에서, 대집행을 할 것인지에 관해서는 원칙적으로 행정청이 재량권을 가진다고 볼 것이다. 다만 재량권이 영으로 수축된 경우에는 행정청은 대집행을 해야 할 의무를 지게 됨은 물론이다.

4. 대집행의 절차

(1) 계고

① 의의 및 성질 : 대집행을 하려면 상당한 이행기간을 정하여 그 기한까지 이행하지 않을 때에는 대집행을 한다는 뜻을 미리 문서로써 의무자에게 알려야 하는데(행정대집행법 3조 1항), 이를 계

---

22) 대판 1993. 9. 14, 92누16690; 대판 1996. 10. 11, 96누8086.
23) 김남철, 503면.
24) 김남진/김연태(I), 577면; 하명호, 402면.
25) 박균성(상), 606면; 정하중/김광수, 439면; 홍정선(상), 736면.
26) 김남진/김연태(I), 578면; 류지태/박종수, 403면.
27) 『이 사건 건물 중 위법하게 구조변경을 한 건축물 부분은 제반 사정에 비추어 그 원상복구로 인하여 원고가 받는 불이익의 성노가 그로 인하여 유시하고자 하는 공익상의 필요 또는 제3자의 이이브흐이 필요에 비하여 현저히 크다고 할 것이므로 위 건축물 부분에 대한 이 사건 계고처분은 재량권의 범위를 벗어난 위법한 처분이다.』(대판 1996. 10. 11, 96누8086)

고라 한다. 계고는 의무자에게 의무의 이행을 독촉함과 아울러 기한 내에 스스로 의무를 이행하지 않을 경우에는 대집행을 할 뜻을 알려 주는 행위인 점에서 준법률행위적 행정행위 중 통지에 속한다고 보는 것이 통설적 견해이다. 다만, 계고는 그 내용(효과)의 면에서는 상대방에 작위의무를 부과하는 하명의 성질을 아울러 가진다는 견해가 있다.[28]

② **계고의 방법** : 대집행의 계고를 함에 있어서는 대집행할 행위의 내용 및 범위가 구체적으로 특정되어야 하나, 그 행위의 내용 및 범위는 반드시 대집행계고서에 의하여서만 특정되어야 하는 것이 아니고, 계고처분 전후에 송달된 문서나 기타 사정을 종합하여 행위의 내용이 특정되면 족하다는 것이 판례의 입장이다.[29] 그리고 대집행의 대상이 되는 불법건축물이 여러 명의 공동소유인 경우에는 공유자 모두에게 개별적으로 계고를 하여야 하며, 공유자 1인에 대한 계고처분은 다른 공유자에 대하여는 효력이 없다고 한다.[30]

의무를 명하는 행위와 대집행의 계고를 한 장의 문서로 동시에 할 수 있는지가 문제된다. 대집행의 요건은 원칙적으로 계고시에 충족되어야 하므로 신속한 집행을 요하는 긴급한 사정이 없는 한 의무를 명하는 행위와 대집행의 계고를 동시에 행할 수 없다는 것이 통설적 견해이다.[31] 그러나 대법원은 『계고서라는 명칭의 1장의 문서로서 일정기간 내에 위법건축물의 자진철거를 명함과 동시에 그 소정기한 내에 자진철거를 하지 아니할 때에는 대집행할 뜻을 미리 계고한 경우라도, 건축법에 의한 철거명령과 행정대집행법에 의한 계고처분은 독립하여 있는 것으로서 각 그 요건이 충족되었다고 볼 것이다. 이 경우 철거명령에서 주어진 일정기간이 자진철거에 필요한 상당한 기간이라면 그 기간 속에는 계고시에 필요한 상당한 이행기간도 포함되어 있다고 보아야 할 것이다』고 판시하였다.[32] 생각건대, 대집행의 계고는 대집행절차의 시작이므로 계고시에 '상대방의 의무불이행'이라는 대집행의 요건이 충족되어야만 하며, 따라서 긴급한 사정이 없는 한 의무이행을 명하는 처분과 계고를 동시에 할 수는 없다고 할 것이다.

③ **계고의 생략** : 비상시 또는 위험이 절박한 경우에 있어서 계고를 할 여유가 없는 때에는 계고절차를 거치지 아니하고 대집행을 할 수 있다(3조 3항).

(2) 대집행영장에 의한 통지

의무자가 계고를 받고 지정기한까지 그 의무를 이행하지 아니할 때에는 행정청은 대집행영장으로써 대집행시기·집행책임자·대집행비용견적서 등을 의무자에게 통지하여야 한다(3조 2항). 다만, 비상시 또는 위험이 절박한 때에는 예외적으로 대집행영장에 의한 통지를 생략할 수 있다(3조 3항). 대집행영장에 의한 통지의 성질 역시 준법률행위적 행정행위로서의 통지에 해당한다고 본다.

---

28) 김남진/김연태(I), 579면; 김중권, 634면; 하명호, 404면.
29) 대판 1994. 10. 28, 94누5144; 대판 1996. 10. 11, 96누8086.
30) 대판 1994. 10. 28, 94누5144.
31) 김남진/김연태(I), 579면; 김남철, 505면; 박균성(상), 606면; 정하중/김광수, 439면.
32) 대판 1992. 4. 12, 91누13564.

(3) 대집행의 실행

대집행은 대집행영장에 기재된 시기에 집행책임자에 의해 실행되는데, 이 경우 집행책임자는 그가 집행책임자라는 것을 표시한 증표를 휴대하여 이해관계인에게 제시하여야 한다(4조 3항). 대집행의 실행은 권력적 사실행위에 속한다.

대집행의 실행은 해가 뜨기 전이나 해가 진 후에 행해서는 안 된다. 다만, i) 의무자가 동의한 경우, ii) 해가 지기 전에 대집행을 착수한 경우, iii) 해가 뜬 후부터 해가 지기 전까지 대집행을 하는 경우에는 대집행의 목적 달성이 불가능한 경우, iv) 그 밖에 비상시 또는 위험이 절박한 경우에는 그러하지 아니하다(4조 1항).

의무자는 대집행의 실행에 대하여 수인의무가 있으며, 만일 의무자가 대집행의 실행에 저항하는 경우에는 공무집행방해죄를 구성한다. 다만 대집행의 실행행위가 위법한 경우에는 이해관계인이 그에 저항하였다 하더라도 공무집행방해죄가 성립되지 않는다는 것이 판례의 입장이다.[33]

이와 관련하여 대집행의 실행자는 의무자의 저항을 실력으로 배제할 수 있는지가 문제된다. 이에 대해 학설은 i) 저항 배제를 명문으로 인정하고 있는 독일 행정집행법 제15조와 같은 규정이 없는 우리나라의 경우에는 실력에 의한 저항배제를 대집행의 당연한 권한으로 인정할 수 없다는 견해(부정설)와,[34] ii) 필요한 한도 내에서 저항의 배제를 위해 부득이한 실력행사는 대집행에 수반되는 것으로 인정되어야 한다는 견해(제한적 긍정설)[35]가 대립하고 있다.

판례는, 행정청이 행정대집행의 방법으로 건물을 철거함에 있어서 부수적으로 그 건물 점유자들에 대한 퇴거조치를 할 수 있고, 점유자들이 적법한 행정대집행을 위력을 행사하여 방해하는 경우에는 형법상 공무집행방해죄가 성립하므로 필요한 경우에는 경찰관직무집행법에 근거한 위험발생 방지조치 또는 형법상 공무집행방해죄의 범행방지 내지 현행범 체포의 차원에서 경찰의 도움을 받을 수도 있다고 한다.[36]

생각건대, 대집행의 목적을 실현하기 위한 최소한의 실력행사는 대집행에 수반되는 것으로 보아야 할 것이다. 나아가 우리의 행정대집행법에도 독일 행정집행법 제15조와 같은 명문의 규정을 두는 것이 바람직할 것이다.

> **판례** ①『행정청이 행정대집행의 방법으로 건물철거의무의 이행을 실현할 수 있는 경우에는 건물철거 대집행과정에서 부수적으로 그 건물의 점유자들에 대한 퇴거조치를 할 수 있는 것이고, 그 점유자들이 적법한 행정대집행을 위력을 행사하여 방해하는 경우 형법상 공무집행방해죄가 성립하므로, 필요한 경우에는 경찰관직무집행법에 근거한 위험발생 방지조치 또는 형법상 공무집행방해죄의 범행방지 내지 현행 범체포의 차원에서 경찰의 도움을 받을 수도 있다.』(대판 2017. 4. 28, 2016다213916)
>
> ② 도심광장으로서 '서울특별시 서울광장의 사용 및 관리에 관한 조례'에 의하여 관리되고 있는 '서울

---

33) 대판 2010. 11. 11, 2009도11523.
34) 김남진/김연태(I), 501면; 박균성(상), 610면; 정하중/김광수, 441면
35) 김남철, 506면; 류지태/박종수, 404면, 홍정선(상), 740면.
36) 대판 2017. 4. 28, 2016다213916.

광장'에서, 서울시청 및 중구청 공무원들이 행정대집행법이 정한 계고 및 대집행영장에 의한 통지절차를 거치지 아니한 채 위 광장에 무단설치된 천막의 철거대집행에 착수하였고, 이에 피고인들을 비롯한 '광우병위험 미국산 쇠고기 전면 수입을 반대하는 국민대책회의' 소속 단체 회원들이 몸싸움을 하거나 천막을 붙잡고 이를 방해한 사안에서, 위 서울광장은 비록 공부상 지목이 도로로 되어 있으나 도로법 제65조 제1항 소정의 행정대집행의 특례규정이 적용되는 도로법상 도로라고 할 수 없으므로 위 철거대집행은 구체적 직무집행에 관한 법률상 요건과 방식을 갖추지 못한 것으로서 적법성이 결여되었고, 따라서 피고인들이 위 공무원들에 대항하여 폭행·협박을 가하였더라도 특수공무집행방해죄는 성립되지 않는다고 한 사례.」 (대판 2010. 11. 11. 2009도11523)

(4) 비용의 징수

대집행에 소요된 비용은 납기일을 정하여 의무자에게 문서로써 납부를 명하고, 의무자가 납기일 내에 납부하지 않으면 국세징수법의 규정에 따라 강제징수할 수 있다(6조).

이 경우 대집행을 실행한 자가 국세징수법에 의하지 않고 민사소송절차에 의하여 그 비용의 상환을 청구할 수 있는지가 문제되는데, 우리의 판례는 부정적인 입장을 취하고 있다.[37)

> **판례** 『대한주택공사가 구 대한주택공사법(2009. 한국토지주택공사법으로 변경) 및 구 대한주택공사법 시행령에 의하여 대집행 권한을 위탁받아 공무인 대집행을 실시하기 위하여 지출한 비용을 행정대집행법 절차에 따라 국세징수법의 예에 의하여 징수할 수 있음에도 민사소송절차에 의하여 그 비용의 상환을 청구한 사안에서, 행정대집행법이 대집행비용의 징수에 관하여 민사소송절차에 의한 소송이 아닌 간이하고 경제적인 특별구제절차를 마련해 놓고 있으므로, 위 청구는 소의 이익이 없어 부적법하다고 본 원심판단을 수긍한 사례.』 (대판 2011. 9. 8, 2010다48240)

5. 대집행에 대한 불복

(1) 처분성

대집행에 대하여 불복이 있는 자는 계고, 대집행영장에 의한 통지 또는 비용납부명령 등을 대상으로 행정심판이나 행정소송을 제기할 수 있다(7조·8조). 대집행의 실행행위는 권력적 사실행위에 해당하는데, 이것이 항고소송의 대상이 될 수 있는지에 대해서 다툼이 있는바 긍정하는 견해가 다수설이다.[38)

행정청이 계고처분을 한 후 다시 제2차, 제3차의 계고처분을 한 경우에는 제2차, 제3차의 계고처분은 새로운 의무를 부과한 것이 아니고 다만 대집행기한의 연기통지에 불과하므로 항고소송의 대상이 되는 독립한 행정처분이 아니라는 것이 판례의 입장이다.[39)

---

37) 대판 2011. 9. 8, 2010다48240.
38) 이에 관한 상세는 이 책 제2편 제3장 "행정상의 사실행위" 참조.
39) 대판 1994. 10. 28, 94누5144. 마찬가지로, 행정청이 의무를 명하는 처분(자진철거 및 원상복구명령)을 한 후에 대집행계고를 함에 있어서 다시 일정 기간 내에 위 의무를 이행할 것을 빙인 경우, 상내상의 의무는 세1차 철거 및 원상복구명령에 의하여 이미 발생하였다 할 것이어서, 대집행계고서에 기재된 자진철거 및 원상복구명령은 새로운 의무를 부과하는 것이 아니라 단지 종전의 의무를 독촉하는 통지에 불과하므로, 취소소송의 대상이 되는

(2) 소의 이익

대집행의 실행이 종료된 후에는 원칙적으로 그 취소를 구하는 소의 이익이 부정되므로 행정쟁송을 제기할 수 없고, 다만 대집행의 위법을 이유로 하는 손해배상이나 결과제거(원상회복)의 청구가 주된 구제방법이라 할 수 있다.[40] 행정대집행에 대한 항고소송의 진행 중에 대집행의 실행이 종료된 경우에도 마찬가지로 소의 이익이 상실되어 각하판결을 받게되므로,[41] 계고 또는 대집행영장통지에 대한 항고소송을 제기하는 경우에는 동시에 그에 대한 집행정지신청도 하여야 한다. 다만, 항고소송의 계속 중에 대집행의 실행이 완료된 경우에는 소송비용 및 이후의 국가배상사건을 고려할 때 소의 이익을 인정하는 것이 타당하다는 견해가 있다.[42]

> **판례** 『대집행계고처분 취소소송의 변론종결 전에 대집행영장에 의한 통지절차를 거쳐 사실행위로서 대집행의 실행이 완료된 경우에는 행위가 위법한 것이라는 이유로 손해배상이나 원상회복 등을 청구하는 것은 별론으로 하고 처분의 취소를 구할 법률상 이익은 없다.』(대판 1993. 6. 8, 93누6164)

6. 행정대집행과 민사집행과의 관계

행정대집행의 방법으로 의무를 강제이행시킬 수 있는 경우에 이와는 별도로 민사소송의 방법으로 의무이행을 구할 수 있는지가 문제되는데, 판례는 부정적인 입장을 취하고 있다.[43] 즉, 국유재산법은 국유재산(행정재산과 일반재산을 포함)에 불법으로 설치한 시설물을 철거하기 위하여 대집행을 할 수 있다고 규정하고 있으므로(74조), 행정청은 이와는 별도로 민사소송으로 불법 시설물의 철거를 구하는 것은 허용되지 않는다고 한다.[44] 다만 행정청이 행정대집행을 실시하지 않는 경우에는 그 국유재산에 대한 사용청구권을 가지고 있는 자가 국가를 대위하여 민사소송으로 그 시설물의 철거를 구할 수 있다고 한다.

> **판례** 『이 사건 토지는 잡종재산인 국유재산으로서, 국유재산법 제52조는 "정당한 사유 없이 국유재산을 점유하거나 이에 시설물을 설치한 때에는 행정대집행법을 준용하여 철거 기타 필요한 조치를 할 수 있다"고 규정하고 있으므로, 관리권자인 보령시장으로서는 행정대집행의 방법으로 이 사건 시설물을 철거할 수 있고, 이러한 행정대집행의 절차가 인정되는 경우에는 따로 민사소송의 방법으로 피고들에 대하여 이 사건 시설물의 철거를 구하는 것은 허용되지 않는다고 할 것이다. 다만, 관리권자인 보령시장이 행정대집행을 실시하지 아니하는 경우 국가에 대하여 이 사건 토지 사용청구권을 가지는 원고로서는 위 청구권을 보전하기 위하여 국가를 대위하여 피고들을 상대로 민사소송의 방법으로 이 사건 시설물의 철거를 구하는 이외에는 이를 실현할 수 있는 다른 절차와 방법이 없어 그 보전의 필요성이 인정되므로,

---

독립한 행정처분이 아니라는 것이 판례의 입장이다(대판 2004. 6. 10, 2002두12618).
40) 김남진/김연태(I), 582면; 박균성(상), 611면; 대판 1995. 7. 28, 95누2623.
41) 대판 1993. 6. 8, 93누6164.
42) 정하중/김광수, 443면.
43) 대판 2009. 6. 11, 2009다1122.
44) 대판 2009. 6. 11, 2009다1122.

원고는 국가를 대위하여 피고들을 상대로 민사소송의 방법으로 이 사건 시설물의 철거를 구할 수 있다고 보아야 할 것이다.』 (대판 2009. 6. 11, 2009다1122)

IV. 이행강제금(집행벌)

1. 의 의

이행강제금이란 행정상 의무를 이행하지 않는 자에게 다시 상당한 이행기한을 부여하고 그 기한 안에 의무를 이행하지 않으면 강제금이 부과된다는 사실을 고지함으로써 의무자에게 심리적 압박을 주어 그 의무의 이행을 간접적으로 강제하는 수단을 말한다.[45] 이행강제금은 전통적으로 비대체 작위의무, 부작위의무 또는 수인의무의 이행을 강제하기 위한 수단으로 이해되었으나, 오늘날에는 대체적 작위의무의 이행을 강제하기 위한 수단으로도 활용될 수 있다고 본다. 예컨대, 불법건축물에 대한 시정명령을 이행하지 않는 자에게 부과하는 이행강제금이 그에 해당한다. 헌법재판소도 비대체적 작위의무나 부작위의무뿐만 아니라 대체적 작위의무의 불이행에 대해서도 이행강제금을 부과할 수 있다고 하였다.[46]

> **판례** 『전통적으로 행정대집행은 대체적 작위의무에 대한 강제집행수단으로, 이행강제금은 부작위의무나 비대체적 작위의무에 대한 강제집행수단으로 이해되어 왔다. 그러나 이행강제금을 행정상 강제집행의 일반적 수단으로 채택하면서 비대체적 작위의무, 수인의무, 부작위의무뿐만 아니라 대체적 작위의무를 이행강제금 부과대상으로 하고 있는 입법례(독일 행정집행법 제11조)를 찾아볼 수 있듯이, 종래 부작위의무나 비대체적 작위의무만이 이행강제금의 대상이 된다고 보아온 것은 이행강제금제도의 본질에서 오는 제약은 아니며, 이행강제금은 대체적 작위의무의 위반에 대하여도 부과될 수 있다.』 (헌재 2004. 2. 26, 2001헌바80)

2. 법적 근거

(1) 개별 법률의 근거

이행강제금은 침익적 행정작용이기 때문에 그것을 부과하기 위해서는 당연히 법률의 근거를 요한다. 우리나라에서는 1991년 건축법에서 처음으로 이행강제금이 도입되었으며, 농지법(63조), 부동산 거래신고 등에 관한 법률(18조), 독점규제 및 공정거래에 관한 법률(16조), 근로기준법(33조), 은행법(65조의9), 장사 등에 관한 법률(43조), 전기통신사업법(13조) 등 많은 개별법에서 이행강제금을 규정하고 있다.

---

45) 대판 2019. 1. 10, 2017두67322. 종래에는 이행강제금 대신에 집행벌이라는 용어가 많이 사용되었으나, 집행벌은 강제금으로 의무이행을 확보하기 위한 수단임에도 자칫 법령위반행위에 대한 제재수단처럼 인식될 우려가 있다는 비판을 받았으며, 현재는 이행강제금이라는 용어가 보편화되었다.
46) 헌재 2004. 2. 26, 2001헌바80.

(2) 행정기본법의 규정

이와 같이 이행강제금은 국민의 권리에 중요한 영향을 미침에도 불구하고 개별법마다 규정 방식과 기준이 달라 여러 가지 문제가 발생하였다. 이에 행정기본법은 이행강제금에 대한 통일적 규정을 마련하였다(31조).

(3) 근거 법률에 규정할 사항

이행강제금 부과의 근거가 되는 법률에는 이행강제금의 ① 부과·징수 주체, ② 부과 요건, ③ 부과 금액, ④ 부과 금액 산정기준, ⑤ 연간 부과 횟수나 횟수의 상한에 관한 사항을 명확하게 규정하여야 한다(행정기본법 31조 1항). 다만 ④ 또는 ⑤를 규정할 경우 입법목적이나 입법취지를 훼손할 우려가 크다고 인정되는 경우로서 대통령령으로 정하는 경우는 제외한다.[47]

3. 이행강제금과 다른 수단과의 관계

(1) 대집행과의 관계

건축법은 불법건축물에 대한 강제이행수단으로 대집행과 이행강제금에 관해 모두 규정하고 있는데(79조, 80조, 85조), 이와 관련하여 행정청은 불법건축물을 철거시키기 위한 수단으로 대집행과 이행강제금을 선택적으로 활용할 수 있는지, 그리고 하나의 불법건축물에 대해 이행강제금을 부과하였다가 대집행을 행하는 것이 중첩적 제재에 해당하지는 않는지가 문제된다.[48]

이에 관해 헌법재판소의 다수의견은 대집행과 이행강제금제도는 각각의 장단점이 있으므로 행정청은 개별사건에서 양자를 선택적으로 활용할 수 있으며, 만일 이행강제금을 부과하였다가 다시 대집행을 하여도 중첩적 제재에 해당하지 않는다고 하였다.[49]

> **판례** 『(다수의견) 현행 건축법상 위법건축물에 대한 이행강제수단으로 대집행과 이행강제금이 인정되고 있는데, 양 제도는 각각의 장단점이 있으므로 행정청은 개별사건에 있어서 위반내용, 위반자의 시정 의지 등을 감안하여 대집행과 이행강제금을 선택적으로 활용할 수 있으며, 이처럼 그 합리적인 재량에 의해 선택하여 활용하는 이상 중첩적인 제재에 해당한다고 볼 수 없다.
>
> (반대의견) 대체적 작위의무의 위반자가 이행강제금의 반복된 부과에도 불구하고 그 위반상태를 시정하지 않는 경우에는 종국적으로 대집행을 할 수밖에 없게 되는바, 대집행이 가능한 경우에 대집행을 하지 않고 이행강제금을 부과하는 것은 위법상태를 시정하는 행정강제의 수단으로서 그 적정성을 인정받기 어렵다. 그리고 대집행 전에 수차에 걸쳐 이행강제금을 부담한 위반자가 다시 대집행을 받는 경우에는

---

47) "대통령령으로 정하는 경우"란 다음의 경우를 말한다(행정기본법 시행령 8조 1항).
① 이행강제금 부과 금액이 합의제행정기관의 의결을 거쳐 결정되는 경우
② 1일당 이행강제금 부과 금액의 상한 등 법 제31조제1항제5호에 준하는 이행강제금 부과 상한을 이행강제금 부과의 근거가 되는 법률에서 정하는 경우
48) 행정청이 불법건축물에 대해 대집행의 수단을 사용하면 상대방은 대집행비용만을 납부하면 된다. 그런데 만일 행정청이 대집행에 앞서 이행강제금을 부과하였다가 계속 불이행하는 경우에 종국적으로 대집행의 수단을 사용하면 상대방은 대집행비용뿐만 아니라 이행강제금도 납부하여야 하는데, 이것이 중첩적인 제재에 해당하지는 않는지가 문제되는 것이다.
49) 헌재 2004. 2. 26, 2001헌바80.

원래 대집행비용의 부담만으로 종결되었을 책임의 양이 이행강제금까지 합산한 금액으로 크게 늘어나므로, 대집행이 가능한 경우에까지 이행강제금을 부과하는 것은 피해의 최소성 원칙에도 어긋난다.』(헌재 2004. 2. 26, 2001헌바80)

(2) 행정형벌과의 관계

건축법은 허가를 받지 않고 불법으로 건축행위를 한 자에 대하여 벌금 또는 징역 등과 같은 행정형벌을 과하도록 하고(108조 1항), 한편 행정청은 불법 건축행위를 한 자에 대하여 시정명령을 내리고 만일 시정명령을 이행하지 않는 경우에는 이행강제금을 부과하도록 규정하고 있다(79조, 80조). 이와 관련하여 불법 건축행위를 하고 시정명령을 이행하지 않은 자에 대해 행정형벌과 이행강제금을 과한 것이 이중처벌금지원칙에 위반되는지가 문제되었다.

이에 관해 헌법재판소는 「이중처벌금지의 원칙은 처벌 또는 제재가 '동일한 행위'를 대상으로 행해질 때에 적용될 수 있는 것이고, 그 대상이 동일한 행위인지의 여부는 기본적 사실관계가 동일한지 여부에 의하여 가려야 한다」고 전제한 다음, 건축법 제108조(당시 78조)에 의한 행정형벌(형사처벌)은 허가를 받지 않고 건축행위나 용도변경행위를 한 경우에 과하는 것이고 동법 제80조(당시 83조)에 의한 이행강제금은 불법건축물에 대한 시정명령을 받고도 이를 이행하지 않는 경우에 과하는 것이므로 양자의 처벌 또는 제재 대상은 기본적 사실관계를 달리하는 것이며, 따라서 불법 건축행위에 대한 형사처벌과 시정명령 불이행에 대한 이행강제금 부과는 이중처벌에 해당하지 않는다고 하였다.[50]

4. 이행강제금의 부과

(1) 건축법상의 이행강제금 부과방법

이행강제금의 부과방법에 관해서는 개별법에 따라 다소 차이가 있는데, 여기서는 대표적으로 건축법상의 이행강제금 부과에 대해 살펴보기로 한다.

행정청은 이행강제금을 부과하기 전에 이행깅제금을 부과·징수한다는 뜻을 미리 문서로써 계고하여야 한다(80조 3항). 이행강제금을 부과하는 경우 금액, 부과 사유, 납부기한, 수납기관, 이의제기방법 및 이의제기기관 등을 구체적으로 밝힌 문서로 하여야 한다(80조 4항). 이행강제금은 최초의 시정명령이 있었던 날을 기준으로 하여 1년에 2회 이내의 범위에서 지방자치단체의 조례로 정하는 횟수만큼 그 시정명령이 이행될 때까지 반복하여 부과·징수할 수 있다(80조 5항). 상대방이 시정명령을 이행하면 새로운 이행강제금의 부과를 즉시 중지하되, 이미 부과된 이행강제금은 징수하여야 한다(80조 6항). 이행강제금 부과처분을 받은 자가 납부기한까지 내지 않으면 「지방행정제재·부과금의 징수 등에 관한 법률」에 따라 징수한다(80조 7항).

상대방이 장기간 시정명령을 이행하지 않았다 하더라도 뒤늦게 시정명령의 이행기회가 제공된

---

50) 헌재 2004. 2. 26, 2001헌바80.

경우에는 시정명령의 이행기회 제공을 전제로 한 1회분의 이행강제금만을 부과할 수 있고, 시정명령의 이행기회가 제공되지 않은 과거의 기간에 대한 이행강제금까지 한꺼번에 부과할 수는 없으며, 이를 위반한 이행강제금부과처분은 하자가 중대하고 명백하여 무효라는 것이 판례의 입장이다.[51] 그리고 상대방이 의무이행기간이 도과된 이후에 의무이행을 하였다 하더라도 이행강제금의 부과로써 의무이행을 확보하고자 하는 목적은 이미 실현된 것이므로 더 이상 이행강제금을 부과할 수 없다고 한다.[52]

이러한 이행강제금 납부의무는 일신전속적 성질을 가지기 때문에 상속인 등에게 승계되지 않으며, 또한 이미 사망한 자에 대한 이행강제금부과처분은 무효이다.[53]

(2) 행정기본법상의 이행강제금 부과방법

앞에서 설명한 바와 같이 행정기본법은 이행강제금 부과에 관한 일반적 규정을 두고 있는바, 그 내용은 다음과 같다.

① 이행강제금 부과절차 : 행정청은 이행강제금을 부과하기 전에 미리 의무자에게 적절한 이행기간을 정하여 그 기한까지 행정상 의무를 이행하지 아니하면 이행강제금을 부과한다는 뜻을 문서로 계고하여야 한다(31조 3항).

행정청은 의무자가 계고에서 정한 기한까지 행정상 의무를 이행하지 아니한 경우 이행강제금의 부과 금액·사유·시기를 문서로 명확하게 적어 의무자에게 통지하여야 한다(31조 4항).

② 이행강제금 부과 금액의 가중 또는 감경 : 행정청은 i) 의무 불이행의 동기, 목적 및 결과, ii) 의무 불이행의 정도 및 상습성, iii) 그 밖에 행정목적을 달성하는 데 필요하다고 인정되는 사유를 고려하여 이행강제금의 부과 금액을 가중하거나 감경할 수 있다(31조 2항).

③ 이행강제금의 부과 및 징수 : 행정청은 의무자가 행정상 의무를 이행할 때까지 이행강제금을 반복하여 부과할 수 있다. 다만 의무자가 의무를 이행하면 새로운 이행강제금의 부과를 즉시 중지하되, 이미 부과한 이행강제금은 징수하여야 한다(31조 5항).

행정청은 이행강제금을 부과받은 자가 납부기한까지 이행강제금을 내지 아니하면 국세강제징수의 예 또는 「지방행정제재·부과금의 징수 등에 관한 법률」에 따라 징수한다(31조 6항).

---

51) 대판 2016. 7. 14, 2015두46598. <사실관계> 서울특별시 동작구청장은 불법 건축행위를 한 갑에게 2007. 10. 12. 시정명령을 내렸는바, 갑이 이를 불이행하자 2007. 11. 9. 이행강제금을 부과하였다. 건축법에 따르면 1년에 2회까지 이행강제금을 부과할 수 있음에도 불구하고 동작구청장은 그후 아무런 조치를 취하지 않다가 2011. 3. 8. 다시 갑에게 시정명령을 이행하라고 통지한 다음 2011. 12. 22.에 2011년분 이행강제금 3억2천여만원 이외에 2008년, 2009년, 2010년분의 합산 이행강제금 8억8천여만원을 부과하였다. <대법원의 판단> 이행강제금을 부과한 후 계속적인 의무불이행을 이유로 다시 이행강제금을 부과하기 위해서는 의무불이행자에게 다시 시정명령의 이행에 필요한 상당한 이행기한을 정하여 그 기한까지 시정명령을 이행할 수 있는 기회(이하 '시정명령의 이행기회'라 한다)를 준 후 비로소 다음 1회분의 이행강제금을 부과할 수 있다. 따라서 비록 불법 건축행위를 한 자가 장기간 시정명령을 이행하지 않았다 하더라도, 그 기간 중에 시정명령의 이행기회가 제공되지 않았다가 뒤늦게 시정명령의 이행기회가 제공된 경우라면 그 시정명령의 이행기회 제공을 전제로 한 1회분의 이행강제금만을 부과할 수 있고, 시정명령의 이행기회가 제공되지 않은 과거의 기간에 대한 이행강제금을 한꺼번에 부과할 수는 없나. 이를 위반한 이행강제금부과처분은 중대명백한 하자가 있어서 무효이다.

52) 대판 2016. 6. 23, 2015두36454.

53) 대결 2006. 12. 8, 2006마470.

5. 불복절차

종래에는 이행강제금에 대한 불복절차는 과태료에 대한 불복절차를 준용하도록 하는 것이 일반적이었다(구 건축법 83조 6항, 농지법 63조 7항).[54]

그런데 이행강제금은 과태료와는 성질이 다른 것임에도 불구하고 과태료에 대한 불복방법을 준용하는 것은 문제가 있다는 지적이 있었으며, 이에 2005년 개정된 건축법은 과태료불복절차의 준용규정을 삭제하였고, 그 후에 도입된 국토계획법, 근로기준법 등에 의한 이행강제금의 경우에도 과태료불복절차의 준용규정을 두고 있지 않다. 따라서 이러한 경우에는 이행강제금부과처분은 독립한 행정처분으로서 행정심판이나 행정소송의 대상이 된다.[55]

한편, 농지법상의 이행강제금의 경우에는 여전히 과태료 불복절차에 준하는 규정을 두고 있는 점에 특색이 있다. 즉, 이행강제금부과처분에 불복하는 자는 30일 이내에 시장·군수·구청장에게 이의를 제기할 수 있으며(농지법 63조 6항), 이의제기가 있으면 시장·군수·구청장은 관할 법원에 그 사실을 통보하여야 하고, 통보를 받은 관할 법원은 비송사건절차법에 따른 과태료 재판에 준하여 이행강제금에 관한 재판을 한다(농지법 63조 7항). 따라서 농지법상의 이행강제금부과처분에 대해 불복하는 경우에는 비송사건절차법에 따른 재판절차가 적용되어야 하고, 이와는 별도로 항고소송으로 다투는 것은 허용되지 않는다는 것이 판례의 입장이다.[56]

V. 직접강제

1. 의　의

직접강제란 행정상의 의무불이행이 있는 경우에 직접 의무자의 신체나 재산에 실력을 가하여 의무의 이행이 있었던 것과 같은 상태를 실현하는 작용을 말하며, 그 예로는 불법으로 입국한 외국인의 강제퇴거조치, 무허가영업소의 폐쇄조치, 해산명령에 불응하는 집회자의 강제해산 등을 들 수 있다.

직접강제는 대체적 작위의무, 비대체적 작위의무, 부작위의무, 수인의무 등 대부분의 의무불이행의 경우에 할 수 있으나, 강제집행수단 중에서 가장 강력한 수단인 점에서 국민의 기본권을 침해할 가능성이 높다. 따라서 직접강제는 과잉금지원칙의 준수하에 강제집행의 최후수단으로서 활용되어야 할 것이다(행정기본법 32조 1항 참조).

---

54) 즉, 이행강제금부과처분에 대해 불복하는 자는 처분청에 이의를 제기할 수 있으며, 이의가 제기된 경우에는 처분청은 지체없이 관할 법원에 그 사실을 통보하여야 한다. 이 경우 이행강제금부과처분은 당연히 그 효력을 상실하고 통보를 받은 법원은 비송사건절차법에 따라 이행강제금 재판을 하여야 한다. 이러한 불복절차에서는 이행강제금부과처분은 항고소송의 대상이 되는 처분에 해당하지 않는다.

55) 대판 2011. 6. 30, 2011두1665; 대판 2012. 3. 29, 2011두27919; 대판 2012. 2. 9, 2011두10935.

56) 대판 2019. 4. 11, 2018두42955.

2. 법적 근거

(1) 개별 법률의 근거

직접강제에 관한 일반법은 없고, 다만 출입국관리법(46조)·식품위생법(79조)·공중위생관리법(11조)·방어해면법(7조)·군사기지 및 군사시설보호법(11조) 등 개별법에서 특별히 규정하고 있는 경우에만 인정된다.

(2) 행정기본법의 규정

직접강제는 국민의 권리에 중요한 영향을 미침에도 불구하고 개별법에만 의존하였기 때문에 일반법에 의한 통일적 규제의 필요성이 제기되었다. 이에 행정기본법은 직접강제의 요건과 절차에 관한 일반적 규정을 마련하였는바, 그 내용은 다음과 같다.

① **직접강제의 요건** : 직접강제는 행정대집행이나 이행강제금 부과의 방법으로는 행정상 의무이행을 확보할 수 없거나 그 실현이 불가능한 경우에 실시하여야 한다(32조 1항).

② **직접강제의 절차** : 직접강제를 실시하기 위하여 현장에 파견되는 집행책임자는 그가 집행책임자임을 표시하는 증표를 보여 주어야 한다(32조 2항).

행정청은 직접강제를 하기 전에 미리 의무자에게 적절한 이행기간을 정하여 그 기한까지 행정상 의무를 이행하지 아니하면 직접강제를 한다는 뜻을 문서로 계고하여야 한다(32조 3항, 31조 3항).

행정청은 의무자가 계고에서 정한 기한까지 행정상 의무를 이행하지 아니한 경우 직접강제의 사유·시기 등을 문서로 명확하게 적어 의무자에게 통지하여야 한다(32조 3항, 31조 4항).

VI. 행정상 강제징수

1. 의 의

행정상 강제징수란 행정상의 '금전급부의무'의 불이행이 있는 경우에, 행정청이 의무자의 재산에 실력을 행사하여 그 행정상 의무가 실현된 것과 같은 상태를 실현하는 작용을 말한다. 행정상 강제징수에 관한 일반법으로는 국세징수법이 있다.

2. 절 차

국세징수법상의 강제징수절차는 크게 '독촉'과 '체납처분'으로 이루어지며, 체납처분은 다시 재산의 압류, 압류재산의 매각, 청산의 절차로 행해진다.

(1) 독촉

독촉이란 금전급부의무의 불이행이 있는 경우에 상당한 이행기간을 정하여 의무의 이행을 최고(催告)하고, 그 기한까지 의무를 이행하지 않는 경우에는 강제징수(체납처분)를 할 뜻을 알려 주는 행위로서, 준법률행위적 행정행위 중 통지에 속한다고 보는 것이 통설의 입장이다. 독촉은 국세징수권에 대한 시효중단의 효과를 발생한다.

(2) 재산의 압류

의무자가 독촉을 받고도 기한까지 급부의무를 이행하지 않는 때에는 의무자의 재산을 압류하는데, 여기에서 압류란 의무자의 재산에 대해 사실상·법률상의 처분을 금지시키고 그것을 확보하는 강제보전행위를 말한다. 압류의 대상이 될 수 있는 것은 의무자의 소유로서 금전적 가치가 있는 모든 재산(동산·부동산·무체재산권 불문)을 포함하나, 다만 국세징수법은 의무자의 최저생활을 보장하기 위하여 의류·침구·주방구 등 생활필수품이나 봉급·연금 등의 압류를 금지 또는 제한하고 있다.

압류가 허용된 재산 중에서 어느 것을 압류할 것인지는 행정청의 재량에 속한다 할 것이나, 가급적 체납금액과 압류재산의 가격 사이에 균형이 유지되도록 하여야 할 것이다. 압류재산이 체납금액에 비하여 상당히 고가인 때에는 그것만으로 곧 압류가 무효로 되는 것은 아니지만, 과잉압류로서 위법이 될 수 있다는 것이 판례의 입장이다.[57]

(3) 매각(공매)

매각은 압류한 체납자의 재산을 금전으로 환가하는 것을 말한다. 매각의 방법은 원칙적으로 공매(입찰 또는 경매)에 의하고, 예외적으로 수의계약에 의할 수 있다. 공매의 법적 성질은 행정처분(특히 대리)에 속한다고 보는 것이 다수설 및 판례의 입장이다.[58]

한편, 국세징수법은 압류재산을 공매할 때 공매의 일시, 장소, 방법 등을 체납자 등에게 통지하도록 규정하고 있는데(66조), 이때 공매통지의 하자가 공매처분에 미치는 효과가 문제된다. 이에 관해 판례는, 압류재산을 공매할 때 체납자에게 공매통지를 하도록 한 이유는 체납자가 공매가 적법하게 이루어지는지 여부를 확인하여 다툴 수 있도록 할 뿐만 아니라 체납자로 하여금 체납세액을 납부하고 공매절차를 중지시킬 수 있는 기회를 갖도록 하기 위한 것이기 때문에 공매통지는 공매처분의 절차적 요건에 해당하며, 따라서 공매통지를 하지 않았거나 위법하게 통지하고 행한 공매처분은 위법하다고 하였다.[59] 다만 공매통지 자체는 항고소송의 대상이 되는 처분에 해당하지 않으며, 따라서 체납자는 공매통지의 결여나 위법을 이유로 '공매처분'의 취소를 구할 수 있는 것이지 '공매통지' 자체를 항고소송의 대상으로 삼아 그 취소를 구할 수는 없다고 한다.[60]

(4) 청산(배분)

매각에 의해 수령한 금전은 체납처분비용, 가산금, 체납된 세금, 기타의 공과금, 담보채권 등에 충당하고 잔여액이 있는 경우에는 체납자에게 돌려줌으로써 체납처분절차가 종료되는바, 이를 청산 또는 배분이라 한다.

---

57) 대판 1966. 7. 26, 66누63.
58) 대판 1984. 9. 25, 84누201.
59) 대판 2008. 11. 20, 2007두18154.
60) 대판 2011. 3. 24, 2010두25527.

3. 하자의 승계

조세부과처분과 행정상 강제징수는 일련의 단계적 절차를 거쳐 행해지는데,[61] 이때 선행행위의 하자가 후행행위에 승계되는지가 문제된다. 조세부과처분과 체납처분은 독립하여 별개의 법적 효과를 발생하는 것이므로 하자의 승계가 인정되지 않는데 대하여, 독촉과 체납처분은 행정상 강제징수라는 하나의 법적 효과의 발생을 목적으로 하는 것이므로 하자의 승계가 인정된다는 것이 통설적 견해임은 앞에서 살펴본 바와 같다.

4. 구 제

독촉이나 체납처분에 대해 불복이 있는 자는 행정쟁송을 통해 그 효력을 다툴 수 있다. 다만 국세기본법은 특별한 행정적 구제제도를 마련하고 있는데, 세무서장이나 지방국세청장에의 이의신청(55조 3항), 국세청장에의 심사청구(62조), 조세심판원에의 심판청구(67조)가 그에 해당한다. 이 가운데 이의신청은 임의적 구제제도이므로 이를 거칠지는 당사자의 임의적 선택에 맡겨져 있다. 이에 반해 심사청구나 심판청구는 행정소송을 제기하기 위한 필요적 전치절차인데(56조 2항), 다만 심사청구나 심판청구는 둘 중 하나만 선택하여 청구할 수 있다(55조 9항).[62] 이와 같이 심사청구나 심판청구가 특별행정심판에 해당하기 때문에 행정심판법상의 일반 행정심판은 청구할 수 없다.

제 2 절　행정상의 즉시강제

Ⅰ. 서

1. 의 의

행정상 즉시강제란 현재의 급박한 행정상 장해를 제거하기 위한 경우로서, 행정청이 미리 행정상 의무이행을 명할 시간적 여유가 없는 경우 또는 그 성질상 행정상의 이행을 명하는 것만으로는 행정목적 달성이 곤란한 경우에, (상대방의 의무불이행을 기다리지 않고) 행정청이 곧바로 국민의 신체·재산에 실력을 행사하여 행정목적을 달성하는 것을 말한다(행정기본법 30조 1항 5호).

2. 다른 개념과의 구별

(1) 행정상 강제집행과의 구별

행정상 강제집행과 즉시강제는 양자 모두 실력으로써 행정상 필요한 상태를 실현시키는 권력

---

61) 조세부과처분−독촉−체납처분(압류−공매−청산)의 절차로 이루어진다.
62) 이에 관한 상세는 이 책 "특별행정심판" 참조.

적 사실행위인 점에서는 같다. 그러나 강제집행은 선행하는 의무의 존재와 그의 불이행을 전제로 하는데 대해서, 즉시강제는 의무불이행을 전제로 하지 않는 점(즉, 의무를 부과하는 행위와 그 의무를 강제로 실현시키는 작용이 결합되어 동시에 행해진다는 점)에서 차이가 있다.[63]

(2) 행정조사와의 구별

행정상 즉시강제는 행정목적을 직접적·종국적으로 실현시키기 위한 수단인 점에서, 일정한 행정목적을 실현시키기 위한 준비적·보조적 수단으로서의 성질을 갖는 행정조사와 구별된다.

3. 법적 성질

행정상 즉시강제는 권력적 사실행위에 해당한다고 보는 것이 통설적 견해이다.

Ⅱ. 행정상 즉시강제의 근거

1. 이론적 근거

종래 독일에서는 행정상 즉시강제의 이론적 근거를 국가의 일반긴급권에서 찾았다. 즉, 공공의 안녕질서에 대한 급박한 위해가 존재하는 경우에 국가는 이러한 위해를 제거하여 공공의 안녕질서를 유지할 자연적 권리와 의무를 가지며, 따라서 급박한 위해가 존재하는 경우에는 특별한 법률적 근거가 없더라도 즉시강제를 할 수 있다고 보았다.

그러나 오늘날의 실질적 법치국가에 있어서는 국민의 권리를 침해하는 전형적 수단인 즉시강제를 하기 위해서는 법률의 명시적 근거를 필요로 한다는 것이 통설적 견해이다.

2. 실정법적 근거

(1) 개별 법률의 근거

행정상 즉시강제의 일반법적 지위를 갖는 것은 경찰관직무집행법이라 할 수 있으며, 그 밖에 식품위생법, 감염병의 예방 및 관리에 관한 법률, 출입국관리법 등 개별법에서 즉시강제에 관하여 규정하고 있다.

(2) 행정기본법의 규정

즉시강제는 국민의 권리에 중요한 영향을 미침에도 불구하고 개별법에만 의존하였기 때문에 일반법에 의한 통일적 규제의 필요성이 제기되었다. 이에 행정기본법은 즉시강제의 한계와 방법에 관한 일반적 규정을 마련하였는바, 그 내용은 다음과 같다.

① **즉시강제의 한계** : 즉시강제는 다른 수단으로는 행정목적을 달성할 수 없는 경우에만 허용되며, 이 경우에도 최소한으로만 실시하여야 한다(33조 1항).

---

63) 헌재 2002. 10. 31, 2000헌가12 참조.

② **즉시강제의 방법** : 즉시강제를 실시하기 위하여 현장에 파견되는 집행책임자는 그가 집행책임자임을 표시하는 증표를 보여 주어야 하며, 즉시강제의 이유와 내용을 고지하여야 한다(33조 2항).

Ⅲ. 행정상 즉시강제의 수단

행정상 즉시강제의 수단은 그 대상에 따라 대인적 강제, 대물적 강제, 대가택강제로 나눌 수 있으며, 그 근거법에 따라 경찰관직무집행법상의 수단과 개별법상의 수단으로 나눌 수 있다.

1. 대인적 강제

대인적 강제란 사람의 신체에 실력을 가하여 행정상 필요한 상태를 실현시키는 경우를 말한다. 경찰관직무법상의 대인적 강제수단으로는 긴급구호를 요하는 자의 보호조치(4조), 긴급한 경우에 위해를 입을 우려가 있는 사람을 억류하거나 피난시키는 것(5조 1항), 긴급한 경우의 범죄행위 제지(6조) 등을 들 수 있다.

그리고 개별법상의 대인적 강제수단으로는 법정감염병환자의 강제입원조치(감염병예방법 42조), 감염병환자가 있는 장소에의 일반 공중의 출입금지조치(동법 47조), 불법입국의 의심이 있고 도주할 염려가 있는 자에 대한 긴급보호조치(출입국관리법 51조) 등이 있다.

2. 대물적 강제

대물적 강제란 타인의 물건에 대해 실력을 가하여 행정상 필요한 상태를 실현시키는 경우를 말한다. 경찰관직무집행법상 구호대상자가 휴대하고 있는 무기·흉기 등 위험한 물건을 임시 영치하는 것이 그에 해당한다(4조).

그리고 개별법상의 대물적 강제수단으로는 화재진압을 위한 소방대상물의 일시적 사용(소방기본법 25조 1항), 소방활동에 방해가 되는 물건이나 차량의 제거 또는 이동(동법 25조 3항), 화재확대를 방지하기 위한 가스·전기시설 등에 대한 긴급조치(동법 27조), 교통장애물의 제거(도로교통법 71조·72조), 긴급한 사태로 인한 방조제의 위험을 방지하기 위하여 장해물을 제거하거나 변경하는 것(방조제관리법 10조) 등이 있다.

3. 대가택강제

대가택강제란 소유자·관리자 등의 의사에 관계없이 타인의 가택·영업소 등에 실력을 가하여 행정상 필요한 상태를 실현하는 경우를 말한다. 경찰관직무집행법상의 피해자 구조를 위한 건물 등에의 출입(7조), 식품위생법상의 식품 등의 위해방지를 위한 영업소 등에의 출입·검사(22조) 등이 그에 해당한다.

Ⅳ. 행정상 즉시강제의 한계

1. 실체적 한계

행정상 즉시강제는 개인의 신체 또는 재산에 대한 중대한 침해를 가하는 것이기 때문에 그것을 발동하기 위해서는 엄격한 법적 근거가 있어야 하며, 그 내용은 법령에 적합하지 않으면 안 된다(법적합성). 나아가 행정상 즉시강제는 일정한 조리상의 한계 내에서 행해져야 하는데, 급박성·보충성·소극성·비례성의 요구가 그것이다. 즉, 행정상 즉시강제는 위해가 현존하거나 위해의 발생이 확실히 예견되고(급박성), 다른 수단으로는 그 위해를 방지할 수 없는 경우에만 행해질 수 있다(보충성). 그리고 행정상 즉시강제는 소극적으로 사회공공의 안녕질서를 유지하기 위하여 필요한 경우에만 가능하며, 적극적으로 공공복리를 증진시키기 위하여 발동되어서는 안 된다(소극성). 무엇보다도 행정상 즉시강제는 비례의 원칙에 적합하도록 행사되어야 한다(비례성).

2. 절차적 한계(영장주의와의 관계)

헌법은 개인의 자유와 재산을 보호하기 위하여 개인의 신체·재산 등을 침해하기 위해서는 법관의 영장을 요하도록 하고 있는데(12조·16조), 이러한 영장주의가 행정상 즉시강제에도 적용되는지에 대하여 학설이 대립하고 있다.

(1) 영장불요설

영장불요설에 의하면, 헌법상의 영장주의는 형사사법권의 부당한 행사로부터 국민의 기본권을 보장하기 위한 것이므로 행정상 즉시강제에는 영장주의가 적용되지 않는다고 한다.

(2) 영장필요설

영장필요설에 의하면, 헌법상의 영장주의는 널리 통치권의 부당한 행사로부터 국민의 자유와 권리를 보장하기 위한 절차적 보장수단이므로 행정상 즉시강제에도 영장주의가 당연히 적용되어야 한다고 한다.

(3) 절충설

절충설에 의하면, 헌법상의 영장주의는 원칙적으로 행정상 즉시강제에도 적용되어야 하나, 즉시강제의 특수성에 비추어 사전에 법관의 영장을 구할 수 없는 급박한 경우에는 영장주의에 대한 예외를 인정할 수 있다고 하는바, 이것이 통설적 견해이다.

(4) 판례의 입장

① 대법원은 「사전영장주의는 모든 국가작용의 영역에서 존중되어야 하지만, 헌법 제12조 제3항 단서도 사전영장주의의 예외를 인정하고 있는 것처럼 사전영장주의를 고수하다가는 도저히 행정목적을 달성할 수 없는 지극히 예외적인 경우에는 형사절차에서와 같은 예외가 인정된다」고 하면서, 구 사회안전법(1989. 6. 16. '보안관찰법'이란 명칭으로 전문 개정되기 전의 것) 제11조 소정의

동행보호규정은 재범의 위험성이 현저한 자를 상대로 긴급히 보호할 필요가 있는 경우에 한하여 단기간의 동행보호를 허용한 것으로서 그 요건을 엄격히 해석하는 한 위 규정 자체가 사전영장주의를 규정한 헌법규정에 반한다고 볼 수는 없다고 판시하였다.[64]

② 헌법재판소는, 행정상 즉시강제는 본질상 급박성을 요건으로 하고 있어 법관의 영장을 기다려서는 그 목적을 달성할 수 없으므로 원칙적으로 영장주의가 적용되지 않는다고 하였다.[65] 다만 어떤 법률이 영장주의를 배제할 만한 급박성이 인정되지 않음에도 행정상 즉시강제를 인정하고 있다면 그것은 과잉금지의 원칙에 위반되어 위헌이라고 한다.

판례 『이 사건 법률조항은 영장에 관하여 아무런 규정을 두지 아니하면서, 법 제24조 제4항 및 제6항에서 '수거증 교부' 및 '증표 제시'에 관한 규정을 두고 있는 점으로 미루어 보아 영장제도를 배제하고 있는 취지로 해석되므로, 이 사건 법률조항이 영장주의에 위배되는지 여부가 문제된다.

영장주의가 행정상 즉시강제에도 적용되는지에 관하여는 논란이 있으나, 행정상 즉시강제는 상대방의 임의이행을 기다릴 시간적 여유가 없을 때 하명 없이 바로 실력을 행사하는 것으로서, 그 본질상 급박성을 요건으로 하고 있어 법관의 영장을 기다려서는 그 목적을 달성할 수 없다고 할 것이므로, 원칙적으로 영장주의가 적용되지 않는다고 보아야 할 것이다. 만일 어떤 법률조항이 영장주의를 배제할 만한 합리적인 이유가 없을 정도로 급박성이 인정되지 아니함에도 행정상 즉시강제를 인정하고 있다면, 이러한 법률조항은 이미 그 자체로 과잉금지의 원칙에 위반되는 것으로서 위헌이라고 할 것이다.

이 사건 법률조항은 앞에서 본 바와 같이 급박한 상황에 대처하기 위한 것으로서 그 불가피성과 정당성이 충분히 인정되는 경우이므로, 이 사건 법률조항이 영장 없는 수거를 인정한다고 하더라도 이를 두고 헌법상 영장주의에 위배되는 것으로는 볼 수 없다.』(헌재 2002. 10. 31. 2000헌가12)

---

(5) 소결

영장주의는 원칙적으로 즉시강제에도 적용되어야 하지만 급박한 경우에는 예외적으로 영장주의의 예외가 인정된다는 절충설의 입장이 일견 그럴듯해 보인다. 그러나 일부 학자가 지적하는 바와 같이, 만일 영장주의가 원칙적으로 즉시강제에도 적용되어야 한다면 급박성을 이유로 그 예외를 인정하는 경우에는 형사사법절차에 있어서와 마찬가지로 사후영장을 발부받도록 하는 것이 논리적 일관성이 있다고 할 것이다.[66] 그런데 절충설은 급박한 경우에는 영장주의 자체가 적용되지 않는다고 보는데, 이 경우는 왜 사후영장이 아니라 아예 영장주의가 적용되지 않는지에 대한 논거가 미약하다. 이러한 점에서, 헌법재판소가 판시한 바와 같이 급박성을 요건으로 하는 행정상 즉시강제의 경우에는 그 성질상 영장주의가 적용되지 않는다고 보는 것이 타당할 것이다.

---

64) 대판 1997. 6. 13, 96다56115. 이는 절충설의 입장을 취한 것으로 보인다.
65) 헌재 2002. 10. 31, 2000헌가12. <사건개요> 구 음반·비디오물 및 게임물에 관한 법률 제24조 제3항(현 영화 및 비디오물의 진흥에 관한 법률 70조 3항)은 행정청은 불법 비디오물 등을 발견한 때에는 관계 공무원으로 하여금 이를 수거하여 폐기하게 할 수 있도록 규정하고 있는데, 이 경우 법관의 영장 없이 수거할 수 있도록 한 위 조항의 위헌성이 문제되었다.
66) 하명호, 행정상 인신구속과 인신보호절차, 행정법학 20호, 2021. 3, 74면.

Ⅴ. 행정상 즉시강제에 대한 구제

1. 적법한 즉시강제에 대한 구제

행정상 즉시강제가 적법하게 행하여졌으나 그로 말미암아 귀책사유가 없는 자에게 특별한 희생을 가한 경우에는 손실보상을 해 주어야 한다.

2. 위법한 즉시강제에 대한 구제

(1) 행정쟁송

즉시강제는 권력적 사실행위로서 항고소송의 대상이 되는 처분에 해당한다는 것이 다수설의 입장이다. 따라서 위법한 즉시강제로 인하여 권리를 침해당한 자는 행정쟁송을 통해 그 취소·변경을 구할 수 있다. 그러나 즉시강제행위가 종료된 후에는 원칙적으로 즉시강제의 취소를 구할 소의 이익이 없게 되므로, 즉시강제에 대한 행정쟁송은 즉시강제행위가 비교적 장기간에 걸쳐 행해지는 경우(예 : 강제격리, 강제수용, 물건의 영치 등)에만 가능한 구제방법이라 할 것이다. 다만 즉시강제행위가 종료된 이후라 할지라도 그 취소로 인하여 회복되는 법률상 이익이 있는 경우에는 예외적으로 행정쟁송을 제기할 수 있다(행정심판법 13조, 행정소송법 12조).

(2) 국가배상

위법한 즉시강제로 인하여 손해를 받은 자는 국가배상을 청구할 수 있는데, 이것이 일반적으로 위법한 즉시강제에 대한 가장 적절한 구제방법이라 할 수 있다.

(3) 정당방위

위법한 즉시강제행위에 대해서는 실력으로 저항할 수 있으며(정당방위), 그러한 행위는 공무집행방해죄를 구성하지 아니한다.

판례 『비록 장차 특정지역에서 집회 및 시위에 관한 법률에 의하여 금지되어 그 주최 또는 참가행위가 형사처벌의 대상이 되는 위법한 집회·시위가 개최될 것이 예상된다고 하더라도, 이와 시간적·장소적으로 근접하지 않은 다른 지역에서 그 집회·시위에 참가하기 위하여 출발 또는 이동하는 행위를 함부로 제지하는 것은 경찰관직무집행법 제6조 제1항에 의한 행정상 즉시강제인 경찰관의 제지의 범위를 명백히 넘어서는 것이어서 허용될 수 없으므로, 이러한 제지행위는 공무집행방해죄의 보호대상이 되는 공무원의 적법한 직무집행에 포함될 수 없다.』(대판 2009. 6. 11, 2009도2114)

제3절 행정조사

I. 서

1. 의 의

행정조사란 행정기관이 행정작용을 위하여 필요한 정보나 자료를 얻기 위하여 행하는 권력적 조사작용을 의미한다고 보는 것이 통설적 견해이다. 한편, 권력적 조사작용뿐만 아니라 비권력적 조사작용도 포함하는 일체의 정보·자료수집활동을 의미한다고 보는 견해도 있다.[67]

2. 행정상 즉시강제와의 구별

행정조사는 종래에는 행정상 즉시강제의 일환으로 다루어졌기 때문에 독자적으로 개념구성을 보지 못하였다. 그러나 근래에 와서 i) 행정상의 즉시강제는 실력행사를 통하여 직접 행정상 필요한 구체적 결과를 실현시키기 위한 작용인데 대하여, 행정조사는 직접적으로 행정목적을 실현하기 위한 것이 아니라 행정작용에 필요한 정보·자료를 얻기 위한 준비적·보조적 작용인 점(예컨대 유해한 불량식품을 즉시로 수거하여 폐기시키는 것은 행정상 즉시강제에 속하지만, 불량식품인지의 여부를 가려내기 위하여 식품의 일부를 수거하는 것은 행정조사에 속한다), ii) 행정상의 즉시강제는 개인의 신체나 재산에 대한 실력행사를 통하여 행정상 필요한 상태를 실현시키는 것인데 대하여, 행정조사는 일반적으로 상대방이 거부하는 경우에 직접적인 실력행사는 할 수 없고 벌칙에 의하여 간접적으로 강제하는 방법에 의하는 점에서 양자는 서로 구별된다고 본다.

II. 법적 근거

권력적 행정조사(강제조사)는 국민의 신체·재산에 침해를 가져오는 것이기 때문에 법률의 근거가 있는 경우에만 가능한 데 대하여, 비권력적 행정조사(임의조사)의 경우에는 반드시 법률의 근거를 요하는 것은 아니라는 것이 지배적인 견해이다. 행정조사기본법은 행정조사는 개별 법령에서 행정조사를 규정하고 있는 경우에 한하여 실시할 수 있다는 명문의 규정을 두고 있다(5조). 다만 조사대상자의 자발적인 협조를 얻어 실시하는 행정조사의 경우에는 그러하지 아니하다(5조 단서).

이와 관련하여, 개별법령에 행정조사에 관한 명시적 규정이 있는 경우에도 행정조사기본법 제5조 단서에 근거해서 '조사대상자의 자발적인 협조를 얻어' 행정조사를 실시할 수 있는지가 문제되었는바, 판례는 이를 긍정하였다.[68]

---

67) 김남진/김연태(I), 509면; 홍정선(상), 771면. 한편, 넓은 의미의 행정조사에는 권력적 조사작용과 비권력적 조사작용이 모두 포함되고, 좁은 의미의 행정조사는 권력적 조사작용만을 의미한다고 보는 견해(박윤흔 교수)도 참작할 만하다.

68) 대판 2016. 10. 27, 2016두41811. 조사대상자의 자발적인 협조를 얻어 실시하는 행정조사의 경우에는 행정조사

행정조사에 관한 일반법으로 행정조사기본법이 있으며, 개별법으로는 경찰관직무집행법상의 불심검문(3조문), 소방의 화재조사에 관한 법률상의 화재원인 등에 대한 조사(5조), 국세징수법상의 질문·검사(36조), 식품위생법상의 검사에 필요한 식품의 수거(22조), 공중위생관리법상의 영업소에의 출입·검사(9조) 등이 있다.

Ⅲ. 행정조사의 기본원칙과 방법

행정조사기본법은 행정조사의 기본원칙과 방법에 관하여 다음과 같이 규정하고 있다.

(1) 비례의 원칙

행정조사는 조사목적을 달성하는데 필요한 최소한의 범위 안에서 실시하여야 하며, 다른 목적 등을 위하여 조사권을 남용하여서는 안 된다(4조 1항). 판례에 따르면, 세무조사가 과세자료의 수집 또는 신고내용의 정확성 검증이라는 본연의 목적이 아니라 부정한 목적을 위하여 행해진 것이라면 이는 세무조사에 중대한 위법사유가 있는 경우에 해당하고, 이러한 세무조사에 의하여 수집된 과세자료를 기초로 한 과세처분 역시 위법하다고 한다.[69]

(2) 조사목적에 적합한 조사대상자 선정

행정기관은 조사목적에 적합하도록 조사대상자를 선정하여 행정조사를 실시하여야 한다(4조 2항).

(3) 중복조사의 금지

행정기관은 유사하거나 동일한 사안에 대하여는 공동조사 등을 실시함으로써 행정조사가 중복되지 않도록 하여야 한다(4조 3항). 중복조사금지에 반하는 세무조사에 기초한 과세처분은 위법하다는 것이 판례의 입장이다.[70]

(4) 법령준수 유도에의 중점

행정조사는 법령 위반에 대한 처벌보다는 법령을 준수하도록 유도하는데 중점을 두어야 한다(4조 4항).

(5) 비밀누설 금지

다른 법률에 따르지 아니하고는 행정조사의 대상자 또는 행정조사의 내용을 공표하거나 직무상 알게 된 비밀을 누설하여서는 안 된다(4조 5항).

(6) 목적외 사용 금지

행정기관은 행정조사를 통하여 알게 된 정보를 다른 법률에 따라 내부에서 이용하거나 다른

기본법상의 여러 제한이 완화된다(7조 1항 3호 삭소).
69) 대판 2016. 12. 15, 2016두47659.
70) 대판 2006. 6. 2, 2004두12070.

기관에 제공하는 경우를 제외하고는 원래의 조사목적 이외의 용도로 이용하거나 타인에게 제공하여서는 안 된다(4조 6항).

(7) 현장조사의 제한

현장조사는 해가 뜨기 전이나 해가 진 뒤에는 할 수 없다(11조 2항). 다만 i) 조사대상자가 동의한 경우, ii) 사무실 또는 사업장 등의 업무시간에 행정조사를 실시하는 경우, iii) 해가 뜬 후부터 해가 지기 전까지 행정조사를 실시하는 경우에는 조사목적의 달성이 불가능하거나 증거인멸로 인하여 조사대상자의 법령위반 여부를 확인할 수 없는 경우에는 그러하지 아니하다.

(8) 실력행사의 문제

가택출입·검사·수거 등과 같은 권력적 행정조사행위에 대해 상대방이 거부·저항하는 경우에 관계공무원은 실력을 행사하여 그것을 강행할 수 있는지가 문제된다. 통설적 견해에 의하면 행정조사에 관한 근거 법률이 대부분 행정조사 거부행위에 대한 벌칙규정을 두고 있는 취지로 보아,[71] 벌칙 등에 의해 간접적으로 강제할 수 있을 뿐 상대방의 신체나 재산에 대한 직접적인 실력행사는 허용되지 않는다고 본다. 이에 반해 권력적 행정조사의 경우에는 강제조사의 방해를 배제하기 위하여 필요한 한도에서 실력행사를 할 수 있다는 견해가 있다.[72]

(9) 자율신고제도 및 자율관리체제

행정기관의 장은 법령에서 규정하고 있는 조사사항을 조사대상자로 하여금 스스로 신고하도록 하는 제도를 운영할 수 있다(25조 1항). 행정기관의 장은 조사대상자가 신고한 내용이 거짓의 신고라고 인정할 만한 근거가 있거나 신고내용을 신뢰할 수 없는 경우를 제외하고는 그 신고내용을 행정조사에 갈음할 수 있다(25조 2항).

행정기관의 장은 조사대상자가 자율적으로 행정조사사항을 신고·관리하고 스스로 법령준수사항을 통제하도록 하는 체제(이하 '자율관리체제'라 한다)의 기준을 마련하여 고시할 수 있다(26조 1항).

행정기관의 장은 자율신고를 하는 자와 자율관리체제를 구축하고 자율관리체제의 기준을 준수한 자에 대하여는 법령으로 규정한 바에 따라 행정조사의 감면 또는 행정·세제상의 지원을 하는 등 필요한 혜택을 부여할 수 있다(27조).

IV. 행정조사의 절차

1. 사전통지

행정조사를 실시하고자 하는 행정기관의 장은 제9조에 따른 출석요구서, 제10조에 따른 보고

---

71) 소방기본법 제53조 제2호, 식품위생법 제97조 제2호, 공중위생관리법 제22조 제1항 제4호 등 참조.
72) 홍정선(상), 785면.

요구서·자료제출요구서 및 제11조에 따른 현장출입조사서(이하 '출석요구서 등'이라 한다)를 조사개시 7일 전까지 조사대상자에게 서면으로 통지하여야 한다(17조 1항). 다만 i) 행정조사를 실시하기 전에 관련 사항을 미리 통지하는 때에는 증거인멸 등으로 행정조사의 목적을 달성할 수 없다고 판단되는 경우, ii) 통계법 제3조 제2호에 따른 지정통계의 작성을 위하여 조사하는 경우, iii) 제5조 단서에 따라 조사대상자의 자발적인 협조를 얻어 실시하는 행정조사의 경우에는 행정조사의 개시와 동시에 출석요구서 등을 조사대상자에게 제시하거나 행정조사의 목적 등을 조사대상자에게 구두로 통지할 수 있다.

행정기관의 장이 출석요구서 등을 조사대상자에게 발송하는 경우 출석요구서 등의 내용이 외부에 공개되지 아니하도록 필요한 조치를 하여야 한다(17조 2항).

2. 의견제출

조사대상자는 사전통지의 내용에 대하여 행정기관의 장에게 의견을 제출할 수 있다(21조 1항). 행정기관의 장은 조사대상자가 제출한 의견이 상당한 이유가 있다고 인정하는 경우에는 이를 행정조사에 반영하여야 한다(21조 2항).

3. 증표제시

현장조사를 하는 조사원은 그 권한을 나타내는 증표를 지니고 이를 조사대상자에게 내보여야 한다(11조 3항).

4. 영장주의의 적용 여부

헌법상의 영장주의가 권력적 행정조사를 위한 질문·검사·가택출입 등의 경우에도 적용될 것인지가 문제된다. 이에 대해서는, 행정조사도 압수·수색이 필요한 경우에는 원칙적으로 영장주의가 적용되어야 하나, 다만 긴급을 요하는 불가피한 경우에는 예외가 인정될 수 있다고 보는 것이 다수의 견해라 할 수 있다.

판례에 의하면, 우편물 통관검사절차에서 이루어지는 우편물의 개봉, 시료채취, 성분분석 등 검사는 행정조사의 성격을 가지는 것으로서 수사기관의 강제처분이라 할 수 없으므로 압수·수색영장을 요하지 않는다고 한다.[73] 그러나 행정조사가 수사기관에 의한 압수·수색에 해당하는 경우에는 영장주의의 원칙이 적용된다고 한다.[74]

> **판례** ① 『우편물 통관검사절차에서 이루어지는 우편물의 개봉, 시료채취, 성분분석 등의 검사는 수출입물품에 대한 적정한 통관 등을 목적으로 한 행정조사의 성격을 가지는 것으로서 수사기관의 강제처분이라고 할 수 없으므로, 압수·수색영장 없이 우편물의 개봉, 시료채취, 성분분석 등 검사가 진행되었다 하더라도 특별한 사정이 없는 한 위법하다고 볼 수 없다.』 (대판 2013. 9. 26, 2013도7718)

---

73) 대판 2013. 9. 26, 2013도7718; 대판 2017. 7. 18, 2014도8719.
74) 대판 2017. 7. 18, 2014도8719.

②『수출입물품 통관검사절차에서 이루어지는 물품의 개봉, 시료채취, 성분분석 등의 검사는 수출입물품에 대한 적정한 통관 등을 목적으로 조사를 하는 것으로서 이를 수사기관의 강제처분이라고 할 수 없으므로, 세관공무원은 압수·수색영장 없이 이러한 검사를 진행할 수 있다. 그러나 마약류 불법거래 방지에 관한 특례법 제4조 제1항에 따른 조치의 일환으로 특정한 수출입물품을 개봉하여 검사하고 그 내용물의 점유를 취득한 행위는 위에서 본 수출입물품에 대한 적정한 통관 등을 목적으로 조사를 하는 경우와는 달리, 범죄수사인 압수 또는 수색에 해당하여 사전 또는 사후에 영장을 받아야 한다.』(대판 2017. 7. 18, 2014도8719)

5. 조사결과의 통지

행정기관의 장은 다른 법령에 특별한 규정이 없는 한 행정조사의 결과를 확정한 날부터 7일 이내에 그 결과를 조사대상자에게 통지하여야 한다(24조).

V. 행정조사와 권리구제

1. 위법한 행정조사에 기초한 행정행위의 효력

위법한 행정조사에 기초하여 행해진 행정행위의 효력이 어떠한지가 문제된다. 먼저, 행정조사를 통해 얻어진 정보가 그릇된 경우에는 그에 근거한 행정행위는 사실의 기초에 하자가 있는 것이므로 당연히 위법하다고 본다.

다음으로, 위법한 행정조사를 통해 얻어진 정보가 내용적으로는 정확한 경우에 그에 기초하여 행해진 행정행위의 효력이 문제된다. 이에 대해서는, 행정조사가 위법한 경우에는 이를 기초로 한 행정행위도 위법하다는 견해, 행정조사와 행정행위는 별개의 제도이므로 행정조사의 위법이 바로 행정행위를 위법하게 만들지는 않는다는 견해, 행정조사에 중대한 위법사유가 있는 경우에는 그에 기초한 행정행위를 위법하게 만든다는 견해 등이 대립하고 있다.

이에 관한 판례의 입장을 살펴보면, 위법한 행정조사에 기초하여 행해진 행정행위는 원칙적으로 위법하다고 본다.[75] 한편, 위반의 정도가 경미한 행정조사의 경우에는 이에 기초한 행정행위를 취소로 만들 정도의 하자는 아니라고 한다.[76]

판례 ①『세무조사가 과세자료의 수집 또는 신고내용의 정확성 검증이라는 본연의 목적이 아니라 부정한 목적을 위하여 행하여진 것이라면 이는 세무조사에 중대한 위법사유가 있는 경우에 해당하고, 이러한 세무조사에 의하여 수집된 과세자료를 기초로 한 과세처분 역시 위법하다.』(대판 2016. 12. 15, 2016두47659)

②『국세기본법 제81조의5가 정한 세무조사대상 선정사유가 없음에도 세무조사대상으로 선정하여 과

---

75) 대판 2016. 12. 15, 2016두47659; 대판 2014. 6. 26, 2012두911; 대판 2016. 12. 27, 2014두46850.
76) 대판 2009. 1. 30, 2006두9498.

세자료를 수집하고 그에 기하여 과세처분을 하는 것은 적법절차의 원칙을 어기고 국세기본법 제81조의5와 제81조의3 제1항을 위반한 것으로서, 특별한 사정이 없는 한 과세처분은 위법하다.』 (대판 2014. 6. 26. 2012두911)

③『음주운전 여부에 대한 조사과정에서 운전자 본인의 동의를 받지 아니하고 또한 법원의 영장도 없이 채혈조사를 한 결과를 근거로 한 운전면허 정지·취소처분은 도로교통법 제44조 제3항을 위반한 것으로서 특별한 사정이 없는 한 위법한 처분으로 볼 수밖에 없다.』 (대판 2016. 12. 27. 2014두46850)

④『i) 토양환경보전법상 토양정밀조사명령의 전제가 되는 토양오염실태조사를 실시할 권한은 시·도지사에게 있는바, 감사원 소속 감사관 주도하에 실시된 토양오염실태조사에 기초한 토양정밀조사명령은 취소해야 할 정도의 하자가 있다고 볼 수는 없다. ii) 행정규칙의 성질을 가지는 토양오염공정시험방법 (환경부고시)에 위반되는 방식으로 시료를 채취하였다는 사정만으로는 그에 기초하여 내려진 토양정밀조사명령이 위법하다고 할 수 없다. iii) 설령 시료를 채취함에 있어서 원고 측으로부터 시료채취확인 및 시료봉인을 받지 않은 것이 절차상 하자에 해당한다 하더라도 이러한 조사절차상 하자가 토양정밀조사명령을 취소할 정도까지는 이르지 아니하였다.』 (대판 2009. 1. 30. 2006두9498)

2. 행정쟁송

권력적 행정조사는 항고소송의 대상이 되는 처분에 해당한다는 것이 다수설과 판례의 입장이다. 판례는, 세무조사결정이 있는 경우 납세의무자는 세무공무원의 질문에 대답하고 검사를 수인하여야 할 법적 의무를 부담하므로 세무조사결정은 납세의무자의 권리의무에 직접 영향을 미치는 공권력의 행사에 해당하여 항고소송의 대상이 된다고 하였다.[77] 다만 행정조사는 단기간에 그 행위가 종료되는 경우가 대부분이며, 행정조사가 종료된 때에는 원상회복이나 손해배상을 청구할 수 있을 뿐 원칙적으로 행정쟁송을 통해 그 취소를 구할 소의 이익이 없게 된다.

3. 국가배상

위법한 행정조사로 인하여 손해를 받은 자는 국가 또는 지방자치단체에 대하여 국가배상법에 따른 손해배상을 청구할 수 있다.

4. 행정상 손실보상

공공의 필요에 의한 적법한 행정조사에 의해 특별한 재산상 손실을 받은 자에게는 손실보상이 행해져야 하는바, 다만 손실보상청구권이 인정되기 위해서는 개별 법률의 근거를 요한다.

---

77) 대판 2011. 3. 10. 2009두23617, 23624.

Ⅰ. 서

1. 의 의

행정벌이란 행정상의 의무위반이 있는 경우에 행정주체가 일반통치권에 근거하여 의무위반에 대한 제재로서 과하는 벌을 말하며, 전통적인 행정상의 제재수단에 속한다.

행정벌은 직접적으로는 '과거의 의무위반에 대한 제재'를 목적으로 하는 것이지만, 간접적으로는 이를 통하여 의무자에게 심리적 압박을 가하여 '의무의 이행을 확보'하는 기능도 아울러 갖는다.

2. 타개념과의 구별

(1) 징계벌과의 구별

행정벌은 일반권력관계의 질서를 유지하기 위하여 국가의 일반통치권에 근거하여 과하는 제재인데 반해, 징계벌은 특별권력관계의 질서를 유지하기 위하여 그 내부질서위반자에 대하여 특별권력에 근거하여 과하는 제재인 점에서 구별된다. 따라서 행정벌과 징계벌은 그 목적, 대상, 권력의 기초 등이 다르기 때문에 동일한 위반행위에 대해 행정벌과 징계벌을 병과하여도 일사부재리의 원칙에 위반되지 않는다.

(2) 이행강제금과의 구별

행정벌은 과거의 행정상의 의무위반행위에 대한 제재로서 과하는 것인데 반해, 이행강제금은 행정상의 의무불이행이 있는 경우에 장래적으로 의무이행을 확보하기 위해 과하는 것인 점에서 구별된다. 다만 행정벌도 간접적으로는 장래적으로 의무이행을 확보하는 기능도 아울러 가진다.

(3) 형사벌과의 구별

행정형벌과 형사벌이 성질상 구별되는 것인지에 대하여는 다툼이 있다. 부정설에 의하면 양자는 제재로서 형법상의 형을 과하는 것인 점에서 차이가 없다고 한다. 이에 반해 긍정설에 의하면 형사벌은 살인·상해·절도 등과 같이 사회의 기본적 생활질서에 위반되는 행위, 즉 법규를 기다리지 아니하고 그 자체로서 반사회적·반도덕적인 행위에 대해 벌을 과하는 것인데 대하여, 행정형벌은 도로교통법규·건축법규 위반 등과 같이 파생적 생활질서에 위반되는 행위, 즉 법규가 정한 명령·금지에 위반함으로써 비로소 반사회적·반도덕적 성질을 띠게 되는 행위에 대해 벌을 과하는 것인 점에서 구별된다고 한다. 이러한 점에서 형사범을 자연범이라 하고 행정범을 법정범이라 한다.

우리나라에서는 양자의 구별은 절대적인 것이 아니라 그 시대의 도덕관념 및 사회현상에 따라 변화될 수 있는 상대적인 것이라고 보는 상대적 긍정설이 지배적인 견해이다.

Ⅱ. 행정벌의 근거

죄형법정주의의 원칙은 행정벌에도 적용되므로 법률에 의하지 아니하고는 행정벌을 과할 수 없다. 법률은 행정벌 규정을 법규명령에 위임할 수 있는데, 이때에 범죄 구성요건에 관한 기준이나 처벌의 최고한도 등을 구체적으로 정하여 위임하여야 한다.

한편, 지방자치단체는 조례에 의하여 일정한 한도에서의 행정질서벌(과태료)에 관한 규정을 둘 수 있다. ① 지방자치단체는 조례위반행위에 대하여 조례로써 1,000만원 이하의 과태료를 정할 수 있다(지방자치법 34조 1항). 이 경우 과태료는 지방자치단체의 장이 질서위반행위규제법이 정한 절차에 따라 부과·징수한다(동법 34조 2항). ② 사기나 그 밖의 부정한 방법으로 사용료·수수료·분담금의 징수를 면한 자에 대해서는 그 징수를 면한 금액의 5배 이내의 과태료를, 공공시설을 부정사용한 자에 대하여는 50만원 이하의 과태료를 부과하는 규정을 조례로 정할 수 있다(동법 156조 2항). 이 경우도 지방자치단체의 장이 질서위반행위규제법이 정한 절차에 따라 부과·징수한다(동법 156조 3항).

Ⅲ. 행정벌의 종류

행정벌은 의무위반에 대하여 어떠한 내용의 벌을 과하는지에 따라 다시 행정형벌과 행정질서벌로 나눌 수 있다.

1. 행정형벌

행정상의 의무위반에 대한 제재로서 '형법에 규정된 형'(형법 41조 : 사형·징역·금고·자격상실·자격정지·벌금·구류·과료·몰수)을 과하는 경우를 행정형벌이라 한다. 행정형벌에 대하여는 원칙적으로 형법총칙이 적용되며, 형사소송절차에 의하여 과하는 것이 원칙이다.

2. 행정질서벌

행정상의 의무위반에 대한 제재로서 '형법상의 형 이외의 벌', 즉 '과태료'를 과하는 경우를 행정질서벌이라 한다. 행정질서벌에 대해서는 형법총칙은 적용되지 않으며, 원칙적으로 질서위반행위규제법이 정한 절차에 의하여 부과한다.

종래, 행정형벌은 행정상의 의무를 위반함으로써 직접적으로 행정목적을 침해하는 행위에 대해

과하여지는데 대하여, 행정질서벌은 신고·등록·서류비치 등의 의무를 태만히 하는 경우와 같이 간접적으로 행정목적의 달성에 장해를 미칠 위험성이 있는 행위에 대해 과해지는 것이 일반적이라고 하였다.[1] 그러나 근래에 와서는 종래 행정형벌을 과하던 것을 행정질서벌로 대체하는 작업이 광범하게 진행되고 있는데, 그 이유는 전과자의 양산 방지, 벌칙금징수의 용이 등에서 찾을 수 있다.

3. 행정형벌과 행정질서벌의 병과 문제

동일한 행위에 대하여 행정형벌과 행정질서벌을 병과하는 것이 일사부재리의 원칙에 반하는지가 문제된다. 학설에 의하면, 행정형벌과 행정질서벌은 다 같이 행정상 의무위반에 대한 제재로서 가하는 행정벌에 해당하는 점에서 양자를 병과하는 것은 이중처벌금지의 원칙(일사부재리의 원칙)에 반하여 허용되지 않는다는 것이 지배적인 견해이다.[2]

대법원은, 과태료부과처분과 형사처벌은 그 성질이나 목적을 달리하는 별개의 것이므로 과태료를 납부한 후에 다시 형사처벌을 한다고 해서 이중처벌금지의 원칙에 반하는 것은 아니라고 하였다.[3]

이에 반해 헌법재판소는, 헌법 제13조 제1항은 이중처벌금지의 원칙을 규정하고 있는데 여기에서의 처벌은 원칙으로 범죄에 대한 국가의 형벌권 실행으로서의 과벌을 의미하는 것이고 국가가 행하는 일체의 제재나 불이익처분을 모두 그 처벌에 포함시킬 수는 없다고 하면서도, 행정질서벌로서의 과태료는 형벌(특히 행정형벌)과 목적·기능이 중복되는 면이 없지 않으므로 동일한 행위를 대상으로 형벌을 부과하면서 아울러 과태료까지 부과하는 것은 이중처벌금지의 기본정신에 배치되어 국가 입법권의 남용으로 인정될 여지가 있다고 하였다.[4] 그리고 이중처벌금지의 원칙은 '동일한 행위'에 대해 처벌 또는 제재가 행해질 때 적용되는 것이며, 동일한 행위인지의 여부는 기본적 사실관계가 동일한지 여부에 의하여 가려야 하는데, 이 사안에서 '불법으로 건축행위 또는 용도변경행위를 한 것'과 '불법건축물에 대해 시정명령을 받고도 이를 시정하지 않은 것'은 별개의 행위이므로 전자에 대해 형사처벌을 하고 후자에 대해 과태료를 부과한 것은 이중처벌에 해당하지 않는다고 하였다.

---

1) 예컨대 상한 식품을 판매한 자에 대하여는 10년 이하의 징역 또는 1억원 이하의 벌금에 처하도록 한 것은 전자의 예이고(식품위생법 4조, 94조), 식품·식품첨가물의 생산실적을 행정청에 보고하지 않은 자에 대하여는 500만원 이하의 과태료를 부과하도록 한 것은 후자의 예이다(식품위생법 42조 2항, 101조 2항).

2) 류지태/박종수, 416면; 정하중/김광수, 482면; 홍정선(상), 723면.

3) 대판 1996. 4. 12, 96도158. <사건 개요> 자동차 임시운행허가를 받은 자가 그 허가기간을 넘어 운행하였다는 이유로 과태료를 부과함과 아울러 미등록차량을 운행하였다는 이유로 행정형벌을 부과한 것이 일사부재리의 원칙(이중처벌 금지의 원칙)에 반하는지가 문제된 사안이나. 한번, 2009. 2. 6. 개정된 지동차관리법에서는 임시운행허가기간을 넘어 운행한 것에 대해서는 처벌하지 않는다.

4) 헌재 1994. 6. 30, 92헌바38.

판례 ① 『행정법상의 질서벌인 과태료의 부과처분과 형사처벌은 그 성질이나 목적을 달리하는 별개의 것이므로 행정법상의 질서벌인 과태료를 납부한 후에 형사처벌을 한다고 하여 이를 일사부재리의 원칙에 반하는 것이라고 할 수는 없다.』 (대판 1996. 4. 12, 96도158)

② 『[1] 헌법 제13조 제1항은 "모든 국민은 … 동일한 범죄에 대하여 거듭 처벌받지 아니한다"고 하여 이른바 이중처벌금지의 원칙을 규정하고 있는바, 헌법 제13조 제1항에서 말하는 '처벌'은 원칙으로 범죄에 대한 국가의 형벌권 실행으로서의 과벌을 의미하는 것이고, 국가가 행하는 일체의 제재나 불이익처분을 모두 그 처벌에 포함시킬 수는 없다 할 것이다. 다만, 행정질서벌로서의 과태료는 행정상 의무의 위반에 대하여 국가가 일반통치권에 기하여 과하는 제재로서 형벌(특히 행정형벌)과 목적·기능이 중복되는 면이 없지 않으므로, 동일한 행위를 대상으로 하여 형벌을 부과하면서 아울러 행정질서벌로서의 과태료까지 부과한다면 그것은 이중처벌금지의 기본정신에 배치되어 국가 입법권의 남용으로 인정될 여지가 있음을 부정할 수 없다.

[2] 이중처벌금지의 원칙은 처벌 또는 제재가 '동일한 행위'를 대상으로 행해질 때에 적용될 수 있는 것이고, 그 대상이 동일한 행위인지의 여부는 기본적 사실관계가 동일한지 여부에 의하여 가려야 할 것이다. 그런데, 건축법 제54조 제1항에 의한 형사처벌의 대상이 되는 범죄의 구성요건은 당국의 허가 없이 건축행위 또는 건축물의 용도변경행위를 한 것이고 이 사건 규정에 의한 과태료는 건축법령에 위반되는 위법건축물에 대한 시정명령을 받고도 건축주 등이 이를 시정하지 아니할 때 과하는 것이므로, 양자는 처벌 내지 제재대상이 되는 기본적 사실관계로서의 행위를 달리하는 것이다. … 이러한 점에 비추어 건축법 제54조 제1항에 의한 무허가 건축행위에 대한 형사처벌과 이 사건 규정에 의한 시정명령 위반에 대한 과태료의 부과는 헌법 제13조 제1항이 금지하는 이중처벌에 해당한다고 할 수 없고, 또한 무허가 건축행위에 대하여 형사처벌을 한 후라도 그 위법행위의 결과 침해된 법익을 원상회복시킬 필요가 있으므로 이를 위한 행정상 조치로서 시정명령을 발하고 그 위반에 대하여 과태료를 부과할 수 있도록 한 것이 기본권의 본질적 내용을 침해하는 것이라고 할 수도 없다 할 것이다.』 (헌재 1994. 6. 30, 92헌바38)

생각건대, 행정질서벌과 행정형벌은 모두 행정제재수단으로서 기능하는 점에서 공통하므로 동일한 행위에 대해 행정질서벌과 행정형벌을 병과하는 것은 이중처벌금지의 원칙에 반하여 허용되지 않는다고 할 것이다. 다만 별개의 행위에 대해 각각 행정질서벌과 행정형벌을 부과하는 것은 이중처벌에 해당하지 않음은 물론이다.5)

---

5) 이러한 점에서 대법원 96도158 판결은 다음과 같은 문제가 있다. 첫째, 자동차 임시운행허가를 받은 자가 그 허가기간을 넘어 운행하였다는 이유로 과태료를 부과함과 아울러 미등록차량을 운행하였다는 이유로 행정형벌을 부과한 것은 행정질서벌과 행정형벌은 그 성질이나 목적을 달리하기 때문에 이중처벌 금지의 원칙에 반하지 않는 것이 아니라, '임시운행허가 기간을 넘어 운행한 것'과 '미등록차량을 운행한 것'은 별개의 위반행위이기 때문에 각각의 위반행위에 대해 과태료와 행정형벌을 과한 것은 이중처벌에 해당하지 않는 것이라고 보아야 할 것이다. 둘째, 당시의 자동차관리법에 의하면 임시운행허가를 받지 않고 미등록차량을 운행한 경우에는 미등록차량 운행을 이유로 한 형사처벌만을 하는데 대해, 임시운행허가를 받은 후 그 기간을 넘어 미등록차량을 운행한 경우에는 미등록차량 운행을 이유로 형사처벌을 함과 아울러 임시운행 허가기간을 넘어 운행하였다는 이유로 과태료를 부과하도록 규정되어 있었는바, 이는 형평에 맞지 않는다. 이러한 문제점을 인식해서인지, 현행 자동차관리법에서는 임시운행 허가기간을 넘어 미등록차량을 운행한 경우에 미등록차량 운행을 이유로 한 행정형벌만을 부과하고 임시운행 허가기간을 넘어 운행한 것에 대해서는 별도로 과태료를 부과하지 않는다(80조 1호, 84조 참조).

Ⅳ. 행정형벌의 특수성

1. 형법총칙의 적용

(1) 원칙

행정형벌은 행정상의 의무위반에 대해 형법상의 형을 과하는 것이므로 원칙적으로 형법총칙의 규정은 행정형벌의 경우에도 적용된다. 그러나 형사범에 대한 행정범의 특수성으로 인하여 행정형벌을 규정하는 개별법에서 특별한 규정을 두고 있는 경우도 많이 있다. 이와 관련하여 형법 제8조는 「본법 총칙은 타 법령에 정한 죄에 적용한다. 단, 그 법령에 특별한 규정이 있는 때에는 예외로 한다」고 규정하고 있는데, 여기에서 '특별한 규정'의 의미는 명문의 규정은 물론이고 당해 규정의 해석에 의해 인정되는 특수성까지 포함하는 것으로 이해하는 것이 지배적인 견해이다.

(2) 구체적 적용범위

① 고의·과실 : 형법은 원칙적으로 고의범만을 처벌하도록 하고 있고(13조) 과실범은 특별한 규정이 있는 경우에만 처벌할 수 있도록 규정하고 있는데(14조), 이 원칙이 행정형벌의 경우에도 그대로 적용될 수 있는지가 문제된다. 일설에 의하면, 명문의 과실범 처벌규정이 없음에도 해석에 의해 과실범을 처벌하는 것은 죄형법정주의에 반하는 것으로서 원칙적으로 허용되지 않는다고 한다.[6] 이에 대해 다수설과 판례는, 과실범도 처벌한다는 명문의 규정이 있는 경우뿐만 아니라 법률의 해석상 과실범도 처벌한다는 취지가 명백한 경우에도 과실범을 처벌할 수 있다고 한다.[7] 생각건대, 행정형벌의 특수성을 고려할 때 명문의 규정이 있는 경우뿐만 아니라 해석상 과실범도 처벌한다는 취지가 명백한 경우에도 과실범을 처벌할 수 있다고 할 것이지만, 죄형법정주의의 원칙상 그 해석은 엄격하게 하여야 할 것이다.

> **판례** 『대기오염으로 인한 국민건강 및 환경상의 위해를 예방하고 대기환경을 적정하고 지속가능하게 관리·보전함으로써 모든 국민이 건강하고 쾌적한 환경에서 생활할 수 있게 함을 목적으로 한 대기환경보전법의 입법목적이나 제반 관계규정의 취지 등을 고려하면, 대기환경보전법 제28조 제1항에 위반하는 행위 즉, 위 규정에 따른 비산먼지의 발생을 억제하기 위한 시설을 설치하지 아니하거나 필요한 조치를 하지 아니한 자를 처벌하고자 하는 대기환경보전법 제57조 제4호의 규정은 고의범은 물론이고 과실로 인하여 그러한 내용을 인식하지 못하고 위 시설을 설치하지 아니하거나 필요한 조치를 하지 아니한 자도 함께 처벌하는 규정이라고 해석함이 상당하다.』 (대판 2008. 11. 27, 2008도7438)

② 법률의 착오 : 형법 제16조는 "자기의 행위가 법령에 의하여 죄가 되지 아니하는 것으로 오인한 행위는 그 오인에 정당한 이유가 있는 때에 한하여 벌하지 아니한다"고 규정함으로써, 법률의 착오(금지의 착오)는 원칙적으로 범죄의 성립을 방해하지 않음을 분명히 하고 있다. 이는, 형사

---

6) 김남철, 565면.
7) 김남진/김연태(I), 611면; 박균성(상), 639면; 정하중/김광수, 484면; 홍정선(상), 710면; 대판 2008. 11. 27, 2008도7438.

범은 반도덕적·반사회적 행위를 대상으로 하므로 행위자가 행위사실을 인식하면 그 위법성도 인식하는 것이 보통이기 때문에 법률을 잘 알지 못했다는 것은 변명되어질 수 없다는 취지이다. 그러나 행정범의 경우에는 형사범과는 달리 실정법에 의하여 비로소 죄가 되는 것이므로, 행위자가 비록 행위사실을 인식하였다 하더라도 관련 행정법규를 알지 못함으로써 그 행위의 위법성을 인식하지 못할 수 있다. 따라서 형법 제16조는 행정범에 대해서는 언제나 타당하다고 볼 수는 없다는 견해가 유력하며,[8] 개별법 중에는 형법 제16조의 규정을 배제하는 명문의 규정을 두고 있는 경우도 있다(담배사업법 31조).

③ **책임능력** : 형사범에 있어서는 14세 미만자와 심신상실자의 행위는 벌하지 아니하며(형법 9조·10조 1항), 심신미약자·농아자의 행위는 그 형을 감경하도록 규정하고 있으나(동법 10조 2항, 11조), 행정형벌의 경우에는 이에 대한 예외규정을 두고 있는 경우가 있다. 예컨대 담배사업법은 담배를 불법으로 제조·판매한 자 등에 대해서는 형법 제9조·제10조 제2항·제11조 등을 적용하지 아니한다고 규정함으로써(31조), 14세미만자·심신미약자·농아자 등의 행위에 대해서도 형의 면제·감경 없이 처벌하도록 하고 있다.

④ **법인의 책임** : 형사범에 있어서 법인은 범죄능력을 가지지 않는다고 본다. 그러나 행정범에 있어서는 법인의 대표자 또는 대리인·사용인 기타 종업원이 법인의 업무에 관하여 의무를 위반한 경우에 행위자뿐만 아니라 법인에 대한 처벌규정을 두고 있는 경우가 많은데(소방기본법 55조, 건축사법 40조), 이와 같이 특별한 규정이 있는 경우에는 법인도 범죄능력을 갖는다고 할 것이다. 법인을 처벌하는 경우에 그 형벌은 성질상 벌금·과료·몰수 등의 금전벌이며, 또한 법인과 함께 행위자도 처벌하는 양벌주의를 취하고 있는 경우가 많다.[9]

법인이 처벌되는 경우에 그 책임의 성질이 문제되는데, 법인 대표자의 행위에 대한 법인의 책임은 자기책임이지만 그 밖의 직원의 행위에 대한 법인의 책임은 이들에 대한 선임·감독의무를 태만히 한 것에 대한 과실책임이라고 본다.

이와 관련하여 지방자치단체 소속 공무원이 직무를 수행하던 중에 도로법상의 위반행위를 한 경우에 도로법 제116조의 양벌규정에 따라 지방자치단체도 처벌대상이 되는지가 문제된다. 판례에 의하면, 지방자치단체는 자치사무와 관련해서는 독립한 공법인에 해당하므로, 지방자치단체 소속 공무원이 자치사무를 수행하던 중 도로법 제113조 제1항 등의 위반행위를 한 경우에는 지방자치단체도 도로법 제116조의 양벌규정에 따라 처벌대상이 된다고 한다.

> **판례** 『[1] 국가가 본래 그의 사무의 일부를 지방자치단체의 장에게 위임하여 그 사무를 처리하게 하는 기관위임사무의 경우에는 지방자치단체는 국가기관의 일부로 볼 수 있는 것이지만, 지방자치단체가 그 고유의 자치사무를 처리하는 경우에는 지방자치단체는 국가기관의 일부가 아니라 국가기관과는 별도의 독립한 공법인이므로, 지방자치단체 소속 공무원이 지방자치단체 고유의 자치사무를 수행하던 중 구 도로법 제81조 내지 제85조(현행 도로법 제113조 내지 제115조)의 규정에 의한 위반행위를 한 경우에는 지방자

---

8) 김중권, 651면; 정하중/김광수, 485면.
9) 도로법 제116조, 개인정보보호법 제74조 등.

치단체는 구 도로법 제86조(현행 도로법 제116조)의 양벌규정에 따라 처벌대상이 되는 법인에 해당한다.
[2] 지방자치단체 소속 공무원이 압축트럭 청소차를 운전하여 고속도로를 운행하던 중 제한축중을 초
과 적재 운행함으로써 도로관리청의 차량운행제한을 위반한 사안에서, 해당 지방자치단체가 도로법 제86
조의 양벌규정에 따른 처벌대상이 된다고 한 사례.』 (대판 2005. 11. 10, 2004도2657)

⑤ 타인의 행위에 대한 책임 : 형사범에 있어서는 현실적 범죄행위자를 처벌하는데 대하여, 행정
범의 경우에는 현실의 행위자(종업원)뿐만 아니라 영업주 등 책임자에 대하여 벌을 과하는 경우도
있다. 이 경우 영업주에 대한 형사책임의 성질은 타인에 갈음하여 책임을 지는 대위책임이 아니라
자신의 감독불충분에 대한 자기책임이라고 보는 것이 통설과 판례의 입장이다.[10]

한편, 법률이 행위자 이외에 영업주에 대해서도 처벌하는 양벌규정을 둠에 있어서 영업주의 고
의·과실 유무에 관계없이 자동적으로 영업주도 처벌하도록 규정한 것은 위헌이라는 것이 헌법재
판소의 입장이다.[11] 이에 따라 대부분의 양벌규정에는 영업주가 그 위반행위를 방지하기 위하여
해당 업무에 관하여 상당한 주의와 감독을 게을리하지 아니한 경우에는 처벌할 수 없다는 규정을
두고 있다.[12]

판례 ① 『양벌규정에 의한 영업주의 처벌은 금지위반행위자인 종업원의 처벌에 종속하는 것이 아니라
독립하여 그 자신의 종업원에 대한 선임감독상의 과실로 인하여 처벌되는 것이므로, 종업원의 범죄성립
이나 처벌이 영업주 처벌의 전제조건이 될 필요는 없다.』 (대판 2006. 2. 24, 2005도7673)

② 『이 사건 법률조항이 종업원의 업무 관련 무면허의료행위가 있으면 이에 대해 영업주가 비난받을
만한 행위가 있었는지 여부와는 관계없이 자동적으로 영업주도 처벌하도록 규정하고 있는바, 결국 위 법
률조항은 다른 사람의 범죄에 대해 그 책임 유무를 묻지 않고 형벌을 부과함으로써 형사법의 기본원리인
'책임없는 자에게 형벌을 부과할 수 없다'는 책임주의에 반하여 위헌이다.』 (헌재 2007. 11. 29, 2005헌가10)

⑥ 공범 : 행정형벌을 규정한 법령 중에는 형법상의 공동정범·교사범·종범 등에 관한 규정의
적용을 배제하는 경우가 있고(선박법 39조), 종범 감경규정의 적용을 배제하는 경우(담배사업법 31
조)도 있다.

⑦ 경합범·작량감경 : 행정범에 있어서는 형법상의 경합범·작량감경에 관한 규정의 적용을 배
제하는 특별규정을 두고 있는 경우가 있다(담배사업법 31조).

2. 과벌절차

(1) 원칙

행정형벌은 법원이 형사소송법이 정한 절차에 따라 과하는 것이 원칙이나, 이에 대해서는 다음
과 같은 예외가 인정되고 있다.

---

10) 대판 2006. 2. 24, 2005도7673.
11) 헌재 2007. 11. 29, 2005헌가10.
12) 조세범처벌법 제18조, 근로기준법 제115조 등 참조.

(2) 통고처분

현행법상 조세범·관세범·출입국사범·교통사범 등에 대해서는 형사소송절차에 대신하여 행정청이 벌금 또는 과료에 상당하는 금액의 납부를 명할 수 있는데, 이를 통고처분이라 한다(도로교통법 163조 이하 참조). 통고처분을 받은 자가 법이 정한 기한 내에 그 내용에 따라 이행한 경우에는 일사부재리의 원칙에 의하여 다시 소추하지 못한다. 반면에 기한 내에 통고된 내용을 이행하지 않으면 통고처분의 효력은 당연히 소멸하며, 관계 기관장의 고발에 의하여 형사소송절차로 넘어가게 된다. 이와 같이 통고처분은 기한 내에 이행하지 않으면 당연히 그 효력이 소멸하므로, 통고처분은 항고소송의 대상이 되는 행정처분에 해당하지 않는다는 것이 판례의 입장이다.[13]

> **판례** 『도로교통법 제118조에서 규정하는 경찰서장의 통고처분은 행정소송의 대상이 되는 행정처분이 아니므로 그 처분의 취소를 구하는 소송은 부적법하다고 할 것이다. 도로교통법상의 통고처분을 받은 자가 그 처분에 대하여 이의가 있는 경우에는 통고처분에 따른 범칙금의 납부를 이행하지 아니함으로써 경찰서장의 즉결심판청구에 의하여 법원의 심판을 받을 수 있게 될 뿐이다.』(대판 1995. 6. 29, 95누4674)

(3) 즉결심판절차

20만원 이하의 벌금·구류·과료에 해당하는 행정형벌은 즉결심판절차에 의하여 부과될 수 있는데(즉결심판에 관한 절차법 2조), 즉결심판에 불복이 있는 자는 고지를 받은 날로부터 7일 이내에 정식재판을 청구할 수 있다(법원조직법 35조).

V. 행정질서벌의 특수성

1. 형법총칙의 적용문제

(1) 원칙

행정질서벌은 형법상의 형을 부과하는 것이 아니므로 형법총칙의 규정이 적용되지 않는다. 그러나 질서위반행위규제법은 형법총칙의 내용 중 상당부분을 과태료의 경우에도 적용하는 특별한 규정을 두고 있는데, 그 내용은 다음과 같다.

(2) 질서위반행위규제법상의 특별규정

① 고의·과실 : 행정질서벌은 행정질서의 유지를 위하여 행정법규위반이라는 객관적 사실에 대하여 과하는 제재이므로 원칙적으로 위반자의 고의·과실을 요하지 않는다는 것이 종래의 판례의 입장이었다.[14] 그러나 2009년 제정된 질서위반행위규제법은 고의 또는 과실이 없는 질서위반행위에 대해서는 과태료를 부과하지 않는다는 명문의 규정을 두었다(7조).

---

13) 대판 1995. 6. 29, 95누4674.
14) 대판 2000. 5. 26, 98두5972.

② **위법성의 착오** : 질서위반행위규제법은 형법 제16조의 규정과 마찬가지로 "자기의 행위가 법령에 의하여 죄가 되지 아니하는 것으로 오인한 행위는 그 오인에 정당한 이유가 있는 때에 한하여 벌하지 아니한다"고 규정하고 있다(8조).

③ **책임연령** : 다른 법률에 특별한 규정이 없는 한 14세가 되지 아니한 자의 질서위반행위에 대해서는 과태료를 부과하지 않는다(9조).

④ **심신장애** : 심신장애로 인하여 행위의 옳고 그름을 판단할 능력이 없거나 그 판단에 따른 행위를 할 능력이 없는 자의 질서위반행위에 대해서는 과태료를 부과하지 않으며, 심신장애로 인하여 위의 능력이 미약한 자의 질서위반행위는 과태료를 감경한다(10조 1항, 2항). 그러나 스스로 심신장애 상태를 일으켜 질서위반행위를 한 자에 대하여는 위 규정을 적용하지 않는다(10조 3항).

⑤ **법인의 책임** : 법인의 대표자, 법인 또는 개인의 대리인·사용인 및 그 밖의 종업원이 업무에 관하여 법인 또는 그 개인에게 부과된 법률상의 의무를 위반한 때에는 법인 또는 그 개인에게 과태료를 부과한다(11조).

⑥ **다수인의 질서위반행위 가담**(공범의 문제) : 2인 이상이 질서위반행위에 가담한 때에는 각자가 질서위반행위를 한 것으로 본다(12조 1항). 신분에 의하여 성립하는 질서위반행위에 신분이 없는 자가 가담한 때에는 신분이 없는 자에 대하여도 질서위반행위가 성립한다(12조 2항). 신분에 의하여 과태료를 감경 또는 가중하거나 과태료를 부과하지 아니하는 때에는 그 신분의 효과는 신분이 없는 자에게는 미치지 아니한다(12조 3항).

⑦ **여러 개의 질서위반행위가 있는 경우** : 하나의 행위가 2 이상의 질서위반행위에 해당하는 경우에는 각 질서위반행위에 대하여 정한 과태료 중 가장 중한 과태료를 부과한다(13조 1항). 별개의 행위가 2 이상의 질서위반행위에 해당하는 경우에는 특별한 규정이 없는 한 각 질서위반행위에 대하여 정한 과태료를 각각 부과한다(13조).

⑧ **과태료의 산정** : 행정청 및 법원은 과태료를 정함에 있어서 i) 질서위반행위의 동기·목적·방법·결과, ii) 질서위반행위 이후의 당사자의 태도와 정황, iii) 질서위반행위자의 연령·재산상태·환경, iv) 그 밖에 과태료의 산정에 필요하다고 인정되는 사유 등을 고려하여야 한다(14조).

⑨ **과태료의 제척기간 및 소멸시효** : 과태료의 제척기간이란 질서위반행위에 대해 일정 기간이 경과하면 더 이상 과태료를 부과할 수 없게 되는 것을 말하고, 소멸시효란 과태료부과처분이 발해진 후 일정 기간이 경과하면 더 이상 과태료를 징수할 수 없게 되는 것을 말한다.[15]

행정청은 질서위반행위가 종료된 날부터 5년이 경과한 경우에는 해당 질서위반행위에 대하여 과태료를 부과할 수 없다(19조 1항). 그리고 과태료는 행정청의 과태료부과처분이나 법원의 과태료재판이 확정된 후 5년간 징수하지 않거나 집행하지 않으면 시효로 인하여 소멸한다(15조 1항).

2. 과벌절차

질서위반행위규제법은 과태료부과에 관한 일반적인 절차를 규정하고 있는데, 그 내용은 다음과

---

15) 행정형벌과의 관계에서 보면 제척기간은 공소시효의 문제이고 소멸시효는 형의 시효의 문제라 할 것이다.

같다.

(1) 사전통지 및 의견제출

행정청이 질서위반행위에 대하여 과태료를 부과하고자 하는 때에는 미리 당사자에게 대통령령으로 정하는 사항을 통지하고, 10일 이상의 기간을 정하여 의견을 제출할 기회를 주어야 한다. 이 경우 지정된 기일까지 의견 제출이 없는 경우에는 의견이 없는 것으로 본다(16조 1항).

(2) 과태료의 부과

행정청은 의견제출절차를 마친 후에 서면(당사자가 동의하는 경우에는 전자문서를 포함)으로 과태료를 부과하여야 하는데, 서면에는 질서위반행위, 과태료 금액, 그 밖에 대통령령으로 정하는 사항을 명시하여야 한다(17조).

(3) 이의제기

행정청의 과태료부과처분에 불복하는 당사자는 과태료부과통지를 받은 날부터 60일 이내에 해당 행정청에 서면으로 이의제기를 할 수 있다. 이의가 제기되면 행정청의 과태료부과처분은 당연히 그 효력을 상실하며(20조 1항, 2항), 따라서 과태료부과처분은 항고소송의 대상이 되는 행정처분에 해당하지 않는다는 것이 판례의 입장이다.[16]

이의제기를 받은 행정청은 이의제기를 받은 날부터 14일 이내에 이에 대한 의견 및 증빙서류를 첨부하여 관할 법원에 통보하여야 한다(21조 1항).

(4) 법원의 재판

과태료사건은 특별한 규정이 없는 한 당사자의 주소지의 지방법원 또는 그 지원의 관할로 한다(25조). 행정청으로부터 통보를 받은 관할 법원은 과태료재판을 개시하는데, 이때 법원이 과태료재판을 하기 위해서는 행정청의 통보가 필요적 요건인지, 만일 행정청이 통보를 취하한 경우에는 법원은 더 이상 과태료재판을 진행할 수 없는지가 문제된다. 이에 관해 대법원은, 행정청의 통보는 법원의 직권발동을 촉구하는 데에 지나지 않으므로 후에 행정청이 통보를 취하하였다 하더라도 그 취하는 법원의 과태료재판을 개시·진행하는데 장애가 될 수 없다고 하였다.[17]

과태료재판은 이유를 붙인 결정으로써 한다(28조, 36조 1항). 결정은 당사자와 검사에게 고지함으로써 효력이 생긴다(37조 1항). 당사자와 검사는 과태료재판에 대하여 즉시항고를 할 수 있으며, 이 경우 항고는 집행정지의 효력이 있다(38조 1항).

(5) 과태료의 징수

① '행정청이 한 과태료부과처분'에 대해 당사자가 법이 정한 기한 내에 이의를 제기하지 않으면 그 처분의 효력은 확정된다. 만일 당사자가 납부기한까지 과태료를 납부하지 아니한 때에는 납부기한을 경과한 날부터 체납된 과태료에 대하여 100분의 3에 상당하는 가산금을 징수한다(24조 1

---

16) 대판 1995. 7. 28, 95누2623.
17) 대결 1998. 12. 23, 98마2866.

항). 행정청은 당사자가 법이 정한 기한 내에 이의를 제기하지 아니하고 또한 가산금을 납부하지 아니한 때에는 국세 또는 지방세 체납처분의 예에 따라 강제징수한다(24조 3항).

② '법원이 행한 과태료재판'은 검사의 명령으로써 집행한다. 이 경우 그 명령은 집행력 있는 집행권원과 동일한 효력이 있다(42조 1항). 과태료재판의 집행절차는 민사집행법에 따르거나 국세 또는 지방세 체납처분의 예에 따른다(42조 2항).

3. 과태료징수의 실효성 확보수단

오늘날 많은 행정형벌이 행정질서벌(과태료)로 전환되고 있는 가운데, 과태료의 체납현상이 급증하고 있는 것이 문제되고 있다. 이에 질서위반행위규제법에서는 과태료납부의 실효성을 확보하기 위한 여러 가지 제도적 장치를 마련하고 있는데, 그 내용은 다음과 같다.

(1) 자진납부자에 대한 감경

행정청은 당사자가 과태료에 대한 의견제출기한 내에 과태료를 자진하여 납부하고자 하는 경우에는 과태료를 감경할 수 있으며, 당사자가 감경된 과태료를 납부한 경우에는 해당 질서위반행위에 대한 과태료 부과 및 징수절차는 종료한다(18조).

(2) 가산금, 중가산금

행정청은 당사자가 납부기한까지 과태료를 납부하지 아니한 때에는 납부기한을 경과한 날부터 체납된 과태료에 대하여 100분의 3에 상당하는 가산금을 징수한다(24조 1항). 체납된 과태료를 납부하지 아니한 때에는 납부기한이 경과한 날부터 매 1개월이 경과할 때마다 체납된 과태료의 1천분의 12에 상당하는 중가산금을 위 가산금에 가산하여 징수한다. 이 경우 중가산금을 가산하여 징수하는 기간은 60개월을 초과하지 못한다(24조 2항).

(3) 관허사업의 제한

행정청은 허가·인가·면허·등록 및 갱신(이하 '허가 등'이라 한다)을 요하는 사업을 경영하는 자로서 i) 해당 사업과 관련된 질서위반행위로 부과받은 과태료를 3회 이상 체납하고 있고, 체납 발생일부터 각 1년이 경과하였으며, 체납금액의 합계가 500만원 이상인 체납자 중 대통령령으로 정하는 횟수와 금액 이상을 체납한 자, ii) 천재지변이나 그 밖의 중대한 재난 등 대통령령으로 정하는 특별한 사유 없이 과태료를 체납한 자의 사유에 모두 해당하는 체납자에 대하여는 사업의 정지 또는 허가 등의 취소를 할 수 있다(52조 1항).

허가 등을 요하는 사업의 주무관청이 따로 있는 경우에는 행정청은 해당 주무관청에 대하여 사업의 정지 또는 허가 등의 취소를 요구할 수 있으며, 이 경우 행정청의 요구가 있는 때에는 해당 주무관청은 정당한 사유가 없는 한 이에 응하여야 한다(52조 2항, 4항).

행정청은 사업의 정지 또는 허가 등을 취소하거나 주무관청에 대하여 그 요구를 한 후 해당 과태료를 징수한 때에는 지체 없이 사업의 정지 또는 허가 등의 취소나 그 요구를 철회하여야 한다(52조 3항).

(4) 신용정보회사 등에의 정보제공

행정청은 과태료 징수 또는 공익목적을 위하여 필요한 경우 신용정보회사 등의 요청에 따라 체납 또는 결손처분자료를 제공할 수 있다(53조 1항).

(5) 고액·상습체납자에 대한 제재

법원은 검사의 청구에 따라 결정으로 30일의 범위 이내에서 과태료의 납부가 있을 때까지 i) 과태료를 3회 이상 체납하고 있고, 체납발생일부터 각 1년이 경과하였으며, 체납금액의 합계가 1천만원 이상인 체납자 중 대통령령으로 정하는 횟수와 금액 이상을 체납한 경우, ii) 과태료 납부능력이 있음에도 불구하고 정당한 사유 없이 체납한 경우의 사유에 모두 해당하는 경우에는 체납자(법인인 경우에는 대표자)를 감치에 처할 수 있다(54조 1항).

(6) 자동차 관련 과태료 체납자에 대한 자동차 등록번호판의 영치

행정청은 '자동차 관련 과태료'를 납부하지 아니한 자에 대하여는 체납된 자동차 관련 과태료와 관계된 그 소유의 자동차 등록번호판을 영치할 수 있다(55조 1항).

제 4 장
행정의 실효성확보를 위한 새로운 수단

Ⅰ. 서

국민이 행정상의 의무를 이행하지 않거나 위반한 경우에 그 의무의 이행·준수를 확보하기 위한 수단으로는 전통적으로 행정강제와 행정벌이 사용되어 왔다. 그러나 행정기능의 확대·강화에 따라 전통적 수단만으로는 오늘날의 다양한 행정수요에 충분히 대응할 수 없게 됨으로써 행정의 실효성확보를 위한 새로운 수단이 속속 등장하고 있는데, 금전상의 제재(가산금·과징금·부과금·부당이득세), 공급거부, 관허사업의 제한, 시정명령, 제재처분, 명단의 공표 등이 그 예이다.

이러한 신종의 수단은 직접으로는 행정상 제재수단의 일종이라 할 수 있지만, 아울러 간접적으로는 의무이행을 강제하는 효과를 가져다 준다.

Ⅱ. 금전상의 제재

금전상의 제재는 행정법규 위반자에게 '금전의 납부'라는 불이익을 과함으로써 간접적으로 행정상의 의무를 이행시키는 방법으로, 가산세·가산금·과징금·부과금·제재부가금 등이 그에 속한다.

금전상의 제재는 그 직접목적이 행정법규 위반자에 대한 제재인 점에서 장래에 향하여 의무를 강제이행시키기 위한 이행강제금과 구별되며, 또한 제재의 내용이 형법상의 형이나 과태료가 아닌 점에서 행정벌과 구별된다.

1. 가산세 · 가산금

가산세란 세법상 의무의 성실한 이행을 확보하기 위하여 세법에서 규정한 의무를 위반한 자에게 세법에 따라 산출한 세액에 일정 금액을 가산하여 징수하는 금전상 제재를 말한다(국세기본법 2조 4호, 47조). 국세기본법은 무신고가산세(47조의2), 과소신고가산세(47조의3), 납부지연가산세(47조의4), 불성실가산세(47조의5) 등에 관하여 규정하고 있다.[1]

가산금이란 행정상의 금전급부의무를 이행하지 않은 자에게 일정 비율의 금액을 가산하여 납부하도록 하는 제재를 말하며, 과태료를 납부하지 않은 자에 대한 가산금(질서위반행위규제법 24

---

1) 종래 국세징수법에서는 국세를 기한 내에 납부하지 않은 자에 대해 가산금을 징수하도록 하였으나(21조), 2018. 12. 31. 법개정시에 가산금제도는 폐지되고 국세기본법상의 가산세에 통합되었다.

조), 보조금법상의 제재부가금을 납부하지 않은 자에 대한 가산금(보조금법 33조의2 4항), 공정거래법상의 과징금을 납부하지 않은 자에 대한 가산금(독점규제 및 공정거래에 관한 법률 105조 1항) 등이 그에 해당한다.[2]

가산세·가산금은 행정상의 의무위반에 대한 금전적 제재인 점에서는 벌금과 같지만, 벌금은 형법상의 벌인데 반해 가산세·가산금은 행정상의 제재인 점에서 차이가 있다. 즉, 벌금은 법원이 재판을 통해 부과하지만, 가산세·가산금은 행정기관이 부과한다.

2. 과징금

(1) 의의

과징금이란 행정청이 일정한 행정상의 의무위반자에 대해 과하는 금전상의 제재를 말한다. 과징금제도는 원래 행정상의 의무를 위반한 자가 그로 인하여 경제적 이익을 얻은 경우에 그 불법적 이익을 박탈하기 위하여 도입된 것인데(예컨대 불공정거래행위로 인하여 불법적 이익을 취득한 자에 대한 과징금 : 독점규제 및 공정거래에 관한 법률 38조), 그 뒤 많은 법률에 도입되면서 그의 성격에도 변화가 일어났다. 즉, 국민생활에 중대한 영향을 미치는 사업을 행하는 자가 행정상 의무를 위반한 경우에 해당 사업의 정지에 갈음하여 제재를 가하는 수단으로 과징금이 이용되고 있다. 예컨대 행정상 의무를 위반한 여객자동차운수사업자에게 사업정지처분을 하여야 하는 경우에 그로 인해 그 운수사업을 이용하는 사람들에게 심한 불편을 주거나 공익을 해칠 우려가 있는 때에 사업정지처분에 갈음하여 과징금을 부과할 수 있도록 한 것이 그에 해당한다(여객자동차운수사업법 88조 1항).

근래에는 영업정지처분으로 인한 영업자의 불이익을 줄여주기 위한 수단으로도 사용되고 있다. 예컨대 식품위생법상의 영업자가 법령위반행위를 한 경우에 행정청은 영업허가취소 또는 6개월 이내의 영업정지처분을 할 수 있는데(75조 1항), 이때 영업정지처분에 갈음하여 과징금을 부과할 수 있도록 하고 있는바(82조 1항), 이는 주로 영업자의 편의를 위한 제도로 활용된다. 이에 대해서는, 의무위반자의 입장을 지나치게 고려하는 온정주의적 사고하에 과징금제도를 확대하는 것은 경계해야 한다는 지적이 있다.[3]

(2) 부과금과의 구별

부과금이란 특정한 행정상의 의무위반에 대한 제재로서 부과하는 금전으로서, 그 용도는 특정 목적을 위해 사용되는 점에 특징이 있다. 예컨대 배출허용기준을 초과하여 오염물질을 배출한 사업자에 대해 부과하는 배출부과금이 그에 해당하며, 이 경우 배출부과금은 환경정책기본법에 따른 환경개선특별회계의 세입으로 한다(대기환경보전법 35조, 물환경보전법 41조).

이와 관련하여 과징금과 부과금의 관계가 문제된다. 일부 견해에 의하면 우리나라에서 논의되

---

2) 법부기한까지 과태료를 납부하지 않은 자에게는 체납된 과태료에 대하여 100분의 3에 상당하는 가산금을 징수한다(질서위반행위규제법 24조 1항)
3) 정하중/김광수, 494면.

는 (배출)부과금은 이른바 특별부과금(Sonderabgabe)으로서, 해당 부과금의 부과목적과 특별한 관계에 있는 자에게 부과되고 그 부과금의 용도는 특별한 목적(예컨대 환경개선)으로 사용되는 점에서, 일반 국고수입으로 귀속되는 과징금과 구별된다고 한다.[4] 이에 반해, 과징금 중에는 국민건강보험법이나 도시철도법과 같이 그 용도를 특정하고 있는 경우도 있으므로[5] 용도의 특정을 이유로 부과금과 과징금을 구별하는 것은 타당하지 않다는 견해가 있다.[6]

(3) 성질

과징금은 일정한 금전납부를 명하는 급부하명의 성질을 갖는다.

과징금은 행정상의 의무위반자에 대한 제재로서 과해지는 것인 점에서는 행정벌(특히 벌금이나 과태료)과 유사하나, i) 제재의 내용이 형법상의 형이나 과태료가 아닌 점, ii) 그 부과목적이 불법적 이익을 박탈하거나 영업정지처분에 갈음하기 위한 것인 점, iii) 법원이 아니라 소관 행정청이 부과·징수하며 그에 대한 불복은 행정쟁송절차에 의하는 점 등에서 차이를 갖는다.[7]

이와 같이 과징금과 행정벌은 여러 가지 점에서 성질을 달리하는 점에서, 개별 법령에서는 동일한 행위에 대해 양자를 병과하도록 규정하고 있는 경우가 있다. 예컨대 부동산등기실명제에 위반하여 부동산에 관한 물권을 명의신탁약정에 따라 명의수탁자의 명의로 등기한 경우에는 명의신탁자에 대해서 과징금뿐만 아니라 벌금을 부과하도록 한 것이 그에 해당한다(부동산실권리자명의 등기에 관한 법률 5조, 7조). 이와 관련하여 동일한 행위에 대해 행정벌과 과징금을 병과하는 것이 일사부재리(이중처벌금지)의 원칙에 반하는지가 문제된다. 학설상으로는, 형사벌과 과징금은 목적을 달리하므로 양자의 병과는 가능하다는 견해와[8] 형사벌과 과징금은 그 법적 성격이 다르기 때문에 이론상으로는 양자의 병과가 가능하지만 실질적으로는 이중처벌의 성질을 가지기 때문에 양자 중 택일적으로 부과하도록 관계 법령을 정비하여야 한다는 견해[9]가 대립하고 있다. 이에 관해 판례는, 과징금은 이중처벌을 금지하는 헌법 제13조 제1항에서 말하는 '처벌'에 해당하지 않으므로 행정형벌과 과징금을 병과하더라도 이중처벌금지의 원칙에 위반되지 않는다고 판시하였다.[10] 한편, 개별 법률에는 과징금을 부과받은 자에게는 동일한 사유로 과태료를 부과할 수 없다는 명문의 규정을 두고 있는 경우도 있다(여객자동차운수사업법 95조).

---

4) 류지태/박종수, 428면.
5) 국민건강보험법상의 과징금은 요양급여비용으로 지급하는 자금, 응급의료기금의 지원, 재난적 의료비 지원사업에 대한 지원의 용도로만 사용하여야 하며(99조 8항), 도시철도법상의 과징금은 도시철도 관련 시설의 확충 및 정비, 도시철도기술의 연구개발 등 제38조 제3항에서 정한 용도로만 사용하여야 한다.
6) 홍정선(상), 789면.
7) 대전고등법원은 과징금이 행정벌의 성격을 갖는다고 하였으나, 이에 대한 상고심에서 대법원은 과징금이 행정벌의 성격을 갖는다고 한 것은 적절하지 않다고 판시하였다(대판 1999. 5. 14, 99두35).
8) 홍정선(상), 790면.
9) 정하중/김광수, 493면.
10) 헌재 2003. 7. 24, 2001헌가25; 헌재 2007. 7. 12, 2006두4554; 대판 2007. 7. 12, 2006두4554.

판례   ① 『독점규제 및 공정거래에 관한 법률 제24조의2에 의한 부당내부거래에 대한 과징금은 그 취지와 기능, 부과의 주체와 절차 등을 종합할 때 부당내부거래 억지라는 행정목적을 실현하기 위하여 그 위반행위에 대하여 제재를 가하는 행정상의 제재금으로서의 기본적 성격에 부당이득환수적 요소도 부가되어 있는 것이라 할 것이고, 이를 두고 헌법 제13조 제1항에서 금지하는 국가형벌권 행사로서의 '처벌'에 해당한다고는 할 수 없으므로, 공정거래법에서 형사처벌과 아울러 과징금의 병과를 예정하고 있더라도 이중처벌금지원칙에 위반된다고 볼 수 없다.』(헌재 2003. 7. 24. 2001헌가25)

  ② 『부동산 실권리자명의 등기에 관한 법률 제5조에 규정된 과징금은 그 취지와 기능, 부과의 주체와 절차 등에 비추어 행정청이 명의신탁행위로 인한 불법적인 이익을 박탈하거나 위 법률에 따른 실명등기의무의 이행을 강제하기 위하여 의무자에게 부과·징수하는 것일 뿐 그것이 헌법 제13조 제1항에서 금지하는 국가형벌권 행사로서의 처벌에 해당한다고 할 수 없으므로 위 법률에서 형사처벌과 아울러 과징금의 부과처분을 할 수 있도록 규정하고 있다 하더라도 이중처벌금지 원칙에 위반한다고 볼 수 없다.』(대판 2007. 7. 12. 2006두4554)

(4) 법적 근거

과징금은 강제적인 금전부담이므로 법적 근거가 있어야 함은 물론이다. 현행법상 독점규제 및 공정거래에 관한 법률·여객자동차운수사업법·식품위생법·의료법 등에서 과징금을 규정하고 있다.

법률이 사업정지처분에 갈음하여 과징금을 부과할 수 있는 '위반행위의 종류'를 대통령령에 위임한 경우에는 대통령령에 열거되지 않은 위반행위에 대해서는 과징금을 부과할 수 없다는 것이 판례의 입장이다.[11]

(5) 부과·징수

과징금은 소관 행정청이 부과하며, 불이행시의 실효성확보수단은 개별법에 따라 다양하다. 예컨대 국세 또는 지방세 체납처분의 예에 따라 징수하도록 한 경우(독점규제및공정거래에관한법률 105조 2항, 주차장법 24조의2 2항, 의료법 67조 3항), 원칙적으로 '국세체납처분의 예 또는 지방행정제재부과금법에 따라 강제징수'하거나 '과징금부과처분을 취소하고 영업정지처분을 내리도록' 행정청에게 선택권을 부여하지만 만일 상대방이 영업을 폐업하는 등으로 인해 영업정지를 내릴 수 없는 경우에는 국세체납처분의 예 또는 지방행정제재부과금법에 따라 징수하도록 한 경우(식품위생법 82조 4항) 등이 그에 해당한다.

과징금은 현실적인 행위자가 아닌 자 또는 고의·과실이 없는 자에 대해서도 부과할 수 있는지 여부가 문제된다. 이에 관해 판례는, 과징금은 행정법규 위반이라는 객관적 사실에 착안하여 가하는 제재이므로 반드시 현실적인 행위자가 아니라도 법령상 책임자로 규정된 자에게 부과되고 원칙적으로 위반자의 고의·과실을 요하지 아니하나, 위반자의 의무 해태를 탓할 수 없는 정당한 사유가 있는 등의 특별한 사정이 있는 경우에는 이를 부과할 수 없다고 한다.[12]

---

11) 대판 2020. 5. 28, 2017두73693.

과징금 부과사유가 되는 여러 가지 위반행위가 적발된 경우에 과징금을 부과하는 방법이 문제된다. 이 경우 과징금 부과의 최고한도액이 정해진 경우에는 최고한도액 내에서 '하나의 과징금부과처분'을 하는 것이 원칙이고, 여러 위반행위 중 일부에 대해서만 우선 과징금부과처분을 하고 나머지에 대해서는 차후에 별도의 과징금부과처분을 하는 것은 다른 특별한 사정이 없는 한 허용되지 않는다는 것이 판례의 입장이다.[13] 만일 여러 가지 위반행위에 대하여 각각 별도의 과징금부과처분을 할 수 있다고 보게 되면 행정청이 과징금의 최고한도액 규정을 회피하는 수단으로 악용될 수 있기 때문이라고 한다.

한편, 행정청이 여러 위반행위 중 일부만 인지하여 과징금부과처분을 하였는데 그 후 '과징금 부과처분 시점 이전'에 이루어진 다른 위반행위를 인지하여 이에 대하여 별도의 과징금부과처분을 하게 되는 경우에도, 행정청은 전체 위반행위에 대하여 하나의 과징금부과처분을 할 경우에 산정되었을 정당한 과징금액에서 이미 부과된 과징금액을 뺀 나머지 금액을 한도로 하여서만 추가 과징금부과처분을 할 수 있다고 한다.[14] 행정청이 여러 가지 위반행위를 언제 인지하였느냐는 우연한 사정에 따라 과징금의 총액이 달라지는 것은 불합리하기 때문이다.

과징금은 대체적 급부가 가능한 의무이므로 상속인이나 영업양수인에게 승계될 수 있다는 것이 판례의 입장이다.[15]

(6) 불복

과징금 부과행위는 행정처분에 해당하므로 그에 불복하는 자는 행정쟁송을 제기할 수 있다. 운전기사의 잘못으로 버스회사에 과징금이 부과된 경우에 노사협의에 의해 그 과징금을 운전기사에게 전가시키고 있다 하더라도, 과징금부과처분의 직접 상대방이 아닌 운전기사는 당해 과징금부과처분의 취소를 구할 법률상 이익이 없다.[16]

과징금부과에 대해 행정청에게 재량권이 인정되는 경우에는 심리결과 과징금부과처분이 재량권의 한계를 넘어 위법하다고 인정되면 법원으로서는 과징금부과처분 전부를 취소할 수밖에 없고 법원이 적정하다고 인정하는 부분을 초과한 부분만을 취소할 수 없다는 것이 판례의 입장이다.[17] 이 경우 행정청은 판결의 취지에 따라 다시 적정한 과징금을 부과하여야 한다.

한편, 행정청이 여러 개의 위반행위에 대하여 외형상 하나의 과징금 납부명령을 하였으나 여러 개의 위반행위 중 일부의 위반행위에 대한 과징금 부과만이 위법하고 소송상 그 일부의 위반행위를 기초로 한 과징금액을 산정할 수 있는 자료가 있는 경우에는, 하나의 과징금 납부명령일지라도 그 일부의 위반행위에 대한 과징금액에 해당하는 부분만을 취소하여야 한다고 한다.[18]

---

12) 대판 2014. 10. 15, 2013두5005.
13) 대판 2021. 2. 4, 2020두48390.
14) 위의 대법원 2020두48390 판결.
15) 대판 1999. 5. 14, 99두35(과징금의 상속); 대판 2003. 10. 23, 2003두8005(과징금의 영업양수인에게의 승계).
16) 대판 1994. 4. 12, 93누24247.
17) 대판 1998. 4. 10, 98두2270; 대판 2009. 6. 23, 2007두18062.
18) 대판 2019. 1. 31, 2013두14726.

Ⅲ. 공급거부

1. 의 의

공급거부란 행정상의 의무를 위반하거나 불이행한 자에 대하여 일정한 행정상의 재화나 서비스의 제공을 거부하는 행정조치를 말한다. 예컨대 건축법규위반자에 대하여 전화·전기·수도 등의 공급을 거부하는 것이 그에 해당한다.

오늘날 행정에 의해 제공되는 각종의 재화나 서비스는 국민생활에 불가결한 것이라는 점에서 공급거부는 매우 강력한 행정의 실효성확보수단으로 기능한다.

2. 법적 근거

공급거부는 국민의 권익에 중대한 영향을 미치는 것이므로 법적 근거가 있는 경우에만 가능함은 물론이다. 과거에 건축법 제69조 2항,[19] 공업배치 및 공장설립에 관한 법률 제27조 등에서 전기·전화·수도 등의 공급거부에 관하여 규정하고 있었으나, 이러한 공급거부는 부당결부금지의 원칙에 위반된다는 논란이 있어 2005년경에 삭제되었다. 따라서 현행법상 공급거부에 관한 실정법적 근거규정은 존재하지 않는다.

3. 공급거부조치 또는 공급중단요청행위의 법적 성질

과거에 건축법상 공급거부에 관한 규정이 존재하고 있었을 때, 행정청이 수도공급을 거부하거나 중단하는 조치 또는 행정청이 전기·전화 등의 공급자에게 위법건축물에 대해 그 공급을 하지 말아줄 것을 요청하는 행위의 법적 성질이 문제되었다.

판례에 의하면, 행정청이 위법건축물에 대해 단수조치를 하는 것은 항고소송의 대상이 되는 행정처분에 해당한다고 보았다.[20] 이에 반해 행정청이 전기·전화 등의 공급자에게 그 공급을 하지 말아줄 것을 요청하는 행위는 권고적 성격의 행위에 불과한 것으로서, 전기·전화공급자나 상대방의 법률상 지위에 직접적인 변동을 가져오는 것은 아니므로 이를 항고소송의 대상이 되는 행정처분이라고 볼 수 없다고 하였다.[21]

---

19) 구 건축법 제69조 2항은 "시장·군수·구청장은 제1항의 규정에 의하여 허가나 승인이 취소된 건축물 또는 시정명령을 받고 이행하지 아니한 건축물에 대하여는 전기·전화·수도의 공급자, 도시가스사업자 또는 관계 행정기관의 장에게 전기·전화·수도 또는 도시가스공급시설의 설치 또는 공급의 중지를 요청하거나 당해 건축물을 사용하여 행할 다른 법령에 의한 영업 기타 행위의 허가를 하지 아니하도록 요청할 수 있다."고 규정하고 있었으나, 2005년 법개정시에 삭제되었다.
20) 대판 1985. 12. 24, 84누598.
21) 대판 1996. 3. 22, 96누433.

Ⅳ. 관허사업의 제한

1. 의 의

관허사업의 제한이란 행정상의 의무를 위반하거나 불이행한 자에 대하여 허가·인가 등을 거부하거나 이미 부여된 허가·인가 등을 취소 또는 정지함으로써 간접적으로 의무의 이행을 확보하는 것을 말한다.

2. 법적 근거

행정상의 의무위반이나 불이행을 이유로 허가·인가 등을 제한하기 위해서는 별도의 법적 근거가 필요한데, 현행법상 관허사업의 제한을 규정하고 있는 대표적인 법률로는 건축법과 국세징수법을 들 수 있다.

(1) 건축허가권자는 허가나 승인이 취소된 건축물 또는 시정명령을 받고 이행하지 않은 건축물에 대하여는 다른 법령에 따른 영업이나 그 밖의 행위를 허가·인가·면허·등록·지정 등을 하지 않도록 요청할 수 있다(건축법 79조 2항). 위 요청을 받은 자는 특별한 사유가 없으면 그 요청에 따라야 한다(동법 79조 3항). 건축허가권자가 다른 행정청에게 허가 등을 하지 않도록 요청하는 행위는 행정조직 내부의 행위이기 때문에 항고소송의 대상이 되는 처분에 해당하지 않는다.

(2) 세무서장은 납세자가 허가·인가·면허·등록(이하 '허가 등'이라 한다)을 받은 사업과 관련된 소득세, 법인세 및 부가가치세를 대통령령으로 정하는 사유 없이 체납하였을 때에는 해당 사업의 주무관서에 그 납세자에 대하여 허가 등의 갱신과 그 허가 등의 근거 법률에 따른 신규 허가 등을 하지 않을 것을 요구할 수 있다(국세징수법 112조 1항). 그리고 세무서장은 허가 등을 받아 사업을 경영하는 자가 해당 사업과 관련된 소득세, 법인세 및 부가가치세를 3회 이상 체납한 경우로서 그 체납액이 500만원 이상일 때에는 대통령령으로 정하는 경우를 제외하고 그 주무관서에 사업의 정지 또는 허가 등의 취소를 요구할 수 있다(동법 112조 2항). 세무서장으로부터 위의 요구를 받은 해당 주무관서는 정당한 사유가 없으면 그 요구에 따라야 하며, 그 조치결과를 즉시 해당 세무서장에게 알려야 한다(동법 112조 4항).[22]

Ⅴ. 시정명령

1. 의 의

시정명령이란 행정법규 위반에 의해 초래된 위법상태의 제거를 명하는 행정행위로서, 강학상의 하명에 해당한다. 시정명령은 상대방에게 침익적 효과를 가져다주므로 그에 관한 별도의 법적 근거가 있어야 발할 수 있는데, 건축법 제79조 제1항, 산지관리법 제44조 제1항 등에서 시정명령에

---

22) 이에 관한 상세는 이 책 제1편 제2장 제5절 "행정권한의 부당결부금지의 원칙" 참조.

관해 규정하고 있다.

2. 시정명령의 대상

(1) 시정명령의 대상은 원칙적으로 법령위반행위로 초래되어 현재에도 존재하는 위법상태이다. 따라서 비록 법령위반행위가 있었더라도 그 위반행위의 결과가 더 이상 존재하지 않는다면 시정명령을 할 수 없다는 것이 판례의 입장이다.[23] 다른 한편, 시정명령은 과거의 위반행위에 대한 중지는 물론 가까운 장래에 반복될 우려가 있는 동일한 유형의 행위의 반복금지까지 명할 수 있다고 하였다.[24]

(2) 시정명령을 내리기 위해서는 상대방에게 법령 위반에 대한 고의·과실이 있어야 하는지가 문제되는바, 이에 관한 판례의 입장은 다음과 같다. 『건축법 제79조 제1항에 따른 시정명령은 건축 관련 법령 또는 건축허가조건을 위반한 상태를 해소하기 위한 조치로서, 건축 관련 법령 등을 위반한 객관적 사실이 있으면 할 수 있고, 원칙적으로 시정명령의 상대방에게 고의·과실을 요하지 않으며, 건축물의 위법상태를 직접 초래하거나 또는 그에 관여한 바 없다고 하더라도 부과할 수 있다. 그러나 건축법상 위법상태의 해소를 목적으로 하는 시정명령제도의 본질상, 시정명령의 이행을 기대할 수 없는 자, 즉 건축물의 위법상태를 시정할 수 있는 법률상 또는 사실상의 지위에 있지 않은 자는 시정명령의 상대방이 될 수 없다고 보는 것이 타당하다. 시정명령의 이행을 기대할 수 없는 자에 대한 시정명령은 위법상태의 시정이라는 행정목적 달성을 위한 적절한 수단이 될 수 없고, 상대방에게 불가능한 일을 명령하는 결과밖에 되지 않기 때문이다.』[25]

(3) 공무원이 위법건축물임을 알지 못하여 공사 도중에 시정명령이 내려지지 않아 위법건축물이 완공되었다 하더라도, 공공복리의 증진이라는 위 목적의 달성을 위해서는 완공 후에라도 위법건축물임을 알게 된 이상 시정명령을 할 수 있다는 것이 판례의 입장이다.[26]

3. 시정명령불응죄

시정명령을 받은 자가 그에 응하지 않으면 형사처벌을 하는 경우가 있다(예: 개발제한구역법 32조 2호). 이 경우 시정명령 위반을 이유로 형사처벌을 하기 위해서는 시정명령이 적법한 것이어야 하고, 시정명령이 위법한 것으로 인정되는 한 시정명령위반죄가 성립될 수 없다는 것이 판례의 입장이다.[27]

---

23) 대판 2015. 12. 10, 2013두35013.
24) 대판 2003. 2. 20, 2001두5347.
25) 대판 2022. 10. 14, 2021두45008.
26) 대결 2002. 8. 16, 2002마1022.
27) 대판 2009. 6. 25, 2006도824; 대판 2017. 9. 21, 2017도7321.

VI. 제재처분

1. 의 의

제재처분이란 행정상의 의무를 위반하거나 이행하지 않았음을 이유로 당사자에게 의무를 부과하거나 권익을 제한하는 처분을 말하는바(다만 행정대집행, 이행강제금, 직접강제, 강제징수, 즉시강제는 제외한다: 행정기본법 2조 5호), 영업허가 취소처분, 영업정지처분, 과징금부과처분 등이 그 대표적 예이다. 이러한 제재처분은 의무위반에 대한 제재로서 부과되는 것이지만, 이를 통하여 간접적으로 의무이행을 확보하는 수단으로 기능한다.

제재처분은 국민의 권익을 제한하는 것이기 때문에 법률로써 그 발동을 엄격히 규제할 필요가 있다. 이에 행정기본법은 제재처분의 적용법규, 기준, 제척기간 등에 관해 특별한 규정을 두고 있다.

2. 제재처분의 적용법규

법령이 개정된 경우에 제재사유(법령위반행위)의 성립이나 그에 대한 제재처분을 함에 있어서 어떤 법령을 적용해야 하는지가 문제된다.

행정기본법은 원칙적으로 위반행위시의 법령을 적용하도록 하면서(14조 3항 본문), 다만 법령위반행위가 있은 후 법령이 당사자에게 유리하게 개정된 경우, 즉 법령의 변경에 의하여 그 행위가 법령위반행위에 해당하지 않거나 제재처분이 가벼워진 경우에는 특별한 규정이 없는 한 변경된 법령을 적용하도록 하였다(14조 3항 단서).

3. 제재처분의 기준

제재처분의 근거가 되는 법률에는 제재처분의 주체, 사유, 유형 및 상한을 명확하게 규정하여야 한다. 이 경우 제재처분의 유형 및 상한을 정할 때에는 해당 위반행위의 특수성 및 유사한 위반행위와의 형평성 등을 종합적으로 고려하여야 한다(행정기본법 22조 1항).

행정청은 재량이 있는 제재처분을 할 때에는 i) 위반행위의 동기, 목적 및 방법, ii) 위반행위의 결과, iii) 위반행위의 횟수, iv) 위반행위자의 귀책사유 유무와 그 정도, v) 위반행위자의 법 위반 상태 시정·해소를 위한 노력 유무 등을 고려하여야 한다(동법 22조 2항, 동법시행령 3조).

4. 제재처분의 부과 대상 및 고의·과실

행정상의 제재처분은 행정목적의 달성을 위하여 행정법규 위반이라는 객관적 사실에 착안하여 가하는 제재이므로 반드시 현실적인 행위자가 아니라도 법령상 책임자로 규정된 자에게 부과되고, 특별한 사정이 없는 한 위반자에게 고의나 과실이 없더라도 부과할 수 있다는 것이 판례의 입장이다.[28] 다만 위반자가 그 의무를 알지 못한 것을 정당시할 수 있는 사정이 있을 때 또는 그 의무

---

28) 대판 2017. 5. 11, 2014두8773; 대판 2020. 2. 27, 2017두39266; 대판 2021. 2. 25, 2020두51587.

의 이행을 당사자에게 기대하는 것이 무리라고 하는 사정이 있을 때 등 '그 의무위반을 탓할 수 없는 정당한 사유가 있는 때'에는 이를 부과할 수 없다고 한다.[29] 여기에서 '의무위반을 탓할 수 없는 정당한 사유'가 있는지를 판단할 때에는 영업자 본인의 주관적인 인식을 기준으로 하는 것이 아니라, 그의 가족·대리인·피용인 등과 같이 본인에게 책임을 객관적으로 귀속시킬 수 있는 관계자 모두를 기준으로 판단하여야 한다고 한다.[30]

5. 제재처분의 제척기간

(1) 행정청은 법령위반행위가 종료된 날부터 5년이 지나면 해당 위반행위에 대하여 제재처분을 할 수 없다(동법 23조 1항).

그러나 다음의 어느 하나에 해당하는 경우에는 위 규정을 적용하지 아니한다. i) 거짓이나 그 밖의 부정한 방법으로 인허가를 받거나 신고를 한 경우, ii) 당사자가 인허가나 신고의 위법성을 알고 있었거나 중대한 과실로 알지 못한 경우, iii) 정당한 사유 없이 행정청의 조사·출입·검사를 기피·방해·거부하여 제척기간이 지난 경우, iv) 제재처분을 하지 않으면 국민의 안전·생명 또는 환경을 심각하게 해치거나 해칠 우려가 있는 경우.

(2) 행정청은 행정기본법 제23조 제1항에도 불구하고 행정심판의 재결이나 법원의 판결에 따라 제재처분이 취소·철회된 경우에는 재결이나 판결이 확정된 날부터 1년(합의제행정기관은 2년)이 지나기 전까지는 그 취지에 따른 새로운 제재처분을 할 수 있다(동법 23조 3항).

(3) 다른 법률에서 행정기본법 제23조 제1항 및 제3항의 기간보다 짧거나 긴 기간을 규정하고 있으면 그 법률에서 정하는 바에 따른다(동법 23조 4항).

6. 관련 판례

제재처분과 관련한 주요 판례의 입장은 다음과 같다.

(1) 여러 제재처분사유에 관하여 하나의 제재처분을 하였을 때 그 중 일부가 인정되지 않는다고 하더라도 나머지 처분사유들만으로도 제재처분의 정당성이 인정되는 경우에는 그 처분을 위법하다고 보아 취소해서는 안 된다.[31]

---

29) 대판 2000. 5. 26, 98두5972; 대판 2014. 10. 15, 2013두5005; 대판 2020. 7. 9, 2020두36472. <대판 2013두5005의 사건개요> 전주시장은 A시내버스회사에 소속된 근로자(운전기사)들이 버스를 운행하면서 노동조합의 지시에 따라 준법투쟁이라는 명목으로 의도적으로 불규칙하게 노선운행을 결행하는 등의 법령위반행위를 하였다는 이유로 A시내버스회사에게 2,500만원의 과징금부과처분을 하였다. 이에 대한 취소소송에서 원심(광주고등법원 전주재판부)은, i) 이 사건 위반행위에 가담한 근로자들은 자신들의 요구를 관철하기 위한 수단으로 노동조합의 지시에 따라 조직적으로 위반행위를 한 점, ii) 근로자들이 버스의 운행 자체를 거부한 것이 아니라(만일 사전에 버스운행 자체를 거부하였다면 대체 인력의 투입 등의 조치가 마련될 수 있었을 것임) 일단 출근해서 버스를 운행하면서 이른바 준법투쟁이라는 명목으로 노선 임의결행 등 위반행위를 하였기 때문에 A회사는 그러한 위반행위들이 언제 어떤 방법으로 이루어질 것인시 예측하기 어려웠고 불규칙한 노선운행 결행에 대해 대체 인력을 투입하는 것도 기대할 수 없었던 점 등에 비추어, A회사가 이 사건 위반행위를 방지하지 못한데 대하여 어떤 잘못이 있다고 보기 어려우므로 '의무위반을 탓할 수 없는 정당한 사유'가 있다고 보아 전주시장의 과징금부과처분이 위법하다고 판단하였으며, 이에 대한 상고심에서 대법원은 원심판결이 정당하다고 판시하였다.

30) 대판 2020. 7. 9, 2020두36472.

행정청이 여러 개의 위반행위에 대하여 하나의 제재처분을 하였으나, 위반행위별로 제재처분의 내용을 구분하는 것이 가능하고 여러 개의 위반행위 중 일부의 위반행위에 대한 제재처분 부분만이 위법하다면, 법원은 제재처분 중 위법성이 인정되는 부분만 취소하여야 하고 제재처분 전부를 취소하여서는 안 된다.32)

(2) 제재처분과 형벌은 그 권력적 기초, 대상, 목적이 다르므로 동일한 법령위반행위에 대하여 제재처분과 형벌을 병과하는 것도 가능하다.33) 이 경우 법이 특별히 형사소추 선행원칙을 규정하고 있지 않은 이상 형사판결 확정에 앞서 제재처분을 하였다고 하여 절차적 위반이 있다고 할 수 없다.34)

(3) 효력기간이 정해져 있는 제재처분에 대한 취소소송에서 법원이 본안소송의 판결 선고시까지 집행정지결정을 하면, 제재처분에서 정해진 효력기간(집행정지결정 당시 이미 일부 집행되었다면 그 나머지 기간)은 판결 선고시까지 진행하지 않다가 판결이 선고되면 그때 집행정지결정의 효력이 소멸함과 동시에 제재처분의 효력이 당연히 부활하여 다시 진행한다.35)

(4) 효력기간이 정해져 있는 제재처분의 효력이 발생한 이후에도 행정청은 특별한 사정이 없는 한 상대방에 대한 별도의 처분으로써 효력기간의 시기와 종기를 다시 정할 수 있다. 이는 당초의 제재처분이 유효함을 전제로 그 구체적인 집행시기만을 변경하는 후속 변경처분이다. 이러한 후속 변경처분도 특별한 규정이 없는 한 상대방에게 고지되어야 효력이 발생한다.

위와 같은 후속 변경처분서에 효력기간의 시기와 종기를 다시 특정하는 대신 '당초 제재처분의 집행을 특정 소송사건의 판결시까지 유예한다'고 기재되어 있다면, 제재처분의 효력기간은 원칙적으로 그 사건의 판결 선고시까지 진행이 정지되었다가 판결이 선고되면 다시 진행된다. 다만 이러한 후속 변경처분 권한은 특별한 사정이 없는 한 당초의 제재적 행정처분의 효력이 유지되는 동안에만 인정된다. 당초의 제재적 행정처분에서 정한 효력기간이 경과하면 그로써 처분의 집행은 종료되어 처분의 효력이 소멸하는 것이므로, 그 후 동일한 사유로 다시 제재적 행정처분을 하는 것은 위법한 이중처분에 해당한다.36)

---

31) 대판 2020. 5. 14, 2019두63515.
32) 대판 2020. 5. 14, 2019두63515. <사건개요> 행정청이 갑에 대하여 세 가지의 제재처분사유에 관하여 각각 1개월의 영업정지를 결정한 다음 이를 합산하여 3개월의 영업정지처분을 하였는바, 이에 대한 취소소송에서 제2 및 제3처분사유는 인정되나 제1처분사유가 인정되지 않는다고 밝혀진 경우에 법원은 제1처분사유에 관한 1개월 영업정지 부분만을 취소하여야 한다고 판시하였다.
33) 예컨대 청소년에게 주류를 제공한 경우에 식품위생법에 따라 영업허가 취소처분 또는 6개월 이내의 영업정지처분을 내릴 수 있으며(75조 1항 13호), 청소년보호법에 따라 형벌(2년 이하의 징역 또는 2천만원 이하의 벌금)을 과할 수 있다(59조 6호).
34) 대판 2017. 6. 19, 2015두39808.
35) 대판 2022. 2. 11, 2021두40720.
36) 대판 2022. 2. 11, 2021두40720.

Ⅶ. 위반사실의 공표

1. 의 의

위반사실의 공표란 행정상의 의무불이행 또는 의무위반이 있는 경우에 그의 성명·위반사실 등을 일반에게 공개하는 것을 말하며, 청소년성매수자·병역의무기피자·부동산투기자·고액조세 체납자·환경오염물질배출업소 등의 명단공개가 그 예이다.

이러한 위반사실의 공표는 일정한 사실을 국민에게 알리는 사실행위에 지나지 않으며, 그 자체 로서는 아무런 법적 효과를 발생하지 않는다. 즉, 위반사실의 공표는 의무위반자의 성명·위반사 실 등을 일반에게 공개하여 명예 또는 신용의 훼손을 위협함으로써 행정상의 의무이행을 간접적 으로 강제하는 수단이며, 따라서 그 실효성은 의무위반자의 수치심에 비례한다고 할 것이다.

2. 법적 근거

위반사실의 공표는 상대방의 명예·신용 등의 훼손을 위협함으로써 간접적으로 의무이행을 강 제하는 수단이며 나아가 상대방의 프라이버시권 등 기본권을 침해할 우려가 있는 점에서 원칙적 으로 법적 근거를 요한다. 행정절차법은 「행정청은 법령에 따른 의무를 위반한 자의 성명·법인 명, 위반사실, 의무위반을 이유로 한 처분사실 등(이하 '위반사실 등'이라 한다)을 법률로 정하는 바 에 따라 일반에게 공표할 수 있다」고 규정하고 있는데(40조의3 1항), 위반사실 등을 공표하기 위해 서는 위 규정만으로는 부족하고 개별 법률의 근거가 필요하다.

개별 법률의 근거로는 고액상습체납자 등의 명단공개(국세징수법 114조), 병역의무기피자의 인 적사항 공개(병역법 81조의2) 재산을 허위로 등록한 공무원에 대한 허위등록사실의 공표(공직자윤리 법 8조의2 1항), 아동·청소년대상 성폭력범죄를 저지른 자의 정보공개(아동·청소년의 성보호에 관 한 법률 49조 1항), 위해식품을 판매한 영업소 등에 대한 위반사실의 공표(식품위생법 84조), 공정거 래위원회가 불공정거래행위를 한 사업자에 대해 시정명령을 받은 사실의 공표를 명하는 것(독점규 제 및 공정거래에 관한 법률 49조)[37) 등이 있다.

3. 공표와 Privacy권

공표제도는 행정상의 의무위반자에 관한 일정한 사실을 일반인에게 공개하여 그의 명예·신용 의 훼손을 위협함으로써 실효성을 거두는 것이므로, 이는 상대방의 프라이버시권(헌법 17조)을 침 해할 우려가 있다. 따라서 공표를 함에 있어서는 공표의 필요성과 상대방의 프라이버시권 사이의 이익형량을 하여야 하며, 또한 의무위반과 관계없는 사항을 공표해서는 안 된다.

---

37) 과거에는 공정거래위원회가 위반자에 대해 법위반사실을 공표하도록 명할 수 있었으나, 헌법재판소는 법위반사 실의 공표는 재판이 확정되기도 전에 법위반사실을 인정하여 공표하라는 것이기 때문에 무죄추정의 원칙에 위반 되어 위헌이라고 판시하였으며(헌재 2002. 1. 31, 2001헌바43), 이에 공정거래법상의 '법위반사실'을 '시정명령을 받은 사실'로 개정하였다.

4. 공표의 절차

(1) 증거와 근거 확인

행정청은 위반사실 등의 공표를 하기 전에 사실과 다른 공표로 인하여 당사자의 명예·신용 등이 훼손되지 아니하도록 객관적이고 타당한 증거와 근거가 있는지를 확인하여야 한다(행정절차법 40조의3 2항).

(2) 사전통지 및 의견제출의 기회

행정청은 위반사실 등의 공표를 할 때에는 미리 당사자에게 그 사실을 통지하고 의견제출의 기회를 주어야 한다. 다만, i) 공공의 안전 또는 복리를 위하여 긴급히 공표를 할 필요가 있는 경우, ii) 해당 공표의 성질상 의견청취가 현저히 곤란하거나 명백히 불필요하다고 인정될 만한 타당한 이유가 있는 경우, iii) 당사자가 의견진술의 기회를 포기한다는 뜻을 명백히 밝힌 경우에는 그러하지 아니하다(동법 40조의3 3항).

의견제출의 기회를 받은 당사자는 공표 전에 관할 행정청에 서면이나 말 또는 정보통신망을 이용하여 의견을 제출할 수 있다(동법 40조의3 4항).

(3) 공표 및 정정

위반사실 등의 공표는 관보, 공보 또는 인터넷 홈페이지 등을 통하여 한다(동법 40조의3 6항).

행정청은 위반사실 등의 공표를 하기 전에 당사자가 공표와 관련된 의무의 이행, 원상회복, 손해배상 등의 조치를 마친 경우에는 위반사실 등의 공표를 하지 않을 수 있다(동법 40조의3 7항).

행정청은 공표된 내용이 사실과 다른 것으로 밝혀지거나 공표에 포함된 처분이 취소된 경우에는 그 내용을 정정하여, 정정한 내용을 지체 없이 해당 공표와 같은 방법으로 공표된 기간 이상 공표하여야 한다. 다만 당사자가 원하지 않으면 공표하지 않을 수 있다(동법 40조의3 8항).

5. 공표와 권리구제

(1) 행정쟁송

공표행위에 대해 항고소송으로 다툴 수 있는지가 문제되는데, 이는 공표행위의 성질과 관련된다. 이에 대해서는 ① 공표는 단지 일정한 사실을 국민에게 알릴 뿐이고 그 자체로는 아무런 법적 효과를 발생시키지 않으므로 비권력 사실행위에 해당하며, 따라서 항고소송의 대상이 되는 처분에 해당하지 않는다는 견해,38) ② 공표로 인해 당사자의 명예·신용 등이 침해되므로 권력적 사실행위에 해당하며, 이는 항고소송의 대상이 되는 처분에 해당한다는 견해,39) ③ 공표결정이 당사자에게 통지되는 경우에는 공표결정의 통지는 행정행위의 성질을 가지므로 항고소송으로 다툴 수 있으며, 공표결정이 당사자에게 통지되지 않는 경우에는 행정청의 일방적인 공표행위로 인해 당사자

---

38) 홍정선(상), 809면; 김남철, 531면.
39) 하명호, 456면.

의 명예·신용 등이 침해되므로 공표행위는 권력적 사실행위에 해당하여 항고소송으로 다툴 수 있다는 견해,[40] ④ 일단 공표가 행해지면 그로 인해 명예훼손의 상황이 조성되므로 해당 공표행위가 취소되어도 침해상태가 해소되지 않기 때문에 공표에 대해 취소소송을 제기하는 것은 의미가 없고, 따라서 당사자소송으로 결과제거를 청구하는 방법으로 권리를 구제받아야 한다는 견해[41] 등이 그에 해당한다.

판례는 '병무청장의 병역의무기피자 인적사항 공개결정'이 항고소송의 대상인 처분에 해당하는지가 문제된 사안에서, i) 인적사항 공개는 병역의무 이행을 간접적으로 강제하려는 조치로서 공권력의 행사에 해당하는 점, ii) 병역의무기피자의 인적사항 공개조치는 그에 관한 행정결정이 전제되어 있고, 공개라는 사실행위는 행정결정의 집행행위라고 보아야 하는 점, iii) 재판에서 공개결정이 위법함이 확인되어 취소판결이 선고되는 경우 판결의 기속력에 따라 병무청장은 위법한 결과를 제거하는 조치를 취할 의무가 있으므로, 공개대상자의 실효적 권리구제를 위해 공개결정을 행정처분으로 인정할 필요성이 있는 점 등을 이유로 해서, '병무청장의 병역의무기피자 인적사항 공개결정'은 항고소송의 대상이 되는 처분에 해당한다고 하였다.[42]

> **판례** 『[1] 병무청장이 병역법 제81조의2 제1항에 따라 병역의무 기피자의 인적사항 등을 인터넷 홈페이지에 게시하는 등의 방법으로 공개한 경우 병무청장의 공개결정을 항고소송의 대상이 되는 행정처분으로 보아야 한다. 그 구체적인 이유는 다음과 같다.
> ① 병무청장이 하는 병역의무 기피자의 인적사항 등 공개는, 특정인을 병역의무 기피자로 판단하여 그 사실을 일반 대중에게 공표함으로써 그의 명예를 훼손하고 그에게 수치심을 느끼게 하여 병역의무 이행을 간접적으로 강제하려는 조치로서 병역법에 근거하여 이루어지는 공권력의 행사에 해당한다.
> ② 병무청장이 하는 병역의무 기피자의 인적사항 등 공개조치에는 특정인을 병역의무 기피자로 판단하여 그에게 불이익을 가한다는 행정결정이 전제되어 있고, 공개라는 사실행위는 행정결정의 집행행위라고 보아야 한다. 병무청장이 그러한 행정결정을 공개 대상자에게 미리 통보하지 않은 것이 적절한지는 본안에서 해당 처분이 적법한가를 판단하는 단계에서 고려할 요소이며, 병무청장이 그러한 행정결정을 공개 대상자에게 미리 통보하지 않았다거나 처분서를 작성·교부하지 않았다는 점만으로 항고소송의 대상적격을 부정하여서는 아니 된다.
> ③ 병무청 인터넷 홈페이지에 공개 대상자의 인적사항 등이 게시되는 경우 그의 명예가 훼손되므로, 공개 대상자는 자신에 대한 공개결정이 병역법령에서 정한 요건과 절차를 준수한 것인지를 다툴 법률상 이익이 있다. 병무청장이 인터넷 홈페이지 등에 게시하는 사실행위를 함으로써 공개 대상자의 인적사항 등이 이미 공개되었더라도, 재판에서 병무청장의 공개결정이 위법함이 확인되어 취소판결이 선고되는 경우, 병무청장은 취소판결의 기속력에 따라 위법한 결과를 제거하는 조치를 할 의무가 있으므로 공개 대상자의 실효적 권리구제를 위해 병무청장의 공개결정을 행정처분으로 인정할 필요성이 있다. 만약 병무청장의 공개결정을 항고소송의 대상이 되는 처분으로 보지 않는다면 국가배상청구 외에는 침해된 권리 또는 법률상 이익을 구제받을 적절한 방법이 없다.
> ④ 관할 지방병무청장의 공개 대상자 결정의 경우 상대방에게 통보하는 등 외부에 표시하는 절차가

---

40) 박균성(상), 668면; 정하중/김광수, 498면
41) 김중권, 671면.
42) 대판 2019. 6. 27, 2018두49130.

관계 법령에 규정되어 있지 않아, 행정실무상으로도 상대방에게 통보되지 않는 경우가 많다. 또한 관할 지방병무청장이 위원회의 심의를 거쳐 공개 대상자를 1차로 결정하기는 하지만, 병무청장에게 최종적으로 공개 여부를 결정할 권한이 있으므로, 관할 지방병무청장의 공개 대상자 결정은 병무청장의 최종적인 결정에 앞서 이루어지는 행정기관 내부의 중간적 결정에 불과하다. 가까운 시일 내에 최종적인 결정과 외부적인 표시가 예정된 상황에서, 외부에 표시되지 않은 행정기관 내부의 결정을 항고소송의 대상인 처분으로 보아야 할 필요성은 크지 않다. 관할 지방병무청장이 1차로 공개 대상자 결정을 하고, 그에 따라 병무청장이 같은 내용으로 최종적 공개결정을 하였다면, 공개 대상자는 병무청장의 최종적 공개결정만을 다투는 것으로 충분하고, 관할 지방병무청장의 공개 대상자 결정을 별도로 다툴 소의 이익은 없어진다.

[2] 피고가 원고들을 병역의무 기피자로 판단하여 인적사항 등을 병무청 인터넷 홈페이지에 게시하는 방법으로 공개하기로 결정한 것은 항고소송의 대상이 되는 행정처분에 해당한다고 판단된다. 피고의 공개결정이 공개 대상자들에게 개별적으로 통보되지 않았다고 하더라도, 공개 대상자들의 인적사항 등을 병무청 인터넷 홈페이지에 게시함으로써 공개결정이 대외적으로 표시되어 외부적으로 성립되었다고 할 것이다.』 (대판 2019. 6. 27. 2018두49130)

생각건대, 공표는 당사자의 명예·신용 등에 중대한 영향을 미치는 행위이기 때문에 권력적 행위로 항고소송의 대상인 처분에 해당한다고 할 것이다. 그리고 공표가 위법하다는 이유로 취소판결을 받으면 판결의 기속력에 의해 행정청은 원상회복(결과제거)의무를 지게 되므로, 공표의 경우에도 항고소송은 유용한 권리구제수단이 될 수 있다.

(2) 국가배상

위법한 공표행위로 인해 권리를 침해당한 자는 국가배상을 청구할 수 있다.

행정청이 공표의 방법으로 실명을 공개함으로써 타인의 명예를 훼손한 경우에 국가배상책임의 인정기준이 문제되는데, 이에 관하여 판례는 다음과 같은 중요한 기준을 제시한 점에 주목할 필요가 있다.

판례 ①『일정한 행정목적 달성을 위하여 언론에 보도자료를 제공하는 등 이른바 행정상의 공표의 방법으로 실명을 공개함으로써 타인의 명예를 훼손한 경우, 그 대상자에 관하여 적시된 사실의 내용이 진실이라는 증명이 없더라도 그 공표의 주체가 공표 당시 이를 진실이라고 믿었고 또 그렇게 믿을 만한 상당한 이유가 있다면 위법성이 없는 것이고, 이 점은 언론을 포함한 사인에 의한 명예훼손의 경우와 다를 바가 없다 하겠으나, 그러한 상당한 이유가 있는지 여부의 판단에 있어서는 실명공표 자체가 매우 신중하게 이루어져야 한다는 요청에서 비롯되는 무거운 주의의무와 공권력을 행사하는 공표 주체의 광범한 사실조사능력, 그리고 공표된 사실이 진실하리라는 점에 대한 국민의 강한 기대와 신뢰 등에 비추어 볼 때 사인의 행위에 의한 경우보다는 훨씬 더 엄격한 기준이 요구되므로, 그 공표사실이 의심의 여지없이 확실히 진실이라고 믿을 만한 객관적이고도 타당한 확증과 근거가 있는 경우가 아니라면 그러한 상당한 이유가 있다고 할 수 없다.』 (대판 1998. 5. 22. 97다57689)

②『피해자의 진술 외에는 직접 증거가 없고, 피의자가 피의사실을 강력히 부인하고 있어 보강수사가 필요한 상황이며, 피의사실의 내용이 국민들에게 급박히 알릴 현실적 필요성이 있다고 보기 어려움에도 불구하고 검사가 마치 피의자의 범행이 확정된 듯한 표현을 사용하여 검찰청 내부절차를 밟지도 않고, 각 언론사의 기자들을 상대로 언론에 의한 보도를 전제로 피의사실을 공표한 경우, 피의사실 공표행위의

위법성이 조각된다고 볼 수 없다.』 (대판 2001. 11. 30, 2000다66393)

(3) 결과제거청구권

위법한 공표행위로 인하여 신용·명예 등을 침해당한 자는 결과제거청구권에 의하여 공표의 철회나 정정을 청구할 수 있다.

앞에서 설명한 국가배상은 사후적으로 금전배상을 받을 뿐이지 침해된 명예를 회복시키기는 곤란하다는 점에서, 위법한 공표행위로 인해 침해된 명예 등의 회복을 위해서는 공표된 내용의 정정청구가 유용한 수단이 된다고 할 것이다. 공표의 철회·정정과 같은 결과제거청구권은 당사자소송을 통해 실현할 수 있다.

(4) 기타의 수단

그 밖에 위법하게 공표한 공무원에 대한 징계처분이나 형법상의 공무상비밀누설죄·피의사실공표죄·명예훼손죄 등으로 처벌하는 것도 구제수단이 될 수 있다.

한편, 명단공표에 대한 가장 실효성있는 구제수단은 명단이 공표되지 않도록 하는 것인 점에서, 입법론적으로는 명단공표를 사전에 금지하는 것을 청구하는 이른바 예방적 금지소송의 도입이 필요하다고 할 것이다.

행정구제법

제 1 장

행정구제법의 체계

Ⅰ. 의 의

행정구제란 행정작용으로 인하여 권리·이익을 침해당한 자 또는 당할 우려가 있는 자가 국가기관에 대하여 그 시정이나 손해의 전보(塡補)를 구하는 모든 제도를 총칭한다.

이러한 행정구제제도는 법치주의의 실질적 의의를 구현하기 위하여 불가결하게 요청된다. 법치주의 원칙에 의하면 모든 행정작용은 법을 준수하여 행해질 것을 요구하지만, 현실에 있어서 행정작용이 위법하게 행해짐으로써 국민의 권리를 침해하는 경우가 빈번하게 발생한다. 또한 행정작용의 특성상 공익을 위하여 부득이하게 개인의 권익을 침해하는 경우도 있다. 이러한 경우에 행정구제제도를 통하여 침해된 국민의 권리를 회복시키는 것은 법치주의의 실현을 위해 필요불가결한 것이다.

Ⅱ. 행정구제제도의 개관

1. 사전적 구제제도와 사후적 구제제도

행정구제제도는 넓게는 사전적 구제제도와 사후적 구제제도를 포함한다.

(1) 사전적 구제제도란 위법·부당한 행정작용으로 인하여 권리침해가 발생하기 전에 이를 예방하는 제도적 장치를 말한다. 권리가 침해된 후에 사후적으로 구제를 받기 위해서는 시간과 비용과 노력이 필요하므로 국민의 권리보호를 위해서는 이러한 사전구제가 이상적이기는 하지만, 현실적으로 사전적 구제제도를 마련함에는 많은 제약이 있다. 따라서 현행법상 순수한 의미의 사전구제제도에 해당하는 것은 찾기 어렵고, 다만 행정절차, 옴부즈만제도, 청원, 민원처리제도 등과 같은 것이 사전적 구제제도로서 기능할 수 있다고 할 것이다.

(2) 사후적 구제제도란 행정작용으로 인하여 국민의 권리침해가 발생한 경우에 해당 작용을 시정하거나 그로 인한 손해를 전보하여 주는 제도를 말하며, 행정쟁송제도와 행정상 손해전보제도가 그에 해당한다. 엄밀한 의미에서의 행정구제란 바로 이러한 사후적 구제를 의미하는바, 이하에서도 주로 사후적 구제제도를 중심으로 고찰하기로 한다.

2. 행정상 손해전보제도와 행정쟁송제도

사후적 권리구제제도는 크게 행정상 손해전보제도와 행정쟁송제도로 나눌 수 있다. 행정상 손해전보란 행정작용으로 인해 국민에게 발생한 손해 또는 손실을 금전으로 보상해주는 것을 말하며, 이는 다시 위법한 행정작용으로 인해 국민에게 발생한 손해에 대해 배상을 해주는 '행정상 손해배상(국가배상)'과 공공의 필요에 의한 적법한 행정작용으로 인해 국민에게 발생한 손실에 대해 보상을 해주는 '행정상 손실보상'으로 나뉜다.

행정쟁송이란 위법·부당한 행정작용으로 인해 권익을 침해당한 자의 쟁송제기에 의해 제3자적 지위에 있는 쟁송기관(법원 또는 행정심판위원회)이 심리하여 위법·부당한 행정작용을 시정하도록 하는 제도를 말한다. 이는 다시 쟁송기관이 누구인지에 따라 행정소송과 행정심판으로 구분되는데, 전자는 사법부에 속하는 법원이 심리·판단하는 제도이고 후자는 행정부에 속하는 행정심판위원회가 심리·판단하는 제도이다.

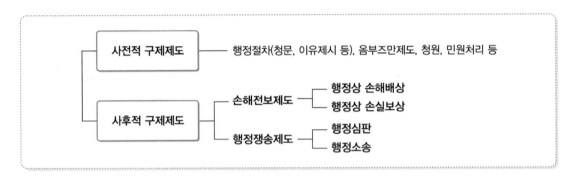

제 2 장

행정상 손해전보

제 1 절   행정상 손해배상(국가배상)

제 1 항   개   관

Ⅰ. 서

1. 의 의

행정상 손해배상이란 국가·지방자치단체 등 행정주체의 위법한 활동으로 인해 국민에게 발생한 손해에 대하여 행정주체가 배상책임을 지는 제도를 말하며, 국가배상이라고도 한다. 국가 등 행정주체는 유기체가 아니라 무형적인 법인이기 때문에 현실적으로 그 직무는 소속 공무원을 통하여 행해지는바, 국가배상제도는 공무원의 위법한 직무집행행위로 인해 국민이 받은 손해에 대하여 행위자인 공무원 개인이 아니라 그 업무가 귀속되는 행정주체가 배상책임을 지도록 하는 것인 점에 의의가 있다.

2. 연 혁

국가배상제도는 비교적 늦게 그리고 점진적으로 발전하였다. 즉, 근대국가의 성립초기에는 "왕은 잘못을 행할 수 없다"는 사고에 기초한 주권면책원칙(doctrine of sovereign immunity)에 근거하여, 공무원의 위법한 행위는 국가에 귀속될 수 없으며 따라서 그에 대해서는 공무원이 민사상의 배상책임을 질 뿐 국가는 아무런 책임이 없다고 보았다(국가무책임의 원칙).[1]

그러나 19세기 후반에 이르러 국가의 기능이 확대됨에 따라 공행정작용의 수행과정에서 국민이 손해를 받는 경우가 증가하였고, 이 경우 공무원 개인의 배상책임만으로는 피해자가 충분한 구제를 받을 수 없을 뿐만 아니라 공무원에게 너무 과중한 부담을 준다는 점이 문제로 부각됨에 따

---

[1] 왕권은 전능한 신으로부터 부여받았다는 이른바 왕권신수설(王權神授說)에 입각한 군주국가시대에는 왕은 잘못을 행할 수 없는 무결점의 존재로 여겨졌는바, 이는 "왕은 잘못을 행할 수 없다(The King can do no wrong.)"는 법언(法諺)에 잘 나타나 있다. 따라서 당시에는 왕으로부터 권한을 부여받은 신하가 직무를 수행하는 과정에서 위법하게 국민의 권리를 침해하였다 하더라도 이는 왕의 책임이 아니라 신하 개인의 책임이라는 사고가 지배하였다. 이러한 사고는 근대국가 초기에도 영향을 미쳐서 공무원이 국가로부터 부여받은 직무를 수행하는 과정에서 국민에게 손해를 발생케 하여도 이는 국가의 책임이 아니라고 보았는바, 이를 주권면책원칙이라 한다.

라 점차 각국에서 국가배상제도가 채택되기 시작하였다. 즉, 프랑스에서는 1873년의 Blanco판결을 계기로, 독일에서는 1919년 바이마르공화국헌법에 의하여 국가배상제도가 확립되었으며, 영국은 1947년 국왕소추법을 통해, 미국은 1946년 연방불법행위청구법을 통해 국가배상책임이 인정되었다. 다만 영국과 미국은 많은 예외규정을 둠으로써 아직도 주권면책사상에서 완전히 벗어나지 못하고 국가의 배상책임을 제한적으로 인정하는 경향에 있다.

3. 각국의 국가배상제도

(1) 프랑스

프랑스의 국가배상제도는 꽁세이데타(Conseil d'Etat)의 판례를 통해 성립·발전하였는데, 그 계기가 된 것이 블랑꼬판결이다.[2]

꽁세이데타는 공역무작용의 수행과 관련한 국가배상책임의 성립에 있어서는 공무원 개인의 과실이 아니라 공역무과실이 적용된다고 함으로써 민법상의 손해배상책임과 차별화를 시키고 있는데, 여기에서 공역무과실은 독일의 조직과실과 같이 상당히 객관화된 개념이다.

(2) 독일

1900년 1월 1일부터 시행된 연방민법(BGB)은 공무원이 직무를 수행함에 있어서 발생한 손해에 대하여 공무원의 책임만을 규정하고 있을 뿐 국가의 책임에 대해서는 아무런 규정을 두고 있지 않았다(839조). 그 이유는 제국(帝國)의 입법자에게는 각 란트를 포함하는 포괄적인 국가책임에 대한 입법관할권이 없기 때문이라고 한다.[3] 이에 바덴-뷔르템베르크, 바이에른 등 대부분의 란트는 연방민법 제839조에 의한 공무원의 책임을 란트에게 이전하는 규정을 둠으로써, 란트는 공무원에 대신하여 배상책임을 지도록 하였다. 이러한 모델은 1919년 바이마르공화국헌법 제131조에 채택됨으로써 헌법적으로 보장되게 되었고, 이는 표현만 약간 수정되어 현행 기본법 제34조에 수용되었다.[4]

이와 같이 독일에 있어서는 연방민법 제839조와 기본법 제34조가 결합하여 국가의 배상책임이 인정되는 점에 특징이 있다. 즉, 연방민법 제839조 제1항은 "공무원이 고의 또는 과실로 제3자에 대한 직무상 의무를 위반한 때에는 그 제3자에 대하여 이로 인하여 발생한 손해를 배상하여야 한다"고 함으로써 공무원이 책임을 지도록 하고 있으며, 다른 한편 기본법 제34조는 "공무를 수행하는 자가 제3자에 대한 직무상 의무를 위반한 때에는 원칙적으로 그 공무가 귀속되는 국가 또는

---

2) 사건의 개요를 살펴보면, 블랑꼬라는 소녀가 국영 담배운송차에 치어 다치자 민사법원에 국가를 상대로 하는 손해배상청구소송을 제기하였는바, 이 소송의 관할이 문제되어 관할결정을 위해 사건이 관할재판소에 이송되었다. 이에 대해 관할재판소는, 국가의 공무를 수행하는 자의 행위로 인하여 특정인에게 발생한 손해의 배상책임에 관해서는 사인 상호간의 관계를 규율하는 민법이 아니라 국가와 국민의 권리를 조정할 필요성에 따른 독자적인 원칙에 의해 해결되어야 하며, 또한 이는 민사법원이 아니라 꽁세이데타의 관할에 속한다고 판시하였다. 이에 관한 상세는 김동희, 블랑꼬판결 이래 프랑스의 국가배상책임의 발달, 공법연구 6집, 1978, 231면 이하 참조.
3) BVerfGE 61, 149(179ff); Ossenbühl, Staatshaftungsrecht, 4Aufl., 1991, S.9.
4) 독일의 국가배상책임에 관한 상세는 이일세, 독일국가배상책임의 법적 구조와 그 요건에 관한 연구, 강원법학 제5권(1993), 93면 이하 참조.

공공단체가 배상책임을 진다"고 함으로써 공무원의 책임을 국가나 공공단체에 이전시키고 있다. 이러한 법구조는 도입 직후부터 조잡한 입법이라는 비판을 받았다.[5]

한편, 연방의회는 1981년 새로이 국가책임법(Staatshaftungsgesetz)을 제정하여 1982년 1월 1일부터 시행하였다. 국가책임법은 공무원의 직무상 의무 위반행위로 인한 손해에 대하여 종전과 같이 국가가 공무원의 책임을 대신 인수하여 책임을 지는 것이 아니라 '국가의 자기책임'을 택하였고(1조 1항), 결과제거청구권도 명문으로 인정하였으며(3조 1항 1문), 위법·무과실행위로 인한 국가의 책임도 인정하는 등(2조 1항 3문, 2조 2항) 종래의 문제점을 상당부분 입법적으로 해결하였다. 그러나 바덴-뷔르템베르크 등 5개 란트의 제소에 의하여 1983년 10월 19일 연방헌법재판소가 "연방은 란트에 재정적 부담을 지우는 법률을 제정할 입법관할권이 없다"는 이유로 국가책임법에 대한 위헌결정을 함으로써,[6] 다시금 독일의 국가배상책임은 원점으로 돌아가 연방민법 제839조와 기본법 제34조의 결합에 의하여 행해지게 되었다.

(3) 미국

미국에서는 오래전부터 주권면책의 원칙에 의하여 공무원의 위법행위에 대해 국가를 상대로 손해배상을 청구하는 것이 허용되지 않았는데, 이러한 주권면책원칙은 "왕은 잘못을 행할 수 없다"는 영국의 전통에 기초한 것으로 보는 것이 일반적이다.[7]

그런데 예일대학의 Bochard 교수 등에 의해 행정영역 전반에서의 주권면책의 포기가 주장되었는바,[8] 연방의회는 여러 해에 걸쳐 이 문제를 심의하다가 드디어 1946년에 연방불법행위청구법(Federal Tort Claims Act)을 제정하였다. 이 법은 연방공무원의 위법행위로 인해 손해를 받은 자는 원칙적으로 미합중국을 상대로 연방법원에 손해배상청구소송을 제기할 수 있는 권리를 인정하고 있다. 이로 인하여 국가는 더 이상 공무원의 위법행위에 대해 주권면책을 주장할 수 없게 되었다.

그러나 연방불법행위청구법은 공무원의 위법행위에 대해 원칙적으로 국가의 배상책임을 인정하면서도 다른 한편 많은 면책규정을 둠으로써 미국에 있어서의 국가의 배상책임은 아직도 상당히 불완전하다고 할 수 있다. 즉, 동법 §2680은 국가배상책임을 규정한 §1346(b)의 적용이 배제되는 사유를 폭넓게 규정하고 있다.[9]

---

5) Hofacker, Ordentlicher Rechtsweg und Verwaltungsrechtsweg, AcP 118(1920), S.349.

6) BVerfGE 61, 149(179ff); Ossenbühl, a.a.O., S.9.

7) William F. Fox, Jr., Understanding Administrative Law, 424 (3rd ed. 1997); Alfred C. Aman, Jr., & William T. Mayton, Administrative Law 539 (2nd ed. 2001).

8) Bochard, Government Liability in Tort, 34 Yale L.J. 1, 129, 229 (1924 – 25); Governmental Responsibility in Tort, 36 Yale L.J. 1, 757, 1039 (1926 – 1927); 28 Columbia L. Rev. 577 (1926 – 28); Theories of Governmental Responsibility in Tort, 28 Columbia L. Rev. 734 (1928).

9) 미국의 국가배상책임에 관한 상세는 이일세, 미국의 국가배상책임과 공무원책임, 강원법학 제15권(2002), 25면 이하 참조. 특히 면책규정의 내용에 관해서는 이일세, 앞의 논문, 37면 이하 참조.

Ⅱ. 법적 근거

1. 헌법적 보장

헌법 제29조는 「공무원의 직무상 불법행위로 손해를 받은 국민은 법률이 정하는 바에 의하여 국가 또는 공공단체에 정당한 배상을 청구할 수 있다」고 규정함으로써 국가배상청구권을 국민의 기본권의 하나로서 보장하고 있는데, 이는 청구권적 기본권의 성질을 갖는다고 본다.

헌법은 국민은 '법률이 정하는 바'에 의하여 국가배상청구권을 가진다고 규정하고 있는데, 국가배상에 관해 규율하는 법률은 그 요건·내용·절차 등에 관하여 구체적으로 정할 수 있을 뿐이고 임의로 국민의 국가배상청구권을 배제하거나 본질적으로 침해하는 내용을 규율할 수는 없다.

국가배상에 관한 현행 헌법규정의 특색으로는 i) '공무원의 직무상 불법행위'로 인한 국가배상에 관해서만 규정하고 있는 점(국가배상법은 공무원의 직무상 불법행위로 인한 국가배상과 영조물의 설치·관리상의 하자로 인한 국가배상으로 나누어 규정하고 있음), ii) 배상책임을 지는 자를 '국가 또는 공공단체'로 규정하고 있는 점(국가배상법은 '국가 또는 지방자치단체'가 배상책임을 지도록 규정하고 있음), iii) 공무원 자신의 책임은 면제되지 아니한다고 규정하고 있는 점(국가배상법은 경과실의 경우에는 공무원의 책임을 면제함) 등을 들 수 있다.

2. 국가배상법

(1) 국가배상법의 제정

헌법상의 국가배상청구권은 국가배상법에 의해 그 구체적 내용이 정해진다. 우리나라 최초의 국가배상법은 1951년 9월 8일에 제정되었는데, 이는 6·25전쟁 중에 충분한 연구·검토 없이 일본법을 거의 모방하여 제정된 전문 5개조의 매우 빈약한 법률이었다. 이러한 문제점을 보완하기 위하여 1967년 3월에 국가배상법을 전면 개정하였지만 이 역시 전문 17개조의 빈약한 내용을 가지고 있었으며, 그 후 여러 차례의 개정을 거쳐 현재에 이르고 있다.

국가배상법은 국가배상책임의 유형을 「공무원의 직무상 불법행위로 인한 경우」(2조)와 「영조물의 설치·관리상의 하자로 인한 경우」(5조)의 두 가지로 나누어 규정하고 있다.

(2) 법적 성격

국가배상법의 법적 성격에 대하여는 종래부터 공법설과 사법설이 대립하고 있다. 이는 곧 국가배상청구권의 성질이 공법상의 권리인지 사법상의 권리인지, 그리고 국가배상청구소송이 행정소송의 대상인지 민사소송의 대상인지의 문제와 직결되는 것이다.

① **사법설** : 사법설에 의하면 국가배상법은 불법행위로 인한 손해배상에 관한 민법의 특별법적 성격을 가지는 것으로 보며, 따라서 국가배상청구권은 사법상의 권리이고 국가배상청구소송은 민사소송의 대상이 된다고 한다.[10] 그 논거로는, 국가배상제도는 불법행위에 대한 손해배상책임제노

이기 때문에 공법에 특유한 책임이론이 아니라 민법상의 일반불법행위책임(750조 이하)의 한 유형에 지나지 않고, 또한 국가배상법은 이 법에 규정되지 않은 사항은 민법에 따르도록 명시하고 있는 점(8조) 등을 들고 있다.

판례는 사법설에 입각하여 국가배상청구사건을 민사소송의 대상으로 보고 있다.[11]

> **판례** 『공무원의 직무상 불법행위로 인한 손해를 받은 국민이 국가 또는 공공단체에 대하여 손해배상을 구함은 국가배상법이 정한 바에 따른다 하여도 이 역시 민사상의 손해배상책임을 특별법인 국가배상법이 정한데 불과하다.』 (대판 1972. 10. 10, 69다701)

② **공법설** : 공법설에 의하면 국가배상법은 공행정작용으로 인해 발생한 손해에 대한 행정주체의 배상책임을 규율하고 있으므로 사경제작용을 규율하는 민법과는 근본적으로 성격을 달리하며, 따라서 민법과 국가배상법 사이에는 일반법과 특별법의 관계가 될 수 없다고 본다. 즉, 우리의 법체계가 공법과 사법의 이원적 체계를 인정하는 이상 공법적 원인에 의하여 발생한 손해에 대한 배상책임을 규율하는 국가배상법은 성질상 공법에 속한다는 것으로서, 우리나라의 통설적 견해이다. 이러한 견해에 의하면 국가배상청구권은 공법상의 권리이고 국가배상청구소송은 행정소송의 일종인 당사자소송에 의하여야 한다고 본다.

③ **소결** : 국가배상제도가 불법행위에 대한 손해배상책임이라는 점에서는 민법상의 손해배상책임과 뿌리를 같이하고 있기는 하지만, 국가배상은 공행정작용의 수행이라는 공법적 원인행위에 의해 발생한 손해에 대한 배상책임이라는 점에서 국가배상청구권은 공권에 해당한다고 보는 것이 타당할 것이다. 따라서 국가배상법은 공법의 성질을 가지며 국가배상청구소송은 행정소송의 일종인 당사자소송에 의하여야 할 것이다.

3. 국가배상법과 다른 법률과의 관계

(1) 국가배상법과 특별법과의 관계

공행정작용의 수행과정에서 발생한 손해에 대한 국가의 배상책임에 관하여 국가배상법 이외의 법률이 특별한 규정을 두고 있는 경우가 있다. 예컨대 우편업무의 처리와 관련한 손해배상의 범위를 정형화하여 규정하고 있는 우편법 제38조, 국공영의 원자력사업으로 인한 손해배상에 관하여 무과실책임을 규정하고 있는 원자력손해배상법 제3조, 자동차운행으로 인한 손해배상책임에 관해 규정하고 있는 자동차손해배상보장법 제3조 등이 그에 해당한다.

이와 같이 국가배상에 관하여 특별한 법률규정이 있는 경우에는 특별법우선의 원칙에 따라 특별법이 국가배상법에 우선하여 적용됨은 물론이다. 국가배상법 제8조 단서도 "다만, 민법 외의 법률에 다른 규정이 있을 때에는 그 규정에 따른다"고 규정함으로써 이를 분명히 하고 있다.

---

10) 이상규(상), 591면.
11) 국가배상에 관한 대법원의 판례번호는 예컨대 대판 2013다201844 등과 같이 "다"로 표시되는데, 이는 민사소송 사건을 의미한다. 대판 2010두22542와 같이 "두"로 표시된 것은 행정소송이다.

(2) 국가배상법과 민법의 관계

민법은 제750조 이하에서 불법행위로 인한 손해배상책임에 관하여 자세히 규정하고 있는데, 이러한 민법규정이 국가배상에도 적용되는지가 문제된다. 이에 관해 국가배상법 제8조는 "국가나 지방자치단체의 손해배상책임에 관하여는 이 법에 규정된 사항 외에는 민법에 따른다"고 규정함으로써, 손해배상책임에 관한 민법규정은 국가배상법에 규정되어 있지 않은 사항에 관하여 보충적으로 적용되는 것임을 분명히 하고 있다.

결국 국가배상에 관한 관계 법령의 적용순서는 특별법, 국가배상법, 민법의 순이 된다고 할 것이다.

제2항 공무원의 직무상 불법행위로 인한 손해배상

Ⅰ. 서

국가배상법 제2조 제1항은 「국가나 지방자치단체는 공무원 또는 공무를 위탁받은 사인(이하 '공무원'이라 한다)이 직무를 집행하면서 고의 또는 과실로 법령을 위반하여 타인에게 손해를 입히거나, 자동차손해배상보장법에 따라 손해배상의 책임이 있을 때에는 이 법에 따라 그 손해를 배상하여야 한다」고 규정하고 있다. 여기에서는 먼저 공무원의 직무상 불법행위로 인한 국가배상책임에 관해 살펴보고, 자동차손해배상보장법상의 배상책임에 관해서는 별도로 고찰하기로 한다.

Ⅱ. 배상책임의 성질

국가배상법 제2조 제1항은 공무원의 직무상 불법행위에 의해 발생한 손해에 대해 국가나 지방자치단체가 배상책임을 지도록 하고, 제2항은 배상책임을 이행한 국가나 지방자치단체는 고의·중과실이 있는 공무원에게 구상권을 행사할 수 있도록 규정하고 있다. 이와 관련하여 공무원의 직무상 불법행위에 대해 국가나 지방자치단체가 배상책임을 지는 것의 성질이 무엇인지에 대해 다툼이 있다.

1. 학 설

(1) 대위책임설

대위책임설에 의하면 공무원의 위법한 행위는 국가나 지방자치단체의 행위로 볼 수 없으므로 본래는 위법행위를 한 공무원 자신이 배상책임을 져야 할 것이나, 공무원은 변제능력이 부족한 경우가 많으므로 피해자 구제에 만전을 기하기 위해서 국가나 지방자치단체가 공무원을 대신하여 배상책임을 지는 것이라고 한다.[12] 그 논거로는 i) 국가배상법이 국가배상책임의 성립요건으로 '공무원'의 고의·과실을 요건으로 하고 있는 점, ii) 국가나 지방자치단체가 배상책임을 이행한 후에 공무원에게 구상권을 행사할 수 있는 점 등을 들고 있다.

이러한 대위책임설에 대해서는 다음과 같은 비판이 제기되고 있다. i) 대위책임설은 주권면책 특권의 사상을 배경으로 하여 성립한 이론으로서 주권면책특권이 포기된 오늘날의 민주적 법치국 가에서는 그 타당의 기반을 잃었다. ii) 공무원의 경과실에 의한 행위는 직무수행상 통상 예기할 수 있는 흠이 있는 것에 불과하므로 여전히 국가의 기관행위로서의 성질을 가지며 그 효과는 국 가에 귀속되어야 하는데, 대위책임설은 경과실에 의한 경우도 공무원 개인의 책임에 귀속시키는 점에서 타당하지 않다.

(2) 자기책임설

자기책임설에 의하면 공무원의 직무상 불법행위에 대한 국가나 지방자치단체의 배상책임은 공 무원의 책임을 대신하여 지는 것이 아니라 그들 자신의 본연의 책임이라고 한다. 즉, 국가나 지방 자치단체는 현실적으로 공무원을 통해서 활동하므로 공무원의 직무상 행위의 효과는 적법·위법 을 묻지 아니하고 모두 국가나 지방자치단체에 귀속되며, 따라서 공무원의 직무수행과정에서의 위 법행위에 대한 국가나 지방자치단체의 배상책임은 자기책임이라고 한다.[13]

이에 대해서는, 공무원의 고의·중과실로 인한 행위와 같이 기관행위로서의 품격을 상실한 경 우까지 국가의 자기책임을 인정하는 것은 실질을 무시한 허구적 이론이라는 비판이 가해진다.[14]

(3) 중간설

중간설에 의하면 공무원의 경과실에 의한 위법행위는 기관행위로서 국가에 귀속되므로 그에 대한 국가의 배상책임은 자기책임이지만, 고의·중과실에 의한 위법행위는 기관행위로서의 품격을 상실하므로 공무원 개인이 책임을 져야 할 것이나 피해자 구제를 위하여 국가가 이를 대위하여 책임을 지는 것이라고 한다.[15] 국가배상법이 공무원의 고의·중과실의 경우에만 공무원에 대한 구상권을 인정하고 경과실의 경우에는 이를 인정하지 않는 것은 현행법이 중간설에 입각하고 있 음을 보여주는 것이라고 한다.

이에 내해서는, 국가배상책임의 성질이 자기책임인지 대위책임인지의 여부는 배상책임의 본질 에서 찾아야지 정책적 측면에서 인정되는 구상권의 문제와 연계해서 이론을 전개하는 것은 타당 하지 않다는 비판이 가해지고 있다. 즉 자기책임설의 입장에서도 공무원에 대한 구상권을 인정하 는 것이 가능하므로, 현행법이 고의·중과실의 경우에 구상권을 인정하고 있다 해서 대위책임설의 입장을 취하였다고 보는 것은 옳지 않다는 것이다.

---

12) 박윤흔(상), 700면. 한편 김중권 교수는, 국가배상책임의 모델은 전통적인 대위책임설에서 자기책임설로 발전해 나가고 있는데 우리나라의 현행 국가배상법상 배상책임시스템은 대위책임적 구조를 취하고 있다고 한다(김중권, 882 – 886면).
13) 김남진/김연태(I), 695면; 정하중/김광수, 520면; 홍정선(상), 855면.
14) 박균성(상), 853면.
15) 김남철, 636면.

(4) 신자기책임설(절충설)

신자기책임설에 의하면 공무원이 직무를 수행하는 중에 "통상 예기할 수 있는 흠결이 있는 행위(즉, 경과실행위)"로 인하여 타인에게 손해를 가한 경우에는 여전히 국가나 지방자치단체의 기관의 행위로서 그 효과가 국가나 지방자치단체에 귀속되며, 따라서 이 경우의 국가배상책임은 자기책임이라고 한다. 이에 반해 "흠결의 정도가 중대하거나 순전히 사적 목적으로 행한 경우(즉, 고의·중과실행위)"에는 기관행위로서의 품격을 상실하는 것이지만, 그것이 직무행위로서의 외형을 갖추고 있는 한 '피해자와의 관계'에서는 당해 공무원의 행위도 기관의 행위로 인정하여 국가나 지방자치단체의 자기책임을 인정할 수 있다고 한다.[16) 다른 한편, 고의·중과실행위는 내용적으로는 공무원 개인의 불법행위의 성질을 갖기 때문에 '국가와 공무원의 관계'에서는 대위책임의 성질을 가지며, 따라서 국가는 공무원에게 구상권을 행사할 수 있다고 한다.

이에 대해서는, 고의·중과실에 의한 행위가 피해자에 대한 관계에서 직무행위로서의 외형을 갖추었다고 해서 곧 국가행위로 보아야 할 논리필연적 이유는 없다는 비판이 가해진다.[17) 즉, 고의·중과실에 의한 행위가 직무행위로서의 외형을 갖춘 경우에 그에 대해 국가의 배상책임을 인정하는 것은 피해자 보호를 위한 정책적인 고려에 기인하는 것이지, 그 행위의 본질이 국가행위에 해당하기 때문은 아니라는 것이다.

2. 판례의 입장

판례에 따르면, 공무원의 경과실의 경우에는 그 직무수행상 통상 예기할 수 있는 흠이 있는 것에 불과하므로 여전히 국가의 기관행위로 보아 그로 인한 배상책임도 전적으로 국가에게 귀속시켜야 하지만, 공무원의 고의·중과실의 경우에는 기관행위로서의 품격을 상실하여 국가에 그 책임을 귀속시킬 수 없으나 피해자를 두텁게 보호하기 위해 국가와 공무원이 중첩적으로 배상책임을 지도록 하되 국가가 배상한 경우에는 공무원에게 구상할 수 있도록 함으로써 궁극적으로는 그 책임이 공무원에게 귀속되도록 한 것이라고 한다.[18)

> **판례** 『국가배상법 제2조 제1항 본문 및 제2항의 입법취지는 공무원의 직무상 위법행위로 타인에게 손해를 끼친 경우에는 변제자력이 충분한 국가 등에게 선임감독상 과실 여부에 불구하고 손해배상책임을 부담시켜 국민의 재산권을 보장하되, 공무원이 직무를 수행함에 있어 경과실로 타인에게 손해를 입힌 경우에는 그 직무수행상 통상 예기할 수 있는 흠이 있는 것에 불과하므로 이러한 공무원의 행위는 여전히 국가 등의 기관의 행위로 보아 그로 인하여 발생한 손해에 대한 배상책임도 전적으로 국가 등에만 귀속

---

16) 박균성(상), 853면. 신자기책임설과 중간설의 공통점과 차이점을 살펴보면, 양자는 모두 공무원의 경과실의 경우와 고의·중과실의 경우를 구분하여, 경과실의 경우에는 국가의 자기책임이라고 보는 점에서는 공통하다. 그런데 고의·중과실의 경우에는 중간설의 입장에서는 대위책임이라고 보는데 대하여 신자기책임설의 입장에서는 이경우 대외적(피해자에 대한 관계)으로는 자기책임이고 내부적(국가와 공무원의 관계)으로는 대위책임이라고 보는 점에서 차이가 있다.

17) 홍정선(상), 855면.

18) 대판 1996. 2. 15, 95다38677.

시키고 공무원 개인에게는 그로 인한 책임을 부담시키지 아니하여 공무원의 공무집행의 안정성을 확보하고, 반면에 공무원의 위법행위가 고의·중과실에 기한 경우에는 비록 그 행위가 그의 직무와 관련된 것이라고 하더라도 위와 같은 행위는 그 본질에 있어서 기관행위로서의 품격을 상실하여 국가 등에게 그 책임을 귀속시킬 수 없으므로 공무원 개인에게 불법행위로 인한 손해배상책임을 부담시키되, 다만 이러한 경우에도 그 행위의 외관을 객관적으로 관찰하여 공무원의 직무집행으로 보여질 때에는 피해자인 국민을 두텁게 보호하기 위하여 국가 등이 공무원 개인과 중첩적으로 배상책임을 부담하되 국가 등이 배상책임을 지는 경우에는 공무원 개인에게 구상할 수 있도록 함으로써 궁극적으로 그 책임이 공무원 개인에게 귀속되도록 하려는 것이라고 봄이 합당할 것이다.」(대판 1996. 2. 15, 95다38677)

이러한 판례의 태도에 대해서는 중간설의 입장을 취하고 있다고 보는 견해[19]와 신자기책임설(절충설)의 입장을 취하고 있다고 보는 견해[20]가 대립하고 있다.

생각건대, 우리의 판례가 공무원의 경과실의 경우에 자기책임설에 입각하고 있는 점에 대해서는 의문이 없다. 문제는 고의·중과실의 경우인데, 이에 관하여 판례는 "공무원의 고의·중과실에 대해 국가가 배상책임을 지도록 한 것은 그것이 본질에 있어서는 기관행위로서의 품격을 상실하여 국가에 그 책임을 귀속시킬 수 없는 것이지만 피해자 구제를 위해 국가도 배상책임을 지도록 한 것"이라고 판시한 점에서, 대위책임설에 입각하고 있다고 보는 것이 타당할 것이다. 그렇다면 결국 판례는 중간설의 입장을 취하고 있다고 할 것이다.

Ⅲ. 배상책임의 요건

공무원의 직무상 불법행위로 인한 손해에 대한 국가배상책임이 성립하기 위해서는 i) 공무원 또는 공무수탁사인이 ii) 직무를 집행하면서 iii) 고의 또는 과실로 iv) 법령에 위반하여 v) 타인에게 손해를 입혀야 한다. 이하에서 각 요건에 대해 구체적으로 살펴보기로 한다.

1. 공무원 또는 공무수탁사인의 행위

(1) 공무원의 개념

국가배상책임이 성립하기 위해서는 먼저 공무원의 행위이어야 하는데, 여기에서 공무원에는 행정부와 지방자치단체 소속의 공무원뿐만 아니라 입법부 또는 사법부 소속의 공무원까지도 포함된다. 그리고 자연인으로서의 공무원뿐만 아니라 행정기관(특히 합의제행정기관)도 포함될 수 있다고 본다.[21]

공무수탁사인 또는 행정보조인이 국가배상법상의 공무원에 포함될 수 있는지가 문제된다. 종래의 통설과 판례에 따르면 국가배상법상의 공무원은 신분상의 개념이 아니라 기능상의 개념이며,

---

19) 김님찐/김언래(1), 696면.
20) 박균성(상), 851면; 홍정선(상), 854면.
21) 김중권, 888면; 박균성(상), 856면; 홍정선(상), 822면.

따라서 국가공무원법이나 지방공무원법상 공무원의 신분을 가지는 자뿐만 아니라 널리 '공무를 위탁받아 그에 종사하는 모든 사람'을 포함하는 것으로 보았다. 이에 2009년 개정된 국가배상법은 종전의 '공부원'을 '공무원 또는 공무를 위탁받은 사인'이라 함으로써 공무를 위탁받은 사인의 행위도 국가배상책임의 대상이 될 수 있음을 분명히 하였다.

이와 관련하여 공무수탁사인의 국가배상법상 지위가 문제된다. 일반적으로 공무수탁사인은 위탁받은 행정권한을 자기 책임하에 자주적으로 행사할 수 있기 때문에 독립한 행정주체의 지위를 갖는다고 본다. 그러나 국가배상법은 공무수탁사인은 배상책임의 요건으로서의 공무원에 해당하는 것으로 보고 있다. 이러한 점에서 공무수탁사인은 조직법상 의미에서는 행정주체의 지위를 가지지만 책임법적 의미에서는 행정기관의 지위를 가진다고 보는 견해가 있다.[22]

> **판례** 『국가배상법 제2조 소정의 공무원이라 함은 국가공무원법이나 지방공무원법에 의하여 공무원으로서의 신분을 가진 자에 국한하지 않고, 널리 공무를 위탁받아 실질적으로 공무에 종사하고 있는 일체의 자를 가리키는 것으로서, 공무의 위탁이 일시적이고 한정적인 사항에 관한 활동을 위한 것이어도 달리 볼 것은 아니다. 이러한 점에서 원심이, 피고 지방자치단체에 의해 '교통할아버지' 봉사원으로 선정된 자가 지정된 시간 중에 피고로부터 위탁받은 업무 범위를 넘어 교차로 중앙에서 교통정리를 하다가 이 사건 사고를 발생시켰다고 하더라도 이는 외형상 객관적으로 피고로부터 위탁받은 업무와 밀접한 관계에 있는 행위로서 공무원이 그 직무를 집행함에 당하여 한 행위라고 판단한 것은 정당하다.』 (대판 2001. 1. 5. 98다39060)

한편, 국가나 지방자치단체의 공무가 '공법인'에게 위탁된 경우에 누가 배상책임을 지는지가 문제된다. 판례는 수산청장으로부터 뱀장어 수출에 대한 추천권한을 위탁받은 수산업협동조합도 국가배상법상의 공무원에 해당한다고 보았다.[23] 따라서 이 경우 공무를 위탁한 국가가 일차적으로 국가배상법에 따른 배상책임을 지며, 공무를 위탁받은 수산업협동조합은 그에게 고의 또는 중과실이 있으면 불법행위자로서의 배상책임이 있다.[24]

이와 관련하여 다음의 판례는 특별한 검토를 요한다. 법령에 근거하여 행정대집행 권한을 위탁받은 한국토지주택공사 또는 그의 임직원(한국토지주택공사와 대집행의 용역계약을 체결한 회사 포함)이 국가배상법상의 공무원에 해당하는지가 문제되었다.[25] 이 사안에서 대법원은 한국토지주택공사의 임직원은 대집행에 실질적으로 종사하는 자이므로 국가배상법상의 공무원에 해당하지만, 한국토지주택공사는 법령에 의해 대집행 권한을 위탁받음으로써 공무인 대집행에 관한 권리·의무·

---

22) 김중권, 165면.
23) 대판 2003. 11. 14, 2002다55304.
24) 이 사안에서 대법원은 수산업협동조합의 고의성을 인정하여 수산업협동조합은 불법행위자로서의 배상책임이 있다고 하였다.
25) 「공익사업을 위한 토지 등의 취득 및 보상에 관한 법률」 제89조 제1항에 의하면 공익사업을 위한 토지 취득과정에서의 행정대집행 권한은 원칙적으로 시·도지사나 시장·군수·구청장에 속하는데, 한국토지주택공사법은 공익사업시행자가 한국토지주택공사인 경우에는 위 행정대집행 권한을 한국토지주택공사에 위탁하고 있다(19조 3항 8호).

책임이 귀속되는 '행정주체'의 지위에 있는 것이지 국가배상법상의 공무원에 해당하지는 않는다고 판시하였다.[26]

> **판례** ① 『민간위탁을 받은 위탁기관도 그 범위 내에서 공무원으로 볼 수 있는바, 이 사건과 같이 수산청장으로부터 위탁받은 일정한 범위 내에서 활어인 뱀장어에 대하여 수출추천요령에 부합하는 수출추천 업무를 기계적으로 행사할 의무를 부담하는 피고(수산업협동조합)가 이 사건 수출제한조치를 취할 무렵에 국내 뱀장어 양식용 종묘가 모자란 실정으로 그 수출로 인하여 국내 양식용 종묘확보에 지장을 초래할 우려가 있다고 자의적으로 판단하여 그 추천업무를 행하지 않은 것은 공무원이 그 직무를 집행함에 당하여 고의로 법령에 위반하여 타인에게 손해를 가한 때에 해당한다고 보아야 할 것이므로, 피고는 불법행위자로서 손해배상책임을 부담한다 할 것이다.』 (대판 2003. 11. 14, 2002다55304)
>
> ② 『원심은, 한국토지공사는 이 사건 대집행을 위탁받은 자로서 그 위탁범위 내에서는 공무원으로 볼 수 있으므로 이 사건 대집행을 실시함에 있어서 불법행위로 타인에게 손해를 입힌 경우에도 위 법리에 따라 고의 또는 중과실이 있는 경우에만 손해배상책임을 지고, 피고2, 피고3 주식회사, 피고4는 한국토지공사의 업무 담당자이거나 그와 용역계약을 체결한 법인 또는 그 대표자로서 한국토지공사의 지휘·감독하에 대집행 작업을 실시한 것이므로 형평의 원칙상 한국토지공사와 마찬가지로 고의 또는 중과실이 있는 경우에 한하여 불법행위로 인한 손해배상책임을 진다고 판단하고 있다.
>
> 먼저 피고 2, 피고 3주식회사, 피고 4에 관한 부분에 관하여 보건대, 위 피고들은 이 사건 대집행을 실제 수행한 자들로서 공무인 이 사건 대집행에 실질적으로 종사한 자라고 할 것이므로 국가배상법 제2조 소정의 공무원에 해당한다고 볼 것이고, 따라서 위 법리에 따라 고의 또는 중과실이 있는 경우에 한하여 불법행위로 인한 손해배상책임을 진다고 할 것이다.
>
> 한국토지공사는 한국토지공사법 제2조, 제4조에 의하여 정부가 자본금의 전액을 출자하여 설립한 법인이고, 같은 법 제9조 제4호에 규정된 한국토지공사의 사업에 관하여는 『공익사업을 위한 토지 등의 취득 및 보상에 관한 법률』 제89조 제1항, 위 한국토지공사법 제22조 제6호 및 같은 법 시행령 제40조의3 제1항의 규정에 의하여 본래 시·도지사나 시장·군수 또는 구청장의 업무에 속하는 대집행권한을 한국토지공사에게 위탁하도록 되어 있는바, 한국토지공사는 이러한 법령의 위탁에 의하여 대집행을 수권받은 자로서 공무인 대집행을 실시함에 따르는 권리·의무 및 책임이 귀속되는 행정주체의 지위에 있다고 볼 것이지 지방자치단체 등의 기관으로서 국가배상법 제2조 소정의 공무원에 해당한다고 볼 것은 아니다.』 (대판 2010. 1. 28, 2007다82950)

(2) 판례상 인정된 공무원의 범위

판례는 소집 중인 예비군대원, 집행관, 시청소차운전수, 방범대원, 통장, 교통할아버지 봉사원 등을 국가배상법상의 공무원으로 보았으나,[27] 의용소방대원은 공무원에 해당되지 않는다고 하였다.[28]

---

26) 대판 2010. 1. 28, 2007다82950. 원심(서울고등법원)은 대집행의 권한을 위탁받은 한국토지주택공사와 그 임직원 및 토지주택공사와 대집행에 관한 용역계약을 체결한 회사 등이 모두 국가배상법상의 공무원에 해당하여, 이들은 국가배상법 제2조 제2항에 따라 고의 또는 중과실이 있는 경우에만 배상책임을 진다고 하였다(서울고판 2007. 10. 4, 2006나37894). 그러나 이에 대한 상고심에서 대법원은, 토지주택공사의 경우는 행정주체의 지위에 있기 때문에 손해배상책임이 고의 또는 중과실로 인한 경우로 제한되지 않는다고 판시하였다.

27) 대판 1970. 5. 26, 70다471; 대판 1966. 7. 26, 66다854; 대판 1969. 2. 18, 60다2346; 대판 1980. 9. 24, 80다1051; 대판 1972. 11. 24, 70나2253; 대판 1991. 3. 27, 90도2930; 대판 1991. 7. 9, 91다5570; 대판 2001. 1. 5, 98다39060.

의용소방대원을 국가배상법상의 공무원에서 배제시킨 판례의 태도는 많은 비판을 받고 있다.[29] 생각건대, 「의용소방대 설치 및 운영에 관한 법률」이 의용소방대의 설치(2조), 의용소방대원의 임명 및 해임(3조, 4조), 의용소방대의 임무(7조), 의용소방대원의 근무 등에 관해 규정하고 있고, 특히 "의용소방대원은 화재, 구조·구급 등 재난현장에 출동하여 소방본부장 또는 소방서장의 지휘와 감독을 받아 소방업무를 보조한다"는 명문의 규정(10조 1항)을 두고 있음에 비추어 볼 때, 소집 중에 있는 의용소방대원도 국가배상법상의 공무원에 해당한다고 보아야 할 것이다.

주한미군에 파견된 한국증원군대의 구성원(KATAUSA : 이하 '카튜사'라 한다)이 국가배상법상의 공무원에 해당하는지가 문제된다. 판례에 의하면 카튜사는 한·미간의 협정에 의해 미국군대의 구성원으로 간주되므로 국가배상법상의 공무원에는 포함되지 않지만,[30] 「대한민국과 아메리카합중국 간의 상호방위조약 제4조에 의한 시설과 구역 및 대한민국에서의 합중국군대의 지위에 관한 협정의 시행에 관한 민사특별법」 제2조 제1항에 의하여 대한민국이 배상책임을 져야 한다고 한다.[31]

2. 직무를 집행하면서

공무원의 모든 행위에 대해서 국가가 배상책임을 져야 하는 것은 아니고, 직무집행행위일 것을 요한다. 만일 공무원의 불법행위가 직무집행과 관계없는 경우에는 공무원 개인이 민사상의 손해배상책임을 지게 된다. 따라서 어떠한 행위가 직무집행행위에 해당하는지를 구별하는 것은 국가배상책임의 성립과 관련하여 매우 중요한 일인데, 이와 관련하여 몇 가지 관점에서 검토가 필요하다.

(1) 직무행위의 범위

행정작용은 그 성질에 따라 권력작용, 관리작용, 사경제작용(국고작용) 등으로 구분할 수 있는데, 이 중에서 어디까지가 국가배상책임이 인정되는 직무행위에 포함될 수 있는지에 대해서 다툼이 있다. 특히 공무원이 사경제작용을 수행하는 행위가 국가배상법상의 직무행위에 포함되는지가 문제된다.

1) 학설

① 협의설 : 이는 국가배상법상의 직무행위를 행정청이 우월한 지위에서 공권력을 행사하는 '권력작용'에만 국한시키는 견해인데, 현재 우리나라에는 이러한 견해를 취하는 학자는 없다.

② 광의설 : 이는 국가배상법상의 직무행위를 '공행정작용'으로 이해하며, 따라서 권력작용뿐만 아니라 관리작용(비권력적 공행정작용)도 포함된다고 하는 견해로서, 다수설의 입장이다.[32] 이러한

---

28) 대판 1966. 6. 28, 66다808; 대판 1966. 11. 22, 66다1501; 대판 1978. 7. 11, 78다584; 서울지판 1992. 10. 2, 92가합32970.

29) 김남진/김연태(I), 658면; 김남철, 596면; 김중권, 888면; 정하중/김광수, 521면; 하명호, 468면; 홍정선(상), 821면.

30) 「대한민국과 아메리카합중국간의 상호방위조약 제4조에 의한 시설과 구역 및 대한민국에서의 합중국군대의 지위에 관한 협정」 제23조 12항 참조.

31) 동법 제2조 1항은 『합중국군대의 구성원·고용원 또는 한국증원군대의 구성원이 그 직무를 행함에 당하여 대한민국 안에서 대한민국정부 이외의 제3자에게 손해를 가한 때에는 국가는 국가배상법의 규정에 의하여 그 손해를 배상하여야 한다』고 규정하고 있다. 대판 1969. 2. 18, 68다2346; 대판 1988. 5. 22, 87다기1163; 대판 1996. 1. 26, 95다13197.

견해에 의하면 사경제작용은 사법상의 행위에 지나지 않으므로 국가배상법이 아니라 민법상 손해배상책임의 대상이 된다. 이는 주로 국가배상법의 성질을 공법으로 보는 학자들의 입장으로서, 국가배상법이 국가의 배상책임에 관하여 민법과 별도로 규정한 것은 사인간의 행위와는 법적 성질을 달리하는 공행정작용(권력작용 및 관리작용)은 국가배상법의 적용대상으로 하고 사인간의 행위와 법적 성질을 같이 하는 사경제작용은 민법의 적용대상으로 하려는 것이라고 본다.

③ **최광의설** : 이는 국가배상법상의 직무행위를 공행정작용(권력작용·관리작용)뿐만 아니라 사경제작용까지도 포함하는 '모든 행정작용'을 가리킨다고 보는 견해로서, 주로 국가배상법의 법적 성질을 사법으로 보는 학자들의 입장이다. 그 논거로는 i) 헌법 제29조 및 국가배상법 제2조는 행정작용의 성질에 관계없이 공무원의 모든 직무상 불법행위에 대해 국가의 배상책임을 인정하고 있으며, ii) 국가배상책임의 법적 성질은 사법적인 것이므로 사경제작용에 대해서도 국가배상법이 적용될 수 있고, iii) 국가배상법은 국가의 배상책임을 민법상의 사용자책임보다 확대하고 있는데, 만일 국가의 사경제작용을 민법의 적용대상으로 삼는다면 국가는 공무원의 선임·감독상의 주의의무이행을 증명함으로써 면책될 수 있게 되어(민법 756조 참조) 헌법상 보장되고 있는 국민의 국가배상청구권을 약화시킬 수 있다는 것 등을 들고 있다.

2) 판례의 입장

판례는 과거 최광의설의 입장을 취한 것도 있었으나,[33] 1970년대 이후로는 광의설을 취하여 국가의 사경제작용에 대해서는 국가배상법이 아니라 민법이 적용된다고 본다.[34] 판례는 국가배상법의 성질을 사법으로 보면서도 국가배상법상 직무의 범위와 관련해서는 사경제작용을 배제하는 광의설을 취하고 있는 점에서 특이하다.

> **판례** 『국가배상법이 정한 손해배상청구의 요건인 '공무원의 직무'에는 국가나 지방자치단체의 권력적 작용뿐만 아니라 비권력적 작용도 포함되지만 단순한 사경제의 주체로서 하는 작용은 포함되지 않는다(대법원 1999. 11. 26, 선고 98다47245 판결 등 참조). 피고가 소외 회사에게 토지를 대부하여 주고 소외 회사가 그 지상에 호텔을 건축하여 이를 피고에게 기부채납하되, 일정 기간동안 소외 회사가 위 호텔을 유상 또는 무상으로 사용·수익할 수 있도록 하는 대부계약을 체결하였다가 위 대부계약을 해지하고, 소외 회사와 기성공사비를 정산하여 그 정산금을 소외 회사에게 지급하여야 할 채무를 부담하였다면, 그 정산금 지급과 관련된 피고의 업무는 사경제 주체로서의 작용에 해당한다 할 것이므로, 피고의 소속 공무원이 정산금 지급과 관련된 공탁업무를 처리하던 중 고의 또는 과실로 인한 위법행위로 타인에게 손해를 입혔다면 이에 대하여는 국가배상법을 적용할 수는 없고 일반 민법의 규정을 적용할 수밖에 없다. 따라서 위 공탁과 관련된 공무원의 행위는 제3채무자인 피고가 단순한 사경제의 주체로서 한 행위이므로 이를 국가배상법이 정한 손해배상청구의 요건인 '공무원의 직무'에 포함된다고 보기 어렵다고 한 원심의 판단은 정당하다.』(대판 2004. 4. 9, 2002다10691)

---

32) 김남진/김연태(I), 660면; 정하중/김광수, 523면; 홍정선(상), 823면; 하명호, 469면.
33) 대판 1957. 6. 15, 4290민상110.
34) 대판 1997. 7. 22, 95다6991; 대판 1998. 7. 10, 96다38971; 대판 1999. 11. 26, 98다47245; 대판 2004. 4. 9, 2002다10691.

3) 소결

공무원의 직무상 불법행위에 대한 배상책임에 관해서 민법과는 달리 국가배상법에서 특별히 규정하고 있는 취지는 국가의 공행정작용으로 인한 손해에 대해서는 특별한 취급을 하기 위한 것이라 할 것이며, 이러한 점에서 공행정작용만을 국가배상법상의 직무행위로 보는 광의설이 타당하다고 할 것이다. 국가가 사법적(私法的)으로 활동하는 경우에는 사인과 달리 취급할 필요가 없으며, 이 경우 국가의 책임은 민법 제756조의 사용자책임에 의하여 해결하여야 할 것이다.

(2) 직무행위의 내용

① 일반적으로 직무행위에는 행정작용이든 입법·사법작용이든, 법적 행위이든 사실행위이든, 작위이든 부작위이든 불문하고 모두 포함된다고 본다. 다만 입법·사법작용과 부작위의 경우는 그 행위의 특수성으로 인하여 국가배상책임의 성립에 있어 특별한 고찰이 필요한데, 이에 관해서는 별도로 살펴보기로 한다.

② '직무를 집행하면서'라 함은 객관적으로 직무의 범위에 속하는 행위는 물론이고, 직무와 밀접하게 관련된 행위도 포함한다. 예컨대 군인이 사격훈련을 하다가 휴식시간에 총기를 오발시킨 행위도 직무집행행위에 해당한다고 본다. 그러나 가택수색 중인 공무원이 귀중품을 절도하는 행위나 순찰 중인 경찰관이 원한관계의 사람을 살해하는 행위와 같이 단지 공무원이 '직무를 집행하는 기회에' 순수한 사적 목적으로 가한 손해는 직무집행행위라 할 수 없으므로 국가배상의 대상이 되지 않는다고 할 것이다.[35]

구체적인 사례에 있어 직무집행행위에 해당하는지를 쉽게 판단하기 어려운 경우가 많은데, 이에 관한 판례의 입장을 살펴보기로 한다.

a) 공무원이 개인 차량을 운전하다 교통사고를 일으킨 경우 : 공무원이 출퇴근이나 출장을 위해 개인 차량을 운전하는 것이 직무집행행위에 해당하는지가 문제된다. 판례에 의하면, 출장명령을 받은 공무원이 개인 차량을 운전하여 출장지에 갔다가 업무를 마친 후 귀가하던 중에 교통사고를 일으킨 경우에 그 운전행위는 직무집행과 밀접한 관련이 있는 행위이므로 국가배상책임이 성립된다고 한다.[36] 그러나 공무원이 통상적인 근무지로 출퇴근하기 위해 개인 차량을 운전하는 것은 특별한 사정이 없는 한 직무집행행위라 볼 수 없으므로 국가배상책임이 성립되지 않는다고 한다.[37]

b) 군인의 총기사고 등 : 상관의 명령에 따라 소속부대 CP에 가서 배터리를 수령해 가지고 귀대하다가 잠시 휴식하던 중 총기 오발사고로 타인에게 상해를 입힌 경우,[38] 예비군에게 실탄사격 교육을 하던 군인이 휴식시간에 꿩 사냥을 위해 소총을 발사한 결과 휴식 중인 예비군을 사망케 한 경우,[39] 군인이 총기를 가지고 훈련에 참가하였다가 귀대 도중 잠시 다방에서 휴식하다가 총기

---

35) Maurer, Allgemeines Verwaltungsrecht, §26 Rn.15; Ossenbühl, Staatshaftungsrecht, S.24; RGZ 104, 286 (288); BGHZ 11, 181(187) = NJW 1954, S.716(717).

36) 대판 1988. 3. 22, 87다카1163.

37) 대판 1996. 5. 31, 94다15271.

38) 대판 1968. 11. 19, 68다937.

오발사고를 일으켜 타인을 사망케 한 경우40) 등은 직무집행 관련성을 인정하였다.

그러나 사병이 소속 대대장으로부터 보관명령을 받고 보관 중인 권총을 가지고 서로 장난하다가 오발로 상대방을 명중하여 사망에 이르게 한 경우,41) 군인이 보초근무 교대시에 소총의 안전장치가 되어 있는 것으로 오신하고 장난삼아 동료 군인을 향하여 방아쇠를 잡아당겨 장전된 실탄이 발사되어 다치게 한 경우42), 군인이 사적 감정으로 총기를 발사한 경우,43) 전투사격훈련에 임하였던 교관이 사격훈련이 끝난 후에 부근 논에서 잉어를 잡으려고 총기를 발사한 결과 인명사고를 일으킨 경우,44) 근무 중인 군인이 휴식시간을 이용하여 소총으로 비둘기 사냥을 하던 중 민간인을 사망케 한 경우,45) 근무를 마치고 귀대 중인 군인이 도마뱀을 보고 휴대하고 있던 소총으로 그것을 향하여 사격하다가 실수로 옆에 있던 동료 군인이 사망한 경우46) 등은 외관상으로나 객관적으로 보아 군인으로서의 직무집행을 함에 있어서의 사고라고는 할 수 없다고 하였다.47)

한편, 군인의 총기사고와 관련한 국가배상책임의 성립 여부는 해당 군인의 행위에만 초점을 맞추어서는 안 되고 지휘관의 총기관리나 병력통제 등 지휘감독상의 잘못이 있는지도 검토되어야 한다. 앞에서 살펴본 판례 중 근무 중인 군인이 휴식시간을 이용하여 소총으로 비둘기 사냥을 하던 중 민간인을 사망케 한 사건의 경우 군인이 비둘기를 잡기 위해 총을 발사한 행위는 직무집행 행위라고 볼 수 없지만, 해당 군인을 지휘감독하는 상급자에게 병력통제를 소홀히 한 잘못이 있다면 그러한 잘못은 집무집행성이 인정된다고 할 것이다. 군인이 무장 탈영하여 민간인을 사상케 한 경우에 지휘관의 병력 및 총기에 대한 지휘감독상의 위법을 이유로 국가배상책임을 인정한 것도 같은 취지라 할 것이다.48)

(3) 직무행위의 판단기준

직무행위인지의 여부는 해당 행위가 현실적으로 공무원의 정당한 권한 내의 것인지 또는 공무

---

39) 대판 1971. 7. 27, 71다1290. 이 판례는 다음에 설명하는 군인이 총기를 가지고 잉어, 비둘기, 도마뱀 등을 사냥하다가 인명사고를 일으킨 사안과 결론을 달리하고 있는 점에서 문제가 있다고 보여진다.

40) 대판 1978. 7. 11, 78다807.

41) 대판 1967. 10. 4, 67다1549.

42) 대판 1968. 11. 26, 68다1920. 同旨판례 : 대판 1971. 9. 28, 71다1543; 대판 1972. 10. 31, 72다1490.

43) 대판 1967. 5. 16, 67다609; 대판 1967. 5. 30, 67다702; 대판 1967. 6. 27, 67다821; 대판 1967. 7. 18, 67다1031; 대판 1967. 7. 18, 67다1086; 대판 1967. 8. 29, 67다1069; 대판 1969. 6. 24, 69다464; 대판 1980. 4. 22, 80다200.

44) 대판 1968. 1. 31, 67다1987.

45) 대판 1968. 5. 7, 67다332. 이 사건의 원심을 담당한 서울고등법원은 군인이 총을 쏜 행위는 공무집행의 외형을 갖추었으므로 국가배상책임이 성립한다고 판시하였으나(서울고판 1967. 1. 13, 66나2056), 대법원은 이를 파기 환송하였다.

46) 대판 1973. 1. 30, 72다2104.

47) 이상에서 살펴본 판례를 분석해 보면, 총기오발사고의 경우에 단순 오발사고인 경우에는 직무집행성을 인정한데 대하여, 총기를 가지고 장난하던 중에 발생한 사고인 경우에는 직무집행성을 인정하지 않은 점에 특징이 있다. 한편, 군인이 휴식시간에 야생동물을 향해 총기를 발사한 결과 인명사고를 야기한 경우에 있어서, 대법원 1971. 7. 27, 선고 71다1290 판결은 직무집행 관련성을 인정하였는데 대하여, 대법원 1968. 5. 7, 선고 67다332 판결 등은 직무집행 관련성을 인정하지 않고 있는바, 이는 형평성에 문제가 있다고 할 것이다.

48) 대판 1985. 7. 9, 84다카1115; 대판 2001. 2. 23, 2000다46894.

원이 주관적으로 직무집행의 의사를 갖고 있는지의 여부와는 관계없이, 객관적으로 직무행위의 외관을 갖추고 있는지의 여부에 따라 판단하여야 한다는 "외형주의"가 통설·판례의 입장이다.

> **판례** 『국가배상법 제2조 제1항의 "직무를 집행함에 당하여"라 함은 직접 공무원의 직무집행행위이거나 그와 밀접한 관련이 있는 행위를 포함하고, 이를 판단함에 있어서는 행위 자체의 외관을 객관적으로 관찰하여 공무원의 직무행위로 보여질 때에는 비록 그것이 실질적으로 직무행위가 아니거나 또는 행위자로서는 주관적으로 공무집행의 의사가 없었다고 하더라도 그 행위는 공무원이 직무를 집행함에 당하여 한 것으로 보아야 한다. 이러한 점에서, 인사업무담당 공무원이 다른 공무원의 공무원증 등을 위조한 행위는 실질적으로는 직무행위에 속하지 아니한다 할지라도 외관상으로 국가배상법 제2조 제1항의 직무집행 관련성이 인정된다.』 (대판 2005. 1. 14, 2004다26805)

구체적인 사례를 살펴보면 다음과 같다.

i) 경찰관이 순전히 타인의 재물을 탈취할 목적으로 제복을 착용하고 행인에 대해 불심검문을 하다가 재물을 탈취하는 과정에서 그를 살해한 사건에서, 일본 최고재판소는 외형주의이론을 적용하여 직무행위성을 인정하였다.

ii) 군인이 유흥목적으로 불법으로 군용차를 운행하던 중 행인을 치어 사상케 한 사건에서, 군용차에 치인 민간인은 그 군용차의 운행목적을 알 수 없기 때문에 그 차량의 운행이 외관상 직무수행을 위한 것으로 보여진다면 국가의 배상책임이 성립된다고 하였다.[49]

iii) 인사업무를 담당하면서 공무원증 및 재직증명서 발급업무를 하는 공무원이 다른 공무원의 공무원증 등을 위조하는 행위는 비록 그것이 실질적으로는 직무행위에 속하지 않는다 할지라도 적어도 외관상으로는 공무원증과 재직증명서를 발급하는 행위로서 직무집행으로 보여지므로, 위 공무원의 공무원증 등 위조행위는 국가배상법 제2조 제1항 소정의 공무원의 직무집행행위로 인정된다고 한다.[50]

3. 법령위반(위법성)

> **〈법령위반과 관련한 입법례〉**
> 우리나라 국가배상법 제2조 제1항 : 국가나 지방자치단체는 공무원 또는 공무를 위탁받은 사인이 직무를 집행하면서 고의 또는 과실로 **법령을 위반하여** 타인에게 손해를 입히거나, 자동차손해배상보장법에 따라 손해배상의 책임이 있을 때에는 이 법에 따라 그 손해를 배상하여야 한다.
> 독일 기본법 제34조 : 공무를 수행하는 자가 **제3자에 대한 직무상 의무를 위반**한 때에는 원칙적으로 그 공무가 귀속되는 국가 또는 공공단체가 배상책임을 진다.

(1) 법령의 범위

① 학설과 판례 : 국가배상책임이 성립하기 위해서는 공무원의 직무집행행위가 법령에 위반한

---

49) 대판 1967. 9. 5, 67다1601.
50) 대판 2005. 1. 14, 2004다26805.

것이어야 한다. 여기에서 법령위반이란 법률·명령 등 성문법 위반뿐만 아니라 관습법, 행정법의 일반원칙, 조리 등의 불문법 위반도 포함하는 것으로 보는 것이 다수설이다.[51]

판례는 『국가배상법 제2조에서의 '법령 위반'이란 엄격하게 형식적 의미의 법령에 명시적으로 공무원의 작위의무가 규정되어 있는데도 이를 위반하는 경우만을 의미하는 것은 아니고, 인권존중·권력남용금지·신의성실과 같이 공무원으로서 마땅히 지켜야 할 준칙이나 규범을 지키지 않고 위반한 경우를 포함하여 널리 객관적인 정당성이 없는 행위를 한 경우를 포함한다』고 본다.[52]

이러한 판례의 입장에 대해서 일부 학자는 법령위반에 인권존중·권력남용금지·신의성실 등의 위반도 포함하는 것은 지나치게 막연하다고 비판하는데 대하여,[53] 다른 학자는 인권존중·권력남용금지·신의성실원칙도 오늘날에는 해석상 또는 성문법상 행정법의 일반원칙으로 승인되고 있는 점에서 학설과 판례는 별 차이가 없다고 본다.[54]

② **행정규칙의 문제** : 국가배상법상의 법령위반에 행정규칙 위반이 포함될 수 있는지가 문제되는데, 이는 행정규칙의 법규성 내지 외부적 효력의 문제와 직결된다고 할 것이다. 통설적 견해에 의하면, 행정규칙은 단순히 행정조직 내부의 사항을 정한 것이므로 그에 위반한 경우에도 원칙적으로는 국가배상법상의 법령위반에 해당하지 않지만, 행정규칙이 평등원칙 등 법의 일반원칙을 매개로 하여 외부적 효력을 갖거나 또는 법령보충적 행정규칙과 같이 근거 법령과 결합하여 외부적 효력을 갖는 경우에는 예외적으로 행정규칙 위반이 국가배상법상의 법령위반으로 인정될 수 있다고 한다.

③ **재량위반의 문제** : 위법·부당한 재량권 행사가 국가배상법상의 법령위반에 해당하는지가 문제된다. 통설적 견해에 의하면, 공무원이 단순히 부당하게 재량권을 행사한 것은 법령위반에 해당되지 않지만, 재량권의 일탈·남용 등과 같이 재량권의 한계를 넘어서 위법하게 재량권을 행사한 것은 법령위반에 해당한다고 본다.

(2) 법령위반(위법)의 의미

1) 학설

① **결과불법설** : 국가배상법상의 위법은 가해행위의 결과인 '손해의 불법'을 의미한다고 보는 견해이다. 즉, 국가배상책임은 민법상의 불법행위책임과 그 기초를 같이 하는 것이므로 항고소송에서 행정처분의 위법성을 판단함에 있어서와는 달리 공무원의 직무상 행위로 인해 국민이 받은 손해가 결과적으로 민법상의 원리에 비추어 수인될 수 없는 것이면 위법성이 인정될 수 있다고 한다.[55]

---

51) 정하중/김광수, 525면; 박균성(상), 868면; 홍정선(상), 836면.
52) 대판 2020. 5. 28, 2017다211559; 대판 2021. 7. 21, 2021두33838. 한편, 종래의 판례는 인권존중, 권력남용금지, 신의성실 이외에 '공서양속' 위반까지도 열거하고 있었다(대판 2009. 12. 24, 2009다70180; 대판 2013. 5. 9, 2013다200438).
53) 정하중/김광수, 526면.
54) 홍정선(상), 837면; 김남철, 611면.
55) 류지태/박종수, 528면. 류지태/박종수 교수는 결과불법설에 찬동하지만, 여기서의 결과란 구성요건적 결과로서 권리침해나 법익침해를 의미하는 것이 아니라 사익보호성 있는 직무의무 내지 법적 의무의 침해에서 찾아야 한다

이러한 견해에 대해서는, 사적 자치의 원칙에 기반을 둔 민법상 불법행위책임에서는 타당하지만 법치행정의 원칙상 행위의 위법여부를 논하여야 하는 국가배상책임에서는 타당하지 않다는 비판이 가해지고 있다.[56]

② **행위위법설** : 국가배상에 있어서의 위법성이란 공무원의 직무행위의 위법성을 의미한다고 보는 견해로서, 위법성 판단의 근거가 되는 법령의 범위를 어떻게 볼 것인지에 따라 다시 좁은 의미의 행위위법설과 넓은 의미의 행위위법설로 나뉜다.

a) **좁은 의미의 행위위법설** : 국가배상에 있어서의 위법을 항고소송에서의 위법과 동일하게 보아, 공무원의 행위가 법규범(성문법과 불문법 포함)에 합치하는가의 여부에 따라 위법성을 판단하는 견해이다. 사인 간에는 타인의 권리침해가 원칙적으로 허용되지 않으므로 타인에게 손해를 가하면 곧 위법성이 인정될 수 있지만, 공익목적을 수행하는 공행정작용에 있어서는 공무원이 법규범에 적합하게 행위를 한 이상 결과적으로 개인에게 손해가 발생하였다 하여 그 행위의 위법성을 인정할 수는 없다고 한다.[57]

b) **넓은 의미의 행위위법설** : 국가배상에 있어서의 위법을 항고소송에서의 위법보다 넓게 보아, 성문법 및 불문법 위반뿐만 아니라 인권존중, 공서양속, 신의성실, 권력남용금지원칙 등의 위반도 포함하여 널리 그 행위가 객관적인 정당성을 결여하고 있음을 의미한다고 한다.[58]

③ **상대적 위법성설** : 국가배상에 있어서의 위법은 가해행위 자체의 위법뿐만 아니라 피침해이익의 종류와 성질, 손해의 정도 등을 종합적으로 고려하여 행위가 객관적으로 정당성을 결여한 경우를 의미한다고 보는 견해인데, 가해행위와 피침해이익을 모두 고려하는 점에서 결과불법설과 행위위법설의 절충적인 견해에 해당한다고 할 것이다.

④ **직무의무위반설** : 국가배상법상의 위법을 '공무원의 직무상 의무위반'으로 보는 견해이다.[59] 항고소송에 있어서의 위법성은 공무원의 행위(처분)가 객관적으로 법규범에 위반되는지의 측면에서 판단하지만, 국가배상에 있어서의 위법성은 행위와 행위를 한 자(공무원)의 유기적 관련성 속에서 위법 여부를 판단하는 점에서 차이가 있다고 한다. 즉, 전자는 행정작용의 전체 법질서에 대한 객관적 정합성에 무게중심을 두는 반면에, 후자는 위법한 행정작용의 주관적 책임귀속에 무게중심을 둔다고 한다.[60]

고 함으로써 그 실질적 내용은 직무의무위반설과 유사하다. 국가배상법상 위법의 의미에 관한 상세는 이일세, 국가배상에 관한 주요 판례분석 – 법령위반(위법성)을 중심으로, 안암법학 43호, 2014. 1, 439면 이하 참조.

56) 박균성(상), 869면. 한편, 김중권 교수는 결과불법설이 민법상 불법행위책임에는 타당하다는 견해에 대해서도 이의를 제기한다. 즉, 일본 민법 제709조는 "고의 또는 과실에 의하여 타인의 권리 또는 법률상 보호받는 이익을 침해한 자는…"이라고 규정함으로써 타인의 '권리침해'를 손해배상책임의 요건으로 하고 있는데 대하여, 우리 민법 제750조는 "고의 또는 과실로 인한 위법행위로 타인에게 손해를 가한 자는…"이라고 규정함으로써 일본과는 달리 권리침해가 아니라 '위법행위'를 손해배상책임의 요건으로 하고 있으며, 따라서 결과불법설이 민법상의 손해배상책임에 타당하다는 것은 일본에서 통용되는 것이라는 것이다(김중권, 902면).

57) 정하중/김광수, 528면.

58) 박균성(상), 874면; 김남철, 611면.

59) 류지태/박종수, 523면.

60) 홍정선(상), 835면 참조.

일본 학자에 의하면 이러한 직무의무위반설은 검사의 기소행위, 법관의 판결행위, 국회의원의 입법행위 등과 같은 특수한 형태의 국가작용의 위법성 판단기준으로 판례를 통하여 성립되었다고 한다.[61] 예컨대 검사가 어떤 사람을 범인이라 판단하여 기소했는데 재판에서 무죄판결이 확정된 경우 또는 국회에서 제정된 법률이 헌법재판소에 의해 위헌결정을 받은 경우에 검사의 기소행위나 국회의원의 입법행위는 객관적으로는 위법한 것이지만(따라서 행위위법설에서는 일단 위법성은 인정하고 다만 고의·과실 여부는 별도로 검토), 그러나 검사나 국회의원이 자신의 직무를 수행하는 과정에서 직무상 의무를 위반하지 않았다면 결과적으로 기소행위나 입법행위가 위법하다 하더라도 국가배상법상 위법성은 인정되지 않는다고 한다(따라서 직무의무위반설에서는 검사·국회의원 등의 직무상 의무위반이 없다면 국가배상법상 위법성 자체를 인정하지 않음).[62] 이러한 견해에 의하면 항고소송에서의 위법성과 국가배상소송에서의 위법성은 그 의미가 다르기 때문에 처분의 위법성에 관한 항고소송에서의 판결의 기판력은 기각판결이든 인용판결이든 불문하고 국가배상소송에는 미치지 않게 된다.

이러한 직무의무위반설에 대해서는, 우리의 국가배상법은 독일과는 달리 '직무상 의무위반'이 아니라 '법령위반'을 국가배상의 요건으로 규정하고 있으므로, 국가배상에 있어서의 위법을 '직무상 의무위반'으로 보기 곤란하다는 비판이 가해진다.[63]

2) 판례

우리의 판례가 국가배상법상 위법의 의미에 관하여 어떠한 입장을 취하고 있는지에 대해서는 학자마다 보는 시각이 다르다. 즉, 판례는 기본적으로 좁은 의미의 행위위법설을 지지하고 있으나 간혹 넓은 의미의 행위위법설을 지지하는 판례도 있다고 보는 견해,[64] 판례는 넓은 의미의 행위위법설에 입각하고 있다고 보는 견해,[65] 판례는 원칙적으로 넓은 의미의 행위위법설을 취하고 있으나 상대적 위법성설을 지지한 것으로 보이는 판결도 있다고 보는 견해,[66] 판례는 명확하지는 않지만 상대적 위법성설의 입장을 취하고 있는 것으로 이해하는 견해,[67] 판례는 기본적으로 결과불법

---

61) 西埜章, 国家賠償法コンメンタール, 勁草書房, 2012, 152-153면.
62) 검사의 직무상 의무위반이란 예컨대 수집·조사된 증거 등에 비추어 볼 때 공소제기에 관한 검사의 판단이 경험칙이나 논리칙상 도저히 합리성을 긍정할 수 없는 정도에 이른 경우, 또는 피의자가 범인이 아니라는 결정적인 증거가 있음에도 불구하고 이를 은폐하고 공소를 유지한 경우 등을 들 수 있으며(대판 2002. 2. 22, 2001다23447 참조), 국회의원의 직무상 의무위반의 예로는 제정하려는 법률안의 내용이 헌법에 명백히 위반됨이 언론 등을 통해 문제제기되고 있음에도 불구하고 이에 대한 충분한 검토없이 입법을 강행한 경우를 들 수 있다(대판 2008. 5. 29, 2004다33469).
63) 김남철, 610면.
64) 정하중/김광수, 527면. 정하중 교수는 좁은 의미의 행위위법설을 취하고 있는 판례로는 대판 1997. 7. 25, 94다2480을 들고, 넓은 의미의 행위위법설을 취하는 판례로는 대판 2008. 6. 12, 2007다64365를 들고 있다.
65) 김동희/최계영, 552면. 김동희 교수는 넓은 의미의 행위위법설을 취하는 판례로 대판 2000. 11. 10, 2000다26807을 들고 있다.
66) 박균성(상), 871면; 홍정선(상), 835면. 박균성 교수와 홍정선 교수는 넓은 의미의 행위위법설을 취하고 있는 판례로는 대판 1998. 8. 25, 98다16890; 대판 2000. 11. 10, 2000다26807; 대판 2012. 7. 26, 2010다95666 등을 늘고, 상대적 위법성설을 취하고 있는 판례로는 대판 2000. 5. 12, 99다70600; 대판 2009. 5. 28, 2006다16215 등을 들고 있다.
67) 김남진/김연태(I), 677면. 김남진/김연태 교수는 상대적 위법성설을 취하고 있는 판례로 대판 2000. 5. 12, 99다

설의 입장을 취하는 것으로 보는 견해[68] 등이 그것이다. 이와 같이 판례가 어떠한 입장에 서 있는지에 관하여 다양한 학설이 대립하고 있는 것은 국가배상에 있어서 위법성 판단의 문제가 얼마나 난해한 것인지를 잘 나타내 준다.

생각건대, 아래에서 살펴보는 바와 같이 우리의 판례는 일관성을 결여하고 있다고 보여진다.

① 넓은 의미의 행위위법설을 취하고 있는 것으로 보이는 판례

판례 『국가배상책임에 있어 공무원의 가해행위는 법령을 위반한 것이어야 하는데, 여기서 법령을 위반하였다 함은 엄격한 의미의 법령 위반뿐 아니라 인권존중, 권력남용금지, 신의성실과 같이 공무원으로서 마땅히 지켜야 할 준칙이나 규범을 지키지 아니하고 위반한 경우를 포함하여 널리 그 행위가 객관적인 정당성을 결여하고 있음을 뜻한다. 따라서 구치소 등 교정시설에 과밀된 수용행위로 인하여 수용자의 인간으로서의 존엄과 가치가 침해되었다면 그 수용행위는 공무원의 법령을 위반한 가해행위가 될 수 있다.』(대판 2022. 7. 14. 2017다266771)

② 상대적 위법성설을 취하고 있는 것으로 보이는 판례

판례 『어떠한 행정처분이 후에 항고소송에서 취소되었다고 할지라도 그 기판력에 의하여 당해 행정처분이 곧바로 공무원의 고의 또는 과실로 인한 것으로서 불법행위를 구성한다고 단정할 수는 없는 것이고, 그 행정처분의 담당공무원이 보통 일반의 공무원을 표준으로 하여 볼 때 객관적 주의의무를 결하여 그 행정처분이 객관적 정당성을 상실하였다고 인정될 정도에 이른 경우에 비로소 국가배상법 제2조 소정의 국가배상책임의 요건을 충족하였다고 봄이 상당할 것이며, 이때에 객관적 정당성을 상실하였는지 여부는 피침해이익의 종류 및 성질, 침해행위가 되는 행정처분의 태양 및 그 원인, 행정처분의 발동에 대한 피해자측의 관여의 유무, 정도 및 손해의 정도 등 제반 사정을 종합하여 손해의 전보책임을 국가 또는 지방자치단체에게 부담시켜야 할 실질적인 이유가 있는지 여부에 의하여 판단하여야 한다.』(대판 2003. 11. 27. 2001다33789. 同旨 : 대판 2022. 4. 28. 2017다233061)

③ 직무의무위반설을 취하고 있는 것으로 보이는 판례

판례 『[1] 검사는 수사기관으로서 피의사건을 조사하여 진상을 명백히 하고, 죄를 범하였다고 의심할 만한 상당한 이유가 있는 피의자에게 증거 인멸 및 도주의 염려 등이 있을 때에는 법관으로부터 영장을 발부받아 피의자를 구속할 수 있으며, 나아가 수집·조사된 증거를 종합하여 객관적으로 볼 때, 피의자가 유죄판결을 받을 가능성이 있는 정도의 혐의를 가지게 된 데에 합리적인 이유가 있다고 판단될 때에는 피의자에 대하여 공소를 제기할 수 있으므로 그 후 형사재판 과정에서 범죄사실의 존재를 증명함에 충분한 증거가 없다는 이유로 무죄판결이 확정되었다고 하더라도 그러한 사정만으로 바로 검사의 구속 및 공소제기가 위법하다고 할 수 없고, 그 구속 및 공소제기에 관한 검사의 판단이 그 당시의 자료에 비추어 경험칙이나 논리칙상 도저히 합리성을 긍정할 수 없는 정도에 이른 경우에만 그 위법성을 인정할 수 있다.

70600; 대판 2009. 12. 24, 2009다70180을 들고 있다.

68) 류지태/박종수, 528면.

[2] 검찰청법 제4조 및 형사소송법 제424조에 따르면 검사는 공익의 대표자로서 실체적 진실에 입각한 국가 형벌권의 실현을 위하여 공소제기와 유지를 할 의무뿐만 아니라 그 과정에서 피고인의 정당한 이익을 옹호하여야 할 의무를 진다고 할 것이고, 따라서 검사가 수사 및 공판과정에서 피고인에게 유리한 증거를 발견하게 되었다면 피고인의 이익을 위하여 이를 법원에 제출하여야 한다. 강도강간의 피해자가 제출한 팬티에 대한 국립과학수사연구소의 유전자검사결과 그 팬티에서 범인으로 지목되어 기소된 원고나 피해자의 남편과 다른 남자의 유전자형이 검출되었다는 감정결과를 검사가 공판과정에서 입수한 경우 그 감정서는 원고의 무죄를 입증할 수 있는 결정적인 증거에 해당하는데도 검사가 그 감정서를 법원에 제출하지 아니하고 은폐하였다면 검사의 그와 같은 행위는 위법하다고 보아 국가배상책임을 인정한 사례.」 (대판 2002. 2. 22, 2001다23447)

(3) 법령의 사익보호성

〈기본사례〉

갑은 노래방영업을 하기 위해 진주경찰서장에게 풍속영업신고서를 제출하였다. 「풍속영업의 규제에 관한 법률」에 의하면 동일 건물에 학원이 있는 경우에는 노래방영업이 허용되지 않는데, 진주경찰서장은 위 노래방영업이 행해질 건물에 이미 속셈학원과 컴퓨터학원이 있는 것을 간과하고 풍속영업신고서를 수리하였다. 그 후 갑으로부터 노래방영업을 양수한 을은 진주경찰서장에게 영업주 명의변경신고를 하였는바, 진주경찰서장은 해당 건물에 이미 속셈학원과 컴퓨터학원이 있다는 이유로 수리를 거부하였다. 이에 을은 진주경찰서장이 위법하게 갑에게 풍속영업신고수리행위를 함으로써 결과적으로 자신이 손해를 받았다는 이유로 국가배상청구소송을 제기하였다. 이는 인용될 수 있는가.

국가배상책임이 성립하기 위해서는 공무원의 행위가 법령에 위반해야 하는데, 이때 해당 법령의 '사익보호성'이 요구되는지가 다투어지고 있다.

1) 학설

① **소극설** : 국가배상법 제2조는 단순히 '법령에 위반하여'라고만 규정하고 있으므로, 공무원의 법령위반 행위가 있고 그로 인하여 개인의 권익이 침해된 경우에는 해당 법령이 사익보호를 목적으로 하고 있는지와 관계없이 국가배상책임이 성립된다는 견해이다.[69]

② **석극설** : 국가배상책임이 성립되기 위해서는 공무원이 '사익보호를 목적으로 하는 법령'에 위반할 것을 요건으로 한다는 견해이다.[70] 만일 순전히 공익보호만을 목적으로 하는 법령에 위반하였다면 그로 인해 국민은 단지 반사적 이익이 침해될 뿐이라는 것을 논거로 한다. 따라서 공무원에게 의무를 부과한 법령의 규정이 순전히 행정기관 내부의 질서를 유지하기 위한 것이거나 또는 오로지 공익만을 도모하기 위한 것이라면 그 위반행위에 대해서는 국가배상책임이 성립되지 않는다고 한다.[71]

---

69) 박균성(상), 882면.
70) 정하중/김광수, 530면; 홍정선(상), 827면; 류지태/박종수, 524면.
71) 국가배상청구권을 규성하고 있는 독일 기본법 제34조는 '법령위반'이라는 표현 대신에 '제3자에 대한 직무의무 위반'이라는 표현을 사용함으로써 이를 명백히 하고 있다.

2) 판례의 입장

대법원은 「공무원이 직무를 수행하면서 그 근거되는 법령의 규정에 따라 구체적으로 의무를 부여받았어도 그것이 국민의 이익과는 관계없이 순전히 행정기관 내부의 질서를 유지하기 위한 것이거나, 또는 국민의 이익과 관련된 것이라도 직접 국민 개개인의 이익을 위한 것이 아니라 전체적으로 공공 일반의 이익을 도모하기 위한 것이라면 그 의무에 위반하여 국민에게 손해를 가하여도 국가 또는 지방자치단체는 배상책임을 부담하지 아니한다」고 함으로써 근거 법령 내지 그로 인한 공무원의 직무상 의무의 사익보호성을 요구하고 있다.[72]

구체적인 사안을 살펴보면, i) 하천 유지·관리업무를 수행하는 공무원이 하천 점용상황을 점검하여 불법적인 점용실태가 적발된 경우에는 그 시정을 위해 필요한 조치를 취할 의무, ii) 공무원이 토지형질변경허가를 함에 있어 허가지의 인근 지역에 토사붕괴나 낙석 등으로 인한 피해가 발생하지 않도록 허가받은 자에게 옹벽을 설치하게 하거나 그밖에 필요한 조치를 취할 의무, iii) 대피통로에 잠금장치를 설치하거나 방염처리가 안 된 커튼을 사용하는 등 소방법을 위반한 자에 대해 소방공무원이 화재예방을 위해 필요한 조치를 취할 의무, iv) 식품위생법이 정한 시설기준을 위반하여 불법 칸막이시설을 하거나 건축법을 위반하여 무단으로 용도변경을 한 자에 대해 단속 공무원이 시설개수명령·영업정지처분·철거명령 등 필요한 조치를 취할 의무, v) 식품의약품안전처장이 식품 또는 식품첨가물의 제조방법과 성분, 용기와 포장의 제조방법과 그 원재료 등에 대해 일정한 기준 및 규격을 마련하고 국민보건상 필요가 있을 경우 수입신고시 식품 등을 검사할 식품위생법상의 의무, vi) 주민등록에 관한 업무를 담당하는 공무원이 주민의 성명 등 중요한 기본적 신분사항에 관한 신규 등록이나 사후적 변경을 본적지(현 등록기준지) 관할 행정기관에게 통지할 의무 등은 사익보호성이 인정된다고 보았다.[73]

이에 반해 i) 경찰서장이 노래연습장 등과 같은 풍속영업의 신고를 적법하게 수리할 의무, ii) 「풍속영업의 규제에 관한 법률」 제6조 제1항에 따라 풍속영업자의 위반사항을 단속한 경찰서장이 그 위반내용을 허가관청에 통보할 의무, iii) 국가 또는 지방자치단체가 상수원수의 수질을 환경기준에 따라 유지할 의무 등은 사익보호성이 인정되지 않는다고 보았다.[74]

그리고 개별공시지가결정과 관련해서는, 개발부담금이나 토지관련 조세의 부과 등 법이 정한 목적을 위해 개별공시지가를 산정하는 경우에는 그 범위에서 납세자인 국민의 권리·의무에 직접적인 영향을 미칠 수 있지만, 토지를 담보로 하는 대출에 있어서는 개별공시지가가 해당 토지의 담보가치를 보장하기 위한 것은 아니라고 함으로써 제한적으로만 사익보호성을 인정하였다.[75]

---

72) 대판 2006. 4. 14, 2003다41746.
73) 대판 2006. 4. 14, 2003다41746; 대판 2001. 3. 9, 99다64278; 대판 2008. 4. 10, 2005다48994; 대판 2010. 9. 9, 2008다77795; 대판 2003. 4. 25, 2001다59842.
74) 대판 2001. 4. 13, 2000다34891; 서울고판 2005. 7. 20, 2004나39179(이는 대판 2008. 4. 10, 2005다48994에 의해 그대로 인정됨); 대판 2001. 10. 23, 99다36280.
75) 대판 2010. 7. 22, 2010다13527. 광주광역시장이 개별공시지가를 잘못 산정함으로써 그에 기초하여 해당 토지의 담보가치를 높게 책정하여 대출을 많이 해주었다가 손해를 입은 은행이 광주광역시를 상대로 손해배상을 청구한

한편, 판례는 근거법령의 사익보호성을 인과관계의 문제로 보고 있다. 즉, 비록 공무원이 법령에 위반되는 행위를 하여 사인에게 손해를 입혔다 하더라도 해당 법령이 순전히 공익목적을 위해 규정한 것이라면 그 위반행위와 사인에게 발생한 손해 사이에는 상당인과관계가 없다고 한다.[76] 이에 대해서는, 근거법령의 사익보호성은 위법성의 문제로 검토되어야 한다는 비판이 있다.[77]

판례 〈근거 법령 내지 직무상 의무의 사익보호성을 인정한 판례〉

① **하천 유지·관리를 담당하는 공무원이 하천점용상황을 점검하여 불법적인 점용실태가 적발된 경우에 그 시정을 위해 필요한 조치를 취할 의무**

하천의 유지·관리 및 법령 위반자 등에 대한 처분에 관한 하천법 제15조 제1항, 제28조 제1항, 제64조 제1항, 제68조 제1항 등 관련 규정을 종합해 보면, 이 사건 안양천의 유지·관리 및 점용허가 관련 업무를 맡고 있는 피고 서울특별시 양천구의 담당공무원은 안양천의 적정한 유지·관리를 도모하고, 점용허가로 인한 공공의 피해가 발생하지 아니하도록 점용허가를 받은 자가 허가조건을 준수하도록 하여야 하며, 정기적으로 하천점용상황에 대한 점검을 실시하여 불법적인 점용실태가 적발될 경우에는 그 시정을 위한 필요한 조치를 취하여야 할 직무상 의무가 있다고 할 것이고, 이러한 의무는 단순히 공공 일반의 이익을 위한 것만이 아니라 부수적으로라도 사회구성원 개개인의 안전과 이익을 보호하기 위하여 설정된 것으로 보아야 할 것이다. (대판 2006. 4. 14. 2003다41746)

② **공무원이 토지형질변경허가시 인근 토지에 피해가 발생하지 않도록 필요한 조치를 취할 의무**

구 도시계획법, 구 도시계획법시행령, 토지의 형질변경 등 행위 허가기준 등에 관한 규칙 등의 관련 규정의 취지를 종합하여 보면, 시장 등은 토지형질변경허가를 함에 있어 허가지의 인근 지역에 토사붕괴나 낙석 등으로 인한 피해가 발생하지 않도록 허가를 받은 자에게 옹벽이나 방책을 설치하게 하거나 그가 이를 이행하지 아니할 때에는 스스로 필요한 조치를 취하는 직무상 의무를 진다고 해석되고, 이러한 의무의 내용은 단순히 공공 일반의 이익을 위한 것이 아니라 전적으로 또는 부수적으로 사회구성원 개인의 안전과 이익을 보호하기 위하여 설정된 것이라 할 것이므로, 지방자치단체의 공무원이 그와 같은 위험관리의무를 다하지 아니한 경우 그 의무위반이 직무에 충실한 보통 일반의 공무원을 표준으로 할 때 객관적 정당성을 상실하였다고 인정될 정도에 이른 경우에는 국가배상법 제2조에서 말하는 위법의 요건을 충족하였다고 봄이 상당하다. (대판 2001. 3. 9. 99다64278)

③ **소방공무원이 소방법을 위반한 자에 대해 화재예방 등을 위해 필요한 조치를 취할 의무**

구 소방법(2003. 5. 29. 소방기본법 부칙 제2조로 폐지)은 화재를 예방·경계·진압하고 재난·재해 및 그 밖의 위급한 상황에서의 구조·구급활동을 통하여 국민의 생명·신체 및 재산을 보호함으로써 공공의 안녕질서의 유지와 복리증진에 이바지함을 목적으로 하여 제정된 법으로서, 소방법의 규정들은 단순히 전체로서의 공공 일반의 안전을 도모하기 위한 것에서 더 나아가 국민 개개인의 인명과 재화의 안전보장을 목적으로 하여 둔 것이므로, 소방공무원이 소방법 규정에서 정하여진 직무상의 의무를 게을리한 경우 그 의무 위반이 직무에 충실한 보통 일반의 공무원을 표준으로 할 때 객관적 정당성을 상실하였다고 인정될 정도에 이른 경우에는 국가배상법 제2조에서 말하는 위법의 요건을 충족하였다고 봄이 상당하다. (대판 2008. 4. 10. 2005다48994)

사건이다.

76) 대판 2001. 4. 13, 2000다54891; 대판 2010. 7. 22, 2010다13527; 서울고판 2005. 7. 20, 2004나39179.
77) 정하중/김광수, 530면; 류지태/박종수, 525면.

④ 공무원이 식품위생법 또는 건축법 위반행위에 대해 필요한 조치를 취할 의무

식품위생법상 식품접객업의 시설기준을 정하여 그 위반행위에 대하여 시설개수명령·영업정지 등을 부과하도록 한 취지 및 건축법에서 무단 용도변경행위를 금지하고 이에 위반한 건축물에 대하여 철거·개축 등 필요한 조치를 명할 수 있도록 한 취지는 부수적으로라도 사회구성원 개인의 안전과 이익을 보호하기 위하여 설정된 것이라고 보아야 할 것이다. (대판 2008. 4. 10. 2005다48994)

※ 한편, 이 사건에서 대법원은 공무원이 불법으로 칸막이시설을 하거나 용도변경을 한 영업자에 대하여 식품위생법이나 건축법상의 필요한 조치를 취하지 않은 직무상 의무위반행위와 화재로 인한 이 사건 망인들의 사망이라는 결과 사이에는 상당인과관계가 없다고 함으로써 결론적으로는 국가배상책임을 인정하지 않았음에도 유의하여야 할 것이다.

⑤ 미니컵젤리 질식사망사건

식품위생법이 식품의약품안전청장 등으로 하여금 식품 또는 식품첨가물의 제조 등의 방법과 성분, 용기와 포장의 제조방법과 그 원재료, 표시 등에 대하여 일정한 기준 및 규격 등을 마련하도록 하고, 그와 같은 기준 및 규격 등을 준수하는지 여부를 확인할 필요가 있거나 위생상 위해가 발생할 우려나 국민보건상의 필요가 있을 경우 수입신고시 식품 등을 검사하도록 규정하고 있는 규정의 취지는 단순히 국민 전체의 보건을 증진한다고 하는 공공 일반의 이익만을 위한 것이 아니라, 그와 함께 사회구성원 개개인의 건강상의 위해를 방지하는 등의 개별적인 안전과 이익도 도모하기 위하여 설정된 것이라고 할 수 있다.

어린이가 '미니컵 젤리'를 먹다가 질식하여 사망한 사안에서, 그 사고 발생 전에 미니컵 젤리에 대한 세계 각국의 규제 내용이 주로 곤약 등 미니컵 젤리의 성분과 용기의 규격에 대한 규제에 머물러 있었고, 대한민국 정부도 그 수준에 맞추어 미니컵 젤리의 기준과 규격, 표시 등을 규제하는 조치를 취하여 위 사고 발생 전까지 미니컵 젤리와 관련한 질식사고가 발생하지 않았던 점 등에 비추어, 비록 당시의 과학수준상 미니컵 젤리의 성분에 대하여 허위신고를 하더라도 그 진위를 가려내기 어려웠고, 위 사고 발생 후 시험 등을 통하여 그러한 허위신고의 가능성이 확인되고 곤약 등을 제외한 다른 성분을 함유한 미니컵 젤리로 인한 질식의 위험성이 드러났다고 하더라도, 위 사고 발생 무렵 식품의약품안전청장 및 관계 공무원이 그러한 위험성을 인식하거나 예견하기 어려웠던 점 등 여러 사정을 고려하여 보면, 식품의약품안전청장 및 관계 공무원이 위 사고발생시까지 식품위생법상의 규제 권한을 행사하여 미니컵 젤리의 수입·유통 등을 금지하거나 그 기준과 규격, 표시 등을 강화하고 그에 필요한 검사 등을 실시하는 조치를 취하지 않은 것이 현저하게 합리성을 잃어 사회적 타당성이 없다거나 객관적 정당성을 상실하여 위법하다고 할 수 있을 정도에까지 이르렀다고 보기 어렵고, 그 권한 불행사에 과실이 있다고 할 수도 없다. (대판 2010. 9. 9. 2008다77795)

⑥ 주민등록상의 성명을 정정한 공무원이 그 내용을 본적지 관할 행정청에 통보할 의무

주민등록법 관계 법령이 본적지와 다른 주민등록지에서 주민의 성명 등과 같은 중요한 기본적 신분사항을 신규등록하거나 이를 사후적으로 변경할 경우에 주민등록지의 관할관청에게 본적지의 관할관청에 대한 통보의무 및 본적지의 관할관청에게 그 등록사항에 관한 확인대조의무와 상이한 사항에 관한 통보의무를 각기 부과하고 있는 취지는, 사람의 신분사항을 기재한 기초적인 공부로서 그 기재 내용이 진실에 부합되는 것으로 추정을 받고 있는 호적부의 기재사항을 중심으로 주민등록의 신분사항을 일치시키고 만일 그 주민등록에 있어서의 신분사항이 불법적으로 변조 또는 위조되는 사태가 발생하게 되면 그것을 기초로 하여 발급된 허위내용의 주민등록등·초본, 인감증명서나 주민등록증이 부정 사용됨으로써 국민 개개인이 신분상·재산상의 권리에 관하여 회복할 수 없는 손해를 입게 되는 사태를 예방하기 위한 것이므로, 주민등록사무를 담당하는 공무원으로서는 만일 개명(改名)과 같은 사유로 주민등록상의 성명을 정정한 경우에는 반드시 본적지의 관할관청에 대하여 그 변경사항을 통보하여 본적지의 호적관서로 하여

금 그 정정사항의 진위를 재확인할 수 있도록 할 직무상의 의무가 있다고 할 것이고, 이러한 직무상 의무는 단순히 공공 일반의 이익을 위한 것이거나 행정기관 내부의 질서를 규율하기 위한 것이 아니고 전적으로 또는 부수적으로 사회구성원 개인의 안전과 이익을 보호하기 위하여 설정된 것이다.

따라서 피고 소속 동사무소 직원이 갑에 관한 주민등록상 성명을 정정한 후 이를 갑의 본적지에 통보하였더라면 당연히 본적지의 호적관서에서 그와 같은 불법적인 주민등록상 성명정정 행위를 즉시 적발하였을 것임에도, 이러한 직무상 의무를 위반하여 그와 같은 통보를 하지 아니하는 바람에 주민등록상에 허위내용의 성명정정사항이 그대로 방치되었다가 갑이 허위내용의 인감증명서와 주민등록등 · 초본들을 계속적으로 발급받은 다음 이들 서류를 이용하여 불법적으로 원고 소유의 이 사건 부동산에 관하여 근저당권설정등기를 경료하게 됨으로써 원고의 재산권을 침해하는 결과에 이르렀고, … 나아가 갑이 원고의 성명을 도용하여 원고 행세를 하면서 타인으로부터 금원을 차용하는 등으로 원고의 재산적 및 인격적 법익이 침해당하게 된 것이라면, 피고 소속 공무원의 직무상의 과실과 원고의 위와 같은 손해 사이에는 상당인과관계도 있다고 할 것이다. (대판 2003. 4. 25. 2001다59842)

〈근거 법령 내지 직무상 의무의 사익보호성을 부정한 판례〉

① 풍속영업신고를 적법하게 수리할 의무

풍속영업의 규제에 관한 법률 제5조에서 … 풍속영업을 영위하고자 하는 자로 하여금 경찰서장에게 신고하도록 한 규정의 취지는 선량한 풍속을 해하거나 청소년의 건전한 육성을 저해하는 행위 등을 규제하여 미풍양속의 보존과 청소년보호에 이바지하려는데 있는 것이므로(제1조), 위 법률에서 요구되는 풍속영업의 신고 및 이에 대한 수리행위는 오로지 공공 일반의 이익을 위한 것으로 볼 것이고, 부수적으로라도 사회구성원의 개인의 안전과 이익 특히 사적인 거래의 안전을 보호하기 위한 것이라고 볼 수는 없다. 따라서 노래연습장의 시설 및 영업 일체를 양수한 후 풍속영업의 규제에 관한 법률의 규정에 따라 영업주 명의변경을 위하여 경찰서장에게 풍속영업변경신고서를 제출하였으나, 위 노래연습장 건물에 이미 속셈학원과 컴퓨터학원이 있다는 것이 발견되어 전 영업주의 풍속영업신고서 수리행위가 잘못된 것으로 밝혀지자 경찰서장이 위 발급신고서를 반려한 경우, 경찰서장이 전 영업주의 영업신고서를 잘못 수리한 행위나 이를 즉시 시정하지 않은 행위와 영업변경신고서가 반려됨으로써 양수인이 입은 영업상 손해 사이에 상당인과관계가 없다. (대판 2001. 4. 13. 2000다34891)

② 경찰관이 유흥주점에 대한 단속사실을 허가관청에 통보할 의무

풍속영업의 규제에 관한 법률의 목적은 선량한 풍속을 해하거나 청소년의 건전한 육성을 저해하는 행위 등을 규제하여 미풍양속의 보존과 청소년보호에 이바지하려는 데 있는 것이어서(제1조), 위 법률 제6조 제1항에서 풍속영업자 등의 위반사항에 관하여 경찰서장이 허가관청에 통보하도록 한 것은 오로지 공공 일반의 이익을 위한 것으로 볼 것이지, 사회 구성원 개인의 안전과 이익을 위한 것이라고 볼 수 없으므로, 위 경찰공무원들의 직무상 의무위반행위와 위 망인들이 사망으로 입은 손해 사이에는 상당인과관계가 있다고 할 수 없다. (서울고판 2005. 7. 20. 2004나39179)

③ 상수원수의 수질을 법이 정한 기준 이상으로 유지할 의무

〈사건개요〉 부산시민에게 수돗물을 공급하기 위한 취수장이 위치한 낙동강 매리지역의 수질이 상수원수 3급에도 미치지 못하자 부산광역시에 거주하는 시민 갑 등은 국가는 상수원으로 사용되는 하천수를 환경정책기본법 시행령 제2조 [별표 1]에서 정한 상수원수 3급 이상의 수질이 유지되게 하여야 하고, 또한 수돗물 공급자인 부산광역시는 상수원수 2급에 미달하는 상수원수를 취수하여 수돗물을 생산할 경우에는 고도의 정수처리를 하여야 함에도 불구하고, 국가는 이러한 의무에 위반하여 낙동강 하천수의 수질관리를 제대로 하지 못하였고 부산광역시는 상수원수 2급에 미달하는 하천수를 일반적 정수처리 후 수돗물을 생산·공급함으로써, 이를 마신 자신들이 정신적 고통을 입었다고 주장하며 국가배상청구소송을 제기하였다.

〈판단〉 상수원수의 수질을 환경기준에 따라 유지하도록 규정하고 있는 관련 법령의 취지·목적·내용과 그 법령에 따라 국가 또는 지방자치단체가 부담하는 의무의 성질 등을 고려할 때, 국가 등에게 일정한 기준에 따라 상수원수의 수질을 유지하여야 할 의무를 부과하고 있는 법령의 규정은 국민에게 양질의 수돗물이 공급되게 함으로써 국민 일반의 건강을 보호하여 공공 일반의 전체적인 이익을 도모하기 위한 것이지, 국민 개개인의 안전과 이익을 직접적으로 보호하기 위한 규정이 아니므로, 국민에게 공급된 수돗물의 상수원의 수질이 수질기준에 미달한 경우가 있고, 이로 말미암아 국민이 법령에 정하여진 수질기준에 미달한 상수원수로 생산된 수돗물을 마심으로써 건강상의 위해 발생에 대한 염려 등에 따른 정신적 고통을 받았다고 하더라도, 이러한 사정만으로는 국가 또는 지방자치단체가 국민에게 손해배상책임을 부담하지 아니한다. 또한 상수원수 2급에 미달하는 상수원수는 고도의 정수처리 후 사용하여야 한다는 환경정책기본법령상의 의무 역시 위에서 본 수질기준 유지의무와 같은 성질의 것이므로, 지방자치단체가 상수원수의 수질기준에 미달하는 하천수를 취수하거나 상수원수 3급 이하의 하천수를 취수하여 고도의 정수처리가 아닌 일반적 정수처리 후 수돗물을 생산·공급하였다고 하더라도, 그렇게 공급된 수돗물이 음용수 기준에 적합하고 몸에 해로운 물질이 포함되어 있지 아니한 이상, 지방자치단체의 위와 같은 수돗물 생산·공급행위가 국민에 대한 불법행위가 되지 아니한다. (대판 2001. 10. 23. 99다36280)

〈제한적으로 직무상 의무의 사익보호성을 인정한 판례〉

개별공시지가산정의 위법과 사법상 거래행위의 보호

개별공시지가는 그 산정 목적인 개발부담금의 부과, 토지 관련 조세 부과 등 다른 법령이 정하는 목적을 위해 지가를 산정하는 경우에 그 산정 기준이 되는 범위 내에서는 납세자인 국민 등의 재산상 권리·의무에 직접적인 영향을 미칠 수 있지만, 이에 더 나아가 개별공시지가가 당해 토지의 거래 또는 담보제공을 받음에 있어 그 실제 거래가액 또는 담보가치를 보장한다거나 어떠한 구속력을 미친다고 할 수는 없다.

결론적으로, 개별공시지가 산정업무 담당공무원 등이 잘못 산정·공시한 개별공시지가를 신뢰한 나머지 토지의 담보가치가 충분하다고 믿고 그 토지에 관하여 근저당권설정등기를 경료한 후 물품을 추가로 공급함으로써 손해를 입었음을 이유로 그 담당공무원이 속한 지방자치단체에 손해배상을 구한 사안에서, 그 담당공무원 등의 개별공시지가 산정에 관한 직무상 위반행위와 위 손해 사이에 상당인과관계가 있다고 보기 어렵다고 한 사례. (대판 2010. 7. 22. 2010다13527)

(4) 공무원이 법이 정한 요건과 절차에 따라 직무를 집행하는 과정에서 타인에게 손해를 발생케 한 경우의 위법성 문제

① 문제의 소재 : 공무원이 법이 정한 요건과 절차에 따라 직무를 집행하는 과정에서 타인에게 손해가 발생한 경우에 공무원의 행위가 위법하다고 할 수 있는지가 문제된다. 예컨대 심야에 경찰관이 순찰차로 범죄의 의심이 있는 차량을 추적하자 교통신호를 무시하고 과속으로 도주하던 차량이 다른 차량과 충돌하여 타인을 사망케 한 경우에 해당 차량이 과속으로 도주하도록 한 경찰관의 추적행위가 위법하다고 볼 수 있는지의 문제가 그에 해당한다.

② 판례의 입장 : 위 사안에서 원심(광주고등법원)은 「경찰관들은 가해차량을 계속 추적하다가는 가해차량이 과속과 신호위반 등으로 교통사고를 일으킬 가능성이 있다는 것을 충분히 예견할 수

있었고, 따라서 경찰관들의 추적행위는 그 필요성이 결여되었거나, 만일 그 필요성이 인정되더라도 예측되는 구체적 위험발생 가능성에 비추어 볼 때 현저히 상당성을 결하여 위법하다」고 하였다.[78]

그러나 이에 대한 상고심에서 대법원은 「국가배상책임은 공무원의 직무집행이 법령에 위반한 것임을 요건으로 하는 것으로서, 공무원의 직무집행이 법령이 정한 요건과 절차에 따라 이루어진 것이라면 특별한 사정이 없는 한 이는 법령에 적합한 것이고 그 과정에서 개인의 권리가 침해되는 일이 생긴다고 하여 그 법령적합성이 곧바로 부정되는 것은 아니다」고 전제한 다음, 위 사안에서는 i) 교통법규를 위반하고 경찰관의 정지 지시에 불응하여 도주하는 차량을 순찰차로 추적하는 행위는 직무수행을 위해 필요한 조치이며, ii) 이 사건 순찰차가 도주차량을 추적한 도로는 편도 2차로 또는 4차로의 비교적 폭이 넓은 도로로서 당시는 사람이나 차량의 왕래가 별로 없는 새벽 1시가 넘은 시간대였다는 점에 비추어 보면, 위 경찰관들이 이 사건 추적으로 인하여 제3자가 피해를 입으리라는 구체적인 위험성을 예견하였거나 이를 예견할 수 있었다고 보기는 어렵다는 등의 이유로, 경찰관의 도주차량 추적행위가 적법하다고 보아 국가배상책임을 인정하지 않았다.[79]

(5) 선결문제(국가배상소송에서의 처분의 위법성 판단)

1) 문제의 소재

위법한 행정처분을 받은 국민이 그 권리를 구제받기 위해서는 원칙적으로 해당 처분에 대한 취소소송(행정소송)을 제기하여 그 처분을 취소받아야 하며, 위법한 행정처분으로 인한 금전적 손해에 대해서는 별도로 국가배상청구소송(민사소송)을 제기하여야 한다.[80] 그런데 처분의 상대방이 처분에 대한 취소소송은 제기하지 않고 곧바로 국가배상청구소송을 제기한 경우에 국가배상소송의 수소법원(민사법원)이 스스로 행정처분의 위법성 여부를 심사하여 국가배상책임의 성립 여부를 판단할 수 있는지가 문제된다. 이는 특히 처분에 대한 제소기간이 경과함으로써 취소소송을 제기할 수 없게 된 경우에 국가배상소송에 의한 권리구제가 실효를 거둘 수 있는지의 문제와 관련하여 중요한 의미를 가진다고 할 것이다.

2) 선결문제에 관한 법률 규정

행정소송법 제11조는 선결문제와 관련하여 「처분 등의 효력 유무 또는 존재 여부가 민사소송의 선결문제로 되어 당해 민사소송의 수소법원이 이를 심리·판단하는 경우에는 제17조 등의 규정을 준용한다」고 함으로써, 민사법원이 처분의 유효·무효 여부와 존재·부존재 여부를 심사할 수 있음을 분명히 하고 있다. 그러나 처분의 위법 여부(취소사유)에 대해 심사할 수 있는지에 관해서는 아무런 규정이 없어 그에 관한 다툼이 있다.

---

78) 광주고판 2000. 4. 12, 99나2972.
79) 대판 2000. 11. 10, 2000다26807.
80) 국민은 취소소송에 국가배상소송을 병합 제기할 수도 있고, 만일 각각의 법원에 소가 제기된 경우에는 국가배상소송을 취소소송이 계속된 법원으로 이송할 수도 있다(행정소송법 제10조).

3) 학설

① **부정설** : 이는 행정처분이 당연무효가 아닌 한 민사법원은 행정처분의 위법성 여부를 심사할 수 없다는 견해로서, 그 논거로는 다음과 같은 것을 들고 있다.[81] i) 행정처분은 공정력이 인정되기 때문에 그것이 당연무효가 아닌 한 권한있는 기관에 의하여 취소될 때까지는 어떠한 국가기관(다만 처분청과 취소소송의 수소법원은 제외)도 그 효력에 구속되어야 한다. ii) 민사소송과 별도로 행정소송제도를 인정하고 있는 우리나라에서는 행정처분의 위법성 여부에 대한 심사는 행정소송의 배타적 관할에 속한다. iii) 선결문제에 관해 규정하고 있는 행정소송법 제11조는 '처분 등의 효력 유무 또는 존재 여부'가 민사소송의 선결문제로 되는 경우에는 민사법원이 스스로 심리·판단할 수 있다고 규정하고 있는데, 이는 '처분의 위법성'에 대해서는 민사법원이 심사할 수 없다는 것을 의미한다.

② **긍정설** : 이는 민사법원은 행정처분의 효력을 부인(취소)하지 않는 범위에서 선결문제로서 행정처분의 위법성 여부를 스스로 심사하여 이를 기초로 자기 사건을 재판할 수 있다는 견해로서, 그 논거로는 다음과 같은 것을 들고 있다.[82] i) 선결문제는 '행정처분의 국가기관(법원)에 대한 구속력'의 문제이기 때문에 공정력과 관계되는 것이 아니라 구성요건적 효력과 관계되는 것이며, 민사법원이 행정처분의 효력을 부인(취소)하지 않는 한도에서 그 위법성을 심사하는 것은 구성요건적 효력에 반하는 것이 아니다. ii) 행정소송의 배타적 관할에 속하는 것은 행정처분의 '위법성 여부'에 대한 심사가 아니라 위법한 행정처분의 효력을 '취소'시키는 것이므로 민사법원이 처분의 위법성 여부만을 심사하는 것은 행정소송의 배타적 관할권을 침해하는 것은 아니다. iii) 행정소송법 제11조가 선결문제에 관해 '행정처분의 효력 유무 또는 존재 여부'에 관해서만 규정하고 있는 것은 법 제정 당시 학설상 다툼이 없는 부분에 대해서만 명시한 것이고 그 밖의 부분은 학설·판례의 발전에 맡긴 것으로 보아야 한다.

4) 판례

판례는 「미리 행정처분의 취소판결이 있어야만 그 행정처분의 위법임을 이유로 한 손해배상을 청구할 수 있는 것은 아니다」라고 함으로써 긍정설의 입장을 취하고 있다.[83]

(6) 항고소송에서의 위법과 국가배상에서의 위법(항고소송의 기판력이 국가배상청구소송에 미치는지의 문제)

│ 기본사례

승용차용 타이어가 수입선 다변화품목에 새로이 추가되자 일본 브리지스톤사 제품인 경트럭용 타이어를 수입·판매하는 갑은 관할 장관에게 자신이 수입·판매하는 타이어가 수입선 다변화품목에 해당하는지 여부에 대해 질의를 하였고, 해당 장관으로부터 동 타이어는 경트럭용 타이어이므로 수입선 다변화품

---

81) 이상규(상), 408면.
82) 김남진/김연태(I), 680면; 김남철, 616면; 홍정선(상), 838면; 하명호, 481면.
83) 대판 1972. 4. 28, 72다337; 대판 1981. 8. 25, 80다1598.

목인 승용차용 타이어에 해당하지 않는다는 회신을 받았다. 이에 갑은 동 타이어를 수입하여 이를 통관하려 하였는데, 세관장 을은 동 타이어가 국내에서는 실제로 지프형 승용차에 장착되어 사용된다는 이유로 이를 수입선 다변화품목인 승용차용 타이어에 해당한다고 보아 그 통관을 보류하였다. 이에 갑은 세관장의 통관보류처분에 대한 취소소송을 제기하였는바, 수소법원은 경트럭용 타이어가 국내에서는 지프형 승용차에 장착되어 사용될 가능성이 있다는 이유만으로 이를 수입선 다변화품목인 승용차용 타이어로 분류하여 통관보류처분을 한 것은 위법하다고 판시하였으며, 세관장이 항소를 하지 않아 이 판결은 그대로 확정되었다. 이에 갑은 세관장이 위법하게 통관보류처분을 함으로써 발생한 손해에 대한 국가배상청구소송을 제기하였다. 이때 국가배상소송의 수소법원은 통관보류처분이 위법한지에 대하여 행정소송에서의 판결과는 별도로 독자적으로 판단할 수 있는가.

1) 문제의 소재

항고소송에서 어떠한 행정처분이 적법 또는 위법하다는 것이 확정된 경우에 그 판결의 기판력이 처분의 위법을 이유로 한 국가배상소송에 미치는지, 즉 국가배상소송의 수소법원은 항고소송에서 확정된 처분의 적법 또는 위법 판단에 기속되는지가 문제된다. 이는 항고소송에서의 위법과 국가배상에서의 위법이 같은 의미인지의 문제와 직접적인 관련을 갖는다.

2) 학설

① **긍정설**：긍정설(전부기판력긍정설)에 의하면 항고소송에서의 위법과 국가배상에서의 위법은 동일한 것으로 보며, 따라서 항고소송에서의 행정처분의 위법성에 대한 기판력은 전부 후소인 국가배상소송에 미친다고 한다.[84] 이는 주로 국가배상에서의 위법의 의미에 대하여 좁은 의미의 행위위법설을 취하는 학자들의 견해로서, 위법의 개념을 다양화하는 것은 혼란을 가져올 우려가 있을 뿐만 아니라 분쟁의 일회적 해결 및 법질서의 일체성에도 반한다는 것을 논거로 한다.

이러한 견해에 의하면, 항고소송에서 행정처분의 적법성이 인정되어 원고의 청구에 대한 기각판결이 확정되면 국가배상소송에서 원고는 더 이상 행정처분의 위법을 주장하지 못하며, 반대로 항고소송에서 행정처분의 위법성이 인정되어 원고의 청구에 대한 인용판결이 확정되면 국가배상소송에서 국가 등은 더 이상 행정처분의 적법을 주장하지 못한다고 한다.

② **부정설**：부정설(전부기판력부정설)에 의하면 항고소송에서의 위법과 국가배상에서의 위법은 서로 다른 것으로 보며, 따라서 행정처분의 위법성에 관한 항고소송의 기판력은 전혀 후소인 국가배상소송에 미치지 않는다고 한다. 이는 주로 국가배상에서의 위법의 의미에 대하여 직무의무위반설을 취하는 학자들의 입장이라 할 수 있다.[85] 즉, 항고소송에서의 위법은 '행정처분이 객관적으로 법령에 위반되는 것'을 의미하는데 대하여 국가배상에서의 위법은 행정작용을 행한 '공무원에게 직무상 의무위반이 있는 것'을 의미하므로 양자에 있어 위법의 의미는 다르며, 따라서 행정처분의 위법성에 관한 항고소송의 기판력은 국가배상소송에는 미치지 않는다고 한다.

③ **중간설**：중간설(제한적 기판력긍정설)에 의하면 국가배상에서의 위법개념이 항고소송에서의

---

84) 김중권, 906면, 정하중/김광수, 531면; 홍정선(상), 839면.

85) 류지태/박종수, 529면.

위법개념보다 넓다는 전제하에, 항고소송의 기판력은 제한적으로 국가배상소송에 미친다고 한다.[86] 즉, 항고소송에서 행정처분의 위법성이 인정되면 국가배상에 있어서도 위법성이 인정되어야 하므로 항고소송에 있어 인용판결의 기판력은 국가배상소송에 미치지만, 항고소송에서 행정처분의 위법성이 인정되지 않은 경우에도 국가배상에서는 위법성이 인정될 수 있기 때문에 항고소송에 있어 기각판결의 기판력은 국가배상소송에는 미치지 않는다고 한다. 이는 주로 국가배상법상 위법의 의미에 관하여 넓은 의미의 행위위법설을 취하는 학자들의 견해이다.

④ 소결 : 국가배상에 있어서의 위법성은 행정작용이 객관적으로 법령에 위반한 것을 의미하는 것이 아니라 '공무원의 직무집행행위의 위법성'을 의미하는 것이므로 항고소송에 있어서의 위법과는 달리 판단되어야 할 것이다. 긍정설을 취하는 학자에 의하면 위법의 개념을 다양화하는 것은 혼란을 가져올 우려가 있다는 이유로 국가배상소송에 있어서의 위법과 항고소송에 있어서의 위법을 동일한 개념으로 이해하여야 한다고 하나, 항고소송과 국가배상소송은 그 목적이나 성질이 다르기 때문에 국가배상에 있어서의 위법은 독자적으로 판단되는 것이 타당할 것이다.

이와 같이 볼 때 항고소송의 기판력은 원칙적으로 국가배상소송에는 미치지 않는다고 할 것이다. 물론 항고소송에서 행정처분의 위법성이 인정되면 국가배상소송에서도 위법성이 인정될 개연성이 매우 높다고 할 것이지만, 그러나 국가배상소송에서 위법성에 대한 독자적인 판단가능성도 열어두어야 할 것이다.

3) 판례

① 항고소송의 기판력과 국가배상책임 : 어떠한 행정처분이 항고소송에서 취소되었다고 할지라도 그 기판력에 의하여 곧바로 국가배상책임이 인정될 수는 없고, '공무원이 직무를 집행하면서 고의 또는 과실로 법령을 위반하여 타인에게 손해를 입힌 때'라고 하는 국가배상법 제2조 제1항의 요건이 충족되어야 한다는 것이 판례의 입장이다.[87]

② 법령에 대한 해석이 복잡·미묘하여 매우 어렵고 이에 대한 학설·판례조차 확립되기 전에 공무원이 어느 한 설을 취하여 행정처분을 내렸는데 항고소송에서 그 처분이 위법하다는 이유로 취소된 경우에 국가배상소송에서도 위법성이 인정되는지의 문제 : 이에 관해 대법원은 「어떠한 행정처분이 후에 항고소송에서 취소되었다고 할지라도 당해 행정처분이 곧바로 공무원의 고의 또는 과실로 인한 불법행위를 구성한다고 단정할 수는 없는 것이다. 왜냐하면 행정청이 관계 법령의 해석이 확립되기 전에 어느 한 설을 취하여 업무를 처리한 것이 결과적으로 위법하게 되어 그 법령의 부당집행이라는 결과를 빚었다고 하더라도 처분 당시 그와 같은 처리방법 이상의 것을 성실한 평균적 공무원에게 기대하기 어려웠던 경우라면 특단의 사정이 없는 한 이를 두고 공무원의 과실로 인한 것이라고는 할 수 없기 때문이다」고 판시하였다.[88] 이는 항고소송에서 행정처분의 위법성이 확정

---

86) 김남철 교수는 취소소송의 인용판결은 국가배상소송에 영향을 미치지만 기각판결은 영향을 미치지 않는다고 함으로써 중간설을 취하고 있는데, 그 논거는 다소 다르다(김남철, 618면).

87) 대판 2022. 4. 28, 2017다233061.

88) 대판 1997. 7. 11, 97다7608. 同旨의 판례 : 대판 1995. 10. 13, 95다32747; 대판 1997. 5. 28, 95다15735; 대판

되면 국가배상에 있어서도 일단 위법성은 인정되고 다만 공무원의 고의·과실에 대해서는 별도의 판단이 필요하다는 취지라고 해석되는데, 이는 위법의 의미에 관하여 행위위법설에 입각한 것으로 여겨진다.

그런데 직무의무위반설에 의하면 행정처분이 항고소송에서 취소되었다는 것만으로 곧 국가배상에서도 위법성이 인정되는 것은 아니고, 해당 사건에서 공무원의 직무상 의무위반이 있는지를 따져서 위법성 여부를 결정하게 된다. 즉, 직무의무위반설에 의하면 처분이 항고소송에서 취소된 경우에도 공무원의 직무상 의무위반이 없으면 국가배상에 있어서 위법성 자체가 인정되지 않게 된다.

③ 항고소송에서 행정처분이 재량권의 일탈·남용을 이유로 위법하다고 인정된 경우에 국가배상에서도 위법성이 인정되어야 하는지의 문제 : 공무원이 행한 재량처분이 항고소송에서 재량권의 일탈·남용이라 인정되어 취소된 경우에 그 처분으로 인해 손해를 받은 자에 대한 국가배상책임이 성립되는지가 문제된 사안에서, 판례는 '재량권을 잘못 행사한 데 대한 공무원의 고의·과실이 있는지'에 따라 국가배상책임의 성립 여부를 판단한다.[89] 이는 항고소송에서 재량행위의 위법성(재량권의 일탈·남용)이 인정되면 국가배상에 있어서도 일단 위법성은 인정하고 다만 재량권을 일탈·남용한 데 대한 공무원의 고의·과실에 대해서는 별도의 판단이 필요하다는 취지로 해석된다.

이 경우 역시 직무의무위반설에 따르면 비록 어떤 행정처분이 항고소송에서 재량의 일탈·남용에 해당한다고 인정되어 위법하다는 판결을 받았다 하더라도, 국가배상에 있어서는 재량결정에 있어 공무원의 직무상 의무위반이 없다면 위법성 자체가 인정되지 않게 된다.

(7) 형사소송에서의 무죄판결과 국가배상책임과의 관계

① 문제의 소재 : 사인에 대한 공무원의 가해행위가 형사소송에서 무죄판결을 받은 경우에는 국가배상책임도 부정되는지 아니면 국가배상책임은 이와 별도로 판단될 수 있는지가 문제된다.[90]

② 판례의 입장 : 불법행위에 따른 형사책임은 사회의 법질서를 위반한 행위에 대한 책임을 묻는 것으로서 행위자에 대한 공적인 제재(형벌)를 그 내용으로 하지만, 민사책임은 타인의 법익을 침해한 데 대하여 행위자의 개인적 책임을 묻는 것으로서 피해자에게 발생한 손해의 전보를 그

1999. 9. 17, 96다53413; 대판 2010. 6. 24, 2006다58738

89) 대판 2011. 1. 27, 2009다30946; 2013. 12. 26, 2013다208371. 예컨대 국공립대학 교원에 대한 재임용거부처분이 항고소송에서 재량권의 일탈·남용에 해당한다는 이유로 취소된 경우에 그로 인한 국가배상책임이 성립하기 위해서는 해당 재임용거부가 임용권자의 고의 또는 과실로 인한 것이라는 점이 인정되어야 한다고 한다(대판 2011. 1. 27, 2009다30946).

90) <사실관계> 갑은 후배 을과 주점에서 술을 마시다가 싸움이 발생하여 갑이 맥주병을 깨뜨려 을의 목을 찔렀다. 이에 주점 주인의 신고를 받고 출동한 경찰관 A와 B는 갑에게 경찰서까지 동행할 것을 요구하였지만 건장한 체격의 갑은 경찰관 A와 B를 공격하여 넘어뜨린 후 A의 배 위에 올라타서 폭행을 가하였다. 이에 경찰관 B는 갑에게 폭행행위를 중단하라고 경고하면서 공포탄 1발을 발사하였지만 갑이 이에 응하지 않고 계속 폭행을 가하자 갑을 향하여 실탄 1발을 발사하였는바, 그 실탄은 갑의 흉부를 관통하여 사망케 하였다. 경찰관 B는 업무상과실치사죄로 기소되었으나 대법원은 B의 총기사용이 경찰관직무집행법 제10조의4 제1항의 허용범위를 벗어난 위법한 행위라 볼 수 없다는 이유로 무죄판결을 선고하였다. 한편, 갑의 아내 병은 경찰관이 아무런 흉기를 소지하지 않고 있던 갑에게 총기를 사용하여 사망케 한 것은 위법하다는 이유로 국가배상청구소송을 제기하였다.

내용으로 하는 것이므로, 형사상 범죄를 구성하지 아니하는 침해행위라고 하더라도 그것이 민사상 불법행위를 구성하는지 여부는 형사책임과 별개의 관점에서 검토하여야 한다는 것이 판례의 입장이다. 따라서 경찰관이 범인을 제압하는 과정에서 총기를 사용하여 사망에 이르게 한 사안에서, 경찰관이 총기사용에 이르게 된 동기나 목적·경위 등을 고려하여 형사사건에서 무죄판결이 확정되었더라도, 경찰관이 신중하게 판단하였다면 굳이 아무런 흉기를 소지하고 있지 않고 단지 폭력을 휘두르던 피해자를 총기사용 없이 제압할 수 있었음에도 불구하고 섣불리 실탄을 발사하였으며, 또한 설령 부득이 실탄을 발사할 수밖에 없는 상황이었다고 하더라도 피해자의 하체 부분을 향하여 발사하는 등의 방법으로 그 위해를 최소한으로 줄일 여지도 있었음에도 불구하고 우측 흉부를 향해 실탄을 발사하여 사망이라는 중대한 결과를 초래한 과실이 있는 점을 종합해 보면 국가배상책임이 성립한다고 판시하였다.[91]

(8) 위법성의 판단시점·증명책임

공무원의 행위가 법령에 위반했는지의 여부에 대한 판단시점은 판결시가 아니라 공무원의 가해행위가 행해진 때를 기준으로 하여야 하며, 위법성에 대한 증명책임은 원칙적으로 피해자인 원고측에 있다고 본다.[92]

4. 고의·과실

(1) 의의

공무원의 직무상 불법행위로 인한 국가의 배상책임이 인정되기 위해서는 공무원의 고의 또는 과실에 의한 불법행위가 있어야 하는데, 이는 국가배상법 제2조 제1항이 원칙적으로 과실책임주의에 입각하고 있음을 보여준다. 따라서 공무원의 무과실행위에 대해서는 공무원뿐만 아니라 국가도 배상책임을 지지 아니한다.

고의란 자신의 행위로 인하여 일정한 결과가 발생하리라는 것을 알면서 이를 행하는 심리상태를 말하며, 과실이란 정상인의 주의를 기울였다면 자신의 행위로 인하여 일정한 결과가 발생한다는 것을 알 수 있었음에도 불구하고 부주의로 알지 못하고 행위를 한 경우를 말한다. 여기에서의 과실에는 경과실과 중과실이 모두 포함된다.

참고

국가배상책임이 성립하기 위해서는 '공무원에게 고의 또는 과실'이 있으면 족하고, 공무원의 선임·감독에 있어 '국가의 고의·과실' 여부는 묻지 아니한다. 이 점에서 사용자가 피용자의 선임·감독에 상당한 주의를 한 때에는 피용자의 위법행위에 대해 사용자의 손해배상책임을 인정하지 않는 민법 제756조의 사용자책임과 차이가 있다.[93]

---

91) 대판 2008. 2. 1, 2006다6713.
92) 김남진/김연태(I), 679면; 홍정선(상), 840면.
93) 민법 제756조 ① 타인을 사용하여 어느 사무에 종사하게 한 자는 피용자가 그 사무집행에 관하여 제삼자에게 가

(2) 증명책임

일반적으로 공무원의 고의·과실에 대한 증명책임은 국가배상을 청구하는 자(피해자)가 진다고 본다. 그러나 다음에 살펴보는 바와 같이 과실의 객관화 경향에 따라 민법상 일응의 추정법리에 의한 증명책임의 완화가 논의되고 있다.

(3) 과실의 객관화

본래 고의·과실은 공무원의 주관적 심리상태를 기초로 하므로 그 증명이 어려우며, 이로 인하여 국가배상책임이 성립하는데 커다란 제약요소가 되었다. 이에 따라 근래에는 국가배상법상의 과실개념을 객관화하여 피해자에 대한 구제의 폭을 넓히려는 시도가 행해지고 있는데, 그 내용은 다음과 같다.

① **평균적 공무원의 주의력** : 과실을 공무원의 주관적인 심리상태의 문제로 보지 않고 공무원의 직무상 요구되는 일반적인 주의의무위반으로 보아, 과실의 내용을 객관화·고도화하려는 것이다. 이러한 객관적 과실의 관념에 의하면 과실여부는 개개 공무원의 주의력이 아니라 '동일한 업무를 담당하는 평균적 공무원'의 주의력을 기준으로 판단하여야 한다고 한다. 우리의 판례도 「공무원의 직무집행상의 과실이라 함은 공무원이 그 직무를 수행함에 있어 동일한 업무를 담당하는 평균적 공무원이 갖추어야 할 통상의 주의의무를 게을리 한 것을 말한다」고 하였다.[94]

② **가해공무원 특정의 포기** : 전통적 견해는 국가배상책임이 성립하기 위해서는 가해 공무원이 누구인지 특정되어야 한다고 보았으나, 새로운 견해에 따르면 국가배상책임이 성립하기 위해서 가해공무원이 누구인지 특정되어야 할 필요는 없으며 누군가 공무원의 고의·과실에 의한 위법행위가 있으면 국가는 배상책임을 져야 한다고 한다. 이는 독일에서의 조직과실, 프랑스에서의 공역무과실 등의 개념과 일맥상통하는 것이라 할 수 있다.

우리나라의 경우도 시위진압과정에서 경찰관 및 전투경찰대원 중의 누군가가 부주의하게 안전수칙을 무시하고 최루탄을 투척함으로 인하여 시위가담자에게 발생한 손해에 대하여 가해공무원을 특정하지 않고도 국가배상책임을 인정하였다.[95]

그리고 위헌·무효인 긴급조치에 근거하여 행해진 강제수사와 유죄판결로 인해 입은 손해에 대한 국가배상청구소송에서는, 「긴급조치의 발령 및 적용·집행이라는 일련의 국가작용은 위법한 긴급조치의 발령행위와 이를 구체적으로 적용·집행하는 다수 공무원들의 행위가 전체적으로 모여 이루어졌다. 이처럼 광범위한 다수 공무원이 관여한 일련의 국가작용에 의한 기본권침해에 대해서 국가배상책임의 성립이 문제되는 경우에는 전체적으로 보아 객관적 주의의무 위반이 인정되면 충분하다. 만약 이러한 국가배상책임의 성립에 개별 공무원의 구체적인 직무집행행위를 특정하고 그에 대한 고의 또는 과실을 개별적·구체적으로 엄격히 요구한다면 일련의 국가작용이 국민

한 손해를 배상할 책임이 있다. 그러나 사용자가 피용자의 선임 및 그 사무감독에 상당한 주의를 한 때 또는 상당한 주의를 하여도 손해가 있을 경우에는 그러하지 아니하다.

94) 대판 2004. 6. 11, 2002다31018; 대판 2012. 2. 9, 2011다35210; 대판 2021. 10. 28, 2017다219218.
95) 광주지판 1988. 7. 14, 87가합909; 서울지판 1988. 9. 21, 88가합2327; 대판 1995. 11. 10, 95다23897.

의 기본권을 침해한 경우에 오히려 국가배상책임이 인정되기 어려워지는 불합리한 결론에 이르게 된다.」고 판시하였다.[96]

③ 일응의 추정의 법리 : 이는 민법상의 '일응의 추정법리'를 원용함으로써 공무원의 고의·과실에 대한 증명책임을 완화시키려는 입장이다. 즉, 피해자가 공무원의 위법한 직무행위에 의하여 손해가 발생하였음을 증명하게 되면 공무원에게 과실이 있는 것으로 일응 추정되어, 국가측에서 반대의 증명을 하지 못하는 한 배상책임을 져야 한다는 것이다. 독일의 경우 판례가 공무원의 직무의무 위반사실로부터 직접 공무원의 과실을 도출함으로써 과실추정에 상응하는 효과를 가져왔으며, 이에 의하여 국가배상에 있어서 과실의 요구는 허구가 되었다고 한다.[97]

(4) 구체적인 사안의 검토

특히 다음과 같은 경우에 공무원의 과실의 인정 여부가 문제된다.

① 공무원이 직무와 관련된 법령을 알지 못하거나 잘못 해석하여 타인에게 손해를 끼친 경우 : 일반적으로 공무원이 관계법규를 알지 못하거나 필요한 지식을 갖추지 못하여 법규의 해석을 잘못하여 행정처분을 하였다면, 그가 법률전문가가 아닌 행정직 공무원이라 하더라도 과실이 인정된다고 한다.[98] 그러나 법령에 대한 해석이 복잡미묘하여 워낙 어렵고 이에 대한 학설·판례조차 귀일되지 못한 경우에, 공무원이 그 나름대로 신중을 다하여 합리적인 근거를 찾아 그 중 어느 한 설을 취하여 내린 해석이 대법원의 입장과 달라 결과적으로 잘못된 해석이 되어 그 법령의 부당집행이란 결과를 빚었다 하더라도, 다른 특별한 사정이 없으면 그러한 설을 취한 처리가 공무원의 과실에 의한 것이라고 할 수 없다는 것이 판례의 입장이다.[99]

② 공무원이 재량처분을 함에 있어 상급기관이 발한 훈령에서 정한 기준에 따라 하였는데, 행정소송에서 그 처분이 재량권의 남용에 해당한다고 하여 취소된 경우 : 재량처분에 있어 공무원이 그 재량의 한계를 넘어선 처분을 하였다 하더라도, 어떠한 행정처분을 할 것인지에 관하여 행정청 내부에 일응의 기준이 정해져 있어서 공무원이 그 기준에 따라 행정처분을 한 것이라면, 그 공무원에게 직무상의 과실이 인정되지 않는다는 것이 판례의 입장이다.[100]

③ 행정처분이 항고소송에서 취소된 경우 : 어떠한 행정처분이 후에 항고소송에서 취소되었다고 할지라도 당해 처분이 곧바로 공무원의 고의 또는 과실로 인한 것으로서 불법행위를 구성한다고 단정할 수는 없는 것이고, 그 처분의 담당공무원이 일반의 공무원을 표준으로 하여 볼 때 객관적 주의의무를 위반하여 그러한 위법한 행정처분을 하였다고 인정되는 경우에 비로소 공무원의 과실을 인정할 수 있다는 것이 판례의 입장이다.[101]

④ 호적공무원, 등기공무원의 업무처리상의 과실여부 : 호적신고에 대한 호적공무원의 심사는 신

---

96) 대판 2022. 8. 30, 2018다212610; 대판 2023. 1. 12, 2021다201184; 대판 2023. 2. 2, 2020다270633.
97) RGZ 125, 85; Ossenbühl, a.a.O., S.62.
98) 대판 2001. 2. 9, 98다52988.
99) 대판 1997. 7. 11, 97다7608; 대판 1995. 10. 13, 95다32747.
100) 대판 1984. 7. 24, 84다카597; 대판 2002. 5. 10, 2001다62312.
101) 대판 2000. 5. 12, 99다70600; 대판 2001. 3. 13, 2000다20731; 대판 2003. 12. 11, 2001다65236.

고인이 제출하는 법정의 첨부서류만에 의하여 법정의 요건을 구비하고 있는지, 절차에 부합하고 있는지의 여부를 형식적으로 심사하는 것이고 그 신고사항의 실체적 진실과의 부합여부를 탐지하여 심사하는 것은 아니며, 등기신청이 있는 경우에 등기공무원도 당해 등기원인의 실질적 요건을 심사함이 없이 다만 그 외의 형식적 요건만을 심사하여 그것이 구비되어 있으면 가사 실질적 등기원인에 하자가 있다하더라도 그 등기신청을 받아들여 등기하여야 하는 것이므로, 호적공무원이나 등기공무원의 업무처리가 결과적으로 잘못되었다 하더라도 이를 가지고 직무집행상의 과실이 있다고 볼 수는 없다는 것이 판례의 입장이다.[102] 그러나 등기업무를 담당하는 평균적 등기관이 보통 갖추어야 할 통상의 주의의무만 기울이면 제출된 등기권리증 등이 진정하게 작성된 것이 아님을 식별할 수 있음에도 불구하고 이를 간과하였다면, 이는 그 형식적 심사권한을 행사함에 있어서 지켜야 할 주의의무를 위반한 것이어서 과실이 인정된다고 한다.[103]

⑤ 국가시험 출제 및 정답결정의 오류에 대한 관계 공무원 내지 시험위원의 과실 여부 : 법령에 의하여 국가가 그 시행 및 관리를 담당하는 시험에 있어 시험문항의 출제 및 정답결정에 오류가 있어 이로 인하여 합격자 결정이 위법하게 되었다는 것을 이유로 담당 공무원 내지 시험출제에 관여한 시험위원의 고의·과실로 인한 국가배상책임을 인정하기 위해서는, i) 해당 시험의 실시목적이 시험에 응시한 개인에게 특정한 자격을 부여하는 개인적 이해관계 이외에 일정한 수준의 적정자격을 갖춘 자에게만 특정 자격을 부여하는 사회적 제도로서 그 시험의 실시에 일반 국민의 이해관계와도 관련되는 공익적 요소가 있는지 여부, ii) 담당 공무원이 시험문제의 출제 및 정답결정 등에 있어 시험과목별로 외부의 전문 시험위원을 법령이 정한 요건과 절차에 따라 적정하게 위촉하였는지 여부, iii) 위촉된 시험위원들이 문제를 출제함에 있어 최대한 주관적 판단의 여지를 배제하고 객관적 입장에서 해당 과목의 시험을 출제하였는지 및 같은 과목의 시험위원들 사이에 출제된 문제와 정답의 결정과정에 다른 의견은 없었는지 여부, iv) 1차시험의 오류를 주장하는 응시자 본인에게 사후에 국가가 1차시험의 합격을 전제로 2차시험의 응시자격을 부여하였는지 여부 등 제반 사정을 종합적으로 고려하여, 담당 공무원 혹은 시험위원이 객관적 주의의무를 결하여 그 시험의 출제와 정답 및 합격자 결정 등의 행정처분이 객관적 정당성을 상실하고, 이로 인하여 손해의 전보책임을 국가에게 부담시켜야 할 실질적인 이유가 있다고 인정되어야 한다는 것이 판례의 입장이다.[104]

5. 타인에 대한 손해의 발생

(1) 타인

여기에서 타인이란 가해자인 공무원과 그의 위법한 직무행위에 가담한 자 이외의 모든 사람을 의미하며, 따라서 자연인이든 법인이든, 사인이든 공무원이든 불문한다. 다만 피해자가 군인·군

---

102) 대판 2005. 2. 25, 2003다13048.
103) 대판 1993. 8. 24, 93다11937.
104) 대판 2003. 11. 27, 2001다33789; 대판 2003. 12. 11, 2001다65236; 대판 2022. 4. 28, 2017다233061.

무원·경찰공무원·예비군대원인 경우에는 헌법과 국가배상법에 특례가 규정되어 국가배상청구권이 제한되는데, 이에 관해서는 후술하기로 한다.

(2) 손해

손해란 권리침해로 인한 모든 불이익을 의미한다(반사적 이익의 침해는 포함되지 않음). 따라서 재산적 손해이든 비재산적 손해(예 : 생명·신체·정신상의 손해)이든, 적극적 손해이든 소극적 손해이든 불문한다.

(3) 인과관계

① **상당인과관계의 존재** : 공무원의 위법한 직무행위와 손해의 발생 사이에는 상당인과관계가 있어야 한다. 상당인과관계란 경험칙에 비추어 어떠한 원인이 있으면 어떤 결과가 발생하는 것이 일반적이라고 생각되는 범위 안에서만 인과관계를 인정하는 것을 말한다.

② **인과관계에 관한 판례의 입장** : 군인이 총기를 휴대하고 탈영하여 민간인을 사살한 경우의 지휘관의 병력 및 총기 관리 소홀행위와 민간인의 사망 사이,[105] 군부대에서 유출된 총기가 범죄행위에 사용된 경우 총기 관리상의 과실과 범죄행위로 인한 피해자의 손해 사이,[106] 주민등록사무를 담당하는 공무원이 개명(改名)으로 인한 주민등록상 성명정정을 본적지 관할관청에 통보하지 아니한 직무상 의무위반행위와 그로 인하여 위법하게 주민등록상 성명을 타인과 같게 정정하여 타인의 재산권에 불법적으로 근저당권설정등기를 함으로써 발생한 손해 사이,[107] 우편집배원이 압류 및 전부명령 결정정본을 부적법하게 송달한 행위와 그로 인해 압류 및 전부의 효력이 발생하지 않아 발생한 손해 사이[108]에는 상당인과관계가 있다고 하였다.

이에 반해 군병원에 입원해 있던 군인이 과도·나일론끈 등을 절취해서 탈영하여 강도살인을 한 경우 지휘관의 병력관리 소홀행위와 민간인의 사망 사이,[109] 공무원의 위법한 개별공시지가결정과 그 개별공시지가를 신뢰하고 높은 담보가치를 인정하여 많은 대출을 함으로써 발생한 사인의 손해 사이,[110] 경찰서장이 노래연습장 영업신고서를 잘못 수리한 행위와 노래연습장 신고가 적법하다고 믿고 이를 양수한 자가 받은 불이익 사이[111]에는 상당인과관계가 없다고 하였다.

---

105) 대판 1985. 7. 9, 84다카1115.
106) 대판 2001. 2. 23, 2000다46894.
107) 대판 2003. 4. 25, 2001다59842. 한편, 대판 2006. 6. 15, 2006다11142 참조.
108) 대판 2009. 7. 23, 2006다87798.
109) 대판 1988. 12. 27, 87다카2293.
110) 대판 2010. 7. 22, 2010다13527.
111) 대판 2001. 4. 13, 2000다34891.

Ⅳ. 특별한 문제의 검토

1. 부작위에 대한 국가배상책임

공무원의 부작위로 인한 국가배상책임이 성립되기 위해서는 먼저 해당 공무원에게 작위의무가 인정되어야 한다. 이와 관련해서는 특히 다음과 같은 점이 문제된다.

(1) 재량권과 작위의무

전통적으로 행정권한(특히 경찰권한)의 발동에 관해서는 행정기관의 재량에 맡겨져 있다고 보았는데, 이를 행정편의주의(경찰편의주의)라 한다. 이러한 행정편의주의에 의하면 공무원이 그의 재량에 속하는 행정권한을 발동하지 않아 국민에게 손해를 발생케 하였다 하더라도 원칙적으로 국가의 배상책임은 성립하지 않는다고 본다.

그러나 오늘날 공권의 확대화경향, 재량권의 영으로의 수축이론 등에 따라 재량의 영역에 있어서도 공무원의 부작위에 대한 국가의 배상책임이 점차 넓혀져 가고 있다. 즉, 권한이 부여된 취지와 목적에 비추어 볼 때 공무원이 그 권한을 행사하여 필요한 조치를 취하지 않는 것이 현저하게 불합리하다고 인정되는 경우(즉, 행정권한의 발동 여부에 대한 공무원의 재량권이 영으로 수축된 경우)에는 공무원에게 행정권한을 발동할 법적 의무가 부여된다고 할 것이며, 이러한 경우 공무원의 부작위(권한 불행사)는 위법한 것으로서 그에 대한 국가배상책임이 성립할 수 있다는 것이 판례의 입장이다.[112]

> **판례** 『경찰은 범죄의 예방·진압 및 수사와 함께 국민의 생명·신체 및 재산의 보호 기타 공공의 안녕과 질서유지를 직무로 하고 직무의 원활한 수행을 위하여 경찰관직무집행법, 형사소송법 등 관계 법령에 의하여 여러 가지 권한이 부여되어 있다. 구체적인 직무를 수행하는 경찰관으로서는 여러 상황에 대응하여 자신에게 부여된 여러 가지 권한을 적절하게 행사하여 필요한 조치를 취할 수 있고, 그러한 권한은 일반적으로 경찰관의 전문적 판단에 기한 합리적인 재량에 위임되어 있는 것이다. 그러나 구체적인 사정에서 경찰관이 권한을 행사하여 필요한 조치를 하지 아니하는 것이 현저하게 불합리하다고 인정되는 경우 그러한 권한의 불행사는 직무상의 의무를 위반한 것으로 위법하다.』 (대판 2022. 7. 14, 2017다290538)

구체적 사안을 살펴보면, 윤락업소에 감금된 채 윤락을 강요받으며 생활하던 여종업원들이 윤락업소에 화재가 났을 때 미처 피하지 못하고 유독가스에 질식해 사망한 사안에서, 경찰관이나 소방공무원의 단속권한 발동이 원칙적으로 해당 공무원의 재량에 맡겨져 있다 하더라도 경찰관이 윤락녀들이 윤락업소에 감금된 채로 윤락을 강요받으며 생활하고 있음을 쉽게 알 수 있는 상황이었음에도 윤락업주들을 체포·수사하는 등 필요한 조치를 취하지 않거나 소방공무원이 해당 업소

---

112) 대판 2022. 7. 14, 2017다290538.

영업자가 출입문을 폐쇄하거나 방염처리가 되지 않은 커튼을 사용하고 있는 사실을 알면서도 필요한 조치를 취하지 않은 직무상 의무위반은 현저히 불합리하여 위법하다고 하였다.[113]

(2) 초법규적 작위의무의 인정 여부

공무원의 부작위로 인한 국가배상책임이 인정되기 위해서는 원칙적으로 공무원이 법령에 의한 작위의무를 불이행해야 하는데, 나아가 공무원에게 초법규적 작위의무가 인정될 수 있는지가 문제된다.

이에 관해 판례는, "국민의 생명·신체·재산 등에 관하여 절박하고 중대한 위험상태가 발생하였거나 발생할 우려가 있어서 국가가 초법규적, 일차적으로 그 위험 배제에 나서지 않으면 국민의 생명·신체·재산 등을 보호할 수 없는 경우에는 형식적 의미의 법령에 근거가 없더라도 국가나 관련 공무원에 대하여 그러한 위험을 배제할 작위의무를 인정할 수 있다. 그러나 그와 같이 절박하고 중대한 위험상태가 발생하였거나 발생할 우려가 없는 경우에는 원칙적으로 공무원이 관련 법령을 준수하여 직무를 수행하였다면 공무원의 부작위를 가지고 '고의 또는 과실로 법령을 위반'하였다고 할 수는 없다"고 하였다.[114] 따라서 공무원의 부작위로 인한 국가배상책임을 인정할 것인지 여부가 문제 되는 경우에 '관련 공무원에 대하여 작위의무를 명하는 법령 규정이 없다면', 공무원의 부작위로 인하여 침해된 국민의 법익 또는 국민에게 발생한 손해가 어느 정도 심각하고 절박한 것인지, 관련 공무원이 그와 같은 결과를 예견하여 결과를 회피하기 위한 조치를 취할 가능성이 있는지 등을 종합적으로 고려하여 판단하여야 한다고 한다.[115]

(3) 작위의무의 사익보호성

공무원의 부작위(작위의무의 불이행)로 인한 손해에 대해 국가배상책임이 성립되기 위해서는 공

---

113) 대판 2004. 9. 23, 2003다49009; 대판 2008. 4. 10, 2005다48994.
114) 대판 2020. 5. 28, 2017다211559; 대판 2022. 7. 14, 2017다290538.
115) <대판 2017다211559의 사건개요> 해군 하사관 갑이 해군교육사령부에서 받은 인성검사에서 자살이 예측되는 결과가 나왔으나, 그 후 실시된 면담 및 검사에서 특이사항이 없다는 판정을 받았고, 이에 관할 부대장 등은 갑에 대하여 특별한 조치를 취하지 않았는바, 갑이 함선 근무 중 자살을 하자 유족이 부대장의 부작위로 인한 국가배상청구소송을 제기하였다. 이에 대해 대법원은, 갑이 해군교육사령부에서 받은 인성검사에서 자살이 예측되는 결과가 나타난 이상 자살 가능성이 있음을 충분히 예견할 수 있었고, 만일 자살방지를 위해 필요한 조치를 취하였다면 자살사고를 막을 수 있었을 것이며, 따라서 관할 부대장 등은 자살방지를 위해 필요한 조치를 취할 직무상 의무를 과실로 위반한 것이고, 그와 같은 직무상 의무위반과 갑의 자살 사이에 상당인과관계가 인정된다고 하였다.
<대판 2017다290538의 사건개요> 갑은 성폭력범죄로 여러 차례 처벌을 받고 출소 후 7년간 위치추적 전자장치 부착결정을 받았다. 그 후 갑은 전자장치를 부착한 채 을을 강간한 다음 13일 후에 다시 병을 강간하려다 살해하는 범죄를 저질렀다. 이에 병의 유가족은 을강간사건에 대한 수사 당시 경찰관이 갑의 위치정보를 제대로 활용하지 않아 범인을 조속히 검거하지 못해 병이 피해를 받게 된 것과 보호관찰소 관찰관이 갑에 대한 보호관찰을 제대로 실시하지 않은 잘못 등을 이유로 국가배상청구소송을 제기하였다. 이에 대해 대법원은 i) 직전 범행(을강간사건)을 수사함에 있어 경찰관은 전자장치 피부착자의 위치정보를 확보하는 것이 가장 효과적인 수사방법일 수 있음에도 불구하고 이러한 조치를 취하지 않은 것은 현저하게 불합리한 것으로서 위법하고, ii) 보호관찰관이 갑의 재범방지를 위한 적극적이고 실질적인 조치를 취하지 않은 것은 공무원의 작위의무를 위반한 것으로 볼 수 있으며, iii) 경찰관과 보호관찰관의 직무상 의무 위반과 이 사건 피해자의 사망 사이에 상당인과관계를 인정할 수 있다고 하여, 국가의 배상책임을 부인한 원심판결을 파기환송하였다.

무원의 작위의무의 사익보호성이 인정되어야 한다. 따라서 공무원에게 부과된 작위의무가 단순히 행정기관 내부의 질서를 규율하기 위한 것이거나 공공 일반의 이익을 위한 것인 경우에는 그 부작위로 인한 손해에 대해서는 국가배상책임이 인정되지 않는다.[116]

이에 관한 판례의 입장을 살펴보면 i) 하천 유지·관리업무를 수행하는 공무원이 하천 점용상황을 점검하여 불법적인 점용실태가 적발된 경우에는 그 시정을 위해 필요한 조치를 취할 의무, ii) 공무원이 토지형질변경허가를 함에 있어 허가지의 인근 지역에 토사붕괴나 낙석 등으로 인한 피해가 발생하지 않도록 허가받은 자에게 옹벽을 설치하게 하거나 그밖에 필요한 조치를 취할 의무, iii) 대피통로에 불법 잠금장치를 설치하거나 방염처리가 안 된 커튼을 사용하는 등 소방법을 위반한 자에 대해 소방공무원이 화재예방을 위해 필요한 조치를 취할 의무, iv) 식품위생법이 정한 시설기준을 위반하여 불법 칸막이시설을 하거나 건축법을 위반하여 무단으로 용도변경을 한 자에 대해 단속 공무원이 시설개수명령·영업정지처분·철거명령 등 필요한 조치를 취할 의무, v) 식품의약품안전처장이 식품 또는 식품첨가물의 제조방법과 성분, 용기와 포장의 제조방법과 그 원재료 등에 대해 일정한 기준 및 규격을 마련하고 국민보건상 필요가 있을 경우 수입신고시 식품 등을 검사할 식품위생법상의 의무, vi) 주민등록에 관한 업무를 담당하는 공무원이 주민의 성명 등 중요한 기본적 신분사항에 관한 신규 등록이나 사후적 변경을 본적지(현 등록기준지) 관할 행정기관에게 통지할 의무 등은 사익보호성이 인정된다고 보았다.[117]

이에 반해 i) 경찰서장이 노래연습장 등과 같은 풍속영업의 신고를 적법하게 수리할 의무, ii) 「풍속영업의 규제에 관한 법률」 제6조 제1항에 따라 풍속영업자의 위반사항을 단속한 경찰서장이 그 위반내용을 허가관청에 통보할 의무, iii) 국가 또는 지방자치단체가 상수원수의 수질을 환경기준에 따라 유지할 의무 등은 사익보호성이 인정되지 않는다고 보았다.[118]

(4) 인과관계

공무원의 부작위와 국민의 손해 사이에 상당인과관계가 인정되어야 한다. 판례에 의하면 소방공무원이 소방법을 위반한 윤락업소 영업자에 대해 시정조치를 게을리 한 것과 해당 업소의 화재로 인한 여종업원 사망 사이에는 상당인과관계가 인정된다고 한다.[119] 이에 반해, 허가관청이 윤락업소의 불법 칸막이시설이나 용도변경에 대한 시정조치를 게을리 한 것과 해당 업소의 화재로 인한 여종업원 사망 사이 또는 풍속영업자의 위반사항을 단속한 경찰서장이 그 위반내용을 허가관청에 통보하지 않은 것과 해당 업소의 화재로 인한 여종업원의 사망 사이에는 상당인과관계가 없다고 한다.[120]

---

116) 대판 2003. 4. 25, 2001다59842.
117) 대판 2006. 4. 14, 2003다41746; 대판 2001. 3. 9, 99다64278; 대판 2008. 4. 10, 2005다48994; 대판 2010. 9. 9, 2008다77795; 대판 2003. 4. 25, 2001나59842.
118) 대판 2001. 4. 13, 2000다34891; 서울고판 2005. 7. 20, 2004나39179(이는 대판 2008. 4. 10, 2005다48994에 의해 그대로 인정됨), 대판 2001. 10. 23, 99다36280.
119) 대판 2008. 4. 10, 2005다48994.
120) 대판 2008. 4. 10, 2005다48994; 서울고판 2005. 7. 20, 2004나39179.

판례 〈상당인과관계를 인정한 판례〉

소방공무원이 유흥주점의 소방법 위반사실을 적발하고도 아무런 조치를 취하지 않은 것과 화재로 인한 윤락업소 여종업원의 사망 사이 :『유흥주점에 감금된 채 윤락을 강요받으며 생활하던 여종업원들이 유흥주점에 화재가 났을 때 미처 피신하지 못하고 유독가스에 질식해 사망하였는바, 소방공무원이 위 유흥주점에 대하여 화재 발생 전 실시한 소방점검 등에서 (구) 소방법상 방염규정 위반에 대한 시정조치 및 화재발생시 대피에 장애가 되는 잠금장치의 제거 등 시정조치를 명하지 않은 직무상 의무위반은 현저히 불합리한 경우에 해당하여 위법하고, 이러한 직무상 의무위반과 위 사망의 결과 사이에 상당인과관계가 존재한다.』(대판 2008. 4. 10. 2005다48994)

〈상당인과관계를 부정한 판례〉

① 허가관청이 위 유흥주점에 대한 식품위생법상 시정명령을 내리지 않은 것과 화재로 인한 여종업원의 사망 사이 :『유흥주점에 감금된 채 윤락을 강요받으며 생활하던 여종업원들이 유흥주점에 화재가 났을 때 미처 피신하지 못하고 유독가스에 질식해 사망한 경우, 지방자치단체의 담당 공무원이 이 사건 유흥주점들에 관한 용도변경, 무허가영업 및 시설기준에 위배된 개축에 대하여 시정명령 등 식품위생법상 취하여야 하는 조치를 게을리 한 직무상의 의무위반행위와 망인들의 사망이라는 결과 사이에 상당한 인과관계가 있다고 할 수 없다.』(대판 2008. 4. 10. 2005다48994)

② 경찰관이 유흥주점에 대한 단속사실을 허가관청에 통보하지 않아 해당 업소에 대한 영업정지처분이 내려지지 않은 것과 해당 업소의 화재로 인한 여종업원의 사망 사이 :『풍속영업의 규제에 관한 법률의 목적은 선량한 풍속을 해하거나 청소년의 건전한 육성을 저해하는 행위 등을 규제하여 미풍양속의 보존과 청소년보호에 이바지하려는 데 있는 것이어서(제1조), 위 법률 제6조 제1항에서 풍속영업자 등의 위반사항에 관하여 경찰서장이 허가관청에 통보하도록 한 것은 오로지 공공 일반의 이익을 위한 것으로 볼 것이지, 사회 구성원 개인의 안전과 이익을 위한 것이라고 볼 수 없으므로, 위 경찰공무원들의 직무상 의무위반행위와 위 망인들이 사망으로 입은 손해 사이에는 상당인과관계가 있다고 할 수 없다.』(서울고판 2005. 7. 20. 2004나39179)

2. 입법작용에 대한 국가배상책임

기본사례

육군 모부대에 사병으로 복무 중이던 갑은 평소 자신을 괴롭히던 중대장을 총기로 살해한 혐의로 기소되어 상관을 살해한 자는 사형에 처하도록 한 군형법 제53조 제1항에 근거하여 사형선고를 받고, 2006년 10월 26일 사형이 집행되었다. 그런데 2007년 11월 29일 헌법재판소는 상관을 살해한 경우 동기와 행위를 묻지 않고 법정형으로 사형만을 규정하고 있는 위 군형법 제53조 제1항의 규정은 심각하게 불균형적인 과중한 형벌이라는 이유로 위헌결정을 내렸다. 이에 갑의 유가족들은 국회에서 위헌인 법률을 제정함으로 인하여 자신의 아들이 사형을 당하는 손해를 받았다고 주장하며 국가배상청구소송을 제기하였다. 이는 인용될 수 있는가.

(1) 문제의 소재

국가배상법은 국가배상책임의 요건에 관하여 「공무원이 직무를 집행하면서 고의 또는 과실로 법령에 위반하여 타인에게 손해를 가한 경우」라고 규정하고 있는데, 일견해 보면 국회의원은 공무원에 해당하며 입법작용도 직무행위에 포함되는 점에서 입법상의 불법행위로 인한 손해도 국가배상책임의 대상이 될 수 있을 것이다.

그러나 입법작용이 갖는 여러 가지 특성 ― 예컨대 i) 법규범은 일반적·추상적 규율의 성질을 가지므로 그 자체에 의해 직접 국민의 권리를 침해하는 것이 아니라 그 집행행위에 의해 비로소 권리를 침해하는 것이 보통인 점, ii) 입법자는 입법에 있어서 광범한 형성의 자유를 가지는 점(입법재량), iii) 국회의원은 국민 전체에 대한 대표자의 지위에서 전체 국익을 위해 입법활동을 하는 점, iv) 법률의 위헌 여부는 헌법재판소의 결정이 있기까지는 쉽게 판단할 수 없으므로 어떤 법률이 결과적으로 위헌결정을 받았다 하더라도 그 제정에 있어 입법자의 위법이나 과실을 인정하기 어려운 점 ― 등으로 인하여, 입법상의 불법에 대해서 현실적으로 국가의 배상책임이 인정되기에는 많은 어려움이 있다.[121]

(2) 입법상 불법의 의미

입법상 불법의 의미는 보는 관점에 따라 다양하게 나누어 볼 수 있다. 먼저 법형식을 기준으로 협의의 입법상 불법과 광의의 입법상 불법으로 나눌 수 있는데, 전자는 국회에서 제정된 형식적 의미의 법률의 제정상의 불법만을 의미하며, 후자는 법률뿐만 아니라 법규명령·조례 등의 제정상의 불법도 포함한다. 다음으로 권리침해의 유형에 따라, 법령에 의하여 직접적으로 국민의 권리를 침해한 경우와 행정기관에 의한 법령의 집행행위에 의하여 국민의 권리를 침해한 경우로 나눌 수 있다. 그리고 입법자의 행위태양에 따라, 적극적인 법제정으로 인한 경우와 소극적인 입법의 부작위에 의한 경우로 나눌 수 있다.

이하에서는 법률의 제정으로 인한 권리침해와 법률의 집행으로 인한 권리침해의 경우로 나누어 고찰하기로 한다.

(3) 위헌인 법률의 제정에 대한 국가배상책임

① 합헌인 법률을 제정할 국회의원의 의무가 국민 개개인에 대한 의무인지 여부(사익보호성) : 국가배상책임이 성립하기 위해서는 공무원의 직무상 의무가 사익보호성을 가져야 한다. 이와 관련하여 합헌인 법률을 제정할 국회의원의 직무상 의무가 국민 개개인에 대한 것으로서 사익보호성을 가지는지에 대해 다툼이 있다.

부정설에 의하면, 법률은 불특정 다수인을 대상으로 하는 일반적·추상적 규율의 성질을 가지며 또한 국회의원은 국민 전체에 대한 대표자의 지위에서 입법행위를 하는 것이므로, 국회의원이 합헌인 법률을 제정할 의무는 국민 전체를 위한 것이지 개개 국민을 위한 것은 아니라고 한다. 만일 국회의원의 합헌인 법률을 제정할 의무에 대한 사익보호성을 인정한다면 경과실에 의한 위헌법률제정에 대해서까지 국가배상책임이 성립하게 되어 국가재정에 중대한 영향을 미치게 되며, 이는 사칫 입법에 있어 국회의원의 정치적 형성의 자유를 제한할 수 있다고 한다.[122]

---

121) 이에 관한 상세는 이일세, 입법상의 불법에 대한 국가의 배상책임, 김남진 교수 정년기념논문집(고려대학교 법학논집 특별호), 1997, 169면 이하 참조.

이에 반해 긍정설에 의하면, 입법자가 입법을 함에 있어서 국민의 기본권을 보장할 의무는 개개 기본권 주체에 대한 것이기 때문에, 국회의원이 합헌인 법률을 제정함으로써 국민의 기본권침해를 방지할 직무상 의무는 사익보호성을 가진다고 한다.

판례는 국회의원은 입법에 관하여 원칙적으로 국민 전체에 대해 정치적 책임을 질 뿐 국민 개개인에 대한 법적 의무를 지는 것은 아니라고 보고 있다.[123]

> **판례** 『우리 헌법이 채택하고 있는 의회민주주의하에서 국회는 다원적 의견이나 각가지 이익을 반영시킨 토론과정을 거쳐 다수결의 원리에 따라 통일적인 국가의사를 형성하는 역할을 담당하는 국가기관으로서 그 과정에 참여한 국회의원은 입법에 관하여 원칙적으로 국민 전체에 대한 관계에서 정치적 책임을 질 뿐 국민 개개인의 권리에 대응하여 법적 의무를 지는 것은 아니다. 따라서 국회의원의 입법행위는 그 입법 내용이 헌법의 문언에 명백히 위배됨에도 불구하고 국회가 굳이 당해 입법을 한 것과 같은 특수한 경우가 아닌 한 국가배상법 제2조 제1항 소정의 위법행위에 해당한다고 볼 수 없다.』(대판 2008. 5. 29, 2004다33469)

② 위헌인 법률의 제정행위가 곧 국가배상법상 위법행위인지의 문제 : 국가배상책임이 성립하기 위해서는 공무원의 직무행위가 위법하여야 하는데, 이와 관련하여 어떤 법률이 위헌이라고 결정되면 그러한 법률을 제정한 행위가 곧 국가배상에 있어서도 위법하다고 볼 것인지, 아니면 법률의 위헌성과 국가배상에서의 위법성은 다른 것인지가 문제된다.

긍정설(위헌즉위법설)에 의하면 어떤 법률이 위헌 결정을 받으면 그러한 법률을 제정한 행위는 일단 국가배상법상으로도 위법하며, 다만 그러한 위헌 법률을 제정함에 있어서 입법자의 고의·과실 문제는 별도로 판단하여야 한다고 한다. 이는 국가배상법상 위법의 의미에 관한 행위위법설의 입장이라 할 수 있다.

부정설(독자적 판단설)에 의하면 법률의 위헌성과 법률제정행위의 위법성은 별개의 문제라 보며, 따라서 국회에서 제정된 법률이 결과적으로 위헌이라 결정되었다 해서 곧 국회의원의 입법행위가 국가배상법상 위법하다고 인정되는 것은 아니고, 국회의원이 입법행위를 하면서 그 직무상 의무에 위반된 행위를 하였을 때(예컨대 입법과정에서 해당 법률안의 위헌성 문제가 심각하게 제기되었음에도 불구하고 별다른 검토 없이 입법을 강행한 경우) 비로소 위법성이 인정된다고 한다. 이는 국가배상법상 위법의 의미에 관한 직무의무위반설의 입장이라 할 수 있다.

판례는 『국회의원의 입법행위는 그 입법 내용이 헌법의 문언에 명백히 위배됨에도 불구하고 국회가 굳이 당해 입법을 한 것과 같은 특수한 경우가 아닌 한 국가배상법 제2조 제1항 소정의 위법행위에 해당한다고 볼 수 없다』고 함으로써, 어떤 법률이 위헌결정을 받았다 해서 그 법률 제정행위가 곧 국가배상법상 위법행위에 해당하는 것은 아니라는 입장을 취하고 있다.[124]

③ 위헌인 법률의 제정과 입법자의 고의·과실의 문제 : 독일의 일부 견해는 위헌인 법률을 제정

---

122) BGHZ 100, 136(145); BGH NJW 1988, 3.478(400f).
123) 대판 2008. 5. 29, 2004다33469.
124) 대판 2008. 5. 29, 2004다33469.

하였다면 국회 또는 국회의원에게 적어도 경과실이 있다고 추정된다고 본다. 법률안의 위헌성 문제는 국회에서의 심의과정에서 충분히 논의되기 때문에 국회의원들이 좀 더 주의를 기울였다면 위헌 법률의 제정을 피할 수 있었다는 것을 논거로 한다.

그러나 i) 입법자는 입법에 있어 폭넓은 형성의 자유를 가지는 점, ii) 법률의 위헌 여부는 쉽게 판단하기 어려운 점, iii) 법률의 위헌 여부에 대한 헌법재판소의 견해가 항상 옳은 것도 아니라는 점 등에 비추어 볼 때, 어떤 법률이 결과적으로 헌법재판소에 의해 위헌결정을 받았다 해서 그러한 법률을 제정한 입법자의 고의·과실을 인정하기는 어렵다는 것이 통설적 견해이다. 따라서 입법자가 입법을 함에 있어서 통상적으로 요구되는 주의의무를 게을리 한 경우, 예컨대 해당 법률이 일견하여 헌법의 문언에 명백히 위반된다고 보여지는 경우 또는 입법과정에서 그 위헌성 문제가 강력하게 제기되었음에도 불구하고 충분한 검토없이 입법을 강행한 경우 등과 같은 특별한 사정이 있는 경우에만 예외적으로 과실을 인정할 수 있다고 한다.

참고   **일본에서의 논의**

일본에도 위헌인 법률의 제정으로 인한 국가배상책임 문제가 오래 전부터 논의되었는데, 과거에는 어떤 법률이 위헌이라고 결정되었다면 그러한 위헌 법률을 제정한 것이 곧 국가배상법상으로도 위법성이 인정된다는 견해(위헌즉위법설)가 다수설이었다.[125] 다만 위헌인 법률을 제정한 데 대한 입법자의 고의·과실이 있는지는 별도의 고찰이 필요하다고 보았다.

그러나 1985년 재택투표제사건에서 최고재판소는, 국가배상법상 위법이 되는지의 여부는 '국회의원이 입법과정에서 개별 국민에 대해 지는 직무상의 법적 의무에 위배하였는지의 여부'의 문제라는 전제하에, 국회의원이 헌법에 합치되게 입법하여야 할 의무는 원칙적으로 국민 전체에 대한 정치적 의무에 그치고 개별국민에 대한 법적 의무는 아니라는 등의 이유로 국가배상법상의 위법성을 부인하였다. 이하에서 입법상 불법에 대한 국가배상책임에 관한 리딩케이스라 할 수 있는 재택투표제사건에 관해 살펴보기로 한다.

〈일본의 재택투표제 사건〉

(1) 사건 개요 : 종래 일본의 공직선거법에는 질병, 부상, 임신, 신체장해 등으로 인하여 보행이 현저히 곤란한 선거인에 대해서는 투표소에 가지 않고 투표를 할 수 있는 재택투표제도가 인정되고 있었으나, 1951년 통일 지방선거에서 이 제도가 악용되어 그로 인한 선거무효 및 당선무효쟁송이 속출함으로 인하여 국회는 1952년 공직선거법을 개정하여 재택투표제를 폐지하였다. 그런데 원고는 1931년 지붕 위에서 제설작업 중에 떨어져 허리를 다쳐서 보행이 곤란하게 되었으며, 1955년경부터는 상태가 악화되어 들것에 의하지 않고는 투표소에 갈 수 없게 되어서 1968년부터 1972년까지의 사이에 시행된 합계 8회의 선거에서 투표에 참여하지 못하였다. 그리하여 원고는 재택투표제는 재택선거인(장애인 등)에게 투표의 기회를 보장하기 위한 헌법상의 필수제도이므로, 그것을 폐지하고 부활하지 않은 입법행위는 재택선거인의 선거권을 침해한 것이어서 헌법 제13조, 제15조 1항 및 3항, 제14조 1항, 제44조, 제47조 및 제93조의 규정에 위반하는 것이며, 이로 인하여 정신적인 손해를 받았다는 것을 이유로 국가배상법 제1조의 규정에 근거하여 손해배상을 청구하였다.

(2) 원심판결 : 원심법원은 국회가 재택투표제도를 폐지한 후 그것을 부활시킬 입법의무를 고의로 방치한 것은 원고의 선거권을 침해한 위법이 있으나, 원고의 선거권을 침해한 것에 대해 국회의원의 고의·과실이 있었다고는 할 수 없다고 하여 결론적으로 원고의 청구를 기각하였다.[126]

(3) **최고재판소판결** : 이에 대한 상고심에서 최고재판소는, 국회의원의 입법행위(입법부작위 포함)가 국가배상법상 위법이 되는지의 여부는 '국회의원이 입법과정에서 개별 국민에 대해 지는 직무상의 법적 의무에 위배하였는지 여부'의 문제로서, 당해 입법내용의 위헌성 문제와는 구별되어져야 하며, 따라서 어떤 입법의 내용이 헌법규정에 위반될 우려가 있다고 해서 곧바로 당해 입법행위가 위법하다는 평가를 받는 것은 아니라고 한다. 그런데 국회의원은 다양한 국민의 의견을 수렴해서 국민 전체의 복지실현을 목표로 하여 행동하는 것이 요청되므로, 국회의원이 헌법에 합치되게 입법하여야 할 의무는 원칙적으로 국민 전체에 대한 관계에서 정치적 책임을 지는데 그치고 개별의 국민에 대한 법적 의무를 지는 것은 아니라고 한다. 따라서 국회의원의 입법행위는 입법의 내용이 헌법의 일의적 문언에 위반하고 있음에도 불구하고 국회가 당해 입법을 행하는 것과 같이 예외적인 경우가 아닌 한 국가배상법 제1조 1항의 적용상 위법의 평가를 받지 않는다고 한다. 결론적으로, 재택투표제를 폐지하고 그것을 부활시키지 않은 본건 입법행위가 헌법규정의 일의적 문언에 위반하는 것이라고는 볼 수 없으며, 따라서 국가배상법상 위법하다고 할 수 없다고 하여 상고를 기각하였다.[127]

이러한 최고재판소의 판결은 결론에 있어서는 원심판결과 같지만, 원심판결은 위헌즉위법설의 입장에서 위헌인 입법행위의 국가배상법상 위법성을 인정하였으나 다만 그러한 위법행위에 대한 국회의원의 고의·과실을 인정할 수 없다고 하여 국가배상책임을 부인한데 대하여, 최고재판소는 본건 입법행위가 헌법규정의 일의적 문언에 위반하지 않는다는 이유로 위법성 자체를 인정하지 않은 점에서 차이가 있다.

④ **입법부작위의 경우** : 입법의 부작위에 대한 국가배상법상 위법성이 인정되기 위해서는 적극적인 입법행위에 비해서 더욱 엄격한 요건이 요구된다고 할 것이다. 즉, 입법의 부작위는 특정 법률을 제정할 의무가 헌법에 의해 구체적으로 부여되는 경우에만 국가배상법상 위법성이 인정될 수 있는데, 입법자가 가지는 광범한 형성의 자유를 고려할 때 그러한 의무는 매우 제한적으로만 인정된다고 할 것이다.

대법원도 「국가가 일정한 사항에 관하여 헌법에 의하여 부과되는 구체적인 입법의무를 부담하고 있음에도 불구하고 그 입법에 필요한 상당한 기간이 경과하도록 고의 또는 과실로 이러한 입법의무를 이행하지 아니하는 등 극히 예외적인 사정이 인정되는 사안에 한정하여 국가배상법 소정의 배상책임이 인정될 수 있으며, 위와 같은 구체적인 입법의무 자체가 인정되지 않는 경우에는 애당초 부작위로 인한 불법행위가 성립할 여지가 없다」고 판시하였다.[128]

그러나 법률에서 특정 사항을 시행령으로 정하도록 위임하고 있음에도 불구하고 행정부가 정당한 이유 없이 장기간이 경과하도록 시행령을 제정하지 않은 것은 위법하다고 하여 국가의 배상책임을 인정하였다.[129]

---

125) 長尾一紘, 立法行爲と國家賠償·損失補償, ジュリスト 1002호, 13면; 이일세, 앞의 논문, 183면 참조.

126) 長谷部恭男, 立法活動と國家賠償責任, 行政判例百選 II(제4판), 308면.

127) 長谷部恭男, 앞의 논문, 308-309면.

128) 대판 2008. 5. 29, 2004다33469.

129) 대판 2007. 11. 29, 2006다3561. 이는, 1967년의 군법무관임용법 제5조 제3항(현 군법무관 임용 등에 관한 법률 제6조)이 군법무관의 보수를 법관 및 검사의 내우에 준하도록 규정하면서 그 구체적 내용은 시행령으로 정하도록 위임하였는데, 이 사건 소송이 제기된 2005년까지 38년 동안 행정입법 부작위의 상태가 지속된 것에 대한 국가배상청구사건이다.

판례 ① 『우리 헌법이 채택하고 있는 의회민주주의하에서 국회는 다원적 의견이나 각가지 이익을 반영시킨 토론과정을 거쳐 다수결의 원리에 따라 통일적인 국가의사를 형성하는 역할을 담당하는 국가기관으로서 그 과정에 참여한 국회의원은 입법에 관하여 원칙적으로 국민 전체에 대한 관계에서 정치적 책임을 질 뿐 국민 개개인의 권리에 대응하여 법적 의무를 지는 것은 아니므로, 국회의원의 입법행위는 그 입법 내용이 헌법의 문언에 명백히 위배됨에도 불구하고 국회가 굳이 당해 입법을 한 것과 같은 특수한 경우가 아닌 한 국가배상법 제2조 제1항 소정의 위법행위에 해당한다고 볼 수 없고, 같은 맥락에서 국가가 일정한 사항에 관하여 헌법에 의하여 부과되는 구체적인 입법의무를 부담하고 있음에도 불구하고 그 입법에 필요한 상당한 기간이 경과하도록 고의 또는 과실로 이러한 입법의무를 이행하지 아니하는 등 극히 예외적인 사정이 인정되는 사안에 한정하여 국가배상법 소정의 배상책임이 인정될 수 있으며, 위와 같은 구체적인 입법의무 자체가 인정되지 않는 경우에는 애당초 부작위로 인한 불법행위가 성립할 여지가 없다.

앞에서 본 바와 같이 거창사건 희생자들의 신원(伸冤) 등을 위하여 원고들이 주장하는 바와 같은 내용의 특별법을 제정할 것인지 여부는 입법정책적인 판단문제로서 이에 관하여 피고 국가가 구체적인 입법의무를 부담한다고 보기 어렵기 때문에, 피고 국가가 현재까지 이러한 특별법을 제정하지 아니하였다는 사정만으로는 거창사건 이후 유족들에 대한 관계에서 부작위에 의한 불법행위가 성립한다고 볼 수 없다.』 (대판 2008. 5. 29, 2004다33469)

② 『입법부가 법률로써 행정부에게 특정한 사항을 위임했음에도 불구하고 행정부가 정당한 이유 없이 이를 이행하지 않는다면 권력분립의 원칙과 법치국가 내지 법치행정의 원칙에 위배되는 것으로서 위법함과 동시에 위헌적인 것이 되는바, 구 군법무관임용법(2000. 12. 26. '군법무관 임용 등에 관한 법률'로 전문 개정됨) 제5조 제3항과 군법무관임용 등에 관한 법률 제6조가 군법무관의 보수를 법관 및 검사의 예에 준하도록 규정하면서 그 구체적 내용을 시행령에 위임하고 있는 이상, 위 법률의 규정들은 군법무관의 보수의 내용을 법률로써 일차적으로 형성한 것이고, 위 법률들에 의해 상당한 수준의 보수청구권이 인정되는 것이므로, 위 보수청구권은 단순한 기대이익을 넘어서는 것으로서 법률의 규정에 의해 인정된 재산권의 한 내용이 되는 것으로 봄이 상당하고, 따라서 행정부가 정당한 이유 없이 시행령을 제정하지 않은 것은 위 보수청구권을 침해하는 불법행위에 해당한다.』 (대판 2007. 11. 29, 2006다3561)

(4) 위헌인 법률의 집행으로 인한 국가배상책임

① **문제의 소재** : 공무원이 어떠한 법률에 근거하여 행정작용을 하였는데 사후에 그 근거 법률이 위헌결정을 받은 경우에, 결과적으로 위헌인 법률을 집행함으로써 국민에게 발생한 손해에 대해 국가의 배상책임이 인정될 수 있는지가 문제된다.

이러한 위헌인 법률의 집행으로 인한 국가배상에 있어서는 비록 그 원인은 위헌인 법률의 제정에 기인하는 것이라 할지라도 직접적으로는 그러한 법률을 집행한 공무원의 법령위반(직무의무위반)과 고의·과실이 문제된다. 이는 곧 법률을 집행하는 공무원에게 '법률의 위헌 여부에 대한 심사권'과 '위헌이라 생각되는 법률의 적용거부권'이 인정되는지와 직결되는 문제이다.

② **학설** : 행위위법설에 입각하면 행정작용의 근거 법률이 사후적으로 위헌결정을 받은 경우에는 해당 행정작용은 결과적으로 법률상 근거 없이 행해진 것과 같기 때문에 국가배상법상 위법성을 인정하는 데에는 문제가 없다고 본다. 다만 공무원의 고의·과실에 대해서는 별도의 판단이 필

요한데, 공무원에게는 법률의 위헌 여부에 대한 실질적 심사권 및 적용거부권이 없기 때문에 근거 법률이 사후에 위헌결정을 받았다 하더라도 위헌결정이 있기 전에 그 법률을 집행한 공무원에게 과실을 인정하기 어렵고 따라서 국가배상책임이 성립하지 않는다고 본다.

이에 반해 직무의무위반설에 입각하면 '근거 법률의 위헌'과 '국가배상법상의 위법'은 별개의 문제라고 하며, 따라서 근거 법률이 위헌결정을 받았다 해서 그 집행행위가 곧 국가배상법상 위법하다고 인정되는 것은 아니고 그것을 집행한 공무원에게 직무상 의무위반이 있어야 한다고 한다. 그런데 공무원에게는 법률의 위헌 여부에 대한 실질적 심사권 및 적용거부권이 없기 때문에 법률이 형식적으로 유효하게 존재하는 한 그것을 적용(집행)할 의무를 지며, 따라서 근거 법률이 사후에 위헌결정을 받았다 하더라도 위헌결정이 있기 전에 그 법률을 집행한 공무원에게 직무상 의무위반이 있다고 할 수 없다고 한다. 즉, 이 경우 공무원의 법률집행행위는 국가배상법상의 위법성이 인정되지 않아 국가배상책임이 성립하지 않게 된다.

③ 소결 : 국가배상법상의 위법은 근거 법률의 위헌과 별개의 문제라 할 것이며 또한 공무원에게는 법률의 위헌 여부에 대한 실질적 심사권 및 적용거부권이 없는 점에 비추어 볼 때, 어떤 법률이 사후에 위헌결정을 받았다 하더라도 위헌결정이 있기 전의 공무원의 법률집행행위가 국가배상법상 위법하다고는 할 수 없을 것이다.

다른 한편, 공무원은 그가 적용할 법률이 형식적 요건을 갖추고 있는지에 대한 심사권을 가지며, 만일 해당 법률이 형식적 요건을 갖추지 못한 경우(예컨대 공포되기 전의 법률안, 시행일이 이르지 아니한 법률, 이미 폐지된 법률, 헌법재판소에 의해 위헌무효임이 선언된 법률 등)에는 그것을 적용해서는 안 된다고 할 것이다. 따라서 공무원이 형식적 성립요건을 갖추지 못한 법률을 적용함으로써 국민에게 손해를 가한 경우에는 국가배상책임이 성립할 수 있다.

3. 사법(司法)작용에 대한 국가배상책임

| 기본사례

2023년 3월 7일 영업허가 취소처분을 받은 갑은 행정소송법 제20조 제1항에 따라 처분이 있음을 안 날로부터 90일 이내인 2023년 6월 1일에 위 처분에 대한 취소소송을 제기하였는데, 이 사건을 담당한 법관이 6월 1일을 11일로 잘못 보아 제소기간이 경과하였음을 이유로 각하판결을 내렸다. 법에 대해 무지한 갑은 항소를 포기함으로써 판결은 그대로 확정되었다. 나중에 이러한 사정을 알게 된 갑은 법관의 직무상 불법행위로 인하여 손해를 받았음을 이유로 국가배상청구소송을 제기하였다. 이는 성공할 수 있는가.

(1) 서

법관의 재판행위 등 사법적(司法的) 작용에 대해서도 국가배상책임이 성립할 수 있는지가 문제된다. 예컨대 법원의 판결이 항소심이나 상고심에서 파기된 경우에 원심에서 패소하였던 자가 원심판결을 한 법관의 잘못을 이유로 국가배상을 청구할 수 있는지, 또는 패소판결이 확정된 후에 해당 판결이 법관의 실수로 잘못 내려졌다고 주장하며 국가배상을 청구할 수 있는지의 문제가 그에 해당한다.

국가배상의 요건과 관련하여 살펴보면 법관은 국가배상법상의 공무원에 해당하며 재판행위는 공무원의 직무행위에 속한다는 데에는 의문의 여지가 없지만, 그럼에도 불구하고 재판작용이 가지는 여러 가지 특수성으로 인하여 사법작용에 대한 국가배상책임을 인정하는 데에는 많은 어려움이 있다.

재판작용이 가지는 특수성의 예로는 먼저 '판결의 기판력'을 들 수 있다. 기판력이란 법원의 판결이 확정된 후에는 당사자는 그 판결의 내용에 반하는 주장을 할 수 없고 법원도 그와 모순·저촉되는 판단을 해서는 안 되는 구속력을 말한다. 그런데 만일 이미 확정된 판결에 대해 불만이 있는 자가 해당 판결이 법관의 실수로 잘못 내려졌다고 주장하며 국가배상청구소송을 제기할 수 있다면 수소법원은 해당 판결이 위법한지를 심사하여야 할 것이고, 이는 판결의 기판력을 해칠 수 있는 점에서 문제가 발생한다.

재판작용이 가지는 두 번째 특수성으로는 재판작용에 대해서는 항소·상고 등 '심급제도'에 의한 구제수단이 마련되어 있다는 점을 들 수 있다. 심급제도는 다단계의 심사절차를 통하여 재판의 오류를 방지함으로써 소송당사자의 정당한 권리를 보호하기 위한 것인데, 만일 하급심판결이 상급심에서 파기되면 곧 하급심판결을 내린 법관에게 국가배상법상 위법이 있다고 할 수 있는지가 문제되는 것이다. 나아가 하급심에서 패소한 자가 항소 또는 상고를 하지 않아 판결이 그대로 확정되었는데 나중에 그 판결이 법관의 실수로 잘못 내려졌다는 것이 밝혀진 경우에, 당사자가 항소 또는 상고를 하지 않은 것이 국가배상책임의 성립을 방해하는지가 문제된다. 만일 당사자가 항소나 상고를 하였더라면 상급심에서 잘못된 하급심판결이 시정될 수 있었기 때문이다.

이하에서는 이에 관한 독일과 우리나라에서의 논의를 나누어 살펴보기로 한다.[130]

(2) 독일

독일 연방민법 제839조 제2항은 재판작용에 대한 손해배상책임에 관하여 특별한 규정을 두고 있다. 즉, 법관이 판결을 함에 있어서 직무상 의무를 위반한 경우에는 그 의무위반이 '범죄행위(Straftat)'에 해당하는 경우에 한하여 손해배상책임을 진다는 것이다. 따라서 법관이 판결을 함에 있어서 직무상 의무를 위반한 경우에도 그것이 범죄행위(예컨대 법관이 뇌물을 받고 특정 당사자에게 유리하게 판결하는 등)에 해당하지 않으면 그에 대한 국가배상책임이 인정되지 않게 된다. 이러한 특별규정의 취지는 법관을 보호하기 위한 것이 아니라 판결의 기판력을 보호하기 위한 것이라고 보는 것이 지배적 견해이다.[131]

---

130) 이에 관한 상세는 이일세, 법관의 불법행위와 국가배상책임, 저스티스, 32권 1호(1999. 3), 53면 이하 참조.
131) 따라서 위 특례조항의 적용을 받는 것은 법관의 모든 사법적(司法的) 행위가 아니라 '판결 또는 판결에 준하는 결정'에 국한된다고 본다. 그러므로 압류나 가처분절차에 있어서의 결정, 강제집행이나 파산절차에 있어서의 결정, 소송문가애에 대한 결정, 체포 압수 수색영장의 빌부 등과 같이 판결의 본질을 내포하지 않는 법관의 결정에 대해서는 위 특례조항이 적용되지 않는다고 한다. BGHZ 10, 55(60); BGH, NJW 1959, 1085; BGH, 1981, 1726; BGHZ 36, 144; BGH, NJW 1962, 36.

(3) 우리나라

1) 학설

우리나라의 국가배상법은 독일과는 달리 재판상의 불법에 대한 국가배상책임에 관하여 아무런 특별규정을 두고 있지 않은데, 과연 재판상의 불법에 대해서도 국가배상책임이 성립할 수 있는지에 대해서 학설상 다툼이 있다.

① **부정설** : 법관의 재판상 위법을 이유로 해서는 국가배상을 청구할 수 없다는 견해로서, 다음과 같은 것을 그 논거로 든다. i) 이미 확정된 판결에 대해 그 위법을 이유로 국가배상을 청구할 수 있다면 판결의 기판력(확정력)과 법적 안정성을 침해할 수 있다. ii) 법원의 판결이 상급심에서 파기되었다 하더라도 그것이 곧 원심판결을 한 법관에게 국가배상법상 위법이 있음을 의미하는 것은 아니다.132) iii) 재판에 있어서는 항소·상고와 같은 특별한 불복절차(심급제도)가 마련되어 있으므로 원심판결이 위법하다고 생각하는 당사자는 그 불복절차에 따라 자신의 권리를 회복받아야 하며, 따라서 그와 같은 불복절차를 밟지 않아 판결의 위법이 시정되지 않음으로써 손해를 받은 사람은 원칙적으로 국가배상을 청구할 수 없다.

② **제한적 긍정설** : 법관의 위법한 재판행위에 대해서도 국가배상책임이 성립할 수 있음을 인정하면서, 다만 판결이 가지는 특수성으로 인해 제한적으로만 국가배상책임이 인정될 수 있다는 견해로서, 그 논거로는 다음과 같은 것을 들고 있다. i) 헌법과 국가배상법에는 재판상의 위법에 대해 국가배상책임을 배제하는 아무런 규정이 없다. ii) 이미 확정된 판결과 그 후의 국가배상청구는 그 목적과 대상을 전혀 달리하므로 판결의 위법을 이유로 한 국가배상책임을 인정한다 하더라도 기존 판결의 기판력을 침해하지는 않는다. iii) 심급제도의 취지는 다단계의 심사장치에 의해 법관의 판단의 오류를 방지함으로써 정당한 소송당사자의 권리를 보다 잘 보호하고자 하는데 있으므로, 소송당사자가 불복절차를 취하지 않았다 해서 고의·과실로 판결을 잘못 내린 법관에 대해 면책이 주어지는 것은 아니다.

③ **소결** : 다음과 같은 이유에서 제한적 긍정설이 타당하다고 생각된다. 첫째, 이미 확정된 판결에 대해 법관의 위법행위를 이유로 국가배상을 인정한다 하더라도 판결의 기판력을 침해하는 것은 아니라고 할 것이다. 국가배상소송에서 심리결과 해당 판결을 한 법관에게 위법이 인정되더라도 잘못 내려진 판결 자체를 번복하는 것이 아니라 금전적인 배상책임만을 인정하는 것이기 때문이다. 둘째, 어떤 판결이 상급심에서 파기되었다 해서 곧 그 판결을 행한 법관에게 국가배상법상의 위법이 있다고 할 수는 없지만, 그러나 경우에 따라서는 판결을 한 법관에게 명백한 위법행위가 있을 수 있다. 예컨대 법관이 이미 개정된 법령의 내용을 모르고 재판을 하였다든지, 법률지식이 부족하여 법조항을 잘못 적용하였다든지, 실수로 제소일을 착각하거나 제소기간을 잘못 계산

---

132) 행위불법설에 의하면 판결이 위법하게 내려지면 당연히 국가배상에 있어서도 위법성이 인정된다고 보는데 대하여(다만 법관의 고의·과실 여부는 별론으로 함), 직무의무위반설에 의하면 판결의 위법과 국가배상에 있어서의 위법은 다르다고 본다. 즉, 국가배상법상 위법이 인정되기 위해서는 그러한 판결을 한 법관의 직무상 의무위반(사실인정이나 법령해석이 논리칙·경험칙에 비추어 현저히 합리성을 결한 경우)이 있어야 한다고 한다.

하여 적법하게 제기된 소송을 각하하였다든지 하는 경우가 그에 해당한다. 셋째, 소송에 있어서의 심급제는 앞에서 설명한 바와 같이 다단계 심사장치에 의해 법관의 판단의 오류를 막음으로써 소송당사자의 권리를 보다 잘 구제하기 위한 것이라 할 것인바, 소송당사자가 불복절차를 취하지 않아 잘못 내려진 판결이 그대로 확정되었다 하더라도 그 재판과정에서의 법관의 위법행위에 대해 면책이 인정되는 것은 아니라 할 것이다. 넷째, 재판상의 불법에 대해 국가배상책임이 제한되는 주된 이유는 판결의 기판력을 보호하기 위한 것이므로, 기판력과 무관한 사법작용, 예컨대 경매절차·파산절차·영장발부 등의 경우에는 재판상 불법에 대한 특례가 아니라 일반적인 국가배상책임법리의 관점에서 다루어져야 할 것이다.

다른 한편, 법관의 재판상 불법을 이유로 한 국가배상청구는 재판작용의 특성으로 인해 제한될 수밖에 없음도 인정되어야 할 것이다. 법관의 직무의무 위반의 유형에는 사실인정의 잘못, 법령해석의 잘못, 법령 내용의 부지(不知), 날짜오인 등 여러 가지가 있을 수 있는바, 이를 나누어 검토해 보기로 한다. 이 중에서 사실인정은 원칙적으로 당사자에 의해 법정에 현출된 증거를 근거로 하여 법관의 자유심증에 맡겨져 있으므로, 법관이 인정한 사실관계가 사후에 실체적 진실과 다르다는 것이 밝혀지더라도 국가배상법상의 위법이 있다고 할 수는 없을 것이다. 또한 법령해석 역시 법관의 재량에 맡겨져 있으므로 법관이 기존의 통설 또는 판례의 입장과 견해를 달리했다고 해서 곧 국가배상법상 위법행위에 해당하지는 않는다고 할 것이다. 다만 법관이 고의로 사실인정이나 법령해석을 잘못하였거나 통상의 평균적 법관으로서는 논리칙·경험칙상 있을 수 없는 전혀 불합리한 사실인정이나 법령해석을 하는 등과 같은 특별한 사정이 있는 경우에 한하여 국가배상책임이 성립될 수 있다고 할 것이다.

그러나 법관이 관계 법령을 잘 모르고 판결을 내린 경우에는 법관의 직무상 의무위반을 인정할 수 있을 것이다. 법률전문가인 법관에게는 올바른 법령에 근거하여 재판하여야 할 직무상 의무가 있기 때문이다. 일반 행정직공무원이 관계 법령을 잘 알지 못하여 위법한 행정처분을 한 경우에도 그가 법률전문가가 아닌 행정직공무원이라 하여 과실이 없다고 할 수 없다는 것이 판례의 입장인바,133) 하물며 법률전문가인 법관이 법령의 내용을 잘 알지 못하여 잘못된 판결을 하였다면 당연히 법관의 직무상 불법행위에 대한 국가배상책임이 인정되어야 할 것이다. 또한 법관이 제소일을 착각하거나 제소기간을 잘못 계산하여 적법하게 제기된 소송을 각하한 경우에도 법관의 직무상 의무위반을 인정할 수 있을 것이다.

2) 판례의 입장

판례는, 법관이 법령 규정을 따르지 않거나 사실을 오인한 잘못이 있다 하더라도 법관의 오판으로 인한 국가배상책임이 성립되기 위해서는 법관이 위법·부당한 목적을 가지고 재판을 하였다거나 법이 법관의 직무수행상 준수할 것을 요구하고 있는 기준을 현저하게 위반하는 등의 특별한 사정이 있어야 한다고 하며,134) 또한 재판에 대한 불복절차 또는 시정절차가 마련되어 있으며 이

---

133) 대판 2001. 2. 9, 98다52988; 대판 1995. 10. 13, 95다32747.

를 통한 시정을 구하지 않고서는 원칙적으로 국가배상을 구할 수 없다고 함으로써,[135] 법관의 오판을 이유로 한 국가배상책임을 거의 인정하지 않고 있다(아래의 ① - ③ 판례 참조). 다만 헌법재판소 재판관이 헌법소원심판이 제기된 날을 오인하여 청구를 각하한 사건에서는, 헌법소원심판의 경우에는 일반 소송과는 달리 별도의 불복절차가 없다는 이유로 재판관이 청구기간을 오인한 잘못에 대한 국가배상책임을 인정하였다(아래의 ④ 판례 참조).[136]

한편, 근래에 하급심법원은 법관의 오판을 이유로 한 국가배상책임을 인정하였으나,[137] 이에 대한 상고심에서 대법원은 원심판결을 파기환송하였다(아래의 ⑤ 판례 참조).[138]

---

① 법관이 상사유치권에 관한 법률규정을 잘못 알고 판결을 내린 경우

〈사실관계〉 의류를 제조하는 갑회사는 재봉틀 제조·수리업을 하는 을에게 재봉틀의 수리를 맡기자, 을은 갑회사에 대한 손해배상채권을 이유로 이에 대한 유치권을 행사하였다가 약 2년 후에 수리하지 않은 채로 갑회사에 돌려주었다. 이에 갑회사는 을이 재봉틀을 불법으로 장기간 유치하였기 때문에 손해를 입었다는 이유로 손해배상청구소송을 제기하였다. 이 사건의 제1심을 맡은 오오사카지방재판소는, 을이 주장하는 피담보채권은 유치물(재봉틀)과 견련관계가 없으므로 유치권은 인정되지 않으며, 따라서 을은 갑회사에게 손해배상책임을 져야 한다고 판시하였으며, 을이 항소를 하지 않아 이 판결은 그대로 확정되었다. 그 후 을은 상인 상호간의 상행위에서 발생한 채권이 피담보채권인 경우에는 유치물과 견련성이 없어도 유치권이 인정된다는 상법 제521조의 내용을 알게 되었고, 이에 을은 위 판결을 내린 법관의 위법행위(법률의 부지로 인한 잘못된 판결)를 이유로 국가배상청구소송을 제기하였다.

〈판례의 입장〉 이에 대해 일본 최고재판소는, 법관이 행한 재판에 하자가 존재한다고 해서 곧 국가배상법상의 위법행위가 인정되는 것은 아니고, 법관이 '위법 또는 부당한 목적'을 가지고 재판을 하는 등과 같은 특별한 사정이 있는 경우에만 국가배상책임이 성립한다고 판시하였다.

이러한 최고재판소의 판결에 대해서는, 여기에서 말하는 법관이 위법 또는 부당한 목적을 가지고 재판을 하는 등과 같은 특별한 사정이란 현실적으로 거의 있을 수 없으므로 위 판결은 '집안에 후한 판결'이며 '오판(誤判)을 이유로 한 국가배상소송의 숨통을 끊었다'는 등의 비판이 가해지고 있다.[139]

> **판례** 『법관이 행한 쟁송의 재판에 상소 등 소송법상의 구제방법에 의해 시정되어야 할 하자가 존재한다 하여도, 이것에 의해 당연히 국가배상법 제1조 제1항의 규정에서 말하는 위법한 행위가 있는 것으로서 국가의 손해배상책임의 문제가 발생하는 것은 아니며, 위 책임이 긍정되기 위해서는 당해 법관이 위법 또는 부당한 목적을 가지고 재판을 하는 등 법관이 그에 부여된 권한의 취지에 명백히 위배되어 이를 행사하였다고 인정되는 것과 같은 특별한 사정이 있는 것을 필요로 한다고 해석하는 것이 상당하다.』 (最判 昭和 57. 3. 12, 民集 36권 3호, 329면)

② 경매담당 판사의 실수로 일부 근저당권자를 배당받을 채권자에서 누락시킨 경우

---

134) 대판 2001. 3. 9, 2000다29905; 대판 2003. 7. 11, 99다24218; 대판 2022. 3. 17, 2019다226975.
135) 대판 2003. 7. 11, 99다24218; 대판 2016. 10. 13, 2014다215499; 대판 2022. 3. 17, 2019다226975.
136) 대판 2003. 7. 11, 99다24218.
137) 서울고판 2019. 3. 22, 2018나2013910.
138) 대판 2022. 3. 17, 2019다226975.
139) 古崎慶長, 國家賠償法の諸問題, 1991, 158면.

〈사실관계〉A의 토지위에 갑, 을, 병이 각각 1번, 2번, 3번의 근저당권을 설정하였는바, 2번 근저당권자 을의 근저당권 실행으로 임의경매절차가 개시되었고, 입찰에 참가한 을이 낙찰을 받아 낙찰대금을 완납하였다. 경매법원은 근저당권자인 갑, 을, 병에게 등기부상의 주소지로 등기우편의 방법에 의해 입찰기일, 낙찰기일을 통지하고 배당기일소환장을 송달하였으나, 1번 근저당권자 갑에 대한 통지서와 배당기일소환장은 주소불명으로 송달이 되지 않았으며, 이에 아무런 통지를 받지 못한 갑은 경매법원에 배당신청을 하거나 배당기일에 출석하지 못하였다. 한편, 법원의 경매담당 판사는 실수로 1번 근저당권자 갑을 배당받을 채권자에서 누락시킨 채 배당표를 확정하고 그에 따라 배당을 실시하였으며, 그 결과 1번 근저당권자 갑에 대한 배당은 이루어지지 않았다. 그 후에 이 사실을 안 갑은 담당 판사의 실수로 자신이 배당표에서 누락됨으로써 손해를 입었다는 이유로 국가배상청구소송을 제기하였다.

〈판례의 입장〉이에 대해 대법원은, 법관이 법령의 규정을 따르지 않은 잘못이 있다 하더라도 이로써 곧 국가배상법상 위법행위가 인정되는 것은 아니고, 법관이 위법 또는 부당한 목적을 가지고 재판하거나 직무상 준수할 것이 요구되는 기준을 현저히 위반하는 등과 같은 특별한 사정이 있어야 한다고 하면서, 이 사건에서 경매담당 법관에게는 위법·부당한 목적을 가지고 있었다거나 직무수행상 준수할 것이 요구되는 기준을 현저히 위반하였다고 볼 수 없으므로 국가배상법상 위법한 행위가 아니라고 판시하였다. (대판 2001. 4. 24. 2000다16114)

③ 법관이 실수로 지급기일이 도래하지 않은 약속어음을 근거로 채권압류 및 전부명령을 내린 경우

〈사실관계〉갑은 1985년 11월 25일 합동법률사무소에서 '발행인 A회사, 지급기일 1986년 11월 17일'로 하는 약속어음에 관한 공정증서를 작성하고, 1985년 12월 3일 위 약속어음공정증서에 대한 집행문을 부여받은 후, 위 약속어음의 지급기일이 도래하지 아니하였음에도 1985년 12월 9일 서울민사지방법원으로부터 A회사가 국민은행에 예치한 금전에 대하여 채권압류 및 전부명령을 받아 1986년 3월 3일 국민은행으로부터 위 예치금을 지급받았다. 이에 A회사에 대해 또 다른 금전채권을 가지고 있는 을은 갑이 A회사로부터 받은 약속어음의 지급기일이 1986년 11월 17일이어서 아직 지급기일이 도래하지 아니하였음에도 불구하고 담당 법관이 중대한 과실로 이를 간과한 채 위 예치금에 대한 채권압류 및 전부명령을 발령함으로 인하여 자신의 A회사에 대한 금전채권의 확보가 불가능하게 되었다는 이유로 국가배상청구소송을 제기하였다.

〈판례의 입장〉이에 대해 판례는, 법관에게 법령을 오해하거나 간과한 허물이 있다 하더라도 법관의 직무인 사실인정 및 법령해석·적용상의 잘못은 불복절차에 의해 시정할 수 있는 제도적 장치가 마련되어 있는 점에 비추어 보면, 해당 법관에게 당사자 어느 편을 유리 또는 불리하게 이끌어 가려는 고의가 있었다는 등 특단의 사정이 없는 한 이는 사회통념상 허용될 만한 상당성이 있는 것으로서 위법성이 결여된다고 함으로써 국가배상책임을 인정하지 않았다. (대판 1994. 4. 12. 93다62591)

④ 헌법재판소 재판관이 헌법소원심판이 제기된 날을 오인하여 청구를 각하한 경우

〈사실관계〉문화재청 창덕궁사무소 근무자 갑은 1993. 8. 16. 창덕궁 사무소장인 A와 서무담당 B를 허위공문서 작성, 허위공문서 행사, 폭행 등으로 서울지방검찰청에 고소하였다. 위 고소사건에 대하여 담당 검사는 1993. 11. 29. 기소유예 내지는 혐의 없음으로 불기소처분을 하였고, 이에 갑은 항고 및 재항고 하였으나 모두 기각되고, 그 처분통지는 1994. 9. 17. 갑에게 송달되었다. 갑은 위 불기소처분의 취소를 구하기 위하여 1994. 11. 4. 헌법소원심판을 청구하였는바, 헌법재판소는 헌법소원심판이 제기된 날을 1994. 11. 14.로 잘못보아 이는 청구기간을 도과하여 부적법하다는 이유로 청구를 각하하였다. 이에 갑은 적법한 기간 내에 제기된 헌법소원심판청구를 헌법재판소가 부적법하게 각하함으로써 본안판단을 받을 권리를 상실해서 헌법이 보장한 재판을 받을 권리와 행복추구권이 침해되었다며, 위자료 2,000만원과 헌법소원심판 청구시의 변호사 선임비용 600만원의 배상을 요구하는 국가배상청구소송을 제기하였다.

〈판례의 입장〉: 이에 대해 대법원은, 헌법소원심판의 경우에는 별도의 불복절차가 없기 때문에 재판관이 청구기간을 오인하여 각하결정을 한 것은 국가배상법상의 위법에 해당하여 국가배상책임이 성립한다고 하였다.

> **판례** 『[1] 재판에 대하여 따로 불복절차 또는 시정절차가 마련되어 있는 경우에는 재판의 결과로 불이익 내지 손해를 입었다고 여기는 사람은 그 절차에 따라 자신의 권리 내지 이익을 회복하도록 함이 법이 예정하는 바이므로, 불복에 의한 시정을 구할 수 없었던 것 자체가 법관이나 다른 공무원의 귀책사유로 인한 것이라거나 그와 같은 시정을 구할 수 없었던 부득이한 사정이 있었다는 등의 특별한 사정이 없는 한, 스스로 그와 같은 시정을 구하지 아니한 결과 권리 내지 이익을 회복하지 못한 사람은 원칙적으로 국가배상에 의한 권리구제를 받을 수 없다고 봄이 상당하다고 하겠으나, 재판에 대하여 불복절차 내지 시정절차 자체가 없는 경우에는 부당한 재판으로 인하여 불이익 내지 손해를 입은 사람은 국가배상 이외의 방법으로는 자신의 권리 내지 이익을 회복할 방법이 없으므로, 이와 같은 경우에는 배상책임의 요건이 충족되는 한 국가배상책임을 인정하지 않을 수 없다.
>
> [2] 헌법소원심판을 청구한 자로서는 헌법재판소 재판관이 일자 계산을 정확하게 하여 본안판단을 할 것으로 기대하는 것이 당연하고, 따라서 헌법재판소 재판관의 위법한 직무집행의 결과 잘못된 각하결정을 함으로써 청구인으로 하여금 본안판단을 받을 기회를 상실하게 한 이상, 설령 본안판단을 하였더라도 어차피 청구가 기각되었을 것이라는 사정이 있다고 하더라도 잘못된 판단으로 인하여 헌법소원심판 청구인의 위와 같은 합리적인 기대를 침해한 것이고 이러한 기대는 인격적 이익으로서 보호할 가치가 있다고 할 것이므로 그 침해로 인한 정신상 고통에 대하여는 위자료를 지급할 의무가 있다.』 (대판 2003. 7. 11. 99다24218)

⑤ 법관이 제소기간 만료일 착오로 가압류결정을 취소함으로써 채권자가 배당을 받지 못한 경우

〈사실관계〉 서울북부지방법원은 갑의 신청에 따라 남양주시에 있는 을의 건물에 대한 가압류결정을 하였고, 그 후 위 부동산에 대해 가압류등기가 마쳐졌다. 이에 을은 위 법원에 갑에 대한 제소명령을 신청하였고, 위 법원은 2014. 5. 7. "원고(갑)는 이 결정을 송달받은 날부터 20일 안에 본안소송을 제기하고, 이를 증명하는 서류를 제출하라"는 내용의 제소명령을 하였다. 갑은 2014. 5. 12. 제소명령 등본을 송달받은 뒤 2014. 6. 2. 을을 상대로 의정부지방법원 남양주시법원에 본안소송(지급명령)을 제기하고, 같은 날 그 접수증명원을 서울북부지방법원에 제출하였다. 그런데 을은 갑이 제소명령에서 정한 기간을 도과하여 본안소송을 제기하였다고 주장하며 서울북부지방법원에 가압류결정의 취소를 신청하였고, 위 법원은 을의 신청을 받아들여 가압류결정을 취소하였으며, 이에 따라 2014. 10. 16. 가압류등기의 말소등기가 이루어졌다. 갑은 서울고등법원에 즉시항고를 하였고, 항고심에서는 2014. 12. 8. 제1심법원이 제소기간의 만료일을 착오하였다는 이유로 제1심결정을 취소하고, 을의 가압류 취소신청을 기각하였으며, 이에 따라 2014. 12. 17. 새로운 가압류등기가 마쳐졌다. (참고: 민사집행법에는 보전재판에 대한 불복 내지 시정수단으로 '즉시항고'와 '효력정지신청'을 규정하고 있는데, 갑은 법원의 가압류취소결정에 대해 즉시항고는 하였지만 효력정지신청은 하지 않았다.) 한편 2013. 9. 26. 이 사건 부동산에 대하여 강제경매가 개시되었는데, 갑은 위 경매절차에서 배당요구의 종기인 2013. 12. 11. 이후에야 새로운 가압류등기가 행해졌기 때문에 배당기일에 전혀 배당을 받지 못하였다. 이에 갑은 제소기간 만료일를 잘못 셈산해서 가압류결정을 취소한 법관이 불법행위로 인해 배당을 받지 못하는 손해를 입었다고 주장하며 국가배상청구소송을 제기하였다.

> **판례** 〈원심판결〉『이 사건 담당 재판부의 잘못은 전적으로 법관의 판단 재량에 맡겨져 있는 법률의 해석이나 법령·사실 등의 인식과 평가의 영역에 속한 것이 아니고 제소기간의 산정이라는 비재량적 절차상의 과오인 점, 더구나 원고는 이 사건 가압류취소결정에 대한 불복절차로서 즉시항고를 제기하였으므로, 담당 재판부로서는 즉시항고장 기재 자체로 이 사건 가압류취소결정에 제소기간의 만료일 착오라는 잘못이 있음을 곧바로 인식하고 원심결정을 경정할 기회가 있었음에도 불구하고 그러한 조치를 취하지 않은 점 등을 종합하여 보면, **이는 법관의 직무수행상 준수할 것을 요구하고 있는 기준을 현저하게 위반한 경우에 해당하므로 국가배상책임이 인정된다.**』(서울고판 2019. 3. 22, 2018나2013910)
>
> 〈대법원판결〉『[1] 법관의 재판에 법령 규정을 따르지 않은 잘못이 있더라도 이로써 바로 재판상 직무행위가 국가배상법 제2조 제1항에서 말하는 위법한 행위로 되어 국가의 손해배상책임이 발생하는 것은 아니다. 법관의 오판으로 인한 국가배상책임이 인정되려면 법관이 위법하거나 부당한 목적을 가지고 재판을 하였다거나 법이 법관의 직무수행상 준수할 것을 요구하고 있는 기준을 현저하게 위반하는 등 법관이 그에게 부여된 권한의 취지에 명백히 어긋나게 이를 행사하였다고 인정할 만한 특별한 사정이 있어야 한다는 것이 판례이다. 특히 재판에 대하여 불복절차 또는 시정절차가 마련되어 있는 경우, 법관이나 다른 공무원의 귀책사유로 불복에 의한 시정을 구할 수 없었다거나 그와 같은 시정을 구할 수 없었던 부득이한 사정이 없는 한, 그와 같은 시정을 구하지 않은 사람은 원칙적으로 국가배상에 의한 권리구제를 받을 수 없다.
> [2] 민사집행법에서는 보전재판에 대한 불복 또는 시정을 위한 수단으로서 **즉시항고와 효력정지신청** 등 구제절차를 세심하게 마련해 두고 있다. **재판작용에 대한 국가배상책임에 관한 판례는 재판에 대한 불복절차 또는 시정절차가 마련되어 있으면 이를 통한 시정을 구하지 않고서는 원칙적으로 국가배상을 구할 수 없다**는 것으로, 보전재판이라고 해서 이와 달리 보아야 할 이유가 없다.
> [3] 원고는 이 사건 가압류취소결정으로 인한 긴급한 손해를 방지하기 위해 효력정지를 신청할 기회가 있었으나 이를 신청하지 않았다. 원심은 원고가 당시 구치소에 수감되어 있었다는 사정을 효력정지를 신청하지 못한 부득이한 사정으로 고려하고 있는 듯하나, 원고가 이 사건 가압류취소결정에 대해 즉시항고를 할 수 있었던 이상 그러한 사유만으로 효력정지를 신청할 수 없었던 부득이한 사정이 있었다고 보기 어렵다. 나아가 법관이나 다른 공무원의 귀책사유로 효력정지를 신청할 수 없었다는 등의 사정도 찾을 수 없다. 그런데도 원심은 피고에게 국가배상책임이 있다고 단정하였다. 원심판결에는 재판으로 인한 국가배상책임에 관한 법리를 오해하여 판결에 영향을 미친 잘못이 있다.』(대판 2022. 3. 17, 2019다226975)

4. 위헌인 긴급조치의 발령 및 집행행위와 국가배상책임

대통령의 긴급조치가 사법심사에 의해 위헌·무효로 선언된 경우에, 그러한 위헌인 긴급조치를 발한 대통령의 행위 또는 그 긴급조치에 근거하여 수사와 재판을 한 행위에 대해 국가배상책임이 성립할 수 있는지가 문제되는바, 대법원은 최근에 이에 관한 종래의 입장을 변경하였음에 유의하여야 한다.

즉, 종래 대법원은 i) 긴급조치가 사후적으로 법원에서 위헌·무효로 선언되었다 하더라도, 유신헌법에 근거한 대통령의 긴급조치권행사는 고도의 정치성을 띤 국가행위로서 대통령은 국가긴급권의 행사에 관하여 원칙적으로 국민 전체에 대한 관계에서 정치적 책임을 질 뿐 국민 개개인의 권리에 대응하여 법적 의무를 지는 것은 아니므로, 대통령의 이러한 권력행사가 국민 개개인에 대한 관계에서 민사상 불법행위를 구성한다고는 볼 수 없다고 하였으며,140) ii) 긴급조치가 사후적으로 위헌·무효로 선언되었다 하더라도, 위헌·무효로 선언되기 전에 그 긴급조치에 근거하여 수사를 진행하고 공소를 제기한 수사기관의 직무행위나 그 긴급조치를 적용하여 유죄판결을 선고한 법관의 재판상 직무행위는 공무원의 고의·과실에 의한 불법행위에 해당하지 않는다고 보았다.141)

그러나 2022년 전원합의체판결에서는 긴급조치의 발령과 적용·집행행위에 의해 국민의 기본권이 침해되어 현실화된 손해에 대하여는 국가의 배상책임이 인정되어야 한다고 판시하였는바, 그 판결요지는 다음과 같다.142) i) 긴급조치의 발령 및 적용·집행이라는 일련의 국가작용은 위법한 긴급조치의 발령행위와 이를 구체적으로 적용·집행하는 다수 공무원들의 행위가 전체적으로 모여 이루어졌다. 이처럼 광범위한 다수 공무원이 관여한 일련의 국가작용에 의한 기본권 침해에 대해서 국가배상책임의 성립이 문제되는 경우에는 전체적으로 보아 객관적 주의의무 위반이 인정되면 충분하다. ii) 긴급조치에 따라 영장 없이 이루어진 체포·구금, 그에 이은 수사 및 공소제기 등 수사기관의 직무행위와 그 긴급조치를 적용하여 유죄판결을 한 법관의 직무행위는 긴급조치의 발령 및 적용·집행이라는 일련의 국가작용으로서 전체적으로 보아 국민의 기본권 보장의무에 반하여 객관적 정당성을 상실하였다. iii) 법관의 재판상 직무행위에 대하여 국가배상책임이 인정되려면 해당 법관이 위법 또는 부당한 목적을 가지고 재판을 하는 등 법관이 그에게 부여된 권한의 취지에 명백히 어긋나게 이를 행사하였다고 인정할 만한 특별한 사정이 있어야 하지만, 재판상 직무행위를 포함한 긴급조치의 발령 및 적용·집행이라는 일련의 국가작용이 전체적으로 객관적 정당성을 상실한 때에는 국가배상책임이 성립할 수 있다고 보아야 한다.

5. 공무원의 자동차운행과 관련한 국가배상책임

▌기본사례

(1) 보건복지부 소속 공무원 갑은 부산광역시로의 출장명령을 받고 관용차를 운전하여 부산으로 가던 중 갑의 과실로 택시와 추돌하는 사고가 발생하여 택시에 타고 있던 을이 크게 다쳤다. 이 경우 을은 누구에게 어떠한 법률에 근거해서 손해배상을 청구할 수 있는가.

(2) 위의 사안에서 만일 출장명령을 받은 공무원 갑이 자신의 승용차를 운전하여 부산으로 가던 중 교통사고가 발생한 경우에는 을은 누구에게 어떠한 법률에 근거해서 손해배상을 청구할 수 있는가.

---

140) 대판 2015. 3. 26, 2012다48824.
141) 대판 2014. 10. 27, 2013다217962.
142) 대판 2022. 8. 30, 2018다212610. 同旨의 판례: 대판 2023. 1. 12, 2021다201184; 대판 2023. 2. 2, 2020다270633.

(1) 서

공무원이 직무집행과 관련하여 자동차를 운행하다가 타인에게 손해를 발생케 한 경우에는 누가 배상책임을 지는지가 문제되는데, 이에 관해서는 자동차손해배상보장법에 따른 책임과 국가배상법에 따른 책임으로 나누어 살펴보기로 한다.

(2) 자동차손해배상보장법에 의한 배상책임

① **국가배상법의 규정** : 국가배상법 제2조 제1항 후단은 공무원의 자동차운행과 관련한 국가배상책임에 관하여 특별한 규정을 두고 있는데, 「국가나 지방자치단체는 … 자동차손해배상보장법에 따라 손해배상의 책임이 있을 때에는 이 법에 따라 그 손해를 배상하여야 한다」는 규정이 그에 해당한다. 이 규정의 취지는, 공무원의 자동차 운행으로 인해 발생한 손해에 대하여 자동차손해배상보장법상 국가나 지방자치단체에게 배상책임이 인정되는 경우에는 국가배상법이 정한 바에 따라 손해를 배상하여야 한다는 것이다. 그렇다면 자동차손해배상보장법에 따르면 어떠한 경우에 공무원의 자동차 운행으로 인한 손해에 대해 국가나 지방자치단체에게 배상책임이 인정되는지를 살펴보아야 한다.

② **자동차손해배상보장법의 규정** : 자동차손해배상보장법 제3조는 「자기를 위하여 자동차를 운행하는 자는 그 운행으로 다른 사람을 사망하게 하거나 부상하게 한 경우에는 그 손해를 배상할 책임을 진다. 다만, 다음 각 호의 어느 하나에 해당하면 그러하지 아니하다.」고 규정하고 있다.[143) 따라서 자동차손해배상보장법 제3조에 의한 배상책임이 성립하기 위해서는 i) 자기를 위하여 자동차를 운행할 것, ii) 자동차운행으로 다른 사람을 사망 또는 부상하게 할 것, iii) 자동차손해배상보장법 제3조 단서 각호의 책임배제사유에 해당하지 않을 것[144) 등의 요건을 갖추어야 한다. 여기에서 '자기를 위하여 자동차를 운행하는 자'라 함은 자동차에 대한 운행을 지배하여 그 이익을 향수하는 책임주체로서의 지위에 있는 자를 뜻한다는 것이 판례의 입장이다.[145)

③ **공무원의 자동차 운행과 자동차손해배상보장법상의 배상책임** : 공무원이 직무집행을 위해 자동차를 운행하다가 다른 사람을 사망 또는 부상하게 한 경우에는 누가 자동차손해배상보장법상의 배상책임을 지는지가 문제되는데, 이는 공무원의 자동차운행이 자기를 위한 것인지 아니면 그가 속한 국가나 지방자치단체를 위한 것인지와 직결되는 문제이다. 이에 관해서는 공무원이 운행하는 자동차가 관용차(국가 또는 지방자치단체 소유의 차)인지 개인소유의 차인지로 나누어 살펴보기로

---

143) 자동차손해배상보장법이 자동차사고로 인한 인명피해에 대한 손해배상책임에 대해서 특별한 규정을 두고 있는 취지는, 자동차의 운행이라는 사회적 위험성이 큰 행위로 인하여 발생한 인명피해의 배상책임을 그 운행자에게 보다 용이하게 귀속시킴으로써 피해자를 두텁게 보호하기 위한 것이라고 한다(대판 1996. 3. 8, 94다23876).

144) 자동차손해배상보장법 제3조 단서의 책임배제사유는 "i) 승객이 아닌 자가 사망·부상한 경우 운전자가 자동차 운행에 주의를 게을리 하지 않았고 피해자에게 고의·과실이 있으며 자동차의 구조상 결함이 없었다는 것을 증명한 경우, ii) 승객이 고의나 자살행위로 사망하거나 부상한 경우"이다.

145) 대판 1994. 12. 27, 94다31860. 예컨대 기내버스의 운행을 지배하여 그 이익을 향수하는 자는 버스운전사가 아니라 버스회사이므로, 버스운전사가 교통사고를 일으켜 다른 사람을 죽거나 다치게 한 경우에는 자동차손해배상보장법상 버스회사가 배상책임을 지게 된다.

한다.

i) 공무원이 직무집행을 위하여 '관용차'를 운행하는 경우에는 그 자동차에 대한 운행지배나 운행이익은 공무원이 아니라 그가 속한 국가 또는 지방자치단체에 귀속되므로 자동차손해배상보장법 제3조에 의한 배상책임은 그 운행이익이 귀속되는 '국가나 지방자치단체'가 져야 한다는 것이 판례의 입장이다.146)

ii) 공무원이 '개인 소유의 자동차'를 운행하는 경우에는 그것이 공무수행을 위한 것이든 사적인 용무를 위한 것이든 묻지 아니하고 '공무원 자신을 위하여' 자동차를 운행하는 것이고, 따라서 공무원 개인이 자동차손해배상보장법상의 배상책임을 진다는 것이 판례의 입장이다.147)

이와 관련하여 공무원이 자동차손해배상보장법상의 배상책임을 지는 경우에도 경과실의 경우에는 국가배상법 제2조 제2항에 따라 공무원 개인의 책임은 면제될 수 있는지가 문제된다. 이에 대해 판례는, 자동차 운행자의 손해배상책임을 규정하고 있는 자동차손해배상보장법 제3조는 자동차의 운행이 사적인 용무를 위한 것이든 공무를 위한 것이든 구별하지 아니하고 민법이나 국가배상법에 우선하여 적용되며, 또한 자동차손해배상보장법은 운행자의 경과실에 대한 면책규정이 없으므로, 공무원이 직무집행을 위해 개인 소유의 자동차를 운전하다가 다른 사람의 생명·신체에 손해를 가한 경우에는 그것이 공무원의 경과실에 의한 것인지 고의·중과실에 의한 것인지를 가리지 않고 자동차손해배상보장법상의 배상책임을 진다고 하였다.148)

(3) 국가배상법상의 배상책임

공무원이 직무집행을 위해 개인 소유의 자동차를 운행하다가 다른 사람에게 손해를 발생케 한 경우에는 자동차손해배상보장법과는 별도로 국가배상법상의 배상책임을 검토할 필요가 있다.

국가배상법 제2조에 따른 배상책임이 성립하기 위해서는 i) '공무원'의 행위일 것, ii) 공무원의 '직무집행행위'일 것, iii) 공무원의 '고의·과실에 의한 법령위반행위'일 것, iv) 타인에게 손해를 입힐 것 등의 요건을 갖추어야 하는데, 공무원이 현장점검 등 직무집행을 위해 자동차(누구 소유인지는 묻지 않음)를 운행하다가 사고를 일으켜 다른 사람에게 손해를 발생케 한 경우에는 위 요건을 모두 충족시키므로 해당 공무원이 속한 국가나 지방자치단체가 국가배상법상의 배상책임을 진다고 할 것이다.

이와 관련하여 공무원이 통상적인 출퇴근 또는 출장을 위하여 개인 소유의 자동차를 운행하는 것이 국가배상법상의 직무집행행위에 속하는지가 문제된다. 판례에 따르면 통상적인 출퇴근을 위한 경우에는 직무집행성이 인정되지 않는데 대하여,149) 출장을 위한 경우에는 직무집행성이 인정된다고 한다.150)

---

146) 대판 1994. 12. 27, 94다31860.
147) 대판 1996. 3. 8, 94다23876; 대판 1996. 5. 31, 94다15271.
148) 대판 1996. 3. 8, 94다23876.
149) 대판 1996. 5. 31, 94다15271.
150) 대판 1988. 3. 22, 87다카1163.

판례 ①『공무원이 통상적으로 근무하는 근무지로 출근하기 위하여 자기 소유의 자동차를 운행하다가 과실로 교통사고를 일으킨 경우에는 특별한 사정이 없는 한 국가배상법 제2조 제1항 소정의 공무원이 '직무를 집행하면서' 타인에게 불법행위를 한 것이라고 할 수 없으므로 그 공무원이 소속된 국가나 지방 공공단체가 국가배상법상의 손해배상책임을 부담하지 않는다.』(대판 1996. 5. 31, 94다15271)

②『미군부대 소속 선임하사관이 소속 부대장의 명에 따라 공무차 예하부대로 출장을 감에 있어 부대에 공용차량이 없었던 까닭에 개인 소유의 차량을 빌려 직접 운전하여 예하부대에 가서 공무를 보고나자 퇴근시간이 되어서 위 차량을 운전하여 집으로 운행하던 중 교통사고가 발생하였다면 위 선임하사관의 위 차량의 운행은 실질적 객관적으로 그가 명령받은 위 출장명령을 수행하기 위한 직무와 밀접한 관련이 있는 것이라고 보아야 한다.』(대판 1988. 3. 22, 87다카1163)

(4) 소결

i) 공무원이 직무집행을 위해 '관용차'를 운행하다가 다른 사람을 '사망 또는 부상'하게 한 경우에는 그 운행이익이 귀속되는 국가 또는 지방자치단체가 자동차손해배상보장법상의 배상책임을 지며, 이 경우 배상의 범위나 절차 등은 국가배상법이 정한 바에 따른다. 따라서 자동차를 운행한 공무원에게 고의·중과실이 인정되는 경우에는 국가 또는 지방자치단체는 그 공무원에게 구상권을 행사할 수 있지만 경과실의 경우에는 공무원의 책임은 면제된다(국가배상법 2조 2항).

그러나 관용차를 운행하는 공무원이 다른 사람에게 '물적 손해'만을 발생시킨 경우에는 자동차손해배상보장법이 적용되지 않으며, 이 경우는 국가배상법에 따라 그 공무원이 속한 국가나 지방자치단체가 배상책임을 진다.

ii) 공무원이 직무집행을 위해 '개인 소유의 자동차'를 운행하다가 다른 사람을 '사망 또는 부상'하게 한 경우에는 해당 공무원에게 운행이익이 귀속하는 것으로 보아 그가 자동차손해배상보장법상의 배상책임을 진다. 그런데 이 경우 공무원의 자동차운행은 직무집행을 위한 것이므로 국가배상법 제2조 제1항에 따라 공무원이 속한 국가나 지방자치단체 역시 국가배상법상의 배상책임을 지게 된다. 따라서 피해자는 공무원 개인에게 자동차손해배상보장법상의 배상책임을 묻든 국가나 지방자치단체에게 국가배상법상의 배상책임을 묻든 선택적으로 배상청구권을 가진다고 할 것이다. 이때 공무원에게 자동차손해배상보장법에 따라 배상청구를 하는 경우에는 공무원의 경과실 면책에 관한 국가배상법 제2조 제2항의 규정은 적용되지 않는다는 것이 판례의 입장이다.

한편, 공무원이 직무집행을 위해 개인 소유의 자동차를 운행하다가 다른 사람에게 물적 손해만을 발생시킨 경우에는 자동차손해배상보장법이 적용되지 않으며, 이 경우는 국가배상법에 따라 국가나 지방자치단체가 배상책임을 진다.

Ⅴ. 배상의 범위

1. 원 칙

헌법 제29조는 손해를 받은 국민은 '정당한 배상'을 청구할 수 있다고 규정하고 있는데, 여기에서 정당한 배상이란 공무원의 불법행위와 상당인과관계에 있는 모든 손해에 대한 배상을 의미한다.

2. 손해배상의 기준

(1) 배상의 기준에 관한 국가배상법 규정

국가배상법 제3조는 공무원의 불법행위로 인하여 타인이 사망한 경우, 신체에 해를 입힌 경우, 물건을 멸실·훼손한 경우 등으로 나누어 그에 대한 배상의 기준을 정하고 있다.

(2) 배상기준을 정한 국가배상법 제3조의 성질

① 제한규정설: 국가배상법 제3조는 손해배상액의 상한을 정한 제한규정의 성질을 가지므로 그 한도를 넘어서는 배상은 허용되지 않는다는 입장이다.[151] 이 견해의 논거는, 국가배상법 제3조가 특별히 배상기준에 관해 규정한 취지는 생명·신체의 침해나 물건의 훼손 등으로 인한 손해배상에 있어서 법적으로 배상의 범위를 명백히 하여 당사자 사이에 분쟁의 소지를 없애기 위한 것이라는 것을 든다.

② 기준규정설: 국가배상법 제3조는 손해배상액 산정에 있어서 단순한 기준을 제시한 것에 불과하기 때문에 구체적 사안에 따라서는 배상액을 증감할 수 있다는 견해로서, 다수설의 입장이다. 이 견해의 논거는 i) 국가배상법 제3조가 '배상기준'이라고 규정하고 있는 점, ii) 만일 제3조를 제한규정이라 해석한다면 그것은 헌법이 규정하고 있는 '정당한 보상'에 반할 수 있는 점 등을 든다.

③ 판례의 입장: 대법원은 국가배상법 제3조는 배상액 산정에 있어서 하나의 기준을 정한 것에 지나지 않고 배상액의 상한을 제한하는 것은 아니므로 법원이 손해배상액을 산정함에 있어서 그 기준에 구애되는 것은 아니라고 함으로써 기준규정설의 입장을 취하고 있다.[152]

3. 공 제

(1) 손익상계

공무원의 직무상 불법행위로 인하여 피해자가 손해를 입은 동시에 이익을 얻은 경우에는 손해배상액에서 그 이익에 상당하는 금액을 공제하여야 하는데, 이를 손익상계의 원칙이라 한다(3조의2 1항).[153]

---

151) 이상규(상), 608면.
152) 대판 1970. 1. 29, 69다1203; 대판 1970. 2. 10, 69다1729; 대판 1970. 3. 10, 69다1772.
153) 예컨대 가축 담당 공무원이 취임한 직무행위고 갑의 사슴을 죽게 한 경우에 갑의 손해액은 해당 사슴의 시중 가격에 상당하는 것인데, 만일 갑이 죽은 사슴의 뿔을 한약업자에게 판매하여 이익을 얻은 경우에는 이를 손해배상액에서 공제하여야 하는 것이다.

(2) 중간이자의 공제

국가배상청구권자가 유족배상, 장해배상 및 장래에 필요한 요양비 등을 한꺼번에 신청하는 경우에는 배상액에서 법정이율에 의한 중간이자를 공제해야 한다(3조의2 2항). 이때 중간이자를 공제하는 방식으로는 단리로 계산하는 단할인법(호프만방식)과 복리로 계산하는 복할인법(라이프니쯔방식)이 있는데, 국가배상법시행령 제6조 제3항은 '단할인법'에 의하도록 규정하고 있다.154)

4. 국가배상과 공무원연금 등과의 관계(이중배상의 문제)

▌기본사례

(1) 육군 모부대 소속 군인 갑은 군부대에서 총기를 절취하여 탈영한 다음 편의점에 들어가 점원을 위협하여 금품을 강취하고자 하였는데, 마침 해당 편의점에 음료수를 사러 온 대학생 을은 이를 보고 갑의 범행을 저지하려다 갑이 쏜 총에 맞아 하반신이 마비되는 부상을 당하였다. 이에 갑은 「의사상자 등 예우 및 지원에 관한 법률」 제8조에 따라 보상금을 지급받았다. 그 후 갑은 군부대의 총기 및 병력관리 소홀로 인하여 자신이 손해를 입었다는 이유로 국가배상을 청구하였다. 이 경우 국가배상법상의 손해배상액에서 「의사상자 등 예우 및 지원에 관한 법률」에 따라 받은 보상금을 공제하여야 하는가.

(2) 공무원 갑은 동료 공무원 을이 운전하는 차를 타고 출장을 가다가 을의 과실에 의한 교통사고로 인하여 척추를 크게 다쳐 장애 2급의 판정을 받았다. 이에 갑이 국가배상을 청구하였는바, 국가배상심의회는 갑이 이미 공무원연금법상의 장해보상금을 수령하였다는 것을 이유로 국가배상법상의 손해배상액에서 그 상당액을 공제한 잔액만을 지급할 것을 결정하였다. 이러한 결정의 타당성을 검토하시오.

(1) 문제의 소재

공무원의 직무상 불법행위로 손해를 받은 자가 국가배상을 받는 외에 「공무원연금법」, 「국가유공자 등 예우 및 지원에 관한 법률」, 「의사상자 등 예우 및 지원에 관한 법률」에 의한 급여를 받는 경우에 이것이 이중배상에 해당하는지, 따라서 손해배상액을 산정함에 있어서 이들 금액을 공제하여야 하는지가 문제된다.

(2) 판례의 입장

① 「국가유공자 등 예우 및 지원에 관한 법률」, 「의사상자 등 예우 및 지원에 관한 법률」 등에 의한 보상금과 국가배상의 관계 : 「국가유공자 등 예우 및 지원에 관한 법률」, 「의사상자 등 예우 및 지원에 관한 법률」 등에 의한 보상제도는 국가유공자 등의 생활안정과 복지향상을 도모하는 사회보장적 성격을 가질 뿐만 아니라 그들의 국가를 위한 공헌이나 희생에 대한 응분의 예우를 시행하는 것으로서 손해배상제도와는 그 취지나 목적을 달리하므로, 피해자가 이들 법률에 의하여 보상금을 지급받는다 하더라도 이를 국가배상법에 의한 손해배상액에서 공제하여서는 안 된다는 것이 판례의 입장이다.155)

---

154) 1967년의 국가배상법에서는 복리방식(복할인법, Leibniz방식)으로 중간이자를 공제하도록 하였으나, 대법원이 계속하여 이 규정의 적용을 회피하고 단할인법을 적용하자, 1997년 12월 국가배상법을 개정하여 단리방식(단할인법, Hoffmann방식)으로 중간이자를 공제하도록 하였다(국가배상법 제3조의2 3항, 동법시행령 제6조 3항).
155) 대판 1998. 2. 10, 97다45914; 대판 1999. 8. 24, 99다24997; 대판 2001. 2. 23, 2000다46894.

② 공무원연금법상의 급여와 국가배상의 관계 : 종래의 판례에 의하면, 공무원연금제도는 공무원 및 그 유족의 생활안정과 복리향상에 기여하기 위한 사회보장제도의 성질을 가지는 점에서 공무원의 불법행위로 인한 손해배상제도와 성질을 달리하며, 따라서 양자는 양립할 수 있다고 보았다.156) 그러나 대법원은 전원합의체판결에서 종래의 판례의 입장을 변경하였음에 주목하여야 한다. 즉, 공무원연금법상의 장기급여에는 퇴직급여, 장해급여(장해연금, 장해보상금), 유족급여(유족연금, 유족일시금, 유족보상금 등), 퇴직수당 등이 있는데(42조), 이 중에서 대부분의 급여는 사회보장적 성격의 것이므로 국가배상과 양립될 수 있지만, '장해보상금'이나 '유족보상금'은 다른 급여와는 달리 불법행위로 인한 손해배상과 같은 성질의 급여이므로, 장해보상금 또는 유족보상금과 국가배상의 이중지급은 허용되지 아니하고 한 쪽을 공제한 나머지만 지급하여야 한다고 한다.157)

VI. 배상책임자

1. 국가 또는 지방자치단체

(1) 국가배상법 제2조 제1항의 규정

국가배상법은 공무원의 직무상 불법행위에 대해서는 원칙적으로 그가 속한 국가 또는 지방자치단체가 배상책임을 지도록 규정하고 있다(2조 1항). 국가배상책임에 있어서는 민법 제756조의 사용자책임과는 달리 면책규정이 없으므로 국가 또는 지방자치단체는 공무원의 선임·감독상 주의를 게을리 하지 않았다 하더라도 배상책임을 면할 수 없다.

국가배상법은 배상책임의 주체를 '국가 또는 지방자치단체'로 한정하고 있으므로 공공단체 중에서 '지방자치단체 이외의 법인'(예 : 공공조합·공법상 재단법인·공법상 영조물법인)은 원칙적으로 민법에 의한 배상책임을 진다.

(2) 국가배상법 제2조 제1항의 위헌성 논의

헌법 제29조 제1항은 국가배상책임의 주체를 '국가 또는 공공단체'라고 규정하고 있는데 국가배상법이 배상책임의 주체를 '국가 또는 지방자치단체'로 한정하고 있는 것이 헌법에 위반되는지 여부가 문제되고 있다.

학설을 살펴보면 i) 국가배상법이 배상책임의 주체에 관하여 공공단체 중 지방자치단체만으로 한정한 것은 헌법 제29조의 취지에 어긋나므로 위헌이라는 견해, ii) 국가배상법이 규정한 지방자치단체는 공공단체의 예시적 표현이며, 따라서 공공조합·영조물법인 등 기타의 공공단체도 포함하는 것으로 확대해석하여야 한다는 견해, iii) 헌법의 취지는 공공단체의 경우에도 소속 직원의 불법행위에 대하여는 해당 공공단체 스스로 배상하여야 한다는 것이지 모든 공공단체에 대하여 동일한 법률(국가배상법)에 따라 배상하여야 한다는 것은 아니므로, 공공단체 중 지방자치단체만

---

156) 대판 1991. 11. 8, 91다28955.
157) 대판 1998. 11. 19, 97다36873; 대판 1999. 8. 24, 99다24997; 대판 2000. 5. 12, 98다58023.

국가배상법에 의한 배상책임을 지고 나머지 공공단체는 민법에 의한 배상책임을 지도록 한 것은 헌법상 아무 문제가 없다는 견해 등이 대립하고 있다.[158]

생각건대, 헌법 제29조 제1항은 '법률이 정하는 바에 의하여' 국가 또는 공공단체에 배상을 청구할 수 있다고 규정하고 있으므로, 이를 구체화한 국가배상법에서 이 법의 적용을 받는 자를 '국가 또는 지방자치단체'로 정했다 해서 위헌은 아니라고 할 것이다.

2. 공무원의 선임·감독자와 비용부담자가 다른 경우

기본사례

① 충청북도지사는 그의 권한에 속하는 지방하천 관리에 관한 사무를 청주시장에게 기관위임하여 처리하게 하였는바, 청주시장을 보조하는 청주시 공무원이 그 위임받은 사무를 집행함에 있어서 타인에게 손해를 발생케 하였다. 이 경우에 누가 배상책임을 져야 하는가.

② 대전광역시장은 교통신호기의 설치·관리권한을 도로교통법시행령 제86조 제1항의 규정에 의하여 대전지방경찰청장에게 위임하였는바, 위 교통신호기가 고장이 났음에도 불구하고 대전지방경찰청 소속 경찰관의 과실로 장기간 방치되어 교통사고가 발생한 경우에 누가 배상책임을 져야 하는가.

(1) 문제의 소재 및 국가배상법의 규정

국가배상법 제2조는 공무원의 직무상 불법행위에 대해서는 국가나 지방자치단체가 배상하도록 규정하고 있는데, 이때 공무원의 선임·감독자와 비용부담자가 다른 경우(예컨대 공무원의 선임·감독자는 국가이고 비용부담자는 지방자치단체인 경우)에 누가 배상책임을 져야하는지가 문제된다.

이에 대해 국가배상법 제6조 제1항은 「공무원의 선임·감독을 맡은 자와 공무원의 봉급·급여, 그 밖의 비용을 부담하는 자가 동일하지 아니하면 그 비용을 부담하는 자도 손해를 배상하여야 한다」고 규정함으로써, 선임·감독자뿐만 아니라 비용부담자도 배상책임을 지도록 하고 있다. 따라서 피해자는 양자 중에서 선택적으로 손해배상을 청구할 수 있는데, 이는 효과적인 피해구제를 위한 것이다.

여기에서 '비용부담자'란 공무원의 봉급·급여 등과 같은 인건비를 부담하는 자만을 가리키는 것이 아니라 해당 사무에 필요한 일체의 경비를 부담하는 자를 의미하며, 또한 실질적 비용부담자뿐만 아니라 형식적 비용부담자도 포함한다는 것이 판례의 입장이다. 예컨대, 국가사무를 지방자치단체장에게 위임하고 그 위임사무의 처리에 필요한 경비를 국가가 지방자치단체에 교부하여 지방자치단체로 하여금 대외적으로 경비를 지출하도록 한 경우에 국가는 실질적 비용부담자이고 지방자치단체는 형식적 비용부담자로서 양자 모두 배상책임이 있다.[159]

158) 논리적으로는 위헌으로 보는 것이 타당하겠지만, 재정정책적 측면을 고려하면 국가배상책임의 주체를 국가와 지방자치단체로 한정하여야 할 현실적인 필요성도 있다는 견해도 있다(김남철, 619면).
159) 대판 1994. 12. 9, 94다38137.

> **판례** 『[1] 국가배상법 제6조 제1항 소정의 '공무원의 봉급·급여 기타의 비용'이란 공무원의 인건비만을 가리키는 것이 아니라 당해 사무에 필요한 일체의 경비를 의미한다고 할 것이고, 적어도 대외적으로 그러한 경비를 지출하는 자는 경비의 실질적·궁극적 부담자가 아니더라도 그러한 경비를 부담하는 자에 포함된다.
> [2] 구 지방자치법(1988. 4. 6. 전문 개정되기 전의 것) 제131조, 구 지방재정법(1988. 4. 6. 전문 개정되기 전의 것) 제16조 제2항의 규정상, 지방자치단체의 장이 기관위임된 국가행정사무를 처리하는 경우 그에 소요되는 경비의 실질적·궁극적 부담자는 국가라고 하더라도 당해 지방자치단체는 국가로부터 내부적으로 교부된 금원으로 그 사무에 필요한 경비를 대외적으로 지출하는 자이므로, 이러한 경우 지방자치단체는 국가배상법 제6조 제1항 소정의 비용부담자로서 공무원의 불법행위로 인한 같은 법에 의한 손해를 배상할 책임이 있다.』 (대판 1994. 12. 9, 94다38137)

(2) 구체적 사안의 검토

국가의 사무가 지방자치단체장에게 기관위임된 경우에 '지방자치단체장' 또는 '지방자치단체장을 보조하는 지방자치단체 소속 공무원'의 직무상 불법행위에 대해 누가 배상책임을 지는지가 문제된다. 이에 대해 판례는 기관위임사무를 처리하는 지방자치단체장은 국가의 행정기관의 지위에 서는 것으로 보며, 따라서 지방자치단체장 또는 그를 보조하는 지방자치단체 소속 공무원이 그 위임받은 사무를 처리함에 있어서 불법행위를 한 경우에는 원칙적으로 그 사무의 귀속주체인 국가가 '선임·감독자'로서 배상책임을 져야 한다고 한다. 또한 그 기관위임사무의 처리비용을 실질적으로 국가가 부담한다면 국가는 '실질적 비용부담자'로서도 배상책임이 있게 된다. 다른 한편, 지방자치단체는 지방자치단체장이나 그 소속 공무원에 대한 봉급을 부담하므로 '비용부담자'로서의 배상책임을 지며, 만일 기관위임사무의 처리비용을 국가로부터 지급받아 대외적으로 지방자치단체가 지출하는 경우에는 '형식적 비용부담자'로서의 배상책임도 있게 된다.[160]

반대로 지방자치단체장의 교통신호기 설치·관리에 관한 권한이 국가기관인 지방경찰청장 또는 경찰서장에게 기관위임된 경우에 지방경찰청장 또는 경찰서장은 지방자치단체의 행정기관의 지위에서 그 사무를 처리하는 것이므로, 교통신호기의 하자로 인한 배상책임은 원칙적으로 교통신호기 관리사무의 귀속주체인 지방자치단체가 부담한다. 다른 한편, 교통신호기를 관리하는 경찰관에 대한 봉급을 부담하는 국가는 국가배상법 제6조 소정의 '비용부담자'로서 배상책임이 있다.[161]

> **판례** ① 『도지사가 그의 권한에 속하는 사무를 소속 시장 또는 군수에게 위임하여 시장·군수로 하여금 그 사무를 처리하게 하는 소위 기관위임의 경우에는, 지방자치단체장인 시장·군수는 도 산하 행정기관의 지위에서 그 사무를 처리하는 것이므로, 시장·군수 또는 그들을 보조하는 시·군 소속 공무원이 그 위임받은 사무를 집행함에 있어 고의 또는 과실로 타인에게 손해를 가하였다면 그 사무의 귀속 주체인 도가 손해배상책임을 진다.
> 군수가 도지사로부터 사무를 기관위임 받은 경우 사무를 처리하는 담당공무원이 군 소속이라고 하여

---

160) 대판 1994. 1. 11, 92다29528.
161) 대판 2000. 1. 14, 99다24201; 대판 1999. 6. 25, 99다11120.

도 군에게는 원칙적으로 국가배상책임이 없지만, 위 담당공무원이 군 소속 지방공무원으로서 군이 이들에 대한 봉급을 부담한다면 군도 국가배상법 제6조 소정의 비용부담자로서 국가배상책임이 있다.』(대판 1994. 1. 11. 92다29528)

② 『지방자치단체장이 교통신호기를 설치하여 그 관리권한이 도로교통법 제71조의2 제1항의 규정에 의하여 관할 지방경찰청장에게 위임되어 지방자치단체 소속 공무원과 지방경찰청 소속 공무원이 합동근무하는 교통종합관제센터에서 그 관리업무를 담당하던 중 위 신호기가 고장난 채 방치되어 교통사고가 발생한 경우, 국가배상법 제2조 또는 제5조에 의한 배상책임을 부담하는 것은 지방경찰청장이 소속된 국가가 아니라, 그 권한을 위임한 지방자치단체장이 소속된 지방자치단체라고 할 것이나, 한편 국가배상법 제6조 제1항은 같은 법 제2조, 제3조 및 제5조의 규정에 의하여 국가 또는 지방자치단체가 손해를 배상할 책임이 있는 경우에 공무원의 선임·감독 또는 영조물의 설치·관리를 맡은 자와 공무원의 봉급·급여 기타의 비용 또는 영조물의 설치·관리의 비용을 부담하는 자가 동일하지 아니한 경우에는 그 비용을 부담하는 자도 손해를 배상하여야 한다고 규정하고 있으므로 교통신호기를 관리하는 지방경찰청장 산하 경찰관들에 대한 봉급을 부담하는 국가도 국가배상법 제6조 제1항에 의한 배상책임을 부담한다.』(대판 1999. 6. 25. 99다11120)

(3) 구상의 문제

국가배상법 제6조 제1항에 의하면 공무원의 선임·감독자와 비용부담자가 다른 경우에는 양자 모두 피해자에 대해 배상책임을 지므로, 피해자는 양자에 대해 선택적으로 배상청구권을 행사할 수 있다. 이때 손해를 배상한 자는 내부관계에서 그 손해를 배상할 책임이 있는 자(궁극적 배상책임자)에게 구상할 수 있는데(6조 2항), 누가 궁극적 배상책임자인지에 대해서는 구상 부분에서 설명하기로 한다.

Ⅶ. 구 상

│ 기본사례

(1) 춘천시 소속 공무원 갑의 직무상 불법행위로 인하여 발생한 손해에 대하여 춘천시가 피해자에게 배상을 한 경우에, 춘천시는 그 소속 공무원 갑에게 구상권을 행사할 수 있는가.

(2) 춘천시장이 국가로부터 기관위임받은 사무를 처리함에 있어서 춘천시장을 보조하는 춘천시 소속 공무원의 직무상 불법행위로 타인에게 손해를 발생케 하였다. 이에 춘천시가 그 손해에 대한 배상을 한 경우에 국가에 대하여 구상권을 행사할 수 있는가. 만일 국가가 손해배상을 한 경우에는 춘천시에 대하여 구상권을 행사할 수 있는가.

1. 공무원에 대한 구상

(1) 법령규정

헌법 제29조 제1항 본문은 공무원의 직무상 위법행위에 대해 국가나 공공단체가 배상책임을 지도록 하면서, 제1항 단서에서는 "이 경우 공무원 자신의 책임은 면제되지 아니한다"고 규정하고 있다.

국가배상법은 공무원의 책임과 관련하여 '구상'에 관해 규정하고 있는데, "공무원에게 고의 또는 중대한 과실이 있으면 국가나 지방자치단체는 그 공무원에게 구상할 수 있다"는 것이 그에 해당한다(2조 2항). 이에 따르면 공무원에게 경과실이 있는 경우에는 공무원 개인의 책임은 면제된다.

이와 관련하여 경과실과 중과실의 구별이 문제되는데, 판례에 의하면 중과실이란 공무원에게 통상 요구되는 정도의 상당한 주의를 하지 않더라도 약간의 주의를 한다면 손쉽게 위법·유해한 결과를 예견할 수 있는 경우임에도 이를 간과한 경우와 같이 거의 고의에 가까운 현저한 주의를 결여한 상태를 의미한다.[162]

(2) 국가배상책임의 성질과 구상권의 관계

국가배상책임의 성질을 어떻게 보느냐에 따라 구상에 관한 이론구성이 달라질 수 있다.

i) 대위책임설에 의하면 공무원의 위법행위는 국가에 귀속될 수 없으므로 본질적으로는 공무원 개인의 책임에 속하며, 따라서 국가가 공무원에 대신하여 피해자에게 손해배상을 한 경우에 가해 공무원에게 구상권을 행사하는 것은 당연한 것이라고 본다. 이러한 대위책임설의 입장에서는 공무원에 대한 구상권은 '부당이득반환청구권'의 성질을 가진다고 본다. 그리고 논리적으로는 공무원의 경과실의 경우에도 공무원에 대한 구상권이 인정되어야 하지만, 국가배상법은 공무원의 근무의욕 저하와 사무정체를 방지하기 위한 입법정책적 고려에서 공무원의 경과실의 경우에는 면책규정을 둔 것이라고 본다.

ii) 자기책임설에 의하면 공무원의 직무집행상의 행위는 적법행위이든 위법행위이든 불문하고 모두 국가에 귀속되므로 공무원의 위법행위에 대한 국가의 배상책임은 자기책임에 해당하며, 따라서 공무원에 대한 구상권의 성질은 부당이득반환청구권은 아니라고 한다. 그런데 공무원은 그 근무관계에서 성실의무·법령준수의무 등 여러 직무상 의무를 지므로, 공무원이 그에 위반하여 국가에 대해 재산상 손해를 발생시킨 경우에는 그 손해에 대하여 배상책임을 지며, 따라서 공무원에 대한 구상권의 성질은 공무원의 직무상 의무위반으로 인한 '국가에 대한 손해배상책임'이라고 한다. 논리적으로 보면 경과실의 경우에도 공무원이 국가에 대해 손해배상책임을 져야 하지만(따라서 국가의 구상권이 인정되어야 하지만), 국가배상법이 경과실의 경우에 면책규정을 둔 것은 공무원이 소신껏 직무에 종사할 수 있게 하려는 입법정책적 고려에 의한 것이라고 본다.

iii) 중간설에 의하면 공무원의 경과실에 의한 행위는 국가의 기관행위로서 그 효과가 전적으로 국가에 귀속되므로 공무원 개인의 책임은 인정되지 않으며, 따라서 국가는 당연히 공무원에게 구상권을 행사할 수 없다고 본다. 이에 반해 공무원의 고의·중과실에 의한 행위는 기관행위로서의 품격을 상실한 것이어서 논리적으로는 국가는 아무런 배상책임이 없으나 다만 피해자구제를 위해 국가가 공무원에 대신하여 책임을 지도록 한 것이며, 따라서 이 경우에 국가가 공무원에게 구상권을 행사할 수 있음은 당연하다고 한다. 이러한 견해에 의하면 공무원에 대한 구상권은 '부당이득

---

162) 대판 2003. 12. 26, 2003다13307; 대판 2011. 9. 8, 2011다34521; 대판 2021. 11. 11, 2018다288631.

반환청구권'의 성질을 가진다고 할 것이다.

iv) 신자기책임설(절충설)에 의하면 공무원의 경과실에 의한 행위는 국가의 기관행위로서 그 효과가 전적으로 국가에 귀속되므로 이 경우에 국가는 당연히 공무원에게 구상권을 행사할 수 없다고 보는 점에서는 중간설과 같다. 그러나 고의·중과실의 경우에는 '피해자에 대한 관계'에서는 그 행위가 직무행위의 외형을 가지면 국가의 기관행위로 보아 국가는 자기책임을 부담하지만, '국가와 공무원의 내부관계'에서 보면 그 행위는 본질적으로 기관행위로서의 품격을 상실한 것이기 때문에 그에 대한 책임은 공무원 개인에게 귀속되는 것이고, 따라서 국가가 배상을 한 경우에 당연히 공무원에 대해 구상권을 행사할 수 있다고 한다. 이러한 견해에 의하면 공무원에 대한 구상권은 '부당이득반환청구권'의 성질을 가진다고 할 것이다.

2. 공무원의 선임·감독자와 비용부담자가 다른 경우의 구상

국가배상법 제6조는 공무원의 선임·감독자와 비용부담자가 다른 경우에 양자는 모두 피해자에게 배상책임을 지도록 하고 있으며, 이 경우 손해를 배상한 자는 내부관계에서 그 손해를 배상할 책임이 있는 자에게 구상할 수 있도록 하고 있다. 이와 관련하여 내부관계에서 그 손해를 배상할 책임이 있는 자, 즉 궁극적 배상책임자가 누구인지가 문제된다.

(1) 학설

① **사무귀속주체설(관리주체설)** : 공무원의 선임·감독자, 즉 사무의 귀속주체가 궁극적인 배상책임을 진다는 견해로서, 우리나라의 통설이라 할 수 있다.[163] 그 논거로는 i) 사무가 특정 행정주체에 귀속된다는 것은 그 사무와 관련된 모든 권리·의무·책임이 그 주체에 속한다는 것을 뜻하며, ii) 사무귀속주체의 배상책임은 국가배상법 제2조에 의해서 본래적으로 성립한 것인데 대하여, 비용부담자의 배상책임은 제6조에 의하여 추가적으로 성립하는 것이라는 점을 든다.

② **비용부담자설** : 사무처리비용을 실질적으로 부담하는 자가 궁극적 배상책임자라는 견해로서, 일본의 다수설의 입장이다.[164] 그 논거로는 사무처리비용에는 그 처리과정에서 발생하는 손해에 대한 배상비용도 포함된다는 것을 든다.

③ **기여도설** : 사무귀속주체이든 비용부담자이든 불문하고 손해발생에 기여한 정도에 따라 궁극적인 배상책임자가 결정되어야 하며, 따라서 양자가 손해발생에 기여한 경우에는 그 기여한 정도에 따라 분담하여 궁극적 배상책임을 져야 한다는 견해이다.[165]

(2) 판례의 입장

지방자치단체가 교통신호기의 관리사무를 국가기관(경찰서장)에게 기관위임한 경우에 교통신호기의 하자로 인한 손해배상책임과 관련하여 누가 궁극적 배상책임자인지가 문제되었다.[166] 이에

---

163) 김남철, 658면; 김중권, 930면; 홍정선(상), 853면; 정하중/김광수, 544면.
164) 홍정선(상), 854면 참조.
165) 박균성(상), 961면.
166) <사실관계> 안산시는 시내 교통신호기의 설치·관리사무를 안산경찰서장에게 위탁하였는데, 안산경찰서 소

대해 대법원은 기관위임을 받은 행정청은 위임자 산하의 공무원의 지위에 서는 것이므로 이 사건에서 위임자인 지방자치단체가 공무원의 선임·감독자로서 궁극적인 배상책임을 져야 한다고 함으로써, 사무귀속주체설(관리주체설)의 입장을 취하였다.[167]

> **판례** 『국가배상법 제6조에서 공무원의 선임·감독자 또는 영조물의 설치·관리를 맡은 자와 비용부담자가 다를 경우 비용부담자도 배상책임을 지도록 하고 내부관계에서 구상할 수 있도록 규정한 취지는, 배상책임자가 불분명하여 피해자가 과연 누구를 손해배상청구의 상대방으로 할 것인지를 알 수 없는 경우에 비용부담자도 배상책임을 지는 것으로 함으로써 피해자의 상대방 선택의 부담을 완화하여 피해구제를 용이하게 하고, 그 내부관계에서는 실질적인 책임이 있는 자가 최종적으로 책임을 지게 하려는 데 있는 것으로 풀이되는바, 원심이 확정한 바와 같이 이 사건 교통신호기의 관리사무는 원고(안산시)가 안산경찰서장에게 그 권한을 기관위임한 사무로서 피고(국가) 소속 경찰공무원들은 원고의 사무를 처리하는 지위에 있으므로 원고가 그 사무에 관하여 선임·감독자에 해당하고, 그 교통신호기 시설은 지방자치법 제132조 단서의 규정에 따라 원고의 비용으로 설치·관리되고 있으므로, 그 신호기의 설치·관리의 비용을 실질적으로 부담하는 비용부담자의 지위도 아울러 지니고 있는 반면, 피고는 단지 그 소속 경찰공무원에게 봉급만을 지급하고 있을 뿐이므로, 원고와 피고 사이에서 이 사건 손해배상의 궁극적인 책임은 전적으로 원고에게 있다고 봄이 상당하다.』 (대판 2001. 9. 25. 2001다41865)

(3) 소결

국가배상법 제6조 제1항은 공무원의 선임·감독자와 비용을 부담하는 자가 동일하지 아니하면 '그 비용을 부담하는 자도' 손해를 배상하여야 한다고 규정하고 있는데, 이 규정의 취지는 국가배상에 있어서 궁극적 배상책임자는 공무원 선임·감독자이며 다만 피해자 구제에 만전을 기하기 위하여 비용부담자도 배상책임을 지도록 한 것이라 할 것이다. 따라서 사무귀속주체설이 타당하다.

Ⅷ. 선택적 청구의 문제

헌법 제29조 제1항 본문은 공무원의 직무상 불법행위로 손해를 받은 국민은 국가 또는 공공단체에 배상을 청구할 수 있다고 하고, 제1항 단서는 "이 경우 공무원 자신의 책임은 면제되지 아니한다"고 규정하고 있다. 이와 관련하여 피해자는 국가나 지방자치단체에 대해서뿐만 아니라 가해 공무원에 대해서도 직접 배상책임을 물을 수 있는지가 다투어지고 있다. 이는 공무원이 직접적으로 외부적 책임을 지는지 아니면 내부적으로 구상에 응할 책임만을 지는지의 문제라 할 것이다.

속 경찰관의 직무해태로 인하여 횡단보도 보행자신호등이 고장난 채 방치되었다. 위 횡단보도를 건너던 갑은 화물차에 치여 크게 다쳤으며, 이에 안산시는 갑에게 1억 7천만원의 손해배상금을 지급하였다. 그 후 안산시는 위 사고가 국가공무원인 경찰관의 직무해태로 인하여 발생하였다는 이유로 국가를 상대로 구상금청구소송을 제기하였다.

167) 대판 2001. 9. 25, 2001다41865.

1. 학 설

(1) 긍정설

공무원의 직무상 불법행위로 손해를 받은 자는 국가에게든 공무원에게든 선택적으로 배상청구를 할 수 있다는 견해로서, 그 논거로는 다양한 관점에서 다음과 같은 것을 들고 있다.[168] i) 국가의 배상책임은 자신의 고유한 불법에 대한 책임(자기책임)이므로 공무원의 책임과는 별개이며, 따라서 공무원의 책임은 국가책임과는 별도로 성립할 수 있다. ii) 헌법 제29조 제1항 단서는 "공무원 자신의 책임은 면제되지 아니한다"고 명시적으로 규정하고 있는데, 여기에서의 책임에는 민사책임·형사책임·징계책임 등 모든 책임이 포함되므로 공무원은 피해자에 대해서도 직접 민사상의 배상책임을 져야 한다. iii) 국가배상제도가 도입된 취지는 변제능력이 확실한 국가로 하여금 배상책임을 지게 함으로써 피해자 보호에 만전을 기하기 위한 것인데, 가해공무원의 변제능력이 충분한 경우도 있으므로 피해자에게 선택적 청구권을 인정하는 것이 권리구제에 효과적일 수 있다. iv) 공무원에게 직접적인 외부적 배상책임을 인정하면 공무집행에 신중을 기하게 하는 효과를 기대할 수 있다.

(2) 부정설

공무원의 직무상 불법행위로 손해를 받은 자는 국가에 대해서만 배상청구를 할 수 있다는 견해로서, 그 논거로는 다음과 같은 것을 들고 있다.[169] i) 국가배상책임의 성질을 대위책임으로 보는 전제하에, 국가는 공무원의 책임을 인수하여 대신 부담하는 것이므로 공무원 개인의 외부적 책임은 인정되지 않는다고 한다. ii) 국가배상책임의 성질을 자기책임으로 보는 전제하에, 공무원의 행위는 적법·위법을 묻지 아니하고 모두 국가에 귀속되므로 국민과의 관계(외부법관계)에서는 국가만이 직접 책임을 지고 다만 공무원은 내부관계에서 구상에 응할 의무를 질뿐이라고 한다. iii) 일부 학자는 선택적 청구의 인정여부는 국가배상책임의 성질과는 논리적 연관성이 없는 입법정책의 문제라고 전제한 다음, 이 문제는 헌법 제29조 제1항 단서의 해석과 관련하여 해결하여야 한다고 한다.[170] 즉 헌법은 "공무원 자신의 책임은 면제되지 아니한다"고 규정하고 있는데, 이를 구체화한 국가배상법이 공무원의 책임과 관련하여 '국가에 대한 구상의무'만을 규정한 것(제2조 2항)은 공무원은 내부적으로 구상의 형태로만 책임을 지도록 한 것이라 한다. 그 밖에 iv) 변제능력이 충분한 국가나 지방자치단체가 배상책임을 지도록 한 이상 공무원에게 직접 책임을 물을 필요가 없고, v) 만일 공무원이 직접적으로 피해자에 대해 배상책임을 지게 되면 공무원의 근무의욕을 위축시킬 우려가 있으며, vi) 피해자가 공무원에게 직접 책임을 물을 수 있다면 공무원은 경과실의 경우에도 배상책임을 져야 하는데, 이는 국가가 배상책임을 진 다음 공무원에게 구상함에 있어 경과실의 경우에는 면책을 인정하는 것과 형평이 맞지 않는다는 것 등을 논거로 들고 있다.

---

168) 류지태/박종수, 536면.
169) 김남진/김연태(I), 701면; 정하중/김광수, 547면; 홍정선(상), 857면.
170) 김남진/김연태(I), 701면.

(3) 중간설

공무원의 고의·중과실의 경우에는 피해자가 국가에 대해서든 공무원에 대해서든 선택적으로 배상청구를 할 수 있으나, 경과실의 경우에는 국가에 대해서만 배상청구를 할 수 있다는 견해이다.[171] 이러한 견해는 주로 국가배상책임의 성질에 대하여 중간설 내지 신자기책임설(절충설)을 취하는 학자들이 주장하는 것으로서, 그 논거는 다음과 같다. 공무원의 경과실에 의한 행위는 기관행위로서 전적으로 국가에 귀속되므로 공무원의 책임은 외부적으로든 내부적으로든 인정되지 않는다. 이에 반해 공무원의 고의·중과실에 의한 행위는 기관행위로서의 품격을 상실한 것이므로 공무원 개인의 책임에 귀속되며, 따라서 공무원은 직접적으로 피해자에 대해 배상책임을 진다. 다만 그것이 직무행위의 외형을 갖추고 있는 경우에는 피해자를 두텁게 보호하기 위해 국가도 배상책임을 지도록 하였다. 따라서 피해자는 국가에게든 공무원에게든 선택적으로 배상청구를 할 수 있다.

2. 판 례

판례는 과거 선택적 청구를 긍정한 것[172]과 선택적 청구를 부정한 것[173]이 있어 혼란을 주었으나, 1996년 전원합의체판결에서 기존의 상충되는 판례를 모두 변경하고 중간설의 입장을 취하였다.[174] 위 판결에서 대법관 사이에 견해가 첨예하게 대립하였는데, 다수의견은 「국가배상법 제2조 제1항 본문 및 제2항의 입법 취지는 공무원의 경과실로 인한 경우에는 여전히 국가의 기관행위로 볼 수 있으므로 대외적인 배상책임은 전적으로 국가에게만 부담시키고 공무원에게는 책임을 묻지 않으며, 반면에 공무원의 고의·중과실에 의한 경우에는 국가의 기관행위로서의 품격을 상실하므로 공무원 개인에게 손해배상책임을 부담시키되 다만 그 행위의 외관이 직무집행으로 보여질 때에는 피해자를 두텁게 보호하기 위해 국가에게도 중첩적으로 배상책임을 부담시키는 것」이라는 취지로 판시하였다.

> **판례** 「국가배상법 제2조 제1항 본문 및 제2항의 입법 취지는 공무원의 직무상 위법행위로 타인에게 손해를 끼친 경우에는 변제자력이 충분한 국가 등에게 선임감독상 과실 여부에 불구하고 손해배상책임을 부담시켜 국민의 재산권을 보장하되, 공무원이 직무를 수행함에 있어 경과실로 타인에게 손해를 입힌 경우에는 그 직무수행상 통상 예기할 수 있는 흠이 있는 것에 불과하므로, 이러한 공무원의 행위는 여전히 국가 등의 기관의 행위로 보아 그로 인하여 발생한 손해에 대한 배상책임도 전적으로 국가 등에만 귀속시키고 공무원 개인에게는 그로 인한 책임을 부담시키지 아니하여 공무원의 공무집행의 안정성을 확보하고, 반면에 공무원의 위법행위가 고의·중과실에 기한 경우에는 비록 그 행위가 그의 직무와 관련된 것이라고 하더라도 그와 같은 행위는 그 본질에 있어서 기관행위로서의 품격을 상실하여 국가 등에게 그 책임을 귀속시킬 수 없으므로 공무원 개인에게 불법행위로 인한 손해배상책임을 부담시키되, 다만 이러

---

171) 박균성(상), 913면.
172) 대판 1972. 10. 10, 69나701.
173) 대판 1994. 4. 12, 93다11807.
174) 대판 1996. 2. 15, 95다38677.

한 경우에도 그 행위의 외관을 객관적으로 관찰하여 공무원의 직무집행으로 보여질 때에는 피해자인 국민을 두텁게 보호하기 위하여 국가 등이 공무원 개인과 중첩적으로 배상책임을 부담하되 국가 등이 배상책임을 지는 경우에는 공무원 개인에게 구상할 수 있도록 함으로써 궁극적으로 그 책임이 공무원 개인에게 귀속되도록 하려는 것이라고 봄이 합당하다.』(대판 1996. 2. 15, 95다38677 전원합의체판결)

3. 경과실 공무원이 피해자에게 직접 배상을 한 경우의 법률관계

판례에 따르면 고의·중과실의 경우에는 공무원도 직접적으로 피해자에 대한 배상책임을 지나, 경과실의 경우에는 공무원 개인의 책임은 면제된다. 그런데 만일 경과실인 공무원이 피해자에게 배상을 한 경우에 피해자에 대해 반환을 청구할 수 있는지 또는 국가에 대해 구상권을 행사할 수 있는지가 문제된다.

이에 관해 판례는, 경과실이 있는 공무원이 피해자에 대한 배상책임이 없음에도 손해배상을 하였다면 그것은 민법 제469조의 '제3자의 변제' 또는 민법 제744조의 '도의관념에 적합한 비채변제'에 해당하여 피해자는 반환할 의무가 없고, 그에 따라 피해자의 국가에 대한 손해배상청구권이 소멸하여 국가는 자신의 출연 없이 채무를 면하게 되므로, 공무원은 자신이 변제한 금액에 관하여 국가에 대해 구상권을 행사할 수 있다고 하였다.[175]

IX. 양도·압류의 금지

생명·신체의 침해로 인한 국가배상을 받을 권리는 양도하거나 압류하지 못한다(4조). 국가배상청구권은 채권적 성질을 갖기 때문에 원칙적으로 양도나 압류가 가능하지만, 생명·신체의 침해로 인한 국가배상청구권의 경우에는 유족이나 피해자에 대한 사회보장적 관점에서 그 양도나 압류를 금지시킨 것이다.

X. 소멸시효

| 기본사례

(1) A는 국가공무원 갑의 직무상 불법행위로 손해를 입었지만 이를 알지 못하고 있다가 6년이 경과한 후에 비로소 알게 되어 곧바로 국가배상청구소송을 제기하였다. 이 소의 제기는 적법한지를 검토하시오.

(2) 1990년 12월에 입대한 B는 신병교육훈련을 마치고 부대에 배치되자 선임병들에게서 온갖 가혹행위와 폭언에 시달리다가 전입한지 채 열흘도 지나지 않은 1991년 2월 3일경 부대 철조망 인근 소나무에 목을 매어 자살하였다. 사고 직후 부대 지휘관들은 위 사고가 선임병들의 가혹행위에 의한 것임을 숨기기 위해 부대원에게 함구령을 내렸고, 이 사건을 조사한 헌병수사관은 위 사고를 B의 군생활에의 부적응으로 인한 비관자살로 결론내리고 사건을 종결하였다. B의 유족들은 평소 활달하던 B가 비관자살을 하였다는 것이 잘 믿어지지 않았지만, 별 다른 방법이 없다고 생각하고 조기결과를 받아들였다. 그 후

---

175) 대판 2014. 8. 20, 2012다54478.

노무현 정부에 들어 군대에서 의문사(疑問死)한 군인들에 대한 진상조사를 위하여 군의문사진상규명위원회가 구성되었으며, B의 유족들의 신청에 의해 B의 사인을 조사한 위원회는 2009년 3월 16일 위 자살사고가 선임병들의 심한 가혹행위 및 이에 대하여 적절한 조치를 취하지 않은 부대관계자들의 관리·감독 소홀 등의 불법행위로 인하여 발생한 것이라는 진상규명결정을 내렸다. 이에 B의 유족들이 2009년 12월 10일 국가배상청구소송을 제기하자, 피고인 국가는 B가 사망한 날로부터 5년의 소멸시효기간이 훨씬 경과한 후에 소송이 제기되었다는 이유로 소멸시효 완성의 항변을 하였다. 이러한 국가의 항변은 받아들여질 수 있는지 검토하시오.

1. 국가배상청구권의 소멸시효기간

(1) 문제의 소재

국가배상법은 국가배상청구권의 소멸시효에 관해서는 아무런 규정을 두고 있지 않으므로 이에 관해서는 관련 법규정의 해석에 의해 해결하여야 할 것이다. 먼저 국가배상법 제8조는 국가배상책임에 관하여 국가배상법에 규정된 사항 이외에는 민법에 따르도록 하고 있으므로 '불법행위로 인한 손해배상청구권의 소멸시효'에 관한 민법 제766조의 규정이 적용될 수 있을 것이다. 이에 의하면 국가배상청구권은 피해자가 손해 및 가해자를 안 날로부터 3년(766조 1항) 또는 불법행위가 있은 날로부터 10년(766조 2항)이 경과하면 시효로 소멸한다. 다른 한편, 국가재정법 제96조 제2항과 지방재정법 제82조 제2항은 '국가나 지방자치단체에 대한 금전의 급부를 목적으로 하는 권리'는 다른 법률에 규정이 없는 한 5년 동안 행사하지 아니하면 시효로 소멸한다고 규정하고 있는데, 국가배상청구권도 국가나 지방자치단체에 대한 금전급부를 목적으로 하는 권리에 해당하므로 5년 동안 행사하지 않으면 시효로 소멸한다고 할 것이다. 따라서 국가배상청구권의 소멸시효와 관련하여 민법 제766조와 국가재정법 제96조(지방재정법 제82조 포함)의 관계가 문제된다.

(2) 판례

판례에 의하면 국가재정법 제96조에서 말하는 '다른 법률의 규정'이란 국가재정법에서 규정하고 있는 5년보다 짧은 기간의 소멸시효 규정이 있는 경우를 가리키는 것이므로 10년의 소멸시효를 규정한 민법 제766조 제2항은 이에 해당하지 않는다고 한다.[176] 이에 따르면 국가배상청구권의 소멸시효기간은 '피해자가 손해 및 가해자를 안 날로부터 3년'(민법 766조 1항) 또는 '불법행위가 있은 날부터 5년'이다(국가재정법 96조).

> **판례** 『예산회계법(현행 국가재정법) 제96조에서 '다른 법률의 규정'이라 함은 다른 법률에 예산회계법 제96조에서 규정한 5년의 소멸시효기간보다 짧은 기간의 소멸시효의 규정이 있는 경우를 가리키는 것이고, 이보다 긴 10년의 소멸시효를 규정한 민법 제766조 제2항은 예산회계법 제96조에서 말하는 '다른 법률의 규정'에 해당하지 아니한다.』(대판 2001. 4. 24, 2000다57856)

---

176) 대판 1998. 7. 10, 98다7001; 대판 2001. 4. 24, 2000다57856.

2. 소멸시효기간의 기산점

(1) 3년 소멸시효기간의 기산점

3년 단기소멸시효기간의 기산점은 피해자가 '손해 및 가해자를 안 날'이다(민법 766조 1항). 여기에서 '손해 및 가해자를 안 날'이란 손해의 발생, 위법한 가해행위의 존재, 가해행위와 손해의 발생 사이에 상당인과관계가 있다는 사실 등 불법행위의 요건사실에 대하여 현실적이고도 구체적으로 인식하였을 때를 의미하며, 따라서 손해의 발생을 알아도 그 가해행위가 불법행위임을 알지 못하면 시효는 진행되지 않는다는 것이 판례의 입장이다.[177] 피해자가 그 손해 및 가해자를 안 시기에 대해서는 소멸시효의 완성을 주장하는 자가 증명하여야 할 것이다.

한편, 3년의 단기시효기간을 기산하는 경우에도 소멸시효의 기산에 관한 일반규정인 민법 제166조 제1항이 적용되므로 '권리를 행사할 수 있는 때'가 도래하여야 비로소 시효가 진행한다는 것이 판례의 입장이다.[178] 여기서 '권리를 행사할 수 없다'라고 함은 그 권리행사에 법률상의 장애사유, 예컨대 기간의 미도래나 조건불성취 등이 있는 경우를 말하는 것이고, 사실상 그 권리의 존부나 권리행사의 가능성을 알지 못하였거나 알지 못함에 과실이 없다고 하여도 이러한 사유는 법률상 장애사유에 해당한다고 할 수 없다고 한다.[179] 구체적인 사안을 살펴보면, 공무원의 직무상 불법행위로 북한에 납북된 사람이 국가를 상대로 대한민국 법원에 소장을 제출하는 등으로 권리를 행사하는 것은 객관적으로도 불가능하므로, 납북상태가 지속되는 동안은 소멸시효가 진행하지 않는다고 한다.[180] 이에 반해, 대법원이 전원합의체판결로 임용기간이 만료된 국공립대학 교원에 대한 재임용거부처분에 대하여 이를 다툴 수 없다는 종전의 견해를 변경하였다고 하더라도, 그와 같은 대법원의 종전 견해는 국공립대학 교원에 대한 재임용거부처분이 불법행위임을 원인으로 한 손해배상청구에 대한 법률상 장애사유에 해당하지 않는다고 한다.[181]

(2) 5년 소멸시효기간의 기산점

국가재정법 제96조에 의한 5년의 소멸시효기간의 기산점은 원칙적으로 불법행위로 인해 현실적으로 손해의 결과가 발생한 날이라 할 것이다.[182] 이 경우는 피해자가 손해 또는 불법행위의 존재를 알았는지는 묻지 않는다.

3. 시효의 중단

국가배상청구소송을 제기한 경우에는 재판이 확정될 때까지 시효중단의 효력이 발생한다(민법 170조).

---

177) 대판 2001. 9. 25, 2000다16893; 대판 2008. 5. 29, 2004다33469.
178) 대판 2008. 5. 29, 2004다33469.
179) 대판 2010. 9. 9, 2008다15865.
180) 대판 2012. 4. 13, 2009다33754.
181) 대판 2010. 9. 9, 2008다15865.
182) 대판 2005. 5. 13, 2004다71881.

배상심의회에의 배상금지급신청은 민법 제174조의 최고(催告)에 해당하며,[183] 따라서 배상심의회의 결정이 있은 후 6개월 이내에 소를 제기하면 배상심의회에의 배상신청 이후의 기간은 시효중단의 효력이 발생한다는 것이 판례의 입장이다.[184]

4. 소멸시효 완성의 효과

소멸시효가 완성된 경우의 효과에 대해서 학설상 다툼이 있다. 절대적 소멸설에 의하면 소멸시효의 완성으로 권리는 당연히 소멸한다고 한다. 이에 반해 상대적 소멸설에 의하면 소멸시효의 완성으로 권리가 당연히 소멸하지는 않고, 다만 채무자가 소멸시효가 완성되었음을 항변하면 권리가 소멸한다고 한다.

이에 관해 판례는 「소멸시효에 있어서 그 시효기간이 만료되면 권리는 당연히 소멸하지만, 그 시효의 이익을 받는 자가 소송에서 소멸시효의 주장을 하지 아니하면 그 의사에 반하여 재판할 수 없다」고 하는데,[185] 이 판례에 대해서는 "판례는 절대적 소멸설에 입각하고는 있지만, 변론주의로 말미암아 시효의 이익을 받을 자가 소송에서 시효의 완성으로 권리가 소멸하였음을 주장하지 않으면 법원은 그 이익을 고려하지 않는다는 태도"라고 이해한다.[186]

5. 소멸시효 완성의 항변권 제한

(1) 신의성실의 원칙과 소멸시효 완성의 항변권 제한

국가가 소멸시효 완성의 항변권을 행사함에 있어서는 신의성실의 원칙과 권리남용금지의 원칙에 의한 제한을 받는다는 것이 판례의 입장이다. 즉, i) 국가가 시효완성 전에 피해자의 권리행사나 시효중단을 불가능 또는 현저히 곤란하게 하였거나, 그러한 조치가 불필요하다고 믿게 하는 행동을 한 경우, ii) 객관적으로 피해자가 권리를 행사할 수 없는 장애사유가 있었던 경우, iii) 일단 시효완성 후에 국가가 시효를 원용하지 아니할 것 같은 태도를 보여 권리자로 하여금 그와 같이 신뢰하게 한 경우, iv) 피해자보호의 필요성이 크고 같은 조건의 다른 피해자가 배상을 받는 등의 사정이 있어 국가가 소멸시효 완성을 이유로 배상을 거부하는 것이 현저히 부당하거나 불공평하게 되는 등의 특별한 사정이 있는 경우에는, 국가가 소멸시효의 완성을 주장하는 것이 신의성실의 원칙에 반하여 권리남용으로서 허용될 수 없다고 한다.[187] 다만, 소멸시효가 완성되었음에도 불구하고 신의칙위반이나 권리남용을 이유로 그 항변권을 제한하는 것은 자칫 법적 안정성을 해할 우려가 있으므로 그 적용에는 신중을 기하여야 한다고 한다.[188] 이하에서 구체적인 사안을 검토하기

---

183) 민법 제174조 : 「최고는 6월 내에 재판상의 청구, 파산절차참가, 화해를 위한 소환, 임의출석, 압류 또는 가압류, 가처분을 하지 아니하면 시효중단의 효력이 없다.」
184) 대판 1975. 7. 8, 74다178; 대구고판 1977. 7. 12, 77나165.
185) 대판 1991. 7. 26, 91다5631.
186) 김형배/김규완/김명숙, 민법학강의, 신조사, 399면.
187) 대판 1999. 12. 7, 98다42929; 대판 2002. 10. 23, 2002다32332; 대판 2000. 5. 29, 2004다33469; 대판 2011. 1. 13, 2009다103950; 대판 2013. 5. 16, 2012다202819.
188) 대판 2008. 5. 29, 2004다33469.

로 한다.

(2) 과거사정리위원회의 진실규명결정과 항변권의 제한

① 문제의 제기 : 과거 6·25전쟁을 전후하여 군인·경찰에 의한 민간인 학살이 자행되기도 하였고 비민주적 독재정권하에서 고문 등에 의한 증거조작으로 국민의 인권을 침해한 사례가 많았는데, 이와 같이 국가권력의 비호나 묵인하에 조직적으로 행해진 기본권침해에 대한 진실규명과 피해자구제를 위해 2005년에 「진실·화해를 위한 과거사정리 기본법」(이하에서 '과거사정리법'이라 한다)이 제정되었다. 이 법에 근거하여 설치된 과거사정리위원회는 과거의 많은 인권침해사례에 대한 진실규명결정을 하였고 이에 따라 오래전의 인권침해사안에 대해 뒤늦게 국가배상청구소송이 제기되었는바, 이에 대해 국가는 해당 국가배상청구권이 이미 시효의 완성으로 소멸하였다고 주장하였다. 이 문제는 피해자가 과거사정리위원회에 진실규명을 신청한 경우와 신청하지 않은 경우로 나누어 살펴보기로 한다.

② 진실규명을 신청한 경우 : 이에 대해 종래의 판례는, 전시에 군인·경찰에 의한 민간인 학살 등과 같은 불법행위는 외부에서 거의 알기 어렵고 독재정권하에서의 공권력에 의한 인권침해행위에 대한 구제는 통상의 법절차에 의해서는 사실상 달성하기 어렵기 때문에, 이러한 경우 과거사정리위원회의 진실규명결정이 있기 전에는 '피해자가 권리를 행사할 수 없는 객관적 장애사유'가 인정된다는 등의 이유로 국가가 소멸시효의 완성을 주장하는 것은 신의성실의 원칙에 반하여 권리남용으로서 허용되지 않는다고 하였다.[189]

그러나 2013년 대법원 전원합의체판결에서는 종전의 판례의 입장을 결론에 있어서는 유지하였지만 그 논거를 변경하였는바, 그 주요 내용은 다음과 같다.[190] i) 피해자가 전쟁기간 중에 군인·경찰 등에 의하여 자행된 기본권침해행위에 의하여 희생되었다고 하더라도, 그러한 사유만으로 피해자나 유족이 한국전쟁 종료 후 50년 이상이 지난 다음 과거사정리법이 제정되고 과거사정리위원회의 진실규명결정이 있을 때까지 국가를 상대로 손해배상청구를 하는 것이 불가능한 객관적 장애사유가 있었다고 쉽게 단정할 수는 없다. ii) 국가가 과거사정리법을 제정한 취지는 단순히 역사적 사실관계를 규명하는데 그치는 것이 아니라 피해자에 대한 배상·보상 등 적절한 구제를 도모하기 위한 목적을 가지고 있으며, 따라서 여기에는 피해자가 국가배상청구소송을 제기하는 경우에 국가가 소멸시효를 주장함으로써 배상을 거부하지 않겠다는 의사를 표명한 취지가 내포되어 있다.[191] 따라서 피해자나 유족은 과거사정리위원회의 진실규명결정이 있은 후 상당한 기간 내에

---

189) 대판 2011. 1. 13, 2009다103950; 대판 2011. 1. 13, 2010다53419; 2011. 6. 30, 2009다72599.

190) 대판 2013. 5. 16, 2012다202819.

191) <사건개요> 6·25 전쟁 중 민간인이 경찰·군인 등에 의해 희생된 사실이 과거사정리위원회에 의한 진실규명결정에 의해 밝혀졌는데, 과거사정리위원회가 대통령에게 보고한 종합보고서에서 한국전쟁 전후 희생사건에 대한 배상·보상 특별법 제정을 건의하였고 국회에서도 「한국전쟁 전후 민간인 희생자 명예회복 및 보상 등에 관한 법률안」이 발의되자 피해자는 국가가 피해보상을 위한 적절한 조치를 취할 것을 기대하고 있다가, 결국 위 법률안이 폐기되는 등 아무런 조치가 취해지지 않자 진실규명결정일로부터 2년 10개월이 경과한 시점에서 국가배상청구소송을 제기하였는바, 국가가 소멸시효 완성을 주장하였다. 이에 대해 대법원은, 피해자가 민법 제766조 제1항의 단기소멸시효기간이 경과하기 직전까지 국가의 입법적 조치를 기다린 것이 상당하다고 볼 만한

국가배상청구권을 행사하면 국가가 소멸시효의 완성을 들어 배상을 거부하지 않을 것이라는 데 대한 신뢰를 가질 만한 특별한 사정이 있다고 볼 것이다. 그럼에도 불구하고 국가가 소멸시효의 완성을 주장하는 것은 신의성실원칙에 반하는 권리남용에 해당한다. iii) 다만, 국가가 소멸시효의 이익을 원용하지 않을 것 같은 신뢰를 부여한 경우에도 권리를 침해당한 자는 그러한 사정이 있은 때로부터 '상당한 기간' 내에 권리를 행사하여야만 국가의 소멸시효완성의 항변을 저지할 수 있는데, 그 기간은 아무리 길어도 민법 제766조 제1항이 규정한 단기소멸시효기간인 3년을 넘을 수는 없다고 보아야 한다.

③ 진실규명을 신청하지 않은 경우 : 한편 위 전원합의체판결에서는 과거사정리법의 적용대상이 되는 데도 불구하고 피해자가 그에 근거한 진실규명신청조차 하지 않은 경우에는 국가가 소멸시효의 완성을 주장하더라도 이는 특별한 사정이 없는 한 권리남용에 해당하지 않는다고 하였다.

판례 〈소멸시효 완성의 항변권 제한을 인정한 판례〉

① 수사관들이 甲을 불법구금 상태에서 고문하여 간첩혐의에 대한 허위자백을 받아내는 등의 방법으로 증거를 조작함으로써 甲이 구속 기소되어 유죄판결을 받고 그 형집행을 당하였고, 그 후 과거사정리위원회의 진실규명에 의해 수사관들의 불법구금과 고문행위가 밝혀짐으로써 재심에 의해 무죄판결이 확정되었다. 이 경우 과거의 유죄판결이 고문 등으로 조작된 증거에 기초하여 내려진 잘못된 판결이라는 것을 밝히는 재심판결이 확정되기 전까지는, 과거의 유죄판결이 잘못된 것임을 전제로 그 원인된 수사와 공소제기 및 판결의 전 과정에 이르는 수사관, 검사, 법관 등 관여 공무원의 불법행위를 이유로 하여 피고를 상대로 국가배상청구의 소를 제기한다는 것은 일반인의 관점에서 보더라도 기대하기 어렵다는 점 기타 여러 다른 사정들을 종합해 보면, 과거사정리위원회의 진실규명결정이 내려진 2008. 3. 18.까지의 기간 동안에는 원고들이 국가를 상대로 손해배상청구를 할 수 없는 객관적 장애가 있었다고 보아야만 할 것이다. 그리고 피해를 당한 원고들을 보호할 필요성은 심대한 반면 시효완성을 이유로 국가의 위자료 채무에 대한 이행거절을 인정하는 것은 현저히 부당하고 불공평하다 할 것이므로, 결국 국가의 이 사건 소멸시효완성 항변은 신의 성실의 원칙에 반하는 권리남용으로서 허용될 수 없다. (대판 2011. 1. 13. 2009다103950)

② 대외적으로 좌익전향자단체임을 표방하였으나 실제로는 국가가 조직·관리하는 관변단체 성격을 띠고 있던 국민보도연맹 산하 지방연맹 소속 연맹원들이 1950. 6. 25. 한국전쟁 발발 직후 상부 지시를 받은 군과 경찰에 의해 구금되었다가 그들 중 일부가 처형대상자로 분류되어 집단 총살을 당하였고, 이후 국가가 처형자 명부 등을 작성하여 3급 비밀로 지정하였는데, 위 학살의 구체적 진상을 잘 알지 못했던 유족들이 과거사정리위원회의 진실규명결정이 있었던 2007. 11. 27. 이후에야 국가를 상대로 손해배상을 청구하자 국가가 소멸시효완성을 주장한 사안에서, 과거사정리위원회에 의한 진실규명결정이 내려지기 전까지는 국가배상을 청구할 수 없는 객관적 장애가 있었다고 할 것이므로 이 경우 국가의 소멸시효 완성 주장은 신의칙에 반하여 허용될 수 없다고 하였다. (대판 2011. 6. 30. 2009다72599)

③ 1949년 공비소탕작전을 수행하던 군인들이 어린이, 노약자, 부녀자들을 포함한 문경군 석달마을 주민들을 무차별 사살한 이른바 '문경학살사건' 희생자들의 유족들이 국가를 상대로 손해배상을 구한 사

매우 특수한 사정이 있었다고 할 것이고, 결국 피해자는 상당한 기간 내에 권리를 행사한 것으로 보아야 하며, 이 경우 국가의 소멸시효 완성의 항변은 신의성실의 원칙에 반하는 권리남용에 해당한다고 하였다. 대판 2013. 5. 16. 2012다202819.

안에서, 공비소탕작전이 진행되는 상황에서 군인이 저지른 민간인 학살행위는 객관적으로 외부에서 알기 어려워 희생자들의 유족이라도 국가에 의하여 진상이 규명되기 전에는 국가 등을 상대로 손해배상을 청구한다는 것은 기대하기 어려운 점, 문경학살사건에 대하여 과거사정리위원회에 의한 진실규명결정이 이루어지기 전까지 가해자가 소속된 국가가 진상을 규명한 적이 없었고, 오히려 사건 초기 국군을 가장한 공비에 의한 학살사건으로 진상을 은폐·조작하였던 점, 전쟁이나 내란 등에 의하여 조성된 위난의 시기에 개인에게 국가기관이 조직을 통하여 집단적으로 자행하거나 또는 국가권력의 비호나 묵인하에 조직적으로 자행된 기본권침해에 대한 구제는 통상의 법절차에 의해서는 사실상 달성하기 어려운 점 등에 비추어 위 과거사정리위원회의 진실규명결정이 있었던 때까지는 객관적으로 유족들이 권리를 행사할 수 없는 장애사유가 있었다고 보아야 하며, 따라서 진실을 은폐하고 진상규명을 위한 노력조차 게을리 한 국가가 이제 와서 뒤늦게 문경학살사건의 유족들이 위 과거사정리위원회의 진실규명결정에 따라 진실을 알게 된 다음 제기한 손해배상청구의 소에 대하여 소멸시효완성의 항변을 하여 채무이행을 거절하는 것은 현저히 부당하여 신의칙에 반하는 것으로서 허용될 수 없다고 하였다. (대판 2011. 9. 8. 2009다66969)

④ 신병훈련을 마치고 부대에 배치된 군인 甲이 선임병들의 온갖 구타와 가혹행위에 시달리다가 전입한지 채 열흘도 지나지 않은 1991. 2. 3. 부대 철조망 인근 소나무에 목을 매어 자살을 하였는데, 위 사고 직후 부대 지휘관들이 부대원들에게 일상적으로 자행되고 있던 구타 및 가혹행위에 대하여 함구명령을 내렸고, 사고 직후 사건을 조사한 헌병수사관들조차 위 사고를 甲의 복무부적응으로 인한 비관에 의한 자살로 결론을 내리고 사건을 종결하였다. 유족들은 위 자살사고가 선임병들의 심한 폭행·가혹행위 및 이에 대하여 적절한 조치를 취하지 않은 부대관계자들의 관리·감독 소홀 등의 불법행위로 인하여 발생한 것이라는 점을 군의문사진상규명위원회의 2009. 3. 16.자 진상규명결정이 내려짐으로써 비로소 알게 되어 甲이 사망한 날로부터 5년의 소멸시효기간이 훨씬 경과한 2009. 12. 10.에야 국가를 상대로 손해배상을 구하는 소를 제기하자 국가가 소멸시효완성의 항변을 하였다. 이 사건에서 대법원은, 군의 특성상 군 외부에 있는 민간인이 군 내부에서 이루어진 불법행위에 관하여 그 존재 사실을 인식하는 것은 원칙적으로 불가능에 가까우므로, 비록 군 당국이 유족들의 국가배상청구권 행사를 직접적으로 방해하는 행위를 한 적은 없다고 하더라도, 군의문사진상규명위원회의 진상규명결정이 내려지기 전까지의 기간 동안에는 유족들이 국가를 상대로 손해배상청구를 할 수 없는 객관적 장애가 있었다고 보아야 하고, 국가가 자신의 책임으로 빚어진 권리행사의 장애상태 때문에 소멸시효기간이 경과하였다는 점을 이유로 들어 망인이나 유족에 대한 손해배상책임을 면하는 결과를 인정한다면 이는 현저히 정의와 공평의 관념에 반하는 것이므로, 국가의 소멸시효완성 항변은 신의성실의 원칙에 반하는 권리남용으로서 허용될 수 없다고 하였다. (대판 2011. 10. 13. 2011다36091)

⑤ 『국가가 과거사정리법의 제정을 통하여 수십 년 전의 역사적 사실관계를 다시 규명하고 피해자 및 유족에 대한 피해회복을 위한 조치를 취하겠다고 선언하면서도 그 실행방법에 대해서는 아무런 제한을 두지 아니한 이상, 이는 특별한 사정이 없는 한 그 피해자 등이 국가배상청구의 방법으로 손해배상을 구하는 사법적 구제방법을 취하는 것도 궁극적으로는 수용하겠다는 취지를 담아 선언한 것이라고 볼 수밖에 없고, 거기에서 파생된 법적 의미에는 구체적인 소송사건에서 새삼 소멸시효를 주장함으로써 배상을 거부하지는 않겠다는 의사를 표명한 취지가 내포되어 있다고 할 것이다.』 (대판 2013. 5. 16. 2012다202819 전원합의체판결)

판례 〈소멸시효 완성의 항변권 제한을 인정하지 않은 판례〉

① 거창사건 : 국방장관 등이 거창사건(1951년 2월)의 발생 직후에 그 진상을 은폐하고자 시도한 적이 있으나 그 후 1951년 5월 국회가 거창사건 책임자를 처벌하라는 결의문을 채택하였고 같은 해 12월 고등군법회의가 거창사건의 책임자들에 대한 형사재판을 진행하여 유죄판결을 선고한 점 등 제반 사정에 비추어 보면, 원고들은 적어도 위 유죄판결이 선고된 시점에서는 거창사건의 손해와 가해자 및 그 가해행위가 불법행위인 점 등을 모두 알았다고 봄이 상당하며, 한편 거창사건과 관련하여 국가에게 일정한 배상책임을 부담시키는 법률 개정안이 국회에서 심의된 적이 있다는 사정만으로는 국가가 시효의 이익을 포기하거나 그 시효를 원용하지 아니할 것 같은 태도를 보인 것이라고는 볼 수 없다. 따라서 이 사안은 국가가 소멸시효에 기한 항변권을 행사하는 것이 신의성실의 원칙에 반하여 허용되지 않는 예에 해당하지 않는다. (대판 2008. 5. 29, 2004다33469)

② 삼청교육 피해자의 국가배상청구사건 : 1980년부터 1981년 사이에 행해진 삼청교육에서의 가혹행위에 대한 국가배상청구권은 그 후 1988. 11. 26. 노태우 대통령의 특별담화에 의해 삼청교육 피해자에 대한 보상을 국민에게 약속하였다 하더라도 이는 대통령으로서의 시정방침을 밝힌 것에 불과하고 이로써 삼청교육 피해자들에 대한 국가배상채무를 승인하거나 시효의 이익을 포기한 것으로는 볼 수 없으므로, 국가가 소멸시효 완성을 주장하는 것은 신의성실의 원칙에 반하지 않는다. (대판 2001. 7. 10, 98다38364)

(3) 소멸시효 완성의 항변권 제한과 공무원에 대한 구상

공무원의 불법행위로 손해를 입은 피해자의 국가배상청구권의 소멸시효기간이 지났으나 국가가 소멸시효 완성을 주장하는 것이 신의성실의 원칙에 반하는 권리남용으로 허용될 수 없어 배상책임을 이행한 경우에, 국가가 불법행위를 한 공무원에게 구상권을 행사할 수 있는지가 문제된다. 이에 대해 대법원은 「소멸시효 완성 주장이 권리남용에 해당하게 된 원인행위와 관련하여 공무원이 원인이 되는 행위를 적극적으로 주도하였다는 등의 특별한 사정이 없는 한 국가가 공무원에게 구상권을 행사하는 것은 신의칙상 허용되지 않는다」고 판시하였다.[192]

XI. 외국인에 대한 책임

외국인이 피해자인 경우에는 피해자의 나라가 우리나라 사람에게 국가배상을 인정하는 경우에만 우리나라도 국가배상책임을 지는데(국가배상법 7조), 이를 상호보증주의라 한다.

XII. 군인 등에 대한 특례

1. 법령규정 및 입법취지

헌법 제29조 제2항은 『군인·군무원·경찰공무원 기타 법률이 정하는 자가 전투·훈련 등 직무집행과 관련하여 받은 손해에 대하여는 법률이 정하는 보상 외에 국가 또는 공공단체에 공무원

---

192) 대판 2016. 6. 10, 2015다217843.

의 직무상 불법행위로 인한 배상은 청구할 수 없다』고 함으로써, 군인 등의 국가배상청구를 제한하는 특례를 규정하고 있다. 그리고 이를 구체화한 국가배상법 제2조 제1항 단서는 『군인·군무원·경찰공무원 또는 예비군대원이 전투·훈련 등 직무 집행과 관련하여 전사·순직하거나 공상을 입은 경우에 본인이나 그 유족이 다른 법령에 따라 재해보상금·유족연금·상이연금 등의 보상을 지급받을 수 있을 때에는 이 법 및 민법에 따른 손해배상을 청구할 수 없다』고 규정하고 있다.

이와 같이 군인 등에 대해 국가배상청구권을 제한하는 논거는, 생명·신체에 대한 침해의 위험성이 매우 높은 직무에 종사하는 공무원이 그 직무집행과 관련하여 받은 손해에 대해서는 사회보장적 성격의 보상금·연금 등에 의해 구제되고 있으므로, 그와 별도로 국가배상청구권을 인정하는 것은 이중배상금지의 원칙에 반한다는 것을 든다.[193] 그러나 이에 대해서는, 사회보장적 성격을 갖는 보상금·연금 등과 불법행위책임의 성질을 갖는 국가배상은 그 목적과 성질이 다르기 때문에 양자를 모두 인정하여도 이중배상에 해당하는 것이 아니라는 반론이 제기되고 있다.

2. 연 혁

군인 등에 대해 국가배상을 제한하는 특례조항은 1967년 국가배상법이 전면 개정될 때 처음 도입되었는데, 당시의 제3공화국 헌법은 이에 관해 아무런 규정이 없었다.

1971년에 대법원은 군인 등에 대한 국가배상청구권을 제한하고 있는 국가배상법 제2조 제1항 단서는 평등원칙 등에 위반된다는 이유로 위헌판결을 내렸다.[194] 그러나 1972년의 유신헌법은 군인 등에 대한 국가배상청구권의 제한을 헌법에 명시적으로 규정함으로써 위헌논쟁을 원천적으로 봉쇄하였으며, 이러한 헌법규정은 현행 헌법에까지 이어져 내려오고 있다.

3. 위헌성

현행 헌법은 군인 등에 대한 국가배상청구권의 제한을 명시적으로 규정하고 있음에도 불구하고 여전히 그 위헌성 여부가 논란이 되고 있다.[195] 두 차례에 걸쳐 군인 등에 대한 국가배상청구권을 제한하고 있는 헌법 제29조 제2항 및 국가배상법 제2조 제1항 단서에 대한 헌법소원심판이 제기되었는데, 이에 대해 헌법재판관의 의견도 나뉘었다.[196]

헌법재판소의 다수의견은 i) 헌법 제29조 제2항에 대한 헌법소원심판청구에 대해서는, 현행법

---

193) 대판 2002. 5. 10, 2000다39735 참조.

194) 대판 1971. 6. 22, 70다1010.

195) 이상철, 국가배상법 제2조 제1항 단서의 위헌성, 안암법학 창간호, 1993. 9, 274면 이하.

196) 헌재 1995. 12. 28, 95헌바3; 헌재 2001. 2. 22, 2000헌바38. <2000헌바38사건의 개요> 해군 사병으로 입대한 갑은 근무 중 상급자로부터 평소에 지시사항을 잘 이행하지 않는다는 이유로 좌측 목부위를 해치파이프로 맞아 사망하였고, 갑의 유족은 국가배상청구소송을 제기하면서 군인 등에 대한 국가배상청구권을 제한하고 있는 헌법 제29조 제2항 및 국가배상법 제2조 제1항 단서의 규정이 헌법에 위반된다고 주장하며 위헌법률심판제청신청을 하였으나 법원에 의해 각하(헌법 제29조 제2항 부분) 또는 기각(국가배상법 제2조 제1항 단서 부분)되자 헌법재판소법 제68조 제2항에 따라 헌법소원심판을 청구하였는바, 청구인의 주장요지는 다음과 같다. i) 헌법 제29조 제2항은 헌법의 근본적 가치체계인 인간의 존엄과 가치를 규정한 헌법 제10조와 평등의 원칙을 규정한 헌법 제11조에 위반되어 무효이며, ii) 국가배상법 제2조 제1항 단서는 위헌적인 헌법 제29조 제2항에 근거한 것으로서 헌법 제37조 제2항의 한계를 벗어나 기본권의 본질적 내용을 침해한 것이므로 위헌 무효이다.

상 위헌심사의 대상이 되는 것은 '형식적 의미의 법률'에 한정되고, 이념적·논리적으로는 헌법규정 상호간의 우열을 인정할 수 있을지라도 그것이 실제로 개별적 헌법규정 상호간에 효력상의 차등을 의미하는 것이라고는 볼 수 없다는 등을 이유로, 헌법의 개별규정에 대한 위헌심사는 헌법소원심판의 대상이 될 수 없다고 하여 청구를 각하하였다. ii) 국가배상법 제2조 제1항 단서에 대한 헌법소원심판청구에 대해서는, 위 조항은 국가배상청구권을 헌법 내재적으로 제한하는 헌법 제29조 제2항에 직접 근거한 것이므로 헌법에 위반되지 않는다고 하여 청구를 기각하였다.

이에 반해 헌법재판소의 소수의견은 청구인의 주장을 받아들여, 헌법에는 보다 상위의 근본규정에 해당하는 헌법규정과 그보다 하위의 헌법규정이 있음을 인정하면서, 군인 등의 신분이라는 이유만으로 국가배상청구권을 박탈한 헌법 제29조 제2항은 근본규정이라 할 수 있는 헌법 제10조(인간의 존엄과 가치 보장)와 제11조(평등원칙)에 위배되어 위헌이라고 하였다.[197]

4. 군인 등에 대한 국가배상청구권 제한의 요건

(1) 군인 등의 신분

헌법은 국가배상청구가 제한되는 신분으로 '군인·군무원·경찰공무원 기타 법률이 정하는 자'라고 규정하고 있으며(29조 2항), 이를 구체화한 국가배상법은 '군인·군무원·경찰공무원 또는 예비군대원'이라고 규정하고 있다.[198] 이들은 생명·신체의 침해 위험성이 매우 높은 직무에 종사하는 공무원이며, 또한 이들이 직무집행과정에서 받은 손해에 대해서는 「국가유공자 등 지원 및 예우에 관한 법률」 등에 근거하여 사회보장적 성격의 급여가 지급된다는 점에서 공통점을 찾을 수 있다.

이와 관련하여 군에 입대하여 소정의 군사교육을 마친 다음 전투경찰이나 교도소의 경비교도로 전임(轉任)된 자 또는 군복무에 대체하는 공익근무요원도 국가배상법 제2조 제1항 단서의 적용을 받아 국가배상을 청구할 수 없는지가 문제되었다. 이에 대해 판례는, 전투경찰로 전임된 자는 국가배상법 제2조 제1항 단서 소정의 경찰공무원에 해당하므로 국가배상을 청구할 수 없다고 하였으나,[199] 교도소의 경비교도로 전임된 자나 공익근무요원은 국가배상법 제2조 제1항 단서 소정의 어느 신분에도 해당하지 않으므로 연금 등 사회보장적 급여를 받는 것 외에 별도로 국가배상을 청구하는 것을 방해받지 않는다고 하였다.[200]

---

197) 헌재 2001. 2. 22, 2000헌바38 하경철 재판관의 반대의견.
198) 국가배상법이 예비군대원을 국가배상청구의 특례 대상자로 규정한 것의 위헌성이 문제되었는데, 헌법재판소는 『향토예비군의 직무는 그것이 비록 법령에 의하여 동원되거나 소집된 때에 한시적으로 수행하게 되는 것이라 하더라도 그 성질상 고도의 위험성을 내포하는 공공적 성격의 직무이므로, 국가배상법 제2조 제1항 단서가 그러한 직무에 종사하는 향토예비군대원에 대하여 다른 법령의 규정에 의한 사회보장적 보상제도를 전제로 임무수행 중 상해를 입거나 사망한 개별 향토예비군대원의 국가배상청구권을 금지하고 있는 것은 위헌규정이라 할 수 없다』고 하였다(헌재 1996. 6. 13, 94헌바20).
199) 대판 1995. 3. 24, 94다25414.
200) 대판 1993. 4. 9, 92다43395; 대판 1997. 3. 28, 97다4036.

(2) 전투·훈련 등 직무집행과 관련한 전사·순직·공상

군인 등의 신분을 가진 자가 "전투·훈련 등 직무집행과 관련하여 전사·순직하거나 공상을 입은 경우"에 국가배상청구가 제한되는데, 여기에서 '전투·훈련 등 직무집행과 관련하여'의 의미에 관하여 다툼이 있다.[201]

헌법 제29조 제2항은 '전투·훈련 등 직무집행과 관련하여'라고 규정하고 있는데 대해 종전 국가배상법은 '전투·훈련 기타 직무집행과 관련하여'라고 규정하고 있었는바, 판례는 여기에서 '기타 직무집행과 관련하여'라 함은 전투·훈련에 관계된 직무집행에 한정하지 않고 모든 직무집행을 포함하는 것이라고 보았다(즉, 전투·훈련은 예시적 표현으로 봄).[202] 그런데 2005년에 국가배상법을 개정하면서 종전의 '전투·훈련 기타 직무집행'이라는 표현을 헌법과 같이 '전투·훈련 등 직무집행'으로 수정하였는데, 그 취지는 군인 등의 직무집행행위 가운데 '전투·훈련 또는 이에 준하는 직무집행'에 대해서만 국가배상청구를 제한하고 그 밖의 일반적인 직무집행에 대해서는 국가배상청구를 가능하게 함으로써, 그동안 국가배상에 있어 불합리한 차별을 받아오던 군인 등에 대한 배상체계를 부분적으로 개선하려는 것이라 한다.[203]

그럼에도 불구하고 판례는 여전히 개정된 '전투·훈련 등 직무집행'을 종전의 '전투·훈련 기타 직무집행'과 동일한 의미로 보아, '전투·훈련 또는 이에 준하는 직무집행'뿐만 아니라 '일반의 직무집행'에 대해서도 군인 등에 대한 국가배상책임을 제한하는 것이라 보고 있다.[204]

> **판례** 『국가배상법(2005. 7. 13. 개정된 것) 제2조 제1항 단서(이하 '이 사건 면책조항'이라고 한다)에 의하여 피고가 같은 법 및 민법에 의한 손해배상책임에서 면제된다는 피고의 주장에 대하여, 원심은 … ① 종전 면책조항에 대하여 대법원과 헌법재판소가 헌법 제29조 제2항과 실질적으로 내용을 같이하는 규정이라고 해석하여 왔는데, 이 사건 면책조항은 "전투·훈련 등 직무집행"이라고 규정하여 헌법 제29조 제2항과 동일한 표현으로 개정이 이루어졌으므로 그 개정에도 불구하고 그 실질적 내용은 동일한 것으로 보이는 점, ② 이 사건 면책조항이 종전의 '전투·훈련 기타'에서 '전투·훈련 등'으로 개정되었는

---

201) 국가배상법 제2조 제1항 단서에 관한 연혁적 고찰이 필요하다. 1967년 국가배상법에서는 '전투·훈련 기타 직무집행 중에서'라고 규정하고 있었으나, 1972년 유신헌법에서 '전투·훈련 등 직무집행과 관련하여'라고 규정하자 1973년 국가배상법을 개정하여 '전투·훈련 기타 직무집행과 관련하여'라고 하였다. 그 개정취지는, 유신헌법에서 군인 등이 직무집행과 관련하여 받은 손해에 대하여는 보상 이외의 국가배상을 청구할 수 없다고 규정하였으므로 이에 맞추어 국가배상을 청구할 수 없는 자의 범위를 확대하기 위한 것이라고 한다(개정이유 참조). 이에 따라 대법원도, 1967년 국가배상법상의 '전투·훈련 기타 직무집행 중에서'의 의미는 1973년 국가배상법상의 '전투·훈련 기타 직무집행과 관련하여'보다 국가배상청구를 배제하는 범위가 좁다고 해석하여야 하며, 따라서 1967년 국가배상법하에서 훈련병이 소대장에게 보고하지 않고 총검술교육을 받지 않았다는 이유로 소대장으로부터 폭행을 당하여 상해를 입은 것은 '전투·훈련 기타 직무집행 중에서' 받은 손해가 아니므로 국가배상법 제2조 제1항 단서의 적용을 받지 않는다고 판시하였다(대판 1977. 8. 23, 75다1786). 한편, '직무집행과 관련하여'라는 표현은 현행 헌법과 국가배상법에까지 이어지고 있다.

202) 예컨대 육군 수송부 정비병이 작업 중에 다른 군인이 운전하는 차량에 치어 상해를 입은 경우(대판 1997. 2. 14, 96다28066), 군인이 상급자의 구타에 의해 사망한 경우(대판 1994. 12. 13, 93다29969)는 전투·훈련과 직접 관련이 없지만 그것이 직무집행과 관련하여 발생한 것이면 국가배상법 제2조 제1항 단서의 '전투·훈련 기타 직무집행'에 해당된다고 하였다.

203) 2005. 7. 13. 국가배상법 개정이유 참조.

204) 대판 2011. 3. 10, 2010다85942.

데 통상적으로 '기타'와 '등'은 같은 의미로 이해되고 이 경우에 다르게 볼 특수한 사정이 엿보이지 않는 점, ③ 위 개정 과정에서 국가 등의 면책을 종전보다 제한하려는 내용의 당초 개정안이 헌법의 규정에 반한다는 등의 이유로 이 사건 면책조항으로 수정이 이루어져 국회를 통과한 점, ④ 이 사건 면책조항은 군인연금법이나 '국가유공자 등 예우에 관한 법률' 등의 특별법에 의한 보상을 지급받을 수 있는 경우에 한하여 국가나 지방자치단체의 배상책임을 제한하는데, '국가유공자 등 예우에 관한 법률'에 의한 보훈급 여금 등은 사회보장적 성격을 가질 뿐만 아니라, 불법행위로 인한 손해를 전보하는 데 목적이 있는 손해 배상제도와는 그 취지나 목적을 달리하지만 실질적으로는 사고를 당한 피해자 또는 유족의 금전적 손실을 메꾼다는 점에서 배상과 유사한 기능을 수행하는 측면이 있음을 부인할 수 없다는 사정 등을 고려하면 이 사건 면책조항이 국민의 기본권을 과도하게 침해한다고도 할 수 없다는 점 등을 종합하여, 이 사건 면책조항은 종전 면책조항과 마찬가지로 전투·훈련 또는 이에 준하는 직무집행뿐만 아니라 일반 직무집행에 관하여도 국가나 지방자치단체의 배상책임을 제한하는 것이라고 해석하였다. 그리하여 원심은 피고의 위 면책 주장을 받아들여 원고들의 이 사건 청구를 기각하였다.

살피건대, 이 사건 면책조항에 관한 위와 같은 원심의 해석 및 판단은 정당하고, 거기에 상고이유의 주장과 같이 이 사건 면책조항 또는 보훈급여금 등에 관한 법리를 오해한 위법이 있다고 할 수 없다.』 (대판 2011. 3. 10, 2010다85942)

(3) 재해보상금·유족연금·상이연금 등의 지급

국가배상법 제2조 제1항 단서는 군인 등이 「군인연금법」·「국가유공자 등 예우 및 지원에 관한 법률」(이하에서 '국가유공자법'이라 한다) 등의 특별법에 의해 재해보상금·유족연금·상이연금 등의 보상을 지급받을 수 있는 경우에 한하여 적용된다. 군인 등에 대한 국가배상청구권을 제한하는 이유는 사회보장적 급여 이외에 국가배상청구권을 인정하면 이중배상에 해당한다는 것을 논거로 하는바, 만일 손해를 입은 군인 등에 대해 사회보장적 급여가 지급되지 않는다면 국가배상을 하더라도 이중배상의 우려가 없기 때문이다. 따라서 군인 등이 전투·훈련 등 직무집행과 관련하여 공상을 입은 경우라 하더라도 군인연금법이나 국가유공자법에 의하여 재해보상금·유족연금·상이연금 등 별도의 보상을 받을 수 없는 경우에는 국가배상법 제2조 제1항 단서의 적용대상에서 제외되어 국가배상을 청구할 수 있다는 것이 판례의 입장이다.[205]

이와 관련하여, 공상을 입은 군인이 국가보훈처에 「국가유공자법」에 의한 국가유공자 등록신청을 하였다가 공상군경 요건에 해당되지 않는다는 이유로 비해당결정 통보를 받고 이에 불복하지 아니한 후 위 법률에 의한 보상금청구권과 군인연금법에 의한 재해보상금청구권이 모두 시효 완성되었다면(즉, 실제로는 그가 국가유공자에 해당되어 보상금을 지급받을 수 있었는데도 국가보훈처가 결정을 잘못 내린 경우), 이 경우도 국가배상법 제2조 제1항 단서가 적용되어 국가배상을 청구할 수 없는지가 문제되었다. 이에 대해 대법원은, 국가배상법 제2조 제1항 단서 규정은 다른 법령에 보

---

205) 대판 1997. 2. 14, 96다28066. 「국가유공자 등 예우 및 지원에 관한 법률」은 군인 등이 직무수행과 관련하여 상이를 입은 경우에 그 상이의 정도가 국가보훈처장이 실시하는 신체검사에서 대통령이 정하는 상이등급으로 판정된 자만을 위 법의 적용대상으로 하고 있으므로(4조 1항 6호), 만일 공상을 입은 군인 등이 국가보훈처상이 실시하는 신체검사에서 대통령령이 정하는 상이등급에 해당하지 않아 「국가유공자 등 예우 및 지원에 관한 법률」상의 급여를 받을 수 없는 경우에는 국가배상법 제2조 제1항 단서의 적용을 받지 않아 국가배상을 청구할 수 있다고 한다.

상제도가 규정되어 있고 그 법령에 규정된 상이등급 또는 장애등급 등의 요건에 해당되어 그 권리가 발생한 이상, 실제로 그 권리를 행사하였는지 또는 그 권리를 행사하고 있는지 여부에 관계 없이 적용된다고 보아야 하고, 당사자의 그 각 법률에 의한 보상금청구권이 시효로 소멸되었다 하여 적용되지 않는다고 할 수는 없으며, 따라서 위 사안에서는 국가배상법 제2조 제1항 단서 규정의 적용을 받아 국가배상을 청구할 수 없다고 판시하였다.206)

5. 민간인과 공무원의 공동불법행위로 인해 군인 등이 손해를 받은 경우

▌기본사례

군인 갑은 출장명령을 받아 군인 을이 운전하는 군용지프차를 타고 가던 중 서울시내 교차로에서 민간인 병이 운전하는 승용차와 충돌하여 크게 다쳤다. 조사결과 사고의 원인은 군인 을과 민간인 병의 공동 과실로 밝혀졌다. 군인 갑은 공동불법행위의 경우 불법행위자가 연대하여 배상하도록 한 민법 제760조의 규정에 근거하여 민간인 병에게 손해의 전부에 대한 배상을 청구하였고, 병은 갑이 청구한 대로 손해의 전부에 대한 배상을 한 다음 공동불법행위자인 을의 부담부분에 관하여 국가에 구상권을 행사하였다. 국가는 병의 구상에 응할 의무가 있는가.

민간인과 공무원의 공동불법행위에 의하여 군인 등에게 손해를 발생케 한 경우에 불법행위법의 일반원칙에 따르면 민간인과 국가는 부진정연대채무를 부담하게 되므로,207) 이 경우 피해자인 군인은 국가에 대해서는 배상청구를 할 수 없지만 민간인에 대해서는 손해의 전부에 대한 배상청구를 할 수 있게 된다. 만일 민간인이 피해자인 군인에게 손해의 전부를 배상하였다면 공동불법행위자인 공무원의 귀책부분에 대해 국가에게 구상을 청구할 수 있는지가 문제된다.

이에 대해 종래 대법원은 『국가배상법 제2조 제1항 단서에 의하면 군인 등이 직무집행과 관련하여 손해를 받은 경우에는 국가는 손해배상책임을 지지 않으므로, 비록 공동불법행위자인 민간인이 손해의 전부를 배상하였다 하더라도 국가에 대하여 구상권을 행사할 수 없다』고 판시하였다.208) 그러나 이에 대한 헌법소원심판에서 헌법재판소는 『군인 등에 대한 국가배상청구권을 인정하지 않는 국가배상법 제2조 제1항 단서 규정을, 민간인이 공무원과 공동불법행위로 직무집행 중인 군인에게 손해를 발생케 하여 손해의 전부를 배상한 다음 공동불법행위자인 공무원의 부담부분에 관하여 국가에 대하여 구상권을 행사하는 것을 허용하지 않는다고 해석하는 한 헌법에 위반된다』고 결정하였다.209)

그 후 대법원은 '민간인과 공무원의 공동불법행위에 의해 군인 등에게 손해를 발생케 한 경우의 손해배상책임'에 관하여 새로운 입장을 취하여 주목을 끌고 있다. 즉, 피해자가 군인 등인 경우에는 공동불법행위자인 민간인은 공동불법행위의 일반적인 경우와는 달리 '자신의 부담부분'에 한

---

206) 대판 2002. 5. 10, 2000다39735.
207) 민법 제760조 제1항은 『수인이 공동의 불법행위로 타인에게 손해를 가한 때에는 연대하여 그 손해를 배상할 책임이 있다』고 규정하고 있는바, 이는 부진정연대채무에 해당한다는 것이 통설적 견해이다.
208) 대판 1994. 5. 27, 94다6741; 1993. 10. 8, 93다14691; 1992. 2. 11, 91다12738.
209) 헌재 1994. 12. 29, 93헌바21.

하여 피해자에 대한 손해배상의무를 지고, 따라서 민간인이 피해자에게 손해의 전부에 대해 배상을 하였다 하더라도 국가에 대해서는 공무원의 귀책부분에 대한 구상을 청구할 수 없다고 한다.210)

> **판례** 『헌법 제29조 제2항, 국가배상법 제2조 제1항 단서의 입법취지를 관철하기 위해서는 군인 등이 직무집행과 관련하여 손해를 입은 경우에 국가는 직접의 배상책임이든 간접의 구상의무든 아무런 책임을 지지 않는다고 하여야 할 것이다. 그러나 공동불법행위자인 민간인이 피해자인 군인에 대해 손해의 전부를 배상할 책임을 부담하도록 하면서 국가에 대해서는 귀책비율에 따른 구상을 청구할 수 없도록 하는 것은 국가가 부담하여야 할 몫까지 민간인에게 부담시키는 것이 되어 정당화될 수 없다. 따라서 공동불법행위자가 부진정연대채무자로서 각자 손해의 전부를 배상할 의무를 부담하는 공동불법행위의 일반적인 경우와는 달리, 피해자가 군인 등인 경우에는 공동불법행위자인 민간인은 '자신의 부담부분에 한하여' 피해자에 대한 손해배상의무를 지고, 또한 국가에 대해서는 공무원의 귀책부분에 대한 구상을 청구할 수 없다고 해석하는 것이 타당하다.』 (대판 2001. 2. 15, 96다42420)

제 3 항 영조물의 설치·관리상의 하자로 인한 손해배상

Ⅰ. 서

국가배상법 제5조는 영조물의 설치·관리상의 하자로 인한 국가배상책임에 관해 규정하고 있다. 국가배상법 제5조는 민법 제758조의 '공작물의 설치·보존의 하자로 인한 손해배상책임'에 상응하는 것인데, 점유자의 면책조항이 없는 점에서 민법과 차이가 있다.211)

Ⅱ. 배상책임의 요건

국가배상법 제5조는 「도로·하천 그 밖의 공공의 영조물의 설치나 관리에 하자가 있기 때문에 타인에게 손해를 발생하게 하였을 때에는 국가나 지방자치단체는 그 손해를 배상하여야 한다」고 규정하고 있다. 이에 따른 국가배상책임의 요건은 i) 영조물, ii) 설치·관리상의 하자, iii) 타인에 대한 손해의 발생 등을 들 수 있다.

1. 공공의 영조물

전통적으로 영조물이란 공적 목적을 달성하기 위한 인적·물적 시설의 종합체(예 : 국공립학교,

---

210) 대판 2001. 2. 15, 96다42420.
211) 민법 제758조 (공작물등의 점유자, 소유자의 책임) ① 공작물의 설치 또는 보존의 하자로 인하여 타인에게 손해를 가한 때에는 공작물점유자가 손해를 배상할 책임이 있다. 그러나 점유자가 손해의 방지에 필요한 주의를 해태하지 아니한 때에는 그 소유자가 손해를 배상할 책임이 있다.

국공립병원 등)를 의미하는 것으로 보지만, 국가배상법 제5조에서 말하는 영조물은 '공물'과 같은 의미라고 보는 것이 지배적인 견해이다. 공물이란 공적 목적에 제공된 물건을 의미하는데, 공물인 한 인공공물이든 자연공물이든, 공용물이든 공공용물이든, 국공유공물인든 사유공물이든, 동산이든 부동산이든, 물건이건 동식물이든 모두 포함된다. 그리고 국가나 지방자치단체가 소유권·임차권 등의 권한에 의하여 관리하고 있는 경우뿐만 아니라 사실상의 관리를 하고 있는 경우도 포함한다는 것이 판례의 입장이다.[212] 판례에 의해 인정된 영조물의 예로는 도로, 하천, 광장, 공중화장실, 교통신호등, 건널목경보기, 가로수 등을 들 수 있다.[213]

하지만 국가나 지방자치단체가 소유하는 재산일지라도 공적 목적에 제공되어 있지 않은 '일반재산'(구법상의 잡종재산)은 공물이 아니므로 국가배상법의 적용을 받지 못하고, 민법 제758조에 의한 배상책임(공작물의 점유자·소유자의 책임)의 대상이 된다.

2. 설치·관리의 하자

(1) 개념

여기서 하자란 영조물이 통상적으로 갖추어야 할 안전성을 갖추지 못한 상태를 말하며, 이러한 하자는 설치 당시(영조물의 설계·제작 과정)부터 존재하는 것이든 관리과정(설치후의 유지·수선·보관과정)에서 발생한 것이든 묻지 아니한다. 그리고 안전성을 갖추지 못한 상태란 영조물 자체에 물리적·외형적 흠결이 있어서 그 이용자에게 위해를 끼칠 위험성이 있는 경우뿐만 아니라, 영조물이 공공의 목적에 이용됨에 있어 그 이용상태 및 정도가 일정한 한도를 초과하여 제3자에게 사회통념상 참을 수 없는 피해를 입히는 경우까지 포함하는데,[214] 후자를 '영조물의 기능적 하자'라 한다.

영조물의 설치·관리상의 하자로 인한 손해란 영조물의 설치·관리상의 하자만이 손해발생의 원인이 되는 경우만을 말하는 것이 아니고, 다른 자연적 사실이나 제3자의 행위 또는 피해자의 행위와 경합하여 손해가 발생하더라도 영조물의 설치·관리상의 하자가 공동원인의 하나가 되는 이상 그 손해는 영조물의 실지·관리상의 하자에 의하여 발생한 것이라고 보아야 한다.[215]

(2) 배상책임의 성질과 하자의 판단기준

국가배상법 제5조에 의한 배상책임이 성립하기 위해서는 영조물에 객관적으로 하자가 있기만 하면 족한지 아니면 영조물의 하자가 발생한 데 대한 설치·관리자의 귀책사유가 있어야 하는지가 문제되는바, 이는 국가배상법 제5조에 의한 배상책임의 성질을 어떻게 볼 것인지와 관련이 된다.

① **객관설** : 이는 전통적 견해의 입장으로서, 영조물에 객관적으로 하자가 있기만 하면 그러한

212) 대판 1998. 10. 23, 98다17381.
213) 대판 1998. 2. 10, 97다32536; 대판 2003. 10. 23, 2001다48057; 대판 1995. 2. 24, 94다57671; 대판 1971. 8. 31, 71다1331; 대판 2000. 2. 25, 99다54004; 대판 1994. 11. 8, 94다34036; 대판 1993. 7. 27, 93다20702.
214) 대판 2004. 3. 12, 2002다14242.
215) 대판 1994. 11. 22, 94다32924.

하자가 발생한 데 대한 설치·관리자의 귀책사유를 불문하고 국가의 배상책임이 있으며, 따라서 국가배상법 제5조에 의한 배상책임은 물적 상태책임이며 무과실책임이라고 한다. 그 논거로는 i) 국가배상법 제5조는 제2조와는 달리 공무원의 고의·과실을 요건으로 규정하고 있지 않은 점, ii) 만일 주관설에 의하면 설치·관리자의 무과실을 증명하면 국가배상책임을 면할 수 있게 되어 피해자 구제가 미흡하게 되는 점 등을 들고 있다.

② **주관설**(의무위반설) : 영조물의 하자로 인한 국가배상책임이 성립하기 위해서는 단지 영조물에 객관적인 하자가 있다는 것만으로는 부족하고 그러한 하자가 발생한 데 대한 설치·관리자의 주관적 귀책사유(고의·과실)가 있어야 한다는 견해로서, 설치·관리자의 주의의무위반을 요건으로 하는 점에서 의무위반설이라 하기도 한다. 그 논거로는 국가배상법 제5조가 '영조물의 하자'라 규정하지 않고 '영조물의 설치 또는 관리상의 하자'라고 규정한 것을 든다. 이러한 주관설에 의하면 국가배상법 제5조에 의한 배상책임은 무과실책임이 아니라 (완화된) 과실책임에 해당한다.

이러한 주관설에 대해서는, 영조물의 하자로 인한 국가배상책임의 성립에 있어 설치·관리자의 주관적 귀책사유를 요건으로 하는 것은 피해자 구제의 관점에서 바람직하지 않다는 비판이 가해지고 있다. 이러한 비판에 대해서는, 설치·관리자의 주의의무를 고도로 객관화시키면 이러한 문제점을 해결할 수 있다는 반론이 제기되고 있다.

③ **절충설** : 이는 주로 일본의 일부 학자들이 주장하는 것으로서, 영조물의 하자에는 영조물 자체의 객관적 하자뿐만 아니라 영조물 설치·관리자의 주관적 귀책사유가 있는 경우도 포함된다고 본다.[216] 예컨대 도로의 하자로 인한 국가배상책임에는 도로의 물적 상태에 결함이 있는 경우뿐만 아니라 도로 자체에는 아무런 하자가 없더라도 짙은 안개시 또는 폭우시에 도로관리자가 운행자에 대한 경고의무를 게을리 한 경우도 포함된다는 것이다.

이에 대해서는, 공물의 물적인 결함과 관계없이 단지 관리자의 귀책사유로 인하여 발생한 손해에 대해서는 국가배상법 제2조에 의해 배상을 하면 되기 때문에 이 경우까지도 국가배상법 제5조에 포함시킬 필요는 없다는 비판이 가해진다.[217]

④ **위법·무과실책임설** : 모든 영조물이 객관적으로 아무런 하자 없이 완전무결한 상태를 유지하도록 요구하는 것은 현실적으로 불가능하다는 인식아래, 영조물의 하자로 인한 국가배상책임을 일정한 범위로 제한하려는 의도에서 나온 이론으로서, 국가배상법 제5조에 의한 배상책임은 물적 상태책임이 아니라 설치·관리자의 행위책임이라는 전제에서 시작한다. 즉 영조물에 객관적으로 하자가 있기만 하면 곧 국가배상책임이 성립되는 것이 아니라, 그러한 하자가 발생한 데 대하여 설치·관리자의 직무상 의무위반행위가 있어야 한다는 것이다. 영조물의 설치·관리자는 영조물의 하자로 인하여 타인에게 손해가 발생하지 않도록 방호조치(안전조치)를 취할 법적 의무를 부담

---

216) 주관설과 절충설의 차이는, 주관설에 의하면 국가배상법 제5조에 의한 국가배상책임이 성립하기 위해서는 '영조물의 하자'뿐만 아니라 '설치·관리자의 주관적 귀책사유'가 모두 필요하다고 하는데 대하여, 절충설에 의하면 '영조물의 하자'가 있는 경우에도 국가배상책임이 성립하고 '영조물에 하자가 없더라도 설치·관리자의 귀책사유'가 있는 경우에도 국가배상책임이 성립한다고 본다.

217) 정하중/김광수, 552면.

하며, 국가배상법 제5조에 의한 배상책임은 이러한 설치·관리자의 방호조치의무 위반에 대한 책임이라고 한다. 그리고 설치·관리자의 방호조치의무 위반행위가 있기만 하면 주관적인 귀책사유는 묻지 않으므로, 국가배상법 제5조에 의한 배상책임은 위법·무과실책임의 성질을 갖는다고 한다.[218] 이러한 견해의 논거는 i) 국가배상법 제5조가 단지 '영조물의 하자'가 아니라 '영조물의 설치·관리상의 하자'를 요건으로 하는 점, ii) 국가배상법 제2조와는 달리 공무원의 고의·과실을 요건으로 하지 않는 점, iii) 민법 제758조와는 달리 점유자가 주의의무를 게을리 하지 않은 경우의 면책을 규정하고 있지 않은 점 등을 들고 있다.

⑤ 판례의 입장

i) 판례는 영조물의 하자로 인한 국가배상책임의 성질에 관해 원칙적으로 무과실책임으로 보고 있다. 『국가배상법 제5조 소정의 영조물의 설치·관리상의 하자로 인한 책임은 무과실책임이고, 나아가 민법 제758조 소정의 공작물의 점유자의 책임과는 달리 면책사유도 규정되어 있지 않으므로, 국가 또는 지방자치단체는 영조물의 설치·관리상의 하자로 인하여 타인에게 손해를 가한 경우에 그 손해의 방지에 필요한 주의를 해태하지 아니하였다 하여 면책을 주장할 수 없다』는 것이 그 예이다.[219]

ii) 한편 판례는 영조물에 객관적인 결함이 있다는 것만으로 곧 국가배상법 제5조상의 배상책임이 성립하는 것은 아니고, 설치·관리자가 사회통념상 일반적으로 요구되는 방호조치의무를 위반한 것이 요구되며, 따라서 객관적으로 보아 설치·관리자에게 영조물의 기능상 결함으로 인한 손해발생의 예견가능성과 회피가능성이 없는 경우, 즉 그 영조물의 결함이 영조물 설치·관리자의 관리행위가 미칠 수 없는 상황 아래에 있는 경우에는 영조물의 설치·관리상의 하자를 인정할 수 없다고 한다.[220]

---

218) 김남진/김연태(I), 713면; 정하중/김광수, 553면. 위법무과실책임설과 주관설(의무위반설)의 구별이 문제된다. 양자는 국가배상법 제5조의 배상책임이 물적 상태책임은 아니라는 것에는 견해를 같이 한다. 그런데 주관설에 의하면 국가배상법 제5조의 배상책임이 성립하기 위해서는 영조물 설치·관리자의 주관적 귀책사유(하자가 발생한 데 대한 설치관리자의 고의·과실)가 요구되는 점에서 무과실책임은 아니라고 보는데 대하여, 위법부과실책임설에 의하면 국가배상법 제5조에 의한 배상책임이 성립하기 위해서는 관리자의 방호조치의무위반이 필요하지만 그 의무위반에 대한 고의·과실은 묻지 않는다고 함으로써 이를 위법·무과실책임으로 보는 점에서 차이가 있다. 즉, 설치·관리자의 방호조치의무(안전관리의무)를 주관설은 주관적 귀책사유(고의·과실)의 문제로 보지만, 위법무과실책임설은 객관적인 직무의무(위법성)의 문제로 보는 점에서 차이가 있는 것이다. 다만, 주관설에서도 영조물 설치·관리자의 안전관리의무(주의의무)를 고도로 객관화된 의무로 보는 점에서 실제로 양 학설의 차이는 크지 않은 것으로 보인다.

219) 대판 1994. 11. 22, 94다32924. < 사실관계 > 1992년 12월 1일 야간에 도로의 지하에 매설되어 있는 상수도관에 균열이 생겨 그 틈으로 새어 나온 물이 도로 위까지 유출되어 노면이 결빙되었는데, 12월 2일 오전 7시경 택시운전사 갑이 위 지점을 지나가다가 미끄러지면서 중앙선을 넘어가 마침 반대차선에서 오던 화물차와 충돌하여 사망하자, 상수도관의 설치·관리자인 정주시를 상대로 손해배상청구소송을 제기하였다. < 피고(정주시)의 주장 > 정주시는 이 사건 사고 직전인 1992년 11월 28일에도 당해 상수도관에 관하여 정기점검을 마쳤고 이 사건 시고 전날까지도 이 사건 상수관에 대하여 누수신고가 접수된 바 없을 뿐만 아니라 누수방지요원의 순찰에 의하여도 발견되지 아니한 점에 비추어 이 사건 상수도관은 1992. 12. 1. 밤에 균열되어 누수된 것이므로, 정주시가 불가피하게 누수상황을 알 수 없어서 즉시 복구하지 못한 것으로 정주시는 이 사건 상수도관에 대한 설치·관리상의 과실이 없다.

220) 대판 2000. 2. 25, 99다54004; 대판 2014. 4. 24, 2014다201087.

그리고 영조물이 그 설치 및 관리에 있어 완전무결한 상태를 유지할 정도의 고도의 안전성을 갖추지 않았다고 하여 하자가 있다고 단정할 수는 없고, 영조물 이용자의 상식적이고 질서있는 이용방법을 기대한 상대적인 안전성을 갖추는 것으로 족하다고 한다.[221]

판례 ①『국가배상법 제5조 제1항 소정의 영조물의 설치 또는 관리의 하자는 영조물이 그 용도에 따라 통상 갖추어야 할 안전성을 갖추지 못한 상태에 있음을 말하는 것으로서, 영조물이 완전무결한 상태에 있지 아니하고 그 기능상 어떠한 결함이 있다는 것만으로 영조물의 설치 또는 관리에 하자가 있다고 할 수는 없다. 그리고 위와 같은 안전성의 구비 여부를 판단함에 있어서는 당해 영조물의 용도, 그 설치 장소의 현황 및 이용상황 등 제반 사정을 종합적으로 고려하여 설치·관리자가 그 영조물의 위험성에 비례하여 사회통념상 일반적으로 요구되는 정도의 방호조치의무를 다하였는지 여부를 그 기준으로 함이 상당하며, 객관적으로 보아 시간적·장소적으로 영조물의 기능상 결함으로 인한 손해발생의 예견가능성과 회피가능성이 없는 경우, 즉 그 영조물의 결함이 영조물의 설치·관리자의 관리행위가 미칠 수 없는 상황 아래에 있는 경우에는 영조물의 설치·관리상의 하자가 인정되지 아니한다.』 (대판 2014. 4. 24. 2014다201087)

②『가변차로에 설치된 신호등의 용도와 오작동시에 발생하는 사고의 위험성과 심각성을 감안할 때, 만일 가변차로에 설치된 두 개의 신호기에서 서로 모순되는 신호가 들어오는 고장을 예방할 방법이 없음에도 그와 같은 신호기를 설치하여 그와 같은 고장을 발생하게 한 것이라면, 그 고장이 자연재해 등 외부요인에 의한 불가항력에 기인한 것이 아닌 한 그 자체로 설치·관리자의 방호조치의무를 다하지 못한 것으로서 신호등이 그 용도에 따라 통상 갖추어야 할 안전성을 갖추지 못한 상태에 있었다고 할 것이고, 따라서 설령 적정전압보다 낮은 저전압이 원인이 되어 위와 같은 오작동이 발생하였고 그 고장은 현재의 기술수준상 부득이한 것이라고 가정하더라도 그와 같은 사정만으로 손해발생의 예견가능성이나 회피가능성 없어 영조물의 하자를 인정할 수 없는 경우라고 단정할 수 없다.』 (대판 2001. 7. 27. 2000다56822)

(3) 하자의 증명책임

영조물의 하자에 대한 증명책임은 원칙적으로 피해자인 원고에게 있다. 일부 학자는 피해자 구제의 관점에서, 피해자가 영조물로 인해 손해를 입었음을 증명하면 일단 영조물에 하자가 있는 것으로 추정하는 이른바 '하자의 일응추정이론'을 주장하고 있지만,[222] 판례는 아직 이를 받아들이고 있지 않다.

한편, 손해발생의 예견가능성과 회피가능성이 없었다는 것에 대한 증명책임은 영조물의 설치·관리자에게 있다는 것이 판례의 입장이다.[223]

3. 타인에 대한 손해의 발생

여기서의 손해에는 재산적 손해뿐만 아니라 비재산적 손해도 포함한다.

---

221) 대판 2022. 7. 20, 2022다225910.
222) 김남진/김연태(I), 715면.
223) 대판 1998. 2. 10, 97다32536.

Ⅲ. 면책사유

i) 국가배상법 제5조에 의한 배상책임은 민법 제758조의 공작물 점유자의 배상책임과는 달리 손해의 방지에 필요한 주의를 게을리 하지 않았음을 증명함으로써 책임을 면할 수는 없다.

ii) 영조물이 통상의 안전성을 갖추고 있는 경우에는 천재지변 등과 같은 불가항력에 의하여 하자가 발생하였다 하더라도 국가의 배상책임은 인정되지 않는다는 것이 통설 및 판례의 입장이다. 예컨대 몇 백년만의 폭우로 인하여 국유하천이 범람하여 국민이 손해를 입은 경우가 그에 해당한다. 그러나 천재지변과 공무원의 과실이나 영조물의 하자가 경합하여 사고가 발생하였다면 국가의 책임이 인정되는 한도에서 배상책임을 져야 함은 물론이다.[224]

iii) 영조물 관리상의 예산부족은 영조물의 하자를 판단하는데 참작사유는 될 수 있지만 하자의 유무를 결정지을 절대적인 요건에는 해당하지 않는다는 것이 판례의 입장이다.[225]

> **판례** ① 『영조물 설치의 '하자'라 함은 영조물의 축조에 불완전한 점이 있어 이 때문에 영조물 자체가 통상 갖추어야 할 완전성을 갖추지 못한 상태에 있음을 말한다고 할 것인바, 그 하자 유무는 객관적 견지에서 본 안전성의 문제이고 그 설치자의 재정사정이나 영조물의 사용목적에 의한 사정은 안전성을 요구하는데 대한 정도 문제로서 참작사유에는 해당할지언정 안전성을 결정지을 절대적 요건에는 해당하지 아니한다.』 (대판 1967. 2. 21. 66다1723)
>
> ② 『국가배상법 제5조 제1항에 규정된 '영조물 설치·관리상의 하자'는 공공의 목적에 공여된 영조물이 그 용도에 따라 통상 갖추어야 할 안전성을 갖추지 못한 상태에 있음을 말한다. 그리고 위와 같은 안전성의 구비 여부는 영조물의 설치자 또는 관리자가 그 영조물의 위험성에 비례하여 사회통념상 일반적으로 요구되는 정도의 방호조치의무를 다하였는지를 기준으로 판단하여야 하고, 아울러 그 설치자 또는 관리자의 재정적·인적·물적 제약 등도 고려하여야 한다.』 (대판 2022. 7. 28. 2022다225910)

Ⅳ. 특정 영조물의 하자와 국가배상채임

1. 도로의 하자와 국가배상책임

(1) 도로의 설치·관리상 하자의 일반적인 판단기준

영조물에 기능상 어떠한 결함이 있다는 것만으로 곧 영조물의 설치·관리에 하자가 있다고 할 수는 없으며, 도로의 설치·관리상 하자가 있는지 여부는 설치·관리자가 사회통념상 일반적으로 요구되는 정도의 방호조치의무를 다하였는지를 기준으로 판단하여야 하고, 아울러 그 설치·관리자의 재정적·인적·물적 제약 등도 고려하여야 한다는 것이 판례의 입장이다.[226] 따라서 도로

---

224) 대판 1993. 6. 8, 93다11678; 대판 1967. 12. 18, 67다2106.
225) 대판 2013. 10. 24, 2013다208074.
226) 대판 1992. 9. 14, 92다3243; 대판 1997. 4. 22, 97다3194; 대판 2013. 10. 24, 2013다208074.

설치 · 관리자에게 그 기능상 결함으로 인한 '손해발생의 예견가능성과 회피가능성'이 없는 경우(즉, 시간적 · 장소적으로 설치 · 관리자의 관리행위가 미칠 수 없는 상황하에 있는 경우)에는 영조물의 설치 · 관리상의 하자를 인정할 수 없다고 한다.[227]

> **판례** ① 『국가배상법 제5조 제1항에 규정된 '영조물 설치 · 관리상의 하자'는 공공의 목적에 공여된 영조물이 그 용도에 따라 통상 갖추어야 할 안전성을 갖추지 못한 상태에 있음을 말한다. 그리고 위와 같은 안전성의 구비 여부는 영조물의 설치자 또는 관리자가 그 영조물의 위험성에 비례하여 사회통념상 일반적으로 요구되는 정도의 방호조치의무를 다하였는지를 기준으로 판단하여야 하고, 아울러 그 설치자 또는 관리자의 재정적 · 인적 · 물적 제약등도 고려하여야 한다. 따라서 영조물인 도로의 경우도 그 설치 및 관리에 있어 완전무결한 상태를 유지할 정도의 고도의 안전성을 갖추지 아니하였다고 하여 하자가 있다고 단정할 수는 없고, 그것을 이용하는 자의 상식적이고 질서있는 이용방법을 기대한 상대적인 안전성을 갖추는 것으로 족하다고 할 것이다.』 (대판 2013. 10. 24, 2013다208074)
>
> ② 『국가배상법 제5조 제1항 소정의 영조물의 설치 또는 관리의 하자라 함은 영조물이 그 용도에 따라 통상 갖추어야 할 안전성을 갖추지 못한 상태에 있음을 말하는 것으로서, 영조물이 완전무결한 상태에 있지 아니하고 그 기능상 어떠한 결함이 있다는 것만으로 영조물의 설치 또는 관리에 하자가 있다고 할 수 없는 것이고, 위와 같은 안전성의 구비 여부를 판단함에 있어서는 당해 영조물의 용도, 그 설치장소의 현황 및 이용 상황 등 제반 사정을 종합적으로 고려하여 설치 관리자가 그 영조물의 위험성에 비례하여 사회통념상 일반적으로 요구되는 정도의 방호조치의무를 다하였는지 여부를 그 기준으로 삼아야 할 것이며, 객관적으로 보아 시간적 · 장소적으로 영조물의 기능상 결함으로 인한 손해발생의 예견가능성과 회피가능성이 없는 경우, 즉 그 영조물의 결함이 영조물의 설치관리자의 관리행위가 미칠 수 없는 상황 아래에 있는 경우에는 영조물의 설치관리상의 하자를 인정할 수 없다고 할 것이다.』 (대판 2000. 2. 25, 99다54004)

(2) 구체적 사안에 대한 판례의 입장

① 도로에 장애물이 방치되어 교통사고가 발생한 경우 : 대법원은 고속도로에 자동차타이어 한 개가 떨어져 있었는데 그로부터 10분 내지 15분 후에 위 지점을 통행하던 차량이 위 타이어에 걸려 교통사고가 발생한 사건에서, 객관적으로 보아 시간적 · 장소적으로 한국도로공사의 관리행위가 미칠 수 없는 상황 아래에 있었고 따라서 한국도로공사가 방호조치의무를 위반하였다고 할 수 없으므로 도로 관리상의 하자를 인정할 수 없다고 하였다.[228]

한편 사고발생 전까지 도로의 결함을 제거하여 원상복구시킬 가능성이 없었다는 것, 즉 방호조치의무를 위반하지 않았다는 것에 대한 증명책임은 도로 관리자에게 있다고 한다.[229]

---

227) 대판 2000. 2. 25, 99다54004.
228) 대판 1992. 9. 14, 92다3243. 동지의 판례 : 대판 1997. 4. 22, 97다3194.
229) 대판 1998. 2. 10, 97다32536.

판례 ① **고속도로상에 폐타이어가 방치되어 교통사고가 발생한 사건**

〈사실관계〉 1990. 9. 29. 오전 3시 25분경 경부고속도로 상행선에 8톤 화물트럭용 자동차타이어 한 개가 떨어져 있었는데, 그로부터 10분 내지 15분 후에 갑이 1톤 트럭을 운전하여 위 지점을 운행하던 중 트럭 앞바퀴가 도로에 떨어져 있던 자동차타이어에 걸려 그로 인해 트럭이 중앙분리대를 넘어 맞은편에서 오던 8톤 트럭과 정면 충돌함으로써 갑이 그 자리에서 사망하였으며, 이에 갑의 유족이 도로 관리상의 하자를 이유로 국가배상청구소송을 제기하였다.

〈대법원 판결〉『[1] 공작물인 도로의 설치보존상의 하자는 도로의 위치 등 장소적인 조건, 도로의 구조, 교통량, 사고시에 있어서의 교통사정 등 도로의 이용상황과 그 본래의 이용목적 등 제반사정과 물적 결함의 위치·형상 등을 종합적으로 고려하여 사회통념에 따라 구체적으로 판단하여야 할 것인바, 도로의 설치 후 제3자의 행위에 의하여 그 본래의 목적인 통행상의 안전에 결함이 발생된 경우에는 도로에 그와 같은 결함이 있다는 것만으로 성급하게 도로의 보존상 하자를 인정하여서는 안 되고, 당해 도로의 구조, 장소적 환경과 이용상황 등 제반의 사정을 종합하여 그와 같은 결함을 제거하여 원상으로 복구할 수 있는데도 이를 방치한 것인지 여부를 개별적, 구체적으로 심리하여 하자의 유무를 판단하여야 할 것이다. 이 사건에 있어서 피고에게 도로의 보존상 하자로 인한 손해배상책임을 인정하기 위해서는 도로에 타이어가 떨어져 있어 고속으로 주행하는 차량의 통행에 안전상의 결함이 있다는 것만으로 족하지 아니하고, 관리자인 피고가 사고 발생 전 다른 차량 등 제3자의 행위에 의하여 야기된 도로의 안전상의 결함을 미리 발견하고 이를 제거하여 차량의 안전한 통행상태로 회복하도록 하는 방호조치를 취할 수 있음에도 이를 취하지 아니하고 방치한 경우에 한하여 책임이 인정된다고 할 것이다. 도로의 안전상의 결함이 객관적으로 보아 시간적, 장소적으로 피고의 관리행위가 미칠 수 없는 상황 아래에 있는 경우에는 관리상의 하자를 인정할 수 없는 것이다.

[2] 증거를 종합하여 보면 이 사건 사고지점 고속도로를 관리하는 피고(한국도로공사)의 충청지사 영동지부는 야간 4회, 주간 2회의 왕복 도로순찰을 하며, 그 소속인 을이 야간정기순찰계획의 일환으로 사고 당일 02:30경 영동인터체인지를 출발, 상행하여 03:25경 옥천인터체인지를 돌아 03:35에 동어정류장에 도착하였는데, 이 사건 사고지점의 통과시간은 03:10 내지 03:15경으로 당시는 고속도로상에 타이어와 같은 장애물이 발견되지 아니한 사실을 알 수 있고, 사고 당일 사고지점을 통과한 차량의 수는 시간 당 약 710대인데 사고 당시 타이어 방치 사실에 관한 신고를 받지 못하였으며, … 사고발생의 원인이 된 타이어가 사고지점 고속도로 상에 떨어진 것은 을이 사고지점을 통과한 후로서 사고시로부터 10분 내지 15분 전인 것으로 인정된다. 위와 같은 사실관계에서는 피고기 이 사건 사고지점의 도로에 떨어신 타이어를 발견하고 이를 제거하여 사고방지 조치를 취한다는 것은 시간적으로 거의 불가능한 일이 아닌가 생각된다. 따라서 피고의 손해배상책임을 인정한 원심의 조치는 수긍하기 어렵다.』(대판 1992. 9. 14. 92다3243)

② 도로 관리상 하자에 대한 증명책임

『편도 2차선 도로의 1차선 상에 교통사고의 원인이 될 수 있는 크기의 돌멩이가 방치되어 있는 경우, 도로의 점유·관리자가 그에 대한 관리가능성이 없다는 입증을 하지 못하는 한 이는 도로의 관리·보존상의 하자에 해당한다.』(대판 1998. 2. 10. 97다32536)

---

② **교통신호기의 고장으로 사고가 발생한 경우** : 교차로의 교통신호기 전구가 단선되어 교통사고가 발생한 경우에 영조물의 설치·관리상의 하자로 인한 국가배상책임이 인정되는지가 문제된다. 이에 대해 판례는 영조물의 하자 유무는 사회통념상 일반적으로 요구되는 '방호조치의무'를 다하

였는지 여부를 기준으로 판단하여야 하며, 영조물의 기능상 결함으로 인한 '손해발생의 예견가능성과 회피가능성'이 없는 경우에는 영조물의 설치·관리상의 하자를 인정할 수 없다고 하면서, 교통신호기 관리자가 교통신호기의 진구가 단선으로 소등되었다는 것을 바로 알 수 있었음에도 이를 알지 못한 잘못이 있다거나 알면서도 바로 조치를 취하지 않은 잘못이 없는 한 교통신호기의 설치·관리상의 하자를 인정할 수 없다고 하였다.[230]

그러나 가변차로에 설치된 신호기의 오작동으로 인해 발생한 교통사고에 대해서는, 가변차로에 설치된 신호기의 오작동시에 발생하는 사고의 위험성과 심각성을 감안할 때 만일 가변차로에 설치된 두 개의 신호기에서 서로 모순되는 신호가 들어오는 고장을 예방할 방법이 없음에도 그와 같은 신호기를 설치하여 고장이 발생한 것이라면, 그 고장이 자연재해 등 외부요인에 의한 불가항력에 기인한 것이 아닌 한, 그 자체로 설치·관리자의 방호조치의무를 다하지 못한 것으로서 신호기가 통상 갖추어야 할 안전성을 갖추지 못한 것이라고 하였다.[231]

판례 ① **교통신호기 전구 단선 사건**

〈사실관계〉 갑이 1996. 7. 19. 00:35경 승용차를 운전하여 서울시내 모처의 5거리 교차로에 진입할 때에 진행방향 신호기의 정지신호(적색전구)가 단선으로 소등된 상태에 있었기 때문에 그대로 진행하다가 때마침 다른 방향에서 위 신호기의 진행신호에 따라 교차로에 진입한 을의 오토바이를 들이받아 을에게 상해를 입혔다.

〈대법원 판결〉『국가배상법 제5조 제1항 소정의 영조물의 설치 또는 관리의 하자라 함은 영조물이 그 용도에 따라 통상 갖추어야 할 안전성을 갖추지 못한 상태에 있음을 말하는 것으로서, 영조물이 완전무결한 상태에 있지 아니하고 그 기능상 어떠한 결함이 있다는 것만으로 영조물의 설치 또는 관리에 하자가 있다고 할 수 없는 것이고, 위와 같은 안전성의 구비 여부를 판단함에 있어서는 당해 영조물의 용도, 그 설치 장소의 현황 및 이용 상황 등 제반 사정을 종합적으로 고려하여 설치 관리자가 그 영조물의 위험성에 비례하여 사회통념상 일반적으로 요구되는 정도의 방호조치의무를 다하였는지 여부를 그 기준으로 삼아야 할 것이며, 객관적으로 보아 시간적·장소적으로 영조물의 기능상 결함으로 인한 손해발생의 예견가능성과 회피가능성이 없는 경우, 즉 그 영조물의 결함이 영조물의 설치관리자의 관리행위가 미칠 수 없는 상황 아래에 있는 경우에는 영조물의 설치관리상의 하자를 인정할 수 없다고 할 것이다.

원심이 확정한 사실관계에 의하면, 피고가 관할하는 서울특별시 전역에는 약 13만여 개의 신호등 전구가 설치되어 있고 그 중 약 300여 개가 하루에 소등되고, 신호등 전구의 수명은 전력변동률이 높아 예측하기 곤란하며, 신호등 전구가 단선되더라도 현장에 나가보지 않고는 이를 파악할 수 없어 평소 교통근무자 또는 도로이용자의 신고에 의하여 단선된 신호기를 교체하여 왔으나 이 사건 신호기의 신호등 고장신고가 이 사건 사고발생 전까지 접수되지 아니하였다고 하는바, 이러한 점에 비추어 보면 피고가 이 사건 신호기의 적색신호가 단선으로 소등되었다는 것을 바로 알 수 있었음에도 이를 알지 못한 잘못이 있다거나 그 소등으로 인하여 사고가 발생하리라는 것을 예측하고 이를 회피하지 못한 잘못이 있다고 할 수도 없으며, … 사회통념상 이러한 경우까지 피고에게 이로 인한 사고의 발생을 방지할 수 있는 방호조치를 기대할 수도 있었다고 할 수는 없을 것이므로, 이 사건 신호기의 적색신호가 소등된 기능상 결함이 있었다는 사정만으로는 신호기의 설치 또는 관리상의 어떠한 하자가 있었다고 할 수 없다.』(대판 2000.

---

230) 대판 2000. 2. 25, 99다54004.
231) 대판 2001. 7. 27, 2000다56822.

2. 25, 99다54004)

② 가변차로 신호기 오작동 사건

『[1] 국가배상법 제5조 제1항에 정해진 영조물의 설치 또는 관리의 하자라 함은 영조물이 그 용도에 따라 통상 갖추어야 할 안전성을 갖추지 못한 상태에 있음을 말하는 것이며, 다만 영조물이 완전무결한 상태에 있지 아니하고 그 기능상 어떠한 결함이 있다는 것만으로 영조물의 설치 또는 관리에 하자가 있다고 할 수 없는 것이고, 위와 같은 안전성의 구비 여부를 판단함에 있어서는 당해 영조물의 용도, 그 설치장소의 현황 및 이용 상황 등 제반 사정을 종합적으로 고려하여 설치·관리자가 그 영조물의 위험성에 비례하여 사회통념상 일반적으로 요구되는 정도의 방호조치의무를 다하였는지 여부를 그 기준으로 삼아야 하며, 만일 객관적으로 보아 시간적·장소적으로 영조물의 기능상 결함으로 인한 손해발생의 예견가능성과 회피가능성이 없는 경우 즉 그 영조물의 결함이 영조물의 설치·관리자의 관리행위가 미칠 수 없는 상황 아래에 있는 경우임이 입증되는 경우라면 영조물의 설치·관리상의 하자를 인정할 수 없다.

[2] 가변차로에 설치된 신호등의 용도와 오작동시에 발생하는 사고의 위험성과 심각성을 감안할 때, 만일 가변차로에 설치된 두 개의 신호기에서 서로 모순되는 신호가 들어오는 고장을 예방할 방법이 없음에도 그와 같은 신호기를 설치하여 그와 같은 고장을 발생하게 한 것이라면, 그 고장이 자연재해 등 외부요인에 의한 불가항력에 기인한 것이 아닌 한 그 자체로 설치·관리자의 방호조치의무를 다하지 못한 것으로서 신호등이 그 용도에 따라 통상 갖추어야 할 안전성을 갖추지 못한 상태에 있었다고 할 것이고, 따라서 설령 적정전압보다 낮은 저전압이 원인이 되어 위와 같은 오작동이 발생하였고 그 고장은 현재의 기술수준상 부득이한 것이라고 가정하더라도 그와 같은 사정만으로 손해발생의 예견가능성이나 회피가능성이 없어 영조물의 하자를 인정할 수 없는 경우라고 단정할 수 없다고 한 사례.』(대판 2001. 7. 27, 2000다56822)

2. 하천의 하자와 국가배상책임

(1) 자연공물로서의 하천의 하자

자연공물, 특히 하천의 하자에 관해서는 특별한 고찰을 요한다. 하천은 제방을 쌓거나 배수시설을 설치하는 등과 같은 인공을 가하지 않고 자연상태 그대로 공적 목적에 제공되는 경우가 많은데, 제방이나 배수시설의 불충분으로 하천이 범람하여 국민에게 손해를 발생케 한 경우에 영조물의 하자로 인한 국가배상책임이 성립하는지가 오래전부터 문제되었다.

종래에는, 자연현상인 강수량을 정확히 예측하기 어렵고 모든 하천에 충분한 제방이나 배수시설을 갖추는 데에는 막대한 시간과 비용이 든다는 이유로, 하천에 제방·배수시설 등 인공의 공작물이 설치된 경우에만 그 하자가 문제되며 인공을 가하지 않은 자연상태 그대로의 하천은 설치·관리상의 하자가 문제되지 않는다고 하는 견해도 있었다(大東水害事件에서의 일본최고재판소의 입장).

그러나 오늘날에는 i) 국가배상법 제5조에 영조물의 예시로 하천이 명시되어 있는 점, ii) 안전성이 결여되어 있는 하천을 자연상태로 방치하고 있어도 그것이 자연공물이라는 이유로 국가배상책임을 인정하지 않는 것은 불합리하다는 점 등을 이유로, 인공이 가해지지 않은 자연공물도 그 관리상에 하자가 있으면 당연히 국가배상법 제5조에 의한 배상책임의 대상이 될 수 있다는 견해가 지배적이다. 다만 어떠한 범위에서 하천 관리상의 하자로 인한 국가배상책임을 인정할 수 있는지가 문제되는데, 이에 관해서는 판례를 중심으로 검토하기로 한다.

(2) 중랑천 범람으로 인한 침수피해에 대한 국가배상책임[232]

① **사실관계** : i) 1992년 서울시가 작성한 치수종합대책수립 기본계획에 의하면 중랑천 사고지점(중랑천변 공릉 1, 3동 지역)의 계획홍수위(100년 발생빈도를 기준으로 하여 산정된 계획홍수량에 기초하여 제방이 갖추어야 할 높이)는 18.16m이다. 국토교통부가 마련하여 시행하고 있는 하천시설기준에 의하면 제방의 높이는 계획홍수위에 여유고를 더한 높이 이상으로 하여야 하는데, 사고지점의 여유고는 1m 이상이다. 한편, 사고지점 자연제방의 실제 높이는 18.46m로서, 계획홍수위보다는 30cm가량 높지만 하천시설기준이 정하고 있는 여유고를 확보하고 있지는 못하였다.

ii) 이 사건 수해 당시의 강우상황을 보면, 1998년 7월 31일부터 1998년 8월 18일까지 엘리뇨현상으로 인한 대기층의 불안정과 양쯔강 유역으로부터 불어오는 습한 기류에 기인하여 전국적으로 국지적이고 집중적인 호우가 잦았다. 중랑천 상류지역인 의정부에서는 8월 6일 02:00부터 08:00까지 6시간 동안 340mm의 비가 내렸는데, 같은 날 04:00부터 06:00까지 2시간 동안에만 190mm의 비가 내렸다. 2시간 동안 기록한 190mm의 강우는 600년 만에 한번쯤 올 가능성이 있는 정도이고, 6시간 동안 340mm의 강우는 1,000년 만에 한번쯤 올 가능성이 있는 정도의 양인데, 이는 우리나라 강우관측 역사상 최대값이다. 사고지점에 가까운 월계1교의 수위는 그 지점의 계획홍수위인 19.4m를 1.6m나 초과하였다.

iii) 위와 같은 이례적인 집중호우로 인하여 사고지점의 중랑천이 범람하여 그 인근에 거주하던 주민에게 침수피해가 발생하자, 피해자들은 하천 관리상의 하자를 이유로 국가배상청구소송을 제기하였다.

② **대법원의 판단** : i) 자연공물로서의 하천은 이를 설치할 것인지 여부에 대한 선택의 여지가 없고 위험을 내포한 상태에서 자연적으로 존재하며, 간단한 방법으로 위험상태를 제거할 수 없는 경우가 많고, 유수(流水)의 원천인 강우의 규모·범위·발생시기 등의 예측이 곤란하여 결국 과거의 홍수경험을 토대로 하천을 관리할 수 밖에 없는 특질이 있다. 또한 국가가 목표로 하는 하천의 안전성을 갖추는 데에는 막대한 예산을 필요로 하고 장기간이 소요되며, 기상의 변화에 따라 최신의 과학기술에 의한 방법이 효용이 없을 수도 있는 등 그 관리상의 특수성도 인정된다.

ii) 이러한 하천 관리상의 특질과 특수성을 감안한다면, 하천관리의 하자 유무는 과거에 발생한 수해의 규모·발생빈도·발생원인, 유역의 지형 기타 자연적 조건, 토지의 이용상황 등 사회적 조건, 개수를 요하는 긴급성의 정도 등 제반 사정을 종합적으로 고려하여, 사회통념에 비추어 시인될 수 있는 안정성을 구비하고 있다고 인정할 수 있는지 여부를 기준으로 하여 판단하여야 한다.

iii) 하천관리청이 하천정비기본계획 등에 따라 개수를 완료한 하천에 있어서는 하천정비기본계획 등에서 정한 계획홍수위를 충족하여 하천이 관리되고 있다면, 당초부터 계획홍수위를 잘못 책정하였다거나 그 후 이를 시급히 변경해야 할 사정이 생겼음에도 불구하고 이를 게을리하였다는 등의 특별한 사정이 없는 한, 그 하천은 용도에 따라 통상 갖추어야 할 안정성을 갖추고 있다고 봄이 타당하다. 만일 하천이 계획홍수위를 충족하고 있다면 새로운 하천시설을 설치할 때 기준으로 삼기 위하여 제정한 '하천시설기준'이 정한 여유고를 확보하지 못하고 있다는 사정만으로 바로 안전성이 결여된 하자가 있다고 볼 수는 없다.

iv) 기록에 의하면, 사고지점의 제방은 100년 발생빈도를 기준으로 책정된 계획홍수위보다 30cm 정

---

232) 대판 2003. 10. 23, 2001다48057. 안양시 삼성천 범람으로 인한 침수피해에 대한 국가배상소송사건에서도 대법원은 같은 취지로 판결하였다(대판 2007. 9. 21, 2005다65678).

도 더 높았던 사실, 사고 당시 사고지점 상류지역의 강우량은 600년 또는 1,000년 발생빈도의 강우량이어서 사고지점의 경우 계획홍수위보다 무려 1.6m 가 넘는 수위의 유수가 흘렀다고 추정되는 사실 및 이 사건 사고 이전에는 위 사고지점에 하천이 범람한 적이 없었던 사실을 인정할 수 있는바, 위와 같은 사실에 의하면 계획홍수위보다 높은 제방을 갖춘 위 사고지점에 대해 통상 갖추어야 할 안전성을 갖추지 못한 하자가 있다고 볼 수 없고, 위와 같이 계획홍수위를 훨씬 넘는 유수에 의한 범람은 예측가능성 및 회피가능성이 없는 불가항력적인 재해로 보아 그 하천의 관리자에게 책임을 물을 수 없다.

3. 영조물의 기능적 하자와 국가배상책임

〈매향리사격장 소음피해에 대한 국가배상청구사건〉

경기도 화성시 우정면 매향리 일대가 1951년 주한미국공군의 폭격훈련장으로 사용되기 시작하여 1980년에는 매향리 주변의 해상에까지 확장되었다. 위 사격장에서는 미국공군의 전투기와 공격용 헬리콥터 등이 한달 평균 20일 정도(매일 10회 이상, 매회 20분 이상) 사격훈련을 실시하였다. 그런데 사격장이 건립된 초기에는 지역주민의 소음피해가 단편적으로만 문제되었으나, 1988년에 4천명에 달하는 지역주민들이 심각한 소음피해를 주장하며 소음대책위원회를 구성하여 점거농성·청원서제출 등의 활동을 하면서 사회적 문제로 대두되었으며, 2000년에는 지역주민들이 소음피해에 대한 국가배상청구소송을 제기하였다. (대판 2004. 3. 12, 2002다14242 사건)

〈웅천사격장 소음피해에 대한 국가배상청구사건〉

국방부는 1986년 충남 보령시 웅천읍 일대에 공군사격장을 설치하고 전투기 등에 의한 폭탄투하와 기총사격훈련을 실시하고 있다. 훈련은 주말·휴일을 제외한 평일날 실시하는데, 2010 – 2012년의 경우 하루 평균 20회 가량 진행되었다. 이에 지역주민 3,853명은 2011년 8월에 사격훈련 중 발생하는 소음으로 만성불안감, 수면방해, TV시청장애 등의 손해를 받았다고 주장하며 국가배상청구소송을 제기하였다. (대판 2010. 11. 11, 2008다57975 사건)

〈김포공항 소음피해에 대한 국가배상청구사건〉

김포공항은 1942년 건립되어 1957년까지는 군용비행장으로 사용되었으나 1958년부터 국제공항으로 사용되었다. 김포공항 부근에 거주하는 주민들은 2000년에 비행기의 이착륙시 발생하는 소음으로 인하여 수면방해, 대화방해, TV시청방해 등 정신적 고통을 겪고 있다고 주장하며 국가배상청구소송을 제기하였다. (대판 2005. 1. 27, 2003다49566 사건)

(1) 문제의 제기

앞에서 설명한 바와 같이 영조물의 하자에는 영조물의 물리적·외형적 흠결로 인하여 그 이용자에게 위해를 끼칠 위험성이 있는 경우뿐만 아니라 영조물이 공공의 목적에 이용됨에 있어 그 이용상태 및 정도가 일정한 한도를 초과하여 제3자에게 사회통념상 참을 수 없는 피해를 입히는 경우도 포함하는바, 후자를 기능적 하자라 한다.[233] 이러한 영조물의 기능적 하자로 인한 국가배

---

233) 예컨대 도로가 파손되거나 교통신호기가 고장나서 교통사고가 발생한 경우에는 해당 영조물의 물리적 하자로 인하여 그 이용자에게 손해를 발생케 한 것인데 대하여, 공항이나 군사격장의 소음으로 인한 피해는 영조물 자체의 물리적 하자는 아니며 영조물의 이용으로 인하여 제3자(인근 주민)에게 손해를 발생케 한 것이다.

상책임은 주로 공항이나 군사격장의 소음피해와 관련해서 문제된다. 이하에서 영조물의 기능적 하자로 인한 국가배상책임에 관한 판례의 입장을 살펴보기로 한다.

(2) 영조물의 기능적 하자에 대한 판례의 입장

① 영조물의 기능적 하자 : 국가배상법 제5조 제1항의 '영조물의 설치 또는 관리의 하자'라 함은 공공의 목적에 제공된 영조물이 그 용도에 따라 갖추어야 할 안전성을 갖추지 못한 상태에 있음을 말한다. 여기서 안전성을 갖추지 못한 상태(즉, 타인에게 위해를 끼칠 위험성이 있는 상태)라 함은 영조물을 구성하는 물적 시설의 물리적·외형적 흠결이나 불비로 인하여 그 이용자에게 위해를 끼칠 위험성이 있는 경우뿐만 아니라, 그 영조물이 공공의 목적에 이용됨에 있어 그 이용상태 및 정도가 일정한 한도를 초과하여 제3자에게 사회통념상 참을 수 없는 피해를 입히는 경우까지 포함된다.[234)

② 제3자의 수인한계의 판단기준 : ⅰ) 제3자가 사회통념상 참을 수 있는 피해인지의 여부는 그 영조물의 공공성의 내용과 정도, 침해되는 권리의 성질과 정도, 그 지역환경의 특수성, 공법적인 규제에 의하여 확보하려는 환경기준, 침해를 방지 또는 경감시킬 방안의 유무 및 그 어려움의 정도 등을 종합적으로 고려하여 판단하여야 한다.[235) ⅱ) 매향리사격장에서 미국 공군의 전투기 등이 주말·공휴일을 제외한 평일에(한달 평균 20일 정도) 오전 9시부터 오후 10시 사이에 매일 10회 이상(매회 20분 이상) 사격훈련을 실시하고 있으며, 국방부에서 작성한 검토보고서에는 사격장 운영으로 인하여 90－120db의 소음이 발생하는 것으로 조사된 사실 등을 종합하면, 매향리사격장에서 발생하는 소음 등으로 지역주민들이 입은 피해는 사회통념상 참을 수 있는 정도를 넘는 것으로서 사격장의 설치 또는 관리에 하자가 있었다고 할 것이다.[236)

③ 소음공해시설이 설치된 후 해당 지역으로 전입한 자에 대한 배상책임의 범위 : ⅰ) 사격장·비행장 등 소음공해시설이 설치된 후 그 위험지역으로 전입하여 거주하는 경우라고 하더라도, '전입 당시에 그러한 위험이 문제가 되고 있지 아니하였고, 그러한 위험이 존재하는 사실을 정확하게 알 수 없었으며,' 그 밖에 그곳으로 전입하게 된 경위와 동기 등의 여러 가지 사정을 종합하여 볼 때, 그와 같은 '위험의 존재를 인식하면서 굳이 위험으로 인한 피해를 용인'하였다고 볼 수 없는 경우에는 국가배상책임이 감면되지 아니한다.[237) ⅱ) 소음공해시설이 설치된 후 '그러한 위험의 존재를 인식하거나 과실로 인식하지 못하고' 그 위험지역으로 전입한 경우에는 손해배상액의 산정에 있어

---

234) 대판 2004. 3. 12, 2002다14242; 대판 2005. 1. 27, 2003다49566; 대판 2010. 11. 11, 2008다57975.

235) 대판 2005. 1. 27, 2003다49566; 대판 2010. 11. 11, 2008다57975.

236) 대판 2004. 3. 12, 2002다14242. 대법원은 김포공항 소음피해사건과 웅천사격장 소음피해사건에서도 제3자(지역주민)의 수인한계를 넘어서는 소음피해가 있음을 인정하였다.

237) 매향리사격장 사건에서 판례는, 비록 원고들 중 A, B, C, D는 매향리사격장이 설치된 뒤 그 사격장 부근 마을에 거주하기 시작하였지만, 원고 A, B, C는 8세 내지 11세의 나이에 가족과 함께 매향리에서 거주하기 시작하였고, 원고 D는 1954년에 결혼하면서 이화리에서 거주하기 시작하였으며, 위 원고들이 매향리와 이화리에서 거주하기 시작한 뒤 20년 이상 지난 1988년경에야 비로소 매향리사격장의 소음 등으로 인한 주민들의 피해가 사회적으로 문제되기 시작한 사실에 비추어 볼 때, 그들이 매향리사격장의 소음 등으로 인한 피해를 스스로 용인하고 사격장 부근 마을에서 거주하게 되었다고 볼 수 없고 달리 신의칙상 위 원고들에 대한 손해배상액을 감면할 만한 다른 사정이 있다고 볼 수도 없다고 하였다.

과실상계에 준하여 감경 또는 면제사유로 고려하는 것이 상당하다.[238] 이에 관한 구체적 사안을 살펴보면 다음과 같다.

판례는 김포공항사건에서, 서울지방항공청장이 김포공항 주변에 대하여 소음피해지역 및 소음피해예상지역을 분류하여 지정·고시한 1993. 6. 21. 이후에 위 지역으로 전입한 자들이 항공기 소음으로 인한 피해를 인식하였거나 과실로 인식하지 못한 것만 가지고 소음으로 인한 피해를 용인하였다고 보기는 어렵고, 또한 그것만으로 국가의 위법한 침해행위가 위법하지 않게 된다거나 책임이 소멸한다고는 볼 수 없으며, 다만 손해배상액의 산정에 있어서 감액사유로 고려함이 상당하다고 하였다.[239] 또한 웅천사격장사건에서도, 웅천사격장이 설치된 1986년 12월 이후 위 위험지역으로 전입한 자들이 전입당시 소음피해를 인식하였거나 과실로 인식하지 못한 것만 가지고 소음피해를 용인하였다고 보기 어려우므로 국가의 배상책임이 면제되지 않지만, 손해배상액의 산정에 있어서 감경사유로 삼아야 한다고 하였다.[240]

V. 배상책임

1. 배상책임자

(1) 원칙

영조물의 설치·관리상의 하자로 인해 발생한 손해에 대해서는 그것을 설치·관리하는 국가 또는 지방자치단체가 배상책임을 진다(5조 1항). 한편, 영조물의 설치·관리자와 비용부담자가 동일하지 않을 때에는 피해자 구제에 만전을 기하기 위하여 비용부담자도 배상책임을 지도록 하였다(6조 1항).[241] 따라서 피해자는 양자에 대해서 선택적으로 손해배상을 청구할 수 있으며, 이 경우 손해를 배상한 자는 궁극적 배상책임자에게 구상권을 행사할 수 있다(6조 2항).

이와 관련하여 비용부담자의 의미가 문제되는데, 판례에 따르면 실질적 비용부담자뿐만 아니라 형식적 비용부담자도 포함된다고 본다.[242]

(2) 영조물의 관리권한이 다른 행정주체나 행정기관에게 위임된 경우

어떤 행정주체가 가지는 영조물의 설치·관리권한이 다른 행정주체나 그에 속한 기관에게 위임·위탁된 경우에 누가 배상책임을 지는지가 문제된다.

---

238) 대판 2005. 1. 27, 2003다49566; 대판 2010. 11. 11, 2008다57975. 예컨대 소음피해의 위험을 '인식'하고 '그 피해를 용인'하면서 위험지역으로 이주한 것과 같은 특별한 경우에는 국가배상책임의 면책사유가 될 수 있다. 그러나 일반적으로는 피해자가 단지 소음피해의 위험을 인식하였거나 과실로 인식하지 못한 것만 가지고 소음피해를 용인하였다고 볼 수는 없으며, 이러한 경우에는 감경사유로 고려하여야 한다고 한다.
239) 대판 2005. 1. 27, 2003다49566.
240) 대판 2010. 11. 11, 2008다57975.
241) 지방자치단체가 비용을 부담하고 국가가 관리하는 공물을 국영공비(國營公費)공물이라 하고, 국가가 비용을 부담하고 지방자치단체가 관리하는 공물을 공영국비(公營國費)공물이라 한다.
242) 대판 1999. 6. 25, 99다11120.

① 국도의 관리청은 본래 국토교통부장관인데(도로법 23조 1항 1호), 다만 특별시·광역시·특별자치시·특별자치도 또는 시의 관할구역에 있는 일반국도의 경우에는 해당 시·도지사 또는 시장에게 관리권한을 위임하고 있다(도로법 23조 2항 1호). 이 경우의 위임은 기관위임으로서, 위임받은 시·도지사 또는 시장은 국가의 행정기관으로서의 지위를 가진다. 따라서 시·도지사 또는 시장이 관리하는 일반국도의 하자로 인해 손해가 발생한 경우에는 그 설치·관리자인 국가가 배상책임을 진다. 한편, 시·도지사 또는 시장이 관리하는 일반국도의 관리비용은 그가 속한 지방자치단체가 부담하도록 하고 있으므로(도로법 85조 1항), 이 경우 시·도지사 또는 시장이 속한 지방자치단체는 비용부담자로서 배상책임을 진다.243)

② 국도 중 고속도로의 관리업무의 일부는 한국도로공사에 대행하게 하고 그 대행하는 범위에서는 한국도로공사를 고속도로의 관리청으로 보고 있으므로(도로법 112조), 한국도로공사는 고속도로의 관리상 하자로 인한 손해배상책임을 진다. 이 경우 한국도로공사는 국가배상법 제5조에 의한 배상책임을 지는지 아니면 민법 제758조에 의한 배상책임을 지는지가 문제된다. 이에 관해서는, 국가배상법이 배상책임의 주체로 '국가와 지방자치단체'만을 규정하고 있으므로 공법인인 한국도로공사는 민법 제758조에 따른 손해배상책임을 진다는 견해와, 고속도로의 관리업무는 중요한 공무에 속하고 한국도로공사는 고속도로의 관리에 관한 건설교통부장관의 권한을 대행하는 것이므로 형평의 원칙상 한국도로공사도 국가배상법 제5조에 따른 손해배상책임을 져야한다는 견해가 대립하고 있다.244) 이에 관해 판례는 주로 민법 제758조를 적용하고 있지만, 국가배상법 제5조를 적용한 것도 있다.245)

생각건대, i) 고속도로는 공물에 해당하며 그 관리업무는 공무에 속하는 점, ii) 도로법은 원칙적으로 국토교통부장관을 국도의 관리청으로 하면서 다만 고속도로 관리권한의 일부를 한국도로공사에게 대행시키며 이 경우 대행하는 범위에서는 한국도로공사를 고속도로의 관리청으로 보도록 규정하고 있는 점, iii) 민법 제758조는 국가배상법 제5조와는 달리 점유자의 면책사유에 관해 규정하고 있는데, 고속도로의 관리업무가 한국도로공사에 위탁되었다 해서 민법 제758조를 적용하도록 하는 것은 국민의 권리구제적인 측면에서 바람직하지 않은 점 등에 비추어 볼 때, 한국도로공사는 국가배상법에 따른 배상책임을 진다고 보는 것이 타당할 것이다.

③ 지방자치단체의 장이 가지는 교통신호기 설치·관리권한이 국가기관인 지방경찰청장 또는 경찰서장에게 위임된 경우에 권한을 위임받은 지방경찰청장 등은 지방자치단체의 행정기관의 지

---

243) 대판 1993. 1. 26, 92다2684; 대판 1998. 9. 22, 97다42502. 일반적으로 국유공물의 관리권이 지방자치단체장에게 위임된 경우에 그 관리비용은 국가가 지방자치단체에 교부하여 지방자치단체가 이를 집행하는 것이 보통이며, 이 경우 지방자치단체는 형식적 비용부담자의 지위를 가진다. 그러나 특별시·광역시·시 등의 관할구역에 있는 일반국도의 경우 관리비용을 해당 지방자치단체가 부담하도록 하고 있으므로 이 경우 지방자치단체는 실질적 비용부담자의 지위를 가진다.

244) 국가배상법상의 배상책임을 져야 한다는 입장으로는 박균성, 정하중, 황창근 교수를 들 수 있다(박균성, 공무수탁자의 법적 지위와 손해배상책임, 행정판례연구 15권 1호, 2010. 6, 178면; 정하중, 562면; 황창근, 고속도로의 관리상 하자의 판단기준, 행정판례연구 13권, 2008. 6, 229면)

245) 민법 제758조를 적용한 판례 : 대판 1996. 10. 11, 95다56552; 대판 2008. 3. 13, 2007다29287; 대판 2012. 2. 9, 2011다95267. 국가배상법 제5조를 적용한 판례 : 대판 2002. 8. 23, 2002다9158.

위에서 그 사무를 처리하는 것이므로, 교통신호기의 고장으로 인한 손해에 대한 배상책임은 원칙적으로 지방자치단체가 배상책임을 져야 하지만, 다른 한편 교통신호기를 관리하는 지방경찰청장 산하 경찰관들에 대한 봉급을 부담하는 국가도 비용부담자로서의 배상책임을 진다는 것이 판례의 입장이다.[246)]

판례 ① 『구 도로법 제22조(현행법 제23조) 제2항에 의하여 서울특별시장이 이 사건 국도의 관리청이 되었다 하더라도 이는 서울특별시장이 대한민국으로부터 그 관리업무를 위임받아 그 국가행정기관의 지위에서 사무를 처리하는 것으로 보아야 할 것이므로, 대한민국은 이 사건 국도의 관리사무의 귀속주체로서 그 설치관리상의 하자로 인한 손해배상책임을 부담하고, 서울특별시는 관리청인 서울특별시장이 속하는 지방자치단체로서 구 도로법 제56조(현행법 제85조)에 의하여 이 사건 국도에 관한 비용을 부담하므로 국가배상법 제6조 제1항이 정한 비용부담자로서 손해배상책임을 부담한다.』 (대판 1998. 9. 22. 97다42502)

② 『기록에 의하면 피고(한국도로공사)는 고속국도법 제6조 제1항의 규정에 의하여 건설부장관을 대행하여 이 사건 경부고속도로를 관리하여 왔음을 알 수 있는바, 사실관계가 이와 같다면 피고는 민법 제758조 제1항이 정하는 공작물의 점유자에 해당하는 것으로 보아야 할 것이다. 이 사건 고속도로의 추월선에 각목이 방치되어 있었던 것은 공작물 보존의 하자에 해당한다 할 것이고, 또한 피고가 손해의 방지에 필요한 주의를 해태하지 아니하였다고 보기는 어렵다 할 것이다.』 (대판 1996. 10. 11. 95다56552)

③ 『국가배상법 제5조 제1항에 정하여진 '영조물 설치·관리상의 하자'라 함은 공공의 목적에 공여된 영조물이 그 용도에 따라 통상 갖추어야 할 안전성을 갖추지 못한 상태에 있음을 말하는바, 영조물의 설치 및 관리에 있어서 항상 완전무결한 상태를 유지할 정도의 고도의 안전성을 갖추지 아니하였다고 하여 영조물의 설치 또는 관리에 하자가 있다고 단정할 수 없는 것이고, … 영조물인 도로의 경우도 다른 생활필수시설과의 관계나 그것을 설치하고 관리하는 주체의 재정적, 인적, 물적 제약 등을 고려하여 그것을 이용하는 자의 상식적이고 질서있는 이용방법을 기대한 상대적인 안전성을 갖추는 것으로 족하다.

고속도로가 사고지점에 이르러 다소 굽어져 있으나, 사고지점의 차선 밖에 폭 3m의 갓길이 있을 뿐 아니라, 사고지점 도로변에 야간에 도로의 형태를 식별할 수 있게 하는 시설물들이 기준에 따라 설치되어 있는 경우 도로의 관리자로서는 야간에 차량의 운전자가 사고지점의 도로에 이르러 차선을 따라 회전하지 못하고 차선을 벗어난 후 갓길마저 지나쳐 도로변에 설치되어 있는 방음벽을 들이받은 사고를 일으킨다고 하는 것은 통상 예측하기 어려우므로 도로의 관리자가 그러한 사고에 대비하여 도로변에 야간에 도로의 형태를 식별할 수 있는 시설물들을 더 많이 설치하지 않고, 방음벽에 충격방지시설을 갖추지 아니하였다고 하여 사고 지점 도로의 설치 또는 관리에 하자가 있다고 볼 수 없다고 한 사례.』 (대판 2002. 8. 23. 2002다9158)

2. 배상의 범위

배상의 범위는 영조물의 하자와 상당인과관계에 있는 모든 손해이다. 손해배상의 기준을 정한 국가배상법 제3조의 규정은 영조물의 설치·관리상 하자로 인한 국가배상책임에도 준용된다(국가배상법 5조 1항 2문).

---

246) 대판 1999. 6. 25, 99다11120.

3. 구 상

(1) 손해원인의 책임자에 대한 구상

국가 또는 지방자치단체가 피해자에게 배상책임을 이행한 경우에, 그 손해의 원인에 대하여 책임을 질 자(예컨대 부실공사를 한 공공시설 건축의 수급인, 영조물을 파손한 자, 관리소홀로 하자를 발생시킨 공무원)가 따로 있을 때에는 그 사람에 대하여 구상할 수 있다(5조 2항).

(2) 설치·관리자와 비용부담자가 다른 경우

영조물의 설치·관리자와 비용부담자가 다른 경우에 양자는 모두 피해자에 대하여 배상책임을 지는데, 이때에 피해자에게 손해배상을 한 자는 내부관계에서 그 손해를 배상할 책임이 있는 자(즉, 궁극적 배상책임자)에게 구상할 수 있다(6조 2항).

누가 궁극적 배상책임자인지에 대해서는 사무귀속주체설(관리주체설), 비용부담자설, 기여도설 등이 대립하고 있는데, 사무귀속주체설이 다수설의 입장이다. 이에 따르면 비용부담자가 피해자에 대해 손해배상을 한 경우에는 사무의 귀속주체인 영조물 설치·관리자에게 구상권을 행사할 수 있다.

4. 국가배상법 제2조와 제5조의 관계

공무원의 고의·과실과 영조물의 하자가 경합하여 손해를 발생케 한 경우에는 국가배상법 제2조와 제5조의 요건을 동시에 충족시키므로, 피해자는 양자 중 어느 것에 의해서도 배상을 청구할 수 있다.

제 4 항   국가배상의 청구절차

Ⅰ. 배상심의회의 배상결정

1. 서

국가배상법은 국가배상청구소송을 제기하기 전에 먼저 배상심의회의 결정을 거칠 수 있도록 하였다.

종래에는 결정전치주의를 채택하여 피해자는 먼저 배상심의회에 배상신청을 하여 그 결정을 거친 후에 한하여 국가배상청구소송을 제기할 수 있도록 하였으나, 2000년 12월 법개정시에 결정전치주의를 폐지하여 배상심의회의 결정을 거칠 것인지 여부는 피해자의 임의적 선택에 맡기고 있다(9조).[247]

---

247) 결정전치주의를 채택한 이유는 피해자가 시간과 비용을 적게 들이고 간이 신속하게 국가배상을 받을 수 있도록 하기 위한 것이었는데, 배상심의회의 결정에 의해 분쟁이 종료되지 못하면 오히려 시간만 낭비하여 신속한 재

2. 배상심의회

국가나 지방자치단체에 대한 배상신청사건을 심의하기 위하여 배상심의회를 둔다. 배상심의회는 배상신청에 대하여 심의·결정하는 권한을 가진 기관으로서, 합의제행정청으로서의 성격을 갖는다.

배상심의회에는 본부심의회, 특별심의회, 지구심의회가 있다. 법무부에 본부심의회를 두고, 군인이나 군무원이 타인에게 입힌 손해에 대한 배상신청사건을 심의하기 위하여 국방부에 특별심의회를 두며, 본부심의회와 특별심의회 밑에 각각 지구심의회를 둔다(10조 1항, 2항).[248]

각 지구심의회는 그 관할에 속하는 국가나 지방자치단체에 대한 배상신청사건을 심의·처리하며(11조 2항), 본부심의회와 특별심의회는 '지구심의회가 송부한 사건'과 '재심신청사건'을 심의·처리한다(법 11조 1항, 시행령 20조). 본부심의회·특별심의회·지구심의회는 법무부장관의 지휘를 받아야 한다(10조 3항).

3. 국가배상의 신청·결정

(1) 배상금지급신청

국가배상법에 따른 배상금을 지급받으려는 자는 그 주소지·소재지 또는 배상원인발생지를 관할하는 지구심의회에 배상신청을 하여야 한다(12조 1항). 배상심의회의 위원장은 배상신청이 부적법하지만 보정할 수 있다고 인정하는 경우에는 상당한 기간을 정하여 보정을 요구하여야 하며, 신청인이 보정을 한 경우에는 처음부터 적법하게 배상신청을 한 것으로 본다(12조 3항, 4항).

(2) 배상심의회의 심의·결정

배상신청을 받은 배상심의회는 지체없이 증인신문, 감정, 검증 등 증거조사를 한 후 그 심의를 거쳐 4주일 이내에 배상금 지급결정, 기각결정 또는 각하결정을 하여야 하고, 결정이 있은 날로부터 1주일 이내에 그 결정정본을 신청인에게 송달하여야 한다(13조, 14조).

한편, 배상신청을 받은 지구심의회는 i) 배상금의 개산액(槪算額)이 5천만원 이상인 사건과 ii) 피해자가 직업선수, 예능인, 임기의 정함이 있는 자 기타 월평균 실수입액이 일용근로자에게 통상 인정되는 취업가능기간의 전기간에 걸쳐 계속된다고 인정되지 아니하는 자의 사건으로서 본부심의회 또는 특별심의회에서 결정함이 타당하다고 인정되는 사건은 본부심의회 또는 특별심의회에 송부하여야 한다(법 13조 6항, 시행령 20조).

판을 받을 권리를 침해하는 결과를 가져온다는 비판을 받았다. 이에 2000년에 결정전치주의를 폐지하고 임의적 전치주의를 채택하게 되었다.

248) 본부심의회는 법무부차관을 위원장으로 하고 법무부장관이 임명 또는 위촉하는 6인의 위원으로 구성되며, 특별심의회는 국방부차관을 위원장으로 하고 국방부장관이 임명·위촉하는 6인의 위원으로 구성된다(시행령 7조). 본부심의회 소속 지구심의회는 고등검찰청 소재지에는 고등검찰청에, 그 밖의 지역에는 지방검찰청에 둔다(국가배상법시행령 8조 1항). 예컨대 서울지구배상심의회는 서울고등검찰청에 두고, 순천지구배상심의회는 순천시방검찰청에 둔다. 특별심의회 소속 지구심의회는 각 군부대에 두되, 그 명칭 및 관할구역은 시행령 제8조 제2항 [별표 9]에서 정하고 있다.

4. 배상결정의 효력

(1) 배상심의회의 배상결정은 신청인이 동의하여야만 그 효력이 발생하는데, 그 구체적 내용은 다음과 같다.

i) 신청인이 배상심의회의 결정에 동의하는 경우에는 지체 없이 그 결정에 대한 동의서를 첨부하여 국가나 지방자치단체에 배상금 지급을 청구하여야 하며, 지급 청구를 받은 국가나 지방자치단체는 2주일 이내에 배상금을 지급하여야 한다(법 15조, 시행령 24조). 배상결정을 받은 신청인이 배상금 지급을 청구하지 않으면 배상심의회의 결정에 동의하지 아니한 것으로 본다(15조 3항).

ii) 국가가 배상책임자인 경우에는 신청인이 배상금 지급을 청구하면 국가는 확정적으로 배상의무를 지며, 따라서 만일 국가가 배상금 지급청구를 받고도 2주일 이내에 배상금을 지급하지 아니하면 신청인은 관할 지방법원으로부터 결정서정본에 집행문을 부여받아 강제집행을 신청할 수 있다(시행령 26조).

iii) 지방자치단체가 배상책임자인 경우에는 배상금 지급 청구를 받은 지방자치단체가 2주일 이내에 배상금을 지급하지 아니하면 배상심의회의 결정에 동의하지 아니한 것으로 본다(15조 3항). 따라서 이러한 경우에 신청인은 국가배상청구소송을 제기하여야 할 것이다.[249]

(2) 종래 국가배상법은「배상심의회의 배상결정은 신청인이 동의하거나 지방자치단체가 배상금을 지급한 때에는 민사소송법의 규정에 의한 재판상의 화해가 성립된 것으로 본다」고 규정함으로써(16조), 신청인이 배상심의회의 결정에 동의해서 배상금을 지급받은 경우에는 더 이상 국가배상청구소송을 제기할 수 없도록 하였다. 그러나 헌법재판소는, 신청인이 배상심의회의 결정에 동의한 때에는 재판상 화해가 성립된 것으로 보아 더 이상 국가배상청구소송을 제기할 수 없도록 한 것은 과도하게 국민의 재판청구권을 제한하는 것이어서 위헌이라고 판시하였으며,[250] 이에 따라 국가배상법 제16조는 삭제되었다. 따라서 이제는 신청인이 배상심의회의 결정에 동의하여 배상금을 지급받은 후에도 추가로 국가배상청구소송을 제기하는 것이 가능하다.

5. 재심신청

지구심의회에서 배상신청이 기각 또는 각하된 경우에 신청인은 결정정본이 송달된 날로부터 2주일이내에 그 지구심의회를 거쳐 본부심의회나 특별심의회에 재심을 신청할 수 있다(15조의2 1항).

재심신청이 있는 경우에 본부심의회나 특별심의회는 4주일 이내에 다시 결정을 하여야 한다(15조의2 3항). 본부심의회나 특별심의회는 배상신청을 각하한 지구심의회의 결정이 위법하면 사건을 그 지구심의회에 환송할 수 있다(15조의2 4항).

---

249) 이와 같이 배상책임자가 국가인지 지방자치단체인지에 따라 달리 취급되는 이유는, 배상심의회가 지방자치단체와는 법인격을 달리하는 '국가의 기관'이기 때문인 것으로 보인다.

250) 헌재 1995. 5. 25, 91헌가7.

Ⅱ. 사법(司法)절차에 의한 배상청구

1. 일반절차에 의하는 경우

피해자는 국가배상심의회의 결정을 거치지 않고도 법원에 국가배상청구소송을 제기할 수 있다. 이때에 국가배상청구소송의 형태에 관해서 다툼이 있다. 국가배상청구권을 공권으로 보는 견해는 국가배상청구소송은 행정소송의 일종인 당사자소송에 해당한다고 하는데 대하여, 국가배상청구권을 사권으로 보는 견해는 국가배상청구소송은 민사소송에 해당한다고 본다. 다수의 학설은 당사자소송설을 지지하는데 대하여, 판례는 민사소송으로 취급하고 있다.

한편, 종래 「소송촉진 등에 관한 특례법」 제6조 제1항 단서는 국가를 상대로 하는 소송에 있어서는 가집행선고를 할 수 없도록 규정하였으나, 이 규정은 헌법상의 평등원칙에 위배된다는 것을 이유로 헌법재판소에 의해 위헌결정을 받았다.[251] 따라서 국가배상청구소송에 있어서도 국가를 상대로 가집행선고를 할 수 있게 되었다.

2. 특별절차에 의하는 경우

행정소송법은 행정소송(항고소송과 당사자소송 포함)을 제기함에 있어서 국가배상·부당이득반환 등 관련청구소송을 병합하여 제기할 수 있도록 규정하고 있는데(10조, 38조, 44조), 이는 심리의 중복과 모순·저촉을 피하려는 소송경제적인 요구에 의한 것이다. 예컨대 처분에 대한 취소소송을 제기하면서 그 처분과 관련되는 국가배상청구소송을 병합하여 제기하는 것이 그에 해당하는데, 이 경우는 행정소송의 수소법원이 국가배상청구소송을 병합하여 심리하게 된다.

제 2 절　　행정상 손실보상

Ⅰ. 서

1. 의　의

행정상의 손실보상이란 공공의 필요에 의한 적법한 공권력의 행사로 인하여 개인에게 발생한 재산상의 손실에 대하여 공평부담의 견지에서 행정주체가 행하는 금전적 보상을 말한다. 이러한 손실보상제도는 공공의 필요를 충족시키는 과정에서 특정인에게 과하여진 재산상 손실을 공동체 전체의 부담으로 분해·전가시킴으로써 공익과 사익의 조화를 이루고 공평부담의 원칙을 실현시

---

251) 헌재 1989. 1. 25, 88헌가7.

키는데 그 제도적 의의가 있다.

2. 다른 작용과의 구별

(1) 국가배상과의 구별

① **차이점** : i) 국가배상은 '위법'한 행정작용으로 인한 손해를 전보하는 것이나, 손실보상은 '적법'한 공권력의 행사로 인한 손실을 전보하는 것이다. ii) 국가배상제도는 개인주의사상에 입각하여 개인적·도덕적 책임주의를 기초원리로 하고 있으나, 손실보상제도는 단체주의사상에 입각하여 사회적 공평부담주의를 기초원리로 한다. iii) 국가배상은 헌법 제29조에 규정되어 있으며 일반법으로 국가배상법이 있으나, 손실보상은 헌법 제23조 제3항에 규정되어 있으며 그에 관한 일반법은 없고 각 사안마다 개별법에서 손실보상에 관해 규정하고 있다. iv) 국가배상의 대상이 되는 손해에는 재산상의 손해뿐만 아니라 비재산적 손해(생명·신체·정신적 손해)도 포함되나, 손실보상의 대상이 되는 손실에는 재산상의 손실만을 의미한다. v) 국가배상(특히 공무원의 직무상 불법행위로 인한 국가배상)은 과실책임주의에 기초하고 있으나, 손실보상은 불법행위에 대한 책임이 아니므로 과실 유무는 문제되지 않는다. vi) 손실보상청구권은 양도와 압류가 가능하나, 국가배상청구권 중 생명·신체의 침해로 인한 것은 양도와 압류가 금지된다.

② **양 제도의 접근** : 행정상 손해배상제도는 과실의 객관화·위험책임의 등장으로 그 배상의 범위가 확대되는 경향이 있으며, 또한 행정작용으로 인한 손해의 전보제도라는 점에서 손실보상제도와 공통하므로, 양 제도를 융화시켜 단일의 국가보상제도로 통일시키려는 노력이 행해지고 있다.

(2) 희생보상과의 구별

행정상 손실보상제도는 적법한 공행정작용으로 인해 개인에게 발생한 '재산상의 손실'에 대해 보상하는 것인 점에서, 공익목적을 수행함에 있어서 개인에게 발생한 생명·신체·자유 등 비재산적 법익의 침해에 대해 보상하는 희생보상과 구별된다.

3. 손실보상청구권의 법적 성질

(1) 학설

① **공권설** : 손실보상은 공공필요에 의한 적법한 공권력행사로 인해 발생된 특별한 희생에 대한 보상이기 때문에 공법상 법률관계에 특유한 것이고, 따라서 손실보상청구권은 공법상의 권리에 속한다는 것으로서, 우리나라의 통설이다. 손실보상청구권의 성질을 공권으로 보면 그에 관한 소송은 행정소송에 의하게 된다.

② **사권설** : 손실보상의 원인행위가 공법적인 것일지라도 그에 대한 보상은 금전적 구제인 점에서 사법상의 채권·채무관계와 같고, 따라서 손실보상청구권은 사법상의 권리에 속한다는 견해이다. 손실보상청구권의 성질을 사권으로 보면 그에 관한 소송은 민사소송에 의하게 된다.

(2) 법령의 규정 및 판례의 입장

① 손실보상에 관해서는 일반법이 존재하지 않고 각각의 개별법에서 규정하고 있다. 손실보상에 관한 대표적인 법률이라 할 수 있는 「공익사업을 위한 토지 등의 취득 및 보상에 관한 법률」(이하에서 '토지보상법'이라 한다)은 토지수용으로 인한 손실보상의 청구절차에 관해 토지수용위원회의 재결을 거쳐 행정소송을 제기하도록 규정하고 있는데(28조, 85조), 이는 토지수용에 따른 손실보상청구권이 공권에 해당하는 것을 전제로 하는 것이다.[252]

② 문제는 손실보상을 청구하는 소송형태에 관해 특별한 규정을 두고 있지 않는 경우인데, 이와 관련하여 다음의 판례를 주목할 필요가 있다.

i) 「하천편입토지 보상 등에 관한 특별조치법」(이하에서 '하천편입토지보상법'이라 한다)은 보상청구절차에 관해서는 아무런 규정을 두고 있지 않음으로써 이 경우 손실보상청구권의 성질과 그에 대한 소송형태가 문제되었다.[253] 이에 관해 판례는, 하천편입토지보상법 제2조에 의한 손실보상청구권은 공법상의 권리이고 그에 관한 소송도 행정소송에 의하여야 한다고 하였다.[254]

ii) 수산업법 제33조는 수산자원의 증식·보호 등 공익상의 필요가 있는 경우에는 어업면허를 제한 또는 정지할 수 있도록 하고, 그로 인하여 손실을 입은 자는 보상을 청구할 수 있도록 규정하고 있는데(88조), 이 경우 손실보상을 청구하는 소송형태에 관해서는 아무런 규정을 두고 있지 않다. 이에 관해 판례는, 수산업법 제88조에 의한 손실보상은 사법상의 권리인 어업권에 대한 손실을 본질적 내용하고 있는 것으로서 그 보상청구권은 사법상의 권리이고, 따라서 수산업법 제88조에 의해 손실보상을 청구하려는 자는 비록 시행령 제53조에 의한 행정청의 결정을 받은 경우에도 그에 대한 행정소송(취소소송)을 제기할 것이 아니라 국가나 지방자치단체를 상대로 민사소송으로 직접 손실보상금지급청구를 하여야 한다고 하였다.[255]

(3) 소결

손실보상제도는 공익상의 필요에 의한 개인의 재산권침해에 대해 공평부담의 견지에서 보상하는 것으로서 공법상 법률관계에 특유한 제도이므로, 손실보상청구권은 공법상의 권리이며 그에 관한 소송은 행정소송에 의하여야 한다고 보는 것이 타당할 것이다.

---

252) 도로법(99조 4항), 하천법(76조 4항) 등 많은 개별법에서는 손실보상의 청구절차에 관해 토지보상법상의 규정을 준용하고 있는데, 이 경우의 손실보상청구권도 공권에 해당한다고 할 것이다.

253) 하천편입토지보상법은 1984년 하천법 개정 전에 하천구역으로 편입되었으나 소멸시효의 완성으로 보상을 받지 못하는 토지에 대한 한시적인 손실보상을 규정하고 있다. 한편, 1984년 하천법 개정 후에 하천구역으로 편입된 토지에 대해서는 구 하천법 제74조에 의해 손실보상을 받는데, 이 경우의 손실보상청구권은 공법상 권리로서 행정소송의 대상이 된다고 보았다.

254) 대판 2006. 5. 18, 2004다6207. 이에 관해서는 뒤의 손실보상청구절차에서 자세히 설명하기로 한다.

255) 대판 1996. 7. 26, 94누13848; 대판 1998. 2. 27, 97다46450; 대판 2001. 6. 29, 99다56468; 대판 2014. 5. 29, 2013두12478.

Ⅱ. 손실보상의 근거

1. 이론적 근거

(1) 기득권설

기득권설은 중세의 자연법사상에 근거한 '사유재산의 절대성'을 근거로 발전하였다. 자연법사상에 의하면 재산권은 천부의 기득권으로서 국가권력에 의해 침해될 수 없는 것이나, 예외적으로 긴급한 필요에 의해 침해되는 경우에는 당연히 금전으로 같은 가치의 보상을 해주어야 한다는 것이다. 오늘날에는 재산권이 불가침의 천부적 기득권이 아니라 공공복리에 적합하도록 행사되어야 할 사회적 제약을 지니고 있다고 인정되는 점에서 기득권설은 타당의 기반을 상실하였다.

(2) 은혜설

은혜설은 국가권력을 절대시하는 사상에 근거하여, 개인의 재산권이 공공의 필요에 의해 법률에 근거하여 침해된 경우에는 당연히 보상되어야 하는 것은 아니고 국가가 시혜적으로 보상을 하는 것이라고 한다. 오늘날 민주적 법치주의국가에서는 받아들이기 힘든 이론이다.

(3) 특별희생설

특별희생설은 개인의 재산권은 보장되어야 하지만 불가침의 천부적 기득권이 아니라 공공복리에 적합하도록 행사되어야 할 사회적 제약이 뒤따르므로 공공의 필요에 의해 침해될 수 있다는 것을 전제로 한다. 따라서 손실보상제도는 공익실현을 위해 개인에게 발생한 특별한 희생에 대하여 공동체 전체의 부담으로 보상해 줌으로써 공평부담의 원리를 실현하기 위한 것이라는 견해이다. 오늘날의 통설적 견해라 할 수 있다.

헌법 제23조 제1항에서 국민의 재산권을 보장하면서 제2항에서는 재산권의 행사는 공공복리에 적합하도록 하여야 한다는 사회적 제약을 규정하고 있는 점, 헌법 제11조가 규정하는 평등원칙에는 '공적 부담에 있어서의 평등'도 포함하는 점 등에 비추어 볼 때, 특별희생설이 타당하다고 할 것이다.

2. 법적 근거

(1) 헌법상 손실보상 규정의 변천

> **〈역대 헌법상 손실보상에 관한 규정〉**
> 1948년 **건국헌법** : 공공필요에 의하여 국민의 재산권을 수용, 사용 또는 제한함은 법률이 정하는 바
> 　　　　　에 의하여 상당한 보상을 지급함으로써 행한다(15조 3항).
> 1960년 **제2공화국헌법** : 건국헌법과 내용 동일
> 1962년 **제3공화국헌법** : 공공필요에 의한 재산권의 수용·사용 또는 제한은 법률로써 하되 정당한
> 　　　　　보상을 지급하여야 한다(20조 3항).

> 1972년 제4공화국헌법(유신헌법) : 공공필요에 의한 재산권의 수용·사용 또는 제한 및 그 보상의 기준과 방법은 법률로 정한다(20조 3항).
> 1980년 제5공화국헌법 : 공공필요에 의한 재산권의 수용·사용 또는 제한은 법률로써 하되, 보상을 지급하여야 한다. 보상은 공익 및 관계자의 이익을 정당하게 형량하여 법률로 정한다(22조 3항).
> 현행헌법 : 공공필요에 의한 재산권의 수용·사용 또는 제한 및 그에 대한 보상은 법률로써 하되, 정당한 보상을 지급하여야 한다(23조 3항).

(2) 현행 헌법상의 보상규정

① **헌법규정 및 성질** : 1987년에 개정된 현행 헌법은 "공공필요에 의한 재산권의 수용·사용 또는 제한 및 그에 대한 보상은 법률로써 하되, 정당한 보상을 지급하여야 한다"고 규정하고 있다(23조 3항). 정당한 보상을 지급하도록 한 것은 제3공화국헌법과 같으나, '재산권의 수용·사용 또는 제한'(이하에서 '공용침해'라 한다) 뿐만 아니라 그에 대한 '보상'도 법률로 규정하도록 한 점에서 제3공화국헌법과 차이가 있다.

이와 관련하여 손실보상청구권을 규정한 현행 헌법 제23조 제3항이 독일 기본법 제14조와 같이 공용침해뿐만 아니라 보상에 대해서도 동일한 법률에 규정할 것이 요구되는 이른바 불가분조항(Junktimklausel)의 원칙을 채택한 것인지에 대해 다툼이 있다.[256) 긍정설에 의하면, 현행 헌법은 제3공화국헌법과는 달리 '재산권의 수용·사용 또는 제한' 및 '그에 대한 보상'은 법률로써 하도록 하고 있기 때문에 이를 불가분조항으로 보아야 한다고 한다.[257) 이에 반해 부정설에 의하면, 독일 기본법 제14조는 "수용은 보상의 종류와 정도를 규정한 법률에 의하거나 그러한 법률에 근거해서만 행해질 수 있다"고 규정함으로써 불가분조항을 명시한 데 대하여, 우리 헌법 제23조 제3항은 공용침해와 보상을 법률로써 하도록 하고 있을 뿐 이들을 동일한 법률로 규정하도록 명시적으로 요구하고 있지는 않다는 이유로 불가분조항으로 보지 않는다.[258)

② **헌법 제23조 제3항의 의미** : 손실보상청구권을 규정한 헌법 제23조 제3항은 제1항과 제2항과의 연계하에서 그 의미를 이해할 필요가 있다. 즉, 헌법 제23조 제1항은 "모든 국민의 재산권은 보장된다"고 함으로써 자유권적 기본권으로서의 국민의 재산권보장에 관해 규정하고 있으며, 제2항은 "재산권의 행사는 공공복리에 적합하도록 하여야 한다"고 함으로써 재산권의 사회적 기속성에 관해 규정하고 있다. 제3항에서 "공공필요에 의한 재산권의 수용·사용 또는 제한 및 그에 대한 보상은 법률로써 하되, 정당한 보상을 지급하여야 한다"고 규정한 것은, 한편으로는 공공의 필요가 있는 경우에는 개인의 재산권이 침해될 수 있음을 인정하면서(재산권의 사회적 기속성), 다른

---

256) 독일 기본법 제14조 제3항은 "수용은 보상의 종류와 범위를 정한 법률로써 또는 그러한 법률에 근거해서만 행해질 수 있다"고 규정하고 있는데, 이는 공공의 필요에 의해 개인의 재산권을 수용하기 위해서는 법률에 의하여야 하며, 그 법률에는 부대적으로 보상에 관한 규정을 두고 있어야 한다는 것으로서, 이를 불가분조항(수용과 보상은 불가분적인 것으로서 동일한 법률에서 규정하여야 한다는 의미) 또는 동시조항 또는 부대조항이라 부른다.

257) 홍정선(상), 881면; 정하중/김광수, 567면.

258) 박균성(상), 995면; 김남철, 670면.

한편 공공의 필요에 의해 개인의 재산권이 침해된 경우에는 정당한 보상을 지급하도록 함으로써 개인의 재산권을 보장하려는 것이다.

(3) 법률상의 근거

헌법은 공용침해 및 그에 대한 보상을 법률로 규정하도록 하고 있는데, 손실보상에 관한 일반법은 존재하지 않고 토지보상법·도로법·하천법·도시개발법·공유수면관리 및 매립에 관한 법률 등의 개별법에서 규정하고 있다.

다만 손실보상의 가장 대표적인 유형은 공익사업을 위한 토지수용에 대한 보상이라 할 것이므로, 토지수용 및 보상의 요건·절차 등에 관해 상세히 규정한 토지보상법이 사실상 일반법적인 역할을 하고 있다. 도로법·하천법·도시개발법·공유수면관리 및 매립에 관한 법률 등 많은 개별법률에서 손실보상에 관해서는 토지보상법의 규정을 준용하도록 하고 있는 것이 이를 잘 나타내준다.

Ⅲ. 존속보장과 가치보장

1. 가치보장

손실보상과 관련하여 종래에는 가치보장(Wertgarantie)에 중점을 두었었다. 이는 재산권을 오로지 금전적 가치로만 평가하여, 공공의 필요가 있으면 사업시행자는 당연히 국민의 재산권을 침해할 수 있고 이 경우 보상만 충실히 해주면 된다는 입장이다. 따라서 공공의 필요를 이유로 하는 재산권침해의 경우에 국민은 침해행위에 대해서는 다툴 수 없고 다만 보상에 대해서만 다툴 수 있다고 한다.[259] 이러한 가치보장의 의미는 "인용하라, 그리고 청산하라"(Dulde und liquidiere)는 법언에 잘 나타나 있다.[260]

2. 존속보장

근래에는 재산권을 단순한 금전적 가치로만 평가하지 않고 국민의 인격적 자유와 관계있는 것으로 이해하여, 가치보장 이전에 존속보장(Bestandsschutz)이 선행되어야 한다는 주장이 많은 지지를 받고 있다. 즉, 공공의 필요를 이유로 개인의 재산권을 침해하려는 경우에 재산권자는 과연 침해의 공익상 필요성이 개인의 재산권침해를 정당화할 만큼 강한 것인지 여부를 다투어서 그렇지 않은 경우에는 침해행위 자체를 배제함으로써 자신의 재산권의 존속을 보호받을 수 있다고 한다. 그리고 만일 침해의 공익상 필요가 더 크다고 인정되는 경우에는 이차적으로 보상에 관해 다툴

---

259) 이러한 가치보장의 견해는 보상액에 대해서만 제소할 수 있을 뿐 공공필요성 여부에 대해서는 다툴 수 없도록 한 바이마르공화국헌법(153조 2항)에 근거하고 있다고 한다.

260) "인용하라, 그리고 청산하라"는 법언의 의미는, 재산권자는 공공필요에 의한 재산권침해는 수인하고 다만 그로 인한 재산상 손실에 대해서는 보상을 통하여 청산하라는 것이다. 이에 관한 상세는 김남진, 행정법의 기본문제(제4판), 법문사, 1994, 465면 이하 참조.

수 있다고 한다. 이러한 존속보장의 의미는 "방어하라, 그리고 청산하라"(Wehre und liquidiere)는 법언에 잘 나타나 있다.[261] 이러한 존속보장이론은 보상의 문제 이전에 재산권 침해행위에 대해 방어할 수 있다고 보는 점에서, 공익상 필요에 의한 재산권침해는 당연히 수인하고 단지 보상에 대해서만 다툴 수 있다는 가치보장이론과 관점을 달리한다.

보상규정을 두지 않은 법률에 근거하여 국민의 재산권을 침해한 경우에 독일 연방대법원은 이를 수용유사적 침해로 보아 수용에 준하여 보상을 해 주어야 한다고 보았으나, 연방 헌법재판소는 보상규정을 두지 않은 재산권침해 법률은 위헌·무효이므로 재산권자는 먼저 행정소송을 통해 침해행위의 배제를 구하여야 한다고 판시하였는바,[262] 연방대법원은 가치보장의 입장에 선 것이고 연방헌법재판소는 존속보장 우선의 원칙에 선 것이라 할 수 있다.

Ⅳ. 경계이론과 분리이론

1. 문제의 소재

> **〈독일 기본법 제14조〉**
> ① 재산권과 상속권은 보장된다. 그 내용과 한계는 법률로 정한다.
> ② 재산권은 의무를 수반한다. 그 행사는 동시에 공공복리에 이바지하여야 한다.
> ③ 수용(Enteignung)은 공공복리를 위해서만 허용된다. 수용은 보상의 종류와 범위를 정한 법률로써 또는 그러한 법률에 근거해서만 행해질 수 있다. 보상은 공공의 이익과 당사자의 이익을 공정하게 형량하여 정하여야 한다. 보상액에 대해 다툼이 있는 때에는 일반 법원에 제소할 수 있다.
>
> **〈우리나라 현행 헌법 제23조〉**
> ① 모든 국민의 재산권은 보장된다. 그 내용과 한계는 법률로 정한다.
> ② 재산권의 행사는 공공복리에 적합하도록 하여야 한다.
> ③ 공공필요에 의한 재산권의 수용·사용 또는 제한 및 그에 대한 보상은 법률로써 하되, 정당한 보상을 지급하여야 한다.

헌법에 따르면 재산권은 공공복리에 적합하도록 행사되어야 할 사회적 제약을 내포하고 있으며(23조 2항), 재산권의 구체적인 내용과 한계는 법률로 정하도록 하고 있다(23조 1항 2문). 이에 따라 개별법에서는 공공필요에 의해 국민의 재산권행사를 제약하는 규정을 두고 있는 경우가 많은데, 예컨대 개발제한구역 안의 토지에 대해서 건축이나 형질변경 등의 행위를 제한·금지하는 규정을 두고 있는 「개발제한구역의 지정 및 관리에 관한 특별조치법」이 그에 해당한다(12조).[263]

---

261) "방어하라, 그리고 청산하라"는 법언의 의미는, 공공필요에 의해 개인의 재산권을 침해하려는 경우에 재산권자는 먼저 침해의 공익상 필요성이 자신의 재산권침해를 정당화할 만큼 강한 것인지 여부를 다투어서 1차적으로 침해행위를 방어할 수 있고, 만일 재산권을 침해하여야 할 공익상 필요가 크다고 인정되는 경우에는 2차적으로 그로 인한 손실에 내해서 보상을 통하여 청산하라는 것이다.

262) BVerfGE 58, 300ff.

263) 교육환경보호구역 안에서는 여관·유흥주점·PC방·LPG충전소 등과 같은 법이 금지하는 영업을 할 수 없도

이와 같이 재산권의 내용과 한계를 정한 법률규정에 의해 재산권자가 사회적 제약의 범위를 넘는 (즉, 특별한 희생에 해당하는) 불이익을 받는 경우에는 권리구제가 필요함은 물론이다. 그런데 독일에서는 이 경우 어떠한 방법에 의해 구제할 것인지에 대한 접근방식에 관하여 전통적인 경계이론과 새로운 분리이론 사이에 다툼이 있는바, 이는 재산권의 내용과 한계는 법률로 정하도록 한 기본법 제14조 제1항 제2문(우리 헌법 제23조 제1항 제2문)과 공공필요에 의한 수용에 대한 보상을 규정하고 있는 기본법 제14조 제3항(우리 헌법 제23조 제3항)의 관계에 관한 문제이다.[264]

2. 경계이론

경계이론은 독일 연방대법원(BGH)의 판례를 통해 발전한 것으로서, 기본법 제14조 제1항 제2문의 '법률에 의해 재산권의 내용과 한계를 정한 것'과 제14조 제3항의 '공공필요에 의한 수용'은 분리된 별개의 제도가 아니라고 본다.[265] 따라서 재산권의 내용과 한계를 정한 법률에 의해 국민에게 재산상 손실이 발생하였다면 그것은 제14조 제3항의 (넓은 의미의) '수용'에 해당하는 것으로서 손실보상의 대상이 될 수 있다고 한다. 다만 재산권의 내용과 한계를 정한 법률에 의한 모든 재산상 손실에 대해 보상이 필요한 것은 아니며, 보상을 요하는 것과 요하지 않는 것과의 경계는 '침해의 강도', 즉 재산권의 사회적 제약 범위를 넘는 특별한 희생에 해당하는지 여부에 따라 구분된다고 한다. 나아가 연방대법원은, 공공필요에 의한 재산권침해(법률에 의한 재산권 제한 포함)가 사회적 제약의 범위를 넘어섬에도 불구하고 보상규정을 두고 있지 않는 경우를 수용유사적 침해라 하여 이에 대해서도 손실보상을 인정하였고, 이는 수용적 침해의 법리로 발전하였다. 이와 같이 사회적 제약을 넘는 모든 재산권침해는 제14조 제3항의 '넓은 의미의 수용'에 해당하는 것으로 보아 손실보상을 인정하는 이른바 경계이론에 입각한 연방대법원의 입장은 재산권의 가치보장에 크게 기여하였다고 평가받았다.[266]

그러나 이러한 연방대법원의 입장에 대해서는, i) 보상의 필요성 유무를 판단하는 사회적 제약과 특별희생의 구별기준이 제대로 정립되지 않아 판례는 일관성을 잃고 있으며, ii) 기본법 제14조 제3항은 불가분조항을 규정함으로써 공공필요에 의한 재산권침해가 특별한 희생에 해당한다고 인정되면 해당 법률에 보상규정도 두도록 하고 있음에도 불구하고(즉, 특별한 희생에 해당하는지 여부, 따라서 보상이 필요한지 여부에 대해서는 입법자로 하여금 판단하도록 하고 있음에도 불구하고), 법률에 보상규정이 없는 경우에 법원이 특별희생 여부를 판단하여 보상을 명할 수 있도록 하는 것은 불

록 한 것(교육환경보호에 관한 법률 9조)도 마찬가지이다.

264) 이에 관한 상세는 정하중, 헌법상의 재산권보장체계에 있어서 경계이론과 분리이론, 서강법학연구 5권(2003), 57면 이하; 김문현, 재산권의 사회적 구속성과 공용수용의 체계에 대한 검토, 공법연구 32권 4호(2004), 1면 이하; 정혜영, 한국 헌법 제23조와 독일 분리이론에 의한 그 해석가능성, 공법연구 33권 4호(2005), 237면 이하; 강태수, 분리이론에 의한 재산권 체계 및 그 비판에 대한 고찰, 헌법학연구, 10권 2호(2004), 117면 이하; 이부하, 재산권의 존속보장과 재산권에 관한 법이론, 공법학연구 9권 3호(2008), 331면 이하 참고.

265) 경계이론에 따르면 사회적 제약을 넘는 모든 재산권침해에 대한 구제는 기본법 제14조 제3항에 의한 손실보상의 대상이 된다고 한다. 따라서 만일 기본법 제14조 제1항 제2문에 의한 재산권 제한 법률이 국민에게 사회적 제약의 범위를 넘는 불이익을 주는 경우에도 이 역시 제14조 제3항에 의한 손실보상의 대상이 된다고 한다.

266) 정하중, 앞의 논문, 62면.

가분조항을 규정한 기본법 제14조 제3항을 무력화시킨다는 등의 비판이 가해졌으며, 결국 분리이론에 입각한 연방헌법재판소의 판례를 통해 치명적인 타격을 입게 된다.

3. 분리이론

분리이론은 독일 연방헌법재판소의 판례를 통해 발전한 것으로서, 기본법 제14조 제1항 제2문의 '법률에 의해 재산권의 내용과 한계를 정한 것'과 제14조 제3항의 '공공필요에 의한 수용'은 엄격하게 분리된다는 이론이다. 그리고 양자의 구별은 '침해의 강도'가 아니라 '침해의 목적과 형식'에 의해 행해진다고 한다. 즉, 법률에 의한 재산권의 내용제한이 일반적인 공익을 위하여 일반적·추상적으로 재산권을 새롭게 정의하려는 목적을 가진 경우에는 제14조 제1항 제2문의 '법률에 의해 재산권의 내용과 한계를 정한 것'에 해당하는데 대하여, 특정한 공익목적을 위하여 개별적·구체적으로 기존의 재산권을 침해하는 경우에는 제14조 제3항의 '수용'에 해당한다고 한다.[267] 따라서 제14조 제3항의 수용은 공공필요에 의해 특정 재산을 의도적으로 박탈하는 것인 '좁은 의미의 수용'을 의미한다고 한다.

분리이론에 따르면 제14조 제1항 제2문과 제14조 제3항은 독립한 별개의 것이기 때문에 양자의 권리구제방법도 서로 다르다고 한다. 즉, 제14조 제3항의 '수용'에 해당하는 경우에는 손실보상(금전보상)에 의해 권리를 구제하는데 대하여, 제14조 제1항 제2문의 '법률에 의해 재산권의 내용과 한계를 정한 것'이 국민에게 사회적 제약을 넘는 불이익을 주는 경우에는 입법자는 재산권침해를 완화시키기 위한 '조정적 수단'을 규정하여야 한다고 한다(조정적 수단을 통한 구제). 이때 조정적 수단은 금전보상뿐만 아니라 매수청구권, 지정해제요구권, 경과조치 등에 의해서도 가능하다고 한다.[268]

만일 입법자가 재산권의 내용과 한계를 정하는 법률을 제정함에 있어서 적절한 조정수단을 두지 않아 국민에게 과잉의 재산권침해를 가져오는 경우에는 해당 법률은 비례원칙 위반으로서 위헌·무효이며, 그러한 위헌·무효인 법률에 근거하여 재산권을 침해받은 자는 손실보상이 아니라 재산권을 침해하는 위법한 행정작용의 취소를 구하여야 한다고 한다.[269] 경계이론에 입각하고 있던 종전의 연방대법원은 보상규정이 없는 재산권 침해의 경우에 수용유사적 침해에 해당한다고

---

267) 예컨대 개발제한구역 안의 토지나 건물에 대한 일정 행위를 제한·금지하는 개발제한구역제도는 도시의 무질서한 확산을 방지하고 도시 주변의 자연환경을 보전하기 위한 일반적 공익을 위한 것으로서 전국적으로 광범위하게 설정된 개발제한구역에 속하는 모든 국민의 재산권을 제한하는 것이므로 '법률에 의해 재산권의 내용과 한계를 정한 것'에 해당하는데 대하여, 서울-양양간 고속도로건설을 위하여 도로부지에 편입된 토지를 수용하는 것은 특정한 공익목적을 위하여 특정인의 재산권을 침해하는 것이므로 '재산권에 대한 공권적 침해(수용-)'에 해당한다.

268) 예컨대 입법자가 교육환경보호구역제도를 신설하여 교육환경보호구역 내에 있는 건물에 대해서는 유흥주점·PC방 등 교육환경에 유해한 영업의 용도로 사용할 수 없도록 하는 입법을 하는 경우에는 그로 인해 손실을 입게 된 재산권자에 대한 구제장치(조정적 수단)가 마련되어야 할 것인바, 그 수단은 손실보상(금전보상)을 비롯하여 해당 건물의 매수청구권, 교육환경보호구역 지정해제청구권, 기존 영업자에 대해서는 일정기간 유예기간을 두는 경과조치 등의 방법이 고려될 수 있을 것이다.

269) 이를 선언한 것이 1981년 7월 15일의 자갈채취판결이다. Vgl. BVerfGE 58, 300.

보아 손실보상을 인정하였지만(가치보장에 기여), 분리이론에 입각한 연방헌법재판소는 보상규정 등 조정적 수단을 두지 않은 재산권 제한 법률은 위헌·무효이고 그러한 법률에 근거한 재산권침해에 대해서는 행정소송을 통해 침해행위 자체를 배제시킬 수 있다고 함으로써 재산권의 존속보장에 기여하였다는 평을 받고 있다.

그러나 이러한 분리이론도 여전히 경계이론이 갖는 약점을 극복하지 못했다는 비판을 받고 있다. 즉, 분리이론에 의하면 법률에 의한 재산권의 제한은 기본법 제14조 제3항의 '수용'이 아니라 제14조 제1항 제2문의 '재산권의 내용규율'에 해당한다고 보는데, 이 경우 재산권을 제한하는 법률에 의해 불이익을 받는 사람에 대한 조정적 수단을 마련할 필요가 있는지는 결국 종래의 특별희생 구별기준에 의함으로써 경계이론과 마찬가지의 문제를 가지고 있다는 것이다.[270]

4. 우리나라에서의 논의

(1) 학설

독일 연방헌법재판소에 의해 발전된 분리이론이 우리나라에도 적용될 수 있는지에 관하여 이를 지지하는 학자와 반대하는 학자가 대립하고 있다.

① 지지하는 견해 : 우리나라의 학자 중에도 독일 연방헌법재판소에 의해 발전된 분리이론을 지지하는 학자가 있다. 그 논거로는, 침해에 대한 손실보상 여부 및 기준·방법 등은 입법자가 결정하는 것이 보다 헌법의 취지에 합치되며, 재산권의 사회적 제약 여부에 관한 판단을 더 이상 법원이 하게 해서는 안 된다는 것을 든다. 또한 재산권의 내용을 형성함에 있어서 보상규정을 두고 있지 않는 법률의 위헌성 판단을 법원이 아니라 헌법재판소에 둠으로써 헌법 제107조 제1항과 제111조 제1항 제1호에도 합치시킬 수 있다고 한다.[271]

② 반대하는 견해 : 독일 연방헌법재판소에 의해 발전된 분리이론을 우리나라에 도입하는 것은 문제가 있다는 견해이다. 그 논거로는, 첫째, 독일과 우리나라의 헌법 규정상의 차이를 든다. 독일 기본법 제14조 제3항은 손실보상의 대상이 되는 침해행위에 관하여 '수용'만을 규정하고 있는데 대하여, 우리 헌법 제23조 제3항은 '수용·사용 또는 제한'이라 명시함으로써 사회적 제약을 넘어서는 모든 재산권침해를 포함하고 있다. 따라서 분리이론의 채택을 주장하는 견해는 독일과 우리 헌법의 근본적 차이점을 간과한 것이라고 한다. 둘째, 분리이론은 여전히 경계이론이 가지고 있던 문제(특별희생의 구별기준)를 해결하지 못하였다는 것을 든다.[272]

(2) 판례

1) 개발제한구역사건(헌재 1998. 12. 24. 89헌마214)

① 사건의 개요 : 구 도시계획법(1984년법) 제21조는 개발제한구역에서는 그 지정목적에 위배되는 건축행위를 할 수 없도록 규정하고 있었다.[273] 청구인은 개발제한구역으로 지정된 토지 위에 허가를 받

---

270) 정희중, 앞의 논문, 81면.
271) 이부하, 앞의 논문, 346면.
272) 박균성(상), 994면; 정하중/김광수, 581면.

지 아니하고 건축물을 건축하였다는 이유로 인천 서구청장으로부터 위 건축물 철거에 대한 대집행계고처분 등을 받고, 서울고등법원에 서구청장을 상대로 위 대집행계고처분 등의 취소를 구하는 행정소송을 제기하였다. 청구인은 위 소송의 계속 중 서울고등법원에 도시계획법 제21조의 위헌 여부가 재판의 전제가 된다고 주장하면서 위헌법률심판제청을 신청하였으나 그 신청이 기각되자, 헌법소원심판을 청구하였다.

② **청구인의 주장** : 헌법 제23조 제1항은 국민의 재산권을 보장하고, 제3항은 공공필요에 의하여 재산권을 제한하는 경우에는 반드시 법률이 정하는 바에 의하여 정당한 보상을 하도록 규정하고 있고 있는데, 개발제한구역 내의 토지에 대한 사용제한은 토지소유자에 대하여 손실보상을 요하는 특별한 희생에 해당한다. 그럼에도 불구하고 이 법에는 개발제한구역으로 지정된 토지에 대하여 손실보상을 해주는 아무런 규정을 두고 있지 아니하다. 그러므로 보상 없이 재산권을 제한하는 도시계획법 제21조는 헌법 제23조 제1항과 제3항에 위반된다.

③ **헌법재판소의 판단** : i) 개발제한구역을 지정하여 그 안에서는 건축물의 건축 등을 할 수 없도록 하고 있는 도시계획법 제21조는 헌법 제23조 제1항과 제2항에 따라 토지재산권에 관한 권리와 의무를 일반·추상적으로 확정하는 규정으로서, 재산권을 형성하는 규정인 동시에 공익적 요청에 따른 재산권의 사회적 제약을 구체화하는 규정이다. ii) 토지재산권의 강한 사회성 내지는 공공성으로 말미암아 이에 대하여는 다른 재산권에 비하여 보다 강한 제한과 의무가 부과될 수 있으나, 그렇다고 하더라도 토지재산권에 대한 제한입법 역시 다른 기본권을 제한하는 입법과 마찬가지로 비례의 원칙을 준수해야 하고, 재산권의 본질적 내용인 사용·수익권과 처분권을 부인해서는 안 된다. iii) 토지소유자가 자신의 토지를 개발제한구역 지정 전의 상태대로 사용·수익·처분할 수 있는 이상 개발제한구역 지정에 따른 단순한 토지이용의 제한은 원칙적으로 재산권에 내재하는 사회적 제약의 범주를 넘지 않으므로 보상을 요하지 않으며, 따라서 이 경우 보상규정을 두지 아니한 것이 비례원칙을 위반한 위헌적인 것이라고는 할 수 없다. iv) 그러나 개발제한구역의 지정으로 말미암아 예외적으로 토지를 종래의 목적으로 사용할 수 없거나 또는 법률상으로 허용된 토지이용의 방법이 없는 경우에는 사회적 제약의 범위를 넘어서는 것이기 때문에 이러한 재산권 제한입법을 하는 경우에는 재산권자의 재산권 침해를 완화시키는 (조정적) 보상규정을 두어 위헌성을 제거하여야 한다. 그럼에도 불구하고 이 경우 아무런 보상규정을 두지 않은 것은 비례원칙에 위반한 위헌인 법률이 된다. 한편, 입법자는 과도한 재산권 침해를 완화시키기 위한 보상의 방법으로 반드시 금전보상만을 규정해야 하는 것은 아니고, 지정의 해제 또는 토지매수청구권제도와 같이 금전보상에 갈음하거나 기타 손실을 완화할 수 있는 제도를 보완하는 등 여러 가지 다른 방법을 사용할 수 있다.

결론적으로 헌법재판소는 도시계획법 제21조가 개발제한구역의 지정으로 말미암아 예외적으로 토지를 종래의 목적으로 사용할 수 없거나 또는 법률상으로 허용된 토지이용의 방법이 없는 경우에 대해서도 아무런 보상규정을 두지 않은 것은 비례의 원칙에 위반되어 해당 토지소유자의 재산권을 과도하게 침해하는 것이어서 헌법에 위반된다는 이유로 헌법불합치결정을 내렸다.

④ **헌법재판소 결정의 의미 및 평가** : 헌법재판소는 (구)도시계획법 제21조에 의한 개발제한구역에서의 행위제한으로 인한 토지소유자의 권리침해의 문제를 헌법 제23조 제3항의 손실보상의 관점이 아니라 제23조 제1항과 제2항의 재산권의 내용형성(입법적으로 재산권의 내용과 한계를 정함)의 관점에서 검토하였으며, 이 때 재산권자에게 발생한 사회적 제약을 넘는 불이익에 대한 구제도 금전보상뿐만 아

---

273) 현재는 「개발제한구역의 지정 및 관리에 관한 특별조치법」에 의해 규율되고 있다.

나라 지정해제, 매수청구권제도와 같은 손실을 완화시킬 수 있는 방법을 사용할 수 있다고 하였는바, 이는 독일 연방헌법재판소의 분리이론을 채택한 것이라 본다.[274]

2) 학교환경위생정화구역사건(헌재 2004. 10. 28. 2002헌바41)

① **사건의 개요**: 구 학교보건법 제6조는 학교환경위생정화구역 안에서는 여관, 유흥주점, PC방 등 법이 정한 영업을 할 수 없도록 규정하고 있었으며, 그로 인해 재산상 불이익을 받은 자에 대한 아무런 보상규정을 두고 있지 않았다.[275] 갑은 여관을 매수하여 여관업을 운영하고 있었는데 그 후 인근에 초등학교가 설립되어 여관건물이 학교환경위생정화구역 안에 놓이게 되었다. 이에 행정청은 갑에 대하여 해당 여관을 다른 곳으로 이전 또는 폐쇄하라는 처분을 하였고, 갑이 이에 불응하여 계속 여관영업을 하였다는 이유로 기소되었다. 위 소송의 계속 중 갑은 법원에 학교보건법 제6조 등에 대하여 위헌법률심판제청을 신청하였으나 기각되자 헌법소원심판을 청구하였다.

② **헌법재판소의 판단**: 학교보건법 제6조는 학교교육의 능률화를 기하기 위하여 학교환경위생정화구역 안에서의 여관시설과 영업을 금지함으로써 재산권의 사회적 제약을 구체화하는 입법이라고 할 수 있으므로, 이는 공익목적을 위하여 개별적·구체적으로 이미 형성된 구체적 재산권을 박탈하거나 제한하는 것으로서 보상을 요하는 헌법 제23조 제3항 소정의 수용·사용 또는 제한과는 구별된다. 건물의 소유주로서는 건물을 여관 이외의 다른 용도로는 사용할 수 있으므로 건물의 기능에 합당한 사적인 효용성은 그대로 유지된다고 할 것이고, 기존시설에 대하여 5년간 여관업을 계속할 수 있도록 경과규정을 두고 있는 점에 비추어 여관영업권에 대하여 별도의 보상적 조치를 두지 않았다고 하더라도 이를 재산권에 내재하는 사회적 제약의 범주를 넘었다고 할 수는 없으므로, 이 사건 금지조항은 재산권을 침해하지 않는다.

V. 손실보상의 요건

손실보상청구권이 성립하기 위해서는 공공필요에 의한 적법한 공권력행사로 인하여 국민의 재산권을 침해하고, 그로 인하여 특별한 희생이 발생하였으며, 법률에 보상규정이 있어야 한다.

1. 공공의 필요

수용·사용·제한 등 국민의 재산권에 대한 침해행위는 공공의 필요가 있는 경우에만 허용되며, 따라서 공공의 필요성이 인정되지 않으면 손실보상의 문제 이전에 침해행위 자체를 할 수 없게 된다. 이러한 점에서 공공의 필요는 '재산권의 존속보장'의 측면에서 중요한 의미를 갖는다. 여기에서 공공의 필요는 공익성과 필요성이라는 두 요소로 구성되는데, 이하에서 나누어 살펴보기로 한다.

(1) 공익성

공용침해는 공익성을 가진 사업을 위해서만 허용되는데, 공용침해가 허용되는 공익사업의 범위는 법률유보의 원칙에 의해 법률에서 명확히 규정하여야 한다. 따라서 아무리 공익성이 인정되는

---

274) 박균성(상), 1001면; 정하중/김광수, 580면

275) 학교보건법상의 환경위생정화구역은 2016년에 「교육환경 보호에 관한 법률」상의 교육환경보호구역으로 바뀌었다.

사업이라 할지라도 법률에 규정되어 있지 않으면 공용침해가 허용되지 않는다. 현재 공용침해가 허용될 수 있는 공익사업에 관해서는 토지보상법(4조) 및 각 개별법에서 규정하고 있다. 한편, 법률에서 공용침해를 할 수 있는 공익사업을 규정하고 있다 하더라도 이는 공공성 유무를 판단하는 일응의 기준을 제시한 것에 불과하므로, 사업인정의 단계에서 개별적·구체적으로 공공성에 관한 심사를 하여야 한다는 것이 헌법재판소의 입장이다.[276]

공용침해의 요건으로서의 공익성은 그 '사업의 목적'에 관한 것이므로 사업주체가 공행정기관인지 여부는 묻지 않는다. 따라서 사인 또는 사기업이 수행하는 사업이라 하더라도 그 사업목적이 공공성을 갖는 경우에는 공용침해권을 부여받을 수 있다. 토지보상법이 '국가나 지방자치단체가 지정한 자가 임대나 양도의 목적으로 시행하는 주택의 건설 또는 택지의 조성에 관한 사업'의 경우도 타인의 토지를 수용 또는 사용할 수 있는 공익사업에 포함시키고 있는 것이 그 예이다(4조 5호).[277]

헌법재판소에 의하면, 오늘날 공익사업의 범위가 확대되는 경향에 대응하여 '재산권의 존속보장과의 조화'를 위해서는 공용침해의 요건으로서의 공익성은 기본권 일반의 제한사유인 '공공복리'보다 좁게 보는 것이 타당하다고 한다. 그리고 공익성의 정도를 판단함에 있어서는 공용침해를 허용하고 있는 개별법의 입법목적, 사업내용, 사업이 입법목적에 이바지하는 정도는 물론, 특히 그 사업이 대중을 상대로 하는 영업인 경우에는 그 사업시설에 대한 대중의 이용·접근가능성도 아울러 고려하여야 한다고 한다.[278]

(2) 필요성

공용침해를 허용하고 있는 개별법은 대부분 공익사업을 시행하기 위하여 필요한 경우에 재산권을 수용·사용할 수 있다고 규정하고 있다. 여기에서 '필요성'이 인정되기 위해서는 공용침해를 통하여 달성하려는 공익과 그로 인해 재산권을 침해당하는 사인의 이익을 비교형량할 때 사인의 재산권침해를 정당화할 정도의 공익 우월성이 인정되어야 한다.[279] 따라서 개별법에서 개인의 재산권침해를 정당화할 정도의 공익 우월성이 인정되지 않는 경우까지 공용침해를 허용한다면 그 법률은 헌법 제23조 제3항에 위반하게 된다. 특히 사업시행자가 사인인 경우에는 위와 같은 공익 우월성이 인정되는 것 외에도, 사인은 경제활동의 근본적인 목적이 이윤을 추구하는 일에 있으므로 그 사업시행으로 얻을 수 있는 공익이 현저히 해태되지 않도록 보장하는 제도적 규율도 갖추어져 있어야 한다는 것이 헌법재판소의 입장이다.[280]

---

276) 즉, 공공성의 확보는 1차적으로 입법자가 입법을 행할 때 일반적으로 해당 사업이 공용침해가 가능할 만큼 공공성을 갖는가를 판단하고, 2차적으로는 사업인정권자가 개별적·구체적으로 해당 사업에 대한 사업인정을 행할 때 공공성을 판단하는 것이라고 한다. 헌재 2014. 10. 30, 2011헌바129.

277) 헌법재판소도, 헌법 제23조 제3항은 정당한 보상을 전제로 하여 재산권의 침해가능성을 규정하고 있지만 위 헌법조항의 핵심은 재산권침해가 공공필요에 부합하는가, 정당한 보상이 지급되고 있는가 여부에 있는 것이지, 그 침해의 주체가 국가인지 민간기업인지 여부에 달려있는 것은 아니라고 함으로써 같은 입장을 취하고 있다(헌재 2009. 9. 24, 2007헌바114).

278) 헌재 2014. 10. 30, 2011헌바129.

279) 헌재 2014. 10. 30, 2011헌바129.

헌법재판소는 구 「지역균형개발 및 지방중소기업 육성에 관한 법률」에서 민간개발자에게 고급골프장·고급리조트 등의 시설을 설치하기 위한 토지수용을 허용하고 있는 것의 위헌성이 문제된 시안281)에서, 고급골프장·고급리조트 등과 같이 넓은 부지에 많은 설치비용을 들여 조성됨에도 불구하고 평균 고용인원이 적고 개발이 낙후된 지역의 균형발전이나 주민소득증대 등 입법목적에 대한 기여도가 낮을 뿐만 아니라 시설이용료가 과도하게 높아 대중의 이용·접근가능성이 작아 결과적으로 공익성이 낮은 사업의 시행을 위하여 개인의 재산권을 수용하여야 할 필요성은 인정되지 않는다고 하며, 따라서 이와 같이 공익성이 낮은 사업의 시행을 위하여 공용수용을 인정하고 있는 위 법률은 위헌이라고 하였다.282)

2. 재산권에 대한 공권적 침해

(1) 재산권의 의미

손실보상의 원인행위로서의 공용침해는 재산권에 대해서만 허용된다. 아무리 공공의 필요가 인정된다 하더라도 타인의 생명·신체를 침해하는 것은 정당화될 수 없기 때문이다.

여기에서 재산권이란 법에 의해 보호되고 있는 일체의 재산적 가치있는 권리를 의미하며, 물권·채권·무체재산권(저작권·특허권) 등의 사법상 권리뿐만 아니라 공법상의 권리도 포함한다. 그러나 현존하는 구체적 재산가치가 있어야 하므로, 토지의 가격상승의 기대와 같은 '기대이익'은 여기에 포함되지 않는다. 헌법재판소도 약사의 한약조제권이란 법률에 의하여 약사의 지위에서 인정되는 하나의 권능에 불과하고, 더욱이 의약품을 판매하여 얻게 되는 이익 역시 장래의 불확실한 기대이익에 불과한 것이므로, (구)약사법상 약사에게 인정된 한약조제권은 헌법에서 말하는 재산권의 범위에 속하지 않는다고 판시하였다.283)

낙동강 하구 둑 건설사업으로 인하여 인근 토지가 철새도래지로서의 자연문화적인 학술가치를 침해받는 것이 재산권침해에 해당하는지가 문제된 사건에서 대법원은, 문화적·학술적 가치는 특별한 사정이 없는 한 그 토지의 부동산으로서의 경제적·재산적 가치를 높여주는 것이 아니므로 이는 손실보상의 대상이 될 수 없다고 판시하였다.284)

---

280) 헌재 2009. 9. 24, 2007헌바114; 헌재 2014. 10. 30, 2011헌바129.
281) 구 「지역균형개발 및 지방중소기업 육성에 관한 법률」에 따르면 국토해양부장관(현 국토교통부장관)은 개발수준이 다른 지역에 비해 현저하게 낮은 지역의 개발을 촉진하기 위하여 필요하다고 인정되는 경우에는 개발촉진지구를 지정할 수 있다(9조). 개발촉진지구가 지정·고시되면 시장·군수·구청장은 개발촉진지구 개발계획을 작성하여야 하는데, 개발계획에는 관광휴양지조성 등 주민소득증대에 이바지할 수 있는 사업이 포함되어야 한다(14조). 개발촉진지구 내에서의 개발사업(이하에서 '지구개발사업'이라 한다)은 국가·지방자치단체뿐만 아니라 민간개발자도 실시할 수 있으며(2조, 16조 1항 4호), 지구개발사업시행자는 그 사업의 시행에 필요한 토지 등을 수용하거나 사용할 수 있다(19조 1항). 한편, 위의 관광휴양지조성사업에는 대규모 놀이공원사업뿐만 아니라 골프장이나 리조트 사업도 포함되므로, 개발촉진지구에서 골프장이나 리조트 사업을 실시하려는 민간개발자는 실시계획을 작성하여 승인을 받으면 그 사업에 필요한 토지를 수용 또는 사용할 수 있게 된다. 이와 관련하여, 민간개발자의 고급골프장이나 고급리조트 사업을 위해 토지의 수용·사용을 허용하는 것이 '공공의 필요성' 요건을 충족하는지가 문제되었다.
282) 헌재 2014. 10. 30, 2011헌바129.
283) 헌재 1997. 11. 27, 97헌바10.

(2) 공권적 침해

손실보상이 인정되기 위해서는 재산권에 대한 공권적 침해가 있어야 하는데, 여기에서 '공권적 침해'란 공행정작용에 의한 강제적 침해를 의미한다. 따라서 공적 목적으로 사용하기 위해 사법상의 방법으로 재산권을 취득하는 경우에 지불하는 대금(예컨대 도로부지로 사용하기 위해 사인의 토지를 임의매수한 경우의 매매대금)은 손실보상에 속하지 않는다.

그리고 '침해'란 일체의 재산적 가치를 감소시키는 행위를 의미하는데, 헌법은 그 전형적인 유형으로 수용·사용·제한을 들고 있으나 그것에 국한되지 않음은 물론이다. 여기에서 수용이란 재산권의 박탈을, 사용이란 재산권의 박탈에 이르지 않는 일시적 사용을, 제한이란 재산권자의 사용수익권 행사를 제한하는 것을 의미한다. 수용·사용·제한을 포괄하는 의미로 '공용침해'라는 용어가 사용되기도 한다.

(3) 침해의 적법성

공공필요에 의한 재산권침해는 법률에 근거해서 적법하게 하여야 한다. 아무리 공공필요에 의한 재산권침해라 하더라도 법률에 위반하여 한 경우에는 손실보상이 아니라 국가배상의 대상이 된다.[285]

헌법은 공공필요에 의한 재산권의 수용·사용·제한은 '법률로써' 하여야 함을 명시하고 있는데, 여기에서의 법률은 국회에서 제정된 형식적 의미의 법률을 의미하며, 다만 법률의 수권이 있는 경우에는 법규명령이나 조례에 의해서도 가능하다고 할 것이다. 그리고 '법률로써'라 함은 직접 법률에 의해 침해하는 것과 법률에 근거한 행정처분에 의해 침해하는 것을 포함하는데, 후자가 일반적이라 할 수 있다.[286]

이와 관련하여 국가 또는 지방자치단체가 권원 없이 사인의 토지를 사실상 도로로 사용함으로써 해당 토지소유자에게 발생한 손실에 대해 도로법 제99조에 따라 손실보상을 청구할 수 있는지가 문제된다. 이에 대해 판례는, 도로법 제99조는 도로법의 규정에 의한 처분이나 제한으로 인한 손실을 보상하도록 규정하고 있는데, 국가 또는 지방자치단체가 사인의 토지를 법률상 원인 없이 사실상 도로로 사용하는 것은 도로법의 규정에 의한 어떠한 처분 또는 제한으로 인한 것이 아니기 때문에 도로부지 등의 소유자는 — 국가나 지방자치단체를 상대로 부당이득반환청구나 손해배상청구를 할 수 있음은 별론으로 하고 — 도로법 제99조에 의한 손실보상청구를 할 수는 없다고 한다.[287]

---

284) 대판 1989. 9. 12, 88누11216.
285) 다만 위법한 공용침해와 관련해서 수용유사적 침해와 수용적 침해에 대한 구제가 문제되는데, 이에 관해서는 별도로 고찰하기로 한다.
286) 과거 하천구역법정주의를 취하였던 구 하천법하에서 개인의 토지가 법이 정한 하천구역에 해당하면 행정처분을 매개로 하지 아니하고 법률에 의해 하천부지에 편입되도록 한 것이 직접 법률에 의한 침해의 대표적 예에 속한다고 할 것이다.
287) 대판 1981. 10. 13, 81다932; 대판 2006. 9. 28, 2004두13639.

3. 특별한 희생

손실보상이 인정되기 위해서는 재산권에 대한 공권적 침해로 인하여 상대방에 특별한 희생이 발생하여야 한다. 여기에서 특별한 희생이란 재산권에 내재하는 사회적 제약을 넘어서는 손실을 의미한다. 재산권자는 사회적 제약의 범위 내의 침해에 대해서는 이를 보상 없이 수인하여야 하기 때문이다. 특별한 희생과 사회적 제약을 구별하는 기준에 관해서는 다음과 같은 여러 학설이 대립하고 있다.

(1) 형식적 기준설

이는 '피해자의 인적 범위'를 기준으로 하여 특별희생 여부를 구별하는 견해이다. 즉, 공공필요에 의해 재산권을 침해당하는 사람이 대다수의 국민인 경우에는 사회적 제약 내의 침해로 보며, 특정인 내지 특정 범위의 사람에 대한 침해인 경우에만 특별한 희생에 해당한다고 본다. 예컨대 법령에서 공공필요를 이유로 국민의 재산권을 일반적으로 제한하는 경우에는 사회적 제약에 해당하며, 특정 공익사업을 위해 행정처분에 의해 특정인의 재산권을 침해하는 경우에는 특별희생에 해당한다고 한다. 이는 독일 연방대법원(BGH)의 판례를 통해 발전된 이론이다.

이러한 형식적 기준설은 피해자의 인적 범위를 기준으로 하기 때문에 특별희생에 해당하는지 여부를 구별하기 쉽다는 장점은 있으나, 특별희생은 반드시 특정 범위의 사람에 대한 침해의 경우에만 인정되는 것은 아니고 국민에게 일반적으로 부과되는 재산권 제한의 경우에도 그 침해의 정도가 수인의 한도를 넘어서는 경우에는 특별한 희생에 해당할 수 있다는 점에서 비판을 받는다.

(2) 실질적 기준설

이는 '침해의 정도'를 기준으로 하여 특별희생 여부를 구별하는 견해로서, 다시 다음과 같은 여러 견해로 나누어진다.

① **보호가치설**: 재산권을 보호할 가치가 있는 것과 그렇지 않은 것으로 구분하여, 전자에 대한 침해만이 손실보상을 요하는 특별한 희생에 해당한다는 견해이다(Jellinek).

② **수인한도설**: 재산권 침해의 강도와 범위에 비추어 재산권자에게 수인의 한도를 넘어서는 불이익을 가져다주는 것이 특별한 희생에 해당한다는 견해이다(Stödter, Maunz).

③ **목적위배설**: 재산권에 대한 침해행위로 인하여 재산권이 본래 가지고 있던 이용목적이나 기능을 현저히 저해하는지를 기준으로 특별희생 여부를 구별하는 견해이다(Forsthoff, Weber, Huber).

④ **사적효용설**: 재산권의 본질적 기능은 사용·수익·처분하는 사적 효용에 있다고 보아, 재산권 침해행위로 인하여 재산권자의 사적 효용을 박탈하는지를 기준으로 특별희생 여부를 구별하는 견해이다(Kutscher).

⑤ **중대성설**: 침해행위가 재산권에 미치는 중대성과 정도를 기준으로 특별희생 여부를 구별하는 견해로서, 독일 연방행정법원이 기본적으로 취하고 있는 입장이다.

(3) 상황구속성설

앞에서 살펴본 바와 같이 독일 연방대법원은 기본적으로 형식적 기준설을 취하고 있는데, 이는 단순히 피해자의 인적 범위만을 기준으로 함으로써 특별희생 여부를 판단하는데 적지 않은 한계에 부딪혔다. 이에 독일 연방대법원은 형식적 기준설을 보완하기 위하여 상황구속성설이라는 새로운 이론을 발전시켰다. 상황구속성설이란 재산권마다 그 처한 위치나 상황이 다를 수 있으므로 이를 고려하여 특별희생 여부를 판단하여야 한다는 견해이다. 즉, 재산권에 대해 동일한 내용의 제약이 가해진다 할지라도 재산권이 놓인 위치나 상황에 따라 침해의 정도가 다를 수 있으므로 그에 따라 특별희생 여부도 달리 판단되어야 한다는 것이다.[288]

우리 헌법재판소도 개발제한구역의 위헌성이 문제된 사건에서, 『사회적 제약의 범위를 넘는 특별한 재산적 손해가 발생하였는가의 문제는 일률적으로 확정할 수는 없고, 당해 토지가 놓여 있는 객관적 상황(공부상 지목, 토지의 구체적 현황 등)을 종합적으로 고려하여 판단해야 할 것』이라고 함으로써, 상황구속성설의 입장을 반영하고 있다.[289]

> **판례** 『언제 이 사건 법률조항에 의한 제한이 토지재산권의 내재적 한계로서 허용되는 사회적 제약의 범위를 넘어 감수하라고 할 수 없는 특별한 재산적 손해가 발생하였는가의 문제는 일률적으로 확정할 수는 없고, **당해 토지가 놓여 있는 객관적 상황(공부상 지목, 토지의 구체적 현황 등)을 종합적으로 고려하여 판단해야 할 것**이나, 토지소유자가 보상없이 수인해야 할 한계를 설정함에 있어서 일반적으로 다음의 두 가지 관점이 중요한 기준이 된다고 하겠다. 첫째, 토지를 합법적인 용도대로 계속 사용할 수 있는 가능성이 있는가 하는 것이다. 토지를 종래 합법적으로 행사된 토지이용의 목적으로도 사용할 수 없는 경우, 토지재산권의 이러한 제한은 국민 누구나가 수인해야 하는 사회적 제약의 범위를 넘는 것으로 판단해야 한다. 둘째, 토지에 대한 이용방법의 제한으로 말미암아 토지소유자에게 법적으로 전혀 이용방법이 없기 때문에 실질적으로 토지에 대한 사용·수익을 전혀 할 수 없는 경우에도 수인의 한계를 넘는 특별한 재산적 손해가 발생하였다고 보아야 한다.』 (헌재 1998. 12. 24, 89헌마214, 97헌바78(병합))

(4) 소결

특별희생 여부를 구별하는 여러 학설들은 나름 타당한 근거를 제시하고 있지만 완전한 판단기준을 제시하고 있지는 못하다. 따라서 구체적 사안에서 형식적 기준설, 실질적 기준설 및 상황구속성설을 종합하여 특별희생 여부를 판단하여야 할 것이다.

4. 보상규정의 존재

헌법 제23조 제3항은 공공필요에 의해 개인의 재산권을 침해하는 경우에 '침해'뿐만 아니라 그에 대한 '보상'도 법률에 규정하도록 하고 있으며, 따라서 손실보상을 청구하기 위해서는 원칙적으

---

288) 예컨대 개발제한구역 내에서의 건축행위를 제한·금지하는 경우에, 해당 토지가 대지인지 임야인지에 따라 재산권자에게 미치는 침해의 정도가 다르므로 특별희생 여부도 달리 판단되어야 한다는 것이다. '대지'에 건축행위가 금지되면 해당 대지는 본래의 이용목적으로의 효용을 상실하는데 대하여, '임야'에 건축행위가 금지되더라도 해당 임야는 종전과 마찬가지로 임야로서의 효용은 유지될 수 있기 때문이다.

289) 헌재 1998. 12. 24, 97헌바78.

로 법률에 보상규정이 있어야 한다.

한편, 공공필요에 의한 재산권침해에 대해 모두 보상을 하여야 하는 것은 아니며 재산권의 사회적 제약을 넘어서는 특별한 희생에 해당하는 경우에만 보상의 대상이 되는데, 앞에서 살펴본 바와 같이 사회적 제약과 특별한 희생의 구별이 쉽지 않은 경우가 있기 때문에 공용침해에 관해 규정하는 입법자는 보상규정을 두어야 하는지에 대해 어려움을 겪는다.290) 만일 공공의 필요에 의한 재산권 침해를 규정하고 있는 법률이 보상에 관해서는 아무런 규정을 두고 있지 않다면 재산권자의 권리를 어떻게 구제할 것인지가 문제되는바, 이에 관해서는 헌법 제23조 제3항의 성질과 관련하여 다음과 같은 여러 학설이 대립하고 있다.

(1) 방침규정설

헌법 제23조 제3항은 공공의 필요에 의해 개인의 재산권을 침해하는 경우에 그것이 특별한 희생에 해당하면 보상규정을 두어야 한다는 입법의 방침을 선언한 것에 불과하므로, 만일 법률에 보상규정이 없는 경우에 국민은 직접 헌법에 근거해서는 보상을 청구할 수 없고 헌법의 취지에 따른 보상입법이 행해져야 비로소 보상을 청구할 수 있다는 견해이다.

그러나 이러한 이론은 입법자절대주의가 지배하였던 구시대의 유물에 지나지 않으며, 국민의 손실보상청구권을 무력화 시킬 우려가 있는 점에서 비판을 받고 있다.

(2) 직접효력설

정당한 보상을 지급하도록 한 헌법 제23조 제3항은 '국민'에 대해 직접적인 효력을 가지며, 따라서 만일 법률에 보상규정이 없는 경우에는 국민은 직접 헌법 제23조 제3항에 근거하여 보상을 청구할 수 있다는 견해이다. 이는 과거 제3공화국헌법 시절의 통설 및 판례의 입장이었으며, 현재에도 일부 학자에 의해 지지되고 있다.291)

이러한 견해에 대해서는, 공용침해는 법률로써 하되 정당한 보상을 지급하도록 규정한 제3공화국 헌법하에서는 가능한 이론이지만, 공용침해 및 그에 대한 보상을 모두 법률로 정하도록 한 현행 헌법하에서는 직접효력설을 취하기 곤란하다는 비판이 가해진다.

(3) 위헌무효설(입법자에 대한 직접효력설)

헌법 제23조 제3항은 국민에 대해 직접 효력을 가지는 규정이 아니라, '입법자'에게 공용침해에 관한 법률을 제정하는 경우에는 보상에 관한 규정을 두도록 의무를 과하는 것이라고 본다. 따라서 만일 공용침해를 규정한 법률에 보상규정이 없는 경우에는 국민은 직접 헌법 제23조 제3항에 근거하여 보상을 청구할 수는 없지만, 그러한 법률은 위헌무효이기 때문에 그에 근거한 재산권침해행위는 위법하게 되고, 따라서 국민은 행정소송을 제기하여 재산권침해행위의 취소를 구하거나 국

---

290) 공용침해 중 '수용과 사용'의 경우에는 일반적으로 특별한 희생에 해당한다고 보기 때문에 보상규정을 두는 데에는 큰 문제가 없으나, '제한'의 경우에는 그것이 사회적 제약의 내의 것인지 특별한 희생에 해당하는지를 판단하기 어려우며 이 경우 사회적 제약 내의 것으로 보아 보상규정을 두지 않는 경우가 많다.

291) 박균성(상), 999면; 김남철, 643면; 대판 1967. 11. 2, 67다1334.

가배상법에 의한 손해배상을 청구할 수 있다는 견해이다.[292]

이러한 견해에 대해서는 다음과 같은 비판이 가해지고 있다. i) 손실보상과 국가배상은 그 제도적 이념, 청구절차, 보상(배상)액 산정기준 등에 있어 본질을 달리하는 제도인데, 공공의 필요를 위한 재산권 침해행위가 단지 보상규정이 없다는 이유만으로 불법행위와 동일하게 다루어져서 국가배상의 대상이 되도록 하는 것은 형평에 맞지 않는다. ii) 입법자는 공공필요에 의한 재산권침해가 특별한 희생에 해당한다고 인정되는 경우에 한하여 보상규정을 둘 의무가 있는데, 경우에 따라서는 특별희생에 해당하는지 여부가 불분명한 경우가 있다. 이 경우 보상규정을 두지 않은 데 대한 입법자의 책임을 묻기가 곤란하며, 또한 공무원이 이와 같은 (결과적으로 위헌인) 법률을 집행하여 개인의 재산권을 침해한 경우에도 공무원의 고의·과실을 인정하기 어렵기 때문에 국가배상에 의한 구제를 받을 수 없는 문제가 있다.

(4) 보상입법부작위 위헌설

법률이 공공의 필요에 의한 재산권침해를 규정하면서 보상규정을 두지 않은 경우에 재산권침해를 규정한 해당 법률 자체가 위헌이 아니고 다만 보상규정을 두지 않은 입법부작위가 위헌이라는 견해이다.[293] 이는 우리 헌법 제23조 제3항이 독일 기본법 제14조 제3항과는 문언상의 차이가 있기 때문에 불가분조항의 성격을 갖지 않는다는 입장에 기초하고 있다.

이 견해에 의하면 재산권을 침해당한 자는 보상입법부작위에 대한 헌법소원심판을 제기하여 위헌결정을 받은 다음 그에 따른 입법조치를 기다려서 보상을 청구할 수 있게 되는데, 이는 국민의 권리구제에 매우 우회적이라는 비판을 받는다.

(5) 유추적용설(수용유사적 침해이론에 의한 해결설)

독일 연방대법원은 보상 규정이 없는 법률에 의해 국민의 재산권을 침해한 경우에는 '수용에 유사한 침해'로 보아 기본법 제14조 제3항을 유추적용하여(또는 관습법상의 희생보상청구권에 근거하여) 손실보상을 해 주어야 한다고 하였는바,[294] 이러한 논리를 체계화 한 것이 '수용유사적 침해이론'이다.

우리나라에서도 보상 규정이 없는 법률에 의해 국민의 재산권을 침해한 경우에는 헌법 제23조 제1항(재산권 보장)과 제11조(평등의 원칙)에 근거하고 헌법 제23조 제3항(수용 등에 대한 손실보상)

---

292) 류지태/박종수, 431면. 한편, 정하중 교수는 현행 헌법 제23조 제3항이 불가분조항(부대조항)을 채택하고 있으므로 만일 공용침해의 수권법률이 보상규정을 결여하였거나 또는 보상규정을 두었다 하더라도 정당한 보상을 내용으로 하지 않는 경우에는 당해 법률은 위헌무효에 해당하며, 위헌무효의 법률에 의한 재산권침해에 대해서는 재산권의 존속보호우선의 원칙에 따라 우선적으로 행정소송이나 헌법소원을 통하여 침해를 방어하여야 하고, 방어할 수 없는 불가피한 경우에 비로소 국가배상이나 결과제거청구권을 통하여 구제받을 수 있다고 하는바(정하중, 579면), 이 견해 역시 위헌무효설(입법자에 대한 직접효력설)과 맥락을 같이 한다고 할 수 있다.

293) 김문현, 보상규정 없는 법률에 기한 수용적 재산권제한에 대한 권리구제방법,고시연구 2000. 8, 23면 이하.

294) BGHZ 6, 270(290); BGHZ 7, 296(298). 초기의 판례는 수용유사적 침해에 대한 보상의 근거로 기본법 제14조 제3항의 유추적용을 들었으나, 연방헌법재판소의 자갈채취판결에 의해 더 이상 기본법 제14조 제3항을 유추적용할 수 없게 되자, 이제는 그 근거를 독일 관습법적으로 인정되어온 희생보상청구권에서 도출하고 있다. 이에 관한 상세는 이 책 "수용유사적 침해" 부분 참조.

및 관계 법률을 유추적용하여 손실보상을 해 주어야 한다는 견해가 있는바,[295] 통상 이를 유추적용설이라 부른다.

이에 대해서는, i) 우리나라 헌법은 손실보상에 관해 독일 기본법과는 다른 구조를 가지고 있는데[296] 독일에서조차 문제점이 지적되는 수용유사침해이론을 받아들이는 것은 문제가 있으며, ii) 손실보상의 구체적인 기준과 방법에 대해 법률의 규정이 없는데 어떻게 손실보상을 청구할 수 있는지가 문제된다는 비판이 가해진다.[297]

(6) 소결

헌법 제23조 제3항은 공공의 필요에 의해 재산권을 침해하는 경우에는 그 침해행위뿐만 아니라 보상에 관해서도 법률로 규정하도록 하고 있는데, 만일 보상에 관해 규정하지 않은 법률에 근거하여 개인의 재산권을 침해한 경우에는 위법한 침해에 해당하므로 재산권자는 일차적으로 행정소송을 통해 그 침해의 배제를 구할 수 있다고 할 것이다. 이는 존속보장 우선의 원칙에도 부합한다. 그런데 만일 공익상의 필요가 매우 커서 존속보장이 관철될 수 없는 경우에는 헌법 제23조 제3항에 근거하여 손실보상을 청구할 수 있다고 보는 것이 타당할 것이다. 그리고 보상의 구체적인 기준과 방법에 관한 법률규정이 없는 것이 문제되는데, 이 경우에는 공법상의 당사자소송에 의하도록 하는 것이 타당할 것이다. 물론 현행 헌법하에서 직접 헌법 제23조 제3항에 근거하여 손실보상을 청구하는 것에는 다소 무리가 있음은 부인할 수 없다. 그러나 국가배상에 의할 때 발생하는 문제보다는 덜 근본적이라 할 것이다. 만일 국가배상에 의해 해결하는 경우에는 공무원의 과실을 증명하지 못함으로써 아예 권리구제가 불가능하게 될 수 있기 때문이다. 국가배상에 의해 해결하려는 학자는 오늘날 과실의 객관화에 의해 상당부분 문제가 해결되었다고 주장하나,[298] 우리의 현실에서 보상규정을 두지 않은 입법자의 과실을 인정하거나 또는 사후적으로 위헌으로 판정된 법률을 집행한 공무원의 과실을 인정하기란 여전히 어렵다고 할 것이다.

VI. 손실보상의 기준

1. 학 설

공공의 필요에 의해 개인의 재산권이 침해된 경우에 어느 정도 보상을 해 주어야 하는지에 대

---

295) 홍정선(상), 930면. 한편, 홍정선 교수는 자신의 견해를 '간접효력규정설'이라 부르지만, 기능적인 면에서는 유추적용설과 차이가 없음을 인정한다.

296) 예컨대 독일은 관습법적으로 희생보상청구권이 인정되어 왔지만 우리나라의 경우에는 그러한 관습법이 인정되지 않으며, 우리 헌법 제23조 제3항은 손실보상의 대상에 관해 '수용·사용·제한'으로 규정하고 있지만 독일 기본법 제14조 제3항은 '수용(Enteignung)'만을 규정한 점 등을 들 수 있다.

297) 정하중/김광수, 577면; 김남철, 670-671면. 만일 손실보상의 구체적인 기준이나 방법에 관해 법률의 규정이 없음에도 불구하고 법원이 손실보상을 인정하게 되면 법원에게 법형성의 여지를 인정하는 것이 되어 권력분립의 원칙에 위배될 수 있다고 한다(김남철, 671면).

298) 정하중/김광수, 579면.

해서는 완전보상설과 상당보상설이 대립하고 있다.

(1) 완전보상설

이는 자유국가적 재산권관념을 바탕으로 하는 것으로서, 침해된 재산의 가치를 충분하고 완전하게 보상하여야 한다는 견해이다. 이러한 완전보상설은 미국 연방헌법 수정 제5조가 규정한 정당한 보상(just compensation)의 해석과 관련하여 발전된 것으로서,[299] 우리나라 제3공화국헌법상의 정당한 보상의 해석과 관련해서도 통설과 판례는 완전보상설을 취하였다.

다만 완전보상설에 있어서도 침해된 재산의 객관적 시장가치를 보상하면 된다는 견해와 부대적 손실에 대한 보상도 필요하다고 보는 견해가 대립하고 있는데, 후자가 다수의 견해라 할 수 있다. 그러나 개발이익은 완전보상의 범위에 포함되지 않는다고 본다.

(2) 상당보상설

이는 재산권의 사회적 구속성과 침해행위의 공공성에 비추어 사회국가원리에 입각한 기준에 따른 적정한 보상이면 족하다는 견해로서, 합리적 이유가 있는 경우에는 완전보상을 밑도는 보상도 가능하다고 한다. 이는 재산권의 사회적 구속성을 규정한 바이마르헌법에서 유래하는 것으로서, 현행 독일 기본법도 이를 계승하고 있다고 본다.

2. 헌법상의 보상기준

(1) 역대 헌법상 손실보상의 기준

> 제1공화국헌법과 제2공화국헌법 : 상당한 보상
> 제3공화국헌법 : 정당한 보상
> 제4공화국헌법(유신헌법) : 보상의 방법과 기준은 법률로 정한다.
> 제5공화국헌법 : 보상은 공익 및 관계자의 이익을 정당하게 형량하여 법률로 정한다.
> 현행헌법 : 정당한 보상

(2) 현행 헌법상 손실보상의 기준

현행 헌법 제23조 제3항은 "공공필요에 의한 재산권의 수용·사용 또는 제한 및 그에 대한 보상은 법률로써 하되, 정당한 보상을 지급하여야 한다"고 규정하고 있는데, 여기에서 정당한 보상이란 원칙적으로 완전한 보상을 의미한다고 보는 것이 통설과 판례의 입장이다.[300]

---

299) 연방헌법 수정 제5조의 'just compensation'은 'full and perfect compensation'을 의미한다고 본다.
300) 대판 2001. 9. 25, 2000두2426; 헌재 1998. 3. 26, 93헌바12; 헌재 2001. 4. 26, 2000헌바31.

판례 『헌법 제23조 제3항이 규정하는 정당한 보상이란 원칙적으로 피수용재산의 객관적인 재산가치를 완전하게 보상하는 완전보상을 의미하며, 토지의 경우에는 그 특성상 인근 유사토지의 거래가격을 기준으로 하여 토지의 가격형성에 미치는 제 요소를 종합적으로 고려한 합리적 조정을 거쳐서 객관직인 가치를 평가할 수밖에 없는데, 이 때 소유자가 갖는 주관적인 가치, 투기적 성격을 띠고 우연히 결정된 거래가격 또는 흔히 불리우는 호가, 객관적 가치의 증가에 기여하지 못한 투자비용이나 그 토지 등을 특별한 용도에 사용할 것을 전제로 한 가격 등에 좌우되어서는 안 되며, 개발이익은 그 성질상 완전보상의 범위에 포함되지 아니한다.』 (헌재 2001. 4. 26. 2000헌바31)

VII. 구체적인 보상 기준과 내용

손실보상의 구체적인 기준과 내용은 법률로 정하는데, 앞에서 설명한 바와 같이 손실보상에 관한 일반법은 존재하지 않으며 여러 개별법에서 각각 규율하고 있다. 그런데 손실보상의 가장 대표적인 예는 공익사업을 위해 토지를 수용할 때의 보상이라 할 수 있는데, 토지보상법은 토지수용시 보상의 기준, 내용, 절차 등에 관한 상세한 규정을 두고 있으며, 상당수의 개별법에서는 위 토지보상법의 규정을 준용하도록 하고 있다(하천법 76조 4항, 도로법 99조 4항 등). 이하에서는 토지보상법에 규정된 보상의 기준과 내용을 중심으로 살펴보기로 한다.

1. 재산권 보상

공익사업을 위해 토지 등이 수용된 경우에 정당한 보상이 되기 위해서는 원칙적으로 해당 토지 등의 객관적 가치를 완전하게 보상하여야 하는데, 이를 위하여 토지보상법은 시가보상의 원칙을 채택하고 있다. 다만 개발이익은 토지의 객관적 가치에 포함되지 않기 때문에 정당한 보상에 포함되지 않는다고 본다. 한편 토지보상법은 토지수용으로 인한 부대적 손실에 대해서도 보상하도록 하고 있는데, 이전료보상·영업손실보상 등이 그에 해당한다. 이하에서 나누어 설명하기로 한다.

(1) 수용된 토지에 대한 보상

① 시가보상의 원칙 : 토지수용에 있어서 보상액의 산정은 협의에 의한 경우에는 협의 성립 당시의 가격을, 재결에 의한 경우에는 재결 당시의 가격을 기준으로 하도록 함으로써 시가보상의 원칙을 채택하고 있다(토지보상법 67조).

② 개발이익의 배제 : 공익사업의 시행으로 인하여 지가가 상승함으로써 토지소유자 등이 받는 이익을 개발이익이라 하는데, 이러한 개발이익은 정당한 보상에 포함되지 않는다는 것이 통설과 판례의 입장이다.

토지보상법은 "보상액을 산정할 경우에 해당 공익사업으로 인하여 토지 등의 가격이 변동되었을 때에는 이를 고려하지 아니한다"고 함으로써 개발이익의 배제를 명시적으로 규정하고 있으며(67조 2항), 이를 위하여 보상액 산정에 있어서 공시지가를 기준으로 하도록 하고 있다. 즉, 토지

등의 보상가액을 산정함에 있어서 공시지가를 기준으로 하되, 공시기준일부터 보상액 산정시까지의 토지이용계획·지가변동률·생산자물가상승률과 그 밖에 그 토지의 위치·형상·환경·이용상황 등을 고려하여 결정하도록 하고 있다(70조 1항).[301]

이와 같이 공시지가를 기준으로 보상액을 산정하도록 한 것이 정당한 보상을 하도록 한 헌법 제23조 제3항에 위반되는지가 문제되었는바, 이에 대해 헌법재판소는『헌법 제23조 제3항에서 규정한 정당한 보상이란 원칙적으로 완전보상을 뜻하는 것이지만, 공익사업의 시행으로 인한 개발이익은 완전보상의 범위에 포함되는 피수용토지의 객관적 가치라고 볼 수 없다. 따라서 토지수용법 제46조 제2항(현 토지보상법 제70조)이 보상액을 산정함에 있어서 개발이익을 배제하기 위하여 공시지가를 기준으로 하도록 한 것은 헌법 제23조 제3항에 규정한 정당보상의 원리에 어긋나지 않는다』고 판시하였다.[302]

> **참고**
>
> 공익사업의 시행과 관련하여 수용된 토지소유자는 개발이익을 공제한 가액으로 보상받는 반면 수용되지 않은 토지소유자는 개발이익을 누린다면 형평의 원칙에 어긋나게 된다. 따라서 개발사업으로 인하여 지가가 상승하여 개발이익이 발생한 경우에는 토지소유자 등에게 개발부담금을 부과함으로써 개발이익을 환수하고 있다(개발이익 환수에 관한 법률 3조 참조).

(2) 부대적 손실에 대한 보상

정당한 보상이 되기 위해서는 직접 수용의 대상이 된 것뿐만 아니라 수용으로 인해 부대적으로 발생한 손실에 대해서도 보상하여야 하는데, 토지보상법은 부대적 손실과 관련하여 이전료보상·영업손실보상·잔여지보상 등에 대해 규정하고 있다.

① **이전료보상** : 건축물·입목·공작물과 그 밖에 토지에 정착한 물건(이하 '건축물 등'이라 한다)에 대하여는 이전에 필요한 비용으로 보상하여야 한다. 다만 i) 건축물 등을 이전하기 어렵거나 그 이전으로 인하여 종래의 목적대로 사용할 수 없게 된 경우, ii) 건축물 등의 이전비가 그 물건의 가격을 넘는 경우, iii) 사업시행자가 공익사업에 직접 사용할 목적으로 취득하는 경우에는 해당 물건의 가격으로 보상하여야 한다(토지보상법 75조).

② **영업손실 등에 대한 보상** : 영업을 폐지하거나 휴업함에 따른 영업손실에 대하여는 영업이익과 시설의 이전비용 등을 고려하여 보상하여야 한다(77조 1항). 농업의 손실에 대하여는 농지의 단

---

301) 공시지가에는 표준지공시지가와 개별공시지가가 있는데, 토지보상법 제70조에서 말하는 공시지가는 표준지공시지가를 의미한다(부동산 가격공시에 관한 법률 8조 2호 가목). 표준지공시지가란 국토교통부장관이 토지이용상황이나 주변 환경, 그 밖의 자연적·사회적 조건이 일반적으로 유사하다고 인정되는 일단의 토지 중에서 선정한 표준지에 대하여 매년 조사·평가하여 공시한 단위면적당 적정가격을 말한다(동법 3조 1항). 그리고 여기에서 공시지가는 '사업인정고시일 전'에 공시된 공시지가 중 '사업인정고시일에 가장 가까운 시점'에 공시된 것을 기준으로 히도록 하고 있다(토지보상법 70조 4항). 사업인정고시일 후에 공시된 공시지가는 개발이익이 반영되었을 가능성이 크기 때문이다.

302) 헌재 1990. 6. 25, 89헌마107; 헌재 2001. 4. 26, 2000헌바31.

위면적당 소득 등을 고려하여 실제 경작자에게 보상하여야 한다(77조 2항). 휴직하거나 실직하는 근로자의 임금손실에 대하여는 근로기준법에 따른 평균임금 등을 고려하여 보상하여야 한다(77조 3항).

이와 관련해서는 특히 다음의 사항이 문제되고 있다.

a) 토지보상법시행규칙 제45조에 의하면 영업손실보상의 대상이 되는 영업은 첫째 사업인정고시일 전부터 적법한 장소(무허가건축물이 아닌 곳, 불법 형질변경한 토지가 아닌 곳 등)에서 계속적으로 행하는 영업이어야 하고,[303] 둘째 영업을 행함에 있어 관계 법령에 의한 허가·신고 등을 필요로 하는 경우에는 사업인정고시일 전에 허가를 받거나 신고를 하여 그 내용대로 행하는 영업이어야 하는바, 이것이 정당보상의 원칙에 위반되는지가 문제된다.

i) 무허가건축물에서의 영업은 보상의 대상이 되지 않는다고 규정한 토지보상법시행규칙 제45조 제1호가 정당보상의 원칙에 위반되는지가 문제된 사안에서 대법원은 『무허가건축물을 지어 위법행위를 통한 영업이익을 누린 사람에 대해서까지 그 손실을 보상하는 것은 정당한 보상이라고 하기 어려운 점 등에 비추어 보면, 이 사건 규칙조항이 '영업'의 개념에 '적법한 장소에서 운영될 것'이라는 요소를 포함하고 있다고 하여 토지보상법의 위임 범위를 벗어났다거나 정당한 보상의 원칙에 위배된다고 하기 어렵다』고 판시하였다.[304]

ii) 무허가·무신고영업 등은 보상의 대상이 되지 않는다고 규정한 토지보상법시행규칙 제45조 제2호가 정당보상의 원칙에 위반되는지가 문제된 사안에서 대법원은, 위 규정은 위법한 영업은 보상대상에서 제외한다는 의미로서 그 자체로는 헌법에서 보장한 정당보상의 원칙에 배치되지는 않는다고 하였다. 다만 신고를 요하는 영업의 경우에는 신고를 하도록 한 목적이나 관련 규정의 체제 및 내용에 비추어 볼 때 신고를 하지 않았다고 하여 영업 자체가 위법성을 가진다고 평가할 것은 아닌 경우도 적지 않고, 이러한 경우라면 신고를 하지 않았다 하더라도 그 영업손실에 대해서는 보상을 하는 것이 헌법상 정당보상의 원칙에 합치하므로, 위 토지보상법시행규칙 제45조 제2호의 규정은 그러한 한도(무신고영업이 위법성을 지닌다고 인정되는 한도)에서만 적용되는 것으로 제한하여 새겨야 한다고 하였다.[305]

---

303) 다만 무허가건축물 등에서 임차인이 영업하는 경우에는 그 임차인이 사업인정고시일 1년 이전부터 사업자등록을 하고 영업을 하고 있는 경우에는 손실보상의 대상이 된다(45조 1호 단서). 이와 같이 무허가건축물 등을 임차한 사람이 영업을 하는 경우에는 소유자가 행하는 영업에 비해 차등하여 보호하는 것이 형평의 원칙에 위배되는지가 문제되었는바, 이에 대해 대법원은 ① 무허가건축물을 임차하여 영업하는 사업자의 경우 일반적으로 자신 소유의 무허가건축물에서 영업하는 사업자보다는 경제적·사회적으로 열악한 지위에 있는 점, ② 무허가건축물의 임차인은 자신이 임차한 건축물이 무허가건축물이라는 사실을 알지 못한 채 임대차계약을 체결할 가능성이 있는 점 등에 비추어 보면, 이 사건 규칙 조항이 무허가건축물의 소유자와 임차인을 차별하는 것은 합리적인 이유가 있고, 따라서 형평의 원칙에 어긋난다고 볼 수 없다고 판시하였다(대판 2014. 3. 27, 2013두25863).
304) 대판 2014. 3. 27, 2013두25863.
305) 대판 2012. 12. 13, 2010두12842.

판례 『[1] 구 토지보상법의 위임에 의한 그 시행규칙 제45조는, 영업손실의 보상대상인 영업은 "관계 법령에 의한 허가·면허·신고 등을 필요로 하는 경우에는 허가 등을 받아 그 내용대로 행하고 있는 영업"에 해당하여야 한다고 규정하고 있다(제2호). 이는 위법한 영업은 보상대상에서 제외한다는 의미로서 그 자체로 헌법에서 보장한 '정당한 보상의 원칙'에 배치된다고 할 것은 아니다. 다만 영업의 종류에 따라서는 관련 행정법규에서 일정한 사항을 신고하도록 규정하고는 있지만 그러한 신고를 하도록 한 목적이나 관련 규정의 체제 및 내용 등에 비추어 볼 때 신고를 하지 않았다고 하여 영업 자체가 위법성을 가진다고 평가할 것은 아닌 경우도 적지 않고, 이러한 경우라면 신고 등을 하지 않았다고 하더라도 그 영업손실 등에 대해서는 보상을 하는 것이 헌법상 정당보상의 원칙에 합치하므로, 위 구 토지보상법 시행규칙의 규정은 그러한 한도에서만 적용되는 것으로 제한하여 새겨야 한다.

[2] 구 체육시설의 설치·이용에 관한 법률(이하 '구 체육시설법'이라 한다) 제10조, 제22조, 구 체육시설의 설치·이용에 관한 법률 시행규칙 제25조제1호, 제4호 등 관련 규정의 내용과 체계 등을 종합해 보면, 자기 소유의 부동산에 체육시설을 설치하여 체육시설업을 하던 사람으로부터 그 시설을 임차하여 체육시설업을 하려는 사람은 임대계약서 등을 첨부하여 운영주체의 변경사실을 신고하여야 한다. 그런데 구 체육시설법 관련 법령을 두루 살펴보면 시설기준 등에 관해서는 상세한 규정을 두고 그 기준에 맞는 시설을 갖추어서 체육시설업 신고를 하도록 하고 있지만, 체육시설의 운영주체에 관하여 자격기준 등을 따로 제한한 것은 보이지 않고, 신고절차에서도 운영주체에 관하여 심사할 수 있는 등의 근거 규정은 전혀 없다. 오히려 기존 체육시설업자가 영업을 양도하거나 법인의 합병 등으로 운영주체가 변경되는 경우에도 그로 인한 체육시설업의 승계는 당연히 인정되는 전제에서 사업계획이나 회원과의 약정사항을 승계하는 데 대한 규정만을 두고 있을 뿐이다(구 체육시설법 제30조). 이러한 규정 형식과 내용 등으로 보면, 체육시설업의 영업주체가 영업시설의 양도나 임대 등에 의하여 변경되었음에도 그에 관한 신고를 하지 않은 채 영업을 하던 중에 공익사업으로 영업을 폐지 또는 휴업하게 된 경우라 하더라도, 그 임차인 등의 영업을 보상대상에서 제외되는 위법한 영업이라고 할 것은 아니다. 따라서 그로 인한 영업손실에 대해서는 법령에 따른 정당한 보상이 이루어져야 마땅하다.』 (대판 2012. 12. 13, 2010두12842)

b) 영업손실은 폐업인지 휴업인지에 따라 보상액이 달리 산정되는데, 영업의 폐지로 볼 것인지 휴업으로 볼 것인지의 기준은 해당 영업을 그 영업소 소재지나 인접 시·군·구 지역 안의 다른 장소로 이전하는 것이 가능한지에 달려 있고, 그 이전 가능 여부는 법령상의 이전 장애사유 유무뿐만 아니라 해당 영업의 종류와 특성, 영업시설의 규모, 그 이전을 위하여 당사자가 들인 노력과 인근 주민들의 이전 반대 등과 같은 사실상의 이전 장애사유 유무 등을 종합하여 판단하여야 한다는 것이 판례의 입장이다.[306]

판례 『[1] 영업손실에 관한 보상의 경우, 영업의 폐지로 볼 것인지 아니면 영업의 휴업으로 볼 것인지를 구별하는 기준은 당해 영업을 그 영업소 소재지나 인접 시·군 또는 구 지역 안의 다른 장소로 이전하는 것이 가능한지 여부에 달려 있고, 그 이전 가능 여부는 법령상의 이전 장애사유 유무와 당해 영업의 종류와 특성, 영업시설의 규모, 인접지역의 현황과 특성, 그 이전을 위하여 당사자가 들인 노력 등과 인근 주민들의 이전 반대 등과 같은 사실상의 이전 장애사유 유무 등을 종합하여 판단하여야 할 것이다.

[2] 결국, 원심은 원고의 양계장을 칠곡군 또는 그 인접의 농촌지역으로 이전하는 데에 법률상의 장애

---

306) 대판 2000. 11. 10, 99두3645; 대판 2003. 1. 24, 2002두8930; 대판 2006. 9. 8, 2004두7672.

는 없음에도 불구하고 주민들의 반대 민원 때문에 사실상 이전이 불가능하다고 판단한 셈인바, 주민들의 반대 민원에는 환경관련법령이나 사회생활상 요구되는 수인한도와의 관계에서 정당한 주장으로 평가될 수 없는 것들도 있고 그러한 민원을 수용한다는 것은 곧 다른 국민의 권리와 정당한 이익을 제한하고 사회 발전에 역행하는 일이므로 주민들의 반대 민원이 있다는 이유만으로 곧 그 정당성을 따지지도 않은 채 이를 수용하여 이전이 사실상 불가능하다고 판단할 것은 아니다.

그러므로 원심으로서는 원고의 양계장의 규모, 이로부터 발생할 수 있는 오·폐수 등의 정도와 그 방지시설 설치의 가능성 등에 기초하여 원고가 선택한 이전 신청지는 물론 그 밖에 취득이 가능하고 법령상의 장애사유가 없는 다른 농촌지역의 상황도 함께 고려하여 인근 주민들의 수인한도와의 관계에서 반대 민원의 정당성 유무를 심리한 후 이 사건 양계장의 이전 가능 여부를 판단하였어야 할 것임에도 집단 민원의 정당성을 살펴보지 아니한 채 반대 민원의 가능성 혹은 그 제기만으로 곧 양계장 이전이 사실상 불가능하다고 판단하였으므로 이러한 원심의 조치에는 영업 폐지에 관한 법리를 오해하여 심리를 다하지 아니한 잘못이 있다고 할 것이다.」 (대판 2003. 1. 24, 2002두8930)

③ **잔여지보상** : 동일한 소유자에게 속하는 토지의 일부가 수용됨으로써 잔여지의 가격이 감소하거나 그 밖의 손실이 있을 때에는 그에 대해서도 보상을 해 주어야 하는데, 이를 잔여지보상이라 한다.[307] 토지보상법은 잔여지에 대한 구제방법으로 가격감소 등에 대한 보상과 매수(수용)청구권을 규정하고 있다.

a) **가격감소나 공사비용에 대한 보상** : 사업시행자는 동일한 소유자에게 속하는 일단의 토지의 일부가 취득되거나 사용됨으로 인하여 잔여지의 가격이 감소하거나 그 밖의 손실이 있을 때 또는 잔여지에 통로·도랑·담장 등의 신설이나 그 밖의 공사가 필요할 때에는 그 손실이나 공사비용을 보상하여야 한다. 다만 잔여지의 가격 감소분과 잔여지에 대한 공사비용을 합한 금액이 잔여지의 가격보다 큰 경우에는 사업시행자는 그 잔여지를 매수할 수 있다(토지보상법 73조 1항). 잔여지에 대한 손실 또는 비용의 보상은 해당 사업의 완료일부터 1년이 지난 후에는 청구할 수 없다(73조 2항).

토지보상법은 잔여지보상 청구절차에 관해 특별한 규정을 두지 않음으로써 토지소유자가 직접 사업시행자에게 보상을 청구할 수 있는지가 문제된다. 이에 대해 판례는 토지소유자가 잔여지보상을 받기 위해서는 토지수용위원회의 재결을 거쳐 행정소송(보상금증감청구소송)을 제기하여야 하며, 이러한 절차를 거치지 않은 채 곧바로 사업시행자를 상대로 보상을 청구하는 것은 허용되지 않는다고 한다.[308]

---

307) 잔여지보상이 부대적 손실에 대한 보상에 해당하는지 아니면 간접손실보상(사업손실보상)에 해당하는지에 대하여 다툼이 있다. 일부 견해는 잔여지에 대한 보상은 직접 수용의 대상이 되지 않은 토지에 대한 보상이라는 점에서 간접손실보상의 일종으로 본다(정하중, 587면; 김남철, 704면). 이에 반해 다른 견해는, 잔여지에 대한 보상은 수용으로 인해 부수적으로 발생한 손실에 대한 보상인 점에서 부대적 손실에 대한 보상의 일종으로 본다(박균성(상), 1029면). 생각건대, 간접손실보상이란 주로 공익사업의 시행으로 인한 소음·진동·일조권침해·생활근거파괴 등의 사유로 사업시행지 밖의 재산권에 가해지는 손실에 대해 보상을 해 주는 것을 의미하므로, 잔여지보상은 부대적 손실에 대한 보상에 해당한다고 보는 것이 타당할 것이다. 간접손실보상에 관해 규정하고 있는 토지보상법 제79조도 잔여지는 수용되는 토지의 일종으로 보고 있다.

308) 대판 2008. 7. 10, 2006두19495.

b) 잔여지 매수청구권·수용청구권 : 동일한 소유자에게 속하는 일단의 토지의 일부가 협의에 의하여 매수됨으로 인하여 잔여지를 종래의 목적에 사용하는 것이 현저히 곤란할 때에는 토지소유자는 사업시행자에게 잔여지를 매수하여 줄 것을 청구할 수 있으며, 토지의 일부가 수용됨으로 인하여 잔여지를 종래의 목적으로 사용하는 것이 현저히 곤란할 때에는 토지소유자는 관할 토지수용위원회에 잔여지에 대한 수용을 청구할 수 있다(74조 1항). 이 경우 잔여지의 수용청구는 매수에 관한 협의가 성립되지 않은 경우에만 할 수 있으며 그 사업의 완료일까지 하여야 하는데(74조 1항), 이 행사기간은 제척기간으로서 토지소유자가 그 기간 내에 수용청구권을 행사하지 않으면 그 권리가 소멸한다는 것이 판례의 입장이다.[309]

2. 생활보상

(1) 의의

전통적 견해는 공공의 필요에 의해 개인의 재산권이 침해된 경우에 침해된 재산권의 객관적 가치를 보상하면 충분하다고 보았다. 그러나 오늘날에는 댐건설, 원자력발전소 건립, 신도시 조성 등과 같은 대규모 공공사업이 시행됨에 따라 해당 지역주민의 생활근거가 상실되는 경우가 많이 발생하며, 따라서 침해된 재산권에 대한 객관적 가치를 보상하는 것으로는 부족하고 나아가 침해된 재산권자의 생활재건에 필요한 보상이 행해져야 한다는 개념이 등장하였는바, 이를 생활보상이라 한다. 즉, 생활보상은 침해가 없었던 것과 같은 재산상태를 만들어 주는 것이 아니라 '침해가 없었던 것과 같은 생활상태'로 만들어 주는데 그 의의가 있다.

생활보상의 내용에 대해서는 학설에 따라 차이가 있다. 생활보상을 협의로 이해하는 견해는 이주대책, 주거의 총체가치 보상 등과 같은 생활재건조치만을 포함시키는데 대하여, 광의로 이해하는 견해는 협의의 생활보상에 부대적 손실보상(이전비보상, 영업손실보상)과 사업손실보상을 포함시키고 있다. 생각건대, 생활보상의 순수한 의미는 생활재건에 필요한 보상이라 할 것이므로 협의로 이해하는 것이 타당하다고 할 것이다.

(2) 생활보상의 헌법적 근거 및 성질

생활보상의 헌법적 근거 및 성질에 대해서 다툼이 있다. 일설에 의하면 생활보상은 헌법 제23조 제3항의 정당한 보상에 포함되지 않는다고 하며, 따라서 그 근거를 국민의 인간다운 생활을 할 권리를 규정하고 있는 헌법 제34조에서 찾는다(①설). 그러나 다른 견해는, 만일 생활보상을 헌법 제23조와 분리해서 제34조에만 근거하는 것으로 보면 자칫 재산권보장이 객관적 시장가치의 보장으로만 이해될 우려가 있다고 하면서, 따라서 생활보상은 헌법 제23조(재산권보장)와 제34조(생활권보장)에 의해 통일적으로 파악되어야 한다고 한다(②설).

헌법재판소는 이주대책은 정당한 보상에 포함되는 것이 아니라 국민의 종전 생활상태를 회복시키기 위한 생활보상의 일환으로서 국가의 정책적인 배려에 의해 만들어진 제도라고 함으로써, ①설

---

309) 대판 2010. 8. 19, 2008두822.

을 취하고 있다.³¹⁰⁾ 이에 대한 대법원의 입장은 분명하지 않다. 대법원은 이주대책은 이주자들에게 종전의 생활상태를 회복시키면서 동시에 '인간다운 생활을 보장하여 주기 위한 생활보상의 일환'으로서 국가의 적극적이고 정책적인 배려에 의하여 마련된 제도라고 하였으며,³¹¹⁾ 공익사업 시행지구 안에 거주하는 세입자에게 지급하는 주거이전비는 사회보장적 급부의 성격을 갖는다고 하였다.³¹²⁾ 다른 한편, 사업시행자가 생활대책대상자를 선정하여 생활대책을 실시하는 것은 헌법 제23조 제3항의 정당한 보상에 포함되는 것으로 보아야 하며, 따라서 생활대책대상자 선정기준에 해당함에도 그에 선정되지 않은 자는 사업시행자를 상대로 항고소송을 제기할 수 있다고 하였다.³¹³⁾

판례 ① 『이주대책은 정당한 보상에 포함되는 것이라기보다는 정당한 보상에 부가하여, 이주자들에게 종전의 생활상태를 회복시키기 위한 생활보상의 일환으로서 국가의 정책적인 배려에 의하여 마련된 제도이다(대법원 2003. 7. 25, 선고 2001다57778 판결 참조). 그러므로 이주대책의 실시 여부는 입법자의 입법정책적 재량의 영역에 속한다고 볼 것이다. 그렇다면 이 사건 조항이 세입자에게 이주대책을 제공하지 않았다고 해서 세입자의 재산권을 침해하는 것이라 볼 수 없다.』 (헌재 2006. 2. 23, 2004헌마19)

② 『구 공공용지의 취득 및 손실보상에 관한 특례법 제8조 제1항은 "사업시행자는 공공사업의 시행에 필요한 토지 등을 제공함으로 인하여 생활근거를 상실하게 되는 자(이하 '이주자'라고 한다)를 위하여 대통령령이 정하는 바에 따라 이주대책을 수립 실시한다"고 규정하고 있는바, 위 특례법상의 이주대책은 공공사업의 시행에 필요한 토지 등을 제공함으로 인하여 생활의 근거를 상실하게 되는 이주자들을 위하여 사업시행자가 '기본적인 생활시설이 포함된' 택지를 조성하거나 그 지상에 주택을 건설하여 이주자들에게 이를 '그 투입비용 원가만의 부담하에' 개별 공급하는 것으로서, 그 본래의 취지에 있어 이주자들에 대하여 종전의 생활상태를 원상으로 회복시키면서 동시에 인간다운 생활을 보장하여 주기 위한 이른바 생활보상의 일환으로 국가의 적극적이고 정책적인 배려에 의하여 마련된 제도라 할 것이다.』 (대판 2003. 7. 25, 2001다57778)

③ 『구 토지보상법령의 규정에 의하여 공익사업 시행에 따라 이주하는 주거용 건축물의 세입자에게 지급하는 주거이전비는 공익사업 시행지구 안에 거주하는 세입자들의 조기 이주를 장려하고 사업추진을 원활하게 하려는 정책적인 목적과 주거이전으로 특별한 어려움을 겪게 될 세입자들에게 사회보장적인 차원에서 지급하는 금원이다. 그런데 주택재개발정비사업의 개발이익을 누리는 조합원은 그 자신이 사업의 이해관계인이므로 관련 법령이 정책적으로 조기 이주를 장려하고 있는 대상자에 해당한다고 보기 어렵다. 이러한 조합원이 소유 건축물이 아닌 정비사업구역 내 다른 건축물에 세입자로 거주하다 이전하더라도, 일반 세입자처럼 주거이전으로 특별한 어려움을 겪는다고 보기 어려우므로, 그에게 주거이전비를 지급하는 것은 사회보장급부로서의 성격에 부합하지 않는다.』 (대판 2017. 10. 31, 2017두40068)

④ 『토지보상법은 제78조 제1항에서 "사업시행자는 공익사업의 시행으로 인하여 주거용 건축물을 제공함에 따라 생활의 근거를 상실하게 되는 자(이하 '이주대책대상자'라 한다)를 위하여 대통령령으로 정하는 바에 따라 이주대책을 수립·실시하거나 이주정착금을 지급하여야 한다."고 규정하고 있을 뿐, 생활대책용지의 공급과 같이 공익사업 시행 이전과 같은 경제수준을 유지할 수 있도록 하는 내용의 생활대책에 관한 분명한 근거 규정을 두고 있지는 않으나, 사업시행자 스스로 공익사업의 원활한 시행을 위하여 필요하다고 인정함으로써 생활대책을 수립·실시할 수 있도록 하는 내부규정을 두고 있고 내부규정에 따라 생활대책대상자 선정기준을 마련하여 생활대책을 수립·실시하는 경우에는, 이러한 생활대책 역

---

310) 헌재 2006. 2. 23, 2004헌마19

311) 대판 2003. 7. 25, 2001다57778.

312) 대판 2017. 10. 31, 2017두40068.

시 "공공필요에 의한 재산권의 수용·사용 또는 제한 및 그에 대한 보상은 법률로써 하되, 정당한 보상을 지급하여야 한다"고 규정하고 있는 헌법 제23조 제3항에 따른 정당한 보상에 포함되는 것으로 보아야 한다. 따라서 이러한 생활대책대상자 선정기준에 해당하는 자는 사업시행자에게 생활대책대상자 선정 여부의 확인·결정을 신청할 수 있는 권리를 가지는 것이어서, 만일 사업시행자가 그러한 자를 생활대책대상자에서 제외하거나 선정을 거부하면, 이러한 생활대책대상자 선정기준에 해당하는 자는 사업시행자를 상대로 항고소송을 제기할 수 있다고 보는 것이 타당하다.」 (대판 2011. 10. 13, 2008두17905)

(3) 생활보상의 종류

① **이주대책·이주정착금** : 사업시행자는 공익사업의 시행으로 인하여 주거용 건축물을 제공함에 따라 생활의 근거를 상실하게 되는 자(이하 '이주대책대상자'라 한다)를 위하여 이주대책을 수립·실시하거나 이주정착금을 지급하여야 한다(토지보상법 78조 1항). 사업시행자가 이주대책을 수립하려면 미리 관할 지방자치단체의 장과 협의하여야 한다(78조 2항). 이주대책의 내용에는 이주정착지에 대한 도로, 급수시설, 배수시설, 그 밖의 공공시설 등 통상적인 수준의 생활기본시설이 포함되어야 하며, 이에 필요한 비용은 사업시행자가 부담한다. 다만 행정청이 아닌 사업시행자가 이주대책을 수립·실시하는 경우에 지방자치단체는 비용의 일부를 보조할 수 있다(78조 4항). 이와 같이 사업시행자에게 이주대책 수립·실시의무를 규정하고 있는 토지보상법 제78조 제1항과 이주대책의 내용에 관하여 규정하고 있는 제78조 제4항은 당사자의 합의 또는 사업시행자의 재량에 의하여 그 적용을 배제할 수 없는 강행규정이라는 것이 판례의 입장이다.[314]

이주대책에 있어서 수분양권의 발생시기가 문제된다. 법이 사업시행자에게 이주대책의 수립·실시의무를 부과하고 있다 하여 그 규정 자체만에 의하여 이주자에게 사업시행자가 수립한 이주대책상의 택지분양권이나 아파트입주권 등을 받을 수 있는 구체적인 권리(이를 '수분양권'이라 한다)가 직접 발생하는 것은 아니고, 사업시행자가 이주대책에 관한 구체적인 계획을 수립하여 이를 공고한 후 이주자가 이주대책대상자 선정신청을 하고 사업시행자가 이를 받아들여 이주대책대상자로 확인·결정하여야만 비로소 구체적인 수분양권이 발생하게 된다는 것이 판례의 입장이다.[315] 따라서 아직 이주대책대상자 선정 신청과 이에 따른 결정절차가 있기 전에 민사소송이나 공법상 당사자소송으로 이주대책의 수분양권의 확인을 구하는 것은 허용되지 않고, 이주대책대상자 선정 신청에 대해 사업시행자가 거부결정을 하면 이에 대해 항고소송으로 다투어야 한다고 한다.

사업시행자는 이주대책을 수립·실시하지 않는 경우 또는 이주대책대상자가 이주정착지가 아닌 다른 지역으로 이주하려는 경우에는 이주정착금을 지급하여야 한다(시행령 41조).

② **영세민보상** : 공익사업으로 인해 손실을 입은 영세민에 대해서는 특별한 구제수단을 마련하고 있는데, 이농비(離農費)·이어비(離漁費),[316] 주거대책비,[317] 주거용건축물의 세입자에 대한 주

313) 대판 2011. 10. 13, 2008두17905.
314) 대판 2011. 6. 23, 2007다63089.
315) 대판 1994. 5. 24, 92다35783.
316) 공익사업의 시행으로 인하여 영위하던 농업·어업을 계속할 수 없게 되어 다른 지역으로 이주하는 농민·어민

거이전비318) 등이 이에 해당한다.

3. 간접손실보상(사업손실보상)

(1) 의의

간접손실보상이란 공익사업의 시행이나 완성 후의 시설로 인하여 사업시행지 밖의 재산권에 발생한 간접손실에 대해 보상을 하는 것을 의미하며, 사업손실보상이라고도 한다. 간접손실보상은 다시 물리적·기술적 손실에 대한 보상과 사회적·경제적 손실에 대한 보상으로 나눌 수 있다. 공익사업의 시행으로 인한 소음·진동이나 완성된 시설로 인한 일조권침해 등으로 인하여 인근 지역주민이 받는 고통에 대한 보상이 전자의 예이고, 공익사업의 시행으로 인하여 한 마을의 대부분의 가옥이 사업시행지구에 편입되어 수용되고 일부 가옥만이 남게 됨으로써 생활기반을 상실한 소수 잔존자에 대한 보상이나 농경지가 공익사업(예 : 댐건설)으로 인하여 산지나 하천 등에 둘러싸여 경작이 불가능하게 된 경우에 대한 보상 등은 후자의 예이다.

(2) 요건

간접손실이 인정되기 위해서는 i) 공익사업의 시행으로 인하여 사업시행지 밖의 토지소유자에게 특별한 희생에 해당하는 손실이 발생하여야 하고, ii) 공익사업의 시행으로 인하여 그러한 손실이 발생하리라는 것을 쉽게 예견할 수 있으며, iii) 손실의 범위가 구체적으로 특정될 수 있어야 한다.319)

(3) 법적 근거

토지보상법 제79조 제2항은 "공익사업이 시행되는 지역 밖에 있는 토지 등이 공익사업의 시행으로 인하여 본래의 기능을 다할 수 없게 되는 경우에는 국토교통부령으로 정하는 바에 따라 그 손실을 보상하여야 한다"고 함으로써 간접손실보상에 관한 근거를 마련하고 있으며, 이를 구체화한 토지보상법시행규칙은 간접손실을 유형화하여 그에 대한 보상규정을 두고 있다(59조 – 65조).

만일 간접손실에 대한 보상에 관한 명문의 규정이 없다 하더라도, 공공사업의 시행으로 인하여 그러한 손실이 발생하리라는 것을 쉽게 예견할 수 있고, 그 손실의 범위도 구체적으로 특정할 수 있는 경우에는 그 손실의 보상에 관하여 토지보상법 등의 간접손실보상에 관한 규정을 유추적용할 수 있다는 것이 판례의 입장이다.320)

이 받을 보상금이 없거나 그 총액이 일정 금액에 미치지 못하는 경우에는 그 금액 또는 그 차액을 보상하여야 한다(법 78조 7항, 시행규칙 56조).

317) 수용되는 주거용건축물의 평가금액이 600만원 미만인 경우에는 그 보상액은 600만원으로 하는바(시행규칙 58조 1항), 이를 '주거의 총체가치의 보상'이라고도 한다.

318) 공익사업의 시행으로 인하여 이주하게 되는 주거용 건축물의 세입자(이주대책대상자인 세입자는 제외)로서 사업인정고시일 당시 해당 공익사업시행지구 안에서 3개월 이상 거주한 자에 대하여는 가구원수에 따라 4개월분의 주거이전비를 보상하여야 한다. 다만, 무허가건축물 등에 입주한 세입자로서 사업인정고시일 당시 그 공익사업지구 안에서 1년 이상 거주한 세입자에 대하여도 주거이전비를 보상하여야 한다(시행규칙 54조 2항).

319) 대판 1999. 10. 8, 99다27231; 대판 1999. 12. 24, 98다57419; 대판 2002. 11. 26, 2001다44352.

320) 대판 2002. 11. 26, 2001다44352; 대판 2004. 9. 23, 2004다25581.

(4) 내용

① 공익사업시행지구 밖의 대지 등에 대한 보상 : 공익사업시행지구 밖의 대지(조성된 대지를 말한다)·건축물·분묘 또는 농지가 공익사업의 시행으로 인하여 산지나 하천 등에 둘러싸여 교통이 두절되거나 경작이 불가능하게 된 경우에는 그 소유자의 청구에 의하여 이를 공익사업시행지구에 편입되는 것으로 보아 보상하여야 한다(시행규칙 59조).

② 공익사업시행지구 밖의 건축물에 대한 보상 : 소유농지의 대부분이 공익사업시행지구에 편입됨으로써 건축물만이 공익사업시행지구 밖에 남게 되는 경우로서 그 건축물의 매매가 불가능하고 이주가 부득이한 경우에는 그 소유자의 청구에 의하여 이를 공익사업시행지구에 편입되는 것으로 보아 보상하여야 한다(시행규칙 60조).

③ 소수잔존자에 대한 보상 : 공익사업의 시행으로 인하여 1개 마을의 주거용 건축물이 대부분 공익사업시행지구에 편입됨으로써 잔여 주거용 건축물 거주자의 생활환경이 현저히 불편하게 되어 이주가 부득이한 경우에는 당해 건축물 소유자의 청구에 의하여 그 소유자의 토지 등을 공익사업시행지구에 편입되는 것으로 보아 보상하여야 한다(시행규칙 61조).

④ 공익사업시행지구 밖의 공작물 등에 대한 보상 : 공익사업시행지구 밖에 있는 공작물 등이 공익사업의 시행으로 인하여 그 본래의 기능을 다할 수 없게 되는 경우에는 그 소유자의 청구에 의하여 이를 공익사업시행지구에 편입되는 것으로 보아 보상하여야 한다(시행규칙 62조).

⑤ 공익사업시행지구 밖의 어업의 피해에 대한 보상 : 공익사업의 시행으로 인하여 해당 공익사업시행지구 인근에 있는 어업에 피해가 발생한 경우 사업시행자는 실제 피해액을 확인할 수 있는 때에 그 피해에 대하여 보상하여야 한다(시행규칙 63조).

⑥ 공익사업시행지구 밖의 영업손실에 대한 보상 : 공익사업의 시행으로 인하여 배후지의 3분의 2 이상이 상실되어 그 장소에서 영업을 계속할 수 없는 경우에는 비록 해당 영업이 직접 수용의 대상이 되지 않은 경우에도 그 영업자의 청구에 의하여 이를 공익사업시행지구에 편입되는 것으로 보아 보상하여야 한다(시행규칙 64조 1항 1호).

⑦ 공익사업시행지구 밖의 농업의 손실에 대한 보상 : 경작하고 있는 농지의 3분의 2 이상에 해당하는 면적이 공익사업시행지구에 편입됨으로 인하여 해당 지역에서 영농을 계속할 수 없게 된 농민에 대하여는 공익사업시행지구 밖에서 그가 경작하고 있는 농지에 대하여도 영농손실액을 보상하여야 한다(시행규칙 65조).

VIII. 손실보상의 지급방법

1. 금전보상의 원칙

(1) 금전보상의 원칙

손실보상은 원칙적으로 현금으로 지급하여야 한다(토지보상법 63조 1항). 금전이 자유로운 유통이 보장되고 객관적 가치의 변동이 적어 재산권의 가치보장수단으로서 안정적이기 때문이다. 다만 법률에 특별한 규정이 있는 경우에는 현물보상이나 채권보상에 의할 수 있다.

(2) 현물보상

이는 수용의 대가로서 현금 대신에 토지나 시설물을 제공하는 보상방법이다. 현물보상은 법률에 특별한 규정이 있는 경우에만 허용되는데, 주택재개발·재건축사업의 경우 관리처분계획에서 정한 대지나 건축시설을 분양하거나(도시및주거환경정비법 72조, 74조), 도시개발사업의 경우에 환지계획에 따라 환지를 교부하는 것이 그 예이다(도시개발법 40조).

한편, 개정된 토지보상법은 공익사업의 시행으로 인한 개발혜택을 공유할 수 있도록 하기 위하여 토지소유자가 원하는 경우에는 일정한 요건하에 그 공익사업의 시행으로 조성한 토지로 보상할 수 있도록 하였다(63조 1항 단서).

(3) 채권보상

① **내용** : 사업시행자가 국가·지방자치단체·대통령령이 정하는 공공기관 및 공공단체인 경우로서(사업시행자가 사인인 경우에는 해당 안 됨), 토지소유자(관계인 포함)가 원하는 경우 또는 부재부동산소유자의 토지에 대한 보상금이 1억원을 초과하는 경우 그 초과액에 대하여 보상하는 경우에는 보상금을 당해 사업시행자가 발행하는 채권으로 지급할 수 있다(토지보상법 63조 7항, 시행령 27조 1항).

그리고 토지투기가 우려되는 지역으로서 대통령령이 정하는 지역 안에서 대통령령이 정하는 정부투자기관 및 공공단체가 택지개발사업, 산업단지개발사업, 그 밖에 대규모 개발사업으로서 대통령령이 정하는 공익사업을 시행하는 경우에는 부재부동산소유자의 토지에 대한 보상금이 1억원을 초과하는 부분에 대하여는 의무적으로 채권으로 지급하도록 하고 있다(토지보상법 63조 8항, 시행령 27조 1항). 이 경우 채권의 상환기간은 5년을 넘지 않는 범위 내에서 정하여야 하며, 법이 정한 이자율에 따른 이자를 지급하여야 한다(토지보상법 63조 9항).[321]

② **위헌성 논쟁** : 채권보상제가 헌법상의 평등의 원칙, 정당보상의 원칙에 위반되는지 여부가 다투어지고 있다. 위헌설에 의하면 비록 일정 수준의 이자를 지급한다 하더라도 상환기간 5년 이내의 채권으로 보상하는 것은 정당보상의 원칙에 반하며, 또한 부재부동산소유자라는 이유로 채권보상을 하는 것은 평등의 원칙에도 위반된다고 한다.[322] 이에 반해 합헌설에 의하면 i) 채권보상제는 부재부동산소유자의 토지에 대해서만 인정되는 것이므로 이들 토지를 일반의 토지와 달리 취급하는 것은 합리적인 이유가 있다고 인정되며, ii) 채권의 상환기간이나 이율이 일정수준 이상

---

321) 부재부동산 소유자에게 채권으로 지급하는 경우에, 상환기한이 3년 이하인 채권의 경우에는 3년 만기 정기예금 이자율을 적용하며, 3년 초과 5년 이하인 채권의 경우에는 5년 만기 국고채 금리로 한다(토지보상법 63조 9항).

322) 이상규(상), 660면. 한편 김남진/김연태 교수는 채권보상이 헌법상의 '정당한 보상'의 수준과 일치되는 한 반드시 위헌이라 할 수 없지만 현실의 채권보상은 그에 미치지 못하므로 위헌의 소지가 있다고 한다(김남진/김연태 (I), 757면).

이 되도록 법이 제약을 가하고 있는 점에서 정당보상의 원칙에 반하지 않는다고 한다.[323]

2. 사전보상의 원칙

사업시행자는 해당 공익사업을 위한 공사에 착수하기 이전에 토지소유자와 관계인에게 보상금을 지급하여야 한다. 다만 토지보상법 제38조에 따른 천재지변시의 토지 사용과 제39조에 따른 시급한 토지 사용의 경우 또는 토지소유자 및 관계인의 승낙이 있는 경우에는 그러하지 아니하다 (토지보상법 62조).

3. 전액보상의 원칙

보상금은 원칙적으로 일시에 전액을 지급하여야 한다(토지보상법 62조). 다만 법률에 특별한 규정이 있는 경우에는 예외적으로 분할하여 지급할 수 있다(징발법 22조의2 2항 참조).

4. 개별보상의 원칙

보상금은 토지소유자나 관계인에게 개인별로 지급하여야 한다. 다만 개인별로 보상액을 산정할 수 없을 때에는 그러하지 아니하다(토지보상법 64조).

5. 일괄보상

사업시행자는 동일한 사업지역에 보상시기를 달리하는 동일인 소유의 토지 등이 여러 개 있는 경우 토지소유자 등이 요구할 때에는 한꺼번에 보상금을 지급하도록 하여야 한다(65조).

IX. 손실보상의 청구절차 및 불복방법

1. 개 관

손실보상을 청구하는 절차에 관해서는 통칙적 규정이 없기 때문에 각 개별법에서 정한 바에 의하여야 한다. 공익사업을 위해 개인의 토지를 수용·사용하는 경우의 손실보상 청구절차에 관해서는 토지보상법에서 구체적으로 규정하고 있으며, 하천법, 도시개발법, 국토의 계획 및 이용에 관한 법률, 도시 및 주거환경 정비법 등 많은 개별법에서는 보상금 청구절차에 관하여 해당 법률에 규정된 것을 제외하고는 토지보상법의 규정을 준용하도록 하고 있다. 따라서 먼저 토지보상법상의 보상금 청구절차에 대해 살펴본 다음, 그 밖의 법상의 청구절차에 대해 언급하기로 한다.

2. 토지보상법상의 보상금 청구절차 및 불복방법

(1) 당사자간의 협의

사업인정을 받은 사업시행자는 토지수용위원회에 재결을 신청하기 전에 먼저 토지소유자 및

---

323) 정하중/김광수, 594면.

관계인과 보상에 관하여 협의하여야 한다(토지보상법 16조, 26조).[324] 당사자 사이에 수용할 토지의 범위, 수용시기, 손실보상 등에 관해 협의가 이루어지면 그에 따라 사업시행자는 해당 토지의 소유권을 취득하는 반면 보상의무를 진다. 토지보상법상의 수용재결에 의한 사업시행자의 소유권 취득은 원시취득인데 반해, 당사자간의 협의에 의한 사업시행자의 소유권 취득은 승계취득에 해당한다는 것이 판례의 입장이다.[325]

이 경우 협의의 성질에 관해서 다툼이 있다. 사법상 계약설에 의하면, 토지보상법상의 협의는 당사자가 대등한 지위에서 행하는 임의적 합의이므로 사법상 매매계약의 성질을 갖는다고 한다. 그러나 공법상 계약설에 의하면, 토지보상법상의 협의는 수용절차의 한 단계이며 협의가 이루어져 토지수용위원회의 확인을 받은 경우에는 토지수용위원회의 재결과 동일한 효력을 발생하는 점에서 공법상 계약의 성질을 갖는다고 한다.[326] 판례는 토지보상법상의 협의는 사법상 계약의 성질을 갖는 것으로 보며,[327] 또한 토지수용위원회의 수용재결이 있은 후라도 사업시행자와 토지소유자 등이 다시 협의하여 토지 등의 취득 및 보상에 관하여 임의로 계약을 체결할 수 있다고 한다.[328]

당사자 사이에 협의가 성립되었을 때에는 사업시행자는 해당 토지소유자 및 관계인의 동의를 받아 관할 토지수용위원회에 협의 성립의 확인을 신청할 수 있다(29조 1항). 토지수용위원회에 의한 협의성립의 확인은 재결로 보며, 사업시행자·토지소유자 및 관계인은 그 확인된 협의의 성립이나 내용을 다툴 수 없다(29조 4항). 토지수용위원회에 의한 협의성립의 확인은 수용재결과 같은 효력을 가지므로, 이 경우 사업시행자의 소유권 취득은 원시취득에 해당한다는 것이 판례의 입장이다.[329]

> **판례** 『토지보상법상 '수용'은 일정한 요건하에 그 소유권을 사업시행자에게 귀속시키는 행정처분으로서 이로 인한 효과는 소유자가 누구인지와 무관하게 사업시행자가 그 소유권을 취득하게 하는 원시취득이다. 반면, 토지보상법상 '협의취득'의 성격은 사법상 매매계약이므로 그 이행으로 인한 사업시행자의 소유권 취득도 승계취득이다. 그런데 토지보상법 제29조 제3항에 따른 신청이 수리됨으로써 협의성립의 확인이 있었던 것으로 간주되면, 토지보상법 제29조 제4항에 따라 그에 관한 재결이 있었던 것으로 재차 의제되고, 그에 따라 사업시행자는 사법상 매매의 효력만을 갖는 협의취득과는 달리 확인대상 토지를 수용재결의 경우와 동일하게 원시취득하는 효과를 누리게 된다.』 (대판 2018. 12. 13, 2016두51719)

---

324) 사업시행자는 사업인정을 받기 전에도 토지소유자 및 관계자와 협의를 할 수 있는데(토지보상법 16조), 이는 임의적 절차이다. 사업인정을 받은 사업시행자는 토지수용위원회에 재결을 신청하기 전에 필요적으로 협의절차를 거쳐야 하는데, 다만 사업인정을 받기 전에 이미 협의절차를 거쳤으며 그때 작성한 토지조서 및 물건조서의 내용에 변동이 없는 경우에는 사업인정 후의 협의절차를 생략할 수 있다. 그러나 이 경우에도 사업시행자나 토지소유자 및 관계인이 협의를 요구할 때에는 협의하여야 한다(동법 26조 2항).

325) 대판 2018. 12. 13, 2016두51719.
326) 정하중/김광수, 1193면.
327) 대판 2014. 4. 24, 2013다218620; 대판 2015. 11. 27, 2015두48877.
328) 대판 2015. 11. 27, 2015두48877.
329) 대판 2018. 12. 13, 2016두51719.

(2) 토지수용위원회의 재결

당사자 사이에 협의가 성립되지 아니하거나 협의를 할 수 없을 때에는 사업시행자는 사업인정의 고시가 있은 날부터 1년 이내에 관할 토지수용위원회에 재결을 신청할 수 있다(28조). 사업시행자가 재결을 신청하지 않는 경우에는 토지소유자 등은 사업시행자에게 재결을 신청할 것을 청구할 수 있으며(30조 1항), 사업시행자는 청구를 받은 날부터 60일 이내에 관할 토지수용위원회에 재결을 신청하여야 한다(30조 2항). 만일 토지소유자 등의 재결신청 청구에도 불구하고 사업시행자가 재결을 신청하지 않는 경우에는 거부처분취소소송이나 부작위위법확인소송의 방법으로 다투어야 한다는 것이 판례의 입장이다.[330]

재결신청이 있으면 토지수용위원회는 수용할 토지의 구역, 손실보상액, 수용의 개시일 등에 관하여 재결한다(50조). 국가 또는 시·도가 사업시행자인 사업과 수용할 토지가 2 이상의 시·도에 걸쳐 있는 사업에 대한 재결은 중앙토지수용위원회가 관장하고, 그 밖의 사업에 대한 재결은 지방토지수용위원회가 관장한다(51조).

재결이 있으면 사업시행자가 재결서에 기재된 수용의 개시일까지 보상금을 지급 또는 공탁하면 수용의 개시일에 토지에 관한 권리를 원시취득한다(40조, 45조).[331] 그러나 사업시행자가 수용의 개시일까지 보상금을 지급 또는 공탁하지 않으면 재결의 효력은 상실된다(42조).

(3) 이의신청

지방 또는 중앙토지수용위원회의 재결에 불복하는 자는 중앙토지수용위원회에 이의를 신청할 수 있다(동법 83조). 중앙토지수용위원회에의 이의신청은 특별행정심판으로서의 성질을 가지는 것이므로 토지보상법에 특별한 규정이 있는 것을 제외하고는 행정심판법이 적용된다는 것이 판례의 입장이다.[332] 구 토지수용법하에서는 재결에 대해 행정소송을 제기하기 위해서는 먼저 이의신청절차를 거쳐야 했으나(이의신청전치주의), 현행 토지보상법에서는 이의신청절차를 거칠 것인지는 당사자의 임의의 선택에 맡기고 있다.

이의신청을 받은 중앙토지수용위원회는 재결이 위법 또는 부당하다고 인정하는 때에는 재결의 전부 또는 일부를 취소할 수도 있고 보상액의 증감만을 결정할 수도 있다(84조 1항).

이의신청에 대한 재결에 대해 법이 정한 기간 내에 행정소송이 제기되지 않거나 그 밖의 사유로 이의신청에 대한 재결이 확정된 때에는 민사소송법상의 확정판결이 있은 것으로 보며, 재결서 정본은 집행력있는 판결의 정본과 동일한 효력을 가진다(86조 1항).

---

330) 대판 2019. 8. 29, 2018두57865.
331) 보상금을 공탁할 수 있는 경우는 다음과 같다. ① 보상금을 받을 자가 그 수령을 거부하거나 보상금을 수령할 수 없을 때, ② 사업시행자의 과실 없이 보상금을 받을 자를 알 수 없을 때, ③ 관할 토지수용위원회가 재결한 보상금에 대하여 사업시행자가 불복일 때, ④ 압류나 가압류에 의하여 보상금의 지급이 금지되었을 때(40조 2항).
332) 대판 1992. 6. 9, 92누565.

(4) 행정소송

① **행정소송의 제기** : 사업시행자·토지소유자·관계인은 토지수용위원회의 재결에 대하여 불복이 있는 때에는 재결서를 받은 날부터 90일 이내에, 이의신청을 거친 경우에는 이의신청에 대한 재결서를 받은 날부터 60일 이내에 행정소송을 제기할 수 있다(85조 1항).

② **소송 형태** : 토지수용위원회의 재결에 불복하여 행정소송을 제기하는 경우에 그 내용은 재결의 취소를 구하는 것일 수도 있고 보상금의 증액 또는 감액을 구하는 것일 수도 있다.

재결의 취소를 구하는 소송의 경우에는 재결청(토지수용위원회)을 피고로 하여야 하며, 이때의 소송의 성질은 취소소송에 해당한다. 이와 관련하여, 중앙토지수용위원회의 이의재결을 거쳐 취소소송을 제기하는 경우에 소송의 대상은 이의재결인지 아니면 처음의 수용재결인지가 문제된다. 과거 토지수용법하에서는 이의재결을 거친 후에만 취소소송을 제기할 수 있도록 하였기 때문에, 처음의 수용재결이 아니라 이의재결이 취소소송의 대상이 된다는 것이 판례의 입장이었다(따라서 이의재결을 한 중앙토지수용위원회를 피고로 하여야 한다)[333]. 그러나 현행법은 이의재결을 거칠 것인지 여부는 당사자의 임의적 선택에 맡기고 있기 때문에, 행정소송법상의 원처분주의에 입각하여 볼 때 이의재결을 거친 경우에도 소송의 대상은 처음의 수용재결이라 보는 것이 지배적인 견해이다(따라서 처음의 수용재결을 한 지방 또는 중앙토지수용위원회를 피고로 하여야 한다). 다만 이의재결에 고유한 위법이 있는 경우에는 예외적으로 이의재결에 대한 취소소송이 가능하다고 할 것이다(행정소송법 19조 단서).

토지수용위원회가 결정한 보상금을 다투는 소송의 경우에는 재결청이 아니라 토지수용에 있어서의 상대방을 피고로 하여야 한다. 즉 토지소유자나 관계인이 보상금증액청구소송을 제기하는 경우에는 사업시행자를, 사업시행자가 보상금감액청구소송을 제기하는 경우에는 토지소유자나 관계인을 각각 피고로 하여야 한다(토지보상법 85조 2항). 이러한 보상금증감청구소송의 성질은 '형식적 당사자소송'에 해당한다는 것이 지배적인 견해이다.[334]

토지소유자의 잔여지 수용청구에 대한 토지수용위원회의 기각재결에 대해 행정소송으로 다투는 경우에 재결에 대한 취소소송을 제기하여야 하는지 아니면 보상금증감청구소송을 제기하여야 하는지가 문제된다. 판례에 따르면 잔여지 수용청구권은 손실보상의 일환으로 토지소유자에게 부여되는 권리로서 그 요건을 구비한 때에는 잔여지를 수용하는 토지수용위원회의 재결이 없더라도 그 청구에 의하여 수용의 효과가 발생하는 형성권적 성질을 가지므로, 잔여지 수용청구를 받아들이지 않은 토지수용위원회의 재결에 대하여 토지소유자가 불복하여 제기하는 소송은 보상금증감청구소송에 해당하여 사업시행자를 피고로 하여야 한다고 한다.[335]

마찬가지로, 어떤 보상항목이 토지보상법상 손실보상의 대상에 해당함에도 토지수용위원회가 손실보상 대상에 해당하지 않는다고 잘못된 재결을 한 경우에, 재산권자는 토지수용위원회를 상대

---

333) 대판 1995. 12. 8, 95누5561; 대판 2001. 5. 8, 2001두1468.

334) 김남진/김연태(I), 760면; 박균성(상), 1110면; 정하중/김광수, 1198면; 홍정선(상), 917면.

335) 대판 2010. 8. 19, 2008두822.

로 재결에 대한 취소소송을 제기할 것이 아니라 사업시행자를 상대로 보상금증감청구소송을 제기하여야 한다는 것이 판례의 입장이다.[336]

③ 이주정착금·주거이전비·이사비의 보상을 구하는 소송 : 이주정착금·주거이전비·이사비의 보상을 구하는 소송의 형태가 문제된다. 이에 관해 판례는, 토지보상법상의 이주정착금·주거이전비·이사비의 보상청구권은 공법상 권리이므로 그 보상을 둘러싼 쟁송은 민사소송이 아니라 행정소송에 의하여야 한다고 한다. 그리고 이주정착금·주거이전비·이사비는 그 요건을 충족하는 경우에는 당연히 발생하는 것이므로 그에 대한 보상청구소송은 당사자소송에 의하여야 한다고 한다. 다만 이주정착금·주거이전비·이사비의 보상에 관하여 토지수용위원회의 재결을 거친 경우에는 토지보상법 제85조에 따라 보상금증감을 다투려면 보상금증감청구소송을(85조 2항), 보상금의 증감 이외의 부분을 다투려면 재결에 대한 취소소송을 제기하여야 한다고 한다(85조 1항).[337]

(5) 직접 손실보상을 구하는 소송을 제기할 수 있는지 여부

토지보상법은 손실보상을 청구하는 방법으로 토지수용위원회의 재결을 거쳐 행정소송을 제기하도록 하고 있는바, 이러한 절차를 거치지 않은 채 사업시행자를 상대로 손실보상을 구하는 소를 제기하는 것은 허용되지 않는다는 것이 판례의 입장이다.[338]

3. 임의매수 방식에 의한 공익사업 시행으로 인해 손실을 받은 자에 대한 구제방법

(1) 문제의 제기

지방자치단체가 공익사업을 시행함에 있어서는 먼저 도시·군관리계획에 의한 시설결정을 한 다음 토지보상법상의 수용절차에 따라 목적 토지를 취득하여 시행하는 것이 일반적이다.

그런데 지방자치단체가 도시·군관리계획에 의한 시설결정을 하지 않고 수용 방식이 아니라

---

336) 대판 2018. 7. 20, 2015두4044.
337) 대판 2019. 4. 23, 2018두55326. <사건개요> A주택재개발조합은 재개발사업구역 내에 있는 건물소유자 갑과 보상에 관한 협의가 이루어지지 않자 서울지방토지수용위원회에 재결을 신청하여 수용재결을 받은 다음 재개발사업을 진행하였다. 갑은 A주택재개발조합을 상대로 보상금증액청구소송(당사자소송의 일종)을 제기하였는바, 그 청구취지는 1) 감정인들이 이 사건 부동산의 가치를 지나치게 낮게 평가하여 과소한 보상금을 산정하였으므로 A조합은 이 사건 부동산의 정당한 보상금인 249,500,000원과 재결에서 인정된 보상금 224,500,000원의 차액을 지급하고, 2) 갑은 이 사건 부동산에 거주하다가 수용재결에 의해 사업구역 밖으로 주거를 이전하였으므로 A조합은 이주정착금·주거이전비·이사비를 지급하라는 것이다. 이 사건에서 특히 문제된 것은 이주정착금·주거이전비·이사비의 보상에 관한 것인데, 소송에서 심리한 결과 서울지방토지수용위원회에서 재결을 할 때에 이주정착금·주거이전비·이사비에 관해서는 전혀 다루어지지 않았음이 인정되었다. <원심판결> 이주정착금·주거이전비·이사비의 보상을 청구하려면 먼저 토지수용위원회의 재결절차를 거쳐야 하는데, 원고가 그에 대한 재결절차를 거치지 않고 곧바로 손실보상청구소송을 제기한 것은 위법하다는 이유로 각하판결을 하였다. <대법원판결> 이주정착금·주거이전비·이사비의 보상청구권은 그 요건을 충족하는 경우에는 당연히 발생하는 것이므로 그 보상청구소송은 당사자소송에 의하여야 하며(토지수용위원회의 재결을 필요적으로 거칠 필요 없음), 다만 이주정착금·주거이전비·이사비의 보상에 관해 토지수용위원회의 재결을 거친 경우에는 재결에 불복하는 자는 토지보상법 제85조에 따라 보상금증감청구소송 또는 재결취소소송으로 다투어야 한다. 결론적으로 이 사건에서는 이주정착금 등에 관해서는 토지수용위원회의 재결을 거치지 않았으므로 그에 대한 보상청구는 민사소송을 제기하여야 한다. 그럼에도 불구하고 재결절차를 거치지 않았다는 이유로 원고의 소를 각하한 원심판결은 위법하다.
338) 대판 2022. 11. 24, 2018두67.

임의매수의 방식으로 토지를 취득하여 공익사업을 시행하는 경우에, 그러한 공익사업의 시행으로 인해 손실을 받은 자에 대해서는 어떠한 방식으로 권리를 구제하여야 하는지가 문제된다. 이에 관해서는 구체적 사안을 통해 설명하기로 한다.

(2) 사건개요

인천광역시 계양구는 726㎡ 면적의 공영주차장 설치사업을 시행함에 있어서 도시·군관리계획에 의한 시설결정을 하지 않고(관계 법령에 의하면 1,000㎡ 미만의 주차장시설은 도시·군관리계획에 의한 시설결정을 하지 않아도 됨) 토지소유자로부터 해당 토지를 임의매수하여 사업을 시행하였다. 그런데 위 토지 위의 건물을 임차하여 영업을 해 오다가 위 사업의 시행으로 인해 폐업 또는 휴업을 한 갑 등은 계양구가 자신의 영업손실에 대한 보상을 하지 않고 위 사업을 시행함으로 인해 손해를 받았다는 이유로 국가배상법에 따른 손해배상을 청구하였다.

(3) 쟁점

도시·군관리계획에 의한 시설결정을 하지 않고 임의매수 방식에 의해 토지를 취득하여 공영주차장 설치사업을 하는 것도 토지보상법상의 공익사업에 해당하는지 여부, 임의매수 방식에 의해 공익사업을 시행하는 경우에도 토지보상법상의 영업손실에 대한 보상의무(77조 1항), 사전·전액보상의무(62조)에 관한 규정이 적용되는지 여부, 손실보상의무를 이행하지 않고 공익사업을 시행한 경우에 손실을 받은 자의 구제방법과 범위 등이 문제된다.

(4) 대법원 판결[339]

i) 계양구는 이 사건 사업을 도시·군관리계획에 의한 시설사업으로 진행하지 않았으므로 토지보상법상 공익사업에 해당하지 않는다고 주장하나, 공익사업에 해당하는지 여부는 도시·군관리계획에 의한 시설사업으로 진행하였는지와는 관계없이 해당 사업이 토지보상법 제4조 각호에 규정된 사업에 해당하는지에 따라 판단하여야 하는바, 이 사건 공영주차장 설치사업은 토지보상법 제4조 제3호의 공익사업에 해당한다.

ii) 토지보상법상의 공익사업에 해당하면 그 사업을 수용의 방식에 의해 시행하든 임의매수의 방식에 의해 시행하든 묻지 않고 토지보상법상의 영업손실에 대한 보상의무(77조 1항), 사전·전액보상의무(62조)에 관한 규정이 적용된다. 따라서 계양구는 공사에 착수하기 전에 갑 등에게 영업손실에 대한 전액을 보상하여야 한다.

iii) 계양구가 사전보상을 하지 않은 채 공사에 착수함으로써 갑 등이 손해를 입은 경우 계양구는 국가배상법상의 손해배상책임이 있다. 이때의 손해는 손실보상청구권이 침해된 데에 따른 손해이므로 계양구가 배상해야 할 손해액은 원칙적으로 손실보상금이다. 다만 갑 등에게 손실보상금에 해당하는 손해 외에 별도의 손해가 발생하였다면 계양구는 그 손해를 배상할 책임이 있으나, 이러한 별도의 손해배상책임의 발생과 범위는 이를 주장하는 사람에게 증명책임이 있다.

---

339) 대판 2021. 11. 11, 2018다204022.

ⅳ) 원심(서울고등법원)은 계양구에게 '영업손실에 대한 보상금'과 '보상금 지급이 지연됨으로 인한 지연손해금'뿐만 아니라 '보상금 지급지연으로 인한 정신적 손해에 대한 위자료'의 지급의무가 있다고 판단하였으나, 보상금 지급지연에 따른 손해는 지연손해금의 지급으로 보전될 수 있으므로 지연손해금과 아울러 위자료 지급을 명하는 것은 중복배상에 해당할 수 있다. 만일 보상금 지급지연으로 인해 특별히 받은 정신적 고통이 있다면 이를 주장하는 자가 증명하여야 하는데, 이 사건에서 정신적 고통을 받은 사실에 대한 갑 등의 증명이 충분치 않으므로 계양구는 위자료 지급의무는 없다.

4. 그 밖의 법상의 보상금 청구절차 및 불복방법

(1) 토지보상법의 규정을 준용하도록 한 경우

도로법·하천법은 도로·하천의 공사 시행을 위해 토지 등의 수용·사용이 필요한 경우에는 그 보상금 청구절차에 관하여 토지보상법의 규정을 준용하도록 하고 있다(도로법 82조, 하천법 78조). 또한 도로·하천의 관리를 위해 타인의 토지 등에 손실(수용·사용 제외)을 입힌 경우에는 보상의무를 지는 행정청과 재산권자가 보상에 관해 협의를 하도록 하고, 협의가 성립되지 않거나 협의를 할 수 없는 경우에는 관할 토지수용위원회에 재결을 신청할 수 있도록 하고 있으며, 그 밖의 사항은 토지보상법의 규정을 준용하도록 하고 있다(도로법 99조, 하천법 76조).[340]

(2) 하천편입토지보상법상의 보상금 청구절차

하천편입토지보상법은 1984년 하천법 개정 전에 하천구역으로 편입되었으나 소멸시효의 완성으로 보상을 받지 못하는 토지에 대한 한시적인 손실보상을 규정하고 있는데, 보상청구절차에 관해서는 아무런 규정을 두고 있지 않음으로써 이 경우 손실보상청구권의 성질과 그에 대한 소송형태가 문제되었다.[341] 종래의 판례는 하천편입토지보상법 제2조에 의한 보상청구권은 구 하천법 제74조에 의한 손실보상청구권과는 달리 사법상의 권리라고 보아 그에 대한 소송은 민사소송에 의하여야 한다고 하였다.[342] 그러나 2006년 대법원 전원합의체판결은 종전의 판례를 변경하여, 하천편입토지보상법 제2조에 의한 손실보상청구권은 공법상의 권리이고 그에 관한 소송도 행정소송에 의하여야 한다고 하였다.[343] 그리고 이 경우는 토지수용위원회의 재결을 거치도록 하는 규정이 없

---

340) 이때 누가 토지수용위원회에 재결을 신청할 수 있는지가 문제되는데, 도로법에서는 보상의무가 있는 행정청이 재결을 신청하도록 하고 있는데 대해서(99조 3항), 하천법과 국토의 계획 및 이용에 관한 법률은 손실을 보상할 자나 손실을 입은 자가 모두 재결을 신청할 수 있도록 하고 있는 점에서 차이가 있다(하천법 35조 3항, 76조 3항, 국토계획법 131조 3항).

341) 1971년 전면 개정된 하천법 제74조는 '제외지'에 편입된 토지에 대한 보상규정만을 두고 '유수지'에 편입된 토지에 대한 보상규정은 두지 않음으로써 입법의 흠결이 문제되었다. 이에 1984년 하천법 개정시에 유수지에 편입된 토지에 대한 보상규정을 신설하였으며(74조), 이미 개정법 시행전에 유수지로 편입된 토지에 대해서는 동법 부칙 제2조 1항에서 별도의 보상규정을 두면서, 제2항에서는 이 경우의 손실보상청구권의 소멸시효에 관하여 규정하고 있었다. 그리고 1999년에는 「하천 편입토지 보상 등에 관한 특별조치법」을 제정하여 하천법 부칙 제2조에 해당하는 토지로서 소멸시효기간의 경과로 인하여 보상을 받지 못하는 토지에 대하여는 한시적으로 시·도지사가 그 손실을 보상하도록 규정하였다.

342) 대판 1990. 12. 21, 90누5689.

으므로 직접 시·도지사를 상대로 보상을 청구하는 당사자소송을 제기하여야 한다고 한다.

(3) 수산업법상의 보상금 청구절차

수산업법 제33조는 수산자원의 증식·보호 등 공익상의 필요가 있는 경우에는 어업면허를 제한 또는 정지할 수 있도록 하고, 그로 인하여 손실을 입은 자는 보상을 청구할 수 있도록 규정하고 있다(88조). 이 경우 보상청구절차와 관련해서는, 보상을 받으려는 자가 행청청에 손실보상청구서를 제출하면 행정청이 보상금액을 결정하여 통지하도록 하고 있을 뿐(시행령 52조, 53조), 그에 불복하여 소송으로 다투는 방법에 관해서는 아무런 규정을 두고 있지 않다. 이에 관해 판례는, 수산업법 제88조에 의한 손실보상은 사법상의 권리인 어업권에 대한 손실을 본질적 내용하고 있는 것으로서 그 보상청구권은 사법상의 권리이고, 따라서 수산업법 제88조에 의해 손실보상을 청구하려는 자는 비록 시행령 제53조에 의한 행정청의 결정을 받은 경우에도 그에 대한 행정소송(취소소송)을 제기할 것이 아니라 국가나 지방자치단체를 상대로 민사소송으로 직접 손실보상금지급청구를 하여야 한다고 하였다.[344]

생각건대, 손실보상제도는 공익상의 필요에 의한 개인의 재산권침해에 대해 공평부담의 견지에서 보상하는 것으로서 공법상 법률관계에 특유한 제도이므로, 손실보상청구권은 공법상의 권리이며 그에 관한 소송은 행정소송에 의하여야 한다고 보는 것이 타당할 것이다. 이러한 점에서 수산업법 제88조에 의한 손실보상청구권을 사법상의 권리라고 보아 민사소송에 의하여야 한다는 판례의 입장은 이해하기 어렵다. 판례는 수산업법 제88조에 의한 손실보상의 경우 사법상의 권리인 어업권에 대한 손실을 본질적 내용으로 하기 때문에 그 보상청구권은 사법상의 권리라고 하는데,[345] 손실보상청구권의 성질은 그 침해되는 권리가 공권인지 사권인지가 아니라 침해의 원인행위 및 보상의 성격에 의해 결정된다고 할 것이다.[346] 따라서 비록 어업면허에 의해 부여된 어업권이 사권이라 할지라도, 공공의 필요에 의해 어업권이 제한됨으로 인한 손실에 대해 보상을 청구하는 것은 공법상의 권리에 해당하며, 따라서 이 경우 손실보상청구는 행정소송에 의하여야 할 것이다. 공유수면 관리 및 매립에 관한 법률 제20조 및 제57조에 의하면 공유수면의 보전 및 재해예방을 위해 어업권이 침해된 경우에는 궁극적으로 행정소송에 의해 구제받도록 하고 있는데, 어업권이 수산업법 제33조에 근거하여 수산자원의 증식·보호를 위해 침해되었든, 공유수면 관리 및 매립에 관한 법률 제20조에 근거하여 공유수면의 보전 및 재해예방을 위해 침해되었든 그 보상청구권의 성질은 같다고 보아야 할 것이다.

---

343) 대판 2006. 5. 18, 2004다6207.

344) 대판 1996. 7. 26, 94누13848; 대판 1998. 2. 27, 97다46450; 대판 2001. 6. 29, 99다56468; 대판 2014. 5. 29, 2013두12478.

345) 대판 1998. 2. 27, 97다46450.

346) 판례가 공법상 권리라고 보는 토지보상법상의 손실보상청구권의 경우에도 토지수용으로 인해 침해되는 재산권 역시 사권에 해당한다. 손실보상은 공공의 필요에 의해 개인의 재산권이 침해된 경우에 공평부담의 견지에서 금전적으로 보전해 주는 것으로서, 공법에 특유한 제도이다.

X. 수용유사적 침해와 수용적 침해

1. 수용유사적 침해

(1) 의의

수용유사적 침해제도(Enteignungsgleicher Eingriff)란 공공의 필요에 의한 위법한 공권력행사로 인해 국민에게 재산상 손실을 입힌 경우에 이를 수용에 유사한 침해로 보아 손실보상을 해 주어야 한다는 것을 의미한다.

(2) 연혁

수용유사적 침해제도는 행정상 손해전보에 대한 실정법상의 흠결을 보충하기 위하여 독일 연방대법원(BGH)의 판결을 통하여 발전된 이론이다.

전통적으로 독일의 행정상 손해전보제도는 국가배상과 손실보상이라는 이원적 구조를 취하였다. 먼저, 공무원의 위법한 직무행위로 인해 국민에게 손해를 입힌 경우에는 국가배상에 의해 구제를 하는데, 국가배상책임이 성립하기 위해서는 공무원의 직무행위가 위법할 뿐만 아니라 고의·과실이 있어야 한다(위법·유책의 침해). 이에 반해 공공의 필요에 의해 법률에 근거하여 국민의 재산권을 침해하는 경우(적법한 침해)에는 손실보상에 의해 구제를 하는데, 독일 기본법은 손실보상과 관련해서 '불가분조항'을 채택함으로써 공공의 필요에 의한 국민의 재산권침해를 규정하는 법률은 동시에 그에 대한 보상규정도 두도록 하였다.[347]

이러한 법제하에서 '위법·무책의 공용침해'에 대한 손해전보와 관련하여 입법의 흠결이 문제되었다. 여기에서 '위법·무책의 공용침해'라 함은 보상규정이 없는 법률에 근거하여 재산권을 침해하였는데(위법한 침해) 보상규정을 두지 않은 데 대한 입법자의 고의·과실이 없는 경우를 의미한다. 보상규정을 두지 않은 법률은 불가분조항에 위반되므로 위헌무효이며, 그러한 법률에 근거해서 국민의 재산권을 침해한 경우에는 전통적 사고에 의하면 국가배상의 대상이 된다. 그런데 이 경우 보상규정을 두지 않은 데 대해 입법자의 고의·과실이 인정되지 않으면 국가배상에 의한 구제를 받을 수 없는 문제가 발생한다.[348] 독일 연방대법원은 이러한 경우(위법·무책의 침해)를 '수

---

347) 독일 기본법이 불가분조항을 채택한 이유는 바이마르헌법에서의 손실보상에 관한 문제점을 보완하기 위한 것이라고 한다. 즉, 바이마르헌법 제153조 제2항 제1문에서는 국민의 재산권에 대한 수용은 '공공복리를 위해서 그리고 법률에 근거해서만' 허용된다고 하면서, 제2문에서는 '법률이 달리 규정하지 않는 한' 상당한 보상이 이루어져야 한다고 규정하였다. 따라서 당시 입법자들은 수용에 대한 보상에 있어 상당한 보상 이하로 하도록 하거나 아예 보상을 배제하는 법률을 제정함으로써 국민의 재산권이 제대로 보장되지 않는 문제가 발생하였다. 이에 Bonn기본법 제14조 제3항에서는 공공의 필요에 의해 국민의 재산권을 침해하는 경우에는 법률에 의하여야 할 뿐만 아니라 그 법률은 동시에 보상규정까지도 두도록 하는 이른바 불가분조항을 채택하였다고 한다. 이에 관한 상세는 정하중, 독일 Bonn기본법 14조상의 부대조항의 의미와 한국헌법 23조 3항의 해석(상), 사법행정 33권 9호, 1992. 9, 36면 참조.

348) 공공의 필요에 의한 재산권침해가 '특별한 희생'에 해당하는 경우에 손실보상의 대상이 되는데, 어떠한 재산권침해가 특별한 희생에 해당하는지는 판단하기가 쉽지 않다. 따라서 입법자가 특별한 희생에 해당하지 않는다고 보아 보상규정을 두지 않았는데 사후에 헌법재판소에 의해 특별한 희생에 해당한다고 판정된 경우에는, 보상규

용유사적 침해'라 하여 수용에 관한 기본법 제14조 제3항을 유추적용하여 손실보상을 해 주어야 한다고 하였다.[349] 이러한 견해는 많은 학자들의 지지를 받아 점차 '위법·유책의 공용침해'의 경우에로 확대되있다. 즉, 보상규정이 없는 법률에 근거하여 국민의 재산권을 침해하였고 그에 대한 고의·과실이 인정되는 경우에도 마찬가지로 수용유사적 침해에 해당한다고 보아, 기본법 제14조 제3항을 유추적용하여 보상을 해 주어야 한다는 것이다.[350]

(3) 법적 근거

위에서 살펴본 바와 같이 연방대법원은 수용유사적 침해에 대한 보상의 법적 근거를 수용에 관한 기본법 제14조 제3항의 유추적용에서 찾았다. 그러나 연방헌법재판소의 자갈채취판결에 의해 더 이상 기본법 제14조 제3항을 유추적용할 수 없게 되자, 이제는 독일 관습법적으로 인정되어온 희생보상청구권에서 도출하고 있다.

(4) 성립요건

수용유사적 침해에 해당되기 위해서는 ① 공공의 필요에 의해 재산권에 대한 공권적 침해가 있을 것, ② 침해행위가 위법할 것,[351] ③ 상대방에게 특별한 희생이 발생할 것[352] 등의 요건을 갖추어야 한다.

2. 수용적 침해

수용적 침해제도(Enteignender Eingriff)란 적법한 행정작용의 이례적·비의욕적인 부수적 결과로서 타인의 재산권에 특별한 희생을 가져다 준 경우에 수용에 준해서 손실보상을 해 주어야 한다는 것을 의미한다. 즉, 행정주체가 본래 의도한 행위는 사회적 제약 내의 것이기 때문에 보상할 필요가 없었으나(이 경우 보상규정을 두지 않은 것은 적법함), 그 후 예기치 않은 부수적 결과에 의해 재산권자에게 특별한 희생이 발생한 경우를 수용적 침해라 하며, 이 경우 수용에 준해서 손실보상을 해 주어야 한다는 것이다.[353] 예컨대, 지하철공사가 예기치 않게 장기화됨으로 인하여 인근 상

정을 두지 않은 것은 결과적으로 위법한 것이 되지만 그것이 입법자의 고의·과실에 의한 것이라고 보기는 어렵다.

349) 독일은 제2차세계대전 후 주택난 해소를 위해 행정청이 개인의 주택을 무주택자에게 강제배정하는 법률을 제정하였는데, 이 법률은 보상규정을 두지 않았다. 이 법률에 근거하여 재산권을 침해당한 자들이 제기한 소송에서 연방대법원은, 보상규정이 없는 법률에 근거하여 재산권을 침해한 것은 위법한 침해라고 하면서, 이러한 경우는 적법한 침해와 마찬가지로 기본법 제14조 제3항을 유추적용해서 손실보상을 해 주어야 한다고 판시하였다(1952. 6. 10, BGHZ 6, 270(290)). 다른 한편, 보상규정을 두지 않은 법률에 근거하여 재산권을 침해당한 자는 행정소송을 통해 침해행위의 취소를 청구할 수 있다고 하며, 따라서 재산권자는 행정소송에 의해 침해행위의 취소를 구하던지 아니면 침해는 수인하고 민사소송에 의해 손실보상을 청구하던지 선택권을 가진다고 한다(정하중, 수용유사적 그리고 수용적 침해제도, 고시연구 21권 3호, 1994. 3, 99-100면).

350) BGHZ 7, 296(298).

351) 여기에서 위법한 경우라 함은 '보상규정이 없는 법률에 근거하여 침해한 경우(위법·무책)'뿐만 아니라 '법률에 근거하지 않거나 법률에 위반하여 침해한 경우(위법·유책)'도 포함한다.

352) 한편 연방대법원은 1960. 4. 25. 판결에서, 공공의 필요에 의한 위법·유책의 재산권침해의 경우에는 곧 수인의 한계를 넘는 특별한 희생에 해당된다고 함으로써 이 경우는 더 이상 '특별한 희생'의 요건에 대한 심사가 필요하지 않다고 보았다(BGHZ 32, 208). 이 판례를 통하여 수용유사적 침해는 국가배상청구권의 성격으로 변질되었다고 한다(정하중, 앞의 논문, 99면 참조).

점에 커다란 영업상 손실을 가져다 준 경우가 그에 해당한다.354)

이는 수용유사적 침해이론이 적법한 공용침해에까지 확장된 것이라 할 수 있다. 즉, 초기의 수용유사적 침해는 '위법·무책의 침해'를 의미하였는데 그 후 '위법·유책의 침해'로 확장되었고, 나아가 '적법한 침해'에까지 확장된 것이 수용적 침해라 할 수 있다.

3. 연방헌법재판소의 자갈채취판결에 의한 타격

독일 연방대법원의 판례를 통해 발전해 온 수용유사적 침해 및 수용적 침해제도는 1981. 7. 15. 연방헌법재판소의 자갈채취판결에 의해 치명적인 타격을 받았다.355)

(1) 자갈채취판결

하천에서 자갈채취업을 운영해 오던 甲이 허가의 연장신청을 하였으나 행정청은 해당 지역이 상수도 급수시설에 인접해 있고 수질을 오염시킬 우려가 있다는 이유로 하천관리법에 근거하여 거부처분을 내렸다. 이에 甲은 공공필요에 의해 재산권이 침해되었다는 이유로 손실보상청구소송을 제기하였다. 그런데 하천관리법은 공공필요에 의해 허가를 거부하는 경우에 손실보상에 관해서는 아무런 규정을 두고 있지 않았다. 종래의 연방대법원의 입장에 의한다면, 공익상의 이유로 허가가 거부됨으로써 재산권자가 받은 불이익이 특별한 희생에 해당한다면 그것은 수용유사적 침해로 보아 기본법 제14조 제3항을 유추적용하여 손실보상을 하도록 하는 판결을 하였을 것이다. 그런데 연방대법원은 아무런 보상규정을 두지 않은 하천관리법의 위헌성 여부에 의문을 가지고 헌법재판소에 위헌법률심사를 제청하였다.

기본법상의 재산권조항에 대한 연방대법원의 해석에 불만을 가지고 있던 연방헌법재판소는 이 기회에 재산권조항에 관해 새로운 해석을 하였는데 그 주요 내용은 다음과 같다.356) i) 기본법 제14조 제1항 제2문에서의 '재산권의 내용규정'과 제14조 제3항에서의 '수용'(Enteignung)은 별개로 보아야 하며, 따라서 재산권의 내용을 형성하는 법률에 의해 개인에게 사회적 제약을 넘어서는 재산상 불이익이 발생하더라도 이는 제14조 제3항에서 말하는 수용에 해당하지 않는다. ii) 기본법 제14조 제3항에 의한 손실보상은 보상규성을 둔 법률에 의해서만 가능하다. 따라서 보상규정이 없

---

353) 독일 연방대법원의 초기 판례는 손실보상의 요건으로서의 '공권적 침해'와 관련하여 '의도적인 침해'만을 의미한다고 보았으며, 이에 행정주체가 의도하지 않은 부수적 결과로 인해 국민에게 특별한 희생을 입힌 경우에는 보상의 대상이 되지 않는 것으로 보았다. 그러나 연방대법원은 1950년대 말부터 손실보상의 요건으로서의 '침해의 의도성'을 포기하였으며, 이에 비의도적 행위에 의해 부수적으로 발생한 침해에 대해서도 보상을 해 주어야 한다고 하였는바, 이것이 수용적 침해에 대한 보상이다.

354) 독일 연방대법원은 2년 6개월 동안의 지하철공사로 인하여 약국을 경영하는 자의 순이익이 연간 1만5천 마르크에서 5천8백 마르크로 감소된 경우(BGH NJW 1972, S.243 : 프랑크푸르트 지하철 사건)와 2년 9개월 동안의 지하철공사로 인하여 호텔 레스토랑을 경영하는 자가 24만 마르크의 수입손실을 입은 경우(BGH NJW 1977, S.1817 : 뮌헨 지하철 사건)에 특별한 희생에 해당한다고 하여 손실보상을 인정하였다.

355) 이에 관한 상세는 정하중, 독일 Bonn기본법 14조상의 부대조항의 의미와 한국헌법 23조 3항의 해석(하), 사법행정 33권 10호, 1992. 10, 27면 이하; 최정일, 독일에서의 수용유사침해법리와 그것의 한국법제에의 수용가능성에 관한 고찰, 행정법연구 34호, 2012. 12, 137면 이하; 류해웅, 독일에 있어서 수용유사적 침해와 수용적 침해의 법리, 국토연구 14권, 1990. 12, 53면 이하 참조.

356) BVerfGE 58, 300ff.

는 법률에 의해 재산권을 침해당한 자는 보상을 청구할 수 없으며, 법원도 보상에 관한 법률적 근거 없이 어떠한 보상도 인정해서는 안 된다. iii) 만일 재산권침해에 관한 법률이 보상규정을 두고 있지 않은 경우에는 위헌·무효이며, 그러한 위헌·무효인 법률에 근거하여 재산권을 침해받은 자는 행정소송을 통해 침해행위의 취소를 청구하여야 한다. 따라서 보상규정이 없는 법률에 의해 재산권을 침해당한 자는 행정소송에 의해 위법한 침해행위의 취소를 구할 것인지(존속보장) 아니면 위법한 침해는 수인하고 민사소송에 의해 손실보상을 청구할 것인지(가치보장)에 대한 선택권은 인정되지 않는다.

(2) 자갈채취판결 이후의 학설과 연방대법원의 입장[357]

헌법재판소의 자갈채취판결에 의해 보상규정이 없는 경우의 손실보상이 금지되자, 일부의 학자는 이로써 수용유사적 침해와 수용적 침해제도는 종언(終焉)을 고하였다고 하였다.

그러나 다수의 학자들은 제한적이나마 수용유사적 침해와 수용적 침해를 법이론적으로 재구성하여 존속시키려고 노력하였다. 비록 수용유사적 침해와 수용적 침해제도가 여러 문제점을 내포하고 있기는 하지만 국가배상법의 결함을 보완하는 데에는 유용한 기능을 담당해 왔음을 부인할 수 없기 때문이다. 앞에서 살펴본 바와 같이 수용유사적 침해제도는 처음에는 손실보상의 여타 요건은 모두 갖추었지만 보상규정이 없는 경우(즉, 위법·무책의 침해)의 권리구제를 위해 탄생하였으며, 그 후 공공필요에 의한 위법·유책의 침해(법률의 근거 없이 또는 법률에 위반한 침해)에까지 확대되었는데, 전자의 경우는 헌법재판소의 자갈채취판결의 취지에 저촉되므로 더 이상 인정할 수 없지만, 후자의 경우는 그대로 존속될 수 있다고 하였다. 왜냐하면 후자는 '공공필요에 의한 위법한 재산권침해'에 대한 보상에 관한 것으로서, 그 실질은 손실보상이 아니라 국가배상책임이기 때문이라고 한다. 그리고 이 경우 보상의 법적 근거는 기본법 제14조 제3항이 아니라 제14조 제1항(재산권보장)이나 관습법적으로 인정되어온 희생보상청구권에서 찾았다.

연방대법원도 다수 학자의 입장을 받아들여 제한된 범위에서나마 수용유사적 침해와 수용적 침해에 대한 보상을 인정하고 있으며, 그 법적 근거는 관습법상의 희생보상청구권에서 도출하였다.[358] 그리고 재산권자가 행정소송에 의하여 자신의 손해를 방어하는 것을 게을리한 경우에는 과실상계에 의하여 보상액이 감액되거나 경우에 따라서는 보상이 배제될 수 있다고 하였다.

4. 연방 국가책임법의 제정

한편, 독일은 행정상 손해전보에 관한 종래의 손실보상과 국가배상이라는 이원적 제도에 많은 문제가 있음이 지적되어, 1981. 6. 26. 새로이 국가책임법(Staatshaftungsgesetz)을 제정하여 1982년부터 시행하였다. 이 법률에서는 수용유사적 침해와 수용적 침해에 관해 입법적으로 해결하고자 하였다. 즉, 위법한 행정작용으로 인한 기본권침해의 경우에는 무과실책임을 인정하며(2조 2항), 그 밖의 권리침해의 경우에는 과실책임주의에 입각하되 과실 유무에 대한 증명책임은 국가가 지

---

357) 이에 관한 상세는 정하중, 앞의 논문(수용유사적 그리고 수용적 침해제도), 108면 이하 참조.
358) BGH, DVBl. 1984, 391(1981. 1. 26. 판결).

도록 하였는데, 수용유사적 침해는 위법한 기본권(재산권) 침해에 해당하기 때문에 당연히 무과실 책임이 적용되게 되었다. 그리고 수용적 침해는 적법한 기본권침해이기는 하지만 위법한 기본권침해에 관한 규정을 준용하도록 하였다(14조 3항).

그러나 1982. 10. 19. 연방헌법재판소는 연방은 란트에 재정적 부담을 지우는 법률을 제정할 입법관할권이 없다는 이유로 신 국가책임법을 위헌무효라고 결정하였으며,[359] 이에 수용유사적 침해와 수용적 침해는 다시 이론과 판례의 입장에 맡겨지게 되었다.

5. 우리나라에의 수용 가능성

(1) 학설

독일의 판례를 통하여 발전되어온 수용유사적 침해와 수용적 침해제도가 우리나라에서도 받아들여질 수 있는지에 대해서 학설상 다툼이 있다. 부정설에 의하면, 수용유사적 침해는 독일의 특수한 역사적 배경 속에서 발전된 제도로서 특히 관습법적으로 인정되어온 희생보상청구권에 근거하고 있는바, 그러한 역사적 전통이나 관습법이 인정되지 않는 우리나라에서는 수용되기 어렵다고 한다.[360] 이에 반해 긍정설에 의하면, 우리나라의 경우에도 보상규정이 없는 공용침해행위의 경우에는 권리구제의 공백이 존재할 수 있으므로 이와 같은 문제를 해결하기 위해서는 수용유사적 침해이론이 매우 유용하다고 한다.[361] 그리고 이 경우 보상의 근거는 헌법상 재산권보장(23조 1항)이나 평등권(11조) 조항의 유기적 해석에서 찾을 수 있다고 한다.

생각건대, 독일 연방대법원의 판례를 통해 성립·발전한 수용유사적 침해이론은 연방헌법재판소의 자갈채취판결에 의해 치명적인 타격을 받았고, 그 후에는 '위법·유책의 공용침해'에 대한 보상에 한하여 살아남았는데, 이는 실질적으로는 손실보상이 아니라 국가배상의 문제라 할 것이다. 물론 과실책임주의에 입각하고 있는 우리의 국가배상제도하에서는 권리구제의 공백이 문제될 수 있지만, 이를 우리와는 역사적 배경이 다른 독일에서 성립·발전되어온 수용유사적 침해이론을 통해 해결하기 보다는 국가배상제도의 개선을 통해 근본적으로 해결하는 것이 타당하다고 할 것이다.

(2) 판례

1980년 비상계엄 당시 국군보안사령부 정보처장이 언론통폐합조치의 일환으로 사인 소유의 MBC 주식을 강압적으로 국가에 증여하게 한 것에 대해 주식소유자가 손실보상을 청구한 사안에서, 서울고등법원은 국가가 공공의 필요에 의해 법률의 근거 없이 강제적으로 주식을 취득한 것은 수용유사적 침해에 해당하므로 이로 인해 특별한 희생을 당한 원고는 자연법원리나 구 헌법 제22조 제3항(현행 제23조 제3항)에 근거하여 손실보상을 청구할 권리가 있다고 하였다.[362] 그러나 이에 대한 상고심에서 대법원은, 우리 법제하에서 수용유사침해이론을 채택할 수 있는지는 별론으로

---

359) BVerfGE 61, 149.
360) 정하중/김광수, 601면.
361) 홍정선(상), 936면; 김남철, 722면.
362) 서울고판 1992. 12. 24, 92나20073.

하고 이 사건에서 국가가 증여의 형식으로 MBC 주식을 취득한 것은 (비록 증여계약 체결과정에서 공무원의 강박행위가 있었다 하더라도) 공권력의 행사에 의한 수용유사적 침해에 해당하지 않는다고 판시함으로써, 수용유사침해이론의 채택 여부에 대해서는 유보적 입장을 취하였다.[363)]

> **판례** 『원심은 원고의 예비적 청구에 대하여, 피고 대한민국의 이 사건 주식수용은 개인의 명백히 자유로운 동의 없이 이루어진 것이고, 나아가 법률의 근거 없이 이루어진 것으로서 개인의 재산권에 대한 위법한 침해이고 이는 결국 법률의 근거 없이 개인의 재산을 수용함으로써 발생한 이른바 수용유사적 침해이므로, 이로 인하여 특별한 희생 즉 손실을 당한 원고는 자연법의 원리나 구 헌법 제22조 제3항의 효력으로서 국가에게 그 손실의 보상을 청구할 권리가 있다고 판단하여, 그 보상을 구하는 원고의 피고 대한민국에 대한 예비적 청구를 인용하였다. 그러나 원심이 들고 있는 위와 같은 수용유사적 침해의 이론은 국가 기타 공권력의 주체가 위법하게 공권력을 행사하여 국민의 재산권을 침해하였고 그 효과가 실제에 있어서 수용과 다름없을 때에는 적법한 수용이 있는 것과 마찬가지로 국민이 그로 인한 손실의 보상을 청구할 수 있다는 내용으로 이해되는데, 과연 우리 법제하에서 그와 같은 이론을 채택할 수 있는 것인가는 별론으로 하더라도, 위에서 본 바에 의하여 이 사건에서 피고 대한민국의 이 사건 주식취득이 그러한 공권력의 행사에 의한 수용유사적 침해에 해당한다고 볼 수는 없다.』(대판 1993. 10. 26, 93다6409)

XI. 비재산적 법익 침해에 대한 보상(희생보상청구권)

1. 문제의 소재

예컨대 i) 화재현장에 있던 사람이 진화작업에 동원되어 작업을 하다가 부상을 당한 경우, ii) 경찰관이 저항하는 범인을 향해 총을 쏘았는데 총탄이 범인을 관통하여 옆에 있던 사람에게 상해를 입힌 경우, iii) 국가기관의 검정을 받아 판매되고 있는 약을 복용한 사람이 예기치 않은 부작용으로 인해 사망한 경우 등은 적법한 행정작용과 관련하여 불이익이 발생한 경우이지만, 재산권에 대한 침해가 아니기 때문에 헌법 제23조 제3항에 근거한 손실보상을 청구할 수 없다. 또한 그와 같은 행정작용(진화작업에의 강제동원, 총기사용, 약의 검정 등)은 공공의 필요에 의해 법령에 근거한 것이므로 공무원의 위법·유책한 행위라 할 수 없고, 따라서 국가배상의 요건을 충족하기도 어렵다. 이와 같은 경우에 피해자는 어떠한 구제를 받을 수 있는지가 문제되는데, 독일에서는 이 문제를 희생보상청구권으로 해결하고 있다.

2. 희생보상청구권

(1) 의의

행정상 손실보상은 공공의 필요에 의한 재산권 침해에 대해서만 인정되고 생명·신체·자유 등과 같은 비재산적 법익의 침해에 대해서는 인정되지 않는데, 이는 재산권이 비재산적 법익보다

---

363) 대판 1993. 10. 26, 93다6409.

우월해서가 아니라, 아무리 공공의 필요가 있다 하더라도 생명·신체 등과 같은 비재산적 법익의 침해는 허용되지 않으므로 보상의 문제가 발생하지 않기 때문이다. 그런데 실제에 있어서는 앞에서 살펴본 바와 같이 공공의 필요에 의해 국민의 비재산적 법익이 침해되는 경우가 있으며, 이 경우 비재산적 법익을 재산적인 것보다 덜 보호한다면 그것은 헌법상 기본권보장, 법치국가원리, 사회국가원리에 부합되지 않게 된다. 이에 독일에서는 공공의 필요에 의해 비재산적 법익을 침해당한 자는 관습법적으로 인정되어온 희생보상제도에 근거하여 손실보상청구권을 갖는다고 하는데, 이것이 희생보상청구권이다.364)

(2) 요건

희생보상청구권이 성립되기 위해서는 i) 행정주체의 적법한 고권적 작용이 있을 것, ii) 행정작용이 공공복리를 위한 것일 것, iii) 행정작용으로 인하여 생명·신체·자유 등 비재산적 법익이 침해되었을 것, iv) 법익침해가 특별한 희생에 해당할 것 등의 요건을 갖추어야 한다.

(3) 법적 근거

우리나라의 실정법과 판례는 일반적인 제도로서의 희생보상청구권을 인정하고 있지 않지만, 개별법에서 공공필요에 의한 행정작용으로 인하여 국민의 생명·신체 등 비재산적 법익을 침해한 경우에 국가보상을 해주도록 규정하고 있는 것이 있는데, 이는 희생보상청구권의 예에 해당한다고 할 것이다. 예컨대 i) 국가는 예방접종을 받은 자가 그로 인하여 질병에 걸리거나 장애인이 되거나 사망한 때에는 보상을 지급하도록 하고 있으며(감염병예방법 71조), ii) 화재현장에 있는 사람이 사람구출 또는 진화작업에 동원되어 작업을 하다가 부상 또는 사망한 경우에는 보상금을 지급하도록 하고 있는 것(소방기본법 49조의2 1항 2호, 산림보호법 44조)이 그에 해당한다. 이와 같이 개별법에서 보상금지급에 관해 규정하고 있는 경우에는 피해자는 그에 근거하여 구제를 받을 수 있음은 물론이나, 그러한 규정이 없는 경우에 보상을 청구할 수 있는지가 문제된다. 독일의 경우는 수용유사적 침해 및 수용적 침해와 마찬가지로 희생유사적 침해 및 희생적 침해를 인정하고 있는데, 우리나라에서 이러한 제도를 받아들일 것인지는 수용유사적 침해의 문제와 미친가지리 힐 것이다.

---

364) 중세의 자연법사상에 의하면 공공필요에 의해 개인의 법익이 침해된 경우에는 공평부담의 견지에서 보상을 해주어야 한다는 사고가 인정되었는데, 이를 희생보상사상(Auföferungsgedanke)이라 한다. 독일에서는 이러한 희생보상사상에 기초하여 관습법적으로 희생보상청구권이 인정되었으며, 이는 프로이센일반란트법 제74조와 제75조에서 처음으로 법제화되었다. 초기의 희생보상제도는 공공필요에 의한 재산권침해와 비재산적 법익침해의 경우에 모두 인정되었는데, 그 후 손실보상제도가 확립됨으로 인하여 공공필요에 의한 재산권침해의 경우에는 굳이 관습법상의 희생보상제도를 원용할 필요 없이 기본법 제14조 제3항 및 개별 보상법률에 의해 해결하였다. 따라서 희생보상청구권은 주로 공공의 필요에 의한 비재산적 법익침해의 경우로 한정되었다. 그러나 공공필요에 의한 위법한 재산권침해의 경우에는 권리구제의 흠결이 발생하였으며, 이에 연방대법원은 이를 수용유사적 침해라 하여 손실보상을 인정하였으며, 그 근거는 관습법상의 희생보상청구권에서 도출함은 앞에서 설명한 바와 같다.

제 3 절 **행정상 결과제거청구권**

Ⅰ. 서

1. 의 의

행정상 결과제거청구권이란 공행정작용의 결과로서 위법하게 남아있는 상태로 인하여 자기의 법률상 이익을 침해받고 있는 자가 행정청에게 그 위법한 상태를 제거하여 침해 이전의 상태로 회복시켜 줄 것을 청구할 수 있는 권리를 말한다. 예컨대 체납된 세금을 납부하였음에도 불구하고 행정청이 압류물건을 반환하지 않는 경우에 그 반환을 청구하는 것이나, 공무원의 공식적인 발언으로 인해 명예를 훼손당한 자가 그 발언의 철회를 청구하는 것이 이에 해당한다.

전통적 권리구제수단이라 할 수 있는 행정상 손해전보제도는 금전에 의한 구제를 기조로 하기 때문에 이에 의해서는 권리구제가 충분하지 못하거나 목적을 달성하기 어려운 경우가 있다. 따라서 결과제거청구권은 이러한 문제를 보완하기 위하여 독일의 학설과 판례를 통해 성립·발전하였다.

2. 손해배상청구권과의 구별

행정상 결과제거청구권은 국가배상청구권과 그 요건·효과 등에 있어 서로 다르다. i) 전자는 위법한 침해상태가 있으면 족하나, 후자는 위법한 침해에 대한 가해자의 고의·과실을 요하며, ii) 전자는 위법한 침해상태가 계속되고 있어야 하나, 후자는 이전에 위법한 침해행위가 있었으면 족하다. iii) 전자는 위법한 상태의 제거, 즉 원상회복을 청구하는 것이나, 후자는 금전배상을 청구하는 것이다. 이와 같이 양자는 그 성질·목적 등을 달리하므로, 결과제거(원상회복)를 통하여 피해가 충분히 구제되지 않는 경우에는 행정상 손해배상을 청구하는 것을 방해받지 않는다.

Ⅱ. 결과제거청구권의 성질

1. 공 권

과거 일부 학설은 행정상 결과제거청구권은 민법상의 방해배제청구권과 유사하다는 점에서 사권에 해당하는 것으로 보았다. 그러나 결과제거청구권은 공행정작용으로 인해 발생한 위법상태의 제거를 목적으로 하는 점에서 공권에 해당한다고 보는 것이 오늘날의 지배적인 견해이다.

2. 물권적 청구권인지의 여부

과거 일부 학설은 결과제거청구권은 행정청의 정당한 권원 없는 행위로 인하여 개인의 물권적 지배권이 침해된 경우에 그 원상회복을 위해 인정되는 것이므로 물권적 청구권에 속한다고 보았다. 그러나 결과제거청구권은 물권적 지배권이 침해된 경우뿐만 아니라 명예훼손 등과 같은 비재산적 법익의 침해를 제거하기 위한 경우에도 인정될 수 있는 점에서 물권적 청구권으로 한정하는 것은 타당하지 않다는 것이 오늘날의 지배적인 견해이다.

Ⅲ. 법적 근거

독일의 경우 결과제거청구권을 인정하는 실정법상의 규정은 존재하지 않으며, 따라서 그 법적 근거를 기본법상의 법치행정의 원리에서 찾는 견해, 자유권으로부터 도출하는 견해, 민법상의 방해배제청구권의 유추적용에서 찾는 견해 등이 대립하고 있는데, 자유권으로부터 도출하는 것이 지배적 견해라고 한다.[365]

우리나라의 경우에도 결과제거청구권에 관한 직접적인 법적 근거는 없으며, 이에 학자들은 헌법상의 법치행정원리와 기본권규정(10조 내지 37조), 민법상의 방해배제청구권(213조·214조)의 유추적용 등 다양한 근거를 제시하고 있다.

Ⅳ. 성립요건

1. 공행정작용으로 인한 침해

결과제거청구가 인정되기 위해서는 공행정작용으로 인한 침해가 존재하여야 한다. 공행정작용인 한 법적 행위이든 사실행위이든 묻지 않는다. 따라서 행정주체의 사법적 활동으로 인해 발생한 침해에 대해서는 행정상의 결과제거청구권에 의할 것이 아니라 민법상의 방해배제청구권에 의하여야 한다.

2. 개인의 권리에 대한 침해상태의 발생

공행정작용으로 인해 개인의 권리에 대한 침해상태가 발생하여야 한다. 여기에서의 권리에는 재산권뿐만 아니라 명예·신용 등 비재산적 법익도 포함된다. 그러나 단순한 반사적 이익의 침해에 불과한 경우에는 결과제거청구권이 인정되지 않는다.

개인의 권리에 대한 침해상태는 행정주체의 적극적 행위(작위)에 의하여 발생함이 원칙인데, 부작위에 의해서도 침해상태가 야기될 수 있는지에 대해서 학설상 다툼이 있다. 적극설에 의하면 행정주체의 부작위에 의해서도 침해상태가 야기될 수 있다고 하는데, 그 예로 행정주체가 타인의 물건을 합법적으로 압류하였다가 압류가 취소·철회된 후에도 반환하지 않는 경우에 결과제거청구의 대상이 되는 것을 든다.[366] 이에 반해 소극설은 위의 예에서 결과제거청구권은 행정주체의 부작위(압류물건을 반환하지 않는 행위)에 연계하여 인정되는 것이 아니라 부작위 이전의 작위(물건

---

365) Ossenbühl, Staatshaftungsrecht, 5Aufl., S.294ff.
366) 김남진/김연태(I), 774면; 박균성(상), 1144면.

의 압류행위)에 연계하여 인정되는 것이며, 따라서 부작위의 경우에는 결과제거청구권이 인정될 필요가 없다고 한다.[367]

3. 위법한 상태의 존재 및 계속

결과제거청구권은 '위법한 상태의 제거'를 목적으로 하는 것이므로, 공행정작용으로 인해 야기된 상태가 청구권 행사 당시에 위법하여야 한다. 이러한 위법상태는 처음부터 위법한 침해행위에 의해 발생하는 것이 보통이지만, 적법한 공행정작용이 효력을 상실함으로써 사후적으로 위법상태가 발생할 수도 있다.[368] 한편, 위법한 침해상태가 발생한 데 대한 행정주체의 고의·과실과 같은 주관적 요건은 요하지 않는다.

취소사유가 있는 행정행위에 의해 침해상태가 발생한 경우에는 결과제거를 청구하기 위해서는 위법한 행정행위가 취소된 후에 또는 그 행정행위의 취소와 결과제거를 병합하여 청구하여야 한다. 왜냐하면 취소사유가 있는 행정행위의 경우에는 그것이 권한있는 기관에 의해 취소되기 전까지는 임의로 그 효력을 부인할 수 없기 때문이다.

결과제거청구권을 행사하기 위해서는 공행정작용의 결과로서 발생한 위법상태가 계속되고 있어야 한다. 따라서 행정청이 타인의 물건을 불법으로 압류하였다가 반환한 경우와 같이 침해상태가 해소된 경우에는 국가배상만이 고려될 수 있다.

4. 결과제거의 가능성

원상태 또는 그와 동가치의 상태로의 회복이 사실상 가능하고, 법적으로 허용되어야 하며, 또한 원상회복이 기대가능하여야 한다. 예컨대 예술품이 파손된 경우에는 원상회복이 사실상 불가능하며, 또한 원상회복을 위한 비용이 지나치게 많이 드는 경우에는 기대가능성이 없다고 할 것이다. 이러한 경우에는 국가배상 또는 손실보상만이 고려될 수 있다.

V. 결과제거청구권의 내용과 범위

1. 원상회복의 청구

결과제거청구권의 내용은 공행정작용으로 인해 야기된 위법상태의 제거, 즉 침해가 없는 상태로 회복시켜 줄 것을 청구하는 것이며, 금전적 구제(손해전보)는 이에 포함되지 않는다. 만일 원상회복을 통하여 피해가 충분히 구제되지 않는 경우에는 별도로 손해배상 등을 청구하여야 한다.

---

367) 류지태/박종수, 621면; 정하중/김광수, 606면.
368) 결과제거청구권의 요건으로서의 위법성은 '침해행위의 위법성'을 의미하는 것이 아니라 '결과의 위법성'을 의미하는 것이다.

2. 직접적인 결과의 제거

결과제거청구권은 공행정작용으로 인해 야기된 직접적인 결과의 제거를 그 내용으로 하며, 간접적인 결과, 특히 제3자의 개입을 통해 야기된 부수적 결과의 제거는 청구할 수 없다.[369] 예컨대 행정청이 권원없이 타인의 가옥에 무주택자를 입주시킨 경우에 무주택자의 퇴거만을 결과제거의 내용으로 청구할 수 있을 뿐이고, 무주택자가 가옥을 파손한 것에 대해서는 원상회복을 요구할 수 없다.

3. 과실상계

위법한 상태의 발생에 대하여 피해자에게도 과실이 있는 경우에는 민법상의 과실상계에 관한 규정(396조)이 준용된다는 것이 통설이다. 따라서 피해자의 과실 정도에 따라서 결과제거청구권이 제한되거나 상실될 수 있다.

VI. 권리구제절차

결과제거청구권을 행사하기 위한 쟁송절차는 이 청구권의 성질을 공권으로 볼 것인지, 사권으로 볼 것인지에 달려 있다. 결과제거청구권을 사권으로 보면 민사소송에 의하여야 할 것이나, 이를 공권으로 보면 행정소송의 일종인 당사자소송에 의하여야 한다.

제4절 공법상의 부당이득반환청구권

I. 의 의

1. 부당이득

부당이득이란 법률상 원인 없이 타인의 재산 또는 노무로 인하여 이익을 얻고 이로 인하여 타인에게 손해를 가하는 것을 말하는바(민법 741조 참조), 공법의 영역에서도 부당이득이 존재할 수 있음은 물론이다. 공법상 부당이득은 행정행위에 의해 발생할 수도 있고 사실행위에 의해 발생할 수도 있는데, 무효인 조세부과처분에 근거해서 세금을 납부함으로 인한 부당이득은 전자의 예이고, 국가가 개인의 토지를 권원 없이 도로부지로 사용함으로 인한 부당이득은 후자의 예이다.

---

369) 김남진/김연태(I), 776면.

2. 부당이득반환청구권

부당이득을 얻은 자는 상대방에게 그 이익을 반환하여야 하는데, 이 경우 상대방이 부당이득을 얻은 자에게 그 이익의 반환을 청구하는 권리를 부당이득반환청구권이라 한다. 공법상의 부당이득 반환청구권은 국민이 행정주체에 대하여 가질 수도 있고 행정주체가 국민에 대해 가질 수도 있다. 예컨대 무효인 조세부과처분에 근거해서 세금을 납부한 자가 조세의 환급을 청구하는 것은 전자의 예이고, 지방자치단체가 어린이집을 운영하는 자에게 과다하게 지급된 보조금의 반환을 청구하는 것은 후자의 예이다.

Ⅱ. 법적 근거

공법상 부당이득반환청구권에 관한 일반법은 존재하지 않는다. 그런데 민법상의 부당이득반환 청구권에 관한 규정은 모든 법질서에 적용되는 일반법적 성질을 가진다 할 것이므로, 이에 근거하여 공법상 부당이득반환청구권이 인정될 수 있다고 할 것이다.

개별법에서 부당이득반환청구권에 관한 규정을 두고 있는 경우도 많다. 예컨대 과오납된 국세의 환급에 관해 규정한 국세기본법 제51조, 보조금교부결정이 취소된 경우의 보조금 반환에 관해 규정한 보조금관리에 관한 법률 제31조 등이 그에 해당한다. 그러한 개별법에서는 부당이득반환청구절차 등에 관해 특별한 규정을 두고 있기도 한데,[370] 이러한 경우에는 특별법우선의 원칙에 따라 개별법 규정이 우선 적용된다고 할 것이다.

Ⅲ. 성립요건

민법 제741조는 부당이득에 관하여 "법률상 원인없이 타인의 재산 또는 노무로 인하여 이익을 얻고 이로 인하여 타인에게 손해를 가한 자는 그 이익을 반환하여야 한다"고 규정하고 있다.

1. 공법관계에서 이익과 손실의 발생

일방이 타인의 재산 또는 노무로부터 이익을 얻어야 하며 그로 인해 상대방이 손실을 입어야 한다. 이 경우 이익을 얻는 자는 행정주체일 수도 있고 사인일 수도 있다. 예컨대 과오납된 세금의 경우에는 행정주체가 이익을 얻는 것이고, 보조금이 부정하게 지급된 경우에는 사인이 이익을 얻는 것이다.

그리고 이러한 재산적 이익의 이동(일방의 이득취득과 타방의 손실발생)은 공법관계에서 발생하여야 한다. 따라서 비록 행정주체와 사인간에 재산적 이익의 이동이 발생하였다 하더라도 그것이

---

370) 예컨대 보조금관리에 관한 법률은 행정청이 보조금교부결정이 취소되어 보조금은 환수할 때에 상대방에게 반환 명령(행정처분)을 내리도록 하고 있으며, 만일 기한 내에 보조금을 반환하지 않은 경우에는 국세체납처분의 예에 따라 강제징수할 수 있도록 하고 있다(31조 1항, 33조의3).

사법상 법률관계에 기인한 것이라면 민법상 부당이득반환청구권의 대상이 될 뿐이다.

2. 법률상 원인 없이

부당이득이 성립하기 위해서는 타인의 재산 또는 노무로부터 얻은 이익이 법률상 원인 없이 이루어진 것이어야 한다. 따라서 적법한 조세부과처분에 근거하여 세금을 납부한 경우에는 부당이득이 성립하지 않는다. 하자있는 조세부과처분에 근거하여 세금을 납부한 경우에 부당이득이 성립하기 위해서는 그 조세부과처분이 당연무효이거나 권한있는 기관에 의해 취소되어야 한다. 따라서 조세부과처분에 단지 취소사유가 있는 경우에는 그 처분이 취소되기 전까지는 부당이득이 성립하지 않는다.

Ⅳ. 공법상 부당이득반환청구권의 성질 및 쟁송형태

1. 학 설

(1) 사권설

이는 공법상 원인에 의해 발생한 부당이득반환청구권도 사권의 성질을 가지며, 따라서 그에 관한 소송은 민사소송의 대상이 된다는 견해이다. 그 논거로는 i) 부당이득은 공법상이든 사법상이든 묻지 않고 아무런 법률상 원인 없이 타인의 재산이나 노무로 인하여 이익을 얻은 경우에 발생하는 것이고, 행정행위를 매개로 한 부당이득의 경우에도 행정행위의 효력이 무효이거나 취소되어야 비로소 부당이득이 성립되므로 부당이득의 문제가 발생한 때에는 이미 아무런 법률원인이 없는 것이며, ii) 부당이득의 반환은 오로지 '경제적인 견지에서 인정되는 이해조정제도'이기 때문에 공법상 원인으로 인해 발생한 것인지 사법상 원인으로 발생한 것인지를 구별할 이유가 없다는 것을 든다.

(2) 공권설

이는 공법상 원인에 의해 발생한 부당이득의 반환청구는 공법관계에 해당하므로 그 반환청구권은 공권에 속하며, 따라서 부당이득반환청구소송은 행정소송의 일종인 당사자소송에 의하여야 한다는 견해로서, 우리나라의 지배적인 견해이다.

2. 판 례

우리의 판례는 원칙적으로 사권설에 입각하여, 무효인 과세처분에 근거하여 납부한 세금의 환급청구소송, 개발부담금부과처분이 취소된 후의 개발부담금 반환청구소송, 산림전용부담금부과처분이 취소된 후의 전용부담금 반환청구소송 등의 경우에 민사소송에 의하여야 한다고 보았다.[371]

한편 판례는 부당이득 반환청구절차에 관해 개별법에서 특별한 규정을 두고 있는 경우에는 민

---

371) 대판 1995. 4. 28, 94다55019; 대판 1995. 12. 22, 94다51253; 대판 1998. 2. 10, 95다20256.

사소송에 의할 수 없다고 한다. 예컨대 「보조금 관리에 관한 법률」은 중앙관서의 장은 보조사업자가 허위나 부정한 방법으로 보조금을 교부받은 경우에는 보조금교부결정을 취소할 수 있고, 그것을 취소한 때에는 이미 교부된 보조금에 대해서는 반환을 명하여야 하며, 만일 상대방이 기한 내에 보조금을 반환하지 않으면 국세징수의 예에 따라 강제징수할 수 있도록 규정하고 있는바(30조, 31조, 33조의3), 따라서 이 경우 중앙관서의 장은 보조금을 반환하여야 할 자에 대하여 민사소송의 방법으로 보조금반환청구를 할 수 없다고 한다.372) 이 경우 행정청의 보조금반환명령은 행정처분에 해당하므로 이를 다투고자 하는 상대방은 항고소송을 제기하여야 한다.

판례 ① 『원심은, 이 사건 과세처분이 무효임을 전제로 피고에 대하여 그 오납금의 환급을 구하는 이 사건 소는 공법상의 권리를 그 내용으로 하는 것으로서 행정소송인 당사자소송의 대상이 될지언정 민사소송의 대상이 될 수는 없어 부적법하다며 직권으로 각하하였으나, 조세부과처분이 당연무효임을 전제로 하여 이미 납부한 세금의 반환을 청구하는 것은 민사상의 부당이득반환청구로서 민사소송절차에 따라야 한다는 것이 대법원의 확립된 견해이므로(대법원 1989. 6. 15. 선고 88누6436 전원합의체판결 등 참조), 원심이 이 사건 소를 각하한 것은 필경 조세오납금의 환급을 구하는 부당이득에 관한 법리를 오해한 위법이 있다 할 것이다.』(대판 1995. 4. 28. 94다55019)

② 『개발부담금 부과처분이 취소된 이상 그 후의 부당이득으로서의 과오납금 반환에 관한 법률관계는 단순한 민사관계에 불과한 것이고, 행정소송절차에 따라야 하는 관계로 볼 수 없다.』(대판 1995. 12. 22. 94다51253)

③ 『보조금의 예산 및 관리에 관한 법률(이하 '보조금법'이라 한다)은 제30조 제1항에서 중앙관서의 장은 보조사업자가 허위의 신청이나 기타 부정한 방법으로 보조금의 교부를 받은 때 등의 경우 보조금 교부결정의 전부 또는 일부를 취소할 수 있도록 규정하고, 제31조 제1항에서 중앙관서의 장은 보조금의 교부결정을 취소한 경우에 그 취소된 부분의 보조사업에 대하여 이미 교부된 보조금의 반환을 명하여야 한다고 규정하고 있으며, 제33조 제1항에서 위와 같이 반환하여야 할 보조금에 대하여는 국세징수에 예에 따라 이를 징수할 수 있도록 규정하고 있으므로, 중앙관서의 장으로서는 반환하여야 할 보조금을 국세체납처분의 예에 의하여 강제징수할 수 있고, 위와 같은 중앙관서의 장이 가지는 반환하여야 할 보조금에 대한 징수권은 공법상의 권리로서 사법상의 채권과는 그 성질을 달리하므로, 중앙관서의 장으로서는 보조금을 반환하여야 할 자에 대하여 민사소송의 방법으로 그 반환청구를 할 수 없다고 보아야 한다.』
(대판 2012. 3. 15. 2011다17328)

---

3. 소 결

개별법에서 공법상 부당이득의 반환청구방법에 관해 특별한 규정을 두고 있는 경우에는 그에 의하여야 함은 물론이다. 그러한 특별규정이 없는 일반적인 경우에는, 공법적 원인에 의해 발생한 부당이득은 공법관계의 성질을 가지므로 그 반환에 관한 소송은 민사소송이 아니라 공법상의 당사자소송에 의하여야 한다고 보는 것이 타당할 것이다. 2013년에 입법예고된 행정소송법 개정안은 당사자소송에 관하여 "행정상 손실보상·손해배상·부당이득반환이나 그 밖의 공법상 원인으로

---

372) 대판 2012. 3. 15. 2011다17328. 이 사건에서 대법원은, 민사소송으로 제기된 보조금반환청구소송에 대해 원고의 청구를 인용한 원심을 파기하고 각하판결을 내렸다.

발생하는 법률관계에 관한 소송으로서 그 법률관계의 한쪽 당사자를 피고로 하는 소송"이라고 정의함으로써, 공법상 부당이득반환이 당사자소송의 대상이 됨을 명시적으로 규정하였다(3조 2호).

V. 행정행위의 하자와 부당이득(선결문제)

앞에서 설명한 바와 같이 금전의 납부(내지 교부)가 행정행위에 근거해서 행해진 경우에는 금전 납부의 전제가 된 행정행위가 당연무효이거나 취소되어야 비로소 부당이득이 성립된다. 취소사유가 있는 행정행위의 경우에는 권한있는 기관에 의해 취소되기 전까지는 공정력에 의해 그 효력이 유지되므로, 부당이득 성립요건으로서의 '법률상 원인없이'를 충족시키지 못하기 때문이다. 이러한 점에서 행정행위를 매개로 한 부당이득반환청구소송에 있어서의 선결문제는 국가배상청구소송에 있어서와는 달리 '행정행위의 효력'이 된다(국가배상청구소송에 있어서의 선결문제는 '행정행위의 위법성'이다). 따라서 부당이득반환청구소송의 수소법원(민사법원)은 부당이득의 원인이 되는 '행정행위의 효력 유무'에 대해 심사해서 만일 그 행정행위가 무효라 인정되면 부당이득을 인정할 수 있지만(행정소송법 11조 1항), '행정행위의 위법성'에 대해서는 심사할 수 없다. 행정행위가 단순히 위법하다는 것만으로는 부당이득의 성립에 아무런 영향을 미치지 못하기 때문이다.373)

> **판례** 『공유재산 및 물품 관리법 제81조 제1항에 따른 변상금의 부과는 관리청이 공권력의 주체로서 상대방의 의사를 묻지 않고 일방적으로 행하는 행정처분에 해당한다. 그러므로 만일 무단으로 공유재산 등을 사용·수익·점유하는 자가 관리청의 변상금부과처분에 따라 그에 해당하는 돈을 납부한 경우라면 위 변상금부과처분이 당연무효이거나 행정소송을 통해 먼저 취소되기 전에는 부당이득반환청구로써 위 납부액의 반환을 구할 수 없다.』(대판 2013. 1. 24, 2012다79828)

VI. 부당이득의 반환범위

1. 문제의 소재

민법 제748조는 부당이득의 반환범위에 관해 선의의 수익자와 악의의 수익자로 나누어 규정하고 있다. 즉, 선의의 수익자는 그 받은 이익이 현존하는 한도에서 반환의 책임이 있지만, 악의의 수익자는 그 받은 이익에 이자를 붙여 반환하고 손해가 있으면 이를 배상하도록 하고 있다. 이러한 부당이득 반환의 범위에 관한 민법 제748조의 규정이 공법상 부당이득반환청구에도 적용될 수 있는지가 문제된다.

---

373) 만일 부당이득반환청구소송의 수소법원(민사법원)이 행정행위의 위법성을 심사한 결과 그 행정행위에 취소사유에 해당하는 위법이 인정된다 하더라도 그 행정행위를 취소할 수 있는 권한은 없으니, 따라서 해당 행정행위가 위법하다는 것(즉, 취소사유가 있다는 것)만으로는 부당이득을 인정할 수 없다. 결국 수소법원의 위법성 심사는 자기 사건(부당이득반환청구사건)의 해결에 아무런 도움이 되지 않게 된다.

2. 학 설

(1) 긍정설

공법상 부당이득에 관해 다른 공법에 특별한 규정이 없는 경우에는 부당이득에 관한 민법 규정이 준용된다는 견해가 있는데,[374] 이에 의하면 부당이득의 반환범위에 관해서도 특별한 규정이 없으면 민법 제748조의 규정이 준용된다고 할 것이다.

(2) 부정설

공법상 부당이득 반환의 경우에는 수익자가 행정주체인지 사인인지 묻지 아니하고 선의의 부당이득자의 반환범위를 제한하고 있는 민법 제748조 제1항의 규정은 적용되지 않으며, 따라서 선의·악의에 관계 없이 받은 이익의 전부를 반환해야 한다는 견해이다.[375]

(3) 절충설

이는 공법상 부당이득의 특수성을 감안하여 수익자가 사인인지 행정주체인지에 따라 반환의 범위를 구별하려는 견해이다.[376] 먼저 수익자가 사인인 경우에는 부당이득의 반환범위는 신뢰보호의 원칙의 적용에 의해 결정된다고 보며, 따라서 이 경우 신뢰보호원칙이 민법 제748조의 기능을 수행한다고 한다.[377] 그러나 수익자가 행정주체인 경우에는 선의의 부당이득자의 반환범위를 제한하고 있는 민법 제748조 제1항의 유추적용은 허용되지 않으며, 따라서 행정주체는 선의·악의를 묻지 아니하고 법정이자를 붙여 반환함과 동시에 손해가 있으면 그 손해도 배상하여야 한다고 한다. 그 논거로는, 행정주체는 행정의 법률적합성의 원칙에 따라 엄격한 재정법의 기속하에 재정을 관리하여야 하며, 또한 사인에 대해 비교할 수 없이 강력한 재정적 지위를 가지고 있기 때문에 선의라고 해서 부당이득의 반환을 제한하는 것은 자칫 부당이득반환의 의미를 현저하게 상실시킬 수 있다는 것을 든다.

3. 판 례

판례는 기본적으로 공법상 법률관계에서의 부당이득반환청구권도 사권으로 보기 때문에 그 반환의 범위도 원칙적으로 민법 제748조의 규정이 준용되는 것으로 본다. 그런데 개별법에서는 부당이득 반환의 범위에 관해 특별규정을 두고 있는 경우도 있는데, 이러한 경우에는 개별법의 규정이 우선한다고 본다. 예컨대 국세기본법은 과오납된 세금의 환급시에 일정 이자율에 따른 가산금을

---

374) 김남진/김연태(I), 784면.
375) 석종현/송동수(상), 121면.
376) 정하중/김광수, 611면.
377) 사인의 부당이득이 성립하는 대표적인 예는 보조금지급결정·연금지급결정 등이 취소된 경우인데, 보조금지급결정 등에 취소사유가 발생한 경우라도 지급결정을 신뢰한 선의의 상대방을 보호할 필요가 있는 경우에는 신뢰보호원칙에 의해 지급결정의 취소가 제한을 받으므로 이 경우는 아예 부당이득이 성립되지 않는다는 것을 논거로 한다(정하중, 공법상 부당이득반환청구권의 독자성, 행정판례평선, 한국행정판례연구회, 2016. 10. 15, 129면 참고).

가산하여 환급하도록 규정하고 있는데(52조), 이는 민법 제748조에 대한 특칙의 성질을 가지므로 환급가산금은 수익자인 국가의 선의·악의를 묻지 아니하고 법이 정한 바에 따라 확정된다고 하였다.378)

> **판례** 『조세환급금은 조세채무가 처음부터 존재하지 않거나 그 후 소멸하였음에도 불구하고 국가가 법률상 원인 없이 수령하거나 보유하고 있는 부당이득에 해당하고, 환급가산금은 그 부당이득에 대한 법정이자로서의 성질을 가진다. 이때 환급가산금의 내용에 대한 세법상의 규정은 부당이득의 반환범위에 관한 민법 제748조에 대하여 그 특칙으로서의 성질을 가진다고 할 것이므로, 환급가산금은 수익자인 국가의 선의·악의를 불문하고 그 가산금에 관한 각 규정에서 정한 기산일과 비율에 의하여 확정된다. 부당이득반환의무는 일반적으로 기한의 정함이 없는 채무로서, 수익자는 이행청구를 받은 다음날부터 이행지체로 인한 지연손해금을 배상할 책임이 있다. 그러므로 납세자가 조세환급금에 대하여 이행청구를 한 이후에는 법정이자의 성질을 가지는 환급가산금청구권 및 이행지체로 인한 지연손해금청구권이 경합적으로 발생하고, 납세자는 자신의 선택에 좇아 그 중 하나의 청구권을 행사할 수 있다.』 (대판 2009. 9. 10, 2009다11808)

Ⅶ. 공법상 부당이득반환청구권의 시효

국가가 국민에 대해 가지는 금전청구권이나 국민이 국가에 대해 가지는 금전청구권의 소멸시효는 5년이므로(국가재정법 96조, 지방재정법 82조), 공법상 부당이득반환청구권의 경우도 다른 법률에 특별한 규정이 없는 한 5년의 소멸시효가 적용된다고 본다.

Ⅷ. 부가가치세 환급세액 지급의 문제

부가가치세법 제59조 제1항은 과세관청은 부가가치세 환급세액을 확정신고한 사업자에 대해 환급세액을 지급해 주도록 규정하고 있는데,379) 이 경우 부가가치세 환급의 성질이 문제된다. 판례는 종래 (부가가치세를 포함한) 모든 국세에 있어 세금을 환급하는 것은 부당이득반환의 성질을 가지는 것으로 보아 민사소송절차에 의하여야 한다고 보았으나,380) 2013년 대법원 전원합의체판결에서 부가가치세의 환급에 관해서는 종전의 입장을 변경하였음에 주목하여야 한다. 즉, 부가가치세 환급세액의 지급의무는 다른 국세의 환급과는 달리 부당이득반환이 아니라 조세정책적인 요청

---

378) 대판 2009. 9. 10, 2009다11808. 부당이득반환의 범위를 규정한 다른 예로는 보조금 반환을 들 수 있다. 보조사업자가 보조금을 다른 용도에 사용하는 등 법이 정한 사유가 발생한 경우에는 행정청은 보조금교부결정을 취소하고 그 반환을 명할 수 있는데(보조금관리에 관한 법률 30조 1항, 31조 1항), 여기에서 보조금 반환은 부당이득반환의 성질을 가진다. 이때 반환의 범위에 관해 '취소된 부분의 보조금과 이로 인하여 발생한 이자'를 반환하도록 규정하고 있는데(31조 1항), 이 경우도 보조사업자의 악의 여부에 관계없이 법이 정한 대로의 반환의무가 발생한다고 할 것이다.

379) 부가가치세 환급세액이란 매출세액보다 매입세액이 큰 경우 그 차액을 말한다.

380) 대판 1987. 9. 8, 85누565; 대판 1988. 11. 8, 87누479; 대판 1996. 4. 12, 94다34005; 대판 1996. 9. 6, 95다4063; 대판 1997. 10. 10, 97다26432; 대판 2001. 10. 26, 2000두7520.

에 따라 특별히 부가가치세법에 의해 인정된 공법상 의무이며, 따라서 부가가치세 환급세액의 청구는 다른 국세의 환급청구와는 달리 민사소송이 아니라 공법상 당사자소송에 의하여야 한다고 판시하였다.[381]

> **판례** 『부가가치세법령이 환급세액의 정의 규정, 그 지급시기와 산출방법에 관한 구체적인 규정과 함께 부가가치세 납세의무를 부담하는 사업자(이하 '납세의무자'라 한다)에 대한 국가의 환급세액 지급의무를 규정한 이유는, 입법자가 과세 및 징수의 편의를 도모하고 중복과세를 방지하는 등의 조세 정책적 목적을 달성하기 위한 입법적 결단을 통하여, 최종 소비자에 이르기 전의 각 거래단계에서 재화 또는 용역을 공급하는 사업자가 그 공급을 받는 사업자로부터 매출세액을 징수하여 국가에 납부하고, 그 세액을 징수당한 사업자는 이를 국가로부터 매입세액으로 공제·환급받는 과정을 통하여 그 세액의 부담을 다음 단계의 사업자에게 차례로 전가하여 궁극적으로 최종 소비자에게 이를 부담시키는 것을 근간으로 하는 전단계 세액공제제도를 채택한 결과, 어느 과세기간에 거래징수된 세액이 거래징수를 한 세액보다 많은 경우에는 그 납세의무자가 창출한 부가가치에 상응하는 세액보다 많은 세액이 거래징수되게 되므로 이를 조정하기 위한 과세기술상, 조세정책적인 요청에 따라 특별히 인정한 것이라고 할 수 있다. 따라서 이와 같은 부가가치세법령의 내용, 형식 및 입법 취지 등에 비추어 보면, 납세의무자에 대한 국가의 부가가치세 환급세액 지급의무는 그 납세의무자로부터 어느 과세기간에 과다하게 거래징수된 세액 상당을 국가가 실제로 납부받았는지와 관계없이 부가가치세법령의 규정에 의하여 직접 발생하는 것으로서, 그 법적 성질은 정의와 공평의 관념에서 수익자와 손실자 사이의 재산상태 조정을 위해 인정되는 부당이득 반환의무가 아니라 부가가치세법령에 의하여 그 존부나 범위가 구체적으로 확정되고 조세 정책적 관점에서 특별히 인정되는 공법상 의무라고 봄이 타당하다. 그렇다면 납세의무자에 대한 국가의 부가가치세 환급세액 지급의무에 대응하는 국가에 대한 납세의무자의 부가가치세 환급세액 지급청구는 민사소송이 아니라 행정소송법 제3조 제2호에 규정된 당사자소송의 절차에 따라야 한다.』 (대판 2013. 3. 21, 2011다95564)

IX. 부당이득징수처분의 문제

1. 의 의

법률에서 특별히 공법상 법률관계에서 발생한 부당이득을 징수하는 처분에 관해 규정하고 있는 경우도 있다. 예컨대 국민건강보험공단은 속임수나 부정한 방법으로 보험급여를 받은 사람이나 요양기관에 대하여 보험급여에 상당하는 금액을 징수하도록 한 것이 그에 해당한다(국민건강보험법 57조 1항). 이와 관련하여 부당이득징수처분의 성질이 문제된다.

2. 부당이득징수처분의 성질

(1) 법률에 근거한 부당이득징수처분은 항고소송의 대상인 처분에 해당함은 물론이다.[382]

(2) 의료법은 비의료인의 의료기관 개설을 금지하고 있는데, 비의료인이 의료인의 명의를 빌려

의료기관을 개설(이른바 사무장병원)하여 국민건강보험공단으로부터 보험급여비용을 받은 경우에는 의료기관 개설명의자뿐만 아니라 명의를 대여받아 의료기관을 실질적으로 개설·운영한 자도 부당이득징수처분의 상대방이 된다(57조 1항, 2항).383)

한편, 국민건강보험법 제57조 제1항은 '부당이득의 징수'라는 제목아래 "공단은 속임수나 그 밖의 부당한 방법으로 보험급여를 받은 사람 또는 보험급여 비용을 받은 요양기관에 대하여 그 보험급여나 보험급여비용에 상당하는 금액을 징수한다"고 규정하고 있는데, 위 규정의 내용·체재와 입법취지 등을 고려할 때 국민건강보험법상의 부당이득 징수는 재량행위에 해당한다는 것이 판례의 입장이다.384) 따라서 국민건강보험공단은 의료기관 개설명의자나 실질적 운영자에게 부당이득을 징수함에 있어서 여러 사정, 즉 자격을 갖춘 의료인이 요양을 시행하였는지 여부, 과잉진료에 해당하는지 여부, 의료기관 개설·운영과정에서의 개설명의자와 실질개설자의 역할과 불법성 정도, 그들이 얻은 이익의 정도, 그 밖에 조사에 대한 협조 여부 등을 고려하여야 하며, 이러한 여러 사정을 고려하지 않고 개설명의자나 실질개설자에 대해 의료기관이 받은 요양급여비용 전액을 징수하는 것은 특별한 사정이 없는 한 비례의 원칙에 위배되어 재량권을 일탈·남용한 것으로 볼 수 있다고 한다.

---

383) 대판 2020. 7. 9, 2018두44838.
384) 대판 2020. 6. 4, 2015두39996; 대판 2020. 7. 9, 2018두44838.

제 3 장

행정쟁송법

제1절 행정쟁송의 개관

I. 서

1. 행정쟁송의 개념

행정쟁송이란 행정상 법률관계에 관해 다툼이 있는 경우에 이해관계인의 쟁송제기에 의해 제3자적 기관이 심리·판단하는 절차를 말한다.

행정쟁송은 보는 관점에 따라 다양하게 분류할 수 있는데, 심판기관에 따라 행정소송과 행정심판으로 나눌 수 있다. 행정소송이란 행정상 법률관계에 대한 다툼에 대해 법원이 심리·판단하는 것으로서, 최상의 정의를 실현하기 위해 엄격한 소송절차에 의해 진행된다. 이에 반해 행정심판이란 행정상 법률관계에 대한 다툼에 대해 행정부에 소속된 기관이 심리·판단하는 것으로서, 간이·신속한 권리구제를 도모하므로 일반적으로 약식의 쟁송절차에 의해 진행된다.

2. 행정쟁송의 기능

(1) 권리구제

위법·부당한 행정작용에 의해 권리를 침해받은 국민은 행정쟁송을 통하여 그러한 행정작용을 시정받을 수 있는바, 이와 같이 행정쟁송제도는 국민의 권리구제를 위해 매우 중요한 역할을 하고 있다. 행정소송법은 제1조에서 「이 법은 행정소송절차를 통하여 행정청의 위법한 처분 그 밖에 공권력의 행사·불행사 등으로 인한 국민의 권리 또는 이익의 침해를 구제…함을 목적으로 한다」고 규정함으로써, 행정소송의 권리구제적 기능을 명시하고 있다.

(2) 행정통제

행정쟁송에 의해 위법·부당한 행정작용을 시정함으로써 행정작용의 적법·타당성을 확보할 수 있으며, 이러한 점에서 행정쟁송제도는 행정통제의 기능을 수행한다고 할 수 있다. 물론 행정쟁송(특히 항고쟁송)은 국민의 권리구제를 주된 목적으로 하지만, 이를 통해 위법·부당한 행정작용을 시정함으로써 부수적으로 행정통제적 기능을 수행한다. 특히 행정심판은 행정소송에 비해 행정통제적 기능이 강하다고 할 것인바, 행정심판법은 제1조에서 『이 법은 행정심판절차를 통하여 행정청의 위법 또는 부당한 처분이나 부작위로 침해된 국민의 권리 또는 이익을 구제하고, 아울러 행정의 적정한 운영을 꾀함을 목적으로 한다』고 규정함으로써 행정심판이 국민의 권리구제와 행정통제의 기능을 모두 목적으로 함을 명시하고 있다.

Ⅱ. 행정쟁송의 종류

1. 행정쟁송의 성질에 의한 구분

(1) 주관적 쟁송과 객관적 쟁송

쟁송제기자의 개인적 권익의 보호를 직접 목적으로 하는 쟁송을 주관적 쟁송이라 하고, 법적용의 객관적 적정이나 공익의 실현을 목적으로 하는 쟁송을 객관적 쟁송이라 한다. 행정쟁송은 주관적 쟁송이 원칙이며, 법에 의해 특별히 인정되는 경우에 한하여 예외적으로 객관적 쟁송이 인정된다.

주관적 쟁송은 다시 항고쟁송과 당사자쟁송으로, 객관적 쟁송은 다시 민중쟁송과 기관쟁송으로 구분된다.

(2) 항고쟁송과 당사자쟁송

항고쟁송이란 위법·부당한 '행정처분'의 시정을 구하는 쟁송을 말하며, 예컨대 영업정지처분의 취소를 구하는 쟁송이 그에 해당한다. 그리고 당사자쟁송이란 '공법상 법률관계'에 다툼이 있는 경우에 일방 당사자가 다른 당사자를 상대로 하여 그 다툼에 관한 심판을 구하는 쟁송을 말하며, 예컨대 공법상계약에 관한 소송이 그에 속한다.

(3) 민중쟁송과 기관쟁송

민중쟁송이란 국가나 지방자치단체의 기관이 위법한 행위를 한 때에 국민이 직접 자기의 법률상 이익과 관계없이 그 시정을 구하기 위하여 제기하는 쟁송을 말하며, 예컨대 대통령·국회의원 등의 선거에 있어서 일반 유권자가 제기하는 선거무효소송이 그에 해당한다. 그리고 기관쟁송이란 국가 또는 지방자치단체의 기관 상호간에 권한의 존부나 그 행사에 관한 다툼이 있는 경우에 어느 기관이 다른 기관을 상대로 제기하는 쟁송을 말하며, 예컨대 지방의회에서 의결된 내용이 위법하다고 인정되는 경우에 지방자치단체의 장이 지방의회를 상대로 대법원에 제기하는 소송이 그에 해당한다. 앞에서 설명한 바와 같이 이러한 민중쟁송과 기관쟁송은 법률이 특별히 허용하는 경우에 한하여 예외적으로 인정된다.

2. 행정쟁송의 단계에 의한 구분(시심적 쟁송과 복심적 쟁송)

제1차적 행정작용 자체가 쟁송절차를 통해 행해지는 경우의 쟁송을 시심적 쟁송(始審的 爭訟)이라 하고, 이미 행해진 행정작용의 위법성을 다투는 쟁송을 복심적 쟁송(覆審的 爭訟)이라 한다. 예컨대 공법상 금전급부청구소송(당사자소송의 일종)의 경우는 국가에게 금전급부의무가 있는지 여부, 만일 급부의무가 있다면 얼마의 금전을 급부하여야 하는지 등이 재판에 의해 비로소 결정되므로 시심적 쟁송에 해당하며, 행정처분의 취소를 구하는 항고소송은 행정청이 행한 행정처분의 위법 여부를 다투는 것이므로 복심적 쟁송에 해당한다.

3. 행정쟁송절차에 의한 구분(정식쟁송과 약식쟁송)

행정쟁송이 공정하게 수행되기 위해서는 i) 심판기관이 제3자적 지위에 있고 독립성이 보장되어야 하며, ii) 양 당사자에게 구두변론의 기회를 주는 등 엄격한 재판절차에 따라 진행되어야 하는바, 이 요건을 모두 갖춘 것을 정식쟁송이라 하고, 이러한 요건을 온전히 갖추지 못한 것을 약식쟁송이라 한다. 일반적으로 행정소송은 정식쟁송에 해당하고, 행정심판은 약식쟁송에 해당한다.

4. 행정쟁송의 심판기관에 의한 구분(행정심판과 행정소송)

행정부에 소속된 기관이 심판을 담당하는 것을 행정심판이라 하고, 사법부인 법원이 심판을 담당하는 것을 행정소송이라 한다.

제 2 절 행정심판

Ⅰ. 개 설

1. 행정심판의 개념

(1) 실질적 의미의 행정심판

실질적 의미의 행정심판이란 행정심판을 실정법제도와 관계없이 이론적인 면에서 파악한 것으로서, 이는 다시 광의와 협의의 행정심판으로 구분할 수 있다. 광의로는 행정상의 법률관계에 대한 분쟁에 대하여 행정기관이 심리·판단하는 쟁송절차를 총칭하며, 여기에는 행정심판법상의 행정심판뿐만 아니라 이의신청·심사청구·심판청구·특허심판 등이 모두 포함된다.

협의의 행정심판이란 행정상의 법률관계에 대한 분쟁에 대하여 행정기관이 사법적 절차를 준용하여 심리·판단하는 쟁송절차를 의미하며, 따라서 사법적 절차의 준용없이 단순히 처분청(또는 그 상급행정청)에게 재심사의 기회를 주는데 불과한 이의신청은 행정심판에서 제외된다.

(2) 형식적 의미의 행정심판

형식적 의미의 행정심판이란 행정심판을 제도적 측면에서 파악한 것으로서, 행정심판법의 적용을 받는 행정심판을 의미한다. 이하에서는 주로 형식적 의미의 행정심판에 관하여 살펴보기로 한다.

2. 행정심판의 헌법적 근거

헌법 제107조 제3항은 행정심판과 관련하여 『재판의 전심절차로서 행정심판을 할 수 있다. 행정심판의 절차는 법률로 정하되 사법절차가 준용되어야 한다』라고 규정하고 있다. 이 규정의 취지는, 국민은 재판청구권을 가지며 재판권은 법관으로 구성된 법원에 속하므로(헌법 27조, 101조), 행정심판을 사법심사의 전심절차가 아니라 종심절차로 규정함으로써 정식재판의 기회를 배제하거나 또는 행정심판을 재판의 필요적 전심절차로 규정하면서 그 절차에 사법절차를 준용하지 않는 것은 위헌이라는 의미이다.

그리고 헌법재판소는 '준용'의 의미와 관련하여, 행정심판절차가 판단기관의 독립성과 공정성, 대심적 심리구조, 당사자의 절차적 권리보장 등의 면에서 사법절차의 본질적 요소를 현저히 결여하고 있다면 준용의 요청에 위반된다고 하였다. 이러한 점에서 (구)지방세법상 이의신청 및 심사청구의 심의·의결기관인 지방세심의위원회의 독립성과 공정성을 담보할 수 있는 토대가 약하고 그 심리절차에 사법절차적 요소가 매우 미흡함에도 불구하고 이의신청 및 심사청구를 행정소송의 필요적 전치절차로 규정한 것은 위헌이라고 판시하였다.[1]

한편, 현행 행정소송법은 종래의 행정심판전치주의를 폐지함으로써, 적어도 행정심판법상의 행정심판에 있어서는 위 헌법조항에의 저촉문제는 발생할 여지가 없어졌다.

3. 행정심판의 존재이유

(1) 자율적 행정통제

행정심판제도는 법원에 의한 판단을 받기 전에 행정부 내에서 스스로 행정작용의 하자를 시정할 수 있는 기회를 부여함으로써, 행정의 자율적 통제를 확보할 수 있게 한다.

(2) 행정기관의 전문지식 활용(司法기능의 보충)

현대사회에 있어서의 사회적·경제적 문제는 고도의 전문성과 기술성을 내포하고 있는데, 이러한 문제에 관해서는 일반적으로 법원에 비해 행정기관이 전문적 지식을 가지고 있다. 따라서 행정심판제도는 행정기관이 가지는 전문지식을 활용하여 분쟁을 해결할 수 있게 한다. 이는 사법부

---

[1] 헌재 2001. 6. 28, 2000헌바30. 2000년 지방세법에 따르면 지방세부과처분에 대한 불복은 이의신청·심사청구·행정소송의 방법으로 하는데(72-81조), 이의신청을 거쳐야만 심사청구를 할 수 있고(74조 1항) 심사청구절차를 거쳐야만 행정소송을 제기할 수 있도록 하였다(결정전치주의 : 78조 2항).

에 결여된 전문지식을 보충하는 것인 점에서 '사법기능의 보충'이라 표현하기도 한다.

(3) 행정능률의 보장

행정사건에 대한 사법(司法)절차에 의한 심판은 심리절차의 공정과 신중으로 인하여 국민의 권리구제에는 충실할 수 있으나, 상당한 시일이 소요되기 때문에 현대 행정에서 요구되는 능률성을 저해할 수 있다. 따라서 사법절차에 앞서 신속·간편한 행정심판에 의해 분쟁을 해결함으로써 행정능률에 이바지한다.

(4) 소송경제의 확보

약식의 행정심판에 의하는 것이 정식의 사법절차에 의하는 것보다 시간·비용·노력을 적게 들이고 분쟁을 해결할 수 있다.

(5) 법원의 부담경감

행정소송에 앞서 행정심판에 의하여 분쟁을 해결함으로써 행정소송사건을 줄이고, 설사 행정심판에 의해 분쟁이 종식되지 않았다 하더라도 중요한 쟁점을 행정심판단계에서 정리함으로써 법원의 부담을 덜어준다.

4. 다른 개념과의 구별

(1) 이의신청과의 구별

① **행정심판과 이의신청의 구별** : i) 행정심판은 제3자적 기관인 행정심판위원회가 처분의 위법·부당성에 대해 심리·재결하는 준사법적 작용이나, 이의신청은 처분행정청(또는 그 상급행정청)이 재심사를 통해 처분의 적법·타당성을 확보하기 위한 행정 내부적 시정절차인 점에서 차이가 있다. ii) 행정심판의 경우에는 행정심판법에서 사법절차에 준하는 절차를 규정하고 있으나, 이의신청의 경우에는 일반적으로 특별한 절차가 규정되어 있지 않다.

② **행정심판과 이의신청의 관계** : 행정처분에 대하여 이의신청을 할 수 있는 경우에 이와는 별도로 해당 처분에 대하여 행정심판을 청구할 수 있는지가 문제된다. 이의신청에 대해 규정한 개별법률이 행정심판과의 관계에 대해 명시적으로 규정하고 있는 경우도 있는데, 이 경우는 특별히 문제될 것이 없다.[2]

문제는 이에 관해 개별법에서 아무런 규정을 두고 있지 않은 경우인데, 행정기본법은 「이의신청을 한 경우에도 그 이의신청과 관계없이 행정심판법에 따른 행정심판 또는 행정소송법에 따른 행정소송을 제기할 수 있다」는 명문의 규정을 두었다(36조 3항).

---

2) 예컨대 「공공기관의 정보공개에 관한 법률」은 정보공개와 관련한 공공기관의 비공개 또는 부분공개의 결정에 대하여 불복이 있는 자는 이의신청뿐만 아니라 행정심판을 청구할 수 있다고 규정하고 있으며(19조), 반면에 난민법은 법무부장관의 난민불인정결정 또는 난민인정취소결정에 대해 법무부장관에게 이의신청을 한 경우에는 행정심판법에 따른 행정심판을 청구할 수 없다고 규정하고 있다(21조 2항).

(2) 청원과의 구별

행정심판은 기본적으로 국민의 권리구제를 위한 쟁송제도이나, 청원은 국민이 국가기관에 대하여 일정한 사항에 관한 희망을 진술하는 것을 보장하기 위한 제도인 점에서 근본적인 차이가 있다. 그 밖에 양자는 다음과 같은 점에서 차이가 있다. i) 행정심판은 헌법 제107조에 근거가 있고 행정심판법에서 구체화하고 있으며, 청원은 헌법 제26조에 근거가 있고 청원법에서 구체화하고 있다. ii) 행정심판은 제기권자·제기사항·제기기간·제기기관 등에 제한이 있으나, 청원은 원칙적으로 누구든지 어떠한 사항에 대해서든 기간의 제한없이 어떠한 국가기관에 대해서든 제출할 수 있다. iii) 행정심판은 심사절차·판단형식 등에 있어서 법적 기속이 있으나, 청원은 그와 같은 법적 기속이 없다. iv) 행정심판의 재결은 불가쟁력·불가변력 등의 효력이 발생하나, 청원에 있어서의 결정은 그와 같은 효력이 발생하지 않는다.

(3) 진정과의 구별

진정이란 국민이 법정의 형식·절차에 구애됨이 없이 행정청에 대하여 어떠한 희망을 진술하는 것을 말하며, 그것은 법적 구속력이나 효과를 발생시키지 않는 사실행위에 지나지 않는다. 진정은 법률에 근거한 것이 아니기 때문에 청원법에 근거한 청원과도 구별된다.

5. 특별행정심판

(1) 특별행정심판의 제한

사안의 전문성과 특수성을 살리기 위하여 특히 필요한 경우가 아니면 행정심판법에 따른 행정심판을 갈음하는 특별행정심판이나 행정심판법상의 행정심판절차에 대한 특례를 다른 법률로 정할 수 없다(4조 1항). 그리고 다른 법률에서 특별행정심판이나 행정심판법상의 행정심판절차에 대한 특례를 정한 경우에도 그 법률에서 규정하지 아니한 사항에 관하여는 행정심판법에서 정하는 바에 따른다(4조 2항).

관계 행정기관의 장이 특별행정심판 또는 행정심판법상이 행정심판절차에 대한 **특례를 신설하**거나 변경하는 법령을 제정·개정할 때에는 미리 중앙행정심판위원회와 협의하여야 한다(4조 3항).

(2) 특별행정심판의 종류

사안의 전문성과 특수성을 살리기 위하여 개별법에서 행정심판법상의 행정심판과는 다른 특수한 형태의 행정심판에 대해 규정하고 있는 경우가 많은데, 그 대표적인 예는 다음과 같다.

① **조세심판** : 국세기본법은 조세부과처분에 대해서 다단계의 구제절차를 규정하고 있다. 즉, 국세기본법이나 세법에 따른 처분에 대해 불복이 있는 자는 처분을 내린 세무서장이나 관할 지방국세청장에게 이의신청을 할 수 있으며(국세기본법 66조), 또한 국세청장에게 심사청구를 하거나 조세심판원장에게 심판청구를 할 수 있다(62조 1항, 69조 1항).[3] 여기에서 심사청구와 심판청구는

---

3) 심사청구를 받은 국세청장은 국세심사위원회의 의결에 따라 결정을 한다(국세기본법 64조 1항). 조세심판원장이 심판청구를 받은 때에는 조세심판관회의를 구성하여 그로 하여금 심리하여 결정하도록 한다(78조).

특별행정심판에 해당하지만, 이의신청은 행정심판의 성질을 갖지 않는다. 이의신청은 임의적 구제제도로서 이를 거치지 않고도 심사청구나 심판청구를 할 수 있다. 이에 반해 조세관련 처분에 대해 행정소송을 제기하기 위해서는 원칙적으로 심사청구나 심판청구에 대한 결정을 거쳐야 하는데(결정전치주의 : 56조 2항), 이때 동일한 처분에 대해서는 심사청구와 심판청구를 중복하여 제기할 수 없고 둘 중에서 하나만 선택하여 제기할 수 있다(55조 9항).[4]

국세기본법은 심사청구나 심판청구에 대해서는 원칙적으로 행정심판법의 규정을 적용하지 않는다고 명시하고 있으며, 다만 행정심판법 제15조 등 몇 개 조문에 대해서만 심사청구 또는 심판청구에 준용하고 있다.[5]

② **특허심판** : 특허출원에 대한 거절결정, 특허권 존속기간 연장등록신청에 대한 거절결정 등에 불복이 있는 자는 특허심판원에 심판청구를 하여야 하며(특허법 132조의17), 특허심판원의 심결에 불복하는 경우에는 특허법원에 소를 제기하도록 하고, 특허법원의 판결에 대해서는 대법원에 상고하도록 하였다(186조). 그리고 심사관의 특허여부 결정이나 특허심판원의 심결 등에 대해서는 다른 법률의 규정에 의한 불복을 할 수 없다는 명문의 규정을 둠으로써(224조의2 1항), 이 경우는 행정심판이나 행정소송의 대상이 되지 않음을 명백히 하고 있다.

한편, 특허에 관한 모든 처분이 특허심판원의 심판대상이 되는 것은 아니며, 특허심판원의 심판대상이 되거나 또는 특허법에 의해 불복이 금지되어 있는 처분 이외의 처분에 대한 불복은 행정심판법이나 행정소송법의 적용을 받도록 하고 있다(224조의2 2항).[6]

③ **소청심사** : 국가공무원법은 공무원의 징계처분 기타 본인의 의사에 반하는 불이익한 처분에 대해서는 소청심사위원회의 심사 · 결정을 거친 다음 행정소송을 제기하도록 하고 있는데(16조 1항), 이러한 소청은 특별행정심판에 해당한다. 따라서 공무원 징계처분 등에 대해 불복하려는 자는 행정심판이 아니라 소청을 제기하여야 하며, 이 경우에 국가공무원법에서 소청에 관해 특별한 규정을 두고 있는 사항 이외에는 행정심판법의 규정이 적용되어야 한다는 것이 판례의 입장이다(행정심판법 4조 2항 참조).[7]

④ **토지수용위원회의 재결** : 토지수용에 있어서 토지소유자와 사업시행자간에 수용할 토지의 범위, 취득시기, 보상액 등에 관해 협의가 이루어지지 않는 경우에는 관할 지방토지수용위원회 또는 중앙토지수용위원회에 재결을 신청하여야 하며(토지보상법 28조), 관할 토지수용위원회의 재결에

---

4) 한편, 지방세부과처분에 대한 불복수단으로는 이의신청, 심판청구, 행정소송이 있다. ① 지방세부과처분에 대해 불복이 있는 자는 처분청에 이의신청을 할 수 있는데, 이는 임의적 절차이므로 이를 거치지 않고도 심판청구나 행정소송을 제기할 수 있다(지방세기본법 90조, 91조 3항). ② 지방세부과처분에 대해 불복이 있는 자는 조세심판원장에게 심판청구를 하여야 한다(동법 91조 1항). ③ 지방세부과처분에 대해 행정소송을 제기하기 위해서는 먼저 심판청구에 대한 결정을 거쳐야 한다(필요적 결정전치주의 : 동법 98조 3항).

5) 심사청구 또는 심판청구에 대해 준용되는 조문은 행정심판법 제15조, 제16조, 제20조부터 제22조, 제29조, 제36조 제1항, 제39조, 제40조, 제42조 및 제51조 등이다(국세기본법 56조 1항).

6) 특허법은 특허심판원의 심판대상이 되는 사항을 제한적으로 열거하고 있다(특허거절결정에 대한 심판, 특허권 존속기간 연장등록 거절결정에 대한 심판, 특허 무효심판, 특허권리범위확인심판, 특허정정심판 등 ; 동법 132조의17 이하).

7) 대판 1992. 6. 23, 92누1834.

대해 불복하는 경우에는 중앙토지수용위원회에 이의신청을 하거나 아니면 직접 행정소송을 제기할 수 있다(83조, 85조). 이때 중앙토지수용위원회에의 이의신청은 특별행정심판에 해당하며, 따라서 토지보상법에 특별한 규정이 있는 것을 제외하고는 행정심판법이 적용된다는 것이 판례의 입장이다.[8]

⑤ **공무원연금법상의 심사청구** : 공무원연금급여에 관한 결정 등에 대하여 이의가 있는 자는 공무원재해보상연금위원회에 심사를 청구할 수 있으며, 이와는 별도로 행정심판법에 따른 행정심판은 청구할 수 없는데(공무원연금법 87조), 이때 심사청구는 특별행정심판에 해당한다는 것이 판례의 입장이다.[9]

II. 행정심판의 종류

행정심판법은 행정심판의 종류에 관해 취소심판·무효등확인심판·의무이행심판의 세 가지를 규정하고 있는데(5조), 이들은 모두 '처분' 또는 '처분의 부작위'를 대상으로 하는 점에서 항고쟁송에 해당한다.

1. 취소심판

(1) 의의

취소심판이란 행정청의 위법 또는 부당한 처분의 취소나 변경을 구하는 심판을 말하며(5조 1호), 행정심판의 중심적 형태라 할 수 있다. 취소심판은 법이 정한 기간 내에 청구하여야 한다(27조).

(2) 성질

취소심판의 성질에 관하여는 확인적 쟁송으로 보는 견해와 형성적 쟁송으로 보는 견해가 대립하고 있다. 확인적 쟁송설에 따르면, 취소심판은 처분을 할 당시에 있어서의 처분의 위법·부당성을 확인하는 것이라고 한다. 이에 반해 형성적 쟁송설에 따르면, 취소심판은 일정한 법률관계를 성립시킨 행정처분을 취소·변경함으로써 그 법률관계를 변경·소멸시키는 점에서 형성적 성질을 갖는다고 하며, 우리나라의 통설적 견해이다.

(3) 재결

행정심판위원회는 취소심판청구가 이유있다고 인정하면 처분을 취소 또는 다른 처분으로 변경하거나 피청구인에게 처분을 다른 처분으로 변경할 것을 명한다(행정심판법 43조 3항). 다만 심판청구가 이유있다고 인정하는 경우에도 이를 인용하는 것이 공공복리에 크게 위배된다고 인정하면 그 청구를 기각하는 재결을 할 수 있는데, 이를 사정재결이라 한다(44조 1항).

---

8) 대판 1992. 6. 9, 92누565.
9) 대판 2019. 8. 9, 2019두38656.

2. 무효등확인심판

(1) 의의

무효등확인심판이란 행정청의 처분의 효력 유무 또는 존재 여부에 대한 확인을 구하는 심판을 말한다(5조 2호). 따라서 무효등확인심판에는 처분무효확인심판, 처분유효확인심판, 처분존재확인심판, 처분부존재확인심판 등이 포함된다. 무효등확인심판은 취소심판과는 달리 심판청구기간의 제한을 받지 않는다(27조 7항).

(2) 성질

무효등확인심판의 성질에 관하여는 형성적 쟁송설, 준형성적 쟁송설, 확인적 쟁송설이 대립하고 있는데, 준형성적 쟁송설이 통설적 견해이다. 이에 따르면, 무효등확인심판은 행정처분의 무효 등을 확인·선언하는 점에서 실질적으로 확인적 쟁송의 성질을 갖지만, 형식적으로는 처분의 효력 유무를 직접 심판의 대상으로 하는 점에서 형성적 쟁송의 성질도 아울러 갖는다고 본다.

(3) 재결

행정심판위원회는 무효등확인심판의 청구가 이유있다고 인정하면 처분의 효력 유무 또는 존재 여부를 확인한다(43조 4항). 한편, 취소심판의 경우와는 달리 공공복리를 이유로 한 사정재결은 인정되지 않는다(44조 3항).

3. 의무이행심판

(1) 의의

의무이행심판이란 당사자의 신청에 대한 행정청의 위법 또는 부당한 거부처분이나 부작위에 대하여 일정한 처분을 하도록 구하는 심판을 말한다(5조 3호). 거부처분에 대한 의무이행심판은 심판청구기간의 제한을 받으나, 부작위에 대한 의무이행심판은 그 제한을 받지 않는다(27조 7항).

(2) 성질

의무이행심판은 행정청에 대하여 일정한 처분을 할 것을 명하는 재결을 구하는 것이므로 이행쟁송의 성질을 갖는다. 한편, 행정청이 일정한 처분을 하여야 할 의무가 현재적으로 존재하는 경우에 그 의무이행을 구하는 행정심판이 가능하며, 아직 행정청에게 그러한 의무가 존재하지 않은 경우에 장래의 의무이행을 구하는 심판은 허용되지 않는다.

(3) 재결

행정심판위원회는 심리결과 의무이행심판청구가 이유있다고 인정하면 지체 없이 신청에 따른 처분을 하거나 피청구인에게 처분을 할 것을 명하여야 한다(43조 5항). 그리고 의무이행심판에는 취소심판과 마찬가지로 사정재결이 인정된다(44조).

Ⅲ. 행정심판의 대상

1. 개괄주의의 채택

법률이 행정심판의 대상을 정하는 방식에는 열기주의와 개괄주의가 있다. 열기주의란 법률에서 행정심판의 대상이 되는 사항을 제한적으로 열거하여 그에 한해서만 행정심판을 제기할 수 있도록 하는 것이고, 개괄주의란 법률에서 특별히 행정심판의 대상이 되지 않는다고 규정하고 있지 않는 한 원칙적으로 모두 행정심판의 대상이 될 수 있도록 하는 것이다.

행정심판법은 "행정청의 처분 또는 부작위에 대하여는 다른 법률에 특별한 규정이 있는 경우 외에는 이 법에 따라 행정심판을 청구할 수 있다"고 규정함으로써 개괄주의를 채택하고 있다(3조 1항).

2. 행정심판의 대상

행정심판의 대상이 되는 것은 처분과 부작위이다.

(1) 처분

처분이란 행정청이 행하는 구체적 사실에 관한 법집행으로서의 공권력의 행사 또는 거부와 그 밖에 이에 준하는 행정작용을 말한다(2조 1호).

여기에서 행정청이란 행정에 관한 의사를 결정하여 표시하는 권한을 가진 국가나 지방자치단체의 기관을 말하는데, 여기에는 법령에 의해 행정권한을 위임 또는 위탁받은 공공단체나 그 기관 또는 사인도 포함된다(2조 4호).

행정심판의 대상인 처분에 해당하기 위해서는 행정청이 '외부에 대해 표시'한 행위이어야 하므로, 행정기관의 내부적 단계에 머물러 있는 행위나 행정기관 상호간의 행위는 포함되지 않는다.

처분은 구체적 사실에 관한 법집행행위이므로 행정기관이 일반적·추상적 규율을 제정하는 행위인 행정입법은 포함되지 않으며, 또한 공권력의 행사작용인 점에서 상대방에게 아무런 구속력있는 법석 효과를 발생하지 않는 권고·알선 등의 비권력적 행위는 포함되지 않는다.

행정심판법이 그 심판대상인 처분의 개념에 관해 명문으로 정의를 내리고 있음에도 불구하고 "그 밖에 이에 준하는 행정작용"이라는 포괄적인 용어를 사용함으로써 구체적으로 어떠한 행정작용이 이에 해당하는지에 관해서는 학설상 다툼이 있는데, 이에 관한 자세한 내용은 행정소송의 대상 부분에서 설명하기로 한다.

(2) 부작위

부작위란 행정청이 당사자의 신청에 대하여 상당한 기간 내에 일정한 처분을 하여야 할 법률상 의무가 있는데도 처분을 하지 아니하는 것을 말한다(2조 2호). 따라서 여기에서의 부작위는 '처분의 부작위'를 의미하다.

부작위의 성립요소로는 i) 당사자의 신청이 있을 것, ii) 행정청에게 처분을 하여야 할 법률상

의무가 있을 것, iii) 상당한 기간이 경과하도록 아무런 처분을 하지 않을 것 등을 들 수 있다. 이와 관련하여 부작위가 성립하기 위해서는 상대방에게 법률상 또는 조리상의 신청권이 있을 것을 전제로 하는지가 문제되는데, 이에 관해서는 행정소송의 대상 부분에서 설명하기로 한다.

3. 제외사항

(1) 대통령의 처분 또는 부작위에 대해서는 다른 법률에서 행정심판을 청구할 수 있다고 특별히 규정하고 있는 경우를 제외하고는 행정심판을 청구할 수 없다(3조 2항). 이와 같이 대통령의 처분 또는 부작위를 행정심판의 대상에서 제외시킨 이유는 대통령이 행정부의 수반인 점에서 행정부 내에 설치된 기관이 그 위법·부당성을 판단하는 것이 적절치 않다는 점이 고려된 것이라 할 것이다. 따라서 대통령의 처분이나 부작위에 대해 불복하는 경우에는 곧바로 행정소송을 제기하여야 한다.

(2) 행정심판에 대한 재결이 있으면 그 재결 및 같은 처분이나 부작위에 대하여는 다시 행정심판을 청구할 수 없는데(51조), 이는 행정심판이 무한 반복되어 청구되는 것을 방지하기 위한 것이다.

(3) 앞에서 살펴본 바와 같이 개별법에서 특별행정심판절차를 마련하고 있는 경우에도 행정심판의 대상이 되지 않는데, 예컨대 특허출원에 대한 거부결정에 대해서는 특허심판을 청구하여야 하고, 공무원 징계처분 등에 대해서는 소청을 제기하여야 한다. 그리고 통고처분, 검사의 불기소처분, 과태료부과처분 등의 경우에는 관계 법령에서 특별한 구제방법을 규정하고 있으므로 이들은 행정심판의 대상이 되지 않는다.

(4) 지방자치법 제22조 제2항 제4호 단서의 주민소송에 의해 지방자치단체의 직원에 대해 변상을 명하는 판결이 확정되면 지방자치단체의 장은 당사자에게 그 판결에 따라 결정된 금액을 변상할 것을 명령하여야 하는데, 이때 변상명령을 받은 자가 그에 불복하는 경우에는 행정소송을 제기할 수 있지만 행정심판은 청구할 수 없다고 명시적으로 규정하고 있다(24조 3항).

한편, 지방자치법은 사용료·수수료·분담금 부과처분에 대해 이의가 있는 자는 이의신청을 거쳐 행정소송을 제기하도록 하고 있으므로(157조 4항) 이 경우에도 행정심판의 대상이 되지 않는다고 본다.[10]

Ⅳ. 행정심판의 당사자 및 관계인

1. 심판청구인

(1) 청구인적격

처분의 취소·변경 등을 구할 법률상 이익이 있는 자는 자연인인지 법인인지, 처분의 상대방

---

10) 대판 2012. 3. 29, 2011두26886 참조.

인지 제3자인지를 불문하고 누구나 행정심판의 청구인이 될 수 있다. 처분의 효과가 소멸된 뒤에도 그 처분의 취소로 인해 회복되는 법률상 이익이 있는 자는 행정심판을 제기할 수 있다(13조). 반면에 처분의 취소·변경 등에 관하여 사실상 이익 내지 반사적 이익을 가지는데 불과한 자는 청구인적격을 갖지 못한다.

행정심판법이 행정심판의 청구인적격을 '법률상 이익이 있는 자'로 규정한 것이 입법의 과오인지에 대하여 학설상 다툼이 있다. 입법과오설에 의하면, 행정심판의 경우는 행정소송과는 달리 위법한 처분뿐만 아니라 부당한 처분도 그 대상으로 하고 있는데, 청구인적격에 관해서는 행정소송과 마찬가지로 '법률상 이익이 있는 자'로 한정한 것은 입법의 과오라고 한다. 부당한 처분에 의해서는 법률상 이익이 침해될 수 없기 때문에, 법률상 이익이 있는 자에게만 행정심판의 청구인적격을 인정하면 결과적으로 부당한 처분은 행정심판의 대상에서 제외되는 결과를 가져온다고 한다.[11]

이에 반해 입법과오가 아니라는 견해에 의하면 i) 부당한 처분에 의해서도 법률상 이익이 침해될 수 있으며, ii) 청구인이 처분의 취소 등을 구할 법률상 이익이 있는지의 여부는 요건심리의 문제이고 위법 또는 부당한 처분으로 인하여 실제로 법률상 이익이 침해되었는지의 여부는 본안심리의 문제이므로, 위법 또는 부당한 처분을 행정심판의 대상으로 하면서 청구인적격에 관해서는 법률상 이익이 있는 자로 규정한 것은 입법의 과오라고 할 수 없다고 한다.[12]

법인이 아닌 사단 또는 재단으로서 대표자나 관리인이 정하여져 있는 경우에는 그 사단이나 재단의 이름으로 심판청구를 할 수 있다(14조).

(2) 선정대표자

여러 명의 청구인이 공동으로 심판청구를 할 때에는 청구인들 중에서 3명 이하의 선정대표자를 선정할 수 있다(15조 1항). 청구인들이 선정대표자를 선정하지 아니한 경우에 행정심판위원회는 필요하다고 인정하면 청구인들에게 선정대표자를 선정할 것을 권고할 수 있다(15조 2항). 선정대표자는 각자 다른 청구인들을 위하여 그 사건에 관한 모든 행위를 할 수 있으나, 다만 심판청구를 취하하려면 다른 청구인들의 동의를 받아야 한다(15조 3항). 선정대표자가 선정된 때에는 다른 청구인들은 선정대표자를 통해서만 그 사건에 관한 행위를 할 수 있다(15조 4항).

선정대표자를 선정한 청구인들은 필요하다고 인정하면 선정대표자를 해임하거나 변경할 수 있는데, 이 경우 청구인들은 그 사실을 지체 없이 행정심판위원회에 서면으로 알려야 한다(15조 5항).

(3) 청구인의 지위승계

① **당연승계** : 행정심판을 청구한 후에 청구인이 사망한 때에는 상속인이나 그 밖에 법령에 따라 심판청구의 대상에 관계되는 권리나 이익을 승계한 자가 그 청구인의 지위를 승계한다(16조 1항). 그리고 법인인 청구인이 합병으로 소멸한 때에는 합병 후 존속하는 법인이나 합병에 따라 설립된 법인이 청구인의 지위를 승계한다(16조 2항).

---

11) 김남진(I), 제7판, 593-594면; 류지태/박종수, 636면.
12) 김남철, 762면; 홍정선(상), 1015면; 박균성(상), 1170면.

청구인의 지위를 승계한 자는 행정심판위원회에 서면으로 그 사유를 신고하여야 한다(16조 3항). 지위승계의 신고가 있을 때까지 사망자나 합병 전의 법인에 대하여 한 통지 그 밖의 행위가 청구인의 지위를 승계한 자에게 도달하면 지위를 승계한 자에 대한 통지 또는 그 밖의 행위로서의 효력이 있다(16조 4항).

② 허가승계 : 심판청구의 대상과 관계되는 권리나 이익을 양수한 자는 행정심판위원회의 허가를 받아 청구인의 지위를 승계할 수 있다(16조 5항).[13] 행정심판위원회는 지위승계신청을 받으면 기간을 정하여 당사자와 참가인에게 의견을 제출하도록 할 수 있으며, 당사자와 참가인이 그 기간에 의견을 제출하지 않으면 의견이 없는 것으로 본다(16조 6항). 행정심판위원회는 지위승계신청에 대하여 허가 여부를 결정하고 지체 없이 신청인에게는 결정서 정본을, 당사자와 참가인에게는 결정서 등본을 송달하여야 한다(16조 7항). 행정심판위원회가 지위승계를 허가하지 않으면 신청인은 결정서 정본을 받은 날부터 7일 이내에 행정심판위원회에 이의신청을 할 수 있다(16조 8항).

2. 피청구인

(1) 피청구인적격

행정심판은 처분을 한 행정청(의무이행심판의 경우에는 청구인의 신청을 받은 행정청)을 피청구인으로 하여 청구하여야 한다. 다만 심판청구의 대상과 관계되는 권한이 다른 행정청에 승계된 경우에는 이를 승계한 행정청을 피청구인으로 하여야 한다(17조 1항). 예컨대 영업정지처분에 대해 행정심판을 제기하는 경우에 해당 처분을 한 행정청을 피청구인으로 하여야 하는데, 만일 영업정지처분에 관한 권한이 다른 행정청에게 승계된 경우에는 그 권한을 승계한 행정청을 피청구인으로 하여야 한다.

(2) 피청구인의 경정

청구인이 피청구인을 잘못 지정한 경우에는 행정심판위원회는 직권 또는 당사자의 신청에 의하여 결정으로써 피청구인을 경정(更正)할 수 있다(17조 2항). 행정심판이 청구된 후에 심판청구의 대상과 관계되는 권한이 다른 행정청에 승계된 경우에는 행정심판위원회는 직권 또는 당사자의 신청에 의하여 결정으로써 피청구인을 경정한다(17조 5항).

행정심판위원회의 피청구인경정결정이 있으면 종전의 피청구인에 대한 심판청구는 취하되고 종전의 피청구인에 대한 행정심판이 청구된 때에 새로운 피청구인에 대한 행정심판이 청구된 것으로 본다(17조 4항). 행정심판위원회가 피청구인경정결정을 한 때에는 그 결정서 정본을 당사자(종전의 피청구인과 새로운 피청구인 포함)에게 송달하여야 한다(17조 3항). 행정심판위원회의 피청구인경정결정에 대하여 이의가 있는 당사자는 결정서 정본을 받은 날부터 7일 이내에 행정심판위원회에 이의신청을 할 수 있다(17조 6항).

---

13) 예컨대 갑에 대한 영업정지처분에 대하여 갑이 행정심판을 청구한 후에 해당 영업을 을에게 양도한 경우, 양수인 을이 갑의 지위를 승계하기 위해서는 행정심판위원회의 허가를 받아야 한다.

3. 대리인

(1) 대리인의 선임 및 변경·해임

청구인은 i) 법정대리인, ii) 청구인의 배우자, 청구인이나 배우자의 사촌 이내의 혈족, iii) 청구인이 법인(법인이 아닌 사단 또는 재단 포함)인 경우에는 그 소속 임직원, iv) 변호사, v) 다른 법률에 따라 심판청구를 대리할 수 있는 자, vi) 행정심판위원회의 허가를 받은 자 등을 대리인으로 선임할 수 있다(18조 1항).

피청구인은 i) 소속 직원, ii) 변호사, iii) 다른 법률에 따라 심판청구를 대리할 수 있는 자, iv) 행정심판위원회의 허가를 받은 자 등을 대리인으로 선임할 수 있다(18조 1항, 2항).

대리인을 선정한 당사자는 필요하다고 인정하면 대리인을 해임하거나 변경할 수 있는데, 이 경우 당사자는 그 사실을 지체 없이 행정심판위원회에 서면으로 알려야 한다(18조 3항, 15조 5항).

(2) 대리인의 권한

대리인은 당사자를 위하여 그 사건에 관한 모든 행위를 할 수 있으나, 다만 심판청구를 취하하기 위해서는 당사자의 동의를 받아야 한다(18조 3항, 15조 3항). 한편, 대리인이 선임된 경우에도 본인은 언제든지 그 사건에 관한 행위를 할 수 있는 점에서 선정대표자의 경우와 차이가 있다.

(3) 국선대리인

2017년에는 행정심판에도 국선대리인제도가 도입되었다. 즉, 청구인이 경제적 능력으로 인해 대리인을 선임할 수 없는 경우에는 행정심판위원회에 국선대리인을 선임하여 줄 것을 신청할 수 있으며, 신청을 받은 행정심판위원회는 국선대리인 선정 여부에 대한 결정을 하고 지체 없이 청구인에게 그 결과를 통지하여야 한다(18조의2 1항, 2항). 행정심판위원회는 심판청구가 명백히 부적법하거나 이유 없는 경우 또는 권리의 남용이라고 인정되는 경우에는 국선대리인을 선정하지 않을 수 있다(18조의2 2항).

4. 참가인

(1) 의의

행정심판의 직접 당사자는 아니지만 해당 행정심판의 결과에 이해관계가 있는 제3자나 행정청을 심판절차에 참가시킬 필요가 있는바, 이를 위하여 행정심판법은 심판참가제도를 마련하고 있다. 이러한 심판참가제도의 목적은 이해관계가 있는 제3자나 행정청을 행정심판절차에 참가시킴으로써 심리의 적정을 도모하고 이해관계인의 권익을 보호하기 위한 것이다. 예컨대 갑에 대한 건축허가처분에 대하여 인근주민 을이 그 취소를 구하는 행정심판을 청구한 경우에 행정심판의 당사자는 '을'과 '처분행정청'이지만 갑은 행정심판의 결과에 직접적인 이해관계를 가지므로 그 심판절차에 참가하여 자신의 권익을 보호할 필요가 있다. 그리고 A행정청이 처분을 내린 후에 그 처분에 관한 권한이 B행정청에게 승계된 경우에 현행법상 행정심판의 피청구인은 B행정청이 되는데,

이때 처분을 내린 A행정청이 해당 처분에 관한 구체적 사정을 잘 알고 있으므로 적정한 심리를 위하여 그를 해당 심판절차에 참가시킬 필요가 있다.

심판참가는 다시 이해관계인의 신청에 의한 참가와 행정심판위원회의 요구에 의한 참가로 나눌 수 있다.

(2) 이해관계인의 신청에 의한 참가

행정심판의 결과에 이해관계가 있는 제3자나 행정청은 행정심판위원회나 소위원회의 의결이 있기 전까지 행정심판위원회의 허가를 받아 해당 행정심판에 참가할 수 있다(20조 1항). 여기에서 이해관계인이란 심판청구에 대한 재결의 주문에 의하여 직접 자기의 법률상 이익을 침해받을 자를 말한다.

심판참가를 하려는 자는 참가의 취지와 이유를 적은 참가신청서를 행정심판위원회에 제출하여야 하며, 참가신청서를 받은 행정심판위원회는 참가신청서 부본을 당사자에게 송달하여야 한다(20조 2항, 3항). 행정심판위원회는 기간을 정하여 당사자와 다른 참가인에게 제3자의 참가신청에 대한 의견을 제출하도록 할 수 있으며, 그 기간 내에 의견을 제출하지 않으면 의견이 없는 것으로 본다(20조 4항). 참가신청을 받은 행정심판위원회는 허가 여부를 결정하고, 지체 없이 신청인에게는 결정서 정본을, 당사자와 다른 참가인에게는 결정서 등본을 송달하여야 한다(20조 5항). 불허가 결정이 내려진 경우에 신청인은 결정서를 송달받은 날부터 7일 이내에 행정심판위원회에 이의신청을 할 수 있다(20조 6항).

(3) 행정심판위원회의 요구에 의한 참가

행정심판위원회는 필요하다고 인정하면 행정심판 결과에 이해관계가 있는 제3자나 행정청에게 해당 행정심판에 참가할 것을 요구할 수 있다(21조 1항). 이 경우 심판참가의 요구를 받은 제3자나 행정청은 지체 없이 그 행정심판에 참가할 것인지 여부를 행정심판위원회에 통지하여야 한다(21조 2항).

(4) 참가인의 지위

참가인은 행정심판절차에서 당사자가 할 수 있는 심판절차상의 행위를 할 수 있다(22조 1항). 다만 참가인은 당사자가 아니기 때문에 심판청구를 취하하는 행위는 할 수 없음은 물론이다.

행정심판위원회가 당사자에게 통지를 하거나 서류를 송달할 때에는 참가인에게도 통지하거나 송달하여야 하는데, 이를 위하여 당사자가 행정심판위원회에 서류를 제출할 때에는 참가인의 수만큼 부본을 제출하도록 하고 있다(22조 2항).

V. 행정심판기관

1. 서

행정심판은 행정상의 법률관계에 관한 분쟁에 대하여 행정부에 설치된 기관이 법적 판단을 내림으로써 행정의 자율성을 확보하고 국민의 권리를 구제하기 위한 제도이다. 따라서 행정심판에 대한 국민의 신뢰를 확보하기 위해서는 무엇보다도 제3자적 지위에 있는 심판기관으로 하여금 심리·판단하도록 하는 것이 필요하다. 행정심판법은 행정심판의 객관적 공정성을 확보하기 위하여 그 심리·판단기관으로 행정심판위원회를 설치하여, 전문성을 갖춘 여러 명의 행정심판위원의 합의에 의해 재결하도록 하고 있다.

2. 행정심판위원회

(1) 법적 지위

행정심판위원회는 여러 명의 행정심판위원들이 합의에 의해 재결할 내용을 의결하고, 의결된 내용을 자신의 명의로 재결할 수 있는 점에서 합의제행정청에 해당한다. 그리고 행정심판위원회는 항시적으로 활동하는 것이 아니라 심판청구를 심리·재결할 필요가 있는 때마다 행정심판위원들이 소집되어 활동하는 점에서 비상설기관에 해당한다.

행정심판위원회는 행정기관 소속하에 설치되지만, 그의 지휘·감독을 받지 않고 독립적으로 행정심판사건에 대하여 심리·재결할 수 있는 권한을 가진다. 그리고 심리·재결의 공정성을 확보하기 위하여 그 위원의 임기를 보장하고 위원에 대한 제척·기피·회피제도를 두고 있다.

(2) 설치

① **중앙행정심판위원회** : 국민권익위원회에 중앙행정심판위원회를 둔다. 중앙행정심판위원회에서는 i) 국가행정기관의 장(다만 다음의 ③과 ④의 행정심판위원회의 관할에 놓이는 행정청은 제외) 또는 그 소속 행정청, ii) 시·노시사, 시·도교육감 또는 시·도의회(의장, 위원회의 위원장, 사무처장 등 의회 소속 모든 행정청을 포함), iii) 국가·지방자치단체·공공법인 등이 공동으로 설립한 행정청(다만 행정심판법 제6조 제3항 제3호에 해당하는 행정청은 제외)의 처분이나 부작위에 대한 행정심판사건을 관할한다(6조 2항). 예컨대 행정안전부장관이나 경기도지사의 처분에 대한 행정심판은 중앙행정심판위원회의 관할에 속한다.

이와 관련하여 광역지방자치단체의 '자치사무에 관한 처분이나 부작위'에 대해 국가기관인 중앙행정심판위원회에서 심리·재결하도록 한 것은 지방자치단체의 자치권에 대한 침해의 문제가 있다는 지적이 있다.[14] 현행 지방자치법은 지방자치단체의 자치사무에 대한 국가의 통제(시정명령)는 법령위반사항에 한정시키고 있는데(지방자치법 188조 5항), 행정심판은 위법 또는 부당한 처분

---

14) 홍정선(상), 1007면.

을 대상으로 함으로써 위법성뿐만 아니라 부당성의 문제까지 심사할 수 있도록 하였기 때문이라고 한다.

② **시·도행정심판위원회** : 각 시·도지사 소속으로 행정심판위원회를 둔다. 시·도행정심판위원회에서는 i) 시·도 소속 행정청,[15] ii) 시·도의 관할구역에 있는 시·군·자치구의 장이나 그 소속 행정청 또는 시·군·자치구의 의회(의장, 위원회의 위원장, 사무국장, 사무과장 등 의회 소속 모든 행정청을 포함), iii) 시·도의 관할구역에 있는 둘 이상의 기초지방자치단체(시·군·자치구)·공공법인 등이 공동으로 설립한 행정청의 처분이나 부작위에 대한 행정심판사건을 관할한다(6조 3항). 예컨대 서울특별시 상수도사업본부장이나 종로구청장의 처분에 대한 행정심판은 서울특별시 행정심판위원회의 관할에 속한다.

이와 관련하여 기초지방자치단체장의 '자치사무에 관한 처분이나 부작위'에 대해서 광역지방자치단체장 소속 행정심판위원회에서 심리·재결하도록 하는 것은 앞에서 설명한 것과 마찬가지로 기초지방자치단체의 자치권에 대한 침해의 문제가 있다고 한다.[16]

③ **각 처분행정청에 두는 행정심판위원회** : 특정 행정청의 처분이나 부작위에 대한 행정심판은 해당 행정청에 설치된 행정심판위원회에서 관할하는데, 그러한 특정 행정청에는 i) 감사원, 국가정보원장 및 기타 대통령 소속기관의 장(국가안보실장, 대통령비서실장, 대통령경호처장 및 방송통신위원회), ii) 국회사무총장·법원행정처장·헌법재판소사무처장 및 중앙선거관리위원회사무총장, iii) 국가인권위원회와 그 밖에 지위·성격의 독립성과 특수성 등이 인정되어 대통령령으로 정하는 행정청 등이 있다(6조 1항). 예컨대 감사원의 처분에 대해서는 감사원행정심판위원회가, 국회사무총장의 처분에 대해서는 국회사무처행정심판위원회가 관할한다.

④ **처분행정청의 직근 상급행정기관에 두는 행정심판위원회** : 법무부 및 대검찰청 소속 특별지방행정기관(직근 상급행정기관이나 소관 감독행정기관이 중앙행정기관인 경우는 제외)의 장의 처분이나 부작위에 대한 행정심판은 해당 행정청의 직근 상급행정기관에 두는 행정심판위원회가 관할한다(6조 4항).[17] 예컨대 서울남부교도소장의 처분에 대한 행정심판은 그의 직근 상급행정기관인 서울지방교정청행정심판위원회가 관할한다.

(3) 구성

① **중앙행정심판위원회** : 중앙행정심판위원회는 위원장 1인을 포함하여 70인 이내의 위원으로 구성하되, 위원 중 상임위원은 4명 이내로 한다(8조 1항). 중앙행정심판위원회의 위원장은 국민권

---

15) 여기에서 '시·도'란 광역지방자치단체, 즉 특별시·광역시·특별자치시·도·특별자치도를 의미한다. '시·도 소속 행정청'이란 시·도의 특별 행정업무를 수행하기 위해 설치된 산하 기관을 말한다. 예컨대 서울특별시에는 미래한강본부, 서울종합방재센터, 인재개발원, 보건환경연구원 등의 기관이 설치되어 있으며, 강원도에는 강원경제자유구역청, 농업기술원, 보건환경연구원, 공무원교육원 등의 기관이 설치되어 있다.

16) 홍정선(상), 1007면.

17) 법무부에는 서울지방교정청, 대구지방교정청, 대전지방교정청, 광주지방교정청 등의 특별지방행정기관이 설치되어 있고, 각 지방교정청에는 교도소와 구치소가 설치되어 있다. 예컨대 서울지방교정청에는 서울남부교도소, 안양교도소, 의정부교도소, 춘천교도소, 원주교도소, 서울구치소, 수원구치소 등이 설치되어 있다.

익위원회의 부위원장 중 1명이 되며, 위원장이 없거나 부득이한 사유로 직무를 수행할 수 없거나 위원장이 필요하다고 인정하는 경우에는 상임위원(상임으로 재직한 기간이 긴 위원 순서로, 재직기간이 같은 경우에는 연장자 순서로 한다)이 위원장의 직무를 대행한다(8조 2항).

중앙행정심판위원회의 상임위원은 일반직공무원으로서 국가공무원법 제26조의5에 따른 임기제공무원으로 임명하되, 3급 이상 공무원 또는 고위공무원단에 속하는 일반직공무원으로 3년 이상 근무한 사람이나 그 밖에 행정심판에 관한 지식과 경험이 풍부한 사람 중에서 중앙행정심판위원회 위원장의 제청으로 국무총리를 거쳐 대통령이 임명한다(8조 3항). 중앙행정심판위원회의 비상임위원은 법이 정한 자격요건을 갖춘 사람 중에서 중앙행정심판위원회 위원장의 제청으로 국무총리가 성별을 고려하여 위촉한다(8조 4항).[18]

② **일반 행정심판위원회** : 중앙행정심판위원회를 제외한 행정심판위원회는 위원장 1인을 포함하여 50인 이내의 위원으로 구성한다(7조 1항). 위원장은 그 행정심판위원회가 소속된 행정청이 되며, 위원장이 없거나 부득이한 사유로 직무를 수행할 수 없거나 위원장이 필요하다고 인정하는 경우에는 i) 위원장이 사전에 지명한 위원, ii) 공무원인 위원(공무원인 위원이 2명 이상인 경우에는 직급 또는 고위공무원단에 속하는 공무원의 직무등급이 높은 위원 순서로, 직급 또는 직무등급도 같은 경우에는 위원 재직기간이 긴 위원 순서로, 재직기간도 같은 경우에는 연장자 순서로 한다)의 순서에 따라 위원장의 직무를 대행한다(7조 2항). 다만 시·도지사 소속 행정심판위원회의 경우에는 해당 지방자치단체의 조례로 정하는 바에 따라 공무원이 아닌 위원을 위원장으로 정할 수 있다. 이 경우 위원장은 비상임으로 한다(7조 3항).

위원은 해당 행정심판위원회가 소속된 행정청이 법이 정한 자격요건을 갖춘 사람 중에서 성별을 고려하여 위촉하거나 그 소속 공무원 중에서 지명한다(7조 4항).

(4) 위원의 임기 및 신분보장 등

① **임기** : 중앙행정심판위원회 상임위원의 임기는 3년으로 하며, 1차에 한하여 연임할 수 있다. 일반 행정심판위원회의 경우 공무원 중에서 지명된 위원은 그 직에 재직하는 동안 재임한다. 법이 정한 자격요건을 갖춘 자 중에서 위촉된 위원의 임기는 2년으로 하며, 2차에 한하여 연임할 수 있다(9조).

② **결격사유** : 대한민국 국민이 아닌 사람이나 국가공무원법상의 공무원 결격사유에 해당하는 사람은 위원이 될 수 없으며, 위원이 이에 해당하게 된 때에는 당연히 퇴직한다(9조 4항).

③ **신분보장** : 법이 정한 자격요건을 갖춘 자 중에서 위촉된 위원은 금고 이상의 형을 선고받거나 부득이한 사유로 장기간 직무를 수행할 수 없게 되는 경우 외에는 임기 중 그의 의사와 다르게 해촉되지 아니한다(9조 5항).

---

18) 행정심판위원이 될 수 있는 자격요건은 다음과 같다(행정심판법 7조 4항). i) 변호사 자격을 취득한 후 5년 이상의 실무 경험이 있는 사람, ii) 고등교육법 제2조에 규정된 대학에서 조교수 이상으로 재직하거나 재직하였던 사람, iii) 행정기관의 4급 이상 공무원이었거나 고위공무원단에 속하는 공무원이었던 사람, iv) 박사학위를 취득한 후 해당 분야에서 5년 이상 근무한 경험이 있는 사람, v) 그 밖에 행정심판과 관련된 분야의 지식과 경험이 풍부한 사람.

④ **공무원 의제** : 위원 중 공무원이 아닌 위원은 형법과 그 밖의 법률에 따른 벌칙을 적용할 때에는 공무원으로 본다(11조).

(5) 회의구성 및 의결

① **중앙행정심판위원회** : 중앙행정심판위원회의 회의는 '위원장,' '상임위원' 및 '위원장이 회의마다 지정하는 비상임위원'을 포함하여 총 9명으로 구성한다(8조 5항). 중앙행정심판위원회는 도로교통법에 따른 자동차운전면허 행정처분에 관한 심판사건을 심리·의결하게 하기 위하여 4명의 위원으로 구성하는 소위원회를 둘 수 있다(8조 6항).[19] 중앙행정심판위원회는 위원장이 지정하는 사건을 미리 검토하도록 하기 위해 필요한 경우에는 전문위원회를 둘 수 있다(8조 8항).

중앙행정심판위원회와 소위원회는 각각 구성원 과반수의 출석과 출석위원 과반수의 찬성으로 의결한다(8조 7항).

② **일반 행정심판위원회** : 일반 행정심판위원회의 회의는 '위원장'과 '위원장이 회의마다 지정하는 8명의 위원'으로 구성하되, 그 중 공무원이 아닌 위원이 6명 이상(다만 위원장이 공무원이 아닌 경우에는 5명 이상) 포함되도록 함으로써 행정심판의 객관적이고 공정한 심리를 도모하고자 하였다. 다만 국회규칙, 대법원규칙, 헌법재판소규칙, 중앙선거관리위원회규칙 또는 대통령령(시·도행정심판위원회의 경우에는 해당 지방자치단체의 조례)으로 정하는 바에 따라 '위원장'과 '위원장이 회의마다 지정하는 6명의 위원'(그 중 공무원이 아닌 위촉위원은 5명 이상으로 하되, 공무원이 아닌 위원이 위원장인 경우에는 4명 이상)으로 구성할 수 있다(7조 5항).

일반 행정심판위원회는 구성원 과반수의 출석과 출석위원 과반수의 찬성으로 의결한다(7조 6항).

(6) 위원 등의 제척·기피·회피

이는 행정심판의 객관적 공정성을 확보하기 위하여 해당 사건과 특별한 관계에 있는 위원을 그 사건의 심리·의결에서 배제시키는 제도이다.

① **제척** : 제척이란 법이 정한 사유에 해당하는 위원은 당연히 그 사건에 관한 심리·의결에서 배제되는 것을 말한다.

〈제척사유〉

ⅰ) 위원 또는 그 배우자나 배우자이었던 사람이 사건의 당사자이거나 사건에 관하여 공동 권리자 또는 의무자인 경우

ⅱ) 위원이 사건의 당사자와 친족이거나 친족이었던 경우

ⅲ) 위원이 사건에 관하여 증언이나 감정을 한 경우

ⅳ) 위원이 당사자의 대리인으로서 사건에 관여하거나 관여하였던 경우

ⅴ) 위원이 사건의 대상이 된 처분 또는 부작위에 관여한 경우

제척결정은 행정심판위원회의 위원장이 직권으로 또는 당사자의 신청에 의하여 한다(행정심판

---

19) 2018년에 중앙행정심판위원회에 접수된 운전면허 관련사건은 16,827건으로서 전체 사건의 73%를 차지하였다고 한다(2018년 국민권익백서 333면 참고).

위원회의 의결을 거칠 필요가 없다 : 10조 1항). 당사자가 위원에 대한 제척신청을 함에 있어서는 그 사유를 소명한 문서로 하여야 하며, 이 경우 위원장은 제척신청의 대상이 된 위원에게서 그에 대한 의견을 받을 수 있다(10조 3항, 5항). 제척신청을 받은 위원장은 그에 대한 결정을 하고 지체 없이 신청인에게 결정서 정본을 송달하여야 한다(10조 6항). 제척신청에 대한 위원장의 결정에 대해서는 불복신청을 하지 못한다(시행령 12조 6항).

제척제도는 위원에게 법이 정한 제척사유가 있으면 당연히 심리·의결에서 배제되는 것이므로, 위원장의 제척결정은 확인적 의미를 갖는다고 할 것이다. 제척사유가 있는 위원이 관여한 심리·의결은 본질적인 하자가 있는 것으로서 무효라고 본다.

② **기피** : 기피란 위원에게 제척사유 이외에 심리·의결의 공정성을 기대하기 어려운 사정이 있는 경우에, 당사자의 신청에 의하여 위원장의 결정으로 심리·의결에서 배제시키는 것을 말한다(10조 2항). 예컨대 위원이 당사자와 절친한 친구관계 또는 원한관계에 있는 경우가 그에 해당한다. 위원에 대한 기피신청과 그에 대한 결정에 관해서는 제척에서 설명한 것과 같다. 다만 위원장의 기피결정은 제척결정과는 달리 형성적 성질을 갖는다고 할 것이다.

③ **회피** : 회피란 위원이 스스로 제척 또는 기피의 사유가 있다고 인정하여 자발적으로 심리·의결에 관여하지 않는 것을 말한다(10조 7항). 회피하고자 하는 위원은 위원장에게 그 사유를 소명하여야 한다.

④ **심판절차의 정지** : 위원에 대한 제척 또는 기피의 신청이 있을 때에는 그에 대한 결정이 있을 때까지 해당 심판청구사건에 대한 심판절차를 정지한다(시행령 13조).

⑤ **직원에의 준용** : 위원의 제척·기피·회피에 관한 위의 규정은 사건의 심리·의결에 관한 사무에 관여하는 직원에게도 준용한다(10조 8항).

(7) 행정심판위원회의 권한

① **심리권** : 행정심판위원회는 청구된 심판청구사건에 대한 심리·재결권을 갖는다. 여기서 심리권이란 재결의 기초가 되는 사실관계 및 법률관계를 명백히 하기 위하여 당사자 및 관계인의 주장과 반박을 듣고, 그것을 뒷받침하는 증거 기타 자료를 수집·조사하는 권한을 말한다.

② **심리권에 부수된 권한** : 행정심판위원회의 심리권에 부수된 권한으로서 i) 대표자선정 권고권(15조 2항), ii) 청구인의 지위승계 허가권(16조 5항), iii) 대리인 선임 허가권(18조 1항 5호), iv) 피청구인 경정 결정권(17조 2항), v) 이해관계인의 심판참가 허가권 및 요구권(20조, 21조), vi) 청구의 변경 허가권(29조 6항), vii) 보정명령권(32조), viii) 증거조사권(36조) 등을 갖는다.

③ **재결권** : 행정심판위원회는 심판청구사건에 대한 심리를 마치면 그 심판청구의 인용 여부에 대한 법적 판단을 하여 그것을 대외적으로 표시할 수 있는 권한을 갖는데, 이를 재결권이라 한다. 종전에는 행정심판위원회는 심리·의결권만을 갖고 재결권은 재결청이 가졌으나, 2008년 개정법에서는 재결권도 행정심판위원회에 부여하였다. 그 밖에 행정심판위원회는 집행정지 또는 그 취소에 관한 설정권노 갖는다(30조 2항, 4항).

④ 불합리한 명령 등의 시정요청권 : 중앙행정심판위원회는 심판청구를 심리·재결함에 있어서 처분 또는 부작위의 근거가 되는 명령 등(대통령령·총리령·부령·훈령·예규·고시·조례·규칙 등을 의미)이 법령에 근거가 없거나 상위 법령에 위배되거나 국민에게 과도한 부담을 주는 등 크게 불합리하다고 인정되면 관계 행정기관에게 그 명령 등의 개정·폐지 등 적절한 시정조치를 요청할 수 있으며, 그 요청을 받은 관계 행정기관은 정당한 사유가 없으면 이에 따라야 한다(59조).

⑤ 조사·지도 등 : 중앙행정심판위원회는 행정청에 대하여 행정심판위원회의 운영실태, 재결 이행상황, 행정심판의 운영현황 등에 관한 사항을 조사하고 필요한 지도를 할 수 있다(60조 1항). 행정청은 행정심판을 거쳐 항고소송이 제기된 사건에 대하여 그 내용이나 결과 등을 반기(半期)마다 해당 심판청구에 대한 재결을 한 중앙행정심판위원회 또는 시·도행정심판위원회에 알려야 한다(60조 2항). 시·도행정심판위원회는 중앙행정심판위원회가 요청하면 수집한 자료를 제출하여야 한다(60조 3항).

(8) 행정심판위원회의 권한 승계

당사자의 심판청구 후 행정심판위원회가 법령의 개정·폐지 또는 피청구인의 경정 결정에 따라 그 심판청구에 대하여 재결할 권한을 잃게 된 경우에는 해당 위원회는 심판청구서와 관계 서류, 그 밖의 자료를 새로 재결할 권한을 갖게 된 위원회에 보내야 한다(12조 1항). 관계 서류 등을 송부받은 행정심판위원회는 지체 없이 그 사실을 행정심판의 청구인, 피청구인, 참가인에게 알려야 한다(12조 2항).

VI. 행정심판의 청구

행정심판은 청구인적격이 있는 자가 피청구인을 상대방으로 하여 심판청구사항인 위법·부당한 처분이나 부작위를 대상으로 일정한 청구기간 내에 소정의 형식과 절차를 갖추어 행정심판위원회에 제기하여야 하는바, 청구인과 행정심판의 대상 등에 관해서는 앞에서 살펴보았다.

1. 심판청구의 형식(서면주의)

행정심판청구는 일정한 사항을 기재하여 서면으로 하여야 한다(28조 1항). 즉, 처분에 대한 심판청구의 경우에는 i) 청구인의 이름과 주소 또는 사무소, ii) 피청구인과 행정심판위원회, iii) 심판청구의 대상이 되는 처분의 내용, iv) 처분이 있음을 알게 된 날, v) 심판청구의 취지와 이유, vi) 피청구인의 행정심판 고지 유무와 그 내용 등을 기재하여야 하며, 부작위에 대한 심판청구의 경우에는 앞의 i), ii), v)와 그 부작위의 전제가 되는 신청의 내용과 날짜를 적어야 한다(28조 2항, 3항). 심판청구서에는 청구인·대표자·관리인·선정대표자 또는 대리인이 서명하거나 날인하여야 한다(28조 5항).

심판청구에 있어서 서면주의를 택한 것은 구술로 하는 경우의 불명확성과 사무번잡을 피하기 위한 것이다. 다만 판례는, 행정심판청구는 엄격한 형식을 요하지 않는 서면행위이므로 진정서·

불복신청서·취소신청서 등의 표제를 사용하고 행정심판법상의 기재사항 중 일부를 정확하게 기재하고 있지 않더라도 가급적 적법한 행정심판의 청구라고 보아야 한다고 하였다.

판례 『한국교원대학교로부터 제명저분을 당한 원고의 어머니가 그 처분이 있음을 알고 원고를 대신하여 작성, 제출한 학사제명취소신청서에는 청구인과 피청구인의 표시, 심판청구취지 및 이유 등 행정심판법 제19조 제2항 소정의 사항들을 구분하여 기재하고 있지 아니하고, 작성명의자도 '권미성의 어머니'라고 기재되어 있을 뿐 작성자의 서명날인이 되어 있지 아니하여 행정심판청구로서의 형식을 갖추고 있지는 않으나, … 행정심판청구는 엄격한 형식을 요하지 아니하는 서면행위이어서 어느 것이나 그 보정이 가능한 것이므로, 결국 위 학사제명취소신청서는 행정소송의 전치요건인 행정심판청구서로서 원고는 적법한 행정심판청구를 한 것으로 보아야 한다.』(대판 1990. 6. 8, 90누851. 동지 : 대판 1995. 9. 5, 94누16520; 대판 2012. 3. 29, 2011두26886)

---

2. 심판청구의 절차

(1) 제출기관

행정심판을 청구하려는 자는 심판청구서를 작성하여 피청구인이나 행정심판위원회에 제출하여야 한다(23조 1항).[20]

행정청이 처분을 함에 있어서 행정심판법 제58조에 따른 고지를 하지 않았거나 잘못 알려서 청구인이 심판청구서를 다른 행정기관에 제출한 때에는 해당 행정기관은 그 심판청구서를 지체 없이 정당한 권한이 있는 피청구인에게 보내야 하며, 지체 없이 그 사실을 청구인에게 알려야 한다(23조 2항, 3항). 이 경우 심판청구기간을 계산할 때에는 다른 행정기관에 심판청구서가 제출되었을 때에 행정심판이 청구된 것으로 본다(23조 4항).

(2) 피청구인에게 제출된 경우의 처리

행정심판청구서가 피청구인에게 제출된 경우에, 피청구인은 다음과 같이 처리한다.

① 행정심판위원회 등에의 송부 : 피청구인이 심판청구서를 접수하거나 송부받으면 10일 이내에 '심판청구서'와 '답변서'를 행정심판위원회에 보내야 한다(다만 청구인이 심판청구를 취하한 경우에는 제외: 24조 1항). 심판청구서를 보낼 때에는 심판청구서에 행정심판위원회가 표시되지 않았거나 잘못 표시된 경우에도 정당한 권한이 있는 행정심판위원회에 보내야 한다(24조 5항).

답변서를 보낼 때에는 청구인의 수만큼 답변서 부본을 함께 보내되, 답변서에는 i) 처분이나 부작위의 근거와 이유, ii) 심판청구의 취지와 이유에 대응하는 답변, iii) 제3자가 심판청구를 한 경우에는 처분 상대방의 이름·주소·연락처와 처분 상대방에의 통지의무 이행 여부를 명확하게

---

20) 종래에는 처분청경유주의를 채택하여 심판청구는 피청구인인 행정청(처분청 또는 부작위청)을 거쳐 제기하도록 하였다. 처분청경유주의를 채택한 이유는, 처분청에게 시정의 기회를 부여하고 심판청구에 대한 답변서의 작성을 용이하게 하기 위한 것이었다. 그러나 심판청구서를 받은 행정청이 청구인에게 취하를 종용하는 등의 부작용이 ㅣ나타났으며, 또한 행정심민의 싱대밍 빙사자인 행성청에게 심만성구서를 제출하도록 한 것은 행정편의주의적 발상이라는 비판이 가해졌다. 이에 1995년 행정심판법 개정시에 처분청경유주의를 폐지하고, 심판청구서를 행정심판위원회에 직접 제출하든 피청구인인 행정청을 경유하여 제출하든 청구인의 선택에 맡기고 있다(23조 1항).

적어야 한다(24조 6항). 다만 심판청구가 그 내용이 특정되지 않은 등 명백히 부적법하다고 판단되는 경우에 피청구인은 답변서를 행정심판위원회에 보내지 않을 수 있으며, 이 경우 심판청구서를 접수하거나 송부받은 날부터 10일 이내에 그 사유를 행정심판위원회에 문서로 통보하여야 한다(24조 2항). 그러나 행정심판위원회 위원장이 답변서 제출을 요구하면 피청구인은 요구받은 날부터 10일 이내에 행정심판위원회에 답변서를 제출하여야 한다(24조 3항).

중앙행정심판위원회에서 심리·재결하는 사건인 경우 피청구인은 행정심판위원회에 심판청구서 또는 답변서를 보낼 때에는 소관 중앙행정기관의 장에게도 그 심판청구·답변의 내용을 알려야 한다(24조 8항).

② **처분의 상대방에의 통지** : 피청구인은 처분의 상대방이 아닌 제3자가 심판청구를 한 경우에는 지체 없이 처분의 상대방에게 그 사실을 알려야 한다. 이 경우 심판청구서 사본을 함께 송달하여야 한다(24조 4항).

③ **청구내용의 인용** : 심판청구서를 받은 피청구인은 그 심판청구가 이유있다고 인정하면 심판청구의 취지에 따라 처분을 취소·변경하거나 무효 등을 확인을 하거나 신청에 따른 처분을 할 수 있다(25조 1항). 이는 신속한 분쟁의 해결을 위한 것이라 할 수 있다.

④ **청구인에의 통지** : 피청구인이 심판청구서에 표시된 것과는 다른 행정심판위원회에 심판청구서를 송부한 경우, 처분의 상대방에게 심판청구서 사본을 송부한 경우, 심판청구가 이유있다고 인정하여 그 취지에 따른 조치를 행한 경우에는 그 사실을 청구인에게 알려야 한다(24조 7항, 25조 1항).

(3) 행정심판위원회의 처리

심판청구서가 행정심판위원회에 제출된 경우에는 행정심판위원회는 지체 없이 그 부본(副本)을 피청구인에 보내야 한다(26조 1항). 피청구인은 그 부본을 받으면 10일 이내에 답변서를 행정심판위원회에 제출하여야 하며(24조 1항), 답변서가 제출되면 행정심판위원회는 그 부본을 청구인에게 송달하여야 한다(26조 2항).

(4) 전자정보처리조직을 통한 심판청구 및 송달

2010년 개정된 행정심판법에서는 전자정보처리조직을 통해서도 심판청구를 할 수 있도록 하였다.[21] 즉, 행정심판을 청구하려는 자는 심판청구서와 그 밖의 서류를 전자문서화하고 이를 정보통신망을 이용하여 행정심판위원회에서 지정·운영하는 전자정보처리조직을 통하여 제출할 수 있으며, 이 경우 부본을 제출할 의무는 면제된다(52조 1항, 2항).

행정심판위원회는 전자정보처리조직을 통하여 행정심판을 청구하려는 자에게 본인임을 확인할 수 있는 전자서명법에 따른 전자서명이나 그 밖의 인증을 요구할 수 있으며, 이에 따라 전자서명 등을 한 자는 행정심판법에 따른 서명·날인을 한 것으로 본다(53조).

---

21) 전자정보처리조직이란 행정심판 절차에 필요한 전자문서를 작성·제출·송달할 수 있도록 하는 하드웨어, 소프트웨어, 데이터베이스, 네트워크, 보안요소 등을 결합하여 구축한 정보처리능력을 갖춘 전자적 장치를 말한다.

행정심판위원회나 피청구인은 전자정보처리조직을 통해 행정심판을 청구하거나 심판참가를 한 자에 대해서는 전자정보처리조직과 그와 연계된 정보통신망을 이용하여 재결서나 각종 서류를 송달할 수 있다. 다만, 청구인이나 참가인이 동의하지 않는 경우에는 그러하지 아니하다(54조 1항).

행정심판위원회는 송달하여야 하는 재결서 등 서류를 전자정보처리조직에 입력하여 등재한 다음 그 등재 사실을 청구인 등에게 전자우편 등으로 알려야 한다(54조 2항). 이 경우 서류의 송달은 청구인 등이 전자정보처리조직에 등재된 전자문서를 확인한 때에 도달한 것으로 본다. 다만, 그 등재사실을 통지한 날부터 2주 이내(재결서 외의 서류는 7일 이내)에 확인하지 아니하였을 때에는 등재사실을 통지한 날부터 2주가 지난 날(재결서 외의 서류는 7일이 지난 날)에 도달한 것으로 본다 (54조 4항).

3. 심판청구의 기간

(1) 개관

행정심판법은 심판청구기간에 관하여 두 가지 측면에서 규율하고 있다. ① 행정심판은 처분이 있음을 알게 된 날부터 90일 이내에 청구하여야 한다. 다만 청구인이 천재지변, 전쟁·사변 그 밖의 불가항력으로 인하여 위의 기간 내에 심판청구를 할 수 없었을 때에는 그 사유가 소멸한 날부터 14일(국외에서 청구하는 경우에는 30일) 이내에 행정심판을 청구할 수 있다(27조 1항, 2항). ② 행정심판은 처분이 있었던 날부터 180일이 경과하면 청구할 수 없다. 다만 정당한 사유가 있는 경우에는 그러하지 아니하다(27조 3항).

①의 기간은 '처분이 있음을 알게 된 날'을 기준으로 하는 점에서 주관적 심판청구기간이라 할 수 있고, ②의 기간은 '처분이 있었던 날'을 기준으로 하는 점에서 객관적 심판청구기간이라 할 수 있다. 양 기간 중 어느 하나가 먼저 도래하면 더 이상 행정심판을 청구할 수 없다.

(2) 주관적 심판청구기간

① 원칙 : 행정심판은 원칙적으로 처분이 있음을 알게 된 날부터 90일 이내에 청구하여야 한다 (27조 1항). 심판청구기간을 계산함에 있어서 기간계산에 관한 일반원칙을 규정한 민법 제157조의 규정에 따라 초일은 산입하지 않는다(행정기본법 6조 1항). 그리고 기간의 말일이 토요일 또는 공휴일에 해당하는 때에는 그 다음날(익일)에 기간이 만료한다(민법 161조).

여기에서 처분이 있음을 알게 된 날이란 처분이 있음을 '현실적으로 안 날'을 의미한다고 본다. 그리고 '알았다는 것'은 처분이 발해졌음을 안 것을 의미하며, 해당 처분의 구체적인 내용을 알 것을 필요로 하지는 않는다.[22] 판례에 따르면 처분서가 당사자의 주소에 송달되어 사회통념상 처분이 있음을 당사자가 알 수 있는 상태에 놓여진 때에는 반증이 없는 한 당사자가 그 처분이 있음을 알았다고 추정할 수 있다고 한다.[23] 그러나 이것은 어디까지나 추정에 불과하므로, 반증이 있

---

22) 京都地判 昭和 51. 1. 30, 判例タイムズ 338호, 319면.
23) 대판 1995. 11. 24, 95누11535; 대판 1999. 12. 28, 99두9742.

는 경우에는 추정은 깨어질 수 있음은 물론이다.

> **판례** 『행정심판법 제18조 제1항 소정의 심판청구기간 기산점인 '처분이 있음을 안 날'이라 함은 당사자가 통지·공고 기타의 방법에 의하여 당해 처분이 있었다는 사실을 현실적으로 안 날을 의미하고, 추상적으로 알 수 있었던 날을 의미하는 것은 아니라 할 것이다. 다만 처분을 기재한 서류가 당사자의 주소에 송달 되는 등으로 사회통념상 처분이 있음을 당사자가 알 수 있는 상태에 놓여진 때에는 반증이 없는 한 그 처분이 있음을 알았다고 추정할 수는 있다.』 (대판 1995. 11. 24, 95누11535. 동지 : 대판 2017. 3. 9, 2016두60577)

한편, 처분에 대한 이의신청을 하여 그 결과를 통지받은 후 행정심판을 청구하는 경우에는 결과를 통지받은 날(행정기본법 제36조 제2항에서 정한 통지기간 내에 결과를 통지받지 못한 경우에는 통지기간이 만료되는 날의 다음 날)부터 90일 이내에 행정심판을 청구할 수 있다(행정기본법 36조 4항).

② 예외 : 청구인이 천재지변·전쟁·사변 그 밖의 불가항력으로 인하여 처분이 있음을 알게 된 날부터 90일 이내에 심판청구를 할 수 없었을 때에는 그 사유가 소멸한 날부터 14일(외국에서는 30일) 이내에 행정심판을 청구할 수 있다(행정심판법 27조 2항). 여기에서 불가항력이란 법이 예시하고 있듯이 천재지변·전쟁·사변 등과 같은 매우 제한된 경우에만 인정되며, 행정심판법 제27조 제3항에서의 '정당한 사유'보다 더욱 엄격한 개념이라고 본다.

불가항력에 의하여 처분이 있음을 알게 된 날부터 90일 이내에 심판청구를 하지 못한 경우에는, 비록 처분이 있었던 날부터 180일이 경과하였다 하더라도 불가항력 사유가 소멸된 날부터 14일 이내에 행정심판을 청구할 수 있다고 할 것이다.

(3) 객관적 심판청구기간

① 원칙 : 행정심판은 처분이 있었던 날부터 180일 이내에 청구하여야 한다(27조 3항). 따라서 처분이 있음을 알게 된 날부터 90일이 경과하지 않았더라도 처분이 있었던 날부터 180일이 경과하면 더 이상 행정심판을 청구할 수 없게 된다. 이와 같이 '처분이 있었던 날'을 기준으로 하는 객관적 심판청구기간을 둔 것은, '처분이 있음을 안 날'을 기준으로 할 때에 심판청구기간이 무제한으로 확장되는 것을 방지함으로써 행정법관계의 안정성을 확보하기 위한 것이라 할 수 있다.

여기에서 처분이 있었던 날이란 처분이 객관적으로 효력을 발생한 날을 의미한다. 처분은 그것이 상대방에게 통지(송달)됨으로써 효력을 발생하는데, 통지의 방법은 교부, 우편, 정보통신망이용 등의 방법에 의한다(행정절차법 14조 1항). 그리고 통지의 효력은 원칙적으로 해당 처분서가 송달받을 자에게 도달됨으로써 발생한다(도달주의 : 동법 15조 1항). 여기에서 도달이란 '사회통념상 처분이 있음을 상대방이 알 수 있는 상태에 두는 것'을 의미하며, 현실적으로 상대방이 처분이 발해졌다는 사실 또는 처분의 내용을 알았을 필요까지는 없다.[24]

---

24) 대판 2017. 3. 9, 2016두60577.

판례 『행정처분의 효력발생요건으로서의 도달이란 처분상대방이 처분서의 내용을 현실적으로 알았을 필요까지는 없고 처분상대방이 알 수 있는 상태에 놓임으로써 충분하며, 처분서가 처분상대방의 주민등록상 주소지로 송달되어 처분상대방의 사무원 등 또는 그 밖에 우편물 수령권한을 위임받은 사람이 수령하면 처분상대방이 알 수 있는 상태가 되었다고 할 것이다.』 (대판 2017. 3. 9, 2016두60577)

② 예외 : 처분이 있었던 날부터 180일이 경과하더라도 '그 기간 내에 심판청구를 하지 못한 정당한 사유'가 있는 경우에는 행정심판을 청구할 수 있다(행정심판법 27조 3항 단서). 여기에서 정당한 사유란 처분이 있었던 날부터 180일 이내에 심판청구를 하지 못함을 정당화할 만한 객관적인 사유를 의미하며, 앞에서 설명한 불가항력보다 넓은 개념이라고 할 수 있다. 이하에서 어떠한 경우에 정당한 사유가 있다고 인정되는지에 관하여 살펴보기로 한다.

제3자효행정행위에 있어서 처분의 직접 상대방이 아닌 제3자는 처분을 통지받지 못하는 것이 보통이므로 처분이 있음을 쉽게 알기 어려운 지위에 있으며, 따라서 처분이 있음을 알게 된 때에는 이미 처분이 있었던 날부터 180일이 경과한 경우가 많을 것이다. 따라서 제3자에 대해서도 행정심판청구기간에 관한 원칙규정을 그대로 적용하면 제3자는 기간의 도과로 인하여 행정심판 청구기회를 박탈당하는 경우가 많을 것이다. 이러한 점을 고려하여 판례는, 『행정처분의 상대방이 아닌 제3자는 일반적으로 처분이 있는 것을 바로 알 수 있는 처지에 있지 아니하므로 처분이 있었던 날부터 180일이 경과하더라도 특별한 사유가 없는 한 행정심판법 제27조 제3항 단서 소정의 '정당한 사유'가 있는 것으로 보아 심판청구가 가능하다』고 하였다.[25] 다만 제3자의 경우는 아무런 기간의 제한을 받지 않고 심판청구를 할 수 있는 것은 아니고, 만일 그 제3자가 어떤 경위로든 행정처분이 있음을 알게 된 경우에는 행정심판법 제27조 제1항에 따라 그때로부터 90일 이내에 행정심판을 청구하여야 한다고 한다.[26]

이에 반해 도시계획결정을 이해관계인에게 개별통지해 주지 않아서 뒤늦게 도시계획결정 사실을 알고서 행정심판을 제기하였다는 사유만으로는 심판청구기간을 지키지 못한 데에 행정심판법 제27조 3항 단서에서 규정하는 정당한 사유가 있는 경우에 해당하지 않는다고 한다.[27]

(4) 오고지 · 불고지의 경우

행정청이 처분을 할 때에는 그 상대방에게 해당 처분에 대하여 행정심판을 청구할 수 있는지 여부와 행정심판을 청구하는 경우의 심판청구 절차 및 기간 등을 알려 주어야 하는데(고지제도 : 58조), 이와 관련하여 행정청이 심판청구기간을 잘못 알려 주었거나 전혀 알려주지 않은 경우가 문제된다. 만일 행정청이 심판청구기간을 행정심판법 제27조 제1항이 정한 기간(처분이 있음을 알게 된 날부터 90일 이내)보다 긴 기간으로 잘못 알린 때(誤告知)에는 그 잘못 알린 기간 내에 심판청구를 하면 되며, 행정청이 심판청구기간을 알려 주지 아니한 때(不告知)에는 청구인이 처분이 있

---

25) 대판 1992. 7. 28, 91누12844; 대판 1997. 9. 12, 96누14661.
26) 대판 1995. 8. 25, 94누12494; 대판 1996. 9. 6, 95누16233; 대판 1997. 9. 12, 96누14661.
27) 대판 1993. 3. 23, 92누8613.

음을 알았는지 여부에 관계없이 처분이 있었던 날부터 180일 이내에 심판청구를 하면 된다(27조 5항·6항).

(5) 적용범위

위에서 설명한 행정심판청구기간은 '취소심판'과 '거부처분에 대한 의무이행심판'에만 적용되며, '무효등확인심판'과 '부작위에 대한 의무이행심판'에는 적용되지 않는다(27조 7항).

4. 심판청구의 변경·취하

(1) 청구의 변경

① 인정되는 경우 : 청구의 변경이란 행정심판의 진행 중에 청구인이 청구의 취지나 이유를 변경하는 것을 말하는데, 현행법상 다음의 두 가지 경우에 청구의 변경이 허용된다.

i) 청구인은 '청구의 기초에 변경이 없는 범위'에서 청구의 취지나 이유를 변경할 수 있다(29조 1항). 여기에서 청구의 기초에 변경이 없는 범위라 함은 신·구 청구간에 사건의 동일성이 유지될 수 있는 범위를 의미한다. 청구의 취지의 변경에는 행정심판의 종류의 변경(예 : 취소심판에서 무효등확인심판으로), 심판대상의 변경(예 : 행정대집행계고처분의 취소심판에서 대집행영장에 의한 통지처분의 취소심판으로) 및 심판청구의 내용의 변경(예 : 과징금부과처분의 일부에 대한 취소심판에서 전부에 대한 취소심판으로) 등이 포함된다.

ii) 행정심판이 청구된 후에 피청구인이 새로운 처분을 하거나 심판청구의 대상인 처분을 변경한 때에는 청구인은 새로운 처분이나 변경된 처분에 맞추어 청구의 취지나 이유를 변경할 수 있다(29조 2항). 예컨대 영업허가취소처분에 대한 취소심판의 진행 중에 행정청이 영업허가취소처분을 3개월 영업정지처분으로 변경한 경우에 청구인이 행정심판의 대상을 허가취소처분에서 영업정지처분으로 변경하는 것이 그에 해당한다.

② 절차 : 청구의 변경은 서면으로 신청하여야 한다. 이 경우 피청구인과 참가인의 수만큼 청구변경신청서 부본을 함께 제출하여야 하며, 행정심판위원회는 그 신청서의 부본을 피청구인과 참가인에게 송달하여야 한다(29조 3항·4항). 행정심판위원회는 기간을 정하여 피청구인과 참가인에게 청구변경 신청에 대한 의견을 제출하도록 할 수 있으며, 피청구인과 참가인이 그 기간에 의견을 제출하지 아니하면 의견이 없는 것으로 본다(29조 5항).

행정심판위원회는 청구변경 신청에 대하여 허가할 것인지 여부를 결정하고, 지체 없이 신청인에게는 결정서 정본을, 피청구인 및 참가인에게는 결정서 등본을 송달하여야 한다(29조 6항). 신청인은 결정서를 송달받은 날부터 7일 이내에 행정심판위원회에 이의신청을 할 수 있다(29조 7항).

③ 효과 : 청구의 변경결정이 있으면 처음 행정심판이 청구되었을 때부터 변경된 청구의 취지나 이유로 행정심판이 청구된 것으로 본다(29조 8항). 이는 행정심판의 진행 중에 청구를 변경할 필요가 있는 때에 새로운 심판청구를 하지 않고도 종전까지 진행된 심판절차를 변경된 심판청구에 승계시킴으로써 당사자의 권리구제의 효율을 도모하고 소송경제를 확보할 수 있게 해 순다.

(2) 심판청구의 취하

심판청구의 취하란 청구인이 행정심판위원회에 대하여 심판청구를 철회하는 일방적 의사표시를 말한다. 청구인은 심판청구에 대한 행정심판위원회의 의결이 있기 전에는 언제든지 서면으로 심판청구를 취하할 수 있다(42조 1항). 심판청구를 취하하려는 청구인은 취하서에 서명하거나 날인하여 피청구인 또는 행정심판위원회에 제출하여야 한다(42조 3항, 4항). 피청구인 또는 행정심판위원회는 계속(係屬) 중인 사건에 대하여 취하서를 받으면 지체 없이 다른 관계 기관, 청구인, 참가인에게 취하 사실을 알려야 한다(42조 5항).

5. 심판청구의 보정

행정심판위원회는 심판청구가 적법하지 않으나 보정할 수 있다고 인정하면 기간을 정하여 청구인에게 보정할 것을 요구할 수 있다. 다만 경미한 사항은 직권으로 보정할 수 있다(32조 1항).

청구인은 보정 요구를 받으면 서면으로 보정하여야 한다. 이 경우 다른 당사자의 수만큼 보정서 부본을 함께 제출하여야 하며, 행정심판위원회는 제출된 보정서 부본을 지체 없이 다른 당사자에게 송달하여야 한다(32조 2항, 3항).

청구인이 보정을 한 경우에는 처음부터 적법하게 행정심판이 청구된 것으로 본다(32조 4항). 그리고 보정기간은 행정심판법 제45조의 재결기간에 산입하지 않는다(32조 5항).

6. 심판청구의 효과

(1) 행정심판위원회에 대한 효과

행정심판이 청구되면 행정심판위원회는 그에 대해 지체 없이 심리하여 재결하여야 한다. 행정심판위원회는 제3자가 심판청구를 한 때에는 이를 처분의 상대방에게 통지하여야 하며(24조 4항), 피청구인으로부터 답변서가 제출된 때에는 그 부본을 청구인에게 송달하여야 한다(26조 2항).

(2) 피청구인에 대한 효과

심판청구서가 피청구인에게 접수되거나 또는 피청구인이 행정심판위원회로부터 심판청구서 부본을 송부받으면 10일 이내에 행정심판위원회에 답변서를 제출하여야 한다(24조 1항).

(3) 처분에 대한 효과

행정심판이 청구되면 그 심판대상인 처분의 효력에 어떠한 영향을 미치는지에 대해서는 두 가지 입법례가 있다. 심판청구가 있으면 재결이 있을 때까지 그 대상이 되는 처분의 효력을 잠정적으로 정지시키는 것과 심판청구가 있더라도 처분의 효력에는 아무런 영향을 미치지 않도록 하는 것이 그에 해당하는데, 전자를 집행정지의 원칙이라 하고 후자를 집행부정지의 원칙이라 한다. 집행정지의 원칙은 청구인의 실효성있는 권리구제에 우선점을 둔 것이고, 집행부정지의 원칙은 행정의 신속성·능률성 확보와 심판청구의 남용 방지에 우선점을 둔 것이라 할 수 있다. 어떠한 원칙을 택할 것인지는 입법정책의 문제라 할 것인바, 우리나라 행정심판법은 「심판청구는 처분의 효력이나 그 집행 또는 절차의 속행에 영향을 주지 아니한다」고 규정함으로써 집행부정지의 원칙을 택하고 있다(30조 1항). 한편, 청구인의 실효성 있는 권리구제를 위해 긴급한 필요가 있는 경우에는 행정심판위원회가 해당 처분의 효력 등을 잠정적으로 정지시킬 수 있도록 하였는데, 그 구체적 내용에 관해서는 아래에서 별도로 고찰하기로 한다.

7. 집행정지제도

(1) 서

행정심판위원회는 처분, 처분의 집행 또는 절차의 속행 때문에 중대한 손해가 생기는 것을 예방할 필요성이 긴급하다고 인정할 때에는 직권으로 또는 당사자의 신청에 의하여 집행정지를 결정할 수 있다(30조 2항).

이러한 집행정지제도는 재결이 있기 전에 청구인의 권리를 임시로 구제하기 위한 것으로서, 민사집행법상의 가처분의 일종이라 할 것이다. 예컨대 영업정지처분에 대해 행정심판을 청구하여도 집행부정지의 원칙에 의하여 영업정지처분의 효력은 유지되므로, 행정심판의 진행 중에 영업정지기간이 경과하면 해당 처분의 취소를 구할 실익이 없어지게 되는 문제가 발생한다. 따라서 청구인에 대한 권리구제의 실효성을 확보하기 위하여 행정심판위원회의 집행정지결정에 의해 재결이 있기 전까지 잠정적으로 영업정지처분의 효력을 정지시키는 것이 그에 해당한다.

(2) 집행정지의 요건 및 절차

행정심판위원회는 처분, 처분의 집행 또는 절차의 속행 때문에 중대한 손해가 생기는 것을 예방할 필요성이 긴급하다고 인정할 때에는 직권으로 또는 당사자의 신청에 의하여 집행정지를 결정할 수 있다(30조 2항). 그러나 공공복리에 중대한 영향을 미칠 우려가 있을 때에는 집행정지는 허용되지 않는다(30조 3항). 이하에서 나누어 설명하기로 한다.

① 심판청구가 계속(係屬)되어 있어야 한다. 민사집행법상의 가처분이 본안소송의 제기 전에 신청 가능한 것과는 달리, 행정심판에 있어서의 집행정지는 '심판청구와 동시에 또는 심판청구에 대한 행정심판위원회의 의결이 있기 전까지' 신청하도록 함으로써 심판청구의 계속을 요건으로 하고 있다(30조 5항).

② 처분이 존재하여야 한다. 집행정지의 대상은 '처분, 처분의 집행 또는 절차의 속행'이므로, 부작위는 물론이고 처분이 효력을 발생하기 전 또는 처분의 효력이 소멸한 후에는 집행정지의 대상이 없으므로 집행정지가 인정되지 않는다. 한편, 거부처분이 집행정지의 대상이 되는지에 대해서 다툼이 있는데, 이에 관해서는 행정소송의 집행정지 부분에서 자세히 살펴보기로 한다.

③ 중대한 손해가 생기는 것을 예방할 필요성이 긴급하다고 인정되어야 한다. 종래의 행정심판법은 행정소송법상의 집행정지와 마찬가지로 '회복하기 어려운 손해'를 예방할 필요성이라고 규정하고 있었는데, 이는 금전보상이 불가능하거나 금전보상으로는 사회관념상 행정처분을 받은 자가 참고 견디기가 현저히 곤란한 유형·무형의 손해를 의미하는 것으로 보았다.[28] 그런데 '회복하

기 어려운 손해'를 엄격하게 해석하면 조세부과처분이나 과징금부과처분과 같은 금전납부에 관한 처분에 대해서는 집행정지가 어렵다는 비판이 있었으며, 이에 2010년 개정 행정심판법은 '회복하기 어려운 손해'를 '중대한 손해'라고 수정하였다.

④ 공공복리에 중대한 영향을 미칠 우려가 없어야 한다. 따라서 행정심판위원회는 집행정지 여부를 결정함에 있어서 집행정지가 공공에 미치는 영향과 처분의 집행 등이 청구인에 가하는 손해의 정도를 비교형량하여 판단하여야 한다.

⑤ 집행정지결정은 당사자의 신청이 있는 경우뿐만 아니라 행정심판위원회가 직권으로도 할 수 있다. 당사자가 집행정지 신청을 하고자 하는 때에는 심판청구와 동시에 또는 심판청구에 대한 의결이 있기 전까지 신청의 취지와 원인을 적은 서면을 행정심판위원회에 제출하여야 한다. 다만 심판청구서를 피청구인에게 제출한 경우로서 심판청구와 동시에 집행정지신청을 할 때에는 심판청구서 사본과 접수증명서를 함께 제출하여야 한다(30조 5항).

⑥ 집행정지는 행정심판위원회에서 결정한다.[29] 다만 행정심판위원회의 심리·결정을 기다릴 경우 중대한 손해가 생길 우려가 있다고 인정되면 위원장은 직권으로 심리·결정을 갈음하는 결정을 할 수 있다. 이 경우 위원장은 지체 없이 행정심판위원회에 그 사실을 보고하고 추인을 받아야 하며, 추인을 받지 못하면 위원장은 그 결정을 취소하여야 한다(30조 6항).

행정심판위원회는 집행정지에 관하여 심리·결정하면 지체 없이 당사자에게 결정서 정본을 송달하여야 한다(30조 7항).

(3) 집행정지의 내용

집행정지결정이 있으면 그 결정의 취지에 따라 처분의 효력이 정지되거나 그 집행이 정지되거나 절차의 속행이 정지된다. 처분의 효력정지란 처분이 잠정적으로 존재하지 않는 상태에 놓이게 하는 것을 의미하는데, 예컨대 영업정지처분의 효력이 정지되면 그 처분이 존재하지 않는 상태에 놓이기 때문에 처분의 상대방은 잠정적으로 영업을 계속할 수 있게 된다. 처분의 집행정지란 처분의 효력은 유지하면서 처분내용의 강제적 실현을 위한 집행력의 행사만을 정지시키는 것으로서, 예컨대 과징금부과처분을 받은 자에 대하여 잠정적으로 그 강제징수조치를 취하지 않는 것이 그에 해당한다. 절차의 속행정지란 일련의 단계적 절차를 거쳐 행해지는 처분에 있어서 처분의 효력은 유지하면서 그 처분의 후속절차의 진행을 잠정적으로 정지시키는 것을 의미하며, 예컨대 압류·공매·배분의 절차로 이루어지는 조세체납처분절차에 있어서 압류처분에 대한 절차의 속행을 정지하면 공매절차로 나아가지 못하게 되는 것이 그에 해당한다.

---

28) 대결 2004. 5. 12, 2003무41 등 참조.

29) 2018년에 중앙행정심판위원회에는 1,949건의 집행정지가 신청되었는데 이 중에서 293건이 인용됨으로써 인용률이 15.9%였다고 한다(2018년 국민권익백서, 337면 참고). 이에 반해 시·도행정심판위원회의 경우는 2018년에 3,946건의 집행정지가 신청되어 이 중 3,257건이 인용됨으로써 인용률이 82.5%였다고 한다(2018년 시·도행정심판위원회 운영 현황, 2019. 8, 행정심판국 행정심판총괄과 보고서, 10면 참고). 이와 같이 시·도행정심판위원회의 경우 집행정지 인용률이 높은 이유는 심판청구사건 중 영업정지처분이 많은 비중을 차지하기 때문으로 보인다.

한편, 처분의 효력정지는 처분의 집행 또는 절차의 속행을 정지함으로써 그 목적을 달성할 수 있을 때에는 허용되지 않는데(30조 2항 단서), 이는 처분의 효력정지가 가장 강력한 효과를 가져오기 때문이다.

(4) 집행정지의 효력

집행정지결정은 행정심판의 당사자뿐만 아니라 관계 행정청 및 제3자도 기속한다. 제3자에 대한 기속력은 주로 제3자효행정행위에서 문제된다. 예컨대 갑에 대한 건축허가처분에 대하여 인근 주민 을이 취소심판을 제기한 경우에 건축허가처분에 대한 집행정지결정이 내려지면 그 결정의 효력은 행정심판의 당사자가 아닌 갑에 대해서도 미치게 되는 것이다.

집행정지결정은 원칙적으로 그 결정의 주문에 정해진 시기까지 효력을 발생하는데, 결정주문에서 그 존속기간을 특별히 정하지 않은 경우에는 재결시까지 효력을 갖는다고 할 것이다.

(5) 집행정지결정의 취소

행정심판위원회는 집행정지결정을 한 후에 집행정지가 공공복리에 중대한 영향을 미치거나 그 정지사유가 없어진 경우에는 직권으로 또는 당사자의 신청에 의하여 집행정지결정을 취소할 수 있다(30조 4항). 일반적으로 집행정지결정의 취소신청은 피청구인이 하지만, 제3자효행정행위에 있어서 처분의 상대방 아닌 자가 심판청구를 한 경우에는 처분의 상대방도 집행정지결정의 취소를 신청할 수 있다고 할 것이다. 이 경우는 '공익'과 '심판청구인의 사익'뿐만 아니라 '처분의 상대방의 사익'까지도 형량하여 취소여부를 결정하여야 한다.

8. 임시처분제도

(1) 의의

집행정지제도는 처분의 효력 등을 정지시킴으로써 현상유지적으로 청구인의 권리를 임시구제하는 제도인바, 이는 거부처분이나 부작위의 경우에는 적절한 임시구제수단이 되지 못한다. 예컨대 건축허가 신청에 대하여 거부처분이 내려지거나 부작위가 있는 경우에 집행정지결정에 의해 거부처분이나 부작위가 정지된다 해서 신청인이 건축을 시작할 수 있는 것이 아니기 때문이다. 종래 행정심판법에서는 청구인의 임시적 권리구제와 관련하여 집행정지제도만을 규정함으로써 거부처분이나 부작위에 대한 임시구제의 미흡성이 문제점으로 지적되었는데, 2010년 개정 행정심판법에서는 이를 보완하기 위하여 새로이 임시처분제도를 도입하였다.

즉, 행정심판위원회는 처분 또는 부작위가 위법·부당하다고 상당히 의심되는 경우로서 처분 또는 부작위 때문에 당사자가 받을 우려가 있는 중대한 불이익이나 당사자에게 생길 급박한 위험을 막기 위하여 임시 지위를 정하여야 할 필요가 있는 경우에는 직권으로 또는 당사자의 신청에 의하여 임시처분을 결정할 수 있다(31조 1항). 예컨대 국공립대학에의 입학신청에 대한 거부처분(분합격처분)이 내려진 경우에 그에 대한 행정심판의 재결이 있을 때까지 임시적으로 입학을 허가하는 것을 들 수 있다.

(2) 요건

① 심판청구가 계속(係屬)되어 있어야 한다. 비록 임시처분과 관련해서는 심판청구의 계속에 관한 명문의 규정은 없지만, 집행정지의 경우와 마찬가지로 심판청구가 계속되어 있을 것을 전제로 한다고 본다.

② 처분 또는 부작위 때문에 당사자가 받을 우려가 있는 중대한 불이익이나 당사자에게 생길 급박한 위험을 막기 위하여 임시지위를 정하여야 할 필요가 있어야 한다(31조 1항). 여기에서 "당사자가 받을 우려가 있는 중대한 불이익이나 급박한 위험"이란 집행정지에 있어서의 "중대한 손해가 생기는 것을 예방할 필요성이 긴급하다고 인정할 때"에 준하여 판단하면 된다고 한다.[30]

③ 처분 또는 부작위가 위법·부당하다는 상당한 의심이 있어야 한다(31조 1항). 이는 심판청구가 본안에서 인용될 가능성이 상당히 큰 것을 의미한다고 할 것이며, 집행정지의 요건과 관련해서는 심판청구의 본안에서의 인용 가능성에 대해서는 아무런 규정을 두고 있지 않은 것과 차이가 있다.

④ 임시처분은 그로 인하여 공공복리에 중대한 영향을 미칠 우려가 있을 때에는 허용되지 않는다(소극적 요건 : 31조 2항, 30조 3항).

⑤ 임시처분은 집행정지로 목적을 달성할 수 있는 경우에는 허용되지 않는다(보충성 : 31조 3항).

(3) 임시처분의 결정 및 취소

행정심판위원회는 직권으로 또는 당사자의 신청에 의하여 임시처분을 결정할 수 있다. 신청서면의 제출, 위원장의 직권 결정, 결정서 정본의 송달 등은 집행정지결정의 규정이 준용된다(31조 2항).

행정심판위원회는 임시처분을 결정한 후에 임시처분이 공공복리에 중대한 영향을 미치거나 임시처분의 사유가 없어진 경우에는 직권으로 또는 당사자의 신청에 의하여 임시처분결정을 취소할 수 있다(31조 2항, 30조 4항).

Ⅶ. 행정심판의 심리

1. 의 의

행정심판의 심리란 재결의 기초가 될 사실관계 및 법률관계를 명백히 하기 위하여 행정심판위원회가 당사자 및 관계인의 주장과 반박을 듣고 증거 기타의 자료를 수집·조사하는 일련의 절차를 말한다. 행정심판의 심리는 그 공정성을 확보하기 위하여 소속 행정청으로부터의 독립성이 보장되어 있는 행정심판위원회에 맡겨져 있다.

---

30) 김남철, 775면; 류지태/박종수, 653면.

2. 심리의 내용

(1) 요건심리

요건심리란 행정심판을 청구하는데 필요한 형식적인 요건을 구비하고 있는지의 여부에 대하여 심리하는 것을 말한다. 예컨대 심판청구가 청구인적격·피청구인적격·대상적격 등을 구비했는지 여부, 권한있는 행정심판위원회에 청구되었는지 여부, 행정심판청구기간을 준수했는지 여부 등을 심리하는 것이 그에 해당한다.

행정심판위원회는 심판청구가 부적법하나 보정할 수 있다고 인정하면 상당한 기간을 정하여 청구인에게 보정할 것을 요구할 수 있으며, 보정할 사항이 경미한 경우에는 직권으로 보정할 수 있다(32조 1항). 요건심리의 결과 심판청구가 부적법하며 보정될 수 없다고 인정될 때에는 '각하재결'을 한다.

(2) 본안심리

본안심리란 심판청구가 이유있는지의 여부에 대하여 심리하는 것을 말한다. 행정심판위원회는 본안심리의 결과 심판청구가 이유 있다고 인정되면 '인용재결'을, 이유 없다고 인정되면 '기각재결'을 한다. 다만 심판청구가 이유 있다고 인정되는 경우에도 이를 인용하는 것이 현저히 공공복리에 적합하지 아니하다고 인정하는 때에는 심판청구를 기각하는 재결을 할 수 있는데 이를 '사정재결'이라 한다(44조).

3. 심리의 범위

(1) 불고불리의 원칙

행정심판위원회는 심판청구의 대상이 되는 처분 또는 부작위 외의 사항에 대하여는 재결하지 못하는데(47조 1항), 이를 불고불리의 원칙이라 한다. 따라서 행정심판의 심리에 있어서도 불고불리의 원칙에 의한 제약을 받는다.

(2) 법률문제·재량문제·사실문제

행정심판의 심리에 있어서는 심판청구의 대상이 되는 처분이나 부작위의 적법·위법의 판단인 법률문제뿐만 아니라 당·부당의 판단인 재량문제, 그리고 사실문제까지도 심리할 수 있다.

(3) 당사자가 주장하지 아니한 사실(직권심리)

행정심판위원회는 필요하면 당사자가 주장하지 아니한 사실에 대해서도 심리할 수 있다(39조).

4. 심리의 절차

(1) 심리절차의 기본원칙

① 당사자주의적 구조(대심주의) : 당사자주의란 대립되는 분쟁당사자에게 심리의 주도적 지위를 부여해서 당사자의 공격과 방어를 통해 심리를 진행하는 제도를 말한다. 행정심판은 청구인과 피

청구인이 제출한 증거자료를 바탕으로 행정심판위원회가 제3자적 입장에서 심리를 진행하도록 함으로써 당사자주의적 구조를 채택하고 있다.

② **직권심리주의의 가미** : 직권심리주의란 심리에 필요한 자료를 당사자가 제출한 것에만 의존하지 않고 심판기관이 직권으로 수집·조사할 수 있는 제도를 말하며, 주로 공익적 측면에서 실체적 진실의 발견이 중요한 쟁송에서 채택한다. 행정심판은 당사자의 권익구제뿐만 아니라 행정의 적법성 확보라는 공익실현도 아울러 목적으로 하고 있기 때문에 직권심리주의를 가미하고 있다. 즉, 행정심판위원회는 사건의 심리를 위하여 필요하다고 인정하면 직권으로 증거조사를 할 수 있으며, 당사자가 주장하지 아니한 사실에 대하여도 심리할 수 있다(36조 1항, 39조).

③ **구술심리와 서면심리** : 심리의 방식에는 구술심리와 서면심리가 있다. 구술심리란 심리기일에 당사자를 출석시켜 질문을 통하여 심리를 진행하는 방식을 말하고, 서면심리란 당사자 등이 제출한 서면을 통하여 심리를 진행하는 방식을 말한다. 구술심리는 당사자의 진의를 파악하기가 용이하고 불명확한 점은 보충질문을 통하여 보완할 수 있는 장점이 있는 반면에, 심리가 지연될 수 있다는 단점이 있다. 반대로 서면심리는 간이신속하게 심리를 진행할 수 있는 장점이 있는 반면에, 서면에 기재된 것이 진실한지를 알기 어렵고 서면상 불명확한 점에 대해 확인하기 어렵다는 단점이 있다.

행정심판법은 「행정심판의 심리는 구술심리 또는 서면심리로 한다」고 함으로써 양자 중 어느 방식을 취할 것인지는 행정심판위원회의 선택에 맡기고 있다(40조 1항 본문).[31] 다만, 당사자가 구술심리를 신청한 경우에는 서면심리만으로 결정할 수 있다고 인정되는 경우 외에는 구술심리를 하여야 한다(40조 1항 단서).

④ **비공개주의** : 공개주의란 행정심판의 심리와 재결을 일반인이 방청할 수 있는 상태에서 행하는 것을 말하며, 비공개주의에 대한 반대개념이다. 현행법은 이에 관한 명문의 규정을 두고 있지는 않으나, 직권심리주의·서면심리주의를 채택한 행정심판법의 전체적인 구조로 보아 비공개주의에 입각하고 있다고 보는 것이 지배적인 견해이다. 이 경우에도 행정심판위원회가 심리의 공정성을 확보하기 위하여 공개가 필요하다고 인정하는 경우에는 공개심리를 할 수 있다고 할 것이다.

한편, 행정심판법은 "행정심판위원회에서 위원이 발언한 내용이나 그 밖에 공개되면 위원회의 심리·재결의 공정성을 해칠 우려가 있는 사항으로서 대통령령이 정하는 사항은 공개하지 아니한다"고 규정하고 있는데(41조), 이는 심리의 공개 여부에 관해 규정한 것이 아니라, 심판위원이 외부의 영향을 받지 않고 소신있게 의견을 피력할 수 있도록 그 발언의 내용(회의록) 등을 사후에 정보공개의 대상에서 제외시키는 취지라 할 것이다.

(2) 당사자의 절차적 권리

① **위원·직원에 대한 제척·기피신청권** : 당사자는 행정심판위원회 위원장에게 그 위원이나 직원

---

31) 2018년에 전체 시·도행정심판위원회에서 처리한 사건 중 구술심리의 비율은 9.9%였다고 한다. 각 행정심판위원회간에 구술심리를 한 사건의 편차가 심한데, 울산광역시행정심판위원회의 경우 구술심리의 비율이 67.6%인데 대해, 부산광역시행정심판위원회와 세종특별자치시행정심판위원회의 경우는 0%라고 한다(앞의 2018년 시·도행정심판위원회 운영 현황, 9면 참고).

에 대한 제척 또는 기피의 신청을 할 수 있다(10조 1항, 2항, 8항). 위원장은 제척이나 기피의 신청을 받으면 제척 또는 기피 여부에 대한 결정을 하고 지체 없이 신청인에게 결정서 정본을 송달하여야 한다(10조 6항).

② **구술심리신청권** : 당사자는 행정심판위원회에 구술심리를 신청할 수 있는 권리를 가지며, 이때에 행정심판위원회는 서면심리만으로 결정할 수 있다고 인정되는 경우 외에는 구술심리를 하여야 한다(40조 1항). 행정심판위원회는 구술심리 신청을 받으면 그 허가 여부를 결정하여 신청인에게 알려야 한다(40조 2항).

③ **보충서면제출권** : 당사자는 심판청구서 · 보정서 · 답변서 또는 참가신청서에서 주장한 사실을 보충하고 다른 당사자의 주장을 다시 반박하기 위하여 필요하다고 인정하면 보충서면을 제출할 수 있다(33조 1항). 이 경우 다른 당사자의 수만큼 보충서면 부본을 함께 제출하여야 하며, 행정심판위원회는 보충서면을 받으면 지체 없이 다른 당사자에게 그 부본을 송달하여야 한다(33조 1항, 3항). 행정심판위원회는 필요하다고 인정하면 보충서면의 제출기한을 정할 수 있다(33조 2항).

④ **증거제출권** : 당사자는 심판청구서 · 보정서 · 답변서 · 참가신청서 · 보충서면 등에 덧붙여 그 주장을 뒷받침하는 증거서류나 증거물을 제출할 수 있다(34조 1항). 증거서류에는 다른 당사자의 수만큼 증거서류 부본을 함께 제출하여야 하며, 행정심판위원회는 당사자가 제출한 증거서류의 부본을 지체 없이 다른 당사자에게 송달하여야 한다(34조 2항, 3항).

⑤ **증거조사신청권** : 당사자는 행정심판위원회에 '당사자나 관계인의 신문, 당사자나 관계인이 가지고 있는 문서 · 물건 등 증거자료의 제출요구, 감정 · 검증' 등과 같은 증거조사를 신청할 수 있다(36조 1항).

5. 심리의 병합과 분리

행정심판위원회는 필요하면 관련되는 심판청구를 병합하여 심리하거나 병합된 관련청구를 분리하여 심리할 수 있는데(37조), 이는 심리의 신속성 · 경제성 · 능률성을 위한 것이라 할 수 있다.

6. 처분사유의 추가 · 변경

행정청이 처분을 하는 때에는 원칙적으로 상대방에게 그 근거와 이유를 제시하여야 하는데(행정절차법 23조 1항), 행정심판 단계에서 행정청이 처분 당시에 제시한 사유 외에 다른 사유를 추가하거나 변경하는 것이 허용되는지가 문제된다.

판례에 의하면, 항고소송에 있어서는 당초 처분의 근거로 삼은 사유와 '기본적 사실관계의 동일성'이 인정되는 한도에서만 다른 사유를 추가하거나 변경할 수 있는데, 이러한 법리는 행정심판에도 그대로 적용된다고 한다.[32]

---

32) 대판 2014. 5. 16, 2013두26118.

7. 위법·부당 판단의 기준시

행정심판에 있어서 위법·부당을 판단하는 기준시가 문제된다. 즉, 처분이 있은 후에 관계 법령 및 사실상태가 변경된 경우에 처분 당시의 법령 및 사실상태를 기준으로 판단하여야 하는지 아니면 재결시의 법령 및 사실상태를 기준으로 판단하여야 하는지의 문제이다.

취소심판 및 무효등확인심판에 있어서는 원칙적으로 처분시를 기준으로 하여야 한다는 것이 다수설과 판례의 입장이다.[33] 이 경우 사실관계의 확정에 있어서는 처분 당시 존재하였거나 행정청에 제출되었던 자료뿐만 아니라 재결 당시까지 제출된 모든 자료를 종합하여 처분 당시 존재하였던 객관적 사실을 확정하고, 그 사실에 기초하여 처분의 위법·부당 여부를 판단할 수 있다고 한다.[34] 이에 반해, 행정심판의 경우는 행정소송과는 달리 위법성뿐만 아니라 합목적성까지도 심리할 수 있는 점에서 청구의 인용 여부는 재결시를 기준으로 판단하여야 한다는 견해가 있다.[35]

> **판례** 『행정심판에 있어서 행정처분의 위법·부당 여부는 원칙적으로 처분시를 기준으로 판단하여야 할 것이나, 재결청은 처분 당시 존재하였거나 행정청에 제출되었던 자료뿐만 아니라, 재결 당시까지 제출된 모든 자료를 종합하여 처분 당시 존재하였던 객관적 사실을 확정하고 그 사실에 기초하여 처분의 위법·부당 여부를 판단할 수 있는 것이다』(대판 2001. 7. 27, 99두5092)

의무이행심판에 있어서는 재결시를 기준으로 하여야 한다는 견해[36]와 거부처분에 대한 의무이행심판의 경우에는 처분시를 기준으로 하고 부작위에 대한 의무이행심판의 경우에는 재결시를 기준으로 하여야 한다는 견해[37]가 대립하고 있다. 생각건대, 의무이행심판의 경우에는 그 대상이 되는 거부처분이나 부작위가 재결 당시의 관점에서 그대로 유지될 것인지를 판단하여야 하므로 양자 모두 재결시를 기준으로 하는 것이 타당할 것이다.

Ⅷ. 행정심판의 재결

1. 의의 및 성질

재결이란 심판청구사건에 대하여 심리의 결과에 따라 법적 판단을 하는 행위를 말한다. 재결은 행정상 법률관계에 관한 분쟁에 대하여 행정심판위원회가 일정한 절차를 거쳐서 판단·확정하는 행위이므로 준법률행위적 행정행위의 일종인 확인행위로서의 성질을 가지며, 또한 행정심판위원회에 재량이 인정되지 않는 기속행위이다. 그리고 재결은 소송에 있어서의 판결과 성질이 유사한 점

---

33) 박균성(상), 1206면; 정하중/김광수, 657면; 홍정선(상), 1044면; 대판 2001. 7. 27, 99두5092. 다만 제재처분의 경우에는 원칙적으로 위반행위시를 기준으로 하여야 할 것이다(행정기본법 14조 3항 참고).
34) 대판 2001. 7. 27, 99두5092.
35) 김중권, 710면.
36) 박균성(상), 1205면; 정하중/김광수, 658면.
37) 홍정선(상), 1044면.

에서 준사법행위라고 할 수 있다.

2. 재결의 절차와 형식

(1) 재결기간

재결은 행정심판위원회 또는 피청구인인 행정청이 심판청구서를 받은 날부터 60일 이내에 하여야 한다. 다만 부득이한 사정이 있는 경우에는 위원장이 직권으로 30일을 연장할 수 있는데, 이 경우 재결기간이 끝나기 7일 전까지 당사자에게 알려야 한다(45조). 위의 재결기간에는 심판청구가 부적법하여 보정을 명한 경우의 보정기간은 산입되지 않는다(32조 5항).

(2) 재결의 방식(재결서)

재결은 소정의 사항을 기재한 서면으로 하여야 하는 요식행위이다(46조 1항·2항). 재결서에는 ① 사건번호와 사건명, ② 당사자의 이름과 주소, ③ 주문, ④ 청구의 취지, ⑤ 이유, ⑥ 재결한 날짜 등을 기재하여야 하는데, 이유에는 주문내용이 정당하다는 것을 인정할 수 있는 정도의 판단을 표시하여야 한다(46조 2항, 3항).

(3) 재결의 범위

① 행정심판위원회는 심판청구의 대상이 되는 처분 또는 부작위 외의 사항에 대하여는 재결하지 못한다(불고불리의 원칙 : 47조 1항).

② 행정심판위원회는 심판청구의 대상이 되는 처분보다 청구인에게 불리한 재결을 하지 못한다(불이익변경금지의 원칙 : 47조 2항).

(4) 재결서의 송달

행정심판위원회가 재결을 한 때에는 지체 없이 당사자에게 재결서의 정본을 송달하여야 하며, 재결은 청구인에게 재결서가 송달된 때에 그 효력이 발생한다(48조 1항·2항). 참가인이 있는 경우에는 재결서의 등본을 지체 없이 참가인에게 송달하여야 하며(48조 3항), 처분의 상대방이 아닌 제3자가 심판청구를 한 경우에는 재결서의 등본을 지체 없이 피청구인을 거쳐 처분의 상대방에게 송달하여야 한다(48조 4항).

중앙행정심판위원회는 재결의 결과를 소관 중앙행정기관의 장에게도 알려야 한다(48조 1항).

3. 재결의 종류

(1) 각하재결

각하재결이란 행정심판의 제기요건을 충족하지 못한 부적법한 심판청구라고 인정하여 본안에 대한 심리를 거절하는 재결을 말한다(43조 1항). 예컨대 행정심판의 대상이 아닌 행위에 대하여 행정심판이 청구된 경우, 청구인적격이 없는 자가 행정심판을 청구한 경우, 행정심판청구기간이 경과된 후에 행정심판이 청구된 경우 등에는 각하재결을 한다.

다만 부적법한 심판청구라 해서 바로 각하할 수 있는 것은 아니고, 보정이 가능한 경우에는 먼저 보정명령을 내려야 함은 앞에서 설명한 바와 같다.

(2) 기각재결

기각재결이란 심판청구가 이유 없다고 인정하여 청구를 배척하고 원처분을 지지하는 재결을 말한다(43조 2항).

기각재결은 청구인의 청구를 배척하여 원처분을 지지하는데 그칠 뿐 처분청에 대하여 원처분을 유지할 의무를 부과하는 것은 아니므로, 기각재결이 있은 후에도 처분청은 직권으로 해당 처분을 취소·변경할 수 있다.

(3) 인용재결

인용재결이란 심판청구가 이유 있다고 인정하여 청구인의 주장을 받아들이는 재결을 말하며, 심판청구의 종류에 따라 다음과 같이 구분할 수 있다.[38]

① **취소·변경재결 및 변경명령재결** : 취소심판의 청구가 이유 있다고 인정하여 행정심판위원회가 스스로 처분을 취소 또는 다른 처분으로 변경하거나 피청구인에게 처분을 다른 처분으로 변경할 것을 명하는 재결을 말한다(43조 3항).[39] 전자(취소재결과 변경재결)는 형성재결의 성질을 가지며, 후자(변경명령재결)는 이행재결의 성질을 가진다. 행정심판위원회의 취소재결이 있은 후에 처분청이 다시 원처분에 대한 취소처분을 내렸다 하더라도 이는 단지 확인적 의미를 가지는데 불과하므로 항고소송의 대상이 되는 처분에 해당하지 않는다는 것이 판례의 입장이다.[40]

취소재결에는 전부취소 및 일부취소(3월의 영업정지처분을 1월의 영업정지처분으로 축소하는 것)의 재결이 포함되며, 변경재결에 있어서의 변경은 '적극적 변경'(원처분과 종류를 달리하는 처분으로 변경 : 예컨대 영업허가취소처분을 영업정지처분으로 변경)을 의미한다고 보는 것이 통설적 견해이다.

② **무효등확인재결** : 무효등확인심판의 청구가 이유 있다고 인정하여 행정심판위원회가 처분의 효력 유무 또는 존재 여부를 확인하는 재결을 말한다(43조 4항). 이는 단지 처분의 유효·무효·존재·부존재 등에 대해 확인하는 것이므로, 형성적 효과는 발생하지 않는다.

③ **의무이행재결** : 의무이행심판의 청구가 이유 있다고 인정하여 행정심판위원회가 직접 신청에 따른 처분을 하거나 피청구인에게 처분을 할 것을 명하는 재결을 말한다(43조 5항). 행정심판위원회가 직접 처분을 하는 것을 처분재결이라 하고, 피청구인에게 처분을 할 것을 명하는 것을 처분명령재결이라 한다. 전자는 형성재결의 성질을 가지고, 후자는 이행재결의 성질을 가진다.

---

38) 2018년도 전체 시·도행정심판위원회의 평균 인용률은 27.8%라고 한다. 그런데 각 시·도행정심판위원회간의 인용률의 편차가 큰 것이 문제점으로 지적되고 있는데, 2018년의 경우 가장 인용률이 높은 곳은 울산광역시행정심판위원회이고(55.9%) 가장 인용률이 낮은 곳은 충청남도행정심판위원회(16.7%)로서 그 편차가 39.2%라고 한다(앞의 2018년 시·도행정심판위원회 운영 현황, 6－7면 참고).

39) 종래에는 행정심판위원회가 피청구인에게 처분을 '취소 또는 변경할 것'을 명할 수 있었으나, 취소의 경우에는 직접 행정심판위원회가 하면 되고 굳이 피청구인에게 취소를 명할 필요는 없으며, 만일 피청구인이 취소명령을 받고 이를 이행하기 않는 경우에 당사자의 권리구제가 약회될 수 있다는 지적에 따라 2010년 행정심판법 전면 개정시에 '취소명령'부분은 삭제하고 '변경명령'만을 규정하였다.

40) 대판 1998. 4. 24, 97누17131.

행정심판위원회는 어떤 경우에 처분재결을 하고 어떤 경우에 처분명령재결을 하는지가 문제된
다. 어떠한 재결을 할 것인지는 원칙적으로 행정심판위원회의 선택에 맡겨져 있다고 볼 것이나,
다만 처분청의 처분권을 존중하여 가급적 치분명령재결을 하는 것이 바람직하다.

처분명령재결에는 특정한 처분을 하도록 명하는 특정처분명령재결(예컨대 건축허가 거부처분이
위법한 경우에 피청구인에게 건축허가처분을 하도록 명하는 것)과 재결의 취지에 따라 일정한 처분을
하도록 명하는 일정처분명령재결(예컨대 보조금 거부처분이 위법한 경우에 피청구인에게 하자 없는 재
량권을 행사하여 적정한 액수의 보조금 지급처분을 하도록 명하는 것)이 있다. 어떤 경우에 특정처분명
령재결을 하고 어떤 경우에 일정처분명령재결을 하는지가 문제되는바, 일반적으로 말하면 전자는
주로 기속행위의 경우에, 후자는 주로 재량행위의 경우에 행해진다고 할 수 있다.

(4) 사정재결

① **의의** : 사정재결이란 심판청구가 이유 있다고 인정됨에도 불구하고 이를 인용하는 것이 공
공복리에 크게 위배된다고 인정되는 경우에 그 심판청구를 기각하는 재결을 말한다(44조 1항).

② **요건** : 사정재결을 하기 위해서는 'i) 심판청구가 이유 있다고 인정될 것, ii) 만일 이를 인용
하면 공공복리에 크게 위배된다고 인정될 것'의 요건을 갖추어야 한다. 이러한 사정재결은 공공복
리를 위해서 청구인의 권리구제를 제한하는 것이므로 그 요건을 엄격히 해석·적용하여야 할 것
인바, 인용재결에 따른 공익침해의 정도가 위법·부당한 처분의 유지에 따른 사익침해의 정도보다
월등하게 큰 경우에 한하여 인정되어야 한다는 것이 통설적 견해이다. 피청구인의 신청이 없어도
행정심판위원회는 직권으로 사정재결을 할 수 있다고 본다.

③ **형식** : 행정심판위원회가 사정재결을 함에 있어서는 그 재결의 주문에서 처분 또는 부작위
가 위법 또는 부당하다는 것을 구체적으로 밝혀야 한다(44조 1항). 이는 사정재결을 통해 위법 또
는 부당한 처분이 적법한 처분으로 전환되는 것이 아님을 명백히 하는 동시에, 그에 따른 구제의
길을 열어 주기 위한 것이다.

④ **구제방법** : 행정심판위원회는 사정재결을 할 때에는 청구인에 대하여 상당한 구제방법을 취
하거나 상당한 구제방법을 취할 것을 피청구인에게 명할 수 있다(44조 2항). 그 구제방법으로는 손
해배상, 위해방지시설의 설치 등을 생각할 수 있다.

⑤ **적용범위** : 사정재결은 '취소심판' 및 '의무이행심판'의 경우에만 인정되고, '무효등확인심판'
의 경우에는 인정되지 않는다(44조 3항).

4. 재결의 효력

행정심판의 재결은 행정행위로서의 성질을 가지므로, 재결서의 정본이 당사자에게 송달되어 재
결이 효력을 발생하게 되면 형성력, 불가쟁력, 불가변력 등 행정행위로서의 여러 가지 구속력을
가지게 된다. 행정심판법은 특히 재결의 기속력에 대하여 명문의 규정을 두고 있다.

(1) 형성력

형성력이란 재결의 내용에 따라 기존의 법률관계에 변동을 가져오는 효력을 말한다. 예컨대 취소재결이 있으면 처분청의 의사표시를 기다리지 않고 곧바로 그 처분의 효력이 소멸하는 것이 그에 해당한다. 이러한 형성력은 취소심판에 있어서의 취소재결·변경재결 또는 의무이행심판에 있어서의 처분재결의 경우에 인정되며, 취소심판에 있어서의 변경명령재결이나 의무이행심판에 있어서의 처분명령재결의 경우에는 피청구인이 재결의 취지에 따라 처분을 하여야 비로소 법률관계에 변동이 생기므로 재결 자체에는 형성력이 인정되지 않는다. 또한 무효등확인심판에 있어서의 확인재결의 경우에는 단지 처분의 유효·무효 등을 확인하는 것이므로 형성력이 인정되지 않는다.

재결의 형성력에 따른 법률관계의 변동은 누구에게나 인정되어야 하므로 형성력은 행정심판의 당사자뿐만 아니라 제3자에게도 미친다. 예컨대 갑에 대한 건축허가처분에 대해 인근주민인 을이 취소심판을 제기하여 취소재결이 내려진 경우에, 건축허가처분에 대한 취소의 효력은 행정심판 청구인인 을과 피청구인인 처분청에 대해서뿐만 아니라 처분의 상대방인 갑에 대해서도 미친다.

> **판례** 『행정심판법 제32조 제3항에 의하면 재결청은 취소심판의 청구가 이유 있다고 인정할 때에는 처분을 취소·변경하거나 처분청에게 취소·변경할 것을 명한다고 규정하고 있으므로, 행정심판 재결의 내용이 처분청에게 처분의 취소를 명하는 것이 아니라 재결청이 스스로 처분을 취소하는 것일 때에는 그 재결의 형성력에 의하여 당해 처분은 별도의 행정처분을 기다릴 것 없이 당연히 취소되어 소멸되는 것이다.
> 당해 의약품제조품목허가처분취소재결은 보건복지부장관이 재결청의 지위에서 스스로 제약회사에 대한 위 의약품제조품목허가처분을 취소한 이른바 형성재결임이 명백하므로, 위 회사에 대한 의약품제조품목허가처분은 당해 취소재결에 의하여 당연히 취소·소멸되었고, 그 이후에 다시 위 허가처분을 취소한 당해 처분은 당해 취소재결의 당사자가 아니어서 그 재결이 있었음을 모르고 있는 위 회사에게 위 허가처분이 취소·소멸되었음을 확인하여 알려주는 의미의 사실 또는 관념의 통지에 불과할 뿐 위 허가처분을 취소·소멸시키는 새로운 형성적 행위가 아니므로 항고소송의 대상이 되는 처분이라고 할 수 없다.』 (대판 1998. 4. 24, 97누17131)

(2) 기속력

① 의의 : 심판청구를 인용하는 재결이 있으면 피청구인과 그 밖의 관계행정청은 재결의 취지에 따라 행동하여야 할 구속을 받는데(49조 1항), 이를 기속력이라 한다.

재결의 기속력은 인용재결에만 인정되고 각하재결이나 기각재결에는 인정되지 않는다. 따라서 각하 또는 기각의 재결이 있은 후에도 처분청은 정당한 사유가 있으면 직권으로 처분을 취소·변경 또는 철회할 수 있다.

② 기속력의 내용

a) 부작위의무(반복금지효) : 재결에 의해 처분이 취소·변경되거나 무효 등이 확인된 경우에는 처분청은 동일한 사정 아래서는 다시 종전과 같은 내용의 처분을 해서는 안 된다.

그러나 처분청이 종전과는 다른 사유로 다시 종전과 같은 내용의 처분을 하는 것은 재결의 기속력에 저촉되지 않는다. 여기에서 동일한 사유인지 여부는 재결에서 판단된 종전의 처분사유와 기본적 사실관계에 있어 동일성이 인정되는 사유인지 여부에 따라 판단되어야 한다는 것이 판례의 입장이다.[41] 또한 처분의 절차상 하자를 이유로 취소재결이 내려진 경우에도 마찬가지이다. 이 경우 재결의 기속력은 절차의 위법에 한하여 미치므로 행정청이 절차를 보완하여 다시 종전과 같은 내용의 처분을 해도 재결의 기속력에 반하지 않는다.

> **판례** 『재결의 기속력은 재결의 주문 및 그 전제가 된 요건사실의 인정과 판단, 즉 처분 등의 구체적 위법사유에 관한 판단에만 미친다고 할 것이고, 종전 처분이 재결에 의하여 취소되었다 하더라도 종전 처분시와는 다른 사유를 들어서 처분을 하는 것은 기속력에 저촉되지 않는다고 할 것이며, 여기에서 동일 사유인지 다른 사유인지는 종전 처분에 관하여 위법한 것으로 재결에서 판단된 사유와 기본적 사실관계에 있어 동일성이 인정되는 사유인지 여부에 따라 판단되어야 한다.
> 기록에 의하면, 이 사건 종전 처분의 처분사유는 이 사건 사업이 주변의 환경, 풍치, 미관 등을 해할 우려가 있다는 것이고, 그에 대한 재결은 이 사건 사업이 환경, 풍치, 미관 등을 정한 1994. 7. 5. 고시와 군산시건축조례에 위반되지 않고, 환경·풍치·미관 등을 유지하여야 하는 공익보다는 이 사건 사업으로 인한 지역경제 승수효과와 도시서민들을 위한 임대주택 공급이라는 또 다른 공익과 재산권행사의 보장이라는 사익까지 더해 보면 결국 종전 처분은 비례의 원칙에 위배되어 재량권을 남용하였다는 것이므로, 종전 처분에 대한 재결의 기속력은 그 주문과 재결에서 판단된 이와 같은 사유에 대해서만 생긴다고 할 것이고, 한편 이 사건 처분의 처분사유는 공단대로 및 교통여건상 예정 진입도로계획이 불합리하여 대체 진입도로를 확보하도록 한 보완요구를 이행하지 아니하였다는 것 등인 사실을 알 수 있는바, 그렇다면 이 사건 처분의 처분사유와 종전 처분에 관하여 위법한 것으로 재결에서 판단된 사유와는 기본적 사실관계에 있어 동일성이 없다고 할 것이므로 이 사건 처분이 종전 처분에 대한 재결의 기속력에 저촉되는 처분이라고 할 수 없다.』(대판 2005. 12. 9. 2003두7705. 동지 : 대판 2017. 2. 9. 2014두40029)

　　b) **원상회복(결과제거)의무** : 처분의 취소재결이나 무효확인재결이 있게 되면 행정청은 본래의 처분에 의해 초래된 상태를 제거하여 원상회복할 의무를 진다. 예컨대 압류처분이 취소되면 행정청은 압류한 재산을 상대방에 반환할 의무를 지는 것이 그에 해당한다.

　　c) **적극적 처분의무** : i) 거부처분이나 부작위에 대한 의무이행심판에서 '처분의 이행을 명하는 재결'(처분명령재결)이 내려지면 행정청은 지체 없이 이전의 신청에 대하여 재결의 취지에 따라 처분을 하여야 한다(49조 3항).

　　ii) 거부처분에 대해서는 의무이행심판뿐만 아니라 취소심판이나 무효등확인심판을 제기할 수 있다고 보는데, 종래 행정심판법에서는 '거부처분에 대한 취소재결이나 무효등확인재결'이 내려진 경우에 처분청은 이전의 신청에 대한 처분을 할 의무가 있는지에 대하여 아무런 규정을 두고 있지 않음으로써 학설상 다툼이 있었다.[42] 이에 2017년 개정된 행정심판법에서는 거부처분에 대해

---

41) 예컨대 주택건설사업계획 승인신청에 대해 행정청이 주변의 환경, 풍치, 미관 등을 해할 우려가 있다는 이유로 거부거분을 내렸는데 이에 대한 행정심판에서 해당 사업이 주변의 환경, 풍치, 미관 등을 해할 우려가 없다고 하여 인용재결이 내려진 경우에, 처분청이 다시 대체 진입도로를 확보하지 못했다는 이유로 거부처분을 내리는 것은 재결의 기속력에 반하지 않는다(대판 2005. 12. 9. 2003두7705).

42) 거부처분 취소재결의 경우에도 행정청은 재결의 취지에 따라 적극적으로 처분할 의무를 진다는 견해(김동희 교

취소재결이나 무효 또는 부존재 확인재결이 있으면 처분청은 재결의 취지에 따라 다시 이전의 신청에 대한 처분을 하여야 한다는 명문의 규정을 두었다(49조 2항).

iii) 취소심판에서 '처분의 변경을 명하는 재결'이 내려진 경우에도 처분청은 재결의 취지에 따라 처분을 변경하여야 할 의무를 진다고 본다.

iv) '신청에 따른 처분'에 대해 '절차의 위법·부당'을 이유로 취소재결이 내려진 경우에는 행정청은 재결의 취지에 따라 절차를 보완하여 다시 처분을 할 의무가 있다(49조 4항). 여기에서 신청에 따른 처분이란 제3자효행정행위를 의미한다. 신청에 따른 처분은 본래 수익적 행정행위를 말하는데, 이에 대해 행정심판을 제기하는 자는 처분의 상대방이 아니라 제3이해관계인이기 때문이다. 이러한 제3자효행정행위에 대해 절차상의 하자를 이유로 취소재결이 내려지면 행정청은 절차를 보완하여 다시 처분을 내려야 하는데,[43] 이때 흠결된 절차를 보완하기만 하면 다시 종전과 같은 내용의 처분을 해도 재결의 기속력에 저촉되지 않는다. 제3자효행정행위에 있어서 '절차상 하자'를 이유로 한 취소재결에 한하여 적극적 처분의무를 부여한 이유는, 실체적 하자를 이유로 한 취소재결이 있는 경우에는 해당 처분이 '내용적으로 위법'하다는 것이 재결의 취지이므로 행정청은 다시 종전과 같은 내용의 처분을 해서는 안되기 때문이다(반복금지효).

③ **기속력의 범위** : 기속력이 미치는 주관적 범위는 피청구인인 행정청뿐만 아니라 그 밖의 모든 관계행정청이다. 객관적 범위는 재결의 주문 및 그 전제가 된 요건사실의 인정과 판단, 즉 처분의 구체적 위법사유에 관한 판단에만 미치며, 간접사실의 판단에는 미치지 않는다.

한편, 재결이 확정된 경우에 처분의 기초가 된 사실관계나 법률적 판단이 확정되고 당사자들이나 법원이 이에 기속되어 모순되는 주장이나 판단을 할 수 없는지가 문제된다. 판례에 따르면, 행정심판의 재결은 행정청을 기속하는 효력을 가지므로 행정청은 재결의 취지에 따라야 하지만, 나아가 재결에 판결에서와 같은 기판력이 인정되는 것은 아니어서 재결이 확정된 경우에도 처분의 기초가 된 사실관계나 법률적 판단이 확정되고 당사자들이나 법원이 이에 기속되어 모순되는 주장이나 판단을 할 수 없게 되는 것은 아니라고 한다.[44]

④ **기속력(특히 적극적 처분의무)의 실효성 확보수단** : 재결의 기속력에 의해 적극적 처분의무를 지는 행정청이 의무를 이행하지 않는 경우에 그 실효성을 확보하기 위한 수단이 문제된다.

a) **직접처분제도** : 만일 의무이행심판에서 처분명령재결을 받은 행정청이 처분을 하지 않는 경우에는 당사자가 신청하면 행정심판위원회는 기간을 정하여 서면으로 시정을 명하고 행정청이 그 기간 내에 이행하지 않으면 행정심판위원회가 직접 해당 처분을 할 수 있는데, 이를 직접처분제도

수), 거부처분 취소재결의 경우에는 행정심판법이 아무런 규정을 두고 있지 않으므로 행정청에게 적극적 처분의무가 인정되지 않는다는 견해(박균성 교수), 행정심판법은 의무이행심판을 두고 있으므로 거부처분은 취소심판의 대상이 되지 않는다는 견해(홍정신 교수) 등이 그에 해당한다.

43) 예컨대 대규모 택지조성을 위한 개발행위허가에 대해 인근주민이 취소심판을 제기하였는데, 위 개발행위허가가 환경영향평가를 거치지 않은 위법이 있다는 이유로 취소재결이 내려진 경우에, 행정청은 환경영향평가를 거쳐 다시 처분을 하여야 할 의무를 진다.

44) 대판 2015. 11. 27, 2013다6759.

라 한다(50조 1항). 다만 그 처분의 성질이나 그 밖의 불가피한 사유로 행정심판위원회가 직접 처분을 할 수 없는 경우에는 그러하지 아니하다(50조 1항 단서). 행정심판위원회가 직접 처분을 한 때에는 그 사실을 해당 행정청에 통보하여야 하며, 그 통보를 받은 행정청은 위원회가 한 처분을 자기가 한 처분으로 보아 관계 법령에 따라 관리·감독 등 필요한 조치를 하여야 한다(50조 2항).

행정심판위원회가 직접 처분을 하기 위해서는 처분명령재결이 내려졌음에도 불구하고 행정청이 아무런 처분을 하지 않아야 하므로, 행정청이 일단 처분을 하였다면 그것이 재결의 취지에 반한다 하더라도 행정심판위원회가 직접 처분을 할 수는 없으며,[45] 이 경우는 행정청의 처분의 위법을 이유로 다시금 행정쟁송을 제기하는 수밖에 없을 것이다.

한편, 행정심판법은 제49조 제3항에 따른 적극적 처분의무의 불이행의 경우에만 직접처분제도를 적용하므로(50조 1항), 거부처분에 대한 취소심판이나 무효등확인심판에서 '거부처분에 대한 취소재결이나 무효등확인재결'이 내려진 경우에는 직접처분제도가 적용되지 않는데, 이는 의무이행심판과 취소심판·무효등확인심판의 성질상 차이 때문이다.

b) 간접강제 : 종래 행정심판법은 적극적 처분의무의 실효성 확보를 위하여 직접처분제도만을 규정하고 행정소송에 있어서와 같은 간접강제제도는 도입하지 않았다. 그런데 직접처분제도는 처분의 성질이나 그 밖의 불가피한 사유가 있는 경우에는 적용되지 않을 뿐만 아니라, 더욱이 '거부처분 취소재결·무효등확인재결에 의한 적극적 처분의무'의 경우에는 아예 직접처분제도가 적용되지 않음으로써 그 실효성 확보에 커다란 공백이 우려되었다.

이러한 문제점을 보완하기 위하여 2017년 개정된 행정심판법은 간접강제제도를 신설하였다. 즉, 행정심판위원회는 피청구인이 재결에 따른 적극적 처분의무를 이행하지 않으면 청구인의 신청에 의하여 결정으로 상당한 기간을 정하고 피청구인이 그 기간 내에 이행하지 아니하는 경우에는 그 지연기간에 따라 일정한 배상을 하도록 명하거나 즉시 배상을 할 것을 명할 수 있다(50조의2 1항). 이러한 간접강제는 '의무이행심판에서의 처분명령재결'뿐만 아니라 '거부처분에 대한 취소재결'이나 '제3자효행정행위에 있어 절차상 하자로 인한 취소재결' 등과 같이 행정청에게 적극적 처분의무를 과하는 재결의 경우에 모두 인정된다.

행정심판위원회는 사정의 변경이 있는 경우에는 당사자의 신청에 의하여 간접강제결정의 내용을 변경할 수 있다(50조의2 2항). 행정심판위원회는 간접강제결정이나 변경결정을 하기 전에 신청 상대방의 의견을 들어야 한다(50조의2 3항). 청구인은 행정심판위원회의 간접강제결정이나 변경결정에 불복하는 경우 그 결정에 대하여 행정소송을 제기할 수 있다(50조의2 4항).

행정심판위원회의 간접강제결정의 효력은 피청구인인 행정청이 소속된 국가·지방자치단체 또는 공공단체에 미치며, 결정서 정본은 제4항에 따른 소송제기와 관계없이 「민사집행법」에 따른 강제집행에 관하여는 집행권원과 같은 효력을 가진다(50조의2 5항).

c) 부작위위법확인소송 : 재결의 기속력에 의해 행정청에게 적극적 처분의무가 발생하였음에도

---

45) 대판 2002. 7. 23, 2000두9151.

불구하고 아무런 조치를 취하지 않는 경우에 행정심판청구인은 부작위위법확인소송으로 다툴 수 있는지가 문제된다. 이에 관해 판례는, 원고의 부작위위법확인청구가 인용될 경우 행정소송법 제38조 제2항, 제34조 제1항의 간접강제에 의한 권리구제가 가능한 점 등을 이유로 부작위위법확인소송을 제기할 수 있다고 하였다.[46]

(3) 불가쟁력

행정심판의 재결에 대해서는 다시 행정심판을 제기하지 못하며(51조), 재결 자체에 고유한 위법이 있는 경우에 한하여 행정소송을 제기할 수 있다(행정소송법 19조 단서). 이 경우에도 제소기간이 경과하면 더 이상 행정소송을 제기하여 그 효력을 다툴 수 없게 되는데, 이를 불가쟁력이라 한다.

(4) 불가변력

재결은 다른 행정행위와는 달리 쟁송절차에 의하여 행해진 준사법적 행위이므로 일단 재결을 한 이상 행정심판위원회 스스로 임의로 이를 취소·변경할 수 없는데, 이를 불가변력이라 한다.

5. 재결에 대한 불복

(1) 재심판청구의 금지

심판청구에 대한 재결이 있는 경우에는 당해 재결 및 동일한 처분 또는 부작위에 대해서는 다시 행정심판을 제기할 수 없다(51조). 다만 다른 법률에서 다단계의 행정심판을 인정하는 특별 규정을 두고 있는 경우에는 그에 따라야 함은 물론이다.

(2) 행정소송의 제기

① **원처분주의** : 행정심판의 재결에 불복하여 행정소송을 제기하는 경우에는 원칙적으로 '재결'이 아니라 '원처분'을 대상으로 제기하여야 하는데, 이를 원처분주의라 한다. 예컨대 건물철거명령에 대한 행정심판에서 기각재결이 내려진 경우에 그에 불복하는 자는 기각재결이 아니라 원처분인 건물철거명령을 대상으로 행정소송을 제기하여야 한다.

다만 재결 자체에 고유한 위법이 있는 때에는 재결의 취소를 구하는 행정소송의 제기가 허용된다(행정소송법 19조). 여기에서 재결 자체에 고유한 위법이 있다 함은 재결 자체에 주체, 절차, 형식 또는 내용상의 위법이 있는 경우를 의미하는데,[47] 이에 관한 상세는 행정소송법에서 살펴보기로 한다.

② **제3자의 불복** : 제3자효행정행위에 있어서 이해관계인이 청구한 행정심판에 대해 인용재결이 내려진 경우에 처분의 직접 상대방은 재결에 대해 항고소송을 제기하는 수밖에 없는데, 이 경우

---

46) 대판 2019. 1. 17, 2014두41114. <사건개요> 갑은 한국산업은행에 업무추진비 내역 등에 관한 정보공개청구를 하였으나 거부처분이 내려지자 행정심판을 제기하여 인용재결을 받았다. 행정심판법 제49조 제3항에 따라 한국산업은행은 적극적 처분의무(정보공개의무)를 심에도 불구하고 상당한 기간이 지나도록 정보공개를 하지 않자 갑은 부작위위법확인소송을 제기하였다.

47) 대판 2001. 7. 27, 99두2970.

재결의 취소를 구하는 것은 재결에 고유한 위법이 있음을 주장하는 것이 된다는 것이 판례의 입장이다.[48]

③ **피청구인의 불복 가능성** : 청구인의 심판청구에 대해 인용재결이 내려진 경우에 피청구인인 행정청이 이에 불복하여 행정소송을 제기할 수 있는지가 문제된다. 부정설에 의하면, 행정심판법 제49조 제1항은 행정심판의 재결은 피청구인인 행정청을 기속한다고 규정하고 있으므로 행정청은 행정심판의 재결에 대하여 불복할 수 없다고 한다(다수설). 이에 반해 제한적 긍정설에 의하면, 행정청은 원칙적으로 행정심판의 재결에 대해 불복할 수 없지만 지방자치단체의 자치사무에 속하는 처분에 대한 인용재결에 대해서는 지방자치단체의 장이 행정소송을 제기할 수 있다고 한다.[49]

판례는 부정설의 입장을 취하고 있다.[50]

> **판례** 『국가가 행정감독적인 수단으로 통일적이고 능률적인 행정을 위하여 중앙 및 지방행정기관 내부의 의사를 자율적으로 통제하고 국민의 권리구제를 신속하게 할 목적의 일환으로 행정심판제도를 도입하였는데, 심판청구의 대상이 된 행정청에 대하여 재결에 관한 항쟁수단을 별도로 인정하는 것은 행정상의 통제를 스스로 파괴하고, 국민의 신속한 권리구제를 지연시키는 작용을 하게 될 것이다. 그리하여 행정심판법 제37조 제1항(현행 제49조 제1항)은 "재결은 피청구인인 행정청과 그 밖의 관계행정청을 기속한다"고 규정하였고, 이에 따라 처분행정청은 재결에 기속되어 재결의 취지에 따른 처분의무를 부담하게 되므로 이에 불복하여 행정소송을 제기할 수 없다 할 것이며 그렇다고 하더라도 위 법령의 규정이 지방자치의 내재적 제약의 범위를 일탈하여 헌법상의 지방자치의 제도적 보장을 침해하는 것으로 볼 수는 없다고 할 것이다. 그리고 재결의 대상인 처분이 제주도개발특별법 제25조 제1항의 규정에 따라 제주도지사인 원고가 한 것이라고 하여 행정심판법 제37조 제1항의 규정이 배제되어야 한다고 볼 것은 아니다.』
> (대판 1998. 5. 8. 97누15432)

Ⅸ. 조정제도

1. 의 의

행정심판이 청구되면 원칙적으로 재결에 의해 분쟁이 종식되는데, 재결은 당사자의 주장과 증명자료를 기초로 하여 행정심판위원회가 일방적·고권적으로 판단함으로써 분쟁을 해결하는 제도이다. 그런데 재결을 통한 분쟁해결은 시간과 노력이 많이 들고 당사자간의 대립이 해소되지 않는다는 문제점이 지적되었으며, 이러한 점에서 대체적 분쟁해결수단으로서의 조정 및 화해제도의 도입이 논의되어 왔다. 그동안에는 공행정작용인 행정처분은 그 적법 여부가 고권적으로 판단되어야 하며 당사자간의 타협의 대상이 되지 않는다는 입장이 유력하였으나, 2017년 행정심판법 개정시에 새로이 조정제도가 도입되었다.

---

48) 대판 1990. 4. 24, 97누17131.
49) 박균성(상), 1219면 이하 참조.
50) 대판 1998. 5. 8, 97누15432.

이러한 조정제도는 당사자간의 합의에 의해 분쟁을 원만하게 해결할 수 있는 장점이 있는 반면에, 공익과 관련되는 행정처분이 자칫 당사자간의 합의에 의해 법의 취지에 반하는 방향으로 결론지어질 가능성이 있다는 우려도 제기된다. 이에 행정심판법은 공공복리에 적합하지 아니하거나 해당 처분의 성질에 반하는 경우에는 조정의 대상이 되지 않는다고 명시적으로 규정하고 있다.

2. 조정의 요건 및 절차

행정심판위원회는 당사자의 권리 및 권한의 범위에서 당사자의 동의를 받아 심판청구의 신속하고 공정한 해결을 위하여 조정을 할 수 있다. 다만, 그 조정이 공공복리에 적합하지 아니하거나 해당 처분의 성질에 반하는 경우에는 그러하지 아니하다(43조의2 1항).

행정심판위원회는 조정을 함에 있어서 심판청구된 사건의 법적·사실적 상태와 당사자 및 이해관계자의 이익 등 모든 사정을 참작하고, 조정의 이유와 취지를 설명하여야 한다(43조의2 2항).

조정은 당사자가 합의한 사항을 조정서에 기재한 후 당사자가 서명 또는 날인하고 행정심판위원회가 이를 확인함으로써 성립한다(43조의2 3항).

3. 조정의 효력

조정이 성립하면 재결과 동일한 효력이 발생한다(43조의2 4항). 즉, 조정은 피청구인과 그 밖의 관계 행정청을 기속하므로 행정청은 조정에 따른 조치를 취할 의무를 진다. 만일 행정청이 처분할 의무를 이행하지 않는 경우에는 행정심판위원회가 행정심판법 제50조에 따라 직접 처분을 하거나 제50조의2에 따른 간접강제의 대상이 된다. 그리고 조정에 의해 합의된 내용에 대해서는 다시 행정심판을 제기하지 못한다(51조).

X. 행정심판의 불복고지

1. 고지제도의 의의

고지제도란 행정청이 행정처분을 함에 있어서 그 상대방이나 이해관계인에게 해당 처분에 대하여 행정심판을 청구할 수 있는지 여부와 행정심판을 청구할 때의 필요한 사항을 알려 주는 것을 말하며, 불복방법에 관한 사항을 알려주는 점에서 불복고지라 하기도 한다. 이러한 고지제도는 처분의 상대방 등에게 행정심판의 청구에 필요한 사항을 알려줌으로써 국민이 법률을 잘 알지 못하여 권리구제를 받지 못하는 것을 막기 위한 것이다.

본래 고지는 행정청이 처분을 할 때에 부수적으로 행해지는 것이므로 행정절차법에 규정되어야 할 성질의 것이나, 행정심판법이 제정될 당시인 1984년에는 아직 행정절차법이 제정되지 않았기 때문에 행정심판법에 고지에 관한 사항이 규정되었다. 그런데 1996년에 행정절차법이 제정되었고 이에도 고지에 관한 규정을 둠으로써(26조) 고지제도는 이중적으로 규정되게 되었다. 이에 행정심판법상의 고지규정은 삭제하는 것이 바람직하다는 견해가 있는바,[51] 타당한 지적이라 생각된다.

2. 불복고지의 성질

불복고지는 상대방에게 행정심판의 청구에 관한 일정한 사실을 알려 줄 뿐이고 그 자체는 직접적으로 아무런 법적 효력이 없는 점에서 사실행위의 성질을 갖는다고 보는 것이 통설적 견해이다. 즉, 고지 그 자체는 처분이 아니므로 취소쟁송의 대상이 될 수 없다.

3. 불복고지의 종류

(1) 직권에 의한 고지

① **고지의 대상** : 행정청이 처분을 할 때에는 처분의 상대방에게 불복에 관한 사항을 고지하여야 한다(58조 1항). 종래에는 서면으로 처분을 하는 경우에만 고지하도록 하였으나, 2010년 행정심판법 개정시에 아무런 제한을 두지 않음으로써 구두로 처분을 할 때에도 고지를 하도록 하였다.

고지제도는 처분에 대한 상대방의 불복을 돕기 위한 것이므로 상대방에게 아무런 불이익을 주지 않는 처분을 할 때에는 고지가 필요 없다. 그러나 수익적 처분의 경우에도 부관이 붙여지는 등 불이익적 요소가 내포되어 있는 경우에는 고지를 하여야 한다.

② **고지의 내용** : 고지할 내용은 해당 처분에 대하여 행정심판을 청구할 수 있는지 여부, 행정심판을 청구하는 경우의 심판청구절차 및 심판청구기간이다(58조 1항). 여기에서 행정심판은 행정심판법상의 행정심판뿐만 아니라 소청·심판청구 등과 같은 다른 법령에 의한 특별행정심판도 포함한다고 할 것이다.

판례에 따르면 토지수용위원회의 수용재결에 대한 이의신청은 실질적으로 행정심판의 성질을 가지므로 토지수용위원회는 재결서 정본을 송달함에 있어서 이의신청절차와 그 신청기간 등에 관한 사항을 고지하여야 하며, 불고지의 효과에 관해서는 행정심판법의 규정이 적용된다고 한다.[52] 한편, 행정절차법은 행정청이 처분을 할 때에 행정심판에 관한 사항뿐만 아니라 행정소송에 관한 사항도 알려주도록 하고 있다(26조).

> **판례** 『토지수용위원회의 수용재결에 대한 이의절차는 실질적으로 행정심판의 성질을 갖는 것이므로 토지수용법에 특별한 규정이 있는 것을 제외하고는 행정심판법의 규정이 적용된다고 할 것이다. 토지수용법 제73조 및 제74조의 각 규정을 보면 수용재결에 대한 이의신청기간을 재결서정본 송달일로부터 1월로 규정한 것 외에는 행정심판법 제42조 제1항 및 같은 법 제18조 제6항과 다른 내용의 특례를 규정하고 있지 않으므로, 재결서정본을 송달함에 있어서 상대방에게 이의신청기간을 알리지 않았다면 행정심판법 제18조 제6항의 규정에 의하여 같은 조 제3항의 기간 내에 이의신청을 할 수 있다고 보아야 할 것이다.』(대판 1992. 6. 9, 92누565)

③ **고지의 상대방·방법·시기** : 직권에 의한 고지는 처분의 상대방에게 하여야 한다. 제3자효행정행위에 있어서 이해관계인은 처분청에게 고지를 신청할 수 있을 뿐이다. 고지의 방법에 관해서

---

51) 김남진/김연태(I), 842면.
52) 대판 1992. 6. 9, 92누565.

는 특별한 규정이 없으므로 서면이나 구두로 가능할 것이나, 고지가 있었는지 여부나 고지의 내용에 관한 다툼을 피하기 위해서 가능한 한 서면으로 고지하는 것이 바람직할 것이다. 고지는 처분시에 하는 것이 원칙이지만, 처분시에 하지 않았더라도 사후에 고지를 하면 상대방이 행정심판을 청구하는데 지장을 주지 않는 범위에서 불고지의 하자는 치유된다고 할 것이다.

(2) 신청에 의한 고지

행정청은 이해관계인이 요구하면 해당 처분이 행정심판의 대상이 되는 처분인지 여부와 행정심판의 대상이 되는 경우 소관 행정심판위원회 및 심판청구기간에 관하여 지체 없이 알려 주어야 한다(행정심판법 58조 2항).

고지의 방법에는 특별한 제한이 없으나, 신청인이 서면으로 알려 줄 것을 요구한 때에는 서면으로 알려 주어야 한다(58조 2항).

한편 행정청은 처분의 상대방에 대해서는 직권으로 고지를 하여야 하지만, 그럼에도 불구하고 행정청이 아무런 고지를 하지 않은 경우에는 상대방은 행정청에게 고지를 요구할 수 있다고 할 것이다.

4. 불고지 또는 오고지의 효과

(1) 불고지(不告知)의 효과

① 심판청구절차의 불고지 : 심판청구서는 행정심판위원회나 피청구인인 행정청에게 제출하여야 하는데(23조 1항), 만일 처분청이 이러한 심판청구절차를 고지해 주지 않아서 청구인이 심판청구서를 다른 행정기관에 제출한 경우에는 해당 행정기관은 그 심판청구서를 지체 없이 정당한 권한이 있는 피청구인에게 보내고 그 사실을 지체 없이 청구인에게 알려야 한다(23조 2항, 3항). 이 경우에 심판청구기간을 계산함에 있어서는 최초의 행정기관에 심판청구서가 제출된 때에 행정심판이 청구된 것으로 본다(23조 4항).

② 심판청구기간의 불고지 : 행정심판은 원칙적으로 처분이 있음을 알게 된 날부터 90일 이내 또는 처분이 있었던 날부터 180일 이내에 청구하여야 하는데(27조 1항, 3항), 만일 처분청이 심판청구기간을 고지하지 않은 경우에는 청구인이 처분이 있음을 알았는지 여부를 묻지 아니하고 '처분이 있었던 날부터 180일 이내'에 행정심판을 청구하면 된다(27조 6항).

(2) 오고지(誤告知)의 효과

① 심판청구절차의 오고지 : 처분청이 심판청구절차를 잘못 알려 주어서 청구인이 심판청구서를 다른 행정기관에 제출한 때에는 불고지의 경우와 마찬가지로 해당 행정기관은 그 심판청구서를 지체 없이 정당한 권한이 있는 피청구인에게 보내고 그 사실을 지체 없이 청구인에게 알려야 한다(23조 2항, 3항).

② 심판청구기간의 오고지 : 처분청이 심판청구기간을 행정심판법 제23조 제1항이 정한 기간(처분이 있음을 알게 된 날부터 90일 이내)보다 긴 기간으로 잘못 알려 준 경우에는 그 잘못 알린 기간

내에 심판청구가 있으면 심판청구기간을 준수한 것으로 본다(27조 5항).

(3) 불고지 또는 오고지가 처분의 효력에 미치는 영향

행정청이 처분을 함에 있어서 불복에 관한 고지의무가 있음에도 불구하고 아무런 고지를 하지 않거나 잘못 고지한 경우에 이것이 처분의 무효 또는 취소사유에 해당하는지가 문제된다. 하급심 판례 중에는 불복고지 위반은 처분의 취소사유에 해당한다고 본 것이 있다.[53] 그러나 대법원은, 불복고지제도는 처분의 상대방이 그 처분에 대한 행정심판의 절차를 밟는데 있어 편의를 제공하려는데 있으며, 처분청이 고지의무를 이행하지 아니하였다고 하더라도 행정심판 청구기간이 연장될 수 있는 것에 그치고 이로 인하여 행정처분에 어떤 하자가 수반된다고 할 수 없다고 판시하였다.[54]

생각건대, 불복고지제도는 처분의 상대방이 그 처분에 대해 불복절차를 밟는 것을 돕기 위한 것으로서, 현행 행정심판법은 불고지 또는 오고지의 효과에 대해 특별한 규정을 두고 있기 때문에, 행정청이 불복고지에 관한 규정을 위반하였다 하더라도 처분의 효력에 직접적으로 영향을 미치지는 않는다고 할 것이다.

> **판례**　『행정절차법 제26조는 "행정청이 처분을 할 때에는 당사자에게 그 처분에 관하여 행정심판 및 행정소송을 제기할 수 있는지 여부, 그 밖에 불복을 할 수 있는지 여부, 청구절차 및 청구기간 그 밖에 필요한 사항을 알려야 한다"고 규정하고 있다. 이러한 고지절차에 관한 규정은 행정처분의 상대방이 그 처분에 대한 행정심판의 절차를 밟는데 편의를 제공하려는 것이어서 처분청이 위 규정에 따른 고지의무를 이행하지 아니하였다고 하더라도 경우에 따라 행정심판의 제기기간이 연장될 수 있음에 그칠 뿐, 그 때문에 심판의 대상이 되는 행정처분이 위법하다고 할 수는 없다.』(대판 2018. 2. 8. 2017두66633)

제3절　행정소송

제1항　개　설

I. 서

1. 행정소송의 의의

행정소송이란 행정상 법률관계에 관한 분쟁에 대하여 법원이 정식의 소송절차에 의하여 행하는 재판이다.

---

53) 인천지판 2006. 11. 2, 2006가합3895.
54) 대판 1987. 11. 24, 87누529; 대판 2018. 2. 8, 2017두66633.

이러한 행정소송은 다음과 같은 점에서 행정심판과 구별된다. i) 행정심판은 행정부에 소속된 기관이 심리·판단하나, 행정소송은 사법부인 법원이 심리·판단한다. ii) 행정심판은 원칙적으로 처분을 대상으로 하는 항고쟁송만을 인정하나, 행정소송은 항고소송뿐만 아니라 당사자소송·민중소송·기관소송을 모두 인정하고 있다. iii) 행정심판은 위법·부당한 처분을 대상으로 하나, 행정소송은 위법한 처분만을 대상으로 한다. iv) 행정심판은 약식쟁송이나, 행정소송은 정식쟁송에 해당한다. v) 행정심판의 청구기간은 처분이 있음을 안 날부터 90일, 처분이 있은 날부터 180일이나, 행정소송의 제기기간은 처분이 있음을 안 날부터 90일, 처분이 있은 날부터 1년이다.

2. 영미법계국가와 대륙법계국가에서의 행정소송

보통법(common law)에 의한 지배를 원칙으로 하며 공법과 사법을 구별하지 않는 영미법계국가에서는 행정상 법률관계에 대한 분쟁에 대해서도 원칙적으로 일반 법원이 통상의 소송절차에 의해 심리·판단하며, 따라서 특별히 일반적인 소송과 구별되는 의미에서의 행정소송이라는 개념이 필요하지 않다.

이에 반해 공법과 사법을 구별하는 대륙법계국가에서는 행정상 법률관계에 관한 분쟁에 대해서는 일반 법원이 아니라 특별히 설치된 기관이 특별한 소송절차에 따라 심리·판단하는데, 이를 행정소송이라 한다. 다만 대륙법계국가에 있어서도 독일과 프랑스는 행정소송체계가 다소 다르다. 프랑스의 경우에는 행정사건에 대한 재판을 담당하기 위하여 꽁세이데타라는 특별 행정재판소가 설치되었는데, 이는 사법부가 아니라 행정부에 소속된 기관임에 특징이 있다. 독일의 경우는 행정사건에 대한 재판을 담당하는 행정법원이 설치되어 있는데, 이는 사법부에 속해 있는 점에서 행정부에 소속된 프랑스의 꽁세이데타와 차이가 있다.[55]

공법과 사법의 이원적 체계를 바탕으로 하는 우리나라의 경우는 행정소송법을 제정하여 일반의 민사소송제도와 구별되는 행정소송제도를 두고 있으며, 그에 대한 재판을 담당하는 기관으로 사법부에 행정법원을 둠으로써 대륙법계국가 중 독일과 유사한 행정소송체계를 이루고 있다.

3. 행정소송의 기능

(1) 권리구제기능

위법한 행정작용으로 인하여 권리를 침해당한 자는 행정소송을 제기함으로써 침해된 권리를 구제받을 수 있다. 이러한 국민의 권리구제기능이 행정소송의 제1차적 목적이라 할 수 있는데, 이는 곧 행정소송이 본래 주관적 쟁송으로서의 성격을 가짐을 의미하는 것이다. 행정소송법 제1조는 "이 법은 행정소송절차를 통하여 행정청의 위법한 처분 그 밖에 공권력의 행사·불행사 등으로 인한 국민의 권리 또는 이익의 침해를 구제…함을 목적으로 한다"고 규정함으로써, 행정소송의 권리구제적 기능을 명시하고 있다.

---

55) 독일의 경우는 우리의 대법원에 해당하는 것이 연방법원, 연방행정법원, 연방노동법원, 연방사회법원, 연방특허법원으로 구분되어 각기 소관 사건에 대한 재판을 담당한다.

(2) 행정통제기능

행정소송은 위법한 행정작용을 시정함으로써 행정의 적법성을 확보하는데, 이를 행정통제기능 또는 행정의 적법성보장기능이라고 한다. 오늘날 행정의 적법성을 확보하기 위해 다양한 통제가 행해지고 있는데, 행정소송을 통한 통제가 가장 효과적인 방법의 하나라고 할 것이다.

4. 우리나라 행정소송제도의 연혁

우리나라에서는 6·25 전쟁 중인 1951년에 처음으로 행정소송법이 제정되었다가 1984년에 전면 개정되었으며, 그 후 여러 차례의 부분 개정을 통하여 현재에 이르고 있다.

현행 행정소송법은 원고적격의 인정범위가 좁고 의무이행소송이나 예방적 금지소송 등을 인정하지 않는 등 국민의 권리구제에 미흡하다는 지적을 받고 있으며, 이에 여러 차례에 걸쳐 행정소송법의 개정을 위한 노력이 기울여져 왔다. 대법원은 2002년에 행정소송법개정위원회를 구성하여 행정소송법 개정안을 마련한 다음 이를 2006년 9월에 국회에 제출하였지만, 논의과정에서 학계와 실무계의 견해차이가 커서 결실을 맺지 못하였다. 한편, 법무부는 2006년에 행정소송법개정특별분과위원회를 구성하여 2007년에 행정소송법개정안을 마련한 다음 정부안으로 국회에 제출하였으나 제17대 국회의 임기 내에 처리되지 못하여 폐기되었다. 법무부는 2011년에 다시 행정소송법개정위원회를 구성하여 2012년에 행정소송법 개정안을 마련한 다음 공청회를 거쳐 2013년에 입법예고를 하였지만 더 이상의 후속조치는 이루어지지 않았다.

5. 행정소송의 특수성

행정소송도 법원에 의한 정식재판이라는 점에서는 민사소송과 본질을 같이하지만, 공공성이 강하게 요구되는 행정사건에 관한 소송이라는 점에서 여러 가지 특수성이 인정된다. 예컨대 제1심관할법원(행정법원 : 9조), 피고(처분행정청 : 13조), 제소기간의 제한(20조), 직권증거조사(26조), 집행부정지의 원칙(23조), 사정판결(28조) 등이 그에 해당한다.

Ⅱ. 행정소송의 종류

1. 성질에 따른 분류

행정소송은 그 성질에 따라 형성의 소, 확인의 소, 이행의 소로 구분할 수 있다.

(1) 형성의 소

형성의 소는 행정상 법률관계를 발생·변경 또는 소멸시키는 판결을 구하는 소송으로서, 항고소송 중 취소소송이 이에 해당한다. 확인판결은 선언적 효력을 가지나, 형성판결은 창설적 효력을 가진다.

(2) 확인의 소

확인의 소는 특정한 권리나 법률관계의 존재 여부 등에 관해 확인하는 판결을 구하는 소송이다. 항고소송 중 무효등확인소송·부작위위법확인소송과, 공법상 법률관계의 존부의 확인을 구하는 당사자소송이 이에 해당한다.

(3) 이행의 소

이행의 소는 피고에 대한 특정 이행청구권의 존재를 주장하여 이에 근거한 이행을 명하는 판결을 구하는 소송이다. 의무이행소송, 부작위청구소송 및 이행명령을 구하는 당사자소송이 이에 해당한다.

2. 내용에 따른 분류

행정소송법은 행정소송을 그 내용에 따라 항고소송, 당사자소송, 민중소송, 기관소송으로 구분하고 있다(3조). 여기에서 항고소송과 당사자소송은 개인의 권익보호를 목적으로 하는 주관적 소송이나, 민중소송과 기관소송은 공익보호를 목적으로 하는 객관적 소송에 해당한다.

(1) 항고소송

항고소송이란 행정청의 '처분 등이나 부작위'에 대하여 제기하는 소송을 말하며(3조 1호), 행정소송법은 이를 다시 다음의 세 가지로 구분하고 있다(4조).

① **취소소송** : 행정청의 위법한 처분 등의 취소 또는 변경을 구하는 소송을 말한다.

② **무효등확인소송** : 행정청의 처분 등의 효력 유무 또는 존재 여부의 확인을 구하는 소송을 말한다.

③ **부작위위법확인소송** : 행정청의 부작위가 위법하다는 것의 확인을 구하는 소송을 말한다.

(2) 당사자소송

당사자소송이란 행정청의 처분 등을 원인으로 하는 법률관계에 관한 소송 그 밖에 공법상의 법률관계에 관한 소송으로서 그 법률관계의 한쪽 당사자를 피고로 하는 소송을 말한다(3조 2호). 이는 다시 실질적 당사자소송과 형식적 당사자소송으로 나눌 수 있는데, 이에 관한 구체적 내용은 당사자소송 부분에서 설명하기로 한다.

(3) 민중소송

민중소송이란 국가 또는 공공단체의 기관이 법률에 위반되는 행위를 한 때에 국민이 직접 자기의 법률상 이익과 관계없이 그 시정을 구하기 위하여 제기하는 소송을 말한다(3조 3호). 이는 기관소송과 함께 객관적 소송에 속하며, 개별 법률에서 특별히 규정하고 있는 경우에만 예외적으로 허용된다. 대통령·국회의원 등의 선거에 있어서 선거인이 제기하는 선거무효소송이 민중소송의 대표적인 예이다.

(4) 기관소송

기관소송이란 국가 또는 공공단체의 기관 상호간에 있어서의 권한의 존부 또는 그 행사에 관한 다툼이 있을 때에 이에 대하여 제기하는 소송을 말하며, 다만 헌법재판소법에 따른 권한쟁의심판의 대상이 되는 소송은 제외한다(3조 4호). 지방의회에서 재의결된 사항이 법령에 위반된다고 판단되는 때에 지방자치단체의 장이 지방의회를 상대로 대법원에 제기하는 소송이 기관소송의 대표적인 예이다(지방자치법 120조 3항).

Ⅲ. 행정소송의 한계

행정소송법은 개괄주의를 택하여 위법한 행정작용으로 인해 법률상 이익을 침해받은 자는 누구나 행정소송을 통해 권리구제를 받을 수 있도록 하고 있다. 그러나 행정소송은 '사법기관에 의한 행정사건에 대한 재판'인 점에서 사법의 본질 또는 권력분립주의에서 나오는 일정한 한계를 인정하지 않을 수 없다.

1. 사법(司法)의 본질에 의한 한계

사법(재판)은 "구체적인 권리·의무에 관한 법적 분쟁이 있는 경우에 당사자의 소의 제기에 의해 법원이 법을 해석·적용하여 분쟁을 해결하는 판단작용"이며, 이러한 점에서 행정소송에는 다음과 같은 한계가 인정된다.

(1) 구체적 사건성

재판은 당사자 사이의 구체적인 권리·의무에 관한 분쟁을 전제로 하며, 따라서 추상적으로 법령의 효력이나 해석에 관한 분쟁은 원칙적으로 행정소송의 대상이 되지 않는다. 다만 법률에서 특별히 규정하고 있는 경우에는 예외적으로 추상적인 법령의 효력에 관한 분쟁도 행정소송의 대상이 될 수 있는데, 지방의회에서 재의결된 조례안에 대해 지방자치단체장이 대법원에 제소할 수 있도록 한 것이 그 예이다(지방자치법 120조 3항, 192조 4항 참조).

한편, 처분법령은 비록 법령의 형식을 취하고 있다 하더라도 실질적으로는 집행행위를 매개로 하지 않고 그 법령에 의해 직접적으로 특정인의 권리·의무에 영향을 미치기 때문에 행정소송의 대상이 된다고 본다.[56]

(2) 주관적 소송의 원칙

① 객관적 소송의 문제 : 행정소송은 일반적인 소송과 마찬가지로 국민의 권리구제를 직접 목적으로 하므로 원칙적으로 주관적 소송의 성질을 가지며, 따라서 공익목적을 위한 객관적 소송은 법이 특별히 규정하고 있는 경우에만 예외적으로 인정된다.

② 반사적 이익의 문제 : 행정소송은 국민의 권리구제를 목적으로 하므로 단순한 반사적 이익이

---

56) 대판 1996. 9. 20, 95누8003.

나 사실상 이익을 침해당한 자는 행정소송에 의한 구제를 받을 수 없다. 이러한 점에서 행정소송법은 항고소송의 경우 처분의 취소 등을 구할 '법률상 이익이 있는 자'가 원고적격을 갖는다고 규정하고 있다(12조).

③ 단체소송의 문제 : 여러 사람의 구성원으로 이루어진 단체에 대해서도 행정소송의 원고적격이 인정되는지가 문제되는데, 이에 관해서는 부진정단체소송과 진정단체소송으로 나누어 살펴보기로 한다.

i) 부진정단체소송이란 단체가 단체 자신의 법률상 이익을 보호받기 위하여 단체의 이름으로 제기하는 소송을 말한다. 예컨대 어느 사회단체가 등록취소를 당한 경우에 그 단체의 이름으로 등록취소처분에 대한 취소소송을 제기하는 것이 그에 해당한다. 법률관계에 있어 단체도 하나의 독립한 인격체로 인정될 수 있으므로 단체가 자신의 법률상 이익을 보호받기 위해 제기하는 이른바 부진정단체소송은 당연히 허용된다고 본다.

ii) 진정단체소송은 다시 이기적 단체소송과 이타적 단체소송으로 나눌 수 있다. 이기적 단체소송이란 단체가 그 구성원의 집단적 이익을 보호하기 위하여 단체의 이름으로 제기하는 소송을 말한다. 예컨대 외국의 의사자격을 가진 자에게 국내 의사면허를 부여한 처분에 대하여 대한의사회가 그 구성원인 의사의 이익을 위하여 취소소송을 제기하는 것이 그에 해당한다. 이러한 이기적 단체소송은 독일에 있어 경제법의 영역에서 일찍부터 인정되어 왔다. 예컨대 1896년의 부정경쟁방지법은 부정한 광고행위를 한 영업자를 상대로 동업자단체가 부작위청구소송을 제기할 수 있도록 하였다. 독일에 있어 동업자단체에 원고적격이 인정된 배경은 일찍부터 길드(Guild)라는 동업자단체가 결성되어 법의 보호를 받아온 전통에 기인한다고 한다.[57] 이러한 이기적 단체소송의 법리가 행정소송에도 적용될 것인지가 문제되는데, 법률에 특별한 규정이 없는 한 허용되지 않는다고 보는 것이 일반적이다.[58] 우리의 개인정보보호법은 개인정보보호를 위한 단체소송에 관해 규정하고 있다.[59]

이타적 단체소송이란 어느 단체가 직접적으로 단체 자신이나 그 구성원의 이익을 보호하기 위한 것이 아니라, 환경보전 등과 같은 공익목적을 위해 제기하는 소송을 말한다. 이러한 이타적 단체소송은 주관적 소송의 원칙에 반하므로 법률에 특별한 규정이 없는 한 허용되지 않는다고 본다.

(3) 법적 해결성

재판은 당사자 간의 분쟁에 대하여 법을 해석·적용하여 분쟁을 해결하는 작용이므로, 법적으

---

57) 김남진, 행정법의 기본문제, 법문사, 1994, 555면.

58) 독일 연방행정법원은, 프랑스 국적을 가진 자에 대해 변호사자격을 부여한 것에 대해 바이에른주 변호사회가 취소소송을 제기한 사건에서 변호사회에 원고적격을 부여하는 실정법상의 규정이 없다는 이유로 원고적격을 부인하였다. Vgl. BVerwG DVBl. 1958, S.391.

59) 개인정보처리자가 집단분쟁조정을 거부하거나 집단분쟁조정의 결과를 수락하지 아니한 경우에는 법이 정한 요건을 맞춘 소비자단체나 비영리민간단체가 법원에 권리침해행위의 금치·중지를 구하는 소송을 제기할 수 있다(개인정보보호법 51조). 단체소송을 제기하는 단체는 법원에 소장과 함께 소송허가신청서를 제출하여 허가를 받아야 한다(동법 54조, 55조 1항).

로 해결할 수 있는 분쟁을 그 대상으로 한다. 이러한 점에서 통치행위와 특별권력관계에서의 행위가 행정소송의 대상이 될 수 있는지가 검토될 필요가 있다.

① **통치행위** : 통치행위란 어떠한 국가작용이 '고도의 정치성'을 지님으로 인해 그것이 비록 법적 문제를 내포하고 있더라도 사법심사의 대상에서 제외되는 것을 말한다. 이러한 통치행위를 인정할 것인가에 대해서는 학설이 대립하고 있는데, 우리나라의 통설과 판례는 긍정설을 취하고 있다.

다른 한편, 통치행위를 인정하면 사법심사를 통한 국민의 권리구제의 기회가 박탈되게 되므로 그 인정범위는 매우 신중하게 제한적으로 결정되어야 한다는 점도 강조될 필요가 있다.[60] 이러한 점에서 대법원은, 1980년 5·17사태 때의 비상계엄 선포나 확대행위와 관련하여 그것이 국헌문란의 목적을 달성하기 위하여 행해진 경우에는 법원은 그 자체가 범죄행위에 해당하는지의 여부에 관하여 심사할 수 있다고 하였다.[61] 그리고 헌법재판소는 금융실명제를 실시하기 위한 대통령의 긴급재정경제명령의 발동과 관련하여, 그것이 일종의 국가긴급권으로서 고도의 정치적 결단에 의하여 발동되는 이른바 통치행위에 속한다 하더라도 국민의 기본권침해와 직접 관련되는 경우에는 당연히 헌법재판소의 심판대상이 된다고 하였다.[62]

② **특별권력관계에서의 행위** : 전통적 견해에 의하면 특별한 행정목적을 달성하기 위한 이른바 특별권력관계에는 일반권력관계에 적용되는 법치주의가 적용되지 않는다고 보았으며, 따라서 특별권력관계 내부의 행위는 사법심사의 대상이 되지 않는다고 하였다. 그러나 이러한 전통적 특별권력관계이론은 비판의 십자포화를 받아 사경을 헤매고 있으며, 오늘날에는 특별권력관계 내부의 행위에 대해서도 행정소송을 제기할 수 있다고 보는 것이 통설과 판례의 입장이다.

> **판례** 『동장과 구청장과의 관계는 이른바 행정상의 특별권력관계에 해당되며, 이러한 특별권력관계에 있어서도 위법 부당한 특별권력의 발동으로 말미암아 권력을 침해당한 자는 행정소송법 제1조의 규정에 따라 그 위법 또는 부당한 처분의 취소를 구할 수 있다고 보는 것이 상당하다.』 (대판 1982. 7. 27, 80누86)

2. 권력분립에 의한 한계

근대국가 이래로 대부분의 국가는 권력분립주의를 채택하고 있으며, 따라서 행정권에 대한 사법권의 개입과 심사는 양자의 성격·기능의 차이로 인하여 일정한 한계를 인정하지 않을 수 없다. 이와 관련해서는 특히 재량행위와 의무이행소송·부작위청구소송이 검토될 필요가 있다.

(1) 재량행위

오늘날 행정의 전문성과 기술성으로 인하여 행정에 관한 모든 사항을 입법자가 빠짐없이 법률로 규율하는 것은 불가능하며, 따라서 법률이 일정한 범위를 정하여 행정기관에게 재량권을 부여하는 경우가 많다. 법에 의해 행정기관에게 재량권이 부여된 경우에는 행정기관은 수권목적과 구

---

60) 대판 2004. 3. 26, 2003도7070 참고.
61) 대판 1997. 4. 17, 96도3376.
62) 헌재 1996. 2. 29, 93헌마186.

체적 사안을 고려해서 스스로 합목적적이라 생각되는 결정을 할 수 있으며, 이러한 행정기관의 재량권행사는 원칙적으로 존중되어야 한다. 이러한 점에서 행정기관의 재량권행사가 적정한지는 원칙적으로 당·부당의 문제로서 사법심사가 제한된다.

한편, 행정기관은 재량권을 행사함에 있어서 평등의 원칙·비례의 원칙 등 법의 일반원칙을 준수하여야 하며 자의적인 재량권행사는 허용되지 않는다. 따라서 재량권의 일탈이나 남용의 경우에는 예외적으로 위법한 것으로서 행정소송의 대상이 된다. 이러한 점에서 행정소송법은 「행정청의 재량에 속하는 처분이라도 재량권의 한계를 넘거나 그 남용이 있는 때에는 법원은 이를 취소할 수 있다」라고 명시적으로 규정하고 있다(27조). 따라서 재량권행사가 위법하다고 하여 행정소송이 제기된 경우에 법원은 재량행위는 소송의 대상이 되지 않는다는 이유로 소를 각하할 것이 아니라, 재량권의 일탈·남용이 있는지에 대해 본안심리를 하여 청구의 인용 여부를 결정하여야 한다는 것이 통설과 판례의 입장이다.[63]

(2) 의무이행소송

① 의무이행소송이란 국민이 행정청에게 일정한 행정처분을 신청하였는데 거부되거나(거부처분) 또는 아무런 응답이 없는 경우에(부작위), 그 신청된 행정처분을 해 주도록 명하는 판결을 구하는 행정소송을 말한다. 현행 행정소송법은 이에 관해 아무런 규정을 두고 있지 않은데, 이러한 의무이행소송이 인정될 수 있는지에 대해 다툼이 있다.

전통적 견해는 권력분립의 원칙을 형식적으로 이해하여, 법원이 행정청에 대하여 일정한 행정처분을 하도록 명하는 것은 권력분립의 원칙에 반하여 허용되지 않는다고 보았다. 이에 반해 권력분립의 원칙을 실질적으로 이해하는 견해는, 권력분립은 견제와 균형의 원리에 의해 공권력행사의 남용을 방지하여 국민의 권익을 보호하기 위한 것이므로 법원이 소극적으로 행정청의 위법한 처분을 취소하는 것뿐만 아니라 적극적으로 행정청에게 처분의무의 이행을 명하는 것도 권력분립의 원칙에 반하지 않는다고 한다.

현재의 지배적인 견해에 의하면 의무이행소송을 인정하는 것이 권력분립의 원칙에 반하는 것은 아니지만, 현행 행정소송법이 항고소송의 종류를 제한적으로 열거하고 있기 때문에 법개정을 통하지 않고는 의무이행소송은 인정될 수 없다고 한다.[64] 판례 역시 현행법상 의무이행소송은 허용되지 않는 것으로 보고 있다.

> **판례** 『현행 행정소송법에서는 장래에 행정청이 일정한 내용의 처분을 할 것 또는 하지 못하도록 할 것을 구하는 소송(의무이행소송, 의무확인소송 또는 예방적 금지소송)은 허용되지 않는다.』 (대판 2021. 12. 30, 2018다241458)

생각건대, 행정청의 위법한 거부처분이나 부작위에 대해서는 의무이행소송이 가장 효과적인 권

---

63) 대판 1991. 2. 12, 90누5825.
64) 김남진/김연태(I), 859면; 김중권, 736면; 정하중/김광수, 680면; 하명호, 564면.

리구제수단이라 할 수 있으므로 의무이행소송을 인정하는 것이 권력분립의 원칙에 반한다고는 할 수 없을 것이다. 그동안 여러 차례 행정소송법 개정안이 만들어졌었는데, 각 개정안마다 의무이행소송의 도입을 당연시하고 있는 것은 이를 잘 나타내준다. 다른 한편, 현행 행정심판법은 의무이행심판을 규정하고 있으나 행정소송법은 의무이행소송을 규정하고 있지 않은바, 이는 행정소송에 있어서는 의무이행소송을 인정하지 않으려는 입법자의 의지가 담겨져 있다고 할 것이다. 따라서 현행법상 의무이행소송을 인정하기 위해서는 행정소송법의 개정이 선행되어야 한다.

② 행정소송법 제4조가 항고소송의 종류로서 의무이행소송을 규정하지 않은 것의 위헌성이 문제되었다. 이에 대해 헌법재판소는, 행정소송법 제4조가 의무이행소송을 항고소송의 하나로 규정하지 않은 것은 항고소송의 유형을 불완전·불충분하게 규율하여 입법행위에 결함이 있는 경우(입법권행사의 결함 : 부진정입법부작위)가 아니라 의무이행소송에 대한 입법행위가 없는 경우(입법권의 불행사 : 진정입법부작위)에 해당하여 헌법재판소법 제68조 제2항에 의한 헌법소원심판의 대상이 되지 않는다고 하였다.[65]

(3) 예방적 금지소송(부작위청구소송)

예방적 금지소송이란 행정청에 대하여 일정한 행위를 하지 말 것을 명하는 판결을 구하는 행정소송을 말한다. 이에 관해서도 앞에서 설명한 의무이행소송과 유사한 논의가 있다.

판례는 의무이행소송과 마찬가지로 현행법상 부작위청구소송은 허용되지 않는다고 본다.

> **판례** 『행정소송법상 행정청이 일정한 처분을 하지 못하도록 그 부작위를 구하는 청구는 허용되지 않는 부적법한 소송이라 할 것이므로, 피고 국민건강보험공단은 이 사건 고시를 적용하여 요양급여비용을 결정하여서는 안 된다는 내용의 원고들의 위 피고에 대한 이 사건 청구는 부적법하다 할 것이다.』 (대판 2006. 5. 25, 2003두11988)

제 2 항　항고소송

앞에서 설명한 바와 같이 항고소송이란 행정청의 '처분 등이나 부작위'에 대하여 제기하는 소송을 말하며(3조 1호), 이는 다시 취소소송, 무효등확인소송 및 부작위위법확인소송으로 구분된다(4조). 이 중에서 취소소송이 가장 중심이 되며, 이에 행정소송법은 취소소송에 관해 자세한 규정을 둔 다음 그 밖의 항고소송에 있어서는 특별한 사항에 관해서만 규정하고 그 외에는 취소소송에 관한 규정을 준용하도록 하고 있다(38조). 여기에서도 취소소송에 관해 자세히 살펴보고, 그 밖의 항고소송에 관해서는 특별한 사항에 관해서만 설명하기로 한다.

---

65) 헌재 2008. 10. 30, 2006헌바80.

제 1 관   취소소송

Ⅰ. 개 설

1. 의 의

취소소송이란 행정청의 위법한 처분 등의 취소 또는 변경을 구하는 소송을 말하며, 항고소송의 중심을 이루고 있다. 취소소송은 취소사유가 있는 처분을 대상으로 제기하는 것이 보통이지만, 무효사유가 있는 처분에 대해 무효선언을 구하는 의미에서의 취소소송을 제기하는 것도 인정된다는 것이 통설·판례의 입장이다. 다만 이 경우에는 취소소송의 형식을 취하고 있으므로 일반적인 무효등확인소송과는 달리 제소기간의 제한을 받는다고 한다.[66]

2. 성 질

취소소송의 성질에 대하여 형성소송설과 확인소송설이 대립하고 있다. 형성소송설에 의하면 취소소송은 위법한 행정처분을 취소·변경함으로써 그 법률관계를 변경 또는 소멸시키는 점에서 형성적 성질을 갖는다고 한다. 이에 반해 확인소송설에 의하면 취소소송은 그 행정처분을 할 당시에 있어서의 위법성을 확인하는 성질을 갖는다고 한다.

형성소송설이 통설과 판례의 입장이며, 행정소송법은 취소소송의 인용판결에 대하여 대세적 효력을 인정함으로써(29조 1항) 형성소송설을 뒷받침하고 있다.

3. 소송물

소송물이란 소송에 있어서 심판의 대상이 되는 사항을 말한다. 소송에 있어서 소송물이 확정되어야 심리의 범위나 기판력의 범위가 확정될 수 있으므로 소송에 있어서 가장 기본적이고 중요한 개념이라 할 수 있다. 이미 제기된 소송과 동일한 소송물에 대해 다시 소송을 제기하는 것은 이중소송에 해당하며, 소송의 진행 중에 소송물을 변경하는 것은 소의 변경의 문제에 해당한다. 취소소송의 소송물이 무엇인지에 대하여 학설상 다툼이 있다.[67]

① **처분의 위법성 일반을 소송물로 보는 견해** : 취소소송의 소송물은 처분의 위법성 일반이라고 하며, 따라서 처분에 위법사유가 여러 개 존재하더라도 소송물은 하나라고 한다. 예컨대 어린이집폐쇄처분에 대한 취소소송의 경우 해당 어린이집폐쇄처분의 위법사유가 비례원칙을 위반한 재량권의 남용, 청문을 거치지 않은 절차상 하자 등 여러 개 존재하더라도 소송물은 '위법한 어린이집폐쇄처분' 하나라고 한다. 이러한 견해가 우리나라의 다수설의 입장이라 할 수 있다.

② **처분의 각 위법성마다 소송물로 보는 견해** : 처분의 각 위법사유마다 소송물을 달리한다는 견

---

66) 대판 1976. 2. 24, 75누128.

67) 이에 관한 상세는 이윤정, 취소소송의 소송물에 관한 연구, 서울대 박사학위논문, 2023. 2, 41면 이하 참조.

해이다. 이에 따르면 각 위법사유마다 별개의 취소소송을 제기해야 하는데, 이는 소송을 지나치게 번잡하게 하고 소송경제에도 반한다는 비판을 받는다.

③ **위법한 처분으로 자신의 권리를 침해당하였다는 원고의 주장을 소송물로 보는 견해** : 취소소송의 소송물이 되기 위해서는 처분의 객관적 위법만으로는 부족하고 그것이 원고의 권리를 침해한 주관적 위법이 있어야 한다는 견해이다. 독일의 지배적인 견해로서 우리나라의 일부 학자도 이를 지지한다.[68]

④ **판례의 입장** : 판례는 처분의 위법성 일반을 취소소송의 소송물로 보고 있다.

> **판례** 『원래 과세처분이란 법률에 규정된 과세요건이 충족됨으로써 객관적·추상적으로 성립한 조세채권의 내용을 구체적으로 확인하여 확정하는 절차로서, 과세처분 취소소송의 소송물은 그 취소원인이 되는 위법성 일반이고 그 심판의 대상은 과세처분에 의하여 확인된 조세채무인 과세표준 및 세액의 객관적 존부이다.』 (대판 1990. 3. 23, 89누5386)

II. 재판관할

1. 사물관할

취소소송의 제1심 관할법원은 행정법원이다(9조 1항). 과거에는 취소소송에 있어 행정심판전치주의를 취하면서 제1심 관할은 고등법원에 맡겼으나, 1994년 행정소송법 개정시에 행정심판을 임의적 전치주의로 바꾸고 취소소송의 제1심 관할을 지방법원급의 행정법원에 맡김으로써 3심제로 변경하였다.

행정법원은 현재 서울에만 설치됨으로써 그 밖의 지역에서는 행정법원이 설치될 때까지 해당 지방법원 본원에서 관할하도록 하였으며, 다만 강원도의 경우는 지리적 특성을 고려하여 춘천지방법원 강릉지원도 행정소송을 관할할 수 있도록 하였다.[69]

이와 관련하여 행정소송의 제1심을 행정법원이 관할하도록 한 것이 전속관할에 해당하는지가 문제된다.[70] 만일 전속관할이라면 민사소송법상의 합의관할이나 변론관할은 허용되지 않는다(민사소송법 31조). 이에 대해 판례는, 행정소송의 제1심관할은 전속관할에 해당하므로 행정사건을 민사사건으로 잘못 알고 서울중앙지방법원에 제기한 소송에 대해 수소법원이 본안판단을 한 것은 전속관할에 관한 규정을 위반한 위법이 있다고 하였다.[71] 이에 반해 민사소송은 전속관할에 해당하

---

68) 홍정선(상), 1094; 김남철, 814면; 류지태/박종수, 686면.

69) 법원조직법 개정법률 제4765호 부칙 제2조 참조.

70) 1951년 제정된 행정소송법 제4조는 「행정소송은 피고의 소재지를 관할하는 고등법원의 전속관할로 한다」고 규정하고 있었으나, 현행 행정소송법 제9조 제1항은 「취소소송의 제1심 관할법원은 피고의 소재지를 관할하는 행정법원으로 한다」고 규정함으로써 전속관할에 해당하는지에 관해서는 아무런 언급이 없다.

71) 대판 2009. 10. 15, 2008다93001. 《사건개요》 재건축조합의 관리처분계획안에 대한 조합총회 결의의 효력을 다투는 소송은 행정소송(당사자소송)에 해당하여 제1심관할은 서울행정법원의 전속관할에 속하는데, 원고가 이를 민사소송으로 잘못 알고 서울중앙지방법원에 소송을 제기하였다. 이에 대해 서울중앙지방법원도 전속관할 위

지 않으므로, 민사사건을 행정사건으로 잘못 알고 서울행정법원에 제기한 소송의 경우 피고가 관할위반을 항변하지 않고 본안에 대하여 변론을 하였다면 민사소송법 제30조에 따라 서울행정법원에 변론관할이 생겼다고 하였다.[72] 그리고 행정사건의 심리절차는 행정소송법이 정한 특칙이 적용될 수 있는 점을 제외하면 민사소송절차와 큰 차이가 없으므로 특별한 사정이 없는 한 민사사건을 행정소송절차로 진행한 것 자체가 위법하다고 할 수 없다고 한다.[73]

> **판례** ①『행정주체인 재건축조합을 상대로 관리처분계획안에 대한 조합총회 결의의 효력 등을 다투는 소송은 행정처분에 이르는 절차적 요건의 존부나 효력 유무에 관한 소송으로서 그 소송결과에 따라 행정처분의 위법 여부에 직접 영향을 미치는 공법상 법률관계에 관한 것이므로, 이는 행정소송법상의 당사자소송에 해당하고(대법원 2009. 9. 17, 선고 2007다2428 전원합의체판결 참조), 재건축조합을 상대로 사업시행계획안에 대한 조합총회 결의의 효력 등을 다투는 소송 또한 행정소송법상의 당사자소송에 해당한다. … 따라서 이 사건의 제1심 전속관할법원은 서울행정법원이라 할 것인바, 그럼에도 제1심과 원심은 이 사건 소가 서울중앙지방법원에 제기됨으로써 전속관할을 위반하였음에도 이를 간과한 채 민사소송으로 보고서 본안판단으로 나아갔으니, 이러한 제1심과 원심의 판단에는 행정소송법상 당사자소송에 관한 법리를 오해하여 전속관할에 관한 규정을 위반한 위법이 있다.』(대판 2009. 10. 15. 2008다93001)
>
> ②『기록에 의하면, 민사소송인 이 사건 소가 서울행정법원에 제기되었는데도 피고는 제1심법원에서 관할위반이라고 항변하지 아니하고 본안에 대하여 변론을 한 사실을 알 수 있는바, 공법상의 당사자소송 사건인지 민사사건인지 여부는 이를 구별하기가 어려운 경우가 많고 행정사건의 심리절차에 있어서는 행정소송의 특수성을 감안하여 행정소송법이 정하고 있는 특칙이 적용될 수 있는 점을 제외하면 심리절차 면에서 민사소송절차와 큰 차이가 없는 점 등에 비추어 보면, 행정소송법 제8조 제2항, 민사소송법 제30조에 의하여 제1심법원에 변론관할이 생겼다고 봄이 상당하다.』(대판 2013. 2. 28. 2010두22368)

2. 토지관할

(1) 일반관할

취소소송은 '피고의 소재지를 관할'하는 행정법원이 관할법원이다(9조 1항). 다만 중앙행정기관, 중앙행정기관의 부속기관과 합의제행정기관 또는 그 장이나 국가의 사무를 위임 또는 위탁받은 공공단체 또는 그 장을 피고로 하는 취소소송의 경우에는 대법원소재지를 관할하는 행정법원에 제기할 수 있다(9조 2항). 이는 상당수의 중앙행정기관이나 공공단체가 세종시를 비롯한 여러 지방으로 이전됨에 따라 국민의 소송수행의 불편을 줄여주기 위해 대법원소재지(서울)에 위치한 행정법원에도 소송을 제기할 수 있도록 한 것이다.

취소소송의 토지관할이 전속관할인지가 문제된다. 판례는 행정소송법 제9조가 취소소송의 토지관할에 관하여 전속관할로 하는 명문의 규정이 없는 이상 이를 전속관할이라 할 수 없다고 하였다.[74] 이에 따르면 합의관할 또는 변론관할에 의하여 본래의 토지관할법원 이외의 법원에 소송이

반을 간과한 채 본안판단을 하였다.

72) 대판 2013. 2. 28, 2010두22368.
73) 대판 2018. 2. 13, 2014두11328; 대판 2019. 10. 17, 2018두60588.
74) 대판 1994. 1. 25, 93누18655.

계속(係屬)될 수 있다.[75]

(2) 특별관할

토지의 수용 기타 부동산 또는 특정의 장소에 관계되는 처분 등에 대한 취소소송은 그 부동산 또는 장소의 소재지를 관할하는 행정법원에 제기할 수 있다(9조 3항).

3. 관할위반사건의 이송

(1) 사물관할 및 토지관할 위반의 경우

취소소송이 관할권이 없는 법원에 잘못 제기된 경우(예컨대 서울행정법원에 제기할 것을 서울중앙지방법원에 제기한 경우 또는 대전지방법원에 제기할 것을 전주지방법원에 제기한 경우)에는 수소법원은 관할위반을 이유로 이를 각하할 것이 아니라 결정으로 관할법원에 이송하여야 한다(행정소송법 8조 2항; 민사소송법 34조 1항). 이송결정이 확정된 때에는 소송은 처음부터 이송받은 법원에 계속된 것으로 본다(민사소송법 40조 1항).

(2) 심급관할 위반의 경우

취소소송이 심급을 달리하는 법원에 잘못 제기된 경우에(예컨대, 행정법원에 제기할 것을 고등법원에 제기한 경우) 구법하의 판례는 사건의 이송을 인정하지 않았으나,[76] 현행 행정소송법은 '원고의 고의 또는 중대한 과실 없이' 행정소송이 심급을 달리하는 법원에 잘못 제기된 경우에는 법원은 결정으로 관할법원에 이송하여야 한다는 명문의 규정을 두었다(7조).

Ⅲ. 관련청구소송의 이송·병합

1. 제도의 취지

위법한 처분으로 인해 권익을 침해당한 자는 그 처분의 취소 등을 구함과 아울러 그로 인한 손해에 대한 국가배상청구나 부당이득반환청구를 하는 경우가 많다. 이 경우 처분에 대한 취소소송은 행정소송이지만 국가배상청구소송이나 부당이득반환청구소송은 민사소송에 해당한다는 것이 판례의 입장이며, 따라서 취소소송과 국가배상청구소송 등이 서로 다른 법원에 계속되어 각기 독자적으로 심리·판단됨으로써 심리의 중복을 가져오고 자칫 모순·저촉되는 판결이 나올 수도 있다. 이러한 문제를 해결하기 위해 행정소송법은 관련청구소송의 이송과 병합이라는 제도를 마련하고 있다.

---

75) 예컨대 대전지방법원의 토지관할에 속하는 취소소송의 경우 당사자의 합의나 피고의 변론(응소)에 의해 전주지방법원에 계속(係屬)될 수 있다.

76) 대판 1980. 5. 11, 79누293. 취소소송이 심급을 달리하는 법원에 잘못 제기되는 것은 과거 행정소송법이 취소소송의 제1심 관할을 고등법원으로 하였을 때 많이 발생하였으나, 1994년 개정된 행정소송법에서 제1심 관할을 지방법원급의 행정법원으로 규정한 후에는 이러한 문제는 거의 발생하지 않는다.

2. 관련청구소송의 범위

행정소송법은 취소소송과 관련하여 관련청구소송의 범위에 관해 규정하고 이를 그 밖의 항고소송과 당사자소송에 준용하고 있는데, 그 범위는 다음과 같다(10조 1항, 38조, 44조 2항).

① 딩해 처분 등과 관련되는 손해배상·부당이득반환·원상회복 등 청구소송 : 예컨대 영업성지처분 취소소송과 영업정지기간 동안 영업을 하지 못한 손해에 대한 국가배상청구소송, 조세부과처분 취소소송과 이미 납부한 세금에 대한 부당이득반환청구소송, 압류처분 취소소송과 압류된 물건에 대한 반환청구소송 등이 그에 해당한다.

② 당해 처분 등과 관련되는 취소소송 : 예컨대 조세를 체납하였다는 이유로 압류처분이 내려진 경우에 조세부과처분 취소소송과 압류처분 취소소송, 보조금 부정수급을 이유로 어린이집 원장자격정지처분과 보조금반환명령이 내려진 경우에 원장자격정지처분 취소소송과 보조금반환명령 취소소송 등이 그에 해당한다.

3. 관련청구소송의 이송

어떤 취소소송과 관련청구소송이 다른 법원에 계속되고 있는 경우에 관련청구소송이 계속된 법원이 상당하다고 인정하는 때에는 당사자의 신청 또는 직권에 의하여 이를 취소소송이 계속된 법원으로 이송할 수 있다(10조 1항).[77]

이송결정과 이송신청의 기각결정에 대하여는 즉시항고를 할 수 있다(민사소송법 39조). 이송결정이 확정된 때에는 당해 관련청구소송은 처음부터 이송받은 법원에 계속된 것으로 본다(동법 40조 1항).

4. 관련청구소송의 병합

(1) 의의 및 필요성

청구의 병합이란 하나의 소송절차에서 두 개 이상의 청구를 하는 것을 말하며, 이는 다시 하나의 소송절차에서 동일 당사자 사이에 복수의 청구를 하는 객관적 병합과, 하나의 소송절차에 복수의 원고 또는 피고가 관여하는 주관적 병합(공동소송)으로 나눌 수 있다. 그리고 병합의 시점에 따라 원시적 병합과 후발적 병합으로, 병합의 태양에 따라 단순병합, 예비적 병합, 선택적 병합으로 나눌 수 있다. 이러한 청구의 병합제도는 관련된 분쟁을 하나의 소송절차에서 동시에 심리·판단함으로써 심리의 중복을 피하고(소송경제) 분쟁의 통일적이고 신속한 해결에 이바지한다.

(2) 취소소송에 있어서 청구의 병합이 허용되는 경우

행정소송법 제10조는 청구의 병합과 관련하여 '동일 당사자의 관련청구소송의 객관적 병합(10

---

77) 예컨대 영업정지처분에 대한 취소소송이 서울행정법원에 제기되고 해당 처분으로 인해 영업을 하지 못한 손해에 대한 국가배상청구소송이 서울중앙지방법원에 제기된 경우에 서울중앙지방법원이 국가배상청구소송을 취소소송이 계속되어 있는 서울행정법원에 이송하는 것이 그에 해당한다.

조 2항 전단)'과 '피고 이외의 자를 상대로 하는 관련청구소송의 주관적 병합(10조 2항 후단)'에 관해 규정하고 있다.

민사소송에 있어서는 동일한 당사자 사이에 동일한 종류의 소송절차에 의하는 소송이기만 하면 관련된 청구인지에 관계없이 병합이 허용되는데 반하여(민사소송법 253조), 취소소송에 있어서는 관련된 청구에 한하여 병합이 허용되고, 또한 관련된 청구이기만 하면 피고를 달리하는 경우에도 병합이 허용된다.[78]

① 동일 당사자의 관련청구소송의 병합 : 예컨대 춘천세무서장이 갑에 대해 조세부과처분을 내리고 그 체납을 이유로 압류처분을 한 경우에, 갑이 춘천세무서장을 피고로 하여 조세부과처분의 취소를 구하는 소송과 압류처분의 취소를 구하는 소송을 병합하여 제기하는 것이 이에 해당한다. 이는 동일 당사자 사이에 복수의 청구를 하는 것이므로 객관적 병합에 속한다.

② 피고 이외의 자를 상대로 한 관련청구소송의 병합 : 예컨대 영업정지처분을 받은 자가 그 처분에 대한 취소소송과 그 처분으로 인한 손해에 대한 국가배상청구소송을 병합하여 제기하는 것이 이에 해당한다. 영업정지처분에 대한 취소소송은 처분청을 피고로 하여야 하나 국가배상청구소송은 국가 또는 지방자치단체를 피고로 하여야 하기 때문에 양자는 피고를 달리하게 된다. 이는 피고를 달리하는 청구가 병합된 것이므로 주관적 병합에 속한다.

(3) 병합의 요건

① **본체인 취소소송의 적법성** : 관련청구소송이 병합될 본체인 취소소송은 그 자체로서 소송요건을 갖춘 적법한 것이어야 한다. 따라서 본체인 취소소송이 부적법하여 각하되면 그에 병합된 관련청구도 소송요건을 흠결한 부적법한 것으로서 각하되어야 한다는 것이 판례의 입장이다.[79]

② **청구의 관련** : 취소소송에 병합될 수 있는 청구는, i) 취소소송의 대상인 처분과 관련되는 손해배상·부당이득반환·원상회복 등 청구소송(예컨대, 영업정지처분 취소소송과 영업정지처분으로 인한 국가배상청구소송), ii) 취소소송의 대상인 처분과 관련되는 취소소송(예컨대, 대집행계고처분 취소소송과 대집행비용징수처분 취소소송)이다.

③ **병합의 시기** : 관련청구의 병합은 사실심의 변론종결 전에 하여야 한다. 사실심의 변론종결 전이면 원시적 병합(처음부터 취소소송과 관련청구소송을 병합하여 제기)이든 후발적 병합(기존의 취소소송에 사후적으로 관련청구소송을 병합)이든 관계없다.

---

78) 예컨대 갑이 을을 상대로 손해배상청구소송과 부당이득반환청구소송을 제기하는 경우에, 비록 손해배상청구와 부당이득반환청구 사이에 관련이 없어도 당사자가 동일하고 동일한 민사소송절차에 의하는 경우에는 양 소송을 병합하여 제기할 수 있다. 이에 반해 취소소송의 경우에는 첫째, 관련된 청구에 한하여 병합이 허용된다. 예컨대 조세부과처분 취소소송과 체납처분 취소소송은 관련된 청구이기 때문에 병합이 허용되는데 대하여, 건축허가거부처분 취소소송과 영업정지처분 취소소송은 관련청구가 아니기 때문에 병합이 허용되지 않는다. 둘째, 관련청구이기만 하면 피고를 달리하는 경우에도 병합이 허용된다. 예컨대 영업정지처분 취소소송(피고는 처분청)과 그 처분으로 인한 손해에 대한 국가배상청구소송(피고는 국가 또는 지방자치단체)을 제기하려는 경우에, 양자는 관련청구에 해당하기 때문에 비록 피고를 달리하여도 병합이 허용된다.

79) 대판 2001. 11. 27, 2000두697. 이와 관련하여 대판 1992. 12. 24, 92누3335 참조.

Ⅳ. 취소소송의 당사자

1. 당사자능력과 당사자적격

취소소송의 당사자는 원고와 피고이다. 취소소송에 있어서도 민사소송과 마찬가지로 당사자로서 적법하게 소송을 수행하기 위해서는 당사자능력과 당사자적격이 있어야 한다.

(1) 당사자능력

당사자능력이란 소송의 주체가 될 수 있는 일반적인 능력을 말하는데, 자연인·법인뿐만 아니라 법인격이 없는 단체 등에게도 당사자능력이 인정된다(민사소송법 52조).[80] 그러나 사람이 아닌 동물이나 자연은 당사자능력이 인정되지 않음은 물론이다. 대법원은 도롱뇽·「도롱뇽과 그 친구들」[81] 등이 원고가 되어 제기한 '고속철도 건설을 위한 천성산 터널공사 착공금지 가처분사건'에서 도롱뇽 또는 그를 포함한 자연 그 자체로서는 소송을 수행할 당사자능력이 없다고 판시하였다.[82]

이와 관련하여 행정기관이 취소소송의 당사자능력을 가질 수 있는지가 문제된다. 행정기관은 독자적인 권리의무의 주체가 아니며 그의 행위의 효과는 그가 속한 행정주체에 귀속되므로 소송에 있어 당사자능력은 행정기관이 아니라 행정주체가 가지는 것이 원칙이다. 다만 행정소송법은 특별히 취소소송에 있어서는 행정기관(처분청)을 피고로 하도록 규정하고 있으므로 그 한도에서 행정기관도 당사자능력이 인정된다. 또한 판례는 특별한 경우에는 행정기관에게 취소소송의 원고 적격을 인정하고 있는데, 이 경우도 그 한도에서 행정기관의 당사자능력이 인정된다.

(2) 당사자적격

당사자능력이 있다 하더라도 구체적인 소송사건의 당사자가 되기 위해서는 당사자적격이 있어야 한다. 당사자적격이란 특정의 소송사건에서 정당한 당사자로서 소송을 수행하고 본안판결을 받기에 적합한 자격을 말하며, 이는 다시 원고적격과 피고적격으로 나눌 수 있다.

2. 원고적격

| 기본사례

전주시에서는 갑 등 12명이 분뇨 등 수집·운반업 영업허가를 받아 영업을 하고 있었는데, 전주시장이 새로이 A에게 분뇨 등 수집·운반업 영업허가처분을 하자 갑은 A에 대한 신규 영업허가의 취소를 구하는 소송을 제기하였다. 갑은 이 사건 취소소송의 원고적격을 가지는지 검토하시오.

---

80) 민사소송법 제52조 : 법인이 아닌 사단이나 재단은 대표자 또는 관리인이 있는 경우에는 그 사단이나 재단의 이름으로 당사자가 될 수 있다.
81) 「도롱뇽과 그 친구들」은 환경운동을 목적으로 설립된 비법인 사단의 이름이다.
82) 대결 2006. 6. 2, 2004마1148.

(1) 의의

취소소송의 경우도 민사소송과 마찬가지로 원고적격이 있는 자만이 소송을 제기할 수 있는데, 원고적격이란 구체적인 소송사건에서 원고로서 소송을 수행하여 본안판결을 받을 수 있는 자격을 말한다.

행정소송법은 취소소송의 원고적격과 관련하여 「처분의 취소를 구할 법률상 이익이 있는 자가 제기할 수 있다」고 규정하고 있다(12조). 따라서 처분의 취소를 구할 법률상 이익이 있기만 하면 처분의 직접 상대방인지 제3자인지, 자연인인지 법인(법인격 없는 단체 포함)인지 묻지 아니하고 원고적격이 인정되나, 처분의 취소를 구하는 것이 단순한 반사적 이익 내지 사실상 이익을 보호받기 위한 경우에는 원고적격이 인정되지 않는다.

(2) 법률상 이익의 의미

취소소송의 원고적격과 관련하여 '법률상 이익'이 무엇을 의미하는지에 대해서 다음과 같은 학설이 대립하고 있다.

① **권리구제설** : 취소소송의 본질과 목적은 실체법상의 권리보호에 있다고 보아, 위법한 처분으로 인하여 권리를 침해당한 자만이 취소소송의 원고적격을 가진다는 견해이다. 이 설에 의하면 법률상 이익은 '권리'를 의미하게 된다. 이는 가장 고전적인 견해인데, 권리의 개념을 엄격하게 해석함으로써 국민의 권리구제의 폭을 지나치게 좁히고 있다는 비판을 받는다.

② **법률상 보호되는 이익구제설(법률상이익구제설)** : 취소소송의 목적은 전통적 의미의 권리가 아니라 '법률이 개인을 위하여 보호하고 있는 이익'을 구제하기 위한 것이라는 견해이다. 즉, 법률상 이익은 '법률에 의해 보호되고 있는 이익'을 의미하며, 이는 전통적 의미의 권리보다는 넓은 개념이라고 한다. 따라서 (전통적 의미의) 권리를 침해받은 자뿐만 아니라 법률에 의해 보호되는 이익을 침해받은 자에게도 원고적격을 인정하므로 취소소송에 의한 구제의 폭이 권리구제설에 비해 크게 확대된다고 한다. 이 견해가 현재 우리나라의 통설과 판례의 입장이라 할 수 있다.

한편, 법률에 의해 보호되는 이익이 바로 권리인 점에서 권리구제설과 법률상이익구제설은 기본적으로 같은 학설이라고 하는 학자도 있다.[83] 다만 이러한 견해를 취하는 학자들은 권리개념을 전통적 견해처럼 좁은 의미로 해석하지 아니하고 오늘날의 권리의 확대화 경향을 반영하여 넓은 의미의 권리개념을 인정하는 점에서는 전통적 권리구제설과 다르며, 따라서 실질에서는 법률상이익구제설과 큰 차이가 없다.

③ **보호할 가치있는 이익구제설** : 법률에 의해 보호되는 이익뿐만 아니라 보호할 가치있는 구체적 이익이 침해된 자에게도 취소소송의 원고적격을 인정해야 한다는 견해이다. 이에 대해서는 i) 보호할 만한 가치가 있는 이익인지의 판단에 관한 객관적인 기준이 제시되어 있지 않으며, ii) 아무리 보호할 가치가 있는 이익이라도 법률에 의해 보호되고 있지 않는 것은 소송에 의해 구제받을 수 없다는 등의 비판이 가해진다.

---

83) 김남진/김연태(I), 876면; 정하중/김광수, 693면; 홍정선(상). 1141면.

④ **적법성보장설** : 앞의 견해들이 취소소송의 본질 내지 목적을 개인의 권익보호(주관적 소송)에 두고 있는 것과는 달리, 이 설은 취소소송의 본질을 행정처분의 적법성보장(객관적 소송)에 두는 점에 특색이 있다. 즉, 취소소송의 원고적격을 판단함에 있어 원고가 주장하는 이익의 성질(법률상 이익인지 반사적 이익인지)을 기준으로 할 것이 아니라, 해당 처분의 성질상 그에 대해 다투기에 가장 적합한 상태에 있는 자에게 원고적격을 인정하여야 한다고 한다. 따라서 처분으로 인해 자기의 법률상 이익이 침해되지 않았더라도 처분의 성질상 그에 대해 다투기에 적합한 상태에 있는 자이면 원고적격이 인정된다고 한다. 이에 대해서는 i) 우리나라 행정소송법이 취하고 있는 주관적 소송의 원칙에 반할 뿐 아니라, ii) 법률상 이익을 침해당하지 않은 자에게도 원고적격을 인정함으로써 취소소송이 민중소송화할 우려가 있다는 비판이 가해진다.

⑤ **판례의 입장** : 행정소송법 제12조에서 말하는 법률상 이익은 해당 처분의 '근거 법령 및 관련 법령에 의하여 보호되는 개별적·직접적·구체적 이익'이 있는 경우를 말하며, 단순히 공익보호의 결과로 국민이 얻는 일반적·간접적·추상적 이익과 같이 사실적·경제적 이해관계를 가지는데 불과한 경우는 여기에 포함되지 않는다고 함으로써 법률상 보호되는 이익구제설을 취하고 있다.[84] 그리고 해당 처분의 근거 법령 및 관련 법령에 의하여 보호되는 법률상 이익이란 그러한 법령의 '명시적 규정'에 의해 보호되는 이익뿐만 아니라 '합리적 해석상' 그 법령에서 행정청을 제약하는 이유가 순수한 공익의 보호만이 아니라 개별적·직접적·구체적 이익을 보호하는 취지가 포함되어 있다고 해석되는 경우까지도 포함한다고 한다.[85]

> **판례** ① 『행정소송법 제12조는 '취소소송은 처분 등의 취소를 구할 법률상 이익이 있는 자가 제기할 수 있다'고 규정하고 있는데, 대법원 판례와 학계의 다수설이 취하는 '법률상 보호이익설'에 의하면 여기서의 법률상의 이익이란 법에 의하여 보호되는 이익, 즉 실정법을 근거로 하여 성립하는 공권을 뜻한다.』 (헌재 1998. 4. 30, 97헌마141)
>
> ② 『행정처분의 직접 상대방이 아닌 제3자라 하더라도 당해 행정처분으로 법률상 보호되는 이익을 침해당한 경우에는 취소소송을 제기하여 당부의 판단을 받을 자격이 있다. 여기에서 말하는 법률상 보호되는 이익은 당해 처분의 근거 법규 및 관련 법규에 의하여 보호되는 개별적·직접적·구체적 이익이 있는 경우를 말하고, 공익보호의 결과로 국민 일반이 공통적으로 가지는 일반적·간접적·추상적 이익과 같이 사실적·경제적 이해관계를 갖는 데 불과한 경우는 여기에 포함되지 아니한다. 또 당해 처분의 근거 법규 및 관련 법규에 의하여 보호되는 법률상 이익은 당해 처분의 근거 법규의 명문 규정에 의하여 보호받는 법률상 이익, 당해 처분의 근거 법규에 의하여 보호되지는 아니하나 당해 처분의 행정목적을 달성하기 위한 일련의 단계적인 관련 처분들의 근거 법규에 의하여 명시적으로 보호받는 법률상 이익, 당해 처분의 근거 법규 또는 관련 법규에서 명시적으로 당해 이익을 보호하는 명문의 규정이 없더라도 근거법규 및 관련 법규의 합리적 해석상 그 법규에서 행정청을 제약하는 이유가 순수한 공익의 보호만이 아닌 개별적·직접적·구체적 이익을 보호하는 취지가 포함되어 있다고 해석되는 경우까지를 말한다.』 (대판 2015. 7. 23, 2012두19496, 19502; 대판 2023. 1. 12, 2022두56630)

---

84) 대판 1992. 12. 8, 91누13700; 대판 2015. 7. 23, 2012두19496, 19502; 헌재 1998. 4. 30, 97헌마141.
85) 대판 2015. 7. 23, 2012두19496; 대판 2023. 1. 12, 2022두56630.

(3) 제3자의 원고적격 문제

위에서 살펴본 바와 같이 취소소송의 원고적격은 처분의 취소를 구할 법률상 이익이 있는 자에게 인정되는데, 일반적으로 말하면 침익적 처분의 상대방은 취소소송을 제기할 법률상 이익이 있다고 본다.[86] 따라서 취소소송의 원고적격은 주로 처분의 직접 상대방이 아닌 제3자가 제기하는 경우에 문제되는데, 이에 관해서는 경업자소송, 경원자소송, 인인소송으로 나누어 살펴보기로 한다.

① **경업자소송** : 경업자소송이란 어떤 영업자에 대한 처분에 대해 그와 경쟁관계에 있는 다른 업자가 제기하는 소송을 말하는데, 이 경우 경업자에게 다른 업자에 대한 처분을 다툴 원고적격이 인정될 수 있는지가 문제된다. 예컨대 어떤 사람이 인허가를 받아 영업을 하고 있는데 다른 사람이 새로이 인허가를 받은 경우에 기존업자가 신규 인허가처분에 대해 다투는 것, 또는 복수의 경쟁관계에 있는 업자가 인허가를 받아 영업을 하고 있는데 특정 업자에 대한 인허가사항이 그에게 유리하게 변경된 경우에 그로 인해 불이익을 받게 된 경업자가 변경처분에 대해 다투는 것이 그에 해당한다.

전통적 견해에 따르면, 허가의 경우에는 상대방에게 독점적·배타적으로 영업할 수 있는 권리를 설정하는 것이 아니라 단지 금지되었던 자연적 자유를 회복시켜주는 것에 불과하므로, 신규허가나 허가사항의 변경으로 인해 기존업자의 이익을 침해한다 하더라도 이는 반사적 이익 내지 사실상 이익의 침해에 지나지 않기 때문에 기존업자는 신규허가 등에 대해 다툴 법률상 이익이 인정되지 않는다고 한다. 이에 반해 특허의 경우에는 상대방에게 독점적·배타적인 권리를 설정하여 주는 것이므로, 신규특허나 특허사항의 변경으로 인해 기존업자가 받는 불이익은 권리의 침해에 해당하여 경업자는 신규특허 등에 대해 다툴 법률상 이익이 인정된다고 한다.

종래의 판례도 기본적으로는 영업허가의 성질이 강학상의 허가인지 특허인지에 따라 경업자의 원고적격 유무를 판단하였다. 예컨대 석탄가공업허가나 숙박업허가는 권리를 설정하는 형성적 행위가 아니라 영업의 자유를 회복시켜주는 명령적 행위에 해당하므로, 기존에 허가를 받은 자는 다른 업자에 대한 신규허가나 변경허가에 대해 다툴 법률상 이익이 없다고 하였다.[87] 이에 반해 광업허가는 상대방에게 권리를 설정해 주는 형성적 행위(특허)의 성질을 가지므로 광업허가를 받은 자의 광업구역을 확대하는 증구(增區)허가가 내려진 경우에 그에 인접한 곳에 동종의 광업허가를 받은 자는 증구허가처분에 대해 다툴 법률상 이익이 있다고 하였다.[88]

한편, 근래에는 강학상 허가의 경우에도 그 근거 법률이 특별히 경업자의 이익을 보호하기 위한 규정을 두고 있는 경우(예컨대 업소간의 거리제한규정을 두고 있는 경우)에는 경업자의 원고적격이 인정될 수 있다고 한다. 판례도 허가의 근거 법률이 업소간 거리제한규정을 두거나 각 지역별 허가업소의 개수를 제한하는 등과 같이 동종 업자간의 과당경쟁으로 인한 경영의 불합리를 방지하

---

86) 대판 1995. 8. 22, 94누8129; 대판 2020. 4. 9, 2015다34444.
87) 대판 1980. 7. 22, 80누33; 대판 1990. 8. 14, 89누7900.
88) 대판 1982. 7. 27, 81누271.

는 것을 목적으로 하고 있는 경우에는 경업자에게 신규허가에 대해 다툴 법률상 이익을 인정하고 있다. 예컨대 담배사업법은 일반소매인지정(강학상 허가에 해당)의 기준으로서 기존 업소와의 거리제한규정을 두고 있는데(법 16조 2항 3호, 시행규칙 7조의3 2항 1호 : 50미터), 이는 국민의 건강 등 공익목적을 달성하고자 함과 동시에 일반소매인간의 과당경쟁으로 인한 불합리한 경영을 방지함으로써 일반소매인의 경영상 이익을 보호하는 데에도 그 목적이 있다고 하며, 따라서 일반소매인지정을 받은 기존업자는 신규 일반소매인지정에 대해 다툴 법률상 이익이 있다고 하였다.[89] 또한 분뇨수집 · 운반업에 있어서도 근거 법률이 분뇨의 발생량에 비해 기존 업체의 시설이 과다한 경우에는 신규허가를 제한할 수 있도록 규정하고 있는 것은 국민보건의 향상과 환경보전이라는 공익목적을 달성하고자 함과 동시에 업자간의 과당경쟁으로 인한 경영의 불합리를 방지하는 것을 목적으로 한다고 하며, 따라서 분뇨수집 · 운반업허가를 받은 기존업자는 신규허가에 대해 다툴 법률상 이익이 있다고 하였다.[90]

판례 〈원고적격 부정〉

① 『석탄가공업에 관한 허가는 권리를 설정하는 형성적 행위가 아니라 명령적 행정행위이어서 그 허가를 받은 자는 영업자유를 회복하는데 불과하고 독점적 영업권을 부여받은 것이 아니기 때문에, 기존허가를 받은 자가 신규허가로 인하여 영업상 이익이 감소된다고 하더라도 이는 반사적 이익의 침해에 지나지 않으므로 신규허가처분의 취소를 구할 법률상의 이익이 없다.』 (대판 1980. 7. 22, 80누33 · 34)

② 『건물의 4, 5층 일부에 객실을 설비할 수 있도록 숙박업구조변경허가를 함으로써 그곳으로부터 50미터 내지 700미터 정도의 거리에서 여관을 경영하는 자들이 받게 될 불이익은 간접적이거나 사실적 경제적인 불이익에 지나지 않으므로, 그것만으로는 위 숙박업구조변경허가의 취소를 구할 법률상의 이익이 있다고 할 수 없다.』 (대판 1990. 8. 14, 89누7900)

〈원고적격 긍정〉

① 『갑의 광구(鑛區)로부터 상당한 거리를 보유한 경계선에 동종의 광업권을 갖고 있는 을은 갑에 대한 광업권 증구(增區)허가처분으로 인하여 갑의 광구로부터 상당한 거리를 상실하는 결과가 되어 보안구역존치의 이익을 침해당하였다면 그 증구허가 처분의 취소를 구할 법률상의 이익이 있다.』 (대판 1982. 7. 27, 81누271)

② 『일반적으로 면허나 인허가 등의 수익적 행정처분의 근거가 되는 법률이 해당 업자들 사이의 과당경쟁으로 인한 경영의 불합리를 방지하는 것도 그 목적으로 하고 있는 경우, 다른 업자에 대한 면허나 인허가 등의 수익적 행정처분에 대하여 이미 같은 종류의 면허나 인허가 등의 수익적 행정처분을 받아 영업을 하고 있는 기존의 업자는 경업자에 대하여 이루어진 면허나 인허가 등 행정처분의 상대방이 아니라 하더라도 당해 행정처분의 취소를 구할 원고적격이 있다.』 (대판 2006. 7. 28, 2004두6716)

③ 『원고들의 시외버스운송사업과 참가인의 시외버스운송사업은 다 같이 운행계통을 정하고 여객을 운송하는 노선여객자동차운송사업에 속하고 참가인에 대한 이 사건 시외버스운송사업계획변경인가처분으

---

89) 대판 2008. 3. 27, 2007두23811.

90) 2006. 7. 28, 2004두6716. 분뇨수집 · 운반업에 관한 사항은 구 「오수 · 분뇨 및 축산폐수의 처리에 관한 법률」에서 규정하였으나, 위 법률은 2006년 폐지되었고 현재 하수도법에서 규정하고 있다.

로 인하여 기존의 시외버스운송사업자인 원고들의 노선 및 운행계통과 참가인의 그것들이 일부 동일하고, 기점 혹은 종점이 동일하거나 인근에 위치하여 원고들의 수익감소가 예상되므로, 원고들과 참가인은 경업관계에 있는 것으로 봄이 상당하여, 원고들에게 이 사건 처분의 취소를 구할 법률상의 이익이 있다.』 (대판 2010. 6. 10, 2009두10512)

④ 『갑이 적법한 약종상허가를 받아 허가지역 내에서 약종상영업을 경영하고 있음에도 불구하고, 행정관청이 약사법시행규칙에 위배하여 같은 약종상인 을에게 을의 영업허가지역이 아닌 갑의 영업허가지역 내로 영업소를 이전하도록 허가하였다면, 갑으로서는 이로 인하여 기존업자로서의 법률상 이익을 침해받았음이 분명하므로 영업소이전허가처분의 취소를 구할 법률상의 이익이 있다.』 (대판 1988. 6. 14, 87누873)

② **경원자소송** : 경원자소송이란 인허가를 신청한 여러 사람이 서로 경쟁관계에 있어서 일방에 대한 인허가가 타방에 대한 불인가·불허가로 귀결될 수밖에 없는 경우에 인허가를 받지 못한 사람이 인허가처분에 대해 다투는 소송을 말한다. 판례는 경원자소송에 있어서 경쟁관계에 있는 신청인에게 인허가처분의 취소를 구할 법률상 이익이 있음을 인정하고 있다. 다만, 명백한 법적 장애로 인하여 원고 자신의 신청이 인용될 가능성이 처음부터 배제되어 있는 경우에는 당해 처분의 취소를 구할 법률상 이익이 인정되지 않는다고 한다.[91]

구체적인 사안을 살펴보면 다음과 같다. i) 갑과 을은 동일한 장소에 바다모래 제염처리시설을 설치하기 위한 항만공사시행허가를 신청하였는데 해양수산청장은 1개 업체만 허가하기로 하였다. 이 경우 일방에 대해 허가가 내려지면 허가를 받지 못한 타방은 그 허가처분의 취소를 구할 법률상 이익이 있다.[92] ii) 관계 법령의 규정상 기존의 농어촌버스운송사업계획변경신청을 인가하면 신규의 마을버스운송사업면허를 할 수 없게 되는 경우에 마을버스운송사업면허신청자에게는 농어촌버스운송사업계획변경인가처분의 취소를 구할 법률상 이익이 있다.[93] iii) 총 입학정원이 2,000명으로 제한된 법학전문대학원의 설치인가를 신청한 대학 중 설치인가를 받지 못한 대학은 설치인가처분의 상대방이 아니더라도 그 처분의 취소를 구할 법률상 이익이 있다.[94]

③ **인인소송(隣人訴訟)** : 인인소송이란 어떤 처분에 대하여 그에 관계되는 인근주민이 다투는 소송을 말한다. 예컨대 갑에 대한 건축허가처분에 대해 인근주민 을이 일조권 침해 등을 이유로 그에 대한 취소소송을 제기하는 것, 새만금사업과 같은 대규모의 공유수면매립면허처분에 대해 인근주민이 그에 대한 취소소송을 제기하는 것이 이에 해당한다. 이 경우 처분의 직접 상대방이 아닌 인근주민에게 취소소송의 원고적격이 인정될 수 있는지가 문제된다.

취소소송의 원고적격이 인정되기 위해서는 처분의 취소 등을 구할 법률상 이익이 있어야 하는데, 처분의 직접 상대방이 아닌 인근주민에게 그 처분의 취소 등을 구할 법률상 이익이 있는지를

---

91) 대판 1998. 9. 8, 98두6272; 대판 1999. 10. 12, 99두6026; 대판 2009. 12. 10, 2009두8359.
92) 대판 1990. 9. 8, 90두6272.
93) 대판 1999. 10. 12, 99두6026.
94) 대판 2009. 12. 10, 2009두8359.

판단하는데 있어 가장 중요한 것은 '근거 법령의 사익보호성'이다. 만일 어떤 법령이 순전히 공익목적만을 위해 규정하고 있다면 그로 인해 국민이 불이익을 받는다 하더라도 이는 단순한 반사적 이익의 침해에 불과하기 때문이다.

판례 〈원고적격 인정〉

① 『주거지역 내에는 공장 등 일정한 건축허가를 제한 또는 금지하고 있는 관계 법령(건축법 및 도시계획법)의 규정취지는 공공복리의 증진을 도모하고자 하는데 그 목적이 있는 동시에 다른 한편으로는 주거지역 내에 거주하는 사람의 주거의 안녕과 생활환경을 보호하는 데도 그 목적이 있으므로, 주거지역 내에 거주하는 사람은 해당 주거지역 내의 공장건축허가처분에 대한 취소를 구할 법률상 이익이 있다.』 (대판 1975. 5. 13. 73누96)

② 『원자력법 제12조 제2호가 「발전용원자로 및 관계시설의 위치·구조·설비가 대통령령으로 기술수준에 적합하여 방사성물질에 의한 인체·물체·공공의 재해를 발생시키지 않는 방법으로 시행되도록」 규정한 취지는 일반적 공익을 보호하려는 데 그치는 것이 아니라 방사성물질에 의하여 보다 직접적으로 중대한 피해를 입으리라고 예상되는 지역 내의 주민의 이익을 직접적·구체적으로 보호하려는 데도 그 목적이 있다고 할 것이므로, 그와 같은 지역의 주민들은 원자력발전소 건설을 위한 부지사전승인처분의 취소를 구할 법률상 이익이 있다.』 (대판 1998. 9. 4. 97누19588)

③ 『관계 법령(장사 등에 관한 법률 및 동법시행령)에 의하면 사설납골시설(봉안시설)을 설치하기 위해서는 설치장소에서 500미터 내에 20호 이상의 인가가 밀집해 있지 않아야 하는데, 사설납골시설의 설치장소에 제한을 둔 위 법령규정은 주민의 쾌적한 주거, 보건위생 등 생활환경상의 개별적 이익을 직접적·구체적으로 보호하려는데 취지가 있으므로, 납골시설 설치장소에서 500미터 내에 20호 이상의 인가가 밀집한 지역에 거주하는 주민들은 사설납골시설설치신고수리처분의 취소를 구할 법률상 이익이 있다.』 (대판 2011. 9. 8. 2009두6766)

④ 『관계 법령이 행정처분을 하기 전에 환경영향평가를 실시하도록 규정하고 있는 경우에는 그 입법취지는 환경영향평가 대상지역 안의 주민들이 환경침해를 받지 않고 쾌적한 환경에서 생활할 수 있는 개별적 이익까지도 보호하려는 것이므로, '환경영향평가 대상지역 안의 주민'은 원칙적으로 해당 처분의 취소를 구할 법률상 이익이 있으며, 한편 '환경영향평가 대상지역 밖의 주민'은 해당 처분으로 인하여 수인의 한도를 넘는 환경피해를 받거나 받을 우려가 있다는 것을 입증하는 경우에 해당 처분의 취소를 구할 법률상 이익이 인정될 수 있다.』 (새만금사건 : 대판 2006. 3. 16. 2006두330)

⑤ 『공장설립승인처분의 근거 법률인 「산업집적활성화 및 공장설립에 관한 법률」이 공장의 입지에 관하여 상수원 등 용수이용에 현저한 영향을 미치는 지역의 상류를 공장 입지제한지역으로 정할 수 있도록 규정하고, 관련 법률인 「국토의 계획 및 이용에 관한 법률」이 개발행위로 인하여 수질오염이 없을 것 등을 개발행위허가기준으로 규정하고 있는 취지는, 공장이 설립됨으로써 그 배출수 등으로 인한 수질오염으로 환경상 피해를 입을 것으로 예상되는 주민들의 환경상 이익을 구체적·직접적으로 보호하려는 것이므로, 수돗물을 공급받아 이용하는 주민들은 자신의 생활환경상 이익을 증명하여 공장설립승인처분을 다툴 원고적격을 인정받을 수 있다. 한편, 수돗물은 수도관 등 급수시설에 의해 공급되는 것이어서 취수장으로부터 다소 떨어진 지역에 거주하는 주민들도 수질악화 등으로 인해 받는 환경상 이익의 침해는 취수장 주변에 거주하는 주민들과 동일하게 평가될 수 있으므로, 경남 양산시 물금취수장에서 취수된 물을 공급받는 부산광역시에 거주하는 주민들도 물금취수장 인근의 공장설립승인처분에 대한 취소소송을 제기할 법률상 이익이 인정된다.』 (대판 2010. 4. 15. 2007두16127)[95]

〈원고적격 부정〉

① 『상수원보호구역 설정의 근거가 되는 법령(수도법 및 동법시행령)이 보호하고자 하는 것은 상수원의 확보와 수질보전이라는 공익뿐이고 그 상수원에서 급수를 받고 있는 주민들이 양질의 급수를 받을 이익은 직접적·구체적으로 보호하고 있지 않으므로, 상수원보호구역이 변경됨으로써 종전 상수도보호구역에 거주하는 주민들이 받는 불이익은 반사적 이익의 침해에 불과하여 이들은 상수원보호구역변경처분의 취소를 구할 법률상 이익이 없다.』 (대판 1995. 9. 26, 94누14544)

② 『환경부장관의 생태·자연도 작성 및 등급변경의 근거가 되는 법령(자연환경보전법 및 동법시행령)의 입법취지는 자연환경을 체계적으로 보전·관리하기 위한 것일 뿐 1등급 권역 주민들의 생활상 이익을 직접적이고 구체적으로 보호하기 위한 것은 아니므로, 해당 지역주민은 생태·자연도 등급변경처분의 무효확인을 구할 법률상 이익이 없다.』 (대판 2014. 2. 2, 2011두29052)

④ 기본권침해를 이유로 한 원고적격의 인정 여부 : 처분의 근거 법률에서 사익보호에 관해 규정하고 있지 않거나 불명확하게 규정하고 있는 경우에 헌법상의 기본권침해를 이유로 제3자의 원고적격이 인정될 수 있는지가 문제된다.

대법원은 새만금간척사업에 있어서 환경영향평가 대상지역 밖의 주민이 공유수면매립면허처분 등으로 인해 헌법상의 환경권을 침해당했다는 이유로 그 처분 등에 대한 무효확인소송을 제기한 사건에서, "헌법 제35조 제1항에서 정하고 있는 환경권에 관한 규정만으로는 그 권리의 주체·대상·내용·행사방법 등이 구체적으로 정립되어 있다고 볼 수 없다"는 이유로 환경권침해를 이유로 한 소송의 원고적격을 부인하였다.[96] 또 다른 사건에서 대법원은, 처분의 직접 상대방이 아닌 자로서 처분에 의하여 자신의 환경상 이익을 침해받거나 침해받을 우려가 있다는 이유로 취소소송을 제기하는 제3자는 자신의 환경상 이익이 처분의 근거 법규 또는 관련 법규에 의하여 개별적·직접적·구체적으로 보호되는 이익, 즉 법률상 보호되는 이익임을 증명하여야 원고적격이 인정된다고 하였다.[97]

한편 헌법재판소는, 설사 근거 법령이 단지 공익만을 추구할 뿐 개인의 이익을 구체적으로 보호하려는 것이 아니어서 국민에게 처분의 취소소송을 제기할 법률상 이익이 부정된다 하더라도, 그 처분으로 인해 국민의 기본권을 침해하는 경우에는 보충적으로 기본권에 근거하여 처분의 취소를 구할 법률상 이익이 인정될 수 있다고 하였다.[98]

---

95) 〈사건개요〉 김해시 상동면 매리 일대에 공장설립승인신청이 있자 김해시장은 낙동강유역환경청장에게 사전환경성검토를 요청하였는바, 낙동강유역환경청장이 신청지로부터 약 2.4km 떨어진 곳에 물금취수장이 있다는 등의 이유로 부동의한다고 통보하였음에도 불구하고 김해시장이 2006. 4. 27. 공장설립승인처분을 하였다. 이에 물금취수장의 수돗물을 공급받는 부산광역시와 양산시의 주민들이 공장설립승인처분에 대한 취소소송을 제기하였는바, 부산고등법원은 물금취수장에서 식수를 공급받고 있다는 사정만으로 부산광역시 북구, 동래구, 해운대구 등에 거주하는 주민들에게 원고적격이 인정되지 않는다고 하였다(물금취수장에서 부산시 해운대구까지의 거리는 대략 30km 내외이다).(부산고판 2007. 6. 29, 2006누5540)

96) 대판 2006. 3. 16, 2006두330.

97) 대판 2018. 7. 12, 2015두3485.

98) 헌재 1998. 4. 30, 97헌마141. 〈사건개요〉 특별소비세법시행령 제37조 제3항 및 주세법시행령 제62조 제4항에 의하면, 주류 등을 제조하고자 하는 자는 납세 또는 면세사실을 표시하는 증지를 붙여야 하고 다만 국세청장

⑤ 기타 이해관계 있는 제3자의 원고적격

i) 일반적으로 도로는 국가나 지방자치단체가 직접 공중의 통행에 제공하는 것으로서 일반 국민은 이를 자유로이 이용할 수 있는 것이기는 하나, 그렇다고 하여 그 이용관계로부터 당연히 그 도로에 관하여 특정한 권리가 개인에게 부여되는 것이라고 할 수는 없으므로, 일반적으로 도로를 이용만하는 사람은 그 용도폐지를 다툴 법률상의 이익이 없다. 이에 반해 해당 도로의 성질상 특정 개인의 생활에 개별성이 강한 직접적이고 구체적인 이익을 부여하고 있는 특별한 사정이 있는 경우(예컨대 도로의 인접주민이어서 그 도로의 사용에 크게 의존하는 경우)에는 그와 같은 이익은 법률상 보호되어야 할 것이고, 따라서 그러한 직접적인 이해관계를 가지는 사람은 도로의 용도폐지처분에 대하여 취소를 구할 법률상의 이익이 있다.[99]

ii) 지하도 부근에 횡단보도가 설치된 경우에 지하상가의 상인 등이 횡단보도설치처분에 대한 취소를 구할 법률상 이익이 있는지가 문제된다. 이에 대해 판례는, 횡단보도 설치의 근거가 되는 도로교통법 제1조 및 제10조 제1항에 의하면 횡단보도의 설치는 도로에서 일어나는 교통상의 위험과 장해를 방지·제거하여 안전하고 원활한 교통을 확보함을 목적으로 하는 것이며, 일반적으로 도로는 국가나 지방자치단체가 직접 공중의 통행에 제공하는 것으로서 일반 국민은 이를 자유로이 이용할 수 있는 것임에 비추어 볼 때, 횡단보도가 설치된 도로 인근에서 영업활동을 하는 자에게 특정한 권리나 법률상 이익이 부여되어 있다고 말할 수 없으므로, 이와 같은 사람은 횡단보도의 설치행위를 다툴 법률상의 이익이 없다고 하였다.[100]

iii) 과세관청이 조세의 징수를 위하여 납세의무자 소유의 부동산을 압류한 후 그 이후에 압류등기가 된 부동산을 양도받아 소유권이전등기를 마친 사람은 압류처분이나 국세징수법상의 공매처분에 대하여 사실상이고 간접적인 이해관계를 가질 뿐이므로 압류처분이나 공매처분의 실효나 무효확인을 구할 당사자적격이 없다.[101]

iv) 서울시립대학교총장이 경제학적으로 접근하여야 하는 조세정책과목의 담당교수를 행정학을 전공한 자로 임명함으로써 동대학 세무학과 학생들이 받는 불이익은 간접적이거나 사실적인 불이

이 지정한 업체가 제조한 병마개를 사용하는 경우에는 증지를 붙인 것으로 보도록 하고 있다. 이에 근거하여 국세청장은 A회사와 B회사를 납세병마개 제조자로 지정하여 고시하였다. 병마개를 제조하는 C회사는 국세청장의 위 납세병마개제조자지정행위로 인해 자신의 직업선택의 자유 등 기본권이 침해되었다고 주장하며 그 취소를 구하는 헌법소원심판청구를 제기하였다. 이에 대해 헌법재판소는, 국세청장의 위 지정행위는 공권력의 행사로서 헌법소원의 대상이 될 수 있지만, 그러나 다른 법률에 구제절차가 있는 경우에는 그 절차를 모두 거친 후에 헌법소원을 청구해야 한다고 하였다(보충성의 원칙). 이 사건에서 C회사는 취소소송으로 국세청장의 지정행위를 다툴 원고적격이 있는지가 문제되는데, 설사 국세청장의 지정행위의 근거법령인 특별소비세법시행령 등의 규정이 단지 공익만을 추구할 뿐 개인의 이익을 보호하려는 목적은 없다 하더라도, 국세청장의 지정행위로 말미암아 기업의 경쟁의 자유를 제한받게 된 자들은 보충적으로 기본권인 경쟁의 자유에 근거하여 국세청장의 지정행위의 취소를 구할 법률상 이익(원고적격)이 인정된다고 하였다. 따라서 C회사는 기본권인 경쟁의 자유의 침해를 이유로 국세청장의 지정행위의 취소를 구하는 취소소송을 제기할 수 있으므로, 그러한 설차를 거치지 않고 곧바로 헌법소원심판을 청구한 것은 부적법하다고 하여 청구를 각하하였다.

99) 대판 1992. 9. 22, 91누13212.
100) 대판 2000. 10. 27, 98두8964.
101) 대판 1992. 3. 31, 91누6023.

익에 지나지 아니하여 그것만으로는 임용처분의 취소를 구할 법률상의 이익이 없다.[102]

v) 교육부장관의 '사립대학교 학교법인 이사선임행위'에 대해 해당 대학 교수협의회와 총학생회 및 노동조합이 제기한 취소소송에서 대법원은 「관계 법령의 내용과 입법취지를 종합해 보면 헌법 제31조 제4항에 정한 교육의 자주성과 대학의 자율성에 근거한 교수협의회와 총학생회에게는 이사선임처분의 취소를 구할 법률상 이익이 인정되지만, 해당 대학 직원으로 구성된 노동조합은 그 취소를 구할 법률상 이익이 없다」고 하였다.[103]

vi) 강원도교육감이 사립학교법에 근거하여 사립학교법인 이사장과 학교장에게 '사립학교 직원들의 호봉을 정정하고 과다 지급된 급여를 환수할 것'을 명하는 처분을 하자 환수의 대상이 되는 사립학교 직원들이 위 처분에 대한 취소소송을 제기한 사건에서 대법원은, i) 사립학교 직원들의 보수에 관한 사립학교법 규정은 사립학교 직원의 이익을 개별적·직접적·구체적으로 보호하고 있는 규정으로 볼 수 있고, ii) 이 사건 처분으로 인하여 사립학교 직원들은 급여가 실질적으로 삭감되거나 이미 지급된 급여를 반환하여야 하는 직접적이고 구체적인 손해를 입게 되므로, 사립학교 직원들은 이 사건 처분을 다툴 법률상 이익이 있다고 하였다.[104]

(4) 외국인의 원고적격 문제

외국인의 경우에도 처분의 취소를 구할 법률상 이익이 있는 경우에는 취소소송의 원고적격을 가진다. 이와 관련하여 사증(비자)발급 거부처분이나 귀화 불허가처분 등을 받은 외국인이 그 취소를 구할 법률상 이익이 인정되는지가 문제된다.

판례에 따르면 사증발급 거부처분을 다투는 외국인은 아직 대한민국에 입국하지 않은 상태에서 대한민국에 입국하게 해달라고 주장하는 것으로, 대한민국과의 실질적 관련성 내지 대한민국에서 법적으로 보호가치 있는 이해관계를 형성한 경우는 아니어서, 해당 처분의 취소를 구할 법률상 이익이 인정되지 않는다. 반면에 국적법상 귀화 불허가처분이나 출입국관리법상 체류자격변경 불허가처분, 강제퇴거명령 등을 다투는 외국인은 대한민국에 적법하게 입국하여 상당한 기간을 체류한 사람이므로, 이미 대한민국과의 실질적 관련성 내지 대한민국에서 법적으로 보호가치 있는 이해관계를 형성한 경우이어서, 해당 처분의 취소를 구할 법률상 이익이 인정된다고 한다.[105]

한편, 외국국적 재외동포의 경우에는 「재외동포의 출입국과 법적 지위에 관한 법률」에서 국내 체류자격에 관한 특별 규정을 두고 있으므로 사증발급 거부처분에 대해 취소소송으로 다툴 법률상 이익이 인정된다.[106]

---

102) 대판 1993. 7. 27, 93나8139.
103) 대판 2015. 7. 23, 2012두19496, 19502.
104) 대판 2023. 1. 12, 2022두56630.
105) 대판 2018. 5. 15, 2014두42506.
106) 대판 2019. 7. 11, 2017두38874. 이는 미국 국적의 재외동포 가수 유승준 씨가 사증발급 거부처분에 대해 취소소송을 제기한 사건이다.

(5) 행정주체 또는 행정기관의 원고적격 문제

① **원칙론** : 행정처분은 국민에 대해 발해지는 것이 일반적이지만 경우에 따라서는 행정주체 또는 행정기관에게 발해지는 경우도 있는데, 이 경우 누가 처분에 대한 취소소송을 제기할 원고적 격을 가지는지 문제된다.

판례는, 행정기관은 독립한 권리·의무의 귀속주체가 아니므로 취소소송의 당사자능력이 없으 며, 따라서 그 처분의 효과가 귀속되는 행정주체가 그 처분에 대한 취소소송을 제기할 원고적격을 가진다고 한다.107) 구체적 사안을 살펴보면, 건축허가 권한을 가지는 지방자치단체장이 국가기관에 대해 건축협의를 거부하는 통보를 한 경우에 해당 국가기관이 속한 행정주체인 '국가'가 지방자치단 체장을 상대로 건축협의거부통보처분에 대한 취소소송을 제기할 원고적격을 가진다고 하였다.108) 또한 지방자치단체의 행정기관이 국립대학의 보건진료소에 대한 폐업처분을 한 경우에 국립대학을 설립·경영하는 '국가'가 해당 처분에 대한 취소소송을 제기할 원고적격을 가진다고 하였다.109)

한편, 지방자치단체장이 국가의 '기관위임사무' 처리와 관련하여 다른 국가기관에게 처분을 한 경우(이 경우 지방자치단체장은 국가의 산하 행정기관의 지위에서 조치를 행한 것임)에는 지방자치단체 장에 대한 감독권한을 가지는 국가기관은 지방자치법에 따른 시정명령 등 감독권한의 행사를 통 하여 필요한 조치를 취할 수 있으므로, 국가는 지방자치단체장이 기관위임사무의 처리와 관련하여 행한 처분에 대하여 취소소송을 제기하는 것은 허용되지 않는다는 것이 판례의 입장이다.110)

> **판례** 『[1] 구 국토이용관리법, 구 지방자치법 및 행정권한의 위임 및 위탁에 관한 규정 등에 의하면, 건설교통부장관은 지방자치단체의 장이 기관위임사무인 국토이용계획사무를 처리함에 있어 자신과 의견 이 다를 경우 행정협의조정위원회에 협의·조정 신청을 하여 그 협의·조정 결정에 따라 의견불일치를 해소할 수 있고, 법원에 의한 판결을 받지 않고서도 행정권한의 위임 및 위탁에 관한 규정이나 구 지방 자치법에서 정하고 있는 지도·감독을 통하여 직접 지방자치단체의 장의 사무처리에 대하여 시정명령을 발하고 그 사무처리를 취소 또는 정지할 수 있으며, 지방자치단체의 장에게 기간을 정하여 직무이행명령 을 하고 지방자치단체의 장이 이를 이행하지 아니할 때에는 직접 필요한 조치를 할 수도 있으므로, 국가

---

107) 대판 2014. 3. 13, 2013두15934; 대판 2014. 2. 27, 2012두22980; 서울행정법원 2009. 6. 5, 2009구합6391.
108) 대판 2014. 3. 13, 2013두15934. <사건개요> 건축법에 따르면 건물을 건축하려는 사람은 시장·군수·구청 장 등의 허가를 받아야 하며(11조), 국가나 지방자치단체가 건물을 건축하려는 경우에는 건물의 소재지를 관할 하는 허가권자와 협의하도록 하고 협의를 마친 경우에는 건축허가를 받은 것으로 보도록 규정하고 있다(29조). 그런데 국가기관인 법무부장관이 안양교도소를 재건축하기 위해 관할 안양시장에게 협의를 신청했지만 안양시 장은 불가하다는 내용의 통보를 하자, 국가가 원고가 되어 안양시장을 상대로 건축협의거부통보처분 취소소송 을 제기하였다.
109) 서울행정법원 2009. 6. 5, 2009구합6391.
110) 대판 2007. 9. 20, 2005두6935. <사건개요> 이 사건 당시의 관계 법령에 의하면 국토이용계획의 입안과 결정 은 본래 건설교통부장관(현 국토교통부장관)의 권한인데, 이를 시·도지사 또는 시장·군수·구청장에게 위임 할 수 있도록 하였다. 따라서 국토이용계획의 결정·변경에 관한 사무는 원칙적으로 국가사무인데, 시장·군수 등에게 위임된 경우에는 국가의 기관위임사무에 해당한다. 충북대학교 총장이 충남 연기군수에게 연기군 소재 토지에 대한 용도지역 변경을 위한 국토이용계획의 변경을 신청한 것에 대해 연기군수가 거부처분을 내리자, 주위적으로는 충북대학교의 설립·경영자인 국가를 원고로 하고 예비적으로는 충북대학교 총장을 원고로 하여, 연기군수를 상대로 거부처분 취소소송을 제기하였다.

가 국토이용계획과 관련한 지방자치단체의 장의 기관위임사무의 처리에 관하여 지방자치단체의 장을 상대로 취소소송을 제기하는 것은 허용되지 않는다고 할 것이다.

　[2] 기록에 의하면, 원고 대한민국의 소는 원고 충북대학교 총장이 피고(충남 연기군수)에 대하여 한 용도지역 변경을 위한 국토이용계획 변경요구에 대하여 피고가 거부한 행위는 재량권을 일탈·남용한 위법한 처분이므로 취소되어야 한다는 것인바, 앞서 본 국토이용계획 사무의 성질 및 기관위임사무에 대한 국가의 지도·감독에 관한 법리에 비추어 볼 때 이는 피고가 지방자치단체의 장으로서 처리한 기관위임사무에 대하여 위임자인 국가가 제기한 소에 해당하므로 부적법하다고 할 것이다. 이 사건 소 중 주위적 원고 대한민국의 소는 위에서 본 바와 같은 이유로 부적법하고, 예비적 원고 충북대학교 총장의 소는, 원고 충북대학교 총장이 원고 대한민국이 설치한 충북대학교의 대표자일 뿐 항고소송의 원고가 될 수 있는 당사자능력이 없어 부적법하다.』 (대판 2007. 9. 20, 2005두6935)

　② **특별한 경우** : ⅰ) 판례는 특별한 경우에는 처분을 받은 '행정기관'에게 해당 처분에 대한 취소소송을 제기할 원고적격을 인정하고 있다. 즉, 어떤 행정기관이 법령에 근거하여 다른 행정기관에게 일정한 조치를 취할 것을 요구한 경우에, 해당 법령이 조치요구에 불응하는 행정기관에게 중대한 불이익을 가하는 제재규정을 두고 있고, 그 행정기관이 조치요구를 다툴 별다른 방법이 없으며 조치요구의 취소를 구하는 취소소송을 제기하는 것이 유효·적절한 수단인 경우에는, 예외적으로 조치요구를 받은 행정기관에게도 취소소송의 당사자능력 및 원고적격이 인정된다고 한다.[111]

> **판례**   **국민권익위원회로부터 조치요구를 받은 행정기관의 원고적격**
>
> 　〈사건개요〉「부패방지 및 국민권익위원회의 설치와 운영에 관한 법률」은 국민권익위원회는 신고인의 소속 기관의 장이나 관계 기관의 장에게 필요한 조치를 요구할 수 있고(62조, 62조의2) 위 조치요구에 불응하는 행정기관에 대해 1년 이하의 징역 또는 1천만원 이하의 벌금에 처하도록 규정하고 있다(90조). 경기도선거관리위원회 소속 공무원 甲은 국민권익위원회에 내부 부패행위에 대해 신고하면서 신분보장조치를 요구하였다. 이에 국민권익위원회는 경기도선거관리위원회 위원장 乙에게 '甲에 대한 중징계요구를 취소하고 향후 신고로 인한 신분상 불이익처분 및 근무조건상의 차별을 하지 말 것을 요구'하는 내용의 조치요구를 하자 경기도선거관리위원회 위원장 乙이 국민권익위원회를 상대로 조치요구의 취소를 구하는 소송을 제기하였다.
>
> 　〈대법원의 판단〉「국가기관 일방의 조치요구에 불응한 상대방 국가기관에 국민권익위원회법상의 제재규정과 같은 중대한 불이익을 직접적으로 규정한 다른 법령의 사례를 찾아보기 어려운 점, 그럼에도 乙이 국민권익위원회의 조치요구를 다툴 별다른 방법이 없는 점 등에 비추어 보면, 처분성이 인정되는 위 조치요구에 불복하고자 하는 乙로서는 조치요구의 취소를 구하는 항고소송을 제기하는 것이 유효·적절한 수단이므로 비록 乙이 국가기관이더라도 당사자능력 및 원고적격을 가진다고 보는 것이 타당하고, 乙이 위 조치요구 후 甲을 파면하였다고 하더라도 조치요구가 곧바로 실효된다고 할 수 없고 乙은 여전히 조치요구를 따라야 할 의무를 부담하므로 乙에게는 위 조치요구의 취소를 구할 법률상 이익도 있다.』 (대판 2013. 7. 25, 2011두1214)

　ⅱ) 앞에서 살펴본 바와 같이 국립대학은 독립한 권리·의무의 귀속주체가 아니므로 취소소송

---

111) 대판 2013. 7. 25, 2011두1214; 대판 2018. 8. 1, 2014두35379.

의 원고적격을 갖지 못한다는 것이 판례의 입장이다. 그런데 2015년에 헌법재판소가 국립대학에 헌법소원심판청구의 당사자능력 및 청구인적격을 인정하였음에 주목하여야 한다. 즉, 교육부장관의 강원대학교 법학전문대학원에 대한 모집정지조치에 대해 강원대학교가 제기한 헌법소원심판청구에서 헌법재판소는, 「국립대학도 헌법상 학문의 자유 및 대학의 자율권으로 보호되는 영역에서는 독립된 기본권의 주체가 되므로, 교육부장관의 공권력 행사가 국립대학의 대학의 자율권을 침해하는 경우에는 해당 기본권이 형해화되는 것을 막기 위하여 헌법소원심판의 청구인능력이 인정된다」고 판시하였다.[112]

> **판례** 『[1] 청구인은 이 사건 모집정지에 대하여 행정소송을 제기하지 아니한 채 바로 헌법소원심판을 청구하였으므로 보충성 요건을 갖추었는지 여부가 문제되지만, 법인화되지 않은 국립대학은 영조물에 불과하고, 그 총장은 국립대학의 대표자일 뿐이어서 행정소송의 당사자능력이 인정되지 않는다는 것이 법원의 확립된 판례이므로, 설사 청구인이 이 사건 모집정지에 대하여 행정소송을 제기한다고 할지라도 부적법 각하될 가능성이 많아 행정소송에 의하여 권리 구제를 받을 가능성이 없는 경우에 해당되고, 따라서 보충성의 예외를 인정함이 상당하다.
> [2] 헌법 제31조 제4항이 규정하는 교육의 자주성 및 대학의 자율성은 헌법 제22조 제1항이 보장하는 학문의 자유의 확실한 보장을 위해 꼭 필요한 것으로서 대학에 부여된 헌법상 기본권인 대학의 자율권이므로, 국립대학인 청구인도 이러한 대학의 자율권의 주체로서 헌법소원심판의 청구인능력이 인정된다.』
> (헌재 2015. 12. 23, 2014헌마1149)

3. 권리보호의 필요(협의의 소의 이익)

(1) 의의

권리보호의 필요란 원고의 청구가 당해 소송에 의하여 해결할 만한 현실적인 필요성을 의미하며, 협의의 소의 이익이라고도 한다. 처분의 취소소송을 제기할 원고적격이 있는 자라도 그 처분의 취소로 인하여 회복되는 아무런 법률상 이익이 없는 경우에는 소의 이익(권리보호의 필요)이 인정되지 않아 각하판결을 받게 된다. 예컨대 건물철거명령이 내려진 후에 해당 건물이 대집행에 의해 강제철거된 경우에는 건물철거명령이 취소된다 하더라도 - 위법한 대집행으로 인한 손해배상청구소송을 제기하는 것은 별론으로 하고 - 상대방에게 아무런 실효성이 없으므로 그 처분의 취소를 구할 소의 이익이 인정되지 않는다.

이러한 권리보호의 필요는 '이익 없으면 소 없다'는 법언이 보여주는 바와 같이 소송제도에 당연히 내재하는 요건이다. 이를 통하여 법원은 본안판결을 필요로 하는 사건에만 그 정력을 집중할 수 있게 되며, 또한 소송의 상대방으로서는 불필요한 소송에 응해야 하는 번거로움을 피할 수 있게 된다.

---

112) 헌재 2015. 12. 23, 2014헌마1149. 이 사건의 본안에 대해서는, 교육부장관의 모집정지조치는 과잉금지원칙에 반하여 대학의 자율권을 과도하게 침해하여 위헌이라고 판시하였다.

(2) 법적 근거

행정소송법 제12조 제2문은 '원고적격'이라는 제목 아래 「처분 등의 효과가 소멸된 뒤에도 그 처분 등의 취소로 인하여 회복되는 법률상 이익이 있는 자의 경우에도 또한 같다」고 규정하고 있는데, 이 규정의 성질에 대해 다툼이 있다.

다수의 견해에 의하면, 제12조 제2문은 비록 '원고적격'이라는 제목하에 규정하고 있지만 이는 원고적격에 관한 것이 아니라 협의의 소의 이익에 관한 것이라고 한다.[113] 이에 반해 다른 견해는, 제12조 제2문은 처분의 효력이 소멸된 후에도 그 취소로 인해 회복되는 법률상 이익이 있는 자는 원고적격을 갖는다는 것을 규정한 것이며, 현행 행정소송법에는 권리보호의 필요에 관한 직접적인 규정은 없다고 한다.[114]

생각건대, 처분의 효과가 소멸된 후에 소송을 통해 그 취소를 구할 법률상 이익이 인정되는지의 문제는 원고적격의 문제가 아니라 권리보호의 필요의 문제라고 보는 것이 타당할 것이다. 예컨대 갑에 대해 1개월의 영업정지처분이 내려진 경우에 갑의 친구 을이 그에 대해 취소소송을 제기할 수 있는지는 원고적격의 문제이고, 1개월의 영업정지기간이 경과되어 해당 영업정지처분의 효과가 소멸된 후에 갑이 자신에 대한 영업정지처분에 대한 취소소송을 제기할 수 있는지는 권리보호의 필요의 문제이다(이 경우 갑의 원고적격은 전혀 문제되지 않는다).

구체적으로 어떠한 경우에 권리보호의 필요가 인정될 것인지에 관해서는 소송의 유형별로 나누어 살펴보기로 한다.

(3) 판례의 입장

1) 원칙론

① 기간의 경과·집행의 종료 등으로 인하여 처분의 효과가 소멸한 뒤에는 원칙적으로 처분의 취소를 구할 소의 이익이 부인된다. 제소 후에 처분의 효과가 소멸한 경우에도 마찬가지이다.

판례는, 광업권취소처분 취소소송의 변론종결 전에 광업권존속기간이 만료된 경우, 대집행의 실행이 완료된 후의 계고처분취소청구, 건축공사가 완료된 후의 건축허가취소청구, 소음·진동배출시설설치허가 취소처분에 대한 취소소송의 변론종결 전에 배출시설이 철거된 경우 등에 있어 소의 이익을 부인하였다.[115]

또한 주택재개발(재건축)사업이 완료되어 이전고시가 행해지면 조합원 등은 관리처분계획이 정한 바에 따라 획일적·일률적으로 새로운 법률관계가 형성되므로, 조합원 등은 사업시행과정에서

---

113) 김남진/김연태(I), 889면; 김남철, 844면; 박균성(상), 1379면; 정하중/김광수, 704면; 하명호, 578면. 한편 김남진/김연태 교수는 처분의 효과가 소멸된 후에는 취소의 대상이 존재하지 않음에도 불구하고 '처분의 취소로 인하여 회복되는 법률상 이익'이라고 규정한 것은 적절한 표현이 아니며, 따라서 처분의 효과가 소멸된 후에는 그 처분이 위법이었음을 확인할 정당한 이익이 있는 경우에 권리보호의 필요가 인정된다고 한다(김남진/김연태(I), 889면).
114) 홍정선(상), 1181면.
115) 대판 1995. 7. 11, 95누4568; 대판 1995. 7. 28, 95누2623; 대판 1992. 4. 24, 91누11131; 대판 2002. 1. 11, 2000두2457.

의 수용재결, 사업시행계획, 사업시행인가, 관리처분계획, 관리처분계획인가 등에 대한 취소를 구할 법률상 이익이 인정되지 않는다고 하였다.[116]

국민권익위원회의 징계권고결정에 따라 행정청이 대상 공무원(갑)에게 불문경고처분을 하였는바, 갑은 불문경고처분에 대해 불복하지 않아 그대로 확정된 후 국민권익위원회의 징계권고결정에 대한 취소소송을 제기한 사건에서 판례는, 국민권익위원회의 징계권고결정은 행정청의 불문경고처분으로 인해 이미 목적을 달성하여 그 법적 효과가 소멸하였으므로, 그에 대한 취소를 구할 법률상 이익이 없게 되었다고 하였다.[117]

② 처분청이 직권으로 처분을 취소하면 그 처분은 더 이상 존재하지 않게 되므로 원칙적으로 그 처분의 취소를 구할 소의 이익이 없다.[118] 또한 처분청이 당초의 처분을 취소하고 그에 갈음해서 새로운 처분을 한 경우에도 원칙적으로 당초의 처분의 취소를 구할 소의 이익이 없다.[119]

③ 행정처분의 근거법령이 폐지되어 더 이상 해당 처분이 불가능하게 된 경우에도, 거부처분의 취소를 구할 소의 이익이 없다는 것이 판례의 입장이다. 예컨대 주택건설사업계획의 사전결정 신청에 대한 반려처분이 행해져서 그에 대한 취소소송의 계속 중에 주택건설촉진법의 개정으로 사전결정제도가 폐지된 경우에는, 부칙에서 별도의 규정이 없는 한 원고가 승소하여 반려처분이 취소된다 하더라도 사전결정을 받을 수 없으므로, 더 이상 반려처분의 취소를 구할 소의 이익이 없다고 한다.[120]

④ 취소소송은 처분에 의해 발생한 위법상태를 배제하여 처분으로 인해 침해된 권리나 이익을 구제하기 위한 것이므로, 해당 처분의 취소를 구하는 것보다 실효적이고 직접적인 구제수단이 있는 경우에는 해당 처분의 취소를 구할 법률상 이익이 없다는 것이 판례의 입장이다.[121]

---

116) 대판 2019. 4. 23, 2018두55326; 대판 2022. 1. 13, 2021두50772.

117) 대판 2022. 1. 27, 2021두40256.

118) 대판 2019. 6. 27, 2018두49130; 대판 2020. 4. 9, 2019두49953. <대판 2018두49130의 사건개요> 병무청장은 여호와의 증인 신도인 갑 등 병역의무기피자에 대한 인적사항 공개결정을 한 다음 그들의 인적사항을 인터넷 홈페이지에 공개하였다. 이에 갑 등은 공개결정 취소소송을 제기하였는바, 소송의 계속 중에 대법원이 양심적 병역거부가 병역법 제88조에서 정한 병역의무 불이행의 정당한 사유에 해당할 수 있다는 취지로 판례를 변경하자 병무청장은 갑 등에 대한 공개결정을 직권으로 취소하고 그들의 인적사항을 인터넷 홈페이지에서 삭제하였다. 이에 대법원은 병무청장이 공개결정을 취소함으로써 그 처분은 효력을 상실하여 더 이상 존재하지 않게 되었고, 이 경우 예외적으로 소의 이익을 인정할 사유에도 해당되지 않는다는 이유로 소를 각하하였다.

119) 대판 1997. 9. 26, 96누1931. 동지의 판례: 2002. 9. 6, 2001두5200. 예컨대 행정청이 당초의 운전면허취소처분이 너무 무겁다고 보아 이를 취소하고 새로이 운전면허정지처분을 한 경우에 운전면허취소처분은 이미 취소되어 더 이상 존재하지 않으므로 그에 대한 취소를 구할 소의 이익이 없다(대판 1997. 9. 26, 96누1931).

120) 대판 1999. 6. 11, 97누379.

121) 대판 2017. 10. 31, 2015두45045. <사건개요> 갑의 사업계획변경승인 신청에 대해 행정청이 증빙서류 불비를 이유로 거부처분(반려처분)을 하자 갑이 행정심판을 제기하였는바, 행정심판위원회는 거부처분이 위법하다는 이유로 인용재결(거부처분 취소재결)을 내렸다. 이에 사업계획변경에 대해 이해관계를 가지는 을이 행정심판위원회의 인용재결에 대한 취소소송을 제기한 사안이다. 이에 대해 판례는, i) 반려처분을 취소하는 재결이 있더라도 그에 따른 행정청의 후속처분(이 사건에서는 사업계획변경승인)이 있기까지는 제3자의 권리·이익에 변동이 발생하지 않으며, ii) 행정청이 재결에 따라 후속처분을 한 경우에는 제3자는 재결에 대한 취소소송을 제기하지 않고도 곧바로 후속처분에 대한 취소소송을 제기하여 다툴 수 있는 점 등에 비추어 볼 때, 후속처분이 아니라 재결의 취소를 구하는 것은 실효적이고 직접적인 권리구제수단이 될 수 없어 분쟁해결의 유효적절한 수단이라고 할 수 없으므로 법률상 이익이 없다고 하였다.

2) 예외적으로 소의 이익이 인정되는 경우

① 기간의 경과나 집행의 종료로 인하여 처분의 효과가 소멸한 뒤에도 그 처분의 취소로 회복되는 **법률상 이익이 있는 경우** : 기간의 경과나 집행의 종료로 인하여 처분의 효과가 소멸한 뒤에도 '그 처분의 취소로 인하여 회복되는 법률상 이익이 있는 경우'에는 예외적으로 소의 이익이 인정되는 데(행정소송법 12조 2문), 판례상 나타난 구체적 사안은 다음과 같다.

i) 지방의회 의원 제명처분에 대한 취소소송의 계속 중 의원의 임기가 만료된 경우 : 과거 지방의 회 의원은 명예직으로서 회의수당·여비 이외에 별도의 보수는 지급하지 않았는바, 지방의회 의원 제명처분에 대한 취소소송의 계속 중에 의원의 임기가 만료된 경우에는 제명처분 취소소송에서 승소한다 하더라도 지방의회 의원으로서의 지위를 회복할 수 없으므로 제명처분의 취소를 구할 소의 이익이 없다는 것이 판례의 입장이었다.122) 그러나 지방자치법이 개정되어 지방의회 의원에 대해 월정수당을 지급하기로 한 후에는 판례의 입장이 바뀌었다. 즉, 지방의회 의원에게 지급되는 비용 중 적어도 월정수당은 지방의회 의원의 직무활동에 대한 대가로 지급되는 보수의 일종이라 고 하면서, 지방의회 의원에 대한 제명의결 취소소송의 계속 중에 의원의 임기가 만료된 경우에는 제명의결의 취소로 지방의회 의원으로서의 지위를 회복할 수는 없다 할지라도 그 취소로 인하여 최소한 제명의결시부터 임기만료일까지의 기간에 대해 월정수당의 지급을 구할 수 있는 등 여전 히 그 제명의결의 취소를 구할 법률상 이익은 남아있다고 하였다.123)

ii) 공무원이 징계처분을 받은 후 퇴직한 경우 : 공무원이 징계처분을 받은 후 퇴직124)한 경우에 징계처분의 취소를 구할 소의 이익이 인정되는지가 문제되는데, 이에 관한 판례의 입장은 다음과 같다.

㉠ 감봉처분에 대한 취소소송의 계속 중에 원고가 사직서를 제출하여 퇴직한 사건에서, 서울 고등법원은 퇴직에 의해 감봉처분의 취소를 구할 소의 이익이 없어졌다고 하였다.125) 그러나 이에 대한 상고심에서 대법원은, 감봉처분이 취소되면 퇴직 전까지의 삭감된 급여를 청구할 수 있게 되 므로 비록 해당 공무원이 자진 퇴직하였다 하더라도 감봉처분의 취소를 구할 소의 이익이 인정된 다고 하였다.126)

㉡ 징계에 의하여 파면처분을 받은 자가 그에 대한 취소소송을 제기하였는데 그 후 형사사건 에서 집행유예 판결이 확정되어 당연퇴직된 경우에 파면처분 취소소송의 소의 이익이 인정되는지 가 문제되었다. 이에 대해 대법원은, 원고가 비록 당연퇴직사유의 발생으로 공무원의 신분을 상실 하였다 하여도 최소한도 파면처분이 있은 때로부터 당연퇴직일자까지의 기간에 있어서는 파면처 분의 취소를 구하여 그로 인해 박탈당한 이익의 회복을 구할 소의 이익이 있다고 하였다.127)

---

122) 대판 1996. 2. 9, 95누14978.
123) 대판 2009. 1. 30, 2007두13487.
124) 사직원의 제출에 의한 의원면직뿐만 아니라 형의 선고 등에 의한 당연퇴직, 정년으로 인한 퇴직 등을 포함한다.
125) 서울고판 1974. 6. 18, 73구255.
126) 대판 1977. 7. 12, 74누147.
127) 대판 1985. 6. 25, 85누39.

iii) 행정상 제재처분을 받으면 장래 같은 종류의 위반행위시 위반 횟수에 따라 가중처벌하도록 규정하고 있는 경우 : 행정상 제재처분을 받으면 장래 같은 종류의 위반행위시 위반 횟수에 따라 가중처벌하도록 규정하고 있는 경우에 제재처분의 효과가 소멸한 뒤에도 그 처분의 취소를 구할 소의 이익이 인정되는지가 문제되는데, 이에 관한 판례의 입장은 다음과 같다.

㉠ '법률이나 시행령(대통령령)'에서 위반 횟수에 따라 가중처벌하도록 규정하고 있는 경우에는 제재처분의 효과가 소멸한 뒤에도 그 취소를 구할 소의 이익이 있다는 것이 판례의 입장이다.

판례 ① 『의료법 제53조 제1항은 보건복지부장관으로 하여금 일정한 요건에 해당하는 경우 의료인의 면허자격을 정지시킬 수 있도록 하는 근거 규정을 두고 있고, 한편 같은 법 제52조 제1항 제3호는 보건복지부장관은 의료인이 3회 이상 자격정지처분을 받은 때에는 그 면허를 취소할 수 있다고 규정하고 있는바, 이와 같이 의료법에서 의료인에 대한 제재적인 행정처분으로서 면허자격정지처분과 면허취소처분이라는 2단계 조치를 규정하면서 전자의 제재처분을 보다 무거운 후자의 제재처분의 기준요건으로 규정하고 있는 이상 자격정지처분을 받은 의사로서는 면허자격정지처분에서 정한 기간이 도과되었다 하더라도 그 처분을 그대로 방치하여 둠으로써 장래 의사면허취소라는 가중된 제재처분을 받게 될 우려가 있는 것이어서 의사로서의 업무를 행할 수 있는 법률상 지위에 대한 위험이나 불안을 제거하기 위하여 면허자격정지처분의 취소를 구할 이익이 있다.』 (대판 2005. 3. 25, 2004두14106)

② 『건설기술관리법시행령에서 감리원에 대한 제재적인 업무정지처분을 일반정지처분과 가중정지처분의 2단계 조치로 규정하면서 전자의 제재처분을 좀 더 무거운 후자의 제재처분의 요건으로 규정하고 있는 이상, 감리원 업무정지처분에서 정한 업무정지기간이 도과되었다 하더라도 위 처분을 그대로 방치하여 둠으로써 장래 가중된 감리원 업무정지의 행정처분을 받게 될 우려가 있다는 점에서 감리원으로서 업무를 행할 수 있는 법률상 지위에 대한 위험이나 불안을 제거하기 위하여 위 처분의 취소를 구할 법률상 이익이 있다고 보아야 할 것이다.』 (대판 1999. 2. 5, 98두13997)

㉡ '시행규칙(총리령·부령)'에서 위반 횟수에 따라 가중처벌하도록 규정하고 있는 경우가 특히 문제되는데, 종래의 판례는 제재처분의 기준을 정한 시행규칙은 대외적 구속력이 없다는 이유로 제재처분의 효과가 소멸한 후에는 더 이상 그 처분의 취소를 구할 소의 이익이 없다고 하였다.[128] 그러나 2006년 대법원 전원합의체판결에서는 종전의 입장을 바꾸어 소의 이익을 인정하였는데, 다만 그 논거에 관해서는 의견이 나뉘었다.[129] 다수의견은 제재처분의 기준을 정한 시행규칙의 성질이 행정규칙에 해당한다는 전통적 입장에 서면서도, 행정규칙의 내부적 구속력에 의해 관할 행정청이나 담당 공무원은 이를 준수할 의무가 있기 때문에 국민은 위 시행규칙에서 정한 바에 따라 가중된 제재처분을 받을 우려가 현실적으로 존재한다는 이유로 소의 이익을 인정하였다. 이에 반해 소수의견(별개의견)은 소의 이익을 인정하는 다수의견의 결론에는 찬성하지만, 그 논거에 있

---

128) 종래의 판례는 소의 이익을 부정한 것(대판 1992. 7. 10, 92누3625; 대판 1993. 9. 14, 93누4755; 대판 1995. 7. 14, 95누4087)과 긍정한 것(대판 1993. 9. 14, 93누12572; 대판 1993. 12. 21, 93누21255)이 엇갈려 오나가, 1995년 대법원 전원합의체판결에서 소의 이익을 부정하는 것으로 입장을 정리하였다(대판 1995. 10. 17, 94누14148 이 판결에서 13명의 대법관 중 소의 이익을 부정하는 다수의견을 취한 자는 7명이고, 이에 반대하여 소의 이익을 인정하여야 한다는 소수의견을 낸 자는 6명이었다).
129) 대판 2006. 6. 22, 2003두1684.

어서는 '시행규칙의 대외적 구속력을 인정'하는 이론적 기초 위에 소의 이익을 인정하여야 한다고 하였다.[130)

> **판례** 『(다수의견) 제재적 행정처분이 그 처분에서 정한 제재기간의 경과로 인하여 그 효과가 소멸되었으나, 부령인 시행규칙 또는 지방자치단체의 규칙(이하 '규칙'이라고 한다)의 형식으로 정한 처분기준에서 제재적 행정처분(이하 '선행처분'이라고 한다)을 받은 것을 가중사유나 전제요건으로 삼아 장래의 제재적 행정처분(이하 '후행처분'이라고 한다)을 하도록 정하고 있는 경우, 제재적 행정처분의 가중사유나 전제요건에 관한 규정이 법령이 아니라 규칙의 형식으로 되어 있다고 하더라도, 그러한 규칙이 법령에 근거를 두고 있는 이상 그 법적 성질이 대외적 · 일반적 구속력을 갖는 법규명령인지 여부와는 상관없이, 관할 행정청이나 담당 공무원은 이를 준수할 의무가 있으므로 이들이 그 규칙에 정해진 바에 따라 행정작용을 할 것이 당연히 예견되고, 그 결과 행정작용의 상대방인 국민으로서는 그 규칙의 영향을 받을 수밖에 없다. 따라서 그러한 규칙이 정한 바에 따라 선행처분을 받은 상대방이 그 처분의 존재로 인하여 장래에 받을 불이익, 즉 후행처분의 위험은 구체적이고 현실적인 것이므로, 상대방에게는 선행처분의 취소소송을 통하여 그 불이익을 제거할 필요가 있다. … 이상의 여러 사정과 아울러, 국민의 재판청구권을 보장한 헌법 제27조 제1항의 취지와 행정처분으로 인한 권익침해를 효과적으로 구제하려는 행정소송법의 목적 등에 비추어, 규칙이 정한 바에 따라 선행처분을 가중사유 또는 전제요건으로 하는 후행처분을 받을 우려가 현실적으로 존재하는 경우에는, 선행처분을 받은 상대방은 비록 그 처분에서 정한 제재기간이 경과하였다 하더라도 그 처분의 취소소송을 통하여 그러한 불이익을 제거할 권리보호의 필요성이 충분히 인정된다고 할 것이므로, 선행처분의 취소를 구할 법률상 이익이 있다고 보아야 한다.
> (대법관 이강국의 별개의견) 다수의견이 위와 같은 경우 선행처분의 취소를 구할 법률상 이익을 긍정하는 결론에는 찬성하지만, 그 이유에 있어서는 부령인 제재적 처분기준의 법규성을 인정하는 이론적 기초 위에서 그 법률상 이익을 긍정하는 것이 법리적으로는 더욱 합당하다고 생각한다. 상위법령의 위임에 따라 제재적 처분기준을 정한 부령인 시행규칙은 헌법 제95조에서 규정하고 있는 위임명령에 해당하고, 그 내용도 실질적으로 국민의 권리의무에 직접 영향을 미치는 사항에 관한 것이므로, 단순히 행정기관 내부의 사무처리준칙에 지나지 않는 것이 아니라 대외적으로 국민이나 법원을 구속하는 법규명령에 해당한다고 보아야 한다.』(대판 2006. 6. 22, 2003두1684)

　　iv) 학교법인 이사취임승인취소처분 또는 임시이사선임처분에 대한 취소소송 : 종래 대법원은 '학교법인 이사취임승인 취소처분'에 대한 취소소송의 계속 중에 해당 이사의 임기가 만료된 경우에는 더 이상 그 처분의 취소를 구할 소의 이익이 없다고 하였다.[131)

　　그러나 2007년 대법원 전원합의체판결에서는 이사취임승인 취소처분이 취소되면 비록 해당 이사의 임기가 만료되었다 하더라도 민법 제691조의 유추적용에 의하여 직무에 관한 긴급처리권을 가질 수 있다는 이유로 소의 이익을 인정하였다.[132)

　　v) 병역의무자가 현역병입영통지처분에 따라 입영한 후에 현역병입영통지처분에 대한 취소소송을 제기한 경우 : 병역의무자가 현역병입영통지처분에 따라 입영한 후에 현역병입영통지처분에 대한

---

130) 대판 2006. 6. 22, 2003두1684.
131) 대판 1995. 3. 10, 94누8914; 대판 1997. 4. 25, 96누9171; 대판 1999. 6. 11, 96누10614; 대판 2002. 11. 26, 2001두2874; 대판 2003. 3. 14, 2002두10568; 대판 2003. 10. 24, 2003두5877.
132) 대판 2007. 7. 19, 2006두19297.

취소소송을 제기한 사건에서 서울고등법원은 「입영한 후에는 현역병입영통지처분은 집행이 종료되어 효력을 상실하게 되므로 해당 처분의 취소를 구할 소의 이익이 없다」고 하였다.[133] 그러나 이에 대한 상고심에서 대법원은 「현역병입영통지처분에 따라 현실적으로 입영을 한 경우에는 그 처분의 집행은 종료되지만, 입영으로 그 처분의 목적이 달성되어 실효되었다는 이유로 다툴 수 없도록 한다면 병역법상 현역입영대상자로서는 현역병입영통지처분이 위법하다 하더라도 법원에 의하여 그 처분의 집행이 정지되지 아니하는 이상 현실적으로 입영을 할 수밖에 없으므로 현역병입영통지처분에 대하여는 불복을 사실상 원천적으로 봉쇄하는 것이 된다」고 하여 그 처분의 취소를 구할 소의 이익을 인정하였다.[134]

vi) 병역의무기피자의 인적사항 공개결정에 따라 인터넷에 공개가 완료된 경우 : 병무청장이 병역의무기피자의 인적사항 공개결정을 한 후 그들의 인적사항을 인터넷 홈페이지에 게시함으로써 이미 공개가 완료되었다 하더라도, 재판에서 공개결정의 위법성이 인정되어 취소판결이 내려지면 병무청장은 취소판결의 기속력에 따라 위법한 결과를 제거하는 조치를 취할 의무가 있으므로 공개대상자의 실효적 권리구제를 위해 공개결정의 취소를 구할 소의 이익이 인정된다고 하였다.[135]

vii) 공장등록이 취소된 후 그 공장시설물이 철거된 경우 : 공장등록이 취소된 후 그 공장시설물이 철거되었다 하더라도 대도시 안의 공장을 지방으로 이전할 경우 조세특례제한법상의 세금감면 혜택이 있고, 「공업배치 및 공장설립에 관한 법률」상의 간이 이전절차 및 우선입주 혜택이 있는 경우 그 공장등록취소처분의 취소를 구할 법률상 이익이 인정된다고 하였다.[136]

viii) 공장건축허가의 기초가 되는 공장설립승인처분이 취소된 경우에 인근주민이 공장건축허가 또는 건축물사용승인처분의 취소를 구할 소의 이익이 있는지 여부 : 관계 법령에 따르면 공장설립승인처분이 있고 난 뒤에 또는 그와 동시에 공장건축허가처분을 하는 것이 허용되므로, 공장설립승인처분이 취소된 경우에는 그 승인처분을 기초로 한 공장건축허가처분 역시 취소되어야 한다. 따라서 개발제한구역 안에서의 공장설립을 승인한 처분이 위법하다는 이유로 쟁송취소되었다 하더라도, 그 승인처분에 기초한 공장건축허가처분이 잔존하는 이상 인근주민들은 여전히 공장건축허가처분의 취소를 구할 법률상 이익이 있다.[137] 그러나 건축물사용승인은 건축허가에 따라 건축된 건물의 사용을 개시할 수 있다는 법률효과를 부여하는 처분에 지나지 않고 건축물의 계속적인 사용을 허용하거나 용도와 다른 사용을 정당화하는 법률효과까지 부여하는 것은 아니므로, 건축허가 자체가 위법한 경우에는 건축허가처분의 취소를 구하면 족하고 사용승인처분의 취소를 구할 법률상 이익은 없다고 한다.[138]

---

133) 서울고판 2003. 1. 28, 2002누5704.
134) 대판 2003. 12. 26, 2003두1875.
135) 대판 2019. 6. 27, 2018두49130. 다만 병역의무기피자의 인적사항이 공개된 후 병무청장이 공개결정을 직권으로 취소하고 게시물을 인터넷 홈페이지에서 삭제한 경우에는 그 처분은 효력을 상실하여 더 이상 존재하지 않게 되었고, 이 경우 예외적으로 소의 이익을 인정할 사유에도 해당되지 않으므로 공개결정의 취소를 구할 소의 이익이 인정되지 않음은 앞에서 설명한 바와 같다.
136) 대판 2002. 1. 11, 2000두3306.
137) 대판 2018. 7. 12, 2015두3485.

ix) 부실금융기관의 영업인가가 취소된 후 그 금융기관에 대한 파산결정이 확정된 경우 : 금융감독위원회가 부실금융기관의 영업인가를 취소하고 법원에 그 금융기관에 대한 파산신청을 하여 파산결정이 확정되고 이미 파산절차가 상당부분 진행된 상태에서 해당 금융기관이 영업인가취소처분의 취소를 구할 소의 이익이 있는지가 문제되었다. 이에 대해 대법원은 「원고에 대한 파산결정이 확정되고 이미 파산절차가 상당부분 진행되고 있다 하더라도 파산종결이 될 때까지는 그 가능성이 매우 적기는 하지만 동의폐지나 강제화의(強制和議) 등의 방법으로 원고가 영업활동을 재개할 가능성이 여전히 남아 있다 할 것이므로, 원고는 영업인가취소처분에 대한 취소를 구할 소의 이익이 있다」고 하였다.139)

② 처분의 효과가 소멸한 뒤에도 그 처분과 동일한 사유로 위법한 처분이 반복될 위험성이 있어서 처분의 위법성 확인 내지 불분명한 법률문제에 대한 해명이 필요한 경우 : 처분의 효과가 소멸된 뒤에는 원칙적으로 처분의 취소를 구할 소의 이익이 인정되지 않지만, 그 처분과 동일한 사유로 위법한 처분이 반복될 위험성이 있어 행정처분의 위법성 확인 내지 불분명한 법률문제에 대한 해명이 필요한 경우에는 행정의 적법성 확보와 그에 대한 사법통제, 국민의 권리구제의 확대 등의 측면에서 예외적으로 그 처분의 취소를 구할 소의 이익이 인정될 수 있다는 것이 판례의 입장이다.140)

이와 관련하여 '그 처분과 동일한 사유로 위법한 처분이 반복될 위험성이 있는 경우'란 '해당 사건의 동일한 소송당사자 사이에서' 반복될 위험이 있는 경우를 의미하는지가 문제된다. 이에 관해 종래 판례는 "동일한 소송당사자 사이에서 그 처분과 동일한 사유로 위법한 처분이 반복될 위험성이 있는 경우"라고 하였는데,141) 대법원 2020두30450 판결에서는 "여기에서 '그 행정처분과 동일한 사유로 위법한 처분이 반복될 위험성이 있는 경우'란 불분명한 법률문제에 대한 해명이 필요한 상황에 대한 대표적인 예시일 뿐이며, 반드시 '해당 사건의 동일한 소송 당사자 사이에서' 반복될 위험이 있는 경우만을 의미하는 것은 아니다"고 판시하였다.142)

> **판례** 『행정처분의 무효확인 또는 취소를 구하는 소가 제소 당시에는 소의 이익이 있어 적법하였는데, 소송 계속 중 해당 행정처분이 기간의 경과 등으로 그 효과가 소멸한 때에 처분이 취소되어도 원상회복이 불가능하다고 보이는 경우라도, 무효확인 또는 취소로써 회복할 수 있는 다른 권리나 이익이 남아 있거나 또는 그 행정처분과 동일한 사유로 위법한 처분이 반복될 위험성이 있어 행정처분의 위법성 확인 내지 불분명한 법률문제에 대한 해명이 필요한 경우에는 행정의 적법성 확보와 그에 대한 사법통제, 국민의 권리구제 확대 등의 측면에서 예외적으로 그 처분의 취소를 구할 소의 이익을 인정할 수 있다. 여기에서 '그 행정처분과 동일한 사유로 위법한 처분이 반복될 위험성이 있는 경우'란 불분명한 법률문제에 대한 해명이 필요한 상황에 대한 대표적인 예시일 뿐이며, 반드시 '해당 사건의 동일한 소송당사자 사이에서' 반복될 위험이 있는 경우만을 의미하는 것은 아니다.』 (대판 2020. 12. 24, 2020두30450)

---

138) 대판 2015. 1. 29, 2013두35167.
139) 대판 2006. 7. 28, 2004두13219.
140) 대판 2020. 4. 9, 2019두49953; 대판 2020. 12. 24, 2020두30450.
141) 대판 2008. 2. 14, 2007두13203; 대판 2020. 4. 9, 2019두49953.
142) 대판 2020. 12. 24, 2020두30450.

3) 기타 소의 이익에 관한 판례의 입장

① 처분 후의 사정에 의하여 이익침해가 해소된 경우에는 원칙적으로 처분의 취소를 구할 소의 이익이 인정되지 않는다. 이러한 점에서 대법원은 치과의사 국가시험에 불합격한 자가 새로 실시된 치과의사 국가시험에 합격한 경우 또는 사법시험 1차시험에 불합격한 자가 새로 실시된 같은 시험에 합격한 경우에는 종전의 불합격처분의 취소를 구할 소의 이익이 없다고 하였다.143) 조세부과처분에 대한 취소소송의 계속 중에 처분청이 그 조세부과처분을 직권으로 취소한 경우와 건축허가취소처분에 대한 취소소송의 계속 중에 행정심판에서 당해 처분에 대한 취소재결이 내려진 경우에 소의 이익을 부인한 것도 같은 취지라 생각된다.144)

그러나 고등학교에서 퇴학처분을 당한 후 고등학교졸업학력검정고시에 합격하였다 하더라도 그것(검정고시 합격)으로는 고등학교학생으로서의 신분과 명예가 회복될 수 없기 때문에 퇴학처분의 취소를 구할 소의 이익이 있다고 하였다.145)

② 국립대학 입시 불합격처분의 취소소송의 계속 중에 당해 연도의 입학시기가 지났더라도, 만일 원고가 합격자로 인정되면 다음 해의 입학시기에 입학할 수도 있으므로 불합격처분의 취소를 구할 법률상 이익이 있다고 한다.146)

③ 재소자의 영치물(긴소매 티셔츠) 사용신청에 대하여 교도소장이 불허처분을 한 후 그 재소자가 다른 교도소로 이송됨으로써 불허처분을 한 교도소장의 관리하에 있지 않은 경우에도 불허처분의 취소를 구할 법률상 이익이 인정된다고 한다.147)

④ 영업양도에 따른 지위승계신고가 수리되었다 하더라도 영업양도계약이 무효인 경우에는 수리행위도 당연무효이고, 따라서 영업양도가 무효라고 주장하는 양도인은 민사소송으로 양도계약의 무효를 구하지 않고 곧바로 신고수리처분의 무효확인을 구할 법률상 이익이 있다고 한다.148)

4. 피 고

(1) 피고적격

① 취소소송은 원칙적으로 '처분행정청'을 피고로 한다(13조 1항). 행정청은 국가 또는 지방자치단체의 기관에 불과하므로 소송에 있어 피고는 원래 권리·의무의 귀속주체인 국가 또는 지방자치단체가 되어야 하지만, 소송수행의 편의를 위하여 행정소송법은 특별히 항고소송의 경우 '행정청'을 피고로 하도록 규정하고 있는 점에 특색이 있다.

② 처분적 성질의 조례에 대한 무효확인소송을 제기함에 있어서는, 지방자치단체의 내부적 의결기관인 지방의회가 아니라 조례로서의 효력을 발생시키는 공포권이 있는 지방자치단체장을 피

---

143) 대판 1993. 11. 9, 93누6867; 대판 1996. 2. 23, 95누2865.
144) 대판 2006. 9. 8, 2006두8006; 대판 1997. 5. 30, 96누18632.
145) 대판 1992. 7. 24, 91누4737.
146) 대판 1990. 8. 28, 89누8255.
147) 부산고판 2007. 6. 1, 2007누191.
148) 대판 2005. 12. 23, 2005두3554.

고로 하여야 한다는 것이 판례의 입장이다.[149]

③ 행정청의 권한이 위임·위탁된 경우에는 그 '수임·수탁자'가 피고가 되는데 대하여, 권한의 대리 또는 내부위임의 경우에는 '본래의 권한을 가지는 행정청'이 피고가 되는 것이 원칙이다. 다만 내부위임의 경우 잘못하여 내부위임을 받은 행정기관이 자신의 명의로 처분을 행한 경우에는 당해 행정기관을 피고로 하여야 한다는 것이 판례의 입장이다.[150]

④ 국가공무원에 대한 징계처분 기타 불이익처분의 처분청이 대통령인 경우에는 소속 장관이 피고가 되며(국가공무원법 16조), 대법원장이 행한 처분에 대한 행정소송의 피고는 법원행정처장이 된다(법원조직법 70조).

⑤ 처분 등이 있은 뒤에 그 처분 등에 관계되는 권한이 다른 행정청에 승계된 때에는 이를 승계한 행정청을 피고로 한다(행정소송법 13조 1항 단서).

⑥ 처분 등이 있은 뒤에 처분행정청이 직제개편 등에 의해 없어진 경우에는 그 처분 등에 관한 사무가 귀속되는 국가 또는 공공단체를 피고로 한다(13조 2항).

(2) 피고경정

① **의의** : 피고의 경정이란 소송의 계속 중에 피고로 지정된 자를 다른 자로 변경하는 것을 말한다. 이는 행정소송의 경우 행정조직이 복잡하고 권한의 변경이 자주 있어 피고를 잘못 지정하는 경우가 많은데, 이러한 경우 소를 부적합한 것으로 각하하지 않고 정당한 피고로의 변경을 허용함으로써 원고의 권리구제의 길을 넓혀 주기 위한 것이다.

② **피고경정이 허용되는 경우**

i) 원고가 피고를 잘못 지정한 때에는 법원은 '원고의 신청'에 의하여 결정으로써 피고의 경정을 허가할 수 있다(14조 1항).[151] 구법에서는 피고를 잘못 지정한 데 대한 원고의 고의 또는 과실이 없는 경우에만 피고경정을 허용하였으나, 현행 행정소송법에서는 그러한 제한을 삭제하였다. 법원이 피고경정결정을 한 때에는 결정정본을 새로운 피고에게 송달하여야 한다(14조 2항). 피고경정신청을 각하하는 결정에 대해서는 즉시항고할 수 있다(14조 3항).

ii) 행정소송이 제기된 후에 처분 등에 관한 권한이 다른 행정청에 승계된 경우 또는 행정조직개편으로 처분행정청이 없어진 경우에는 법원은 '당사자의 신청 또는 직권'에 의하여 권한을 승계한 행정청 또는 처분 등에 관한 사무가 귀속되는 국가 또는 공공단체로 피고를 경정한다(14조 6항).

iii) 소의 변경이 있는 경우에도 피고의 경정이 인정된다(예컨대 취소소송을 당사자소송으로 변경한 경우 : 21조 2항).

③ **피고경정의 효과** : 피고경정결정이 있는 때에는 새로운 피고에 대한 소송은 처음에 소를 제기한 때에 제기된 것으로 보며, 종전의 피고에 대한 소송은 취하된 것으로 본다(14조 4항·5항).

---

149) 대판 1996. 9. 20, 95누8003.
150) 대판 1994. 8. 12, 94누2766.
151) 행정심판의 경우에는 당사자의 신청이 있는 경우뿐만 아니라 행정심판위원회의 직권으로도 피고경정이 가능하다(행정심판법 17조 2항).

V. 공동소송

행정소송법 제15조는 "수인(數人)의 청구 또는 수인에 대한 청구가 처분 등의 취소청구와 관련되는 청구인 경우에 한하여 그 수인은 공동소송인이 될 수 있다"고 규정하고 있는데, 이는 청구의 주관적 병합에 해당한다. 민사소송에 있어서는 "소송목적이 되는 권리나 의무가 여러 사람에게 공통되거나 사실상 또는 법률상 같은 원인으로 말미암아 생긴 경우"를 공동소송의 요건으로 하고 있는데 대해(민사소송법 65조), 취소소송에 있어서는 "취소청구와 관련되는 청구일 것"을 공동소송의 요건으로 하고 있는 점에 특징이 있다.

예컨대 청주시장이 A와 B가 공동으로 운영하는 영업에 대해 영업정지처분을 내린 경우에 A와 B는 관련된 처분에 대한 취소를 청구하는 것이므로 청주시장을 피고로 하여 공동으로 취소소송을 제기할 수 있다. 이에 반해, 청주시장이 C에 대하여 영업정지처분을 내리고 D에 대해 지방세부과처분을 내린 경우에 영업정지처분의 취소와 지방세부과처분의 취소는 관련청구에 해당하지 않기 때문에 C와 D가 청주시장을 피고로 하여 공동소송을 제기하는 것은 허용되지 않는다. 또한 E에 대하여 청주세무서장이 소득세(국세)부과처분을 내리고 청주시장이 자동차세(지방세)부과처분을 내린 경우에 소득세부과처분의 취소와 자동차세부과처분의 취소는 관련청구에 해당하지 않기 때문에 E는 청주세무서장과 청주시장을 공동피고로 하여 위 처분들에 대한 취소소송을 제기할 수 없다.

VI. 소송참가

1. 제3자의 소송참가

(1) 내용

법원은 소송의 결과에 따라 권리 또는 이익의 침해를 받을 제3자가 있는 경우에는 당사자 또는 제3자의 신청 또는 직권에 의하여 결정으로써 그 제3자를 소송에 참가시킬 수 있다. 여기에서의 '권리 또는 이익'은 '법률상의 이익'을 의미하며, 반사적 이익이나 사실상의 이익은 포함되지 않는다는 것이 통설적 견해이다. 법원이 위의 결정을 하고자 할 때에는 미리 당사자 및 제3자의 의견을 들어야 한다. 참가신청을 한 제3자는 그 신청이 각하된 경우에는 즉시항고할 수 있다(16조).

(2) 제도의 취지

제3자의 소송참가제도는 제3자효행정행위와 관련이 깊다. 즉, 제3자효행정행위에 있어 제3이해관계인이 처분청을 피고로 하여 해당 처분에 대한 취소소송을 제기한 경우에, 처분의 직접 상대방은 소송의 당사자는 아니지만 인용판결이 있는 경우 판결의 대세적 효력(29조·38조)에 의하여 자신에 대해서도 판결의 효력이 미치게 된다. 따라서 제3자의 소송참가제도는 당해 소송에 직접적인 이해관계를 갖는 자를 소송에 참여시켜 공격·방어의 기회를 줌으로써 재판의 공정성을 확보하고 이해관계인의 권리구제를 도모하기 위한 것이다. 예컨대, 주유소설치허가에 대해 인근주민이 그 취소소송을 제기한 경우에(이 경우 원고는 인근주민이고, 피고는 처분행정청임) 주유소설치허가를 받은 자를 당해 소송에 참가시키는 것이 그에 해당한다.

(3) 참가인의 지위

소송에 참가한 제3자에 대하여는 민사소송법 제67조(필수적 공동소송)의 규정을 준용하도록 하고 있다(16조 4항). 따라서 참가인은 공동소송인에 준하는 지위를 갖지만 직접적인 소송당사자는 아니므로 '공동소송적 보조참가인'의 지위에 있다고 보는 것이 통설적 견해이다. 이에 의하면 참가인은 피참가인의 소송행위와 저촉되는 행위도 가능하지만, 소송당사자는 아니므로 소송물을 처분하는 행위(취하·포기·인낙 등)는 할 수 없다.

2. 행정청의 소송참가

(1) 내용

법원은 다른 행정청을 소송에 참가시킬 필요가 있다고 인정할 때에는 당사자 또는 당해 행정청의 신청 또는 직권에 의하여 결정으로써 그 행정청을 소송에 참가시킬 수 있다. 법원이 위의 결정을 하고자 할 때에는 당사자 및 당해 행정청의 의견을 들어야 한다(17조).

(2) 참가행정청의 지위

소송에 참가한 행정청에 대하여는 민사소송법 제76조(보조참가인의 소송행위)의 규정을 준용하도록 하고 있다(17조 3항). 따라서 참가행정청은 '보조참가인'의 지위를 가지며, 피참가인의 소송행위와 저촉되는 행위는 할 수 없다.

Ⅶ. 취소소송의 대상

1. 개 설

행정소송법은 항고소송(취소소송과 무효등확인소송)의 대상을 '처분 등'으로 명시하고(19조, 38조 1항), 처분 등이란 '처분'과 '행정심판에 대한 재결'을 의미한다고 규정하고 있다(2조 1항 1호). 그리고 처분이란 「행정청이 행하는 구체적 사실에 대한 법집행으로서의 공권력의 행사 또는 그 거부와 그 밖에 이에 준하는 행정작용」이라고 정의하고 있는데, 이는 행정심판법이나 행정기본법·행정절차법에 규정된 처분과 같은 개념이다. 그러나 이러한 명시적인 정의규정에도 불구하고, i) 행정소송법상의 처분개념과 학문상의 행정행위개념이 같은 것인지, ii) 어떠한 행정작용이 이러한 처분개념에 포함된다고 볼 것인지 등에 관하여 다투어지고 있다.

2. 처 분

(1) 처분과 행정행위의 관계

① **실체법적 개념설(일원설)** : 행정소송법상의 처분개념을 학문상의 행정행위와 같은 것으로 보는 견해이다.[152] 즉, 행정작용은 그 법적 성질에 따라 명령·행정행위·공법상계약·사실행위 등 다양한 행위형식으로 나뉘고 각 행정작용은 그 특성에 따라 구제방법을 달리하는데,[153] 항고소송은 이 중에서 행정행위를 대상으로 하는 것이므로 행정소송법은 다른 행정작용과의 구별을 명확히 하기 위하여 행정행위(처분)의 개념에 대해 정의를 내린 것이라고 한다.

이러한 견해에 대해서는, 독일과 같이 다양한 행위형식에 합당한 각각의 구제방법[154]이 마련되지 않은 우리나라에서는 위법한 행정작용에 대한 주된 권리구제수단은 항고소송이라 할 수 있는데, 항고소송의 대상을 학문상의 행정행위에만 한정하면 국민의 권리구제의 범위가 좁아진다는 비판이 가해지고 있다.[155] 이러한 비판에 대해서는, 항고소송의 대상을 행정행위에 국한시키더라도 그 밖의 행정작용은 행정소송법에 규정되어 있는 당사자소송을 활성화하여 그것에 의해 구제를 하면 국민의 권리구제에 아무런 문제가 없을 것이라는 반론이 제기된다.[156]

② **쟁송법적 개념설(이원설)** : 행정소송법상의 처분개념을 학문상의 행정행위보다 넓은 의미로 이해하는 견해로서, 그 논거는 행정소송법이 처분을 정의함에 있어서 "그 밖에 이에 준하는 행정작용"이라는 비교적 포괄적인 표현을 하고 있는 것에서 찾는다. 이원설은 행정소송법상의 처분의 범위를 넓힘으로써 항고소송을 통한 국민의 권리구제의 기회를 확대하려는 의도를 가진다. 즉, 학문상의 행정행위는 아니더라도 실질적으로 국민생활을 일방적으로 규율하는 행정작용으로서 그에 대한 적절한 불복절차가 없는 경우에는 행정소송법상의 처분성을 인정하여 항고소송의 대상이 될 수 있도록 하자는 것이며, 그 대상으로는 권력적 사실행위, 행정내부행위, 행정조사, 사실상 강제력을 가지는 행정지도 등을 들고 있다.[157]

이러한 이원설에 대해서는 i) 서로 성질이 다른 작용을 하나의 법기술적인 도구개념인 처분에 포함시킴으로써 자칫 행정의 행위형식의 분류에 관한 그 동안의 학문적 노력을 무위(無爲)로 만들 우려가 있으며, ii) 국민의 권리구제를 확대하기 위해서는 처분의 범위를 확대하여 항고소송의 대상을 넓게 인정하는 방법을 통해서가 아니라, 각종의 행위형식에 맞는 다양한 소송유형을 인정함으로써 그 목적을 달성하는 것이 바람직하다는 등의 비판이 가해지고 있다.[158]

---

152) 정하중/김광수, 728면.
153) 예컨대 명령에 대해서는 구체적 규범통제, 행정행위에 대해서는 항고소송, 공법상 계약에 대해서는 당사자소송, 사실행위에 대해서는 일반이행소송에 의하는 것이 그에 해당한다.
154) 독일의 경우에는 우리나라와는 달리 의무이행소송과 부작위청구소송도 인정되며, 사실행위에 대해서는 일반적 이행소송에 의해 구제를 받을 수 있다.
155) 박균성(상), 1275면.
156) 정하중/김광수, 728면.
157) 김남진/김연태(I), 919면; 박균성(상), 1275면; 홍정선(상), 340면; 류지태/박종수, 722면.
158) 정하중/김광수, 728면. 정하중 교수는 독일의 경우 사실행위나 행정내부행위에 대해서는 일반적 이행소송에 의

(2) 처분 등의 개념요소

행정소송법에 의하면 처분의 개념요소는 i) 행정청의 행위, ii) 구체적 사실에 관한 법집행행위, iii) 공권력의 행사 또는 그 거부, iv) 그 밖에 이에 준하는 행정작용을 들 수 있는데, 이를 나누어 설명하면 다음과 같다.

1) 행정청의 행위

처분은 행정청이 행하는 행위이다. 행정청이란 학문적으로는 '행정주체의 의사를 결정해서 대외적으로 표시할 수 있는 권한을 가진 행정기관'을 의미하지만, 여기서의 행정청은 행정조직법적 의미가 아니라 기능적 의미로 이해된다. 따라서 행정조직법상의 행정청뿐만 아니라 행정권한을 위임·위탁받은 공공단체나 사인도 포함될 수 있다. 행정소송법도 「이 법을 적용함에 있어서 행정청에는 법령에 의하여 행정권한의 위임 또는 위탁을 받은 행정기관, 공공단체 및 그 기관 또는 사인이 포함된다」고 명시적으로 규정하고 있다(2조 2항).[159]

이에 관한 판례의 입장을 살펴보면 지방의회의 의장선거, 지방의회의 의장에 대한 불신임결의, 지방의회의 상임위원장 선임의결, 한국토지주택공사의 택지개발사업 및 이주대책에 관한 처분, 주택재건축조합의 관리처분계획, 근로복지공단의 산재보험료 부과행위, 요양 중인 근로자의 평균임금 정정신청에 대한 근로복지공단의 불승인행위, 공무원연금공단이 퇴직연금 중 일부 금액에 대하여 지급거부의 의사표시를 한 것, 법무사 사무원 채용승인 신청에 대한 지방법무사회의 거부조치 또는 채용승인을 취소하는 조치, 공법인인 총포·화약안전기술협회가 자신의 공행정활동에 필요한 재원을 마련하기 위하여 회비납부의무자에게 한 회비납부통지 등이 행정청의 행위로서 처분에 해당한다고 보았다.[160] 그러나 한국마사회는 행정청으로부터 행정권한을 위탁받은 단체가 아니므로 한국마사회가 조교사 또는 기수의 면허를 부여하거나 취소하는 것은 항고소송의 대상이 되는 처분에 해당하지 않는다고 보았다.[161]

> **판례** ① 『대한주택공사의 설립목적, 취급업무의 성질, 권한과 의무 및 택지개발사업의 성질과 내용 등에 비추어 같은 공사가 관계 법령에 따른 사업을 시행하는 경우 법률상 부여받은 행정작용권한을 행사하는 것으로 보아야 할 것이므로 같은 공사가 시행한 택지개발사업 및 이에 따른 이주대책에 관한 처분은 항고소송의 대상이 된다.』 (대판 1992. 11. 27, 92누3618)
>
> ② 『법무사의 사무원 채용승인 신청에 대하여 소속 지방법무사회가 '채용승인을 거부'하는 조치 또는

해 구제받도록 하고 있는데, 우리나라의 경우에는 행정소송법상의 당사자소송을 활용하여 행정행위 이외의 행정작용에 대한 구제를 도모할 것을 제안한다.

159) 개별법 규정을 살펴보면, 국민건강보험법은 국민건강보험공단의 보험료·보험급여 등에 관한 결정이 행정처분으로서 행정소송의 대상이 된다고 규정하고 있다(87조, 90조).

160) 대판 1995. 1. 12, 94누2602; 대결 1994. 10. 11, 94두23; 서울고결 1997. 5. 16, 97부341; 대판 1992. 11. 27, 92누3618; 대판 2009. 9. 17, 2007다2428; 대판 2011. 11. 24, 2009두22980; 대판 2012. 8. 23, 2010두20690; 대판 2020. 4. 9, 2019두61137; 대판 2004. 7. 8, 2004두244; 대판 2020. 4. 9, 2015다34444; 대판 2021. 12. 30, 2018다241458.

161) 대판 2008. 1. 31, 2005두8269.

일단 채용승인을 하였으나 법무사규칙 제37조 제6항을 근거로 '채용승인을 취소'하는 조치는 공법인인 지방법무사회가 행하는 구체적 사실에 관한 법집행으로서 공권력의 행사 또는 그 거부에 해당하므로 항고소송의 대상인 처분이라고 보아야 한다.』 (대판 2020. 4. 9, 2015다34444)

2) 구체적 사실에 대한 법집행행위

① 구체적 사실에 대한 법집행행위 : 처분은 구체적 사실에 대한 법집행행위이므로 개별적·구체적 규율의 성질을 가지며, 따라서 일반적·추상적 규율의 성질을 가지는 '명령'은 처분에 해당하지 않는다. 다만 집행행위를 매개로 하지 아니하고 직접 특정인의 권리·의무에 변동을 초래하는 이른바 '처분적 명령'은 예외적으로 항고소송의 대상이 될 수 있다. 판례는 두밀분교 폐교에 관한 경기도교육조례를 항고소송의 대상이 되는 처분에 해당한다고 보았다.[162] 그리고 고시가 집행행위의 개입 없이도 그 자체로서 직접 국민의 구체적인 권리·의무나 법률관계를 규율하는 경우에는 항고소송의 대상이 되는 처분에 해당한다고 하였다.[163]

> **판례** ①『조례가 집행행위의 개입 없이도 그 자체로서 직접 국민의 구체적인 권리의무나 법적 이익에 영향을 미치는 등의 법률상 효과를 발생하는 경우 그 조례는 항고소송의 대상이 되는 행정처분에 해당한다.』 (대판 1996. 9. 20, 95누8003)
>
> ②『어떠한 고시가 일반적·추상적 성격을 가질 때에는 법규명령 또는 행정규칙에 해당할 것이지만, 다른 집행행위의 매개 없이 그 자체로서 직접 국민의 구체적인 권리의무나 법률관계를 규율하는 성격을 가질 때에는 행정처분에 해당한다고 할 것이다. 위 법리와 관계 법령을 기록에 비추어 살펴보면, 이 사건 보건복지부 고시인 "약제급여·비급여목록 및 급여 상한금액표"가 다른 집행행위의 매개 없이 그 자체로서 국민건강보험가입자, 국민건강보험공단, 요양기관 등의 법률관계를 직접 규율하는 성격을 가진다고 할 것이므로, 항고소송의 대상이 되는 행정처분에 해당한다고 할 것이다』 (대판 2006. 12. 21, 2005두16161)

② 국민의 권리·의무에 직접 관계되는 행위 : 처분에 해당하기 위해서는 직접 국민의 권리·의무에 영향을 주는 것이어야 하는데, 이에 관한 판례의 입장은 다음과 같다.

ⅰ) 횡단보도 설치 : 도로교통법은 횡단보도가 설치된 경우 보행자는 횡단보도를 통해서만 도로를 횡단하여야 하고 운전자는 보행자가 횡단보도를 통행하고 있는 때에는 그 횡단보도 앞에서 일시 정지하여야 하며, 만일 이를 위반한 보행자나 운전자에 대해서는 벌금 등 형벌을 과하도록 규정하고 있으므로, 지방경찰청장이 횡단보도를 설치하여 보행자의 통행방법 등을 규제하는 것은 국민의 권리·의무에 직접 관계가 있는 행위로서 행정처분에 해당한다.[164]

ⅱ) 입찰참가자격제한 요청결정 : 공정거래위원회가 관계 행정청에게 'A회사에 대한 입찰참가자

---

162) 대판 1996. 9. 20, 95누8003.
163) 대판 1996. 9. 20, 95누8003; 대판 2006. 12. 21, 2005두16161.
164) 대판 2000. 10. 27, 90두0964. 다른 한편, 이 사건 횡단보도의 실시도 인하여 지하상가 입주 상인들이 받는 불이익은 횡단보도의 설치의 근거법인 도로교통법에 의하여 보호되는 직접적이고 구체적인 이익의 침해라고 할 수 없으므로 이들에게는 원고적격이 인정되지 않는다고 하였다.

격제한 요청결정'을 한 것이 처분에 해당하는지가 문제되었다.[165] 이 사안에서 공정거래위원회(피고)는 본안전 항변으로 "입찰참가자격제한 요청이 있다 하더라도 이로써 곧 입찰참가자격이 제한되는 등 원고의 권리·의무에 직접적인 변동을 가져오는 것은 아니므로, 이는 항고소송의 대상이되는 처분이라 볼 수 없다"고 주장하였다. 이에 관해 판례는, 공정거래위원회로부터 입찰참가자격제한조치를 취할 것을 요청받은 행정청은 특별한 사정이 없는 한 그 사업자에 대하여 입찰참가자격을 제한하는 처분을 해야 하므로, 사업자로 하여금 입찰참가자격제한처분에 대하여만 다툴 수있도록 하는 것보다는 그에 앞서 직접 입찰참가자격제한 요청결정의 위법성을 다툴 수 있도록 함으로써 분쟁을 조기에 근본적으로 해결하도록 하는 것이 법치행정의 원리에도 부합한다는 이유로, 공정거래위원회의 입찰참가자격제한 요청결정은 항고소송의 대상이 되는 처분에 해당한다고 하였다.[166]

iii) **도로교통법 위반자에 대한 벌점 부과** : 행정청이 도로교통법 위반자에 대해 운전면허 행정처분처리대장상 벌점을 배점하는 것은 운전면허의 취소·정지처분의 기초자료로 제공하기 위한 것이고 그 배점 자체만으로는 아직 국민에 대하여 구체적으로 어떤 권리를 제한하거나 의무를 명하는 등 법률적 규제를 하는 효과를 발생하는 요건을 갖춘 것이 아니어서 이는 항고소송의 대상이되는 처분에 해당하지 않는다.[167]

iv) **당연퇴직 발령** : 공무원에게 국가공무원법이 정한 당연퇴직사유가 발생한 때에는 별도의 행정처분 없이 법률상 당연히 퇴직하는 것이므로, 행정청의 당연퇴직 인사발령은 법률상 당연히 발생하는 퇴직사유를 공적으로 확인하여 주는 행위에 불과하고 공무원의 신분을 상실시키는 새로운 형성적 행위가 아니므로 항고소송의 대상이 되는 처분에 해당하지 않는다.[168]

ⅴ) **국민건강보험공단이 직장가입자에게 한 자격상실 통보** : 국민건강보험 직장가입자 또는 지역가입자의 자격 변동은 법령이 정하는 사유가 생기면 별도 처분 등의 개입 없이 사유가 발생한 날부터 변동의 효력이 당연히 발생하므로, 국민건강보험공단이 갑 등에 대하여 가입자 자격이 변동되었다는 취지의 '직장가입자 자격상실 및 자격변동 안내' 통보를 하였더라도 이는 갑 등의 가입자 자격의 변동 여부 및 시기를 확인하는 의미에서 한 사실상 통지행위에 불과할 뿐 통보에 의하여 가입자 자격이 변동되는 효력이 발생한다고 볼 수 없으므로, 이러한 통보행위는 항고소송의 대상인 처분에 해당하지 않는다.[169]

---

165) <사건개요> 「하도급거래 공정화에 관한 법률」에 따르면 공정거래위원회는 사업자가 받은 벌점의 누산점수가 일정 기준(5.0점)을 초과하는 경우에는 관계 행정청에게 해당 사업자에 대한 입찰참가자격제한조치를 취할 것을 요청하여야 하며(26조 2항), 그 요청을 받은 행정청은 원칙적으로 입찰참가자격제한조치를 취하도록 하고 있다 (국가를 당사자로 하는 계약에 관한 법률 27조 1항 5호). 공정거래위원회는 A회사의 누산점수가 7.0점이라는 이유로 A회사에 대한 입찰참가자격제한 요청 안건을 심의하였는데, A회사는 그 심의회의에 출석하여 의견을 진술하였으며, 공정거래위원회는 A회사에 대한 입찰참가자격제한 요청결정을 한 다음 그 결정서를 A회사에게 송부하였다. A회사는 공정거래위원회가 벌점의 누산점수를 계산할 때 경감사유가 고려되지 않는 등의 위법이 있다고 주장하며 위 요청결정에 대한 취소소송을 제기하였다.

166) 대판 2023. 2. 2, 2020두48260.

167) 대판 1994. 8. 12, 94누2190.

168) 대판 1995. 11. 14, 95누2036.

vi) 행정규칙에 근거한 처분 : 행정규칙에 근거한 처분이 항고소송의 대상이 될 수 있는지가 문제된다. 어떠한 처분의 근거가 행정규칙에 규정되어 있다고 하더라도 그 처분이 상대방에게 권리설정 또는 의무부담을 명하거나 기타 법적인 효과를 발생하게 하는 등으로 상대방의 권리의무에 직접 영향을 미치는 행위라면, 이 경우에도 항고소송의 대상이 되는 처분에 해당한다는 것이 판례의 입장이다.[170] 따라서 공정거래위원회가 「감면제도운영고시(행정규칙)」에 근거하여 발한 과징금 감면불인정통지, 검찰총장이 「대검찰청 자체감사규정(대검찰청훈령)」 등에 근거하여 검사에게 한 경고조치 등은 상대방의 권리의무에 영향을 미치는 행위로서 항고소송의 대상이 되는 처분에 해당한다고 하였다.

③ **대외적 행위** : 처분의 법적 효과는 대외적으로 국민에게 발생하여야 하므로 행정조직 내부에서의 의사결정이나 행정기관 상호간의 행위는 원칙적으로 처분에 해당하지 않는다. 판례 역시 상급행정기관의 하급행정기관에 대한 승인·동의·지시, 도지사가 군수의 국토이용계획변경결정 요청을 반려한 것, 공정거래위원회가 법 위반자에 대해 검찰에의 고발의결 및 고발조치한 것, 금융감독위원회가 법원에 부실금융기관에 대한 파산신청을 하는 행위 등은 행정기관 상호간의 내부행위로서 국민의 권리·의무에 직접 영향을 미치는 것이 아니므로 항고소송의 대상이 되는 행정처분에 해당하지 않는다고 판시하였다.[171] 또한 법무부장관이 병무청장의 요청에 따라 미국 국적 재외동포 가수 A에 대한 입국금지결정을 하고 그 정보를 내부전산망인 출입국관리정보시스템에 입력하였으나 A에게는 통지하지 않은 사안에서, 판례는 행정청이 행정의사를 외부에 표시하기 전에는 처분이 성립하지 않으므로 위 법무부장관의 입국금지결정은 항고소송의 대상인 처분에 해당하지 않는다고 하였다.[172]

한편, 특별한 경우에는 행정기관 또는 행정주체 사이의 행위도 항고소송의 대상이 되는 처분에 해당할 수 있다는 것이 판례의 입장이다. 예컨대 국민권익위원회가 경기도선거관리위원회 위원장에게 공익신고를 한 공무원에 대한 신분보장조치를 요구한 것,[173] 지방자치단체장이 국가나 다른 지방자치단체의 건축협의 요청에 대해 거부통지를 하거나 또는 성립된 건축협의를 취소하는 것[174]이 그에 해당한다.

> **판례** ① 『[1] 항고소송의 대상이 되는 행정처분은 행정청의 공법상의 행위로서 특정 사항에 대하여 법규에 의한 권리의 설정 또는 의무의 부담을 명하거나 기타 법률상의 효과를 직접 발생케 하는 등 국민의 구체적인 권리 의무에 직접 관계가 있는 행위를 말하는바, 상급행정기관의 하급행정기관에 대한 승인·동의·지시 등은 행정기관 상호간의 내부행위로서 국민의 권리 의무에 직접 영향을 미치는 것이 아니므로 항고소송의 대상이 되는 행정처분에 해당한다고 볼 수 없다.

---

169) 대판 2019. 2. 14, 2016두41729.
170) 대판 2012. 9. 27, 2010두3541; 대판 2021. 2. 10, 2020두47564.
171) 대판 2008. 5. 15, 2008두2583; 대판 1995. 5. 12, 94누13794; 대판 2006. 7. 28, 2004두13219.
172) 대판 2019. 7. 11, 2017두38874.
173) 대판 2013. 7. 25, 2011두1214.
174) 대판 2014. 2. 27, 2012두22980; 대판 2014. 3. 13, 2013두15934.

[2] 도지사가 군수의 국토이용계획변경결정 요청을 반려한 것은 행정기관 내부의 행위에 불과할 뿐 국민의 구체적인 권리·의무에 직접적인 변동을 초래하는 것이 아니므로, 항고소송의 대상이 되는 행정처분에 해당하지 않는다.』 (대판 2008. 5. 15, 2008두2583)

② 『이른바 고발은 수사의 단서에 불과할 뿐 그 자체 국민의 권리의무에 어떤 영향을 미치는 것이 아니고, 특히 독점규제및공정거래에관한법률 제71조는 공정거래위원회의 고발을 위 법률위반죄의 소추요건으로 규정하고 있어 공정거래위원회의 고발조치는 사직 당국에 대하여 형벌권 행사를 요구하는 행정기관 상호간의 행위에 불과하여 항고소송의 대상이 되는 행정처분이라 할 수 없으며, 더욱이 공정거래위원회의 고발의결은 행정청 내부의 의사결정에 불과할 뿐 최종적인 처분은 아닌 것이므로 이 역시 항고소송의 대상이 되는 행정처분이 되지 못한다.』 (대판 1995. 5. 12. 94누13794)

③ 『금융산업의 구조개선에 관한 법률 제16조 제1항 및 상호저축은행법 제24조의13에 의하여 금융감독위원회는 부실금융기관에 대하여 파산을 신청할 수 있는 권한을 보유하고 있는바, 위 파산신청은 그 성격이 법원에 대한 재판상 청구로서 그 자체가 국민의 권리·의무에 어떤 영향을 미치는 것이 아닐 뿐만 아니라, 위 파산신청으로 인하여 당해 부실금융기관이 파산절차 내에서 여러 가지 법률상 불이익을 입는다 할지라도 파산법원이 관할하는 파산절차 내에서 그 신청의 적법 여부 등을 다투어야 할 것이므로, 위와 같은 금융감독위원회의 파산신청은 행정소송법상 취소소송의 대상이 되는 행정처분이라 할 수 없다.』 (대판 2006. 7. 28, 2004두13219)

3) 공권력의 행사 또는 그 거부

① 공권력의 행사 : 처분에 해당하기 위해서는 행정청의 공권력행사작용이어야 하는데, 여기에서 공권력의 행사란 행정청이 상대방에 대하여 우월한 지위에서 행하는 고권적 또는 일방적 행위를 말한다. 이러한 점에서 당사자간의 자유로운 의사의 합치에 의해 성립하는 공법상 계약은 처분에 해당하지 않는다. 이하에서 몇 가지 판례의 입장을 살펴보기로 한다.

i) 공무원 임용행위의 법적 성질이 문제되는데, 일반적으로 공무원관계는 임용권자의 임용행위라는 고권적 행위에 의해 성립되는 점에서 임용행위는 처분의 성질을 가진다고 본다. 다만 구 국가공무원법 또는 지방공무원법상의 '계약직공무원'의 임용관계는 공법상 계약에 해당하여 그 임용관계에 대한 다툼은 항고소송이 아니라 당사자소송에 의하여야 한다는 것이 판례의 입장이다.[175] 그리고 시립합창단원이나 시립무용단원의 위촉은 지방자치단체와 단원이 되고자 하는 자 사이에 대등한 지위에서 의사합치에 의해 성립하는 공법상 계약의 성질을 가지므로 항고소송의 대상인 처분에 해당하지 않는다고 한다.[176]

ii) 중소기업기술정보진흥원장이 갑회사와 중소기업 정보화지원사업에 관한 협약을 체결하였는데, 갑회사에 책임 있는 사유로 사업이 실패하였다는 이유로 협약을 해지하고 지급된 정부지원금의 반환을 통보한 사건에서, 위 협약은 당사자 사이의 의사표시의 합치로 성립하는 공법상 계약에 해당하기 때문에 협약의 해지 및 그에 따른 환수통보는 행정청이 우월한 지위에서 행하는 공권력의 행사로서의 행정처분에 해당한다고 볼 수 없다고 하였다.[177]

---

175) 대판 2014. 4. 24, 2013두6244.
176) 대판 1995. 12. 22, 95누4636; 대판 2001. 12. 11, 2001두7794.

iii) 산업단지관리공단이 「산업집적활성화 및 공장설립에 관한 법률」 제38조 제2항에 따라 산업단지 입주기업체와 입주계약(변경계약 포함)을 체결하였다가 이를 취소한 것이 항고소송의 대상이 되는 처분에 해당하는지가 문제되었다. 이에 대해 판례는 산업단지 입주변경계약 취소는 행정청인 관리권자로부터 관리업무를 위탁받은 산업단지관리공단이 우월적 지위에서 입주기업체들에게 일정한 법률상 효과를 발생하게 하는 것으로서 항고소송의 대상이 되는 행정처분에 해당한다고 하였다.[178]

iv) 한국환경산업기술원장이 A회사와 환경기술개발사업에 관한 협약을 체결한 후 연차평가 실시결과 절대평가 60점 미만으로 평가되었다는 이유로 연구개발 중단조치 및 연구비 집행중지조치를 한 것은 항고소송의 대상인 처분에 해당한다고 한다.[179]

v) 지방자치단체장이 공유재산법에 근거하여 기부채납 및 사용수익허가 방식으로 민간투자사업(이 사안에서는 태양광 발전사업)을 추진하는 과정에서 '특정인을 우선협상대상자로 선정하는 행위'와 '이미 선정된 우선협상대상자의 지위를 배제하는 행위'는 항고소송의 대상이 되는 처분에 해당한다고 한다.[180]

② **거부행위**(거부처분) : i) 거부행위란 국민의 공권력행사 신청에 대하여 행정청이 신청된 내용의 행위를 하지 않겠다는 뜻을 표시하는 행위를 말한다. 행정청의 거부행위는 현재의 법상태에 직접적인 변동을 초래하는 것이 아니기 때문에 그것이 항고소송의 대상이 되는 처분에 해당하는지가 문제되었으며, 이에 현행 행정소송법은 처분에 대한 개념정의를 내림에 있어 '공권력의 행사 또는 그 거부'라고 함으로써 거부행위도 처분에 해당함을 분명히 하였다.

ii) 판례에 의하면, 국민의 적극적 행위 신청에 대하여 행정청이 그 신청에 따른 행위를 하지 않겠다고 거부한 행위가 항고소송의 대상이 되는 처분에 해당하기 위해서는 ㉠ 신청한 행위가 공권력의 행사 또는 이에 준하는 행정작용이어야 하고, ㉡ 그 거부행위가 신청인의 법률관계에 어떤 변동을 일으키는 것이어야 하며, ㉢ 국민에게 그 행위발동을 요구할 법규상 또는 조리상의 신청권이 있어야 한다고 하는바,[181] 이를 나누어 설명하기로 한다.

㉠ 신청한 행위가 '공권력의 행사 또는 이에 준하는 행정작용'이어야 하므로 계약체결의 신청이 거부된 것은 처분에 해당하지 않는다.

㉡ '행정청의 거부행위가 신청인의 법률관계에 어떤 변동을 일으키는 것'이라는 의미는 신청인의 실체상의 권리관계에 직접적인 변동을 일으키는 것은 물론이고, 그렇지 않다 하더라도 신청인이 실체상의 권리자로서 권리를 행사함에 중대한 지장을 초래하는 것도 포함한다.[182] 또한 법률이

177) 대판 2015. 8. 27, 2015두41449.
178) 대판 2017. 6. 15, 2014두46843.
179) 대판 2015. 12. 24, 2015두264.
180) 대판 2020. 4. 29, 2017두31064. 여기에서 '기부채납 및 사용수익허가 방식'이란 민간입자로 하여금 공공시설을 설치해서 지방자치단체에 기부채납하게 한 다음, 해당 시설을 일정 기간 민간업자에게 무상으로 사용하게 하는 방식이다.
181) 대판 2007. 10. 11, 2007두1316.
182) 대판 2007. 10. 11, 2007두1316. 법규상 조리상 신청권의 존재에 관해서는 대판 1991. 2. 26, 90누5597; 대판

확정적으로 연금수급권을 배제한 자가 연금지급신청을 한 경우에 행정청의 반려통보는 청구인의 법률관계나 법적 지위에 아무런 영향을 미치지 않는 단순 안내에 불과하여 항고소송의 대상이 되는 행정처분에 해당하지 않는다.[183]

ⓒ 판례에 의하면 거부처분에 해당하기 위해서는 신청인에게 법규상 또는 조리상의 신청권이 있어야 한다고 한다. 그리고 거부처분의 요건으로서의 '법규상 조리상의 신청권의 존재'란 구체적 사건에서 신청인이 누구인가를 고려하지 않고 관계 법령의 해석에 의하여 일반 국민에게 그러한 신청권을 인정하는가를 살펴서 추상적으로 결정되는 것이라고 한다.[184] 따라서 관계 법령의 해석상 일반 국민에게 행정권한의 발동에 관한 신청권이 인정된다면 신청에 대한 거부행위는 항고소송의 대상인 처분으로 보아야 하고, 구체적으로 신청인의 신청이 인용될 수 있는지의 문제는 본안에서 판단하여야 할 사항이라고 한다. 즉, 판례는 거부처분의 요건으로서의 신청권이란 '신청한 대로 응답받을 권리'인 실질적 신청권을 의미하는 것이 아니라, '어떤 내용으로든 응답을 받을 권리'인 형식적 신청권을 의미하는 것으로 본다.

> **판례** ① 『국민의 적극적 행위 신청에 대하여 행정청이 그 신청에 따른 행위를 하지 않겠다고 거부한 행위가 항고소송의 대상이 되는 행정처분에 해당하는 것이라고 하려면, 그 신청한 행위가 공권력의 행사 또는 이에 준하는 행정작용이어야 하고, 그 거부행위가 신청인의 법률관계에 어떤 변동을 일으키는 것이어야 하며, 그 국민에게 그 행위발동을 요구할 법규상 또는 조리상의 신청권이 있어야 하는바, 여기에서 '신청인의 법률관계에 어떤 변동을 일으키는 것'이라는 의미는 신청인의 실체상의 권리관계에 직접적인 변동을 일으키는 것은 물론, 그렇지 않다 하더라도 신청인이 실체상의 권리자로서 권리를 행사함에 중대한 지장을 초래하는 것도 포함한다.』(대판 2007. 10. 11, 2007두1316)
>
> ② 『거부처분의 처분성을 인정하기 위한 전제요건이 되는 신청권의 존부는 구체적 사건에서 신청인이 누구인가를 고려하지 않고 관계 법규의 해석에 의하여 일반 국민에게 그러한 신청권을 인정하고 있는가를 살펴 추상적으로 결정되는 것이고, 신청인이 그 신청에 따른 단순한 응답을 받을 권리를 넘어서 신청의 인용이라는 만족적 결과를 얻을 권리를 의미하는 것은 아니다. 따라서 국민이 어떤 신청을 한 경우에 그 신청의 근거가 된 조항의 해석상 행정발동에 대한 개인의 신청권을 인정하고 있다고 보여지면 그 거부행위는 항고소송의 대상이 되는 처분으로 보아야 하고, 구체적으로 그 신청이 인용될 수 있는가 하는 점은 본안에서 판단하여야 할 사항이다.』(대판 2009. 9. 10, 2007두20638)

이러한 판례의 입장에 대해 학설은 대립하고 있다. 첫째, 거부처분의 요건으로서의 신청권을 '형식적 신청권'의 의미로 이해하고 그것을 소송의 대상적격, 즉 처분성의 문제로 보는 판례의 입장은 타당하다는 견해이다.[185] 이에 의하면 아무런 신청권이 없는 자의 신청에 대한 거부응답은 항고소송의 대상인 처분성이 인정되지 않아 각하의 대상이 된다. 둘째, 원고에게 신청권이 있는지 여부는 본안에서 판단되어야 할 문제이므로 신청권의 존부를 거부처분의 요소로 보아 요건심리

1995. 5. 26, 93누21729; 대판 1999. 12. 7, 97누17568; 대판 2006. 6. 30, 2004두701 등 참조.
183) 헌재 2007. 12. 27, 2006헌바34
184) 대판 1996. 6. 11, 95누12460; 대판 2009. 9. 10, 2007두20638.
185) 김남진/김연태(I), 924면.

단계에서 판단하는 것은 '본안판단의 선취'가 되어 옳지 못하다는 견해이다.[186] 이 견해는 신청권을 실질적 신청권의 의미로 이해하는 것으로 보인다. 셋째, 형식적 신청권의 존부 문제는 소송에 있어 대상적격으로서의 처분성과 관계되는 것이 아니라 원고적격에 관계되는 것이고, 따라서 신청권의 존부 문제를 대상적격(처분성)과 관련하여 따지는 판례의 입장은 옳지 않다는 견해이다.[187] 이에 의하면 신청권이 없는 자의 신청에 대한 거부응답의 경우에는 신청인에게 그 거부응답을 다툴 원고적격이 인정되지 않아 각하의 대상이 된다.

생각건대, 원고에게 실질적 신청권이 존재하는지 여부는 본안에서 심리·판단될 성질의 것이기 때문에 요건심리단계에서의 신청권은 '형식적 신청권'을 의미하는 것으로 보는 것이 타당하다.[188] 다음으로 신청권이 존재가 대상적격과 관계되는 것인지 원고적격과 관계되는지에 대해 살펴보기로 한다. 원고적격이란 구체적 소송사건에서 당사자로서 소송을 수행하여 본안판결을 받을 수 있는 자격을 의미하는바, 행정소송법은 해당 처분의 취소 등을 구할 법률상 이익이 있는 자가 원고적격을 가진다고 규정하고 있다. 따라서 원고적격의 판단기준으로서의 '법률상 이익의 존재' 여부는 일반 국민이 아니라 소송을 제기한 사람의 입장에서 판단되어야 한다. 그런데 형식적 신청권의 존부를 판단함에 있어서는 '소송을 제기한 사람이 누구인지 묻지 않고 일반 국민에게 그러한 신청권이 있는지를 살펴서 추상적으로 결정되는 것'인 점에서, 이는 원고적격의 문제가 아니라 대상적격의 문제라고 보는 것이 타당하다. 또한 원고적격은 주로 처분의 상대방 아닌 제3자가 소송을 제기하는 경우에 문제되는바(침익적 처분의 상대방은 당연히 처분을 다툴 원고적격이 인정됨), 거부처분의 경우는 신청인 자신이 거부응답을 다투는 것인 점에서 원고적격의 문제는 아니라고 할 것이다. 다른 한편, 아무리 신청인에게 거부응답을 다툴 원고적격이 인정된다 하더라도 해당 거부응답이 항고소송의 대상인 처분이 아니라면 요건심리를 통과하지 못하게 됨은 물론이다. 그런데 행정청은 형식적 신청권이 없는 사람의 신청에 대해서는 응답할 의무가 없으므로 설사 행정청이 그 신청에 대해 거부의 응답을 하였다고 하더라도 이를 항고소송의 대상이 되는 처분이라 볼 수 없을 것이다.[189] 결론적으로 말하면, 아무런 형식적 신청권이 없는 사람의 신청에 대해 행정청이 거부의 응답을 한 경우에는 신청인이 원고적격이 없어서가 아니라 해당 거부응답의 처분성이 인정되지 않아서 각하판결의 대상이 된다고 할 것이다.

iii) 행정청의 거부행위가 항고소송의 대상인 처분에 해당하는지가 문제되는 구체적 사안을 살펴보기로 한다. ㉠ 어떤 사람이 행정청에게 다른 사람에 대한 준공검사의 취소 및 건물철거명령을

---

186) 홍준형, 행정구제법, 455면.

187) 정하중, 724면; 김남철, 875면.

188) 예컨대 국민이 건축행위를 하기 위해서는 건축허가를 받아야 하는바, 따라서 일반적으로 국민은 건축허가를 신청할 권리를 갖는다(형식적 신청권 인정). 갑이 건축허가를 신청하였는데 행정청이 거부한 경우에 당연히 그 거부행위는 처분성이 인정되어 항고소송의 대상이 되며, 다만 실질적 신청권의 존재 여부, 즉 갑의 신청에 대해 행정청이 건축허가를 해줄 의무가 있는지는 본안에서 판단되어야 할 문제이다.

189) 예컨대 일반 국민이 대통령에게 재난을 긴급으로 임명해 달라고 신청할 권리는 없으므로(형식적 신청권 부정), 설사 대통령이 그 신청에 대해 거부의 응답을 하였다 하더라도 이는 항고소송의 대상인 거부처분에 해당하지 않는다.

내려줄 것을 청구한 것에 대한 거부 회신이 항고소송의 대상이 되는 처분에 해당하는지가 문제되었다. 이에 대해 판례는 「건축법 및 기타 관계 법령에 국민이 행정청에 대하여 제3자에 대한 준공검사의 취소 또는 제3자 소유의 건축물에 대한 철거 등의 조치를 요구할 수 있다는 취지의 규정이 없고, 건축법 제69조 제1항 및 제70조 제1항은 소정의 사유가 있는 경우에 시장·군수·구청장에게 건축허가 등을 취소하거나 건축물의 철거 등 필요한 조치를 명할 수 있는 권한 내지 권능을 부여한 것에 불과할 뿐 시장·군수·구청장에게 그러한 의무가 있음을 규정한 것은 아니므로 위 조항들도 그 근거 규정이 될 수 없으며, 그 밖에 조리상 이러한 권리가 인정된다고 볼 수도 없다.」고 하면서 위 행정청의 거부회신은 항고소송의 대상인 처분에 해당하지 않는다고 하였다.[190] 또한 행정청이 산림을 복구한 자에 대하여 복구설계서승인 및 복구준공통보를 하자, 이해관계인이 행정청에게 그 취소를 요구하였으나 거부된 사건에서, 관계 법령에 의하면 이해관계인은 행정청에 대하여 복구설계서승인 및 복구준공통보의 취소를 요구할 신청권이 인정되지 않으므로 그 거부행위는 항고소송의 대상이 되는 처분에 해당하지 않는다고 하였다.[191]

ⓒ 기간제로 임용된 국공립대학 교원의 임용기간이 만료됨에 따라 임용권자가 재임용을 거부하는 취지의 임용기간만료의 통지를 한 것이 항고소송의 대상이 되는 처분에 해당하는지가 문제된다. 종래 판례는 기간을 정하여 임용된 대학교원은 그 임용기간의 만료로 대학교원으로서의 신분관계는 당연히 종료되는 것이고 그 임용기간의 만료에 따른 재임용의 기대권을 가진다고 할 수 없으며, 따라서 임용권자가 대학교원에게 재임용하지 않기로 하는 결정을 통지하였다 하더라도 이는 임기만료로 당연 퇴직됨을 확인하여 알려주는데 지나지 아니하므로 행정소송의 대상이 되는 처분에 해당하지 않는다고 하였다.[192] 그러나 2004년 대법원 전원합의체판결에서는 종래의 입장을 변경하여 「기간제로 임용되어 임용기간이 만료된 국공립대학의 조교수는 교원으로서의 능력과 자질에 관하여 합리적인 기준에 의한 공정한 심사를 받아 위 기준에 부합되면 특별한 사정이 없는 한 재임용되리라는 기대를 가지고 재임용 여부에 관하여 합리적인 기준에 의한 공정한 심사를 요구할 법규상 또는 조리상 신청권을 가진다고 할 것이니, 임용권자가 임용기간이 만료된 조교수에 대하여 재임용을 거부하는 취지로 한 임용기간만료의 통지는 위와 같은 대학교원의 법률관계에 영향을 주는 것으로서 행정소송의 대상이 되는 처분에 해당한다.」고 하였다.[193]

ⓒ 국공립대학의 교원이나 검사 등의 채용에 있어 임용지원자에 대한 임용거부의 통지가 항고소송의 대상이 되는 처분에 해당하는지가 문제된다. 판례는 국공립대학 교원 임용지원자는 임용권자에게 자신의 임용을 요구할 권리나 임용 여부에 대한 응답을 신청할 법규상 또는 조리상 권리가 없다고 함으로써 임용거부통지는 항고소송의 대상이 되는 처분에 해당하지 않는다고 보았다.[194] 그러나 다수의 검사임용지원자 중에서 자체에서 정한 임용기준에 따라 일부만을 검사로 임

---

190) 대판 1999. 12. 7, 97누17568.
191) 대판 2006. 6. 30, 2004두701.
192) 대판 1997. 6. 27, 96누4305.
193) 대판 2004. 4. 22, 2000두7735.
194) 대판 2003. 10. 23, 2002두12489; 대판 2005. 4. 15, 2004두11626.

용하는 경우에는 임용권자는 지원자들에게 임용 여부의 응답을 해줄 조리상의 의무가 있고 나아가 재량권의 한계 일탈이나 남용이 없는 적법한 응답을 할 의무가 있다고 하며(임용권자의 의무에 대응하여 지원자는 권리를 가짐), 따라서 임용지원자에 대한 임용거부통지는 항고소송의 대상이 되는 처분에 해당한다고 하였다.[195)]

> **판례** ① 『국·공립 대학교원에 대한 임용권자가 임용지원자를 대학교원으로 임용할 것인지 여부는 임용권자의 판단에 따른 자유재량에 속하는 것이어서, 임용지원자로서는 임용권자에게 자신의 임용을 요구할 권리가 없을 뿐 아니라, 임용에 관한 법률상 이익을 가진다고 볼 만한 특별한 사정이 없는 한, 임용 여부에 대한 응답을 신청할 법규상 또는 조리상 권리가 있다고도 할 수 없다.』 (대판 2003. 10. 23, 2002두12489)
>
> ② 『검사의 임용에 있어서 임용권자가 임용여부에 관하여 어떠한 내용의 응답을 할 것인지는 임용권자의 자유재량에 속하므로 일단 임용거부라는 응답을 한 이상 설사 그 응답내용이 부당하다고 하여도 사법심사의 대상으로 삼을 수 없는 것이 원칙이나, 적어도 재량권의 한계 일탈이나 남용이 없는 위법하지 않은 응답을 할 의무가 임용권자에게 있고 이에 대응하여 임용신청자로서도 재량권의 한계 일탈이나 남용이 없는 적법한 응답을 요구할 권리가 있다고 할 것이며, 이러한 응답신청권에 기하여 재량권 남용의 위법한 거부처분에 대하여는 항고소송으로서 그 취소를 구할 수 있다고 보아야 하므로 임용신청자가 임용거부처분이 재량권을 남용한 위법한 처분이라고 주장하면서 그 취소를 구하는 경우에는 법원은 재량권 남용 여부를 심리하여 본안에 관한 판단으로서 청구의 인용 여부를 가려야 한다.』 (대판 1991. 2. 12, 90누5825)

한편, 국공립대학 교원의 신규채용에 있어서 중요한 임용심사단계를 통과하여 유일한 면접심사 대상자로 선정된 지원자에 대하여 교원신규채용 중단을 통지한 경우에는 그 처분성을 인정하였다. 즉, 임용지원자가 임용심사단계 중 중요한 대부분의 심사단계를 통과하여 다수의 임용지원자 중 유일한 면접심사 대상자로 선정되는 등으로 장차 나머지 일부의 심사단계를 거쳐 대학교원으로 임용될 것을 상당한 정도로 기대할 수 있는 지위에 이르렀다면, 그러한 임용지원자는 임용권자에 대하여 나머지 심사를 공정하게 진행하여 그 심사에서 통과되면 대학교원으로 임용해 줄 것을 신청할 조리상의 권리가 있다고 보아야 할 것이므로, 유일한 면접심사 대상자로 선정된 임용지원자에 대한 교원신규채용 중단조치는 항고소송의 대상이 되는 처분에 해당한다고 하였다.[196)]

㉣ 본인의 의사와 관계 없이 주민등록번호가 유출된 자가 행정청에 자신의 주민등록번호의 변경을 신청하였으나 거부된 경우에 이는 항고소송의 대상이 되는 거부처분에 해당하는지가 문제되었다. 이에 대해 서울고등법원은 현행법상 국민에게 법이 정한 사유가 있는 경우의 주민등록번호 정정 외에 주민등록번호 변경신청권을 인정할 수 없고 조리상의 신청권도 없다는 이유로 청구를 각하하였다.[197)] 그러나 이에 대한 상고심에서 대법원은 『피해자의 의사와 무관하게 주민등록번호가 불법 유출된 경우 개인의 사생활뿐만 아니라 생명·신체에 대한 위해나 재산에 대한 피해를

---

195) 대판 1991. 2. 12, 90누5825.
196) 대판 2004. 6. 11, 2001두7053.
197) 서울고판 2013. 1. 17, 2012누16727.

입을 우려가 있고, 실제 유출된 주민등록번호가 다른 개인정보와 연계되어 각종 광고 마케팅에 이용되거나 사기, 보이스피싱 등의 범죄에 악용되는 등 사회적으로 많은 피해가 발생하고 있는 것이 현실인 점, … 주민등록번호를 관리하는 국가로서는 주민등록번호가 유출된 경우 그로 인한 피해가 최소화되도록 제도를 정비하고 보완해야 할 의무가 있으며, 일률적으로 주민등록번호를 변경할 수 없도록 할 것이 아니라 만약 주민등록번호 변경이 필요한 경우가 있다면 그 변경에 관한 규정을 두어서 이를 허용해야 하는 점 등을 종합하면, 피해자의 의사와 무관하게 주민등록번호가 유출된 경우에는 조리상 주민등록번호의 변경을 요구할 신청권을 인정함이 타당하고, 따라서 구청장의 주민등록번호 변경신청 거부행위는 항고소송의 대상이 되는 행정처분에 해당한다.」고 하였다.198)

ⓜ 제소기간의 경과로 불가쟁력이 발생한 행정행위에 대하여는 개별 법규에서 그 변경 신청권을 규정하고 있거나 관계 법령의 해석상 그러한 신청권이 인정될 수 있는 등 특별한 사정이 없는 한 국민에게는 그 처분의 변경을 구할 신청권이 없으며, 따라서 변경신청에 대한 거부행위는 항고소송의 대상이 되는 처분에 해당하지 않는다는 것이 판례의 입장이다.199)

한편 행정기본법은 '처분의 근거가 된 사실관계나 법률관계가 추후에 당사자에게 유리하게 바뀐 경우' 등 법이 정한 사유가 있는 때에는 처분에 대한 불가쟁력이 발생한 경우에도 당사자에게 처분의 취소·철회·변경을 신청할 수 있도록 하고 있는데(처분의 재심사: 37조 1항), 다만 이 경우에도 재심사 결과 중 '처분을 유지하는 결정(기각결정)'에 대해서는 행정쟁송으로 다툴 수 없다고 명시적으로 규정하고 있음은 앞에서 살펴본 바와 같다(37조 5항).

ⓗ 행정계획의 변경·폐지 신청에 대한 거부행위가 항고소송의 대상이 되는 처분에 해당하는지가 문제된다. 종래의 판례는 주민에게는 도시계획이나 국토이용계획의 변경·폐지를 신청할 법규상 또는 조리상의 신청권이 없고, 따라서 도시계획이나 국토이용계획의 변경·폐지 신청에 대한 거부행위는 항고소송의 대상인 처분에 해당하지 않는다고 하였다.200) 그런데 도시계획법상 '주민의 입안제안권'이 신설된 후에는201) 이해관계가 있는 주민에게 도시관리계획(또는 도시관리계획으로 정한 도시계획시설결정)의 변경·폐지를 신청할 법규상 또는 조리상의 신청권이 있다고 보며, 따라서 도시관리계획의 변경신청에 대한 거부행위는 항고소송의 대상이 되는 처분에 해당한다고 한다.202)

ⓢ 수익적 행정행위의 신청에 대한 거부처분이 있은 후 당사자가 다시 신청하고 행정청이 이

---

198) 대판 2017. 6. 15, 2013두2945.
199) 대판 2007. 4. 26, 2005두11104.
200) 대판 1994. 1. 28, 93누22029; 대판 1994. 12. 9, 94누8433: 대판 2003. 9. 23, 2001두10936. 다만 행정계획의 변경을 거부하는 것이 실질적으로 그와 관련된 행정처분을 거부하는 결과가 되는 경우에는 예외적으로 그 계획의 변경을 신청할 수 있는 법규상 또는 조리상의 권리가 있다고 하였다(대판 2003. 9. 23, 2001두10936).
201) 2000년 도시계획법이 전문 개정될 때 처음으로 주민의 입안제안권이 신설되었으며, 이는 2002년에 도시계획법과 국토이용관리법을 통합하여 제정된 국토계획법에 승계되었다.
202) 대판 2015. 3. 26, 2014두42742. 마찬가지로, 산업입지에 관한 법령은 산업단지에 입주하려는 자와 토지소유자 등에게 산업단기개발계획 입안에 관한 권한을 인정하고 있는 점 등에 미루어 볼 때, 이들에게는 산업단지 개발계획의 변경을 요청할 수 있는 법규상 또는 조리상의 신청권이 있다고 하였다(대판 2017. 8. 29, 2016두44186).

를 다시 거절한 경우에 다시 거절한 행위는 새로운 처분에 해당하여 독립한 행정처분으로서 항고소송의 대상이 된다는 것이 판례의 입장이다.[203]

◎ 교육공무원법에 따르면 교육공무원을 승진임용할 때에는 승진후보자명부의 순위가 높은 사람부터 차례로 3배수의 범위에 있는 사람 중에서 승진시켜야 하는바, 이때 3배수 범위에 있는 사람 중에서 누구를 승진임용할 것인지는 임용권자의 재량에 속한다. 만일 승진후보자명부상 3배수 범위에 들었지만 승진임용에서 제외된 경우 그것이 항고소송의 대상인 처분(임용거부처분)에 해당하는지가 문제된다. 이에 대해 서울고등법원은, 승진후보자명부상 3배수 범위에 있다 하여 그 후보자에게 승진임용을 요구할 수 있는 법규상 또는 조리상의 신청권이 있다고 할 수 없으며, 따라서 승진임용에서 제외된 것은 항고소송의 대상인 처분에 해당하지 않는다고 하였다.[204] 그러나 이에 대한 상고심에서 대법원은, 만일 이를 항고소송의 대상인 처분으로 보지 않는다면 승진후보자명부상 3배수의 범위에 있는 사람에 대해 임용권자가 자의적으로 승진임용에서 제외한 경우에도 해당 후보자는 그에 대해 권리를 구제받을 방법이 없게 되므로, 이러한 승진임용에서 제외하는 행위는 항고소송의 대상인 처분에 해당한다고 하였다.[205]

㉺ 국립대학이 추천한 복수의 총장 후보자의 전부 또는 일부에 대해 교육부장관이 대통령에의 임용제청에서 제외시킨 행위가 항고소송의 대상인 처분에 해당하는지가 문제된다. 이에 대해 서울고등법원은, 교육부장관이 후보자 중 일부를 임용제청에서 제외한 것은 교육부장관과 대통령 사이의 행정 내부적 의사결정으로서 항고소송의 대상이 되는 처분에 해당하지 않는다고 하였다.[206] 그러나 이에 대한 상고심에서 대법원은, 만일 이를 처분으로 보지 않는다면 교육부장관이 자의적으로 특정 후보자를 임용제청에서 제외하여도 해당 후보자는 그에 대해 권리를 구제받을 방법이 없게 되므로, 이는 해당 후보자에 대한 불이익처분으로서 항고소송의 대상이 되는 처분에 해당한다고 하였다.[207] 한편, 교육부장관이 특정 후보자를 임용제청에서 제외하고 다른 후보자를 임용제청함으로써 대통령이 임용제청된 다른 후보자를 총장으로 임용한 경우에는, 임용제청에서 제외된 후보자는 대통령이 자신에 대하여 총장임용 제외처분을 한 것으로 보아 이를 다투어야 하며, 이러한 경우에는 교육부장관의 임용제청 제외처분을 별도로 다툴 소의 이익이 없어진다고 하였다.

4) 그 밖에 이에 준하는 행정작용

'그 밖에 이에 준하는 행정작용'이란 앞에서 살펴본 '행정청의 구체적 사실에 관한 법집행으로서의 공권력의 행사 또는 거부'에 준하는 행위를 말한다고 할 것인바, 구체적으로 어떠한 행위가

---

203) 대판 2019. 4. 3, 2017두52764; 대판 2021. 1. 14, 2020두50324.
204) 서울고판 2015. 7. 9, 2015누33839.
205) 대판 2018. 3. 27, 2015두47492. 다만 임용권자는 3배수 범위에 있는 사람 중 누구를 승진임용할 것인지에 대한 광범한 재량권을 가지므로, 임용권자가 특정 후보자를 승진임용에서 제외하는 결정을 한 것이 사회통념상 합리성을 갖춘 사유에 따른 것이라는 일응의 주장·증명이 있다면 쉽사리 해당 처분이 위법하다고 판단해서는 안 된다고 한다.
206) 서울고판 2016. 10. 13, 2016누52332.
207) 대판 2018. 6. 15, 2016두57564.

이에 포함될 것인지는 결국 학설과 판례를 통해 밝혀져야 할 것이다.

쟁송법상의 처분을 학문상의 행정행위와 같은 개념으로 보는 견해(일원설)에 의하면, '그 밖에 이에 준하는 행정작용'에는 행정행위에 준하는 행위, 즉 전형적인 행정행위는 아니지만 그와 유사한 성질을 가지는 일반처분(일반적·구체적 규율, 물적 행정행위)이나 처분적 법규에 한정시켜야 한다고 한다.208) 이에 반해 쟁송법상의 처분을 학문상의 행정행위보다 넓은 개념으로 이해하는 견해(이원설)에 의하면, 행정소송법이 처분의 개념을 정의하면서 '그 밖에 이에 준하는 행정작용'이라는 포괄적인 표현을 사용한 것은 미처 예상치 못한 새로운 유형의 행정작용을 처분에 포함시켜 항고소송에 의한 권리구제를 가능하게 하기 위한 것이라고 하면서, 따라서 학문상의 행정행위는 아니라 하더라도 실질적으로 국민의 법적 지위에 영향을 미치는 행정작용으로서 이에 대한 적당한 불복절차가 없는 경우에는 쟁송법상의 처분으로 인정하여 항고소송의 대상으로 삼아야 한다고 한다. 그리고 그에 해당하는 것으로는 권력적 사실행위, 행정내부행위, 행정조사, 사실상 강제력을 가지는 행정지도 등을 들고 있다.

(3) 처분에 해당하는지의 판단 방법

행정청의 행위가 항고소송의 대상이 되는 처분에 해당하는지는 추상적·일반적으로 결정할 수 없고, 구체적인 경우에 관련 법령의 내용과 취지, 그 행위의 주체·내용·형식·절차, 그 행위와 상대방 등 이해관계인이 입는 불이익 사이의 실질적 견련성, 법치행정의 원리와 그 행위에 관련된 행정청이나 이해관계인의 태도 등을 고려하여 개별적으로 결정하여야 한다는 것이 판례의 입장이다.209) 그리고 행정청의 행위가 처분에 해당하는지가 불분명한 경우에는 그에 대한 불복방법 선택에 중대한 이해관계를 가지는 상대방의 인식가능성과 예측가능성을 중요하게 고려하여 규범적으로 판단하여야 한다고 한다.

(4) 개별문제의 검토

① **권력적 사실행위** : 권력적 사실행위란 행정청의 일방적 의사결정에 의하여 국민의 신체·재산에 실력을 가하여 행정상 필요한 상태를 실현시키는 작용을 의미하며, 불법건축물의 강제철거, 물건의 영치, 법정 감염병환자의 강제격리 등이 그에 해당한다.

이러한 권력적 사실행위가 항고소송의 대상인 처분에 해당하는지가 문제된다. 일원설에 의하면 사실행위는 행정행위가 아니기 때문에 항고소송의 대상이 되지 않는다고 보나, 이원설에 의하면 쟁송법상의 처분개념은 학문상의 행정행위보다 넓은 개념이기 때문에 권력적 사실행위도 다른 권리구제수단이 없는 경우에는 항고소송의 대상이 될 수 있다고 한다. 판례는 재산압류, 단수조치, 재소자의 이송조치 등의 처분성을 인정하였다.210)

그러나 권력적 사실행위가 항고소송의 대상이 된다는 견해에 대해서는 다음과 같은 비판이 가

---

208) 정희중/김광수, 720면.
209) 대판 2022. 3. 17, 2021두53894.
210) 대판 1969. 4. 29, 69누12; 대판 1979. 12. 28, 79누218; 대결 1992. 8. 7, 92두30.

해진다. 즉, 권력적 사실행위는 상대방에게 수인의무를 부과하는 행정행위(수인하명)와 물리적인 집행행위(사실행위)가 결합된 합성행위의 성질을 가지는 것으로서, 항고소송의 대상이 되는 것은 전자, 즉 수인하명 부분이며 사실행위가 항고소송의 대상이 되는 것은 아니라고 한다.[211]

한편, 권력적 사실행위가 헌법소원의 대상이 되는지가 문제된 사건에서 헌법재판소는 권력적 사실행위의 처분성에 관하여 의미있는 판단을 하였는데, 그 주요 내용은 다음과 같다.[212]

i) 행정청이 우월적 지위에서 일방적으로 강제하는 권력적 사실행위는 헌법소원의 대상이 되는 공권력의 행사에 해당한다. 이 사건 감사(현장점검)는 피청구인이 폐기물관리법 제43조 제1항에 따라 폐기물의 적정처리 여부 등을 확인하기 위한 목적으로 청구인들의 의사에 상관없이 일방적으로 행하는 사실적 업무행위이고, 청구인들이 이를 거부·방해하거나 기피하는 경우에는 과태료에 처해지는 점으로 볼 때 청구인들도 이를 수인해야 할 법적 의무가 있다. 그렇다면 이 사건 감사는 피청구인이 우월적 지위에서 일방적으로 강제하는 권력적 사실행위라 할 것이고 이는 헌법소원의 대상이 되는 헌법재판소법 제68조 제1항의 '공권력의 행사'에 해당된다.

ii) 헌법재판소법 제68조 1항에 의한 헌법소원은 다른 법률에 구제절차가 있는 경우에는 그 절차를 모두 거친 후가 아니면 청구할 수 없는바(보충성 원칙), 이러한 보충성 원칙에 대해 판단하기 위해서는 이 사건 감사가 행정소송의 대상이 되는 행정처분에 해당되는지를 살펴보아야 한다. 그런데 항고소송의 대상이 되는 행정처분은 행정청의 공법상 행위로서 특정사항에 대하여 법규에 의한 권리의 설정 또는 의무의 부담을 명하거나, 기타 법률상 효과를 발생하게 하는 등 국민의 권리 의무에 직접 관계가 있는 행위를 가리키는 것이고, 상대방 또는 기타 관계자들의 법률상 지위에 직접적인 법률적 변동을 일으키지 아니하는 행위는 항고소송의 대상이 되는 행정처분이 아니라는 것이 법원의 확립된 판례이다(대법원 1999. 10. 22. 선고 98두18435 판결 등 참조). 살피건대, 이 사건 감사는 청구인들의 권리를 제한하거나 의무의 부담을 명하는 것과 같이 청구인들의 법률상 지위에 직접적인 법률적 변동을 일으키는 행위는 아니지만, 출입·검사라는 사실적인 업무행위(물리적 행위)를 통하여 간접적으로 영업활동의 제한이라는 사실상의 효과를 가져오는 행정상의 권력적 사실행위라고 할 것이다. 다만 권력적 사실행위가 행정처분의 준비단계로서 행하여지거나 행정처분과 결합된 경우(합성적 행정행위)에는 행정처분에 흡수·통합되어 불가분의 관계에 있으므로 행정처분만이 취소소송의 대상이 되고 처분과 분리하여 따로 권력적 사실행위를 다툴 실익은 없다고 할 것이다. 그러나 권력적 사실행위가 항상 행정처분의 준비행위로 행하여지거나 행정처분과 결합되는 것은 아니므로 그러한 사실행위에 대하여는 다툴 실익이 있다 할 것임에도 법원의 판례에 따르면 일반쟁송 절차로는 다툴 수 없음이 분명하다. 실제로 이 사건 감사는 어떤 처분의 준비단계로서 행하여지거나 처분과 결합된 바 없다. 그렇다면 이 사건 감사는 행정소송의 대상이 되는

---

211) 김남진/김연태(I), 922면; 류지태/박종수, 726면; 정하중/김광수, 337면.
212) 폐기물을 활용하여 기와·벽돌 등을 생산하는 사업장에 대해 인근주민으로부터 민원이 제기되자 국가기관이 약 2년 10개월 동안 56차례의 감사(현장점검)를 실시한 것이 영업의 자유 등 기본권을 침해한 것인지가 문제된 사건이다. 이에 관한 상세는 헌재 2003. 12. 18, 2001헌마754 참조.

행정행위로 볼 수 없어 청구인들에게 그에 의한 권리구제절차를 밟을 것을 기대하는 것은 곤란하므로 보충성의 원칙의 예외로서 헌법소원의 제기가 가능하다고 보아야 한다.

② **선행처분을 변경하는 후행처분이 있는 경우** : 기존의 치분이 나중에 변경된 경우 선행처분과 후행처분 중 어느 것이 항고소송의 대상이 되는지가 문제되는바, 이는 대상적격의 문제뿐만 아니라 제소기간과 관련해서도 중요한 의미를 갖는다. 이에는 선행처분이 후행처분에 흡수되는 유형, 후행처분이 선행처분에 흡수되는 유형, 양 처분이 병존하는 유형이 있을 수 있는바, 이하에서 판례의 입장을 중심으로 살펴보기로 한다.

a) **판례의 일반적 입장** : i) 후행처분이 선행처분을 완전히 대체하는 것이거나 주요 부분을 실질적으로 변경하는 내용인 경우에는 특별한 사정이 없는 한 선행처분은 효력을 상실하고 후행처분만이 항고소송의 대상이 된다.[213)]

ii) 선행처분의 내용 중 일부만을 소폭 변경하는 후행처분이 있는 경우 선행처분도 후행처분에 의하여 변경되지 않은 범위 내에서 존속하고, 후행처분은 선행처분의 내용 중 일부를 변경하는 범위 내에서 효력을 가진다.[214)] 이 경우 상대방은 선행처분과 후행처분 모두에 대한 항고소송을 제

---

213) 대판 2022. 7. 28, 2021두60748. <사건개요> 행정청이 연구부정행위를 이유로 갑에게 "3년간 기술혁신촉진지원사업에의 참여 제한(기간은 2019. 7. 19.부터 2022. 7. 18.까지) 및 정부출연금 전부 환수(납부기한 2019. 8. 2.까지)"의 제재처분을 하였는바(1차처분), 갑이 이의신청을 하자 다시 심의를 거쳐 종전과 동일한 내용의 제재처분을 통지하면서 다만 3년간 지원사업 참여제한의 기간은 2019. 11. 8.부터 2022. 11. 7.까지로, 정부출연금 전부 환수의 납부기한은 2019. 11. 18.까지로 수정하여 통지(2차처분)한 사건이다. 이에 대해 대법원은, 이 사건 2차처분은 1차처분의 주요 부분을 실질적으로 변경하는 새로운 처분으로 볼 수 있고, 따라서 2차처분으로 인하여 1차처분은 소멸하였다고 판시하였다.

214) 대판 2012. 12. 13, 2010두20782, 20799; 대판 2020. 4. 9, 2019두49953; 대판 2022. 7. 28, 2021두60748. <대판 2010두20782의 사건개요> 지식경제부장관은 2003. 12. 12. 한국지역난방공사에게 파주열병합발전소 설치를 내용으로 하는 집단에너지사업허가를 해 준 다음, 2006. 1. 11. 최대열부하규모와 전기 및 열 공급용량 등을 확대하는 내용의 사업변경허가(1차변경허가)를 하고, 다시 2008. 8. 19. 열 공급시설의 설치 대수와 최대열부하규모 등을 축소하는 내용의 사업변경허가(2차변경허가)를 하였다. 인근주민 갑 등은 2008. 4. 14. 1차변경허가에 대한 취소소송을 제기하였고, 소송 계속 중에 2차변경허가가 행해지자 2010. 6. 9. 기존의 소에 2차변경허가의 취소를 구하는 청구를 추가하는 내용의 청구취지변경신청을 하였다. 이 사건에서 서울고등법원은, 2차변경허가로 인하여 1차변경허가의 효력이 소멸하였다고 하였다(서울고판 2008누32609). 이에 대한 상고심에서 대법원은, 2차변경허가는 1차변경허가를 전제로 하여 종전의 규모만을 축소하는 정도로 사업내용을 조정하는 것에 불과할 뿐 1차변경허가의 주요 부분을 실질적으로 변경하는 새로운 처분이라고 볼 수 없으므로, 1차변경허가는 2차변경허가에 의하여 변경되지 않은 범위 내에서는 그대로 존속한다고 하였다. <대판 2019두49953의 사건개요> 도선사업을 하는 갑회사는 허가받은 항로에서 운항하던 선박 ○○호(319톤, 정원 394명)가 노후화되자 새로운 대형선박인 △△호(715톤, 정원 504명)로 교체하는 내용의 도선사업면허 변경신청을 하였고, 행정청은 신청된 대로 변경처분을 하였다(1차변경처분). 그런데 같은 항로에서 해상여객운송사업을 하는 경쟁관계의 을회사는 위 변경처분이 위법하다고 주장하며 그에 대한 취소소송을 제기하였으며, 제1심법원은 원고(을회사)의 주장을 받아들여 1차변경처분에 대한 취소판결을 내렸다. 이에 갑회사는 다시 행정청에 △△호의 정원을 종전대로 394명으로 감축하는 내용의 도선사업면허 변경신청을 하였고 행정청이 이를 받아들여 △△호의 정원을 394명으로 감축하는 내용의 변경처분을 하였다(2차변경처분). 한편, 갑회사는 제1심판결에 대해 항소하면서, 2차변경처분에 의해 1차변경처분은 효력이 소멸되었으므로 원고는 1차변경처분의 취소를 구할 소의 이익이 없다고 주장하였다. 이에 원고는 2차변경처분에 대한 무효확인 또는 취소를 구하는 내용의 청구취지를 추가하였다. 이에 대해 대법원은 다음과 같이 판시하였다. ① 2차변경처분은 1차변경처분을 완전히 대체하거나 주요 부분을 실질적으로 변경하는 것이 아니라 다만 종전 △△호의 정원을 일부 감축하는 것에 불과하므로 1차변경처분 중 2차변경처분에 의하여 취소되지 않고 남아있는 부분(715톤, 정원 394명)은 여전히 항고소송의 대상이 된다. 1차변경처분이 2차변경처분에 의해 △△호의 정원이 종전처럼 394명으로 감축되었다 하더라도 선박의 규모가 종전 319톤에서 715톤으로 증가된 점은 경쟁사업자인 원고에게 적어도 화물운송분야에서는 여

기할 수 있는데, 다만 선행처분에만 존재하는 취소사유를 이유로 후행처분의 취소를 청구할 수는 없다. 만일 선행처분의 취소를 구하는 소를 제기한 후 후행처분의 취소를 구하는 청구를 추가하는 내용으로 청구취지를 변경하였다면 후행처분에 관한 제소기간 준수 여부는 '청구변경 당시'를 기준으로 판단하여야 한다.215)

iii) 후행처분의 내용이 선행처분의 유효를 전제로 내용 중 일부만을 추가·철회·변경하는 것이고 추가·철회·변경된 부분이 내용과 성질상 나머지 부분과 가분적인 것인 경우에는 선행처분과 후행처분이 병존하여 효력을 가진다. 따라서 후행처분에도 불구하고 종전처분이 여전히 항고소송의 대상이 될 수 있다.216) 이는 내용적으로 위 '소폭 변경'의 일종이라 할 수 있다.

b) **경정처분의 경우** : 조세부과처분·개발부담금부과처분 등이 있은 후 행정청이 금액을 감액 또는 증액하는 경정처분을 한 경우에 무엇이 항고소송의 대상이 되는지가 문제된다. 판례에 의하면 감액경정의 경우에는 당초의 처분이 일부 취소된 것에 지나지 않으므로 감액경정처분은 별개의 독립된 처분이 아니고, 따라서 항고소송의 대상은 '당초처분 중 감액경정처분에 의해 취소되지 않고 남은 부분'이 되며 제소기간의 준수 여부도 당초처분을 기준으로 판단하여야 한다고 한다.217) 이에 반해 증액경정의 경우에는 당초처분은 뒤의 경정처분에 흡수되어 독립된 존재가치를 상실하여 소멸하고 오직 증액경정처분만이 항고소송의 대상이 된다고 한다.218)

c) **공정거래위원회가 과징금부과처분 후 감액처분을 한 경우** : 다음의 판례는 유의할 필요가 있다. 공정거래위원회가 부당한 공동행위를 한 사업자에 대해 과징금부과처분(1차처분)을 한 다음 법이 정한 감면사유(조사협조자)에 해당한다는 이유로 당초 과징금을 50% 감액하는 처분(2차처분)을 한 경우,219) 2차처분은 감면사유까지 포함하여 그 처분상대방이 실제로 납부하여야 할 최종적인

전히 불리한 효과를 가져다주므로 원고는 2차변경처분에 의해 변경되지 않은 1차변경처분 부분(715톤 부분)의 취소를 구할 소의 이익이 있다. ② 2차변경처분은 1차변경처분 중 △△호의 정원 일부를 감축하는 처분이므로 항고소송의 대상에는 해당한다. 그러나 △△호의 정원 일부를 감축하는 2차변경처분은 원고(경쟁 을회사)에게 유리하므로 원고는 2차변경처분의 무효나 취소를 구할 소의 이익이 없다.

215) 대판 2012. 12. 13, 2010두20782, 20799.

216) 대판 2015. 11. 19, 2015두295. <사건개요> 서울시 동대문구청장은 2012. 11. 14. 이마트 등 대규모점포에 대해 영업제한시간을 오전 0시부터 오전 8시까지로 정하고 매월 둘째 넷째 주 일요일을 의무휴업일로 지정하는 내용의 처분을 하자, 이마트 등이 이에 대한 취소소송을 제기하였다. 동대문구청장은 소송이 진행 중인 2014. 8. 25. 종전 처분 중 영업제한시간을 오전 0시부터 오전 10시까지로 변경하는 내용의 처분을 하였다. 이후 동대문구청장은 "2012. 11. 14.자 처분은 2014. 8. 25.자 변경처분에 의해 그 효력이 소멸하였으므로 원고들은 더 이상 종전 처분의 취소를 구할 소의 이익이 없다"고 주장하였다. <대법원의 판단> 『2014. 8. 25.자 처분은 종전처분 전체를 대체하거나 그 주요 부분을 실질적으로 변경하는 내용이 아니라, 의무휴업일지정 부분을 그대로 유지한 채 영업시간제한 부분만을 일부 변경하는 것으로서, 2014. 8. 25.자 처분에 따라 추가된 영업시간제한 부분은 그 성질상 종전처분과 가분적인 것으로 여겨진다. 따라서 2014. 8. 25.자 처분으로 종전처분이 소멸하였다고 볼 수는 없고, 종전처분과 그 유효를 전제로 한 2014. 8. 25.자 처분이 병존하면서 위 원고들에 대한 규제 내용을 형성하며, 후속처분에도 불구하고 종전처분이 여전히 항고소송의 대상이 된다고 보아야 한다.』

217) 대판 1999. 4. 27, 98두19179; 대판 2009. 5. 28, 2006두16403.

218) 대판 2010. 6. 24, 2007두16493.

219) 공정거래법에 따르면 조사협조자에 대해서는 과징금을 감액할 수 있는바, 이 사안에서 공정거래위원회는 2011. 6. 9. 과징금부과처분을 한 다음, 2011. 7. 18. 해당 사업자가 조사협조자라는 이유로 50% 감액하는 처분을 하였다.

과징금액을 결정하는 종국적 처분이고, 1차처분은 종국적 처분을 예정하고 있는 잠정적 처분으로서 2차처분이 행해지면 1차처분은 이에 흡수되어 소멸한다고 한다.[220]

③ **조세환급결정** : 국세기본법은 국세 과오납 등의 사유가 있으면 과세관청은 환급할 금액을 국세환급금으로 결정하도록 규정하고 있는데(51조), 이때 과세관청의 '환급금결정' 또는 '환급신청에 대한 거부결정'이 항고소송의 대상인 처분에 해당하는지가 문제된다. 판례에 의하면 국세 과오납 등의 사유가 있으면 과세관청의 환급금결정이 없더라도 당연히 납세의무자의 부당이득반환청구권이 성립하고, 국세기본법상의 국세환급금결정은 이미 확정된 국세환급금에 대한 과세관청의 내부적인 환급사무처리절차를 규정한 것에 지나지 않으므로, 과세관청의 환급금결정이나 환급신청에 대한 거부결정은 납세의무자의 환급청구권에 구체적이고 직접적인 영향을 미치는 것이 아니어서 항고소송의 대상인 처분에 해당하지 않는다고 한다.[221] 따라서 과오납된 국세의 환급은 부당이득반환청구소송(민사소송)에 의하여야 한다.[222]

④ **반복된 처분** : 위법건축물에 대한 행정대집행의 계고처분이 있은 후 이에 불응하자 행정청이 다시 제2차, 제3차 계고서를 발송하여 일정기간까지의 자진철거를 촉구하고 불이행하면 대집행을 한다는 뜻을 고지하였다면, 행정대집행법상의 건물철거의무는 제1차 철거명령 및 계고처분으로써 발생하였고 제2차, 제3차의 계고처분은 새로운 철거의무를 부과한 것이 아니고 다만 대집행기한의 연기통지에 불과하므로 독립한 처분이 아니라는 것이 판례의 입장이다.[223]

⑤ **국유재산의 사용료부과행위 등** : 국공유 '행정재산'의 사용수익허가는 강학상의 특허에 해당하므로 사용수익자에 대해 사용료를 부과하는 것은 항고소송의 대상이 되는 처분에 해당한다.[224] 이에 반해 국공유 '일반재산'을 임대하는 행위는 행정처분이 아니라 사법상의 계약에 해당하므로 임대료부과조치 역시 사법상의 채무이행을 구하는 것이지 행정처분이라 할 수 없다.[225] 한편, 국공유재산(행정재산과 일반재산 포함)을 부정사용한 자에 대한 변상금의 부과는 행정처분에 해당한다.[226]

⑥ **토지대장·건축물대장 등에의 등재신청 또는 변경신청에 대한 거부행위** : ⅰ) 토지대장·임야대장·지적도·임야도 등 지적공부(地籍公簿)에 행정청이 직권으로 일정한 사항을 등재·변경하거나 또는 토지소유자의 등재·변경신청에 대해 거부한 것이 항고소송의 대상인 처분에 해당하는지가 문제되었다.[227] 이에 대해 종래의 판례는 토지대장·지적도 등 지적공부에 일정한 사항을 등재하

220) 대판 2015. 2. 12, 2013두987.
221) 대판 2007. 10. 26, 2005두3585; 대판 2009. 11. 26, 2007두4018; 대판 2010. 2. 25, 2007두18284; 대판 2014. 3. 13, 2012두7370.
222) 대판 1997. 10. 10, 97다26432.
223) 대판 1994. 10. 28, 94누5144.
224) 대판 1996. 2. 13, 95누11023.
225) 대판 1993. 12. 7, 91누11612.
226) 대판 2013. 1. 24, 2012다79828.
227) 토지대장은 지적공부(地籍公簿·토지대장·임야대장·지적도·임야도·공유지연명부·대지권등록부 및 경계점좌표등록부 등 지적측량을 통하여 조사된 토지의 표시와 해당 토지의 소유자 등을 기록한 대장 및 도면을 총칭한다)의 일종으로, 토지의 사실상의 상황을 명확하게 하기 위해 만들어진 장부이다. 그러한 점에서 등기소에

거나 등재된 사항을 변경하는 행위는 행정사무집행의 편의와 사실증명의 자료로 삼기 위한 것이고 그 등재나 변경으로 인하여 당해 토지에 대한 실체상의 권리관계에 어떤 변동을 가져오는 것은 아니어서, 그 등재변경신청을 거부한 행위 또는 행정청이 직권으로 변경한 행위는 항고소송의 대상이 되는 행정처분이라고 할 수 없다고 하였다.[228] 그런데 2004년 대법원 전원합의체판결은 '토지대장의 지목변경신청 거부행위'에 대해서 「지목은 토지에 대한 공법상의 규제, 개발부담금의 부과대상, 지방세의 과세대상, 공시지가의 산정, 손실보상가액의 산정 등 토지행정의 기초로서 공법상의 법률관계에 영향을 미치고, 토지소유자는 지목을 토대로 토지의 사용·수익·처분에 일정한 제한을 받게 되는 점 등을 고려하면, … 지적공부 소관청의 지목변경신청 반려행위는 국민의 권리관계에 영향을 미치는 것으로서 항고소송의 대상이 되는 행정처분에 해당한다」고 함으로써 종전 판례의 입장을 변경하였다.[229]

위 판결 이후 대법원은 '토지대장 직권 말소행위'는 처분성이 인정된다고 보았으나,[230] '토지대장의 소유자명의변경신청에 대한 거부행위'와 '지목변경 없이 지적관계를 임야대장에서 토지대장으로 옮겨 등록하도록 하는 등록전환신청에 대한 거부행위'에 대해서는 처분성을 부정하였다.[231]

> **판례** ① 『토지대장은 토지에 대한 공법상의 규제, 개발부담금의 부과대상, 지방세의 과세대상, 공시지가의 산정, 손실보상가액의 산정 등 토지행정의 기초자료로서 공법상의 법률관계에 영향을 미칠 뿐만 아니라, 토지에 관한 소유권보존등기 또는 소유권이전등기를 신청하려면 이를 등기소에 제출해야 하는 점 등을 종합해 보면, 토지대장은 토지의 소유권을 제대로 행사하기 위한 전제요건으로서 토지소유자의 실체적 권리관계에 밀접하게 관련되어 있으므로, 이러한 토지대장을 직권으로 말소한 행위는 국민의 권리관계에 영향을 미치는 것으로서 항고소송의 대상이 되는 행정처분에 해당한다.』 (대판 2013. 10. 24, 2011

비치되어 토지에 관한 권리관계를 공시하는 토지등기부와 구별된다. 이 두 장부는 서로 기재 내용에 있어 일치될 것이 요청되므로 등기부에 기재된 부동산 표시가 토지대장과 부합하지 않는 경우, 그 부동산의 소유권 등기명의인은 부동산 표시의 변경등기를 하지 않으면 그 부동산에 대하여 다른 등기를 신청할 수 없도록 하고 있다(소유권 이외의 사항은 토지대장 기재가 우선). 그리고 등기부에 기재된 등기명의인의 표시가 토지대장과 부합하지 않는 경우에는 그 등기명의인은 토지대장의 등록명의인 표시의 변경등록을 하지 않으면 그 부동산에 대하여 다른 등기를 신청할 수 없도록 하고 있다(소유권에 관한 사항은 등기부 기재가 우선). 토지대장은 시장(자치구가 아닌 구를 두는 시의 시장은 제외)·군수·구청장(자치구가 아닌 구의 구청장 포함)이 소관하며, 소관청은 이 장부를 지적서고에 비치·보관하고 이를 영구히 보존하여야 한다. 토지대장에는 ① 토지의 소재, ② 지번, ③ 지목, ④ 면적, ⑤ 소유자의 성명 또는 명칭, 주소 및 주민등록번호, ⑥ 그 밖에 국토교통부령으로 정하는 사항을 등록하여야 한다(공간정보의 구축 및 관리 등에 관한 법률 71조).

228) 대판 1991. 2. 12, 90누7005(토지대장의 지목변경신청 거부행위); 대판 1991. 대판 1991. 12. 24, 91누8357(멸실된 지적도복구신청 거부행위); 대판 1993. 6. 11, 93누3745(토지대장의 지목변경신청 거부행위); 대판 1995. 5. 26, 95누3428(건축물대장 기재내용 직권 정정행위); 대판 1995. 12. 5, 94누4295(토지대장의 지목변경 및 등록전환 신청 거부행위); 대판 1998. 9. 18, 98누9738(건축물대장 용도표시 직권 정정행위); 대판 2001. 6. 12, 99두7777(건축물대장 직권 말소행위); 대판 2002. 4. 26, 2000두7612(지적도의 경계변경신청 거부행위).

229) 대판 2004. 4. 22, 2003두9015.

230) 대판 2013. 10. 24, 2011두13286.

231) 대판 2012. 1. 12, 2010두12354; 대판 2017. 5. 31, 2014두14709. 등록전환이란 임야대장 및 임야도에 등록된 토지를 토지대장 및 지적도에 옮겨 등록하는 것을 말한다(공간정보의 구축 및 관리 등에 관한 법률 2조 30호). 등록전환은 원칙적으로 토지의 지목이 임야에서 전, 답, 대지 등으로 변성되는 경우에 신성할 수 있으며, 다만 대부분의 토지가 등록전환되어 나머지 토지를 임야도에 계속 존치하는 것이 불합리한 경우 등의 사유가 있는 때에는 지목변경 없이도 등록전환을 신청할 수 있다(법 78조, 시행령 64조).

두13286)

> ② 『토지대장에 기재된 일정한 사항을 변경하는 행위는, 그것이 지목의 변경이나 정정 등과 같이 토지소유권 행사의 전제요건으로서 토지소유자의 실체적 권리관계에 영향을 미치는 사항에 관한 것이 아닌 한 행정사무집행의 편의와 사실증명의 자료로 삼기 위한 것일 뿐이어서, 그 소유자 명의가 변경된다고 하여도 이로 인하여 당해 토지에 대한 실체상의 권리관계에 변동을 가져올 수 없고 토지소유권이 지적공부의 기재만에 의하여 증명되는 것도 아니다. 따라서 소관청이 토지대장상의 소유자명의변경신청을 거부한 행위는 이를 항고소송의 대상이 되는 행정처분이라고 할 수 없다.』 (대판 2012. 1. 12, 2010두12354)

　ii) 지적공부와 마찬가지로 건축물대장에의 등재 · 변경신청에 대한 거부행위 또는 건축물대장 등재사항을 행정청이 직권 정정한 것 등이 항고소송의 대상이 되는 처분에 해당하는지가 문제된다.[232] 이에 대해 종래 대법원은 건축물대장에 일정한 사항을 등재하거나 등재된 사항을 변경하는 행위는 행정사무집행의 편의와 사실증명의 자료로 삼기 위한 것일 뿐이고 그 등재나 변경등재 행위로 인하여 그 건축물에 대한 실체상의 권리관계에 어떤 변동을 가져오는 것이 아니므로, 소관청이 등재사항에 대한 변경신청을 거부하였다고 하여 이를 항고소송의 대상이 되는 행정처분에 해당한다고 할 수 없다고 하였다.[233] 그러나 2009년 이후에 대법원은 건축물대장상의 용도를 변경해 달라는 신청에 대한 거부행위, 건축물대장 작성신청에 대한 거부행위, 건축물대장 직권 합병행위, 건축물대장 직권 말소행위 등은 국민의 권리관계에 영향을 미치는 것으로서 항고소송의 대상이 되는 처분에 해당한다고 판시하였다.[234]

> **판례**　『원심은 제1심판결을 인용하여 건축물대장에 일정한 사항을 등재하는 것은 이를 관장하는 행정청이 행정사무의 편의와 사실증명의 자료로 삼기 위한 것이고, 또한 건축물의 멸실에 따라 그 대장을 말소하는 행위는 이를 정리, 마감하기 위한 절차에 불과하므로 그 등재나 말소행위로 인하여 원고의 소유권이 창설 또는 상실된다거나 건축물에 대한 실체상의 권리관계에 어떤 변동을 가져오는 것은 아니라는 이유로, 피고가 원고 소유 이 사건 건축물에 관한 건축물대장을 직권 말소한 행위(이하 '이 사건 직권말소행위'라 한다)가 항고소송의 대상이 되는 행정처분이 아니라고 판단하였다.
> 　그러나 건축물대장은 건축물에 대한 공법상의 규제, 지방세의 과세대상, 손실보상가액의 산정 등 건축

---

232) 건축물대장이란 건축물의 소유 · 이용 및 유지관리상태를 확인하거나 건축정책의 기초자료로 활용하기 위하여 건축물과 소유자의 현황에 관해 기재한 장부이다. 건축물대장에는 일반건축물대장과 집합건축물대장이 있다. 일반건축물대장에는 건축물현황(건축물명칭, 대지위치, 구조, 용도, 면적, 층수 등)과 소유자현황이 등재된다(건축법 38조, 건축물대장의 기재 및 관리 등에 관한 규칙 4조, 7조, 별표서식 2호, 2호의2 등 참조). 이러한 건축물대장은 건축물의 현황과 소유자를 파악하는 기초자료라 할 수 있는데, 나아가 지방세(재산세) 과세나 손실보상액 산정의 자료로 활용되기도 한다. 건축물대장에 등재된 건축물현황에 변동이 있는 경우에는 건축물소유자가 행정청에 변경신청을 하여 변경등재하여야 하며(규칙 18조), 소유자변경은 원칙적으로 등기관서로부터 행정청에 소유권 변동자료가 통지된 때에 정리하여야 한다(규칙 19조).

233) 대판 1998. 2. 24, 96누5612.

234) 대판 2009. 1. 30, 2007두7277; 대판 2009. 2. 12, 2007두17359; 대판 2009. 5. 28, 2007두19775; 대판 2010. 5. 27, 2008두22655. 한편, 서울행정법원은 건축물대장상의 건축물명칭변경신청에 대한 거부행위는 건축물소유자의 실체적 권리관계에 밀접하게 관련되어 있으므로 항고소송의 대상이 되는 처분에 해당한다고 하였다(이는 건축물대장에 등재된 '사당롯데낙천대아파트'라는 건축물의 명칭을 '롯데캐슬'로 변경해달라는 신청에 대해 행정청이 거부한 사안이다 : 서울행정법원 2007. 3. 16, 2006구합39086).

행정의 기초자료로서 공법상의 법률관계에 영향을 미칠 뿐만 아니라, 건축물에 관한 소유권보존등기 또는 소유권이전등기를 신청하려면 이를 등기소에 제출하여야 하는 점 등을 종합해 보면, 건축물대장은 건축물의 소유권을 제대로 행사하기 위한 전제요건으로서 건축물 소유자의 실체적 권리관계에 밀접하게 관련되어 있으므로, 이러한 건축물대장을 직권 말소한 행위는 국민의 권리관계에 영향을 미치는 것으로서 항고소송의 대상이 되는 행정처분에 해당한다. 따라서 이에 어긋나는 원심의 판단은 항고소송의 대상이 되는 행정처분에 관한 법리를 오해한 잘못이 있다.』(대판 2010. 5. 27, 2008두22655)

⑦ 건축신고 : 종래 건축법상의 신고는 이른바 수리를 요하지 않는 신고에 해당하므로 건축을 하고자 하는 자가 적법한 요건을 갖춘 신고만 하면 건축을 할 수 있고 행정청의 수리처분 등 별다른 조치를 기다릴 필요가 없으며, 따라서 행정청이 신고서를 반려하는 행위는 항고소송의 대상이 되는 행정처분이라 할 수 없다는 것이 판례의 입장이었다.[235] 그러나 2010년 대법원 전원합의체판결은 건축신고 반려행위가 이루어진 단계에서 당사자로 하여금 반려행위의 적법성을 다투어 그 법적 불안을 해소할 필요가 있다는 등의 이유로 종전의 판례를 변경하여, 건축신고 반려행위를 항고소송의 대상이 되는 처분으로 인정하였다.[236]

> **판례** 『건축주 등으로서는 신고제하에서도 건축신고가 반려될 경우 당해 건축물의 건축을 개시하면 시정명령, 이행강제금, 벌금의 대상이 되거나 당해 건축물을 사용하여 행할 행위의 허가가 거부될 우려가 있어 불안정한 지위에 놓이게 된다. 따라서 건축신고 반려행위가 이루어진 단계에서 당사자로 하여금 반려행위의 적법성을 다투어 그 법적 불안을 해소한 다음 건축행위에 나아가도록 함으로써 장차 있을지도 모르는 위험에서 미리 벗어날 수 있도록 길을 열어 주고, 위법한 건축물의 양산과 그 철거를 둘러싼 분쟁을 조기에 근본적으로 해결할 수 있게 하는 것이 법치행정의 원리에 부합한다. 그러므로 이 사건 건축신고 반려행위는 항고소송의 대상이 된다고 보는 것이 옳다. 이와 달리, 건축신고의 반려행위 또는 수리 거부행위가 항고소송의 대상이 아니어서 그 취소를 구하는 소는 부적법하다는 취지로 판시한 대법원 1967. 9. 19. 선고 67누71 판결, 대법원 1995. 3. 14. 선고 94누9962 판결, 대법원 1997. 4. 25. 선고 97누3187 판결, 대법원 1998. 9. 22. 선고 98두10189 판결, 대법원 1999. 10. 22. 선고 98두18435 판결, 대법원 2000. 9. 5. 선고 99두8800 판결 등을 비롯한 같은 취지의 판결들은 이 판결의 견해와 저촉되는 범위에서 이를 모두 변경하기로 한다.』(대판 2010. 11. 18, 2008두167)

⑧ 공무원연금 관련 결정 : i) 공무원연금법상 퇴직연금 등의 급여는 퇴직공무원이 그가 소속하였던 기관장의 확인을 얻어 신청하는 바에 따라 공무원연금공단이 그 지급결정을 함으로써 그 구체적인 권리가 발생하는 것이므로, 공무원연금공단의 퇴직연금 등에 관한 결정은 국민의 권리에 직접 영향을 미치는 것이어서 행정처분에 해당한다. 그러나 공무원연금공단의 결정에 의하여 퇴직연금을 지급받아 오던 자가 공무원연금법령의 개정 등으로 퇴직연금 중 일부 금액의 지급이 정지된 경우에는 당연히 개정된 법령에 따라 퇴직연금지급정지가 확정되는 것이지 공무원연금공단의 지급정지결정과 통지에 의하여 비로소 확정되는 것이 아니므로, 공무원연금공단이 퇴직연금수급자

---

235) 대판 1993. 3. 14, 94누9962.
236) 대판 2010. 11. 18, 2008두167. 이 판례에 대한 평석으로는 김남진, 건축신고 반려행위의 법적 성질, 법률신문 2011. 2. 10, 13면 참조.

에게 퇴직연금 중 일부 금액이 지급정지되었다는 사실을 통보한 것이나 또는 퇴직연금수급자의 퇴직연금지급신청에 대해 공무원연금공단이 지급정지된 일부 금액에 대해 지급거부의 의사표시를 한 것은 항고소송의 대상이 되는 처분에 해당하지 않으며, 이 경우 지급정지된 퇴직연금의 지급을 구하는 소송은 당사자소송에 의하여야 한다.[237]

ⅱ) 명예퇴직한 법관에 대한 명예퇴직수당은 신청자 중에서 일정한 심사를 거쳐 법원행정처장이 명예퇴직수당 지급대상자로 결정한 경우에 비로소 지급될 수 있으므로, 법원행정처장의 명예퇴직수당 지급대상자 결정은 행정처분에 해당한다. 그러나 명예퇴직 수당액은 법령에 구체적인 산정기준이 정해져 있으므로 명예퇴직수당 지급대상자로 결정된 자는 위 기준에 따라 산정된 명예퇴직수당을 지급받을 구체적인 권리를 가진다. 따라서 명예퇴직수당 지급대상자로 결정된 자가 법이 정한 정당한 수당액에 미치지 못한다고 주장하며 그 차액의 지급을 신청한 것에 대한 법원행정처장의 거부행위는 행정처분에 해당하지 않으며, 이 경우 미지급 명예퇴직수당의 지급을 구하는 소송은 당사자소송에 의하여야 한다.[238]

ⅲ) 공무원연금법 소정의 급여제한사유가 있음에도 불구하고 수급자에게 퇴직연금이 잘못 지급된 경우에 과다하게 지급된 퇴직연금의 환수를 위한 행정청의 환수통지는 당사자에게 새로운 의무를 과하거나 권익을 제한하는 것으로서 행정처분에 해당한다.[239]

⑨ **특별법에 의한 보상금지급에 관한 결정** : ⅰ) 「5·18민주화운동 관련자 보상 등에 관한 법률」에 의한 보상금지급신청에 대한 5·18민주화운동관련자보상심의위원회의 지급거부결정이 항고소송의 대상인 처분에 해당하는지가 문제된다.[240] 이에 대해 판례는 위 법률에 보상심의위원회의 결정에 대해 행정심판이나 취소소송을 제기할 수 있다는 규정이 없다는 등의 이유로, 보상심의위원회의 결정은 항고소송의 대상이 되는 처분에 해당하지 않는다고 하였다.[241]

ⅱ) 한편 판례는 위 법률과 매우 유사한 규정을 두고 있는 「민주화운동 관련자 명예회복 및 보상 등에 관한 법률」에 의한 보상금지급신청에 대한 민주화운동관련자보상심의위원회의 지급거부결정에 대해서는, 이는 행정처분에 해당하므로 보상심의위원회의 기각결정을 받은 자는 위원회를 상대로 그 결정에 대한 취소소송을 제기하여야 한다고 하였다.[242] 그러나 대법원의 반대의견은,

---

237) 대판 2004. 7. 8, 2004두244.

238) 대판 2016. 5. 24, 2013두14863.

239) 대판 2009. 5. 14, 2007두16202.

240) 「5·18민주화운동 관련자 보상 등에 관한 법률」에 의하면 위 법률에 의한 보상금을 지급받으려는 자는 5·18민주화운동관련자보상심의위원회에 신청을 하여야 하며, 신청을 받은 위원회는 90일 이내에 지급 여부와 금액을 결정하여야 한다(9조). 보상금지급에 관한 소송은 원칙적으로 위원회의 결정을 거친 후에만 제기할 수 있으며(결정전치주의), 다만 신청이 있었던 날부터 90일이 지났을 때에는 그러하지 아니하다(15조 1항).

241) 대판 1992. 12. 24, 92누3335. 따라서 위 법률에 의한 보상금에 대해 다툼이 있는 자는 당사자소송에 의하여야 한다는 것이 판례의 입장이다.

242) 대판 2008. 4. 17, 2005두16185. 「민주화운동 관련자 명예회복 및 보상 등에 관한 법률」에 의하면 위 법률에 의한 보상금을 지급받으려는 자는 민주화운동관련자보상심의위원회에 신청을 하여야 하며, 신청을 받은 위원회는 90일 이내에 지급 여부와 금액을 결정하여야 한다(10조, 11조). 보상금지급에 관한 소송은 원칙적으로 위원회의 결정을 거친 후에만 제기할 수 있으며(결정전치주의), 다만 신청이 있었던 날부터 90일이 지났을 때에는 그러하지 아니하다(17조 1항).

이 사건의 근거가 되는 민주화운동관련자보상법률은 그 체계와 보상금신청절차 등에 있어 종래의 5·18민주화운동관련자보상법률과 매우 유사한데 양자의 법해석을 달리 하는 것은 일관성을 결한 잘못이 있다고 비판하고 있다.

⑩ **서훈 취소행위** : 서훈(훈장 또는 포장을 수여하는 것) 또는 서훈취소는 국무회의의 심의를 거쳐 대통령이 결정하고 그 사실을 국가보훈처장이 당사자 또는 그 유족에게 통보한다. 이 경우 서훈취소의 결정·통보가 항고소송의 대상인 처분에 해당하는지가 문제되는데, 이에 관한 판례의 입장은 다음과 같다.

i) 서훈은 서훈대상자의 특별한 공적에 의하여 수여되는 고도의 일신전속적 성격을 가지는 것으로서 서훈대상자의 유족이라 하더라도 서훈처분이나 그 취소처분의 상대방이 될 수 없으며, 따라서 사망한 자에 대한 서훈취소처분은 유족에 대한 통지가 있어야 효력을 발생하는 것은 아니고 상당한 방법으로 대외적으로 표시됨으로써 효력을 발생한다.[243]

ii) 이미 사망한 자에 대한 서훈취소의 효력은 국무회의의 심의를 거쳐 대통령이 결정함으로써 확정적으로 효력을 발생하고, 국가보훈처장이 서훈취소결정을 그 유족에게 통보하는 행위는 상대방이나 관계인들의 법률상 지위에 직접적인 변동을 일으키지 아니하는 사실상의 통지에 지나지 아니하므로 항고소송의 대상이 되는 처분에 해당하지 않는다.[244]

iii) 서훈취소의 경우는 서훈수여의 경우와는 달리 이미 발생된 서훈대상자 등의 권리에 영향을 미치는 행위로서 사법심사의 필요성이 크며, 비록 서훈취소가 대통령이 국가원수로서 행하는 행위라 하더라도 법원이 사법심사를 자제하여야 할 고도의 정치성을 띤 이른바 통치행위에 해당한다고 볼 수 없다.[245] 따라서 이미 사망한 자에 대해 국무회의의 심의를 거쳐 대통령이 한 서훈취소결정은 항고소송의 대상인 처분에 해당한다.

⑪ **이의신청에 대한 기각통지의 처분성** : 이의신청에 대한 행정청의 기각통지(즉, 이의신청을 받아들이지 않는 통지)는 종래의 처분을 유지하는 것일 뿐이고 이의신청인의 권리·의무에 새로운 변동을 가져오는 것은 아니므로 독립하여 항고소송의 대상이 되는 처분에 해당하지 않으며, 따라서 처분의 상대방이 그 결과 통지를 받은 후에 행정심판이나 행정소송을 제기하는 경우에도 원처분을 대상으로 하여야 한다.[246]

한편, 최근의 판례는 이의신청에 대한 기각결정도 특별한 경우에는 독립하여 항고소송의 대상이 될 수 있다고 보고 있는 점에 주목할 필요가 있다. 이의신청에 대한 기각결정이 독립한 처분으로 인정되는 경우로는, i) 행정청이 상대방에게 이의신청에 대한 기각결정을 통지하면서 행정심판이나 행정소송에 의한 불복방법을 안내한 경우,[247] ii) 이의신청에 대한 기각결정이 원처분의 주요 부분을 실질적으로 변경한 새로운 처분이라 볼 수 있는 경우,[248] iii) 수익적 행정처분을 구하는

---

243) 대판 2014. 9. 26, 2013두2518.
244) 대판 2015. 4. 23, 2012두26920.
245) 대판 2015. 4. 23, 2012두26920.
246) 대판 2012. 11. 15, 2010두8676; 대판 2016. 7. 27, 2015두45953.
247) 대판 2021. 1. 14, 2020두50324; 대판 2022. 7. 28, 2021두60748.

신청에 대한 거부처분이 있은 후 당사자가 이의를 신청한 것이 새로운 신청을 하는 취지로 볼 수 있는 경우[249] 등을 들 수 있다.

⑫ **방송통신위원회의 고지방송명령의 처분성** : 방송법에 따르면 방송통신위원회는 방송사업자가 심의규정 등을 위반한 경우에는 과징금을 부과하거나 제재조치를 명할 수 있으며(100조 1항), 방송사업자가 과징금처분 또는 제재조치명령을 받은 경우에는 지체 없이 '방송통신위원회의 결정사항 전문을 방송할 의무'를 부과하고 있는바(100조 4항), 이를 '고지방송의무'라 한다. 그런데 방송통신위원회는 심의규정을 위반한 M방송사에 대해 '제재조치명령'을 함과 아울러 방송법 제100조 제4항에 따라서 방송통신위원회의 결정 내용을 방송하도록 하는 '고지방송명령'을 하였다. 이에 M방송사는 제재조치명령과 고지방송명령에 대한 취소소송을 제기하였는바, 이 경우 고지방송명령이 항고소송의 대상인 처분에 해당하는지가 문제되었다. 이에 대해 판례는, 방송사의 고지방송의무는 직접 방송법 제100조 제4항에 의해 발생하고 따라서 방송통신위원회의 고지방송명령은 방송사로 하여금 방송법 제100조 제4항에 따른 고지방송의무를 이행하도록 권고하는 비권력 사실행위에 해당하여 이는 항고소송의 대상이 되는 처분에 해당하지 않는다고 하였다.[250]

3. 재 결

(1) 원처분주의와 재결주의

> **기본사례**
>
>   (1) 춘천시장으로부터 영업정지처분을 받은 갑은 그 처분의 취소를 구하는 행정심판을 청구하였으나 기각재결이 내려졌다. 이에 갑이 행정소송을 제기하여 권리를 구제받고자 하는 경우 본래의 영업정지처분을 대상으로 하여야 하는가 아니면 행정심판위원회의 기각재결을 대상으로 하여야 하는가.
>   (2) 사립중학교 교사 갑과 공립중학교 교사 을은 학생들에게 부적절하게 정부에 대한 비판적 시각을 심어주었다는 이유로 각각 정직 3월의 징계처분을 받았는바, 갑과 을은 「교원의 지위향상 및 교육활동 보호를 위한 특별법」에 근거하여 교원소청심사위원회에 소청을 청구하였지만 모두 청구가 기각되었다. 이에 갑과 을은 소송으로 다투고자 하는데, 무엇을 대상으로 또한 누구를 피고로 하여야 하는가.

행정처분에 대하여 행정심판의 재결을 거쳐 행정소송을 제기하는 경우에 무엇을 대상으로 하여야 하는지가 문제되는데, 이에 관해서는 원처분주의와 재결주의가 있다. 원처분주의란 원칙적으로 본래의 처분을 대상으로 행정소송을 제기하도록 하되, 재결 자체에 고유한 위법이 있는 경우에 한하여 예외적으로 재결을 대상으로 행정소송을 제기할 수 있도록 하는 것이다. 이 경우 원처분의 위법은 원처분에 대한 행정소송에서 다투어야 하며, 재결에 대한 행정소송에서는 원처분의 위법을 주장할 수 없고 다만 재결 자체의 위법만을 주장할 수 있다. 이에 반해 재결주의란 최종의 처분이

---

248) 대판 2022. 7. 28, 2021두60748. 예컨대 행정청이 제재처분(3년간의 지원사업 참여제한)에 대한 이의신청을 기각하고 종전의 제재처분을 유지하면서, 다만 당초의 제재기간을 변경한 경우(당초 2019. 7. 19.부터 2022. 7. 18.까지인 제재기간을 2019. 11. 8.부터 2022. 11. 7.까지로 변경)가 이에 해당한다.

249) 대판 2019. 4. 3, 2017두52764.

250) 대판 2015. 3. 12, 2014두43974; 대판 2023. 7. 13, 2016두34257.

라 할 수 있는 재결에 대해서만 행정소송을 제기할 수 있도록 하는 것으로서, 이 경우에는 재결에 대한 행정소송에서 원처분의 위법까지도 주장할 수 있게 된다.[251]

원처분주의와 재결주의 중 어느 것을 택할 것인지는 입법정책의 문제라 할 것인바, 행정소송법은 "재결취소소송의 경우에는 재결 자체에 고유한 위법이 있음을 이유로 하는 경우에 한한다"고 규정함으로써(19조 단서) 원처분주의를 채택하고 있다.

(2) 원처분주의하에서 재결에 대한 취소소송이 필요한 경우

원처분주의를 채택하는 경우에도 다음과 같은 경우에는 예외적으로 재결에 대한 행정소송이 인정될 필요성이 있다.

i) 재결에만 특유한 위법이 있는 경우에는 원처분에 대한 행정소송에 의해서는 권리구제가 곤란할 것이며, 따라서 이러한 경우에는 예외적으로 재결에 대한 행정소송이 허용되어야 함은 물론이다. 행정소송법 제19조 단서는 이러한 취지를 입법화한 것이라 할 것이다.

ii) 제3자효행정행위에 있어 처분의 상대방 아닌 제3이해관계인이 처분에 대한 취소심판을 제기하여 인용재결이 내려진 경우를 들 수 있다. 이 경우 재결에 대해서는 다시금 행정심판을 제기할 수 없기 때문에(행정심판법 51조), 처분의 상대방은 인용재결에 대한 행정소송을 제기하는 수밖에 없다.

(3) 재결 자체의 고유한 위법의 의미

행정소송법 제19조는 재결 자체에 고유한 위법이 있음을 이유로 하는 경우에만 재결에 대한 취소소송을 제기할 수 있도록 하고 있는바, 여기에서 "재결 자체에 고유한 위법이 있음"의 의미는 원처분에는 없고 재결에만 있는 행정심판위원회의 권한·구성의 위법이나 재결의 절차·형식·내용의 위법 등을 뜻한다.[252] 예컨대 적법하게 구성되지 아니한 행정심판위원회에 의한 재결, 서면에 의하지 않거나 이유를 기재하지 아니한 재결, 본래의 처분보다 청구인에게 불이익한 내용의 재결 등이 그에 해당한다.

(4) 재결 내용의 위법의 경우

이와 관련하여 특히 재결의 '내용'의 위법이 재결 자체의 고유한 위법이 될 수 있는지가 문제되고 있다. 일부 견해는 재결의 내용의 위법은 재결 자체의 고유한 위법에 포함되지 않는다는 견해도 있으나,[253] 경우를 나누어 살펴보는 것이 타당할 것이다.

① **각하재결** : 행정심판청구가 법적 요건을 갖추었음에도 불구하고 각하재결이 내려진 경우에는 심판청구인의 실체심리를 받을 권리를 박탈한 것이기 때문에 재결 자체에 고유한 위법이 있고, 따라서 각하재결은 취소소송의 대상이 된다.[254]

---

251) 대판 1991. 2. 12, 90누288.
252) 대판 1997. 9. 12, 96누14661; 대판 2001. 7. 27, 99두2970.
253) 김학세, 행정소송법의 체계, 1995, 110면.
254) 대판 2001. 7. 27, 99두2970.

판례 『행정소송법 제19조에 의하면 행정심판에 대한 재결에 대하여도 그 재결 자체에 고유한 위법이 있음을 이유로 하는 경우에는 항고소송을 제기하여 그 취소를 구할 수 있고, 여기에서 말하는 '재결 자체에 고유한 위법'이란 그 재결자체에 주체, 절차, 형식 또는 내용상의 위법이 있는 경우를 의미하는데, 행정심판청구가 부적법하지 않음에도 각하한 재결은 심판청구인의 실체심리를 받을 권리를 박탈한 것으로서 원처분에 없는 고유한 하자가 있는 경우에 해당하고, 따라서 위 재결은 취소소송의 대상이 된다.』 (대판 2001. 7. 27, 99두2970)

② **기각재결** : 원처분이 정당하다고 하여 청구를 기각하는 재결에 대해서는 원칙적으로 재결 내용의 위법을 이유로 기각재결의 취소를 구하는 소를 제기할 수는 없고, 이 경우는 원처분을 대상으로 하여 소를 제기하여야 한다. 다만 기각재결에 '이유모순'의 위법이 있는 경우(예컨대 재결의 이유에서는 처분이 위법한 것처럼 설시하고 있음에도 불구하고 주문에서는 청구를 기각한 경우)에는 예외적으로 기각재결을 대상으로 행정소송을 제기할 수 있다고 할 것이다. 재결의 이유모순은 재결 자체의 고유한 위법이라 할 수 있으며, 이는 원처분에 대한 행정소송에서는 다툴 수 없기 때문이다.[255]

③ **사정재결** : 행정심판위원회가 행정심판법 제44조에 근거하여 사정재결을 한 경우에는 사정재결의 요건이 충족되지 않았다는 이유를 들어 재결에 대한 취소소송을 제기할 수 있다.

④ **인용재결** : i) 전부인용재결의 경우에는 심판청구인이 그에 대한 취소소송을 제기하는 일은 생각할 수 없다. 다만 제3자효행정행위에 있어서 처분의 상대방 아닌 자가 행정심판을 제기하여 인용재결이 내려진 경우에 처분의 상대방은 그 인용재결에 대해 행정소송을 제기하는 수밖에 없는데, 이 경우 재결에 대한 행정소송의 법적 근거에 관하여 다툼이 있다. 일부 견해에 의하면, 이 경우의 인용재결은 원처분과 내용을 달리 하는 것이기 때문에 재결의 취소를 구하는 것은 원처분에 없는 재결 고유의 위법을 주장하는 것이 되어서 행정소송법 제19조 단서에 의한 소송이라고 한다.[256] 다른 견해는, 이 경우의 인용재결은 처분의 직접 상대방에 대해서는 불이익한 최초의 처분에 해당하므로 이 경우의 재결에 대한 소송은 행정소송법 제19조 단서가 아니라 제19조 본문에 의한 소송으로 보아야 한다고 한다.[257] 판례는 『원처분의 상대방이 아닌 제3자가 행정심판을 청구하여 재결청이 원처분을 취소하는 인용재결을 한 경우에 그 원처분의 상대방은 그 재결에 대하여 항고소송을 제기할 수밖에 없고, 이 경우 재결은 원처분과 내용을 달리 하는 것이어서 재결의 취소를 구하는 것은 원처분에 없는 재결 고유의 위법을 주장하는 것이 된다』고 함으로써, 전자의 입장을 취하고 있다.[258]

ii) 일부인용재결(예컨대 3개월 영업정지처분이 행정심판의 재결에서 2개월 영업정지처분으로 감경된

---

255) 대판 1996. 2. 13, 95누8027 참조 : 『행정처분에 대한 행정심판의 재결에 이유모순의 위법이 있다는 사유는 재결처분 자체에 고유한 하자로서 재결처분의 취소를 구하는 소송에서는 그 위법사유로서 주장할 수 있으나, 원처분의 취소를 구하는 소송에서는 그 취소를 구할 위법사유로서 주장할 수 없다.』
256) 홍정선(상), 1116면.
257) 김용섭, 취소소송의 대상으로서의 행정심판의 재결, 행정법연구 제3호, 1998, 226면.
258) 대판 1998. 4. 24, 97누17131; 대판 2001. 5. 29, 99두10292.

경우) 또는 적극적변경재결의 경우(예컨대 공무원에 대한 해임처분이 소청심사위원회의 재결에서 정직 3개월로 감경된 경우)에 무엇을 대상으로 누구를 피고로 하여 소송을 제기하여야 하는지가 문제된다. 이에 관해서는, 일부인용재결과 적극적변경재결은 단지 원처분을 감축한 것으로 보아 '수정된 원처분'을 대상으로 하고 원처분청을 피고로 하여 소송을 제기하여야 한다는 견해[259]와 일부인용재결은 일부 취소되고 남은 원처분이 소송의 대상이 되지만 적극적변경재결의 경우는 원처분을 대체하는 새로운 처분이므로 변경재결이 소송의 대상이 되며 재결청을 피고로 하여야 한다는 견해[260]가 대립하고 있다. 판례는 감봉 1월의 징계처분이 소청심사에서 견책으로 감경된 경우에 감경된 처분을 대상으로 원처분청을 피고로 하여 소송을 제기하여야 한다고 하였다.[261] 생각건대, 적극적변경재결은 원처분의 내용을 일부 감축한 것이지 새로운 처분이라 볼 것은 아니며, 따라서 전자의 견해가 타당하다고 생각된다.

> **판례** 『항고소송은 원칙적으로 당해 처분을 대상으로 하나, 당해 처분에 대한 재결자체에 고유한 주체, 절차, 형식 또는 내용상의 위법이 있는 경우에 한하여 그 재결을 대상으로 할 수 있다고 해석되므로, 징계혐의자에 대한 감봉 1월의 징계처분을 견책으로 변경한 소청결정 중 그를 견책에 처한 조치는 재량권의 남용 또는 일탈로서 위법하다는 사유는 소청결정 자체에 고유한 위법을 주장하는 것으로 볼 수 없어 소청결정의 취소사유가 될 수 없다.』 (대판 1993. 8. 24, 93누5673)

iii) 취소심판에서의 변경명령재결에 따라 행정청이 원처분을 변경하는 처분을 내린 경우에 이를 다투려는 사람은 무엇을 대상으로 취소소송을 제기하여야 하는지가 문제된다. 이에 관해서는 ㉠ 변경명령재결과 그에 따른 변경처분은 별개의 독립된 처분이므로 각각 취소소송의 대상이 될 수 있다는 견해,[262] ㉡ 변경처분은 변경명령재결의 기속력에 따른 것이므로 먼저 변경명령재결을 대상으로 취소소송을 제기하여야 한다는 견해, ㉢ 변경명령재결은 소송의 대상이 되지 않고 재결에 따른 변경처분만이 취소소송의 대상이 된다는 견해,[263] ㉣ 재결에 따른 변경처분은 원처분을 감축한 것이므로 '감축된 원처분'만이 취소소송의 대상이 된다는 견해 등이 대립하고 있다.

판례는, 변경명령재결에 따라 행정청이 원처분을 상대방에게 유리하게 변경한 경우에는 변경된 처분은 새로운 처분이 아니라 원처분이 감축된 것에 지나지 않으며, 따라서 이 경우 취소소송의 대상은 '감축된 원처분'이고 제소기간의 준수 여부도 변경처분이 아니라 당초의 처분을 기준으로 판단하여야 한다고 하였다.[264]

---

259) 김남진/김연태(I), 937 – 938면; 김남철, 890면; 정하중/김광수, 741면; 홍정선(상), 1117면.
260) 박균성(상), 1319면.
261) 대판 1993. 8. 24, 93누5673; 대판 1997. 11. 14, 97누7325.
262) 김남철, 889면; 정하중/김광수, 741면.
263) 홍정선(상), 1117 – 1118면.
264) 대판 2007. 4. 27, 2004두9302. <사건개요> 전주시장은 2002. 12. 26. 갑에게 3개월 영업정지처분을 내렸고 갑은 이에 불복하여 행정심판을 제기하였다. 행정심판위원회는 갑의 청구를 일부 인용하여 "피청구인(전주시장)은 갑에 대한 종전의 처분을 2개월 영업정지처분에 갈음하는 과징금부과처분으로 변경하라"는 취지의 변경명령재결을 하였으며, 이 재결서는 2003. 3. 10. 갑에게 송달되었다. 이에 전주시장은 2003. 3. 13. 재결의 취지에 따라 갑에게 560만원의 과징금부과처분(2개월 영업정지처분에 갈음하는 과징금)을 하였다. 여전히 불만스러

생각건대, 변경명령재결은 내용상 일부인용재결에 해당하기 때문에 그 자체는 원칙적으로 취소소송의 대상이 되지 않는다고 할 것이다(다만 재결 자체에 고유한 위법이 있는 경우에는 재결에 대해 취소소송을 제기할 수 있음은 물론이다). 그리고 변경명령재결에 따른 변경처분은 상대방에게 유리하게 원처분의 일부를 감축하는 것이므로,265) 이 경우 취소소송의 대상은 변경처분이 아니라 '감축된 원처분'이라고 할 것이며, 따라서 위 ㉣설과 판례의 입장이 타당하다고 할 것이다.

iv) 의무이행심판에서의 처분명령재결에 따라 행정청이 처분을 한 경우의 분쟁에 관해서는 경우를 나누어 살펴볼 필요가 있다.

먼저, 수익적 처분(예: 보조금)의 신청에 대한 거부처분에 대해 신청인이 의무이행심판을 청구하여 처분명령재결이 내려진 경우를 살펴보기로 한다. 이 경우 청구인의 청구가 전부 인용되었다면 청구인은 더 이상 다투지 않을 것이다. 만일 일부에 대한 처분명령재결이 내려진 경우에는 앞에서 살펴본 변경명령재결의 경우와 같은 문제가 발생하는데, 다만 이 경우는 변경의 대상이 되는 원처분이 존재하지 않으므로 '처분명령재결에 따른 행정청의 처분'이 취소소송의 대상이 된다고 할 것이다.

다음으로, 다른 사람에 대한 규제처분을 발할 것을 구하는 의무이행심판에서의 처분명령재결에 따라 행정청이 처분을 함으로써 제3자의 권리를 침해하는 경우를 살펴보기로 한다.266) 이에 관해서는 ㉠ 처분명령재결과 그에 따른 처분은 별개의 독립된 처분이므로 각각 취소소송의 대상이 될 수 있다는 견해, ㉡ 행정청의 처분은 처분명령재결의 기속력에 따른 것이므로 먼저 처분명령재결을 대상으로 취소소송을 제기하여야 한다는 견해, ㉢ 처분명령재결이 있더라도 그에 따른 행정청의 처분이 있기 전까지는 권리침해의 잠재적 가능성만 있을 뿐이므로 처분명령재결에 따른 처분만이 취소소송의 대상이 된다는 견해 등이 대립하고 있다. 판례는 유사한 사안에서 처분명령재결과 그에 따른 처분이 모두 취소소송의 대상이 될 수 있다는 ㉠설의 입장을 취하였다.267)

운 갑은 2003. 6. 12. 위 과징금부과처분에 대한 취소소송을 제기하였다. 이 사건에서 갑이 제기한 소가 제소기간을 준수한 것인지가 문제되었는데, 갑은 2003. 6. 12.에 취소소송을 제기하였으므로 만일 변경처분이 있은 날(2003. 3. 13.)을 기준으로 하면 제소기간을 준수한 것이 되고 재결서가 송달된 날(2003. 3. 10.)을 기준으로 하면 제소기간을 도과한 것이 된다. 이에 대해 대법원은, 이 사건 과징금부과처분은 당초의 3개월 영업정지처분이 감축된 것에 지나지 않으므로 취소소송의 대상은 변경처분(과징금부과처분)이 아니라 '변경된 내용의 당초처분'이고, 제소기간의 준수 여부도 변경처분이 아니라 '변경된 내용의 당초처분'을 기준으로 판단하여야 한다고 하였다. 결론적으로 처분에 대한 행정심판을 거친 경우에는 재결서의 정본이 송달된 날부터 90일 이내에 취소소송을 제기하여야 하므로(행정소송법 제20조 제1항 단서), 이 사건에서 갑이 제기한 소는 제소기간이 도과하여 부적법하다고 하였다.

265) 침익적 처분의 상대방이 행정심판을 제기한 경우에는 불이익변경금지의 원칙에 따라 원처분보다 불리한 재결을 하지 못하므로(행정심판법 47조 2항), 취소심판에 있어서의 변경명령재결은 일반적으로 청구인에게 유리하게 원처분을 감축하라는 내용이 될 것이다.

266) <예> 개발행위허가를 받은 갑이 공사를 함에 있어서 이웃사람 을에게 직접적인 피해를 주자 을이 행정청에 갑에게 시정명령을 내려줄 것을 신청하였으나 행정청은 거부처분을 하였다. 이에 을이 의무이행심판을 제기하였고 행정심판위원회는 시정조치를 취하도록 명하는 재결을 하였으며(처분명령재결), 이에 따라 행정청은 갑에게 시정명령을 내렸다. 이 경우 갑이 불복하여 취소소송을 제기하려면 무엇을 대상으로 하여야 하는지가 문제된다.

267) 대판 1993. 9. 28, 92누15093. 이 판례는 취소명령재결이 인정되던 구 행정심판법하에서 나온 것이지만, 그 논리는 현행법상의 처분명령재결과 그에 따른 처분의 경우에도 그대로 적용될 수 있다고 할 것이다(홍정선(상),

생각건대, 을의 행정심판 청구에 의해 갑에 대한 규제적 조치를 내리도록 명하는 '처분명령재결'이 내려진 경우에 이는 갑에 대해서는 재결 자체에 고유한 위법이 있는 것에 해당하여 해당 재결에 대한 취소소송을 제기할 수 있다고 할 것이다. 또한 갑에 대한 침익적 효과는 '재결에 따른 처분'에 의해 직접적으로 발생하므로 이것도 독립하여 취소소송의 대상이 될 수 있다고 보는 것이 국민의 권리구제적인 측면에서 타당할 것이다.

v) 거부처분 취소재결의 경우는 특별한 고찰을 요한다. 행정심판에서 거부처분에 대한 취소재결이 내려져도 재결에 따라 행정청이 신청에 따른 처분을 하기 전까지는 상대방이나 제3자의 권리관계에 변동을 초래하는 것은 아니므로, 이 경우는 취소재결보다는 재결에 따른 후속처분에 대해 다투는 것이 더욱 실효적이고 직접적인 권리구제수단이 되기 때문이다. 이에 관해 판례는, i) 거부처분에 대한 취소재결이 있는 경우에 그에 대해 이해관계를 가지는 제3자는 취소재결에 대한 취소소송을 제기하는 것은 분쟁해결의 유효적절한 수단이라 할 수 없으므로 법률상 이익이 인정되지 않고, ii) 행정청이 재결에 따라 후속처분(신청에 따른 처분)을 한 경우에는 제3자는 재결에 대한 취소소송을 제기하지 않고도 곧바로 후속처분에 대한 취소소송을 제기하여 다툴 수 있다고 하였다.[268]

(5) 재결 자체에 고유한 위법이 없는 경우의 법원의 판단

① 학설 : 재결 자체에 고유한 위법이 없음에도 불구하고 재결에 대한 취소소송이 제기된 경우에 기각판결의 대상인지 각하판결의 대상인지가 문제된다. 이에 관해서는 행정소송법 제19조 단서가 소극적 소송요건을 정한 것으로 보아 각하하여야 한다는 견해[269]와 재결 자체의 위법 여부는 본안판단사항이기 때문에 기각판결을 하여야 한다는 견해[270]가 대립하고 있다.

② 소결 : 이와 관련해서는, 행정소송법 제19조는 재결 자체에 고유한 위법이 있음을 '이유로' 하는 경우에 재결이 취소소송의 대상이 된다고 규정하고 있는 점에 유의하여야 할 것이다. 즉, 고유한 위법이 있음을 '이유로' 한다는 것은 실제로 재결 자체에 고유한 위법이 있음을 의미하는 것이 아니라, 당사자가 재결 자체에 고유한 위법이 있다고 '주장'하는 것을 의미한다. 따라서 만일 당사자가 재결에 고유한 위법사유가 있다고 주장하여(예컨대 위법하게 구성된 행정심판위원회에서 재결이 내려졌다거나, 재결에 이유모순의 위법이 있다거나 하는 등) 재결의 취소를 구하는 소송을 제기한 경우에는 수소법원은 일단 본안에 대한 심리를 한 다음 심리결과 재결에 당사자가 주장하는 바와 같은 위법이 존재하지 않는다고 인정되는 경우에는 기각판결을 내려야 할 것이다.[271] 그러나 당사

1118면).

268) 대판 2017. 10. 31, 2015두45045. <사건개요> 갑의 사업계획변경승인 신청에 대해 행정청이 증빙서류 불비를 이유로 거부처분(반려처분)을 하자 갑이 행정심판을 제기하였는바, 행정심판위원회는 거부처분이 위법하다는 이유로 인용재결(처분처분 취소재결)을 내렸다. 이에 사업계획변경에 대해 이해관계를 가지는 을이 행정심판위원회의 인용재결에 대한 취소소송을 제기한 사안이다.

269) 박균성(상), 1315면.

270) 홍정선(상), 1118면; 김향기, 재결 및 재결통지의 처분성 여부, 고시계, 2004. 6, 129면.

271) 대판 1993. 8. 24, 93누5673; 대판 1994. 1. 25, 93누16901.

자가 재결 자체의 고유한 위법을 이유로 하지 않고 단지 원처분의 위법을 이유로 재결의 취소를 구하는 소송을 제기한 경우에는 원처분주의의 원칙에 위반되므로 각하판결을 내려야 할 것이다.272)

판례 ① 『원고가 내세우는 이 사건 취소소송은 피고(세무서장)가 소외 성업공사에게 대행시켜 진행하는 원고 소유의 공매재산에 대한 매각예정가격이 너무나 저렴하여 동 매각예정가격의 결정은 부당하여 취소되어야 한다는 것으로서, 피고의 재결인 위 이의신청 각하처분 자체에 고유한 위법이 있음을 이유로 하는 것이 아니므로, 이는 취소소송의 대상이 되는 처분이라고 볼 수 없다 할 것이다. 원심이 위와 같은 취지에서 이 사건 소를 부적법하다 하여 각하하였음은 정당하다.』 (대판 1989. 10. 24, 89누1865)

② 『재결 취소소송의 경우에는 재결 자체에 고유한 위법이 있는지 여부를 심리할 것이고, 재결 자체에 고유한 위법이 없는 경우에는 원처분의 당부와는 상관없이 당해 재결 취소소송은 이를 기각하여야 할 것이다.』 (대판 1994. 1. 25, 93누16901)

(6) 재결취소소송에서 원처분의 위법을 다툴 수 있는지 여부

재결 자체에 고유한 위법이 있음을 이유로 한 재결 취소소송에서 원처분의 위법을 다툴 수 있는지가 문제될 수 있는바, 앞에서 설명한 바와 같이 원처분주의 하에서는 재결취소소송에서 원처분의 위법을 다투거나 반대로 원처분에 대한 취소소송에서 재결의 위법을 다툴 수는 없다고 할 것이다.

(7) 원처분주의의 예외

개별 법률에서 특별히 재결을 대상으로 소송을 제기하도록 규정하고 있는 경우가 있는데, 이러한 경우에는 원처분이 아니라 재결이 행정소송의 대상이 됨은 물론이다. 이에 관하여 헌법재판소는 다음과 같이 판시하였다. 『위법한 원처분을 소송의 대상으로 하여 다투는 것보다는 행정심판에 대한 재결을 다투는 것이 당사자의 권리구제에 보다 효율적이고 판결의 적정성을 더욱 보장할 수 있는 경우에는 행정심판에 대한 재결에 대해서만 제소하도록 하는 것이 국민의 재판청구권의 보장이라는 측면에서 더욱 바람직한 경우도 있으므로, 개별 법률에서 이러한 취지를 정하는 때에는 원처분주의의 적용은 배제되고 재결에 대해서만 제소를 허용하는 이른바 재결주의가 인정된다.』273)

① **감사원의 재심의 판결** : 감사원법은 회계관계직원에 대한 감사원의 변상판정(원처분)에 대해 불복이 있는 자는 감사원에 재심의를 청구하도록 하고(36조 1항), 감사원의 재심의 판결에 대하여는 감사원을 당사자로 하여 행정소송을 제기할 수 있도록 함으로써 재결주의를 채택하고 있다(40조 2항). 대법원도 이와 관련하여 「감사원의 변상판정처분에 대하여는 행정소송을 제기할 수 없고, 재결에 해당하는 재심의 판결에 대해서만 감사원을 피고로 하여 행정소송을 제기할 수 있다」고 판시하였다.274)

---

272) 대판 1989. 10. 24, 89누1865; 대판 1992. 2. 28, 91누6979.
273) 헌재 2001. 6. 28, 2000헌바77.
274) 대판 1984. 4. 10, 84누91.

② **중앙노동위원회의 재심판정** : 노동조합 및 노동관계조정법 제85조는 지방노동위원회나 특별노동위원회의 구제명령 또는 기각결정에 불복이 있는 자는 중앙노동위원회에 그 재심을 신청하도록 하고, 중앙노동위원회의 재심판정에 대하여 불복이 있는 자는 행정소송법이 정하는 바에 의하여 소송을 제기하도록 함으로써, 재결주의를 채택하고 있다. 그리고 노동위원회법은 이 경우 중앙노동위원회 위원장을 피고로 하여 소송을 제기하도록 하였다(27조 1항).

③ **중앙토지수용위원회의 이의재결** : 토지보상법은 토지수용위원회의 수용재결에 대해 행정소송을 제기하기에 앞서 중앙토지수용위원회에의 이의신청을 거칠 것인지를 당사자의 선택에 맡기고 있다(임의적 전치주의 : 85조 1항). 이때 이의신청을 거치지 않고 행정소송을 제기하는 경우에는 토지수용위원회의 수용재결이 소송의 대상이 됨은 분명하지만, 이의신청을 거친 경우에는 무엇을 대상으로 소송을 제기하여야 하는지가 문제된다. 다수설에 의하면 토지수용위원회의 재결에 대해 다투는 경우에도 행정소송법상의 원처분주의가 적용되어, 중앙토지수용위원회에의 이의신청을 거친 경우에도 원칙적으로 당초의 수용재결(원처분)을 대상으로 행정소송을 제기하여야 한다고 하는바,[275] 이러한 견해가 타당하다고 생각된다. 판례도 같은 입장이다.[276]

> **판례** 『공익사업을 위한 토지 등의 취득 및 보상에 관한 법률 제85조 제1항 전문의 문언 내용과 같은 법 제83조, 제85조가 중앙토지수용위원회에 대한 이의신청을 임의적 절차로 규정하고 있는 점, 행정소송법 제19조 단서가 행정심판에 대한 재결은 재결 자체에 고유한 위법이 있음을 이유로 하는 경우에 한하여 취소소송의 대상으로 삼을 수 있도록 규정하고 있는 점 등을 종합하여 보면, 수용재결에 불복하여 취소소송을 제기하는 때에는 이의신청을 거친 경우에도 수용재결을 한 중앙토지수용위원회 또는 지방토지수용위원회를 피고로 하여 수용재결의 취소를 구하여야 하고, 다만 이의신청에 대한 재결 자체에 고유한 위법이 있음을 이유로 하는 경우에는 그 이의재결을 한 중앙토지수용위원회를 피고로 하여 이의재결의 취소를 구할 수 있다고 보아야 한다.』(대판 2010. 1. 28, 2008두1504)

④ **교원소청심사위원회의 결정** :「교원의 지위향상 및 교육활동 보호를 위한 특별법」(이하 '교원지위향상특별법'이라 한다)은 각급 학교(사립학교 포함)의 교원이 징계처분이나 그 밖의 불리한 처분에 대하여 불복하는 때에는 교원소청심사위원회에 소청심사를 청구하도록 하고(9조 1항), 교원소청심사위원회의 결정에 대하여 불복이 있는 때에는 행정소송을 제기하도록 규정하고 있다(10조 4항). 그런데 이 경우 무엇을 대상으로 행정소송을 제기하여야 하는지가 문제되는바, 판례는 불리한 처분을 받은 자가 사립학교 교원인지 국공립학교 교원인지에 따라 소송의 대상을 달리 보고 있다.

먼저, 사립학교 교원에 대한 학교법인의 징계 등 불리한 처분은 행정처분이 아니고 교원소청심사위원회의 결정이 비로소 원행정처분이 된다고 한다.[277] 따라서 사립학교 교원이 불리한 처분에

---

275) 김남진/김연태(I), 939면; 홍정선(상), 1120면; 박균성(상), 1322면.
276) 대판 2010. 1. 28, 2008두1504.
277) 헌재 2006. 2. 23, 2005헌가7 참조 : 헌법재판소는 이 사건에서, 행정심판이라 함은 행정청의 처분 등으로 인하여 침해된 국민의 권익을 구제하고 행정의 적법성을 보장하는 권리구제절차이므로 학교법인과 그 소속 교원 사이의 사법적 고용관계에 기초한 교원에 대한 징계 등 불리한 처분을 그 심판대상으로 삼을 수 없다고 하였다. 따라서 교원징계재심위원회(현행법상의 교원소청심사위원회)의 재심절차는 학교법인과 그 교원 사이의 사법적

대하여 불복하는 경우에는 교원소청심사위원회의 결정을 거친 다음 그 결정에 대하여 교원소청심사위원회를 피고로 하여 행정소송을 제기하여야 한다고 한다.[278]

이에 반해 국공립학교 교원의 경우에는 징계 등 불리한 처분 자체가 행정처분의 성질을 가지므로 그에 대한 교원소청심사위원회의 결정은 행정심판의 재결의 성질을 갖는다고 한다. 따라서 국공립학교 교원이 불리한 처분에 대하여 불복하는 경우에는 교원소청심사위원회의 결정을 거친 다음(필요적 전치주의) 원처분인 당초의 불리한 처분을 대상으로 원처분청을 피고로 하여 행정소송을 제기하여야 하며, 다만 교원소청심사위원회의 결정에 고유한 위법이 있는 경우에는 예외적으로 그 결정을 대상으로 행정소송을 제기할 수 있다고 한다(원처분주의).[279]

이러한 판례의 태도가 교원지위향상특별법 제10조 제4항에 위반되는 것이 아닌지가 문제된다. 일부 학자는 일반 공무원에 대한 불리한 처분에 대하여 소송을 제기하는 경우에 원처분주의를 채택한 것과 마찬가지로[280] 교원에 대한 불리한 처분에 대해서도 원처분주의를 채택하는 것이 일반 공무원의 신분보장과 균형을 이룬다고 평가한다.[281]

생각건대, 입법정책의 문제와 실정법 해석의 문제는 구별하여야 할 것이다. 입법정책적인 측면에서 보면, 사립학교 교원이든 국공립학교 교원이든 묻지 않고 불리한 처분에 대해 교원소청심사를 거친 다음, 원칙적으로 원처분을 대상으로 하고 원처분청을 피고로 하여 행정소송을 제기하도록 하는 것이 타당하다고 할 것이다. 불리한 처분에 대한 실질적 당사자는 교원과 학교법인(또는 학교장)이므로 행정소송에 있어서도 이들을 당사자로 하는 것이 분쟁을 보다 용이하게 해결할 수 있기 때문이다.

그러나 실정법의 해석은 별개의 문제이며, 이는 관계 법률 규정으로부터 출발하여야 한다. 앞에서 살펴본 바와 같이 교원지위향상특별법 제10조 제1항은 교원소청심사위원회는 소청심사청구를 접수한 날부터 60일 이내에 이에 대한 결정을 하도록 하고, 동조 제4항은 "제1항에 따른 심사위원회의 결정에 대하여 교원, 사립학교법 제2조에 따른 학교법인 또는 사립학교 경영자 등 당사자는 그 결정서를 송달받은 날부터 30일 이내에 행정소송법으로 정하는 바에 따라 소송을 제기할 수 있다"고 규정하고 있는데, 이를 축약하면 "교원소청심사위원회의 결정에 대하여 … 소송을 제기할 수 있다"고 할 수 있다. 따라서 현행법상으로는 사립학교 교원이든 국공립학교 교원이든 간에 불리한 처분에 대해 불복하기 위해서는 교원소청심사를 거친 다음 교원소청심사위원회의 결정에 대하여 교원소청심사위원회를 피고로 하여 행정소송을 제기하여야 할 것이다. 교원지위향상특별법 제10조 제4항은 사립학교 교원과 국공립학교 교원 사이에 아무런 구별을 하지 않고 있음에

분쟁을 해결하기 위한 간이분쟁해결절차로서의 성격을 갖는 것이므로, 재심결정은 특정한 법률관계에 대하여 의문이 있거나 다툼이 있는 경우에 행정청이 공적 권위를 가지고 판단·확정하는 행정처분에 해당한다고 판시하였다.

278) 대판 2013. 7. 25, 2012두12297.
279) 대판 2013. 7. 25, 2012두12297.
280) 대판 1993. 8. 24, 93누5673; 대판 1997. 11. 14, 97누7325.
281) 김남진/김연태(I), 942면.

도 불구하고 법원이 사립학교 교원과 국공립학교 교원을 구분하여 양자 간에 소송의 대상과 피고를 달리하도록 한 것은 법 해석의 한계를 넘어선 것이라 할 것이다.

VIII. 행정심판전치주의

1. 서

(1) 의 의

행정심판전치주의란 법령에 의하여 처분에 대한 행정심판을 제기할 수 있는 경우에는 먼저 행정심판의 재결을 거쳐야만 행정소송을 제기할 수 있도록 하는 제도를 말한다. 즉, 행정심판을 행정소송의 제기를 위한 필요적 전치절차로 하는 제도이다.

(2) 장단점

① **장점** : 행정소송의 제기에 앞서 행정심판을 거치도록 하는 것은 i) 행정권 스스로에 의한 시정의 기회를 줌으로써 행정의 자율성을 확보하고, ii) 고도의 전문성과 기술성을 지니는 행정상의 분쟁에 대하여 행정기관의 전문지식을 활용하여 분쟁을 효율적으로 해결할 수 있고, iii) 약식의 행정심판에 의하는 것이 정식의 사법절차에 의하는 것보다 시간·비용·노력을 적게 들이고 분쟁을 해결할 수 있으며, iv) 행정심판에 의해 분쟁이 해결되면 소송제기의 필요성이 없어지므로 법원의 부담을 경감시킬 수 있다는 점 등이 장점이라 할 수 있다.

② **단점** : 반면에 행정심판전치주의는 i) 소송에 비하여 심리·판단의 공정성을 기대하기 어려운 행정심판을 강요함으로써 국민에게 불필요한 부담을 줄 수 있으며, ii) 비교적 짧은 행정심판 청구기간의 경과로 인하여 행정소송의 길마저 막혀 버릴 수 있으며, iii) 행정심판을 청구받은 기관의 처리 지체로 인하여 권리구제가 지연될 위험이 있다는 점 등이 단점으로 지적되고 있다.

(3) 입법례

행정심판전치주의를 채택할 것인지는 입법정책의 문제라 할 수 있다. 독일은 행정심판전치주의(필요적 전치주의)를 택하고 있는데 대하여, 일본과 프랑스는 임의적 전치주의를 택하고 있다.

우리나라는 과거에 행정심판전치주의를 채택하였으나, 행정소송법 개정을 통하여 1998년 3월부터는 원칙적으로 임의적 전치주의로 바꾸고, 다만 개별법에서 특별히 정하는 경우에만 필요적 전치주의를 택하고 있다.

2. 현행 행정소송법과 행정심판전치주의

(1) 원칙(임의적 전치주의)

행정소송법은 "취소소송은 법령의 규정에 의하여 당해 처분에 대한 행정심판을 제기할 수 있는 경우에도 이를 거치지 아니하고 제기할 수 있다"고 함으로써, 원칙적으로 임의적 전치주의를 채택하고 있다(18조 1항 본문).

(2) 예외(필요적 전치주의)

다만, 다른 법률에서 당해 처분에 대한 행정심판의 재결을 거치지 아니하면 취소소송을 제기할 수 없다는 특별한 규정이 있는 때에는 예외적으로 행정심판전치주의가 적용된다(18조 1항 단서). 개별법에서 행정심판전치주의를 채택하고 있는 예로는, 공무원징계처분 등에 대한 취소소송은 소청심사위원회의 결정을 거친 다음 제기하도록 한 것(국가공무원법 16조), 조세부과처분에 대한 취소소송은 심사청구나 심판청구를 거친 다음 제기하도록 한 것(국세기본법 56조), 운전면허 취소·정지처분 등 도로교통법상의 처분에 대한 취소소송은 행정심판의 재결을 거친 다음 제기하도록 한 것(도로교통법 142조) 등을 들 수 있다.

(3) 행정소송법 제18조의 적용범위

i) 행정소송과 행정심판의 관계에 관하여 규정하고 있는 행정소송법 제18조는 부작위위법확인소송에는 준용되나 무효등확인소송에는 준용되지 않는다(행정소송법 38조). 따라서 개별법에서 특별히 취소소송의 제기와 관련하여 행정심판전치주의를 규정하고 있는 경우에도 무효등확인소송을 제기하는 경우에는 행정심판을 전치할 필요가 없다.

ii) '무효선언을 구하는 의미에서의 취소소송'을 제기하는 경우에도 행정소송법 제18조 제1항 단서의 규정이 적용되어, 개별법에서 행정심판전치주의를 규정하고 있으면 해당 행정심판을 전치하여야 하는지가 문제된다. 긍정설에 의하면, 비록 무효선언을 구하는 의미에서 취소소송을 제기하였다 하더라도 취소소송의 형식을 취하는 한 행정소송법 제18조 제1항 단서의 규정이 적용되어야 한다고 한다. 이에 반해 부정설에 의하면, 무효선언을 구하는 의미에서의 취소소송은 그 형식만 취소소송이고 실질은 무효등확인소송에 해당하므로 행정소송법 제18조 제1항 단서의 규정이 적용되지 않는다고 한다. 긍정설이 통설과 판례의 입장이다.[282]

iii) 개별법에 2단계 이상의 행정심판절차가 규정된 경우에는 이들 절차를 모두 거쳐야만 취소소송을 제기할 수 있는지가 문제된다. 해당 법률에서 모두 거치도록 규정하거나 또는 하나의 행정심판절차만 거치도록 규정하고 있는 경우에는 그에 따를 것이지만,[283] 특별한 규정이 없는 경우에는 이들 중 하나의 행정심판을 거치면 된다고 본다.

iv) 개별법에서 행정심판을 제기할 수 있다고만 규정하고 있을 뿐 그 재결을 거치지 아니하고는 취소소송을 제기할 수 없다는 규정을 두고 있지 아니한 경우에도 행정심판전치주의가 적용되는지가 문제된다. 판례에 의하면 행정심판의 재결을 거친 후에만 취소소송을 제기할 수 있다는 규정이 없는 한 이 경우에도 행정심판을 거치지 않고 행정소송을 제기할 수 있다고 한다.[284]

v) 개별법에서 행정심판전치주의를 규정하고 있는 경우에, 처분의 상대방 아닌 제3자가 취소소

---

282) 대판 1987. 6. 9, 074 219.
283) 예컨대 국세기본법은 심사청구나 심판청구 중 어느 하나만 거치면 된다고 규정하고 있다(55조 9항, 56조 2항).
284) 대결 1999. 12. 20, 99무42; 대판 2001. 4. 24, 99두10834.

송을 제기하는 경우에도 행정심판전치주의가 적용되는지가 문제된다. 판례에 의하면 처분의 상대방 아닌 제3자는 특별한 사정이 없는 한 처분이 있었던 날부터 180일 이내에 행정심판을 청구할 수 없는 정당한 사유가 있다고 인정될 수 있지만(행정심판법 27조 3항), 그렇다고 하여 행정심판을 제기함이 없이 곧바로 취소소송을 제기할 수는 없다고 한다.[285]

(4) 행정심판전치주의의 예외

다른 법령의 특별한 규정에 의하여 예외적으로 행정심판전치주의가 적용되는 경우에도, 행정소송법은 일정한 사유가 있는 경우에는 행정심판의 재결을 거치지 않거나 또는 행정심판을 제기함이 없이 취소소송을 제기할 수 있는 경우를 규정하고 있는데, 그 사유는 다음과 같다.

① 행정심판의 재결을 거칠 필요가 없는 경우(18조 2항)

i) 행정심판청구가 있은 날로부터 60일이 지나도 재결이 없는 때 : 이는 행정심판의 재결이 부당하게 지연됨으로 인하여 국민이 불이익을 받게 되는 것을 방지하기 위한 것이다. 이 경우 60일 경과의 요건은 원칙적으로 행정소송을 제기한 날에 충족되어야 하지만, 당해 소송의 변론종결시까지 위 요건이 충족되면 흠이 치유된다는 것이 판례의 입장이다.[286]

ii) 처분의 집행 또는 절차의 속행으로 생길 중대한 손해를 예방하여야 할 긴급한 필요가 있는 때 : 행정심판이 제기되어도 원칙적으로 처분의 효력이나 집행은 정지되지 않는데, 처분의 집행 등으로 인하여 중대한 손해가 발생할 우려가 있는 경우에는 효율적인 권리구제를 위하여 재결을 거치지 않고도 취소소송을 제기할 수 있도록 하였다.

iii) 법령의 규정에 의한 행정심판기관이 의결 또는 재결을 하지 못할 사유가 있는 때 : 예컨대 행정심판위원회 위원의 다수가 결원되거나 제척사유에 해당하여 의결 또는 재결을 하지 못할 사유가 있는 경우에는 재결이 언제 이루어질지 기약할 수 없으므로, 신속한 국민의 권리구제를 위해 재결을 거치지 않고도 취소소송을 제기할 수 있도록 하였다.

iv) 그 밖의 정당한 사유가 있는 때

② 행정심판을 제기할 필요가 없는 경우(18조 3항)

i) 동종 사건에 관하여 이미 행정심판의 기각재결이 있는 때 : 동종의 사건에 관하여 이미 기각재결이 있는 때에는 해당 사건에서도 기각재결이 내려질 가능성이 크므로, 이 경우 행정심판을 거치는 것은 청구인에게 불필요한 부담만을 가져다 줄 수 있다. 따라서 이러한 경우에는 행정심판을 제기하지 않고도 취소소송을 제기할 수 있도록 하였다.

ii) 서로 내용상 관련되는 처분 또는 같은 목적을 위하여 단계적으로 진행되는 처분 중 어느 하나가 이미 행정심판의 재결을 거친 때 : 서로 내용상 관련되는 처분이란 '조세부과처분과 체납처분' 같이 각각 별개의 목적을 위한 처분이지만 내용상 관련되는 처분을 의미하고, 같은 목적을 위하여 단계적으로 진행되는 처분이란 체납처분절차에 있어서 '압류처분과 공매처분'같이 동일한 목적을

---

285) 대판 1989. 5. 9, 88누5150.
286) 대판 1969. 5. 13, 69누9.

위하여 단계적으로 진행되는 처분을 의미한다. 이러한 경우 어느 하나의 처분에 대한 행정심판의 재결을 거친 때에는 일단 행정청에게 시정의 기회를 부여한 것이므로 후속 처분에 대해서는 행정심판을 거치지 않고도 취소소송을 제기할 수 있도록 하였다.

iii) 행정청이 소송의 대상인 처분을 변경하여 원고가 소를 변경한 때 : 행정청이 소송의 대상인 처분을 변경하면 원고는 행정소송법 제22조에 따라 소를 변경할 수 있는데, 이 경우 새로운 소는 앞의 소가 제기된 때에 제기된 것으로 보므로 변경된 처분에 대해 다시 행정심판을 거칠 필요는 없다(22조 3항).

iv) 행정청이 사실심의 변론종결 후 소송의 대상인 처분을 변경하여 당해 변경된 처분에 관하여 소를 제기하는 때 : 행정청이 사실심 변론종결 후에 처분을 변경한 경우에는 소의 변경을 할 수 없고 원고는 별소를 제기하여야 한다. 이 경우 변경된 처분에 대해 다시 행정심판을 거치도록 하는 것은 원고에게 지나친 부담이 될 뿐만 아니라 행정청이 소송지연의 수단으로 악용할 수도 있다. 따라서 이러한 경우에는 행정심판을 거치지 않고도 취소소송을 제기할 수 있도록 하였다.

v) 처분을 행한 행정청이 행정심판을 거칠 필요가 없다고 잘못 알린 때 : 이 경우에는 상대방의 신뢰보호를 위해 행정심판을 거치지 않고도 취소소송을 제기할 수 있도록 하였다.

(5) 행정심판 전치요건의 충족 여부 판단

행정소송법 제18조 제1항 단서에 의해 특별히 행정심판전치주의가 적용되는 경우에 그 요건의 충족여부는 직권조사사항에 속한다. 따라서 제기된 소가 행정심판전치의 요건을 갖추었는지는 소송당사자의 주장 여부에 관계없이 법원이 직권으로 조사하여야 한다.

행정심판전치의 요건은 원칙적으로 제소시에 갖추어야 하며, 제소시에 이 요건을 갖추지 못한 소는 각하판결을 받게 된다. 그러나 판례는 가급적 원고에게 권리구제의 기회를 부여하기 위하여 사실심의 변론종결시까지 행정심판절차를 거치면 이 요건의 흠결은 치유된 것으로 본다.[287]

Ⅸ. 취소소송의 제소기간

행정소송법은 취소소송의 제기기간에 관하여 두 가지 측면에서 규율하고 있다. 하나는 처분이 있음을 안 날부터 90일 이내에 제기하여야 하고, 다른 하나는 처분이 있은 날부터 1년이 경과하면 제기하지 못하는바, 전자는 '처분이 있음을 안 날'을 기준으로 하는 점에서 주관적 제소기간이라 할 수 있고, 후자는 '처분이 있은 날'을 기준으로 하는 점에서 객관적 제소기간이라 할 수 있다. 양 기간 중 어느 하나가 먼저 도과되면 더 이상 취소소송을 제기할 수 없다.

---

287) 대판 1987. 4. 28, 86누29.

1. 주관적 제소기간

(1) 원칙

취소소송은 원칙적으로 처분이 있음을 안 날부터 90일 이내에 제기하여야 하며(20조 1항), 이 기간은 불변기간이다(20조 3항). 제소기간을 계산함에 있어서는 기간계산에 관한 일반원칙을 규정한 민법 제157조의 규정에 따라 초일은 산입하지 않는다. 그리고 기간의 말일이 토요일 또는 공휴일에 해당하는 때에는 그 다음날에 기간이 만료한다(민법 161조).

여기에서 처분이 있음을 안 날이란 해당 처분이 있었다는 것을 '현실적으로 안 날'을 의미하며, 이러한 점에서 처분이 객관적으로 효력을 발생한 날을 의미하는 '처분이 있은 날'과 구별된다.[288] 그리고 알았다는 것은 문자 그대로 '처분이 있다는 사실을 안 것'을 의미하며, 처분의 구체적인 내용까지 알 것을 요하지는 않는다고 할 것이다.[289]

구체적인 경우에 당사자가 언제 처분이 있음을 알았다고 볼 것인지가 문제되는데, 이하에서 처분서가 당사자에게 직접 교부된 경우, 우편으로 송달된 경우, 관보 등에 공고된 경우로 나누어 살펴보기로 한다.

① 직접 교부한 경우 : 처분서를 당사자에게 직접 교부한 경우에는 그 교부한 날에 처분이 있음을 알았다고 본다. 당사자가 이유 없이 처분서의 수령을 거절하거나 이를 반환하더라도 특별한 사정이 없는 한 처분이 있음을 알았다고 볼 것이다.[290] 당사자가 처분서를 교부받고서 그 내용을 확인하지 않았다 하더라도 그러한 사정은 고려되지 않는다.

② 우편으로 송달한 경우 : 처분서를 우편으로 송달한 경우에는 원칙적으로 당사자가 그것을 수령한 때에 처분이 있음을 알았다고 볼 것이다. 그리고 당사자가 직접 수령한 경우뿐만 아니라 당사자로부터 '처분의 내용을 처리할 권한을 위임받은 자'가 수령한 때에도 마찬가지로 취급하여야 할 것이다. 그러나 단지 '우편물의 수령을 위임받은 자'가 처분서를 수령한 경우에는 그때부터 처분의 효력은 발생하지만, 그때에 곧 당사자가 처분이 있음을 알았다고 볼 수는 없을 것이다.[291] 이에 관한 구체적인 사안을 살펴보기로 한다.

행정청이 택지초과소유부담금부과처분의 고지서를 등기우편으로 송부하였는데 당사자가 부재 중이어서 이를 아파트경비원이 수령하여 며칠 후 본인에게 전달한 사안에서 대법원은 「아파트경비원은 1993. 9. 6. 원고의 집에 아무도 없음을 확인한 후 위 납부고지서를 수령하였다가 9. 10. 아들집에 갔다가 돌아온 원고에게 이를 전달하였다는 것으로, 이는 원고가 아파트경비원으로부터

---

288) 대판 1991. 6. 28, 90누6521; 대판 1998. 2. 24, 97누18226.
289) 京都地判 昭和 51. 1. 30, 判例タイムズ 338호, 319면.
290) 東京地判 昭和 29. 2. 21, 行集 5권 1호, 383면.
291) 이에 관해서는 대판 1995. 11. 24, 95누11535 참조. 처분의 내용을 처리할 권한을 위임받았다 함은 예컨대 조세부과처분의 경우 처분서의 내용에 따라 해당 조세를 납부하는 권한을 위임받은 경우를 말하며, 우편물의 수령의 위임을 받았다 함은 난지 우편으로 송달된 처분서를 수령할 권한을 위임받은 경우를 말한다. 배우자는 처분의 내용을 처리할 권한을 위임받았다고 볼 수 있지만, 아파트경비원은 단지 우편물의 수령권한을 위임받은 것이지 처분의 내용을 처리할 권한까지 위임받았다고 볼 수는 없다.

납부고지서를 전달받을 때까지는 이 사건 부과처분이 있음을 현실적으로 알지는 못하였다고 인정한 취지라 할 것이므로, 결국 원고는 아파트경비원으로부터 위 납부고지서를 전달받은 때에 비로소 이 사건 부과처분이 있음을 현실적으로 알았고, 따라서 그 때부터 제소기간이 진행된다고 보아야 할 것이다. … 그리고 원고가 아파트경비원에게 단순한 등기우편물 등의 수령권한을 위임한 것으로 볼 수는 있을지언정, 이 사건 부과처분의 대상으로 된 사항에 관하여 원고를 대신하여 처리할 권한까지 위임한 것으로 볼 수는 없다 할 것이므로, 설사 아파트경비원이 이 사건 부과처분이 있음을 알았다고 하더라도 이로써 원고 자신이 이 사건 부과처분이 있음을 안 것과 동일하게 볼 수는 없다 할 것이다.」고 하였다.292)

다른 한편, 처분서가 당사자의 주소에 송달되어 사회통념상 처분이 있음을 당사자가 알 수 있는 상태에 놓여진 때에는 반증이 없는 한 당사자가 그 처분이 있음을 알았다고 '추정'할 수 있다고 한다.293) 그러나 이것은 어디까지나 추정에 불과하므로, 반증이 있는 경우에는 추정은 깨어질 수 있음은 물론이다.

③ 주소불명 등으로 인해 관보 등에 공고한 경우 : 특정인에 대한 행정처분을 주소불명 등의 이유로 송달할 수 없어 관보·공보·게시판·일간신문 등에 공고한 경우에는, 공고가 효력을 발생하는 날(원칙적으로 공고일부터 14일이 지난 때)에 당사자가 그 행정처분이 있음을 알았다고 볼 수는 없고, 당사자가 그 처분이 있었다는 사실을 현실적으로 안 날에 처분이 있음을 알았다고 보아야 한다는 것이 판례의 입장이다.294)

④ 불특정 다수인에게 고시한 경우 : 국토계획법상의 도시·군관리계획, 도시정비법상의 재개발사업을 위한 사업시행계획인가나 관리처분계획인가 등과 같이 불특정다수인의 이해관계에 영향을 미치는 처분을 함에 있어서는 이를 관보·공보 등에 고시하여 일반에게 널리 알리도록 하고 있다(국토계획법 30조 6항, 도시정비법 50조 9항, 78조 4항). 그리고 고시나 공고에 의한 처분의 경우에는 법령이나 해당 처분에서 효력발생시기를 구체적으로 밝히고 있지 않으면 그 고시나 공고가 있은 날부터 5일이 경과한 때에 효력이 발생하도록 하였다(행정업무의 운영 및 혁신에 관한 규정 6조 3항). 이와 관련하여 고시나 공고의 방법에 의한 처분의 경우에 이해관계인의 제소기간의 기산점이 문제되고 있다.

판례에 의하면 고시나 공고의 방법에 의한 처분의 경우에는 「이해관계인이 고시 또는 공고가 있었다는 사실을 현실적으로 알았는지 여부에 관계없이 '고시가 효력을 발생하는 날'(원칙적으로 고시 또는 공고가 있은 후 5일이 경과한 날)에 처분이 있음을 알았다고 보아야 한다」고 한다.295) 그 논

---

292) 대판 1995. 11. 24, 95누11535. 같은 취지의 판례 : 대판 2002. 8. 27, 2002두3850.

293) 대판 2017. 3. 9, 2016두60577.

294) 대판 2006. 4. 28, 2005두14851. 행정절차법에 의하면, 처분서를 송달받을 자의 주소 등을 통상적인 방법으로 확인할 수 없는 경우에는 관보, 공보, 게시판, 일간신문 중 하나 이상에 공고하고 인터넷에도 공고하도록 하고 있다(14조 4항). 이 경우에는 원칙적으로 공고일부터 14일이 지난 때에 그 효력이 발생한다(15조 3항)

295) 대판 1995. 8. 22, 94누5694(전원합의체판결); 대판 2000. 9. 8, 99두11257; 대판 2006. 4. 14, 2004두3847; 대판 2013. 3. 14, 2010두2623.

거로는, 고시나 공고에 의하여 행정처분을 하는 경우에는 그 처분의 효력이 불특정 다수인에게 일률적으로 적용되어야 하기 때문이라는 것을 들고 있다.

그러나 이러한 판례의 입장은 의문이다. 현행법은 취소소송의 제소기간과 관련하여 '처분이 있음을 안 날부터 90일 이내' 그리고 '처분이 있은 날부터 1년 이내'라는 이중적 기준을 정하고 있는데, 여기에서 처분이 있음을 안 날이란 당사자가 처분이 있음을 현실적으로 안 날을 의미하며, 처분이 있은 날이란 객관적으로 처분이 효력을 발생한 날을 의미함은 앞에서 살펴본 바와 같다. 그런데 고시·공고에 의한 처분의 경우 '고시·공고된 날로부터 5일이 경과한 날'은 해당 처분이 객관적으로 효력을 발생하는 시점이지, 이해관계인이 그 처분이 있음을 현실적으로 안 시점으로 볼 수는 없다. 따라서 고시나 공고에 의한 처분의 경우에도 '처분이 있음을 안 날부터 90일'이라는 주관적 제소기간은 이해관계인이 해당 처분이 있음을 현실적으로 안 날을 기산점으로 하는 것이 일관성의 유지와 국민의 권리구제의 확대의 측면에서 바람직하다고 할 것이다. 이와 같이 본다고 해서 이해관계인의 제소기간이 무한정으로 연장되는 것은 아니다. 왜냐하면 이 경우에도 고시나 공고에 의한 처분이 효력을 발생한 날(즉, 고시·공고된 후 5일이 경과한 날)로부터 1년이 경과하면 더이상 취소소송을 제기할 수 없기 때문이다.

(2) 행정심판을 거친 경우

처분에 대해 행정심판을 청구할 수 있는 경우 또는 행정심판의 대상이 되지 않음에도 처분청이 행정심판을 청구할 수 있다고 잘못 알린 경우에, 당사자가 행정심판을 거쳐 취소소송을 제기하는 경우에는 재결서의 정본을 송달받은 날부터 기산한다(20조 1항 단서).

이러한 행정소송법 제20조 제1항 단서 규정은 다음과 같은 점에서 문제가 있다. 본래 취소소송의 제소기간을 정한 행정소송법 제20조의 취지가 제1항에서는 '처분이 있음을 안 날'이라는 주관적 사정을 기초로 한 것이고 제2항에서는 '처분이 있은 날'이라는 객관적 사정을 기초로 하는 것인 점에 비추어 볼 때, 행정심판을 거친 경우의 주관적 제소기간(20조 1항 단서)도 '재결서의 정본을 송달받은 날'이 아니라 '재결이 있음을 안 날'을 기준으로 하는 것이 타당할 것이다.[296]

이와 관련하여 처분에 대해 행정심판을 청구하였는데 각하재결이 내려진 경우의 취소소송 제기기간이 문제된다. 각하재결이 있으면 행정심판청구가 없었던 것과 마찬가지이므로, 이러한 경우에 원처분에 대해 취소소송을 제기하는 경우에는 재결서의 정본을 송달받은 날이 아니라 원처분이 있음을 안 날부터 90일 이내에 소를 제기하여야 한다.[297] 다만 각하재결 자체에 고유한 위법이 있음을 이유로 각하재결에 대한 취소소송을 제기하는 경우에는 재결이 있음을 안 날부터 90일 이내 또는 재결이 있은 날부터 1년 이내에 소를 제기할 수 있음은 물론이다.

---

296) 일본 행정사건소송법은 취소소송의 제소기간에 관해 '처분이 있음을 안 날부터 6개월' 이내 또는 '처분일부터 1년' 이내에 제기하도록 규정하고 있으며, 다만 심사청구(우리나라의 행정심판에 해당)를 거친 경우에는 '재결이 있음을 안 날부터 6개월' 이내 또는 '재결일부터 1년' 이내에 제기하도록 하고 있다(14조).

297) 대판 2012. 3. 29, 2011두26886 참조.

(3) 이의신청을 거친 경우

처분에 대한 이의신청을 하여 그 결과를 통지받은 후 취소소송을 제기하는 경우에도 행정소송법 제20조 제1항 단서가 준용되어 '결과를 통지받은 날'부터 기산하는지가 문제된다. 이에 관해 종래의 판례는, 「민원처리에 관한 법률」상의 이의신청은 행정심판과는 성질을 달리하므로 행정소송법 제20조 제1항 단서가 적용되지 않고, 따라서 이의신청에 대한 결과를 통지받은 날부터 취소소송의 제소기간이 기산된다고 할 수 없다고 하였다.[298] 이러한 판례의 입장을 따르면 이의신청을 한 다음 그 결과 통지를 기다려서 행정심판이나 행정소송을 제기하는 경우에는 쟁송제기기간이 도과함으로써 국민의 권리구제가 곤란해지는 문제가 발생할 수 있다. 이에 행정기본법은 「이의신청에 대한 결과를 통지받은 후 행정심판 또는 행정소송을 제기하려는 자는 그 결과를 통지받은 날(행정기본법 제36조 제2항에 따른 통지기간 내에 결과를 통지받지 못한 경우에는 통지기간이 만료되는 날의 다음 날)부터 90일 이내에 행정심판 또는 행정소송을 제기할 수 있다」는 명시적 규정을 두었다(36조 4항).

(4) 예외

행정소송법은 행정심판법과는 달리 천재지변·전쟁·사변 등 불가항력으로 인한 경우의 특칙을 규정하고 있지 않다. 그러나 판례에 의하면 당사자가 책임질 수 없는 사유로 인하여 위 기간을 준수할 수 없었던 경우에는 행정소송법 제8조에 따라 민사소송법 제173조 1항이 준용되어, 그 사유가 없어진 후 2주 이내에 제소할 수 있으며, 여기서 '당사자가 책임질 수 없는 사유'란 당사자가 그 소송행위를 하기 위하여 일반적으로 하여야 할 주의를 다하였음에도 불구하고 그 기간을 준수할 수 없었던 사유를 말한다고 한다.[299]

2. 객관적 제소기간

(1) 원칙

취소소송은 처분이 있은 날로부터 1년(행정심판을 거치는 경우에는 재결이 있은 날로부터 1년)을 경과하면 이를 제기하지 못한다(행정소송법 20조 2항). 이와 같이 처분이 있은 날부터 1년이 경과하면 더 이상 취소소송을 제기할 수 없도록 한 이유는, 처분이 있음을 안 날을 기준으로 할 때에 제소기간이 무제한으로 확장하는 것을 방지함으로써 행정법관계의 안정성을 확보하기 위한 것이라 할 수 있다.

여기에서 처분이 있은 날이란 '처분이 효력을 발생한 날'을 의미한다. 처분은 그것이 당사자에게 통지됨으로써 효력을 발생하는데, 통지의 효력발생시기에 관해서는 특별한 규정이 없는 한 도달주의가 적용된다(행정절차법 15조 1항). 여기에서 도달이란 사회통념상 처분을 당사자가 알 수 있

---

298) 대판 2012. 11. 15, 2010두8676. 다른 한편,「국가유공자 등 예우 및 지원에 관한 법률」상의 이의신청의 경우에는 이의신청에 대한 결정을 통보받은 날부터 90일 이내에 취소소송을 제기할 수 있다고 하였다(대판 2016. 7. 27, 2015두45953).

299) 대판 2001. 5. 8, 2000두6916; 대판 2008. 6. 12, 2007두16875.

는 객관적 상태에 두는 것을 의미한다. 판례도 처분의 효력발생요건으로서의 도달이란 「처분상대
방이 처분서의 내용을 현실적으로 알았을 필요까지는 없고, 처분상대방이 알 수 있는 상태에 놓임
으로써 충분하다」고 하였다.[300]

통지의 방법에는 교부송달, 우편송달, 정보통신망을 이용한 송달 등이 있는데(행정절차법 14조 1
항), 구체적인 사안에서 처분서가 적법하게 통지된 것인지에 대해 다투어지는 경우가 많다.

① **교부송달의 경우** : 처분서의 교부는 원칙적으로 당사자 또는 그로부터 수령권한을 위임받은
자에게 하여야 한다. 판례에 의하면 납세고지서의 교부송달은 납세의무자 또는 그와 일정한 관계
에 있는 사람이 현실적으로 이를 수령하는 행위가 필요하므로, 세무공무원이 납세의무자와 그 가
족들이 부재중임을 알면서도 아파트 문틈으로 납세고지서를 투입하는 방식으로 송달한 것은 부적
법한 것으로서 효력이 발생하지 않는다고 한다.[301] 그리고 납세고지서를 교부받아야 할 자가 부과
처분 제척기간이 임박하자 그 수령을 회피하기 위하여 일부러 교부받을 장소를 비워 두어 세무공
무원이 부득이 사업장에 납세고지서를 두고 오거나 그의 세입자에게 고지서 전달을 부탁하였다
하더라도 신의성실의 원칙을 들어 그 납세고지서가 적법하게 송달되었다고 볼 수는 없다고 한
다.[302]

② **우편송달의 경우** : 처분서가 우편으로 송달된 경우의 효력발생시기에 관해서는 특별한 고찰
이 필요하다.

i) 배달 당시 당사자가 부재중이었으나 동거가족·사무직원 등 본인을 위하여 우편물을 수령할
권한을 가지고 있는 자가 수령한 경우에는 그때에 처분은 당사자에게 적법하게 도달하여 효력을
발생한 것으로 본다.[303] 한편 우편집배원이 송달을 위해 당사자의 주소지를 방문했으나 그가 부재
중이어서 그의 만 8세 남짓의 딸에게 교부한 사안에서, 그 정도 연령의 어린이 대부분이 이를 송
달받을 사람에게 교부할 것으로 기대할 수 없다는 이유로 송달이 적법하지 않다고 하였다.[304]

ii) 배달 당시 당사자가 부재중이어서 아파트경비원이 수령하여 며칠 후 당사자에게 전달한 사
안에서 대법원은 「등기우편물 등 특수우편물의 경우에는 집배원이 아파트경비원에게 주면 아파트
경비원이 이를 거주자에게 전달하여 왔으며 아파트의 주민들은 이러한 우편물 배달방법에 관하여
별다른 이의를 제기하지 아니하여 왔다면, 위 아파트의 주민들은 등기우편물 등의 수령권한을 아
파트경비원에게 묵시적으로 위임한 것이라고 봄이 상당하다」고 하여, 아파트경비원이 수령한 때에
처분서가 적법하게 당사자에게 송달된 것으로 보았다.[305]

iii) 처분서가 우편으로 송달되는 경우에 우편법의 규정에 의한 우편물의 배달이 있으면 곧 적
법하게 상대방에 통지되었다고 볼 것인지가 문제된다. 행정청이 청문서를 등기우편으로 송달하였

---

300) 대판 2017. 3. 9, 2016두60577.
301) 대판 1997. 5. 23, 96누5094.
302) 대판 1996. 9. 24, 96다204; 대판 2004. 4. 9, 2003두13908.
303) 대판 2000. 7. 4, 2000두1164; 대판 2017. 3. 9, 2016두60577.
304) 대판 2011. 11. 10, 2011재두148.
305) 대판 1998. 5. 15, 98두3679.

는데 집배원이 위 우편물을 당사자가 입주하여 있는 건물의 경비원에게 배달한 사건에서, 원심인 서울고등법원은 행정청이 발송한 청문서는 우편법의 규정에 따라 배달되었으므로 당사자에게 적법하게 도달한 것으로 보았다.306) 이에 대한 상고심에서 대법원은 「우편법 제31조, 제34조, 같은 법시행령 제42조, 제43조의 규정취지는 위 규정에 따라 우편물이 배달되면 우편물이 정당하게 교부된 것으로 인정하여 국가의 배달업무를 다하였다는 것일 뿐 우편물의 송달로써 달성하려고 하는 법률효과까지 발생하게 하는 것은 아니므로, 위 규정에 따라 우편물이 배달되었다고 하여 언제나 상대방 있는 의사표시의 통지가 상대방에게 도달하였다고 볼 수는 없다. 따라서 집배원으로부터 우편물을 수령한 빌딩건물경비원이 당사자나 그 동거인 또는 고용인에게 청문서를 전달하였다고 볼 수 없는 이상 청문서가 당사자에게 적법하게 송달되었다고 볼 수 없다」고 하여 원심을 파기환송하였다.307)

iv) 처분서가 내용증명우편이나 등기우편의 방법으로 발송된 경우에는 그것이 도중에 유실되었거나 반송되었다는 등의 특별한 사정에 대한 반증이 없는 한 그 무렵 수취인에게 도달되었다고 추정할 수 있다.308) 그러나 보통우편의 방법으로 발송되었다는 사실만으로는 상대방에게 처분서가 상당기간 내에 도달하였다고 추정할 수 없고, 송달의 효력을 주장하는 측에서 증거에 의하여 도달사실을 증명하여야 한다는 것이 판례의 입장이다.309)

③ 정보통신망을 이용한 송달의 경우 : 정보통신망을 이용한 송달은 송달받을 자가 동의하는 경우에만 허용되는데, 이 경우 송달받을 자는 송달받을 전자우편주소 등을 지정하여야 한다(행정절차법 14조 3항). 정보통신망을 이용하여 전자문서로 송달하는 경우에는 송달받을 자가 지정한 컴퓨터 등에 입력된 때에 도달된 것으로 본다(동법 15조 2항).

(2) 예외

취소소송은 원칙적으로 처분이 있은 날부터 1년 이내에 제기하여야 하지만, 정당한 사유가 있는 때에는 그러하지 아니하다(행정소송법 20조 2항 단서). 여기에서 정당한 사유란 민사소송법 제173조의 당사자가 그 책임을 질 수 없는 사유나 행정심판법 제27조 제2항의 천재지변, 전쟁, 사변 그 밖에 불가항력적인 사유보다는 넓은 개념이라고 이해되며, 정당한 사유가 있는지 여부는 제소기간 도과의 원인 등 여러 사정을 종합하여 지연된 제소를 허용하는 것이 사회통념상 상당하다고 할 수 있는가에 의하여 판단하여야 한다는 것이 판례의 입장이다.310)

실제에 있어 '처분이 있은 날부터 1년 이내에 소를 제기하지 못할 정당한 사유'는 주로 제3자

---

306) 서울고판 1993. 7. 2, 92구20882.
307) 대판 1993. 11. 26, 93누17478; 대판 1997. 11. 25, 97다31281.
308) 대판 2017. 3. 9, 2016두60577.
309) 대판 1993. 5. 11, 92다2530; 대판 2002. 7. 26, 2000다25002; 대판 2009. 12. 10, 2007두20140. 행정청이 음주운전을 이유로 갑에 대한 운전면허를 취소하면서 그 처분서를 보통우편의 방법으로 발송한 사안에서, 운전면허취소처분은 상대방에게 적법하게 통지되어야 그 효력을 발생하므로 적법한 통지가 있기 전의 운전행위는 무면허운전이라 할 수 없는바, 처분서가 보통우편의 방법으로 발송되었다는 사실만으로는 상대방에게 적법하게 통지되었다고 볼 수 없다고 하였다(대판 92다2530 사건).
310) 대판 1991. 6. 28, 90누6521.

효행정행위와 관련해서 문제된다. 즉, 제3자효행정행위에 있어서 처분의 상대방 아닌 제3자는 일반적으로 처분이 행해진 것을 바로 알 수 있는 처지에 있지 아니하므로, 특별한 사정이 없는 한 처분이 있은 날부터 1년 이내에 소를 제기하지 못할 정당한 사유가 있는 것으로 볼 수 있다고 할 것이다.311) 다만 제3자가 어떤 경위로든 행정처분이 있음을 알았다면 행정소송법 제20조 제1항에 의해 그 때로부터 90일 이내에 소를 제기하여야 할 것이다.312)

3. 제소기간에 대한 불고지·오고지의 경우

행정심판법은 고지제도를 채택하고 있고 심판청구기간에 대한 불고지나 오고지에 관한 특별 규정을 두고 있으나, 행정소송에 있어서는 행정절차법상의 고지제도(26조)가 적용될 뿐이고 불고지나 오고지에 대해서는 아무런 규정이 없다. 따라서 행정청이 처분시에 행정소송의 제소기간을 고지하지 않았다 하더라도(불고지) 행정심판에 있어서와 같은 특례는 인정되지 않으며, 또한 민사소송법 제173조의 '당사자가 책임질 수 없는 사유'에도 해당되지 않는다고 할 것이다. 이에 반해 행정청이 제소기간을 법정 기간보다 길게 잘못 고지한 경우는(오고지) 상대방의 신뢰보호의 필요성이 존재하며, 따라서 민사소송법상의 '당사자가 책임질 수 없는 사유'에 해당하여 비록 법정 제소기간이 경과하였다 하더라도 잘못 알려준 기간 내에는 취소소송을 제기할 수 있다고 할 것이다.313)

이와 관련하여 행정청이 처분시에 행정심판청구기간을 잘못 고지한 경우에 이것이 취소소송의 제소기간에도 영향을 미치는지가 문제된다. 다시 말하면 행정청이 행정심판청구기간을 법정 기간보다 긴 기간으로 잘못 알려주어 결과적으로 행정소송의 제소기간을 도과하게 된 것이 '당사자가 책임질 수 없는 사유'에 해당하는지가 문제된다. 이에 대해 대법원은 「행정청으로부터 행정심판 제기기간에 관하여 법정 심판청구기간보다 긴 기간으로 잘못 통지받은 경우에 보호할 신뢰이익은 그 통지받은 기간 내에 행정심판을 제기한 경우에 한하는 것이지 행정소송을 제기한 경우에까지 확대된다고 할 수 없으므로, 당사자가 행정청으로부터 행정심판 제기기간에 관하여 법정 심판청구기간보다 긴 기간으로 잘못 통지받아 행정소송법상 법정 제소기간을 도과하였다 하더라도, 그것이 당사자가 책임질 수 없는 사유로 인한 것이라고 할 수 없다」고 판시하였다.314)

4. 헌법재판소의 위헌결정으로 비로소 취소소송이 가능하게 된 경우의 제소기간

처분 당시에는 취소소송의 제기가 법제상 허용되지 않아 소송을 제기할 수 없다가 헌법재판소의 위헌결정으로 인하여 비로소 취소소송을 제기할 수 있게 된 경우의 제소기간이 문제된다.315)

---

311) 판례는, 행정심판에 있어서 행정처분의 상대방이 아닌 제3자는 특별한 사유가 없는 한 행정심판법 제27조 제3항 단서 소정의 '처분이 있었던 날부터 180일 이내에 심판청구를 하지 못할 정당한 사유'가 있는 것으로 보았음은 앞에서 설명한 바와 같다(대판 1997. 9. 12, 96누14661).

312) 대판 1995. 8. 25, 94누12494; 대판 1996. 9. 6, 95누16233; 대판 1997. 9. 12, 96누14661 참조.

313) 東京高判 昭和 53. 6. 21, 行集 29권 6호 칩고.

314) 대판 2001. 5. 8, 2000두6916.

315) 예컨대 구 교원지위향상을 위한 특별법(2007. 5. 11. 개정되기 전의 것) 제10조 제3항은 교원만이 교원소청심

이에 관해 대법원은, 객관적으로는 위헌결정이 있은 날부터 1년 이내, 주관적으로는 위헌결정이 있음을 안 날부터 90일 이내에 취소소송을 제기할 수 있다고 판시하였다.[316]

X. 소의 변경

| 기본사례

(1) 춘천세무서장은 갑에게 조세부과처분을 하였는데, 갑은 전심절차(심사청구 또는 심판청구)를 거친 다음 조세부과처분에 대한 취소소송을 제기하였다. 소송 계속 중에 춘천세무서장은 갑에게 증액경정처분을 하였으며, 이에 갑은 청구취지를 증액경정처분에 대한 취소소송으로 변경하려고 한다. 이 경우 갑은 증액경정처분에 대해 다시 전심절차를 거칠 필요가 있는지, 그리고 제소기간의 준수 여부는 언제를 기준으로 판단하여야 하는지에 관해 검토하시오.

(2) 갑은 「민주화운동 관련자 명예회복 및 보상 등에 관한 법률」에 근거하여 민주화운동관련자보상심의위원회에 보상금 지급신청을 하였으나 2023. 1. 10. 거부결정이 내려지자 보상금 지급을 구하는 민사소송을 제기하였다. 그 후 갑은 소송의 종류가 잘못 제기되었음을 알고 2024. 3. 20.에 기존의 민사소송을 '보상심의위원회의 거부결정에 대한 취소소송'으로 변경하려고 한다. 이러한 소의 변경은 허용되는지, 그리고 취소소송의 제소기간 준수 여부는 언제를 기준으로 판단하여야 하는지에 관해 검토하시오.

1. 의 의

소의 변경이란 소송의 계속 중에 원고가 심판의 대상인 청구의 일부나 전부를 변경하는 것을 말하며, 청구의 변경이라고도 한다. 그러나 단순한 공격·방어방법의 변경은 이에 해당하지 않는다.

소의 변경은 당초의 소에 의하여 개시된 소송절차가 유지되며, 그때까지의 소송자료가 새로운 소송에 승계되는 점에 의의가 있다. 예컨대 취소소송으로 다투어야 할 것을 부작위위법확인소송으로 잘못 소를 제기한 경우에 그 소는 대상부적격을 이유로 각하될 것인데, 다시 취소소송을 제기하면 이미 제소기간이 경과하여 부적법하게 될 가능성이 있다. 이 경우 부작위위법확인소송을 취소소송으로 변경하면 부작위위법확인소송을 제기할 당시에 취소소송이 제기된 것으로 보며, 그때까지의 소송자료가 새로 변경된 소송에 승계된다.

행정소송법은 소의 변경에 관하여 '소의 종류의 변경'과 '처분변경으로 인한 소의 변경'의 두 가지를 규정하고 있다(21조, 22조).

사위원회의 결정에 대하여 소송을 제기할 수 있도록 규정하였는바, 이는 헌법재판소에 의해 위헌결정이 내려졌다(헌법재판소 2006. 2. 23, 선고 2005헌가7 결정 등 참조). 이에 따라 학교법인 등도 교원소청심사위원회의 결정에 대하여 그 취소를 구할 법률상 이익이 있는 경우에는 취소소송을 제기할 수 있게 되었는데, 이 경우 제소기간이 문제되는 것이다.

316) 대판 2008. 2. 1, 2007두20997.

2. 소의 종류의 변경

(1) 의의

취소소송의 원고는 그 소송의 사실심 변론종결시까지 청구의 기초에 변경이 없는 범위 안에서 법원의 허가를 받아 해당 소송을 취소소송 외의 항고소송 또는 당사자소송으로 변경할 수 있다 (21조).

행정소송에 있어서 이러한 소의 종류의 변경이 인정되는 이유는 국민에 대한 효율적인 권리구제와 소송경제를 위한 것이라 할 수 있는데, 이는 다음과 같이 세분하여 설명할 수 있을 것이다. i) 행정소송의 종류가 다양하기 때문에 법적 지식이 부족한 일반 국민으로서는 소의 종류를 잘못 선택할 가능성이 항시 존재하므로, 소의 변경을 인정함으로써 국민에 대한 권리구제의 실효성을 높일 수 있다. ii) 취소소송은 제소기간을 제한하고 있는데, 처음의 소가 부적법한 경우에 다시 소를 제기하도록 하면 이미 제소기간이 경과하였을 수 있다. 따라서 소의 변경에 의하여 처음에 개시된 소송절차를 유지시킴으로써 원고에게 제소기간 준수의 이익을 부여할 수 있다. iii) 종전의 소송자료를 새로 변경된 소송에 승계시킴으로써 소송경제를 도모할 수 있다.

(2) 인정범위

① 항고소송 사이 : 취소소송, 무효등확인소송, 부작위위법확인소송 등 각 항고소송 사이에 있어서 소의 종류의 변경이 인정된다(21조, 37조). 예컨대 취소소송을 무효등확인소송으로, 부작위위법확인소송을 취소소송으로 변경하는 것이 그에 해당한다.

② 항고소송과 당사자소송 사이 : 행정소송법상 소의 종류의 변경은 항고소송과 당사자소송 사이에서도 인정된다(21조·42조). 예컨대 의료급여법상의 급여비용의 지급을 구하는 당사자소송을 지방자치단체장의 급여비용지급거부결정에 대한 취소소송으로 변경하거나, 주택재건축정비사업조합의 관리처분계획안에 대한 조합총회 결의의 무효확인을 구하는 당사자소송을 관리처분계획에 대한 취소소송으로 변경하는 것이 그에 해당한다.[317]

그런데 항고소송과 당사자소송 사이의 소의 종류의 변경에는 필연적으로 피고의 변경이 수반되는 점에 유의할 필요가 있다. 왜냐하면 항고소송은 행정청을 피고로 하지만 당사자소송은 행정주체를 피고로 하기 때문이다. 이와 같이 행정소송법상의 소의 종류의 변경은 피고의 변경을 수반하는 경우에도 허용되는 점에서, 피고의 변경을 인정하지 않는 민사소송법상의 소의 변경과 차이가 있다.

③ 교환적 변경과 추가적 변경 : 일반적으로 소의 변경에는 교환적 변경과 추가적 변경이 있는데, 전자는 종래의 청구를 새로운 청구로 대체하는 것이고, 후자는 종래의 청구를 유지하면서 새로운 청구를 추가하는 것이다. 그런데 행정소송법 제21조에 의한 소의 변경에 있어서도 교환적 변경과 추가적 변경이 모두 허용되는지가 문제되는바, 다수설에 따르면 교환적 변경에 한하여 허용

---

317) 대판 1999. 11. 26, 97다42250; 대판 2009. 9. 17, 2007다2428.

된다고 한다.[318] 이에 대해 다른 견해는, 행정소송법 제21조에 의한 소의 변경에 있어서 추가적 변경이 허용되지 않는다고 볼만한 특별한 근거를 찾을 수 없다는 이유로 교환적 변경뿐만 아니라 추가적 변경도 허용되는 것으로 본다.[319] 판례는 추가적 변경도 허용하는 것으로 보인다.[320]

> **판례** 『동일한 행정처분에 대하여 무효확인소송을 제기하였다가 그 후 그 처분의 취소를 구하는 소송을 추가적으로 병합한 경우, 주된 청구인 무효확인소송이 적법한 제소기간 내에 제기되었다면 추가로 병합된 취소소송도 적법하게 제기된 것으로 보아야 한다.』[321] (대판 2012. 11. 29, 2012두3743)

생각건대, 효율적인 국민의 권리구제를 위해서는 행정소송법 제21조에 의한 소의 변경에 있어서도 교환적 변경뿐만 아니라 추가적 변경도 허용되는 것으로 보는 것이 타당하다. 예컨대 처분의 상대방이 무효확인소송을 제기하였다가 하자의 중대명백성에 대한 확신이 없어 예비적 청구로 취소소송을 추가하려는 경우에 만일 추가적 변경을 허용하지 않는다면 별소를 제기할 수밖에 없는데, 이 경우 제소기간의 경과가 문제될 수 있는 것이다. 만일 추가적 변경을 허용한다면, 무효확인소송이 취소소송의 제소기간 내에 제기된 경우에는 나중에 추가된 취소소송도 적법하게 제기된 것으로 볼 수 있다.

(3) 요건

① **행정소송이 계속되고 있을 것** : 소의 종류의 변경을 위해서는 일단 어떠한 행정소송이 제기되어 계속되고 있어야 한다. 따라서 제기된 소가 소송요건을 갖추지 못하여 부적법한 경우에도 각하되기 전에는 소의 변경이 가능하지만, 일단 각하된 후에는 소의 변경은 허용되지 않는다.

② **사실심의 변론종결시까지 원고의 신청이 있을 것** : 소의 종류의 변경을 위해서는 원고의 신청이 있어야 하는데, 이러한 신청은 사실심의 변론종결 전에 행해져야 한다(21조 1항). 왜냐하면 소의 종류가 변경되면 변경된 청구에 대하여 사실관계의 심리가 필요하기 때문이다.

소의 종류의 변경을 위해서는 원고의 신청이 필요하기 때문에 원고가 소송의 종류를 잘못 선택하여 소를 제기한 경우에도 법원은 직권으로 소의 종류를 변경시킬 수는 없다. 그러나 뒤에 설명하는 바와 같이 이 경우 법원은 소가 부적법하다 하여 곧바로 각하할 것이 아니라 일정한 요건아래 원고가 소의 종류를 변경할 것인지에 대한 석명권을 행사하여야 한다는 것이 판례의 입장이다.[322]

③ **항고소송을 당사자소송으로 변경하는 경우에는 당해 처분에 관계되는 사무가 귀속하는 국가 또는 공공단체를 피고로 할 것** : 항고소송의 피고는 행정청이므로 이를 당사자소송으로 변경하기 위해서는 피고를 행정주체로 변경하는 것이 필요하다. 이와 관련하여 행정소송법은 '당해 처분등에 관계되는 사무가 귀속하는 국가 또는 공공단체'를 피고로 하도록 규정하고 있는데(21조 1항), 이

---

318) 김남철, 902면; 정하중/김광수, 757면; 홍정선(상), 1190면.
319) 이승훈, 행정소송에서의 소의 변경, 행정법학 제24호, 2023. 3, 171면.
320) 대판 2005. 12. 23, 2005두3554; 대판 2012. 11. 29, 2012두3743.
321) 〈사건개요〉 갑은 2010. 10. 14. 보조금회수처분에 대한 무효확인소송을 제기한 후 항소심에서 동처분에 대한 취소를 구하는 예비적 청구를 추가하였다.
322) 대판 1996. 2. 15, 94다31235(전원합의체판결); 대판 1997. 5. 30, 95다28960; 대판 1999. 11. 26, 97다42250.

의미는 처분을 행한 행정청이 속하는 국가 또는 공공단체가 아니라 처분의 효과가 귀속하는 국가 또는 공공단체를 의미하는 것으로 보는 것이 통설적 견해이다. 따라서 지방자치단체의 장이 국가로부터의 기관위임사무를 처리하는 경우에는 지방자치단체장이 속한 지방자치단체가 아니라 그 사무의 위임자인 국가를 피고로 하여야 한다.

④ **청구의 기초에 변경이 없을 것** : 소의 종류의 변경은 청구의 기초에 변경이 없는 경우에만 허용되는데, 여기에서 청구의 기초란 신·구 청구간의 관련성을 의미한다. 예컨대 의료급여법상의 급여비용의 지급을 구하는 당사자소송을 급여비용지급거부결정에 대한 취소소송으로 변경하는 것은 '급여비용의 지급'이라는 기본적 사실관계를 전제로 한 권리구제라는 점에서 청구의 기초에 변경이 없다고 할 것이지만, 영업정지처분에 대한 취소소송을 그와는 전혀 관계가 없는 건축허가신청에 대한 부작위위법확인소송으로 변경하는 것은 청구의 기초에 변경이 있기 때문에 이러한 소의 종류의 변경은 허용되지 않는다.

⑤ **법원이 상당하다고 인정하여 허가결정을 할 것** : 민사소송의 경우 원고는 소송절차를 현저히 지연시키는 경우가 아닌 한 청구의 기초에 변경이 없는 범위에서 청구를 변경할 수 있으며 다만 법원이 청구의 변경이 옳지 않다고 인정하는 경우에는 불허가결정을 할 수 있는데 대하여(민사소송법 262조, 263조), 행정소송에 있어 소의 종류를 변경하기 위해서는 법원의 허가를 받도록 하고 있는 점에 특징이 있다. 즉, 법원은 소의 종류를 변경하는 것이 상당하다고 인정하는 경우에 결정으로써 소의 변경을 허가할 수 있는데, 여기에서 '상당성 인정'은 당사자 권리구제의 실효성, 소송절차의 지연, 다른 권리구제수단의 존재 여부 등을 종합적으로 고려하여 판단하여야 할 것이다.

⑥ **새로이 피고로 될 자의 의견청취** : 법원은 소의 변경을 허가함에 있어 소의 변경으로 인하여 피고를 달리하게 될 때에는 새로이 피고로 될 자의 의견을 들어야 한다(21조 2항). 의견을 듣는 방법에 관해서는 법에 특별한 규정이 없으므로 구술 또는 문서로 가능하다고 본다.

(5) 효과

소의 변경을 허가하는 결정이 있으면 새로운 소는 처음에 소를 제기한 때에 제기된 것으로 보며, 처음의 소는 취하된 것으로 본다(21조 4항, 14조 4항, 5항). 따라서 제소기간의 준수 여부는 처음의 소의 제기시를 기준으로 판단하며, 처음의 소에서의 소송행위는 새로운 소에 유효하게 승계된다.

소의 변경에 의해 피고가 변경되는 경우에는 법원은 소의 변경결정의 정본을 새로운 피고에게 송달하여야 한다(21조 4항, 14조 2항).

(6) 불복

법원의 소의 변경 허가결정에 대하여 처음의 소 또는 새로운 소의 피고는 즉시항고할 수 있다(21조 3항).

법원의 불허가결정에 대한 불복방법에 대해서는 행정소송법이 아무런 규정을 두고 있지 않은데, 판례에 의하면 불허가결정에 대해서는 원고는 독립하여 항고할 수 없고, 다만 종국판결에 대한 상소로서만 이를 다툴 수 있다고 한다.[323] 따라서 제1심법원의 불허가결정에 대해서는 종국판결을 받은 후 항소심에서 그것을 다투어야 하고, 만일 항소심이 제1심의 불허가결정이 위법·부당하다고 인정하면 소 변경을 허가한 후 변경된 소에 관하여 심리하여야 한다.

(7) 행정소송과 민사소송 사이의 소의 변경

행정소송법은 행정소송 사이에 있어서의 소의 종류의 변경에 관해서만 규정하고 있으므로, 행정소송을 민사소송으로, 또는 민사소송을 행정소송으로 변경할 수 있는지가 문제된다. 예컨대 영업정지처분에 대한 취소소송을 위법한 영업정지처분으로 인한 국가배상청구소송으로 변경하거나, 또는 기초생활수급자에게 의료를 급여한 진료기관이 지방자치단체에 대해 제기한 '진료비지급청구소송(민사소송)'을 '시장의 급여비용지급거부처분에 대한 취소소송(행정소송)'으로 변경하는 것이 그에 해당한다.[324]

① **부정설** : 민사소송법상의 소의 변경은 법원과 당사자의 동일성을 유지하면서 동종의 절차에서 심리될 수 있는 청구 사이에서만 가능한 것이므로, 피고와 관할법원이 서로 다를 수 있는 민사소송과 행정소송 사이에는 소의 변경이 허용되지 않는다고 한다.[325]

② **긍정설** : i) 항고소송과 민사소송 사이의 소의 변경에는 피고의 변경이 수반되지만(항고소송의 피고는 행정청이고 민사소송의 피고는 행정주체) 양자는 실질에 있어서는 동일성이 유지되는 것이며, ii) 행정법원은 일반 사법법원으로부터 독립된 법원이 아니라 사법법원의 하나로서 전문법원에 불과한 점 등을 이유로, 행정소송과 민사소송 사이에도 소의 종류의 변경을 인정할 수 있다고 한다.[326]

③ **판례의 입장** : 판례는 일정한 요건하에 행정소송과 민사소송 사이의 소의 변경을 인정하고 있다. 즉, 원고가 고의 또는 중대한 과실 없이 행정소송으로 제기하여야 할 사건을 민사소송으로 잘못 제기한 경우에, 수소법원으로서는 만약 그 행정소송에 대한 관할도 동시에 가지고 있다면 (당해 소송이 행정소송의 요건을 갖추지 못하여 부적법한 것이 아닌 한) 원고로 하여금 행정소송으로 소를 변경하도록 하여 심리·판단하여야 한다고 하였다.[327] 그리고 청구의 기초가 바뀌지 않는 한도에서 당사자소송을 민사소송으로 변경하는 것도 가능하다고 하였다.[328]

---

323) 대판 1992. 9. 25, 92누5096.
324) 우리의 판례는 국가배상청구소송이나 조세 과오납으로 인한 부당이득반환청구소송을 민사소송으로 보고 있다. 한편, 의료급여법(구 의료보호법)에 따르면 기초생활수급자 등에 대해서는 의료급여비용의 전부 또는 일부를 의료급여기금에서 부담하도록 하고(10조), 의료급여를 제공한 진료기관은 시장·군수·구청장에게 그 비용을 청구할 수 있도록 하고 있다(11조). 판례에 따르면, 수급자에게 의료급여를 제공한 진료기관은 곧바로 지방자치단체를 상대로 그 비용의 지급을 구하는 민사소송을 제기할 것이 아니라, 시장 등에게 급여비용지급을 청구하여 거부된 경우에 거부처분에 대한 취소소송을 제기하여야 한다고 한다(대판 1999. 11. 26, 97다42250).
325) 김상균, 행정소송과 민사소송, 행정소송실무편람, 1998; 유명건, 실무행정소송법, 200면. 예컨대 항고소송의 피고는 처분청이고 민사소송의 피고는 행정주체이며, 행정소송의 관할법원은 행정법원이고 민사소송의 관할법원은 일반 지방법원이다.
326) 박균성(상), 1480면; 정하중/김광수, 760면.
327) 대판 1999. 11. 26, 97다42250; 대판 2017. 11. 9, 2015다215526; 대판 2020. 1. 16, 2019다264700.
328) 대판 2023. 6. 29, 2022두44262.

> **판례** ① 『행정소송법 제7조는 원고의 고의 또는 중대한 과실 없이 행정소송이 심급을 달리하는 법원에 잘못 제기된 경우에 민사소송법 제31조 제1항을 적용하여 이를 관할법원에 이송하도록 규정하고 있을 뿐 아니라 관할위반의 소를 부적법하다고 하여 각하하는 것보다 관할법원에 이송하는 것이 당사자의 권리구제나 소송경제의 측면에서 바람직하므로, 원고가 고의 또는 중대한 과실 없이 행정소송으로 제기하여야 할 사건을 민사소송으로 잘못 제기한 경우 수소법원으로서는 만약 그 행정소송에 대한 관할도 동시에 가지고 있는 경우라면, 행정소송으로서의 전심절차 및 제소기간을 도과하였거나 행정소송의 대상이 되는 처분 등이 존재하지도 아니한 상태에 있는 등 행정소송으로서의 소송요건을 결하고 있음이 명백하여 행정소송으로 제기되었더라도 어차피 부적법하게 되는 경우가 아닌 이상, 원고로 하여금 항고소송으로 소 변경을 하도록 하여 그 1심법원으로 심리·판단하여야 한다.』(대판 1999. 11. 26. 97다42250)
>
> ② 『공법상 당사자소송의 소 변경에 관하여 행정소송법은, 공법상 당사자소송을 항고소송으로 변경하는 경우(행정소송법 제42조, 제21조) 또는 처분변경으로 인하여 소를 변경하는 경우(행정소송법 제44조 제1항, 제22조)에 관하여만 규정하고 있을 뿐, 공법상 당사자소송을 민사소송으로 변경할 수 있는지에 관하여 명문의 규정을 두고 있지 않다. 그러나 공법상 당사자소송에서 민사소송으로의 소 변경이 금지된다고 볼 수 없다. 따라서 공법상 당사자소송에 대하여도 청구의 기초가 바뀌지 아니하는 한도 안에서 민사소송으로 소 변경이 가능하다고 해석하는 것이 타당하다.』(대판 2023. 6. 29. 2022두44262)

④ 소결 : 현행법상 행정소송의 종류가 다양하게 인정됨으로 인하여 일반 국민으로서는 어떠한 종류의 소를 제기하여야 하는지를 잘 알 수 없는 경우가 많으며, 만일 국민이 소의 종류를 잘못 선택하여 제기한 경우에 부적법하다고 하여 소를 각하한다면 국민의 권리구제에 심각한 불이익을 가져다 줄 것이다. 따라서 행정소송과 민사소송 사이에도 소의 종류의 변경을 허용하는 것이 타당하다. 법무부의 행정소송법 개정안에는 행정소송과 민사소송 사이의 소의 변경을 명시적으로 인정하고 있다.

3. 처분의 변경으로 인한 소의 변경

(1) 의의

처분의 변경으로 인한 소의 변경이란 행정소송의 계속 중에 행정청이 당해 소송의 대상인 행정처분을 변경한 때에 원고가 법원의 허가를 받아 청구의 취지 또는 원인을 변경하는 것을 말한다(22조). 예컨대 조세부과처분에 대한 취소소송의 계속 중에 과세관청이 증액경정처분을 한 경우에 원고가 법원의 허가를 받아 '조세부과처분에 대한 취소'를 '증액경정처분에 대한 취소'로 청구취지를 변경하는 것이 그에 해당한다. 처분의 변경으로 인한 소의 변경을 인정하는 취지는, 행정소송의 계속 중에 행정청이 소의 대상인 처분을 변경한 경우에 원고가 기존 소를 취하하고 다시 새로운 처분에 대해 소를 제기하여야 하는 번거로움을 피하고 신속하게 권리구제를 받을 수 있도록 하기 위한 것이다.

(2) 인정범위

행정소송법은 취소소송에서 처분의 변경으로 인한 소의 변경을 규정하고(22조), 이를 무효등확인소송과 당사자소송에 준용하고 있다(38조 1항, 44조 1항).

(3) 요건

i) 행정소송이 계속 중 행정청이 당해 소송의 대상인 행정처분을 변경하였을 것, ii) 원고가 처분의 변경이 있음을 안 날로부터 60일 이내에 소의 변경을 신청할 것, iii) 법원의 변경허가결정이 있을 것 등의 요건을 갖추어야 한다(22조).

행정소송법 제22조에 의한 소의 변경은 제21조에 의한 소의 변경과는 달리 '청구의 기초에 변경이 없을 것'을 요건으로 하지 않으며, 또한 피고의 변경도 허용되지 않는다.

(4) 효과

소의 변경을 허가하는 결정이 있으면 새로 변경된 소는 처음에 소를 제기한 때에 제기된 것으로 보며, 종전의 소는 취하된 것으로 본다. 행정심판전치주의가 적용되는 경우에, 변경된 청구는 별도의 행정심판을 거치지 않더라도 행정심판전치의 요건을 갖춘 것으로 본다(22조 3항).

4. 민사소송법에 따른 소의 변경

(1) 인정 여부

민사소송법에 따르면 원고는 청구의 기초가 바뀌지 않는 한도에서 변론종결시까지 청구의 취지 또는 원인을 변경할 수 있다(262조). 이와 관련하여 행정소송법이 규정한 '소의 종류의 변경'이나 '처분의 변경으로 인한 소의 변경' 이외에 민사소송법에 따른 소의 변경이 허용되는지가 문제된다. 예컨대 취소소송을 제기한 후에 원고가 소의 대상을 변경하거나 또는 청구의 취지를 확장하는 것이 그에 해당한다.[329] 이 경우는 소의 종류를 변경하는 것도 아니고 행정청이 처분을 변경한 것도 아니기 때문에 행정소송법 제21조와 제22조의 적용을 받지 않는다.

이에 관해서는, 행정소송법의 소의 변경에 관한 규정은 민사소송법상의 소의 변경을 배척하는 것이 아니므로 행정소송법 제8조 제2항에 의하여 청구의 변경에 관한 민사소송법 제262조와 제263조가 준용되어, 청구의 기초에 변경이 없는 한도에서 청구의 취지 또는 원인을 변경할 수 있다는 것이 통설과 판례의 입장이다.[330]

> **판례** 『행정소송법 제21조와 제22조가 정하는 소의 변경은 그 법조에 의하여 특별히 인정되는 것으로서 민사소송법상의 소의 변경을 배척하는 것이 아니므로, 행정소송의 원고는 행정소송법 제8조 제2항에 의하여 준용되는 구 민사소송법 제235조(현행 민사소송법 제262조)에 따라 청구의 기초에 변경이 없는 한도에서 청구의 취지 또는 원인을 변경할 수 있다.
>
> 하나의 행정처분인 택지초과소유부담금 부과처분 중 일부의 액수에 대하여만 불복하여 전심절차를 거

---

329) 예컨대 정보비공개결정에 대해 이의신청을 하였는데 기각결정이 내려진 경우에 기각결정에 대한 취소소송을 제기하였다가 그 대상을 비공개결정으로 변경하는 것, 조세부과처분에 대한 일부 취소소송을 제기하였다가 전부에 대한 취소소송으로 청구취지를 확장하는 것이 그에 해당한다. 이에 반해 청구의 감축(예컨대 전부취소소송에서 일부취소소송으로의 변경)은 소의 변경에 해당하지 않는다고 본다(이시윤, 신민사소송법, 2020, 711면).

330) 대판 1999. 11. 26, 99두9407.

치고 그 후 다시 행정소송에서 위 액수에 관하여만 부과처분의 취소를 구하였다가 「택지소유 상한에 관한 법률」이 헌법에 위반된다는 헌법재판소의 결정에 따라 그 청구취지를 부과처분 전부의 취소를 구하는 것으로 확장하였다고 하더라도, 이는 동일한 처분의 범위 내에서 청구의 기초에 변경이 없이 이루어진 소의 변경에 해당하여 적법하다.』 (대판 1999. 11. 26, 99두9407)

(2) 요건

i) 원고는 청구의 기초가 바뀌지 않는 한도에서 사실심 변론종결시까지 소의 변경을 신청하여야 한다(민사소송법 262조 1항). ii) 소송절차를 현저히 지연시키는 경우에는 소의 변경이 허용되지 않는다(동법 262조 1항 단서).

(3) 변경신청에 대한 법원의 결정

법원이 소의 변경이 옳지 않다고 인정한 때에는 직권으로 또는 상대방의 신청에 따라 변경을 허가하지 않는 결정을 하여야 한다(동법 263조). 소의 변경이 적법하다고 인정할 때에는 법원은 별도로 소변경을 허가한다는 뜻의 명시적 결정을 할 필요는 없으나, 만일 상대방이 다툴 때에는 변경의 적법 여부를 중간적 재판이나 종국판결의 이유에서 판단할 수 있다.

(4) 제소기간 준수 여부의 판단 시점

민사소송법에 따른 소의 변경시에 취소소송의 제소기간 준수 여부는 언제를 기준으로 판단하여야 하는지가 문제된다. 민사소송법에 따른 소의 변경은 행정소송법 제21조 제4항 및 제14조 제4항의 규정이 준용되지 않으므로 처음에 소가 제기된 때에 제소된 것으로 볼 수 없고 소의 변경을 신청한 때에 제소된 것으로 보아야 하며, 따라서 제소기간 준수 여부도 '소의 변경 신청시'를 기준으로 판단하여야 한다는 견해가 다수설이다.[331]

이에 관해 판례는, 소(청구의 취지)를 변경하여 구 소가 취하되고 새로운 소가 제기된 것으로 보는 경우에 새로운 소에 대한 제소기간의 준수 등은 원칙적으로 '소의 변경이 있은 때'를 기준으로 판단하여야 한다고 한다.[332] 다만 선행처분에 대한 소를 후행처분에 대한 소로 변경하는 경우에, 선행처분과 후행처분 사이에 밀접한 관련성이 있고 선행처분의 위법사유가 후행처분에도 존재하는 경우에는 후행처분의 제소기간 준수 여부는 따로 따질 필요가 없다고 한다.[333]

---

331) 김남철, 905면; 박균성(상), 1481면; 정하중/김광수, 760면.
332) 대판 2004. 11. 25, 2004두7023. 민사소송법에 따른 소의 변경은 법원의 허가를 필요로 하지 않으므로 '소의 변경 신청시'와 '소의 변경시'는 같은 의미이다. <사건개요> 행정청은 2000. 8. 5.에 갑에게 제1처분(사도개설허가의 상대방을 을에서 갑으로 변경하는 내용의 사도변경허가)을 하고 2002. 6. 26.에 을에게 제2처분을 하였는바, 을은 제2처분에 대해 제소기간 내에 취소소송을 제기하였다가 2002. 9. 9.에 제1처분에 대한 취소소송으로 소를 변경하였다(이 때 제1처분의 직접 상대방이 아닌 자가 제기하는 것이므로 제소기간은 문제되지 않았다). 그 후 을은 2003. 9. 23.에 다시 제1처분과 제2처분에 대한 선택적 취소를 구하는 것으로 소를 변경하였다. <판단> 소의 변경시에 제소기간의 준수 여부는 원칙적으로 소의 변경이 있은 때를 기준으로 하여야 하는데, (2002. 9. 9.자 소의 변경에 의해 제2처분에 대한 소는 취하되었고) 2003. 9. 23.자 소의 변경 시에는 제2처분에 대한 제소기간이 경과되었음이 명백하므로, 이 사건 소 중 제2처분에 대한 취소청구는 제소기간을 준수하지 못하여 부적법하다.
333) 대판 2012. 11. 29, 2010두7796; 대판 2013. 2. 14, 2011두25005; 대판 2019. 7. 4, 2018두58431. <대법원

마찬가지로, 원고가 청구취지를 추가하는 경우에도 추가된 소에 대한 제소기간 준수 등은 원칙적으로 청구취지의 추가 신청이 있는 때를 기준으로 판단하여야 한다고 한다. 그러나 선행처분의 취소를 구하는 소를 제기하였다가 이후 후행처분의 취소를 구하는 청구취지를 추가한 경우에, 선행처분이 종국적 처분을 예정하고 있는 일종의 잠정적 처분으로서 후행처분(종국적 처분)이 있을 경우 선행처분은 후행처분에 흡수되어 소멸되는 관계에 있고, 선행처분에 존재하는 위법사유가 후행처분에도 마찬가지로 존재할 수 있는 관계여서 선행처분의 취소를 구하는 소에 후행처분의 취소를 구하는 취지도 포함되어 있다고 볼 수 있다면, 후행처분의 취소를 구하는 소의 제소기간은 선행처분의 취소를 구하는 최초의 소가 제기된 때를 기준으로 하여야 한다고 한다.334)

2011두25005 판결의 사건개요 : 실제 상황은 더 복잡하지만 이 판례를 이해하는데 필요한 범위에서 축약함〉 이천세무서장은 2006. 8. 1. 갑에게 3,400만원의 과세처분(원과세처분)을 하였는데, 이에 대해 갑이 청구한 전심절차(심사청구)가 진행 중이던 2007. 5. 1.에 다시 6,100만원으로 증액경정처분을 하였다. 이 경우 취소소송의 대상이 되는 것은 증액경정처분임에도 불구하고 갑은 2008. 3. 18. 원과세처분에 대한 취소소송을 제기하였으며(제소기간 내), 그 후 2009. 11. 16. 증액경정처분의 취소를 구하는 것으로 청구취지를 변경하였다. 이 소송에서 원고가 주장하는 원과세처분 또는 증액경정처분의 위법사유는 '세액을 결정함에 있어서 필요경비의 산입이 누락되었다'는 것이다. 〈서울고등법원의 판단〉 제소기간 준수 여부는 소(청구취지) 변경시를 기준으로 하여야 하는바, 원고는 증액경정처분일인 2007. 5. 1.로부터 1년이 지난 후에 청구취지를 변경하였음이 명백하므로, 이 사건 취소소송은 제소기간이 지난 후에 제기되어 부적법하다(서울고등법원 2011. 9. 7, 2010누44988). 이에 대한 대법원의 판결요지는 박스 안의 판례 ② 참조.
〈대법원 2018두58431 판결의 사건개요〉 한국연구재단은 서울대학교 산학협력단(이하 '산학협력단'이라 한다)에 대한 연구비 집행 현장점검을 하여 2016. 3. 15. 서울대학교에 '제재조치결과통보'를 하였는바, 위 통보에는 "처분주체는 정보통신부장관, 처분사항은 1억2천만원의 사업비환수처분"이라고 기재되어 있었다. 그 후 2016. 5. 27. 정보통신부장관은 수신자를 '서울대학교총장'으로 하여 1억2천만원의 사업비환수처분(이하에서 '선행처분'이라 한다)을 통지하였다. 이에 산학협력단은 2016. 6. 10. 정보통신부장관을 피고로 하여 "2016. 3. 15.자 제재조치결과통보"에 대한 취소소송을 제기하였다(제소기간 내). 산학협력단은 소장에서 피고(장관)에게 처분의 주체 및 상대방을 분명히 소명해 줄 것을 요청하였고, 피고는 답변서에서 위 제재조치결과통보는 '정보통신부장관의 서울대학교 산학협력단에 대한 사업비환수처분'이라고 답변하였다. 정보통신부장관은 소송 계속 중인 2016. 9. 20. 선행환수처분의 상대방을 서울대학교 총장으로 오기하였다는 이유로 이를 직권으로 취소하고 산학협력단에게 동일한 내용의 환수처분(이하에서 '후행처분'이라 한다)을 하였다. 그 후 정보통신부장관은 항소심 계속 중인 2018. 5. 9. 준비서면에서 '2016. 3. 15.자 제재조치결과통보'는 처분의 사전통지에 불과하고 2016. 5. 27.자 처분이 본 처분에 해당하며, 2016. 9. 20.에 본 처분(선행처분)을 취소하고 후행처분을 하였으므로 원고는 결국 후행환수처분의 취소를 구해야 하며, 따라서 원고의 '제재조치결과통보'에 대한 취소소송은 각하되어야 한다고 본안전항변을 하였다. 이에 산학협력단은 2018. 5. 21. '후행환수처분의 취소'를 구하는 것으로 청구취지를 변경하였다. 그러자 소의 변경시에 제소기간을 준수하였는지가 문제되었다(후행처분은 2016. 9. 20.에 행해졌는데 소의 변경은 2018. 5. 21.에 있었으므로 형식적으로는 행정소송법상 제소기간이 경과됨). 〈원심의 판단〉 산학협력단은 2016. 9. 20.자 후행처분서를 그 무렵 적법하게 수령하여 후행처분이 있음을 알았던 것으로 보이고, 후행처분을 대상으로 소를 변경하는데 아무런 법률상 또는 사실상 장애가 없었다 할 것이므로, 항소법원에서 교환적으로 변경된 산학협력단의 소는 제소기간을 준수하지 못하여 부적법하다(서울고판 2018. 8. 29, 2017누86875). 〈대법원의 판단〉 이 사건 후행처분은 형식적으로는 별도의 처분이지만 실질적으로는 선행처분과 동일한 내용의 처분이고, 선행처분에 존재한다고 주장되는 위법사유가 후행처분에도 마찬가지로 존재할 수 있는 관계에 있다. 피고는 답변서에서 '제재조치결과통보가 원고에 대하여 한 사업비환수처분이다'라고 잘못 해명하였고, 원고는 피고의 해명에 따라 제재조치결과통보를 쟁송대상으로 그대로 유지하여 왔다. 원고는 피고가 2018. 5. 9. 본안전항변을 제기한 후 비교적 신속하게 2018. 5. 21. 청구취지 변경신청서를 제출하여 소 변경을 하였으므로, 피고의 잘못은 탓하지 않으면서 원고의 소 변경이 늦었다는 점만을 탓하는 것은 형평에도 반한다. 그럼에도 원심은 교환적으로 변경된 원고의 소가 제소기간을 준수하지 못하여 부적법하다고 판단하였는바, 이러한 원심판단에는 제소기간에 관한 법리를 오해하여 판결에 영향을 미친 잘못이 있다.
334) 대판 2018. 11. 15, 2016두48737. 〈사건개요〉 공정거래법에 따르면 공정거래위원회는 불공정거래행위자에게 과징금을 부과할 수 있는데, 이 경우 조사협조자에 대해서는 감면할 수 있다. 공정거래위원회는 2014. 9. 15.

판례 ① 『행정소송법상 취소소송은 처분 등이 있음을 안 날부터 90일 이내에 제기하여야 하고, 처분 등이 있은 날부터 1년을 경과하면 제기하지 못한다(행정소송법 제20조 제1항, 제2항). 그리고 청구취지 를 변경하여 구 소가 취하되고 새로운 소가 제기된 것으로 변경되었을 때에 새로운 소에 대한 제소기간 의 준수 등은 원칙적으로 소의 변경이 있은 때를 기준으로 하여야 한다.』(대판 2004. 11. 25, 2004두7023)

② 『당초의 과세처분에 존재하고 있다고 주장되는 위법사유가 증액경정처분에도 존재하고 있어 당초 의 과세처분이 위법하다고 판단되면 증액경정처분도 위법하다고 하지 않을 수 없는 경우에, 당초의 과세 처분에 대한 전심절차에서 청구의 취지나 이유를 변경하지 아니하였다고 하더라도 증액경정처분에 대한 별도의 전심절차 없이 당초 제기한 심사청구 또는 심판청구에 대한 결정을 통지받은 날부터 90일 이내 에 증액경정처분의 취소를 구하는 행정소송을 제기할 수 있다고 할 것이다. 그리고 납세자가 이와 같은 과정을 거쳐 행정소송을 제기하면서 당초의 과세처분의 취소를 구하는 것으로 청구취지를 기재하였다 하 더라도, 이는 잘못된 판단에 따라 소송의 대상에 관한 청구취지를 잘못 기재한 것이라 할 것이고, 그 제 소에 이른 경위나 증액경정처분의 성질 등에 비추어 납세자의 진정한 의사는 당초의 과세처분이 아니라 증액경정처분 자체의 취소를 구하는 데에 있다고 보아야 할 것이다. 따라서 납세자는 그 소송계속 중에 청구취지를 변경하는 형식으로 증액경정처분의 취소를 구하는 것으로 청구취지를 바로잡을 수 있는 것이 고, 이때 제소기간의 준수 여부는 형식적인 청구취지의 변경시가 아니라 증액경정처분에 대한 불복의 의 사가 담긴 당초의 소 제기시를 기준으로 판단하여야 한다.』(대판 2013. 2. 14, 2011두25005)

③ 『청구취지를 변경하여 구 소가 취하되고 새로운 소가 제기된 것으로 변경되었을 때에 새로운 소에 대한 제소기간의 준수 등은 원칙적으로 소의 변경이 있은 때를 기준으로 하여야 한다.

그러나 선행처분에 대하여 제소기간 내에 취소소송이 적법하게 제기되어 계속 중에 행정청이 선행처 분을 직권으로 취소하고 실질적으로 동일한 내용의 후행처분을 함으로써 선행처분과 후행처분 사이에 밀 접한 관련성이 있고, 선행처분에 존재한다고 주장되는 위법사유가 후행처분에도 마찬가지로 존재할 수 있는 관계인 경우에는 후행처분의 취소를 구하는 소변경의 제소기간 준수 여부는 따로 따질 필요가 없 다.』(대판 2019. 7. 4, 2018두58431)

5. 소의 종류를 잘못 선택하여 제기한 경우 수소법원의 처리방법

앞에서 설명한 바와 같이 행정소송은 다양한 종류의 소가 인정됨으로 인하여 일반국민으로서 는 구체적인 경우에 어떠한 종류의 소를 선택하여야 하는지 알 수 없는 경우가 많으며,[335] 경우에

갑에게 44억원의 과징금부과처분을 한 다음(선행처분), 같은 날 갑이 2순위 조사협조자에 해당한다는 이유로 과징금을 27억원으로 감액하는 후행처분을 하였다. 판례에 따르면 감면사유를 고려한 후행처분이 종국적 처분 이고 선행처분은 종국적 처분을 예정하고 있는 일종의 잠정적 처분으로서 후행처분이 있을 경우 선행처분은 후 행처분에 흡수되어 소멸하며, 따라서 다투려면 후행처분에 대해 소송을 제기하여야 한다고 한다(대판 2015. 2. 12, 2013두987). 그런데 갑은 2014. 10. 17. 선행 과징금부과처분에 대한 취소소송을 제기하였다가 2015. 6. 8. 후행처분에 대한 취소를 구하는 청구취지를 추가하였다. 이에 피고(공정거래위원회)는 ① 선행처분에 대한 취 소소송은 이미 효력을 잃은 처분의 취소를 구하는 것으로서 부적법하며, ② 소의 변경시 새로운 소에 대한 제 소기간 준수 여부는 소의 변경시를 기준으로 판단하여야 하는바, 이 사건에서 2014. 9. 15. 후행처분이 행해졌 는데 2015. 6. 8.에 후행처분의 취소를 구하는 청구취지를 추가한 것은 제소기간이 경과되어 위법하다고 본안 전항변을 하였다. 이에 대해 서울고등법원은 피고의 ①의 주장은 받아들여 선행처분에 대한 취소소송은 부적법 하다고 하였으며, ②의 주장에 대해서는 위에서 설명한 이유로 받아들이지 않았다. 피고가 상고하였지만 대법 원은 상고를 기각하였다.

335) 예컨대 5·18민주화운동관련자들이 5·18민주화운동관련자보상심의위원회에 보상금 지급을 신청하였으나 거 부결정이 내려진 경우, 또는 민주화운동관련자들이 민주화운동관련자보상심의위원회에 보상금 지급을 신청하였

따라서는 법률전문가 조차도 혼동스러운 경우가 있다. 따라서 국민이 소의 종류를 잘못 선택하여 소송을 제기한 경우에 부적법하다는 이유로 곧바로 소를 각하하는 것은 국민의 권리구제나 소송경제의 측면에서 바람직하지 않다.

이러한 점에서 판례는, 원고가 고의 또는 중대한 과실 없이 당사자소송으로 제기하여야 할 것을 항고소송으로 잘못 제기한 경우에는 (당사자소송으로서의 소송요건을 결하고 있음이 명백하여 어차피 부적법하게 되는 경우가 아닌 한) 수소법원은 석명권을 행사하여 원고로 하여금 당사자소송으로 소를 변경하도록 하여 심리·판단하여야 한다고 하였다.336)

그리고 원고가 고의 또는 중대한 과실 없이 항고소송으로 제기하여야 할 사건을 민사소송으로 잘못 제기한 경우에는 수소법원은 만일 항고소송의 관할도 동시에 가지고 있다면 원고에게 소를 변경하도록 하여 심리·판단하여야 하고, 만일 항고소송의 관할을 가지고 있지 않다면 관할법원에 이송하여야 한다고 하였다.337) 다만 해당 소송이 이미 행정소송의 제소기간을 도과하였거나 행정소송의 대상이 되는 처분이 존재하지 않는 등 행정소송으로서의 소송요건을 결하고 있음이 명백하여 행정소송으로 제기되었더라도 어차피 부적법하게 되는 경우에는 이송할 것이 아니라 각하하여야 한다고 한다.338) 한편, 민사소송으로 제기된 소가 항고소송의 관할법원으로 이송된 경우의 제소기간이 문제된다. 이에 관해 판례는, 원고가 항고소송으로 제기해야 할 사건을 민사소송으로 잘못 제기한 경우에 수소법원이 그 항고소송의 관할법원에 이송하는 결정을 하였고 이송 후 원고가 항고소송으로 소 변경을 하였다면, 그 항고소송에 대한 제소기간의 준수 여부는 원칙적으로 '처음에 소를 제기한 때'를 기준으로 판단하여야 한다고 하였다.339)

마찬가지로, 민사소송으로 제기하여야 할 사건을 행정소송으로 잘못 제기한 경우에 만일 수소법원이 민사소송의 관할도 동시에 가지고 있다면 석명권을 행사하여 원고에게 소를 변경하도록 하여 심리·판단하여야 하고, 만일 민사소송의 관할을 가지고 있지 않다면 관할법원에 이송하여야 할 것이다. 다만 민사소송은 전속관할이 아니므로, 민사소송으로 제기하여야 할 사건을 행정법원에 잘못 제기하였는데 피고가 관할위반을 항변하지 않고 본안에 대하여 변론을 하였다면 행정소송법 제8조 제2항 및 민사소송법 제30조에 의하여 행정법원에 변론관할이 생긴다는 것이 판례의 입장이다.340)

으나 거부결정이 내려진 경우에, 위원회의 거부결정에 대한 취소소송을 제기하여야 하는지 아니면 보상금의 지급을 구하는 당사자소송을 제기하여야 하는지가 문제된다. 이에 관하여 대법원은 전자의 경우에는 보상금의 지급을 구하는 당사자소송을 제기하여야 한다고 한 데 대하여(대판 1992. 12. 24, 92누3335), 후자의 경우에는 위원회의 거부결정에 대한 취소소송을 제기하여야 한다고 하였다(대판 2008. 4. 17, 2005두16185).

336) 대판 2016. 5. 24, 2013두14863.
337) 대판 2017. 11. 9, 2015다215526.
338) 대판 2020. 10. 15, 2020다222382.
339) 대판 2022. 11. 17, 2021두44425.
340) 대판 2013. 2. 28, 2010두22368.

XI. 취소소송과 가구제

기본사례

(1) 입국허가를 받아 국내에 체류하고 있는 외국인 갑은 허가받은 체류기간의 만기가 다가오자 체류기간 연장허가를 신청하였으나 거부처분이 내려졌다. 이에 갑은 거부처분에 대한 취소소송을 제기하면서 그에 대한 집행정지를 신청하였다. 이는 인용될 수 있는가?

(2) 갑은 1,000만원의 소득세부과처분을 받았지만 기한 내에 세금을 납부하지 않자 관할 세무서장은 국세징수법의 규정에 따라 체납처분절차를 개시하여 갑의 재산을 압류하였다. 이에 갑은 압류처분에 대한 취소소송을 제기함과 아울러 위 압류처분의 효력정지를 신청하였다. 이는 인용될 수 있는가?

1. 의 의

법적 분쟁이 판결의 확정을 통해 종결되기까지는 상당한 시일이 소요되는 것이 보통이며, 그로 인하여 원고가 비록 승소판결을 받는다 하더라도 그 사이에 계쟁처분이 집행되거나 효력이 완성되어 당초의 구제목적을 달성할 수 없는 경우가 발생될 수 있다. 예컨대 건물철거명령에 대한 취소소송의 진행 중에 행정대집행에 의해 해당 건물이 강제철거된 경우가 그에 해당한다. 따라서 원고의 권리구제의 실효성을 확보하기 위하여 본안판결이 확정될 때까지 잠정적인 권리구제조치를 취할 필요가 있는데, 이를 가구제(假救濟 : 임시구제)라 한다.

행정소송상의 가구제제도로는 집행정지와 가처분이 논의되고 있는데, 행정소송법은 전자에 관해서만 규정을 두고 있다.

2. 집행정지제도

(1) 개설

① **집행정지에 관한 입법례** : 처분에 대하여 행정소송이 제기되면 판결이 확정될 때까지 잠정적으로 해당 처분의 효력을 정지시키는 것을 집행정지의 원칙이라 하고, 행정소송이 제기되어도 처분의 효력에는 아무런 영향을 미치지 않는 것을 집행부정지의 원칙이라 한다. 다만 집행정지의 원칙을 취하는 경우에는 공공복리를 위해 긴급한 필요가 있는 경우에는 법원이 집행부정지의 결정을 할 수 있도록 하며, 반면에 집행부정지의 원칙을 취하는 경우에는 국민의 권리구제를 위해 긴급한 필요가 있는 경우에는 법원이 집행정지의 결정을 할 수 있도록 한다. 집행정지의 원칙은 국민의 권리구제의 실효성을 확보할 수 있다는 장점이 있지만 행정의 효율성을 저하시키고 남소(濫訴)의 우려가 있는 것이 단점으로 지적되고 있으며, 집행부정지의 원칙은 그 반대의 장단점을 갖는다. 따라서 집행정지의 원칙을 채택할 것인지 집행부정지의 원칙을 채택할 것인지는 입법정책의 문제라 할 것인데, 독일은 집행정지의 원칙을 채택하고 있으며, 일본과 우리나라는 집행부정지의 원칙을 채택하고 있다.

② **현행 행정소송법의 규정(집행부정지의 원칙)** : 행정소송법은 "취소소송의 제기는 처분 등의 효

력이나 그 집행 또는 절차의 속행에 영향을 주지 아니한다"고 하여 집행부정지의 원칙을 채택하고 있다(23조 1항). 다만 처분 등이나 그 집행 또는 절차의 속행으로 인하여 생길 회복하기 어려운 손해를 예방하기 위하여 긴급한 필요가 있는 경우에는 법원의 집행정지결정에 의하여 처분의 효력이나 집행 또는 절차의 속행을 정지시킬 수 있도록 하였다(23조 2항).

③ **집행정지제도의 성질** : i) 집행정지제도는 긴급한 사정이 있는 경우에 본안판결의 확정시까지의 임시적 구제제도이므로 긴급성, 잠정성, 본안소송에의 부종성의 특성을 갖는다. ii) 집행정지는 상대방에게 적극적으로 임시의 지위를 부여하는 것이 아니라, 단지 잠정적으로 계쟁처분의 효력이나 집행을 정지시키는 것인 점에서 '소극적 가처분의 성질'을 갖는다. iii) 집행정지결정이 행정작용인지 사법작용인지가 문제된다. 행정작용설에 의하면 처분의 효력을 정지시키는 것은 본래 일반 행정작용과 다름이 없지만 법률에 의해 특별히 그 권한이 법원에 부여되었을 뿐이라고 한다. 이에 반하여 사법작용설에 의하면 집행정지는 원고의 권리보전을 위한 보전소송절차의 성질을 가지므로 사법작용에 해당한다고 한다. 사법작용설이 현재의 통설이며, 타당하다.

④ **집행정지제도의 적용범위** : 집행정지제도는 취소소송이나 무효등확인소송에만 적용되고, 부작위위법확인소송에는 적용되지 않는다(38조). 집행정지는 처분의 효력이나 집행을 정지하는 것인데, 부작위위법확인소송의 경우에는 집행정지의 대상이 되는 처분이 존재하지 않기 때문이다.

(2) 집행정지의 요건

① **적법한 본안소송이 계속되고 있을 것** : 집행정지의 요건에 관해 규정하고 있는 행정소송법 제23조 제2항은 '취소소송이 제기된 경우에…', '본안이 계속되고 있는 법원은…'이라고 함으로써, 집행정지의 대상인 처분에 대한 행정소송이 제기되어 법원에 계속 중일 것을 요건으로 삼고 있다.[341] 이러한 점에서 본안소송의 제기 전에도 신청할 수 있는 민사집행법상의 가처분과 차이가 있다. 실무적으로는 본안소송의 제기와 동시에 집행정지 신청을 하는 것이 일반적이다.

집행정지는 본안에서 원고가 승소할 수 있는 가능성을 전제로 한 권리보호수단이라는 점에서 본안소송은 소송요건을 갖춘 적법한 것이어야 한다.[342] 따라서 비록 본안소송이 제기되었다 하더라도 해당 소송이 제소기간의 경과 등으로 각하되어야 할 경우에는 집행정지는 허용되지 않는다. 그리고 집행정지결정이 있은 후에 본안소송이 취하되면 집행정지결정은 별도의 취소조치 없이 당연히 그 효력이 소멸된다는 것이 판례의 입장이다.[343]

② **처분 등의 존재** : 집행정지의 대상은 '처분 등의 효력, 그 집행 또는 절차의 속행'이므로, 부작위는 물론이고 처분이 효력을 발생하기 전 또는 처분의 효력이 소멸한 후 등의 경우에는 집행정지의 대상이 없으므로 집행정지가 인정되지 않는다. 이와 관련하여 다음과 같은 것이 특별히 문제된다.

i) **무효인 처분** : 무효인 처분은 이론적으로는 처분의 효력이 없는 것이므로 집행정지의 대상이

---

341) 대결 2007. 6. 15, 2006무89.
342) 대결 1999. 11. 26, 99부3; 대결 2004. 5. 17, 2004무6.
343) 대결 2007. 6. 28, 2005무75; 대판 1975. 11. 11, 75누97.

없다 할 것이지만, 무효와 취소의 구별의 상대성 및 행정소송법이 집행정지제도를 무효등확인소송에 준용하고 있는 점에 비추어 무효인 처분도 집행정지의 대상이 된다고 할 것이다.

ii) 거부처분 : 거부처분이 집행정지의 대상이 될 수 있는지에 대해서는 다툼이 있다. 부정설에 의하면, 거부처분에 대하여 집행정지결정이 내려진다 하더라도 그것에 의해 신청에 따른 처분의 효과가 발생하는 것은 아니고 또한 행정청이 신청에 따른 처분을 하여야 할 의무를 부담하게 되는 것도 아니므로, 거부처분은 집행정지의 대상이 되지 않는다고 한다. 예컨대 건축허가 거부처분에 대한 집행정지결정이 내려지더라도 상대방에게 임시로 건축허가처분의 효과가 발생하거나 행정청이 임시로 건축허가를 해 줄 의무를 지는 것은 아니라는 것이다. 이에 반해 제한적 긍정설에 의하면, 거부처분의 경우에도 특별한 경우에는 집행정지의 실익이 있는 경우가 있으며, 이러한 경우에는 제한적으로 집행정지가 인정될 수 있다고 본다.[344] 거부처분에 대한 집행정지의 실익이 있는 예로는, i) 외국인의 체류기간 연장신청에 대한 거부처분, iii) '1차시험 불합격처분'이나 '응시자격이 없다는 것을 이유로 한 원서반려처분' 등을 들고 있다.[345]

판례의 입장을 살펴보면, 대법원은 「신청에 대한 거부처분의 효력을 정지하더라도 거부처분이 없었던 것과 같은 상태, 즉 거부처분이 있기 전의 신청시의 상태로 되돌아가는 데에 불과하고 행정청에게 신청에 따른 처분을 하여야 할 의무가 생기는 것이 아니므로, 거부처분의 효력정지는 그 거부처분으로 인하여 신청인에게 생길 손해를 방지하는 데 아무런 보탬이 되지 아니하여 그 효력정지를 구할 이익이 없다」고 함으로써 부정설의 입장을 취하고 있다.[346] 이에 반해 하급심판례 중에는 거부처분에 대해 집행정지를 인정한 것이 있다. 즉, 서울행정법원은 한국보건의료인국가시험원이 한약사국가시험에 응시원서를 낸 사람에게 한약관련과목의 이수가 부족하여 응시자격이 없다는 이유로 원서를 반려한 처분에 대하여, 해당 반려처분의 효력이 한약사국가시험 시행시까지 유지된다면 지원자는 시험응시기회가 부당하게 박탈될 수 있다는 이유로 위 반려처분에 대한 집행정지결정을 내렸다(서울행정 2000아120). 또한 서울대학교 입시에서 1단계전형 불합격처분의 효력이 2단계전형시까지 유지된다면 해당 지원자는 2단계전형 응시기회가 부당하게 박탈될 수 있다는 이유로 1단계전형 불합격처분에 대한 집행정지결정을 내렸다(서울행정 2003아95).

생각건대, 집행정지제도는 현상유지적인 소극적 가처분의 성질을 가지는 것임에 비추어 볼 때, 거부처분의 경우는 그 성질상 원칙적으로 집행정지의 대상이 되지 않는다. 그러나 거부처분의 경우에도 예외적으로 집행정지의 실익이 있는 경우가 있을 수 있으며, 이러한 경우에는 집행정지의 대상이 될 수 있다고 보는 제한적 긍정설이 타당하다고 할 것이다. 거부처분에 대한 집행정지의

---

344) 김남진/김연태(Ⅰ), 961면; 박균성(상), 1442면; 정하중/김광수, 764면; 홍정선(상), 1197면.

345) 박균성(상), 1442－1443면; 정하중/김광수, 764면. 외국인의 체류기간 연장신청에 대한 거부처분이 집행정지되면 체류기간이 만료되더라도 해당 거부처분에 대한 본안판결이 있을 때까지 불법체류자로서 강제출국당하지 않게 되는 실익이 있다고 한다. 그리고 국가시험에서 1차시험 불합격처분이나 응시자격이 없다는 것을 이유로 한 임시반려처분에 대해 집행정지결정이 내려지면 일단 2차시험 또는 본시험에 응시할 기회가 부여되기 때문에 집행정지의 실익이 있다고 한다.

346) 대결 1995. 6. 21, 95두26. 동지의 판례 : 대결 1993. 2. 10, 92두72; 대결 2005. 1. 17, 2004무48.

실익이 있는 경우란 기성의 법률관계의 잠정적인 유지를 위해 필요한 경우를 의미한다. 예컨대 외국인의 입국신청에 대한 거부처분의 경우에는 그것이 집행정지 되더라도 임시로 입국이 허용되는 것은 아니기 때문에 집행정지의 실익이 인정되지 않지만, 이미 입국허가를 받아 국내에 체류하고 있는 외국인의 체류기간 연장신청에 대한 거부처분에 대해서는 그 집행정지결정이 있게 되면 임시로 종전처럼 국내에 합법적인 체류가 허용된다는 점에서 집행정지의 실익이 있을 수 있다고 할 것이다. 전자는 입국이라는 새로운 법률관계의 창설이 문제되지만, 후자의 경우는 이미 합법적으로 입국해 있는 자의 현상유지가 문제되는 것이기 때문이다.

iii) **제3자효행정행위** : 처분의 직접 상대방 아닌 제3자가 취소소송을 제기하는 경우에도 집행정지의 이익이 있으면 집행정지가 가능하며, 이 경우 법원은 집행정지 여부를 결정함에 있어서 공익, 처분의 상대방의 이익, 집행정지 신청인의 이익 등 3면관계의 이익을 비교형량하여야 한다.

③ **회복하기 어려운 손해 예방의 필요** : 집행정지는 처분이나 그 집행 또는 절차의 속행으로 인하여 생길 회복하기 어려운 손해를 예방하기 위하여 필요한 경우에만 허용된다. 여기에서 회복하기 어려운 손해란 금전보상이 불가능하거나 금전보상으로는 사회관념상 행정처분을 받은 자가 참고 견디기가 현저히 곤란한 유형·무형의 손해를 말한다는 것이 판례의 입장이다.[347]

> **판례** 『행정소송법 제23조 제2항에 정하고 있는 행정처분등의 집행정지 요건인 '회복하기 어려운 손해'라 함은 특별한 사정이 없는 한 금전으로 보상할 수 없는 손해로서 이는 금전보상이 불능인 경우 내지는 금전보상으로는 사회관념상 행정처분을 받은 당사자가 참고 견딜 수 없거나 또는 참고 견디기가 현저히 곤란한 경우의 유형·무형의 손해를 일컫는다 할 것인바, 당사자가 행정처분 등이나 그 집행 또는 절차의 속행으로 인하여 재산상의 손해를 입거나 기업 이미지 및 신용이 훼손당하였다고 주장하는 경우에 그 손해가 금전으로 보상할 수 없어 '회복하기 어려운 손해'에 해당한다고 하기 위해서는, 그 경제적 손실이나 기업 이미지 및 신용의 훼손으로 인하여 사업자의 자금사정이나 경영 전반에 미치는 파급효과가 매우 중대하여 사업 자체를 계속할 수 없거나 중대한 경영상의 위기를 맞게 될 것으로 보이는 등의 사정이 존재하여야 한다.』(대결 2003. 4. 25, 2003무2)

이와 같이 '회복하기 어려운 손해'를 판단함에 있어서 금전보상 가능성을 중요한 기준으로 삼기 때문에 재산상 손해의 경우에는 그 손해가 아무리 중대하더라도 사후에 금전적으로 구제될 수 있으면 집행정지가 인정되지 않을 수 있는 문제가 있으며, 따라서 위 표현은 '중대한 손해'로 수정될 필요가 있다는 지적을 받는다. 행정심판법은 2010년 개정 시에 집행정지의 요건과 관련하여 종래의 '회복하기 어려운 손해'를 '중대한 손해'로 변경하였음은 하나의 참고가 될 것이다.

④ **긴급한 필요** : 여기에서 긴급한 필요란 집행정지의 필요성이 시간적으로 절박하다는 것, 다시 말하면 회복하기 어려운 손해의 발생이 절박하여 본안판결을 기다릴 여유가 없음을 의미한다.

앞에서 설명한 회복하기 어려운 손해 예방의 필요는 불이익의 정도의 문제이고 여기서의 긴급한 필요는 시간적 절박성의 문제이지만, 판례는 양자를 합하여 그 요건의 구비 여부를 판단하고

---

347) 대결 2004. 5. 12, 2003무41; 대결 2018. 7. 12, 2018무600.

있다. 즉, '회복하기 어려운 손해를 예방하기 위하여 긴급한 필요가 있는지'의 여부는 처분의 성질과 태양 및 내용, 처분상대방이 입는 손해의 성질·내용 및 정도, 원상회복·금전배상의 방법 및 난이 등은 물론 본안청구의 승소가능성의 정도 등을 종합적으로 고려하여 구체적·개별적으로 판단하여야 한다고 한다.[348]

⑤ **공공복리에 중대한 영향을 미칠 우려가 없을 것**(소극적 요건) : 집행정지는 공공복리에 중대한 영향을 미칠 우려가 있는 경우에는 허용되지 않는다(23조 3항). 따라서 법원은 처분의 집행이 신청인에 가하는 손해의 정도와 집행정지가 공공에 미치는 영향을 비교형량하여 집행정지의 허용 여부를 결정하여야 한다.

이에 관한 구체적 사례를 살펴보기로 한다. 유효한 여권과 사증(VISA)을 소지하지 않고 밀입국하였다는 이유로 출입국관리법 제63조에 근거한 강제퇴거명령 및 강제퇴거시까지의 보호명령을 받은 외국인이 위 강제퇴거명령 및 보호명령에 대한 취소소송을 제기하면서 아울러 그에 대한 집행정지를 신청한 사건에서, 대법원은 강제퇴거명령을 집행할 경우 신청인에게 회복하기 어려운 손해가 발생할 우려가 있다는 이유로 그 집행정지결정을 내렸으나, 보호명령에 대해서는 그것의 집행을 정지하여 보호를 해제할 경우 외국인의 출입국관리에 막대한 지장을 초래하여 공공복리에 중대한 영향을 미칠 우려가 있다는 이유로 집행정지신청을 받아들이지 않았다.[349]

⑥ **본안청구의 이유 유무의 문제** : 법원은 집행정지 여부를 결정함에 있어서 본안청구의 이유 유무, 즉 신청인이 본안소송에서 승소할 가능성의 정도를 고려하여야 하는지가 문제된다. 이에 관해 학설은, 집행정지 여부를 결정함에 있어서 본안청구의 이유 유무를 판단하는 것은 집행정지절차의 본안소송화를 초래할 우려가 있기 때문에 원칙적으로 허용되지 않지만, 다른 한편 집행정지제도의 취지가 신청인이 후에 본안소송에서 받을 승소판결을 무의미하게 하는 것을 방지하기 위한 것이라는 점에 비추어 보면 '본안청구가 이유 없음이 명백한 경우'까지 집행정지를 허용해서도 안 되며, 따라서 '본안청구가 이유 없음이 명백하지 아니할 것'을 집행정지의 소극적 요건으로 보아야 한다고 한다.[350]

이에 관한 판례의 입장을 살펴보면, 처분의 적법 여부는 궁극적으로 본안재판에서 판단할 성질이므로 법원은 집행정지 여부를 결정함에 있어서 처분의 적법 여부는 판단할 것이 아니고 행정소송법 제23조 제2항, 제3항에 규정된 집행정지의 요건을 갖추고 있는지만 판단의 대상이 된다고 할 것이지만, 집행정지제도는 후에 받을 승소판결을 무의미하게 하는 것을 방지하려는 것이기 때문에 본안소송에서 처분의 취소가능성이 전혀 없음에도 불구하고 집행정지결정을 하는 것은 제도의 취지에 반하므로 '신청인의 본안청구가 이유 없음이 명백하지 아니할 것'을 집행정지의 소극적

---

348) 대결 2008. 12. 29, 2008무107.

349) 대결 1997. 1. 20, 96두31.

350) 김남철, 913면; 정하중/김광수, 768면; 박균성(상), 1448면; 홍정선(상), 1199면. 이러한 학설과 판례의 입장을 반영하여 2013년 입법예고된 행정소송법 개정안 제24조 제3항은 "집행정지는 공공복리에 중대한 영향을 미칠 우려가 있거나 신청인의 본안 청구가 이유 없음이 명백한 경우에는 허용되지 아니한다."고 명시적으로 규정하였다.

요건에 포함시켜야 한다고 함으로써 기본적으로 학설과 같은 입장을 취하고 있다.[351]

다른 한편, 집행정지의 가장 중요한 요건이라 할 수 있는 '회복하기 어려운 손해를 예방하기 위한 긴급한 필요'가 있는지 여부를 판단함에 있어서는 「처분의 성질과 태양 및 내용, 처분상대방이 입는 손해의 성질·내용 및 정도, 원상회복·금전배상의 방법 및 난이 등은 물론 '본안청구의 승소가능성의 정도' 등을 종합적으로 고려하여 구체적·개별적으로 판단하여야 한다」고 함으로써, 본안청구의 승소가능성의 정도를 고려하도록 하였다.[352]

이러한 판례의 입장을 종합하면 다음과 같이 정리할 수 있을 것이다. ⅰ) 처분의 적법·위법 여부는 본안소송에서 판단할 사항이므로 집행정지단계에서는 판단할 것이 아니지만, 집행정지의 요건인 '회복하기 어려운 손해를 예방하기 위한 긴급한 필요'가 있는지 여부를 판단함에 있어서는 본안소송에서 신청인의 승소가능성이 얼마나 되는지를 고려하여야 한다. ⅱ) 신청인이 본안소송에서 승소할 가능성이 전혀 없음에도 집행정지를 인정하는 것은 집행정지제도의 취지에 반하므로, '신청인의 본안청구가 이유 없음이 명백하지 않을 것'도 집행정지의 요건에 포함시켜야 한다.

> **판례**　① 『행정처분의 효력정지나 집행정지를 구하는 신청사건에서 행정처분 자체의 적법 여부는 궁극적으로 본안재판에서 심리를 거쳐 판단할 성질의 것이므로 원칙적으로는 판단할 것이 아니고 그 행정처분의 효력이나 집행을 정지할 것인가에 대한 행정소송법 제23조 제2항, 제3항에 정해진 요건의 존부만이 판단의 대상이 된다고 할 것이지만, 효력정지나 집행정지는 신청인이 본안소송에서 승소판결을 받을 때까지 그 지위를 보호함과 동시에 후에 받을 승소판결을 무의미하게 하는 것을 방지하려는 것이어서 본안소송에서 처분의 취소가능성이 없음에도 처분의 효력이나 집행의 정지를 인정한다는 것은 제도의 취지에 반하므로 효력정지나 집행정지사건 자체에 의하여도 신청인의 본안청구가 이유 없음이 명백하지 않아야 한다는 것도 효력정지나 집행정지의 요건에 포함시켜야 한다.』(대판 1997. 4. 28, 96두75; 대결 2008. 5. 6, 2007무147)
>
> ② 『처분등이나 그 집행 또는 절차의 속행으로 인하여 생길 회복하기 어려운 손해를 예방하기 위하여 긴급한 필요가 있는지의 여부는 처분의 성질과 태양 및 내용, 처분상대방이 입는 손해의 성질·내용 및 정도, 원상회복·금전배상의 방법 및 난이 등은 물론 본안청구의 승소가능성의 정도 등을 종합적으로 고려하여 구체적·개별적으로 판단하여야 한다.』(대결 2008. 12. 29, 2008무107)

⑦ 당사자의 신청 또는 직권 : 집행정지결정은 당사자의 신청이 있는 경우뿐만 아니라 법원이 직권으로도 할 수 있다(23조 2항).

⑧ 주장 및 소명책임 : 집행정지의 적극적 요건(회복하기 어려운 손해예방을 위한 긴급한 필요 등)의 존재에 대한 주장 및 소명책임은 원칙적으로 집행정지결정 신청인에게 있으나, 소극적 요건을 갖추지 못한 것(공공복리에 중대한 영향을 미칠 우려가 있다는 것, 본안청구가 이유 없음이 명백하다는 것)에 대한 주장 및 소명책임은 행정청에 있다는 것이 통설 및 판례의 입장이다.[353]

---

351) 대판 1997. 4. 28, 96두75; 대결 2008. 8. 26, 2008무51; 대결 2004. 5. 17, 2004무6; 대결 2008. 5. 6, 2007무147.
352) 대결 2004. 5. 12, 2003무41; 대결 2004. 5. 17, 2004무6; 대결 2008. 5. 6, 2007무147; 대결 2008. 12. 29, 2008무107.

(3) 집행정지결정의 내용

법원은 집행정지의 요건이 갖추어졌다고 인정하는 경우에는 처분의 효력이나 그 집행 또는 절차의 속행의 전부 또는 일부의 정지를 결정할 수 있다(23조 2항 본문).

① **처분의 효력정지** : 이는 처분의 효력을 정지함으로써 당사자에게 처분이 잠정적으로 존재하지 않는 상태에 놓이게 하는 것이다. 예컨대 영업정지처분의 효력이 정지되면 해당 처분이 존재하지 않는 상태에 놓이기 때문에 처분의 상대방은 잠정적으로 영업을 계속할 수 있게 된다.

이러한 처분의 효력정지는 집행정지결정의 내용 중 가장 강력한 것이므로, 처분의 집행 또는 절차의 속행을 정지함으로써 목적을 달성할 수 있는 때에는 처분의 효력정지는 허용되지 않는다(23조 2항 단서). 이는 특히 다음과 같은 경우에 중요한 의미를 갖는다. 조세체납처분절차에 있어서 압류처분에 대한 취소소송과 아울러 그 효력정지가 신청된 경우에 만일 압류처분의 효력이 정지된다면 처분의 상대방은 임의로 자신의 재산을 처분할 수 있게 되어 나중에 납세의무가 확정되더라도 그 강제적 실행이 불가능하게 될 수 있다. 따라서 이러한 경우에는 압류처분의 효력을 정지시키는 것보다는 후속의 공매절차를 정지시킴으로써 공익과 사익을 조화시킬 수 있는 것이다.

이와 관련하여 보조금교부결정 취소처분에 대한 효력정지결정이 내려져서 보조금이 지급되다가 효력정지가 종료하여 당초의 취소처분의 효력이 회복된 경우에 행정청은 효력정지기간 동안 교부된 보조금의 반환을 청구할 수 있는지가 문제된다. 판례에 의하면 효력정지결정은 결정주문에서 정한 시기까지 존속하고 그 시기가 도래하면 당연히 효력이 소멸함과 동시에 당초의 취소처분의 효력이 되살아나므로, 행정청은 효력정지기간 동안 교부된 보조금의 반환을 명하여야 한다고 한다.354)

② **처분의 집행정지** : 이는 처분의 효력은 유지하면서 처분내용의 강제적 실현을 위한 집행력의 행사만을 정지시키는 것이다. 예컨대 강제출국명령을 받은 자에게 잠정적으로 강제퇴거조치를 취하지 않도록 하거나, 또는 과징금부과처분을 받은 자에 대하여 잠정적으로 그 강제징수조치를 취하지 않도록 하는 것이 그에 해당한다.

이와 관련하여 과징금부과처분에 대한 집행정지결정이 내려진 경우에 집행정지기간동안 과징금의 납부기간도 정지되는지가 문제된다. 이에 관해 서울고등법원은, 과징금부과처분에 대한 집행정지결정은 당해 처분의 효력이나 절차의 속행이 아닌 현실적인 집행만을 정지시키는 것이므로 과징금의 납부기간은 계속 진행되다가 본안소송에서 과징금부과처분이 정당하다는 판결이 선고되면 그 때부터 과징금에 대한 집행을 할 수 있게 되고, 이때 과징금이 당초의 납부기한까지 납부되지 않은 경우에는 당연히 가산금이 발생한다고 하였다.355) 이에 대한 상고심에서 대법원은, 과징금부과처분에 대한 집행정지결정에도 불구하고 당초의 과징금부과처분에서 정한 기한의 도과로서 가산금이 발생한다고 보게 되면 이는 과징금납부의무자로 하여금 그 의무의 이행을 간접적으로

---

353) 대결 1999. 12. 20, 99무42; 대결 2004. 5. 12, 2003무41; 대결 2008. 5. 6, 2007무147.
354) 대판 2017. 7. 11, 2013두25498.
355) 서울고판 2002. 7. 24, 2002나8546.

강제하는 결과가 되어서 집행정지결정의 의미가 거의 없게 되므로 그 집행정지기간 동안은 납부기간은 더 이상 진행하지 않는다고 하여 원심을 파기환송하였다.[356]

③ **절차의 속행정지** : 이는 처분의 효력은 유지하면서 당해 처분의 후속절차를 잠정적으로 정지시키는 것이다. 예컨대 조세체납처분절차에 있어서 압류처분에 대한 취소소송이 제기된 경우에 잠정적으로 공매 등 후속절차를 취하지 않도록 하는 것이 그에 해당한다.

이에 관한 판례의 입장을 살펴보기로 한다. 병역법에 의하면 산업기능요원의 편입이 취소된 사람은 현역병으로 입영 또는 공익근무요원으로 소집하도록 하고 있는데, 산업기능요원의 편입이 취소된 자가 편입취소처분에 대한 취소소송을 제기함과 아울러 그 처분의 효력에 대한 정지를 신청한 사건에서 원심(서울고등법원)은 편입취소처분에 대한 효력정지를 명한 제1심 결정을 정당하다고 하였다.[357] 이에 대한 재항고사건에서 대법원은 산업기능요원 편입취소처분으로 인한 손해의 예방은 그 처분의 효력을 정지하지 않더라도 그 후속절차로 이루어지는 현역병 입영처분이나 공익근무요원 소집처분 절차의 속행을 정지함으로써 달성할 수 있다는 이유로 원심결정을 파기하고, 산업기능요원 편입취소처분에 따른 절차의 속행을 정지하는 결정을 내렸다.[358]

(4) 집행정지결정의 효력

① **형성력** : 처분의 '효력정지'는 잠정적으로 행정처분이 없었던 것과 같은 상태를 실현하는 것이므로 그 범위 안에서 형성력을 가진다. 예컨대 영업정지처분의 효력정지가 결정되면 행정청의 별도의 조치 없이도 해당 처분의 효력은 정지된다.

② **대인적 효력** : 집행정지결정의 효력은 신청인과 피고행정청뿐만 아니라 그 밖의 관계행정청 및 제3자에게도 미친다(23조 6항, 29조 2항). 따라서 행정청은 집행정지결정이 내려진 후에는 해당 처분을 전제로 하는 후속조치를 취할 수 없으며, 집행정지결정에 반하는 처분은 그 하자가 중대·명백하여 무효이다.[359] 집행정지결정이 제3자에 대해 미치는 것은 주로 제3자효행정행위와 관련하여 의미를 갖는다. 예컨대 갑에 대한 건축허가처분에 대하여 인근주민 을이 취소소송을 제기하면서 집행정지신청을 한 경우에, 건축허가처분에 대한 집행정지결정이 내려지면 그 결정의 효력은 소송당사자가 아닌 갑에 대해서도 미치는 것이다. 이 경우 집행정지결정으로 인하여 제3자에게 재산상 불이익을 가져다 줄 수 있는데, 제3자의 권리보호를 위해 '담보제공부 집행정지제도'의 도입이 논의되고 있다.[360]

③ **시간적 효력** : 집행정지결정은 원칙적으로 그 결정의 주문에 정해진 시기까지 효력을 발생하

---

356) 대판 2003. 7. 11, 2002다48023.
357) 서울고결 2000. 9. 8, 2000루74.
358) 대결 2000. 1. 8, 2000무35. 산업기능요원 편입취소처분의 효력이 정지되면 종전 편입처분의 효력이 회복되므로 신청인은 잠정적으로 산업기능요원으로 근무하게 된다. 이에 반해 절차의 속행을 정지하면 편입취소처분의 효력은 유지되고 다만 후속의 현역병 입영조치 등이 정지될 뿐이다. 공익과 사익의 조화의 측면에서 대법원의 입장이 타당하다고 할 것이다.
359) 대판 2003. 7. 11, 2002다40023.
360) 2013년 입법예고된 법무부 개정안 제24조 제4항 : 법원은 집행정지결정을 함에 있어서 소송의 대상이 된 처분의 상대방에게 재산상 손해가 생길 우려가 있는 때에는 그 손해에 대한 담보를 제공하게 할 수 있다.

며, 그 시기의 도래와 동시에 당연히 효력이 소멸한다.[361] 따라서 침익적 처분에 대한 취소소송에서 법원이 본안판결 선고시까지 집행정지결정을 하면 해당 침익적 처분은 집행정지기간 동안 그 효력 또는 집행이 정지되다가, 본안판결이 선고되면 집행정지결정의 효력이 소멸함과 동시에 '당초의 침익적 처분의 효력이 당연히 되살아난다'는 것이 판례의 입장이다.[362]

> **판례** 『행정소송법 제23조에 의한 효력정지결정의 효력은 결정주문에서 정한 시기까지 존속하고 그 시기의 도래와 동시에 효력이 당연히 소멸하므로, 보조금교부결정의 일부를 취소한 행정청의 처분에 대하여 법원이 효력정지결정을 하면서 주문에서 그 법원에 계속 중인 본안소송의 판결선고시까지 처분의 효력을 정지한다고 선언하였을 경우, 본안소송의 판결선고에 의하여 정지결정의 효력은 소멸하고 이와 동시에 당초의 보조금교부결정 취소처분의 효력이 당연히 되살아난다.』(대판 2017. 7. 11. 2013두25498)

실무에서는 '본안판결 선고시'까지 집행정지의 효력을 부여하는 것이 일반적이지만, 경우에 따라서는 본안판결의 확정시까지 효력을 부여하는 경우도 있다.[363]

결정주문에서 그 존속기간을 특별하게 정하지 않은 경우에는 그 효력이 본안판결시까지 존속한다는 견해[364]와 본안판결 확정시까지 존속한다는 견해[365]가 대립하고 있는데, 국민의 권리구제적인 측면에서 후자의 견해가 타당하다고 할 것이다.

집행정지결정의 소급효가 인정될 수 있는지에 대해서 학설상 다툼이 있다. 부정설에 의하면 집행정지결정은 장래효만 가질 뿐이며 처분의 효력을 소급하여 정지시키는 것은 허용되지 않는다고 보나,[366] 제한적 긍정설에 의하면 집행정지결정은 장래에 향하여 효력을 발생함이 원칙이지만 처분의 효력정지의 경우는 소급효가 인정될 수 있다고 한다.[367]

생각건대, 집행정지결정의 효력은 원칙적으로 장래효만 가진다고 할 것이다. 따라서 영업정지처분을 받은 자가 영업행위를 계속 한 경우에는 후에 해당 처분에 대한 집행정지결정이 내려지더라도 집행정지결정 전의 영업행위는 위법성을 면할 수 없게 된다. 다른 한편, 집행정지제도는 원고의 권리구제의 실효성을 확보하기 위한 잠정적 구제수단이므로 필요한 경우에는 처분의 효력을 소급하여 정지시킬 수도 있다고 할 것이다. 예컨대 공장에 대한 조업중지명령이 내려진 경우에 일단 공장에 대한 조업을 중단하면 재가동을 위해서는 막대한 비용이 소요된다면 조업중지명령이 내려진 때로 소급하여 그 처분의 효력을 정지시켜야만 실효성있는 권리구제가 가능하게 된다. 다만 이러한 처분의 효력의 소급적 정지는 예외적 조치이므로 꼭 필요한 경우에 한하여 제한적으로만 인정되어야 하며, 또한 집행정지결정의 주문에서 소급효를 명확히 표시하여야 할 것이다.

---

361) 대결 2007. 11. 30, 2006무14; 대판 2017. 7. 11, 2013두25498; 대판 2022. 2. 11, 2021두40720.
362) 대판 2017. 7. 11, 2013두25498; 대판 2022. 2. 11, 2021두40720.
363) 대판 1999. 2. 23, 98두14471; 서울고결 1999. 7. 2, 99아315; 대판 2005. 6. 10, 2005두1190 참조. 한편, 본안판결의 확정시(상고심의 판결선고일)까지 집행정지의 효력을 부여하는 경우로는 대결 2007. 11. 30, 2006무14 참조.
364) 김남철, 916면; 정하중/김광수, 770면.
365) 박균성(상), 1450면; 하명호, 679면; 홍정선(상), 1201면.
366) 박균성(상), 1450면; 하명호, 680면; 홍정선(상), 1201면.
367) 정하중/김광수, 770면.

집행정지기간이 만료되면 집행정지결정은 '장래에 향하여' 소멸하며, 원고가 본안소송에서 패소 확정판결을 받았더라도 집행정지결정의 효력이 소급하여 소멸하지는 않는다는 것이 판례의 입장이다.[368] 그러니 제재처분에 대해 집행정지결정이 내려졌더라도 본안에서 해당 처분이 최종적으로 적법한 것으로 확정(원고패소판결의 확정)되어 집행정지결정이 실효되고 제재처분을 다시 집행할 수 있게 되면, 처분청으로서는 당초 집행정지결정이 없었던 경우와 동등한 수준으로 해당 제재처분이 집행되도록 필요한 조치를 취하여야 한다고 한다.[369]

(5) 집행정지결정의 취소

집행정지결정이 확정된 후 집행정지가 공공복리에 중대한 영향을 미치거나 그 정지사유가 없어진 때에는 법원은 당사자의 신청 또는 직권에 의하여 결정으로써 집행정지결정을 취소할 수 있다(24조 1항). 당사자가 집행정지결정의 취소를 신청하는 때에는 그 사유를 소명하여야 한다(24조 2항, 23조 4항).

집행정지결정의 취소사유는 특별한 사정이 없는 한 '집행정지결정이 확정된 이후'에 발생한 것이어야 한다는 것이 판례의 입장이다.[370]

제3자효행정행위에 있어서 처분의 상대방은 소송의 직접 당사자는 아니지만 집행정지결정에 대한 취소를 신청할 수 있다고 보는 것이 지배적인 견해이다.[371]

판례 『[1] 행정소송법 제24조 제1항에서 규정하고 있는 집행정지결정의 취소사유는 특별한 사정이 없는 한 집행정지결정이 확정된 이후에 발생한 것이어야 하고, 그 중 '집행정지가 공공복리에 중대한 영향을 미치는 때'라 함은 일반적 · 추상적인 공익에 대한 침해의 가능성이 아니라 당해 집행정지결정과 관련된 구체적 · 개별적인 공익에 중대한 해를 입힐 개연성을 말하는 것이다.

[2] 원심은 '이 사건 토지가 구미시 중심상업지역으로서 구미역에서도 가까운 곳에 위치해 있고, 이 사건 극장 건물에 접해 있는 전면의 소방도로가 구미초등학교 학생들의 주 통학로라고는 볼 수 없을 뿐만 아니라, 이 사건 극장 건물의 위치나 주변상황, 극장의 영업개시시간과 구미초등학교 학생들의 등 · 하교시간의 시차 등에 비추어 이 사건 극장 건물에서의 극장 영업이 구미초등학교 학생들의 학습과 학교 보건위생에 나쁜 영향을 미칠 가능성은 희박하다고 보이는 점 및 극장영업을 위한 해제신청에 대하여 금지처분을 함으로 인한 신청외인의 재산권 침해 등의 불이익이 매우 클 것으로 보이는 점'을 이 사건 집행정지결정의 취소사유로 들고 있으나, 위와 같은 사유는 이 사건 집행정지결정이 확정된 이후에 비로소 발생한 사유가 아님이 분명하므로 특별한 사정이 없는 한 이를 이 사건 집행정지결정의 취소사유로 삼을 수 없다 할 것이다.』 (대결 2005. 7. 15, 2005무16)

---

368) 대판 2020. 9. 3, 2020두34070. 예컨대 조세부과처분에 대한 취소소송에서 집행정지결정을 받아 잠정적으로 세금을 내지 않은 경우에, 나중에 해당 처분이 적법하다는 판결이 확정되었다 하더라도 집행정지기간 동안 세금을 납부하지 않은 것에 대한 지연가산세를 납부할 의무는 없다.

369) 대판 2020. 9. 3, 2020두34070.

370) 대결 2005. 7. 15, 2005무16.

371) 예컨대 갑에 대한 건축허가처분에 대해 인근주민 을이 제기한 취소소송에서 해당 처분에 대한 집행정지결정이 내려진 경우에 갑이 집행정지결정에 대한 취소를 신청하는 것이 그에 해당한다.

(6) 불복방법

법원의 집행정지결정이나 기각결정, 집행정지취소결정이나 기각결정에 대하여는 즉시항고할 수 있다. 이 때 집행정지결정이나 그 취소결정에 대해 즉시항고가 제기되어도 결정의 집행은 정지되지 않는다(23조 5항, 24조 2항).

3. 민사집행법상의 가처분의 준용 문제

(1) 의의

가처분이란 금전 이외의 특정한 급부를 목적으로 하는 청구권의 집행보전을 도모하거나 다툼이 있는 법률관계에 관하여 임시의 지위를 정함을 목적으로 하는 가구제제도를 말한다(민사집행법 300조). 예컨대 부동산 매매관계에 관해 다툼이 있어 소송이 진행되는 동안 매도인이 임의로 해당 부동산을 처분하는 것을 막기 위하여 본안판결이 있기까지 그에 대한 처분을 금지하는 가처분(계쟁물에 대한 가처분) 또는 법인이사의 직무정지조치에 다툼이 있어 소송이 진행되는 동안 본안판결이 있기까지 임시로 그가 이사의 직무를 담당할 수 있도록 하는 가처분(임시의 지위를 정하는 가처분)이 그에 해당한다.

(2) 항고소송에 있어서 가처분의 인정 여부

행정소송법이 규정하고 있는 집행정지제도는 단지 소극적으로 처분의 효력이나 집행을 정지시키는데 불과하고 적극적으로 상대방에게 임시의 지위를 부여해 주지는 않는 점에서 가구제제도로서는 한계가 있다. 이러한 점에서 항고소송에 있어서도 민사집행법상의 가처분제도가 준용될 수 있는지가 다투어지고 있다. 예컨대 공무원시험 불합격처분 취소소송에서 본안판결이 있을 때까지 원고에게 임시로 공무원으로 근무할 수 있도록 하는 조치가 그에 해당한다.

① **부정설**(소극설) : 항고소송에 있어서는 민사집행법상의 가처분에 관한 규정이 준용될 수 없다는 견해로서, 그 논거는 다음과 같다.[372] i) 가처분을 인정하면 법원이 행정기관에게 일정한 조치를 취하도록 명할 수 있게 되는데, 이는 권력분립의 원칙상 사법권의 한계를 벗어난 것이다. ii) 행정소송법이 가구제와 관련하여 특별히 집행정지에 관해서만 규정하고 있는 것은 민사집행법상의 가처분을 배제하는 뜻을 포함하고 있는 것이다. iii) 거부처분에 대하여 잠정적으로 상대방에게 적극적 지위를 부여하는 가처분은 본안소송으로 의무이행소송이 인정되는 것을 전제로 하는 것인데, 우리 행정소송법은 의무이행소송을 인정하고 있지 않다.

대법원은 부정설의 입장을 취하고 있다.

---

[372] 박균성(상), 1456면; 정하중/김광수, 773면. 박균성 교수와 정하중 교수는 입법론적으로는 행정소송에도 가처분이 적용되어야 함을 인정하면서도, 특별히 집행정지에 관해 규정하고 있는 현행법의 해석상으로는 민사집행법상의 가처분규정은 준용되지 않는다고 본다.

판례 ① 『민사소송법(현 민사집행법)상의 보전처분은 민사판결절차에 의하여 보호받을 수 있는 권리에 관한 것이므로, 민사소송법상의 가처분으로써 행정청의 어떠한 행정행위의 금지를 구하는 것은 허용될 수 없다 할 것이다.』(대결 1992. 7. 6, 92마54)

② 『항고소송에 있어서는 행정소송법 제14조(현행 제8조 2항)에 불구하고 민사소송법 중 가처분에 관한 규정은 준용되지 않는 것이므로 행정처분의 집행정지신청을 기각하는 결정이나 집행정지결정을 취소하는 결정에 대하여는 불복을 할 수 없으나 민사소송법 제420조 제1항 소정의 특별항고는 할 수 있다.』(대결 1980. 12. 22, 80두5)

② **긍정설(적극설)**: 항고소송에 있어서도 민사집행법상의 가처분에 관한 규정이 준용될 수 있다는 견해로서, 그 논거는 다음과 같다.[373] i) 가처분제도는 본안판결의 실효성을 확보하기 위한 것이므로 가처분에 의하여 개인의 권리구제를 도모하는 것은 사법권의 본질에 반하지 않는다. ii) 행정소송법 제8조 제2항은 행정소송법에 특별한 규정이 없는 사항에 대하여는 민사소송법과 민사집행법의 규정을 준용하도록 하고 있는데, 행정소송법은 민사집행법상의 가처분 규정의 적용을 배제하는 특별한 규정을 두고 있지 않다.

학설상으로는, 항고소송에 있어서는 원칙적으로 집행정지제도에 의해 가구제의 목적을 달성하여야 하며, 다만 집행정지제도로는 목적을 달성할 수 없는 경우에는 민사집행법상의 가처분에 관한 규정이 준용될 수 있다는 제한적 긍정설이 유력하다.[374]

③ **소결**: 가구제에 관하여 행정소송법이 소극적인 집행정지제도에 관해서만 규정한 것은 한편으로는 법이 제정될 당시 권위주의적 정부하에서의 행정우위적 사고를 반영한 것이라 할 것이며,[375] 다른 한편으로는 가처분 규정의 준용을 명문으로 배제하고 있는 일본 행정사건소송법(44조)의 영향을 받은 것이라 할 수 있다. 생각건대, 국민의 권리구제적인 측면에서 볼 때 항고소송에 있어서도 가처분에 관한 민사집행법의 규정이 준용되어야 할 것이며, 다만 집행정지에 관한 특별한 규정을 두고 있는 현행법하에서는 집행정지에 의해서는 가구제의 목적을 달성하기 어려운 경우에 보충적으로 준용하도록 하는 것이 합리적인 법해석이라 할 것이다. 입법론적으로 보면 논란의 여지를 없애기 위해 행정소송법에 가처분에 관한 명시적 규정을 마련하는 것이 바람직하다고 할 것인바, 2013년 입법예고된 행정소송법 개정안에서는 가처분에 관한 규정을 두고 있다.[376]

---

373) 하명호, 683-684면.

374) 김남진/김연태(I), 968면; 류지태/박종수, 745면; 홍정선(상), 1204면.

375) 우리나라의 행정소송법은 6·25 전쟁 중인 1951년에 처음 제정되었는바(이승만 정부), 동법 제10조에서 집행정지제도에 관하여 규정하였다. 그리고 1984년 전두환 정부에서 전문 개정되고 그 후 몇 차례의 부분 개정을 거쳐 현재에 이르렀다.

376) 2013년 입법예고된 행정소송법 개정안 제26조(가처분) ① 처분등이나 부작위가 위법하다는 현저한 의심이 있는 경우로서 다음 각 호의 어느 하나에 해당하는 때에는 본안이 계속되고 있는 법원은 당사자의 신청에 따라 결정으로써 가처분을 할 수 있다.
  1. 다툼의 대상에 관하여 현상이 바뀌면 당사자가 권리를 실행하지 못하거나 그 권리를 실행하는 것이 매우 곤란할 염려가 있어 다툼의 대상에 관한 현상을 유지할 긴급한 필요가 있는 경우
  2. 다툼이 있는 법률관계에 관하여 당사자의 중대한 손해를 피하거나 급박한 위험을 피하기 위하여 임시의 지위를 정하여야할 긴급한 필요가 있는 경우

(3) 공법상 당사자소송에 있어서 가처분의 인정 여부

당사자소송은 대립 당사자 사이의 공법상 법률관계를 대상으로 하는 점에서 민사소송과 유사한 성질을 가지며, 또한 당사자소송에는 취소소송에서의 집행정지제도가 준용되지 않는 점에서(44조 참조), 민사집행법상의 가처분에 관한 규정이 준용될 수 있다는 것이 통설 및 판례의 입장이다.[377]

> **판례** 『도시 및 주거환경정비법상 행정주체인 주택재건축정비사업조합을 상대로 관리처분계획안에 대한 조합 총회결의의 효력을 다투는 소송은 행정처분에 이르는 절차적 요건의 존부나 효력 유무에 관한 소송으로서 그 소송결과에 따라 행정처분의 위법 여부에 직접 영향을 미치는 공법상 법률관계에 관한 것이므로, 이는 행정소송법상의 당사자소송에 해당한다. 그리고 이러한 당사자소송에 대하여는 행정소송법 제23조 제2항의 집행정지에 관한 규정이 준용되지 아니하므로(행정소송법 제44조 제1항 참조), 이를 본안으로 하는 가처분에 대하여는 행정소송법 제8조 제2항에 따라 민사집행법상의 가처분에 관한 규정이 준용되어야 한다.』(대결 2015. 8. 21, 2015무26)

XII. 취소소송의 심리

1. 개 설

소송의 심리란 법원이 소에 대한 판결을 하기 위하여 그 기초가 되는 소송자료를 수집하는 절차를 말한다. 심리에 관한 원칙은 크게 당사자주의와 직권주의로 나눌 수 있다.

당사자주의란 소송절차에서 당사자에게 주도권을 부여하는 원칙으로서, 이는 다시 처분권주의와 변론주의로 구분된다. 직권주의란 소송절차에서 법원에 주도권을 부여하는 원칙을 말한다. 일반적으로 사익보호를 위한 민사소송은 당사자주의를 원칙으로 하고, 공익소송의 성질을 가지는 형사소송은 직권주의를 원칙으로 한다. 행정소송은 사익보호를 주된 목적으로 하면서도 공익과 관련성을 가지기 때문에 당사자주의를 기본으로 하면서 보충적으로 직권주의를 가미하고 있다. 이하에서 행정소송에 있어서의 심리에 관한 구체적 내용을 살펴보기로 한다.

2. 심리의 내용

(1) 요건심리

요건심리란 제기된 소가 소송요건(원고적격, 소의 이익, 처분성, 제소기간 등)을 갖춘 적법한 것인지의 여부에 대하여 심리하는 것을 말한다. 소송요건은 법원의 직권조사사항이므로 당사자의 주장이 없다 하더라도 법원이 그 구비여부를 직권으로 조사할 수 있다. 요건심리의 결과 소송요건을 갖추지 못하고 그에 대한 보정이 불가능하다고 인정될 때에는 각하판결을 한다.

---

377) 대판 2015. 8. 21, 2015무26.

소송요건은 원칙적으로 제소시에 갖추어야 하지만, 변론종결 전에 흠결된 소송요건을 보완하면 흠이 치유되어 적법한 것이 된다(다만 제소기간의 준수 여부는 제소시를 기준으로 판단한다). 반면에 제소시에는 소송요건을 모두 갖춘 적법한 것이었다 하더라도 소의 계속 중에 소송요건을 흠결하게 되면 부적법한 것으로서 각하된다.[378]

(2) 본안심리

본안심리란 원고의 청구가 이유있는지 여부를 판단하기 위하여 사건의 본안에 대하여 실체적으로 심리하는 것을 말한다. 본안심리의 결과 원고의 청구가 이유있다고 인정되는 때에는 인용판결을 하고, 이유없다고 인정되는 때에는 기각판결을 한다.

3. 심리의 범위

(1) 불고불리의 원칙

불고불리의 원칙이란 법원은 소 제기가 없는 사건에 대하여는 재판할 수 없으며, 소 제기가 있는 경우에도 당사자의 청구의 범위를 넘어 심리·판단할 수 없다는 것을 말하는데(민사소송법 203조), 행정소송의 경우에도 민사소송과 마찬가지로 불고불리의 원칙이 적용된다.

(2) 법률문제·사실문제

취소소송의 심리범위는 소송의 대상인 처분 등의 적법·위법문제(법률문제)뿐만 아니라 사실문제까지도 미친다. 예컨대 청소년에게 술을 판매하였다는 이유로 3개월의 영업정지처분을 받은 갑이 그 처분에 대한 취소소송을 제기한 경우에, 법원은 갑이 청소년에게 술을 판매한 것이 사실인지의 문제(사실문제)와 갑에게 3월의 영업정지처분을 내린 것이 관계 법령의 규정에 비추어 적법한지의 문제(법률문제)에 대하여 심리할 수 있는 것이다.

한편 행정청의 사실인정에 대해서는 일정 범위에서 사법심사가 제한됨이 인정되고 있는데, 이에 관해서는 판단여지의 문제에서 설명하기로 한다.

(3) 재량문제·판단여지문제

① 재량문제 : 법이 행정청에게 재량권을 부여하고 있는 경우에 법원이 행정청의 재량권 행사가 적법·타당한지에 대해 심리할 수 있는지가 문제된다. 원칙적으로 재량권 행사의 적정 여부는 당·부당의 문제로서 법원의 심리대상이 아니지만, 재량권의 일탈·남용에 해당하는지는 적법·위법의 문제로서 법원의 심리대상이 된다고 본다. 따라서 재량권의 일탈·남용을 이유로 취소소송이 제기된 경우에 법원은 재량의 문제라 해서 곧바로 소를 각하해서는 안 되며, 재량권의 일탈·남용이 있는지 여부를 심리해서 그에 해당하면 인용판결을, 그에 해당하지 않으면 기각판결을 내려야 한다. 이러한 점에서 행정소송법도 "행정청의 재량에 속하는 처분이라도 재량권의 한계를 넘거나 그 남용이 있는 때에는 법원은 이를 취소할 수 있다"고 명시적으로 규정하고 있다(27조).

---

378) 예컨대 제소시에는 처분의 취소를 구할 소의 이익이 있었으나 소송의 진행 중에 기간의 경과 등으로 인해 소의 이익이 상실된 경우, 또는 부작위법확인소송의 계속 중에 행정청이 처분을 한 경우 등이 이에 해당한다.

한편, 재량행위에 대한 취소소송에 있어 법원은 자신이 직접 독자의 결론을 도출함이 없이 당해 행위에 재량권의 일탈·남용이 있는지 여부만을 심사하여야 하고, 이러한 재량권의 일탈·남용 여부에 대한 심사는 사실오인, 비례원칙, 평등원칙 위배 등을 그 판단 대상으로 한다는 것이 판례의 입장이다.[379]

② 판단여지문제 : 법이 처분의 요건에 관해 불확정법개념으로 규정하고 있는 경우에 어떤 사실이 그 요건에 해당하는지(포섭)에 대해 행정청이 내린 판단의 적법성 여부를 법원이 심리할 수 있는지가 문제된다. 이 경우 행정청이 전문적 지식을 바탕으로 행한 포섭에 대해서는 법원의 심리에 일정한 한계가 있음을 인정하려는 입장이 이른바 판단여지이론이다. 예컨대 청소년보호위원회는 청소년에게 유해한 매체물을 '청소년유해매체물'로 결정하여야 하는데, 유해성 여부의 심사기준으로 '청소년에게 성적인 욕구를 자극하는 선정적인 것이거나 음란한 것', '청소년의 건전한 인격과 시민의식의 형성을 저해하는 반사회적·비윤리적인 것' 등과 같이 불확정법개념으로 규정하고 있다(청소년보호법 7조, 9조). 이 경우 전문가로 구성된 청소년보호위원회에서 어떤 책을 청소년유해매체물이라고 결정하였다면 그 위원회의 결정이 타당한지에 대한 법원의 심사는 제한을 받는다는 것이다. 한편, 판례는 판단여지를 재량의 일종으로 보고 있다.[380]

4. 심리에 관한 일반원칙

행정소송의 심리절차에도 원칙적으로 민사소송의 심리에 관한 일반원칙인 처분권주의·변론주의·구술심리주의·공개심리주의 등이 적용되나, 행정소송의 특수성으로 인하여 직권심리주의가 가미되는 등 일정 범위에서 민사소송에 대한 특칙이 인정되고 있다.

(1) 처분권주의

처분권주의란 소송절차의 개시, 심판의 대상 및 소송절차의 종결을 당사자의 의사에 맡기는 것을 말한다. 행정소송에 있어서도 원고의 제소가 있어야 소송절차가 개시되고, 심판의 대상은 원고의 청구의 범위 내로 제한되며, 원고가 소를 취하한 경우에는 소송절차가 종료되는 점에서 기본적으로 처분권주의가 적용된다고 할 수 있다. 그러나 행정소송이 공익과 관련을 가지는 점에서 청구의 포기·인낙이나 소송상의 화해가 인정될 수 있는지에 대해서 다툼이 있는데, 이에 관해서는 별도로 살펴보기로 한다.

(2) 변론주의와 직권탐지주의의 가미

변론주의란 재판의 기초가 되는 소송자료의 수집·제출 책임을 당사자에게 지우고, 당사자가 수집·제출한 소송자료만을 재판의 기초로 삼는 것을 말한다. 이에 반해 직권탐지주의란 당사자의 신청 여부에 관계없이 소송자료를 법원이 주도적으로 직권으로 조사할 수 있는 것을 말한다. 일반적으로 개인의 권리구제를 목적으로 하는 민사소송에서는 변론주의를 원칙으로 하고, 공익적 선지

---

379) 대판 2005. 7. 14, 2004두6181.
380) 대판 1997. 11. 28, 97누11911; 대판 2005. 7. 14, 2004두6181.

에서 실체적 진실의 발견이 중요한 형사소송에서는 직권탐지주의를 원칙으로 한다.

이와 관련하여 행정소송법 제26조는 "법원은 필요하다고 인정할 때에는 직권으로 증거조사를 할 수 있고, 당사자가 주장하지 아니한 사실에 대하여도 판단할 수 있다"고 규정하고 있는데, 이 규정의 의미에 대해서 견해의 대립이 있다.

① **직권탐지주의원칙설** : 행정소송법 제26조가 직권탐지주의의 원칙을 규정한 것이라는 견해이다. 행정소송의 목적은 행정의 적법성 보장과 국민의 권리보호를 실현하는데 있으며 행정소송의 결과는 곧바로 공공복리에 영향을 미치므로, 행정소송에 있어서는 법원이 적극적으로 소송에 개입해서 재판의 적정성을 도모할 필요가 있기 때문에 직권탐지주의의 원칙을 채택한 것이라고 한다.

② **변론주의보충설**(직권탐지주의가미설) : 행정소송은 민사소송과 마찬가지로 변론주의를 원칙으로 하며, 한편 행정소송은 공익과 밀접한 관련을 가지기 때문에 법원은 필요하다고 인정하는 때에는 보충적으로 당사자가 주장하지 않는 사실에 대해서도 직권으로 증거를 조사할 수 있도록 한 것이라고 한다.[381]

③ **판례의 입장** : 행정소송법 제26조의 규정이 변론주의의 일부 예외를 인정하고 있는 것으로 보며, 여기에서 '당사자가 주장하지 아니한 사실에 대하여도 판단할 수 있다'는 것은 법원이 아무런 제한없이 당사자가 주장하지 아니한 사실도 직권으로 조사·판단할 수 있다는 것이 아니라, 원고의 청구의 범위를 유지하면서 기록에 현출되어 있는 사항에 관하여서만 직권으로 증거조사를 하고 이를 기초로 하여 판단할 수 있을 따름이라고 한다.[382] 이는 변론주의보충설에 입각한 것으로 보인다.

> **판례** ①『행정소송법 제26조가 "법원은 필요하다고 인정할 때에는 직권으로 증거조사를 할 수 있고, 당사자가 주장하지 아니한 사실에 대하여도 판단할 수 있다"고 규정하고 있지만, 이는 행정소송의 특수성에 연유하는 당사자주의, 변론주의에 대한 일부 예외규정일 뿐 법원이 아무런 제한 없이 당사자가 주장하지 아니한 사실을 판단할 수 있는 것은 아니고, 일건 기록에 현출되어 있는 사항에 관하여서만 직권으로 증거조사를 하고 이를 기초로 하여 판단할 수 있을 따름이고, 그것도 법원이 필요하다고 인정할 때에 한하여 청구의 범위 내에서 증거조사를 하고 판단할 수 있을 뿐이다.』 (대판 1994. 10. 11. 94누4820)
>
> ②『행정소송법 제26조의 규정이 변론주의의 일부 예외를 인정하고 있으므로, 행정소송에서는 법원이 필요하다고 인정할 때에는 당사자가 명백하게 주장하지 않는 사실이라 할지라도 기록에 나타난 자료를 기초로 하여 직권으로 심리조사하고 이를 토대로 판단할 수 있다.』 (대판 1995. 2. 14. 94누5069)
>
> ③『행정소송에 있어서도 불고불리의 원칙이 적용되어 법원은 당사자가 청구한 범위를 넘어서까지 판

---

381) 일부 문헌에서는 변론주의보충설과 직권탐지주의가미설을 별도의 학설로 설명하고 있다. 변론주의보충설에 의하면, 행정소송은 변론주의를 원칙으로 하면서 다만 당사자의 주장·증명이 미흡한 경우에 보충적으로 법원이 직권으로 소송자료를 수집하도록 한 것으로서, 오늘날 민사소송에 있어서도 변론주의가 완화되고 있는 점에 비추어 볼 때(민사소송법 292조 참조) 행정소송법 제26조에 의한 직권심리는 민사소송과 정도의 차이에 지나지 않는 것으로 본다. 이에 반해 직권탐지주의가미설에 의하면, 현행 행정소송법 제26조는 변론주의와 직권탐지주의를 절충시킨 것으로 본다. 이러한 양 학설은 모두 행정소송에 있어서는 변론주의에 직권탐지주의를 가미하고 있다고 보는 점에서 큰 차이는 없다고 생각된다.

382) 대판 1986. 6. 24, 85누321; 대판 1994. 4. 26, 92누17402.

결을 할 수는 없지만, 당사자의 청구의 범위 내에서 일건 기록상 현출되어 있는 사항에 관하여 직권으로 증거조사를 하고 이를 기초로 하여 당사자가 주장하지 아니한 사실에 관하여도 판단할 수 있다.』(대판 1999. 5. 25, 99두1052)

생각건대, 행정소송에 있어서도 소송자료의 수집과 제출을 당사자에게 맡기는 것이 실체적 진실발견의 합리적 수단이 될 수 있는 점에서 민사소송에서와 같이 변론주의를 원칙으로 한다고 할 것이다. 다만 행정소송은 공익과 밀접한 관련을 가지는 점에서 당사자의 주장·증명으로는 실체적 진실의 발견에 미흡하다고 인정되는 경우에 보충적으로 법원이 개입하여 직권으로 증거조사를 할 수 있도록 한 것이라 할 것이다. 이러한 점에서 행정소송법 제26조는 변론주의를 원칙으로 하면서 보충적으로 직권탐지주의를 가미한 것으로 보는 것이 타당하다.

(3) 구술심리주의

구술심리주의란 심리에 있어서 당사자 및 법원의 소송행위, 특히 변론 및 증거조사를 구술로 진행하는 것을 말하며, 서면심리주의에 대응하는 것이다. 행정소송도 민사소송에 있어서와 같이 구술심리주의에 의한다.

(4) 공개심리주의

공개심리주의란 재판의 심리와 판결의 선고를 일반인이 방청할 수 있는 상태에서 행하는 제도를 말한다. 재판의 심리와 판결은 원칙적으로 공개하도록 하고 있으므로(헌법 109조 본문, 법원조직법 57조 1항 본문) 행정소송에 있어서도 원칙적으로 공개심리주의가 적용된다. 다만 국가안전보장 또는 안녕질서를 방해하거나 선량한 풍속을 해할 염려가 있을 때에는 법원의 결정으로 공개하지 않을 수 있다(헌법 109조 단서, 법원조직법 57조 1항 단서).

5. 행정심판기록 제출명령

법원은 당사자의 신청이 있는 때에는 결정으로써 재결을 행한 행정청에 대하여 행정심판에 관한 기록의 제출을 명할 수 있으며, 제출명령을 받은 행정청은 지체없이 당해 행정심판에 관한 기록을 법원에 제출하여야 한다(25조).

여기에서 행정심판기록이란 행정심판청구서·답변서·재결서뿐만 아니라 행정심판위원회의 회의록 기타 행정심판위원회에서의 심리를 위하여 제출된 모든 자료를 포함하는 것으로 본다. 입법론적으로는 당사자가 직접 행정심판기록을 열람·복사할 수 있는 권리를 인정하는 것이 바람직하다는 지적이 있다.

6. 주장책임과 증명책임

(1) 주장책임

1) 의의

변론주의하에서는 법원은 당사자가 주장하지 않은 사실을 판결의 기초로 삼을 수 없다. 따라서 당사자는 자기에게 유리한 주요사실을 변론에서 주장하지 않으면 그 사실이 존재하지 않는 것으로 다루어져서 불이익을 받게 되는데, 이를 주장책임이라 한다. 예컨대 영업정지처분에 대한 취소소송에서 원고는 해당 처분이 위법한 사유를, 피고 행정청은 해당 처분이 적법한 사유를 각각 주장하여야 하며,[383] 당사자가 주장하지 않은 사실관계는 원칙적으로 재판에 있어서 판단의 기초로 삼을 수 없는 불이익을 받게 되는 것이다.

행정소송에 있어서도 원칙적으로 변론주의가 채택되고 있으므로 이러한 주장책임의 문제가 발생하나, 다만 행정소송법은 법원은 필요하다고 인정할 때에는 당사자가 주장하지 아니한 사실에 대하여도 판단할 수 있다는 규정을 두어(26조) 그러한 한도 안에서 주장책임의 의미는 완화되고 있다.

2) 주장책임의 범위

i) 주장책임은 주요사실에 대하여만 인정되며, 간접사실과 보조사실은 주장책임의 대상이 되지 않는다. ii) 사실의 주장은 반드시 주장책임을 지는 자가 하여야 하는 것은 아니며, 당사자 중 누군가가 주장을 하면 법원은 그것을 판단의 대상으로 삼을 수 있다. iii) 행정심판을 거쳐 행정소송을 제기한 경우에 행정심판절차에서 주장하지 않은 사실을 새로이 소송의 단계에서 주장할 수 있는지가 문제되는데, 원칙적으로 이를 긍정하는 것이 타당할 것이다. 판례도 당사자는 전심절차에서 미처 주장하지 아니한 사유를 소송절차에서 공격방어방법으로 제출할 수 있다고 하면서, 증여세부과처분 취소에 관한 전심절차에서 원고가 증여사실은 인정하면서 주식가액의 평가방법이 위법하다고 주장하다가 행정소송에 이르러 증여사실 자체를 부인하는 것도 가능하다고 판시하였다.[384]

> **판례** 『전심절차에서의 주장과 행정소송에서의 주장이 전혀 별개의 것이 아닌 한 그 주장이 반드시 일치하여야 하는 것은 아니고 당사자는 전심절차에서 미처 주장하지 아니한 사유를 공격방어방법으로 제출할 수 있다고 하겠으므로, 전심절차에서 증여사실에 기초하여 주식가액의 평가방법이 위법하다고 주장하다가 행정소송에 이르러 증여사실 자체를 부인하는 등 공격방어방법을 변경하였다 하여 이를 금반언의 원칙 또는 신의성실의 원칙에 반한다고 할 수 없다.』 (대판 1988. 2. 9, 87누903)

---

383) 예컨대 청소년에게 술을 판매하였다는 이유로 영업정지처분을 받은 자가 영업정지처분 취소소송을 제기한 사건에서, 원고는 술을 산 사람이 청소년이 아니었다거나, 청소년에게 술을 판매한 것은 사실이지만 자신에게 정상참작의 사유가 있다는 것을 주장하여야 한다. 그리고 피고 행정청의 입장에서는 해당 처분이 적법하다는 사실, 예컨대 원고는 술을 판매하면서 상대방의 신분증을 확인하지 않았다거나, 종전에도 청소년에게 술을 판매하다 적발된 적이 있다는 등의 사실을 주장하여야 한다.

384) 대판 1988. 2. 9, 87누903; 대판 1999. 11. 26, 99두9407.

(2) 증명책임

1) 의의

소송에 있어서 어떠한 사실이 주장되면 그 사실이 진실에 합치되는지에 대한 증명이 이루어져야 한다. 법원은 진실이라고 증명된 사실만을 재판의 기초로 삼을 수 있기 때문이다. 따라서 어떠한 사실의 진실 여부가 증명되지 않은 경우에 이로 인하여 불이익을 받는 지위를 증명책임이라 한다.

행정소송이 비록 직권증거조사주의를 가미하고 있다 하더라도 여전히 주장된 사실의 진실 여부가 명백히 밝혀지지 않는 경우가 있을 수 있으며, 이러한 경우 증명이 불충분한 책임을 누구에게 돌릴 것인가 하는 증명책임 분배의 문제가 발생할 수 있다.

2) 증명책임의 분배

행정소송에 있어서 어떠한 기준에 의하여 증명책임을 분배할 것인지에 관해서는 다음과 같은 견해가 대립하고 있다.

① **원고책임설** : 이는 종래 행정행위의 공정력을 '적법성의 추정'으로 보던 것을 이론적 배경으로 하는 견해로서, 행정행위는 공정력에 의해 일단 적법성이 추정되므로 그 위법을 주장하는 원고가 위법사유에 대한 증명책임을 진다는 것이다. 그러나 오늘날 공정력은 행정행위의 적법성을 추정시키는 것이 아니라 행정목적의 효율적 달성을 위하여 잠정적으로 '사실상의 통용력'을 부여하는데 지나지 않는다는 것이 통설적 견해이며, 따라서 원고책임설은 그 타당의 근거를 상실하였다. 또한 증명책임을 언제나 원고가 지도록 하는 것은 소송당사자간의 공평이념에 반하며, 이는 행정의 우월성을 전제로 하는 과거 권위주의국가의 산물이라는 비판이 가해지기도 한다.

② **피고책임설** : 법치행정의 원리에 비추어 행정청은 행정행위의 적법성을 스스로 담보하여야 하므로, 언제나 행정청이 행정행위의 적법사유에 대해 증명책임을 진다는 견해이다. 그러나 이에 대해서는, 법치국가원리에서 증명책임의 구체적 기준을 도출하기는 어려우며, 또한 증명이 곤란한 경우에 패소가능성을 피고에게만 전담시키는 결과가 되어 공평의 원리에 반한다는 비판이 가해진다.

③ **법률요건분류설**(일반원칙설, 증명책임분배설) : 행정소송에 있어서도 민사소송에 있어서와 같이 각 당사자는 자기에게 유리한 요건사실의 존재에 관하여 증명책임을 진다는 견해로서, 우리나라의 다수설 및 판례의 입장이다.[385] 이에 따르면 일반적으로 적극처분에 있어서는 권리근거규정에 해당하는 요건사실은 피고 행정청이 증명하여야 하고, 권리장애·멸각·저지규정에 해당하는 요건사실은 원고가 증명하여야 하며, 반대로 거부처분에 있어서는 권리근거규정에 해당하는 요건사실은 원고가 증명하여야 하고, 권리장애·멸각·저지규정에 해당하는 요건사실은 피고 행정청이 증명하여야 한다고 한다. 예컨대 증여세부과처분에 대한 취소소송에 있어서 해당 과세처분의 요건사

---

385) 하명호, 688면; 홍정선(상), 1212면; 대판 1984. 7. 24, 84누124; 대판 2016. 10. 27, 2015두42817.

실인 증여가 있었다는 사실은 피고 행정청이 증명하여야 하고, 증여가 아니라 대여에 해당한다거나 과세권은 이미 시효로 소멸하였다는 등의 사실은 원고가 증명하여야 한다. 반대로 정보공개 거부처분에 있어서 정보공개의 요건을 충족시키고 있다는 사실은 원고가 증명하여야 하고, 비공개대상정보에 해당한다는 사실은 피고 행정청이 증명하여야 한다.

법률요건분류설에 대해서는 다음과 같은 비판이 가해지고 있다. i) 증명책임의 분배에 관한 민사소송상의 원칙을 그와는 기반을 달리하는 행정소송에 적용하는 것은 타당하지 않다. 즉, 사법(私法)법규는 대등한 당사자 사이의 이해 조정을 목적으로 하며 재판규범으로서의 성질을 가지므로 증명책임의 합리적 분배의 원리를 그 안에 포함시켜 입법되었으나, 행정법규는 공익의 조정을 내용으로 하며 재판규범이라기보다는 행정기관에 대한 행위규범으로서의 성격을 가지므로, 증명책임의 분배에 관한 민사소송상의 원칙을 행정소송에 그대로 적용하는 것은 문제가 있다. ii) 행정법관계에는 자유의 제한, 금지의 해제, 권리의무의 형성 등 성격을 달리하는 여러 행정처분이 있으므로 처분의 성질에 따라 증명책임의 분배도 달라져야 할 것이며, 따라서 오직 요건법규의 형식에 따라 증명책임을 정하는 것은 타당하지 않다.

④ **행정소송독자분배설(특수성인정설)** : 행정소송과 민사소송은 그 목적과 성질 등에서 차이가 있으므로 행정소송에서의 증명책임 분배는 독자적으로 정하여야 한다는 견해이다. 즉, 행정소송의 특수성을 감안하여 당사자간의 공평, 사안의 성질, 증명의 난이 등을 고려하여 구체적인 사안에 따라 증명책임을 정하여야 한다고 한다. 이에 따르면 i) 국민의 권리와 자유를 제한하거나 의무를 과하는 행정행위의 취소소송에서는 피고 행정청이 그 적법성에 대한 증명책임을 지며, ii) 개인이 자기의 권리·이익영역의 확장을 구하는 소송에서는 원고가 그 청구권을 뒷받침하는 사실에 대한 증명책임을 지며, iii) 행정청의 재량행위에 대한 일탈·남용을 이유로 한 취소소송에서는 원고가 일탈·남용사실에 대한 증명책임을 지며, iv) 무효확인소송에 있어서 무효사유에 대한 증명책임은 원고가 진다고 한다.

이러한 특수성인정설에 대해서는, 법률요건분류설과 근본적으로는 다르지 않으며 그것을 유형적으로 바꾸어 놓은 견해에 불과하다는 지적이 있다.[386]

⑤ **판례의 입장** : i) 대법원은 증명책임의 분배에 관하여 "민사소송법의 규정이 준용되는 행정소송에 있어서 증명책임은 원칙적으로 민사소송의 일반원칙에 따라 당사자간에 분배된다"고 함으로써,[387] 기본적으로는 민사소송상의 법률요건분류설에 입각하고 있다.

ii) 행정처분에 대한 취소소송에서는 원칙적으로 해당 처분의 적법을 주장하는 피고 행정청에게 그 처분의 적법성에 대한 증명책임이 있다.[388] 예컨대 과징금부과처분에 있어서 과징금부과의 요건을 갖추고 있다는 것에 대한 증명책임, 불허가처분에 있어 허가신청이 허가기준에 미달되어 해당 불허가처분은 적법하다는 것에 대한 증명책임, 수익적 처분의 취소처분에 있어서 취소사유의

---

386) 홍정선(상), 1212면.
387) 대판 1984. 7. 24, 84누124; 대판 2016. 10. 27, 2015두42817.
388) 대판 2007. 1. 12, 2006두12937.

존재나 취소하여야 할 공익상 필요성에 대한 증명책임은 피고 행정청이 진다.[389]

iii) 만일 피고 행정청이 해당 처분의 적법성에 관해 합리적으로 수긍할 수 있는 일응의 증명을 한 경우에는 이와 상반되는 주장과 증명은 원고에게 그 책임이 돌아간다.[390]

> **판례** 『민사소송법 규정이 준용되는 행정소송에서의 증명책임은 원칙적으로 민사소송 일반원칙에 따라 당사자간에 분배되고, 항고소송의 경우에는 그 특성에 따라 처분의 적법성을 주장하는 피고에게 적법사유에 대한 증명책임이 있다. 피고가 주장하는 일정한 처분의 적법성에 관하여 합리적으로 수긍할 수 있는 일응의 증명이 있는 경우에 처분은 정당하며, 이와 상반되는 주장과 증명은 상대방인 원고에게 책임이 돌아간다.』(대판 2016. 10. 27, 2015두42817)

⑥ 소결 : 취소소송도 원칙적으로 소송당사자의 대등성을 전제로 하고 변론주의를 채택하고 있음에 비추어 볼 때 기본적으로는 민사소송상의 증명책임분배에 관한 법률요건분류설이 바탕이 될 수 있을 것이다. 그러나 민사소송은 주로 '권리관계의 존부'가 그 소송의 대상이 되는데 대하여 취소소송은 '처분의 적법성'이 소송의 대상이 되는 점에서 법률요건분류설을 취소소송에 그대로 적용하는 데에는 한계가 있다 할 것이고, 따라서 그것을 취소소송의 특성에 맞게 변형시켜 적용할 필요가 있다고 생각된다.

7. 법관의 석명의무

│ 기본사례

전직공무원 갑은 퇴직 후 공무원연금법에 의해 퇴직연금을 수령하여 오다가 근로복지공단 직원으로 다시 임용되어 그곳으로부터도 급여를 받았다. 이에 공무원연금공단은 근로복지공단이 공무원연금법시행규칙상의 퇴직연금 일부 지급정지기관에 해당한다는 이유로 갑에 대하여 퇴직연금 중 일부금액의 지급정지대상자가 되었다는 것을 통보한 다음 퇴직연금 중 일부금액을 지급하지 않았다. 이에 불복하는 갑은 공무원연금공단에 일부 미지급된 금액의 지급을 청구하였는데, 공무원연금공단은 갑에 대하여 공무원연금법령에 의한 퇴직연금 일부금액의 지급정지대상자에 해당하기 때문에 이를 지급할 수 없다는 취지의 회신을 하였다. 갑은 공무원연금공단을 피고로 하여 퇴직연금 일부금액 지급정지처분 취소소송을 제기하였는바, 수소법원은 공무원연금공단의 갑에 대한 퇴직연금 일부금액의 지급정지에 관한 회신은 항고소송의 대상이 되는 처분이 아니라는 이유로 곧바로 소를 각하하는 판결을 하였다. 이러한 판결의 위법성에 관해 검토하시오.

(1) 의의

석명이란 당사자의 진술에 불명료·모순·결함이 있거나 또는 증명을 다하지 못하는 경우에 법관이 당사자에게 그 주장의 모순된 점이나 불완전·불명료한 부분을 지적하여 이를 정정·보충할 수 있는 기회를 주고 또한 그 계쟁사실에 대한 증거의 제출을 촉구하는 것을 말한다.[391]

---

389) 대판 2012. 5. 24, 2011두15718; 대판 2012. 3. 29, 2011두23375
390) 대판 1998. 7. 10, 97누13894; 대판 2007. 2. 22, 2006두6604; 대판 2016. 10. 27, 2015두42817.
391) 민사소송법 제136조; 대판 2000. 3. 23, 98두2768.

(2) 법관의 석명의무

민사소송법 제136조는 '석명권'이라는 제목하에 "재판장은 소송관계를 분명히 하게 하기 위하여 당사자에게 사실상 또는 법률상 사항에 대하여 질문할 수 있고, 증명을 하도록 촉구할 수 있다"고 함으로써 석명이 법관의 재량인 것 같이 규정하고 있으나, 석명은 일정 범위에서 법관의 의무의 성질을 갖는다고 보는 것이 통설 및 판례의 입장이다.[392] 따라서 원고가 잘못 제기한 소송에 대하여 법관이 제대로 석명권을 행사하지 않은 채 재판을 한 것은 위법하다고 하는바, 이에 관한 판례의 입장을 구체적으로 살펴보기로 한다.

① 소의 종류를 잘못 지정한 경우 : i) 당사자소송으로 제기하여야 할 것을 원고가 취소소송으로 잘못 제기한 경우에[393] 수소법원이 이를 간과하고 취소소송에 대한 본안판결을 내린 사건에서 대법원은, (당사자소송으로서의 소송요건을 결하고 있음이 명백하여 어차피 부적법하게 되는 경우가 아닌 한) 수소법원은 석명권을 행사하여 원고에게 소 변경의 기회를 주어 적법한 소송형태를 갖추도록 한 다음 종국판단을 하였어야 하는데 이를 간과하고 취소소송에 대해 본안판결을 내린 것은 위법하다고 하였다.[394]

ii) 행정소송으로 제기하여야 할 것을 원고가 민사소송으로 잘못 제기한 경우에는, 만일 수소법원이 행정소송의 관할도 동시에 가지고 있다면 석명권을 행사하여 원고로 하여금 행정소송으로 소를 변경하도록 한 다음 행정소송법이 정한 절차에 따라 심리·판단하여야 하고,[395] 만일 수소법원이 행정소송의 관할을 가지고 있지 않다면 (제소기간을 도과하는 등 행정소송으로서의 소송요건을 결하고 있음이 명백하여 어차피 부적법하게 되는 경우가 아닌 한) 이를 부적법한 소라 하여 각하할 것이 아니라 관할법원에 이송하여야 한다.[396] 따라서 민사소송으로 잘못 제기된 소에 대하여 수소법원이 이를 간과하고 민사소송절차에 따라 심리·판단하거나 또는 정당한 관할법원으로 이송하지 않고 소를 각하한 것은 위법하다고 한다.

392) 대판 2004. 7. 8, 2004두244; 대판 2004. 12. 24, 2003두15195; 대판 1997. 7. 11, 96누18625; 대판 1992. 3. 13, 91누5372.
393) i) 법령이 정한 공무원연금 지급정지사유에 해당하는 경우에는 법령의 규정에 의해 당연히 연금지급이 정지되는 것이므로, 이 경우 연금지급신청에 대해 공무원연금공단이 지급을 거부하였다 하더라도 이는 단순히 확인적 의미를 갖는 것으로서 독립한 행정처분에 해당하지 않는다. 따라서 공무원연금공단의 지급거절에 대해 다투고자 하는 자는 공무원연금공단의 지급거절에 대한 취소소송이 아니라, 미지급연금에 대한 지급을 구하는 당사자소송으로 제기하여야 한다는 것이 판례의 입장이다(대판 2004. 7. 8, 2004두244). ii) 명예퇴직수당 지급대상자로 결정된 법관에 대해 지급할 수당액은 법령에 그 산정기준이 정해져 있으므로, 명예퇴직수당 지급대상자로 결정된 법관이 법이 정한 정당한 수당액에 미치지 못한다고 주장하며 그 차액의 지급을 신청한 것에 대한 거부행위는 행정처분에 해당하지 않는다. 따라서 명예퇴직한 법관이 미지급 명예퇴직수당의 지급을 구하는 소송은 당사자소송에 의하여야 한다(대판 2016. 5. 24, 2013두14863).
394) 대판 2004. 7. 8, 2004두244; 대판 2004. 12. 24, 2003두15195; 대판 2016. 5. 24, 2013두14863.
395) 대판 2009. 10. 15, 2009다30427; 대판 2020. 4. 9, 2015다34444 참조. 서울의 경우에는 행정법원과 민사법원이 분리되어 있으므로 민사소송의 수소법원이 행정소송의 관할권을 가지지 못하지만, 그 밖의 지역에서는 지방법원본원에서 행정소송을 관할하므로 이 경우 민사소송의 수소법원이 행정소송의 관할권도 갖게 된다.
396) 대판 1997. 5. 30, 95다28960; 대판 2017. 11. 9, 2015다215526.

판례 ① 『원고가 고의 또는 중대한 과실 없이 당사자소송으로 제기하여야 할 것을 항고소송으로 잘못 제기한 경우에, 당사자소송으로서의 소송요건을 결하고 있음이 명백하여 당사자소송으로 제기되었더라도 어차피 부적법하게 되는 경우가 아닌 이상, 법원으로서는 원고가 당사자소송으로 소 변경을 하도록 하여 심리·판단하여야 한다. 그럼에도 원심은 위와 같은 절차를 취하지 아니하고 이 사건 소송이 항고소송으로서 적법함을 전제로 하여 본안에 관하여 판단하였으므로, 이러한 원심의 판단에는 당사자소송 등에 관한 법리를 오해하여 필요한 심리 및 절차를 다하지 아니함으로써 판결에 영향을 미친 위법이 있다.』(대판 2016. 5. 24, 2013두14863)

② 『원고가 고의 또는 중대한 과실 없이 행정소송으로 제기하여야 할 사건을 민사소송으로 잘못 제기한 경우, 수소법원으로서는 만약 행정소송에 대한 관할도 동시에 가지고 있다면 원고로 하여금 항고소송으로 소 변경을 하도록 석명권을 행사하여 행정소송법이 정하는 절차에 따라 심리·판단하여야 하고, 행정소송에 대한 관할을 가지고 있지 아니하다면 당해 소송이 이미 행정소송으로서의 전심절차 및 제소기간을 도과하였거나 행정소송의 대상이 되는 처분 등이 존재하지도 아니한 상태에 있는 등 행정소송으로서의 소송요건을 결하고 있음이 명백하여 행정소송으로 제기되었더라도 어차피 부적법하게 되는 경우가 아닌 이상 이를 부적법한 소라고 하여 각하할 것이 아니라 관할법원에 이송하여야 한다.』(대판 2017. 11. 9, 2015다215526; 대판 2020. 4. 9, 2015다34444)

② 피고를 잘못 지정한 경우 : 원고가 피고를 잘못 지정한 때에는 법원은 원고의 신청에 의하여 결정으로써 피고의 경정을 허가할 수 있는 것이므로(행정소송법 14조), 원고가 피고를 잘못 지정한 것으로 보이는 경우 법원으로서는 마땅히 석명권을 행사하여 원고로 하여금 정당한 피고로 경정하게 하여 소송을 진행하게 하여야 한다.[397]

③ 취소소송의 대상인 처분을 잘못 지정한 경우 : 원고가 취소소송의 대상이 되는 처분을 잘못 지정하여 처분성이 인정되지 않는 것에 대해 취소소송을 제기한 경우에, 수소법원이 적절한 석명권을 행사하지 아니한 채 제기된 소가 처분성이 없다는 이유로 각하판결을 내린 것은 석명권 불행사와 심리미진으로 판결에 영향을 미치는 위법이 있다고 한다.[398]

판례 『일정기간 내에 건물의 증축부분을 철거하고 이를 불이행할 때에는 대집행하겠다는 내용의 철거명령 및 대집행계고처분을 하였다가 대집행의무자인 원고가 그 기한까지 이를 이행하지 아니하자 다시 제2차 계고서를 발송하는 형식으로 일정 시점까지 위 증축부분을 자진 철거하고 이를 불이행하면 역시 대집행한다는 뜻을 고지한 경우 위 제2차 계고처분이 항고소송의 대상이 될 수 없는 것이지만, 원고가 위 증축부분에 대한 철거명령 및 대집행계고처분이 위법함을 이유로 그 구제를 위하여 소를 제기한 것이

---

397) 대판 2014. 9. 26, 2013두2518.
398) 대판 1992. 3. 13, 91누5372; 대판 1998. 4. 24, 97누17131. 처분성이 인정되지 않는 것을 대상으로 취소소송을 제기한 경우에는 원칙적으로 각하의 대상이 된다. 그런데 취소소송의 대상을 변경하면 적법한 소가 될 수 있는 경우에는 법원이 석명권을 행사하여 원고로 하여금 올바른 처분으로 변경하도록 한 다음 심리·판단하여야 한다는 것이다. 예컨대 대법원 91누5372 판결의 사실관계를 보면, 행정청이 대집행의 계고처분을 한 후에 상대방이 그 의무를 이행하지 아니하자 다시 제2차의 계고처분을 한 경우에, 제2차 계고처분은 제1차 계고처분의 기간을 연장하여 준 것일 뿐 독립한 처분에 해당하지 않음에도(대판 1992. 3. 13, 91누5372) 원고가 잘못하여 제2차 계고처분에 대한 취소소송을 제기하였는바, 이 경우 수소법원은 제2차 계고처분이 처분성이 없다는 이유로 곧바로 각하할 것이 아니라 석명권을 행사하여 제1차 계고처분으로 소송 대상을 변경할 것인지 여부를 확인한 다음 재판을 진행하여야 한다는 것이다.

라면 그 청구취지에서 그 취소를 구하는 대상으로 제2차 계고처분을 표시하고 있다 하더라도 이것이 오로지 제2차 계고처분만을 대상으로 한 것인지 아니면 제1차 계고처분을 대상으로 한 것인지 반드시 분명하다고는 할 수 없으므로, 원심으로서는 마땅히 원고에게 석명을 구하여 어느 쪽 처분을 대상으로 한 것인지를 확정한 후 심리하였어야 할 것이다. 원심이 이와 같은 조치를 취함이 없이 만연히 제2차 처분만을 대상으로 한 것으로 보고 위와 같이 판단하였음은 필경 석명권 불행사와 심리미진으로 판결에 영향을 미치는 위법을 저지른 것이라 할 것이므로 이를 탓하는 논지는 이유 있다.』(대판 1992. 3. 13, 91누5372)

(3) 석명권의 한계

법원의 석명권 행사는 사안을 해명하기 위하여 법관이 당사자에게 그 주장의 모순된 점이나 불완전·불명료한 부분을 지적하여 이를 정정·보충할 수 있는 기회를 주고 또한 그 계쟁사실에 대한 증거의 제출을 촉구하는 것을 그 내용으로 하는 것이며, 당사자가 주장하지도 않은 법률효과에 대한 요건사실이나 공격방어방법을 시사하여 그 제출을 권유하는 행위는 변론주의의 원칙에 위배되고 석명권의 한계를 일탈한 것이라는 것이 판례의 입장이다.[399]

8. 위법성판단의 기준시

기본사례

　전주시장은 갑의 보조금지급 신청에 대하여 법이 정한 보조금 지급요건을 갖추지 못하였다는 이유로 거부처분을 내렸다. 갑은 이에 불복하여 거부처분에 대한 취소소송을 제기하였는데, 소송의 진행 중에 관계 법령이 개정되어 보조금 지급요건을 충족하게 되었다. 이 경우 법원은 전주시장의 거부처분의 위법 여부를 판단함에 있어서 어떤 법령을 기준으로 하여야 하는가?

(1) 서

취소소송에 있어서 법원은 소송의 대상인 처분의 위법성 여부를 판단함에 있어서 처분시의 법적·사실적 상태를 기준으로 할 것인지 판결시의 법적·사실적 상태를 기준으로 할 것인지가 문제된다. 예컨대 위의 기본사례에서와 같이 처분시에는 법령에 근거하여 적법하게 영업정지처분이 내려졌으나 소송의 진행 중에 관계 법령이 개정된 경우, 또는 보조금지급신청에 대한 거부처분시에는 보조금신청의 자격을 갖추지 못했으나 소송의 진행 중에 관계 법령의 개정으로 보조금신청의 자격을 갖추게 된 경우에, 어느 시점의 법령을 기준으로 하여 판단하는지에 따라 처분의 위법성 여부가 달리 판단될 것이다.

(2) 학설

① **처분시설**: 처분의 위법성 여부는 처분을 내릴 당시의 법령 및 사실상태를 기준으로 판단하여야 한다는 견해이다. 그 논거로는 i) 취소소송은 처분의 사후심사를 속성으로 하는 것이고, ii) 원고는 처분시점에서의 위법성을 주장하여 처분의 취소를 구하고 있는데 법원이 판결시의 사정을

399) 대판 2000. 3. 23, 98두2768.

기준으로 위법성을 판단하면 원고가 요구하지 않은 소송물에 대해 판단하는 것이 되며, iii) 만일 법원이 처분 후의 변화한 사정을 참작하여 위법성을 판단하게 되면 법원이 행정청에 대한 감독적 기능을 수행하게 되어 권력분립의 원칙에 반한다는 점 등을 든다.[400]

처분시설에 의하면 처분 당시를 기준으로 하면 적법한 경우에는 비록 그 후의 사정변경에 의하여 판결시에는 위법하다 하더라도 법원은 기각판결을 내려야 한다. 이 경우 원고는 처분 후의 사정변경을 이유로 행정청에 처분의 취소를 신청하고 그에 대한 거부처분이 내려지면 다시금 거부처분에 대한 취소소송을 제기하여야 하는바, 이는 소송경제에 반하고 원고의 권리구제에 미흡하다는 비판이 가해진다.[401]

② 판결시설 : 처분의 위법성 여부는 판결시(사실심 변론종결시)의 법령 및 사실상태를 기준으로 판단하여야 한다는 견해이다. 그 논거로는 취소소송의 목적은 처분이 판결 당시의 사정에 비추어 볼 때 유지될 수 있는지를 판단하는 것이라는 것을 든다.

판결시설에 의하면 처분 당시를 기준으로 하면 적법한 경우라도 그 후의 사정변경에 의하여 판결시에는 위법하게 된 경우에는 법원은 인용판결(취소판결)을 내려야 하며, 반대로 처분 당시를 기준으로 하면 위법한 경우라도 그 후의 사정변경에 의하여 판결시에는 적법하게 된 경우에는 기각판결을 내려야 한다. 이는 소송경제 및 권리구제의 효율성을 도모할 수는 있지만, 처분 당시에 위법한 처분이 그 후의 사정변경에 의해 적법하게 되어 기각판결을 받게 되는 것은 행정의 적법성 통제를 목적으로 하는 취소소송의 본질에 반하며, 또한 판결의 지연에 따라 불균형한 결과가 초래될 수 있다는 비판이 가해진다.[402]

③ 절충설 : 취소소송은 원고가 처분시점에서의 위법성을 주장하여 처분의 취소를 구하는 것이므로 법원은 그 청구취지에 따라 처분시를 기준으로 처분의 위법 여부를 판단하여야 한다고 하면서, 다만 계속적 효력을 갖는 처분(예: 건축물의 사용금지처분, 물건의 압류처분, 주차금지구역의 설정 등)이나 미집행의 처분(예: 불법건축물에 대해 철거명령을 발하였으나 아직 철거되지 않은 상태에서 관계 법령의 개정으로 그 건축물이 적법하게 된 경우)의 경우에는 예외적으로 판결시를 기준으로 처분의 위법성을 판단하여야 한다는 견해이다.[403] 또한, 거부처분취소소송의 경우에도 그 실질은 의무이행소송과 유사한 성격을 가지므로 이행소송의 일반적인 법리에 따라 위법성 판단시점을 판결시로 하는 것이 타당하다고 한다.[404]

(3) 판례의 입장

판례는 처분(거부처분 포함)의 위법판단의 기준시에 관하여 처분시설을 취하고 있다.[405] 여기에

---

400) 김남진/김연태(I), 982면; 김남철, 933면; 홍정선(상), 1222면.
401) 특히 '계속적 효력을 가지는 처분'(예:건축물의 사용금지처분, 물건의 압류처분, 주차금지구역의 설정 등)의 경우에 문제가 발생한다.
402) 김남진/김연태(I), 982면.
403) 정하중/김광수, 788면; 김중권, 830면.
404) 정하중/김광수, 788면; 김중권, 830면.
405) 대판 2008. 7. 24, 2007두3930; 대판 2020. 12. 24, 2020두39297; 대판 2022. 4. 28, 2021두61932.

서 위법판단의 기준시가 처분시라고 하는 의미는 처분 당시의 법령과 사실상태를 기준으로 하여 위법 여부를 판단하며 처분 후의 법령의 개폐나 사실상태의 변동에 영향을 받지 않는다는 뜻이지 처분 당시 존재하였거나 행정청에 제출되었던 자료민으로 위법 여부를 판단하라는 뜻이 아니며, 따라서 처분 당시의 사실상태 등에 관한 증명은 사실심 변론종결시까지 할 수 있다는 것이 판례의 입장이다.406)

> **판례**　① 『행정소송에서 행정처분의 위법 여부는 행정처분이 행하여졌을 때의 법령과 사실상태를 기준으로 하여 판단하여야 하고, 처분 후 법령의 개폐나 사실상태의 변동에 의하여 영향을 받지는 않으므로, 난민인정 거부처분의 취소를 구하는 취소소송에서도 그 거부처분을 한 후 국적국의 정치적 상황이 변화하였다고 하여 처분의 적법 여부가 달라지는 것은 아니다.』 (대판 2008. 7. 24, 2007두3930)
>
> ② 『항고소송에서 행정처분의 적법 여부는 특별한 사정이 없는 한 행정처분 당시를 기준으로 판단하여야 한다. 여기서 행정처분의 위법 여부를 판단하는 기준시점에 관하여 판결시가 아니라 처분시라고 하는 의미는 행정처분이 있을 때의 법령과 사실상태를 기준으로 하여 위법 여부를 판단하며 처분 후 법령의 개폐나 사실상태의 변동에 영향을 받지 않는다는 뜻이지 처분 당시 존재하였던 자료나 행정청에 제출되었던 자료만으로 위법 여부를 판단한다는 의미는 아니다. 그러므로 처분 당시의 사실상태 등에 관한 증명은 사실심 변론종결 당시까지 할 수 있고, 법원은 행정처분 당시 행정청이 알고 있었던 자료뿐만 아니라 사실심 변론종결 당시까지 제출된 모든 자료를 종합하여 처분 당시 존재하였던 객관적 사실을 확정하고 그 사실에 기초하여 처분의 위법 여부를 판단할 수 있다.』 (대판 2017. 4. 7, 2014두37122)

(4) 소결

취소소송은 처분의 사후심사를 속성으로 하며, 원고는 처분당시의 위법성을 이유로 처분의 취소를 구하고 있으므로 원칙적으로 법원은 처분시를 기준으로 처분의 위법 여부를 판단하여야 할 것이다.407)

다만 행정기본법은 법령위반행위에 대해 제재처분을 내리는 경우에는 원칙적으로 행위시 법령을 적용하도록 하고 있으므로(14조 3항), 제재처분에 대한 취소소송에 있어서 그 처분의 위법 여부는 행위시 법령을 기준으로 하여 판단하여야 할 것이다.

---

406) 대판 2017. 4. 7, 2014두37122; 대판 2019. 7. 25, 2017두55077.

407) 거부처분취소소송의 경우에도 마찬가지이다. 물론 거부처분의 경우에 판결시를 기준으로 하는 것이 소송경제에 도움이 될 수 있지만, 의무이행소송을 인정하지 않는 우리 행정소송법하에서는 판결시설을 취하는 것은 무리라 생각된다. 만일 거부처분이 처분시에는 적법했지만 그 후 법령의 개정 등으로 인하여 판결시에는 위법하게 된 경우에 법원이 그 거부처분을 위법하다고 판단하는 것은 의무이행소송 대신에 취소소송에 의하도록 한 현행 행정소송법의 취지에 반한다고 할 것이다. 이 경우 거부처분을 받은 자는 행정청에 다시금 처분을 신청하여 처분을 받아야 하고, 만일 거부처분이 행해지면 다시 취소소송으로 다투어야 할 것이다. 반대로, 거부처분이 처분시에는 위법했지만 법령의 개정 등으로 인하여 판결시에는 적법하게 되었다 하더라도 법원은 인용판결을 내려야 할 것이며, 이 경우 행정청은 처분 후의 사정변경을 이유로 다시 거부처분을 할 수 있다고 할 것이다(대판 2011. 10. 27, 2011두14401 참조).

9. 처분사유의 추가·변경

기본사례

갑은 청주시장에게 토석채취허가를 신청하였는데, 청주시장은 인근주민의 동의서 미제출을 이유로 거부처분을 내렸다. 이에 갑은 인근주민의 동의서는 토석채취허가의 요건이 아니라고 주장하며 그 거부처분에 대한 취소소송을 제기하였는바, 청주시장은 소송심리단계에서 토석채취를 하게 되면 자연경관이 심각하게 훼손될 수 있다는 것을 거부처분의 사유로 추가하였다. 이는 가능한지 검토하시오.

(1) 의의

행정청이 처분을 하는 때에는 원칙적으로 상대방에게 그 법적·사실적 근거를 제시하여야 하는데(행정절차법 23조), 이는 처분의 적법성을 담보하고 상대방의 방어권행사를 용이하게 하기 위한 것이다.

그런데 행정소송의 심리과정에서 행정청이 당초 처분사유로 제시한 법적·사실적 근거를 추가하거나 변경할 수 있는지가 문제되는데, 이것이 처분사유의 추가·변경의 문제이다. 예컨대 정보공개청구에 대하여 행정청이 당초에는 해당 정보가 정보공개법 제9조 제1항 제6호의 '공개될 경우 개인의 사생활의 비밀 또는 자유를 침해할 우려가 있는 정보'에 해당한다는 이유로 비공개결정을 내렸는데, 이에 대한 취소소송에서 행정청이 위 정보는 정보공개법 제9조 제1항 제2호의 '국가안전보장·국방·통일·외교관계 등에 관한 사항으로서 공개될 경우 국가의 중대한 이익을 현저히 해할 우려가 있다고 인정되는 정보'에 해당한다고 주장하는 것이 그에 해당한다.

(2) 처분사유의 추가·변경의 허용 여부

1) 인정여부

처분사유의 추가·변경이 허용될 것인지의 여부는 두 가지 상반된 가치의 충돌과 직접적인 관련이 있다. 즉, 분쟁의 일회적 해결과 소송경제, 실체적 진실의 발견 및 공익 보호를 위해서는 처분사유의 추가·변경이 허용될 필요가 있지만,[408] 원고의 방어권보장이나 행정절차법상 이유제시제도의 취지를 살리기 위해서는 그것이 허용되어서는 안 될 것이다. 이에 관한 학설은 다음과 같다.

① **긍정설**: 취소소송의 소송물을 '처분의 위법성 일반'으로 보아 소송당사자는 처분 당시에 존재하였던 모든 적법·위법의 사유를 소송에서 주장할 수 있다고 하며, 따라서 소송단계에서 처분사유를 추가·변경하는 것은 아무런 제한을 받지 않는다고 한다. 이 견해는 분쟁의 일회적 해결과

---

408) 만일 소송단계에서 처분사유의 추가·변경을 인정하지 않는다면 처분에 대한 취소판결이 확정된 후에도 행정청은 다른 사유로 종전과 같은 내용의 처분을 할 수 있게 되고 이로 인하여 분쟁이 반복되는 문제가 발생한다. 따라서 소송의 단계에서 처분사유의 추가·변경을 허용하는 것은 분쟁의 일회적 해결 및 소송경제를 위하여 필요하다고 할 것이다. 만일 처분사유의 추가·변경이 허용됨에도 불구하고 피고 행정청이 이를 하지 않은 경우에는 판결이 확정된 후에는 더 이상 추가·변경이 가능한 사유를 이유로 다시 종전과 동일한 내용의 처분을 할 수 없게 된다.

소송경제의 측면에서는 타당하지만, 원고의 방어권을 해치고 행정절차법상 이유제시제도의 취지가 훼손될 우려가 있다는 비판을 받는다.

② **부정설** : 취소소송의 소송물을 '처분사유에서 특정된 처분의 위법성'으로 보아, 소송당사자는 당초의 처분사유에서 제시되지 않은 사유를 소송단계에서 주장할 수 없고, 만일 행정청이 당초의 처분사유가 아닌 것을 사유로 하는 경우에는 다시 처분을 내려야 한다고 한다. 이 견해는 원고의 방어권 보장과 이유제시제도의 취지를 살릴 수 있는 장점이 있지만, 분쟁의 일회적 해결을 어렵게 하고 소송경제에 반한다는 비판을 받는다.

③ **제한적 긍정설** : 이는 긍정설과 부정설을 절충하여, 행정청이 처분사유로 삼은 것과 '기본적 사실관계의 동일성'이 유지되는 범위에서 처분사유의 추가·변경이 허용된다는 견해이다. 현재의 다수설과 판례의 입장으로서,[409) 소송경제와 원고의 방어권보장을 조화시킨 점에서 타당하다고 생각된다.

2) 인정 범위

① **처분시에 존재하였던 사유** : 취소소송에서 처분의 위법 판단은 원칙적으로 처분시를 기준으로 하므로, 행정청은 처분시에 존재하였던 사유만을 소송단계에서 추가·변경할 수 있다. 따라서 처분 후에 새로운 사유가 발생한 경우에는 행정청은 취소소송에서 이를 처분사유로 추가·변경할 수는 없고, 다만 새로운 사유의 발생을 이유로 종전의 처분을 취소하고 이에 대신하는 새로운 처분을 할 수 있을 뿐이다. 이 경우 종전의 처분은 소멸하고 새로운 처분이 성립하게 되며, 따라서 종전의 처분에 대한 소송은 존재하지 않는 처분을 대상으로 하는 것이므로 소의 이익을 상실하게 된다.[410) 이러한 경우 원고는 새로 변경된 처분에 대해 다시금 소를 제기하거나 아니면 처분변경으로 인한 소의 변경(행정소송법 22조)으로 대처하여야 할 것이다.

② **기본적 사실관계의 동일성이 인정되는 사유** : 행정청은 당초 처분의 근거로 삼은 사유와 기본적 사실관계의 동일성이 인정되는 한도에서만 다른 사유를 추가하거나 변경할 수 있는데, 이는 원고의 방어권을 보장하기 위한 것이다. 그리고 기본적 사실관계의 동일성이 인정되는지 여부는 처분사유를 법률적으로 평가하기 이전의 구체적인 사실에 착안하여 그 기초가 되는 사회적 사실관계가 기본적인 점에서 동일한지 여부에 따라 결정된다고 한다.[411) 만일 추가·변경하고자 하는 사유가 당초의 처분사유와 기본적 사실관계에 있어 동일성이 인정되지 않는다면, 행정청이 당초 처분시에 그 사유를 명기하지 않았을 뿐 처분 당시에 그 사유가 이미 존재하고 있었고 당사자도 그 사실을 알고 있었다 하더라도 그 사유의 추가·변경은 허용되지 않는다고 한다.[412)

다른 한편, 행정청이 처분 당시에 적시한 구체적 사실을 변경하지 않는 범위 내에서 단지 그

---

409) 대판 2006. 10. 13, 2005두10446; 대판 2014. 12. 24, 2012두13412; 대판 2017. 8. 29, 2016두44186.
410) 대판 2006. 9. 28, 2004두5317.
411) 대판 2003. 12. 11, 2001두8827; 대판 2006. 10. 13, 2005두10446; 대판 2008. 2. 28, 2007두13791, 13807; 대판 2011. 11. 24, 2009두19021.
412) 대판 2003. 12. 11, 2001두8827; 대판 2009. 11. 26, 2009두15586; 대판 2011. 11. 24, 2009두19021.

처분의 근거 법령만을 추가·변경하거나 당초의 처분사유를 구체적으로 표시하는 것에 불과한 경우에는 새로운 처분사유를 추가하거나 변경하는 것이라고는 볼 수 없다는 것이 판례의 입장이다.413)

판례 〈기본적 사실관계의 동일성을 부정한 판례〉

① 중고자동차매매업 허가신청에 대하여 행정청이 당초에는 '기존의 인근 공동사업장과의 거리제한규정에 저촉된다'는 이유로 거부처분을 내렸다가, 소송에서 '최소 주차용지면적에 미달한다'는 것을 거부처분의 사유로 추가하는 것은 당초의 처분사유와 기본적 사실관계를 달리하므로 허용되지 않는다. (대판 1995. 11. 21, 95누10952)

② 정보공개청구에 대하여 행정청이 당초에는 이는 공공기관의 정보공개에 관한 법률 제7조(현행 제9조) 제1항 제6호의 '당해 정보에 포함되어 있는 이름 등에 의하여 특정인을 식별할 수 있는 개인에 관한 정보'에 해당한다는 이유로 비공개결정을 내렸으나, 소송에서 행정청이 이 사건 정보는 제5호의 '의사결정과정 또는 내부검토과정에 있는 사항으로서 공개될 경우 업무의 공정한 수행에 현저한 지장을 초래한다고 인정할 만한 상당한 이유가 있는 정보'에도 해당한다는 것을 비공개사유로 추가한 것은 기본적 사실관계가 동일하다고 할 수 없다. (대판 2003. 12. 11, 2001두8827)

〈기본적 사실관계의 동일성을 인정한 판례〉

① 토지형질변경 불허가처분의 당초의 처분사유인 '국립공원에 인접한 미개발지의 합리적인 이용대책 수립시까지 그 허가를 유보한다는 사유'와 그 처분의 취소소송에서 행정청이 추가하여 주장한 처분사유인 '국립공원 주변의 환경·풍치·미관 등을 크게 손상시킬 우려가 있으므로 공공목적상 원형유지의 필요가 있는 곳으로서 형질변경허가 금지대상이라는 사유'는 기본적 사실관계에 있어서 동일성이 인정된다. (대판 2001. 9. 28, 2000두8684)

② 과세관청이 종합소득세부과처분의 정당성를 뒷받침하기 위하여 합산과세되는 종합소득의 범위 안에서 그 소득의 원천만을 달리 주장하는 것은 처분의 동일성이 유지되는 범위 내의 처분사유 변경에 해당하여 허용된다. 따라서 과세관청이 과세대상 소득에 대하여 '이자소득'이 아니라 '대금업에 의한 사업소득'에 해당한다고 처분사유를 변경한 것은 처분의 동일성이 유지되는 범위 내에서의 처분사유 변경에 해당하여 허용된다. (대판 2002. 3. 12, 2000두2181)

③ 공유수면 포락지에 대한 건축허가 신청에 대하여 행정청이 '위 신청토지는 포락지로서 현 상태로는 건축부지로 이용이 불가능하다'는 이유로 불허가처분을 하였는바, 소송에서 행정청이 위 건축허가 신청은 '공유수면관리법 제5조 제2항과 동법시행령 제5조 제1항에 따라 허가될 수 있는 건축물에 해당하지 않는다'는 것으로 처분사유를 추가하는 것은 그 처분의 사유를 구체적으로 표시하는 것이지 당초의 처분사유와 기본적 사실관계와 동일성이 없는 별개의 또는 새로운 처분사유를 추가하거나 변경하는 것이라고는 할 수 없다. (대판 2004. 5. 28, 2002두5016)

④ 원주시와 원주시폐기물처리업협회의 17개 회원사 대표들이 원주시내 공동주택 음식물류 폐기물 수집·운반 대행계약을 공동수급 대행계약 또는 특정 회사를 17개사 대표로 하여 체결하기로 하고 수집·운반대행에 필요한 경비를 17개사가 공동으로 부담하고 수익금을 균등배분하기로 합의하였는바, 폐기물협회 회원사들은 대표회의에서 위 공동주택 음식물류 폐기물 수집·운반계약이 수의계약이 되도록 원주시가 발주하는 입찰에 참가하지 않거나 참가하여 낙찰되더라도 계약체결을 하지 않도록 합의함으로써 원

---

413) 대판 2007. 2. 8, 2006두4899; 대판 2008. 2. 28, 2007두13791; 대판 2013. 10. 11, 2012두24825.

주시가 발주한 입찰이 모두 유찰되었다. 이에 원주시장은 폐기물협회 회원사들의 위 행위는 국가를 당사자로 하는 계약에 관한 법률 시행령 제76조 제1항 제12호 소정의 '담합을 주도하거나 담합하여 입찰을 방해'한 것에 해당한다는 이유로 입찰참가자격제한처분을 내렸는바, 그에 대한 취소소송에서 원주시장은 처분의 사유를 동법시행령 같은 항 제7호 소정의 '특정인의 낙찰을 위하여 담합한 자'에 해당한다는 것으로 변경한 것은 같은 행위에 대한 법률적 평가만 달리하는 것일 뿐 기본적 사실관계를 같이 하는 것이므로 허용된다. (대판 2008. 2. 28, 2007두13791, 13807)

⑤ 갑이 '사실상의 도로'로서 인근 주민들의 통행로로 이용되고 있는 토지를 매수한 다음 2층 규모의 주택을 신축하겠다는 내용의 건축신고서를 제출하였으나, 구청장이 '위 토지가 건축법상 도로에 해당하여 건축을 허용할 수 없다'는 사유로 건축신고수리 거부처분을 하자 갑이 그에 대한 취소소송을 제기하였다. 1심법원이 위 토지가 건축법상 도로에 해당하지 않는다는 이유로 갑의 청구를 인용하는 판결을 선고하자 구청장이 항소하여 '위 토지가 인근 주민들의 통행에 제공된 사실상의 도로인데, 주택을 건축하여 주민들의 통행을 막는 것은 사회공동체와 인근 주민들의 이익에 반하므로 갑의 주택 건축을 허용할 수 없다'는 주장을 추가하였는바, 이것이 당초의 처분사유와 기본적 사실관계의 동일성이 있는지가 문제되었다. 이에 대해 대법원은, 당초 처분사유와 구청장이 원심에서 추가로 주장한 처분사유는 위 토지상의 사실상 도로의 법적 성질에 관한 평가를 다소 달리하는 것일 뿐, 모두 토지의 이용현황이 '도로'이므로 거기에 주택을 신축하는 것은 허용될 수 없다는 것이므로 기본적 사실관계의 동일성이 인정된다고 하였다. (대판 2019. 10. 31, 2017두74320)

③ 처분사유의 근거가 되는 기초사실의 추가·변경 문제 : 처분사유 자체를 추가·변경하는 것이 아니라 처분사유의 근거가 되는 기초사실을 추가·변경하는 것이 허용되는지가 문제된다. 예컨대 국적법은 일반귀화의 요건으로 i) 대한민국의 민법상 성년일 것, ii) 품행이 단정할 것, iii) 생계를 유지할 능력이 있을 것 등을 규정하고 있는데(5조), 갑의 귀화신청에 대해 법무부장관이 '품행 미단정'이라는 이유로 불허가처분을 내리자 갑이 그에 대한 취소소송을 제기하였다. 제1심에서 법무부장관은 갑에 대해 품행 미단정이라고 판단한 이유에 관하여 '자동차관리법위반죄로 기소유예를 받은 전력'이 있다고 주장하였다가 항소심에서 '불법 체류한 전력'이 있다는 것을 추가로 주장하였는바, 이것이 허용될 수 있는지가 문제되었다. 이에 관해 대법원은, 이 사건 불허가처분의 사유는 '품행 미단정'으로 보아야 하는데, 법무부장관이 항소심에서 추가로 제시한 불법체류전력 등의 제반 사정은 불허가처분의 처분사유 자체가 아니라 그 근거가 되는 기초사실 내지 평가요소에 지나지 않으므로, 법무부장관이 이러한 사정을 추가로 주장할 수 있다고 하였다.[414]

XIII. 취소소송의 판결

1. 판결의 의의

취소소송의 판결이란 특정한 취소소송사건에 대하여 법원이 심리를 거쳐서 그에 대한 법적 판단을 선언하는 행위를 말한다.

---

414) 대판 2018. 12. 13, 2016두31616.

2. 판결의 종류

(1) 중간판결과 종국판결

중간판결이란 종국판결을 할 준비로서 소송진행 중에 제기된 개개의 쟁점을 해결하기 위한 확인적 성질의 판결을 말하며, 종국판결은 사건의 전부나 일부에 관하여 심급종료의 효력을 가지는 판결을 말한다. 종국판결은 다시 소송판결과 본안판결로 나눌 수 있다.

(2) 소송판결과 본안판결

소송판결은 제기된 소가 적법한 소송요건을 갖추었는지에 대한 판결로서, 요건심리의 결과 소가 소송요건을 갖추지 못하여 부적법하다고 인정되는 경우에 각하판결을 내리는 것이 이에 해당한다.

요건심리의 결과 소가 소송요건을 갖추고 있다고 인정되면 수소법원은 본안에 관해 심리를 한 후 청구의 당부에 관해 판단하는데, 이를 본안판결이라 한다. 본안판결은 다시 인용판결 · 기각판결 · 사정판결로 나눌 수 있다.

3. 종국판결의 내용

(1) 각하판결

각하판결이란 요건심리의 결과 소송요건을 갖추지 못한 부적법한 소라고 인정되는 경우에 본안심리를 거절하는 판결을 말한다. 예컨대 원고적격이 없는 경우, 소의 이익이 없는 경우, 취소소송의 대상인 처분에 해당하지 않는 경우, 제소기간이 경과된 경우에 각하판결을 하게 된다.

제소시에는 소송요건을 갖추고 있었다 하더라도 소송의 계속 중에 소송요건을 흠결하게 되면 각하의 대상이 되며, 반대로 제소시에는 소송요건을 갖추고 있지 못하였다 하더라도 소송의 계속 중에 소송요건을 충족하게 되면 적법한 소가 된다. 예컨대 처분에 대한 취소소송이 제기된 후 해당 처분의 효과가 소멸하여 더 이상 그 취소를 구할 소의 이익이 없게 된 경우가 전자에 해당하고, 법에 의해 특별히 행정심판전치가 요구되는 경우에 제소시에는 행정심판전치의 요건을 갖추지 못했지만 취소소송의 계속 중에 그 요건을 갖춘 경우는 후자에 해당한다.

(2) 기각판결

기각판결이란 본안심리의 결과 원고의 청구가 이유 없다고 인정하여 이를 배척하는 판결을 말하며, 소극적 확인판결의 성질을 갖는다. 원고에게 소의 이익이 없는 경우에 기각판결을 내려야 하는지 각하판결을 내려야 하는지가 문제되는데, 판례는 각하판결을 내리고 있다.[415]

(3) 사정판결

① 의의 : 법원은 원고의 청구가 이유 있다고 인정하는 경우에도 이를 인용하는 것이 현저히

---

415) 대판 1995. 10. 17, 94누14148.

공공복리에 적합하지 않다고 인정하는 때에는 원고의 청구를 기각할 수 있는데(28조 1항), 이를 사정판결이라 한다. 이는 집행부정지의 원칙과 함께 행정소송법상의 대표적 공익조항에 속한다.

② 요건 : i) 사정판결을 하기 위해서는 먼저 원고의 청구가 이유 있다고 인정되어야 한다. 원고의 청구가 이유 없는 경우에는 단지 기각판결의 대상이 될 뿐이다.

ii) 원고의 청구를 인용하는 것이 현저히 공공복리에 적합하지 않다고 인정되어야 한다. 여기에서 청구를 인용하는 것이 공공복리에 반하는지 여부를 판단함에 있어서는 사익과 공익의 비교형량이 필요하다고 할 것인바, 행정소송법이 「사정판결을 함에 있어서는 미리 원고가 그로 인하여 입게 될 손해의 정도와 배상방법 그 밖의 사정을 조사하여야 한다」고 규정하고 있는 것은 이를 표현한 것이다(28조 2항). 한편 사정판결제도는 위법한 처분은 취소되어야 하는 법치주의의 요청 및 재판을 통한 국민의 권리구제에 대한 중대한 예외에 해당하므로, 청구를 인용하는 것이 공공복리에 반하는지의 요건은 매우 엄격하게 해석되어야 한다.[416]

iii) 사정판결을 하기 위해서는 피고행정청의 주장(신청)이 있어야 하는지가 문제된다. 일부 학설은 행정소송에도 원칙적으로 변론주의가 적용되고 사정판결은 극히 예외적으로 인정되는 점에서 당사자(피고행정청)의 주장이 있는 경우에만 사정판결을 할 수 있다고 한다.[417] 그러나 판례는 당사자의 명백한 주장이 없는 경우에도 법원이 직권으로 사정판결을 할 수 있다고 한다.[418]

> **판례** ① 『행정처분이 위법한 때에는 이를 취소함이 원칙이고 그 위법한 처분을 취소·변경하는 것이 도리어 현저히 공공의 복리에 적합하지 않은 경우에 극히 예외적으로 위법한 행정처분의 취소를 허용하지 않는다는 사정판결을 할 수 있으므로, 사정판결의 적용은 극히 엄격한 요건 아래 제한적으로 하여야 하고, 그 요건인 '현저히 공공복리에 적합하지 아니한가'의 여부를 판단할 때에는 위법·부당한 행정처분을 취소·변경하여야 할 필요와 그 취소·변경으로 발생할 수 있는 공공복리에 반하는 사태 등을 비교·교량하여 그 적용 여부를 판단하여야 한다.』 (대판 2009. 12. 10, 2009두8359)
>
> ② 『사정판결에 관하여는 당사자의 명백한 주장이 없는 경우에도 기록에 나타난 여러 사정을 기초로 직권으로 할 수 있는 것이나, 그 요건인 현저히 공공복리에 적합하지 아니한지 여부는 위법한 행정처분을 취소·변경하여야 할 필요와 그 취소·변경으로 인하여 발생할 수 있는 공공복리에 반하는 사태 등을 비교·교량하여 판단하여야 한다.』 (대판 2006. 9. 22, 2005두2506)

③ 주장·증명책임 : 비록 당사자의 명백한 주장이 없는 경우에도 법원이 직권으로 사정판결을 할 수 있다 하더라도, 만일 사정판결에 대한 당사자의 주장·증명이 없으면 사정판결이 행해지지 않을 수 있다. 따라서 사정판결이 간과되는 불이익을 피하기 위해서는 사정판결에 대한 주장·증명책임은 당연히 피고 행정청이 부담한다고 할 것이다.

④ 판단의 기준시 : 사정판결의 필요성은 판결시를 기준으로 판단하여야 한다는 것이 통설적 견해이다.

---

416) 대판 2009. 12. 10, 2009두8359.
417) 김남철, 944면; 홍정선(상), 1227면.
418) 대판 1992. 2. 14, 90누9032; 대판 2006. 9. 22, 2005두2506.

⑤ **사정판결의 효과** : i) 사정판결은 기각판결의 일종이므로 원고의 청구는 배척된다. ii) 그러나 당해 처분의 위법성이 치유되는 것은 아니고, 공공복리를 위하여 위법성을 가진 채로 그 효력을 지속하는데 불과하다. 따라서 법원은 판결의 주문에서 처분이 위법함을 명시하여야 하며(28조 1항 2문), 그 위법성에 대하여 기판력이 발생한다. iii) 행정심판에 있어서의 사정재결의 경우에는 행정심판위원회가 청구인에 대하여 상당한 구제방법을 취하거나 상당한 구제방법을 취할 것을 피청구인에게 명할 수 있도록 하고 있으나(행심법 44조 2항), 행정소송에 있어서의 사정판결의 경우에는 원고가 피고 행정청이 속한 국가 또는 공공단체를 상대로 손해배상, 제해시설의 설치 그 밖에 적당한 구제방법의 청구를 당해 취소소송이 제기된 법원에 병합하여 제기할 수 있다고 규정하고 있는 점(28조 3항)에서 차이가 있다. iv) 사정판결이 있는 경우 소송비용은 피고가 부담한다(32조).

⑥ **적용범위** : 행정소송법은 사정판결을 취소소송에만 규정하고 무효등확인소송과 부작위위법확인소송의 경우에는 이를 준용하고 있지 않다(28조 · 38조). 따라서 사정판결은 항고소송 중에서 취소소송에만 인정된다는 것이 통설과 판례의 입장이다.[419]

> **판례** 『당연무효의 행정처분을 소송목적물로 하는 행정소송에서는 존치시킬 효력이 있는 행정행위가 없기 때문에 행정소송법 제28조 소정의 사정판결을 할 수 없다고 할 것이다. 따라서 원심이 적법하게 판시하고 있는 바와 같이 이 사건 처분은 무효라고 할 것이므로 그 처분에 대하여 사정판결을 하지 아니한 원심의 조치는 정당하고, 거기에 상고이유에서 지적한 바와 같은 위법이 없다.』 (대판 1996. 3. 22, 95누5509)

(4) 인용판결

① **의의** : 인용판결이란 본안심리의 결과 원고의 청구가 이유 있다고 인정하여 그 청구의 전부 또는 일부를 받아들이는 판결을 말한다. 인용판결은 그 성질에 따라 형성판결 · 확인판결 · 이행판결로 구분할 수 있는데, 취소소송에서의 인용판결(처분을 취소 · 변경하는 판결)은 형성판결에 해당하고,[420] 무효등확인소송이나 부작위위법확인소송에서의 인용판결은 확인판결에 해당한다. 의무이행소송에서의 인용판결은 이행판결에 해당하지만, 현행법은 의무이행소송을 인정하고 있지 않다. 다만 거부처분에 대한 취소판결 및 부작위위법확인판결에는 간접적으로 그 이행을 강제하는 효력을 인정하고 있으므로(34조) 그 한도에서 간접적인 이행판결의 성질을 갖는다고 할 수 있다.

② **변경의 의미** : 행정소송법은 취소소송에 관하여 "행정청의 위법한 처분 등을 취소 또는 변경하는 소송"이라고 정의하고 있는데(4조 1호), 여기에서 '변경'의 의미에 대해서 학설이 대립하고 있다.[421] 소극적 변경설에 의하면 취소소송에 있어서의 변경은 '일부취소'의 의미에서의 소극적 변경

---

419) 대판 1996. 3. 22, 95누5509. 행정심판의 경우에는 '취소심판'과 '의무이행심판'에 사정재결을 인정하고, 무효등확인심판의 경우에는 사정재결이 인정되지 않음을 명문으로 규정하고 있다(행정심판법 44조 3항).

420) 취소심판에 있어서는 행정심판위원회가 처분을 취소 · 변경할 수도 있고 처분청에 변경을 명할 수 있으나, 취소소송에 있어서는 법원이 직접 취소 · 변경하는 점에 유의하여야 한다.

421) 소극적 변경이란 처분의 일부를 취소하는 것을 말하며, 적극적 변경이란 기존의 처분을 다른 종류의 처분으로 변경하는 것을 말한다. 예컨대. 3개월의 영업정지처분을 1개월의 영업정지처분으로 변경하는 것은 소극적 변경에 해당하고, 영업허가취소처분을 영업정지처분으로 변경하는 것은 적극적 변경에 해당한다.

을 말한다고 한다.[422] 그 논거로는, 행정심판과는 달리 의무이행소송을 인정하지 않는 행정소송에 있어서 법원이 적극적 변경판결을 할 수 있음을 인정하는 것은 권력분립의 원칙에 반한다는 것을 든다. 이에 반해 적극적 변경설에 의하면 취소소송에 있어서의 변경은 기존의 법률관계의 전부 또는 일부를 다른 새로운 법률관계로 적극적으로 변경하는 것을 포함한다고 본다.[423] 그 논거로는 i) 행정소송법 제4조 제1호가 명문으로 '취소' 외에 '변경'을 규정하고 있는 점, ii) 권력분립주의를 실질적으로 이해하면 적극적 변경판결을 인정하는 것도 권력분립주의에 반하지 않는 점 등을 든다. 생각건대, 의무이행소송을 인정하지 않는 현행법 하에서는 적극적 변경은 인정되지 않는다고 할 것이며, 따라서 행정소송법 제4조 제1호에서 말하는 변경은 일부취소의 의미에서의 소극적 변경을 의미한다고 보는 것이 타당할 것이다.

③ **일부인용판결** : 취소소송에 있어서 본안심리의 결과 처분의 일부가 위법하다고 인정되는 경우에 법원은 일부인용판결(일부취소판결)을 할 수 있는지가 문제되는데, 이에 관한 판례의 입장은 다음과 같다.

i) 외형상 하나의 처분이라 하더라도 가분성이 있거나 처분대상의 일부가 특정될 수 있는 경우에는 그 일부만의 취소가 가능하다. 예컨대 제1종 보통·대형·특수면허를 가지고 있는 자가 특수면허로만 운전할 수 있는 레이카크레인을 음주운전한 경우에, 비록 위 제1종 보통·대형·특수면허가 1개의 운전면허증과 면허번호로 통합관리되고 있다 하더라도 각각의 운전면허를 분리할 수 있으므로 제1종 특수면허만을 취소할 수 있다.[424]

ii) 취소소송의 대상이 되는 처분이 재량행위인 경우에는 심리결과 재량권의 일탈·남용이 인정되면 처분 전부를 취소하여야 한다. 만일 법원이 스스로 합당하다고 하는 처분으로 변경하거나 일부취소한다면 이는 행정청의 재량권을 침해하는 것이기 때문이다. 예컨대 영업정지처분·과징금부과처분의 경우 어느 정도의 처분을 내릴 것인지는 행정청의 재량권에 속하는 것이므로, 심리결과 재량권의 일탈·남용이 있어 위법하다고 인정되는 때에는 처분 전체를 취소하여 행정청으로 하여금 판결의 취지에 따라 다시 재량판단에 의한 처분을 내리도록 하여야 한다.[425]

iii) 취소소송의 대상이 되는 처분이 기속행위인 경우에는, 소송자료에 의하여 적법한 내용의 처분을 산출할 수 있는 경우에는 적법한 부분 이외의 것에 대한 일부취소판결을 할 수 있으나 산출할 수 없는 경우에는 처분 전부를 취소하여 행정청으로 하여금 판결의 취지에 따라 다시금 적법한 처분을 내리도록 하여야 한다. 예컨대 개발부담금부과처분이나 조세부과처분은 기속행위에

---

422) 김남철, 930면; 하명호, 707면.
423) 홍정선(상), 1229면.
424) 대판 1995. 11. 16, 95누8850. <같은 취지의 판례> 여러 개의 상이(傷痍)에 대한 국가유공자등록신청에 대해 행정청이 전부에 대한 국가유공자요건비해당처분을 내리자 이에 대한 취소소송이 제기되었다. 이에 대해 대법원은, 신청된 여러 개의 상이 중 일부 상이가 국가유공자요건에 해당하는 경우에는 국가유공자요건비해당처분 중 위 요건이 인정되는 상이에 대한 부분만을 취소하여야 할 것이고 그 비해당처분 전부를 취소할 수는 없다고 하였다(대판 2012. 3. 29, 2011두9263).
425) 대판 1982. 9. 28, 82누2; 대판 1998. 4. 10, 98두2270; 대판 2009. 6. 23, 2007두18062; 대판 2010. 7. 15, 2010두7031.

해당하는데, 소송자료에 의해 정당한 부과금액을 산출할 수 있는 경우에는 정당한 금액을 초과하는 부분에 대한 일부취소판결을 내려야 하며, 정당한 부과금액을 산출할 수 없는 경우에는 처분 전부를 취소하여 행정청으로 하여금 다시 정당한 부과처분을 내리도록 하게 하여야 한다.[426)]

4. 판결의 효력

(1) 자박력(自縛力 : 불가변력)

판결이 일단 선고되면 선고법원 자신도 이에 구속되어 스스로 판결을 취소·변경할 수 없는 기속을 받게 되는데, 이를 판결의 자박력 또는 불가변력이라 한다. 이는 판결 일반에 인정되는 효력이다.

(2) 형식적 확정력(불가쟁력)

판결에 대한 상소기간이 경과하거나 그 밖의 사유로 상소할 수 없는 때에는 더 이상 그 판결에 대해 다툴 수 없게 되는데, 이를 판결의 형식적 확정력이라 한다. 다만 재심사유가 있는 경우에는 판결의 형식적 확정력은 배제될 수 있다.

(3) 실질적 확정력(기판력)

1) 의의

실질적 확정력이란 소송물에 대한 법원의 판결이 확정되면 이후 동일한 사항이 문제된 경우에 당사자는 판결의 내용에 반하는 주장을 할 수 없고, 법원도 그와 모순·저촉되는 판단을 해서는 안 되는 구속력을 말하며, 이를 기판력이라고도 한다. 예컨대 취소소송에서 처분의 위법성이 인정되어 취소판결이 확정된 경우에 행정청은 더 이상 그 처분이 적법하다고 주장할 수 없으며 법원도 그 판결에 저촉되는 판단을 해서는 안 되는 것이 그에 해당한다. 판결이 확정되기만 하면 인용판결뿐만 아니라 기각판결이나 각하판결(소송판결)의 경우에도 기판력이 인정된다.

행정소송법에는 기판력에 관해 아무런 규정을 두고 있지 않지만, 행정소송법 제8조 제2항에 의해 민사소송법상의 기판력에 관한 규정(216조, 218조)이 준용된다고 본다.[427)]

2) 범위

① 주관적 범위 : 기판력은 원칙적으로 당해 소송의 당사자 및 당사자와 동일시할 수 있는 자에게만 미치고 제3자에게는 미치지 않는데, 이를 기판력의 상대성이라 한다. 행정소송법 제16조에 의해 소송에 참가한 제3자는 필수적 공동소송의 공동소송인에 준하는 지위를 가지므로 그에게도 기판력이 미친다고 할 것이다.

한편 취소소송은 소송수행의 편의상 국가나 공공단체가 아니라 행정청을 피고로 하기 때문에, 그 판결의 기판력은 피고 행정청이 속하는 국가나 공공단체에도 미친다는 것이 판례의 입장이

---

426) 대판 2000. 6. 13, 98두5811; 대판 2004. 7. 22, 2002두868.
427) 대판 2016. 3. 24, 2015두48235 참조.

다.428)

② **객관적 범위** : 기판력은 판결주문에 나타난 소송물에 대한 판단에만 미치고, 판결이유 중에 설시된 사실인정, 선결적 법률관계, 항변 등에는 미치지 않는다.429) 예컨대 절차상 하자를 이유로 징계처분의 무효확인판결이 확정된 경우에 그 판결의 기판력은 '절차상 하자로 인한 징계처분의 무효'에만 미치므로, 피고가 흠결된 절차를 보완하여 종전과 같은 징계사유로 다시 징계처분을 하는 것은 기판력에 저촉되지 않는다.430) 또한 소송판결의 기판력은 그 판결에서 확정한 '소송요건의 흠결'에 관하여만 미친다.431)

행정소송의 수소법원이 관련 민사・가사재판 등의 확정판결에서 인정한 사실과 반대되는 사실을 인정할 수 있는지가 문제된다. 판례에 따르면, 행정소송의 수소법원은 관련 확정판결의 사실인정에 구속되는 것은 아니지만(사실인정에는 기판력이 미치지 않기 때문), 관련 확정판결에서 인정한 사실은 행정소송에서도 유력한 증거자료가 되므로 행정소송에 제출된 다른 증거들에 비추어 관련 확정판결의 사실판단을 채용하기 어렵다고 인정되는 특별한 사정이 없는 한 함부로 이와 반대되는 사실은 인정할 수 없다고 한다.432)

428) 대판 1998. 7. 24, 98다10854.
429) 대판 2015. 1. 29, 2013다64984 참조.
430) 대판 1998. 6. 12, 97누16084.
431) 대판 2015. 10. 29, 2015두44288. 예컨대 조세부과처분에 대한 취소소송에서 제소기간의 도과를 이유로 각하판결이 내려진 경우에 해당 판결의 기판력은 '제소기간의 경과로 인한 소송요건의 흠결'에만 미치며, 소송물인 '조세부과처분의 위법성 여부'에 관해서는 미치지 않는다.
432) 대판 2019. 7. 4, 2018두66869. <사건개요> 베트남인 갑은 한국인 을과 결혼하였는데, 갑은 남편 을과 시어머니의 부당대우를 이유로 이혼소송을 제기하였다. 인천가정법원은 혼인파탄의 주된 책임이 을과 시어머니에게 있다고 인정하여 이혼 및 위자료 100만원 배상판결을 하였으며, 이는 쌍방이 항소하지 않아 그대로 확정되었다. 그 후 갑이 서울남부출입국(외국인사무소장)에 결혼이민 체류자격 허가신청을 하였다(관계 법령에 따르면 국제결혼의 경우 혼인파탄의 주된 귀책사유가 한국인 배우자에게 있는 경우에는 인도주의적 측면에서 이혼한 외국인 배우자에게 체류자격허가를 하여야 한다). 서울남부출입국은 갑과 을을 면담하는 등 실태조사를 실시한 후, 혼인파탄의 주된 귀책사유가 을과 시어머니에게만 있다고 볼 수 없다는 이유로 위 신청에 대해 거부처분을 내렸다. 이에 갑은 거부처분 취소소송을 제기하였는데, 원심(서울고등법원)은 갑에게도 혼인파탄에 관하여 일정 부분 책임이 있다는 이유로 거부처분은 정당하다고 판시하였다. 이에 대한 상고심에서 대법원은, 혼인파탄이 주된 귀책사유가 누구에게 있는지의 문제는 가정법원 법관들에게 가장 전문적인 판단을 기대할 수 있으므로 행정법원의 수소법원은 특별한 사정이 없는 한 가정법원이 이혼확정판결에서 내린 판단을 존중하여야 하며, 설혹 이혼소송에서 사실인정과 책임판단에서 누락된 사정이 일부 있다고 하더라도 이혼확정판결의 판단내용을

취소소송의 기판력이 그 후에 제기된 '처분의 위법을 이유로 한 국가배상청구소송'에 미치는지 가 문제된다. 이는 취소소송에 있어서 처분의 위법성과 국가배상소송에 있어서 처분의 위법성이 같은 개념인지와 직결되는 문제라 할 것인바, 양자를 동일한 것으로 보는 견해에 따르면 취소소송 의 기판력이 국가배상소송에도 미치는데 대하여, 양자를 다르게 보는 견해에 따르면 취소소송의 기판력은 국가배상소송에는 미치지 않게 된다.[433]

> **판례** ①『확정판결의 기판력은 그 판결의 주문에 포함된 것, 즉 소송물로 주장된 법률관계의 존부에 관한 판단의 결론 그 자체에만 미치는 것이고, 판결이유에서 설시된 그 전제가 되는 법률관계의 존부에 까지 미치는 것은 아니다.』 (대판 2015. 1. 29, 2013다64984)
>
> ②『직위해제 및 면직처분의 무효확인판결의 기판력은 판결주문에 포함된 위 각 처분의 무효 여부에 관한 법률적 판단의 내용에 미치는 것으로, 절차상 위법을 이유로 한 무효확인판결이 확정된 후에 지방 의료공사가 종전의 처분사유와 동일한 사유를 들어 다시 당해 정직처분을 하였다고 하여 위 확정판결의 기판력에 저촉된다고 할 수 없다.』 (대판 1998. 6. 12, 97누16084)
>
> ③『소송판결의 기판력은 그 판결에서 확정한 소송요건의 흠결에 관하여 미치며, 확정된 종국판결의 사실심 변론종결 이전에 발생하고 제출할 수 있었던 사유에 기인한 주장이나 항변은 확정판결의 기판력 에 의하여 차단되므로 당사자가 그와 같은 사유를 원인으로 확정판결의 내용에 반하는 주장을 새로이 하 는 것은 허용되지 아니한다.』 (대판 2015. 10. 29, 2015두44288)

③ **시간적 범위** : 종국판결은 사실심의 변론종결시까지 소송에 현출된 자료를 바탕으로 행해지 는 것이므로, 기판력은 사실심의 변론종결시를 기준으로 발생한다.[434] 따라서 사실심 변론종결 이 후에 새로 발생한 사유를 주장하여 종전 판결내용에 반하는 주장을 하는 것은 기판력에 저촉되지 않는다. 그리고 변론종결 후에 발생한 새로운 사유란 새로운 사실관계를 말하는 것이고 기존의 사 실관계에 대한 새로운 증거자료가 있다거나 새로운 법적 평가가 있다는 등의 사정은 포함되지 않 는다는 것이 판례의 입장이다.[435]

(4) 형성력

1) 의의

판결의 형성력이란 판결의 취지에 따라 곧바로 법률관계의 발생·변경·소멸을 가져오는 효력 을 말한다. 예컨대 영업정지처분에 대한 취소판결이 있으면 처분청의 별도의 행위를 기다리지 않 고 곧바로 그 처분의 효력이 소멸하는 것이 그에 해당한다.

이러한 판결의 형성력은 원칙적으로 '취소소송의 인용판결(취소판결)'이 확정된 경우에만 인정 된다. 즉, 판결의 형성력은 형성의 소에만 인정되는데, 무효등확인소송이나 부작위위법확인소송은

함부로 뒤집으려고 해서는 안 된다고 하였다.
433) 이에 관한 상세는 이 책 국가배상책임의 요건 중 "법령위반(위법성)" 부분 참조.
434) 대판 2014. 1. 23, 2013다64793; 대판 2015. 10. 29, 2015두44288.
435) 대판 2016. 8. 30, 2016다222149.

확인의 소에 해당하기 때문에 형성력이 인정되지 않는다. 또한 취소소송의 경우에도 각하판결이나 기각판결은 기존의 법률관계에 아무런 변동을 가져오지 않으므로 형성력이 인정되지 않는다.

2) 효력범위(대세효)

종래 판결의 형성력이 소송당사자에게만 미치는지 아니면 제3자에게도 미치는지에 대해 다툼이 있었는데, 행정소송법은 "처분 등을 취소하는 확정판결은 제3자에 대하여도 효력이 있다"(29조 1항)고 하여 형성력의 대세적 효력을 명시적으로 규정하고 있다. 이러한 형성력의 대세효는 제3자효행정행위와 관련이 깊다. 예컨대 건축허가에 대해 인근주민이 취소소송을 제기한 경우에, 취소판결은 소송당사자(인근주민과 처분청)뿐만 아니라 건축허가를 받은 자(소송에 있어서의 제3자)에게도 그 효력이 미치는 것이 그에 해당한다.

이와 관련하여 판결의 형성력이 미치는 제3자의 범위에 대하여 다툼이 있다. 일부 견해는 소송참가인에 한정하여 판결의 형성력이 미친다고 보나(상대적 형성력설), 행정법관계의 획일적 규율의 필요성 등을 이유로 모든 사람에게 판결의 형성력이 미친다고 보는 것이 다수설의 입장이다(절대적 형성력설).

한편, 취소판결의 대세적 효력은 무효등확인소송과 부작위위법확인소송에 준용되고 있다(38조). 따라서 무효등확인판결이나 부작위위법확인판결의 효력은 제3자에게도 미친다.[436]

3) 제3자 보호

판결의 형성력은 소송의 직접당사자가 아닌 제3자에게도 미치기 때문에 제3자의 권리보호의 기회를 마련할 필요가 있는데, 이와 관련하여 행정소송법은 제3자의 소송참가(16조) 및 제3자의 재심청구(31조)를 규정하고 있다.

(5) 기속력

1) 의의

취소소송에 있어 인용판결이 확정되면 피고 행정청과 그 밖의 관계 행정청은 판결의 취지에 따라 행동하여야 할 의무를 지는데(30조 1항), 이를 판결의 기속력이라 한다. 예컨대 영업정지처분에 대한 취소판결이 확정되면 행정청은 동일한 사유로 다시 영업정지처분을 내려서는 안 되며, 정보공개거부처분에 대한 취소판결이 확정되면 행정청은 신청된 정보를 공개할 의무를 지는 것이 그에 해당한다.

이러한 판결의 기속력은 항고소송 일반에 있어 인용판결이 확정된 경우에 인정된다.[437] 기각판결의 경우에는 기속력이 인정되지 않으므로, 처분에 대한 취소소송에서 기각판결이 확정된 후에

---

436) 앞에서 설명한 바와 같이 판결의 형성력은 형성의 소에만 인정되기 때문에 무효등확인소송과 부작위위법확인소송의 경우에는 형성력이 인정되지 않는다. 따라서 위 준용규정의 취지는 무효등확인판결이나 부작위위법확인판결에도 형성력이 인정된다는 의미가 아니라, 무효등확인판결이나 부작위위법확인판결의 효력이 제3자에게도 미킨다는 의미이다.

437) 행정소송법은 취소판결의 기속력에 관해 규정한 다음(30조), 이를 무효등확인소송과 부작위위법확인소송에 준용하고 있다(38조).

처분청이 해당 처분을 직권으로 취소하여도 무방하다.[438]

2) 성질

① 학설 : 기속력의 성질에 관해서는 기판력의 일종으로 보는 견해(기판력설)와 행정소송에 있어 판결의 효과를 보장하기 위해 실정법이 부여한 특수한 효력으로 보는 견해(특수효력설)가 대립하고 있는데, 특수효력설이 다수설이다.

② 판례 : 판례는 기속력과 기판력을 구별하고 있는데, 이는 특수효력설의 입장에 선 것으로 보인다.[439]

> **판례** 『행정소송법 제30조 제1항은 "처분 등을 취소하는 확정판결은 그 사건에 관하여 당사자인 행정청과 그 밖의 관계행정청을 기속한다"라고 규정하고 있다. 이러한 취소 확정판결의 '기속력'은 취소청구가 인용된 판결에서 인정되는 것으로서, 당사자인 행정청과 그 밖의 관계행정청에게 확정판결의 취지에 따라 행동하여야 할 의무를 지우는 작용을 한다. 이에 비하여 행정소송법 제8조 제2항에 의하여 행정소송에 준용되는 민사소송법 제216조, 제218조가 규정하고 있는 '기판력'이란 기판력있는 전소 판결의 소송물과 동일한 후소를 허용하지 않음과 동시에, 후소의 소송물이 전소의 소송물과 동일하지는 않더라도 전소의 소송물에 관한 판단이 후소의 선결문제가 되거나 모순관계에 있을 때에는 후소에서 전소 판결의 판단과 다른 주장을 하는 것을 허용하지 않는 작용을 한다.』 (대판 2016. 3. 24. 2015두48235)

③ 소결 : 판결의 기속력은 법적 근거 및 그 효력이 미치는 주관적·객관적 범위 등에 있어 기판력과 차이가 있다. 즉, i) 기판력은 행정소송법 제8조 제2항 및 민사소송법 제216조·제218조에 근거하나 기속력은 행정소송법 제30조에 근거하고, ii) 기판력은 소송당사자 및 그와 동일시할 수 있는 자에게 미치나 기속력은 피고 행정청 및 관계 행정청에게 미치며, iii) 기판력은 판결주문에 나타난 소송물에 대한 판단에만 미치나 기속력은 판결주문뿐만 아니라 그 전제가 되는 처분의 구체적 위법사유에 관한 판단에도 미치며, iv) 기판력은 인용판결뿐만 아니라 소송판결과 기각판결의 경우에도 인정되나 기속력은 인용판결의 경우에만 인정된다. 따라서 기속력은 기판력의 일종이 아니라 행정소송에 있어 판결의 실효성을 보장하기 위해 행정소송법이 특별히 인정하는 효력이라고 보는 것이 타당할 것이다.

3) 내용

① **부작위의무(반복금지효)** : 취소소송에 있어 인용판결(취소판결)이 확정되면, 행정청은 동일한 사유로 동일한 당사자에 대하여 동일한 내용의 처분을 반복해서는 안 된다. 예컨대 춘천시장이 갑에게 청소년에게 술을 판매하였다는 이유로 영업정지처분을 내렸는데, 이에 대한 취소소송에서 청소년에게 술을 판매한 사실이 인정되지 않는다고 하여 영업정지처분에 대한 취소판결이 확정되면 춘천시장은 동일한 사유로 다시 영업정지처분을 내려서는 안 된다.

---

438) 예컨대 영업정지처분에 대한 취소소송에서 기각판결이 확정된 후에 처분청이 그 영업정지처분을 직권으로 취소하는 것이 이에 해당한다.
439) 대판 2016. 3. 24, 2015두48235.

다만 행정청이 종전과는 다른 사유로 다시 종전과 같은 내용의 처분을 하는 것은 판결의 기속력에 저촉되지 않는다. 예컨대 위의 사안에서 춘천시장이 갑에게 유통기한이 경과한 식품을 판매하였다는 이유로 영업정지처분을 내리는 것이 그에 해당한다.

> **판례** 『종전 처분이 판결에 의하여 취소되었더라도 종전 처분과 다른 사유를 들어서 새로이 처분을 하는 것은 기속력에 저촉되지 않는다. 여기에서 동일 사유인지 다른 사유인지는 확정판결에서 위법한 것으로 판단된 종전 처분사유와 기본적 사실관계에서 동일성이 인정되는지 여부에 따라 판단되어야 한다.』
> (대판 2016. 3. 24. 2015두48235)

재량행위의 경우에 재량권의 일탈·남용을 이유로 취소판결이 확정된 경우에는 행정청은 판결의 취지에 따라 적정한 재량권을 행사해서 다시 처분을 내릴 수 있음은 물론이다. 예컨대 청소년에게 술을 판매하였다는 이유로 3개월의 영업정지처분이 내려졌는데, 이에 대한 취소소송에서 청소년에게 술을 판매한 사실은 인정되지만 3개월의 영업정지처분은 지나치게 무거워서 재량권의 남용에 해당한다는 이유로 취소판결이 확정된 경우에, 행정청은 다시 종전과 같은 3개월의 영업정지처분을 내리는 것은 기속력에 저촉되지만 다시금 적정한 재량권을 행사해서 종전보다 감경된 영업정지처분을 내리는 것은 기속력에 저촉되지 않는다.

한편, 처분의 절차상의 하자를 이유로 인용판결(취소판결)이 내려진 경우에는 그 판결의 기속력은 절차상의 하자에 한하여 미치므로, 행정청이 절차상 하자를 시정하여 다시 종전과 같은 내용의 처분을 하는 것은 가능하다. 예컨대 영업정지처분이 행정절차법상의 의견청취절차를 거치지 않았다는 이유로 취소된 경우에 행정청은 흠결된 의견청취절차를 보완하여 다시 영업정지처분을 내려도 무방하다.

② **원상회복(결과제거)의무** : 처분의 취소판결이 확정되면 행정청은 본래의 처분에 의하여 초래된 위법상태를 제거하여 원상회복할 의무가 있다. 예컨대 재산의 압류처분이 취소되면 행정청은 압류한 재산을 상대방에게 반환할 의무를 지며, 조세부과처분이 취소되면 행정청은 이미 납부된 세액을 상대방에게 반환하여야 할 의무를 지는 것이 그에 해당한다. 이에 따라 상대방은 행정청에 대해 결과제거청구권(압류재산 반환) 또는 부당이득반환청구권(납부세액 환급)을 갖는다.

행정소송법은 판결의 기속력 조항에서 행정청의 원상회복의무에 관해 명시적인 규정을 두고 있지 않음으로써 원상회복의무가 기속력에 포함될 수 있는지가 문제될 수 있는데,[440] 판례는 이를 긍정하고 있다.[441]

---

440) 2013년 입법예고된 법무부 행정소송법 개정안에는 취소판결의 기속력에 '행정청의 원상회복의무'에 관하여 명문의 규정을 두었다.
  행정소송법 개정안 제32조 ④ 판결에 따라 취소되는 처분등이 이미 집행된 경우에는 당사자인 행정청과 그 밖의 관계 행정청은 그 집행으로 인하여 직접 원고에게 발생한 위법한 결과를 제거하기 위하여 필요한 조치를 해야 한다.

441) 대판 2019. 10. 17, 2018두104; 대판 2020. 4. 9, 2019두49953.

> **판례** 『어떤 행정처분을 위법하다고 판단하여 취소하는 판결이 확정되면 행정청은 취소판결의 기속력에 따라 그 판결에서 확인된 위법사유를 배제한 상태에서 다시 처분을 하거나 그 밖에 위법한 결과를 제거하는 조치를 할 의무가 있다(행정소송법 제30조).』(대판 2019. 10. 17, 2018두104; 대판 2020. 4. 9, 2019두49953)

처분의 취소판결이 확정되었음에도 불구하고 행정청이 원상회복의무를 이행하지 않는 경우의 구제수단이 문제될 수 있는데, 일반적으로는 결과제거청구권이나 부당이득반환청구권의 행사에 의해 해결하여야 할 것이다. 즉, 원고는 행정청에 결과제거나 부당이득반환을 청구하고, 만일 행정청이 그에 응하지 않으면 결과제거나 부당이득반환을 구하는 소송을 제기하여야 한다. 결과제거나 부당이득반환을 구하는 소송은 공법상 당사자소송에 의하여야 한다는 것이 학설의 입장인데, 판례는 부당이득반환청구소송은 특별한 규정이 없는 한 민사소송에 의하여야 한다는 입장을 취하고 있다.

입법론적으로는 간접강제에 관한 행정소송법 규정(34조)의 준용도 검토될 필요가 있다. 예컨대 압류처분이 취소되었음에도 불구하고 압류재산을 반환하지 않는 경우에 원고의 신청에 의해 제1심수소법원의 결정으로써 상당한 기간을 정하고 행정청이 그 기간 내에 이행하지 않으면 이행지연기간에 따라 손해배상을 명할 수 있도록 하는 것이 그에 해당한다. 처분의 취소판결이 확정되었음에도 불구하고 행정청이 원상회복의무를 이행하지 않는 경우에 위에서 설명한 것처럼 다시 원상회복을 구하는 소송을 제기하여야 하는 것은 원고의 권리구제에 너무 부담을 주기 때문이다.

③ **재처분의무**(적극적 처분의무) : '거부처분의 취소판결'이 확정되면 행정청은 판결의 취지에 따라 다시 이전의 신청에 대한 처분을 하여야 하는 의무를 지는데(30조 2항), 이를 재처분의무라 한다. 본래 거부처분이나 부작위에 대해서는 의무이행소송으로 다투는 것이 가장 실효적인 구제방법이나, 우리나라는 의무이행소송을 인정하지 않기 때문에 거부처분에 대해서는 취소소송을 통해 다툴 수밖에 없다. 이 경우 거부처분에 대한 취소판결이 확정된 경우에 행정청에게 재처분의무를 과함으로써 의무이행소송에 준하는 효과를 거둘 수 있도록 하고 있다. 이러한 재처분의무는 거부처분에 대한 무효확인소송이나 부작위위법확인소송에 준용된다(38조). 행정청의 재처분의무의 구체적 내용은 다음과 같다.

i) 거부처분이 실체적 하자를 이유로 취소된 경우 : 이 경우 판결의 취지는 거부처분이 실체법적으로 위법하다는 것이므로 행정청은 판결의 취지에 따라 다시 이전의 신청에 대한 처분을 하여야 한다. 다만 행정청이 판결에서 확정한 위법사유와 기본적 사실관계의 동일성이 인정되지 않는 다른 사유를 들어 다시 거부처분을 내리는 것은 기속력에 저촉되지 않는다. 예컨대 건축허가신청에 대해 진입로 미확보를 이유로 거부처분이 내려졌는데 이에 대한 취소소송에서 진입로의 요건을 갖추었다는 이유로 거부처분에 대한 취소판결이 확정된 경우에, 행정청이 건폐율 위반을 이유로 다시 거부처분을 내리는 것이 그에 해당한다.

한편, 주민의 도시관리계획 입안제안을 거부한 처분이 이익형량에 하자가 있어 위법하다는 이유로 취소판결이 확정되었다 하더라도 행정청에게 그 입안제안을 그대로 수용하는 내용의 도시관리계획을 수립할 의무는 없고, 행정청이 다시 새로운 이익형량을 하여 적극적으로 도시관리계획을 수립하였다면 취소판결의 기속력에 따른 재처분의무를 이행한 것으로 보아야 한다는 것이 판례의 입장이다.[442]

ii) **거부처분이 절차상의 하자를 이유로 취소된 경우** : 이 경우 판결의 취지는 해당 처분이 절차적으로 위법하다는 것이므로, 행정청은 흠결된 절차를 보완하여 다시 처분을 내릴 의무를 진다. 이때 행정청은 흠결된 절차를 보완하기만 하면 다시 종전과 같은 거부처분을 할 수도 있다. 예컨대 건축허가신청에 대한 거부처분이 절차상 하자를 이유로 취소된 경우에, 행정청은 흠결된 절차를 보완한 다음 다시 거부처분을 내려도 된다.

iii) **신청에 따른 처분이 절차상 하자로 취소된 경우** : 재처분의무에 관한 행정소송법 제30조 제2항은 '신청에 따른 처분이 절차상의 위법을 이유로 취소된 경우'에도 준용되는데(30조 3항), 이는 제3자효행정행위에 있어서 처분의 상대방 아닌 제3자가 취소소송을 제기하는 경우의 문제이다.[443] 예컨대 甲의 건축허가신청에 대해 행정청이 건축허가처분을 해주었는데(신청에 따른 처분) 그 처분에 대해 인근주민 乙이 취소소송을 제기한 사건에서, 만일 위 건축허가처분이 절차상 하자가 있다는 이유로 취소판결이 확정된 경우에는 행정청은 흠결된 절차를 보완하여 다시 처분을 내려야 하는 의무를 진다는 것이다. 이 경우 행정청은 절차를 보완하기만 하면 다시 종전과 같은 내용의 처분을 내릴 수 있음은 물론이다.

> **판례** 『행정소송법 제30조 제2항의 규정에 의하면 행정청의 거부처분을 취소하는 판결이 확정된 경우에는 그 처분을 행한 행정청이 판결의 취지에 따라 이전의 신청에 대하여 재처분할 의무가 있다고 할 것이나, 그 취소사유가 행정처분의 절차, 방법의 위법으로 인한 것이라면 그 처분 행정청은 그 확정판결의 취지에 따라 그 위법사유를 보완하여 다시 종전의 신청에 대한 거부처분을 할 수 있고, 그러한 처분도 위 조항에 규정된 재처분에 해당한다.』(대판 2005. 1. 14, 2003두13045)

4) 기속력의 범위

① **주관적 범위** : 기속력은 피고 행정청뿐만 아니라 그 밖의 모든 관계 행정청에게도 미친다(30조 1항). 여기에서 관계 행정청이란 취소된 처분과 관련되는 처분을 할 권한을 가지는 모든 행정청을 의미한다.

② **객관적 범위** : i) 기속력은 판결의 주문뿐만 아니라 그 전제가 된 요건사실의 인정과 판단, 즉 처분의 구체적 위법사유에 관한 판단에 미치며, 판결의 결론과 직접 관련이 없는 방론이나 간

---

442) 대판 2020. 6. 25, 2019두56135.
443) ii)의 '거부처분이 절차상 하자로 취소된 경우'와 iii)의 '신청에 따른 처분이 절차상의 하자로 취소된 경우'의 차이를 정확히 이해할 필요가 있다. '거부처분'에 대해서는 처분신청인이 소를 제기하는데 대하여, '신청에 따른 처분'에 대해서는 제3자가 소를 제기하는 것이 일반적이다. 예컨대 갑의 건축허가신청에 대한 거부처분에 대해서는 신청인인 갑이 취소소송을 제기하는데 대하여, 갑의 건축허가신청에 대한 건축허가처분에 대해서는 인근주민 을이 취소소송을 제기하는 것이 그에 해당한다.

접사실의 판단에는 미치지 않는다.[444]

ii) 행정청이 판결에서 위법하다고 판단된 처분사유와 동일한 사유로 다시 종전과 같은 처분을 하는 것은 기속력에 반하지만, '다른 사유'를 들어 다시 종전과 같은 처분을 하는 것은 기속력에 저촉되지 않는다. 여기에서 동일한 사유인지 여부는 판결에서 판단된 종전의 처분사유와 기본적 사실관계에 있어 동일성이 인정되는지 여부에 따라 판단되어야 하며, 또한 기본적 사실관계의 동일성 유무는 처분사유를 법률적으로 평가하기 이전의 구체적인 사실에 착안하여 그 기초인 사회적 사실관계가 기본적인 점에서 동일한지에 따라 결정된다는 것이 판례의 입장이다.[445]

> **판례** ① 『행정소송법 제30조 제1항에 의하여 인정되는 취소소송에서 처분 등을 취소하는 확정판결의 기속력은 주로 판결의 실효성 확보를 위하여 인정되는 효력으로서, 판결의 주문뿐만 아니라 그 전제가 되는 처분 등의 구체적 위법사유에 관한 이유 중의 판단에 대하여도 인정된다.』 (대판 2001. 3. 23. 99두5238)
>
> ② 『취소 확정판결의 기속력은 판결의 주문 및 전제가 되는 처분 등의 구체적 위법사유에 관한 판단에도 미치나, 종전 처분이 판결에 의하여 취소되었더라도 종전 처분과 다른 사유를 들어서 새로이 처분을 하는 것은 기속력에 저촉되지 않는다. 여기에서 동일 사유인지 다른 사유인지는 확정판결에서 위법한 것으로 판단된 종전 처분사유와 기본적 사실관계에서 동일성이 인정되는지 여부에 따라 판단되어야 하고, 기본적 사실관계의 동일성 유무는 처분사유를 법률적으로 평가하기 이전의 구체적인 사실에 착안하여 그 기초인 사회적 사실관계가 기본적인 점에서 동일한지에 따라 결정된다.』 (대판 2016. 3. 24. 2015두48235)

③ **시간적 범위** : 행정처분의 위법 여부는 원칙적으로 처분 당시의 법령과 사실을 기준으로 판단하므로, 판결의 기속력은 처분 당시에 존재하였던 사유에만 미친다. 따라서 행정청은 처분 후에 발생한 새로운 사유(법령 개정 포함)를 들어 다시 종전과 같은 내용의 처분을 하여도 기속력에 저촉되지 않는다.[446] 여기에서 새로운 사유인지는 판결에서 위법하다고 판단된 처분사유와 기본적 사실관계의 동일성이 인정되는 것인지 여부에 따라 판단되어야 한다는 것이 판례의 입장이다.[447] 다만 거부처분의 경우에는 행정청이 거부처분취소판결이 내려진 후에 정당한 이유없이 재처분을 늦추고 있는 사이에 법령이 개정되어 이를 이유로 다시 거부처분을 하는 것은 재처분의무를 잠탈

---

444) 대판 2005. 12. 9, 2003두7703; 대판 2016. 3. 24, 2015두48235. 기판력은 판결주문에서 판단된 것에만 미치는 점에서 기속력과 차이가 있음에 유의하여야 한다.
445) 대판 2016. 3. 24, 2015두48235. 예컨대, 정보공개신청에 대해 행정청이 정보공개법 제9조 제1항 제6호의 '사생활의 비밀을 침해할 우려가 있는 정보'에 해당한다는 이유로 비공개결정을 내렸고, 이에 대한 취소소송에서 사생활의 비밀을 침해할 우려가 없다는 이유로 인용판결(취소판결)이 확정된 경우에, 판결의 기속력은 해당 사유에만 미치므로 행정청이 정보공개법 제9조 제1항 제2호의 '국가의 중대한 이익을 해칠 우려가 있는 정보'에 해당한다는 이유로 다시 비공개결정을 내려도 기속력에 저촉되지 않는다. 판례에 따르면, 과세관청이 갑에게 부동산임대소득을 원인으로 한 종합소득세부과처분을 내렸는데, 이에 대한 취소소송에서 원고의 소득이 부동산임대소득이 아니라 이자소득이라는 이유로 취소판결이 확정된 경우에, 과세관청이 갑에게 다시 이자소득을 원인으로 하는 종합소득세부과처분을 내린 것은 판결의 기속력에 저촉되지 않는다고 하였다(대판 2002. 7. 23, 2000두6237).
446) 대판 2011. 10. 27, 2011두14401; 대판 2016. 3. 24, 2015두48235.
447) 대판 2011. 10. 27, 2011두14401.

하는 결과가 되어 허용되지 않는다는 견해가 있는데,[448] 타당한 지적이라 생각된다.

> **판례** ① 『[1] 행정소송법 제30조 제2항에 의하면, 행정청의 거부처분을 취소하는 판결이 확정된 경우에는 처분을 행한 행정청이 판결의 취지에 따라 이전 신청에 대하여 재처분을 할 의무가 있다. 행정처분의 적법 여부는 행정처분이 행하여진 때의 법령과 사실을 기준으로 판단하는 것이므로 확정판결의 당사자인 처분 행정청은 종전 처분 후에 발생한 새로운 사유를 내세워 다시 거부처분을 할 수 있고, 그러한 처분도 위 조항에 규정된 재처분에 해당한다. 여기에서 '새로운 사유'인지는 종전 처분에 관하여 위법한 것으로 판결에서 판단된 사유와 기본적 사실관계의 동일성이 인정되는 사유인지에 따라 판단되어야 하고, 기본적 사실관계의 동일성 유무는 처분사유를 법률적으로 평가하기 이전의 구체적인 사실에 착안하여 그 기초인 사회적 사실관계가 기본적인 점에서 동일한지에 따라 결정된다.
>
> [2] 고양시장이 甲주식회사의 공동주택 건립을 위한 주택건설사업계획승인 신청에 대하여 미디어밸리 조성을 위한 시가화예정지역이라는 이유로 거부하자, 甲회사가 거부처분의 취소를 구하는 소송을 제기하여 승소판결을 받았고 위 판결이 그대로 확정되었는데, 이후 고양시장이 해당 토지 일대가 개발행위허가 제한지역으로 지정되었다는 이유로 다시 거부하는 처분을 한 사안에서, 재거부처분은 종전 거부처분 후 해당 토지 일대가 개발행위허가 제한지역으로 지정되었다는 새로운 사실을 사유로 하는 것으로, 이는 종전 거부처분 사유와 내용상 기초가 되는 구체적인 사실관계가 달라 기본적 사실관계가 동일하다고 볼 수 없다는 이유로, 행정소송법 제30조 제2항에서 정한 재처분에 해당하고 종전 거부처분을 취소한 확정판결의 기속력에 반하는 것은 아니라고 본 원심판단을 수긍한 사례.』 (대판 2011. 10. 27, 2011두14401)
>
> ② 『행정처분의 위법 여부는 행정처분이 행하여진 때의 법령과 사실을 기준으로 판단하므로, 확정판결의 당사자인 처분 행정청은 종전 처분 후에 발생한 새로운 사유를 내세워 다시 처분을 할 수 있고, 새로운 처분의 처분사유가 종전 처분의 처분사유와 기본적 사실관계에서 동일하지 않은 다른 사유에 해당하는 이상, 처분사유가 종전 처분 당시 이미 존재하고 있었고 당사자가 이를 알고 있었더라도 이를 내세워 새로이 처분을 하는 것은 확정판결의 기속력에 저촉되지 않는다.』 (대판 2016. 3. 24, 2015두48235)

5) 기속력 위반행위의 효과

행정청이 판결의 기속력에 저촉되는 행정행위를 한 경우에 그 하자는 중대·명백한 것이어서 무효라는 것이 통설과 판례의 입장이다.

> **판례** 『확정판결의 당사자인 처분행정청이 그 행정소송의 사실심 변론종결 이전의 사유를 내세워 다시 확정판결과 저촉되는 행정처분을 하는 것은 허용되지 않는 것으로서, 이러한 행정처분은 그 하자가 중대하고도 명백한 것이어서 당연무효라 할 것이다.』 (대판 1990. 12. 11, 90누3560)

(6) 집행력(간접강제)

1) 의의

일반적으로 집행력이란 판결에서 명한 의무를 상대방이 이행하지 않는 경우에 강제집행절차에 의하여 실현할 수 있는 효력을 말하는데, 행정소송법은 의무이행소송을 인정하지 않기 때문에 판결이 집행력은 인정되지 않는다

---

448) 정하중/김광수, 812면.

한편 거부처분 취소판결이 확정되면 판결의 기속력에 의해 행정청에게 재처분의무를 과하고 있는데(30조 2항), 그럼에도 불구하고 행정청이 재처분의무를 이행하지 않는 경우에는 판결의 실효성을 확보하기 위한 수단이 필요하다. 이에 행정소송법은 "제1심 수소법원은 당사자의 신청에 의하여 결정으로 상당한 기간을 정하고 행정청이 그 기간 내에 이행하지 아니하는 때에는 그 지연기간에 따라 일정한 배상을 할 것을 명하거나 즉시 손해배상을 할 것을 명할 수 있다"고 함으로써 간접강제의 방법을 규정하고 있다(34조 1항). 즉, 행정청이 재처분의무를 이행하지 않는 경우에 법원이 행정청에게 지연기간에 따른 배상을 명함으로써 심리적 압박을 가하여 재처분의무를 이행하도록 하는 것이다. 이러한 간접강제는 부작위위법확인소송에도 준용된다(38조 2항).

2) 요건 및 절차

① 거부처분 취소판결이 확정되었음에도 불구하고 행정청이 판결의 취지에 따른 재처분의무를 이행하지 않아야 한다. 행정청이 재처분을 하기는 하였으나 그것이 판결의 취지에 따르지 않는 처분이어서 판결의 기속력에 위반되어 당연무효인 경우에, 이는 결국 아무런 처분을 하지 않은 것과 마찬가지이므로 간접강제의 요건이 충족된다는 것이 판례의 입장이다.449)

> **판례** 『거부처분에 대한 취소의 확정판결이 있음에도 행정청이 아무런 재처분을 하지 아니하거나, 재처분을 하였다 하더라도 그것이 종전 거부처분에 대한 취소의 확정판결의 기속력에 반하는 등으로 당연무효라면 이는 아무런 재처분을 하지 아니한 때와 마찬가지라 할 것이므로 이러한 경우에는 위 규정에 의한 간접강제신청에 필요한 요건을 갖춘 것으로 보아야 할 것이다.』(대판 2002. 12. 11. 2002무22)

② 당사자가 제1심 수소법원에 간접강제를 신청하면 법원은 결정으로써 상당한 기간을 정하고, 행정청이 그 기간 내에 이행하지 아니하는 때에는 그 지연기간에 따라 일정한 배상을 할 것을 명하거나 즉시 손해배상을 할 것을 명할 수 있다.450)

3) 배상금의 성질과 추심

행정청이 법원이 정한 재처분의무 이행기간이 경과한 후에 처분의무를 이행한 경우에 재처분의 지연에 따른 배상금을 추심할 수 있는지가 문제된다. 이에 대해 판례는, 간접강제결정에 의한 배상금은 확정판결의 취지에 따른 재처분의 지연에 대한 제재나 손해배상이 아니고 재처분의 이행에 관한 심리적 강제수단에 불과한 것으로 보아야 하므로, 특별한 사정이 없는 한 간접강제결정에서 정한 의무이행기한이 경과한 후에라도 확정판결의 취지에 따른 재처분의 이행이 있으면 배상금을 추심함으로써 심리적 강제를 꾀할 목적이 상실되어 처분상대방이 더 이상 배상금을 추심

---

449) 대결 2002. 12. 11, 2002무22.

450) 예컨대 인천대학(당시 인천광역시가 설립한 공립대학) 교수 재임용 거부처분에 대한 취소소송에서 인용판결이 확정되었음에도 불구하고 인천광역시장이 임용처분을 내려주지 않자 인용판결을 받은 재임용탈락교수들이 행정소송법 제34조에 따라 서울고등법원에 간접강제를 신청하였다. 이에 대해 서울고등법원은, 인천광역시장은 위 신청인들에 대하여 1998. 2. 10.까지 위 확정판결의 취지에 따른 처분을 하고 위 기간까지 처분을 하지 않을 때에는 신청인들에게 1998. 2. 11.부터 처분시까지 1일 금300,000원의 비율에 의한 금원을 지급하라는 내용의 결정을 하였다(서울고등법원 97부2248 : 서울고판 2002. 1. 25, 98누7963 참조).

하는 것은 허용되지 않는다는 입장을 취하고 있다.[451)]

> **판례** 『행정소송법 제34조 소정의 간접강제결정에 기한 배상금은 거부처분취소판결이 확정된 경우 그 처분을 행한 행정청으로 하여금 확정판결의 취지에 따른 재처분의무의 이행을 확실히 담보하기 위한 것으로서, 확정판결의 취지에 따른 재처분의무 내용의 불확정성과 그에 따른 재처분에의 해당 여부에 관한 쟁송으로 인하여 간접강제결정에서 정한 재처분의무의 기한 경과에 따른 배상금이 증가될 가능성이 자칫 행정청으로 하여금 인용처분을 강제하여 행정청의 재량권을 박탈하는 결과를 초래할 위험성이 있는 점 등을 감안하면, 이는 확정판결의 취지에 따른 재처분의 지연에 대한 제재나 손해배상이 아니고 재처분의 이행에 관한 심리적 강제수단에 불과한 것으로 보아야 하므로, 특별한 사정이 없는 한 간접강제결정에서 정한 의무이행기한이 경과한 후에라도 확정판결의 취지에 따른 재처분의 이행이 있으면 배상금을 추심함으로써 심리적 강제를 꾀할 목적이 상실되어 처분상대방이 더 이상 배상금을 추심하는 것은 허용되지 않는다.』 (대판 2004. 1. 15, 2002두2444)

5. 위헌판결의 통보 및 공고

행정소송에 대한 대법원판결에 의하여 명령·규칙이 헌법 또는 법률에 위반된다는 것이 확정된 경우에는 대법원은 지체없이 그 사유를 행정안전부장관에게 통보하여야 하며, 통보를 받은 행정안전부장관은 지체없이 이를 관보에 게재하여야 한다(6조).

XIV. 판결에 의하지 않는 취소소송의 종료

취소소송은 법원의 종국판결에 의하여 종료되는 것이 원칙이나, 그 밖에 소의 취하, 당사자의 소멸 등에 의해서도 종료될 수 있다. 한편, 취소소송에 있어서도 민사소송에 있어서와 같이 청구의 포기·인낙이나 소송상의 화해가 허용되는지에 대하여 다툼이 있다.

1. 소의 취하

취소소송의 경우에도 처분권주의가 적용되므로 원고의 소 취하에 의하여 소송이 종료될 수 있음은 물론이다. 원고는 '판결이 확정되기 전'까지는 언제라도 소의 전부 또는 일부를 취하할 수 있으나, 다만 피고가 본안에 대하여 준비서면을 제출하거나 준비절차에서 진술·변론을 한 후에는 피고의 동의가 있어야 한다(민사소송법 266조 2항). 소의 취하는 원칙적으로 서면으로 하여야 하지만, 변론 또는 변론준비기일에서 구술로 할 수 있다(동법 266조 3항).

2. 청구의 포기·인낙

(1) 의의

청구의 포기란 원고가 법원에 대해 자기의 소송상의 청구가 이유 없음을 자인하는 의사표시를 말하며, 청구의 인낙(認諾)은 피고가 법원에 대해 원고의 소송상의 청구가 이유 있음을 자인하는

---

451) 대판 2004. 1. 15, 2002두2444.

의사표시를 말한다.

민사소송법은 당사자가 청구의 포기 또는 인낙을 조서에 기재한 때에는 그 조서는 확정판결과 동일한 효력이 있는 것으로 보고 있는데(220조), 이러한 청구의 포기·인낙이 취소소송에도 인정될 수 있는지가 문제되고 있다.

(2) 학설

① **부정설** : 부정설에 따르면 공공성으로 인하여 직권탐지주의가 채택되고 있는 취소소송에 있어서는 처분권주의가 제한되어 당사자가 임의로 소송물을 처분할 수 없다고 보아야 하고, 특히 취소소송에 있어 인용판결의 효력은 제3자에게도 미치는데(행정소송법 29조 1항) 제3자효행정행위의 경우 당사자의 포기·인낙을 인정하면 제3자에 대하여 불측의 손해를 가져다 줄 수 있으므로, 취소소송에는 청구의 포기·인낙이 인정될 수 없다고 한다.[452]

② **포기·인낙 구분설** : 취소소송에 있어서도 변론주의와 처분권주의를 기본으로 하기 때문에 청구의 포기나 인낙을 전적으로 부정하는 것은 타당하지 않으며, 보다 세분화된 고찰이 필요하다는 견해이다.[453]

먼저 청구의 포기에 관해서는, 취소소송에도 원칙적으로 처분권주의가 적용되므로 원고는 자신의 소송물에 대한 처분권한을 가지며 이는 소송경제에도 도움이 될 수 있기 때문에 청구의 포기가 허용된다고 본다. 이에 반해 청구의 인낙에 관해서는 소송의 대상인 처분이 기속행위인지 재량행위인지에 따라 구분된다고 한다. 즉, 기속행위인 경우에는 피고 행정청의 의사에 관계없이 법령의 규정에 따라 처분의 위법성 여부를 판단하여야 하기 때문에 원칙적으로 행정청에 의한 인낙이 허용되지 않는데 대하여, 재량행위인 경우에는 행정청에 인정된 재량의 범위에서는 인낙이 가능하다고 한다.

③ **소결** : 취소소송에 있어서 청구의 포기는 원고인 국민이 하는 것이므로 여기에는 원칙적으로 처분권주의가 적용되어 원고 스스로 청구를 포기하는 것은 허용된다고 할 것이다. 이에 반해 피고 행정청은 법치행정의 원리에 의해 적법하게 처분을 해야 할 의무를 지기 때문에 소송물인 처분에 대해 임의로 인낙하는 것은 제한을 받는다고 할 것이다. 따라서 기속행위와 재량행위로 구분하여 원칙적으로 후자의 경우에만 인낙이 허용된다고 보는 견해가 타당하다고 생각된다. 특히 제3자효행정행위에 있어서는 피고 행정청의 임의적인 청구의 인낙은 제3자의 권익을 해하기 때문에 제3자의 동의가 필요하다고 할 것이다.

3. 재판상 화해

재판상의 화해는 소송 계속 중 당사자 쌍방이 소송물인 권리관계의 주장을 서로 양보하여 소송을 종료시키기로 하는 합의를 말한다. 민사소송법은 이러한 화해조서는 확정판결과 같은 효력이 있다고 규정하고 있는데(220조), 취소소송에 있어서도 재판상 화해가 허용되는지에 대하여 청구의

---

452) 김남진/김연태(I), 1003면; 하명호, 706면.
453) 정하중/김광수, 821면; 류지태/박종수, 778면.

포기·인낙에서와 같은 학설상 다툼이 있다.

즉, 취소소송의 공공성으로 인하여 당사자가 임의로 소송물을 처분할 수 없다는 이유로 취소소송에는 재판상 화해가 허용되지 않는다는 견해,[454] 행정소송법은 재판상 화해에 관해 아무런 규정을 두고 있지 않으므로 처분권주의에 반하지 않는 한 재판상 화해에 관한 민사소송법 규정이 준용될 수 있다고 하며(행정소송법 8조 2항) 따라서 재량행위의 경우에는 행정청이 소송물에 대한 처분권을 가진다는 이유로 취소소송에도 재판상 화해를 인정하는 견해[455]가 그것이다. 다만 재판상 화해를 인정하는 경우에도 화해조서가 제3자의 권리를 침해하는 내용을 포함하는 경우에는 제3자가 화해의 당사자로 참여하거나 또는 화해조서에 동의하는 경우에 비로소 유효하다고 한다.

한편, 소송 실무에 있어서 법원은 취소소송 중 영업정지·허가취소사건, 조세소송사건, 과징금사건, 부당해고사건, 산재사건 등을 중심으로 '사실상 화해의 방식'을 주로 사용하고 있다고 한다. 법원의 권고에 따라 피고 행정청이 처분을 경감하여 변경하고 원고는 소를 취하하는 방식이 그에 해당한다.[456]

4. 당사자의 소멸

원고가 사망하고 소송물을 승계할 자가 없거나 소송물의 성질상 타인에의 승계가 허용되지 않는 경우에는 소송은 종료된다. 그러나 피고 행정청이 직제개편 등으로 인하여 없어진 경우에는 그 처분 등에 관한 사무가 귀속되는 국가 또는 공공단체가 피고가 되므로(행정소송법 13조 2항) 소송은 종료되지 않는다.

XV. 상고 및 제3자의 재심청구

1. 항소·상고

취소소송의 종국판결에 불복하는 자는 고등법원에 항소할 수 있으며, 고등법원의 항소심판결에 불복하는 자는 대법원에 상고할 수 있다.

다만 행정소송에도 「상고심절차에 관한 특례법」상의 심리불속행에 관한 규정이 적용되어, 대법원은 상고이유에 관한 주장이 i) 원심판결이 헌법에 위반되거나 헌법을 부당하게 해석한 경우, ii) 원심판결이 법률·명령·규칙 또는 처분에 대하여 대법원 판례와 상반되게 해석한 경우 등 위 법률 제4조 제1항 각호의 어느 하나의 사유를 포함하지 않는다고 인정하면 더 나아가 심리를 하지 않고 판결로 상고를 기각한다.

---

454) 홍준형, 행정구제법, 618면.
455) 김남철, 965면; 정하중/김광수, 822면; 홍정선(상), 1252면.
456) 조용호, 행정소송에서의 소송상 화해에 대하여, 행정법원실무연구회 발표문, 5면 이하.

2. 제3자의 재심청구

(1) 취지

취소소송에 있어 인용판결의 효력은 소송당사자뿐만 아니라 제3자에게도 미치므로(29조 1항), 제3자의 권리보호를 위하여 행정소송법은 '제3자의 소송참가제도'를 마련해 놓고 있다(16조). 그러나 경우에 따라서는 제3자가 자신의 귀책사유 없이 소송에 참가하지 못하여 판결의 결과에 영향을 미칠 공격·방어방법을 제출하지 못한 때가 있을 수 있는데, 이러한 경우의 제3자의 권리구제를 위하여 일정한 요건하에 '제3자의 재심청구'를 인정하고 있다(31조).

(2) 당사자

재심청구에 있어 원고는 취소소송의 인용판결에 의해 권리·이익을 침해받는 제3자이고, 피고는 확정판결에 나타난 원고와 피고를 공동피고로 하여야 한다. 예컨대 갑에 대한 건축허가처분에 대해 인근주민 을이 제기한 취소소송에서 인용판결(취소판결)이 확정된 경우에, 재심청구의 원고는 갑(처분의 상대방이지만 위 취소소송에서는 제3자)이고, 피고는 취소소송의 당사자인 을과 처분행정청이다.

(3) 재심청구사유

재심을 청구하기 위해서는, i) 제3자가 자기에게 책임 없는 사유로 소송에 참가하지 못하였어야 하며, ii) 소송에 참가하지 못함으로써 판결의 결과에 영향을 미칠 공격 또는 방어방법을 제출하지 못하였어야 한다.

여기에서 자기에게 책임 없는 사유로 소송에 참가하지 못하였다는 것에 대한 증명책임은 자신에게 귀책사유가 없다고 주장하는 제3자에게 있다는 것이 판례의 입장이다.457)

> **판례** 『[1] 행정소송법 제31조 제1항에 의하여 제3자가 재심을 청구하는 소를 제기하는 경우에 갖추어야 할 요건의 하나인 '자기에게 책임 없는 사유'의 유무는 사회통념에 비추어 제3자가 당해 소송에 참가를 할 수 없었던 데에 자기에게 귀책시킬 만한 사유가 없었는지의 여부에 의하여 사안에 따라 결정되어야 하고, 제3자가 종전 소송의 계속을 알지 못한 경우에 그것이 통상인으로서 일반적 주의를 다하였어도 알기 어려웠다는 것과 소송의 계속을 알고 있었던 경우에는 당해 소송에 참가를 할 수 없었던 특별한 사정이 있었을 것을 필요로 한다.
> [2] 위의 사유에 관한 입증책임은 그러한 사유를 주장하는 제3자에게 있고, 더욱이 제3자가 종전 소송이 계속중임을 알고 있었다고 볼 만한 사정이 있는 경우에는 종전 소송이 계속중임을 알지 못하였다는 점을 제3자가 적극적으로 입증하여야 한다.』 (대판 1995. 9. 15, 95누6762)

(4) 재심청구기간

제3자에 의한 재심의 청구는 확정판결이 있음을 안 날로부터 30일 이내, 판결이 확정된 날로부터 1년 이내에 제기하여야 하며, 이 기간은 불변기간이다(31조 2항·3항).

---

457) 대판 1995. 9. 15, 95누6762.

XVI. 소송비용

1. 원 칙

소송비용은 원칙적으로 패소한 당사자가 부담한다(민사소송법 98조). 일부인용판결이 내려진 경우에는 당사자들이 부담할 소송비용은 법원이 정한다(동법 101조).

2. 예 외

i) 당사자가 적당한 시기에 공격이나 방어의 방법을 제출하지 아니하였거나, 기일이나 기간의 준수를 게을리 하였거나, 그 밖에 당사자가 책임져야 할 사유로 소송이 지연된 때에는 법원은 지연됨으로 말미암은 소송비용의 전부나 일부를 승소한 당사자에게 부담하게 할 수 있다(동법 100조).

ii) 원고의 청구가 사정판결에 의하여 기각되거나 행정청이 처분을 취소 또는 변경함으로 인하여 청구가 각하 또는 기각된 경우에는 소송비용은 피고가 부담한다(행정소송법 32조).

제 2 관 무효등확인소송

I. 개 설

1. 의 의

무효등확인소송이란 행정청의 처분 등의 효력 유무 또는 존재 여부에 대한 확인을 구하는 소송을 말한다. 따라서 무효등확인소송에는 처분의 무효확인소송뿐만 아니라 유효확인소송, 존재확인소송, 부존재확인소송 등이 포함된다.

2. 성 질

무효등확인소송의 성질에 대하여는 확인소송설, 항고소송설, 준항고소송설이 대립하고 있다.

① 확인소송설에 의하면, 무효등확인소송은 적극적으로 처분의 효력을 발생 또는 소멸시키는 것이 아니라 처분 등의 효력 유무나 존재 여부를 확인·선언하는 것이므로 확인소송의 성질을 갖는다고 한다.

② 항고소송설은 무효와 취소의 상대화이론을 전제로 하여, 무효등확인소송도 행정행위의 무효를 확정하고 그 효력의 제거를 목적으로 하는 점에서 항고소송과 본질적으로 같다고 한다.

③ 준항고소송설에 의하면, 무효등확인소송은 실질적으로는 무효 등을 확인·선언한다는 점에서 확인소송의 성질을 갖지만, 형식적으로는 처분 등의 효력 유무를 직접 소송의 대상으로 하는 것에서 항고소송의 성질 또한 갖는다고 한다. 현재는 준항고소송설이 통설의 입장이다.

Ⅱ. 소송요건

1. 재판관할

무효등확인소송의 제1심 관할법원은 피고의 소재지를 관할하는 행정법원으로 한다. 다만 '중앙행정기관'이나 '국가사무를 위임·위탁받은 공공단체 또는 그 장'이 피고인 경우에는 대법원 소재지를 관할하는 행정법원에 제기할 수 있다(9조, 38조 1항).

2. 원고적격

무효등확인소송은 처분 등의 효력 유무 또는 존재 여부의 확인을 구할 법률상 이익이 있는 자가 제기할 수 있다(35조). 여기에서 법률상의 이익은 당해 처분의 근거 법률에 의하여 보호되는 직접적이고 구체적인 이익이 있는 경우를 말하고, 간접적이거나 사실적·경제적 이해관계를 가지는데 불과한 경우는 여기에 해당하지 않는다는 것이 판례의 입장이다.[458]

구체적 사안을 살펴보면, i) 공유수면매립의 목적을 당초의 택지조성에서 조선시설용지로 변경하는 처분에 대해 재단법인인 수녀원이 그 무효확인을 구할 원고적격이 없으며, ii) 환경부장관이 생태·자연도 1등급으로 지정되었던 지역을 2등급 또는 3등급으로 변경한 것에 대해 지역주민이 그 등급변경처분의 무효확인을 구할 원고적격이 없다고 한다.

판례 ① 『원고 수녀원은 수도원 설치·운영 및 수도자 양성 등을 목적으로 설립된 재단법인으로서, 공유수면매립 승인처분의 매립목적을 당초의 택지조성에서 조선시설용지로 변경하는 내용의 이 사건 처분으로 인하여 원고 수녀원에 소속된 수녀 등이 전과 비교하여 수인한도를 넘는 환경침해를 받지 아니하고 쾌적한 환경에서 생활할 수 있는 환경상 이익을 침해받는다고 하더라도 이를 가리켜 곧바로 원고 수녀원의 법률상 이익이 침해된다고 볼 수 없고, 자연인이 아닌 원고 수녀원은 쾌적한 환경에서 생활할 수 있는 이익을 향수할 수 있는 주체도 아니므로 이 사건 처분으로 인하여 위와 같은 생활상의 이익이 직접적으로 침해되는 관계에 있다고 볼 수도 없다. 그리고 상고이유 주장과 같이 이 사건 처분으로 인하여 환경에 영향을 주어 원고 수녀원이 운영하는 쨈 공장에 직접적이고 구체적인 재산적 피해가 발생한다거나 원고 수녀원이 폐쇄되고 이전해야 하는 등의 피해를 받거나 받을 우려가 있다는 점 등에 관한 증명도 부족하다. 따라서 원고 수녀원에게는 이 사건 처분의 무효확인을 구할 원고적격이 있다고 할 수 없다.』 (대판 2012. 6. 28, 2010두2005)

② 『생태·자연도의 작성 및 등급변경의 근거가 되는 자연환경보전법 제34조 제1항 및 그 시행령 제27조 제1, 2항에 의하면, 생태·자연도는 토지이용 및 개발계획의 수립이나 시행에 활용하여 자연환경을 체계적으로 보전·관리하기 위한 것일 뿐, 1등급 권역의 인근 주민들이 가지는 생활상 이익을 직접적이고 구체적으로 보호하기 위한 것이 아님이 명백하고, 1등급 권역의 인근 주민들이 가지는 이익은 환경보호라는 공공의 이익이 달성됨에 따라 반사적으로 얻게 되는 이익에 불과하므로, 인근 주민에 불과한 원고는 피고 환경부장관이 이 사건 지역의 생태·자연도 등급권역을 1등급에서 일부는 2등급으로, 일부는 3등급으로 변경한 결정의 무효확인을 구할 원고적격이 없다.』 (대판 2014. 2. 21, 2011두29052)

---

458) 대판 2008. 3. 20, 2007두6342.

3. 권리보호의 필요(협의의 소의 이익)

(1) 문제의 소재

일반적으로 민사소송에 있어서는 확인의 소를 제기하기 위해서는 확인의 이익이 있어야 하는데, 확인의 이익은 권리 또는 법률상 지위에 현존하는 불안·위험이 있고 그 불안·위험을 제거하기 위하여는 확인판결을 받는 것이 가장 유효적절한 수단일 때에 인정된다.[459] 따라서 이행의 소를 제기할 수 있는 경우에는 이행청구권 존재확인의 소를 제기하는 것은 허용되지 않는다고 보는데, 이를 '확인의 소의 보충성'이라 한다. 확인판결에는 집행력이 없어 분쟁의 근본적 해결에 실효성이 없기 때문이다.

이와 관련하여 행정소송의 무효등확인소송에 있어서도 보충성의 요건이 적용되는지에 대해서 다툼이 있다.

(2) 판례의 입장

종래 대법원은 "행정처분에 대한 무효확인의 소에 있어서 확인의 이익은 그 대상인 법률관계에 관하여 당사자 사이에 분쟁이 있고, 그로 인하여 원고의 권리 또는 법률상의 지위에 불안·위험이 있어 판결로써 그 법률관계의 존부를 확정하는 것이 위 불안·위험을 제거하는데 필요하고도 적절한 경우에 인정된다"고 함으로써, 행정소송의 무효등확인소송에 있어서도 보충성의 요건이 적용되는 것으로 보았다.[460] 이러한 점에서 i) 무효인 행정처분의 집행이 종료된 경우에 부당이득반환청구의 소 등을 통하여 직접 이러한 위법상태를 제거하는 길이 열려 있는 이상 그 행정처분에 대하여 무효확인을 구하는 것은 종국적인 분쟁 해결을 위한 필요하고도 적절한 수단이라고 할 수 없어 소의 이익이 없으며,[461] ii) 건물의 소유자 아닌 다른 사람이 행정청으로부터 건물에 대한 사용승인의 처분을 받아 이를 사용·수익함으로써 소유자의 권리행사가 방해를 받고 있는 경우에는 건물소유자는 건물사용승인처분에 대한 무효확인의 판결을 받을 필요 없이 직접 민사소송을 제기하여 소유권에 기한 방해의 제거나 예방을 청구함으로써 그 소유물에 대한 권리를 보전하려는 목적을 달성할 수가 있는 것이므로, 건물사용승인처분에 대하여 무효확인을 구하는 것은 분쟁 해결에 직접적이고도 유효·적절한 수단이라 할 수 없다고 판시하였다.[462]

그러나 2008년 대법원 전원합의체판결에서는 종래의 입장을 변경하여, 행정소송의 무효등확인소송에 있어서는 민사소송에 있어서와는 달리 보충성을 요건으로 하지 않는다고 판시하였다.[463] 즉, i) 행정소송은 행정청의 위법한 처분 등을 취소·변경하거나 그 효력 유무 또는 존재 여부를 확인함으로써 국민의 권리 또는 이익의 침해를 구제하고 공법상의 권리관계 또는 법 적용에 관한

---

459) 대판 1999. 9. 17, 97다54024; 대판 2007. 12. 14, 2007다69407.

460) 대판 2001. 9. 18, 99두11752.

461) 대판 1991. 9. 10, 91누3840.

462) 대판 2001. 9. 18, 99두11752. 그밖에 대판 1993. 12. 28, 93누4519; 대판 1998. 9. 22, 98두4375; 대판 2006. 5. 12, 2004두14717 등 참조.

463) 대판 2008. 3. 20, 2007두6342.

다툼을 적정하게 해결함을 목적으로 하므로, 대등한 주체 사이의 사법상 생활관계에 관한 분쟁을 심판대상으로 하는 민사소송과는 목적, 취지 및 기능 등을 달리 하는 점, ii) 행정소송법 제38조 제1항에서는 처분 등을 취소하는 확정판결의 기속력 및 행정청의 재처분의무에 관한 행정소송법 제30조를 무효등확인소송에도 준용하고 있으므로 무효등확인판결 자체만으로도 실효성을 확보할 수 있는 점, iii) 무효등확인소송의 보충성을 규정하고 있는 외국의 일부 입법례와는 달리 우리나라 행정소송법에는 명문의 규정이 없는 점 등을 논거로 하여, 행정처분의 근거 법률에 의하여 보호되는 직접적이고 구체적인 이익이 있는 경우에는 행정소송법 제35조에 규정된 '무효확인을 구할 법률상 이익'이 있다고 보아야 하고, 이와 별도로 무효등확인소송의 보충성이 요구되는 것은 아니므로 행정처분의 무효를 전제로 한 이행소송 등과 같은 직접적인 구제수단이 있는지 여부를 따질 필요가 없다고 하였다.

4. 무효등확인소송의 대상

무효등확인소송은 '처분 등'을 대상으로 하는바(19조, 38조 1항), 이에 관해서는 취소소송에서 설명하였다.

5. 제소기간

무효등확인소송의 경우에는 제소기간의 제한이 없다. 한편, 취소소송의 형식으로 무효등확인을 구하는 것도 가능하다는 것이 판례의 입장인데, 다만 이 경우에는 취소소송의 형식을 취하는 한 제소기간의 제한을 받는다고 한다.[464]

Ⅲ. 관련청구소송의 이송·병합 및 소의 변경

1. 관련청구소송의 이송·병합

취소소송에 있어서의 관련청구소송의 이송·병합에 관한 규정은 무효등확인소송의 경우에도 준용된다. 따라서 무효등확인소송과 관련청구소송(예 : 부당이득반환청구소송)이 각각 다른 법원에 계속되고 있는 경우에는 관련청구소송이 계속된 법원이 상당하다고 인정하는 때에는 당사자의 신청 또는 직권에 의하여 이를 무효등확인소송이 계속된 법원으로 이송할 수 있으며(10조 1항, 38조 1항), 무효등확인소송에는 사실심의 변론종결시까지 관련청구소송을 병합하여 제기할 수 있다(10조 2항, 38조 1항).

---

464) 대판 1993. 3. 12, 92누11039.

2. 소의 변경

(1) 소의 종류의 변경

무효등확인소송을 취소소송이나 당사자소송으로 변경하는 것이 허용되며, 이 경우 취소소송의 변경에 관한 행정소송법 제21조의 규정이 준용된다(37조). 즉, 법원은 무효등확인소송을 취소소송이나 당사자소송으로 변경하는 것이 상당하다고 인정할 때에는 청구의 기초에 변경이 없는 한 사실심의 변론종결시까지 원고의 신청에 의하여 결정으로써 소의 변경을 허가할 수 있다(21조 1항). 다만 무효등확인소송을 취소소송으로 변경함에 있어서는 제소기간이나 예외적 행정심판전치주의의 요건을 갖추어야 한다.

(2) 처분의 변경으로 인한 소의 변경

취소소송에 있어서의 '처분의 변경으로 인한 소의 변경'에 관한 규정은 무효등확인소송의 경우에도 준용된다. 즉, 법원은 행정청이 소송의 대상인 처분을 소가 제기된 후 변경한 때에는 원고의 신청에 의하여 결정으로써 청구의 취지 또는 원인의 변경을 허가할 수 있다(22조 1항, 38조 1항).

Ⅳ. 무효등확인소송과 집행정지 및 가처분

무효등확인소송의 경우에도 집행정지에 관한 취소소송의 규정이 준용된다(38조 1항). 또한 무효등확인소송의 경우에 민사집행법상의 가처분에 관한 규정이 준용될 수 있는지에 대해서는 학설상 다툼이 있다.

Ⅴ. 증명책임

1. 학 설

(1) 일반원칙설(피고책임설)

무효등확인소송에서 다투어지는 것은 처분의 적법 여부인 점에서 취소소송과 다를 것이 없을 뿐만 아니라, 위법의 중대·명백성은 법해석 내지 경험칙에 의해 판단될 사항이기 때문에 증명책임의 문제와 직접 관계되지 아니한다는 이유로, 무효등확인소송에 있어서도 처분의 적법성을 밑받침하는 요건사실에 대하여는 피고 행정청이 증명책임을 부담한다는 견해이다.[465]

(2) 원고책임설

무효등확인소송에서 주장되는 '하자의 중대·명백성'은 예외에 속하는 특별한 하자의 주장이므로 해당 처분의 무효원인에 대하여는 원고가 주장·증명하여야 한다는 견해이다.[466]

---

465) 하명호, 692면; 홍정선(상), 1265면 참조.

2. 판례의 입장

대법원은 "행정처분의 당연무효를 주장하여 그 무효확인을 구하는 행정소송에 있어서는 원고에게 그 행정처분이 무효인 사유를 주장·증명할 책임이 있다"고 함으로써 원고책임설을 취하고 있다.[467]

3. 소 결

무효등확인소송의 심판대상은 처분의 적법성 여부가 아니라 효력 유무, 즉 처분에 중대·명백한 하자가 있는지의 여부이며, 이러한 하자는 예외적으로 인정된다 할 것이므로 그것을 주장하는 원고가 증명책임을 진다고 보는 것이 타당할 것이다.

Ⅵ. 위법판단의 기준시

무효등확인소송에 있어 위법판단의 기준시에 관해서는 취소소송에 있어서와 같이 처분시설, 판결시설, 절충설 등이 대립하고 있는데, 처분시설이 통설적 견해이다.

Ⅶ. 판 결

1. 사정판결의 가능성

앞에서 살펴본 바와 같이 행정소송법은 사정판결을 취소소송에만 규정하고 무효등확인소송과 부작위위법확인소송의 경우에는 이를 준용하고 있지 않다(28조·38조). 따라서 사정판결은 항고소송 중에서 취소소송에만 인정된다는 것이 통설과 판례의 입장이다.

> **판례** 『당연무효의 행정처분을 소송목적물로 하는 행정소송에서는 존치시킬 효력이 있는 행정행위가 없기 때문에 행정소송법 제28조 소정의 사정판결을 할 수 없다고 할 것이다. 따라서 원심이 적법하게 판시하고 있는 바와 같이 이 사건 처분은 무효라고 할 것이므로 그 처분에 대하여 사정판결을 하지 아니한 원심의 조치는 정당하고, 거기에 상고이유에서 지적한 바와 같은 위법이 없다.』(대판 1996. 3. 22, 95누5509)

2. 판결의 효력

무효등확인소송에 대해서도 취소소송에 있어서의 판결의 효력에 관한 규정이 준용된다(29조, 30조, 38조 1항). 즉, 무효등확인판결은 제3자에 대해서도 효력이 있으며, 당사자인 행정청과 그 밖

---

466) 권오봉, 행정소송에 있어서의 주장·입증책임, 행정소송에 관한 제문제(상), 법원행정처, 338면.
467) 대판 1992. 3. 10, 91누6030; 대판 2000. 3. 23, 99두11851.

의 행정청을 기속한다. 따라서 이들 행정청은 무효가 확인된 처분과 동일한 처분을 내려서는 안
되며, 만일 거부처분에 대한 무효확인판결이 확정되면 행정청은 재처분의무를 진다.

그러나 거부처분취소판결의 간접강제에 관한 규정은 무효등확인소송에는 준용되지 않으므로(34
조, 38조 1항), 거부처분에 대한 무효확인판결에는 간접강제가 허용되지 않는다.

> **판례** 『행정소송법 제38조 제1항이 무효확인판결에 관하여 취소판결에 관한 규정을 준용함에 있어서
> 같은 법 제30조 제2항을 준용한다고 규정하면서도 같은 법 제34조는 이를 준용한다는 규정을 두지 않고
> 있으므로, 행정처분에 대하여 무효확인판결이 내려진 경우에는 그 행정처분이 거부처분인 경우에도 행정
> 청에 판결의 취지에 따른 재처분의무가 인정될 뿐 그에 대하여 간접강제까지 허용되는 것은 아니라고 할
> 것이다.』(대결 1998. 12. 24. 98무37)

생각건대, 거부처분에 대한 무효확인판결이 확정되면 그 거부처분은 처음부터 없었던 것과 마
찬가지이므로 행정청은 신청에 대해 다시 어떤 내용의 것이든 처분을 내릴 의무가 있다고 할 것
인데, 행정청이 그 의무를 이행하지 않는 경우에 간접강제에서 제외할 이유는 없다고 할 것이다.
거부처분 취소판결과 부작위위법확인판결에는 간접강제를 인정하면서 거부처분 무효확인판결에만
간접강제를 인정하지 않는 것은 형평에 맞지 않으며, 이는 입법상의 과오라 할 것이다.

제3관 부작위위법확인소송

I. 개 설

1. 의 의

부작위위법확인소송이란 행정청의 부작위가 위법하다는 것의 확인을 구하는 소송을 말한다. 행
정심판법에서는 행정청의 거부처분이나 부작위에 대해서 의무이행심판을 제기하도록 하고 있으나,
행정소송법에서는 의무이행소송을 도입하지 않고 단지 부작위위법확인소송만을 인정하고 있기 때
문에 현행법상 거부처분에 대해서는 취소소송을, 부작위에 대해서는 부작위위법확인소송을 제기하
여야 한다.

부작위위법확인의 소는 행정청이 상대방의 법규상 또는 조리상의 권리에 기한 신청에 대하여
상당한 기간 내에 그 신청을 인용·기각 또는 각하하는 처분을 하여야 할 법률상 의무(응답의무)
가 있음에도 이를 하지 아니하는 경우에, 그 부작위가 위법하다는 것을 확인함으로써 '행정청의
무응답이라고 하는 소극적인 위법상태를 제거하는 것'을 목적으로 하는 제도이다.[468]

---

468) 대판 1995. 9. 15, 95누7345.

2. 성 질

부작위위법확인소송은 법원이 직접 법률관계를 변경시키거나 행정청에 대하여 처분의무를 명하는 것이 아니고, 단지 행정청이 처분의무를 이행하지 않는 것(부작위)이 위법하다는 것을 확인하는 것이므로 확인소송에 해당한다. 다만 행정소송법은 부작위위법확인소송의 실효성을 확보하기 위하여, 부작위위법확인판결이 확정되면 행정청은 이전의 신청에 대한 처분을 할 의무를 진다는 것과(기속력: 30조 2항, 38조 2항), 행정청이 처분의무를 이행하지 않는 경우의 간접강제방법에 관하여 규정하고 있는 점에 특색이 있다(34조, 38조 2항).

Ⅱ. 부작위위법확인소송의 대상

1. 서

부작위위법확인소송은 행정청의 위법한 부작위를 대상으로 하는데, 여기에서 부작위란 「행정청이 당사자의 신청에 대하여 상당한 기간 내에 일정한 처분을 하여야 할 법률상 의무가 있음에도 불구하고 이를 하지 아니하는 것」, 즉 '처분의 부작위'를 말한다(2조 1항 2호). 따라서 부작위가 성립하기 위한 요건으로는, ⅰ) 처분에 대한 상대방의 신청, ⅱ) 일정한 처분을 하여야 할 행정청의 법률상 의무, ⅲ) 상당한 기간의 경과, ⅳ) 행정청이 처분을 하지 아니할 것 등을 들 수 있을 것이다.

2. 부작위의 성립요건

(1) 상대방의 신청

부작위가 있기 위해서는 먼저 행정청에 일정한 처분을 구하는 상대방의 신청이 있어야 한다. 따라서 상대방의 신청이 없었던 경우에는 행정청이 아무리 장기간 처분을 하지 않더라도 부작위위법확인소송의 대상이 되는 부작위가 존재한다고 할 수 없다.

① 신청의 내용 : 여기에서 신청의 내용은 행정소송법 제2조 제1항 제1호 소정의 '처분'에 관한 것이어야 한다. 따라서 행정입법이나 공법상 또는 사법상 계약의 신청에 대한 부작위는 부작위위법확인소송의 대상이 되지 못한다. 이러한 점에서 대법원은 원고가 행정청에 대하여 국유개간토지의 매각을 신청한 것에 대하여 행정청이 아무런 응답을 하지 않는 것을 이유로 부작위위법확인소송을 제기한 사건에서, 국유개간토지의 매각행위는 국가가 우월한 지위에서 공권력의 행사로서 행하는 공법상의 행정처분이 아니라 국민과 대등한 입장에서 국토개간 장려의 방편으로 개간지를 개간한 자에게 일정한 대가로 매각하는 것으로서 사법상의 법률행위나 공법상의 계약관계에 해당하기 때문에 이 사건 부작위위법확인의 소는 부적법하다고 판시하였다.[469] 그리고 납세자의 국세환급결정 신청에 대해 행정청이 아무 응답하지 않은 것에 대한 부작위위법확인소송에서, 국세환급결정은 항고소송의 대상인 처분에 해당하지 않기 때문에 위 부작위위법확인소송은 부적법하다고

---

469) 대판 1991. 11. 8, 90누9391.

하였다.470)

② **신청권의 존부** : 부작위가 성립하기 위해서는 신청인에게 법규상 또는 조리상의 신청권이 존재하여야 하는지가 문제되고 있다.

i) **긍정설(대상적격설)** : 처분에 대한 신청은 신청인에게 신청권이 존재하는 경우에 그 의미를 가질 수 있기 때문에 신청인에게 신청권이 없는 경우에는 신청에 대하여 행정청이 아무런 처분을 하지 않고 있어도 부작위위법확인소송의 대상이 되는 부작위가 성립되지 않는다고 한다. 긍정설의 논거는 행정소송법 제2조 제1항 제2호가 부작위의 성립요건으로 "일정한 처분을 하여야 할 행정청의 법률상 의무가 있을 것"을 요구하고 있는 데서 찾는다. 즉, 행정청의 처분의무에 상응하는 것이 상대방의 신청권이라는 것이다.471)

ii) **원고적격설** : 행정소송법은 부작위의 요건에 대하여 신청권의 유무에 대하여 아무런 규정을 두고 있지 않으므로 신청권의 존재를 부작위의 요건으로 해석하는 것은 부작위의 개념을 자의적으로 제한하는 것이어서 옳지 않다고 한다. 이러한 견해에 의하면 신청권의 존부는 대상적격이 아니라 원고적격의 문제로 보아야 한다고 한다.472) 즉, 신청권이 없는 자의 신청에 대하여 행정청이 상당한 기간이 경과하도록 아무런 처분을 하지 않는 경우에, 행정청의 부작위는 존재하기 때문에 부작위위법확인소송의 대상적격은 인정되지만, 그러한 신청권이 없는 자는 부작위에 대한 위법확인을 받을 법률상 이익이 없기 때문에 원고적격을 갖지 못한다고 한다.

iii) **부정설(소극설)** : 부작위위법확인소송의 대상으로서의 부작위가 존재하기 위해서는 단순히 처분에 대한 신청이 있는 것과 그에 대한 행정청의 무응답이 있는 것으로 족하고, 신청인에게 신청권한이 있는지 또는 처분청에게 처분의무가 있는지의 문제는 본안판단의 문제라고 한다. 따라서 본안심리의 결과 신청인의 신청권 또는 행정청의 처분의무가 없다고 인정되는 경우에는 기각판결을 내려야 한다고 한다.473)

iv) **판례의 입장** : 대법원은 「부작위위법확인의 소에 있어 당사자가 행정청에 대하여 어떠한 행정행위를 하여 줄 것을 요구할 수 있는 법규상 또는 조리상 권리를 갖고 있지 아니하거나 부작위의 위법확인을 구할 법률상 이익이 없는 경우에는 항고소송의 대상이 되는 위법한 부작위가 있다고 볼 수 없거나 원고적격이 없어 그 부작위위법확인의 소는 부적법하다」고 함으로써,474) '법규상·조리상의 신청권'은 대상적격(부작위)의 문제로, '부작위의 위법확인을 구할 법률상 이익'은 원고적격의 문제로 보고 있다. 그리고 여기에서의 신청권은 특정한 처분을 해 줄 것을 청구하는 실

---

470) 대판 1989. 7. 11, 87누415. 국세 과오납 등의 사유가 있으면 과세관청의 환급결정이 없더라도 당연히 납세의무자의 부당이득반환청구권이 성립하고, 따라서 국세기본법상의 국세환급금결정은 이미 확정된 납세의무자의 국세환급금에 대하여 내부적인 사무처리절차로서 과세관청의 환급절차를 규정한 것에 지나지 않으므로, 과세관청의 환급결정은 납세의무자의 환급청구권에 구체적이고 직접적인 영향을 미치는 것이 아니어서 항고소송의 대상인 처분에 해당하지 않는다는 것이 판례의 입장이다(대판 2009. 11. 26, 2007두4018).

471) 김남진/김연태(I), 1022면; 박균성(상), 1326면.

472) 홍정선(상), 1271면.

473) 홍준형, 행정구제법, 657면.

474) 대판 1999. 12. 7, 97누17568; 대판 2000. 2. 25, 99두11455; 대판 2007. 10. 26, 2005두7853.

질적 신청권이 아니라, 형식상의 단순한 응답요구권(형식적 신청권)의 의미로 파악하고 있다.[475)]

> **판례** 『[1] 행정소송법 제4조 제3호가 정하는 부작위위법확인의 소는 행정청이 당사자의 법규상 또는 조리상의 권리에 기한 신청에 대하여 상당한 기간 내에 신청을 인용하는 적극적 처분 또는 각하하거나 기각하는 등의 소극적 처분을 하여야 할 법률상 응답의무가 있음에도 불구하고 이를 하지 아니하는 경우 그 부작위가 위법하다는 것을 확인함으로써 행정청의 응답을 신속하게 하여 부작위 또는 무응답이라고 하는 소극적 위법상태를 제거하는 것을 목적으로 하는 제도이고, 이러한 소송은 처분의 신청을 한 자로서 부작위가 위법하다는 확인을 구할 법률상의 이익이 있는 자만이 제기 할 수 있는 것이므로, 당사자가 행정청에 대하여 어떠한 행정처분을 하여 줄 것을 요청할 수 있는 법규상 또는 조리상의 권리를 갖고 있지 아니하거나 부작위의 위법확인을 구할 법률상의 이익이 없는 경우에는 항고소송의 대상이 되는 위법한 부작위가 있다고 볼 수 없거나 원고적격이 없어 그 부작위위법확인의 소는 부적법하다.
> [2] 국회의원에게는 대통령 및 외교통상부장관의 특임공관장에 대한 인사권 행사 등과 관련하여 대사의 직을 계속 보유하게 하여서는 아니된다는 요구를 할 수 있는 법규상 신청권이 있다고 할 수 없고, 그 밖에 조리상으로도 그와 같은 신청권이 있다고 보여지지 아니한다.』(대판 2000. 2. 25, 99두11455)[476)]

v) 소결 : 해당 처분을 신청할 아무런 권리가 없는 자의 신청(따라서 행정청도 아무런 응답의무를 지지 않는 신청)에 대해 행정청이 상당한 기간이 지나도록 응답하지 않았다 하더라도 이는 부작위위법확인소송의 대상이 되는 부작위에 해당하지 않는다고 할 것이다. 그리고 신청인에게 실질적으로 신청권이 존재하는지 여부는 본안에서 판단될 성질의 것이기 때문에 여기에서의 신청권은 관계 법령에서 일반 국민에게 그러한 신청권을 인정하고 있는가를 살펴 추상적으로 결정되는 이른바 형식적 신청권을 의미한다.[477)] 이와 같이 법규상 조리상 신청권의 존재는 부작위의 성립요건의 하나이므로, 이는 원고적격의 문제가 아니라 대상적격의 문제라고 보는 것이 타당할 것이다.[478)]

(2) 처분을 할 법률상 의무의 존재

행정청이 처분을 하여야 할 법률상 의무가 있음에도 불구하고 처분을 하지 아니한 경우에 위법한 부작위가 된다.

i) 여기에서 '처분을 하여야 할 법률상 의무'란 명문의 규정에 의해서뿐만 아니라 법령의 해석상 또는 조리상으로도 인정될 수 있다고 본다. 판례에 의하면, 임용권자는 검사임용신청자에게 임용 여부의 응답을 해 줄 조리상의 의무가 있으며,[479)] 공사중지명령의 상대방은 그 원인사유가 소멸하였음을 들어 공사중지명령의 철회를 요구할 수 있는 조리상의 신청권이 있다고 한다.[480)]

---

475) 대판 2000. 2. 25, 99두11455.
476) 이는 국회의원 갑이 외교부장관에게 주미대사 이○○로 하여금 그 직을 계속 보유하게 해서는 안 된다고 요구한 것에 대해 외교부장관이 아무런 응답을 하지 않자 국회의원 갑이 부작위위법확인소송을 제기한 사건이다.
477) 대판 2009. 9. 10, 2007두20638 참조.
478) 행정소송법의 개정시안에서 이에 관한 대법원안과 정부안이 차이를 보임은 흥미로운 일이다. 즉, 대법원안에서는 부작위에 대한 개념정의를 "행정청이 당사자의 신청에 대하여 상당한 기간 내에 일정한 처분 또는 명령 등을 하지 아니하는 것"이라고 함으로써 '행정청의 처분의무'를 거부행위의 개념요소에 포함시키지 않고 있는데 반하여, 정부안은 행정청의 처분의무를 부작위의 개념요소로 하고 있는 현행법상의 규정을 그대로 유지하고 있다.
479) 대판 1991. 2. 12, 90누5825.
480) 대판 2005. 4. 14, 2003두7590.

ii) '처분을 하여야 할 의무'란 신청된 내용의 처분을 하여야 할 의무를 의미하는 것이 아니라 신청에 대해 어떠한 내용이든(인용이든 거부이든) 처분을 하여야 할 의무를 의미하는 것이다.

> **판례** ① 『4급 공무원이 당해 지방자치단체 인사위원회의 심의를 거쳐 3급 승진대상자로 결정되고 임용권자가 그 사실을 대내외에 공표까지 하였다면, 그 공무원은 승진임용에 관한 법률상 이익을 가진 자로서 임용권자에 대하여 3급 승진임용을 신청할 조리상의 권리가 있고, 이러한 공무원으로부터 소청심사청구를 통해 승진임용신청을 받은 행정청으로서는 상당한 기간 내에 그 신청을 인용하는 적극적 처분을 하거나 각하 또는 기각하는 등의 소극적 처분을 하여야 할 법률상의 응답의무가 있다. 그럼에도, 행정청이 위와 같은 권리자의 신청에 대해 아무런 적극적 또는 소극적 처분을 하지 않고 있다면 그러한 행정청의 부작위는 그 자체로 위법하다.』 (대판 2009. 7. 23, 2008두10560)
>
> ② 『행정청이 행한 공사중지명령의 상대방은 그 명령 이후에 그 원인사유가 소멸하였음을 들어 행정청에게 공사중지명령의 철회를 요구할 수 있는 조리상의 신청권이 있다 할 것이고, 상대방으로부터 그 신청을 받은 행정청으로서는 상당한 기간 내에 그 신청을 인용하는 적극적 처분을 하거나 각하 또는 기각하는 등의 소극적 처분을 하여야 할 법률상의 응답의무가 있다고 할 것이며, 행정청이 상대방의 신청에 대하여 아무런 적극적 또는 소극적 처분을 하지 않고 있는 이상 행정청의 부작위는 그 자체로 위법하다고 할 것이고, 구체적으로 그 신청이 인용될 수 있는지 여부는 소극적 처분에 대한 항고소송의 본안에서 판단하여야 할 사항이라고 할 것이다.』 (대판 2005. 4. 14, 2003두7590)

(3) 상당한 기간의 경과

상대방의 신청에 대하여 행정청이 상당한 기간이 경과하여도 처분을 하지 않아야 한다. 여기에서 상당한 기간이란 사회통념상 그 신청에 따르는 처분을 하는데 소요될 것으로 인정되는 기간을 말한다.

개별법령에서 처분의 처리기간을 정하고 있는 경우에 그 기간이 경과하면 부작위가 성립되는지가 문제된다. 그 규정이 강행규정이라면 법정기간의 경과로 부작위가 성립된다고 보아야 할 것이지만, 단순히 훈시규정에 불과한 때에는 그 기간은 일응의 참고기준이 될 뿐이고 그 기간의 경과로 곧 부작위가 성립된다고는 할 수 없을 것이다. 실제로 처분의 처리기간을 정하고 있는 많은 개별규정들은 훈시규정에 지나지 않는다.[481] 행정절차법은 처분의 처리기간을 미리 정하여 공표하도록 하고 있는데(19조 1항) 이 기간 역시 훈시규정으로 본다.

(4) 처분의 부존재

행정청의 처분으로 볼 만한 외관이 존재하지 않아야 한다. 상대방의 신청에 대한 행정청의 거부처분은 부작위가 아니므로 부작위위법확인소송의 대상이 되지 않는다.[482]

법령에서 특별히 부작위가 일정한 기간을 경과하면 일정한 처분이 있는 것으로 의제하고 있는 경우도 있는데,[483] 이 경우에는 부작위위법확인소송이 아니라 취소소송으로 다투어야 할 것이다.

---

481) 대판 1996. 8. 20, 95누10877 참조.
482) 대판 1995. 9. 15, 95누7345.
483) 예컨대 중소기업(제조업)을 창업하고자 하는 자는 사업계획을 작성하여 시장·군수·구청장에게 승인을 받아야 하는데, 시장·군수·구청장은 사업계획의 승인 신청을 받은 날부터 20일 이내에 승인 여부를 알려야 하고,

부작위위법확인소송의 계속 중에 행정청이 거부처분을 내린 경우에는 소송의 대상인 부작위가 소멸하였으므로 소가 각하될 상황에 놓이며, 따라서 이 경우 원고는 거부처분 취소소송으로 소를 변경할 필요가 있는바, 이에 관해서는 뒤에서 자세히 살펴보기로 한다.

Ⅲ. 부작위위법확인소송의 제소기간

행정소송법은 부작위위법확인소송에도 취소소송의 제소기간에 관한 규정을 그대로 준용하도록 하고 있는데(38조 2항, 20조), 그 해석과 관련하여 다툼이 있다. 행정소송법의 문언을 그대로 따르면 부작위위법확인소송은 원칙적으로 "부작위가 있음을 안 날(행정심판을 거치는 경우에는 재결서 정본을 송달받은 날)부터 90일 이내 또는 부작위가 있은 날(행정심판을 거치는 경우에는 재결이 있은 날)부터 1년 이내"에 제기하여야 하는 것으로 해석될 수 있는데, 부작위란 국민이 행정청에 처분을 신청한 후 상당한 기간이 경과하여도 아무런 처분을 하지 않는 경우에 성립되는 것이므로, 어느 시점에 부작위가 존재하고 당사자는 어느 시점에 이를 알았다고 보아야 할 것인지가 불명확한 점에서 문제가 있다. 다만 행정심판의 재결을 거쳐 부작위위법확인소송을 제기하는 경우에는 재결을 기준으로 하면 되기 때문에 제소기간을 산정함에 있어서 별 문제가 없다.

이에 관해서는 다음과 같은 견해가 대립하고 있다. 첫째, 행정심판의 재결을 거쳐 부작위위법확인소송을 제기하는 경우에는 재결서의 정본을 송달받은 날부터 90일 이내 또는 재결이 있은 날부터 1년 이내에 제기하여야 하며, 행정심판의 재결을 거치지 않고 부작위위법확인소송을 제기하는 경우에는 '당사자의 처분신청 후 상당한 기간이 경과한 때'로부터 기산하여야 한다는 견해이다.[484] 둘째, 부작위는 특정시점에 성립하여 종결되는 것이 아니라 계속되는 것이므로 부작위위법확인소송은 원칙상 제소기간의 제한을 받지 않으며, 이는 행정심판의 재결을 거치는 경우에도 마찬가지라는 견해이다.[485] 셋째, 행정심판의 재결을 거쳐 부작위위법확인소송을 제기하는 경우에는 재결서의 정본을 송달받은 날부터 90일 이내 또는 재결이 있은 날부터 1년 이내에 제기하여야 하지만, 행정심판의 재결을 거치지 않고 부작위위법확인소송을 제기하는 경우에는 부작위는 계속되는 상태이기 때문에 제소기간의 제한이 없다는 견해이다(다수설).[486]

판례는 「부작위위법확인의 소는 부작위상태가 계속되는 한 그 위법의 확인을 구할 이익이 있다고 보아야 하므로 원칙적으로 제소기간의 제한을 받지 않는다. 그러나 행정소송법 제38조 제2항이 제소기간을 규정한 같은 법 제20조를 부작위위법확인소송에 준용하고 있는 점에 비추어 보면, 행정심판 등 전심절차를 거친 경우에는 행정소송법 제20조가 정한 제소기간 내에 부작위위법확인의 소를 제기하여야 한다」고 함으로써 다수설과 견해를 같이하고 있다.[487]

그 기간 내에 승인 여부를 알리지 않은 때에는 20일이 지난 날의 다음 날에 승인한 것으로 본다(중소기업창업지원법 45조 3항).

484) 김성수, 일반행정법, 939면.
485) 박균성(상), 1428면.
486) 김남진/김연태(I), 1024면; 홍정선(상), 1276면; 류지태/박종수, 737면; 정하중/김광수, 838면.

생각건대, 행정소송법은 부작위위법확인소송에도 취소소송의 제소기간을 준용하도록 하고 있으므로, 행정심판의 재결을 거치는 경우에는 재결서의 정본을 송달받은 날부터 90일 이내 또는 재결이 있은 날부터 1년 이내에 부작위위법확인소송을 제기하여야 할 것이다. 이에 반해 행정심판의 재결을 거치지 않는 경우에는 부작위의 성질상 제소기간의 제한을 받지 않는다고 할 것이다. 행정심판법은 부작위에 대한 의무이행심판의 경우에는 심판청구기간을 제한하고 있지 않은 것을 참고할 만하다(27조 7항).

Ⅳ. 관련청구소송의 이송·병합 및 소의 변경

1. 관련청구소송의 이송·병합

취소소송에 있어서의 관련청구소송의 이송·병합에 관한 규정은 부작위위법확인소송의 경우에도 준용된다. 따라서 부작위위법확인소송과 관련청구소송이 각각 다른 법원에 계속되고 있는 경우에는 관련청구소송이 계속된 법원이 상당하다고 인정하는 때에는 당사자의 신청 또는 직권에 의하여 이를 부작위위법확인소송이 계속된 법원으로 이송할 수 있으며(10조 1항, 38조 2항), 부작위위법확인소송에는 사실심의 변론종결시까지 관련청구소송을 병합하여 제기할 수 있다(10조 2항, 38조 2항).

2. 소의 변경

(1) 소의 종류의 변경

부작위위법확인소송을 취소소송이나 당사자소송으로 변경하는 것이 허용되며, 이 경우 취소소송의 변경에 관한 행정소송법 제21조의 규정이 준용된다(37조). 즉, 법원은 부작위위법확인소송을 취소소송 또는 당사자소송으로 변경하는 것이 상당하다고 인정할 때에는 청구의 기초에 변경이 없는 한 사실심의 변론종결시까지 원고의 신청에 의하여 결정으로써 소의 변경을 허가할 수 있다(21조 1항). 다만 부작위위법확인소송을 취소소송으로 변경함에 있어서는 제소기간이나 예외적 행정심판전치주의의 요건을 갖추어야 한다.

(2) 처분의 변경으로 인한 소의 변경

행정소송법은 취소소송에서 '처분의 변경으로 인한 소의 변경'을 규정하고(22조), 이를 무효등확인소송과 당사자소송에 준용하고 있다(38조 1항, 44조 1항). 행정소송법이 부작위위법확인소송의 경우에는 제22조의 규정을 준용하지 않는 이유는 부작위위법확인소송의 경우에는 변경될 처분이 존재하지 않기 때문인 것으로 보인다.

이와 관련하여 부작위위법확인소송의 계속 중에 행정청이 거부처분을 내린 경우의 소의 변경이 문제된다. 거부처분이 내려짐으로써 부작위위법확인소송의 대상인 부작위가 소멸하였으므로 소

---

487) 대판 2009. 7. 23, 2008두10560.

가 각하될 상황에 놓이기 때문이다. 이 경우는 일견 행정청의 처분변경으로 인한 소의 변경(행정소송법 22조)과 유사해 보인다. 그런데 행정소송법 제37조는 제21조만을 부작위위법확인소송에 준용하고 있기 때문에 문제가 발생한다.

이에 관해서는 ① 행정소송법 제22조는 부작위위법확인소송에 준용되지 않으므로 위와 같은 경우 소의 변경은 허용되지 않고 거부처분을 받은 자는 새로이 거부처분 취소소송을 제기하여야 한다는 견해, ② 행정소송법 제22조를 부작위위법확인소송에 준용하지 않고 있는 것은 입법의 불비이므로 위와 같은 경우에는 행정소송법 제21조에 따른 소의 변경이 인정된다는 견해,[488] ③ 부작위에서 거부처분으로 발전된 경우에도 처분변경의 한 유형으로 보아 행정소송법 제22조의 유추 적용에 의해 소의 변경이 인정된다는 견해[489] 등이 대립하고 있다. 생각건대, 위와 같은 경우 성질상 행정소송법 제22조의 유추 적용에 의한 소의 변경을 인정하는 것이 타당할 것이며, 앞으로 이에 관한 입법적 보완이 필요하다고 할 것이다.

V. 부작위위법확인소송과 집행정지 및 가처분

부작위위법확인소송의 경우에는 취소소송에 있어서의 집행정지제도가 준용되지 않는다. 집행정지는 처분의 효력이나 집행을 정지하는 것인데, 부작위위법확인소송의 경우에는 집행정지의 대상이 되는 처분이 존재하지 않기 때문이다. 또한 부작위위법확인소송에는 민사집행법상의 가처분에 관한 규정이 준용되지 않는다고 본다.

VI. 증명책임

부작위위법확인소송의 대상이 되는 부작위라 함은 "행정청이 당사자의 신청에 대하여 상당한 기간내에 일정한 처분을 하여야 할 법률상 의무가 있음에도 불구하고 이를 하지 아니하는 것"을 말하는데(2조 1항 2호), 이에 관한 증명책임은 다음과 같이 나누어 설명할 수 있다.

i) 처분에 대한 신청이 있었다는 것에 대한 증명책임은 원고가 진다. ii) 신청 후 얼마의 기간이 경과하였는지의 객관적 사실에 대한 증명책임은 원고가 지지만, 그것이 상당한 기간에 해당하는지는 법적 판단의 문제이므로 증명책임의 대상이 되지 않는다. iii) 행정청이 아직 아무런 처분을 내리지 않았다는 것에 관하여는 원고가 이를 주장하면 피고 행정청이 반대의 사실, 즉 이미 처분이 있었음을 증명하여야 할 것이다. iv) 신청 후 상당한 기간이 경과하도록 처분을 하지 못한 것을 정당화하는 사유에 대한 증명책임은 피고 행정청이 진다.

---

488) 박균성(상), 1478-1479면.
489) 정하중/김광수, 840면.

VII. 위법판단의 기준시

부작위위법확인소송의 경우에는 판결시(사실심의 구두변론종결시)의 사실 및 법상태를 기준으로 하여 판단하여야 한다는 것이 통설과 판례의 입장이다.[490] 부작위위법확인소송의 경우는 이미 이루어진 처분의 위법성을 다투는 것이 아니고, 현재의 법률관계에 있어서 행정청의 처분의무가 존재하는지를 다투는 것이기 때문이다.

VIII. 판 결

1. 사정판결

부작위위법확인소송에 있어서는 사정판결이 허용되지 않는다.

2. 판결의 효력

부작위위법확인소송에 대해서도 취소소송에 있어서의 판결의 효력에 관한 규정이 준용된다(29조, 30조, 38조 2항). 즉, 부작위위법확인판결은 제3자에 대해서도 효력이 있으며, 당사자인 행정청과 그 밖의 행정청을 기속한다. 따라서 부작위위법확인판결이 확정되면 행정청은 적극적 처분의무를 진다. 그런데 부작위위법확인판결의 취지는 단지 '행정청의 부작위가 위법'하다는 것이므로[491], 행정청은 위법한 부작위상태를 해소하기 위해 처분을 행할 의무를 지지만 이때 어떠한 내용의 처분(인용처분인지 거부처분인지)인지는 묻지 않는다.

한편, 간접강제에 관한 행정소송법 제34조의 규정이 부작위위법확인소송에도 준용되므로(38조 2항), 행정청이 적극적 처분의무를 이행하지 않는 경우에는 간접강제의 방법에 의해 의무를 이행시킬 수 있다.

> **판례** 『부작위위법확인의 소는 행정청이 당사자의 법규상 또는 조리상의 권리에 기한 신청에 대하여 상당한 기간 내에 그 신청을 인용하는 적극적 처분을 하거나 각하 또는 기각하는 등의 소극적 처분을 하여야 할 법률상의 응답의무가 있음에도 불구하고 이를 하지 아니하는 경우, 그 부작위의 위법을 확인함으로써 행정청의 응답을 신속하게 하여 부작위 내지 무응답이라고 하는 소극적인 위법상태를 제거하는 것을 목적으로 하는 것이고, 나아가 그 인용판결의 기속력에 의하여 행정청으로 하여금 적극적이든 소극적이든 어떤 처분을 하도록 강제한 다음, 그에 대하여 불복이 있을 경우 그 처분을 다투게 함으로써 최종적으로는 당사자의 권리와 이익을 보호하려는 제도이다.』 (대판 2002. 6. 28. 2000두4750)

---

490) 김남진/김연태(I), 1027면; 홍정선(상), 1280면; 대판 1999. 4. 9, 98두12437.
491) 대판 1995. 9. 15, 95누7345.

제 3 항 당사자소송

Ⅰ. 서

1. 의 의

당사자소송이란 행정청의 처분 등을 원인으로 하는 법률관계에 관한 소송 그 밖에 공법상의 법률관계에 관한 소송으로서, 그 법률관계의 한쪽 당사자를 피고로 하는 소송을 말한다(3조 2호). 즉, 서로 대립하는 대등한 당사자 사이에 있어서의 공법상의 법률관계에 관한 소송이다.

2. 다른 소송과의 구별

(1) 항고소송과의 구별

항고소송은 처분을 대상으로 하나 당사자소송은 공법상 법률관계를 대상으로 하며, 항고소송은 처분청을 피고로 하나 당사자소송은 국가·지방자치단체와 같은 행정주체를 피고로 하는 점에서 차이가 있다.

(2) 민사소송과의 구별

당사자소송은 대등한 당사자 간의 소송인 점에서는 민사소송과 같지만, 민사소송은 사법상의 법률관계를 대상으로 하나 당사자소송은 공법상의 법률관계를 대상으로 하는 점에서 차이가 있다.

3. 특 성

당사자소송은 처분 이외의 공법상 법률관계 일반을 대상으로 하고 있는 점에서 포괄소송으로서의 특성을 갖는다. 즉, 행정소송 중에서 항고소송을 제외한 모든 소송을 가리키는 포괄적인 개념으로서, 광범위한 활용가능성을 가진다고 할 수 있다. 그럼에도 불구하고 종래 소송실무상으로 행정소송은 항고소송(특히 취소소송) 중심으로 운용되어 왔으며 당사자소송의 활용은 제한적이었던 바, 이 점에서 학계의 비판을 받아 왔다.

Ⅱ. 종 류

당사자소송은 다시 실질적 당사자소송과 형식적 당사자소송으로 나눌 수 있다.

1. 실질적 당사자소송

(1) 의의

실질적 당사자소송이란 공법상의 법률관계에 관한 소송으로서 그 법률관계의 한쪽 당사자를 피고로 하는 소송을 말하며, 당사자소송의 일반적인 형태이다.

(2) 구체적인 예

① **처분을 원인으로 하는 법률관계에 관한 소송** : 행정소송법 제3조 제2호는 '행정청의 처분을 원인으로 하는 법률관계에 관한 소송'을 당사자소송의 하나로 명시적으로 규정하고 있는데, 이에 해당하는 것으로는 조세부과처분의 무효나 취소로 인한 부당이득반환청구소송과 위법한 영업정지 처분으로 인한 국가배상청구소송을 들 수 있다. 그러나 실무적으로는 이들 부당이득반환청구소송과 국가배상청구소송을 민사소송으로 보고 있다.

② **공법상 신분·지위 등의 확인소송** : 공법상의 신분·지위 등의 확인을 구하는 소송(예 : 공무원·국공립학교학생·국가유공자 등의 지위확인소송)도 당사자소송에 속한다.

판례는 태극무공훈장을 수여받은 자임의 확인을 구하는 소송, 영관(領官)생계보조기금의 권리자임의 확인을 구하는 소송, 납세의무부존재의 확인을 구하는 소송, 재개발조합의 조합원자격 확인을 구하는 소송, 고용보험·산재보험에서 보험료납부의무 부존재 확인을 구하는 소송 등이 당사자소송에 해당한다고 보았다.[492]

③ **공법상 금전지급청구소송** : 공무원급여청구권, 손실보상청구권, 보조금지급청구권 등의 공법상 금전지급청구권이 행정청의 지급결정을 매개로 하지 않고 법률의 규정에 의해 직접 발생하는 경우에는 당사자소송의 대상이 된다.[493]

판례는 소방공무원이 자신이 소속된 지방자치단체를 상대로 초과근무수당의 지급을 구하는 소송, 지방자치단체가 보조사업자에 대해 보조금의 반환을 청구하는 소송, 석탄산업법에 규정된 '폐광된 광산에서 업무상 재해를 입은 근로자에 대한 재해위로금의 지급'을 청구하는 소송 또는 '석탄가격안정지원금의 지급'을 청구하는 소송, 텔레비전방송수신료의 징수를 위탁받은 한국전력공사에 대해 수신료 징수권한이 있는지 여부를 다투는 소송, 국책사업인 한국형 헬기 개발사업에 참여하여 방위사업청과 개발협약을 체결한 회사가 환율변동·물가상승 등의 요인 때문에 협약금액을 초과하여 비용이 발생하였다는 이유로 국가를 상대로 초과비용의 지급을 구하는 소송 등이 당사자소송에 해당한다고 보았다.[494]

한편, 판례는 「5·18민주화운동 관련자 보상 등에 관한 법률」에 의한 보상금지급에 관한 소송은 당사자소송으로 보고 있는데 대하여, 「민주화운동 관련자 명예회복 및 보상 등에 관한 법률」에 의한 보상금지급에 관한 소송은 항고소송으로 보고 있는바, 이에 관해서는 다음에 자세히 살펴보기로 한다.[495]

④ **공법상 계약에 관한 소송 등 기타 공법상 법률관계에 관한 소송** : 공법상 계약에 관한 소송,

---

492) 대판 1990. 10. 23, 90누4440; 대판 1991. 1. 25, 90누3041; 대판 2000. 9. 8, 99두2765; 대판 1996. 2. 15, 94다31235; 대판 2016. 10. 13, 2016다221658.

493) 만일 공법상 금전지급청구권이 행정청의 지급결정을 통해 확정되는 경우에는 행정청에 그 지급을 청구해서 거부결정이 내려진 경우에는 그에 대한 항고소송으로 다투어야 한다.

494) 대판 2013. 3. 28, 2012다102629; 대판 2011. 6. 9, 2011다2951; 대판 1999. 1. 26, 98두12598; 대판 1997. 5. 30, 95다28960; 대판 2008. 7. 24, 2007다25261; 대판 2017. 11. 9, 2015다215526.

495) 대판 1992. 12. 24, 92누3335; 대판 2008. 4. 17, 2005두16185.

공법상의 결과제거청구소송, 공문서의 열람·복사청구소송 등이 이에 해당한다. 판례는 지방자치단체에 소속된 시립합창단원이나 시립무용단원의 위촉은 공법상 계약에 해당하기 때문에 그 위촉이나 해촉을 다투는 소송은 당사자소송에 해당한다고 하였다.[496] 그리고 공법상 계약의 한쪽 당사자가 다른 당사자를 상대로 그 이행을 청구하는 소송 또는 이행의무의 존부에 관한 확인을 구하는 소송은 공법상 법률관계에 관한 분쟁이므로, 분쟁의 실질이 공법상 권리·의무의 존부·범위에 관한 다툼이 아니라 손해배상액의 구체적인 산정방법·금액에 국한되는 등의 특별한 사정이 없는 한, 공법상 당사자소송으로 제기하여야 한다고 하였다.[497]

(3) 개별적 사안의 검토

① **공무원연금지급과 관련한 소송** : 공무원연금법에 의하면 퇴직연금급여는 급여를 받을 권리를 가진 자의 신청에 의해 공무원연금공단이 그 지급결정을 함으로써 구체적인 권리가 발생하는 것이므로 공무원연금공단의 연금급여에 관한 결정은 행정처분에 해당한다고 한다. 따라서 공무원연금법상의 급여를 받으려는 사람은 우선 공무원연금공단에 급여지급을 신청하여 공무원연금공단이 이를 거부하거나 일부 금액만 인정하는 급여지급결정을 하는 경우 그 결정을 대상으로 항고소송을 제기하여 구체적 권리를 인정받은 다음 비로소 당사자소송으로 그 급여의 지급을 구해야 하며, 이러한 구체적인 권리가 발생하지 않은 상태에서 곧바로 당사자소송으로 급여의 지급을 소구하는 것은 허용되지 않는다는 것이 판례의 입장이다.[498] 또한 공무원연금법상 연금급여제한사유가 있음에도 수급자에게 퇴직연금이 잘못 지급된 경우에 과오급된 퇴직연금의 환수를 위한 공무원연금공단의 환수통지는 처분의 성질을 가지는 것이어서 항고소송으로 다투어야 한다고 한다.[499]

그러나 공무원연금공단의 결정에 의해 퇴직연금을 지급받아 오던 자가 공무원연금법령의 개정으로 퇴직연금 중 일부의 지급이 정지된 경우에는 개정된 법령에 의해 당연히 퇴직연금의 지급범위가 확정되는 것이지 공무원연금공단의 지급제한결정에 의해 비로소 확정되는 것은 아니므로, 공무원연금공단이 퇴직연금의 일부에 대한 지급거부의 의사표시를 한 것은 행정처분에 해당하지 않고 따라서 지급이 거부된 일부의 퇴직연금에 대한 지급을 구하는 소송은 공법상 당사자소송에 해당한다고 한다.[500]

② **사회보장수급권의 실현을 위한 소송** : 육아휴직급여 등 사회보장수급권을 가지는 사람이 행정청에 그 급부를 신청하지 않고 직접 당사자소송으로 급부의 지급을 구할 수 있는지가 문제되는바, 이에 관한 판례의 입장은 다음과 같다.[501] 『공법상 각종 급부청구권은 행정청의 심사·결정의 개입 없이 법령의 규정에 의하여 직접 구체적인 권리가 발생하는 경우와 관할 행정청의 심사·인용결정에 따라 비로소 구체적인 권리가 발생하는 경우로 나눌 수 있다. 그 중 사회보장수급권은 법

---

496) 대판 1995. 12. 22, 95누4636; 대판 2001. 12. 11, 2001두7794.
497) 대판 2023. 6. 29, 2021다250025.
498) 대판 2010. 5. 27, 2008두5636; 대판 2021. 12. 16, 2019두45944.
499) 대판 2009. 5. 14, 2007두16202; 헌재 2013. 8. 29, 2010헌바169.
500) 대판 2004. 7. 8, 2004두244.
501) 대판 2021. 3. 18, 2018두47264.

령에서 실체적 요건을 규정하면서 수급권자 여부, 급여액 범위 등에 관하여 행정청이 1차적으로 심사하여 결정하도록 정하고 있는 경우가 일반적이다. 이 경우 사회보장수급권은 관계 법령에서 정한 실체법적 요건을 충족시키는 객관적 사정이 발생하면 추상적인 급부청구권의 형태로 발생하고, 수급권자의 신청에 의해 관할 행정청이 지급결정을 하면 그때 비로소 구체적인 수급권으로 전환된다. 따라서 급부를 받으려는 사람은 우선 행정청에 그 지급을 신청하여 행정청이 거부하거나 일부 금액만 지급하는 결정을 하는 경우 그 결정에 대하여 항고소송을 제기하여 취소(또는 무효확인)판결을 받아 그 기속력에 따른 재처분을 통하여 구체적인 권리를 인정받아야 한다. 따라서 사회보장수급권의 경우 구체적인 권리가 발생하지 않은 상태에서 곧바로 국가나 지방자치단체 등을 상대로 한 당사자소송이나 민사소송으로 급부의 지급을 소구하는 것은 허용되지 않는다.』

③ 과오납된 국세의 환급청구소송, 부가가치세 환급세액 지급청구소송

i) 국세 과오납 등의 사유가 있으면 과세관청의 환급금결정이 없더라도 당연히 납세의무자의 부당이득반환청구권이 성립하므로 과세관청의 국세환급금결정 또는 환급결정 신청에 대한 환급거부결정은 항고소송의 대상인 처분이 아니며, 따라서 과오납된 국세를 환급받으려면 민사소송으로 부당이득반환청구소송을 제기하여야 한다는 것이 판례의 입장이다.[502]

ii) 종래의 판례는 부가가치세 환급세액의 지급을 청구하는 것은 일반의 국세환급과 마찬가지로 부당이득반환의 성질을 가지는 것으로서 민사소송의 대상이라고 보았다.[503] 그러나 2013년 대법원 전원합의체판결에서, 납세의무자에 대한 국가의 부가가치세 환급세액 지급의무는 부가가치세법령의 규정에 의하여 직접 발생하는 것으로서, 그 법적 성질은 부당이득반환의무가 아니라 '조세정책적 관점에서 특별히 인정되는 공법상 의무'라고 보아야 할 것이며, 따라서 납세의무자가 국가에 대해 부가가치세 환급세액 지급청구를 하는 것은 민사소송이 아니라 행정소송법상의 당사자소송에 의하여야 한다고 판시하였다.[504]

④ 과세주체가 납세의무자를 상대로 하는 조세채권존재확인소송 : 과세주체(국가·지방자치단체)는 세법이 부여한 부과권 및 자력집행권 등에 기하여 조세채권을 실현할 수 있으므로 원칙적으로 납세의무자를 상대로 조세채권의 존재확인을 구하는 소를 제기할 이익을 인정하기 어렵다. 그러나 조세채권의 시효중단을 위한 경우와 같이 특별한 사정이 있는 경우에는 예외적으로 소의 이익이 인정되며, 이 경우 과세주체가 납세의무자를 상대로 제기한 조세채권존재확인의 소는 공법상 당사자소송에 해당한다는 것이 판례의 입장이다.[505]

⑤ 관리처분계획안에 대한 조합 총회결의의 효력을 다투는 소송 : 「도시 및 주거환경정비법」상의 재개발사업이나 재건축사업을 실시함에 있어 재개발조합이나 재건축조합은 관리처분계획안을 마련하여 조합 총회결의를 거친 후 관할 행정청의 인가를 받아야 한다(45조, 74조). 그런데 조합원이

---

502) 대판 2008. 7. 24, 2008다19843; 대판 1997. 10. 10, 97다26432; 대판 2009. 11. 26, 2007두4018.
503) 대판 1996. 4. 12, 94다34005, 대판 1996. 9. 6, 95다4063; 대판 1997. 10. 10, 97다26432; 대판 2001. 10. 26, 2000두7520.
504) 대판 2013. 3. 21, 2011다95564.
505) 대판 2020. 3. 2, 2017두41771.

관리처분계획(안)에 대해 다투는 경우 어떠한 방식으로 소송을 제기하여야 하는지가 문제된다.

먼저, 관리처분계획안에 대한 행정청의 인가는 보충행위의 성질을 가지기 때문에 원칙적으로 인가처분에 대해 항고소송으로 다투는 것은 허용되지 않는다. 따라서 조합원은 조합을 상대로 관리처분계획(안)에 대해 다투어야 하는데, 이에 관해 판례의 변경이 있었다. 즉, 종래의 판례는 조합원은 관리처분계획안에 대한 행정청의 인가가 있기 전이나 후를 묻지 아니하고 조합을 피고로 하여 관리처분계획안에 대한 조합 총회결의의 효력을 다투는 소송(조합 총회결의 무효확인소송)을 제기할 수 있으며, 이 경우 소의 성질은 민사소송이라고 판시하였다.506) 그러나 2009년 대법원 전원합의체판결에서는 조합원은 관리처분계획안에 대한 행정청의 인가가 있기 전에는 조합을 피고로 하여 조합 총회결의의 효력을 다투는 소송을 제기할 수 있는데 그 소의 성질은 행정소송법상의 당사자소송에 해당한다고 하였으며, 관리처분계획안에 대한 행정청의 인가가 있은 후에는 관리처분계획 자체가 행정처분의 성질을 가지므로 조합원은 조합을 피고로 하여 관리처분계획(처분)에 대한 항고소송을 제기하여야 한다고 하였다.

⑥ **환매금액 증감청구소송** : 토지보상법에 의하면 토지소유자는 일정한 요건하에 수용된 토지에 대한 환매권을 행사할 수 있는데(91조), 이때 환매는 환매권자가 수령한 보상금 상당액을 사업시행자에게 지급하고 일방적으로 환매의 의사표시를 함으로써 성립하는 것이므로 형성권의 성질을 가진다고 보는 것이 판례의 입장이다.507) 만일 토지가격이 현저히 변동된 경우에는 사업시행자와 환매권자가 환매금액에 대하여 서로 협의하여야 하며, 협의가 성립하지 않으면 법원에 그 금액의 증감을 청구할 수 있다(91조 4항). 이때 환매금액증감청구소송의 성질이 무엇인지가 문제되는데, 환매권을 공권으로 보는 견해는 공법상 당사자소송에 해당한다고 하는데 대하여,508) 사권으로 보는 견해는 민사소송에 해당한다고 한다.

판례는 환매권의 존부 확인을 구하는 소송 및 환매금액의 증감을 구하는 소송은 민사소송에 해당하는 것으로 보고 있다.509)

> **판례** 『공익사업을 위한 토지 등의 취득 및 보상에 관한 법률(이하 '토지보상법'이라 한다) 제91조에 규정된 환매권은 상대방에 대한 의사표시를 요하는 형성권의 일종으로서 재판상이든 재판 외이든 위 규정에 따른 기간 내에 행사하면 매매의 효력이 생기는 바(대법원 2008. 6. 26, 선고 2007다24893 판결 참조), 이러한 환매권의 존부에 관한 확인을 구하는 소송 및 토지보상법 제91조 제4항에 따라 환매금액의 증감을 구하는 소송 역시 민사소송에 해당한다.』(대판 2013. 2. 28, 2010두22368)

---

506) 대판 2004. 7. 22, 2004다13694.

507) 대판 2002. 6. 14, 2001다24112; 대판 2013. 2. 28, 2010누22368.

508) 환매대금 증감청구소송을 당사자소송으로 보는 경우에도, 이는 (보상금증감청구의 경우와는 달리) 토지수용위원회의 재결을 거치지 않았으므로 실질적 당사자소송에 해당한다. 이러한 점에서 형식적 당사자소송의 성질을 가지는 보상금증감청구소송과 구별된다.

509) 대판 2013. 2. 28, 2010두22368.

⑦ 특별법에 의한 보상금지급에 관한 소송

a) 「5·18민주화운동 관련자 보상 등에 관한 법률」에 의한 보상금지급에 관한 소송 : 1980년 5·18민주화운동과 관련하여 희생된 사람의 명예회복과 보상을 위하여 1990년 「5·18민주화운동 관련자 보상 등에 관한 법률」이 제정되었는데, 그 주된 내용은 다음과 같다. 5·18민주화운동 관련자에 해당하는지 여부 및 보상금 등에 관한 사항을 심의결정하기 위해 광주광역시에 '5·18민주화운동관련자보상심의위원회'를 두도록 하고(4조), 위 법률에 의한 보상금을 지급받으려는 자는 보상심의위원회에 신청을 하여야 하며, 신청을 받은 보상심의위원회는 90일 이내에 지급 여부와 금액을 결정하여야 한다(8조, 9조). 보상금지급에 관한 소송은 원칙적으로 보상심의위원회의 결정을 거친 후에만 제기할 수 있으며(결정전치주의), 다만 신청이 있었던 날부터 90일이 지났을 때에는 그러하지 아니하다(15조 1항).

이와 관련하여 위 법률 제15조에 의한 보상금지급에 관한 소송의 성질이 문제된다. 이에 대해 판례는, 위 법률에는 보상심의위원회의 결정에 대해 행정심판이나 항고소송을 제기할 수 있다는 아무런 규정이 없으므로 보상심의위원회의 결정은 항고소송의 대상이 되는 행정처분이라 할 수 없고, 따라서 위 법률 제15조에 의한 보상금지급청구소송은 공법상의 권리에 관한 것으로서 당사자소송에 의하여야 한다고 하였다.510)

b) 「민주화운동 관련자 명예회복 및 보상 등에 관한 법률」에 의한 보상금지급에 관한 소송 : 민주화운동 관련자에 대한 명예회복 및 보상금 지급을 위하여 2000년에 「민주화운동 관련자 명예회복 및 보상 등에 관한 법률」이 제정되었는데, 그 내용은 위의 5·18민주화운동보상법과 매우 유사하다. 즉, 민주화운동 관련자에 해당하는지 여부 및 그에 대한 보상금 등에 대한 사항을 심의·결정하기 위해 국무총리 소속으로 '민주화운동관련자명예회복 및 보상심의위원회'를 두도록 하고(4조), 위 법률에 의한 보상금을 지급받으려는 자는 보상심의위원회에 신청을 하여야 하며, 신청을 받은 보상심의위원회는 90일 이내에 지급 여부와 금액을 결정하여야 한다(10조, 11조). 보상금지급에 관한 소송은 원칙적으로 보상심의위원회의 결정을 거친 후에만 제기할 수 있으며(결정전치주의), 다만 신청이 있었던 날부터 90일이 지났을 때에는 그러하지 아니하다(17조 1항).

이와 관련하여 위 법률 제17조에 의한 보상금지급에 관한 소송의 성질이 문제된다. 이에 대해 대법원의 다수의견은, 위 법률에 의한 보상대상자는 보상심의위원회에서 심의·결정되어야 비로소 확정될 수 있으므로 이러한 보상심의위원회의 결정은 국민의 권리의무에 직접 영향을 미치는 행정처분에 해당하며, 따라서 보상심의위원회의 기각결정을 받은 자는 보상심의위원회를 상대로 그 결정에 대한 취소소송을 제기하여야 한다고 한다. 그리고 위 법률 제17조 제1항 후단에서 지급신청을 한 날부터 90일을 경과한 때에는 그 결정을 거치지 않고 소송을 제기할 수 있도록 한 것은 신청인의 신속한 권리구제를 위하여 위 기간 내에 결정을 받지 못한 때에는 '지급거부결정이 있는 것'으로 보아 곧바로 보상심의위원회를 상대로 그에 대한 취소소송을 제기할 수 있도록 한 것

---

510) 대판 1992. 12. 24, 92누3335.

지, 신청인이 직접 국가를 상대로 보상금의 지급을 구하는 이행소송(당사자소송)을 제기하도록 한 것은 아니라고 한다.511)

⑧ **도시계획시설사업 시행자가 사업구역에 인접한 토지의 일시 사용에 대해 그 소유자 등의 동의를 구하는 소송** : 국토계획법에 따르면 도시계획시설사업의 시행자는 토지소유자 등의 동의를 받아 사업구역에 인접한 토지를 한시적으로 이용할 수 있는데(130조 1항, 3항), 이때 토지소유자 등은 정당한 사유가 없는 한 동의할 의무가 있다. 만일 토지소유자 등이 정당한 사유 없이 동의를 거부하는 경우에는 사업시행자가 토지소유자 등을 상대로 동의의 의사표시를 구하는 소송을 제기할 수 있는데, 토지소유자 등이 동의의 의사표시를 하여야 할 의무는 공법상 의무에 해당하므로 그 의무의 존부를 다투는 소송은 행정소송법상의 당사자소송에 해당한다는 것이 판례의 입장이다.512)

(4) 당사자소송으로 제기하여야 할 사건을 민사소송으로 잘못 제기한 경우

원고가 고의 또는 중대한 과실 없이 당사자소송으로 제기하여야 할 사건을 민사소송으로 잘못 제기한 경우에, 수소법원으로서는 만약 그 당사자소송에 대한 관할도 동시에 가지고 있다면 이를 당사자소송으로 심리·판단하여야 하고, 당사자소송에 대한 관할을 가지고 있지 않다면 관할법원에 이송하여야 한다는 것이 판례의 입장이다.513)

2. 형식적 당사자소송

(1) 의 의

형식적 당사자소송이란 행정청의 처분(재결 포함)이 원인이 되어 형성된 법률관계에 다툼이 있는 경우에, 그 원인이 되는 처분을 직접 대상으로 하지 않고 그 처분의 결과로서 형성된 법률관계를 대상으로, 그리고 처분청이 아니라 그 법률관계의 한쪽 당사자를 피고로 하여 제기하는 소송을 말한다. 즉, 소송의 실질적 내용은 처분의 효력을 다투는 것이지만, 형식적으로는 소송경제 등의 필요에 의해 당사자소송의 형식을 취하는 것이다. 예컨대, 토지수용위원회의 보상금에 관한 재결에 불복이 있는 자는 토지수용위원회를 피고로 하여 그 재결에 대한 취소소송을 제기하는 것이 아니라, 보상금에 관한 실질적 당사자라 할 수 있는 토지수용의 상대방(공익사업자 또는 토지소유자)을 피고로 하여 보상금의 증액 또는 감액을 구하는 소송을 제기하도록 한 것이 그에 해당한다 (토지보상법 85조 2항).

---

511) 대판 2008. 4. 17, 2005두16185. 이에 반해 대법원의 반대의견은, 위 법률에 의한 보상금을 지급받기 위해서는 먼저 보상심의위원회의 결정을 받아야 하는 것이 원칙이지만 보상심의위원회에서 기각결정을 받거나 소정의 기간 내에 결정을 받지 못한 신청인은 국가를 상대로 보상금의 지급을 구하는 당사자소송을 제기하여야 한다고 하였다.

512) 대판 2019. 9. 9, 2016다262550. 이 사건에서 원고는 민사소송으로 소를 제기하였는데, 제1심(전주지방법원 군산지원)에서는 민사소송에 해당한다는 전제하에 판결을 내렸다. 이에 대한 항소심에서 광주고등법원은 이 사건이 공법상 법률관계에 관한 소송으로서 당사자소송에 해당한다는 이유로 제1심판결을 취소하고 이를 행정소송의 관할법원(전주지방법원 행정부)으로 이송하였다. 이에 대한 상고심에서 대법원은 원심심판이 정당하다고 판시하였다.

513) 대판 2023. 6. 29, 2021다250025.

(2) 인정이유

당사자가 다투려 하는 것이 처분(재결 포함) 그 자체가 아니라 처분에 근거하여 이루어진 법률관계인 경우에는 처분청을 소송당사자로 할 것이 아니라 실질적 이해관계인을 소송당사자로 하는 것이 소송의 진행이나 분쟁의 해결에 보다 적합하다는 점에서 형식적 당사자소송을 인정할 필요가 있다.

(3) 법적 근거

별도의 법적 근거 없이도 당사자소송에 관해 규정한 행정소송법 제3조 제2호의 규정에 의해 형식적 당사자소송이 일반적으로 허용될 수 있는지에 대하여 다툼이 있다.

① **긍정설** : 당사자소송을 규정한 행정소송법 제3조 제2호의 내용 중 "행정청의 처분 등을 원인으로 하는 법률관계에 관한 소송…으로서 그 법률관계의 한쪽 당사자를 피고로 하는 소송"이라는 부분에 형식적 당사자소송이 포함될 수 있으므로, 개별법의 규정이 없어도 위 규정에 의해 형식적 당사자소송이 가능하다는 견해이다.514) 그 논거로는, 행정소송법은 민중소송 및 기관소송에 대해서는 법률에 특별한 규정이 있는 경우에만 제기할 수 있다는 명문의 규정을 두고 있으나(45조), 형식적 당사자소송과 관련해서는 아무런 제한을 두고 있지 않다는 것을 든다.

② **부정설** : 행정소송법 제3조 제2호의 규정만으로는 부족하고 별도로 개별법에 근거규정이 있어야만 형식적 당사자소송이 인정될 수 있다는 견해로서, 현재의 통설이라 할 수 있다. 현행법상 토지보상법, 특허법, 상표법 등의 개별법에서 형식적 당사자소송의 근거규정을 두고 있다.

(4) 개별적 사안의 검토

① **토지수용위원회의 재결에 대한 불복** : 토지보상법은 토지수용의 범위, 시기, 보상액 등에 관해 당사자(사업시행자와 토지소유자) 간에 협의가 이루어지지 않는 경우에는 토지수용위원회에 재결을 신청하도록 하고 있다. 만일 토지수용위원회의 재결(보상액에 관한 재결은 제외)에 대해 불복이 있는 경우에는 토지수용위원회를 피고로 하여 재결에 대한 취소소송을 제기하도록 하고 있는데(85조 1항), 이는 전형적인 항고소송에 해당한다.

그런데 토지수용위원회의 재결 중 보상액에 대해서만 불복이 있는 경우에는 토지수용에 있어서의 상대방 당사자(사업시행자 또는 토지소유자)를 피고로 하여 보상금의 증액 또는 감액 청구소송을 제기하도록 하고 있는데(85조 2항),515) 이 소송의 성질은 형식적 당사자소송에 해당한다는 것이 통설의 입장이다. 즉, 보상금 증감청구소송은 실질적으로는 토지수용위원회의 재결에 불복하는 것이지만, 소송수행의 효율성을 위하여 토지수용에 있어서의 당사자(사업시행자와 토지소유자)가 소송당사자가 되어 보상금 증감에 관한 소를 제기하도록 한 것이다.

---

514) 이상규(상), 804-805면.
515) 예컨대 토지수용위원회의 재결에 있어 보상액이 너무 낮게 결정되었다고 생각하는 토지소유자는 공익사업자를 피고로 하여 보상금 증액 청구소송을 제기하여야 하며, 보상액이 너무 높게 결정되었다고 생각하는 공익사업자는 토지소유자를 피고로 하여 보상금 감액 청구소송을 제기하여야 한다.

> **판례** 『토지보상법 제85조 제2항은 토지소유자 등이 보상금증액청구의 소를 제기할 때에는 사업시행자를 피고로 한다고 규정하고 있다. 위 규정에 따른 보상금증액청구의 소는 토지소유자 등이 사업시행자를 상대로 제기하는 **당사자소송의 형식**을 취하고 있지만, 토지수용위원회의 재결 중 보상금 산정에 관한 부분에 불복하여 그 증액을 구하는 소이므로 **실질적으로는 재결을 다투는 항고소송의 성질**을 가진다.』(대판 2022. 11. 24, 2018두67)

이와 관련하여 토지보상법에 따른 토지소유자의 손실보상금 채권에 대해 압류 및 추심명령이 있는 경우에 추심채권자가 보상금증액청구의 소를 제기할 수 있는지가 문제된다. 이에 대해 판례는, 손실보상금 채권에 관하여 압류 및 추심명령이 있더라도 추심채권자는 직접 또는 토지소유자를 대위하여 보상금증액청구의 소를 제기할 수 없고, 채무자인 토지소유자가 보상금증액청구의 소를 제기하고 그 소송을 수행할 당사자적격을 갖는다고 하였다.[516]

다음으로 토지소유자가 토지수용위원회에 잔여지에 대한 수용을 청구하였으나 기각재결이 내려진 경우에 이에 대해 불복하기 위해서는 어떠한 소송을 제기하여야 하는지가 문제된다.[517] 판례에 의하면, 잔여지 수용청구권은 손실보상의 일환으로 토지소유자에게 부여되는 권리로서 그 요건을 구비한 때에는 잔여지 수용에 관한 토지수용위원회의 재결이 없더라도 그 청구에 의하여 수용의 효과가 발생하는 형성권적 성질을 가지므로, 토지수용위원회의 잔여지 수용 기각재결에 대해 불복하여 제기하는 소송은 토지수용위원회의 재결에 대한 취소소송이 아니라 보상금 증감에 관한 소송에 해당하여, 토지수용위원회가 아니라 사업시행자를 피고로 하여야 한다고 하는바, 이 경우역시 형식적 당사자소송에 해당한다.[518]

② **특허법상의 결정이나 심결에 대한 불복**: 특허를 받으려는 자는 특허청장에게 특허출원서를 제출하여야 하며, 특허청장은 심사관에게 특허출원을 심사하게 한다(특허법 42조, 57조). 심사관은 특허출원이 법이 정한 요건을 갖춘 경우에는 특허결정을 하고, 요건을 갖추지 못한 경우에는 특허거절결정을 하여야 한다(66조, 62조). 특허거절결정에 불복하는 자는 특허심판원장에게 심판을 청구할 수 있다(132조의17, 140조의2). 한편, 특허법 제132조의2에서 정한 사유에 해당하는 경우에는 누구든지 일정 기간 내에 특허심판원장에게 '특허취소신청'을 할 수 있으며(132조의2), 특허법 제133조에서 정한 사유에 해당하는 경우에는 이해관계인이나 심사관은 특허심판원장에게 '특허무효심판'을 청구할 수 있다(133조).

특허심판원의 '특허거절결정에 대한 심결'이나 '특허취소결정'에 불복이 있는 자는 특허법원에 소를 제기할 수 있는데, 이 경우 특허청장을 피고로 하여야 한다(186조, 187조 본문).[519] 이에 반해

---

516) 대판 2022. 11. 24, 2018두67 전원합의체판결.

517) 동일한 소유자에게 속하는 일단의 토지의 일부가 수용됨으로 인하여 잔여지를 종래의 목적에 사용하는 것이 현저히 곤란한 경우에 토지소유자는 공익사업자에게 잔여지를 매수하여 줄 것을 청구할 수 있으며, 사업인정 이후에는 관할 토지수용위원회에 잔여지의 수용을 청구할 수 있다(토지보상법 74조 1항).

518) 대판 2010. 8. 19, 2008두822.

519) 예컨대 갑의 특허출원에 대해 심사관이 특허거절결정을 한 경우에 갑은 특허심판원장에게 심판을 청구할 수 있다. 만일 특허심판에서 다시 기각심결이 내려진 경우에는 갑은 특허청장을 피고로 하여 특허법원에 소를 제기

'특허무효심판에 대한 심결'에 대해 특허법원에 소를 제기하는 경우에는 그 청구인(이해관계인이나 심사관) 또는 피청구인(특허권자)을 피고로 하여야 한다(187조 단서).[520] 전자의 경우는 특허청장을 피고로 하여 심결이나 결정의 취소를 구하는 것이므로 항고소송의 성질을 갖는데 대하여, 후자의 경우는 실질적 분쟁당사자를 피고로 하는 점에서 형식적 당사자소송의 성질을 갖는다고 할 것이다.

III. 소송요건

1. 당사자

(1) 원고적격

행정소송법에는 당사자소송의 원고적격에 관한 직접적인 규정이 없으므로 민사소송에 있어서의 원고적격이 준용된다(8조 2항 참조).

(2) 피고적격

항고소송이 처분청을 피고로 하는 것과는 달리, 당사자소송에 있어서는 국가·공공단체 그 밖의 권리주체를 피고로 한다(39조). 국가가 피고로 되는 소송에서는 법무부장관이 국가를 대표하고(국가를 당사자로 하는 소송에 관한 법률 2조), 지방자치단체가 피고로 되는 소송에서는 해당 지방자치단체의 장이 지방자치단체를 대표한다(지방자치법 114조).

2. 재판관할

당사자소송의 제1심 관할법원은 '피고의 소재지를 관할하는 행정법원'이다(9조, 40조). 그런데 당사자소송은 항고소송과는 달리 처분청이 아니라 행정주체인 국가나 공공단체를 피고로 하므로, 이 경우 무엇을 피고(국가나 공공단체)의 소재지로 볼 것인지가 문제된다. 이에 관해 행정소송법은 '관계 행정청의 소재지'를 피고의 소재지로 본다는 명문의 규정을 두고 있다(40조 단서).

3. 제소기간

당사자소송의 경우에는 원칙적으로 제소기간의 제한을 받지 않는다. 다만 다른 법령에 특별히 제소기간이 규정된 경우에는 그에 의하며, 그 기간은 불변기간으로 한다(41조).

하여야 한다. 한편, 갑에 대한 심사관의 특허결정이 있는 경우에 해당 특허가 위법하다고 인정되면 누구든지 특허심판원장에게 특허취소신청을 할 수 있으며, 특허취소결정에 불복이 있는 자는 특허청장을 피고로 하여 특허법원에 소를 제기하여야 한다.

520) 예컨대 갑에 대한 특허결정이 위법하다고 하여 이해관계인 을이나 심사관이 특허심판원장에게 무효심판을 청구하여 인용 또는 기각의 심결이 내려진 경우에, 그 심결에 불복하는 자는 특허법원에 소를 제기할 수 있는데, 이 때 기각심결에 대해 이해관계인이나 심사관이 소를 제기하는 경우에는 특허권자인 갑을 피고로 하여야 하고, 인용심결에 대해 갑이 소를 제기하는 경우에는 무효확인심판을 청구한 이해관계인이나 심사관을 피고로 하여야 한다.

4. 가구제

당사자소송에 대하여는 행정소송법 제23조 제2항의 집행정지에 관한 규정이 준용되지 않는다 (44조 1항). 따라서 당사자소송에 있어서의 가구제는 행정소송법 제8조 제2항에 따라 민사집행법 상의 가처분에 관한 규정이 준용된다고 본다.

> **판례** 『도시 및 주거환경정비법상 행정주체인 주택재건축정비사업조합을 상대로 관리처분계획안에 대한 조합 총회결의의 효력을 다투는 소송은 행정처분에 이르는 절차적 요건의 존부나 효력 유무에 관한 소송으로서 그 소송결과에 따라 행정처분의 위법 여부에 직접 영향을 미치는 공법상 법률관계에 관한 것이므로, 이는 행정소송법상의 당사자소송에 해당한다. 그리고 이러한 당사자소송에 대하여는 행정소송법 제23조 제2항의 집행정지에 관한 규정이 준용되지 아니하므로(행정소송법 제44조 제1항 참조), 이를 본안으로 하는 가처분에 대하여는 행정소송법 제8조 제2항에 따라 민사집행법상의 가처분에 관한 규정이 준용되어야 한다.』 (대결 2015. 8. 21. 2015무26)

5. 기타 취소소송에 관한 규정의 준용 여부

(1) 준용되는 내용

취소소송에 규정된 것 중 관련청구소송의 이송·병합, 피고의 경정, 공동소송, 제3자 및 행정청의 소송참가, 소의 변경, 행정심판기록의 제출명령, 직권심리, 판결의 기속력, 소송비용의 부담 등에 관한 규정은 당사자소송에 준용한다(42조, 44조).

(2) 준용되지 않는 내용

취소소송에 규정된 것 중 원고적격, 피고적격, 제소기간, 소송의 대상, 선결문제, 집행정지, 사정판결, 확정판결의 대세적 효력, 제3자에 의한 재심청구, 판결의 간접강제 등에 관한 규정은 당사자소송에 준용되지 않는다.

IV. 소송의 종료

1. 판결의 기판력과 기속력

당사자소송의 판결이 확정되면 기판력이 발생하여, 이후 동일한 사항이 문제된 경우에 당사자는 판결의 내용에 반하는 주장을 할 수 없고 법원도 그와 모순·저촉되는 판단을 해서는 안 된다. 행정소송법 제30조 제1항에 규정된 판결의 기속력은 당사자소송에도 준용되므로, 당사자소송의 인용판결이 확정되면 그 사건에 관하여 당사자인 행정청과 그 밖의 관계 행정청을 기속한다(44조 1항). 그러나 행정소송법 제29조 제1항에 규정된 취소판결의 대세효는 당사자소송에 준용되지 않으므로, 당사자소송에 있어 인용 확정판결은 제3자에 대해서는 효력을 미치지 않는다(44조 1항).

2. 가집행선고

종래 행정소송법은 "국가를 상대로 하는 당사자소송의 경우에는 가집행선고를 할 수 없다"고
규정하고 있었다(43조). 그런데 2022년에 헌법재판소는, 당사자소송의 피고는 국가, 지방자치단체,
공법인 등 다양한데 특별히 국가에 대해서만 가집행선고를 할 수 없도록 한 것은 합리적인 이유
없이 차별하는 것으로서 평등원칙에 반하여 위헌이라고 하였다.[521]

참고				
내 용	취소소송	무효등확인 소송	부작위위법 확인소송	당사자소송
재판관할(9조)	○	○	○	○
관련청구의 이송·병합(10조)	○	○	○	○
선결문제(11조)	○	×	×	×
피고적격(13조)	○	○	○	×
피고의 경정(14조)	○	○	○	○
공동소송(15조)	○	○	○	○
제3자의 소송참가(16조)	○	○	○	○
행정청의 소송참가(17조)	○	○	○	○
예외적 행정심판전치주의(18조)	○	×	○	×
소송의 대상(19조)	○	○	○	×
제소기간의 제한(20조)	○	×	△	×
소의 변경(21조)	○	○	○	○
처분변경으로 인한 소의 변경(22조)	○	○	×	○
집행정지(23조)	○	○	×	×
행정심판기록의 제출명령(25조)	○	○	○	○
직권증거조사(26조)	○	○	○	○
사정판결(28조)	○	×	×	×
인용판결의 제3자효(29조)	○	○	○	×
판결의 기속력(30조)	○	○	○	30조 1항만 준용됨
제3자에 의한 재심청구(31조)	○	○	○	×
소송비용에 관한 재판의 효력(33조)	○	○	○	○
판결의 간접강제(34조)	○	×	○	×

---

521) 헌재 2022. 2. 24, 2020헌가12.

제4항 객관적 소송

Ⅰ. 개 설

객관적 소송이란 행정의 적법성 보장을 목적으로 하는 소송이다. 이러한 점에서 개인의 권리구제를 목적으로 하는 주관적 소송과 구별된다. 앞에서 설명한 바와 같이 행정소송은 원칙적으로 주관적 소송을 원칙으로 하므로, 객관적 소송은 법률에 특별한 규정이 있는 경우에 한하여 예외적으로만 인정된다.

Ⅱ. 종 류

1. 민중소송

(1) 의의

민중소송이란 국가 또는 공공단체의 기관이 법률에 위반되는 행위를 한 때에 직접 자기의 법률상 이익과 관계없이 그 시정을 구하기 위하여 제기하는 소송을 말한다(3조 3호).

(2) 민중소송의 예

① **국민투표 무효소송** : 국민투표의 효력에 관하여 이의가 있는 투표인은 투표인 10만인 이상의 찬성을 얻어 중앙선거관리위원회 위원장을 피고로 하여 투표일로부터 20일 이내에 대법원에 제소할 수 있다(국민투표법 92조).

② **대통령선거 및 국회의원선거에 있어서 선거인이 제기하는 소송** : 대통령선거 및 국회의원선거에 있어서 선거의 효력에 관하여 이의가 있는 선거인은 선거일부터 30일 이내에 해당 선거구 선거관리위원회 위원장을 피고로 하여 대법원에 소를 제기할 수 있는바(공직선거법 222조 1항), 이는 해당 선거에 출마한 후보자가 제기하는 소송과는 달리 객관적 소송에 해당한다.

③ **지방의회의원·지방자치단체장의 선거에 있어서 선거인이 제기하는 소송** : 지방의회의원 및 지방자치단체장 선거에 있어서 선거의 효력에 관하여 이의가 있는 선거인은 해당 선거구 선거관리위원회 위원장을 피소청인으로 하여 지역구 시·도의원선거(지역구 세종특별자치시의회의원선거는 제외), 자치구·시·군의원선거 및 자치구·시·군의 장 선거에 있어서는 시·도선거관리위원회에, 비례대표 시·도의원선거, 지역구 세종특별자치시의회의원선거 및 시·도지사선거에 있어서는 중앙선거관리위원회에 소청할 수 있으며(공직선거법 219조 1항), 소청에 대한 결정에 불복이 있는 소청인은 해당 소청에 대하여 기각 또는 각하 결정이 있는 경우에는 해당 선거구 선거관리위원회 위원장을, 인용결정이 있는 경우에는 그 인용결정을 한 선거관리위원회 위원장을 피고로 하여 비례대표 시·도의원선거 및 시·도지사선거에 있어서는 대법원에, 지역구 시·도의원선거, 자치

구·시·군의원선거 및 자치구·시·군의 장 선거에 있어서는 그 선거구를 관할하는 고등법원에 소를 제기할 수 있다(공직선거법 222조 2항).

2. 기관소송

(1) 의의

기관소송이란 국가 또는 공공단체의 기관 상호간에 있어서의 권한의 존부 또는 그 행사에 관한 다툼이 있을 때에 이에 대하여 제기하는 소송을 말한다. 다만 헌법재판소법 제2조의 규정에 의하여 헌법재판소의 관장사항으로 되는 권한쟁의심판(국가기관 상호간, 국가기관과 지방자치단체간 및 지방자치단체 상호간의 권한쟁의심판)은 제외한다(행정소송법 3조 4호).

행정소송법상의 기관소송은 동일한 행정주체에 속하는 기관간의 소송을 의미한다는 견해(협의설)와[522] 상이한 행정주체에 속하는 기관간의 소송도 포함될 수 있다는 견해(광의설)[523]가 대립하고 있는데, 다음과 같은 이유에서 광의설이 타당하다고 할 것이다.

첫째, 행정소송법 제3조 제4호는 기관소송에 관해 '국가 또는 공공단체의 기관 상호간'에 있어서의 권한의 존부 또는 그 행사에 관한 다툼에 대하여 제기하는 소송이라고 정의하고 있는 점을 들 수 있다.[524] 만일 기관소송의 대상을 동일한 행정주체에 속하는 기관 상호간의 다툼에 한정하려면, 기관소송의 개념을 '국가기관 상호간 또는 공공단체기관 상호간'의 다툼에 대해 제기하는 소송이라 정의하였어야 할 것이다.

둘째, 행정소송법은 행정소송의 종류를 항고소송, 당사자소송, 민중소송, 기관소송의 네 가지로 구분하고 있는데(3조), 행정소송을 위의 네 종류 중 하나에 포섭시키기 위해서는 상이한 행정주체에 속하는 기관간의 소송도 기관소송에 포함시켜야 한다. 예컨대 지방자치법 제192조 제5항에 의하면 지방의회의 재의결이 법령에 위반된다고 판단됨에도 불구하고 지방자치단체장이 소를 제기하지 않으면 감독관청(시·도에 대하여는 주무부장관, 시·군 및 자치구에 대하여는 시·도지사)이 직접 제소할 수 있는데, 만일 기관소송을 동일한 행정주체에 속하는 기관간의 소송에 한정한다면 위의 소는 기관소송에 해당하지 않게 된다. 그렇다면 이는 행정소송에는 해당하지만 행정소송법에서 인정하는 행정소송의 종류에는 포섭되지 않는 문제가 발생한다.

우리의 판례는 상이한 행정주체에 속한 기관간의 소송이 기관소송에 해당하는지에 대해 직접 판단한 것은 없지만, 다음의 판례에 비추어 볼 때 이를 긍정하는 것으로 보인다. 즉, 감사원이 서울특별시장에게 소속 공무원에 대한 징계요구를 한 것에 대해 서울특별시장이 감사원을 상대로 소를 제기한 것이 기관소송에 해당하는지가 문제된 사안에서, 기관소송은 법률이 정한 경우에 법률에 정한 자에 한하여 제기할 수 있는데, 감사원법 제40조 제2항은 서울특별시장에게 감사원을

---

522) 정하중/김광수, 856면; 김남철, 1004면; 홍정선(상), 1309면.
523) 박균성(상), 1239면, 김성대, 권한쟁의심판과 기관소송의 관계정립 방안, 한양법학 22집, 2008. 2, 165면.
524) 이 규정을 분석하면 기관소송은 "(국가 또는 공공단체)의 기관 상호간의 다툼"에 대해 제기하는 것이므로, 다투고 있는 기관은 국가기관인지 공공단체기관인지는 묻지 않는다.

상대로 한 기관소송을 허용하는 규정으로 볼 수 없고 그 밖에 다른 어떤 법률에서도 그러한 기관소송을 허용하는 규정을 두고 있지 않으므로 서울특별시장이 감사원을 상대로 제기한 소송은 기관소송에 해당하지 않는다고 하였다.525) 이 판결의 취지는, 서울특별시장이 감사원을 상대로 제기한 소가 기관소송에 해당하지 않는 이유는 그러한 기관소송을 허용하는 개별법의 근거가 없기 때문이지 서울특별시장이나 감사원이 소속한 행정주체가 다르기 때문인 것은 아니라고 이해될 수 있다. 만일 기관소송을 동일한 행정주체에 속한 기관간의 다툼에 한정한다면, 개별법에 서울특별시장이 감사원을 상대로 소송을 제기할 수 있다는 규정이 있더라도 이는 기관소송에 해당하지 않게 되기 때문이다.

> **판례** 『기관소송은 "국가 또는 공공단체의 기관 상호 간에 있어서의 권한의 존부 또는 그 행사에 관한 다툼이 있을 때에 이에 대하여 제기하는 소송"으로(행정소송법 제3조 제4호) 행정의 적법성 보장을 목적으로 하는 객관적 소송이고, 법률이 정한 경우 법률에 정한 자에 한하여 제기할 수 있다(행정소송법 제45조). 감사원법 제40조 제2항에 "감사원의 재심의 판결에 대하여는 감사원을 당사자로 하여 행정소송을 제기할 수 있다"라고 규정되어 있으나, 위와 같은 기관소송의 성격과 내용, 앞서 본 바와 같이 감사원의 징계 요구나 그에 대한 재심의결정은 그 자체로는 법률적 구속력을 발생시킨다고 보기 어려운 점, 감사원법 제40조 제2항이 기관소송에 관한 규정이라면 기관소송에서의 제소기간 등이 함께 규정되었어야 할 것이나 그러한 규정이 없는 점, 감사원법 제40조 제2항의 규정 형식과 내용, 연혁, 관련 규정의 체계 등을 종합하여 보면, 감사원법 제40조 제2항을 원고 서울특별시장에게 감사원을 상대로 한 기관소송을 허용하는 규정으로 볼 수는 없다. 그 밖에 행정소송법을 비롯한 어떠한 법률에도 원고 서울특별시장에게 '감사원의 재심의 판결'에 대하여 기관소송을 허용하는 규정을 두고 있지 않다. 따라서 원고 서울특별시장이 제기한 이 사건 소송이 기관소송으로서 감사원법 제40조 제2항에 따라 허용된다고 볼 수 없다.』
> (대판 2016. 12. 27, 2014두5637)

(2) 권한쟁의심판과의 관계

① **권한쟁의심판 개관** : 권한쟁의심판은 '국가기관 상호간, 국가기관과 지방자치단체간 및 지방자치단체 상호간의 권한의 유무 또는 범위에 관한 다툼'에 대해 헌법재판소에 제기하는 심판을 말한다(헌법재판소법 2조 4호, 61조). 예컨대 국회의장이나 상임위원회 위원장을 상대로 한 국회의원의 권한쟁의심판,526) 경기도를 상대로 한 남양주시의 권한쟁의심판527)이 이에 해당한다.

헌법재판소법 제62조 제1항은 '국가기관 상호간의 권한쟁의심판'에 관하여 '국회, 정부, 법원 및 중앙선거관리위원회 상호간의 권한쟁의심판'이라고 규정하고 있는데, 여기에 규정된 기관이 한정적 열거인지 예시인지가 문제된다. 헌법재판소는 초기에는 열거적 규정이라 보았으나,528) 1997

---

525) 대판 2016. 12. 27, 2014두5637.
526) 헌재 2023. 9. 26, 2020헌라2; 헌재 2023. 10. 26, 2023헌라2; 헌재 2023. 10. 26, 2023헌라3.
527) 헌재 2022. 12. 22, 2020헌라3.
528) 헌재 1995. 2. 23, 90헌라1. 이 사안은 국회의장의 변칙적 의안처리행위로 인하여 국회의원의 표결권한을 침해당했다는 이유로 국회의원이 국회의장을 상대로 제기한 권한쟁의심판이다. 이 사건에서 헌법재판소는, 헌법재판소법 제62조 제1항 제1호는 국가기관 상호간의 권한쟁의심판을 '국회, 정부, 법원 및 중앙선거관리위원회 상호간의 권한쟁의심판'으로 한정하고 있으므로, 그에 열거되지 아니한 기관(예컨대 국민권익위원회)이나 또는 열

년에 종전의 입장을 변경하여 예시적인 것으로 보았다.529) 이 결정에서 헌법재판소는 권한쟁의심판의 당사자가 될 수 있는 국가기관의 기준을 제시하였는데, i) 헌법에 의해 설치되고, ii) 헌법과 법률에 의하여 독자적 권한이 부여되며, iii) 헌법에 의해 설치된 국가기관 상호간의 권한쟁의를 해결할 수 있는 적당한 기관이나 방법이 없을 것이 그에 해당한다. 이러한 기준에서 본다면 국회의 경우에는 국회의장·부의장·국회의원·위원회 등이, 정부의 경우는 대통령·국무총리·행정각부의 장·감사원 등이, 법원의 경우에는 대법원·각급법원·법관 등이 권한쟁의심판의 당사자능력을 가진다고 할 것이다. 검찰청법상의 검사가 권한쟁의심판의 당사자능력을 가지는지가 문제되었는데, 헌법재판소는 이를 긍정하였다.530) 이에 반해 문화재청장은 오직 법률(정부조직법)에 그 설치 근거를 두고 있으므로 권한쟁의심판의 당사자능력이 없다고 하였다.531)

> **판례** 『[1] 헌법재판소법 제62조 제1항 제1호가 국가기관 상호간의 권한쟁의심판을 '국회, 정부, 법원' 및 중앙선거관리위원회 상호간의 권한쟁의심판'이라고 규정하고 있더라도 이는 한정적, 열거적인 조항이 아니라 예시적인 조항이라고 해석하는 것이 헌법에 합치되므로 이들 기관외에는 권한쟁의심판의 당사자가 될 수 없다고 단정할 수 없다.
> [2] 헌법 제111조 제1항 제4호 소정의 '국가기관'에 해당하는지 여부는 그 국가기관이 헌법에 의하여 설치되고 헌법과 법률에 의하여 독자적인 권한을 부여받고 있는지, 헌법에 의하여 설치된 국가기관 상호간의 권한쟁의를 해결할 수 있는 적당한 기관이나 방법이 있는지 등을 종합적으로 고려하여야 할 것인 바, 이러한 의미에서 국회의원과 국회의장은 위 헌법조항 소정의 '국가기관'에 해당하므로 권한쟁의심판의 당사자가 될 수 있다.』 (헌재 1997. 7. 16, 96헌라2)

② 기관소송과 권한쟁의심판과의 관계 : 기관소송은 '국가 또는 공공단체의 기관 상호간의 권한의 존부 또는 그 행사에 관한 다툼'에 대해 법원에 제기하는 소송이고(행정소송법 3조 4호 본문), 권한쟁의심판은 '국가기관 상호간, 국가기관과 지방자치단체간 및 지방자치단체 상호간의 권한의 유무 또는 범위에 관한 다툼'에 대해 헌법재판소에 제기하는 심판을 말한다(헌법재판소법 2조 4호). 따라서 양자는 내용적으로 중첩될 수 있으므로, 행정소송법은 헌법재판소의 권한쟁의심판에 속하는 것은 기관소송에서 제외시키고 있다(3조 4호 단서). 그럼에도 불구하고 여전히 양자의 관계에 관해 다툼이 있는데, 이에 관한 몇 가지 쟁점을 정리하면 다음과 같다.

거된 국가기관 내의 각급기관(예컨대 국회의 소관위원회나 국회의원, 정부의 장관, 법원의 법관 등)은 권한쟁의심판의 당사자가 될 수 없다고 하면서 국회의원이 제기한 권한쟁의심판을 각하하였다.

529) 헌재 1997. 7. 16, 96헌라2. 이 사안은 국회의장의 법률에 대한 가결선포행위에 대하여 야당 국회의원들이 권한쟁의심판을 제기한 것이다. 이 사건에서 헌법재판소는, 헌법재판소법 제62조 제1항 제1호가 국가기관 상호간의 권한쟁의심판을 '국회, 정부, 법원 및 중앙선거관리위원회 상호간의 권한쟁의심판'이라고 규정하고 있더라도 이는 한정적 열거적인 조항이 아니라 예시적인 조항이라고 해석하여야 한다고 하면서, 국회 내의 기관인 국회의원과 국회의장도 권한쟁의심판의 당사자가 될 수 있다고 하였다.

530) 헌재 2023. 3. 23, 2022헌라4. 헌법은 검사의 설치에 관해 명시적으로 규정하지 않고 다만 검찰총장 임명시 국무회의의 심의를 거치도록 규정하고 있다(89조 16호). 그리고 헌법 제12조 제3항과 제16조에서 '검사의 영장신청권'이 명시되어 있다. 이러한 규정에 비추어 볼 때 검찰청법상의 검사가 헌법에 의해 설치된 기관인지가 문제되었다.

531) 헌재 2023. 12. 21, 2023헌라1.

i) 권한쟁의심판의 경우는 헌법재판소법 제62조에 규정된 요건을 갖추면 개별법의 규정이 없더라도 허용되나, 기관소송의 경우는 행정소송법 제3조 제4호에 해당된다 하더라도 개별법에 규정이 없으면 허용되지 않는다.

ii) 행정소송법은 권한쟁의심판의 대상이 되는 것은 기관소송에서 제외시키고 있음에도 불구하고, 개별법에서는 권한쟁의심판의 대상이 되는 것을 기관소송으로 제기하도록 규정하고 있는 경우도 있다. 예컨대 매립지가 어느 지방자치단체의 관할구역에 속하는지에 대한 지방자치단체간의 다툼이 있는 경우에 종래에는 이에 대해 다투는 방법에 관해 아무런 규정이 없었으며, 실무적으로 이는 지방자치단체 상호간의 다툼에 해당한다고 보아 권한쟁의심판을 통해 해결하였다.[532] 그런데 2009년 지방자치법을 개정하여 매립지 등에 대한 관할 결정방법을 신설하였는바, 이에 의하면 매립지를 어느 지방자치단체가 관할할 것인지는 행정안전부장관이 결정하도록 하고, 그 결정에 이의가 있는 지방자치단체의 장은 대법원에 소를 제기하도록 하였다(지방자치법 5조 7항, 9항). 이 소는 국가기관(행정안전부장관)과 지방자치단체장 사이의 다툼을 대상으로 하는 점에서 기관소송의 성질을 가진다고 할 것이다.

(3) 개별적 문제의 검토

① **지방의회의 재의결에 대해 지방자치단체장 또는 교육감이 제기하는 소송** : 지방자치단체의 장은 지방의회의 의결이 월권이거나 법령에 위반되거나 공익을 현저히 해친다고 인정되면 재의를 요구할 수 있으며, 지방의회에서 재의한 결과 재적의원 과반수의 출석과 출석의원 3분의 2 이상의 찬성으로 전과 같은 의결을 하면 그 의결사항은 확정된다(지방자치법 120조 2항). 지방자치단체의 장은 재의결된 사항이 법령에 위반된다고 인정되면 지방의회를 피고로 하여 대법원에 소를 제기할 수 있는데(120조 3항), 이는 지방자치단체장과 지방의회 사이의 분쟁에 대한 소송이므로 전형적인 기관소송에 해당한다. 한편 지방의회의 교육·학예에 관한 의결에 대해서는 교육감이 재의를 요구할 수 있으며, 재의결된 사항이 법령에 위반된다고 판단될 때에는 교육감이 지방의회를 피고로 하여 대법원에 소를 제기할 수 있는데(지방교육자치에 관한 법률 28조), 이 역시 기관소송에 해당한다.

② **지방의회의 재의결에 대해 감독관청이 제기하는 소송** : 지방의회의 의결이 법령에 위반되거나 공익을 현저히 해친다고 판단되면 감독관청(시·도에 대하여는 주무부장관, 시·군 및 자치구에 대하여는 시·도지사)이 해당 지방자치단체장에게 재의를 요구하게 할 수 있고, 재의요구 지시를 받은 지방자치단체의 장은 지방의회에 재의를 요구하여야 한다(지방자치법 192조 1항). 지방의회에서 재의결된 사항이 법령에 위반된다고 판단되면 지방자치단체장은 지방의회를 피고로 하여 대법원에 소를 제기할 수 있는데(192조 4항), 이는 기관소송에 해당한다고 할 것이다. 만일 재의결된 사항이 법령에 위반된다고 판단됨에도 불구하고 지방자치단체의 장이 제소하지 않으면 감독관청은 그 지

---

532) 헌재 2004. 9. 23, 2000헌라2; 헌재 2006. 8. 31, 2003헌라1; 헌재 2011. 9. 29, 2009헌라5; 헌재 2011. 9. 29, 2009헌라5.

방자치단체장에게 제소를 지시할 수 있으며, 제소지시를 받은 지방자치단체장이 일정 기간 내에 제소하지 않으면 감독관청이 직접 제소할 수 있는바(192조 4항, 5항), 이 경우 감독관청이 직접 제기하는 소의 성질에 관하여는 기관소송에 해당한다는 견해, 항고소송에 해당한다는 견해, 특수한 형태의 소송에 해당한다는 견해가 대립하고 있다.

생각건대, 이 경우의 소는 감독관청이 행정의 적법성 확보를 위해 제기하는 것이므로 주관적 소송의 일종인 항고소송에는 해당하지 않는다. 결국 이 경우의 소는 감독관청이 공익적 측면에서 지방의회를 상대로 제기하는 것인 점에서 기관소송의 성질을 가진다고 보는 것이 타당할 것이다.

③ **지방자치단체장의 명령·처분에 대한 감독관청의 취소·정지에 대한 소송** : 지방자치단체장의 명령이나 처분이 법령에 위반되거나 현저히 부당하여 공익을 해친다고 인정되면 감독관청(시·도에 대하여는 주무부장관, 시·군 및 자치구에 대하여는 시·도지사)이 기간을 정하여 시정할 것을 명하고, 그 기간에 이행하지 아니하면 감독관청이 이를 취소하거나 정지할 수 있다(188조 1항). 지방자치단체장은 '자치사무에 관한 명령·처분에 대한 감독관청의 취소·정지처분'에 대해 이의가 있으면 대법원에 소를 제기할 수 있는데(188조 6항), 이 경우의 소는 독립된 행정주체(또는 그 기관) 사이의 처분에 대한 소송인 점에서 항고소송의 성질을 가진다고 본다.

④ **지방자치단체장에 대한 감독관청의 직무이행명령에 대한 소송** : 지방자치단체의 장이 법령의 규정에 따라 그 의무에 속하는 국가위임사무나 시·도위임사무의 관리와 집행을 명백히 게을리하고 있다고 인정되면 감독관청(시·도에 대하여는 주무부장관, 시·군 및 자치구에 대하여는 시·도지사)이 기간을 정하여 이행명령을 발할 수 있고(189조 1항), 지방자치단체의 장은 이행명령에 이의가 있으면 대법원에 소를 제기할 수 있는데(189조 6항), 이 경우의 소의 성질에 관하여는 기관소송에 해당한다는 견해, 항고소송에 해당한다는 견해, 특수한 형태의 소송에 해당한다는 견해 등이 대립하고 있다.

생각건대, 지방자치법 제189조 제1항에 의한 감독관청의 직무이행명령은 기관위임사무에 관한 것이기 때문에 처분의 성질을 갖지 않는다고 할 것이며, 따라서 제189조 제6항에 의한 소송은 제188조 제6항에 의한 소송과는 달리 항고소송에는 해당하지 않는다고 할 것이다. 이 경우 기관위임사무를 처리하는 지방자치단체의 장은 국가 또는 상급지방자치단체 산하 행정기관으로서의 지위를 가지므로 직무이행명령에 대한 감독관청과 지방자치단체장 사이의 다툼은 동일 행정주체 내의 행정기관간의 분쟁이라 할 것이며, 따라서 직무이행명령에 대한 소송은 기관소송의 성질을 갖는다고 볼 것이다.

제4장

옴부즈만제도와 민원처리

I. 개 설

1. 옴부즈만의 의의

고전적 의미의 옴부즈만(Ombusdsman)이란 행정부가 법령을 올바르게 집행하고 있는가를 조사하고 또한 국민의 민원이 제기된 경우에 이를 조사하여 관계기관에 그 시정을 권고하는 것을 주된 임무로 하여 의회에 의하여 임명된 기관을 말한다.

이러한 옴부즈만제도는 1809년의 스웨덴헌법에 의해 처음으로 설치되었으며, 그 후 스칸디나비아제국에서 일반화되었고, 오늘날에는 영국·미국·독일·뉴질랜드·일본 등 세계 각국에서 행정형옴부즈만, 소비자옴부즈만, 공정거래옴부즈만, 교도소옴부즈만 등과 같이 자신의 실정에 맞도록 변형하여 운영하고 있다.

2. 옴부즈만제도의 특징

고전적 의미의 옴부즈만은 의회에 의해 임명된 임기제 공무원으로서, 직무수행상의 독립성이 보장된다. 옴부즈만은 국민의 신청이 없는 경우에도 직권에 의한 조사권을 갖는다. 조사 결과 위법사항이 발견된 경우에 해당 행정작용을 직접 취소·변경할 수 있는 권한을 가지지 않으며, 단지 해당 기관에 시정을 권고할 수 있을 뿐이다. 다만 오늘날 각국에서는 자신의 실정에 맞게 변형하여 다양한 형태의 옴부즈만제도가 운영되고 있다.

이러한 옴부즈만제도는 행정작용에 대한 민원을 신속하고 저렴한 비용으로 신축성 있게 처리할 수 있다는 장점을 갖는 반면에, 행정청에 대한 강제권이 없기 때문에 권리구제의 실효성이 약화될 우려가 있다는 점이 단점으로 지적된다.

3. 서울특별시 시민감사옴부즈만

우리나라의 경우는 대표적으로 서울특별시가 시민감사옴부즈만위원회를 설치·운영하고 있다.[1] 시민감사옴부즈만위원회는 3명 이상 7명 이내의 시민감사옴부즈만으로 구성하는데, 시민감사옴부즈만은 공개모집에 의해 시장이 임명하며 임기는 3년이다. 시민감사옴부즈만은 직권이나 시민의 청구에 의해 서울특별시(출연기관 포함)사무에 대한 감사, 서울특별시가 발주한 공공사업의 계

---

1) 서울특별시는 「서울특별시 시민감사옴부즈만위원회 운영 및 주민감사청구에 관한 조례」를 제정·시행하고 있다.

약체결·이행과정 전반에 대한 감시 및 평가, 고충민원의 조사·처리 등에 관한 권한을 가지며, 이러한 권한을 행사함에 있어 독립된 조사관의 지위를 갖는다.

II. 국민권익위원회의 고충처리

우리나라에서는 국가차원의 옴부즈만제도는 채택되고 있지 않지만, 감사원, 대통령 비서실, 국민권익위원회 등이 민원처리제도로서 기능하고 있다. 이하에서는 민원처리와 관련하여 가장 중요한 기능을 수행하고 있는 국민권익위원회의 고충처리제도에 관해 살펴보기로 한다.

1. 연 혁

행정기관 등에 대한 고충민원의 처리와 이에 관련된 불합리한 행정제도를 개선하도록 함으로써 국민의 기본적 권익을 보호하고 행정의 적정성을 확보하기 위하여 2005년 국민고충처리위원회가 설치되었다. 그 후 2008년에 「부패방지 및 국민권익위원회의 설치와 운영에 관한 법률」이 제정되어 국민고충처리위원회의 업무는 국무총리 소속하에 설치된 국민권익위원회로 이관되었다.[2] 그리고 지방자치단체 및 그 소속기관에 관한 고충민원의 처리와 행정제도의 개선 등을 위하여 각 지방자치단체에 시민고충처리위원회를 둘 수 있도록 하였다(32조).

이러한 국민권익위원회와 시민고충처리위원회는 행정부에 설치되는 점에서 고전적인 옴부즈만제도는 아니지만, 우리나라에 있어 옴부즈만제도에 가장 유사한 기능을 한다고 할 수 있다.

2. 구 성

국민권익위원회는 위원장 1명을 포함한 15명의 위원(부위원장 3명과 상임위원 3명을 포함)으로 구성한다(13조 1항).[3] 위원장과 부위원장은 국무총리의 제청으로 대통령이 임명하고, 상임위원은 위원장의 제청으로 대통령이 임명하며, 상임이 아닌 위원은 대통령이 임명 또는 위촉한다. 이 경우 상임이 아닌 위원 중 3명은 국회가, 3명은 대법원장이 각각 추천하는 자를 임명 또는 위촉한다(13조 3항). 위원장과 위원의 임기는 각각 3년으로 하되, 1차에 한하여 연임할 수 있다(16조 2항). 국민권익위원회는 그 권한에 속하는 업무를 독립적으로 수행하며, 이를 위하여 위원의 신분보장, 겸직금지, 제척·기피·회피제도 등을 두고 있다(16조, 17조, 18조).

3. 회의 및 의결

국민권익위원회는 재적위원 과반수의 출석으로 개의하고 출석위원 과반수의 찬성으로 의결한다. 다만 국민권익위원회의 종전 의결례의 변경은 재적위원 과반수의 찬성으로 의결한다(19조 1항).

---

2) 국민권익위원회의 업무는 크게 고충민원, 부패방지 및 중앙행정심판의 세 가지로 나눌 수 있다(13조 1항 참조).
3) 이 경우 부위원장은 각각 고충민원, 부패방지 업무 및 중앙행정심판위원회의 운영업무로 분장하여 위원장을 보좌한다(13조 1항).

4. 고충민원의 신청 및 접수

누구든지(국내에 거주하는 외국인을 포함) 국민권익위원회(시민고충처리위원회를 포함)에 고충민원을 신청할 수 있다(39조 1항). 고충민원을 신청하려는 자는 법이 정한 사항을 기재하여 문서(전자문서를 포함)로 하여야 한다. 다만 문서에 의할 수 없는 특별한 사정이 있는 경우에는 구술로 신청할 수 있다(39조 2항).

국민권익위원회는 고충민원의 신청이 있는 경우에는 다른 법령에 특별한 규정이 있는 경우를 제외하고는 그 접수를 보류하거나 거부할 수 없으며, 접수된 고충민원서류를 부당하게 되돌려 보내서는 안 된다. 다만 국민권익위원회가 고충민원서류를 보류·거부 또는 반려하는 경우에는 지체 없이 그 사유를 신청인에게 통보하여야 한다(39조 4항).

5. 고충민원의 이송 또는 각하

국민권익위원회는 접수된 고충민원이 다음의 어느 하나에 해당하는 경우에는 그 고충민원을 관계 행정기관 등에 이송할 수 있다. 다만 관계 행정기관 등에 이송하는 것이 적절하지 않다고 인정하는 경우에는 그 고충민원을 각하할 수 있다(43조 1항).

① 고도의 정치적 판단을 요하거나 국가기밀 또는 공무상 비밀에 관한 사항

② 국회·법원·헌법재판소·선거관리위원회·감사원·지방의회에 관한 사항

③ 수사 및 형집행에 관한 사항으로서 그 관장기관에서 처리하는 것이 적당하다고 판단되는 사항 또는 감사원의 감사가 착수된 사항

④ 행정심판, 행정소송, 헌법재판소의 심판이나 감사원의 심사청구 그 밖에 다른 법률에 따른 불복구제절차가 진행 중인 사항

⑤ 법령에 따라 화해·알선·조정·중재 등 당사자간의 이해조정을 목적으로 행하는 절차가 진행 중인 사항

⑥ 판결·결정·재결·화해·조정·중재 등에 따라 확정된 권리관계에 관한 사항 또는 감사원이 처분을 요구한 사항

⑦ 사인간의 권리관계 또는 개인의 사생활에 관한 사항

⑧ 행정기관 등의 직원에 관한 인사행정상의 행위에 관한 사항

⑨ 그 밖에 관계 행정기관 등에서 직접 처리하는 것이 타당하다고 판단되는 사항

국민권익위원회는 고충민원을 이송 또는 각하한 경우에는 지체 없이 그 사유를 명시하여 신청인에게 통보하여야 한다(43조 2항). 고충민원을 이송받은 행정기관 등의 장은 국민권익위원회가 요청하는 경우에는 국민권익위원회에 그 고충민원의 처리결과를 통보하여야 한다(43조 4항). 국민권익위원회는 관계 행정기관 등의 장이 국민권익위원회에서 처리하는 것이 타당하다고 인정하여 이송한 고충민원을 직접 처리할 수 있다. 이 경우 고충민원이 이송된 때 국민권익위원회에 접수된 것으로 본다(43조 5항).

6. 고충민원의 조사

국민권익위원회는 고충민원을 접수한 경우에는 지체 없이 그 내용에 관하여 필요한 조사를 하여야 한다. 다만, i) 위에서 설명한 제43조 제1항 각 호의 어느 하나에 해당하는 사항, ii) 고충민원의 내용이 거짓이거나 정당한 사유가 없다고 인정되는 사항, iii) 그 밖에 고충민원에 해당하지 아니하는 경우 등 국민권익위원회가 조사하는 것이 적절하지 않다고 인정하는 사항에 해당하는 경우에는 조사를 하지 않을 수 있으며, 조사를 개시한 후에도 조사를 계속할 필요가 없다고 인정하는 경우에는 조사를 중지 또는 중단할 수 있다(41조 1항, 2항).

국민권익위원회는 접수된 민원에 관하여 조사를 하지 아니하거나 조사를 중지 또는 중단한 경우에는 지체 없이 그 사유를 신청인에게 통보하여야 한다(41조 3항).

7. 고충민원의 해결

(1) 합의의 권고

국민권익위원회는 조사 중이거나 조사가 끝난 고충민원에 대한 공정한 해결을 위하여 필요한 조치를 당사자에게 제시하고 합의를 권고할 수 있다(44조).

(2) 조정

국민권익위원회는 다수인이 관련되거나 사회적 파급효과가 크다고 인정되는 고충민원의 신속하고 공정한 해결을 위하여 필요하다고 인정하는 경우에는 당사자의 신청 또는 직권에 의하여 조정을 할 수 있다. 조정은 당사자가 합의한 사항을 조정서에 기재한 후 당사자가 기명날인하거나 서명하고 국민권익위원회가 이를 확인함으로써 성립하며, 이는 민법상의 화해와 같은 효력이 있다(45조).

(3) 시정의 권고 및 의견의 표명

국민권익위원회는 고충민원에 대한 조사결과 처분 등이 위법·부당하다고 인정할 만한 상당한 이유가 있는 경우에는 관계 행정기관 등의 장에게 적절한 시정을 권고할 수 있다(46조 1항).

국민권익위원회는 고충민원에 대한 조사결과 신청인의 주장이 상당한 이유가 있다고 인정되는 사안에 대하여는 관계 행정기관 등의 장에게 의견을 표명할 수 있다(46조 2항).

(4) 제도개선의 권고 및 의견의 표명

국민권익위원회는 고충민원을 조사·처리하는 과정에서 법령 그 밖의 제도나 정책 등의 개선이 필요하다고 인정되는 경우에는 관계 행정기관 등의 장에게 이에 대한 합리적인 개선을 권고하거나 의견을 표명할 수 있다(47조).

국민권익위원회는 제46조 또는 제47조에 따라 관계 행정기관 등의 장에게 권고 또는 의견표명을 하기 전에 그 행정기관 등과 신청인 또는 이해관계인에게 미리 의견을 제출할 기회를 주어야 한다(48조 1항).

제46조 또는 제47조에 따른 권고 또는 의견을 받은 관계 행정기관 등의 장은 이를 존중하여야 하며, 그 권고 또는 의견을 받은 날부터 30일 이내에 그 처리결과를 국민권익위원회에 통보하여야 한다. 권고를 받은 관계 행정기관 등의 장이 그 권고내용을 이행하지 아니하는 경우에는 그 이유를 국민권익위원회에 문서로 통보하여야 한다(50조).

8. 결정 및 처리결과의 통지

국민권익위원회는 고충민원의 결정내용을 지체 없이 신청인 및 관계 행정기관 등의 장에게 통지하여야 한다(49조). 국민권익위원회가 관계 행정기관 등의 장으로부터 처리결과를 통보받은 경우에는 신청인에게 그 내용을 지체 없이 통보하여야 한다(50조 3항).

9. 후속조치

(1) 감사 의뢰

고충민원의 조사·처리과정에서 관계 행정기관 등의 직원이 고의 또는 중대한 과실로 위법·부당하게 업무를 처리한 사실을 발견한 경우 국민권익위원회는 감사원에, 시민고충처리위원회는 당해 지방자치단체에 감사를 의뢰할 수 있다(51조).

(2) 이행실태의 확인·점검

국민권익위원회는 제46조 및 제47조에 따른 권고 또는 의견의 이행실태를 확인·점검할 수 있다(52조).

사항색인

저자약력

고려대학교 법과대학 졸업, 고려대학교 대학원 법학과 석사·박사과정 수료(법학박사)
강원대학교 법과대학 학장, 강원대학교 비교법학연구소 소장, 미국 듀크대학교 로스쿨 연구교수, 영국 버밍엄대학교 로스쿨 연구교수
법제처 국민법제관, 강원지방경찰청 손실보상심의위원회 위원장, 강원도선거관리위원회 위원, 강원도인사위원회 위원, 강원도토지수용위원회 위원, 강원도교육청인사위원회 위원, 강원도교육소청심사위원회 위원, 강원도교육행정심판위원회 위원, 강원도교육청공직자윤리위원회 위원
한국행정법학회 회장, 한국지방자치법학회 회장, 안암법학회 회장, 한국공법학회 부회장, 한국부동산법학회 부회장
사법시험·행정고시·입법고시 등 출제위원.

>>> 현재

강원대학교 법학전문대학원 명예교수
강원지방경찰청 시민감찰위원회 위원장, 강원도행정심판위원회 위원, 강원지방노동위원회 공익위원, 강원고용노동지청 정보공개심의회 위원
한국행정법학회 법정이사, 한국지방자치법학회 고문

>>> 저서

행정법논단(강원대학교 출판부), 공법사례형(공저, 법문사), 행정법(공저, 경세원), 지방자치법주해(공저, 박영사), 남북한법제비교(공저, 강원대학교 출판부)

행정법총론 [제3판]

2020년 2월 28일   초 판 발행
2022년 3월 5일   제2판 발행
2024년 3월 10일   제3판 1쇄 발행

저 자 이　　　일　　　세
발행인 배　　　효　　　선
발행처 도서출판 法 文 社

주 소　10881 경기도 파주시 회동길 37-29
등 록　1957년 12월 12일 / 제2-76호 (윤)
전 화　(031)955-6500~6 FAX (031)955-6525
E-mail　(영업) bms@bobmunsa.co.kr
　　　　(편집) edit66@bobmunsa.co.kr
홈페이지　http://www.bobmunsa.co.kr
조 판　법 문 사 전 산 실

정가 45,000원　　　ISBN 978-89-18-91490-9